ISBN 978-0-428-29776-3
PIBN 11306506

HISTOIRE
DE L'ACADÉMIE ROYALE DES INSCRIPTIONS ET BELLES-LETTRES,

AVEC

s Mémoires de Littérature tirés des Registres de cette Académie, depuis l'année M. DCCLII, *jusques & compris l'année* M. DCCLIV.

TOME VINGT-CINQUIÉME.

A PARIS,
DE L'IMPRIMERIE ROYALE

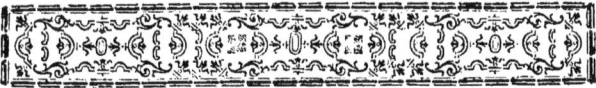

TABLE
POUR
L'HISTOIRE.

HISTOIRE

De l'Académie Royale des Inſcriptions & Belles-Lettres, depuis l'année 1752, juſques & compris l'année 1754. *Page 1*

HISTOIRE

Des Ouvrages de l'Académie Royale des Inſcriptions & Belles-Lettres.

TABLE.

TABLE.

ÉLOGES

Des Académiciens morts depuis l'année M. DCCLI, jusques & compris M. DCCLIV.

TABLE
POUR
LES MÉMOIRES.

TOME VINGT-CINQUIÉME.

TABLE

TABLE.

HISTOIRE

HISTOIRE

DE

L'ACADÉMIE ROYALE

DES INSCRIPTIONS

ET

BELLES-LETTRES.

NOUS commencerons par rendre compte au Public de ce qui s'eſt paſſé de plus intéreſſant dans les aſſemblées que la Compagnie a tenues pendant les années 1752, 1753 & 1754, auxquelles répondent les deux volumes que nous publions. Pendant le cours de ces années, la Compagnie a continué ſes travaux ordinaires.

Le ſujet du Prix de l'année 1752, conſiſtoit à examiner, *quel fut l'état des Sciences en France ſous les règnes de Charles VIII*

& de Louis XII. Les Mémoires envoyés ſur cette matière n'ayant pas paru ſatisfaiſans, l'Académie jugea à propos de propoſer de nouveau ce même Prix pour l'année 1753.

Le ſujet du Prix que l'Académie avoit remis en 1752 pour l'année 1753, fut adjugé au Mémoire de M. l'abbé Carlier; c'étoit le troiſième Prix qu'il remportoit alors.

L'Académie avoit encore annoncé un autre ſujet pour cette même année; il conſiſtoit à examiner, *quelle étoit l'origine, quels étoient le rang & les droits de l'Ordre des Chevaliers Romains, & quelles ont été les révolutions que cet Ordre a eſſuyées dans les différens ſiècles de la République, depuis ſon établiſſement juſqu'à l'empire d'Auguſte.*

Ce Prix a été remporté par M. de Beaufort.

Le ſujet du Prix de l'année 1754, conſiſtoit à examiner, *quel étoit le ſyſtème religieux que Denys d'Halicarnaſſe aſſure avoir été particulier aux Romains, & très-différent de la mythologie Grecque.*

Ce Prix fut adjugé à M. Pontedera, Profeſſeur d'Hiſtoire & de Botanique à Padoue. Ce Savant avoit déjà été couronné en 1739.

Juſqu'alors l'Académie n'avoit eu qu'un ſeul Prix à offrir par an à ceux qui voudroient travailler ſur les ſujets qu'elle propoſoit; mais M. le comte de Caylus, dont on ne peut aſſez louer le zèle pour l'avancement des Lettres & des Arts, a fondé cette même année un nouveau Prix.

M. de Bougainville, alors Secrétaire perpétuel, chargé par M. le comte de Caylus d'en faire la propoſition à la Compagnie, ouvrit la ſéance du mardi 26 mars par le diſcours ſuivant.

« Nous ſommes chargés de propoſer aujourd'hui à l'Aca-
» démie la fondation d'un nouveau Prix littéraire par un de
» ſes Membres les plus diſtingués, qui veut laiſſer ce monument
» de ſon zèle pour le progrès des Lettres & pour l'honneur
» de la Compagnie. M. le comte de Caylus propoſe de fonder
» à perpétuité un Prix de cinq cens livres par an, qui s'adju-
» gera dans toutes les aſſemblées publiques d'après la S.t Martin,

& dont le ſujet donné par l'Académie, ſera toûjours une « queſtion relative aux antiquités, & tendant à enrichir cette « branche de l'Érudition que M. le comte de Caylus affectionne « particulièrement, & qu'il cultive avec tant de ſuccès. Les « conditions qu'il propoſe ſe réduiſent à quatre principales. «

1.° L'antiquité en général n'eſt point l'objet de ſa fonda- « tion; ainſi toute queſtion qui ſeroit purement hiſtorique, ou « qui ne tendroit qu'à l'éclairciſſement, ſoit de la Chronologie, « ſoit de la Géographie, ſoit de la Philoſophie anciennes, n'eſt « point du nombre de celles qui doivent être propoſées pour « le concours. Il ne s'agit que des *Antiquités*, c'eſt-à-dire de « ce qui a rapport aux uſages religieux, civils, militaires des « anciens peuples, ainſi qu'à leurs arts, à la manière dont ils « les ont cultivés, & aux médailles, inſcriptions, bas-reliefs, « buſtes, figures antiques, vaſes & autres monumens de toute « eſpèce, dont l'explication ou la découverte peut répandre « quelque jour ſur ces matières. «

La ſeconde condition, c'eſt qu'on ne pourra deſcendre « plus bas que le IIIe ſiècle. «

La troiſième, c'eſt que l'Académie ſe rendra fort difficile « dans l'adjudication du Prix, & que la pièce couronnée ſera « non ſeulement la meilleure de celles qui auront concouru, « mais bonne en elle-même. «

La quatrième & dernière, c'eſt que l'Académie ſera im- « primer les pièces couronnées, quand il y aura de quoi faire « un volume ſuffiſant, à la ſuite de ſes Mémoires. »

La propoſition fut reçûe comme elle méritoit de l'être; l'Académie applaudit unanimement au zèle de M. le comte de Caylus qui, non content de donner l'exemple de l'aſſiduité la plus grande à nos aſſemblées, & de concourir à nos travaux par le grand nombre de Mémoires qu'il a fournis, a voulu laiſſer une preuve durable de ſon goût pour nos exercices & pour les objets auxquels nous devons une partie de nos recherches. Mais comme la Compagnie ne peut rien accepter ſans la permiſſion du Roi, elle n'accepta les offres de M. le comte de Caylus qu'après que notre glorieux Monarque, toûjours porté à favoriser les Lettres, eut donné son agrément à une fondation qui sera à jamais l'éloge de son auteur.

M. le comte d'Argenson, Ministre & Secrétaire d'État, à qui l'Académie s'étoit adressée pour savoir les intentions du Roi, fit la réponse suivante.

« J'ai rendu compte au Roi, suivant le desir de l'Académie, » de la proposition faite par M. le comte de Caylus, d'y fonder » un nouveau Prix littéraire de cinq cens livres par an, qui se » distribuera dans les rentrées publiques d'après la S.t Martin, » & dont les sujets rouleront toûjours sur les antiquités. Sa » Majesté n'a pû voir qu'avec beaucoup de satisfaction, la nou- » velle preuve de zèle qui met le comble à toutes celles que » M. le comte de Caylus a déjà données pour le progrès des » Lettres & des Arts, auxquels il fait tant d'honneur par sa » naissance & par ses talens; & c'est dans cette disposition que » Sa Majesté agrée que l'Académie accepte la fondation dont » il s'agit. J'ajoûterai qu'en mon particulier je partage trop » sincèrement les sentimens avec lesquels l'Académie a reçû la » proposition de M. le comte de Caylus, pour n'être pas charmé » d'un établissement si capable d'encourager ceux qui consacrent » leurs études à l'explication des anciens monumens, & de » procurer, par de savantes recherches, de nouvelles lumières sur l'histoire des temps reculés. » *De Versailles, le premier avril 1754.*

L'Académie autorisée par le Roi, a réglé dans une de ses assemblées, conformément aux intentions de M. le comte de Caylus, qu'on commenceroit par les antiquités Égyptiennes, & que les pièces qui concourroient, seroient remises franches de tout port, entre les mains du Secrétaire perpétuel, avant le premier de juillet de chaque année.

Le but de cette fondation littéraire étant de ranimer l'étude des anciens monumens, l'Académie a cru ne pouvoir mieux entrer dans les vûes du fondateur, qu'en faisant, de la médaille même qu'elle adjugera, un monument glorieux aux auteurs, & capable d'exciter leur émulation. C'est dans cet esprit, qu'en composant cette médaille, elle ne s'est pas bornée à marquer l'époque & l'objet de l'établiſſement, elle a voulu qu'un des côtés fût orné d'un type honorable pour le Savant qu'elle couronneroit, & que ſon nom, gravé tous les ans dans l'exergue, pût s'y tranſmettre à la poſtérité. Par-là on rappelle, en quelque ſorte, ces inſcriptions que la Grèce conſacroit à la gloire des Athlètes couronnés dans ſes jeux. En conſéquence la médaille du nouveau Prix, deſſinée par M. Bouchardon, repréſente d'un côté une couronne de laurier, dans laquelle on lit cette inſcription: *AUSPICIIS LUDOVICI XV, PRÆMIUM SOLEMNE IN REGIA INSCRIPT. ET HUMAN. LITTER. ACADEMIA CONSTITUTUM. ANNO M. DCCLIV.* Autour de la couronne, ſont pour légende ces mots : *PROMOVENDO VETERUM MONUMENTORUM STUDIO.* Sur le revers, une Muſe couronnée de laurier, tenant d'une main une palme, & s'appuyant de l'autre ſur un cippe, avec cette légende : *Certamen œcumenicum.* On laiſſe pour l'exergue un eſpace qui puiſſe contenir deux ou trois lignes d'écriture, & où l'on gravera tous les ans au burin le nom de l'auteur couronné, avec la date de ſa pièce.

M. le comte de Caylus, toûjours occupé à faire revivre les connoiſſances des anciens, a découvert, après bien des recherches, une manière de peindre dont il eſt parlé dans le XXXVe livre de Pline. Il s'en eſt ſervi pour faire faire un tableau qu'il expoſa dans la ſalle de l'Académie le jour de l'aſſemblée publique du 12 novembre 1754.

Ce tableau préſentoit aux gens de Lettres & aux Artiſtes une nouveauté remarquable & digne de piquer leur curioſité & leur goût.

Nous avons publié dans le XIXe volume de nos Mémoires, *P. 250 & ſuiv.* une Diſſertation faite en 1745 par M. le comte de Caylus, *ſur quelques paſſages de Pline qui concernent les arts dépendans du deſſein.* Un de ces paſſages expliqués dans le Mémoire, roule ſur une façon de peindre, pratiquée par les anciens, mais inconnue de nos jours, que Pline nomme *Peinture encauſtique,* & dont il diſtingue juſqu'à trois eſpèces. *Encauſto*

Liv. XXXV, chap. 11. *pingendi duo fuiſſe antiquitùs genera conſtat,* dit cet auteur; *cerâ, & in ebore, ceſtro, id eſt viriculo, donec claſſes pingi cœpere. Hoc tertium acceſſit, reſolutis igni ceris, penicillo utendi, quæ Pictura in navibus, nec ſole, nec ſale, ventiſque corrumpitur.* En voici la traduction par M. de Caylus: elle éclaircit & commente ce texte regardé juſqu'à préſent comme une énigme. *Il eſt certain qu'il y a eu primitivement deux ſortes de peinture encauſtique* (ainſi nommée, parce qu'on y employoit le feu) *l'une ſe faiſoit avec de la cire, l'autre ſe travailloit ſur l'ivoire avec un inſtrument de fer, reſſemblant à un poinçon, & l'on continua de faire uſage de ces deux pratiques, juſqu'au temps où l'on commença à peindre les vaiſſeaux de guerre; alors parut un troiſième genre de peinture encauſtique, dont le ſecret conſiſtoit à pouvoir coucher avec le pinceau les cires liquéfiées au feu, & cette peinture dont on ſe ſert pour les vaiſſeaux, a l'avantage de n'être altérée, ni par le ſoleil, ni par l'eau de la mer, ni par les vents.*

Ces trois pratiques, dans leſquelles le feu étoit le principal agent, n'ont aucun rapport avec l'émail, quoi qu'en diſent pluſieurs interprètes de Pline, qui tous ont échoué dans l'explication de ce paſſage. M. de Caylus, après avoir combattu dans ſon Mémoire les ſentimens de Louis de Montjoſieu & du P. Hardouin, y propoſoit ſes vûes ſur chacune de ces trois eſpèces de *peinture encauſtique;* mais il ajoûtoit que la Chymie, à laquelle il avoit eu recours pour vérifier ſes idées, ne lui donnoit encore rien de déciſif, & qu'il continueroit de la conſulter juſqu'à ce qu'il en eût tiré des réponſes plus ſatisfaiſantes.

Les expériences qu'il a faites depuis l'ont mis en droit de prononcer affirmativement ſur la *première* des trois eſpèces de peinture encauſtique, *ſur celle qui ſe faiſoit avec la cire.* Ces expériences, dont il reconnoît devoir l'indication à Pline, ont produit le tableau qu'il a offert aux regards du public. C'eſt la copie d'un buſte antique de Minerve, qui lui appartient; elle a été exécutée par M. Vien, peintre du Roi, qui pour donner cette nouvelle preuve de ſes talens, n'a employé que des cires chargées de couleur : elles l'ont mis en état d'opérer avec autant d'aisance & de liberté, que le mélange de l'huile peut en procurer.

M. le comte de Caylus a fait observer, que cette façon de peindre, oubliée depuis tant de siècles, fournit plus de vérité pour l'imitation, quant au coloris; qu'elle donne aux couleurs plus d'éclat & de solidité; que l'air ni les années ne doivent leur causer aucune altération, & qu'enfin on pourra retoucher un ouvrage fait de cette manière, long-temps après qu'il aura paru, & même aussi souvent qu'on le voudra, sans craindre de faire jamais apercevoir la retouche, ni de fatiguer, moins encore de tourmenter la couleur.

De tels avantages lui paroissent confirmer ce que les auteurs ont écrit sur les effets de cette ancienne peinture. Il remarque que ces mêmes avantages pourront être mieux sentis par une suite de pratiques moins abrégées. Dans tous les arts, les premiers essais ont des difficultés que lève enfin le génie des Artistes ; cependant les préparations une fois trouvées, M. Vien a réussi sans peine & promptement.

Nous espérons que les amateurs des arts & de l'antiquité, verront avec plaisir reparoître, sous les auspices de l'Académie, des moyens que plusieurs grands peintres de la Grèce ont employés pour charmer & pour instruire les Grecs, c'est-à-dire les hommes du monde, dont le goût a peut-être été le plus délicat & le plus épuré.

CHANGEMENS arrivés dans la Liste des Académiciens depuis l'année 1752, jusques & compris 1754.

EN M. DCCLII.

M. l'Abbé Geinoz, Académicien-Associé, mourut, & il fut remplacé par M. de Sigrais, Capitaine de Cavalerie, Chevalier de l'ordre royal & militaire de S.t Louis.

EN M. DCCLIII.

M. Duclos ayant obtenu la Vétérance, fit vaquer une place dans la claſſe des Académiciens-Aſſociés. Elle fut remplie par M. de Guignes, Interprète du Roi pour les langues Orientales.

L'Académie perdit cette même année M. de Boze, Acamicien-Penſionnaire & ancien Secrétaire perpétuel.

M. l'Abbé Vatry fut choiſi pour lui ſuccéder en qualité de Penſionnaire.

La place d'Aſſocié qui vaquoit par cette promotion, fut remplie par M. l'Abbé Foucher, Cenſeur Royal.

M. l'Abbé Fénel, Académicien-Aſſocié, mourut à la fin de cette année.

EN M. DCCLIV.

L'Académie nomma en ſa place M. l'Abbé Batteux; Profeſſeur Royal.

La mort enleva cette même année M. Secouſſe, Académicien-Penſionnaire. Il fut remplacé par M. de la Nauze, Académicien-Aſſocié.

Cette promotion ayant fait vaquer une place dans la claſſe des Académiciens-Aſſociés, M. d'Anville, Géographe du Roi, fut choiſi pour la remplir.

HISTOIRE
DES
OUVRAGES
DE
L'ACADÉMIE ROYALE
DES INSCRIPTIONS
ET
BELLES-LETTRES.

EXAMEN
D'UN PASSAGE D'HÉRODOTE,
Concernant les Pélasges & les Hellènes.

Les origines de la Grèce sont une des parties les plus intéressantes de nos recherches: c'est arrêter nos regards sur le berceau des Muses; & ce que les familles nobles goûtent de plaisir à s'instruire de l'histoire de leurs ancêtres, & à découvrir les premiers titres de leur noblesse, les gens de Lettres ne peuvent manquer de le sentir, en étudiant la naissance & la formation d'un peuple qui fut autrefois la source, & qui est encore le modèle de tout genre de Littérature.

Les Pélasges furent le premier peuple connu qui habita la Grèce. Ils étoient possesseurs de la Thessalie avant Deucalion. De-là ils se répandirent dans les autres parties de la Grèce, dans les isles, & même au-delà des deux mers, en Italie & sur les côtes d'Asie. M. l'abbé Geinoz avoit, en 1740 & 1743, traité de l'origine & des migrations des Pélasges; en 1751, M. de la Nauze entreprit de développer la différence des Pélasges & des Hellènes, il montra que ce furent deux nations originairement différentes, que, dès avant la guerre de Troie, les Pélasges s'étoient incorporés avec les Hellènes; mais que les Grecs ne prirent en général le nom d'*Hellènes* qu'après la guerre de Troie; que les Eoliens, les Ioniens & les Doriens furent les trois branches du corps hellénique, distinguées de la nation Pélasgique; & que si l'on a quelquefois dit des Éoliens & des Ioniens, qu'ils avoient été précédemment Pélasges, c'est uniquement parce qu'ils avoient succédé à des Pélasges dans un même pays.

Mém. de l'Académ. t. XIV, p. 154, & tome XVI, p. 106. Ibid. t. XXIII, p. 115.

Ces deux Académiciens, pour appuyer leur opinion, avoient cité & diversement interprété un même passage d'Hérodote. M. Gibert, qui se prépare à donner au public une édition nouvelle & une traduction de cet historien, a proposé une troisième explication; ce qui a excité entre ces trois Académiciens, un de ces combats littéraires, qui toûjours accompagnés d'égards & de bienséance dans une Compagnie aussi polie que savante, sont si utiles au progrès des Lettres, & ne manquent jamais, quelle qu'en soit l'issue, de tourner à l'avantage des spectateurs, & même à celui des vaincus.

Janv. 1752.

Pour mettre le lecteur au fait de cette dispute, nous allons commencer par rapporter le texte dont l'explication est contestée: il se trouve au premier livre d'Hérodote. Cet historien raconte que Crésus alarmé des succès de Cyrus, & des accroissemens que prenoit la monarchie des Perses, voulut s'appuyer de l'alliance des peuples qui se trouvoient alors les plus puissans de la Grèce. C'étoient les Lacédémoniens & les Athéniens; Hérodote explique en passant l'origine de ces deux peuples, & c'est ce passage qui fait toute la difficulté. Voici le texte. Ἱστορέων δὲ (ὁ Κροῖσος) εὕρισκε Λακεδαιμονίους καὶ Ἀθηναίους προέχοντας· τοὺς μὲν, τοῦ Δωρικοῦ γένεος, τοὺς δὲ, τοῦ Ἰωνικοῦ· ταῦτα γὰρ ἦν τὰ προκεκριμένα ἐόντα τὸ ἀρχαῖον, τὸ μὲν, Πελασγικὸν, τὸ δὲ Ἑλληνικὸν ἔθνος· καὶ τὸ μὲν, οὐδαμῆ κω ἐξεχώρησε· τὸ δὲ, πολυπλάνητον κάρτα.

C. 56.

M. Gibert traduit ainsi: *Crésus s'étant informé quels étoient les plus puissans des Grecs, trouva que les Lacédémoniens & les Athéniens tenoient le premier rang, les uns dans la branche Dorienne, & les autres dans la branche Ionienne. Ces deux Nations ou ces deux branches étoient en effet les plus distinguées, étant originairement l'une une nation Pélasgienne, l'autre une nation Hellénienne. Les Ioniens-Athéniens, qui étoient Pélasges d'origine, ne sortirent jamais de leur pays: les Doriens-Lacédémoniens, qui étoient Hellènes, ont été fort errans.*

Ce passage d'Hérodote, qui intéresse toute l'histoire de l'ancienne Grèce, contient trois propositions. La première ne souffre aucune difficulté. Les pronoms τοὺς μὲν, τοὺς δὲ suivent, dans leur rapport, l'ordre énoncé dans le membre précédent. Il est sans contredit que les Lacédémoniens étoient Doriens d'origine, & que les Ioniens habitèrent le pays d'Athènes.

Le premier mot de la ſeconde propoſition, ταῦτα, commence à jeter de l'équivoque: doit-on le rapporter aux deux peuples nommés d'abord, ou aux deux branches énoncées enſuite? Hérodote ne fait-il que répéter ce qu'il a déjà dit, que les Lacédémoniens & les Athéniens étoient, dans la Grèce, les peuples les plus diſtingués? ou veut-il donner aux deux branches Dorienne & Ionienne la ſupériorité ſur la branche Éolienne, qui étoit la troiſième ſource des Nations de la Grèce? M. Gibert réunit les deux idées: ſelon lui l'auteur a voulu dire que ces deux Nations, ou ces deux branches étoient en effet les plus diſtinguées.

Le reſte de cette ſeconde phraſe renferme de la difficulté. Il eſt évident que les deux pronoms τὸ μὲν, τὸ δὲ, n'y ont pas le même rapport que τοὺς μὲν, τοὺς δὲ dans la phraſe précédente: τὸ μὲν Πελασγικὸν ne peut ſe rapporter qu'aux Ioniens d'Athènes, & nullement aux Doriens de Lacédémone. Hérodote le dit expreſſément dans la page ſuivante; τὸ Ἀττικὸν ἔθνος, ἐὸν Πελασγικόν. Mais d'un autre côté cette interprétation n'eſt-elle pas contraire aux notions que toute l'antiquité nous donne des Ioniens? Tous les anciens monumens s'accordent à dire que les Ioniens ſont deſcendans d'Hellen par Ion & par Xuthus, comme les Doriens ſont iſſus du même Hellen par Dorus: les Ioniens ſont donc Hellènes auſſi-bien que les Doriens; & Hérodote n'a pas pû dire qu'ils étoient Pélaſges d'origine, & les oppoſer à la nation Hellénique. C. 67.

M. Gibert prévient cette objection. Les Ioniens, ſelon lui, ne ſont pas différens des Athéniens. Lorſqu'Ion fut reçû à Athènes, & qu'on lui déféra le gouvernement de la République, il n'amena point avec lui une nouvelle colonie: ſon arrivée ne produiſit d'autre changement que celui du nom de la Nation, qui le reconnut pour chef. Les Athéniens ayant pris le nom d'Ioniens, ceſsèrent alors d'être regardés comme un peuple Pélaſgique. Ayant peu à peu adopté les uſages, les coûtumes & la langue des Hellènes, ils furent cenſés avoir accédé à la confédération Hellénienne, quoiqu'ils fuſſent Pélaſges d'origine.

La troisième proposition forme le principal embarras; c'est aussi celle dont le sens a été le plus contesté. La distribution des pronoms fait encore ici toute l'équivoque: Τὸ μὲν ἐδαμῆ κω ἐξεχώρησε, τὸ δὲ πολυπλάνητον κάρτα. Le τὸ μὲν de cette phrase a-t-il le même rapport que dans la phrase précédente, & tombe-t-il sur le mot Πελασγικόν? C'est le sentiment de M. Gibert. Les Pélasges d'Athènes devinrent Ioniens sans changer de place: Ion les trouva dans le pays, & leur donna son nom, en sorte qu'on peut dire que les Ioniens d'Athènes ne sortirent jamais de leur pays; au lieu que les Doriens, venus en colonie de la Phthiotide habitée par Hellen, ne s'étant établis à Lacédémone qu'après plusieurs courses différentes, ont été fort errans. M. Gibert a suivi à la trace toutes leurs migrations, qui sont très-connues par l'ancienne histoire de la Grèce.

M. de la Nauze donne aux deux pronoms partitifs τὸ μὲν, τὸ δὲ, dans les deux dernières phrases, le même rapport que leur donne M. Gibert; mais il ne s'accorde pas tout-à-fait avec lui sur l'explication du passage d'Hérodote. Premièrement le pronom ταῦτα, qui commence la seconde proposition, ne peut, dit-il, se prêter indifféremment aux deux Nations & aux deux branches dont il est parlé dans la première phrase. Hérodote n'avoit garde de représenter le corps Ionique comme fort distingué du temps de Crésus, puisque cet auteur venoit
L. 1, c. 27. de dire, quelques pages auparavant, que ce corps étoit extrêmement avili, excepté dans son chef seul, la ville d'Athènes. Il faut donc conserver au pronom ταῦτα, le rapport que le corps Dorique & le corps Ionique ont dans la première phrase à leurs chefs, Λακεδαιμονίους & Ἀθηναίους, & traduire ainsi; *car ces Ioniens-là*, c'est-à-dire ceux d'Athènes, *& ces Doriens-là*, c'est-à-dire ceux de Lacédémone, *étoient alors les peuples les plus distingués dans la Grèce.* C'est le moyen de concilier la célébrité & l'avilissement du corps Ionique.

Le second inconvénient que trouve M. de la Nauze dans l'explication de M. Gibert, c'est de prétendre que les Ioniens, généralement reconnus pour une des trois branches du corps

Hellénique, aient au contraire été Pélaſges, & que les Pélaſges d'Athènes ſoient devenus Ioniens en changeant ſeulement de nom. Il eſt vrai que ce ne fut pas par des colonies que les Ioniens s'établirent dans le pays d'Athènes; mais ce fut par un progrès équivalent à des colonies. Deucalion s'étoit retiré de la Phthiotide dans l'Attique ſur la fin de ſes jours. Amphictyon, fils de Deucalion, y épouſa la fille de Cranaüs, & y régna dans la ſuite après la mort de ſon beau-père. Xuthus, fils d'Hellen, s'y tranſporta auſſi, il y épouſa une fille du roi Érechthée, & y bâtit quatre villes. Les Hellènes avoient donc conſidérablement avancé leur établiſſement dans l'Attique avant la naiſſance d'Ion, fils de Xuthus, & petit-fils d'Érechthée. Dès-lors Ion & ſon peuple étant natif du pays, quoiqu'originaires de la Phthiotide, on ne pouvoit les regarder comme étrangers dans l'Attique. Les ancêtres des Hellènes venus d'abord avec Deucalion, & les véritables Hellènes arrivés enſuite avec Xuthus, ſe trouvant fort multipliés, lorſqu'Ion fut élû chef des habitans de l'Attique, les Pélaſges s'incorporèrent avec eux, & prirent le nom d'*Ioniens*. Voilà par conſéquent, juſqu'à l'époque des premiers Ioniens, un progrès de la nation Hellénique, qui équivaut à celui qu'elle auroit pû faire dans l'Attique par pluſieurs colonies en forme. Il ne faut donc pas alléguer le prétexte du défaut de colonie, pour diſputer aux Ioniens la qualité de branche Hellénique, & pour les oppoſer, comme Pélaſges, aux Éoliens & aux Doriens, en tant qu'Hellènes. Ainſi Hérodote ne prétend pas que les Ioniens d'Athènes aient été Pélaſges d'origine; il veut dire ſeulement qu'ils ont ſuccédé à des Pélaſges: il s'agit d'une identité de lieu, & non pas d'une identité de nation.

Ce ſens eſt confirmé par d'autres paſſages parallèles du même auteur. Il dit ailleurs que les Ioniens du Péloponnèſe *L. VII, c. 94.* s'étoient autrefois appelés Pélaſges Égialéens, & qu'enſuite ils reçûrent d'Ion le nom d'Ioniens: il parle, non d'une identité de peuple, comme ſi les Pélaſges & les Ioniens avoient été primitivement une même nation, mais d'une identité de lieu, parce que les Ioniens y avoient ſuccédé aux Pélaſges, & que les Pélaſges s'y étoient incorporés avec les Ioniens, en adoptant la langue & le nom de ces derniers.

C. 95. Il dit au même endroit, que les Ioniens inſulaires, ſitués entre le continent de la Grèce & l'Aſie, avoient été d'abord un peuple Pélaſgien, qui devint enſuite peuple Ionien, Πελασγικὸν ἔθνος, ὕστερον δὲ Ἰωνικόν: c'eſt toûjours l'identité du lieu & non du peuple.

Après ces exemples, il eſt aiſé de voir pourquoi le même auteur, parlant des Ioniens d'Athènes & des Doriens de Lacédémone, au temps de Créſus, dit qu'ils avoient la prééminence dans la Grèce, *ayant été anciennement, les uns un peuple Pélaſgien, & les autres un peuple Hellénien.* Ce n'eſt pas que les uns & les autres ne fuſſent Hellènes; mais les Ioniens d'Athènes avoient ſuccédé dans cette ville aux Pélaſges, comme l'hiſtoire de la Grèce le certifie, & les Doriens de Lacédémone avoient ſuccédé en cette ville à d'autres Hellènes, c'eſt-à-dire aux Éoliens, comme l'hiſtoire pareillement en fait foi. Tel eſt, dit M. de la Nauze, le véritable ſens de ce paſſage.

Hérodote ajoûte que les Ioniens n'étoient jamais ſortis du lieu de leur premier établiſſement. En effet, leur premier berceau fut Athènes Pélaſgienne, leurs pères s'y étoient tranſportés, & y avoient vécu en étrangers; mais les enfans y établiſſant leur langue & leur nom, firent de cette ville Pélaſgienne, une ville Hellénienne & Ionienne, d'où ils ne ſortirent jamais, malgré les colonies qu'ils en détachèrent fréquemment. Hérodote dit au contraire que les Doriens avoient été errans, & il le prouve par le récit de leurs tranſmigrations juſqu'à leur établiſſement dans Lacédémone, au temps du retour des Héraclides. Ce peuple n'ayant pû ſe fixer dans le Péloponnèſe qu'après la guerre de Troie, & quand toute la Grèce étoit déjà peuplée d'Hellènes, il y ſuccéda à des Hellènes, au lieu que les Ioniens d'Athènes avoient ſuccédé à des Pélaſges.

En conſéquence de ces réflexions, M. de la Nauze s'en tient

tient à la traduction qu'il a déjà donnée du paſſage en queſtion : *Créſus trouva les Lacédémoniens & les Athéniens à la tête, les uns du peuple Dorien, & les autres du peuple Ionien;* car ces Ioniens-là & ces Doriens-là étoient alors les peuples *les plus diſtingués* dans la Grèce, *après avoir anciennement ſuccédé celui-là à un peuple Pélaſgique, & celui-ci à un peuple Hellénique. Le premier ne s'eſt jamais déplacé, & l'autre avoit été extrêmement errant; car,* ajoûte Hérodote, *il habita* ſucceſſivement la Phthiotide, l'Hiſtiéotide, le mont Pinde, la Dryopide & le Péloponnèſe, où *il fut appelé Dorien.*

A l'occaſion de ce paſſage, M. de la Nauze en explique un autre du même auteur, qui a encore rapport à la formation de la nation Hellénique; le voici:

Ἀποσχισθὲν μέν τοι (τὸ Ἑλληνικὸν) ἀπὸ τοῦ Πελασγικοῦ, ἐὸν ἀσθενές, ἀπὸ σμικροῦ τέως τὴν ἀρχὴν ὁρμεώμενον, αὔξηται ἐς πλῆθος, καὶ ἐθνέων πολλῶν μάλιστα προσκεχωρηκότων αὐτῷ, καὶ ἄλλων ἐθνέων βαρβάρων συχνῶν.

Ce paſſage peut donner occaſion à trois difficultés: la première ſur le mot ἀποσχισθέν, comme ſi les Hellènes euſſent été dans leur origine un démembrement des Pélaſges; quoiqu'Hérodote reconnoiſſe par-tout ailleurs une différence primitive & nationale entre les deux peuples: la ſeconde ſur le mot προσκεχωρηκότων, comme ſi des colonies étrangères euſſent fait la grandeur de ce peuple, qui au contraire en fut redevable, ſelon toute l'hiſtoire, à ſes propres colonies répandues par toute la Grèce; la troiſième enfin, ſur ce qu'il eſt dit, qu'aux Hellènes ſe joignirent pluſieurs peuples & d'autres peuples barbares en grand nombre, ce qui a l'apparence d'une tautologie: tels ſont les trois points qu'il faut éclaircir.

1.° Les Pélaſges de la Theſſalie, & les Phthiotes ou Hellènes primitifs, étoient voiſins les uns des autres, & renfermés dans l'enceinte du même pays, c'eſt-à-dire, de la Theſſalie. Deucalion, roi de la Phthiotide ſe joignit à des peuples étrangers pour faire la guerre aux Pélaſges Theſſaliens, ſes voiſins, & auparavant ſes amis. En faut-il davantage pour autoriſer l'expreſſion d'Hérodote, quand il parle de la nation primitive

Dionyſ. Halic. l. 17.

des Hellènes, comme s'étant détachée de la nation Pélaſgique? ἀποσχισθὲν ἀπὸ τοῦ Πελασγικοῦ. Le ſens naturel du verbe ἀποσχίζομαι eſt un ſens de rupture & non de démembrement. La ſuite du texte d'Hérodote convient parfaitement à cette interprétation. La nation Hellénique, réduite alors à la ſeule Phthiotide, étoit encore fort peu puiſſante, ἐὸν ἀσθενὲς, mais de cet état, juſqu'alors un état de petiteſſe, elle vint à jeter les premiers fondemens de ſa grandeur, par les colonies qu'elle envoya dans la Grèce, ἀπὸ σμικροῦ τέως τὴν ἀρχὴν ὁρμεώμενον.

2.° Elle s'accrut prodigieuſement par la jonction ſur-tout de pluſieurs peuples, αὔξηται ἐς πλῆθος, τῶν ἐθνέων πολλῶν μάλιστα προσκεχωρηκότων αὐτῷ. Sont-ce des colonies étrangères qui vont ſe joindre aux Hellènes, ou des peuples qui, ayant reçû chez eux les colonies Helléniques, ſe joignent à elles en adoptant leur langue & leurs uſages? Ce dernier ſens eſt le ſeul qui s'accorde avec la vérité de l'hiſtoire; προσχωρεῖν ſignifie ici une acceſſion morale, & non pas un mouvement local.

3.° Les Hellènes s'accrurent par la jonction ſur-tout des peuples de la Grèce, c'eſt-à-dire des Pélaſges Athéniens, Argiens, Arcadiens, &c. conſidérables par leur multiplicité, τῶν ἐθνέων πολλῶν μάλιστα, & par la jonction de quelques autres Barbares, tels que les Cadméens de la Béotie & les Crétois de l'Élide, conſidérables non par leur multiplicité, mais par leur multitude: καὶ ἄλλων ἐθνέων βαρβάρων συχνῶν. Par cet éclairciſſement, tiré du fond même de l'hiſtoire, l'ombre de la tautologie s'évanouit; & l'on voit en même temps ce que
I, 3. Thucydide a prétendu, en diſant qu'avant l'arrivée des Hellènes dans la Grèce, elle avoit pour habitans différens peuples, mais ſur-tout les Pélaſges: ἔθνη δὲ ἄλλα τε καὶ τὸ Πελασγικὸν ἐπιπλεῖστον. Ce texte de Thucydide eſt parallèle à celui d'Hérodote.

Revenons au premier paſſage, qui fait le ſujet de cette diſcuſſion. M. Gibert & M. de la Nauze conviennent que les Athéniens & les Lacédémoniens étoient, les uns de la race ionique, les autres de la race Dorique: mais M. Gibert rapporte le pronom ταῦτα indifféremment aux deux Nations & aux deux races, & M. de la Nauze ne le rapporte qu'aux deux Nations. Ils conviennent tous deux que les mots τὸ μὲν Πελασγικὸν, se doivent appliquer aux Athéniens; mais ils ne s'accordent pas sur la manière dont se doit faire cette application. Quant à la dernière phrase, ils prétendent tous deux que l'auteur veut dire que les Ioniens d'Athènes ne se sont jamais déplacés, & que les Doriens de Lacédémone ont été fort errans.

M. Geinoz, qui préparoit une édition d'Hérodote, dont on n'a trouvé après sa mort que la collection des variantes, tirées tant des imprimés que des manuscrits, ne s'accorde pas avec eux sur plusieurs points, & principalement sur le sens de la dernière phrase. Voici la traduction qu'il donne du passage en question.

Crésus s'étant informé quels étoient les plus puissans des Grecs, dans le dessein de s'en faire des amis, trouva que les Lacédémoniens & les Athéniens tenoient le premier rang, les uns dans la race Dorienne, & les autres dans la race Ionienne. Ces Nations (c'est-à-dire les Lacédémoniens & les Athéniens) *étoient en effet les plus distinguées, étant l'une, une nation Pélasgienne d'origine, & l'autre, une nation Hellénienne. L'une de ces nations* (c'est-à-dire l'Hellénienne) *ne sortit jamais de son pays; mais l'autre* (c'est-à-dire la Pélasgienne) *fut fort errante.*

1.° Le pronom ταῦτα semble avoir embarrassé les deux Académiciens. Ils ont cherché à le rapporter à quelque mot de la phrase précédente, & ils n'y ont trouvé que le mot γένος. C'est pour cela que M. Gibert a employé l'alternative *des deux nations ou des deux branches ;* & que M. de la Nauze a traduit *ces Ioniens-là & ces Doriens-là ;* c'est-à-dire les Ioniens d'Athènes & les Doriens de Lacédémone. Mais, selon M. Geinoz, il ne s'agit point ici des Ioniens & des Doriens; ce n'est pas d'eux qu'Hérodote a dessein d'entretenir son lecteur. S'il nomme ces deux races d'Hellènes, ce n'est qu'en passant, & pour mieux distinguer les Athéniens & les

Lacédémoniens. Mais il n'eſt pas queſtion des Ioniens dans toute la digreſſion ſuivante; & ſi le nom de Doriens lui échappe une ſeule fois, c'eſt pour nous apprendre qu'une peuplade de Pélaſges, qui avoit occupé la Phthiotide ſous le règne de Deucalion, après pluſieurs migrations & changemens de demeure & de nom, s'étoit enfin fixée dans le Péloponnèſe; & qu'ayant été incorporée avec les Doriens, elle en avoit pris le nom.

M. Geinoz rapporte donc le pronom ταῦτα aux ſubſtantifs Λακεδαιμονίους & Ἀθηναίους. La différence du genre ne doit pas faire de difficulté. Ce neutre ταῦτα tombe ſur τὰ ἔθνεα, qui n'avoit pas beſoin d'être exprimé, & qui n'auroit pû l'être ſans choquer l'oreille, parce qu'il eſt énoncé dans le reſte de la phraſe: ἐόντα τὸ ἀρχαῖον, τὸ μὲν Πελασγικὸν, τὸ δὲ Ἑλληνικὸν ἔθνος. On ne doit pas regarder ces mots ταῦτα γὰρ ἦν τὰ προκεκριμένα, comme une ſimple répétition de Λακεδαιμονίους καὶ Ἀθηναίους προέχοντας. Hérodote confirme, par ſon propre témoignage, ce que Créſus avoit appris par ſes informations. Dans la première phraſe l'hiſtorien dit que Créſus trouva les choſes en tel état; dans la ſeconde il affirme, en ſon propre nom, que les choſes étoient effectivement dans l'état où Créſus les avoit trouvées; deux témoignages de la même choſe à la vérité, mais rendus par différentes perſonnes, & conçus en termes différens.

L'interprétation que M. Geinoz donne de la troiſième phraſe, eſt abſolument contraire à celle des deux autres Académiciens: καὶ τὸ μὲν οὐδαμῆ κω ἐξεχώρησε, τὸ δὲ πολυπλάνητον κάρτα. Ces paroles, dit-il, ſe rapportent aux Hellènes & aux Pélaſges, abſtraction faite des Lacédémoniens & des Athéniens, des Doriens & des ioniens, dont il eſt à la vérité fait mention dans les phraſes précédentes; mais dont il n'eſt plus queſtion dans la ſuite de la narration. Cette ſuite montre clairement qu'Hérodote n'a dit que les Lacédémoniens & les Athéniens étoient les uns une nation Hellénienne d'origine, & les autres une nation Pélaſgienne, que pour avoir lieu de nous entretenir de l'ancien partage des habitans de la Grèce en Pélaſges & en Hellènes, & de nous raconter tout ce qu'il ſavoit ſur les migrations, la langue & la décadence des Pélaſges, & ſur la langue, les progrès & la ſtabilité des Hellènes. Dans toute la page ſuivante il n'eſt queſtion que de ces choſes; d'où M. Geinoz conclud que c'eſt uniquement aux Pélaſges & aux Hellènes, que doivent s'appliquer ces mots: τὸ μὲν οὐδαμῆ κω ἐξεχώρησε, τὸ δὲ πολυπλάνητον κάρτα. Après la digreſſion ſur les Pélaſges & les Hellènes, Hérodote reprend l'hiſtoire des Athéniens & des Lacédémoniens; mais il ne dit pas un mot des Doriens, ni des Ioniens.

Il ne s'agit plus que de ſavoir à laquelle des deux nations, la Pélaſgienne ou l'Hellénienne, Hérodote attribue les migrations, & qui eſt celle qui a conſtamment habité le même pays. La diſtribution des pronoms τὸ μὲν, τὸ δὲ, ne peut nous être ici d'aucun ſecours. Dans la première phraſe, τοὺς μὲν ſe rapporte viſiblement au premier membre précédent; mais il n'eſt pas moins viſible que dans la ſeconde phraſe, τὸ μὲν rappelle le ſecond membre. On ne peut donc, dans la troiſième phraſe, fixer par la conſtruction même le rapport de τὸ μὲν, τὸ δὲ. Il faut avoir recours à l'hiſtoire & à Hérodote lui-même, pour ſavoir des deux Nations laquelle a été ſédentaire, laquelle a été errante.

On ſait ce que Strabon dit des Pélaſges, d'après les anciens auteurs; il rapporte qu'ils furent appelés Πελαργοὶ, c'eſt-à-dire *Cigognes*, par les habitans de l'Attique, à cauſe de leurs courſes continuelles & de leur vie errante. Hérodote lui-même ne fait mention des Pélaſges, dans le cours de ſon hiſtoire, que pour nous les repréſenter comme une nation qui aimoit les aventures & les voyages, ou que divers malheurs avoient ſouvent obligée de changer d'habitation: par exemple, en parlant de cette partie des Pélaſges, qui s'étoit établie dans l'Attique au pied du mont Hymette, il dit qu'elle étoit venue de la Samothrace; que peu de temps après ſon établiſſement dans l'Attique, elle fut chaſſée par les Athéniens, & qu'elle ſe retira dans l'iſle de Lemnos, d'où elle fut de nouveau

Lib. V.

diſperſée à l'occaſion de la guerre que Miltiade porta dans cette iſle & dans la Cherſonnèſe de Thrace.

Mais ſans chercher des preuves ailleurs, ce qui ſuit immédiatement le texte dont il eſt queſtion, ſuffit pour montrer que, par la nation errante, Hérodote a voulu déſigner les Pélaſges. La digreſſion dans laquelle l'hiſtorien s'engage, a deux parties; la première roule ſur les Pélaſges, la ſeconde ſur les Hellènes. Hérodote, dans la première partie, traite d'une nation qu'il ne nomme point d'abord par ſon nom propre, mais qu'il déſigne ſuffiſamment: il dit que cette nation habita la Phthiotide ſous le règne de Deucalion, & que ſous Dorus, fils d'Hellen, elle habita l'Hiſtiéotide, au pied du mont Oſſa & du mont Olympe. Il ajoûte que cette nation, chaſſée de-là par les Cadméens, ſe retira dans la ville de Pinde, où elle fut appelée *Macédonienne;* qu'enſuite elle paſſa dans la Dryopide, & qu'enfin elle alla s'établir dans le Péloponnèſe, où elle fut appelée *Dorienne.* M. Geinoz demande quelle eſt la nation à qui Hérodote attribue toutes ces migrations. Ce ne peut être la nation Hellénienne: elle n'exiſtoit pas encore ſous le règne de Deucalion; elle doit l'origine à ſon fils Hellen: & ce ne fut même que pluſieurs générations après Hellen, que les deſcendans de ce Prince commencèrent à former un corps de nation, & qu'ils prirent le nom d'Hellènes. La confédération Hellénienne n'avoit point encore pris une certaine forme au temps de la guerre de Troie, & le nom d'Hellènes n'avoit pas encore été adopté par les Grecs en général. Homère n'appelle de ce nom que les habitans de la Phthiotide. Toutes les circonſtances de ce récit d'Hérodote, ne peuvent donc convenir qu'aux Pélaſges, & c'eſt à eux que M. Geinoz rapporte ces migrations.

La ſuite du texte fournit encore une preuve que le deſſein d'Hérodote, en cet endroit, étoit de parler des Pélaſges. Après avoir dit que cette nation errante vint dans le Péloponnèſe & fut appelée *Dorienne*, il ajoûte immédiatement, ἥντινα δὲ γλῶσσαν ἵεσαν οἱ Πελασγοὶ, οὐκ ἔχω ἀτρεκέως εἰπεῖν, *or je ne puis pas dire au juſte quelle langue parloient les Pélaſges.* La liaiſon de cette phraſe avec la précédente, montre évidemment que les Pélaſges, qu'il nomme ici, & dont il veut rechercher quelle étoit la langue, ſont cette même nation dont il vient de rapporter les migrations & les voyages. Autrement cette recherche rompoit le fil de la narration, & ne tiendroit à rien de ce qui précède.

Hérodote traite enſuite de la nation Hellénienne, qui eſt l'objet de la ſeconde partie de ſa digreſſion. Il dit que les Hellènes ont toûjours conſervé la langue qu'ils parloient au commencement de leur confédération. Loin de dire que les Hellènes avoient été une nation errante, il la repréſente comme conſtante dans ſa demeure & dans ſa langue : ſi elle eſt devenue nombreuſe & puiſſante, ce n'eſt point par des invaſions & par des conquêtes, mais ſeulement par la réunion de différens peuples barbares qui prirent le nom, & adoptèrent les mœurs & la religion des Hellènes, pour ne former avec eux qu'un ſeul & même corps de nation.

La digreſſion ſur les Pélaſges & les Hellènes étant achevée, Hérodote revient au point d'où il étoit parti, c'eſt-à-dire, qu'il donne une idée de l'état où étoient les deux républiques d'Athènes & de Lacédémone, lorſque Créſus ſongea à rechercher leur alliance.

Il eſt vrai que cette digreſſion pourra paroître étrange à ceux qui ne ſont pas faits au ſtyle d'Hérodote. A peine a-t-il dit que les Lacédémoniens & les Athéniens étoient, les uns une nation Hellénienne d'origine, & les autres une nation Pélaſgienne, que ſe jetant à l'écart, il abandonne les Lacédémoniens & les Athéniens, pour ne parler que des Hellènes & des Pélaſges. Mais ces tranſitions ſubites ſont très-ordinaires dans Hérodote. Il raconte, au commencement du ſecond livre, qu'après la mort de Cyrus, Cambyſe, roi de Perſe, entreprit de conquérir l'Égypte : il n'a pas pluſtôt nommé l'Égypte, que laiſſant-là l'expédition de Cambyſe, il ne s'occupe que des Égyptiens ; il s'arrête au détail de leurs mœurs, de leurs coûtumes, de leurs antiquités, & cette digreſſion, qui ne tient à ſon hiſtoire que par un fil fort délié, remplit tout le ſecond livre. Son ouvrage eſt plein d'exemples ſemblables: cette manière bruſque d'amener les digreſſions, étoit néceſſaire à ſon plan & à ſes vûes; il vouloit remonter à l'origine des peuples, conſacrer à la poſtérité la mémoire de pluſieurs évènemens antérieurs au temps qu'il avoit embraſſé dans le plan de ſon hiſtoire, & néanmoins lier enſemble toutes les parties de ſon ouvrage. Dans ce deſſein, il n'a pas toûjours trouvé des occaſions heureuſes & naturelles de placer tout ce qu'il a voulu dire; il a été obligé de ſaiſir celles que ſon ſujet lui préſentoit, quelquefois d'aſſez loin. Souvent même un mot, une circonſtance inſérée à deſſein dans ſon récit, donne lieu à une digreſſion. Il y auroit de l'ingratitude à le blâmer d'avoir ſuivi une méthode qui nous procure une infinité de connoiſſances.

Après avoir ainſi prouvé que, par la nation ſédentaire, Hérodote entend les Hellènes, & par la nation vagabonde, les Pélaſges, M. Geinoz s'attache à combattre, par de nouvelles raiſons l'opinion des Savans, qui rapportent ces termes de l'Hiſtorien aux Ioniens & aux Doriens.

Si ce texte, dit-il, pouvoit s'entendre des Ioniens & des Doriens, il ne ſeroit pas aiſé de décider auquel de ces deux peuples l'épithète d'*errant* conviendroit le mieux. L'hiſtoire nous apprend que les Ioniens ont pour le moins autant voyagé, & qu'ils ont auſſi ſouvent changé de demeure que les Doriens mêmes. Ils ont paſſé d'abord de la Theſſalie dans l'Attique, & de l'Attique dans le Péloponnèſe. Chaſſés enſuite du Péloponnèſe par les Achéens, ils ſont retournés à Athènes, où ils n'ont pas été tranquilles. Les colonies nombreuſes & réitérées qu'ils envoyèrent d'Athènes dans l'Aſie mineure, & ailleurs, ne nous permettent pas de les enviſager comme une nation qui ne ſe dépayſa jamais; & lorſque Thucydide a dit que les habitans de l'Attique ont toûjours été plus tranquilles poſſeſſeurs de leur pays que les autres nations, il n'a voulu parler que des temps antérieurs à l'arrivée des Ioniens; car dès que ceux-ci revinrent du Péloponnèſe, l'Attique, dit

dit cet hiſtorien, ſe trouva chargée d'un ſi grand nombre d'habitans, que ne pouvant fournir à leur ſubſiſtance, les Ioniens prirent le parti de ſe diſperſer, & allèrent chercher un pays plus abondant ſur les bords de l'Aſie. *L. I.*

Quelles courſes les Doriens ont-ils fait plus que les Ioniens, pour avoir mérité, par préférence, le nom de nation errante? Les Doriens établis par Dorus leur père & leur chef dans la Tétrapole, au pied du mont Parnaſſe, qu'on appelle *Doride* de leur nom, y ſont conſtamment demeurés, au rapport de Strabon, juſqu'au temps des Héraclides. Ce ne fut que ſous *L. IX.* le règne & ſous la conduite de ces Princes qu'ils en ſortirent pour aller conquérir de plus vaſtes États & un meilleur terrein dans le Péloponnèſe. Hérodote rapporte qu'ils fondèrent la *L. V, c. 76.* ville de Mégare ſous le règne de Codrus, roi d'Athènes. Depuis leur établiſſement dans le Péloponnèſe, ils ont envoyé quelques colonies dans la Pentapole d'Aſie. Voilà toutes les migrations que les hiſtoriens & les anciens Géographes leur attribuent.

On prétendroit en vain leur imputer les voyages & les migrations dont parle Hérodote dans le texte que nous expliquons. Cette nation errante, qui habita la Phthiotide ſous Deucalion, & qui après avoir parcouru pluſieurs pays, ſe fixa dans le Péloponnèſe, n'a pû être la nation Dorienne proprement dite. Les vrais Doriens ſont les deſcendans de Dorus, fils d'Hellen, & du peuple qui l'accompagna, lorſqu'Hellen l'envoya hors de la Phthiotide. Ceux dont il eſt queſtion dans le paſſage d'Hérodote, exiſtoient déjà & formoient un peuple conſidérable ſous Deucalion, c'eſt-à-dire deux générations avant que Dorus eût vû le jour. Sous le règne de Dorus, ils habitoient l'Hiſtiéotide, au pied du mont Oſſa & du mont Olympe; ils paſſèrent enſuite dans les États des vrais Doriens, & ils s'arrêtèrent dans la ville de Pinde, l'une des quatre villes de la Doride; mais bien loin d'être regardés pour lors comme Doriens, & d'en prendre le nom, ils furent réputés une nation étrangère, & on les appela *Macedniens*. Ce ne fut que long-temps après, qu'ayant passé de la Dryopide dans le Péloponnèse, & s'étant vrai-semblablement incorporés avec les vrais Doriens, ils en prirent le nom, & ne firent avec eux qu'une seule & même nation. Observons encore que, dès qu'ils eurent pris le nom de Doriens, ils cessèrent de chercher les aventures, & ne sortirent plus de leur pays; & que ce seroit par conséquent fort mal à propos que, de la nation Dorienne, on voudroit faire une nation errante, par opposition aux Ioniens. Cette nation vagabonde, qui se fixa dans le Péloponnèse, & qui fut appelée *Dorienne,* étoit Pélasgienne d'origine.

Pour répandre plus de jour sur ce qui regarde l'histoire des Pélasges, M. Geinoz examine un passage d'Hésiode, que Strabon nous a conservé. Fondé sur ce passage, M. de la Nauze avoit avancé que les Pélasges ont tiré leur dénomination de *Pelasgus,* père de Lycaon, roi d'Arcadie, qui étoit presque contemporain de Deucalion. M. Geinoz ne croit pas les termes d'Hésiode favorables au sentiment de M. de la Nauze; les voici.

Υἱεῖς ἐξεγένοντο Λυκάονος ἀντιθέοιο
Ὅν ποτε τίκτε Πελασγός.

C'est-à-dire, *des enfans naquirent de Lycaon, fils de Pelasgus.* Ce passage, dit M. Geinoz, est un fragment d'un ouvrage d'Hésiode, qui n'est pas venu jusqu'à nous. Nous ne pouvons donc pas savoir quelles personnes ni quels peuples le Poëte a voulu désigner par ces enfans de Lycaon, fils de Pelasgus. S'il a eu intention de parler des Pélasges en général, le passage dira que Pelasgus est auteur des Pélasges par voie de propagation; & c'est ce que M. de la Nauze ne voudroit pas, sachant bien que la Thessalie, & même la Grèce en général, étoient remplies de Pélasges sous le règne de ce Prince. De quelque côté qu'on envisage les termes d'Hésiode, on n'y verra point que les Pélasges aient tiré leur dénomination de Pélasgus père de Lycaon. Tous les auteurs anciens s'accordent à dire que les Pélasges ont été les plus anciens habitans de la Grèce, & que le nom de *Pelasgia* avoit été donné, de temps immémorial au Péloponnèſe, & à tout le pays que nous comprenons aujourd'hui ſous le nom de Grèce.

M. Geinoz, après avoir ainſi combattu le ſentiment de ſes deux conſières, ne s'épargne pas lui-même. Il faut, dit-il, commencer par corriger ſes propres fautes, ſi on veut avoir quelque droit de relever celles des autres. En conſéquence de ce principe, qui honore l'homme de Lettres, en même temps qu'il ſert à épurer la Littérature, il fait l'aveu des fautes qui lui étoient échappées dans ſes recherches ſur l'origine & les migrations des Pélaſges, imprimées au quatorzième & au ſeizième volumes des Mémoires de l'Académie.

1.° Ayant eu beſoin de faire uſage du texte d'Hérodote, concernant les Pélaſges & les Hellènes, il faiſoit rapporter le pronom ταῦτα, non à ce qui précède, mais à ce qui ſuit; il avoit traduit ainſi: *Voici quelles étoient anciennement dans la Grèce les Nations les plus diſtinguées, ſavoir la Pélaſgique & l'Hellénique.* Il avoue ici que ce ſens, quoique vrai en lui-même, n'eſt cependant pas celui qu'Hérodote a voulu attacher à ces paroles ; le participe ἐόντα indique clairement que le pronom ταῦτα doit ſe rapporter à un ſubſtantif antérieur.

2.° Entraîné par les conjectures de Saumaiſe, il avoit avancé, ſans des preuves bien ſolides, que Μακεδνὸν étoit la même choſe que *Macédonien ;* & ce préjugé l'avoit engagé à prendre ἐν Πίνδῳ pour une montagne voiſine de la Macédoine. Le texte d'Hérodote ne permet pas de douter que *Pindus* ne doive être pris en cet endroit pour une des quatre villes de la Doride.

3.° Il avoit dit que les Pélaſges de Creſtone avoient été voiſins des Doriens de la Theſſalie. Il reconnoît ici qu'il n'y a point eu de Doriens en Theſſalie. Il avoit fait ce contre-ſens, ce ſont ſes termes, pour avoir mal-à-propos rapporté ces paroles d'Hérodote, οἴκεον δὲ τηνικαῦτα γῆν τὴν νῦν Θεσσαλιῶτιν καλεομένην, aux Pélaſges appelés depuis Doriens, au lieu qu'elles doivent ſe rapporter aux Pélaſges de Creſtone.

Après ces obſervations, il déclare qu'il rétracte en général tout ce qu'on pourroit trouver dans ses deux Mémoires précédens, de contraire à ce qu'il établit dans la présente Dissertation. Δεύτεραι φροντίδες σοφώτεραι.

SUR LA VILLE DE CRESTONE.

L. 1, c. 56. HÉRODOTE examinant quelle avoit été la langue des Pélasges, dit qu'on en peut juger par celle qu'on parloit encore de son temps à Crestone, ville située au dessus des Tyrrhéniens, & à Placie & Scylacé dans l'Hellespont. Ces villes avoient été bâties par les Pélasges. La langue primitive s'y étoit conservée : elle étoit la même dans ces villes, mais absolument différente de celle des peuples voisins. C'étoit une langue barbare, c'est-à-dire qui n'avoit aucun rapport à la langue des Grecs.

In Κρήστων. Étienne de Byzance place dans la Thrace cette ville de *L. 1.* *Crestone*, dont parle Hérodote. Mais Denys d'Halicarnasse la met en Umbrie, & la confond avec la ville de *Crotone*, qui fut ensuite nommée *Cothornia*, & depuis *Cortone*.

M. l'Abbé Geinoz, dans sa Dissertation sur l'origine des Pélasges, imprimée au XIV.e volume des Mémoires de l'Académie, avoit combattu cette opinion de Denys. On y Janvier 1752. peut voir ses preuves. M. de la Nauze s'en tient à l'autorité de Denys; il l'a de nouveau appuyée de plusieurs raisons, que nous allons exposer avec les réponses de M. Geinoz.

1.° Crestone, suivant Hérodote, étoit, dit M. de la Nauze, située au dessus des Tyrrhéniens, c'est-à-dire plus avant dans les terres; par conséquent ces Tyrrhéniens étoient Étrusques; autrement les habitans de la prétendue Crestone de Thrace auroient été Tyrrhéniens eux-mêmes, & leur ville n'auroit pas été au dessus des Tyrrhéniens. On sait que les Grecs ont donné le nom de Tyrrhéniens à ces Pélasges, qui étant chassés de la Thessalie par Deucalion, passèrent en Italie, demeurèrent quelque temps dans le voisinage des Étrusques ou Tyrrhéniens, revinrent ensuite dans la Grèce, & s'établirent en partie dans la Thrace.

M. Geinoz répond que, de ce que Crestone étoit située plus avant dans les terres, & au dessus des Tyrrhéniens, il ne s'ensuit pas que ces Tyrrhéniens fussent Étrusques, & qu'ils habitassent en Italie. Les Tyrrhéniens de Thrace occupoient les bords de la mer Thracienne; & la ville de Crestone étoit située plus avant, dans les terres de la Thrace. Ainsi les habitans de Crestone étoient placés dans la Thrace, & dans le voisinage de la Macédoine, au dessus des Tyrrhéniens, sans être eux-mêmes Tyrrhéniens. Consultons le texte d'Hérodote; il fait entendre clairement & que les Crestoniens n'étoient pas Tyrrhéniens, & qu'ils n'avoient pas été compagnons de ceux qui firent le voyage d'Italie. Ce fut sous Deucalion que ces Pélasges passèrent en Italie; or Hérodote dit que dans le temps que les Crestoniens habitoient la Thessaliotide, ils avoient été voisins des Pélasges appelés depuis Doriens. Ce voisinage n'a pû avoir lieu que sous Dorus, fils d'Hellen, temps auquel ces Doriens habitoient l'Histiéotide voisine de la Thessaliotide.

Thucydide distingue pareillement les Crestoniens des Tyr- *L. IV.*
rhéniens: *les villes de Thusse*, dit-il, *de Cléones, d'Acrothoé & d'Olophuxe, sont habitées par des Nations barbares mêlées ensemble & qui parlent deux langues; il y a un peu de Chalcidiens, mais le plus grand nombre est Pélasgique, c'est-à-dire de ces Tyrrhéniens qui ont habité autrefois Lemnos & Athènes. Il y a aussi des Bisaltiens, des Crestoniens & des Edones*: καὶ τι Χαλκιδικὸν ἔνι βραχὺ, τὸ δὲ πλεῖστον Πελασγικὸν, τῶν καὶ Λῆμνόν ποτε καὶ Ἀθήνας Τυρσηνῶν οἰκησάντων, καὶ Βισαλτικὸν, καὶ Κρηστωνικὸν, καὶ Ἤδωνες. L'historien s'énonce ici de manière qu'on ne peut douter qu'il ne distingue les peuples Bisaltique, Crestonien & Édonien de ces Pélasges Tyrrhéniens, qui avoient autrefois habité Lemnos & Athènes.

2.° M. de la Nauze observe que les Tyrrhéniens de
Thrace, au rapport de Thucydide, y occupoient non des *Ibid.*
villes, mais quelque chose de moins, μικρὰ πολίσματα: or Hérodote donne à Crestone le titre de ville, πόλιν; il ne la suppose donc pas située parmi les Tyrrhéniens de Thrace.

Mais, répond M. Geinoz, M. de la Nauze suppose ici que

les Crestoniates étoient Tyrrhéniens; Hérodote & Thucydide disent précisément le contraire. D'ailleurs Thucydide auroit pû donner à Crestone le nom de πόλισμα, petite ville, & Hérodote le titre de ville, πόλις, sans que cette différence nous mît en droit d'en conclurre qu'ils eussent parlé de deux diverses villes. Ce seroient deux manières différentes d'envisager la même ville, & c'est ce qui arrive tous les jours.

3.° Hérodote, dit M. de la Nauze, appelle Crestonéens les Pélasges de Thrace, & Crestoniates ceux de Crestone. Les uns sont donc différens des autres.

M. Geinoz nie la conséquence. Ces noms, dit-il, ne sont pas assez différens pour ne pouvoir convenir au même peuple. Le nom de Κρηστωνιῆται désignera, si l'on veut, les habitans de la ville, & Κρηστωναῖοι ceux du territoire; & c'est en effet dans ce sens qu'Hérodote paroît les avoir employés.

Quant à l'autorité de Denys d'Halicarnasse, à laquelle s'attachoit M. de la Nauze, M. Geinoz, après l'avoir combattue dans le Mémoire que nous avons déjà cité, ajoûte ici quelques réflexions pour achever de la détruire sur cet article. Comme cet auteur, dit-il, travailloit alors sur les antiquités de l'Italie, il n'a vû en tout que l'Italie, il rapporte tout à l'Italie. Qu'on lise les Dissertations qui sont à la fin du supplément d'Holsténius, on verra combien il y a peu de fonds à faire sur tout ce que Denys avance dans son premier livre des antiquités Romaines.

Il seroit difficile de croire qu'Hérodote eût jamais pénétré assez avant en Italie, pour arriver à Cortone dans l'Umbrie. Il n'auroit pas manqué de nous donner une belle description de l'Italie & des Nations qui l'habitoient de son temps. Il n'étoit pas homme à garder le silence sur un article si curieux & si intéressant pour sa Nation. Cependant quand il parle de la langue des Crestoniates, il n'en parle pas comme d'une chose qu'il n'ait apprise que sur le rapport d'autrui: il ne dit pas *on dit, on raconte*, il dit positivement que les Crestoniates parlent entre eux une langue qui n'est pas entendue de leurs voisins. C'est donc d'une Crestone différente de celle qu'on veut placer en Italie, qu'Hérodote parle en cet endroit. Une preuve qu'Hérodote connoissoit par lui-même la langue des habitans de Crestone, & que par conséquent il parloit de Crestone en Thrace, où il avoit été aussi-bien qu'à Placia & à Scylacé dans l'Hellespont; c'est la proposition qu'il fait de juger de la langue des anciens Pélasges, par celle que l'on parloit de son temps en ces deux villes. On ne se propose pas de juger d'une chose inconnue, par une autre tout aussi inconnue.

Mais, dira-t-on, Hérodote a demeuré à Thurium, ville d'Italie, & de-là il a pû savoir certainement quelle étoit la langue des Crestoniates d'Italie. M. Geinoz répond qu'il y a une grande distance de Thurium à Cortone, & que du temps d'Hérodote, & même jusqu'à l'expédition de Pyrrhus, l'intérieur de l'Italie a été non seulement inconnu, mais inaccessible aux Grecs. D'ailleurs Hérodote étoit fort âgé lorsqu'il alla à Thurium; il a fini ses jours dans cette colonie Athénienne; & ses ouvrages avoient été publiés dans toute la Grèce antérieurement à son passage en Italie. Il n'avoit donc pas attendu, pour parler de la langue des Crestoniates, qu'il fût à portée de connoître la prétendue Crestone d'Italie.

EXAMEN
D'UN PASSAGE DE LA VIE D'ALEXANDRE,
Où Plutarque rapporte la mort de Statira, femme de Darius.

1753. PLUTARQUE, en qualité d'hiſtorien, eſt peut-être l'auteur de l'antiquité, qui mérite à la fois le plus d'éloge & de cenſure. Philoſophe, Politique & Citoyen, il a conſidéré l'Hiſtoire comme une école de mœurs: c'étoit l'enviſager ſous le point de vûe le plus noble & le plus utile. De-là ſon attention à recueillir tous les traits qui peignent les hommes, qui caractériſent les héros, qui peuvent inſpirer l'horreur du vice, l'humanité, l'oubli généreux de ſoi-même, le courage d'eſprit, le zèle pour le bien public, le mépris des richeſſes, des grandeurs & de la vie même. Il ne raſſemble des faits que pour donner des leçons, il ne raconte que pour avoir l'occaſion & le droit de réfléchir; & ſes réflexions, toûjours libres, preſque toûjours vraies, ſouvent profondes, plus judicieuſes que recherchées, il les rend touchantes & perſuaſives, parce qu'il ne ſe montre ni Cynique ni bel-eſprit. C'eſt à ce mérite, reconnu généralement, que ſes ouvrages hiſtoriques doivent le ſuffrage unanime de tous les Lecteurs qui chériſſent la vertu. Ils y trouvent une morale intéreſſante & noble, dont les principes puiſés dans le cœur, élèvent l'ame ſans la rebuter, & ne lui propoſent que des efforts dont elle ſe ſent capable, ſur-tout à la vûe des exemples dont l'auteur a ſoin de les fortifier.

Mais il eſt quelques Lecteurs plus difficiles, qui moins touchés des réflexions de Plutarque, dont la pluſpart ne leur paroiſſent que les conſéquences des faits, regardent l'exactitude comme la principale qualité d'un hiſtorien, & ſe croient en état de prouver que Plutarque en a manqué dans bien des occaſions. Ils lui reprochent d'avoir peu connu cet ordre

ſi néceſſaire

ſi néceſſaire pour la clarté d'un récit, cet enchaînement heureux, ces liaiſons naturelles qui conduiſent d'un fait à un autre, de négliger des dates importantes ou des circonſtances eſſentielles, & par-là de tomber quelquefois dans des mépriſes groſſières. Les *vies des hommes illuſtres* ſont à leurs yeux des tableaux eſtimables par le coloris, mais peu corrects, & où l'expreſſion eſt ſupérieure à l'ordonnance.

Plutarque eſt donc un de ces auteurs qu'on ne doit blâmer qu'avec réſerve & louer qu'avec reſtriction. La ſaine Critique ſe permet de ne le pas croire toûjours ſur ſa parole: on peut appeler de ſon témoignage, ſouvent à d'autres hiſtoriens mieux inſtruits ou plus attentifs, & quelquefois à lui-même: car il eſt ſujet à ſe contredire; & la confuſion qui règne dans ſes récits, n'y contribue pas moins que le mépris qu'il affecte pour l'exactitude chronologique.

Après ces réflexions judicieuſes, M. de Bougainville cite, pour les appuyer, un exemple tiré de la vie d'Alexandre. Il y relève une faute d'autant plus remarquable que, ſans doute contre l'intention de Plutarque, elle iroit à dégrader dans notre eſprit une Princeſſe infortunée, à qui cet écrivain lui-même rend juſtice dans le reſte de ſon ouvrage. Cette Princeſſe, dont le ſort doit intéreſſer tous les cœurs ſenſibles, eſt Statira femme de Darius.

On ſait qu'elle fut priſe par Alexandre à la bataille d'Iſſus, avec Siſygambis ſa belle-mère, & le reſte de la famille royale. Alexandre étoit jeune & victorieux; mais la fortune & les flatteurs ne l'avoient pas encore corrompu. Il eut pour cette famille auguſte tous les égards dûs au rang ſuprême & au malheur. Les deux Reines avoient leur Cour dans ſon camp, comme elles l'auroient eue dans le palais de Suze ou de Perſépolis; leurs maiſons étoient auſſi nombreuſes, auſſi brillantes que ſi Darius lui-même avoit pris ſoin de les compoſer pour une mère & pour une femme qu'il chériſſoit avec la plus vive tendreſſe. L'appareil dont elles marchoient environnées, donnoit aux Macédoniens un ſpectacle nouveau pour eux; mais rien ne conſole de la perte du thrône & de la liberté.

Plutarc. in Alex. Diod. Sicil. l. XVII, c. 6. Arrian. l. II, p. 66-82. Quint-Curt. l. III, c. 4-12. Juſtin. l. XI, c. 9.

L'inquiétude & la douleur, jointes à la fatigue des marches continuelles, altérèrent bien-tôt la ſanté de Statira. Après une langueur qui ne ſembloit pas néanmoins menacer ſes jours, elle tomba ſans connoiſſance entre les bras de Siſygambis, & mourut à ſes yeux, laiſſant toute ſa Cour & l'armée Macédonienne dans une conſternation générale. Alexandre fut ſenſiblement touché de la deſtinée de cette Princeſſe dont il reſpectoit la vertu : il donna des pleurs à ſa mort, & lui fit rendre les derniers devoirs avec magnificence. Il étoit alors en marche contre Darius, qui l'attendoit dans la plaine d'Arbelle, pour y livrer cette fameuſe bataille, dont le ſuccès alloit décider du ſort de l'Aſie.

Si nous en croyons Plutarque, Statira mourut en couche. Or il faut remarquer qu'il s'étoit écoulé près de deux ans entre la bataille d'Iſſus où elle avoit été priſe, & la journée d'Arbelle que ſa mort ne précéda que de quelques jours : la preuve en eſt ſimple ; elle réſulte d'un calcul inconteſtable.

La bataille d'Iſſus ſe donna dans le courant du mois Attique *Mæmacterion*, la quatrième année de la CXI.^e Olympiade : ce mois commença le 30 ſeptembre de l'an 333 avant l'ère Chrétienne.

La date de la bataille d'Arbelle eſt certainement fixée au 2 octobre de l'année 331 avant la même ère. L'éclipſe de lune qui la précéda de onze jours, ſelon Plutarque, ſert à la déterminer. Cette éclipſe étoit arrivée le 15 du mois *Boédromion*, la ſeconde année de la CXII.^e Olympiade, c'eſt-à-dire, de l'aveu de tous les Chronologiſtes & de tous les Aſtronomes, le 21 ſeptembre 331.

Ce fut environ quatre jours après, vers le 25 ſeptembre, que la femme de Darius expira, dans le moment même où l'armée ſortoit de ſes lignes pour ſe rapprocher du camp des Perſes. Le détail dans lequel Quint-Curce eſt entré ſur la marche d'Alexandre, ne nous permet pas d'en douter. Entre le 25 ſeptembre 331, & le 30 ſeptembre 333, l'intervalle eſt de vingt-trois mois & vingt-cinq jours.

Il y avoit donc, comme nous l'avons obſervé ci-deſſus,

près de deux ans que Statira étoit prisonnière d'Alexandre, & séparée de Darius: d'où il résulte que sa grossesse auroit été nécessairement le fruit de quelque intrigue; ce qui ne peut s'accorder avec l'idée que Plutarque lui-même & tous les historiens nous donnent de cette Reine. Comment se prêter à une telle supposition qui outrage la mémoire d'une Princesse, honorée de l'estime & des regrets d'Alexandre? Il est étonnant que Plutarque ne se soit pas aperçû des conséquences d'un mot dit légèrement, que les circonstances de la mort de Statira détruisent, & dont il auroit senti la fausseté, s'il avoit eu l'attention de rapprocher les dates des deux batailles.

J'avoue, continue M. de Bougainville, que Justin paroît supposer à peu près la même chose. *Dario in itinere nuntiatur*, dit cet historien, *uxorem ejus ex collisione abjecti partûs decessisse*. Ces termes peuvent signifier les suites d'une fausse couche, antérieure de quelque temps à la mort de la Reine; mais je crois qu'on est en droit de récuser ici le témoignage de Justin, lequel, après tout, ne justifie pas Plutarque. Ce seroit donner, contre toute vrai-semblance, à la mort subite de Statira, une cause bien éloignée, s'il faut l'attribuer à cet accident, qui dut l'avoir précédée de quinze ou seize mois. Si Statira étoit enceinte dès le temps de sa captivité, pourquoi ni Plutarque, ni Justin, ni les autres historiens d'Alexandre n'ont-ils pas fait mention de cette circonstance si capable d'augmenter l'intérêt de leur récit? D'ailleurs est-il croyable qu'Alexandre, qui la traitoit avec tant d'égards, l'eût impitoyablement traînée dans cet état à la suite de ses expéditions? *Justin. l. XI, c. 12.*

Diodore de Sicile dit simplement que Statira mourut quelques jours avant la bataille d'Arbelle. Quint-Curce, qui nous apprend en termes plus précis le temps, le lieu & les principales circonstances de cette mort, l'attribue à la fatigue & au chagrin: *Itineris continui labore, animique ægritudine fatigata, inter socrûs & virginum filiarum manus collapsa erat & deinde extincta.* Son autorité me paroît ici préférable à celle des autres écrivains; & ce qui fonde à mes yeux cette préférence, ce *Diod. Sicul. l. XVII, c. 8.* *Quint. Curt. l. IV, c. 10.*

ſont les regrets que témoigna Darius en apprenant cette triſte nouvelle, dont il voulut ſavoir le détail. Auſſi-tôt après la mort de Statira, dit Quint-Curce en ſubſtance, Tyriotès, un des eunuques de la maiſon de la Reine, s'échappa du camp des Grecs & courut à celui de Darius. On le conduiſit au quartier de ce Prince. La vûe de cet eſclave fidèle, la douleur peinte ſur ſon viſage, ſes ſanglots & ſes larmes préparèrent Darius au récit funeſte qu'il n'oſoit commencer. *Tu viens,* lui dit-il, *m'annoncer quelque nouvel outrage de la fortune: parle; ne ménage pas un Prince malheureux. Quel tourment, quelle inſulte a-t-on fait ſouffrir aux miens!* L'eunuque lui apprit qu'il venoit de perdre Statira. A ces mots les gémiſſemens remplirent la tente royale & tout le camp des Perſes. Le Roi ne douta pas qu'on n'eut attenté ſur les jours de ſon épouſe infortunée. Hors de lui-même, il s'écria: *Que t'ai-je fait, Alexandre! quel ſang venges-tu donc ſur le mien! je n'ai pas mérité ta haine: mais quand je ſerois l'agreſſeur, en devois-tu punir des femmes innocentes.* Tyriotès lui proteſta qu'Alexandre, loin d'immoler la Reine à d'injuſtes reſſentimens, avoit paru vivement affligé de ſa mort. Cette réponſe donna les plus violens ſoupçons à Darius. Il tira l'eunuque à l'écart, & lui dit, en pouſſant un profond ſoupir: *Ne me déguiſe rien: un prompt ſupplice puniroit ton menſonge. Au nom des Dieux, éclaircis un doute que ton Roi rougit de te montrer. Alexandre a-t-il abuſé de ſa victoire! en pleurant Statira, n'ai-je à pleurer que ſa mort; & la perte de ſon honneur n'a-t-elle pas précédé celle de ſa vie!* L'eunuque alors ſe jetant à ſes pieds, le raſſura par mille ſermens, & s'offrit aux horreurs de la plus rigoureuſe queſtion. Il prit le Ciel à témoin qu'Alexandre n'avoit rendu qu'une ſeule viſite à Statira, & que la vertu du vainqueur avoit juſqu'à la fin reſpecté celle de la Princeſſe. Conſolé par ce diſcours, l'infortuné Darius leva les mains au Ciel. *Dieux de ma patrie,* s'écria-t-il, *daignez me raffermir ſur le trône: mais ſi le deſtin a prononcé, ſi c'en eſt fait de Darius & de la monarchie des Perſes, grands Dieux, que le ſceptre de Cyrus ne paſſe qu'entre les mains d'Alexandre!*

Je ne crois pas qu'on ait l'injustice de rejeter sur quelque amant obscur les soupçons que ce récit écarte de la personne d'Alexandre. Il n'est pas permis de supposer gratuitement des faits de cette nature, qu'on ne doit jamais admettre que sur des preuves sans replique. Respectons une Princesse malheureuse; & n'ayons pas d'elle une autre idée que Darius lui-même, qui n'eut point de sa conduite un pareil soupçon, ou du moins ne le conserva pas long-temps, supposé qu'il ait pû le former. Ce soupçon, quoiqu'injuste, n'auroit rien eu d'étrange dans un Prince accablé de revers. Le malheur produit la défiance. Mais le détail dans lequel l'eunuque entra sur la vie que la Reine menoit, sous les yeux de Sisygambis, étoit plus que suffisant pour étouffer tout sentiment de jalousie. Darius fut rassuré; & la justice qu'il rendit hautement à la vertu de Statira, nous oblige à regarder l'assertion de Plutarque comme une méprise, qu'on chercheroit en vain à défendre par le témoignage de Justin, qui, bien examiné, le contredit formellement. En effet, si Justin ne s'est pas trompé, si l'on peut admettre à la rigueur la raison qu'il allègue de la mort de Statira, ce ne doit être qu'en la joignant aux deux causes rapportées par Quint-Curce. Il est possible, après tout, que la reine de Perse, fût enceinte au temps de la bataille d'Issus, & qu'elle ait eu, peu après, un accident dont les suites funestes aient, à la longue, influé sur la langueur qui la conduisit insensiblement au tombeau. Quoi qu'il en soit, c'est une négligence échappée à Plutarque, & qui vient du desordre de son récit. Comme il ne suivoit pas le fil des évènemens, il n'a point remarqué la contradiction dans laquelle il tomboit, en donnant une pareille cause à la mort d'une Princesse que lui-même a cru vertueuse, & dont la réputation est fondée sur le témoignage des autres historiens.

Au reste, il n'est pas surprenant que personne n'ait encore relevé cette erreur d'un écrivain aussi lû & aussi célèbre que Plutarque. La cause de presque toutes ses méprises leur sert de voile, aux yeux de la plupart des lecteurs. On le lit sans s'attacher à rétablir, dans sa narration, l'ordre auquel il n'a pas voulu s'astreindre. Pour le juger, il faudroit décomposer son récit, & ranger les faits selon leurs dates. C'est un travail: peu de lecteurs ont la patience de s'y livrer. On aime mieux réfléchir avec Plutarque, apprendre de lui quelques faits décousus, mais intéressans, anecdotes & racontés avec élégance, que de les examiner à la rigueur. Néanmoins il seroit important de le soûmettre à l'examen le plus sévère : c'est même lui donner une marque réelle du cas qu'on fait de lui. Les méprises des grands écrivains sont toûjours contagieuses; & les relever avec tous les égards qu'ils méritent, c'est contribuer à rendre la lecture de leurs écrits plus utile. Les amateurs de l'Histoire doivent souhaiter que quelque Critique judicieux entreprenne de discuter ainsi les vies de Plutarque, en le comparant, soit avec lui-même, soit avec les autres écrivains. M. de S.te Palaye & M. Secousse l'ont fait avec succès à l'égard de quelques-unes. Leur travail continué par une main habile, donneroit un nouveau prix à ce corps de morceaux historiques, qu'on regarde, avec justice, comme un des plus précieux monumens de l'antiquité.

M. de Bougainville finit par une réflexion qui lui fait honneur: elle paroîtra peut-être étrangère au fait dont il s'agit; mais c'est ce fait même qui la lui a suggérée.

On a donné, dit-il, de grands éloges à la conduite que tint Alexandre à l'égard de la famille de Darius. J'avoue que j'en suis surpris. Les égards qu'il eut pour ces augustes captives sont-ils donc un grand effort de générosité? S'il eût fait moins pour elles, il eût mérité le nom de barbare. Il pouvoit, & sans doute un héros devoit faire beaucoup plus, ne pas se borner à les plaindre, à les traiter avec respect, mais rompre leurs fers, rendre une mère à son fils, une femme à son époux, de jeunes Princesses à un père déjà trop malheureux d'avoir perdu la moitié de ses États, & de trembler pour le reste. Le procédé d'Alexandre est humain, si l'on veut; mais il n'est pas noble. Ses Capitaines se sont traités plus d'une fois, dans la suite, avec plus de générosité.

Cependant Alexandre étoit magnanime: il en a donné des

preuves éclatantes; il prodiguoit les Couronnes: content d'avoir vaincu Porus, il lui laissa ses États; il les agrandit. Le dénoûment de cette contradiction se trouve dans la différence des motifs, qui le déterminèrent à la conquête de la monarchie Persanne, & à celle des Indes: différence que je me flatte d'avoir établie ailleurs. Il attaqua les Perses par ambition, & les Indiens par vanité. Il voulut triompher des uns pour se faire un Empire, pour les soûmettre à ses loix; & n'alla chercher les autres, que pour montrer à des contrées lointaines le vainqueur de l'Asie. En conséquence de ces vûes opposées, il pouvoit être généreux dans les Indes, dont il ne vouloit pas conserver la possession: mais il crut ne devoir être que politique à l'égard des Perses. Dans ce système, il ne voulut pas rendre à Darius des Princesses dont la captivité pouvoit servir utilement ses projets. Je crois qu'il eut peine à ne pas suivre en cette occasion le penchant de son cœur: mais il se ressouvint qu'il étoit conquérant; & les conquérans ne peuvent pas toûjours être généreux.

Comparaison d'Alexandre & de Tahmas-kouli-kan.

RÉFLEXIONS GÉNÉRALES
SUR LES
CARTES GÉOGRAPHIQUES DES ANCIENS,
Et ſur les erreurs que les Hiſtoriens d'Alexandre le Grand ont occaſionnées dans la Géographie.

LES erreurs des anciens qui ont écrit ſur la Géographie, ſont quelquefois ſi conſidérables, qu'on ſeroit tenté de croire que dans l'antiquité, il n'y avoit ni ſavans Géographes ni habiles Obſervateurs. On ſait pourtant d'un autre côté, que l'étude de la Géographie étoit dès-lors portée à un point qui nous étonne. Ératoſthène a donné la poſition de pluſieurs villes de l'Aſie, avec la même préciſion que nos Obſervateurs modernes.

D'où vient donc ce défaut d'exactitude & cette ignorance qui paroît quelquefois dans les meilleurs Géographes de l'antiquité? Elle vient de la même ſource qui nous a produit tant de cartes peu exactes. Guidés par de fauſſes relations & par des mémoires infidèles, ils ont égaré avec eux ceux qui marchoient à leur ſuite. Les anciens compoſoient des cartes, & même détaillées; mais les menſonges des voyageurs, les rêveries des hiſtoriens, ſur-tout de ceux qui ont écrit les conquêtes d'Alexandre, y ont jeté un grand nombre d'erreurs; 3 Mars 1752. c'eſt ce que M. Bonamy a montré dans un Mémoire dont nous allons donner le précis.

ARTIC. I. Sur les Cartes géographiques des Anciens.

Les anciens avoient des cartes géographiques ; ſans ce ſecours, néceſſaire pour fixer leur imagination, comment auroient-ils pû aſſigner à tant de lieux, de villes, de montagnes & de rivières, la place qui leur convient ſur le globe ? De plus, ils nous ont tracé ſous certaines figures, de grandes portions de la terre ; n'eſt-ce pas une preuve qu'ils avoient ſous les yeux des cartes de ces portions, qui, dans leur contour, repréſentoient ces figures? *L. XV.* Strabon dit que les Indes ont

ont la figure d'un rhomboïde. Timée, qui vivoit sous Ptolémée Philadelphe, dit que l'isle de Sardaigne avoit d'abord été nommée Σανδαλιῶτις, parce qu'elle ressembloit à une sandale. Denys le voyageur, Strabon & d'autres, ont remarqué que le Péloponnèse avoit la figure d'une feuille de platane. *Pline, l. III, c. 7.*

Mais nous avons des autorités positives, qui nous assurent l'existence des cartes antiques. Suivant le témoignage d'Agathémère & de Diogène Laërce, Anaximandre, disciple de Thalès, fut le premier qui dressa non seulement des cartes géographiques, mais encore des globes terrestres, où toutes les parties du monde connu étoient représentées; ce qui ne doit s'entendre que des Grecs, puisqu'il est certain que les Égyptiens avoient de ces cartes dès le temps de Moyse. Aristagoras, tyran de Milet, étant venu à Sparte pour conférer avec Cléomène, il y apporta, dit Hérodote, une table d'airain, où l'on avoit tracé le circuit de toute la terre, la mer & tous les fleuves. *Agath. hyp. geog. l. 1, c. 1. Diog. Laert. vita Thaletis.* *L. V, c. 49.*

Les Romains, disciples des Grecs, eurent aussi des cartes, non seulement de leur empire, mais encore de tous les pays. Varron, Vitruve, Suétone, Pline & d'autres en font mention. Ptolémée donne des règles sur la manière de lever les cartes & de faire des globes terrestres; ces cartes, quelquefois détaillées & à grand point, étoient exposées dans les écoles publiques pour l'instruction de la jeunesse. Eumenius, chef de l'école d'Autun, entre dans un long détail au sujet de celles qui ornoient les galeries de cette Académie. Voici comme il en parle: *Videat in illis porticibus juventus, & quotidiè spectet omnes terras & cuncta maria, & quidquid invictissimi Principes urbium, gentium, nationum aut pietate restituunt, aut virtute devincunt, aut terrore. Si quidem illic .... instruendæ pueritiæ causâ, quò manifestiùs oculis discerentur, quæ difficiliùs percipiuntur auditu, omnium cum nominibus suis locorum situs, spatia, intervalla descripta sunt, quidquid ubique fluminum oritur & conditur, quacumque se littorum sinus flectunt, quo vel ambitu cingit orbem, vel impetu irrumpit Oceanus.* *Liv. I, ch. 22 & 24.* *Orat. pro rest. schol. c. 20.*

Mais tous ces monumens de l'ancienne Géographie ont

disparu. La carte de Peutinger, qui est moderne en comparaison de celles dont parlent les anciens auteurs, n'est pas propre à nous donner une idée des cartes géographiques des Grecs & des Romains: elle n'a pas été faite pour représenter l'étendue & la figure des pays qu'elle contient; ce ne sont que des routes où sont marquées les distances respectives des villes, & qui, dans la partie des provinces Romaines, pouvoient servir à guider les Officiers qui conduisoient des troupes d'un lieu à un autre.

Éginard parle de trois tables d'argent, qui faisoient partie *Duchesne, t. I, p. 106.* du trésor de Charlemagne: la première, sur laquelle étoit gravée la ville de Constantinople, fut destinée au Pape par le testament de ce Prince; la seconde, qui représentoit la ville de Rome, fut envoyée à l'Archevêque de Ravenne; la troisième, qui devoit faire partie des richesses que cet Empereur laissoit à ses héritiers, contenoit les trois parties du monde alors connues: celle-ci surpassoit les deux autres tables par le poids & par la beauté de l'ouvrage: *Tertia quæ cæteris & operis pulchritudine & ponderis gravitate multùm excellit, ex tribus orbibus connexa, totius mundi descriptionem subtili ac minutâ figuratione complectitur.* Depuis Éginard jusqu'au renouvellement des Lettres, M. Bonamy ne trouve plus d'auteur qui fasse mention de cartes géographiques comme existentes de son temps.

Les cartes des anciens n'étoient pas toutes dressées sur le même modèle: elles devoient se rapporter aux divers systèmes de leurs Géographes, qui ne s'accordoient pas entre eux. *Strab. l. II.* Strabon contredit Pythéas, il combat Hipparque & Ératosthène; celui-ci censure les cartes antérieures, il dispute vivement contre Néarque sur la longitude qu'on devoit donner à l'Asie. Il a dû arriver aux Géographes anciens ce qui arrive aux modernes: plus ou moins de lumières, de nouvelles découvertes souvent hasardées, des relations quelquefois infidèles déplacent les villes, les montagnes, les rivières, & donnent à la terre une nouvelle figure. Les premières cartes Espagnoles représentoient la Californie comme une presqu'isle on en a fait enſuite une iſle, on a marqué les promontoires qui la terminoient au ſeptentrion, les golfes qu'ils y formoient; enfin, après des relations plus exactes, on eſt revenu aux cartes Eſpagnoles.

Les anciens ont fait la même faute par rapport aux parties ſeptentrionales de l'Europe & à quelques régions orientales de l'Aſie. S'ils s'en étoient tenus à la deſcription qu'Hérodote avoit donnée de la mer Caſpienne, Strabon, Pomponius Mela, Pline & d'autres auteurs ne nous auroient pas débité tant de fables ſur cette mer & ſur les pays qui l'environnent: ils l'ont défigurée par leurs deſcriptions; ils l'ont confondue avec le Pont-Euxin; ils ont tranſporté à l'orient de la mer Caſpienne le mont Caucaſe, & par une ſuite de cette tranſpoſition, ils ont pris le Jaxarte pour le Tanaïs, qui ſe jette dans les Palus Méotides.

Hérodote avoit dit que la mer Caſpienne eſt une mer iſolée, & qu'elle n'a aucune communication avec les autres mers: Ἡ δὲ Κασπίη θάλασσά ἐστι ἐπ' ἑωυτῆς, οὐ συμμίσγουσα τῇ ἑτέρῃ θαλάσσῃ. Malgré un témoignage ſi précis, les écrivains poſtérieurs, à l'exception de Diodore de Sicile & de Ptolémée, nous dépeignent la mer Caſpienne comme un golfe de l'Océan. Strabon, ce Géographe d'ailleurs ſi ſavant & ſi exact, dit que c'eſt un golfe qui vient de l'Océan ſeptentrional, & s'avance dans les terres du côté du midi, d'abord par une embouchûre étroite, laquelle s'élargiſſant enſuite, forme la mer Caſpienne, qui a plus de cinq mille ſtades dans le fond: il entre après cela dans le détail des peuples qui habitoient les deux côtés de cette prétendue embouchûre. Ce célèbre Géographe avoit pourtant lû Hérodote: mais prévenu par de fauſſes relations, il va juſqu'à dire qu'on ſeroit tenté d'ajoûter foi à Homère, à Héſiode & aux Poëtes tragiques ſur les aventures de leurs héros, pluſtôt qu'à Ctéſias, à Hérodote, à Hellanicus, ſur les pays ſitués vers les Indes. Pour ce qu'il ajoûte, qu'il n'eſt pas plus ſûr de s'en rapporter à la pluſpart des hiſtoriens des conquêtes d'Alexandre le Grand, qui, pour relever la gloire

L. I, c. 203.

L. VII.

de ce Prince, ont haſardé des faits peu avérés, on verra dans la ſuite de cet extrait que cette accuſation n'eſt pas ſans fondement.

Cette communication de la mer Caſpienne avec l'Océan ſeptentrional, adoptée par les anciens auteurs, eſt encore moins abſurde que celle qu'Arrien a imaginée entre cette mer & l'Océan oriental. Lorſqu'Alexandre harangue ſes ſoldats rebutés de ſes conquêtes éloignées, cet hiſtorien lui fait dire qu'il n'y a pas encore loin juſqu'au Gange & à l'Océan qui termine l'Aſie: *ce ſera alors*, leur dit-il, *que je vous ferai voir le golfe de la mer d'Hyrcanie, qui communique avec le golfe Indien.*

L. v & VII.

Mais cette chimère eſt particulière à Arrien; tous les autres ne ſuppoſent de communication à la mer Caſpienne, qu'avec l'Océan ſeptentrional. On peut jeter les yeux ſur le huitième ſegment de la carte de Peutinger, il ſervira à faire comprendre ce qu'ont voulu dire Varron, Denys d'Alexandrie, Strabon, Pomponius Mela & Pline. Guillaume Hill, & après lui M. de l'Iſle, ont cru que les anciens Géographes écrivant ſur le récit de quelques navigateurs qui avoient parcouru les côtes occidentales de cette mer dans le temps que le Volga eſt débordé, & qu'il occupe dix-huit ou vingt lieues de pays, ils regardèrent ce fleuve comme un bras de mer qui formoit cette communication imaginaire avec l'océan Scythique.

Mela, l. III, c. 5. Pline, l. VI, c. 13. Guill. Hill. notes ſur Denys d'Alex.

Hérodote avoit ajoûté que la mer Caſpienne, dans ſa plus grande longueur, avoit quinze jours de navigation pour un vaiſſeau à rames, & huit jours dans ſa plus grande largeur; mais il n'avoit pas déterminé ſi la longueur de cette mer ſe devoit prendre d'orient en occident, ou du ſeptentrion au midi. Ptolémée, qui eſt le ſeul, avec Diodore de Sicile, qui ait parlé de la mer Caſpienne comme Hérodote, a voulu décider ce qu'Hérodote avoit paſſé ſous ſilence, & il eſt tombé dans l'erreur; il a mis la plus grande étendue de cette mer en longitude, & lui a donné vingt-trois degrés trente minutes en longueur d'occident en orient; ce qui eſt le quadruple de ce qu'elle en a réellement. Jule Scaliger, & après lui Adam Oléarius, ont prétendu, avec raiſon, que la plus grande longueur dont parle Hérodote, devoit se prendre du midi au nord. Mais ils furent attaqués sur ce point de Géographie par d'autres auteurs, & en particulier par Isaac Vossius, qui soûtint qu'on devoit s'en tenir au sentiment de Ptolémée. Cellarius, dans son excellent livre intitulé *Notitia orbis antiqui*, imprimé pour la première fois en 1703, combat aussi le sentiment de Scaliger, & attribue même à Hérodote d'avoir dit que la longueur de la mer Caspienne se prend d'occident en orient, & la largeur du midi au nord. Cette opinion, qui n'est pas celle d'Hérodote, mais de Ptolémée, a été suivie par presque tous les Géographes qui ont paru depuis la renaissance des Lettres, jusqu'à ce que les découvertes faites par les ordres du Czar Pierre le Grand, apprirent enfin la véritable figure de cette mer, dont la plus grande longueur va du midi au nord; comme elle est représentée dans la carte détaillée que M. de l'Isle donna, en 1724, en deux feuilles.

Not. in Pomp. Melam, l. III, c. 5.

Not. orb ant. l. II, p 674, édit. de 1732.

Cette erreur de Ptolémée, & de ceux qui l'ont suivi, en a produit une seconde. Comme ils donnoient à la mer Caspienne une grande étendue d'orient en occident, & une fort médiocre du midi au nord, pour placer toutes les Nations qu'ils savoient être à l'orient de cette mer, il a fallu les ranger à la suite l'une de l'autre, en avançant vers l'orient. De-là vient qu'ils ont étendu les terres de l'Asie, contenues entre le vingtième & le quarantième degré de latitude septentrionale, jusqu'au cent quatre-vingtième degré de longitude; de sorte que la Chine s'est trouvée plus orientale qu'elle n'est d'environ six cens lieues; erreur qui n'a été corrigée que de nos jours. Ajoûtez à cela qu'ils ont transplanté plusieurs peuples Européens dans l'Asie, parce qu'ils ont pris le Jaxarte pour le Tanaïs, ce qui les a encore obligés d'augmenter l'Asie en longitude. Mais une méprise bien plus extraordinaire, c'est que plusieurs ont confondu la mer Caspienne avec le Pont-Euxin & les Palus Méotides. Strabon attribue aux historiens d'Alexandre le Grand, ce bouleversement dans la Géographie. En effet, on ne peut entendre ce qu'ils disent des expéditions

L. II, & alibi.

de ce Prince, si l'on n'est au fait de cette confusion de mers, de fleuves & de régions.

ARTIC. II.

Erreurs que les Historiens d'Alexandre ont jetées dans la Géographie.

De tous les auteurs qu'on auroit pû consulter pour connoître cette partie de l'Asie où Alexandre a porté ses armes vers l'Orient, il semble qu'on auroit dû s'en tenir au témoignage de ceux qui étoient à sa Cour, & qui le suivoient dans ses conquêtes. Cependant, selon Strabon, c'est contre la pluspart de ces auteurs de mauvaise foi & sans exactitude, qu'il faut être le plus en garde. Il met à la tête de ces écrivains Daïmaque, Mégasthène, Néarque & Onésicrite, conducteur des armées navales du héros Grec, & le plus fabuleux de tous ceux qui ont écrit son histoire.

Vossius, de hist. Græc. l. I, c. 3.

On peut juger des autres par Callisthène. Son caractère le rend très-suspect; & les différens récits qu'ont fait de sa mort ceux qui, comme lui, suivoient Alexandre, pour composer l'histoire de ce Prince, décréditent leur témoignage sur tous les autres évènemens. C'étoit un homme vain, léger, présomptueux, qui se mettoit lui-même au dessus du conquérant de l'Asie, & qui prétendoit n'être venu à sa suite que pour rehausser sa gloire, & la rendre immortelle par ses écrits. Il avoit fait l'histoire des expéditions d'Alexandre, dont il ne nous reste qu'une partie de la relation de la bataille d'Issus, où il s'étoit trouvé. Polybe, qui nous l'a conservée, & qui en a fait la critique en homme du métier, lui reproche de ne dire que des absurdités, & de parler de choses qu'il n'entendoit pas. Les traits satyriques qu'il ne cessoit de lancer contre son maître, causèrent enfin sa perte; Alexandre fut bien aise de se délivrer d'un censeur téméraire; il le fit mettre au nombre de ceux qui avoient tramé une conspiration contre lui. Aristobule disoit, qu'ayant été conduit enchaîné au milieu de toute l'armée, il mourut ensuite de maladie: Ptolémée fils de Lagus, que Quint-Curce a suivi, rapportoit, dans son histoire, qu'il avoit été mis à la torture, & enfin attaché à un gibet. Il est étonnant, dit Arrien, que des historiens se contredisent sur des faits qui s'étoient passés sous leurs yeux;

Arrien, l. IV.

Polyb. l. XII.

Arrien, l. IV.

& c'eſt, ajoûte-t-il, ce qui leur eſt encore arrivé en beaucoup d'autres occaſions.

Les compagnons d'Alexandre profitoient de l'éloignement des lieux pour avancer des faits extraordinaires; ils ne ſongeoient qu'à faire leur cour à ce Conquérant ambitieux, qui vouloit perſuader à la poſtérité qu'il avoit ſubjugué toute la terre, & porté ſes armes plus loin que Bacchus, Hercule, Sémiramis & Cyrus. Le rapport d'un nom, la moindre reſſemblance des choſes ſuffiſoit à la vanité du Prince & à la flatterie des hiſtoriens pour réaliſer des chimères. Ils trouvèrent dans le Paropamiſe une ville appelée *Nyſſa*, une montagne nommée *Méros;* c'en fut aſſez pour conclurre que c'étoit le terme des conquêtes de Bacchus. La politique entroit ſans doute pour beaucoup dans cette crédulité qu'affectoit Alexandre. Il eſpéroit que ſes Soldats, enivrés de ces idées romaneſques, ſe piqueroient d'émulation pour entreprendre de nouveaux travaux. Mais ſes hiſtoriens ont, ſelon toute apparence, outré ce caractère d'Alexandre. Ils lui mettent dans la bouche des diſcours pleins d'abſurdités. Qu'on liſe, dans Arrien, celui que ce Prince fait à ſes Soldats, lorſqu'il veut les exciter à la conquête des pays ſitués au-delà de l'Indus : on lui fait dire qu'il reſte peu de terres à parcourir pour arriver au Gange & à l'Océan oriental; que la mer d'Hyrcanie ſe joint à cet Océan, & qu'elle fait partie du golfe Indien. *Strab. l. 11.* *L. V.*

Nous n'avons plus les écrits d'Ératoſthène, ni ceux de Patrocle, qui, avant Strabon, avoient fait la critique des hiſtoriens d'Alexandre. Le premier, bibliothécaire d'Alexandrie, avoit été à portée de conſulter toutes les relations qui concernoient cette expédition : le ſecond, gouverneur des provinces de la Perſe voiſines des Indes, ſous le règne de Séleucus & d'Antiochus ſon fils, s'étoit ſervi, dans ſes diſcuſſions géographiques, des mémoires mêmes qu'on avoit fournis à Alexandre. Il déclaroit, ſuivant Strabon, que les compagnons de ce Prince, n'avoient vû qu'en courant les choſes dont ils parloient, ἐπιδρομάδην ἱστορῆσαι ἕκαστα; mais qu'Alexandre *Strab. l. 11.*

avoit tout examiné avec soin, & que des personnes habiles lui avoient donné des descriptions exactes des pays qu'il parcouroit. Ce n'est donc pas sur le compte du Conquérant qu'il faut mettre les absurdités de tout genre dont ses historiens sont remplis; elles appartiennent à ces historiens, amateurs du fabuleux. Alexandre connoissoit assurément l'isthme de Suès, puisqu'il étoit entré par-là en Égypte: cependant comme il vit des crocodiles dans l'Indus, & qu'il trouva sur les bords de l'Acésine, qui se jette dans ce fleuve, des fèves semblables
L. VI. à celles qui croissent en Égypte, Arrien, sur la foi de Néarque, rapporte sérieusement que ce Prince écrivit à sa mère Olympias, qu'il avoit enfin trouvé la source du Nil. Ce conte n'a pas besoin de commentaire. Quel fonds peut-on donc faire sur le récit des historiens qui sont venus après Alexandre, puisque ses contemporains sont des guides si infidèles & si trompeurs?

Combien d'erreurs ont-ils jetées dans la Géographie? Ils ont fait disparoître l'intervalle qui sépare les Palus Méotides & la mer Caspienne; ils ont donné au Jaxarte le nom de Tanaïs; ils ont transplanté à l'orient, & sur les bords du Jaxarte, les
L. II. Nations situées entre la mer Caspienne & le Tanaïs, pour faire croire à la postérité qu'Alexandre les avoit vaincues.

Strab. l. XV. Les Macédoniens ayant trouvé dans le Paropamise une profonde caverne, aussi-tôt, sur une fable accréditée en ce pays, ou peut-être inventée par eux-mêmes, ils publient que cette caverne est l'antre de Prométhée; & transportent dans ce pays le mont Caucase, situé au nord de la Colchide, & distant de plus de trente mille stades du Paropamise. Il eût, selon ces auteurs frivoles, manqué quelque chose à la gloire d'Alexandre, s'il n'eût pas embrassé, dans l'étendue de ses conquêtes, une montagne si fameuse, où il n'a pourtant jamais pénétré. Le nouveau Caucase prit bien-tôt toute la forme du
L. XVII. véritable; on y montroit, dit Diodore de Sicile, l'antre de Prométhée, les liens qui avoient servi à l'attacher, & même le nid de l'aigle ou du vautour.

Voilà donc le Caucase de la Colchide confondu avec une

montagne voisine des Indes, le Tanaïs avec le Jaxarte, le Pont-Euxin & les Palus Méotides avec la mer Caspienne, & c'est cette confusion qui a fait transporter en Asie plusieurs peuples de l'Europe.

Dans le temps qu'Alexandre étoit à Maracanda, aujourd'hui Samarkand, ville des Tartares-Usbecs, il reçut des Ambassadeurs des Scythes-Abiens qui habitent l'Europe. Quint-Curce leur met dans la bouche une harangue qui fait voir l'ignorance de cet auteur par rapport à la Géographie: *Cæterùm nos & Asiæ & Europæ custodes habebis. Bactra, nisi dividat Tanaïs, contingimus. Ultrà Tanaïm usque ad Thraciam colimus. Thraciæ Macedoniam conjunctam esse fama est. Utrique imperio tuo finitimos, hostes an amicos velis esse, considera.* Qui ne voit que le Tanaïs est ici le Jaxarte qui borde la Bactriane, où étoit alors Alexandre. C'est ce que le même auteur dit encore plus clairement en ces termes: *Bactrianos Tanaïs ab Scythis quos Europæos vocant, dividit; idem Asiam & Europam finis interfluit;* & Alexandre encourageant ses Soldats à passer le Jaxarte, leur dit que de l'autre côté de ce fleuve ils se trouveront en Europe: *unus amnis interfluit, quem si trajicimus, in Europam arma proferimus.* On ne peut, à ces traits, méconnoître le Tanaïs; les Macédoniens en étoient pourtant éloignés de près de quatre cens lieues, ils étoient sur les bords du Jaxarte.

Quint-Curce, l. VII, c. 6. Arrien, l. IV.

Ibid.

Qu'on ne dise pas que cette erreur est particulière à Quint-Curce; il n'a fait que répéter ce que d'autres auteurs avoient dit avant lui, comme il est aisé de s'en convaincre par plusieurs endroits de Strabon. Ptolémée, Plutarque, Arrien sont tombés dans la même méprise au sujet des Scythes Abiens, quoiqu'ils aient distingué le Tanaïs du Jaxarte. Le premier les place au-delà du Jaxarte, vers le cent quarante-cinquième degré de longitude; mais Strabon les met dans leur véritable demeure, c'est-à-dire dans la Scythie Européenne, au nord du Pont-Euxin; & il le prouve, d'après Posidonius, par ces vers d'Homère, qui représente Jupiter sur le mont Ida, détournant ſes regards de deſſus Troie, pour les jeter ſur les pays des Thraces, des Myſiens & des Abiens :

Αὐτὸς δὲ πάλιν τρέπεν ὄσσε φαεινώ,
Νόσφιν, ἐφ' ἱπποπόλων Θρηκῶν καθορώμενος αἶαν,
Μυσῶν τ' ἀγχεμάχων, καὶ ἀγαυῶν Ἱππημολγῶν,
Γλακτοφάγων Ἀβίων τε, δικαιοτάτων ἀνθρώπων.

Cependant l'erreur des hiſtoriens d'Alexandre s'étoit tellement
L. IV. accréditée, qu'Arrien & Ammien Marcellin s'appuient de ces mêmes vers d'Homère pour placer les Abiens, contre l'intention viſible de ce Poëte, à l'orient de la mer Caſpienne &
L. XXIII. de l'Hyrcanie: *Contra hanc gentem (Hyrcanam)*, dit Ammien, *ſub aquilone dicuntur Abii verſari; genus piiſſimum, calcare mortalia conſuetum, quos, ut Homerus fabuloſiùs canit, Jupiter ab Idæis montibus contuetur.*

Ce ne ſont pas ſeulement les Abiens qui ſe trouvent ainſi dépayſés, ce ſont en général preſque tous les peuples, qu'Hérodote & d'autres auteurs avoient placés entre le Danube & le Tanaïs, ou au nord du mont Caucaſe & de la mer Caſpienne. On trouve les Dahes, dans Strabon, ſur le Pont-Euxin & les Palus Méotides; on en trouve auſſi à l'orient de la mer Caſpienne; & cette poſition d'un même peuple en deux endroits ſi différens, vient, dit Saumaiſe, de ce que les Macédoniens ont confondu cette mer avec les Palus Méotides.

Strabon met ſur le Tanaïs les Aorſes; il place les Gèles & les Lèges auprès de l'Albanie & du pays des Amazones: Ptolémée met les Aorſes ſur le Jaxarte; les Gèles & les Lèges ſont ſitués, dans Pline, à l'orient de la mer Caſpienne.

Tous les anciens auteurs Grecs, au rapport de Strabon, de Pline & d'Étienne de Byzance, ont placé les Arimaſpes dans la Scythie Européenne, comme avoit fait Hérodote: Diodore de Sicile les met dans l'Aſie au midi de l'Oxus. En faiſant changer de place à ces peuples, il a fallu changer auſſi les anciennes traditions du pays: par exemple, les Arimaſpes s'appeloient Εὐεργέται; parce que, ſelon Étienne de

Byzance, ils avoient fait un bon traitement aux Argonautes, apparemment lorfque ces héros, felon l'ancienne opinion, remontèrent le Tanaïs, & qu'ils vinrent dans la mer Adriatique par un fleuve qui s'y déchargeoit alors, & qu'on cherchoit en vain aujourd'hui. Diodore de Sicile tranfportant ces peuples vers l'Oxus, dit qu'ils méritèrent ce nom, parce que dans une expédition de Cyrus, l'armée de ce Prince étant réduite à une famine fi affreufe, que les Soldats fe mangeoient les uns les autres, les Arimafpes lui amenèrent trois mille chariots de vivres. Des traditions fi incertaines prêtoient à tout, & ne tenoient contre aucun fyftème.

Les nations qui étoient au midi du Pont-Euxin & du Caucafe, n'ont pas été plus fermes dans leur place. Les Cercètes, les Moffiniens, les Chalybes, les Leucofyriens ou Cappadociens, les Amazones, fitués au midi du Caucafe de la Colchide, ont été tranfportés par les hiftoriens d'Alexandrie, au midi de l'Hyrcanie, & à l'orient de la mer Cafpienne.

Ces hiftoriens font venir l'amazone Thaleftris, de fon pays, pour avoir des enfans d'Alexandre; & ils fe trompent encore fur la fituation de ce pays. Hérodote le place fur les bords du fleuve Thermodon, & Quint-Curce le fait voifin de l'Hyrcanie : *Erat Hyrcaniæ gens finitima Amazonum, circa Thermodoonta amnem Themifcyræ incolentium campos. Reginam habebant Thaleftrim, omnibus inter Caucafum montem & Phafim amnem imperitantem.* C'eft de Clitarque que Quint-Curce avoit emprunté ce trait fingulier de Géographie, fur lequel Strabon fe récrie comme fur un paradoxe qui rapprochoit l'un de l'autre des pays éloignés de plus de fix mille ftades; les campagnes de Thémifcyre & le fleuve Thermodon, qui fe jette dans le Pont-Euxin, au midi, fe trouvoient placées par Clitarque au voifinage de l'Hyrcanie fituée au midi de la mer Cafpienne. Ce paradoxe ne peut s'expliquer que par l'erreur qui tranfportoit le Caucafe vers les parties méridionales de l'Hyrcanie, & qui ne faifoit qu'une même mer du Pont-Euxin & de la mer Cafpienne. Quint-Curce confond fans ceffe ces deux mers : en parlant de la Bactriane, fituée à l'orient de L. IV.

la mer Caſpienne, il dit que les vents qui ſoufflent du Pont-Euxin, bouleverſent les ſables des plaines de la Bactriane: *Cùm verò venti à Pontico mari ſpirant, quidquid ſabuli in campis Bactrianæ jacet, converrunt.* Et quand il parle des Arachoſiens qui étoient ſitués à l'orient de la mer Caſpienne, il dit que leur pays s'étend juſqu'au Pont-Euxin, *quorum regio*
L. VII. *ad mare Ponticum pertinet.*

Arrien fait auſſi mention des Amazones; mais chez lui, ce n'eſt pas Thaleſtris qui vient elle-même, elle envoie à Alexandre, en ambaſſade, cent de ſes femmes, & ce Prince les charge d'annoncer à leur Reine qu'il ira la voir inceſſamment, ὅτι αὐτὸς ἥξει πρὸς αὐτὴν παιδοποιησόμενος, ce qui eſt plus galant. Au reſte Arrien remarque qu'il n'a trouvé cette hiſtoire romaneſque, ni dans la relation de Ptolémée, ni dans celle d'Ariſtobule, & il avertit, comme avoit fait avant lui Strabon, qu'aucun auteur digne de foi n'avoit parlé de la reine des Amazones. On ſait le mot de Lyſimachus, lorſqu'Onéſicrite lui lut l'hiſtoire de Thaleſtris, dont il avoit embelli le quatrième livre de ſon hiſtoire des expéditions d'Alexandre: *Eh! où étois-je donc alors,* lui dit en ſoûriant Lyſimachus?

Les deux fleuves Tanaïs & les deux monts Caucaſes, qui ont produit tant de confuſion dans la poſition des peuples, en ont cauſé, par une conſéquence néceſſaire, dans le climat des pays habités par ces peuples. Les hiſtoriens d'Alexandre ſavoient que les contrées au nord du véritable Caucaſe & du Tanaïs, ſont froides, remplies de neiges, couvertes de glaces; en tranſportant le mont Caucaſe & le Tanaïs dans des pays méridionaux, ils y ont tranſporté les glaces & les frimats: auſſi nous parlent-ils de la Drangiane, de l'Arachoſie, du Paropamiſe, comme nous parlerions aujourd'hui de la Lapponie ou de la nouvelle Zemble. Quint-Curce & Diodore de Sicile placent le pays de Paropamiſe ſous l'Ourſe même:
L. VII. ἡ δὲ τούτων χώρα κεῖται μὲν ὑπ' αὐτὰς τὰς ἄρκτους. *Obſcura cæli,* dit Quint-Curce, *veriùs umbra quàm lux, nocti ſimilis, premit terram, vix ut quæ propè ſunt, conſpici poſſint.* Cependant

ce pays ſi affreux eſt ſitué vers le trente-cinquième degré de latitude ſeptentrionale, c'eſt-à-dire, dans un climat où la chaleur ſe fait plus ſentir que le froid, & où le plus court jour de l'année eſt de dix heures & demie; mais en déplaçant les terres, il a bien auſſi fallu tranſporter le ciel.

Quoique Ptolémée ait diſtingué le Tanaïs du Jaxarte, & le mont Caucaſe des montagnes du Paropamiſe, & qu'il n'ait pas confondu le Pont-Euxin & les Palus Méotides avec la mer Caſpienne, il eſt cependant certain que le même nom donné à des rivières & à des montagnes différentes, lui a fait illuſion, & qu'il a attribué au Jaxarte ce qui ne convenoit qu'au Tanaïs; comme il a attribué à ce dernier fleuve ce qui ne convenoit qu'au Jaxarte: il en a été de même du Caucaſe.

En comparant ce Géographe avec les hiſtoriens d'Alexandre, il eſt aiſé d'apercevoir qu'il a quelquefois ſuivi les fauſſes relations des Macédoniens, par rapport aux pays qui ſont à l'orient de la mer Caſpienne; mais comme il conſultoit en même temps d'autres mémoires plus fidèles, afin d'accorder les uns & les autres, il mettoit les mêmes peuples dans deux endroits différens. C'eſt une remarque que fait Cellarius à l'occaſion des Chorafmiens; & on peut dire que Ptolémée a doublé de même pluſieurs autres peuples. Il ſavoit que le Jaxarte avoit ſervi de bornes aux conquêtes d'Alexandre, qu'il y avoit bâti une ville de ſon nom, qu'il y avoit érigé des autels & des trophées pour monument de ſes victoires: mais comme les Macédoniens avoient donné au Jaxarte le nom de Tanaïs, & aux montagnes du Paropamiſe celui de Caucaſe, Ptolémée trompé par la reſſemblance des noms, a non ſeulement mis des colonnes d'Alexandre au nord du Caucaſe de la Colchide; mais il a placé encore des autels de ce conquérant à la ſource du Tanaïs d'Europe, au pied des monts Riphées, où jamais Alexandre n'a porté ſes armes.

L. III, c. 21, tom. II.

ÉCLAIRCISSEMENT

D'un paſſage de la Poëtique d'Ariſtote, ſur le ſtyle des Poëtes.

Poët. c. 23.

ARISTOTE donnant les règles du ſtyle de la Poëſie, commence par établir que la clarté en eſt la première qualité; le ſtyle le plus clair, dit-il, eſt celui qui eſt compoſé des mots propres ἐκ τῶν κυρίων ὀνομάτων; mais le ſtyle de la Poëſie ne doit point être bas: pour l'ennoblir, il faut l'élever au deſſus du langage ordinaire, il faut le revêtir d'ornemens qui aient un air étranger; j'entends, ajoûte-t-il, par ces ornemens, γλῶτταν, καὶ μεταφορὰν, καὶ ἐπέκτασιν, καὶ πᾶν τὸ παρὰ τὸ κύριον. Voilà trois eſpèces d'ornemens dont parle Ariſtote; ce qu'il appelle γλῶττα, la métaphore, l'alongement des mots, à quoi il ajoûte en un mot tout ce qui s'écarte de la propriété des termes. Il eſt queſtion de déterminer quelle eſt cette eſpèce de beauté qu'il déſigne par le mot γλῶττα; c'eſt ce que M. Racine a examiné dans un Mémoire dont nous allons rendre compte.

Déc. 1754.

M. Dacier entend par γλῶττα, les mots empruntés d'une langue étrangère; M. Racine n'eſt pas de cet avis. « Nous
» ne voyons pas, dit-il, que les poëtes Grecs faſſent uſage de
» mots hébreux, Perſes, Égyptiens; & comment Ariſtote, qui
» recommande ſur-tout la clarté, donneroit-il cette permiſſion?
» ſi un de nos Poëtes faiſoit entrer dans ſes vers des mots Anglois
ou Allemands, louerions-nous la nobleſſe de ſon ſtyle. »

Ariſtote s'expliquera par lui-même; voyons les exemples qu'il cite de cette eſpèce de beauté qu'il nomme γλῶττα. Euripide a fait un vers pareil à un autre d'Eſchyle, il n'y a changé qu'un mot; au lieu du terme propre & ordinaire, il a employé ce qui s'appelle γλῶττα : τὸ αὐτὸ ποιήσαντος ἰαμβεῖον Αἰσχύλου καὶ Εὐριπίδου, ἓν δὲ μόνον ὄνομα μεταθέντος, ἀντὶ κυρίου καὶ εἰωθότος, γλῶτταν, τὸ μὲν φαίνεται καλὸν, τὸ δ' εὐτελές. Eſchyle faiſoit dire à Philoctète, *mon ulcère mange mes chairs*, ἐσθίει: Euripide a dit, *mon ulcère ſe repaît de mes chairs*, θοινᾶται; par ce ſeul changement, le vers d'Euripide eſt noble, & celui d'Eſchyle eſt bas. Il faudroit dire, en ſuivant le ſens de M. Dacier, que le mot θοινᾶται eſt emprunté d'une langue étrangère, ce qui n'eſt pas.

Autre exemple cité par Ariſtote, & que M. Dacier a paſſé, faute de trouver, dit-il, dans notre langue des mots capables de rendre la figure. Si pour dire je ſuis un homme petit, foible, mépriſable, je me ſers des mots propres μικρὸς, ἀσθενικὸς, je m'exprime en ſtyle populaire : ſi j'emploie ceux-ci, ὀλίγος, οὐτιδανὸς, ἄκικυς, je parle en ſtyle noble. Or tous ces mots ſont de la langue Grecque. Pour dire que les rivages retentiſſent, Homère ne dit pas κράζουσιν, mais βοόωσιν. Ces deux mots ſont également Grecs.

Ariſtote, à la fin de la Poétique, répondant aux critiques qu'on a faites contre Homère, juſtifie pluſieurs de ſes expreſ- C. 25.
ſions, en faiſant voir que celles qu'on a cenſurées, en les prenant dans le ſens propre, doivent être priſes pour ce qu'on appelle γλῶττα; ce que M. Dacier traduit toûjours par *mots étrangers.* M. Racine montre, par les exemples mêmes qu'Ariſtote a cités, qu'il n'eſt point queſtion de mots d'une autre langue.

On reprochoit à Homère d'avoir dit que la peſte commença Iliad. l. I.
par les mulets.

Οὐρῆας μὲν πρῶτον ἐπῴχετο.

Ariſtote répond que par οὐρῆας Homère a pû entendre *les ſentinelles.* En effet, il le prend viſiblement en ce ſens au X.[e] livre de l'Iliade. M. Dacier veut que le mot οὐρεὺς, dans le ſens de *garde, ſentinelle*, ſoit un mot étranger ; pourquoi ? puiſqu'Euſtathe le dérive d'ὁράω, qui ſignifie *voir, prendre garde.*

Zoile reprochoit à Homère d'avoir repréſenté Achille offrant Iliad. l. IX.
aux députés d'Agamemnon du vin pur, comme à des ivrognes.

Ζωρότερον δὲ κέραιρε.

Ariſtote prétend que ce mot, dans le ſens de ce qu'on appelle γλῶττα, ſignifie non pas *du vin pur*, mais *promptement.* Ni Ariſtote, ni Plutarque, qui a auſſi cherché le ſens de ce mot, ne diſent qu'il ſoit tiré d'une langue étrangère.

On critiquoit dans Homère, comme une contradiction, ce qu'il dit de Dolon, qu'il étoit mal fait, mais léger à la course.

Iliad. l. X.

Ὅς δή τοι εἶδος μὲν ἔην κακὸς, ἀλλὰ ποδώκης.

Ces deux qualités sembloient incompatibles. Aristote répond qu'on peut expliquer ces mots, εἶδος κακὸς, par *il étoit laid*, parce que chez les Crétois εἶδος se dit du visage.

Ces exemples prouvent qu'Aristote, par le mot γλῶττα, n'a pas entendu des mots empruntés d'une langue étrangère. Qu'a-t-il donc pû entendre? une chose fort simple, selon M. Racine: des mots plus recherchés que ceux dont le peuple se sert, & que l'usage familier présente d'abord; comme dans notre poësie nous disons coursier au lieu de cheval. En second lieu il a entendu, outre les différens dialectes, des mots qui étoient en usage dans une province, & ne l'étoient pas dans une autre. Tel mot étoit en usage dans l'Ionie, & n'étoit pas en usage, ou s'employoit en un autre sens dans l'Attique. Qu'un poëte Florentin sache habilement insérer des tours ou des mots Napolitains ou Vénitiens; s'il réussit, on ne dira pas qu'il a emprunté les expressions des langues étrangères.

Loin qu'Aristote entende par γλῶττα des mots étrangers, il recommande de ne pas faire des barbarismes, c'est-à-dire de ne pas se servir de termes qui ne soient pas de la langue du pays. Il s'accorde avec Quintilien, qui comptant trois espèces de barbarismes, donne pour la première un mot Afriquain ou Espagnol, qui ne seroit pas reçû par l'usage.

Instit. orat. l. 1, c. 5.

Addisson se trompe, selon M. Racine, quand il s'appuie de l'autorité d'Aristote pour faire un mérite à Milton d'avoir, dans son poëme, employé des mots de langues différentes. L'explication qu'on vient de donner du mot γλῶττα est conforme à celle de Quintilien: *interpretationem linguæ secretioris, quas Græci γλώσσας vocant*, dit-il; & ailleurs, *glossemata, id est voces minus usitatas*. C'est pour cette raison que certains dictionnaires s'appellent *Glossaires*.

L. 1, c. 1.
Ibid. c. 8.

SUR

SUR L'ÉNÉIDE DE VIRGILE,

Considérée par rapport à l'art de la Guerre.

LA ſcience des règles, jointe à une imagination vive, féconde, brillante, élevée, mais meſurée dans ſa hauteur, ne ſuffit pas encore pour faire un grand Poëte. La ſphère de ſes connoiſſances embraſſe, comme celle de l'Orateur, une immenſe étendue : elle n'a d'autres bornes que celles de l'eſprit humain. Ce n'eſt pas ſeulement par les beautés générales & d'un goût univerſel, qu'Homère & Virgile plaiſent à tant de lecteurs ; c'eſt que chaque lecteur ſent dans leurs poëmes ce qui flatte ſon goût particulier. Le Philoſophe, l'Orateur, le Géographe, l'Antiquaire, le Phyſicien, le Politique y rencontrent chacun ſa nourriture. Une perſpective ſi vaſte, ſi variée, a même quelquefois égaré les regards : on a cru y voir ce qui n'y étoit pas, & ce qui n'y devoit pas être. Des Alchymiſtes y ont aperçû le grand œuvre, & des viſionnaires ont prétendu y reconnoître les ſecrets de l'avenir.

A ne chercher dans l'Énéide que ce qu'elle contient en effet, on peut dire que c'eſt un tréſor inépuiſable. M. de Sigrais, qui avoit déjà développé les principes de l'art de la guerre dans ſa belle traduction de Végèce, en reconnoît ſans peine la pratique dans les opérations militaires de l'Énéide; c'eſt l'objet d'un Mémoire *(a)* dont nous allons donner l'extrait. Le guerrier ſuit le Poëte pas à pas, il obſerve ſa conduite dans tout ce qui regarde la guerre, il en admire la ſcience & la juſteſſe.

Il ſeroit difficile, dit M. de Sigrais, que les jeunes gens entendiſſent avec indifférence le bruit des armes dont l'Énéide retentit; ce poëme a droit de leur plaire, parce qu'il émeut leurs ſens, il développe leur courage, il leur communique cette chaleur martiale qui n'eſt pas moins naturelle à

(a) Lû à l'Aſſemblée publique de la St Martin 1752.

l'eſpèce humaine que les paſſions tranquilles, & qu'on a toûjours eu ſoin d'exciter par la force de la poëſie. Sous ce point de vûe ſeul, Virgile mériteroit déjà une grande conſidération, comme un Chantre héroïque, un Miſène,

Quo non præſtantior alter,
Ære ciere viros, Martemque accendere cantu.

Il y a plus, le fond de l'Énéide eſt tout militaire: c'eſt la guerre qui, en établiſſant Énée en Italie, y jette les fondemens de la puiſſance Romaine: tout ce qui arrive au héros Troyen avant que d'aborder dans le Latium, quoiqu'appartenant eſſentiellement au ſujet, n'en fait cependant que la partie préliminaire; & dans cette partie même, combien de traits qui partent de cet eſprit guerrier, dont la nation Romaine étoit animée! Le ſecond livre entier contient le détail de guerre le plus terrible qu'il ſoit poſſible d'imaginer. Dans les champs Élyſées la première place eſt aſſignée aux guerriers morts en combattant pour leur patrie: le Poëte abandonnant aux Grecs la ſupériorité dans les arts, s'écrie avec enthouſiaſme, *pour toi, Romain, la guerre te tiendra lieu de tous les arts; il t'eſt réſervé de gouverner les Nations, de vaincre & de pardonner aux vaincus.* C'eſt ainſi que par intervalles on voit briller, dès les ſix premiers livres de l'Énéide, des étincelles de cette flamme guerrière qui doit éclater dans les autres.

Dès qu'Énée entre dans le canal du Tibre, le Poëte prenant un ton d'élévation proportionné à la majeſté de ſon ſujet, annonce que la guerre qu'il va chanter lui ouvre une plus noble carrière,

Major rerum mihi naſcitur ordo,
Majus opus moveo.

En effet, quelle autre matière plus importante pour les Romains, qu'une guerre où leurs ancêtres combattent pour la fondation de Rome. Suivons-le dans les détails.

On a remarqué que Virgile met de la Cavalerie, des enſeignes & des inſtrumens de guerre dans ſes batailles, & il eſt viſible qu'en général il préſente une milice fort différente de celle d'Homère, quoiqu'il s'agisse des mêmes temps: c'est la milice même des Romains qu'il adopte, autant pour la faire valoir par la magnificence de la poësie, que pour enrichir son poeme; s'il lui arrive de s'en écarter en quelques occasions, il est aisé de voir que ce n'est ni par ignorance, ni par méprise, mais qu'il use alors du droit des Poetes, ou qu'il a en vûe de conserver l'air antique des siècles dont il parle: ainsi c'est par respect pour le *costume* & pour Homère qu'il donne encore quelquefois des chars à ses héros, qu'il les fait combattre seul à seul à la tête des armées, renverser des bataillons entiers, & prononcer des harangues; les seules choses peut-être dans lesquelles on puisse lui reprocher d'avoir trop imité le poëte Grec, quoiqu'il le fasse avec des modifications très-ingénieuses. Mais dans tout le corps de l'ouvrage on reconnoît, à la justesse des détails, qu'il suit fidèlement l'esprit de guerre, la discipline & les principes des Romains, dont on ne peut pas douter qu'il n'eût fait une étude profonde; ce qu'on sait d'ailleurs par une de ses lettres à Auguste, conservée par Macrobe. A l'égard des manœuvres générales & des grandes opérations militaires, elles sont dirigées d'une manière si savante & si régulière, qu'il devient plus que probable que le Poëte avoit été aidé, au moins dans cette partie, par Varus ou Pollion, ses amis particuliers, ou par d'autres hommes du métier.

Aussi-tôt qu'Énée a pris terre en Italie, il fait marquer, sur le bord du Tibre, un terrein avantageux, qu'il entoure d'un fossé profond & d'un bon rempart garni de créneaux, de sorte que sa flotte se trouvoit protégée par son camp, dont la rivière défendoit un côté: précautions qui sauvèrent dans la suite les Troyens, & qui rappellent la pratique la plus ancienne des Romains & la plus inviolablement conservée.

Virgile ne suppose pas, comme la plufpart de nos historiens, que les bataillons sortent de terre tout armés pour courir au combat. On voit que les Latins lèvent des milices & d'autres troupes de tout genre; on les assemble dans des quartiers, on répare les chariots de guerre, on ramasse des chevaux, les fabriques des cinq grandes villes sont occupées sans relâche à fournir des armes offensives & défensives; en un mot le Poëte rend un compte détaillé des préparatifs & des moyens militaires, sans la connoissance desquels on ne peut pas juger des opérations d'une campagne, & qui, dans tous les temps, ont autant influé sur les évènemens des armes que la science de la guerre.

Les Latins & leurs alliés avoient déjà rassemblé la plus grande partie de leurs forces dans la ville de Laurente, capitale du Latium, lorsqu'ils apprirent qu'Énée étoit sorti de son camp pour aller lui-même chercher des secours chez des peuples voisins. Cette nouvelle les détermina à marcher promptement au camp des Troyens. Dans l'ordre de marche Messape, guerrier distingué, conduisoit l'avant-garde, Turnus étoit au centre de l'armée, & deux autres Généraux commandoient l'arrière-garde. Un sentinelle, placé sur une éminence en avant du camp, découvrant de loin l'arrivée des ennemis, aux tourbillons de poussière qui s'élèvent en l'air, avertit de prendre les armes. Tous les Soldats qui étoient dans la campagne rentrent promptement dans le camp, chacun court à son poste, & l'on borde le rempart:

Quis globus ô cives, &c.

Tout cela est exactement dans l'ordre du service, & le reste de la conduite des Troyens, établit par anticipation les grands principes de l'obéissance Romaine. Turnus n'osant les attaquer de vive force, à cause de la bonté du poste, les insulte pour les attirer en campagne; il réussit même à mettre le feu à leur flotte, qui n'étoit pas entièrement couverte par le camp, sans pouvoir les faire sortir; ils dévorent l'ardeur & la honte qui les animent, pour obéir aux ordres qu'Énée leur avoit donnés en partant, de se tenir sur la défensive, &, quoi qu'il pût arriver, de ne se commettre à aucune action hors de leurs retranchemens.

Turnus content d'avoir brûlé les vaisseaux d'Énée, & voyant approcher la nuit, ordonne à ses troupes de prendre du repos, & de se tenir prêtes à donner l'assaut le lendemain matin, soûtenues du renfort qu'il attendoit de Laurente. Il charge Messape de masquer de près les portes des Troyens, d'éclairer les environs par des feux fréquens, & quatorze chefs sont nommés, chacun avec cent hommes d'élite, pour former une chaîne de gardes sur toute l'enceinte du camp :

Interea vigilum excubiis obsidere portas, &c.

Le service ne se fait pas avec moins d'exactitude, ni moins de vigilance chez les Troyens. Ils renforcent la garde des portes, ils perfectionnent leurs travaux, & construisent des ponts de communication entre les ouvrages de défense. Toute l'armée passe la nuit sous les armes, distribuée sur les remparts; les sentinelles se relèvent tour à tour, & chacun garde le terrein qui lui est confié :

Hæc super è vallo prospectant Troës, &c.

C'est ici qu'Euryale & Nisus, compagnons d'armes, se présentant au conseil de guerre, offrent de passer au travers de l'armée ennemie, pour aller informer Énée de la mauvaise situation de ses affaires. Ils étoient de garde ensemble à l'une des portes du camp, & ils n'avoient pas manqué de se faire relever par d'autres avant que de quitter leur poste. De l'aventure de ces guerriers, la plus noble que l'antiquité nous ait laissée dans ce genre, & qui feroit seule le sujet d'une dissertation instructive, je ne choisis qu'un fait, qui me paroît aller plus directement à mon objet. Après avoir traversé heureusement le camp ennemi, ils n'avoient plus qu'un petit espace de plaine à franchir pour se jeter dans un bois épais, lorsqu'ils furent rencontrés par un détachement de trois cens chevaux aux ordres de Volscens; c'étoit l'avant-garde de l'armée des Latins, qui venoit de Laurente joindre celle de Turnus. Le commandant, pour ne rien laisser passer de suspect, leur cria de s'arrêter, de dire qui ils étoient, d'où ils venoient, où ils alloient, dans la même formule à peu près dont nous nous servons aujourd'hui :

State viri, &c.

Voyant qu'au lieu de répondre, ces deux hommes couroient vers le bois, il les fit poursuivre par la cavalerie, & ils périrent d'une mort glorieuse. Virgile est, je crois, le seul auteur Latin où l'on trouve aussi clairement la pratique de reconnoître.

Cependant le jour paroissoit, & Turnus se hâta de mener son armée à l'assaut du camp Troyen. Les trompettes sonnent la charge, & les Rutules poussant de grands cris, marchent serrés & la tête couverte de leurs boucliers. Ceux-ci arrachent les palissades, ceux-là travaillent à combler le fossé, les autres cherchent des endroits foibles ou dégarnis de troupes pour y planter des échelles. Les troupes de Troie, accoûtumées à défendre des places, repoussent d'abord vigoureusement les assaillans, les accablent de traits, rompent leurs boucliers avec des masses énormes qu'ils précipitent, & renversent leurs échelles avec des armes de longueur; mais Turnus portant tous ses efforts contre une tour détachée du camp, vient à bout, après un combat sanglant, d'y mettre le feu & de la renverser. Ce malheur n'ôte point le courage aux assiégés, ils osent même ouvrir une porte du camp, défier les ennemis & faire des sorties qui leur deviennent funestes, & peu s'en faut que leur camp ne soit forcé par la porte si témérairement ouverte. Ce que Virgile dit de l'audace des deux frères, Pandarus & Bitias, est fondé probablement sur quelque fait pareil de l'histoire Romaine, & ce qu'il ajoûte des exploits merveilleux de Turnus, dans le camp des Troyens où il s'étoit jeté seul, ne doit être regardé que comme une imitation homérique.

Cependant les Troyens, fatigués & pressés de toutes parts, ne pouvoient plus faire une résistance proportionnée aux attaques, quand le vaisseau d'Énée & la flotte des Tyrrhéniens parurent en mer à la vûe des deux camps. Le Rutule prend sur le champ le parti le plus honorable & le plus conforme aux circonstances, qui étoit de laisser une partie de ses troupes pour continuer le blocus du camp Troyen, & de marcher, avec le gros de son armée, pour combattre les ennemis dans l'embarras du débarquement. Le général des Tyrrhéniens, afin de prendre plustôt terre, fait échouer son vaisseau; une partie de ses troupes, malgré la confusion & les accidens qu'on ne peut éviter en pareil cas, se trouva prête à recevoir les Latins & les Rutules; ceux-ci arrivoient en bon ordre, & l'on en vint aussi-tôt aux mains. La cavalerie Arcadienne du roi Évandre & celle des Tyrrhéniens, qui s'étoient rendues par terre dans un lieu marqué, parurent alors, & firent leur jonction sans obstacle; mais les Arcadiens s'étant engagés dans un terrein absolument impraticable aux chevaux, furent contraints de mettre pied à terre. Cette manière de combattre, qui ne doit jamais réussir à la cavalerie, leur coûta cher, & ce ne fut pas sans peine qu'ils percèrent à travers de l'infanterie ennemie pour regagner leurs chevaux.

Énée avoit d'abord battu & mis en fuite les milices du Latium, & la victoire le suivoit par-tout; mais il apprit que dans un autre endroit de la bataille, ses troupes plioient devant Turnus, qui en faisoit un grand carnage. Il courut promptement à leur secours, & rétablit les affaires après un combat sanglant; alors les Troyens, qui se voyoient foiblement resserrés dans leur camp, sortent avec toutes leurs forces, & viennent fondre sur les ennemis ébranlés. Ce renfort, la mort du fougueux Mézence, tué par Énée, & d'autres circonstances déterminèrent enfin la victoire, qui demeura aux Troyens & à leurs alliés avec le champ de bataille.

Le lendemain Énée victorieux, élève au dieu Mars un trophée des dépouilles de Mézence; il fait rendre de grands honneurs funèbres aux morts de son armée; il permet aussi aux ennemis d'enterrer les leurs, & leur accorde une trêve de douze jours, pendant lesquels on convient de part & d'autre de ne faire aucun acte d'hostilité. Ce terme étant expiré, il prend la résolution hardie de marcher droit à Laurente, qui étoit la capitale de l'État, le séjour de Latinus, & le dépôt de la guerre. Cette nouvelle jette une consternation générale dans la ville; Turnus seul ne s'effraie point, & pourvoit à tout avec autant de célérité que de prudence. Il fait marcher des troupes pour défendre les approches & les dehors de la place. Il en nomme d'autres pour la garde des portes & des remparts; ses espions l'ayant informé que la cavalerie des Arcadiens & des Tyrrhéniens venoit par la plaine, & qu'Énée, avec son infanterie, marchoit par le chemin de la montagne & des bois, il divise de même son armée en deux corps. Il envoie toute sa cavalerie, sur la bonté de laquelle il comptoit, aux ordres de Messape & de l'amazone Camille, pour combattre celle des ennemis, & il marche diligemment à la tête de son infanterie, pour se saisir d'un poste important sur la route des Troyens. C'étoit une gorge étroite & tortueuse, bordée des deux côtés de montagnes couvertes en partie de bois épais; le reste formoit un plateau où l'on pouvoit mettre des troupes en bataille. Pendant que le prince Rutule, ayant fait ses dispositions à la droite & à la gauche, attendoit Énée dans cette embuscade, sa cavalerie, battue dans la plaine par celle des alliés, fuyoit vers les murs de Laurente. Le danger où se trouve la ville, par la défaite de la cavalerie, oblige Turnus de courir au secours; il abandonne son poste; Énée profite de ce mouvement & passe le défilé. Les deux armées se trouvent en présence & se retranchent devant la ville. C'est-là que s'achève la guerre, que le Poëte a judicieusement réduite à une seule campagne.

Cet exposé très-sommaire, quoique dépouillé de tous les ornemens du texte, & présenté sans aucune observation, peut cependant suffire pour établir l'opinion qu'on doit avoir de Virgile. Seroit-ce trop avancer, que de dire qu'il parle guerre, dans son poëme, comme Xénophon dans son beau roman de Cyrus, & (la vérité historique à part) comme César dans ses Commentaires?

DESCRIPTION

DESCRIPTION
DE
LA PROVINCE NARBONNOISE,
Selon le texte de Pline, éclairci par des Remarques géographiques, hiſtoriques & critiques.

LA compoſition des grands ouvrages, outre l'étude de leur objet propre, entraine une infinité de recherches étrangères, toûjours néceſſaires à l'auteur. On ne peut s'inſtruire parfaitement du cours d'une rivière, ſans prendre connoiſſance de ſes bords; & les Géographes qui donnent la carte d'un pays, en tracent le voiſinage avec plus ou moins de détail, à proportion de l'éloignement. Ces acceſſoires ne pouvant pas toûjours entrer dans le corps même de l'ouvrage, ſont ſouvent perdus pour la république des Lettres: elle doit ſavoir gré à un auteur qui, après avoir terminé ſon travail, recueille ces connoiſſances ſurnuméraires, & ſauve du débris des matériaux ceux qui méritent d'être conſervés.

M. Ménard, en travaillant à ſa grande hiſtoire de Nîmes, a été obligé d'étendre ſes vûes ſur toute la province Narbonnoiſe, dont cette ville faiſoit un des principaux ornemens. Pour communiquer au Public le fruit de ſes recherches, il a choiſi le texte de Pline dans l'endroit où cet auteur décrit la Narbonnoiſe. Pline ne fait connoître que le nom des lieux; M. Ménard en fixe la poſition, il développe l'origine & l'hiſtoire ancienne des différentes colonies dont ce pays étoit peuplé; il raſſemble ſur chaque article les témoignages des écrivains originaux & les monumens les plus authentiques; enfin il compare l'ancienne Géographie avec la moderne. Nous allons rendre compte des deux premiers Mémoires; Lûs le 10 Juill. 1753 & le 24 Déc. 1754. ſur chaque article, le texte précédera avec l'interprétation, & ſera ſuivi de remarques.

Narbonenſis provincia appellatur pars Galliarum, quæ interno mari alluitur, Braccata antè dicta, amne Varo ab Italia discreta, Alpiumque vel saluberrimis Romano imperio jugis: à reliquâ verò Galliâ latere septentrionali, montibus Gebenna & Jura.

On donne le nom de Narbonnoise *à la partie des Gaules qui est arrosée de la mer Méditerranée; elle se nommoit auparavant* Braccata; *elle est séparée de l'Italie par la rivière du Var & par les sommets des Alpes, ces montagnes si salutaires à l'empire Romain: du côté du septentrion, les monts Gebenna & Jura la séparent du reste de la Gaule.*

Strab. l. IV. T. Liv. epit. 134. Le nom de Narbonnoise avoit été donné à cette province sous le règne d'Auguste. Ce Prince, pendant son séjour à Narbonne où il étoit allé régler l'administration des Gaules, l'an de Rome 727, partagea la Gaule Transalpine en quatre gouvernemens. Avant ce temps-là, *Narbonenses* ne signifioit que les habitans de la ville de Narbonne. La province Narbonnoise comprenoit la Savoie, le Dauphiné, la Provence, le Languedoc, le Roussillon & le comté de Foix: les trois autres gouvernemens furent l'Aquitaine, la Belgique, & cette partie de la Celtique qui prit le nom de Lyonnoise de celui de la ville de Lyon qui en devint la capitale.

Strab. l. IV. Strabon appelle *golfe Gaulois* cette partie de la mer Méditerranée qui borne au midi la Gaule Narbonnoise; c'est ce qu'on nomme aujourd'hui *le golfe de Lyon,* qui commence à la mer de Gènes, & se termine en Catalogne. Les Bollandistes rapportent l'origine de cette dénomination au nom de la ville de Lyon; mais cette ville est trop éloignée de la côte pour y avoir aucune sorte de rapport. Il est plus vraisemblable de dire que les dangers que l'on court sur cette mer par les bas-fonds dont elle est remplie, par les tempêtes qui s'y élèvent fréquemment, par l'agitation presque continuelle de ses flots lui ont fait donner le nom de *mare Leonis;* c'est le sentiment de Guillaume de Nangis: il dit que St Louis s'étant embarqué à Aiguemortes le mardi après la fête de St Pierre & de St Paul de l'an 1269, il fut, trois jours après, battu d'une tempête à l'entrée de cette mer, nommée *mer de lion,* à cause des orages dont elle est agitée. *Die verò*

Acta Sanct. mens. april. t. I, p. 171.

In gest. S. Lud.

veneris ſubſequente, circa mediam noctem ventorum turbinibus procelloſos fluctus exagitans mare diſcutitur in maris Leonis introitu : quod ideò nuncupatur mare Leonis, quod ſemper eſt aſperum, fluctuoſum & crudele.

Ce golfe, ſelon Strabon, commençoit vers un promontoire aſſez conſidérable, qui étoit au couchant & à cent ſtades de Marſeille, & ſe terminoit au promontoire des Pyrénées, appelé *Aphrodiſion*. Le premier de ces deux promontoires, dont Strabon ne nous a pas conſervé le nom, ne peut être que le cap *Couronne;* le promontoire *Aphrodiſion*, ainſi nommé d'un temple en l'honneur de Venus, comme le dit Ptolémée, eſt aujourd'hui le cap de Cieuz, appelé dans les monumens du moyen âge, *caput de Crucibus*.

Aſtruc. Mém. pour l'hiſt. nat. de Lang p. 17.
L. II, c. 10.

Strabon ajoûte que le golfe Gaulois eſt partagé en deux par le mont *Sigius* & par l'iſle de *Blaſcon;* que le plus grand de ces deux golfes, qui conſerve en particulier le nom de *golfe Gaulois*, eſt celui où le Rhône ſe décharge; & que le plus petit s'étend du côté de Narbonne juſqu'aux Pyrénées. Le mont *Sigius* n'eſt autre que la montagne de *Sette*, nommée *Sotius mons* par Ptolémée & par Feſtus Avienus; & Paulmier de Crente-Meſnil a fort bien corrigé le texte de Strabon en y mettant ΣΙΤΙΟΝ au lieu de ΣΙΓΙΟΝ. L'iſle de *Blaſcon* eſt celle de *Breſcou*, connue par tous les anciens Géographes. Feſtus Avienus la dit remarquable, & elle l'eſt encore en effet par l'éminence preſque ronde qu'elle forme dans la mer.

Ibid.
Feſt. Avien. ora maritima verſ. 605.

A l'égard de l'étendue de ces deux moindres golfes, elle ſe trouve aujourd'hui toute différente de ce qu'elle étoit du temps de Strabon. La partie orientale de ces golfes, c'eſt-à-dire celle qui s'étend depuis Agde juſqu'au Rhône, eſt à préſent beaucoup plus petite que l'autre; les grands atterriſſemens qui ſe ſont faits ſur cette partie des côtes du Languedoc, ont ſeuls pû produire un ſi notable changement, l'inſpection des lieux le prouve aſſez; la mer s'en eſt retirée ſi conſidérablement, qu'on n'y reconnoît plus l'état où étoit cette côte lorſque Strabon écrivoit. Les différens étangs qu'on y voit aujourd'hui depuis Aiguemortes juſqu'à Agde, & qui ne ſont

Aſtruc. p. 369 & ſuiv.

ſéparés de la mer que par un banc de ſable qu'on appelle *la Plage*, faiſoient autrefois partie de la mer même, & prouvent d'une manière indubitable ces atterriſſemens ſucceſſifs de près de deux mille ans, qui ont ſi fort diminué la partie orientale du golfe Gaulois. Qu'on faſſe attention à l'état où étoit, dans le IXe ſiècle, cette partie du bas Languedoc, & l'on ſera convaincu qu'elle tenoit encore à la mer dans ce temps-là. Aimargues, qui eſt une petite ville appelée *Armaſanicæ* dans les monumens du moyen âge, ſe trouvoit en 813 ſituée au bord de la Méditerranée, *in Littoraria*, ſelon une chartre de cette année-là; elle en eſt maintenant éloignée de trois lieues. Pſalmodi, où fut bâti un monaſtère conſidérable, étoit en 815 une iſle du côté du midi, & il eſt conſtant que ce canton eſt actuellement à deux lieues de la mer. Il n'y a pas eu de ſemblables atterriſſemens dans la partie occidentale du golfe, depuis Agde juſqu'au cap de Greuz; le golfe y eſt enfoncé auſſi avant que du temps de Strabon; la ville de Narbonne eſt encore de douze milles ou de trois lieues diſtante de la mer, comme du temps des anciens Géographes, du moins en allant de Narbonne à la mer par le cours de la rivière d'Aude.

Mabill. anal. l. 11, ad ann. 813, n.° 13.
Hiſt. génér. de Langued. t. 1, p. 393, & preuves, p. 47.

On ſait l'étymologie du nom de *Braccata*, donné anciennement à cette partie des Gaules, qui prit ſous Auguſte le nom de Narbonnoiſe. Diodore de Sicile eſt le premier auteur qui parle de ces hauts de chauſſes, ἀναξυρίδες, que les Gaulois appeloient *braques*, ἃς ἐκεῖνοι βράκας προσαγορεύουσι. On ſait auſſi que le reſte de la Gaule Tranſalpine portoit le nom de *Comata*, & la Ciſalpine celui de *Togata*.

Lib. V.

La rivière du Var eſt marquée par tous les anciens Géographes, pour une des limites qui ſéparent la Gaule Narbonnoiſe de l'Italie. Cette rivière prend ſa ſource dans le mont *Cema* ou *Acema*, qui fait partie des Alpes maritimes, près du château de St Étienne. Cette montagne porte auſſi le nom de *Céméhon*; c'étoit le nom d'une ancienne ville bâtie au deſſus, dont il ne reſte aujourd'hui que des maſures, & qui étoit de la Gaule Narbonnoiſe. Du mont Cema, le Var vient arroſer le territoire de Glandève & celui de Nice, où

Ferrar. lexic. geogr.

il ſe déchaige dans la mer. Ce n'eſt point la rivièie du Var toute entièie qui formoit la ſépaiation de la Gaule d'avec l'Italie, c'en eſt ſeulement la ſource placée dans les Alpes maritimes; le comté de Nice, qu'elle traverſe, faiſoit partie de la Gaule Naibonnoiſe, comme il le fit enſuite de la Provence.

Les Alpes, que Pline donne encore pour hornes du côté de l'Italie, ſont celles qu'on appeloit *maritimes*, *Cottiennes*, *Graïennes & Pennines*. Les Alpes maritimes, ainſi nommées du voiſinage de la mer, ſont ce qu'on appelle aujourd'hui le *col de l'Argentière*, le *col delle Feneſtre*, & le *col de Tende*. Les alpes Cottiennes, qui ſont les plus élevées, faiſoient la ſépaiation particulièie des peuples appelés *Taurini*, & des Allobroges; c'eſt aujourd'hui le mont Genève, le mont Cénis & le mont Viſo, où le Pô prend ſa ſource. Les alpes Graïennes ou Grecques, ſont ce qu'on appelle le *mont Joux* & le *petit S.t Bernard;* elles confinoient au pays des anciens *Salaſſi*, aujourd'hui le val d'Aoſte. Enfin les alpes Pennines, dont le mont Pennin, aujourd'hui le grand S.t Bernard, faiſoit partie, avoient au ſeptentrion les *Seduni*, maintenant le haut Valais, dont *Sedunum*, *Syon*, étoit la capitale, & au midi les *Salaſſi*, dont la principale ville étoit *Auguſta Prætoria*, colonie Romaine, aujourd'hui Aoſte. Telles étoient les limites de la Naibonnoiſe du côté de l'Italie.

Au ſeptentrion, les Cevennes & le mont Jura bornoient cette province. *Gebenna* dans Pline, *Cebenna* dans Céſar & dans Méla, Κέμμενον ὄρος dans Strabon, ont beaucoup d'analogie avec le mot *Keven* ou *Keben*, qui en langue Celtique ſignifioit une haute montagne ou le ſommet d'une montagne.

De bell. Gal. l. VII
Mela, l. II, c. 25.
Strab l. IV.
Cambden, in Britannia.
Bochart, in Chanaan, l. I, c. 42.

Les Cévennes formoient, au temps de Pline, une chaine bien plus longue que ce que nous entendons aujourd'hui ſous cette dénomination; elles commençoient aux montagnes de l'Albigeois, & comprenoient celles du bas Rouergue, du bas Gévaudan & du bas Vivarais; il faut même ajoûter que de ce côté le Tarn bornoit alors cette province plus particulièrement. Pline dit que les *Ruteni*, les peuples de Rouergue,

Mandajors; hiſt. crit. de la Gaule Narbon. p. 586.

étoient séparés de l'Aquitaine par le Tarn; ce qui doit s'entendre des *Ruteni provinciales*, compris dans la province Romaine; l'autre partie des *Ruteni*, au-delà du Tarn, étoit renfermée dans l'Aquitaine d'Auguste. Cette division des *Ruteni*, les uns de la Narbonnoise à la gauche du Tarn, les autres de la Celtique, & ensuite de l'Aquitaine à la droite de ce fleuve, se prouve par un passage de César: de-là il résulte que les Cévennes formoient une ligne courbe qui prenoit aux environs de la Garonne, & venoit se terminer au Rhône, un peu au dessous de l'ancienne ville des Helviens, appelée *Alba Augusta*, vis-à-vis le confluent de l'Isère & du Rhône.

Mandajors, ibid. p. 552.

Le mont Jura, dans Strabon & dans Ptolémée ἰουράσιος, ἴουρας, ἰουρασσὸς étoit une montagne de la Gaule Celtique, qui séparoit les anciens *Sequani*, aujourd'hui les habitans de la Franche-comté, d'avec les Helvétiens, qui sont les Suisses. Nous l'appelons en France le mont *Jura* ou le mont *S.t Claude*. Cette chaîne de montagnes prend différens noms dans les différentes contrées qu'elle borne ou qu'elle traverse.

Cæs. de bell. Gal. l. II.

Pline laisse un vuide considérable dans la description des limites septentrionales de la Gaule Narbonnoise; il passe sous silence ce qui joignoit les Cévennes au mont Jura, deux montagnes fort éloignées l'une de l'autre. Les Cévennes se terminoient au Rhône, vis-à-vis de l'embouchûre de l'Isère. C'est le Rhône qu'il faut en cet endroit reprendre pour limite, en le joignant au lac de Genève, appelé alors le lac *Léman*. César dit que ce lac & le Rhône formoient la séparation de la province Romaine d'avec le pays des Helvétiens. C'est encore ce qu'Ausone exprime par ces vers:

Ibid. l. I.

De clar. urb. de Narbone.

Quà rapitur præceps Rhodanus genitore Lemanno,
Interiúsque premunt Aquitanica rura Gebennæ.

Ainsi le Rhône formoit, dans cette étendue de pays qui remonte jusqu'à Genève, le reste des limites de la Narbonnoise.

Agrorum cultu, virorum morumque dignatione, amplitudine opum, nulli provinciarum postferenda: breviterque Italia veriùs quàm provincia.

Elle ne le cède à aucune autre province, soit pour la culture des champs, soit pour le mérite de ses habitans & pour la décence de leurs mœurs, soit pour la grandeur des richesses. En un mot, elle doit être plustôt regardée comme l'Italie même, que comme une province.

Cet éloge est confirmé & par les exemples que fournit l'histoire, & par le témoignage de toute l'antiquité. Les Gaulois, sur-tout ceux de cette contrée, étoient devenus d'habiles cultivateurs, depuis qu'ils avoient appris des Marseillois l'art de perfectionner la culture, de tailler la vigne, d'enter les oliviers. *Justin, liv. XLIII.* Quels éloges les Anciens ne font-ils pas des vins des Gaules? Pline fait beaucoup de cas des vins de Vienne & de ceux du Vivarais. *L. XIV, c. 1.* Il nous apprend que dans cette dernière contrée, on *Ibid. c. 3.* avoit de son temps trouvé, auprès de l'ancienne ville appelée *Alba Helviorum*, une sorte de vigne dont la fleur ne duroit qu'un jour, & qui par-là étoit presque exempte de tout danger; on l'appeloit *Narbonica*, parce que toute la province en avoit fait des plants. Combien ce pays n'avoit-il pas produit de personnages distingués? Jules César en avoit fait admettre plusieurs dans le Sénat. Un grand nombre de ses villes jouissoient du droit Latin. *Suet in Jul. c. 76.* Claude n'eut pas d'exemples plus puissans à faire valoir auprès des Sénateurs, lorsqu'il voulut les engager à recevoir dans le Sénat les Gaulois de la Celtique & de la Belgique: *Vous repentez-vous*, leur dit-il, *d'avoir admis les Balbes, sortis d'Espagne, & ces hommes non moins illustres, venus de la Gaule Narbonnoise! leurs descendans subsistent encore parmi nous: vous savez que leur amour pour la patrie n'est pas moins ardent que le nôtre.* *Tacit. Ann. l. 11.* Les Gaulois de ce pays, déjà civilisés avant l'arrivée des Phocéens fondateurs de Marseille, devenus plus polis par le commerce de ces Grecs, prirent facilement les usages des Romains leurs nouveaux maîtres, & acquirent sans peine la même politesse. *Justin, liv. XLIII.*

In ora regio Sardonum, intusque Consuaranorum.

Sur la côte on trouve le pays des Sardons, & dans l'intérieur celui des Consuarans.

C'est par la côte du Roussillon que Pline commence la

deſcription de la Gaule Narbonnoiſe, ce qui en fait la côte occidentale. D'après la leçon de Feſtus Avienus, ſuivie par Voſſius dans ſes notes ſur Pomponius Méla, il faudroit lire ici *Sordonum* au lieu de *Sardonum.* En effet, ſelon le même Avienus, un étang ſitué dans cette contrée s'appeloit *Sordice,* & la rivière qui en ſortoit *Sordus.* Cette rivière eſt aujourd'hui le canal qui fait la communication de l'étang de Salces & de Leucate avec la mer, au nord du château de S.t Angel. Les Sardons, ou Sordons, occupoient tout ce qu'on appelle le comté de Rouſſillon; c'eſt-à-dire que leur territoire commençoit au pied des Pyrénées, & renfermoit tout ce qui étoit entre la fontaine de Salces, *Salſulæ fons,* dont parle Méla, & le port Vendre, appelé *portus Veneris* par le même auteur. *L. II, c. 5.*

Fons Salſulæ eſt la fontaine de Salces, ville du comté de Rouſſillon. Le nom exprime la qualité de ſes eaux. Elles étoient, ſelon Mêla, plus ſalées que celles de la mer. Il ajoûte qu'auprès de cette fontaine étoit une plaine couverte de roſeaux qui formoit un marais, où l'on avoit reconnu, par la nature de ce qu'on retiroit du fond, que la mer pénétroit. De-là, dit-il, quelques auteurs Grecs & Latins avoient imaginé que les poiſſons qu'on y prenoit par diverſes ouvertures, y croiſſoient dans la terre: idée abſurde, dit Méla. L'exiſtence de ces ſortes de poiſſons eſt à la vérité conſtatée, pour le Rouſſillon, par le témoignage des anciens. Athénée nous a conſervé un paſſage de Polybe qui en faiſoit une mention particulière: cet auteur diſoit qu'il y avoit auprès des Pyrénées une vaſte plaine qui s'étendoit juſqu'à la rivière de Narbonne, c'eſt-à-dire l'Aude, *Atax,* où l'on trouvoit des poiſſons; que le terroir en étoit léger & couvert d'une grande quantité de chien-dent; que l'eau des rivières voiſines y pénétroit ſans peine; que les poiſſons attirés par l'appas de ce chien-dent, s'y inſinuoient auſſi, & que comme ils ſe répandoient dans toute la côte, on en faiſoit par-tout une pêche abondante. Strabon en parle *L. IV.* auſſi. Les Tranſactions philoſophiques nous donnent la deſcription d'un lac de la Carniole, toute ſemblable à celle de Polybe. *Ann. 1669, Déc. n.° 54, art. IV.* Ce lac, qui a près de deux milles d'Allemagne en longueur,

& un

& un en largeur, demeure à sec tout l'été, mais au mois de septembre l'eau sort de dessous terre par diverses ouvertures qui sont au fond du lac, & apporte une grande quantité de poissons. C'est ainsi que dans l'étang de Salces, l'eau de la mer amenoit les poissons par les ouvertures répandues sous cette plaine marécageuse.

Le port Vendre, *portus Veneris*, enclavé dans le pays des Sardons, avoisinoit le promontoire *Aphrodisium*. C'est le port que Pomponius Méla place *in sinu salso*, qui étoit un golfe au voisinage duquel se faisoit apparemment beaucoup de sel. Vossius & Nuguès ont tort de corriger *insignis fano*, dans Méla, au lieu de *in sinu salso*. Cette correction est démentie par les éditions, par tous les manuscrits, & parce que ce n'est point au port Vendre qu'il faut chercher le temple de Vénus. *L. II, c. 5.* *Marca, Hisp. l. I, c. 9.*

Sur cette côte des Sardons étoient deux promontoires considérables, dont Pline ne parle pas, *Aphrodisium* & *Cervaria*. Sur le premier étoit le temple de Vénus, dont Ptolémée fixe la position au vingtième degré vingt minutes de longitude, & au quarante-deuxième degré vingt minutes de latitude. C'est de ce temple que le promontoire tiroit son nom. Strabon l'appelle le temple de Vénus Pyrénéenne, & dit qu'il servoit de borne commune à la Gaule Narbonnoise & à l'Espagne. L'édifice étoit bâti sur le côté du promontoire qui regarde la Gaule. Vénus étoit invoquée par les navigateurs. Après l'établissement de la religion Chrétienne, on bâtit sur les ruines de ce temple une église & un monastère appelé S.t Pierre de Roses, *S. Petri Rhodensis*, du nom de l'ancienne ville de *Rhoda*, qui n'en est pas éloignée. Ce promontoire est aujourd'hui le cap de Creuz, *caput de Crucibus*, à cause des croix qu'on y a plantées, selon Mariana. *Liv. IV.* *Hist. Hispan. l. I, c. 2.*

Le promontoire *Cervaria* n'étoit pas loin du précédent, plus au midi. C'étoit, selon Méla, l'extrémité de la Gaule Narbonnoise. C'est maintenant le cap de Cervera, qui forme les limites du Roussillon. *L. II, c. 5.*

Ces deux promontoires n'étoient pas les seules limites que

les Anciens eussent établies entre la Gaule & l'Espagne. Ils en reconnoissoient encore une autre, au rapport de Strabon; c'étoit le trophée de Pompée : l'histoire en est connue. Ce n'est pas une petite difficulté de fixer l'endroit où fut érigé ce monument, dont il ne reste plus de vestiges. Strabon dit qu'on passoit les Pyrénées près de ce trophée. D'un autre côté, comme on voit par l'itinéraire d'Antonin & par la table de Peutinger, que la route d'Italie se terminoit au haut des Pyrénées, *ad summum Pyrenæum*, aujourd'hui le col de Pertus, & qu'il y reste encore des vestiges de l'ancienne voie militaire, M. de Marca conjecture que le trophée de Pompée avoit été érigé sur le port, ou au haut des Pyrénées, à cinq milles de Céret, bourg situé sur la Tech & fort ancien. C'est dans le port, ainsi appelé parce qu'il servoit de passage dans ces hautes montagnes, & qu'on entroit par-là dans la province Tarraconoise, qu'est aujourd'hui le château de Bellegarde. César, après avoir soûmis l'Espagne, construisit un autel sur les Pyrénées; mais le temps n'a pas plus respecté le monument de César que celui de Pompée.

Lib. III.

Ibid.

Marca, Hispan. l. I, c. 11.

Ibid. c. 2 & 3.

Des peuples appelés Sardons ou Sordons, qui habitoient la côte occidentale de la Gaule Narbonnoise, Pline passe à ceux qui occupoient l'intérieur du Roussillon. Ceux-ci portoient le nom de *Consuarani;* ils s'étendoient depuis les Pyrénées jusqu'à la source de l'Aude; leur pays étoit arrosé par les rivières de la Tech & de la Tet; c'est où l'on trouve aujourd'hui Villefranche de Conflent & le Valespir. On voit qu'il ne faut pas confondre, comme ont fait M. de Valois & le P. Hardouin, les *Consuarani* avec ces autres peuples appelés *Consoranni*, dont Pline fait mention dans l'article de l'Aquitaine. Ceux-ci occupoient une contrée différente & éloignée; ils habitoient la partie de l'Aquitaine où sont les villes de Conserans, sur le Salat, & de S.t Licer.

Notit. Gall. in verbo Consoranni.

Hard. not. in Plin l. III, c. 4.

Plin. l. IV, c. 33.

Flumina Techum & Vernodubrum.

On y trouve les fleuves Techum & Vernodubrum.

Le *Techum* est la Tech ou le Tec, qui prend sa source dans les Pyrénées, au nord du Prat de Molo, en un lieu qu'on appelle *la Rocca;* de là cette rivière coule du sud-ouest au nord-est, & arrose les villes d'Arlas à gauche, de Céret à droite, *del Bolo* à gauche, & enfin d'Elne à gauche aussi, d'où elle se jette dans le golfe de Lyon. C'est la rivière dont Polybe, Strabon, Ptolémée font mention sous le nom d'*Illiberis* ou *Illiberris*. Méla la nomme *Tichis;* & il dit d'elle, & de la Tet, que c'étoit deux petits fleuves qui devenoient dangereux quand ils se débordoient: *parva flumina Telis & Tichis, ubi accrevere, persæva.* L. II, c. 5.

La rivière de *Vernodubrum* n'est point connue des anciens Géographes sous ce nom. Il paroît qu'on ne peut l'entendre que de la rivière que Mêla appelle *Telis*, aujourd'hui *la Tet:* elle prend sa source dans les Pyrénées, au dessus de Mont-louis; elle court de l'ouest à l'est; dans son cours, qui est fort tortueux, elle arrose Villefranche & Perpignan, & se jette dans le golfe de Lyon. Strabon la nomme *Ruscino*, qui est le nom de la ville dont elle baignoit les murs. M. Astruc conjecture que le *Vernodubrum* de Pline est la rivière d'Agli, ou plustôt le Verdouble qui prend sa source dans l'archiprêtré de Termanois, au haut diocèse de Narbonne, passe à Tentavel en Roussillon, & se jette dans l'Agli; mais Pline, après avoir parlé de la Tech, aura-t-il omis la Tet, rivières également considérables, & qui avoient leur embouchûre dans la mer, pour aller faire mention du Verdouble ou de l'Agli, dont aucun ancien Géographe n'a parlé? outre cela Pline ayant commencé par la côte qui avoisinoit l'Espagne, étoit naturellement conduit à parler d'abord de la Tech qui se présente la première, & ensuite de la Tet qui vient après, & qui forme presque une ligne parallèle avec la précédente; au lieu que le Verdouble est éloigné de-là & fort avancé dans l'intérieur du pays. Au reste l'identité du *Vernodubrum* de Pline avec le *Telis* de Méla, a été reconnue par le savant M. de Marca & par M. de Valois.

Mémoir pour l'hist. nat. de Languedoc, 1744.

Marca, Hispan. l. I, c. 5, art 1.

Oppida Illiberis, magnæ quondam urbis tenue vestigium; Ruscino Latinorum. *Notit Gall. in verbo* Ruscino.

La ville d'Illibéris, foible reste d'une ville autrefois considérable, & celle de Ruscinon, qui jouissoit du droit latin.

L'ancienneté de la ville d'*Illiberis* remonte à des siècles fort reculés: elle étoit fameuse du temps d'Annibal, qui y rassembla ses troupes lorsqu'il eut passé les Pyrénées, deux cens dix-huit ans avant J. C. Deux siècles après, elle ne présentoit plus que de foibles vestiges de sa grandeur passée; c'est ce qui est attesté par Mêla, que Pline n'a fait que copier: *Vicus Eliberris, magnæ quondam urbis & magnarum opum tenue vestigium.* Son ancienne grandeur peut faire croire qu'elle étoit capitale des Sardons.

T. Liv. dec. 3, lib. 1.

Quelques écrivains Espagnols ont confondu cette *Illiberis* avec la ville d'Elvire, nommée aussi *Illiberis*, fameuse par le Concile tenu en 313. D'autres la confondent aussi mal-à-propos avec *Caucoliberum*, Collioure. *Illiberis* étoit ancienne, bâtie sur les bords de la Tech; *Caucoliberum* ne commence d'être connue que dans la description faite par l'anonyme de Ravenne, vers le VII.e siècle; elle est d'ailleurs bâtie sur le rivage du golfe de Lyon. La position d'*Illiberis* répond à celle d'Elne, *Helena*, qui fut bâtie sur ses ruines par Constantin le Grand, ou par quelqu'un de ses fils, en l'honneur d'Hélène, mère de ce Prince. Elne devint ville épiscopale, mais dans des temps postérieurs à la notice d'Honorius, qui n'en fait pas mention sous la métropole de Narbonne. Le siége épiscopal fut de-là transféré à Perpignan, en 1604, par le pape Clément VIII.

Marca, Hispan. l. 1, c. 6.

Ruscino, dont parle ensuite Pline, n'étoit pas moins ancienne qu'*Illiberis*; elle étoit capitale des *Consuarani*, & donna le nom à toute la contrée du Roussillon: ce fut à *Ruscino* que les peuples du pays s'assemblèrent pour délibérer sur le passage que leur demandoit Annibal. Cette ville devint colonie Romaine, selon Méla, & selon Pline elle jouissoit du droit Latin. La décadence de l'Empire en entraîna peu à peu la ruine; elle conservoit encore quelque considération sous Louis le Debonnaire. Ce Prince ayant donné en 816 un diplome

Tit. Liv. lib. XXI, c. 24.

L. II, c. 5.

en faveur des peuples d'Espagne qui s'étoient retirés en France pour se dérober à la tyrannie des Sarasins, ordonna qu'il en seroit déposé une expédition dans les archives de cette ville; elle avoit dès-lors pris le nom de *Roscilio*. Selon M. de Marca, elle fut ruinée peu après, vers l'an 828, dans la guerre des Sarrasins; il ne reste plus qu'une tour sur le terrein qu'elle occupoit, on l'appelle *la tour de Roussillon*. Elle étoit bâtie sur le penchant d'une colline, & venoit se terminer au bord de la Tet. On y trouve souvent des médailles Romaines & d'autres monumens qui font encore reconnoitre son ancienne enceinte.

Marca, Hispan. l. II, c. 5, & l. III, c. 40.

L. I, c. 5.

A deux milles de *Ruscino*, étoit encore une autre ville considérable appelée *Flavium Ebusum*, dont Pline ne parle point. Elle ne nous est connue que par une inscription publiée par M. de Marca; elle y porte le titre de *municipe*. *Ebusum* étoit le nom propre de la ville; elle avoit pris apparemment le nom de *Flavium* en reconnoissance de quelque bienfait reçû de Vespasien ou de sa famille. Dans le même lieu où étoit *Flavium Ebusum*, fut dans la suite bâti Perpignan; on ne sait en quel temps. Perpignan étoit déjà connu au commencement du XIe siècle. Quelques pieux habitans y ayant fait bâtir une église sous l'invocation de St Jean-Baptiste, Bérenger, évêque d'Elne, en fit la consécration le 16 de mai 1025. Gausred ou Geoffroi, comte de Roussillon, souscrivit l'acte qu'on dressa de cette consécration.

Marca, Hispan. l. IV, ad an. 1025.

Il y avoit encore divers autres lieux situés dans ce coin de la Gaule Narbonnoise, dont Pline ne fait aucune mention: ce n'étoient que des lieux obscurs nommés *mansiones* ou *mutationes*. *Mansio*, dans les Itinéraires, qui sont proprement des cartes ou des listes, où se trouvent marquées les routes de l'empire Romain, signifie un gîte, & *mutatio* un lieu où l'on changeoit seulement de chevaux, ce que nous appelons une *poste*. Voici ce qu'on peut savoir de ces différens lieux, en commençant par ceux qui étoient le plus près des Pyrénées.

Après le *summum Pyrenæum*, l'itinéraire d'Antonin place

le lieu nommé *ad Centuriones;* la table de Peutinger l'appelle *ad Centenarium*. Ces deux itinéraires s'accordent à placer cet ancien lieu à la diſtance de cinq milles du *ſummum Pyrenæum*, ce qui fait à peu près cinq quarts de nos lieues. La petite ville de Céret ſe trouvant placée à la même diſtance, on ne peut guère diſconvenir que ce ne ſoit le même lieu dont le nom aura été défiguré dans les Itinéraires; elle s'appelle en latin *Ceretum* ou *Ceriſidum*. M. Aſtruc propoſe de lire *ad Ceretones* ou *ad Ceretanum*. M. de Marca nous fournit une autre preuve d'identité: on trouve encore aux avenues de Céret des veſtiges de l'ancienne voie militaire, & les ruines d'un pont de pierre ſur la Tech; ce fut à Céret que s'aſſemblèrent, en 1660, les commiſſaires de France & d'Eſpagne, pour régler les limites des deux Royaumes.

Mém. pour l'hiſt. nat. du Languedoc, p. 119.
Marca, Hiſpan. l. 1, c. 11.

Ad Stabulum eſt marqué dans l'itinéraire d'Antonin, à XVI milles du haut des Pyrénées. Ce nombre eſt corrompu ſelon l'apparence; en ôtant le chiffre X, on y retrouve la diſtance du lieu appelé aujourd'hui *le Boulon*, & en Eſpagnol *el Bolo*, ſur la Tech, à une demi-lieue du haut des Pyrénées. Ce lieu étoit à quatre milles de celui qui ſe nommoit *ad Centuriones*. Les routes par où on alloit de-là au haut des Pyrénées, formoient deux lignes parallèles; on y arrivoit du Boulon par une voie plus droite: au ſurplus, on retrouve dans le nom de Boulon une trace de celui *ad Stabulum*.

Marca, ibid.

En avançant vers Narbonne, on trouvoit *Combuſta*, au-delà & à ſix milles de *Ruſcino*, ſelon l'itinéraire d'Antonin: c'eſt aujourd'hui Rives-altes ſur la rivière d'Agli, au nord de Perpignan; cette rivière s'appeloit *Fluvius Aquilinus*, il y avoit un pont.

Marca, ibid.

Sur la même route on trouvoit le lieu nommé *ad Vigeſimum;* il y faut ſous-entendre *lapidem*. C'étoit un lieu placé à vingt milles de Narbonne. Comme les cabanes de Fitou, ſituées ſur l'étang vis-à-vis de Leucate, ſont à cette diſtance de Narbonne, c'eſt-à-dire à cinq lieues de cette ville en allant de Narbonne à Perpignan, il paroît certain que c'eſt-là qu'il faut fixer la poſition du lieu *ad Vigeſimum*.

Marca, ibid.

Flumen Atax è Pyrenæo Rubrensem permeans lacum.

Le fleuve d'Aude qui vient des Pyrénées & traverse le lac Rubrensis.

C'est dans le Capsir, montagne des Pyrénées, que la rivière d'Aude prend sa source, & nullement dans les Cévennes, comme le dit Strabon. Polybe, au rapport d'Athénée, donnoit à cette rivière le nom de *Narbo,* parce qu'elle passe à Narbonne. *L. IV. Deipn. l. VII.*

Avant que de se jeter dans la mer, l'Aude traversoit le lac *Rubrensis*, qui est aujourd'hui l'étang de Sigean. La rivière conservoit, au milieu même de l'étang, son ancienne profondeur; c'étoit à la faveur d'un ancien canal, qui s'appelle, dans les anciens titres Latins, *gula Atacis*, & aujourd'hui *la goule d'Aude.* Ce canal est construit de pierres de taille d'une grandeur énorme, & forme une maçonnerie digne de la magnificence Romaine. *Marca, l. I, c. 7.*

Narbo Marcius, Decumanorum colonia, XII. M. pass. à mari distans.

Narbonne, appelée Narbo Marcius, *colonie de la dixième Légion, éloignée de douze mille pas de la mer.*

Le surnom de *Marcius*, donné à cette ville, tire son origine du nom de *Q. Marcius Rex,* sous le consulat duquel, en 636 de Rome, L. Crassus, ce fameux orateur, y conduisit une colonie. Nous avons, sur ces deux points, des témoignages formels. *Narbo autem Marcius*, dit Velléius, *in Gallia M. Porcio & Q. Marcio consulibus deducta colonia est:* & Cicéron faisant l'éloge de L. Crassus, dit: *voluit adolescens in colonia Narbonensi curæ popularis aliquid attingere, eamque coloniam, ut fecit, ipse deducere.* Ainsi il faut écrire *Narbo Marcius*, & non pas *Martius.* Des deux autres étymologies, dont l'une dérive le surnom de cette ville du nom du Dieu Mars, & l'autre de la légion *Martia*, la première est sans fondement; la seconde est démentie par l'histoire. La légion *Martia* ne fut formée que sous Auguste; & long-temps auparavant Cicéron plaidant pour Fontéius, donne à Narbonne l'épithète de *Marcius.* *L. I, c. 15. De clar. orat. n.° 160. Sirmond, innot. ad Sidon. carm. XXII. Pro Font. c. 3.*

La dénomination de *Decumanorum colonia* prit son origine

du nom de la dixième légion, si fameuse dans les guerres de Jules César. Les Vétérans de cette légion furent établis à Narbonne par ce grand Capitaine, qui voulut récompenser leurs services. Aussi dans les anciens monumens Narbonne est appelée *Colonia Julia Paterna Narbonensis decumanorum Marcia.* Le titre de *Paterna* est aussi relatif à Jules César; c'etoit pour marquer qu'il étoit le père adoptif d'Auguste. Ainsi de deux colonies envoyées à Narbonne, la première étoit du nombre des colonies civiles; c'est-à-dire qu'elle fut simplement formée de citoyens Romains; la seconde étoit purement militaire. Cette distinction de colonies est connue dans l'antiquité.

La fondation de la ville doit avoir précédé de long-temps l'établissement de la première colonie. Pythéas de Marseille disoit, au rapport de Polybe, que Scipion voulant savoir ce que c'étoit que la ville de Narbonne, ainsi que deux autres villes des Gaules qu'il appelle *Corbilon* & *Britannia*, il s'en informa aux Marseillois, & ces trois villes, Pythéas les qualifie les principales villes des Gaules. D'où il résulte que, quelque fabuleux que ce récit paroisse à Polybe, Narbonne étoit déjà, du temps de Pytheas, dans un état florissant.

Strab. geogr. l. IV.

Il paroît que cette ville fut bâtie par les propres habitans de la contrée, qui demeuroient le-long de la rivière d'Aude. C'est du moins le sentiment d'Isidore, *Narbonam coloni proprii condiderunt.* Aussi ses habitans sont-ils nommés *Atacini* dans Méla. Seroit-ce pousser trop loin la conjecture, que d'attribuer la fondation de cette ville aux anciens peuples nommés *Elesyces* par Festus Aviénus, qui occupèrent ce pays dans les temps les plus reculés, & au Royaume desquels ce géographe donne Narbonne pour capitale?

Orig. l. XV, c. 1.

L. II, c. 5.

Fest. Avien. or. marit. v. 585.

Gens Elesycum priùs
Loca hæc tenebat: atque Narbo civitas
Erat ferocis maximum regni caput.

Peut-être même ces Elesyces étoient les Bébryces que Silius Italicus & Martien d'Héraclée placent à l'extrémité de la Gaule Narbonnoise, près des Pyrénées, quoique quelques historiens

Sil. Ital. de bel. Pun. l. III.

Mart. Heracl. peripl. l. I.

hiſtoriens modernes aient conteſté à ces Bébryces leur poſition, & même leur exiſtence.

Hiſt. gén. de Languedoc, l. I, not. 10.

La diſtance que marque Pline, de Narbonne à la mer, eſt encore aujourd'hui la même, parce qu'il ne s'eſt fait ſur cette côte aucune ſorte d'atterriſſement, & que la mer ne s'en eſt jamais retirée. Narbonne ne laiſſoit pas d'être un port conſidérable; les Volces Arécomiques n'en avoient pas d'autre ſous l'empire d'Auguſte & ſous celui de Tibère. Strabon appelle le port de Narbonne le havre & l'arſenal maritime de ces anciens peuples. Les vaiſſeaux remontoient par l'embouchûre de l'Aude, traverſoient le lac *Rubrenſis*, & reprenoient juſqu'à la ville le lit de la rivière. Strabon dit qu'on pouvoit regarder cette ville comme le port de toutes les Gaules, & qu'elle étoit ſupérieure aux autres villes du pays par ſon commerce.

L. IV.

Flumina Arauris & Liria.

Les fleuves Arauris & *Liria.*

La première de ces deux rivières n'eſt autre que l'Éraut, qui prend ſa ſource dans les montagnes de la partie ſeptentrionale du diocèſe d'Alais, ſituées ſur les confins du Gévaudan; elle ſe jette dans la mer près d'Agde. *Araris*, qu'on lit au lieu d'*Arauris* dans quelques éditions de Pline, eſt une faute.

Quant à la rivière que Pline appelle *Liria*, l'opinion générale a été juſqu'ici que c'eſt le Lez, petite rivière près de Montpellier. Mais la médiocrité du Lez, qui n'eſt preſque qu'un torrent, à ſec la plus grande partie de l'année, ne méritoit pas l'attention de Pline. *Liria*, ſelon M. Ménard, eſt pluſtôt un pluriel neutre, qui déſigne les deux rivières de Lers, dont l'une, appelée le grand Lers, prend ſa ſource vers les Pyrénées; & l'autre, nommée le petit Lers, ſort dans le Lauragais près de Caſtelnaudari. Elles fourniſſent des eaux au canal de Languedoc, & ſe jettent, celle-là dans l'Auriège, un peu au deſſus de Ciute-Gabelle, & celle-ci dans la Garonne, à deux lieues au deſſous de Toulouſe. Le Lez eſt le *Ledus flumen* de Pomponius Méla, près de Montpellier.

OBSERVATIONS
SUR DEUX MÉDAILLES SINGULIÈRES DE MARC-AURÈLE ET DE L. VERUS,
Pour l'éclairciſſement de l'hiſtoire de ces Princes.

1753. LA guerre des Parthes fut un des évènemens les plus mémorables du règne de Marc-Aurèle ; mais l'antiquité nous fournit ſur ce point important ſi peu de lumières, que les Écrivains même les plus ſavans entre les modernes, ne s'accordent ni ſur l'époque du commencement de cette guerre, ni ſur celle de ſa fin, ni ſur les opérations militaires des Romains & des Parthes.

Deux médailles du riche cabinet de M. Pellerin, qui n'ont point encore été publiées, ont ſervi à M. l'abbé Belley à ſuppléer au ſilence des anciens auteurs.

Ces deux médailles ſont de grand bronze & bien conſervées. L'une frappée en l'honneur de Marc-Aurèle, préſente d'un côté la tête du Prince couronnée de laurier, avec la légende M. ANTONINVS AVG. ARM. PARTH. MAX. MEDIC. on lit ſur le revers TR. POT. XX. IMP. IIII. COS. III. Les deux Empereurs paroiſſent ſur un char de triomphe attelé de quatre chevaux de front, & portent à la main une branche de laurier; au deſſous du char, S. C. L'autre médaille paroît avoir été frappée dans le même temps & pour le même évènement. On voit d'un côté la tête de L. Verus couronnée de laurier, avec la légende L. VERVS AVG. ARM. PARTH MAX. MEDIC. & de l'autre, TR. POT. VI. IMP. IIII. COS. II. Le type eſt le même que ſur la précédente, avec la marque du Senatus-conſulte dans l'exergue; on n'avoit point encore vû ſur les médailles de Marc-Aurèle & de L. Verus, le titre de MEDICVS, qu'on trouve dans quelques inſcriptions.

La ſuite des titres *Armeniacus*, *Parthicus*, *Medicus*, qui ſont relatifs à la guerre des Parthes, annonce l'ordre des expéditions faites par les armées Romaines dans le cours de cette guerre. Le type repréſente la ſolennité du triomphe qui fut déféré à Rome aux deux Empereurs.

Après avoir indiqué l'objet de ces médailles, M. l'abbé Belley décrit en peu de mots, d'après les auteurs, ces trois expéditions, qui ont enſemble une liaiſon immédiate, celle d'Arménie, la guerre contre les Parthes, l'incurſion faite en Médie, & il tire des médailles mêmes le temps précis de la fin de cette guerre & du triomphe des deux Empereurs.

Après la mort d'Antonin Pie, qui arriva le 7 de mars 361, Vologèſe, roi des Parthes, déclara aux Romains la guerre qu'il n'avoit oſé entreprendre du vivant de ce Prince; il commença les hoſtilités dans l'Arménie majeure, qui étoit de la dépendance des Romains depuis la conquête de Trajan; il y envoya une armée ſous la conduite d'Oſrhoès l'un de ſes Généraux. A la faveur des troubles qui s'étoient élevés en Arménie, les Parthes s'emparèrent du pays: Soème, Roi légitime & du ſang *(a)* des anciens Rois, fut obligé de quitter *Lucian pſeudomant. c. 27.* ſes États & de ſe retirer à Rome. Sévérien, Gaulois de nation (Κελτὸς), Général des troupes Romaines, réſolut de marcher au ſecours de l'Arménie; mais avant que d'entreprendre cette expédition, il conſulta le devin Alexandre, fameux dans tout l'Orient. Cet impoſteur lui promit les ſuccès les plus favorables. Sévérien paſſa l'Euphrate, entra dans l'Arménie à la tête de pluſieurs légions, & alla camper à *Dio. l. LXXI.* *Elegia*, place ſituée ſur le fleuve, à quelques lieues au deſſous *Lucian. de conſcrib. hiſt. c. 21.* de Mélitène. Les Parthes inveſtirent l'armée Romaine, & la détruiſirent entièrement en peu de jours. Vologèſe enflé de ce ſuccès, envoya un corps de troupes ravager la Cappadoce; *Capitol. in Vero.* les Syriens étant diſpoſés à la révolte, il entra dans la Syrie *Dio. ibid.* avec une nombreuſe armée, & mit en fuite L. Atidius Cor- *Capitol. in Marco Antonino.* nelianus, Gouverneur de la province.

Le bruit de ces victoires des Parthes porta l'alarme juſqu'à *Capitol. ibid.* Rome; il fut réſolu que Marc-Aurèle y reſteroit, parce que ſa préſence y étoit néceſſaire, & que L. Verus iroit combattre les Parthes & arrêter leurs progrès. Celui-ci partit en effet au printemps de l'an 162, la ſeconde année de ſon règne, comme le marquent ſes médailles, ſur leſquelles on lit PROFECTIO AVG. TR. POT. II. Ce Prince voluptueux, plus occupé de ſes plaiſirs que des affaires de l'empire, n'arriva à Antioche qu'à la fin de l'année 162, il y *Dio. ibid* fit ſon ſéjour ordinaire; & ſous prétexte de pourvoir à la ſubſiſtance des troupes, il chargea ſes Lieutenans des expéditions militaires. Pendant les quatre années que dura cette *Capitol. in Vero.* guerre, il paſſa l'hiver à Laodicée, l'été à Daphné, & le reſte du temps à Antioche; & par ſes débauches, il s'attira le mépris des Syriens qui le railloient publiquement juſque ſur le théatre.

L'Arménie étoit toute entière au pouvoir des Parthes; L. Verus, ou pluſtôt ſon Conſeil, penſa à reconquérir ce Royaume qui donnoit entrée dans les provinces de l'Aſie mineure. Pendant l'hiver qui commençoit l'année 163, on

(a) Ὃς βασιλεὺς ἦν ἐκ πατέρων βασιλέων. *Iamblic. apud. Phot.*

fit les préparatifs nécessaires. L. Statius Priscus, qui avoit été Consul, Général de grande réputation, fut chargé de cette expédition ; au printemps suivant il se mit en marche. Il paroît que L. Verus conduisit l'armée jusqu'à l'Euphrate; on lit sur ses médailles de la troisième année, TR. P. III. PROFECTIO AVG. Priscus entra dans l'Arménie ; les Parthes lui opposèrent une armée nombreuse, & eurent d'abord quelque avantage: mais le Général Romain acquit bien-tôt la supériorité; il défit les ennemis, assiégea & prit Artaxate, la capitale du Royaume, & fit de grands progrès. L'armée victorieuse proclama L. Verus *Imperator* pour la seconde fois, & lui déféra le titre d'*Armeniacus*, qui se voit sur les médailles de la troisième année de son règne, TR. POT. III, c'est-à-dire dans le cours de l'an 163, après le mois de mars. Les exploits des Romains en Arménie, furent célébrés sur les monumens. L'Arménie représentée par une femme, la tête couverte de la tiare, paroît assise par terre, & desolée, devant une enseigne & un bouclier; dans d'autres médailles, c'est un captif couché & attaché à un trophée, avec l'inscription ARMEN. ou ARMENIA. La guerre continua en Arménie l'année suivante 164, du moins dans les premiers mois qui suivirent le mois de mars; on le voit par plusieurs médailles de Verus, qui portent TR. POT. IIII; & par une médaille Égyptienne, sur laquelle on lit L. E. & qui fut par conséquent frappée après le mois d'août de l'an 164. Mais tous ces avantages n'étoient que les suites des victoires de l'année précédente ; car sur toutes ces médailles, Verus continue d'être qualifié *Imperator II*, d'où l'on doit inférer que les grandes victoires remportées en Arménie, sont de l'année 163.

Capitol. in Marco.

Æ. Rothel.

AV.

Æ. II. du Cabin. du Roi.

L'Arménie ayant été ainsi reconquise par les Romains, les Empereurs pensèrent à rétablir sur le trône le roi Soème, qui avoit été chassé de ses États. Ce Prince s'étoit retiré à Rome où il avoit été revêtu de la dignité de Sénateur & de Consul; il retourna en Orient. L. Verus lui mit le diadème sur la tête. Cette cérémonie est représentée sur des

Dio. exc. Val. not. p. 114.

médailles d'or & de bronze, qui portent dans l'exergue, REX ARMENIS DATUS; la légende marque la quatrième année de Verus, TR. P. IIII. IMP. II. COS. II. Ces médailles détruisent le sentiment de M. de Tillemont, qui pense que le rétablissement de Soème est de l'année 163.

Till. Emp. t. II, p. 388.

Statius Priscus, après avoir mis garnison dans une place appelée la *Ville neuve*, Καινὴ πόλις, laissa Martius Verus pour commander en Arménie. Celui-ci trouva la garnison de la *Ville neuve* prête à se révolter; mais il la retint dans le devoir, & fit de cette place la capitale de tout le pays. Ce Général eut l'habileté de réduire, autant par la douceur que par la force, les Arméniens qui persistoient dans la révolte, & les obligea à reconnoître pour Roi Soème, qui étoit arrivé dans le pays avec Thucydide chargé de le remettre en possession de ses États. Tel est le précis de l'expédition des Romains en Arménie dans les années 163 & 164.

Dio. exc. Val. p. 776. *Dio. ib. p. 775.*

On a vû que L. Verus avoit reçû le titre d'*Armeniacus* dès l'an 163: ce titre fut en même temps déféré à Marc-Aurèle; mais il le refusa d'abord par modestie; il ne l'accepta que dans l'année suivante 164. En effet, ce nom ne commence à paroître sur les médailles de Marc-Aurèle que dans la dix-huitième année de sa puissance Tribunitienne, c'est-à-dire après le 25 février de l'an 164.

Capitol. in Marco.

Vologèse, pour se venger de la perte de l'Arménie, assembla dans la Mésopotamie une armée formidable, passa l'Euphrate & entra dans la Syrie. Avidius Cassius, qui a été également célèbre, d'abord par ses exploits, ensuite par sa révolte, étoit chargé de la défense de cette province: il se prépara à la guerre pendant l'hiver qui commençoit l'année 165; au printemps il s'avança vers l'Euphrate, attaqua les Parthes près de la ville d'Europus *(b)*, & remporta une victoire signalée. Ce glorieux avantage fit donner à L. Verus

Lucian de conscrib. hist. c. 20, 21, 28.

(b) Europus, ville de Syrie, sur la rive droite de l'Euphrate, à vingt-quatre milles au dessous du Zeugma de la Commagène, & à la hauteur de Hiérapolis, qu'on nomme aujourd'hui *Membig*. Europus a été le siége d'un Évêque.

les titres de *Parthicus maximus* & d'*Imperator* pour la troiſième fois; on les lit ſur ſes médailles de la cinquième année de ſon règne, qui avoit commencé le 7 de mars 165. Il paroît que la bataille d'Europus ne ſe donna que quelques mois après celui de mars; parce qu'il ſe trouve pluſieurs médailles de cette cinquième année, ſur leſquelles Verus n'a encore que le titre d'*Armeniacus* & d'*Imperator II.* Le nom de *Parthicus* fut auſſi déféré à Marc-Aurèle; mais par un effet de ſa modeſtie ordinaire, il ne conſentit à l'accepter que trois ans après: auſſi ce titre ne paroît-il ſur les médailles de ce Prince que dans la vingtième *(c)* année de ſa puiſſance Tribunitienne, après le mois de février 166; on voit ſur les médailles différens types relatifs à cette illuſtre victoire.

Capitol. in Marco.

Les ſuites en furent très-avantageuſes; il paroît qu'il y eut encore une action près de la ville de Sura *(d)*. Caſſius fit jeter un pont ſur l'Euphrate, pourſuivit l'ennemi; & alla aſſiéger Édeſſe, qui fut forcée à ſe ſoûmettre. Abgare, roi d'une tribu d'Arabes établis en cette ville, quitta l'alliance des Parthes, reconnut la ſouveraineté des Empereurs, & fit graver leurs têtes ſur ſes monnoies, comme on le voit par deux médailles du cabinet du Roi: l'une repréſente d'un côté la tête de Marc-Aurèle, avec la légende ΑΝΤΩΝΙΝΟϹ ΚΑΙϹΑΡ; & de l'autre, la tête d'Abgare, ornée de la tiare & du diadème, avec ces mots, ΑΒΓΑΡΟϹ ΒΑϹΙΛΕΥϹ. L'autre médaille porte la tête de Verus, & la légende Λ. ΟΥΗΡΟϹ; au revers, la tête d'Abgare, ΑΒΓΑΡΟϹ Β. L'hiſtoire de ces Princes eſt plus connue, depuis que M. Aſſemani a publié la chronique d'Édeſſe; & un Savant d'Angleterre vient de raſſembler dans un traité, tout ce que les monumens & les écrivains nous ont tranſmis ſur ces Princes.

Dio. exc. Val. p. 776.
Lucian de conſcrib. hiſt c. 29.
Idem, c. 22.

Aſſeman. Bibliot orient. t. I, p. 387.
Wiſe, numm. antiq Bodleian. catalog.

(c) On trouve, dans le recueil de Mezzabarbe, deux medailles de Marc-Aurèle, où le titre de Parthicus eſt joint à la dix-neuvième puiſſance Tribunitienne. Mais on ſait que ce recueil ne renferme que trop de médailles fauſſes ou mal lûes.

(d) Sura, ville ſur la rive droite de l'Euphrate, environ à vingt lieues au deſſous d'Europus. Elle a été épiſcopale, & s'appelle encore Surié. Il paroît que les commentateurs de Lucien ne l'ont pas connue. *T. II, p. 40, note 25.*

Mannus, roi des Arabes de Mésopotamie, se déclara aussi en faveur des Romains, & fit frapper des monnoies en l'honneur des Empereurs. Il s'en est conservé quelques-unes sur lesquelles on voit les têtes de Marc-Aurèle, de Faustine sa femme, de Lucille femme de L. Verus: Mannus y prend le titre d'ami des Romains, BACIΛЄΥC MANNOC ΦΙΛΟΡΩΜΑΙΟC. Haym a rapporté une médaille d'Abgare, au revers de laquelle il lit ΑΛΑΝΝΟC autour de la tête d'un jeune Prince; il paroît qu'il devoit lire MANNOC. La ville de Carrhes s'étoit déclarée d'abord en faveur des Romains: elle fit graver sur ses monnoies la tête de L. Verus, & prit le titre de *ville amie des Romains*, ΚΑΡΗΝΩΝ ΦΙΛΟ-ΡΩΜΑΙΩΝ.

Spanh. *Tesor. Brit. t. II, p. 57.* *Æ. II. Reg.*

Cassius profitant de ses avantages, chassa les Parthes de la Mésopotamie; il obligea leur Général Osrhoès de passer à la nage le Tigre, où il pensa périr. Enfin Cassius se rendit dans la Babylonie, & arriva devant Séleucie. Les habitans ouvrirent leurs portes, & reçurent les Romains comme amis. Cependant Cassius, selon Capitolin, contre la foi du traité, livra la ville au pillage & y fit mettre le feu. Selon un autre historien, les habitans s'attirèrent ce malheur en violant eux-mêmes les articles de la capitulation. Quoi qu'il en soit, Cassius passa le Tigre & arriva devant Ctésiphon. La ville n'étoit point fortifiée; les Romains y entrèrent sans résistance & la pillèrent. Cassius fit raser le palais des rois Parthes, qui étoit d'une structure & d'une magnificence dignes d'admiration. Cette expédition porta un coup mortel à la puissance des Parthes, en ruinant leur capitale.

Lucian. de conscrib. hist. c. 19. *Capitol. in Vero.* *Dio. l. LXXI.* *Quadrat. apud Capitol. in Vero.* *Dio. ibid.*

Vers le même temps un corps de troupes Romaines, conduit par Martius Verus *(e)*, passa de l'Arménie dans la Médie.

(e) On lit dans la vie de Lucius Verus, écrite par Capitolin, *Duces autem confecerunt Parthicum bellum Statius Priscus, & Avidius Cassius & Martius Verus per quadriennium; ita ut Babylonem & Mediam pervenirent, & Armeniam vindicarent.* Il est certain que Priscus reconquit l'Arménie, que Cassius pénétra dans la Babylonie; l'expédition de Médie doit donc être attribuée à Martius Verus, à qui Priscus avoit laissé le commandement en Arménie.

Cette

Cette expédition, dont l'hiſtoire n'a conſervé aucun détail, dut être glorieuſe aux Romains, puiſque L. Verus reçut le titre de *Medicus*, qui ſe lit dans quelques inſcriptions, & dans les deux médailles qui ont donné lieu à ce Mémoire. M. l'abbé Belley penſe que ce fut auſſi à cette occaſion que L. Verus fut honoré du titre d'*Imperator IIII*, qu'on lit ſur les médailles de ſa ſixième année, qui commença au 7 de mars 166. Le mot *Victoria Parthica*, qui ſe voit ſur ſes médailles, peut bien encore avoir rapport à cette guerre de Médie; puiſque ce pays étoit une des plus grandes & des plus importantes provinces de l'empire des Parthes.

Les expéditions des Romains, depuis le commencement juſqu'à la fin de la guerre des Parthes, ἅπαντα ἐξ ἀρχῆς ἐς τέλος τὰ πεπραγμένα, comprennent, ſelon Lucien, leurs *Lucian de conſcrib. hiſt. c. 30.* exploits en Arménie ſous le commandement de Priſcus, dans les années 163 & 164, ὅσα ἐν Ἀρμενίᾳ; la défaite du roi Vologèſe en Syrie, près d'Europus, ὅσα ἐν Συρίᾳ; l'expédition de Caſſius en Méſopotamie, ὅσα ἐν Μεσοποταμίᾳ; la priſe de Séleucie & de Ctéſiphon ſur le Tigre, τὰ ἐπὶ τῷ Τίγρητι, dans le cours de 165 & au commencement de 166; & enfin l'expédition en Médie, au printemps de la même année 166, τὰ ἐν Μηδίᾳ. Tous ces exploits ſe réduiſent à trois principaux, en Arménie, en Méſopotamie, en Médie; τῶν ἐν Ἀρμενίᾳ καὶ Μεσοποταμίᾳ καὶ ἐν Μηδίᾳ Ῥωμαίοις πραχθέντων Le premier mérita à L. Verus les titres d'*Armeniacus* & d'*Imp. II;* le ſecond ceux de *Parthicus maximus* & d'*Imp. III;* & le troiſième les titres de *Medicus* & d'*Imp. IIII.* Ces trois exploits ſont repréſentés par trois trophées, qu'on voit gravés ſur diverſes médailles de L. Verus & de Marc Aurèle.

Pluſieurs auteurs s'empreſsèrent d'écrire les évènemens de cette guerre, & les fautes qu'ils firent donnèrent occaſion à Lucien de compoſer ſon traité *de la manière d'écrire l'hiſtoire.* Ces écrivains étoient entre autres Crépérius Calpurnianus de Pompéïopolis, Callimorphe, médecin d'une légion, Antiochianus & Démétrius de Sagalaſſus. Il paroît que Lucien compoſa ſon traité dans le temps qui s'écoula entre l'expédition de Médie & le triomphe des Empereurs à Rome en 166. Il y parle de l'expédition de Médie comme d'un évènement récent, ἐν Μηδίᾳ νεὼ πραχθέντων; il met au nombre des choses futures, τὰ μέλλοντα, le triomphe des Empereurs, τὸν τριπόθητον θρίαμβον. Asinius Quadratus écrivit aussi l'histoire de la guerre des Parthes; mais on croit qu'il ne vécut que dans le siècle suivant.

Capitol. in Vero.

Dio. l. LXX. Les Parthes étoient accablés par tant de pertes. Un passage de Lucien fait même entendre que Vologèse fut pris, & Osrhoès mis à mort, τὴν λῆψιν Οὐολογέσου καὶ τὴν Ὀσρόου σφαγήν. Les Romains eux-mêmes fatigués des travaux de cette guerre, écoutèrent les propositions des vaincus. Ils y furent encore déterminés par le fâcheux état des troupes de Cassius en Babylonie: elles y furent attaquées de la peste, qui désola ensuite l'Orient & l'Occident. Ce Général ramena en Syrie les débris de son armée. L. Verus accorda donc la paix aux Parthes, & fit frapper des monnoies d'or & d'argent, sur lesquelles on voit les attributs ordinaires de la paix, avec le mot PAX ou PAX AVG. elles sont de la sixième année de son règne, TR. POT. VI. On ignore les conditions du traité. Il paroît cependant que les Parthes cédèrent aux Romains la Mésopotamie, & au-delà du Tigre l'Adiabène, & que cette paix subsista jusqu'au règne de Septime Sévère.

Capitol. in Vero. *Dio. l. LXXI.* *Dio. l. LXXV.*

Capitol. in Vero. Ainsi fut terminée la guerre contre les Parthes. Elle avoit duré quatre ans, depuis le printemps de l'an 162 jusqu'au printemps de l'an 166. L. Verus établit une colonie dans la ville de Carrhes, en Mésopotamie, qui prit le nom d'Aurélienne, comme on lit sur les médailles qu'elle fit frapper en l'honneur de Marc Aurèle & de L. Verus ses bienfaiteurs. ΚΟΛ. ΑΥΡ. ΚΑΡΡΗΝΩΝ ΦΙΛΟΡΩΜαίων *(f)*. Verus après avoir réglé les affaires de l'Orient, laissa le gouvernement des provinces aux Sénateurs qui l'accompagnoient, &

Vaillant, col. t. 1, p. 258, 284. *Capitol. in Vero.*

Lucian de conscrib. hist. c. 31. *(f)* Un auteur dont parle Lucien, avoit en vûe l'établissement de cette colonie dans une belle & grande ville de Mésopotamie. On ne savoit encore si la colonie seroit appelée *Victorieuse*, Νίκαια, ou *Concorde*, Ὁμόνοια, ou ville de la paix, εἰρηνία. Selon les médailles elle fut nommée Aurélienne, Αὐρήλια.

quitta à regret la Syrie, pour retourner à Rome après cinq ans d'absence *(g)*. *Capitol. in Vero & in Marco.*

Lorsque Verus fut arrivé à Rome, il obtint les honneurs du triomphe, & demanda que Marc Aurèle triomphât avec lui. Le Sénat confirma aux deux Empereurs les titres glorieux qui leur avoient été déférés par les armées. *Capitol. in Vero.* La cérémonie du triomphe fut magnifique; les deux Empereurs firent leur entrée montés sur un même char, tenant à la main une branche de laurier. Les deux médailles, décrites au commencement de ce Mémoire, furent frappées par arrêt du Sénat, S. C. pour cet évènement, l'une avec la tête de Marc Aurèle, l'autre avec celle de L. Verus; on y donne aux deux Princes les mêmes titres. Capitolin ajoûte plusieurs circonstances. *Capit. in Marc.* Les enfans de Marc Aurèle, Princes & Princesses, furent placés sur le char; Lucius Verus demanda que les deux Princes, Commode & Annius Verus, fussent faits Césars. Le Sénat décerna aux deux Empereurs le titre de *Pères de la patrie*, & on leur offrit une couronne civique. Le triomphe fut suivi de jeux & de spectacles magnifiques *(h)*, auxquels les deux Empereurs assistèrent avec les ornemens de leur triomphe.

M. l'abbé Belley, après avoir ainsi raconté toute la suite de ces trois guerres, s'attache à fixer le temps du triomphe. Le P. Pagi prétend que L. Verus étoit retourné à Rome dès l'an 165, & qu'il triompha avant le 25 de février 166. Dodwel, au contraire, doute si Lucius revint en 166 ou seulement au commencement de 167. M. de Tillemont pense *Pearson. diss. p. 183.*

(g) Les cinq ans n'étoient pas révolus. Lucius Verus partit de Rome au printemps de l'an 162: il passa quatre hivers * à Laodicée, &c. *egit per quadriennium hiemem*, & revint à Rome avant l'hiver qui commença l'année 167.

* *Capit. in Vero.*

(h) Une inscription gravée sur un des marbres de Cyzique, que M. Peyssonel a envoyés du Levant pour la Bibliothèque du Roi, fait mention d'un Marcus Aurelius Corus, célèbre athlète, qui en cette année remporta à Rome le prix du Pancrace, aux jeux Capitolins, & ensuite aux jeux de la Victoire. ΚΑΙ ΤΟ ΕΞΗΣ ΡΩΜΗΝ ΕΠΙΝΕΙΚΙΑ. Ces jeux de la Victoire furent célébrés à l'occasion du triomphe des Empereurs. *Voy. le recueil d'antiquités de M. le Comte de Caylus, t. II, p. 225.*

que Lucius revint de l'Orient l'an 166, & qu'il triompha avant le 12 octobre de la même année. Les médailles citées dans le cours du Mémoire, démontrent, contre le P. Pagi, que la guerre contre les Parthes duroit encore vers le mois de mars 166, & conséquemment que L. Verus n'étoit pas revenu en 165. Les deux médailles de M. Pellerin marquent la cérémonie du triomphe dans la vingtième année de la puissance Tribunitienne de Marc Aurèle, & dans la sixième de L. Verus. Or les années de la puissance Tribunitienne commencent à se compter, pour Marc Aurèle, du 25 février 147, & pour L. Verus du 7 mars 161. Le triomphe ne peut donc être que de l'an 166 après le mois de mars. Un passage formel de Capitolin prouve, contre Dodwel, que Lucius étoit revenu à Rome, & qu'il avoit triomphé dès l'an 166. Lucius avoit demandé, dans son triomphe, que les enfans de Marc-Aurèle fussent faits Césars: or Commode fut élevé à cette dignité le 12 octobre de l'an 166, comme le marque Capitolin.

Capitol. in Commodo.

Il ne reste plus qu'à fixer le temps du triomphe plus précisément que n'a fait M. de Tillemont. Gruter rapporte l'inscription d'un autel consacré à Junon Lucine, le 23 août 166; X. K. SEPT. PVDENTE ET POLLIONE COSS. Cette inscription donne aux deux Empereurs tous les titres déférés par le Sénat à Marc Aurèle, & marqués sur les médailles à l'occasion du triomphe. Capitolin dit de Verus : *Pariter cum fratre triumphavit, susceptis a Senatu nominibus quæ in exercitu acceperat;* & plus bas, *habuit hanc reverentiam Marci Verus, ut nomina quæ sibi delata fuerant cum fratre communicaret die triumphi, quem pariter celebrarunt.* D'où il résulte que la consécration de l'autel est postérieure à la cérémonie du triomphe, & par conséquent que les Empereurs ont triomphé avant le 23.e d'août de l'an 166.

Inscript. thes. CCXIX, 2.

Capitol. in Vero.

Il est prouvé que la guerre contre les Parthes fut terminée vers le printemps de la même année. L. Verus accorda la paix aux ennemis, donna des Rois aux Nations dépendantes

Ibid.

des Romains, distribua les gouvernemens des provinces, & régla les affaires de l'Orient. Toutes ces opérations demandèrent un temps considérable. Lucius fut obligé de quitter la Syrie & de se rendre en diligence à Rome, où la guerre des Marcomans causoit beaucoup d'inquiétude. Cette guerre avoit commencé avant la fin de celle des Parthes; & ce fut un motif puissant de terminer promptement la guerre en Orient. Mais quelque diligence qu'ait pû faire Lucius, il ne peut être arrivé à Rome avant le mois de juillet 166, & la cérémonie du triomphe, qui demandoit des préparatifs, n'a dû se faire qu'au commencement du mois d'août *(i)*. Les médailles des deux années suivantes nous présentent, sous quantité de types différens, la gloire de cette expédition.

Capitol. in Marco.

C'est ainsi que M. l'abbé Belley répand la lumière sur un des plus glorieux évènemens de l'histoire de l'Empire, explique les médailles qui y ont rapport, accorde les historiens entre eux & avec les monumens authentiques, & lève plusieurs difficultés que M. de Tillemont n'avoit pas entièrement éclaircies.

Till. not. 8, 10 sur Marc-Aurèle.

(i) L'inscription de Cyzique dont on a parlé plus haut, décide la question agitée entre les Antiquaires sur le temps de l'année où se célébroient à Rome les Jeux Capitolins. Les uns en ont placé la célébration au mois de janvier, d'autres au mois d'octobre, le P. Pétau vers le solstice d'été, comme les Olympiades. Les jeux du triomphe & de la victoire de Marc Aurèle & de L. Verus furent célébrés vers le commencement du mois d'août de l'an 166 : or, suivant l'inscription, ces jeux suivirent immédiatement les Jeux Capitolins. Ceux-ci étoient donc célébrés à Rome au mois de juillet.

EXPLICATION

DES LETTRES INITIALES C. G. I. H. P.

Qui ſe trouvent ſur pluſieurs Médailles.

1754. ON voit depuis long-temps dans les cabinets, des médailles qui portent cette inſcription abrégée en lettres initiales, C. G. I. H. P. la pluſpart des Antiquaires les ont rangées au nombre des inconnues. Le P. Hardouin, qui doutoit rarement, mais qui changeoit ſouvent d'opinion, les a d'abord attribuées à la ville d'Hadrumet en Afrique; il liſoit alors un C au lieu d'un G, & il rendoit ainſi l'inſcription entière, *Colonia Concordia Julia Hadrumetina Pia.* Il donna enſuite ces médailles à la ville d'Himère en Sicile. Enfin il prétendit qu'elles appartenoient à la ville de Germé en Myſie, & qu'on devoit lire ainſi, *Colonia Germe Julia Hadriana Pia.* M. Vaillant, ſouvent en guerre avec le ſavant Jéſuite, n'adopta aucune de ces explications, il ſoûtint conſtamment que ces lettres devoient s'expliquer ainſi, *Colonia Gemella Julia Hipponenſis Pia;* que ces médailles avoient été frappées à Hippone, nommée *Hippo Regius;* & que cette ville, une des plus conſidérables de l'Afrique, avoit pris l'épithète de *Gemella,* parce qu'il y avoit dans le même pays une autre Hippone, ſurnommée *Diarrhytos;* ſon opinion a été ſuivie par le plus grand nombre des Antiquaires.

Num. antiq. popul. & urb. p. 189.

Antirr. p. 104. Select. oper. p. 67.

M. l'abbé Belley a cru que ces médailles méritoient un nouvel examen. L'explication que M. Vaillant a donnée du mot *Gemella,* ne lui paroiſſoit nullement naturelle: de plus, il avoit appris de M. Pellerin, dont le cabinet reçoit ſans ceſſe des tréſors numiſmatiques des trois parties du monde, que les médailles marquées de ces caractères, C. G. H. I. P. ainſi que celles dont il ſera parlé dans les deux extraits ſuivans, attribuées par les Antiquaires à trois villes d'Afrique, ne ſe trouvent jamais en Afrique, & qu'elles viennent toutes

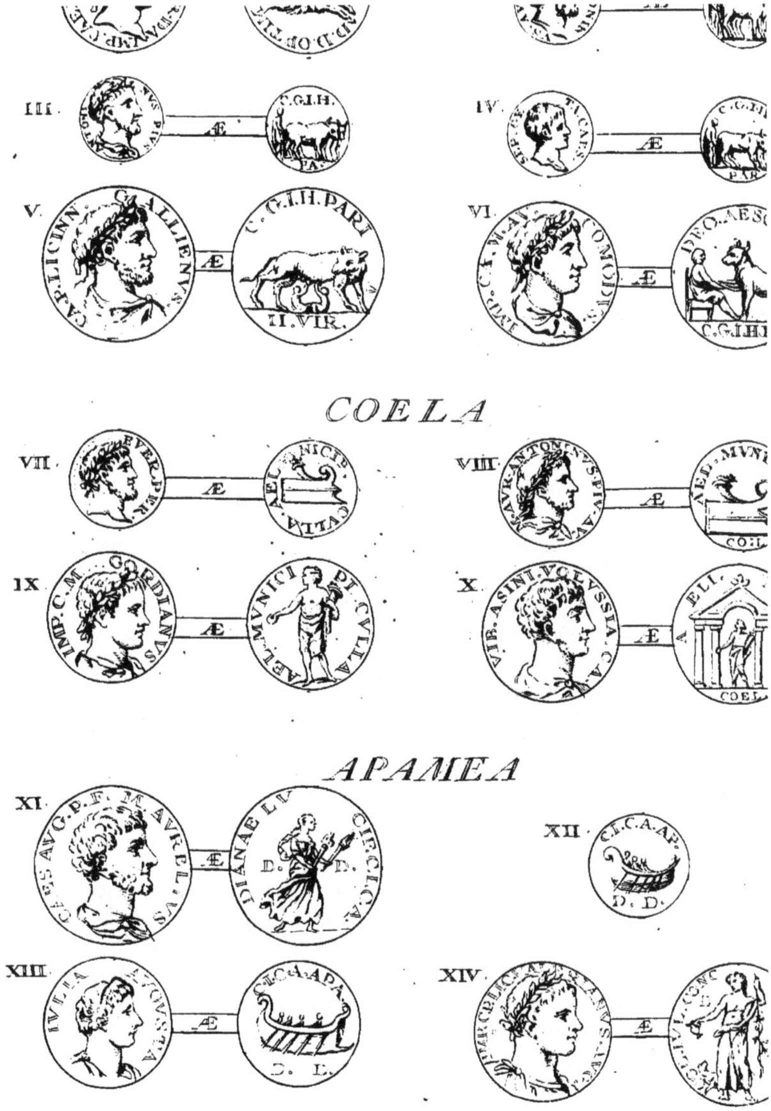
III.
IV.
V.
C. G. I. H. PARI
II. VIR.
VI.
C. G. I. H.
COELA
VII.
VIII.
AEL. MVNICI CVLLA
IX.
IMP. C. M. GORDIANVS
AEL. MVNICI DI CVLLA
X.
COEL
APAMEA
XI.
DIANAE LV CIFC. I. C. A.
D. D.
XII.
C. I. C. A. AP.
D. D.
XIII.
IVLIA AVGVSTA
C. I. C. A. APA
D. D.
XIV.
Æ

EXPLICATION

DES LETTRES INITIALES C. G. I. H. P.

Qui ſe trouvent ſur pluſieurs Médailles.

1754. ON voit depuis long-temps dans les cabinets, des médailles qui portent cette inſcription abrégée en lettres initiales, C. G. I. H. P. la pluſpart des Antiquaires les ont rangées au nombre des inconnues. Le P. Hardouin, qui doutoit rarement, mais qui changeoit ſouvent d'opinion, les a d'abord attribuées à la ville d'Hadrumet en Afrique; il liſoit alors un C au lieu d'un G, & il rendoit ainſi l'inſcription entière, *Colonia Concordia Julia Hadrumetina Pia.* Il donna enſuite ces médailles à la ville d'Himère en Sicile. Enfin il prétendit qu'elles appartenoient à la ville de Germé en Myſie, & qu'on devoit lire ainſi, *Colonia Germe Julia Hadriana Pia.* M. Vaillant, ſouvent en guerre avec le ſavant Jéſuite, n'adopta aucune de ces explications, il ſoûtint conſtamment que ces lettres devoient s'expliquer ainſi, *Colonia Gemella Julia Hipponenſis Pia;* que ces médailles avoient été frappées à Hippone, nommée *Hippo Regius;* & que cette ville, une des plus conſidérables de l'Afrique, avoit pris l'épithète de *Gemella,* parce qu'il y avoit dans le même pays une autre Hippone, ſurnommée *Diarrhytos;* ſon opinion a été ſuivie par le plus grand nombre des Antiquaires.

Num. antiq. popul. & urb. p. 189.

Antirr. p. 104.

Select. oper. p. 67.

M. l'abbé Belley a cru que ces médailles méritoient un nouvel examen. L'explication que M. Vaillant a donnée du mot *Gemella,* ne lui paroiſſoit nullement naturelle: de plus, il avoit appris de M. Pellerin, dont le cabinet reçoit ſans ceſſe des tréſors numiſmatiques des trois parties du monde, que les médailles marquées de ces caractères, C. G. H. I. P. ainſi que celles dont il ſera parlé dans les deux extraits ſuivans, attribuées par les Antiquaires à trois villes d'Afrique, ne ſe trouvent jamais en Afrique, & qu'elles viennent toutes

COELA

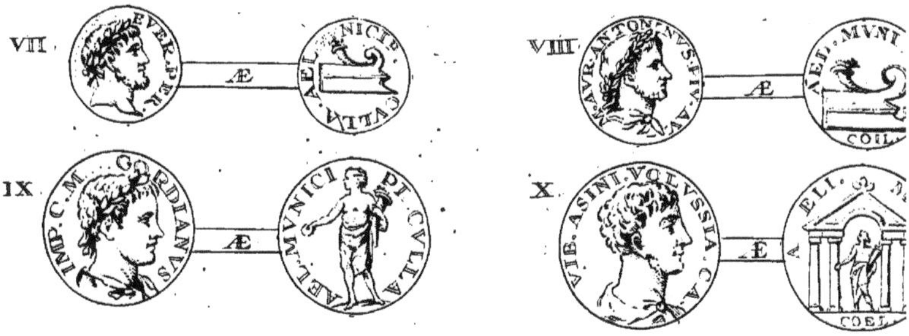

APAMEA

du Levant par la voie de Constantinople, de Smyrne ou de Salonique. Les monnoies impériales d'or ou d'argent, frappées par ordre des Empereurs, les monnoies même de bronze fabriquées sous l'autorité du Sénat, dont elles portoient la marque dans les lettres S. C. avoient cours dans tout l'empire; mais les monnoies des peuples & des villes n'étoient admises que dans leur territoire ou dans le district des autres villes, en vertu d'un traité particulier d'union ou d'alliance, ΟΜΟΝΟΙΑ, comme on le voit dans le traité conclu entre les villes de Smyrne & de Magnésie. Les médailles des villes ne doivent donc, pour l'ordinaire, se découvrir que dans le pays pour lequel on les a frappées : aussi en comparant les médailles dont il va être question dans ces trois extraits, avec celles qui sont indubitablement des villes d'Afrique, on s'aperçoit au premier coup d'œil d'une différence sensible dans la fabrique.

Marm. Oxon. edit. 1676, p. 19.

C'est par la même raison que M. Pellerin a jugé que les médailles d'Auguste, qui ont à leurs revers ces deux lettres majuscules, C. A. renfermées dans une couronne, ne sont point de *Cæsarea Augusta*, Saragosse en Espagne, comme l'ont pensé tous les Antiquaires, mais de quelque colonie célèbre dans l'orient. On voit des lettres grecques dans le champ de quelques-unes; M. Pellerin les a toutes reçûes par la voie de l'isle de Chypre, qui fait un commerce journalier sur la côte de Caramanie, où les premiers Empereurs avoient établi plusieurs colonies Romaines. M. l'abbé Belley croit que ces lettres initiales, C. A. désignent *Cæsarea Antiochia*, dont parlent Pline & Strabon.

Pl. l. v c. 7. Strab. l. XII

Venons à l'objet de ce Mémoire. Les médailles qui portent l'inscription C. G. I. H. P. ressemblent assez à celles de la colonie *Alexandria Troas*, soit par le métal, soit par le goût du dessein & de la gravûre. Le cabinet de M. Pellerin en contient vingt que M. Vaillant n'a pas connues. M. l'abbé Belley en connoît encore seize autres; en comparant ensemble toutes ces médailles, il a reconnu qu'elles ont été frappées par la colonie de *Parium*, ville située en Mysie sur

du Levant par la voie de Conſtantinople, de Smyrne ou de Salonique. Les monnoies impériales d'or ou d'argent, frappées par ordre des Empereurs, les monnoies même de bronze fabriquées ſous l'autorité du Sénat, dont elles portoient la marque dans les lettres S. C. avoient cours dans tout l'empire; mais les monnoies des peuples & des villes n'étoient admiſes que dans leur territoire ou dans le diſtrict des autres villes, en vertu d'un traité particulier d'union ou d'alliance, OMONOIA, comme on le voit dans le traité conclu entre les villes de Smyrne & de Magnéſie. Les médailles des villes ne doivent donc, pour l'ordinaire, ſe découvrir que dans le pays pour lequel on les a frappées : auſſi en comparant les médailles dont il va être queſtion dans ces trois extraits, avec celles qui ſont indubitablement des villes d'Afrique, on s'aperçoit au premier coup d'œil d'une différence ſenſible dans la fabrique. *Marm. Oxon. edit. 1676, p. 10.*

C'eſt par la même raiſon que M. Pellerin a jugé que les médailles d'Auguſte, qui ont à leurs revers ces deux lettres majuſcules, C. A. renfermées dans une couronne, ne ſont point de *Cæſarea Auguſta,* Saragoſſe en Eſpagne, comme l'ont penſé tous les Antiquaires, mais de quelque colonie célèbre dans l'orient. On voit des lettres grecques dans le champ de quelques-unes; M. Pellerin les a toutes reçûes par la voie de l'iſle de Chypre, qui fait un commerce journalier ſur la côte de Caramanie, où les premiers Empereurs avoient établi pluſieurs colonies Romaines. M. l'abbé Belley croit que ces lettres initiales, C. A. déſignent *Cæſarea Antiochia,* dont parlent Pline & Strabon. *Pl. l. V c. 7. Strab. l. XII.*

Venons à l'objet de ce Mémoire. Les médailles qui portent l'inſcription C. G. I. H. P. reſſemblent aſſez à celles de la colonie *Alexandria Troas,* ſoit par le métal, ſoit par le goût du deſſein & de la gravûre. Le cabinet de M. Pellerin en contient vingt que M. Vaillant n'a pas connues. M. l'abbé Belley en connoît encore ſeize autres; en comparant enſemble toutes ces médailles, il a reconnu qu'elles ont été frappées par la colonie de *Parium,* ville ſituée en Myſie ſur la Propontide: l'inſcription entière eſt, *Colonia Gemella Julia Hadriana Pariana.*

Commençons par le dernier mot qui eſt le plus eſſentiel. Les types qui ſe voient ſur quelques-unes de ces médailles avec la lettre P. ſe retrouvent ſur d'autres médailles avec les lettres PA. comme ſur les médailles de Caracalla [a], de Macrin [b], de Philippe [c]. Ce même nom eſt marqué par trois lettres, PAR. ſur les médailles de Commode [d], de Géta [e], de Sévère-Alexandre [f]; enfin le nom eſt preſque entier ſur une médaille de Gallien [g], C. G. I. H. PARIA; d'ailleurs la ville de Parium étoit voiſine de Lampſaque & de Priapus. Pauſanias rapporte que Cupidon étoit adoré à Parium d'un culte particulier. Pline fait mention de la ſtatue de ce Dieu, comme d'un monument de la ville, on le voit repréſenté ſur une médaille, avec l'inſcription C. G. I. H. P. à la droite de ce Dieu eſt un terme de Priape.

Voy. la planche.
[a] Æ. III. Pell.
[b] Æ. III. Pell.
[c] Æ. III. Pell.
[d] Æ. III. Pell.
[e] Æ. III. Pell.
[f] Æ. III. Pell.
[g] Æ. II. Pell.
Pauſ. Bœot. p. 302.
Æ. II. *in Antonino Pio Surb.*

Les lettres I. H. ſont les initiales de *Julia Hadriana.* Sur une médaille de Gallien, on lit C. G. JVL. HA. P. la colonie fut établie par Auguſte; on lit ſur une médaille d'Antonin Pie, C. PARIA JVL. AVG. elle reçut de nouveaux bienfaits de l'empereur Hadrien. La Myſie ſe reſſentit de la munificence de ce Prince; il y fit bâtir la ville d'*Hadrianotheræ*, dont il reſte pluſieurs médailles : Cyzique prit le nom d'*Hadriana;* on en voit la preuve dans les inſcriptions de cette ville, données par M. le comte de Caylus. La lettre H ne commence à paroître ſur les médailles de Parium, que ſous le règne d'Hadrien; elle ne s'y voit point encore ſous Trajan. M. Pellerin a dans ſon cabinet une médaille de ce Prince, fort rare & peut-être unique; on y voit la tête de Trajan avec ſa légende, & au revers, OPTIMO PRINCIPI C. G. I. P. D. D. c'eſt-à-dire *Colonia Gemella Julia Pariana Decreto Decurionum*, avec le type du Capricorne, ſymbole d'Auguſte, fondateur de la colonie.

Æ. II. *Reg.*
Æ. II. *Surb.*
T. II, pl. 60, 63, 64.

Il ne reſte plus à expliquer que la lettre G. M. l'abbé Belley penſe que c'eſt la lettre initiale du mot *Gemella;* on lit ſur les médailles d'*Accis* en Eſpagne, C. I. G. A. [a], & ſur quelques-unes,

[a] Æ. III. *Aug. Vaill. pag. 13.*
Æ. II. *Tiber. Vaill. p. 91.*

quelques-unes, COL. GEM. ACCI. [a]. Pline donne le nom de *Gemellenses* [b] aux habitans de cette colonie. Une colonie étoit nommée *Gemella*, lorsque dans son établissement elle étoit formée par les vétérans de deux légions; comme une légion étoit appelée *Gemina* ou *Gemella*, lorsqu'elle étoit composée de deux légions réunies en une.

[a] Æ. I & II. Aug. Vaill. pag. 12 & 13. Æ. I. Tiber. Vaill. p. 92.
[b] Pl. l. III. c. 3.

Après avoir prouvé que cette inscription sur les médailles désigne *Parium*, M. l'abbé Belley, selon l'usage qu'il a suivi dans l'explication de toutes les médailles de villes, donne une histoire abrégée de la ville de Parium.

Elle étoit située sur la Propontide, entre Lampsaque & Priapus, dans un territoire fertile, & qui produisoit des vins estimés; elle avoit un bon port: on fait remonter son antiquité jusqu'aux temps fabuleux. On a dit qu'elle prit son nom de *Parius*, fils de *Jasion*; qu'il y habitoit une race d'hommes *Ophiogènes*, c'est-à-dire descendus d'un héros qui avoit été serpent, & qu'ils avoient la vertu de guérir la morsure des bêtes vénimeuses, comme les *Psylles* d'Afrique; ce qu'il y a de certain, c'est que cette ville fut fondée par les Milésiens, les Érythréens & les habitans de l'isle de Paros, d'où elle a pris son nom. Elle s'accrut des ruines de la ville d'Adrastée; & sous les rois de Pergame, une partie du territoire de la ville de Priapus lui fut soûmise. ΠΑΡΙΑΝΩΝ, sur les médailles, désigne les habitans de Parium; & ΠΑΡΙΩΝ, ceux de l'isle de Paros. Elle étoit de la province proconsulaire d'Asie; Auguste en fit une colonie. Pline ne l'a pas oubliée; mais il paroît l'avoir confondue avec *Adrastia*: elle jouissoit du droit Italique, comme *Alexandria Troas*. Cette ville, ainsi que les autres colonies, étoit gouvernée par un Sénat ou Conseil composé de Décurions; ses Duumvirs sont marqués sur une médaille frappée sous Gallien. La pluspart des types des médailles de Parium, sont relatifs à l'établissement de la colonie; on y voit le colon ou laboureur traçant avec la charrue l'enceinte de la ville & les limites du territoire; la louve avec les jumeaux, symbole d'une origine Romaine, le capricorne, symbole d'Auguste; les enseignes

Stephan.
Strab. l. XIII. p. 588.
Strab. ibid. & l. X, p. 487.
Goltz.
Æ. Reg. Pell.
Spon misc. p. 173.
Pl. l. V. c. 32.
ff. l. L, tit. 15, leg. 8, § 6, 9.
Æ. II. Peller.

militaires qui furent portées à la tête des vétérans, lorſqu'ils furent conduits à ce nouvel établiſſement, le génie de la colonie.

Les médailles repréſentent auſſi les divinités de Parium: on y voit la Diane que les anciens appeloient *Lucifera*. Strabon nous apprend que le culte d'Apollon & de Diane fut tranſféré de la ville d'Adraſtée à Parium, & qu'on leur éleva un autel d'une grandeur & d'une beauté extraordinaires; c'étoit l'ouvrage du célèbre Hermocréon. Le Dieu des jardins, qui avoit donné ſon nom à une ville voiſine, paroît ſur ſes médailles: on y voit auſſi Cupidon; & Pline parle de la ſtatue de ce Dieu placée dans cette ville; elle étoit de la main de Praxitèle, & elle égaloit en beauté la Vénus de Gnide. La colonie rendit les honneurs divins à Jule Céſar & à Auguſte; on en trouve la preuve dans une inſcription rapportée par Spon & par Wheler. La même ville donna la naiſſance au fameux Pérégrin, dont Lucien a décrit la mort. Les habitans de Parium lui dreſſèrent des ſtatues, & lui attribuèrent la vertu de faire des miracles & de rendre des oracles.

Strab l. XIII, pag. 487 & 588.

Pauſan Bæotic.

Pl. l. XXXVI, c. 5.

Spon. miſc. p. 173.

Wheler, edit. Fr. t. I. p. 122.

Athenag apol.

M. l'abbé Belley prend, de l'hiſtoire de Parium, occaſion d'expliquer deux médailles ſingulières de cette ville. La première frappée ſous le règne de Commode, a pour type du revers un bœuf debout, la tête élevée, qui préſente le pied droit de devant à une figure aſſiſe, comme pour en recevoir du ſoulagement; on lit au deſſus cette inſcription, DEO AESC. SVB. Ce type ſe trouve encore ſur une médaille de la même ville, frappée ſous Gallien, avec l'inſcription DEO AESC. mais ſans le mot SVB. M. l'abbé Belley propoſe avec modeſtie une conjecture très-raiſonnable. Eſculape, le Dieu de la Médecine, avoit des temples par toute la terre; on en connoît deux en Myſie, l'un à Pergame, l'autre à Pœmanine, ville dont parle Pline & Étienne de Byzance, & dont on a des médailles. Il eſt très-croyable que les payens l'invoquoient, non ſeulement pour la guériſon des hommes, mais encore pour les maladies des animaux. Hiéroclès, dans la préface de ſon ouvrage ſur l'art de panſer

Æ II. Peller. Æ. III. Lebeau.

Æ. III. Peller.

les chevaux, s'exprime en ces termes: κεκλήσθωσαν δὲ ἡμῖν συμφορεῖς τοῦ λόγου τοῦδε Ποσειδῶντε ἵππειος καὶ ὁ τοῦ τῶν ἀνθρώπων γένους σωτὴρ Ἀσκληπιὸς, ᾧ πάντως που καὶ ἵππων μέλει. *Invoquons, pour obtenir du secours dans cet art, Neptune Equestre, & Esculape, le conservateur du genre humain, qui prend aussi un grand soin des chevaux.* Les habitans de Nicée firent graver sur une Cord. Pio, de leurs médailles le symbole de ce double bienfait d'Esculape Æ. I. envers les hommes & les animaux. On voit un cavalier sur un cheval, qui d'un pied formé comme le bras d'un homme, tient le bâton d'Esculape, avec l'inscription ΙΠΠΟΝ ΒΡΟΤΟΠΟΔΑ, comme le baron de Spanheim l'a déjà observé. On peut croire qu'une maladie sur les bestiaux, semblable à celle qui depuis quelques années a désolé plusieurs régions de l'Europe, se fit sentir, sous les règnes de Commode & de Gallien, dans l'Asie mineure, & en particulier dans le territoire de Parium; que les habitans de la colonie, pour obtenir la cessation de ce fléau, firent des vœux à Esculape; que le mal ayant cessé, ils offrirent des sacrifices en action de graces, & qu'ils placèrent dans le temple du Dieu, suivant l'usage pratiqué alors, un tableau qui représentoit le vœu de la colonie. Il est bien probable que le type des médailles dont il s'agit, a été gravé d'après cette sorte d'*ex-voto*. Les lettres SVB. sont, selon cette conjecture, les premières du mot *Subvementi;* le terme grec Συμφορεὺς, dans le texte d'Hiéroclès, présente la même idée. Tibulle a dit, en parlant Tib. l. I & III. de ces tableaux votifs:

Nunc, Dea, nunc succurre mihi: nam posse mederi
Picta docet templis multa tabella tuis.

L'autre médaille singulière de Parium, frappée sous Gallien, représente un arc de triomphe; on le voit sur un moyen bronze publié par M. Vaillant, & sur un grand bronze très-rare du cabinet de M. Pellerin. Quelques Savans ont cru que c'étoit un monument du triomphe de Gallien qui, dans le sein de la mollesse & de la volupté, eut la vanité de célébrer à Rome une espèce de triomphe, tandis qu'il laissoit l'empire en proie aux rébelles & aux Barbares: mais cette extravagante cérémonie n'attira à Gallien que du ridicule; Rome même ne lui érigea point de semblable monument; & l'arc qu'on y voit encore, & qu'on appelle l'*arc de Gallien*, ne porte aucune marque ni aucun ornement de triomphe: l'inscription fait connoître que cet édifice fut élevé en l'honneur de Gallien & de l'impératrice Salonine, par un particulier nommé *Marcus Aurelius*, & nullement par autorité publique. M. l'abbé Belley pense que la colonie de Parium fit élever dans sa ville, en l'honneur de Gallien, mais pour un sujet tout différent, l'arc de triomphe qui est représenté sur ses médailles. L'an 267, les Hérules, nation Germanique, sortirent des Palus Méotides, traversèrent le Pont-Euxin avec une flotte de cinq cens vaisseaux, entèrent dans le Bosphore jusqu'à Byzance, où ils furent battus par un Général Romain, & se retirèrent à l'entrée du détroit dans le Pont-Euxin; mais dès le lendemain, ayant profité d'un vent favorable, ils rentrèrent dans le canal, passèrent devant Byzance, & allèrent débarquer au port de Cyzique: ils pillèrent cette grande ville, ravagèrent la côte de la Propontide, où étoit située la ville de Parium, passèrent le detroit de l'Hellespont, firent le dégât dans les isles de Lemnos & de Scyros, abordèrent dans la Grèce, où ils prirent & brûlèrent Athènes, Corinthe, Argos, Sparte, & mirent à feu & à sang toute l'Achaïe. Les Athéniens les battirent dans un défilé; mais cet échec n'arrêta pas leurs ravages, ils se répandirent dans l'Illyrie. L'empereur Gallien se réveilla de son assoupissement en cette occasion; il alla en personne secourir ces provinces désolées: il attaqua & vainquit les Barbares, & obligea leur chef de se rendre. L'Empereur retourna en Italie, & chargea le Général Marcien de poursuivre ces Barbares; celui-ci les battit plusieurs fois, & les força de passer le Danube, & de sortir des terres de l'empire. L'Asie mineure délivrée de ces redoutables ennemis, célébra sans doute la victoire de Gallien par des réjouissances publiques. La ville de Parium, qui avoit été exposée à leurs ravages, fit élever alors cet

Nardini, Roma antica, l. III, c. 4, p. 170.

arc de triomphe. C'eſt un édifice compoſé de trois arcades ſur lequel l'Empereur paroît dans un char attelé de deux éléphans, au milieu de deux victoires qui lui préſentent une couronne de laurier.

La ville de Parium, comme il a déjà été obſervé, étoit dépendante du gouvernement de l'Aſie proconſulaire; mais ce gouvernement ayant été diviſé en pluſieurs provinces ſous le règne de Dioclétien, Parium fut compriſe dans la nouvelle province d'Helleſpont, dont Cyzique étoit la métropole. Elle eut des Évêques ſuffragans du métropolitain de Cyzique. On en peut voir la ſuite dans l'*Oriens Chriſtianus* du P. le Quien. Les provinces orientales ayant été partagées en différens *thèmes* ou départemens militaires après le règne d'Heraclius, cette ville nommée alors Πάριος, fut compriſe dans le thème d'*Obſicion*. Cette diviſion ſubſiſta ſous les empereurs Grecs juſqu'à la grande invaſion des Turcs dans cette partie de l'Aſie mineure au commencement du XIVe ſiècle. Un de leurs chefs, appelé Caraſſi, s'empara de la Troade & des pays voiſins, & donna ſon nom à ce canton. On l'appelle encore *Liva*, ou diſtrict *de Caraſſi;* il dépend du Pachalik d'Anadoli. La ville de Parium étoit encore connue au XVIe ſiècle, du temps du géographe Sophien, ſous le nom de *Paro*. Elle eſt maintenant détruite, & on en voit les ruines près d'un lieu appelé *Kamaus*, ſur un baſſin qui étoit anciennement le port de la ville.

Notit. Hierocl. edit Veſſel. pag. 662.

Conſt. Porph. Them. IV.

Geog. Turc. ch. 28, traduct. Fr. mſ. Bibl. du Roi, p. 1927.

Ortel. theſ. geog. voce Parium.

REMARQUES

Sur les Médailles qui portent cette Inſcription abrégée, AEL. MVNIC. COEL. *ou* COIL.

1754. LES lettres initiales COEL ou COIL, qui déſignent un nom de ville ſur les médailles, ont été diverſement expliquées. Le P. Hardouin a d'abord attribué ces médailles à la ville de *Cælium* dans la Calabre, près de Brindes; enſuite à *Cæla*, ville & port de la Cherſonèſe, près de Seſtos; enfin il explique ainſi l'inſcription, AE*Lium* MVNI*Cipium* C*Onſuaranorum* E*Liberis* ou I*Lliberis;* ce ſeroit Collioure en Rouſſillon. M. Vaillant prétend que ces médailles ont été frappées dans la ville de *Coellus*, ou *Coillu*, port de mer de Numidie; mais, ſelon le P. Hardouin, cette ville n'eſt jamais nommée, ni dans les Géographes, ni dans les Conciles, que *Culla* ou *Culli*. Le baron de Spanheim attribuoit ces médailles à *Cælobriga* en Eſpagne. Les Antiquaires ont ſuivi l'opinion de M. Vaillant.

Num. pop. & urb. p. 120.

Antirr. p. 82.

Select. oper. p. 43.

Numiſm. colon. t. I, p. 244, 285, t. II, p. 43, 92, 114, 270.

De uſu & præſt. num. t. II, pag. 606.

La même raiſon qui avoit porté M. l'abbé Belley à chercher hors de l'Afrique la ville dont il eſt parlé dans l'extrait précédent, l'a auſſi déterminé ſur la ville dont les médailles portent AEL. MVNIC. COEL ou COIL. Toutes ces médailles viennent du Levant. Cette ville devoit être un port de mer, puiſque la pluſpart de ces médailles ont pour type l'avant d'une galère. Leur fabrique reſſemble beaucoup à celle des médailles de Seſtos, dans la Cherſonèſe de Thrace.

De toutes ces circonſtances réunies, M. l'abbé Belley a conclu que ces médailles ont été frappées par les habitans de *Cæla*, port de mer de la Cherſonèſe de Thrace, voiſin de la ville de Seſtos. C'étoit l'opinion que le P. Hardouin avoit ſoûtenue dans ſon *Antirrheticus*, mais il l'avoit abandonnée dans la ſuite.

Cæla étoit ſituée au midi de Seſtos, ſur le détroit de

l'Hellespont, au fond d'une anse avancée dans les terres; d'où elle prit le nom de Λιμὴν Κοῖλος, & de *Portus Cœlos*, comme la nomment Méla & Pline. Le port donna le nom à la ville, appelée par les Grecs Κοῖλα, comme on le voit dans les écrivains & dans les actes des Conciles. Ptolémée la nomme Κύλλα, & la chronique d'Alexandrie Κύλα. Cette variation de nom a été suivie par les habitans de la ville, qui firent frapper des monnoies avec l'inscription Latine. On lit, sur quinze de leurs médailles, COILA; sur neuf autres COELA, & sur deux autres, du cabinet de M. Pellerin, CVLLA. On sait que dans les inscriptions latines les Anciens ont souvent employé indifféremment les lettres OE, OI, V. COERAVIT, COIRAVIT, CVRAVIT. LOEDOS, LOIDOS, LVDOS. MOENICIPIIS, MOINICIPIIS, MVNICIPIIS, &c.

Mela, l. II, c. 2. Plin. l. IV, c. 11.

Conc. Nicæn. II, act. VII. Nicet. Chon. l. V.

Ptol. l. III, c. 22.

Æ. II. Sept. Sev. & Gord. Pii.

Le port de Cœla est célèbre dans l'histoire de l'antiquité, par la victoire que les Athéniens y remportèrent sur les Lacédémoniens, dont la flotte fut entièrement détruite. La ville, avantageusement située pour la navigation & le commerce, acquit, sous le règne d'Hadrien, la dignité & les priviléges de municipe. Ce Prince, qui répandoit ses bienfaits par tout l'Empire, LOCVPLETATOR ORBIS TERRARVM, fit en particulier de grands biens aux villes de Mysie, comme le prouve l'extrait précédent. Il fit construire un aquéduc & des bains pour la colonie d'Alexandrie de Troade; il étendit sa munificence sur la ville de Cœla, qui n'étoit séparée de la Troade que par le détroit de l'Hellespont.

Mela, l. II, c. 2.

Philostr. vit. Herod. Sophist.

Elle prit par reconnoissance, avec la permission de l'Empereur, le surnom d'*Ælium*; Ælius étoit le nom propre d'Hadrien. Elle reçut apparemment de nouvelles graces de Caracalla, puisqu'elle prit en son honneur le titre d'*Antoninianum*, qu'on lit sur les médailles de Cœla, frappées sous le règne de ce Prince, & sous ceux d'Élagabale, de Sévère Alexandre & de Maximin.

Les types des médailles de Cœla ne sont pas fort variés. On voit sur le plus grand nombre une demi-galère, presque toûjours avec la corne d'abondance, pour marquer la commodité du port. Quatre autres médailles représentent un Silène qui porte un outre, pour désigner la bonté des vignobles du territoire. On voit sur deux autres la louve & les jumeaux, symbole de l'origine des Romains, fort ordinaire sur les monumens des colonies Romaines & des municipes. Enfin le génie de la ville paroît sur deux médailles. Il est placé dans un temple au revers de Volusien, médaille très-rare du cabinet de M. Pellerin.

Æ. II. Voy. la planche, n.° X.

Sous le haut Empire la ville de Cœla étoit comprise dans la province de Thrace. Après le démembrement des grandes provinces, elle fit partie de la province de Thrace qu'on appela Europe, sous la métropole d'Héraclée. Elle eut des Évêques qui gouvernèrent aussi Madytos, ville voisine. Après le règne d'Héraclius, Cœla fut comprise dans le thème ou département militaire de Thrace. Nicétas Choniate, dans la vie d'Émanuel Comnène, appelle cette ville τὰ Κοῖλα. Anne Comnène fait mention des ports de Madytos & de Cœla, τοῖς λιμέσι Μαδύτου καὶ Κοίλων. Depuis ces auteurs, qui écrivoient dans le XIIe siècle, on ne trouve aucun monument de cette ville. M. l'abbé Belley croit qu'elle a été ruinée depuis plusieurs siècles. Il n'en est fait aucune mention ni dans les descriptions, ni sur les cartes du détroit des Dardanelles.

Notit. Hierocl. edit. Wessel. pag. 632.
Or. Christ. du P. le Quien.

L. V. Alex. l. XIV, p. 429.

REMARQUES

REMARQUES

Sur les Médailles qui sont marqués des lettres initiales C. I. C. A.

LES médailles qui portent pour inscription les lettres 1754.
C. I. C. A. ont encore excité des disputes fort vives entre M. Vaillant & le P. Hardouin. M. Vaillant les croyoit frappées à Carthage, & il expliquoit ainsi ces lettres, *colonia Julia Carthago antiqua.* Son opinion a été adoptée par la pluspart des Antiquaires; mais le P. Hardouin, plus constant à combattre les autres qu'à s'accorder avec lui-même, a soûtenu avec vivacité, tantôt que ces médailles appartenoient à *Cæsarea Augusta*, Saragosse, tantôt à Corinthe. M. l'abbé Belley rejette ces trois opinions, parce qu'il est certain que ces médailles ne se découvrent que dans le Levant, & que leur fabrique ne ressemble point à celle des médailles de Carthage, ni de Saragosse, ni de Corinthe. Voici une route plus sûre qu'il a suivie pour reconnoître le pays natal de ces médailles.

En rassemblant toutes les médailles connues qui donnent la légende C. I. C. A. & les réunissant à d'autres de même fabrique, dont la légende est moins abrégée, on découvre *Voy. la planche.* cette gradation, C. I. C. A., C. I. C. A. P., C. I. C. A. P. A., enfin COL. JVL. CONC. APAM. Ces médailles ont presque toutes les deux lettres D. D. c'est-à-dire *Decreto Decurionum.* Il résulte évidemment de ces observations, que les médailles dont il s'agit, ont été frappées par la colonie d'Apamée: il n'est plus question que de rechercher quelle est cette ville d'Apamée.

On connoît plusieurs villes de ce nom en Orient; mais on n'en connoît qu'une qui ait reçû une colonie Romaine; c'est Apamée de Bithynie, située sur la Propontide: elle avoit un port commode, qui servoit d'entrepôt à la ville de Pruse, comme il est encore aujourd'hui le lieu de l'embarquement & le grand passage de Bourse à Constantinople.

La fondation de cette Apamée remonte à la plus haute antiquité, & jusqu'aux temps héroïques. Elle s'appeloit d'abord *Myrlea;* on lit sur quelques médailles ΑΠΑΜΕΩΝ ΜΥΡΛΕΑΝΩΝ. On croyoit qu'une Amazone lui avoit donné son nom: c'est l'origine fabuleuse que les anciens donnoient à Smyrne, à Cumes, & à plusieurs autres villes de l'Asie; mais en se fixant aux monumens historiques, on trouve que la ville de Myrlée fut une colonie de Colophon. Myrlée étoit florissante; elle se gouvernoit suivant ses loix & par ses Magistrats, ainsi que les autres villes grecques de l'Asie. Philippe, roi de Macédoine, père de Persée, la prit, la ruina, & la remit entre les mains de Prusias, roi de Bithynie, son allié. Ce Prince la fit rebâtir à cinq cens pas vers le nord-ouest, selon Pocock, & lui donna le nom d'Apamée en l'honneur de la reine Apamée sa femme. Cette ville, avec toute la Bithynie, passa sous la domination Romaine, en exécution du testament du roi Nicomède.

Liebe, thes. Frider.

Mela, l. I, c. 19.
Pl. l. V, c. 32.
Stephan. voce ΜΥΡΛΕΙΑ.

Descript. of the East. t. II, p. 124.

Apamée reçut dans la suite une colonie Romaine; les historiens n'en fixent point l'époque: elle étoit établie sous le règne de Tibère, lorsque Strabon composoit ses livres de géographie. Les monumens nous apprennent qu'elle dut son établissement à Auguste, *Colonia Julia Concordia Augusta Apamea.* Pline parle de cette colonie; elle avoit le privilége d'être gouvernée par ses Magistrats, & d'être indépendante du gouverneur de la Province. Pline le jeune étant gouverneur de Bithynie, voulut se faire rendre compte des revenus de la colonie, de ses dépenses, & des sommes qui lui étoient dûes. Les Magistrats lui représentèrent qu'ils desiroient le satisfaire; mais qu'aucun de ses prédécesseurs n'avoit vû les comptes de la ville, qui suivant un usage très-ancien, avoit le privilége de régir ses revenus sans en rendre aucun compte. Ils dressèrent un mémoire qui fut envoyé à l'empereur Trajan. Le Prince répondit que Pline feroit la révision de leurs comptes par ordre exprès de l'Empereur, sans déroger cependant aux priviléges de la ville.

Strab l. XII, p. 564.

Pl. l. V, c. 32.

Pl. l. X, ep. 56.

Ib. ep. 57.

M. l'abbé Belley connoît vingt-trois médailles de la colonie d'Apamée, frappées ſous différens Empereurs depuis Néron juſqu'à Gallien : elles portent preſque toutes l'inſcription *colonia Julia Concordia Apamea.* Le nom *Julia* pourroit s'appliquer à Jule Céſar, & quelques Antiquaires l'ont cru ainſi; mais pluſieurs de ces inſcriptions y joignent le nom d'*Auguſta;* ce qui détermine la fondation de la colonie au règne d'Auguſte qui prit le nom de ſon père adoptif. On voit le nom de *Julia* donné à pluſieurs colonies qui doivent ſans contredit leur origine à Auguſte.

La raiſon du nom *Concordia* eſt plus difficile à découvrir. Selon M. Vaillant, la colonie d'Apamée prit ce titre en vûe de ſon union avec la ville de Pruſe, qui reconnoiſſoit auſſi le roi Pruſias pour fondateur. M. l'abbé Belley rejette cette opinion. Il paroît certain, dit-il, que les noms & les titres honorifiques donnés aux colonies Romaines, avoient rapport au gouvernement Romain pluſtôt qu'à l'état primitif des villes qui recevoient les colonies. Ces titres d'honneur ſont ordinairement les mêmes que les vertus, les qualités qu'on attribuoit à la perſonne ou au gouvernement des Empereurs. Pluſieurs colonies ont pris le titre de *Felix ;* la colonie de Béryte porte le ſurnom de *Felicitas ;* la colonie de Deulton en Thrace avoit pris celui de *Pacenſis ;* d'autres celui de *Victrix.* Lucien dit que dans l'établiſſement de la colonie de Carrhes, en Méſopotamie, on délibéra ſi on ne lui donneroit pas le nom d'Ὁμόνοια, *Concordia.* La colonie d'Hadrumet, en Afrique, reçut le titre de *Colonia Concordia Ulpia Trajana.* Ce même nom fut donné à Apamée, pour repréſenter l'heureuſe concorde qui régnoit dans l'empire Romain ſous le gouvernement d'Auguſte qui établiſſoit la colonie.

T. II, p. 342.

Lucian. de conſcrib. hiſt. c. 31.

Grut. CCCLXII.

Les médailles de la colonie d'Apamée préſentent différens types. Les uns ſont relatifs à ſa ſituation ſur la mer & à ſon port; comme la galère avec les rameurs, Neptune ſur un moyen bronze du Cabinet de M. Pellerin, qui n'a point encore été publié. M. Vaillant a fait graver une belle médaille, qui repréſente une femme aſſiſe ſur un dauphin, tenant d'une main une Victoire, & de l'autre l'ornement d'une proue de

Julia Domna. Æ. II. T. II, p. 23.

vaisseau, *acrostolium;* il croit que c'est l'amazone Myrlea. D'autres types rappellent l'établissement de la colonie Romaine; tels sont le Colon conduisant la charrue, deux aigles légionnaires entre deux autres enseignes, la louve & les jumeaux, une inscription votive au génie du peuple Romain, GENIO P. R. Quelques autres se rapportent au culte religieux de la colonie; une Diane portant deux flambeaux, DIANAE LVCIF. un Bacchus tenant le canthare & le thyrse, avec la panthère à ses pieds; ce type peut aussi marquer la bonté des vignobles du territoire d'Apamée. On voit enfin, sur une médaille de Gallien, une Victoire avec ses attributs. M. l'abbé Belley rapporte ce type à la victoire sur les Hérules, dont il a déjà donné l'histoire en expliquant les médailles de Parium. Ces Barbares avoient maltraité les villes de Nicée, de Cium, d'Apamée & de Pruse, avant que d'aller descendre au port de Cyzique. Apamée étoit la patrie du célèbre grammairien Asclépiade, qui vivoit du temps d'Eumène & d'Attale, rois de Pergame. Il donna des leçons dans Rome & dans Alexandrie; il corrigea les écrits des anciens philosophes Grecs, & composa plusieurs ouvrages qui n'existent plus.

Æ. Max. Pell.

Peller. In Valer. sen.

Æ. I. Peller.

Æ. II. Surbek.

Zozim. l. 1.

Suid. voce Ἀσκληπιάδης.

Cette ville étoit comprise dans la province de Bithynie, sous la métropole de Nicomédie. Mais cette province ayant été partagée en deux, sous les empereurs Valentinien & Valens, Apamée fit partie de la seconde Bithynie sous la métropole de Nicée. Elle eut des Évêques dont on peut voir la suite dans l'*Oriens Christianus.* Dans le VII.ᵉ siècle elle fit partie du thème, ou département militaire appelé *Opsicion.* Constantin Porphyrogénète paroît avoir distingué la ville d'Apamée de celle de Myrlée. Elle resta soûmise aux empereurs Grecs jusqu'au XIV.ᵉ siècle. Orkhan, fils d'Osman, premier sultan de la dynastie des Turcs Ottomans, prit du vivant de son père, Nicée, Nicomédie, Pruse & les villes voisines. Le sultan Orkhan établit dans la suite le siége de son empire dans la ville de Pruse. Il y fit bâtir une magnifique mosquée avec un beau collége & un couvent de Derviches. Cette ville subsiste encore sous le nom de *Medaniah;* les Francs l'appellent *Montagna;*

Notit. Hieroc. edit. Wessel. p. 692.

Oriens Christ. t. 1, p. 639.

Spon. Wheler.

dans le Liva ou diſtrict de Khoudavendi Kian, qui dépend du Pachalik d'Anadoli.

Voici l'état moderne de la ville d'Apamée, que M. l'abbé Belley décrit d'après la géographie Turque, traduite en François pour la Bibliothèque du Roi. « Medaniah eſt un bourg ſitué ſur la côte méridionale du golſe de Kemlik, à cent milles « de Conſtantinople. Ce bourg eſt le port de Brouſſe, dont il « eſt éloigné de ſix heures de chemin. On y trouve des chevaux « de louage pour la ville de Brouſſe. Il y a pluſieurs dgiamis « ou grandes moſquées, & des bains publics. Son diſtrict « comprend vingt-quatre villages. Le territoire a de grands « vignobles. Il produit auſſi des olives, de très-belles grenades « & des citrons. La terre y eſt très-bonne. Les habitans de ce « bourg ſont la moitié Mahométans & la moitié Chrétiens. »

Ch. XXVIII, p. 1914.

C'eſt par ces recherches que M. l'abbé Belley travaille à terminer les diſputes & à fixer les incertitudes des Antiquaires. On lui a encore obligation de conduire l'hiſtoire des anciennes villes juſqu'aux derniers temps, au travers du labyrinthe du moyen âge.

SUR DES ARMES DE CUIVRE

DÉCOUVERTES A GENSAC.

LA conſtruction & la réparation des grands chemins, 1751. dont la France eſt maintenant plus occupée qu'aucun autre pays de l'Europe, obligeant à fouiller la terre, donne occaſion de retirer de ſes entrailles, des monumens qu'elle n'a pas eu le temps de conſumer tout-à-fait. M. Trudaine, Intendant des finances, qui dirige ces grands ouvrages, auſſi connu par un goût éclairé pour les Sciences & les Arts, que par un zèle intelligent à faciliter au Commerce ſes anciennes routes, & à lui en ouvrir de nouvelles, envoya à l'Académie, dans le mois de Juin 1751, ſept épées de cuivre jaune, avec une roue creuſe, un morceau de cuivre reſſemblant à un fer de lance, & quelques petites pièces de même métal, déterrées à Genſac près de Gannat en Bourbonnois.

Les épées attirèrent d'abord les regards de l'Académie, comme ceux d'Achille à Scyros. Les ſentimens ſe partagèrent; pluſieurs Académiciens prétendirent que c'étoient des armes de combat: entre ceux qui étoient de cet avis, les uns croyoient reconnoitre dans ces épées la fabrique Romaine; d'autres les attribuoient aux Gaulois, quelques-uns aux Francs établis dans les Gaules. Selon l'autre opinion, ces épées n'avoient point été fabriquées pour la guerre; c'étoient ou des armes de gladiateurs, ou des débris de quelque monument tel qu'un trophée, un char de triomphe; & la roue trouvée dans le même lieu, ſembloit confirmer cette penſée: quelques-uns même ne les regardoient que comme des armes de parade, & ne leur donnoient pas plus d'antiquité que les joûtes & les tournois du XIIe & du XIIIe ſiècle. Ces diſputes donnèrent lieu d'agiter la queſtion, ſi les anciens ont employé le cuivre à la guerre dans leurs armes offenſives. Je vais donner le précis de ce qui fut dit de part & d'autre ſur cet article.

M. le comte de Caylus, qui joint à une connoiſſance très-étendue des arts pratiqués de nos jours une étude profonde de ces mêmes arts chez les anciens, n'a pas balancé à décider que ces épées étoient antiques & de fabrique Romaine. Il eſt perſuadé que les anciens faiſoient uſage des armes de cuivre pour l'offenſive comme pour la défenſive. Cette opinion reçûe de la pluſpart des Antiquaires, principalement en Italie, eſt fondée ſur les monumens mêmes, ſur les raiſons phyſiques & ſur des expériences modernes.

Toutes les armes antiques que les cabinets renferment, ne ſont que de cuivre. M. le comte de Caylus ne connoît que deux lames d'épées de fer, que l'on puiſſe regarder comme Romaines; elles ſont dans le cabinet des Jéſuites de Lyon. Malgré la rouille & tout ce qui contribue à détruire ce métal, n'eſt-il pas étonnant que de ce nombre prodigieux d'armes fabriquées par les Romains, il ne s'en ſoit pas conſervé quelques-unes dans des lieux ſecs, & principalement dans un pays chaud tel que l'Égypte? De plus les anciens ont fait un grand usage de la fonte; on sait qu'ils avoient une parfaite connoissance de tous les secrets de cet art.

Les raisons physiques favorisoient encore le sentiment de M. le comte de Caylus. La terre présente le cuivre avec facilité, & en parties fort étendues : il se met aisément en fusion, il prend le moule d'une façon complète; aussi l'histoire nous apprend que ce métal a été le premier & le plus généralement employé. Le fer au contraire n'est point du tout apparent dans la mine ; on ne le trouve qu'en très-petites parties, qu'il faut réunir par une première fonte. Nous sommes si accoûtumés au travail de ce métal, que nous ne faisons aucune attention à la quantité d'opérations nécessaires pour le mettre en état de servir. Nous nous persuadons, sans examen, que le fer est le plus commun des métaux, parce que la terre en est remplie dans la partie de l'Europe que nous habitons ; mais sans faire une énumération des pays dans lesquels on ne l'a jamais trouvé, il n'existoit ni dans la Grèce, ni dans l'Asie, ni dans la partie de l'Afrique connue des anciens; du moins les auteurs ne nous parlent d'aucune mine de ce métal qu'on eût découverte dans ces pays; il y étoit donc fort rare, & par conséquent fort cher. Ajoûtez à ces raisons le poids de ce métal, son volume, la petitesse des bâtimens de mer, le peu d'étendue du commerce & les obstacles qu'il rencontroit: toutes ces considérations semblent prouver que les anciens n'employoient pas communément le fer.

Mais l'expérience étant au dessus du raisonnement, M. le comte de Caylus l'a consultée; elle lui a donné des lames d'épées toutes pareilles à celles de Gensac: on y voit le cuivre trempé, & par conséquent très-dur, forgé, travaillé, susceptible de la meule, & revêtu de toutes les propriétés du fer. Ces lames modernes sont même plus dures & plus fortes, elles ont plus de ressort; mais cette différence ne vient sans doute que de l'altération qu'ont produite dans les épées de Gensac les sels & les nitres de la terre dans l'espace d'un si grand nombre de siècles. Il n'y a pas jusqu'à la diversité qui s'aperçoit entre les lames antiques, que M. le comte de Caylus n'ait trouvé le moyen d'imiter. Les lames qu'il a fait travailler, ne sont pas toutes de la même main; on est arrivé à leur fabrique par des procédés différens: ces procédés ne sont pas même à son avis les seuls qu'on puisse suivre, il en imagine quelques autres qui pourroient avoir autant d'efficacité. Si l'on est curieux de voir le détail de ces opérations, on les trouvera développées dans le premier volume du recueil d'antiquités que M. le comte de Caylus a fait paroître l'année suivante, & qu'il a dédié à l'Académie.

P. 238.

M. Levesque de la Ravalière, prit un parti opposé à M. le comte de Caylus; il entreprit de prouver que ni les Grecs, ni les Romains, ni les Gaulois, ni les Francs n'avoient employé l'airain ou le cuivre pour les armes offensives. Il faut, selon lui, rejeter le témoignage des Poëtes; ils n'ont cherché qu'à embellir leurs poëmes par des fictions; ce n'est pas chez eux qu'il faut puiser les vérités historiques. Hésiode a divisé les premiers temps du monde en cinq âges; l'âge d'airain est le troisième; il précède celui des héros, & celui-ci précède l'âge de fer, qui n'est que le cinquième & le dernier. Homère a suivi la même idée: il place la scène du siége de Troie dans le siècle héroïque; & c'est pour cette raison qu'il donne ordinairement à ses Dieux & à ses héros, des armes d'airain. Cependant, malgré ce systême poëtique, la vérité historique échappe souvent à ces deux grands Poëtes. Hésiode, dans la Théogonie, donne des armes de fer aux Titans combattans contre Jupiter; il donne une massue de fer à Hercule. Homère parlant d'une guerre qui précéda celle de Troie, met une massue de fer entre les mains d'Areïthoüs; dans la guerre de Troie même, quoiqu'il emploie pour l'ordinaire des lances & des épées d'airain, il fait souvent mention d'armes de fer; M. l'abbé Sallier en a recueilli un grand nombre de passages dont il a fait part à l'Académie; & d'ailleurs Eustathe remarque sur le 236.e vers du premier livre de l'Iliade, que par le mot χαλκός, Homère entend le fer même.

Opera & dies v. 108.

Vers. 864.
Clyp. Herc. v. 128.
Il. lib. VII, vers. 141.

Si

Si l'on consulte les premières annales du monde, on trouvera le fer mis en œuvre en même temps que l'airain par la huitième génération des hommes. Tubalcain, fils de Lamech, trouva l'art de travailler ces deux métaux: *Fuit malleator & faber in cuncta opera æris & ferri.* La connoissance de ces arts ne resta pas ensevelie sous les eaux du déluge. Les mines de fer, ainsi que celles d'airain, étoient communes dans le pays de Chanaan. Moyse faisant aux Israëlites l'éloge de cette terre, leur dit que le fer y est aussi commun que la pierre, *terræ istius lapides ferrum sunt.* On le forgeoit, on en faisoit des haches, des instrumens de guerre & d'agriculture. L'Écriture sainte en rend témoignage en une infinité d'endroits: si le fer d'une hache se démanchoit en coupant du bois, & qu'il allât tuer un homme, l'homicide involontaire pouvoit, selon les loix de Moyse, se réfugier dans une ville d'asyle. Les Philistins, pour ôter aux Israëlites les moyens de leur faire la guerre, enlevèrent tous les artisans en fer, *porrò faber ferrarius non inveniebatur in omni terrâ Israël; caverant enim Philisthiim, ne fortè facerent Hebræi gladium aut lanceam.* La lance de Goliath étoit armée de fer, & ce fer pesoit six cens sicles, *ipsum autem ferrum hastæ ejus, sexcentos siclos habebat ferri.* Le fer étoit donc le métal qu'on employoit dès-lors pour l'offensive. L'airain ne servoit que pour les armes défensives, *& cassis ærea super caput ejus, & loricâ squamatâ induebatur. Porrò pondus loricæ ejus quinque millia siclorum æris erat, & ocreas æreas habebat in cruribus, & clypeus æreus tegebat humeros ejus,* dit l'Écriture sainte en décrivant l'armure de Goliath.

Deut. c. 8, v. 9.

Ib. c. 19, v. 5.

Reg l. I, c. 13, v. 19.

Reg l. I, c. 17, v. 7.

Ibid. v. 5, 6.

Puisque les Phéniciens, possesseurs de la terre de Chanaan, avoient de toute antiquité l'usage du fer, & que ce sont ces mêmes Phéniciens qui ont apporté les arts dans la Grèce, selon Hérodote, il est indubitable qu'ils ont enseigné aux Grecs l'art de travailler le fer, & d'en fabriquer des armes. Cette opinion de M. de la Ravalière est bien mieux fondée que celle du P. Montfaucon & de M. Newton, qui entraînés par l'autorité de Pline, prétendent que les armes offensives furent anciennement d'airain; les Grecs ayant appris des

L. 1 & v.

Antiq. expliq. t. IV, part 2.

Chronol. des anc. Royaumes, traduct. p. 154.

Phéniciens la nature & l'ufage des métaux, ils ne purent ignorer, dès les premiers temps, que le fer eft le métal le plus propre pour les haches, les épées, les lances meurtrières: auffi leur ancienne hiftoire nous montre-t-elle par-tout des armes de fer. Dans l'explication de l'oracle rendu au fujet de *L. I.* la fépulture d'Orefte, Hérodote dit que le fer a été forgé pour le malheur des hommes. Créfus voit en fonge fon fils Atys percé par une pointe de fer; auffi-tôt, pour éviter l'effet de ce pronoftic funefte, il fait enlever des appartemens de fon fils les javelots, les lances, & toutes les armes offenfives. *Ibid.* Hérodote ne donne des armes d'airain qu'aux Maffagètes; & fans entrer dans la difcuffion de ce paffage, on peut dire qu'il *Ibid.* ne fait cette remarque que parce que cet ufage étoit extraordinaire & propre de ces peuples. Dans l'armée d'Alexandre *L. III, c. 3.* brilloit le fer & l'airain, dit Q. Curce, *equis virifque ferro atque ære fulgentibus;* les cafques, les cuiraffes, les boucliers étoient d'airain; les lances, les javelots, les épées de fer.

M. de la Ravalière paffe des Grecs aux Romains. Rome, dès fa naiffance, n'eut que des épées de fer; les trois Horaces & les trois Curiaces décident avec le fer l'empire de leur *Tit. Liv. l. I.* patrie, *Trigemini pro patria dimicant ferro.* A la fin de la République, les javelots étoient de fer; « le fer de nos javelots, dit Céfar, en perçant les écus des Gaulois, fe recourboit, & les attachoit les uns aux autres, » *eorum fcutis uno ictu pilorum transfixis & colligatis, cùm ferrum fe inflexiffet; &c.* (*Cæf. de bel. Gall. l. I.*) Il eft inutile de multiplier les paffages, ils s'offrent en foule dans l'hiftoire de Rome: en voici un feul qui contient *L. XXXIV.* le réfultat de tous les autres. Pline ne parle point des armes offenfives dans le détail des ouvrages auxquels les Romains employoient l'airain ou le cuivre; mais quand il vient à *Ibid. c. 39, edit. Hard.* parler du fer, « c'eft, dit-il, le plus utile & le plus nuifible des métaux; utile, il fert à fillonner la terre, à façonner la vigne, à élaguer les arbres, à tailler la pierre, à conftruire les maifons; il eft nuifible, puifqu'il fait la guerre & le carnage, on le manie de près, on le darde de la main, on le lance avec les machines, on lui donne des ailes, la rage des hommes n'a rien imaginé de plus prompt & de « plus furieux. » L'auteur nomme ensuite quelques-unes des mines d'où les Romains tiroient le fer. Le Norique, aujourd'hui partie de la Bavière & de l'Autriche, leur donnoit le meilleur pour les épées; Horace, pour désigner les plus fortes épées, dit *Noricus ensis*. *Od l. I, 16.*

Des Grecs & des Romains, M. de la Ravalière passe aux Gaulois, aux Barbares, & enfin aux Francs; il ne voit que du fer dans les armes offensives de toutes ces nations. Les Gaulois, dit Tite-Live, naissoient au milieu des armes, & pour ainsi dire le fer à la main, *Galli inter ferrum & arma nati*. L'abondance des mines de fer dans la Gaule, rendoit aisée & commune la fabrique du fer pour les armes, *apud Gallos magnæ sunt ferrariæ*, dit César. Les Germains, suivant Tacite, se servoient de piques armées de fer, *hastas gerunt angusto & brevi ferro*. Il est ordonné par la loi Salique, que l'ingénu qui en blesse un autre jusqu'au sang avec le bâton, soit puni & amendé, comme l'est celui qui a blessé jusqu'au sang avec l'épée désignée par le mot *ferramentum*: *culpam componat, quantum si eumdem ferramento vulneraſſet*. L'épée trouvée dans le tombeau de Childéric étoit de fer; Théodoric, roi d'Italie, félicitant Clovis de sa victoire sur les Allemands, lui écrivoit, « vous devez être content d'avoir soûmis par le fer une Nation innombrable: » *sufficiat innumerabilem nationem partim ferro, partim servitio subjugatam*. Ce n'est pas que les Francs ignorassent l'usage du cuivre; ils l'employoient aux ustensiles auxquels il est propre; les chaudières qui servoient à l'épreuve de l'eau bouillante étoient de cuivre; *de manu ab æneo redimenda*. Mais pour les armes offensives, ils ne connoissoient que le fer.

De bel. Gal. l. VII.
De mor. Germ.
Tit. XI, art. VI.
Cassiod. l. II, ep. 41.
Lex Sal. tit. LVI, art. I, tit. LIX, art. I.

Après avoir prouvé que chez les Hébreux, les Grecs, les Romains, les Francs & les autres barbares, le cuivre n'étoit point d'usage pour les armes offensives, M. de la Ravalière considère les épées, la roue & les autres pièces trouvées à Gensac. Il ne donne ses idées que pour des conjectures qu'il n'ose garantir. Il remarque d'abord que l'ouvrage n'en est pas aſſez parfait pour paroître au deſſus de l'habileté des fondeurs François du XII.e ou XIII.e ſiècle. Les épées reſſemblent, par leur forme, à celles qui ſont ſur les ſceaux, ſur les écus, ſur les tombeaux des anciens cavaliers François. La lame a plus de ſix lignes d'épaiſſeur; le tranchant en eſt mou, non affilé; la pointe de celles qui ſont pointues eſt groſſière & arrondie; elles n'ont été ni écrouées, ni rebattues; quelques-unes ont de la rebarbe; le grain en eſt ſablonneux; les poignées & les lames paroiſſent du même jet; le métal eſt ſi caſſant, que deux des lames ont perdu leurs poignées; les poignées qui reſtent ſont fort courtes; il n'y en a qu'une ſeule qu'un homme puiſſe tenir commodément; les autres ne conviendroient qu'à des mains d'enfans.

Entre ces épées, les unes ſont plus longues, les autres plus courtes; il y en a une un peu recourbée en façon de ſabre; les autres ſont droites comme nos couteaux de chaſſe, ces différences, & pluſieurs autres encore, font voir que chacune de ces épées étoit pour un cavalier particulier, & qu'elles n'ont pas appartenu à la même troupe.

Ce que l'on prend pour une petite roue, peut être une grande poulie. Le travail de cette pièce eſt d'un aſſez bon goût; elle fut fondue d'un ſeul jet. Ce ſera la roue d'un char fort bas, ou la poulie d'une grande machine. Les autres pièces peuvent être des branches de poignées d'épées & des pièces de harnois, telles que des gourmettes, des boſſettes; il y a une agraffe.

Ces débris ont paru à M. de la Ravalière des monumens de fêtes & d'exercices de Chevalerie, tels que les tournois & les joûtes, qui furent très-communes aux XII.e & XIII.e ſiècles. Il eſt vrai que de tous les auteurs qui en ont parlé, aucun n'a remarqué que les combattans euſſent quelquefois des armes de cuivre. Mais ſi l'on fait attention que ces tournois n'étoient que l'image de la guerre, on ne s'étonnera point que les Chevaliers y priſſent, par eſprit de magnificence, des armes plus riches & plus éclatantes que les armes ordinaires. L'auteur des *mœurs & des coûtumes des François dans les premiers temps*

L'abbé le Gendre, p. 81.

de la monarchie, a dit « qu'aux tournois les lances étoient ſans fer, les épées ſans taillant ni pointe; elles étoient ſouvent de bois, & quelquefois on n'y avoit que des cannes. » Les armes de cuivre auroient encore bien moins dégradé les tournois que les épées de bois & les cannes.

M. l'Abbé Barthélemy a pris un parti mitoyen; il convient, avec M. le Comte de Caylus, que ces armes ſont antiques; il ne nie pas abſolument qu'elles ſoient Romaines; mais il eſt plus diſpoſé à croire qu'elles ont appartenu à des Francs vers le temps de Childéric. Il établit, dans ſon Mémoire, trois points d'antiquité, dont nous allons donner le précis; 1.° les premières armes des Grecs ont été de cuivre; 2.° les armes de fer ſe ſont introduites avant le ſiècle d'Héſiode & d'Homère, vers le temps de la guerre de Troie; 3.° dans les ſiècles ſuivans les auteurs Grecs & les auteurs Latins ne parlent point d'armes de cuivre comme étant actuellement en uſage dans leurs Nations; mais quelques Nations étrangères s'en ſervoient. On ſe ſouviendra qu'il n'eſt queſtion ici que des armes offenſives.

1.° Les premières armes des Grecs ont été de cuivre; le témoignage d'Héſiode y eſt précis. En décrivant l'âge d'airain, il dit que les hommes étoient alors durs, robuſtes, altérés de ſang & de carnage;

Οἷσιν Ἄρηος *Opera & dies. v. 144.*
Ἔργ' ἔμελε στονόεντα καὶ ὕβριες.

Il ajoûte que leurs armes étoient de cuivre, de même que les ferrures des maiſons, & les inſtrumens de labourage, parce que de leur temps on ne connoiſſoit pas encore le fer.

Τοῖς δ' ἦν χάλκεα μὲν τεύχεα, χάλκεοι δέ τε οἶκοι, *Ibid v. 149.*
Χαλκῷ δ' ἐργάζοντο· μέλας δ' οὐκ ἔσκε σίδηρος.

Les ſcholiaſtes d'Héſiode prennent ce paſſage à la lettre. '*Les hommes de ce ſiècle*, dit Proclus, *s'appliquoient à des travaux propres à entretenir les forces du corps, & négligeant les autres exercices, ils s'attachoient au métier des armes. Ils y employoient le cuivre; & comme ce métal eſt mol par ſa nature, ils le rendoient* *Proclus. ibid.*

dur par le moyen de la trempe ; mais le ſecret s'en étant perdu dans la ſuite, on a ſubſtitué les armes de fer à celles de cuivre.
Il. l. I, v. 236. Euſtathe vient à l'appui de ce ſentiment. *Homère,* dit-il, *emploie le terme d'airain pour déſigner le fer, parce qu'anciennement on s'étoit ſervi du premier de ces métaux, & qu'on le trempoit pour l'employer aux mêmes uſages auxquels on emploie le fer;* & il cite à ce propos le paſſage d'Héſiode que nous venons de
V. 337. rapporter. Sur le troiſième livre de l'Iliade, le même Euſtathe citant pluſieurs exemples de noms qui avoient rapport à d'anciens uſages, dit que le caſque s'appeloit κυνεὴ, parce qu'on ſe ſervoit d'abord de peau de chien pour ſe couvrir la tête; & que de même, quand on donne le nom de cuivre aux armes offenſives, on fait alluſion à l'uſage où l'on étoit anciennement, de tremper le cuivre & de l'aiguiſer pour en fabriquer des armes. C'eſt pour la même raiſon que l'ouvrier,
Odyſſ. l. III, v. 433. en toute eſpèce de métaux, s'appelle dans Homère χαλκεύς; ἀπὸ τοῦ πρώτου φανέντος μετάλλου, dit Euſtathe. Il eſt inutile de citer pluſieurs autres paſſages, où ce ſavant commentateur établit que les premières armes furent de cuivre.

2.° Ces mêmes autorités prouvent que les armes étoient de fer au temps d'Homère & d'Héſiode; & ſelon Euſtathe on n'y employoit plus d'autre métal dès le temps de la guerre
Lacon. p. 210. de Troie. Cependant Pauſanias a cru le contraire. Il dit qu'Anaxandride régnant à Lacédémone, c'eſt-à-dire vers l'an 560 avant J. C, l'oracle ordonna aux Lacédémoniens de chercher les oſſemens d'Oreſte, & qu'il leur indiqua d'une manière énigmatique le lieu où ils les trouveroient. Ce devoit être dans un endroit de l'Arcadie où ſouffloient deux vents impétueux, & où l'on voyoit la cauſe des malheurs des hommes. Un Spartiate nommé Lichas, chargé de cette recherche, entra dans la boutique d'un forgeron, ἐν οἰκίῳ χαλκέως; & comparant les paroles de l'oracle avec les objets qui ſe préſentoient à ſa vûe, il comprit que ſa miſſion étoit remplie; que les vents dont la Pythie avoit parlé, étoient les deux ſoufflets, & que cette cauſe du malheur des hommes, πῆμα, n'étoit autre choſe que le fer. *Car,* dit Pauſanias, *on ſe ſervoit*

déjà de fer dans les combats; & si, ajoûte-t-il, *les circonstances de la découverte annoncée par l'oracle eussent dû se prendre du temps de la mort d'Oreste, alors par le mot πῆμα il auroit fallu entendre le cuivre.* Quelques lignes après il observe qu'on apprend d'Homère que dans les temps héroïques toutes les armes étoient de cuivre; *& c'est*, dit-il, *ce qui se trouve confirmé par la lance d'Achille, qui est suspendue dans le temple de Minerve à Phasélis, & par l'épée de Memnon qu'on voit dans le temple d'Esculape à Nicomédie; la pointe & l'extrémité inférieure de la lame sont de cuivre, & l'épée est toute entière de ce métal.* Phanias, cité par Athénée, rapportoit, dans son histoire des tyrans de Sicile, que sur un poignard de cuivre qu'il avoit vû dans un temple, il avoit trouvé une inscription où il étoit dit que cette arme avoit servi dans la guerre de Troie à Hélicaon, fils d'Anténor. Comment concilier l'opinion de Pausanias avec les passages d'Hésiode & d'Homère, où il est parlé d'armes de fer, & avec celle d'Eustathe, qui prétend que les héros n'en avoient point d'autres devant Troie? M. l'Abbé Barthélemy corrige & modifie ces deux opinions l'une par l'autre. Selon Strabon, tous les auteurs convenoient que l'art de forger le fer devoit son origine aux dactyles Idéens; & la chronique de Paros place cette découverte à l'an 215 avant la guerre de Troie. Or après avoir connu ce métal, quel temps n'aura-t-il pas fallu, soit pour le rendre propre à faire des armes, soit pour donner à ces armes de la supériorité sur les armes de cuivre, accréditées par un long usage? La plufpart des arts restent pendant plusieurs siècles dans une espèce d'enfance. Sans donner à celui de forger le fer des progrès trop lents ou trop rapides, ne peut-on pas dire que ce n'est que peu de temps avant la guerre de Troie qu'il a été assez perfectionné pour produire des armes nouvelles; que pendant cette guerre les armes d'airain n'avoient pas encore entièrement cédé la place aux armes de cuivre, & que celles-ci n'ont disparu tout-à-fait dans la Grèce que quelque temps après? Hésiode dit qu'avant l'âge des héros, les armes d'airain étoient seules en usage: son témoignage est précis, & n'admet point de modification. *L. VI, p. 232.*

Homère, dans le récit des combats de Troie, parle d'armes d'airain & d'armes de fer. Pausanias n'y voit que le premier de ces deux métaux; Eustathe & Didyme n'admettent que le second. Prolonger l'usage des armes d'airain jusqu'à la guerre de Troie, & y joindre les armes de fer qui devoient s'être introduites un peu avant ce temps là, c'est prendre le tempérament le plus raisonnable.

3.° On ne voit rien dans les auteurs qui donne lieu de croire que dans les siècles suivans les armes d'airain aient été en usage chez les Grecs, ni chez les Romains; mais elles
L. III. furent employées par quelques Nations étrangères. Strabon, en parlant des Lusitaniens, dit que quelques-uns se servoient de lances dont la pointe étoit d'airain. Le même auteur dit
L. XI. que les arcs des Massagètes, leurs épées, leurs cuirasses & leurs *sagares*, ou haches à deux tranchans, étoient de cuivre, parce que leur pays fournissoit très-peu de fer, & qu'il produisoit
L. I. de l'or & de l'airain en abondance. Hérodote avoit fait la même remarque.

Cependant, dit M. l'Abbé Barthélemy, les Romains avoient le secret de rendre l'airain dur & tranchant. Plusieurs coins de leurs médailles, qui sont venus jusqu'à nous, prouvent qu'ils savoient communiquer la dureté à l'airain; ils savoient aussi le rendre tranchant, puisqu'ils l'employoient pour des couteaux
Macrob. sat. l. V, c. 19. de sacrifice & pour raser la tête des Prêtres de Jupiter. Au contraire ils ne connoissoient qu'imparfaitement le secret de
Suid. in Μάχαιρα. tremper le fer. Suidas, dans un passage attribué à Polybe par Juste-Lipse, Casaubon, M. de Valois & Kuster, dit que les Romains, en empruntant des Espagnols la forme de leur épée, n'avoient pas sû donner au fer la même dureté.

Mais, ajoûte M. l'Abbé Barthélemy, si à cause du silence des auteurs, on refuse de croire que les Romains se soient jamais servi d'armes de cuivre, on pourroit attribuer à des Francs établis dans les Gaules celles qu'on a trouvées à Gensac. Cette conjecture se confirme par les raisons suivantes.

1.° Avec les épées dont il est question, on a trouvé des restes de harnois: or l'usage d'enterrer le cavalier avec le cheval étoit

étoit particulier aux Germains dont les Francs sont sortis. Tacite dit des Germains, *struem rogi nec vestibus nec odoribus cumulant : sua cuique arma ; quorumdam igni & equus adjicitur.* On a trouvé dans le tombeau de Childéric des indices certains que le cheval de ce Prince avoit été enterré avec lui. *De mor. Germ. c. 26.*

2.° Ces épées de cuivre se trouvent assez communément dans certains cantons de l'Allemagne. En 1699, Christianus Dethlerus Rhodius, pasteur de l'église de Bamstelle, dans le Holstein, ayant fait fouiller dans la terre, trouva une portion de lame d'airain de sept pouces & demi de long, & de deux pouces de large ; une épée de cuivre longue de deux pieds sept pouces, dont la poignée & le fourreau étoient de bois, & une autre épée qui étoit toute de cuivre. Ces deux épées sont gravées dans un journal intitulé *Nova litteraria maris Balthici, année 1699.* Elles ressemblent extrêmement à celles qu'on a présentées à l'Académie. Rhodius, qui avoit vû beaucoup de monumens pareils, soûtient que ces armes ont servi dans les combats, & cite un grand nombre de Littérateurs qui pensent la même chose. Jacques Mellen, ministre de l'Église de Lubec, dans une lettre écrite en 1699, & insérée dans le même journal, prouve que l'usage du fer est plus récent dans le nord que celui du cuivre. Il observe que Rudbek est du même sentiment, & que pour le confirmer il cite une hache de cuivre que l'on conservoit dans le cabinet Royal, & une épée de même métal. Enfin un Savant de Westphalie remarque, dans un Mémoire qui a remporté le Prix à l'Académie de Berlin, qu'on trouve communément des épées de cuivre dans le pays qu'il habite. Or, suivant plusieurs auteurs, la première habitation des Francs étoit aux environs de la mer Balthique, & en particulier dans le Holstein. Ermoldus Vigellus, dans un poëme dédié à Louis le Débonnaire, dit que les Francs étoient compatriotes des Danois, & qu'ils descendoient d'eux. Il est certain du moins qu'avant que de passer dans les Gaules, ils se sont établis dans la Westphalie & aux environs. On trouve des épées de cuivre en France, en Westphalie & vers la mer Balthique ; n'en peut-on *Anonyme de Ravenne.*

pas conclurre que les Francs s'en ſont ſervis quelquefois?

Il faut obſerver encore que les épées de cuivre qu'on découvre dans le Nord, ne ſont pas toûjours jointes avec des ſquelettes ou des oſſemens; mais que bien ſouvent elles ſont entaſſées les unes ſur les autres dans des buttes ou dans des collines. Les Savans de ces cantons les regardent alors comme des eſpèces de cénotaphes conſtruits en l'honneur des héros de la nation. Les armes déterrées à Genſac ſe ſont trouvées enſemble dans un trou creuſé auprès d'une montagne.

Un homme de Lettres adreſſa encore à l'Académie un Mémoire ſur ces mêmes armes: il y prouvoit, par les mêmes raiſons que M. de la Ravalière, que le fer a été employé à la fabrique des armes offenſives dès la première antiquité; il trouve cet uſage établi chez les Chinois dès l'an 2940 avant J. C. il conjecture que le lieu où ont été déterrées les armes en queſtion, étoit la ſépulture de quelque Gaulois conſidérable, & peut-être d'un *Eſſedarius*. On ſait que les *eſſedes* étoient des chars militaires fort uſités chez les Gaulois; les roues en étoient de cuivre argenté chez les Bituriges, au rapport de Pline. La roue préſentée à l'Académie pouvoit fort bien avoir ſervi à quelqu'un de ces anciens chars. La circonférence en étoit fort large, & creuſée d'environ deux pouces & demi, comme pour y enfermer un cercle de bois, & y appliquer enſuite des bandes de fer, ſans quoi le cuivre roulant ſur la pierre, auroit été bien-tôt uſé; les rayons étoient creux, & la circonférence percée de petits trous, pour faire paſſer dans les rayons de groſſes chevilles tarotées, dont la tête s'enfonçoit dans le bois, & l'autre bout étoit arrêté en dedans du moyeu par un écrou. Les trous des côtés de la circonférence, ſervoient à ficher des clous horizontalement pour retenir le bois. Ces roues étoient fort baſſes, pouvant avoir avec le bois & la ferrure, trente-trois pouces de diamètre; parce que ces chars des Gaulois devoient être fort peu élevés de terre, pour leur donner la facilité de deſcendre & de remonter au milieu des combats, comme c'étoit leur coûtume. On a trouvé, avec ces roues, l'équipage de deux chevaux; & Diodore de Sicile

Annales de la Chine, traduites par le P. du Mailla, manuſ.

Lib. XXXIV, c. 48.

appelle ces chars des Gaulois, συνωρίδας. Les épées étoient les armes de combat de cet *Essedarius* ; il les avoit fait faire de cuivre par un goût de magnificence: la fragilité de ces épées obligeoit l'Esfédaire d'en multiplier le nombre. Tous les historiens rapportent cette coûtume des Gaulois de brûler & d'enterrer à leurs funérailles les armes du mort avec ce qu'il avoit de plus précieux.

SUR LA SITUATION

De deux anciens Palais des Rois de France, Vetus domus *&* Bonogilum.

M. L'ABBÉ LEBEUF, dont les travaux ont répandu tant de lumière sur l'histoire du moyen âge, n'a rien négligé de tout ce qui peut contribuer à l'éclaircir. Souvent une trace légère & presque effacée, qui avoit échappé aux yeux les plus clairvoyans, l'a conduit à des découvertes considérables. On ignoroit la position d'un palais de nos Rois de la seconde race, appelé *Vetus Domus:* on n'en connoissoit que le nom cité en passant par deux historiens qui ont écrit sous le règne de Charles le Chauve. Joseph, précepteur de Louis le Bègue, racontant la translation du corps de S.t Renobert, évêque de Bayeux, dit : *Carolus villam quæ vocatur Veteres Domus veniens, &c.* Héric, moine d'Auxerre, précepteur de Lothaire, autre fils de Charles le Chauve, s'exprime ainsi dans un ouvrage fait sur le même sujet : *In pago Rothomagensi regius fiscus est, quem incolæ ob palatii antiquitatem Veterem Domum nuncupant.* Fév. 1753.

La mémoire de ce palais étoit presque perdue, aussi-bien que ses ruines. Dom Michel Germain n'en dit pas un mot dans son Traité sur les anciens palais de nos Rois. Dom Mabillon, au troisième tome des annales Bénédictines, & les auteurs de la nouvelle édition du glossaire de Ducange, dans le catalogue des anciens palais de nos Rois, au mot *palatium*, se contentent de le nommer, & d'ajoûter seulement, d'après Héric, qu'il étoit situé *in pago Rothomagensi*, sans désigner autrement sa position. Les Jésuites d'Anvers rapportant au 16 de mai des *Acta Sanctorum*, l'ouvrage entier d'Héric sur la translation des Sts Renobert & Zénon, se sont bornés à mettre en note, que Pierre Duval dit dans son alphabet de France, que ce lieu est vulgairement appelé *Vieux-maisons*, & que c'est une ville, *oppidum*, située *in Brionia*, au sud-est de Paris, *proximâ Parisio ad Euro-africam regione*. Dom Bouquet, dans une note sur un fragment de cette histoire, copie ce même passage; mais il est évident par la position au sud-est de Paris, que Pierre Duval a voulu dire *Briâ*, & non pas *Brioniâ*, qui ne peut être chez lui qu'une faute d'Imprimeur. C'est visiblement la *Brie* que cet auteur désigne: dira-t-on que, par *Brioniâ*, Duval a entendu le *comté de Brione* situé dans le Roumois, où est l'abbaye du Bec? Mais outre que ce pays n'est pas au sud-est de Paris, il ne s'y trouve aucune ville ni même aucun village du nom de *Vieux-maisons*. La même raison empêche de croire que Duval ait désigné par *Brionia*, le *canton de Brienne* au diocèse de Troies, ou le *Brionois*, petit pays près de Rouanne sur la Loire; & de plus, comment pourroit-on dire que ces pays sont voisins de Paris? On ne trouve dans tout le Royaume que deux paroisses appelées *Vieille-maison*, situées toutes les deux au diocèse de Sens; l'une dans le Gâtinois, élection de Montargis, l'autre dans la Brie, élection de Provins. C'est assurément de ce dernier lieu que Duval a voulu parler, sans penser aucunement au palais dont il s'agit.

T. VII, p. 355.

Pour retrouver cet ancien palais, il faut s'en tenir au texte d'Héric, qui le place *in pago Rothomagensi*, & à celui de Joseph, qui fait entendre qu'il étoit à l'extrémité du Roumois, sur les confins du diocèse de Lisieux. Selon Héric, il y avoit auprès de ce palais une chapelle du titre de St Germain-d'Auxerre: selon Joseph, deux villages du diocèse de Lisieux, l'un nommé St Victor, l'autre appelé Norolles, devoient être peu éloignés de ce palais; sur-tout celui de St Victor, puisque

c'étoit dans l'égliſe de ce lieu que les corps des S.ts Renobert & Zénon avoient été d'abord dépoſés en 846, & qu'ils avoient été, quelques années après, tranſportés dans une égliſe du même territoire, qu'Hervé, ſeigneur de S.t Victor, avoit fait bâtir exprès. Or, ſur le bruit des guériſons miraculeuſes qui s'opéroient depuis dix ans au tombeau de ces Saints, Charles le Chauve affligé d'un grand mal de dents, y envoya ſon vœu du château de *Vetus domus*, où il étoit pour lors, & la reine Hermentrude, atteinte au même lieu d'un mal de poitrine, y fit porter une pièce d'étoffe pour couvrir les tombeaux, & engagea ſon mari à donner quelques fonds de terre à la nouvelle égliſe. Tout cela fut promptement exécuté, tant afin d'accélérer la guériſon, qu'à cauſe de la facilité que procuroit le voiſinage. Qu'on ſuive le tranſport des corps de ces deux Saints, fait l'an 846, on trouvera qu'ils arrêtèrent d'abord à Norolles près de Liſieux, & qu'ils ſe fixèrent enſuite quatre ou cinq lieues plus loin, à S.t Victor-d'épine, parce que c'étoit la terre du ſeigneur Hervé, qui avoit eu ſoin de les y faire apporter pour les mettre à couvert des Normands. Il réſulte de-là 1.° que le palais nommé *Vetus domus* étoit dans le pays de Rouen, 2.° qu'il y avoit auprès une chapelle dédiée à S.t Germain-d'Auxerre, 3.° qu'il n'étoit pas éloigné de S.t Victor-d'épine, & par conſéquent qu'il étoit ſur les confins du diocèſe de Liſieux. Il ne s'agit plus que de découvrir un lieu d'une ſituation belle & propre à une maiſon Royale, auquel ces trois caractères puiſſent convenir.

M. l'abbé Lebeuf trouve toutes ces circonſtances réunies en faveur d'un village appelé aujourd'hui Touville, à ſix lieues de Rouen, dans le Roumois, à quatre lieues de S.t Victor-d'épine. Ce village eſt dans une agréable ſituation; au couchant s'étend un beau vallon, qu'on nomme dans le pays *la vallée de cocagne*. L'égliſe paroiſſiale eſt ſous le titre de S.t Germain-d'Auxerre: à un quart de lieue de cette égliſe eſt encore une ferme avec des reſtes de grands appartemens, près de laquelle on tient, par tradition, que ſont les ruines d'une chapelle de S.t Germain; ces ruines ſont maintenant couvertes. De plus, ce qui eſt un indice peu ſujet à périr, il y a dans cette paroiſſe un trait de dixme appartenant au tréſor de la paroiſſe & non au Curé; ce qui fait croire qu'il a autrefois appartenu à une chapelle & non à l'égliſe paroiſſiale. Ce trait de dixme ſe nomme le trait S.t Germain; & les terres ſur leſquelles il ſe prend ſe nomment les terres de la chapelle. Il y a beaucoup d'apparence que le palais *Vetus domus* étoit dans le lieu où ſe trouve aujourd'hui la ferme, qui a ſans doute été rebâtie pluſieurs fois, depuis que les édifices ont changé de nature.

On ignore depuis quand & pourquoi ce village s'appelle Touville. Seroit-ce, dit M. l'abbé Lebeuf, que depuis la ſuppreſſion du nom de *Vetus domus*, on auroit dit *Vetus villa*, dont Touville ſeroit l'abrégé? ou bien, comme nos Rois donnoient ſouvent à leurs féaux, pour ſervices rendus, des maiſons de plaiſance ou des châteaux tombans de vétuſté, tels que devoit être celui-ci qui étoit appelé *Vetus domus*, ne ſeroit-ce point que quelqu'un des ſucceſſeurs de Charles le Chauve en auroit fait préſent à un ſeigneur nommé *Theulfe* ou *Théodulfe*, d'où ce lieu auroit pris le nom de *Theulfi villa*, *Theodulfi villa*, *Theoldi villa!* &, ſelon l'uſage d'accourcir les noms propres, on en auroit fait *Thiouville* & *Touville;* de même qu'en Lorraine de *Theodonis villa* on a fait *Thionville*.

A cette découverte M. l'abbé Lebeuf ajoûte quelques remarques, pour confirmer le ſentiment de M. de Valois ſur la ſituation d'une autre terre royale, nommée dans les anciens monumens *Bonoilum*, *Bonogilum* & *Bonolium;* ce qui, dans le langage vulgaire, ſe rend naturellement par Boneuil ou Boneil. Il eſt incertain ſi ce lieu étoit un palais; il n'eſt jamais nommé que *villa*, ou *prædium*. Il s'agit de déterminer ſa poſition.

On trouve en France pluſieurs paroiſſes qui portent le nom de Boneuil. Il y en a deux dans le diocèſe de Paris; l'une ſur la Marne, environ à trois lieues de Paris ſur la route de Melun, l'autre ſur la petite rivière de Crould, en deçà de Goneſſe: on en voit une au diocèſe de Soiſſons, en tirant vers Crépy en Valois, une autre au diocèſe de Beauvais, une dans le Berri, une autre dans l'Angoumois. De plus, il y a deux villages du nom de Boneil, l'un au diocèſe de Séez, l'autre au diocèſe de Soiſſons, près de Château-Thierri, à peu de diſtance de la Marne.

Il eſt queſtion de décider lequel de tous ces lieux eſt le *Bonoilum* où ſe tint, en 856, une aſſemblée d'Évêques. Le P. Sirmond n'en dit rien dans ſes concies de France. Mais dans ſes notes ſur les Capitulaires, il place dans le territoire de Meaux un Boneil qui n'y fut jamais. M. de Valois a mieux *Not. Gall.* rencontré: fondé ſur l'autorité de Frédégaire, d'une chronique *p. 410. col. 2.* de l'abbaye de Fontenelle & d'une vie de Louis le Débonnaire, écrite par un contemporain, il a placé la terre royale de Boneuil ſur la Marne, au diocèſe de Paris.

Dom Michel Germain, dans ſon traité des palais de nos Rois, témoigne de la répugnance à ſuivre le ſentiment de M. de Valois. Il dit que ce Boneuil auroit été trop voiſin de Chelles, où il y avoit une maiſon royale; il ſe décide en faveur de Boneuil ſur la rivière de Crould, près de Goneſſe: ſes raiſons ſont 1.° que ce lieu eſt qualifié *villa regia* dans l'ancien pouillé de Paris; 2.° que ce *Bonogilum* ſur Crould a été donné autrefois par nos Rois à l'abbaye de St Denys, & par conſéquent c'étoit une terre du fiſc.

Mais premièrement, dit M. l'abbé Lebeuf, il y a trois lieues de diſtance entre Chelles & Boneuil ſur Marne; or on trouve d'autres maiſons royales ou terres fiſcales encore plus voiſines les unes des autres. 2.° Boneuil-ſur-Crould n'a jamais été qualifié du titre de *Villa regia.* C'eſt une mépriſe de M. de Valois, que Dom Germain a trop légèrement copiée. 3.° C'eſt ſans preuve qu'il dit que cette terre a été donnée par quelqu'un de nos Rois à l'abbaye de St Denys: il s'autoriſe d'une charte de cette Abbaye; mais il réſulte ſeulement de cette charte, qui eſt un acte de partage, fait entre les Moines & l'Abbé, qu'ils poſſédoient à *Bonogilum*, dans le IXe ſiècle, une maiſon de pêcheur, *unus manſus ad Fratrum retia componenda.* *Dipl. p 537.* M. l'abbé Lebeuf dit qu'il ne voit pas comment cela peut ſignifier qu'ils auroient eu la terre, le domaine, la Seigneurie de ce

Boneuil-ſur-Crould: d'ailleurs la charte ne dit pas qu'ils tinſſent du Roi le peu qu'ils y avoient; ils pouvoient en avoir fait l'acquiſition de quelque particulier.

M. l'abbé Lebeuf, après avoir ainſi réfuté le ſentiment de Dom Germain, appuie de nouveau celui de M. de Valois par des monumens qui ont échappé aux recherches de ce Savant. 1.° On lit, dans la vie de St Merri, qu'en venant d'Autun à Paris, vers la fin du VII.[e] ſiècle, il paſſa par Champeaux, qui eſt un lieu ſitué dans la Brie, près de Melun; qu'au ſortir de-là, approchant de Paris, il s'arrêta *in villâ Bonogilo*, terre remarquable par une priſon & par la réſidence d'un Juge: l'hiſtorien dit que le Saint obtint de ce Juge la délivrance des priſonniers; ce qui ne peut convenir qu'à Boneuil-ſur-Marne, ſitué directement entre Champeaux & Paris. 2.° Dans le diplome qui concerne l'abbaye de St Maur, & qui eſt de l'an 842, l'empereur Lothaire déclare qu'étant venu au monaſtère des Foſſés, ſitué ſur la Marne, il a cru devoir y laiſſer le ſouvenir de ſes bienfaits; c'eſt pourquoi il lui donne différentes terres dans le Royaume. Cette charte eſt datée du douze avant les calendes de novembre, c'eſt-à-dire du 21 octobre; elle finit ainſi, *actum Bonoilo villa.* Ces ſortes de graces étoient accordées à la demande des Religieux: or il n'y avoit que la Marne à paſſer pour venir de St Maur à Boneuil. Ainſi c'étoit à Boneuil-ſur-Marne que s'étoit retiré l'empereur Lothaire, lorſqu'il eut viſité le monaſtère des Foſſés. C'étoit donc un lieu capable de recevoir un Prince; & où apparemment Charles le Chauve le reçut dans ſon château ou dans ſa maiſon de plaiſance. L'an 856 ce lieu fut choiſi par Charles le Chauve pour la tenue des plaids généraux de ſes États. Loup, abbé de Ferrières, qui étoit très-connu à la cour de ce Prince, ayant été conſulté par quelques Moines, leur répondit qu'ils devoient obéir à l'ordre qu'ils avoient reçû de ſe trouver à Boneuil; *ad generale placitum quod in prædio quodam Pariſiorum, cui Bonogilo nomen eſt, incipiet Kalendis Julii celebrari.* L'opinion de M. de Valois ſur la poſition de ce Boneuil, eſt encore confirmée par Dom Martène. Ce ſavant Religieux a publié une

Lup. Ferr. ep. 98.

Theſ. anecdot. t. IV, p. 62.

une charte pour l'abbaye de S.t Calez, au Maine; elle fut expédiée dans l'assemblée dont on vient de parler; elle est signée de vingt-huit Évêques & de treize Abbés. Dom Martène a observé, par une note marginale, que ce Boneuil est celui qui n'est pas loin de Charenton, vers la jonction de la Seine & de la Marne.

RÉFLEXIONS

Sur les Tombeaux de Civaux, & sur un prétendu Temple des Gaulois à Montmorillon.

ON parle depuis long-temps des tombeaux de Civaux sur 1752.
la rivière de Vienne en Poitou. M. l'abbé Lebeuf, curieux de ces antiquités, ne manqua pas de se transporter sur les lieux, pour examiner par lui-même ce qui avoit pû donner origine à cet amas de sépulcres.

Dans la plaine de Civaux on trouve un champ où de temps immémorial on voit une infinité de tombes de pierre, dont la plus grande partie est marquée d'une croix. On s'est imaginé qu'on y avoit enterré des Soldats tués dans une bataille.

Cette opinion, qui n'est fondée sur rien, se détruit d'elle-même, quand on fait attention à tout ce que l'on aperçoit dans ce champ. Ce ne sont pas seulement des tombeaux qu'on y rencontre; on y trouve encore des restes de chaises ou fauteuils de pierre, des bras de ces fauteuils, des dossiers, des couronnemens de murs ou de portes, &c. La vétusté de ces différens morceaux fait connoître qu'ils ont passé plusieurs siècles dans cet endroit.

A l'inspection de tant de choses, M. l'abbé Lebeuf s'est persuadé que ce lieu avoit été autrefois un attelier de tailleur de pierre, dont le travail le plus considérable étoit de faire des cercueils de pierre. On sait qu'anciennement on ne se servoit que de ceux-ci. On voit encore l'enseigne ou la statue de l'entrepreneur de ces ouvrages. C'est une pierre de cinq pieds cinq pouces de long, sur laquelle est représenté un tailleur de pierre, qui tient dans une de ses mains un marteau; la tête de cette figure, qui est en relief, est de l'épaisseur de plus d'un pouce; le derrière de cette pierre, qui est brute & convexe, l'a fait regarder mal-à-propos comme un couvercle de quelque tombeau. Quelque révolution aura obligé l'entrepreneur de s'enfuir avec ses ouvriers, & d'abandonner son magasin, dont les paysans de Civaux firent usage en changeant l'attelier en cimetière.

M. l'abbé Lebeuf remarqua plusieurs de ces tombeaux rangés en espèce de demi-cercle, comme pour tenir moins de place. Cet arrangement est contraire à la situation ordinaire des tombeaux des Chrétiens, dont les pieds étoient tournés vers l'orient, & la tête vers l'occident. Il observe qu'il a vû la même chose à S.t Émilan près d'Autun, sur la route de Challon; ce qui désigne, dit-il, un magasin où l'on veut ménager le terrein.

Autour de l'église de S.t Gervais de Civaux, on voit aussi des cercueils qui y ont été portés du magasin, & qui ayant été orientés, ont servi à inhumer des Chrétiens. Derrière cette église, à la hauteur d'une toise & demie, on lit cette inscription sur une pierre, en caractères romains:

ATERNVM

VIVATIS IN XPO

Il paroît que l'église de ce lieu est du XI.e siècle.

Un autre monument qui subsiste dans cette même province, & qui n'a pas été examiné avec plus d'attention, engagea M. l'abbé Lebeuf à se rendre de Civaux à Montmorillon, pour y voir le prétendu temple des Gaulois, dont deux savans Bénédictins nous ont donné la description.

D. Bernard de Montfaucon & D. Jacques Martin.

La distance de ces deux endroits n'est que d'environ trois

à quatre lieues. On y arrive par une plaine, à l'extrémité de laquelle on trouve plusieurs habitations qui forment un hameau occupé par de pauvres Vignerons. La ville est dans une vallée, à un grand quart de lieue de ces chaumières, sur la gauche de la rivière de Gartempe, qui vient du Limosin.

C'est dans le hameau qu'on voit sur une hauteur, au milieu d'un cimetière, une chapelle qu'on veut faire passer pour un ancien temple des Gaulois. Cet édifice est double, c'est-à-dire qu'il y a une église haute & une église basse. La voûte de la première est percée par une ouverture faite en cercle. Au dessus du portail, on a placé huit petites statues payennes; on en peut voir la description dans Dom Montfaucon & Dom Jacques Martin. Ces statues ont fait imaginer que ce bâtiment étoit un monument de l'ancienne religion des Gaulois, mais la structure de l'édifice a fait porter à M. l'abbé Lebeuf un jugement tout différent. Il n'a pas eu de peine à reconnoitre dans ce prétendu temple, un ancien hôpital destiné pour les Pélerins qui alloient ou revenoient de la Palestine. Cette ouverture qui se trouve à la voûte de l'église supérieure, est l'imitation de celle qu'on a pratiquée au saint Sépulcre de Jérusalem. On voit une pareille chapelle au Puy en Vélay, qui fut bâtie par les Pélerins par les ordres d'un Évêque de cette ville, & il ne seroit pas difficile d'en rapporter plusieurs exemples.

On objectera sans doute que les statues payennes placées au dessus de la porte, sont seules capables de renverser ce sentiment. Cette objection n'est pas aussi forte qu'on le pense, puisque c'est de ces mêmes statues que M. l'abbé Lebeuf tire une nouvelle preuve pour appuyer son opinion. En examinant avec attention toutes ces figures, on n'a pas de peine à s'apercevoir qu'elles sont beaucoup plus anciennes que l'église qui est de la fin du XIe siècle ou du commencement du XIIe. Ces statues auront été trouvées par hasard, & on les aura par ignorance placées dans cet endroit. Si les savans Bénédictins qui ont fait mention de cet édifice dans leurs ouvrages, ſe fuſſent tranſportés ſur les lieux, ils auroient été du même avis.

Le cimetière, dans lequel eſt placée la chapelle qui fait le ſujet de la queſtion, paroît très-ancien, puiſqu'on y voit des tombes qui peuvent avoir cinq à ſix cens ans; il n'en reſte plus que les couvercles, qui ſont fort épais, & faits en forme de toit, ſur les côtés deſquels il y a des croix ſculptées en boſſe. On voit ſur quelques tombes une épée ſurmontée d'un bouclier fort pointu, ſur une autre une hache, ſur une autre une main qui tient une corde; tous ces cercueils ont la tête tournée vers le couchant, & les pieds au levant: ce ſont ſans doute les tombeaux des Pélerins qui mouroient dans l'hôpital, & qu'on enterroit dans ce cimetière.

Cet hôpital fut donné dans la ſuite aux Auguſtins réformés qui en firent une égliſe. Sur le frontiſpice, on voit repréſentés en relief, dans des quarrés de pierre, la vie de la Ste Vierge, & ſur les côtés du mur St Pierre & St Paul. Au midi de ce portail, eſt une flèche de pierre de figure octogone, & ſemblable à celle de la chapelle du cimetière, excepté que cette dernière eſt plus petite, & n'a pas été finie en pierre. Le couvent des Moines eſt entre l'égliſe & le cimetière, & a été conſtruit avec une partie des pierres des tombeaux qui étoient dans cet endroit.

SUR
L'INSCRIPTION DE VIROMARUS.

ON trouve au neuvième volume de nos Mémoires *, quelques conjectures de M. Moreau de Mautour, sur une inscription latine qu'il découvrit le premier en Champagne près du village de Fontaines. Il y lisoit : 1752. * Page 174.

VIROMARVS
ISTAT IL IF

Ce qu'il expliquoit ainsi : *VIRIDOMARUS Jovi STAtori Ingentem Lapidem Inscribi Fecit.*

Viridomarus, dont le nom est abrégé dans l'inscription, étoit, selon lui, ce prince d'Autun, dont César fait mention dans le septième livre de ses Commentaires ; mais comme il parut à l'Académie peu vrai-semblable qu'un prince Gaulois de ce temps-là eût fait usage de la langue latine, & qu'il eût consacré un monument à une Divinité alors absolument inconnue dans son pays, JOVI STATORI, on convint qu'il falloit donner à cette inscription une époque moins ancienne; que le nom pouvoit être VIROMARVS, sans abréviation, & qu'on pouvoit expliquer les quatre dernières lettres par *Jovi Liberatori, Jovi Feretrio.*

En 1750, l'Académie reçut une description plus exacte, dressée par M. le Gendre, Ingénieur de la province : la voici.

« Sur le territoire de Fontaines, village de Champagne, assis sur la rivière de Marne, à trois lieues de Joinville, & « à pareille distance de Saint-Dizier, on trouve une pierre « que les habitans du pays appellent la *haute borne.* «

Cette pierre est à deux toises & au niveau d'une chaussée « Romaine dont on reconnoît encore les vestiges; elle a dix-huit « pieds de hauteur, six pieds huit pouces de largeur par le bas, au « rez de terre, sur dix-huit pouces d'épaisseur. A la cime, elle « est large de trois pieds un pouce, & épaisse de quatorze pouces. «

» L'inſcription eſt au milieu de la hauteur de la pierre, ſur » la face qui regarde le levant; elle eſt ainſi figurée.

» VIROMARVS

ISTATLIF

» Cette pierre ne paroît pas avoir été taillée; elle eſt inégale » & raboteuſe ſur toutes ſes faces; elle n'eſt en terre que de » la profondeur de trois pieds au midi, & de deux pieds au » nord; il ne paroît pas qu'elle ait jamais eu de baſe ni d'aſſiſe; » elle contient environ cent trente-deux pieds un pouce quatre » lignes de pierre fromentelle ou pierre bâtarde, qui peuvent peſer à peu près dix-neuf mille huit cens livres. »

M. le Gendre joignit à cette deſcription un Mémoire où il explique les divers ſentimens des gens du pays ſur cette pierre & ſur l'inſcription qu'elle porte.

Quelques-uns prétendent qu'un certain Atila, qui faiſoit ſa réſidence à Perthes en qualité de Gouverneur de ce canton, a fait élever cette pierre en mémoire de la deſtruction d'une ville dont les habitans s'étoient révoltés contre lui à cauſe d'un tribut qu'il avoit voulu leur impoſer: ils ajoûtent que les débris que l'on voit ſur la montagne du Châtelet, qui n'eſt éloignée de cette pierre que d'environ cinq cens pas, ſont ceux de cette ville, qui s'appeloit *Rolla*. Le nom de *Ruta* qu'elle porta, diſent-ils, après ſa deſtruction, ſe reconnoît encore dans celui de Ruets, qui eſt une Commanderie de l'ordre de Malte, ſituée près de cette montagne; dans cette ſuppoſition, en changeant pluſieurs lettres, ils liſent ainſi l'inſcription,

VI. ROLLA. RV. F.

Ce qui, ſelon eux, ſignifie *vi Rolla ruta fuit.*

Ils liſent ainſi la ſeconde ligne;

IST. AT. L. I. F.

C'eſt-à-dire, *iſtum Atila lapidem juſſit fieri.* M. le Gendre rejette, avec raiſon, cette explication qui altère des lettres, place des points à ſon gré, & ſuppoſe des perſonnes & des faits inconnus à l'hiſtoire, pour ne rien dire du mot *ruta*, auſſi inconnu à la langue latine, au lieu de *diruta*.

D'autres ont jugé de l'uſage de cette pierre par ſa poſition ſur le bord d'une chauſſée romaine; ils l'ont miſe au nombre de celles qui bordoient les chemins. Ces pierres, placées de diſtance en diſtance, avoient deux marches taillées, qui ſervoient aux gens de pied pour s'aſſeoir & aux cavaliers pour monter à cheval dans un temps où les étriers n'étoient point encore en uſage. Plutarque dit que C. Gracchus fit border les chemins de ces pierres; les Grecs les nommèrent ἀναβολεῖς; c'étoit le nom qu'ils donnoient aux écuyers qui aidoient leurs maîtres à monter à cheval, & qu'ils donnèrent enſuite aux étriers quand ils eurent été inventés, ce qui n'arriva que long-temps après. Mais la haute borne ne reſſemble en rien à ces pierres, non plus qu'aux colonnes milliaires, avec leſquelles quelques-uns la confondent mal-à-propos.

D'autres enfin, qui ſavent que les grands chemins étoient ſouvent bordés de ſépultures, veulent que la haute borne déſigne l'emplacement d'un tombeau, & que ce tombeau ait été conſtruit par l'ordre de Viromare: voici comme ils liſent l'inſcription,

VIROMARVS
IS. T. ATL. I. F.

C'eſt-à-dire, *Iſtum tumulum Atl... juſſit fieri.* Le partage de ces lettres n'eſt pas aſſez heureuſement imaginé pour mériter approbation: le nom de celui pour qui le tombeau eſt fait ne ſeroit déſigné que par les trois premières lettres, ce qui eſt tout-à-fait contraire à l'uſage & même à la raiſon. D'ailleurs il ſemble que l'opinion, qui fait de cette maſſe une pierre ſépulcrale, ſoit plus probable que les autres: M. le Gendre remarque même que le reſpect que les Anciens avoient pour les ſépultures, eſt encore attaché à cette pierre. Les gens du pays prétendent qu'elle n'a jamais été fouillée qu'il ne leur ſoit arrivé quelque malheur; ils ont attribué les mauvaiſes récoltes de leur contrée en 1751 à la curioſité de M. le Gendre.

Ce qui paroît encore appuyer cette conjecture, c'eſt que, ſelon M. le Gendre, il eſt très-probable qu'il y a eu une ville ſur la montagne du Châtelet. La plate-forme fait un quarré d'environ cinq cens toiſes en tout ſens; la ſurface de ce terrein eſt couverte de pierres calcinées par le feu, de débris d'ardoiſes, de briques & de carreaux. La terre en eſt noirâtre, au lieu que celle que l'on voit hors de l'enceinte eſt griſe & blancheâtre: on y a trouvé, & on y trouve encore, beaucoup de médailles.

Ce Mémoire dont nous venons de donner le précis, & qui fait honneur à l'exactitude & à l'érudition de M. le Gendre, ayant été envoyé à l'Académie, M. l'abbé Lebeuf ſe chargea de l'examiner; il en fit le rapport par un autre Mémoire, dans lequel il s'accorde preſque en tout avec M. le Gendre pour réfuter les opinions rapportées. Je vais rendre compte de ce qu'il ajoûte.

L'explication de M. Moreau de Mautour, & celle que l'Académie avoit en quelque façon adoptée ſur ſon rapport, eſt détruite, parce que le ſecond mot n'eſt compoſé que de huit lettres, ISTATLIF. ainſi on ne peut trouver, après *Jovi ſtatori*, ni *ingentem lapidem*, ni *Jovi liberatori*.

Qu'il y ait eu une ville ſur la montagne du Châtelet, c'eſt une ſuppoſition dénuée de fondement. On n'en trouve pas un mot dans aucun auteur. Tout ce que les anciens monumens nous fourniſſent entre Langres & Châlons conſiſte en deux ſtations militaires, marquées dans les tables de Peutinger; l'une appelée *Segeſſera*, à environ ſept lieues de Langres; l'autre *Corobilium*, à ſept autres lieues au-delà. Cette ſeconde ſtation eſt trop éloignée de Langres pour y rapporter la prétendue ville du Châtelet. Le nom de Châtelet n'indique qu'une petite forteresse, dont les débris ſe voient ſur la montagne; les médailles qu'on y trouve ne prouvent rien de plus; & l'étendue qu'on remarque dans ſon terrein montre ſeulement que l'enceinte renfermoit de grands jardins.

M. l'abbé Lebeuf, mécontent de toutes les explications de ce monument, en haſarde une autre qu'il ne donne que pour

une

une conjecture. Elle a ſur les autres l'avantage d'être appuyée ſur un témoignage hiſtorique.

Le nom de *Viromarus* ſubſiſte encore en Champagne, quoique très-défiguré ſous celui d'*Aimer*. Dès le XIIIe ſiècle une montagne voiſine de la ville de Vertus portoit le nom de *Mont-Wimer*. C'eſt de cette ſorte que ce nom eſt écrit dans la chronique d'Albéric des Trois-fontaines, conſervée à la Biblio- *Ad ann. 1239.*
thèque du Roi. Ce nom s'étoit formé de *Viromarus*, comme de *Launomarus* on a fait *Laumer*, d'*Audomarus*, *Omer*. Comme Albéric étoit éloigné du ſiècle auquel le nom avoit été donné à cette montagne, ce nom ſe trouvoit déjà altéré par pluſieurs variations; il l'appelle tantôt *mons Vidomari*, tantôt *mons Vodemari*, quelqueſois *mons Wimari*, & même *mons Ymeri*. Hincmar, dans ſes Annales de St Bertin ſur l'an 877, la nomme *mons Witmari*. M. l'abbé Lebeuf a découvert un fragment inconnu de la vie de St Alpin, évêque de Châlons, *Legendar. Catalaunenſe, XIII.*
du caractère du XIIIe ſiècle, mais d'une compoſition bien plus ancienne; il y a lû qu'à l'occaſion des courſes des Huns, du temps de l'épiſcopat de St Alpin, vers 450, le lieu où cet évêque fit retirer le peuple de ſa ville épiſcopale, afin qu'il fût plus en ſûreté, fut ce mont Widomer; *montem quondam de nomine cujuſdam Widomeri olim dictum, ſexdecim millibus ab urbe diſparatum*. En effet, ce mont Wimer eſt à huit lieues de Châlons; & l'on ſait que dans le moyen âge on comptoit deux milles pour une lieue. Il eſt donc certain qu'il y avoit eu, quelque temps auparavant, un *Widomerus* ou *Widomarus*, & que c'étoit de lui que cette montagne avoit pris ſon nom.

Mais comment ce Wimar ou Wimer avoit-il rendu cette montagne célèbre? Il en avoit fait une retraite de voleurs dont il étoit le chef: il y reçut même quelques Manichéens chaſſés d'Afrique. Ce ſont des faits fondés ſur le témoignage d'Albéric, qui dit que c'étoit de ſon temps la tradition commune. Wimar quitta ſans doute ſa montagne avec ſa troupe de brigands & de Manichéens, lorſqu'il apprit que tous les habitans de Châlons venoient l'occuper: il remonta plus haut le long de la Marne, en tirant vers Langres, juſqu'à ce qu'il trouvât une autre montagne très-élevée, & d'aussi difficile accès que la première qu'il avoit quittée. Celle qu'on appelle aujourd'hui *le Châtelet*, qui est à seize lieues de Châlons, lui parut convenable. Il y continua apparemment ses brigandages, jusqu'à ce qu'il succomba sous des forces supérieures. Alors on lui fit subir le supplice que les loix Romaines, encore observées dans les Gaules, prescrivoient contre les voleurs; il fut précipité du haut de la montagne, & enfoui sur le bord du grand chemin, que le peuple appeloit *la voie d'Attila*, parce que c'étoit par-là que ce roi des Huns avoit, quelques années auparavant, regagné le Rhin, après avoir été défait dans les plaines de Champagne. Pour perpétuelle mémoire de la punition de cet insigne voleur, on dressa sur son corps cette grosse pierre brute, avec une inscription dont la première ligne porte son nom,

V I R O M A R U S.

Et la seconde peut s'expliquer ainsi,

I*n* ST*rata* AT*i*L*æ* I*n*F*ossus*.

Le mot *strata* est employé dans Suétone même pour signifier un grand chemin. On sous-entendoit *via*.

Si les inscriptions qui marquent des punitions sont rares, il n'est pas moins rare d'en voir en caractères Romains sur une pierre brute. On en trouva cependant une pareille à celle-ci il y a plus de cent ans, à Entrains, dans le Nivernois. Un Bénédictin, qui ramassoit alors des Mémoires pour l'histoire du diocèse d'Auxerre, écrit que cette inscription étoit en anciens caractères Romains, & conçue en ces termes, VIBVVS HIC VIVVS INFOSSVS EST QVIA PREDAVIT. Ce dernier mot fait connoître que cette Inscription n'est pas du haut Empire. Elle pourroit être du cinquième siècle. C'est le temps auquel l'interprète du livre de Judith s'est servi de ce mot, au lieu de *prædatus est*.

Judith. 2, 13, 16.

Cette dernière inscription autorise l'explication que M. l'abbé Lebeuf donne de la première. Ce n'est après tout qu'une conjecture, mais qui semble mieux fondée que celle de M. Moreau de Mautour. Les autres explications sont insoûtenables.

En même temps que la forme des caractères prouve que l'inscription est du temps des Romains, lorsque le latin étoit le langage vulgaire des Gaules; il semble assez naturel de conclure de la grossièreté du monument, qu'il n'a aucun rapport avec la religion Romaine, à l'égard de laquelle on observoit plus de décence; mais qu'il fut établi pour quelque chose de bien inférieur à cet objet; ce qui convient assez à la punition d'un criminel.

ANTIQUITÉS D'AUVERGNE.

ON cherche depuis long-temps la situation de l'ancienne 1753.
Gergovia, capitale des Auvergnats, cette ville célèbre dont César fut obligé de lever le siége. L'opinion commune la place aujourd'hui sur une montagne à une lieue de Clermont en Auvergne; c'est pour cette raison qu'on a donné le nom de *Gergoye* à cette montagne, qui jusqu'au milieu du XVIe siècle s'est appelée le *Puy de Mardogne*. M. Lancelot,
dans une Dissertation imprimée au VIe tome de nos Mé- P. 635.
moires, s'est proposé de prouver que cette opinion souffroit de fortes difficultés; il a combattu les monumens qu'on emploie pour l'appuyer; il s'est inscrit en faux contre une charte de l'an 1149, qui fait mention d'un bien de l'abbaye de Saint-André, au fauxbourg de Clermont, comme situé à *Gergoia*. M. l'abbé Lebeuf étant à Clermont a voulu s'assurer par lui-même de la fausseté de cette charte; il l'a trouvée telle qu'elle avoit paru à M. Lancelot, & il convient qu'elle ne peut servir de preuve pour conclure qu'il y eût au XIIe siècle un lieu voisin de Clermont qui portât le nom de *Gergoia;* mais en récompense il a vû & lû dans l'abbaye de Saint-André une bulle du Pape de l'an 1170, qui contient un détail des biens de cette Abbaye. Cette bulle porte tous les caractères de vérité: elle met parmi ces biens un territoire situé à *Gergoia*. Il est donc certain qu'un canton de terre conservoit proche de Clermont en 1170 l'ancien nom de

Gergovia : d'ailleurs M. l'abbé Lebeuf ayant monté ſur cette montagne, il a trouvé la ſituation des lieux conforme à la deſcription de Céſar, comme M. Lancelot en convient lui-même. De plus, il y remarqua un grand nombre de fragmens de cette terre cuite rougeâtre, appelée *terra campana*, dont les Romains faiſoient des vaſes à leur uſage. Toutes ces raiſons ſemblent confirmer l'opinion commune ſur l'ancienne ſituation de cette Gergovia.

Entre Clermont & Iſſoire, ſur la rive gauche de l'Allier, on rencontre le village de Coudes; on n'y fouille preſque jamais la terre, ſans découvrir quelques inſcriptions gravées vers les commencemens de la Monarchie. M. l'abbé Lebeuf en rapporte cinq: les quatre premières étoient ſur du marbre blanc apporté d'ailleurs, car le pays n'en fournit pas; la cinquième étoit ſur de la pierre commune. Les voici,

I.

IN HOC TOMO
LO QVIESCIT BO
NE MEMORIAE
PALLADIVS
VIXIT ANNVS
XVII
TRANSIET KLEN
DAS SEPTEM
BRIS INDICTIO
QINTA REGIS
TEVDORICI

II.

IN HOC TOMOLO
REQVIESCIT BO
NE MEMORIAE

CANDEDVS IN PA
CE VIXT. ANNVS
TRIS ET MINSES
QVATVOR ET D
IES XVIII. TRANS
IIT SVB DIE III ID
S MAIAS. ANNO
XV REGNO DOM
THEVDORICI

III.

IN HOC TVMV
LO REQVIISCIT
IN PACE BON
E MEMORIE
ERENA VIXIT
ANNVS XX. TR
ANSIIT XI K N
OVEM ANNO
IIII RIG DOM
NOS TEVDO
BERTI

IV.

IN OC TOMOLO
REQVISCIT IN PA
CE BONAE MEMO
RIE PIONI TRANSIIT
IN ANNVS SEXSAGI
NTA III X K MAIS
ANNO XX REGNO

DOMNINI NOSTRI
TEoDoBERTI RE
GIS

V.

HOC TVM EIT B
ONE MEMORI
VS IOHANNIS
ANNORVM
XXI GI

Aucun des noms pour qui ces épitaphes ont été faites n'eſt barbare, ni teutonique ou françois, ce ſont des noms uſités en ces temps-là parmi les Romains: les croix qui y ſont repréſentées, le monogramme de Chriſt gravé au haut de la quatrième, deux colombes ſur la ſeconde, les mots *in pace* & *bonæ memoriæ*, déſignent des ſépultures de chrétiens. On peut y obſerver juſqu'à quel point la langue & l'orthographe latine étoient alors altérées: les lettres G & L ſont preſque les ſeules qui diffèrent des caractères romains capitaux. Beaucoup d'autres inſcriptions du même ſiècle fourniſſent la même remarque.

L'obſervation la plus importante roule ſur les dates de ces épitaphes: la première eſt datée de l'indiction cinquième, ſous le règne de Thierri: c'eſt Thierri I, Roi de l'Auſtraſie dont l'Auvergne faiſoit partie; l'indiction cinquième ſe compta deux fois ſous ce Prince, en 512 & en 527. La date de la ſeconde épitaphe eſt la quinzième année du règne de ce même Thierri, c'eſt-à-dire l'an de J. C. 526: la troiſième porte la quatrième année du règne de Théodebert, fils de Thierri; c'eſt l'an 538 de l'ère chrétienne: la date de la quatrième eſt viſiblement fauſſe, elle marque la vingtième année de Théodebert; ſi c'eſt Théodebert I, fils de Thierri I, il n'a régné que quatorze ans: ſi c'eſt Théodebert II fils de Childebert II Roi d'Auſtraſie, il s'en faut quatre ou cinq ans qu'il n'ait régné vingt ans. Ces ſortes de mépriſes dans les chiffres ne ſont pas rares, ſur-tout dans les bas ſiècles. On voit dans la troiſième & dans la quatrième épitaphe le titre de *Dominus noſter,* donné à Théodebert; ce qui ſert à confirmer que la pièce de monnoie où on lit ce même titre dans Bouteroue, *Dominus noſter Theodebertus Rex,* n'eſt pas une pièce fauſſe.

ANTIQUITÉS DU PUY EN VÉLAY.

L'INSCRIPTION de la tour de Polignac, rapportée par Gruter, & la tête d'Apollon dont il donne la figure, ſont des monumens devenus célèbres. Les obſervations que M. l'abbé Lebeuf a faites ſur le lieu même, ſervent à corriger pluſieurs fautes qui ſont échappées à ce fameux Antiquaire. 1753. *P. xxxix, Inſcr. 1.*

1.° Il n'y a aucune apparence que la tour qui reſte à Polignac ait fait partie d'un temple: c'eſt un édifice qui n'a au plus que quatre cens ans; la pierre eſt trop nouvelle pour qu'on puiſſe ſuppoſer une plus haute antiquité. C'étoit un de ces donjons qui ſervoit de guérite & de défenſe dans les châteaux des ſeigneurs.

2.° Il n'y a jamais eu d'inſcription romaine ſur aucun endroit des murailles de cette tour.

3.° L'inſcription eſt couchée en trois lignes dans Gruter; dans le lieu elle eſt en cinq lignes. On la voit au château de Polignac, non pas dans la tour, mais à l'angle extérieur d'un grand bâtiment voûté en pierre, & qui n'eſt autre choſe qu'un ancien cellier; elle y eſt placée à la hauteur d'environ neuf pieds; la pierre a environ trois pieds de longueur & de hauteur; elle eſt de couleur jaune: les lettres ont près de trois pouces de haut. Voici l'inſcription

TI. CLAVDIVS CAES
AVG. GERMANICVS
PONT. MAX TRIB
POTEST V IMP.
XI. P.P. COS IIII.

4.° Gruter rapporte qu'on croyoit que c'étoit la tête d'Apollon, dont il donne la figure, qui avoit fait donner au château le nom d'*Apolluniacum*, d'où s'étoit formé *Polignac;* mais dans ſes corrections il rejette cette opinion comme ridicule, *nugatorium*, en quoi M. l'abbé Lebeuf eſt de ſon avis. Il ſe fonde ſur une raiſon que Gruter a ignorée; c'eſt que les plus anciens titres n'appellent point autrement ce château que *Podemniacum*. Ce terme a rapport à celui de *Podium*, qui eſt le nom de la ville du Puy, voiſine de ce château. On ſait que *Podium* ſignifioit dans la bonne latinité *un balcon, un appui*, & dans les bas ſiècles *une éminence, une élévation*, comme on en voit en effet tant au Puy qu'à Polignac. La troiſième lettre de *Podemnlacum* aura été changée en L pour adoucir la prononciation.

Après cette critique de l'article de Gruter, M. l'abbé Lebeuf expoſe ſon ſentiment ſur la tête d'Apollon qu'on poſſède de temps immémorial dans le château de Polignac. Cette tête eſt aujourd'hui ſi négligée, qu'il fallut l'aller chercher dans une chenevière de l'enceinte du château, où elle étoit mêlée avec la terre & les broſſailles. M. l'abbé Lebeuf penſe que ni cette tête, ni l'inſcription ci-deſſus rapportée n'étoient originairement à Polignac, mais que l'une & l'autre viennent de la ville de *Rueſſio* ou *Rueſſium*, ancienne capitale des peuples *Vellavi*, appelée aujourd'hui *Saint-Paulien:* le château de Polignac n'en eſt éloigné que d'une lieue. Lorſqu'on bâtit la ville du Puy, à deux lieues de Saint-Paulien, on y tranſporta beaucoup de débris des temples, des tombeaux & des autres antiquités de cette capitale; il eſt très-poſſible qu'on ait laiſſé à moitié chemin la tête & l'inſcription; les ſeigneurs du château s'en ſeront emparés depuis & les auront fait incruſter dans les murs, comme ils voyoient qu'on avoit incruſté au Puy d'autres antiquités de *Rueſſio:* on aura enſuite inventé toutes les fables qu'on a débitées ſur ce prétendu oracle d'Apollon, ſur le voyage de l'Empereur Claude à Polignac, parce que cet Empereur étoit natif de Lyon, & mille autres imaginations qui ſont encore en vogue dans le pays. Si ce tranſport n'eſt

pas

pas auſſi ancien que la fondation de la ville du Puy, du moins pourra-t-il être arrivé vers l'an 880, lorſque Norbert, élû Évêque du Puy, ayant pour concurrent un abbé Vital, frère du Vicomte de Polignac, ſe vit réduit à lui abandonner la ville de Saint-Paulien, cette ancienne *Rueſſium;* d'où il ſut libre aux vicomtes de Polignac de tirer tout ce qu'ils voulurent. Le plus ancien Auteur qui parle de ces deux monumens comme exiſtans dans le château de Polignac, eſt Simeoni, qui vivoit ſous Henri II.

A l'occaſion des antiquités qui ont paſſé de l'ancienne *Rueſſium* dans la nouvelle ville du Puy, M. l'abbé Lebeuf entreprend de fixer le temps auquel la ville du Puy fut bâtie. On convient qu'elle doit ſa fondation à l'abandon que les Évêques firent de l'ancienne *Rueſſium* pour transférer leur ſiége ſur la montagne où la ville du Puy eſt aſſiſe; mais on ne convient pas ſur l'Évêque auquel on doit attribuer cette tranſlation. M. l'abbé Lebeuf prouve que ce fut ſaint Évode, Évêque de Rueſſium dans le VIe ſiècle. En 1712, on découvrit dans le grand autel d'une égliſe du Puy une inſcription conçûe en ces termes: *Hic requieſcit corpus ſancti Evodii, primi eccleſiæ Anicienſis præſulis*, & cette inſcription fut jugée par l'Académie être des temps carolins, c'eſt-à-dire du temps de nos Rois de la ſeconde race du nom de Charles. Saint Évode, que le peuple du Puy appelle Saint Vozy, étant qualifié premier Évêque du Puy ou d'*Anicium*, ce qui eſt la même choſe, dans un monument du IXe ſiècle, c'eſt une preuve ſuffiſante que c'eſt lui qui a tranſporté le ſiège epiſcopal de *Rueſſium* à Anici ou au Puy d'Anici. Cette tradition ſe trouve perpétuée dans des livres très-anciens de la même égliſe du Puy, dans leſquels la liſte des Évêques commence par Évodius. Pour ſavoir maintenant en quel temps ſiégeoit cet Évêque, il faut obſerver qu'Aurelius, nommé comme ſon ſucceſſeur immédiat dans un manuſcrit de la Bibliothèque du Roi, qui appartenoit à l'égliſe du Puy au Xe ou XIe ſiècle, eſt cité par Grégoire de Tours à l'an 591 comme un évêque du pays du Vêlai, réſidant alors à Anicium:

Cod. Colb. 1364.

il s'ensuit de-là que la translation du siége épiscopal a été faite dans le cours du VIe siècle, vers l'an 560 ou 570. Mais s'il y a eu deux Évêques entre Évode & Aurelius, comme on le voit dans une copie du martyrologe d'Usuard, conservée entre les manuscrits du chapitre, & qui paroît être du Xe au XIe siècle, il faudra faire remonter l'époque de cette translation jusque vers l'an 530: ce manuscrit porte au 11.e de novembre; *Festivitas beatorum Anicii pontificum, Evodii, Scutarii, Ermentarii, Aurelii, Suacrii.*

M. l'abbé Lebeuf ne croit pourtant pas que la ville de *Ruessium* ait été dépouillée de toutes ses antiquités dès le temps même que la ville du Puy fut bâtie; ce n'est que depuis le siècle de Charlemagne qu'on voit détruire les murs des anciennes cités pour en construire d'autres édifices. Ce fut alors que les murs romains de la ville de Verdun furent détruits pour servir à bâtir Aix-la-Chapelle: la ville de *Ruessium*, nommée d'abord *Civitas vetula*, pour être distinguée de la nouvelle ville du Puy, prit peu à peu le nom de Saint-Paulien qui en avoit été le troisième ou quatrième Évêque, & dont elle conservoit le corps; ensuite, comme le nombre de ses habitans diminuoit à mesure que la ville du Puy s'augmentoit, on commença à la démolir & à enlever les pierres & les marbres vers le IXe siècle, lorsque la nouvelle ville eut besoin de se fortifier contre les Normands; ajoûtez à cela ce qui a déjà été dit de l'évêque Norbert. Les vicomtes de Polignac étant devenus maîtres de la ville de Saint-Paulien, continuèrent apparemment d'enlever les matériaux qui leur convenoient pour leur château, ce qui acheva de priver cette ville de tout ce qui lui restoit d'antiquités. Aussi M. l'abbé Lebeuf n'y a reconnu aucun reste de murs Romains; les murailles d'aujourd'hui n'étant que de l'an 1415, selon une inscription qui y est gravée. Il y a pourtant retrouvé les six ou sept inscriptions que Dom Mabillon a rapportées dans le IVe siècle de ses annales Bénédictines. (Part. I, p. 758.) Il y a une chapelle, dite *Notre-Dame du haut-Solier*, au fauxbourg de cette ville, dont les murs du côté septentrional ne sont bâtis que de débris des édifices Romains, & de fragmens d'inscriptions posés les uns sur les autres sans mortier ni sable. On voit, dans le même quartier, plusieurs restes de couches de ciment & de mastic qui ont servi à contenir de la Mosaïque. Mais on ne trouve, dans toute la ville, qu'une seule inscription Romaine bien conservée; elle est gravée sur une pierre, & ne contient que ce mot,

HERMA
DIONIS.

A un quart de lieue de la ville de St-Paulien, sur le bord du grand chemin, vis-à-vis d'un moulin qu'on appelle le *moulin de Burbulhon*, M. l'abbé Lebeuf a vérifié une inscription rapportée par plusieurs Auteurs, qui tous l'ont mal décrite: la voici telle qu'elle est sur l'original;

Mabill. sæc. IV, Bened part. I, p 758. Bergier, hist. des grands chemins, p. 68. Gall. Christ. t. III, p. 685. Mercure de Fr. déc. 1727. Notes sur Grég. de Tours, édit. 1739, p. 380.

CAESAR PRINCEPS
IVVENT. VIAS ET
PONTES VETVS
TATE CONLAPSAS
RESTITVE FT.

Cette inscription est gravée sur une colonne de quatre à cinq pieds de hauteur: on y a planté une croix, & il y a apparence que pour la rendre propre à cet usage on en a scié le haut & qu'on a enlevé une ou deux lignes de l'inscription. Car pourquoi le nom du César qui a fait ces réparations ne s'y trouve-t-il pas? les Romains ne laissoient pas deviner à la postérité le nom des Empereurs & des Césars en l'honneur desquels ils érigeoient des monumens. Bergier a cru, & son opinion est bien fondée, que l'inscription commençoit par ces deux lignes,

C. IVLIVS
VERVS MAXIMVS

& il cite pour pièce de comparaison celle qui se lit dans

P. CLI, n.° 5. Gruter. Ce sera donc le fils de l'empereur Maximin, & cette inscription sera de l'an 238 de l'ère Chrétienne.

On découvre de temps en temps à S.t-Paulien des médailles & de petites figures de bronze des anciennes Divinités.

On voit dans la ville du Puy plusieurs églises qui ont sept à huit cens ans d'antiquité, & dont les murs sont construits de quantité de fragmens d'anciennes statues & d'inscriptions du paganisme. Ces morceaux sont des démolitions de la ville de *Ruessium*, mais on n'en peut faire usage. Les fragmens sont trop petits, & les lettres tellement tronquées qu'il reste très-peu de mots entiers. Voici l'inscription la plus entière que M. l'abbé Lebeuf ait pû découvrir. La pierre est enclavée dans les murs de la Cathédrale.

...... DONNOBRISO
VELLAVIO OMNIBV
SCIVILIBVS IN CIVIT
SVA FVNCTO HONORIBVS....
RVM C. IVLIAENNVS MI....
VS SIBIQVE VIVIS DE PROPRI....
PONENDVM CVRAVIT ET
S A D

La pierre est de trois pieds en tout sens. Les bords d'en haut, d'en bas & du côté droit ont été endommagés par les ouvriers. La seconde, la troisième & la quatrième ligne paroissent entières, sinon qu'à la fin de la quatrième manque le commencement du mot, dont la dernière syllabe RVM commence la cinquième ligne. M. l'abbé Lebeuf n'a pas voulu se hasarder à deviner cette lacune. Il manque, à la fin de la cinquième ligne, quelques lettres du mot qui commence par MI, & qui finit par VS, rejeté à la ligne suivante. C'est apparemment le surnom de *Julianus*, comme *Minucius*, *Minucianus*, &c. A la fin de la sixième ligne il ne manque qu'un O, *proprio*. Les trois lettres d'en bas sont la formule si souvent répétée dans les inscriptions de la Gaule, *sub ascia dedicavit*.

Cette épitaphe concerne un Gaulois devenu Romain, c'est-à-dire un homme descendu des anciens habitans du Vélai, & vivant sous les loix Romaines. Son nom *Donnobrisus* n'a de Romain que la terminaison. Nous trouvons, dans les Commentaires de César, des Gaulois nommés *Dumnorix*, & dans les écrivains des premiers temps de notre Monarchie, des *Donnolus*, *Donnolenus*. Pour ce qui est de *brisus*, si ce n'est pas la fin du mot *Donnorix* latinisé, nous avons eu dans le pays de Forès, contigu à celui du Vélai, un nommé *Briso*, qui a donné anciennement son nom à une montagne, & d'où s'est formé celui de Montbrison. *Julianus* paroît être un nom Romain, qu'on rencontre ici pour la première fois. On en découvre de temps en temps, sur-tout en France, qui sont inconnus à tous les compilateurs d'inscriptions. Celle-ci n'est pas des premiers siècles que les Romains habitèrent dans les Gaules; les liaisons des lettres en sont la preuve.

Au mur de l'église de St Jean, qui regarde l'église cathédrale, se voient sept figures en marbre blanc, les unes d'hommes, les autres de femmes, de deux pieds environ de hauteur, dont la draperie est très-délicate. A la tête de ces figures est une pierre terminée en pointe, avec cette inscription.

D. M.
ERASMO.

SUR L'ARC D'ORANGE.

C'EST une ancienne opinion, que l'arc de triomphe 1753.
d'Orange fut érigé en l'honneur de Jules César, à l'occasion de la victoire qu'il remporta sur les Marseillois l'an de Rome 704. M. l'abbé Lebeuf a trouvé la preuve de l'ancienneté de ce préjugé dans un auteur où l'on ne s'aviseroit pas de l'aller chercher. Il a eu entre les mains un Commentaire manuscrit des pseaumes, intitulé *Fleur des pseaumes*, composé par Letbert ou Lietbert, abbé de St Ruf à Avignon, qui vivoit il y a sept cens ans. Cet Abbé, à l'occasion du titre du pseaume

quinzième, commence ainsi sa paraphrase: *Antiquitus solebat fieri quòd quando aliquis de hoste suo triumphum habebat, faciebat sibi arcum construi in quo scribebatur illa victoria. Unde Aurasiæ in arcu triumphali Massiliense bellum sculptum habetur ob signum victoriæ Cæsaris.* On pensoit donc ainsi dans un temps où cet arc de triomphe n'étoit pas sans doute aussi endommagé qu'il l'est maintenant. Malgré l'ancienneté de cette opinion, M. l'abbé Lebeuf ne la croit pas plus vraie. Il a considéré avec soin cet édifice; il n'a rien vû qui ait rapport à cette guerre des Marseillois, dont César lui-même nous a donné un détail très-circonstancié. Il pense même que le travail de cet ouvrage n'est pas d'un siècle aussi reculé que celui de César; & d'ailleurs pourquoi auroit-on érigé si loin de Marseille ce magnifique monument, s'il avoit eu pour objet le triomphe de César sur les Marseillois? Toutes ces raisons le déterminent à se ranger au sentiment de ceux qui regardent cet arc comme un monument dressé en mémoire de la grandeur Romaine & des victoires remportées en général, soit du temps de la République, soit du temps des Empereurs. C'est pour cela, dit-il, qu'on y a rassemblé les noms de plusieurs guerriers qui ont été séparés les uns des autres par des siècles entiers. On y lit sur les boucliers les noms de Marius, de Jugurtha, de Sacrovir: le dernier a vécu à cent ans environ des deux autres. On y lit aussi Rodacus & Udrius, noms inconnus dans l'histoire Romaine. Mais, ajoûte-t-il, pouvons-nous nous vanter de connoître tous ceux que les Romains ont vaincus? Combien de noms anciens sortiroient de l'oubli où ils sont ensevelis, si nous retrouvions les treize premiers livres d'Ammien Marcellin, qui nous instruiroient sur les guerres des Romains depuis l'empereur Nerva jusqu'à Constantius; ce qui forme la durée de plus de deux siècles? Nous donnerons, dans le volume suivant, un Mémoire de M. Ménard, qui embrasse une opinion tout-à-fait différente sur l'objet de ce fameux monument.

SÉPULTURES ANCIENNES

Découvertes à Paris en 1753.

JE ne parlerai pas ici de huit morceaux de marbre blanc 1753.
qui furent trouvés à Paris en 1751, & dont M. l'abbé Lebeuf qui en avoit fait l'acquisition, a rendu compte à l'Académie. M. le comte de Caylus, à qui il les a cédés, en a donné le dessein, & en a inséré la description dans le second volume de son recueil d'antiquités. Il ne m'appartient pas de retoucher *Page 382.*
ce qu'une main si habile a mis en œuvre; j'y renvoie le lecteur, pour passer à d'autres sépultures qui furent découvertes au mois de janvier 1753.

Dans le fauxbourg de Saint-Marceau, derrière l'église paroissiale de Saint-Martin du cloître Saint-Marcel, à la distance d'environ cinquante pas, un Jardinier remuant la terre, trouva à cinq ou six pieds de profondeur soixante-quatre cercueils de pierre, dans chacun desquels il y avoit des squelettes dont les pieds étoient étendus vers le levant & les mains pendantes sur les côtés. Il ne s'est trouvé qu'une inscription, elle étoit gravée sur une pierre dure d'environ deux pieds en quarré, qui étoit posée sur le couvercle d'un de ces cercueils: la voici,

DOMINE. CONIVGI. DVL
CISSIME. BARBARE TITV
LVM . POSVI. QVI VIXIT
ANNOS XXIII ET MV
ET DIES XXVIII PAX
TECVM PERMAN
ET

La place qui reste vuide entre les trois dernières lignes étoit remplie par une couronne qui renfermoit le monogramme de Christ placé entre A ω. Du bord inférieur de la couronne s'échappoient deux banderolles bequetées par deux colombes. Au bas étoit gravée cette ligne,

VITALIS·CONIVX. POSV
I T

Il faut observer qu'au lieu des points que nous représentons ici, c'étoit dans chaque endroit la figure d'un cœur: on voit beaucoup d'exemples de cette forme de ponctuation dans le recueil de Gruter & des autres Antiquaires.

Tous les caractères d'une sépulture chrétienne se trouvent ici réunis; le monogramme, l'alpha & l'oméga, les colombes, la formule de paix, les pieds étendus vers l'orient, la position des mains le long des cuisses. Ce dernier usage a subsisté long-temps chez les Chrétiens d'occident, quoiqu'il leur fût commun avec quelques barbares; les Grecs en formoient encore un reproche contre les Latins dans le XIII.[e] siècle; ils disent dans un de leurs Écrits, *Mortuos sepeliunt manibus eorum nequaquam constitutis in modum crucis, sed deorsum missis circa inferiora instrumenta.*

Tombeaux de Cocherel.

Bibl. Patrum, edit. Parisiens. 1624, t. IV, p. 1303.

Il paroît, dit M. l'abbé Lebeuf, que les inscriptions grecques dont parle Sauval dans son second tome, & qu'il dit avoir été trouvées sur des tombeaux qu'on avoit déterrés en grand nombre dans le marché aux chevaux du fauxbourg Saint-Victor, n'avoient rien de grec que le monogramme avec les deux lettres *alpha* & *omega*. Le lieu dont parle Sauval, ne devoit faire qu'un seul & même cimetière avec l'emplacement du jardin où ont été nouvellement trouvés les soixante-quatre cercueils dont nous parlons, puisqu'il n'y a de ce jardin au marché aux chevaux que cent ou cent cinquante pas; il est même probable que ce cimetière chrétien s'étendoit aussi vers le septentrion jusqu'à la rivière de Bièvre, puisqu'en bâtissant l'hôpital de Scipion on y a déterré plusieurs autres anciens cercueils.

Cette inscription peut être du cinquième siècle, & antérieure à la barbarie des temps postérieurs, mais elle ne peut remonter plus haut que le commencement du quatrième siècle, temps où le où le monogramme de Christ a commencé à être mis en usage dans le *Labarum*.

HISTOIRE D'ARNAUT DE CERVOLE,
DIT L'ARCHIPRÊTRE.

LES Écrivains des histoires générales sont obligés d'observer entre les personnages qu'ils mettent sous les yeux, une dégradation proportionnelle, qui rapprochant certaines figures, éloignant les autres, forme le tout ensemble de leur tableau, & donne à leur ouvrage cette unité requise dans toutes les productions de l'Art, comme elle se fait apercevoir dans toutes celles de la Nature; d'où il arrive, sur-tout dans les temps chargés d'évènemens, que des Acteurs du second ordre, quoique très-considérables par eux-mêmes, se perdent pour ainsi dire dans le lointain ou sont confondus dans la foule de tant de têtes différentes: encore doit-on savoir gré aux Historiens, si ne les regardant qu'en passant, ils n'en prennent pas eux-mêmes une fausse idée & ne les présentent pas aux autres sous un faux jour. C'est aux Biographes, qui sont comme les peintres de portraits, de détacher de l'histoire générale, ces personnages qui méritent d'être vûs à part, & c'est aussi ce que M. le baron de Zurlauben a entrepris à l'égard d'Arnaut de Cervole, dit l'*Archiprêtre*, & d'Enguerrand de Couci VII du nom. Ces deux hommes mémorables ont paru dans les temps les plus orageux de notre Monarchie, sous les Rois Jean & Charles V son fils, & leurs actions les plus importantes, telles que l'expédition de l'Archiprêtre en Alsace, celle d'Enguerrand dans la même province & en Suisse, ont échappé à tous nos historiens de France. Nous allons commencer par donner un précis du Mémoire de M. le baron de Zurlauben sur l'Archiprêtre, & nous tâcherons de ne rien omettre de ce qui peut faire connoître cet homme singulier. Lû le 11 Janv. 1754.

La maison de Cervole, Cervolle, ou Servola tenoit un

rang diſtingué dans la nobleſſe de Périgord *(a)*. Arnaut étoit de cette maiſon. Quelques auteurs le font Gaſcon, parce qu'on appeloit alors de ce nom tous les peuples voiſins de la Garonne. Mézerai le fait Bourguignon, apparemment parce qu'il s'attacha au ſervice de la maiſon de Bourgogne. Il l'appelle tantôt Arnoul de Cernole, tantôt Robert Canolle. Froiſſard le nomme Regnaud de Quenolle, Arnoult de Cervolle, Arnoult de Canolle. Les hiſtoriens Allemands défigurent encore plus ſon nom. Ils l'appellent l'Archiprêtre de Cervolant ou de Cerf-ſaillant. Guillaume Paradin l'appelle, on ne ſait pourquoi, l'Archiprêtre de Roberſac. Gaguin lui donne le nom de Jean. Son vrai nom étoit Arnaut de Cervolle.

Walſingham, ad an 1358, p. 173.
Villani, l. VII, c. 87.

Annal. de Bourgogne, liv. III, p. 355.
De Francor. Reg geſtis, ann. l. IX, p. 158, Pariſ. 1528, in-8.°
Hiſt. gén. de Langued. t. IV, l. XXXI, page 292.

Le titre d'*Archipreſbyter de Verniis*, que Dom Vaiſſette a traduit par Archiprêtre de Vezzins, lui venoit apparemment de ce que, quoique Chevalier & marié, il poſſédoit un Archiprêtré de ce nom. Ce n'étoit pas la première fois que des ſéculiers avoient joui de bénéfices Eccléſiaſtiques. On ſait que Hugues, duc de France & de Bourgogne, comte de Paris & d'Orléans, qui mourut en 956, étoit ſurnommé l'Abbé, parce que quoique ſéculier, il étoit abbé de S.t Denys, de S.t Germain-des-Prés & de S.t Martin de Tours. Vezzins étoit apparemment un Archiprêtré dont Cervolle tiroit les revenus. On ne peut déterminer quel étoit ce lieu : on trouve des bourgs & villages de ce nom dans l'Anjou, dans la Touraine, dans le Rouergue & dans la Bretagne.

Froiſſ. vol. I, c. 160, 162.

Baluz. t. I, p. 945, inter notas ad vitas Paparum Avenion.

La première fois qu'Arnaut de Cervolle paroît dans l'hiſtoire, c'eſt à la bataille de Poitiers, donnée le 18 ſeptembre 1356. Il y fut bleſſé & fait priſonnier avec le roi Jean. Sa rançon ayant été payée par le ſeigneur d'Audenham, maréchal de France, que le Roi rembourſa dans la ſuite; il revint en France en 1357.

Rapin Toyras, hiſt. d'Anglet. t. III, p. 210.
Odor. Raynald. annal. Eccleſ. t. XVI, ad ann. 1357, n.° 3, 4, 6.

On venoit de conclurre une trêve de deux ans entre la France & l'Angleterre. La priſon du roi Jean, l'eſprit de révolte que ſouffloient les émiſſaires du roi de Navarre, &

(a) *Baluze*, vitæ Paparum Avenionenſium, *t. I, p. 334, 350, 359, 360, 370, 945, 946, 948, 989. Pariſ. 1693, in-4.°*

l'épuiſement des peuples, qui ne pouvoient ſuffire à la ſolde des gens d'armes qu'on avoit mis ſur pied, cauſoient de grands deſordres dans la France. Les troupes n'étant pas payées, ſe débandèrent, & ſe mirent à piller diverſes provinces ſous différens chefs qu'elles ſe choiſirent. Telle fut alors l'origine de ces compagnies de Routiers qui firent tant de ravages, ſur-tout en Languedoc.

Vaiſſette, hiſt. de Lang. t. V, p. 63, 65.
Villani, l. VIII, c. 87.

Dès le XII.[e] ſiècle on avoit vû de pareilles compagnies de brigands ſe former dans le Royaume, & déſoler les provinces. En vain les Papes avoient ſouvent lancé contre eux les anathèmes de l'Égliſe. On les appeloit Routiers, en latin *Ruptarii, Rupturarii, Rutarii;* Brabançons, parce qu'il y en avoit un grand nombre venus du Brabant, Tard-venus, Linfards, Malandrins, Coterels, Tuchins *(b)*. On peut voir l'origine de ces différens noms dans le gloſſaire de Ducange, & dans les auteurs voiſins de ce temps. En latin on nommoit leurs diverſes bandes *ſocietates, comitivæ, compagniæ*.

Matth Paris, ad an 1173, 1196, 1250.
Notes ſur Ville-Hardouin, t. I, p. 368.
Albér des Trois-Fontain ad an. 1183
Vie de du Gueſclin, c. 17
Oderic Vital. l. V, p. 596.

L'Archiprêtre, qui ne connoiſſoit d'autre occupation que la guerre & le pillage, ſe mit à la tête d'une troupe de ces brigands. Il ſe ligua avec Raimond des Baux, ſeigneur puiſſant en Provence. Ce Raimond ne cherchoit qu'à venger la mort d'un autre Raimond ſon parent, comte d'Avellino & Sénéchal de Naples, que Louis roi de Naples avoit fait aſſaſſiner. Philippe, prince de Tarente, frère du roi Louis, gouvernoit alors la Provence. L'Archiprêtre joint avec Raimond aſſembla en peu de temps une troupe de deux mille hommes, tant de Cavalerie que d'Infanterie; cette petite armée, qui s'appeloit *Società dell' acquiſto*, nom qui annonçoit ſa vocation pour le pillage, ſe forma dans le Limoſin, l'Auvergne & les pays voiſins du Rhône. Le 13 juillet 1357, elle paſſa le fleuve, s'empara des ponts du Rhône & de la Durance, & ſe porta du côté d'Orange & de Carpentras. Le prince de Tarente n'avoit pas aſſez de forces pour défendre la province. Les Routiers faiſoient des ravages affreux, & le pape Innocent VI

Walſingham, ad an 1357 & 1361
Knygthon, ad an 1361, de event Angliæ, l. IV, p. 2628, inter hiſt. Angl. ſcript
Mezeray, hiſt. de Fr. t. II, p. 472, 437.
Vitæ Pap. Avenion. t. I, pag. 334, 350, 352, 360.
Froiſſart, vol I, c. 167, 177.
Vaiſſette, hiſt. Langued t. IV, l. XXXI, page 292.
Villani, l. VIII, c. 87, 53, 54.
Gaufridi, hiſt. de Prov. t. I, c. 6.
Pitton, hiſt. d'Aix, liv. III, c. 4, 5.

(b) Gloſſaire imprimé à la ſuite de la vie des deux Rois de Mercie, fondateurs du monaſtère de St Alban, par Matthieu Paris, *p. 274 & 303.*

trembloit dans Avignon. Talairand, cardinal de Périgord, irrité contre le roi de Naples, qui avoit fait mettre en prison son frère Louis de Duras, avoit débauché les cinq neveux du Pape, & tous entretenoient de secrettes intelligences avec les Routiers, dont le nombre s'étoit accrû jusqu'à quatre mille, connus sous le sobriquet Italien de *Barbute.* Les Capitaines députèrent au Pape pour l'assurer, lui & sa Cour, qu'ils ne leur feroient aucun mal, & qu'ils respecteroient les terres du S.t Siége; ils offroient de confirmer cette promesse par serment, & protestoient qu'ils n'avoient d'autre objet que de faire la guerre au prince de Tarente & au roi Louis. Cependant ils pilloient la Provence & massacroient les habitans. Le Pape comptant peu sur les promesses de gens sans foi, implora inutilement le secours de l'empereur Charles IV, du roi Jean, alors prisonnier des Anglois, & du Dauphin de France qui avoit bien d'autres affaires sur les bras. Les offres de Rodolphe, duc d'Autriche, & les services réels du comte d'Armagnac ne purent même rassurer la cour d'Avignon. Le Pape mit sur pied quatre mille Italiens, la pluspart de ses vassaux. Il fit fermer les portes d'Avignon, fit tracer des fortifications, & commença à environner la ville de ces murs qui sont encore aujourd'hui une des merveilles de l'Europe. Comme la dépense excédoit ses forces, il y fit contribuer toute la Chrétienté. Ces précautions ne calmoient pas la terreur. Il fallut que le Pape se réduisît à donner une somme considérable à l'Archiprêtre
Vol. 1, c. 177. pour l'engager à se retirer. *Quand l'Archiprestre*, dit Froissart, *& ses gens si eurent robé tout le pays, le Pape & le Clergé firent traiter à l'Archiprestre: & vint, sur bonne condition, en Avignon, & la pluspart de ses gens: & fut aussi révéremment reçû, comme s'il eût été fils au roi de France: & disna plusieurs fois delez le Pape & les Cardinaux: & lui furent pardonnés tous ses péchez: & au départir on lui livra quarante mille écus, pour délivrer à ses compaignons. Si se départirent ses gens çà & là: mais toûjours tenoient la route dudit Archiprestre.*

Cervolle, après avoir rançonné le Pape & toute sa Cour, passa en Bourgogne, où il continua les mêmes brigandages.

Il rentra en Provence au mois de mars 1358, & assiégea la ville d'Aix. Mais il fut repoussé par les habitans; & Jean Simeonis, jurisconsulte de Vence, battit les Routiers en diverses rencontres. Gaufridi rapporte qu'ils s'avancèrent jusqu'au fauxbourg de Marseille, que les Marseillois les forcèrent de se retirer, & que pour empêcher que d'autres brigands ne s'y fortifiassent, on abattit toutes les maisons du fauxbourg.

T. I, p. 224.

D'un côté les Provençaux implorèrent le secours de leur roi Louis, qui se prépara à les venir assister en personne; de l'autre le Dauphin Charles, régent du royaume de France, attira à son service l'Archiprêtre. Il vouloit employer sa valeur & son expérience contre le roi de Navarre, qui s'étoit sauvé de prison, & qui avoit conçu le projet de se faire roi de France. Les Routiers abandonnèrent donc la Provence; & leur retraite éteignit les factions. Le Prince de Tarente fit publier une amnistie; & Raimond des Baux, qui avoit été condamné comme criminel de lèze-Majesté, fut rétabli dans ses terres & dans ses premiers honneurs.

Vaissette, ibid. Villani, l. VIII, c. 54.

Le royaume étoit cruellement agité, & par les entreprises des Anglois, & par les factions domestiques, & par la révolte des paysans contre la noblesse, ce qui s'appela *la Jacquerie*. Cervolle ayant passé avec ses gens au service du Dauphin, s'appliqua à mettre les places & les châteaux de la France en bon état. Les Anglois qui étoient en Provence avoient formé un dessein sur la sénéchaussée de Beaucaire: Cervolle en donna avis à ceux de Nismes, par une lettre datée de la Tour-d'Aigues en Provence du 30 mars 1358: il y prend les qualités de seigneur de Chastenaux-le-neuf & de Leuroux. Il y a une ville & châtellenie de ce nom, en latin *Leprosium*, dans le Berri, à cinq lieues d'Issoudun, dans le petit pays de Champagne: on l'a aussi appelé autrefois *Lerroux*.

Froiss. vol. I, c. 182, 184. Baluz. vitæ Pap Aven. t I, p 333, 945, 946. Ménard, hist. de Nismes, t. II, p. 182. Preuv. p. 201, col. 2.

En 1359, Cervolle étoit Lieutenant-général en Berri & en Nivernois; mais après la paix de Bretigny, conclue entre le Dauphin & Édouard III roi d'Angleterre, le 8 de mars 1360, l'Archiprêtre, qui ne pouvoit vivre en repos, rassembla les compagnies licenciées & en forma une nouvelle

Le P. Anselme, t. VI, p 702. Baluz ibid. t. I, p 947. Vie de du Guesclin, pag. 181, 183.

troupe de Routiers, sous le nom de *compagnie blanche*, parce qu'elle portoit une croix blanche sur l'épaule. Cervolle à la tête de ces nouveaux brigands ravagea les environs de Langres & de Lyon; il exerça les plus horribles excès dans le Nivernois & dans la baronie de Donzy; il y prit même un grand nombre de places, telles que Cosne, la Mothe-Josserand, Bleuel, Dannemarie, & obligea le comte de Nevers à un accommodement qui fut conclu au mois de février 1361: le roi Jean s'engagea lui-même dans ce traité; il promit de payer en différens termes à Cervolle, pour indemnité, une somme considérable; il accordoit à l'Archiprêtre l'abolition de tous ses excès; & par un autre acte du 3 juillet 1361, il ordonna que si les Seigneurs de Dannemarie & de Blenel vouloient recouvrer ce qui avoit été cédé au comte de Nevers, (c'étoit Louis, en même temps comte de Flandre) ils payeroient préalablement douze mille écus d'or à Arnaut de Cervolle.

En conséquence du traité de Bretigny, les Anglois évacuoient les forts & les châteaux dont ils étoient maîtres; mais quantité d'Officiers & de Soldats accoûtumés au pillage, se rassemblèrent & formèrent des compagnies, qu'on appela les *Tard-venus*, parce que, dit Mézeray, ceux qui les avoient précédés avoient moissonné la France, & que ceux-ci ne faisoient qu'y glaner. Ils firent de grands ravages en Champagne & en Bourgogne sous la conduite de plusieurs Capitaines, dont le principal étoit Seguin de Badefol, Chevalier gascon, Seigneur de Castelnau-de-Berbiguières, au diocèse de Sarlat. Ils s'accrurent jusqu'au nombre de seize mille, se répandirent dans la Lorraine & prirent ensuite le chemin d'Avignon, apparemment pour rançonner le Pape & les Cardinaux, à l'exemple de l'Archiprêtre. Ils prirent le château de Brignais sur le Rhône, à trois lieues de Lyon, & s'y arrêtèrent pour y attendre l'armée du comte de la Marche, à qui le roi de France avoit donné ordre de les combattre. Arnaut, fidèle pour lors à ses nouveaux engagemens, commandoit l'avant-garde de l'armée royale; elle fut défaite à Brignais le 2 avril 1361: le comte de la Marche & son fils Pierre y furent blessés & moururent de

Froiss vol. I, c. 214.

Mézeray, t. II, p. 456.

Denys Sauvage, sur Froiss. notes 88, 89.

leurs blessures; le vicomte d'Uzez y fut fait prisonnier avec plus de cent Chevaliers. De ce nombre fut l'Archiprêtre, *qui,* dit Froissart, *fut bon Chevalier & vaillant, & moult excellemment se combattit; mais il fut tant entrepris & demené par force d'armes, que moult fort fut bleçé & navré, & retenu à prisonnier lui & plusieurs Chevaliers & Escuyers de sa route.* Les Tard-venus continuèrent leurs pillages plus librement que jamais: voici comment s'exprime à ce sujet une ordonnance du Roi Jean, datée du 20 avril 1363. *Vi armorum capiendo, furando bona, hominesque & mulieres tam viduas, virgines, quàm maritatas & etiam moniales Deo dedicatas capiendo, carnaliter cognoscendo, violando, & corrumpendo, & ipsas sicque homines tam Prælatos quàm religiosos, presbiteros, clericos, nobiles atque villicos, agricultores, & quoscumque alios, per vim & violentiam redimi faciendo, occidendo, eosdem indiferenter & inhumaniter, pluraque loca fortia occupando & igne concremando, multaque alia damna & maleficia detestabilia committendo, quod abominabile est enarrare.*

Secousse, ordonnances, vol. III, p. 618, 621.

On ne sait comment Cervolle se tira des mains des Tard-venus *(c)*, mais il est certain qu'en 1362 il épousa Jeanne, dame de Châteauvilain en Champagne, de Thil en Auxois, de Marigny & de Saint-George, fille & principale héritière de Jean III, sire de Châteauvilain, & de Marguerite de Noyers, & veuve en premières nôces de Jean, Seigneur de Thil & de Marigny, & Conseiller du Roi Philippe de Valois, Connétable de Bourgogne, dont elle avoit eu Jean qui lui succéda dans la qualité de sire de Châteauvilain; & en secondes nôces, de Jacques de Vienne, Seigneur de S.t George, fils de Guillaume de Vienne, Seigneur de Saint-George & de Sainte-Croix, dont elle avoit eu aussi un fils nommé Guillaume de Vienne.

En 1363, nous voyons encore l'Archiprêtre à la tête d'une grande troupe d'aventuriers, qu'on appeloit communément les *Bretons;* c'étoient des Anglois, des Bretons, des Normands, des Gascons, des Picards & autres gens ramassés, qu'il amena

Dom Calmet; hist. de Lorraine, t. II, l. XXVI, & preuves, page 175. Benoît, hist. de Lorr. p. 354.

(c) Histoire généalogique de la maison de Broyes & de Châteauvillain, par André Duchesne, *c. 16,* & preuves, *p. 45.*

Prince partit pour aller prendre possession de ce Duché, à la tête d'une armée conduite par l'Archiprêtre; & avec le secours de ce Général il vainquit le comte de Montbeliard & les autres nobles de la comté de Bourgogne, qui avoient pris les armes pour soûtenir les droits de la Douairière de Flandre. [Gollut, l. VIII, c. 23.]

Charles le mauvais, Roi de Navarre, vouloit aussi se rendre maître du duché de Bourgogne, qu'il prétendoit lui appartenir comme étant légitime héritier du dernier Duc. En conséquence, il avoit rompu la paix qu'il avoit conclue avec le Régent en 1359. Cervolle fut employé à ravager les domaines du Navarrois situés en Normandie: ce Prince y possédoit le comté d'Évreux & les villes de Mantes & de Meulan. L'Archiprêtre servit dans l'armée que le Roi Charles V envoya contre le Roi de Navarre. Jean de Grailly, Captal de Buch, qui commandoit les Navarrois, posté alors du côté du Pont-de-l'arche & de Vernon, refusa une conférence avec l'Archiprêtre. Froissard le fait parler en ces termes: *l'Archiprêtre est si grand barateur, que s'il venoit jusques à nous, comptant gangles & bourdes, il adviseroit & imagineroit nostre force & nos gens: si nous pourroit tourner à grand contraire, si n'ay cure de ses parlemens.* [Vol. I, c. 221, 222.] A la bataille de Cocherel, livrée le 24 mai 1364, entre Évreux & Vernon, le troisième corps de bataille de l'armée Françoise étoit commandé par l'Archiprêtre, qui avoit avec lui les Bourguignons: on le proposa même pour Général, mais cet emploi fut donné à Bertrand du Guesclin. Froissard rapporte que l'Archiprêtre ne combattit pas en personne à Cocherel: *il tenoit*, écrit-il, *grande route: si-tôt qu'il vit la bataille commencée, il se bouta hors des routes, mais il ordonna à ses gens & à celui qui portoit sa bannière de rester jusqu'à la fin de la bataille. Je m'en pars*, dit-il, *sans retourner, car je ne puis huy combattre ne m'armer contre aucuns Chevaliers qui sont par-delà; & si on vous demande de moy, si en répondez ainsi à ceux qui vous en parleront. Ainsi se partit-il & un sien Escuyer seulement, & repassa la rivière & laissa les autres commencer, & ils ne se doutèrent pas de sa absence, à cause de la présence de sa bannière & de ses gens.*

Trithemii, chronic. Hirsaugien. p. 246, 247.
Antiquit. Trevirens. t. II. lib. XVI, XVII, p. 233, 234.
La Guill. hist. d'Alsace, P. I, l. XV, p. 302, 304.

en Lorraine au secours de Jean, sire de Joinville, comte de Vaudemont, & Sénéchal de Champagne. Le sire de Joinville faisoit la guerre aux ducs de Lorraine & de Bar. Ces aventuriers, après avoir couru la Lorraine & le pays de Vosge, s'avancèrent du côté de Trèves au nombre de près de quarante mille, & répandirent par-tout la terreur. Cunon de Falckenstein, Coadjuteur de Trèves, aidé des Ducs de Luxembourg & de Brabant, marcha contre eux & les repoussa jusqu'en Alsace; ils revinrent du côté de Metz & désolèrent le pays.

Continuatio alt. chronic. Nangis. ad an. 1363, p. 131.

Jean, Duc de Lorraine, s'en délivra par une somme d'argent qu'il leur donna. Le second continuateur de la chronique de Nangis ajoûte qu'ils se jetèrent en Bourgogne; qu'ils pénétièrent jusque dans l'Orléanois, dans le pays Chartrain, dans la Normandie, au-delà de la Seine; qu'ils occupèrent la tour de Rouleboise, à deux lieues de Mante; qu'ils s'étendirent dans tout le plat pays au-delà de Poissy, & qu'ils faisoient des courses jusqu'aux portes de Pontoise.

Don Planchet, hist. de Bourg. t. II, p. 246, t. III, p. 8 & suiv. preuv. p. 1, 2, 4, 5.
Gollut, Mém. de la rép. Séquan. l. VIII, p. 523, 526, 532.
Perard. p. 504.

Philippe de Rouvre, douzième & dernier duc de Bourgogne de la première race, étant mort à Rouvre à la fin de novembre 1361, le duché de Bourgogne étoit revenu au roi Jean, comme son plus proche parent du côté du père, d'où venoit le duché: mais Marguerite de France, fille du roi Philippe le Long & de Jeanne comtesse palatine de Bourgogne, alors veuve de Louis, comte de Flandre, prétendoit être la seule héritière de la comté de Bourgogne après la mort de Philippe de Rouvre. Elle y faisoit sa résidence, en occupoit une partie considérable qui lui avoit été assignée pour sa part de la succession de la reine Jeanne sa mère, & se mêloit beaucoup du gouvernement de cette province. Les gens du pays la regardoient comme leur souveraine, & respectoient son autorité en la personne de Jacques de Vienne, sire de Longwy, qu'elle avoit établi *Gardien* & Gouverneur du comté d'Artois & de la comté de Bourgogne pour ce qu'elle y possédoit. Le Roi Jean avoit donné le duché de Bourgogne à son quatrième fils Philippe, duc de Touraine, par acte passé à Nogent-sur-Marne le 6 septembre 1363. Ce jeune

Meyer. comment. rer. Fland. l. XIII, p. 161, ad an. 1363, 1364.

Prince

Prince partit pour aller prendre poſſeſſion de ce Duché, à la tête d'une armée conduite par l'Archiprêtre; & avec le ſecours de ce Général il vainquit le comte de Montbéliard & les autres nobles de la comté de Bourgogne, qui avoient pris les armes pour ſoûtenir les droits de la Douairière de Flandre. Gollut, l. VIII, c. 29.

Charles le mauvais, Roi de Navarre, vouloit auſſi ſe rendre maître du duché de Bourgogne, qu'il prétendoit lui appartenir comme étant légitime héritier du dernier Duc. En conſéquence, il avoit rompu la paix qu'il avoit conclue avec le Régent en 1359. Cervolle fut employé à ravager les domaines du Navarrois ſitués en Normandie: ce Prince y poſſédoit le comté d'Évreux & les villes de Mantes & de Meulan. L'Archiprêtre ſervit dans l'armée que le Roi Charles V envoya contre le Roi de Navarre. Jean de Grailly, Captal de Buch, qui commandoit les Navarrois, poſté alors du côté du Pont-de-l'arche & de Vernon, refuſa une conférence avec l'Archiprêtre. Froiſſard le fait parler en ces termes: *l'Archiprêtre eſt ſi grand barateur, que s'il venoit juſques à nous, comptant gangles & bourdes, il adviſeroit & imagineroit noſtre force & nos gens: ſi nous pourroit tourner à grand contraire, ſi n'ay cure de ſes parlemens.* A la bataille de Cocherel, livrée le 24 mai 1364, entre Évreux & Vernon, le troiſième corps de bataille de l'armée Françoiſe étoit commandé par l'Archiprêtre, qui avoit avec lui les Bourguignons: on le propoſa même pour Général, mais cet emploi fut donné à Bertrand du Gueſclin. Froiſſard rapporte que l'Archiprêtre ne combattit pas en perſonne à Cocherel: *il tenoit*, écrit-il, *grande route: ſi-tôt qu'il vit la bataille commencée, il ſe bouta hors des routes, mais il ordonna à ſes gens & à celui qui portoit ſa bannière de reſter juſqu'à la fin de la bataille. Je m'en pars*, dit-il, *ſans retourner, car je ne puis huy combattre ne m'armer contre aucuns Chevaliers qui ſont par-delà; & ſi on vous demande de moy, ſi en répondez ainſi à ceux qui vous en parleront. Ainſi ſe partit-il & un ſien Écuyer ſeulement, & repaſſa la rivière & laiſſa les autres commencer, & ils ne ſe doutèrent pas de ſon abſence, à cauſe de la préſence de ſa bannière & de ſes gens.* Vol. I, c. 221, 222.

La victoire resta aux François; le Captal de Buch fut pris; le Roi fut fort irrité de la retraite de Cervolle, qui s'excusa sur ce qu'il n'avoit pû s'armer contre le Captal: apparemment que Cervolle tenoit quelques terres en fief de ce Seigneur, qui étoit de la maison de Foix. Le Captal aida beaucoup à excuser l'Archiprêtre auprès du Roi & des Chevaliers de France, *qui moult parloyent villainement contre lui.* L'Historien de la vie de Bertrand du Guesclin, qui vivoit en 1387, rapporte que l'Archiprêtre s'étoit détaché du corps de bataille pour aller à la découverte des Anglois quelques jours auparavant, & qu'il ne se trouva pas à cette journée à cause du bruit qui s'étoit répandu que l'armée de France venoit d'être battue.

Froiss. vol. 1, c. 223.

Vie de du Guesclin, p. 94, 95, 100, 101; 105, 107.

Cervolle retourna en Bourgogne, où il servit le Duc Philippe sur la fin de cette année 1364 contre le comte de Montbéliard: cette expédition fut heureuse; & le comte, chargé du pouvoir des Comtois, signa une suspension d'armes entre le duché & le comté de Bourgogne. Le différend de la douairière de Flandre & du Duc Philippe, étoit en termes d'accommodement, & fut quelque temps après terminé par le mariage de Philippe avec Marguerite, veuve du dernier Duc & petite-fille de la Douairière.

D. Planchet, hist. de Bourg. t. III, p. 10 & suiv.

Les Tard-venus & autres compagnies de Routiers s'étant rendus maîtres du fort de la Vésure près d'Autun, ravageoient tous les environs: le duc de Bourgogne, pour les en faire sortir, fut obligé de leur payer comptant deux mille cinq cens francs d'or. Il emprunta cette somme à Cervolle; & pour assurance, il lui mit entre les mains le fort de Vésure, dont Cervolle devoit jouir jusqu'au remboursement. Pour acquitter cette dette il fallut mettre sur le pays des impositions qui excitèrent de grands murmures & rencontrèrent beaucoup d'obstacles. On voit dans les divers actes qui furent faits dans cet intervalle combien le Duc ménageoit Arnaut de Cervolle: il l'appelle *son Conseiller & son très-cher compère.* Cependant Cervolle & ses gens vivoient à discrétion aux dépens du pays; le Duc fut même obligé de mettre en otage entre ses mains pluſieurs Seigneurs & juſqu'au maréchal de Bourgogne: enfin le Maréchal, Jean de Bourgogne, couſin du Duc, & le ſire de Ray s'étant obligés par leur foi envers Cervolle, celui-ci conſentit à rendre la fortereſſe. On ne ſait ſi on lui tint parole & s'il fut enſuite ſatisfait de la ſomme qui lui étoit dûe.

Cervolle occupoit en 1365 la place de Chambellan auprès du roi Charles V, lorſque la paix ayant été conclue entre les rois de France & de Navarre, on renouvela le projet déjà propoſé en 1363, de mener contre les Turcs tous les routiers qui depuis pluſieurs années déſoloient la France ſous tant de noms & de chefs différens. L'Archiprêtre s'offrit pour conduire cette entrepriſe: l'Empereur Charles IV alla conférer avec le Pape Urbain V à Avignon. Le ſouverain Pontife écrivit au roi de France pour l'inſtruire du pieux deſſein de l'Empereur & des meſures qu'on avoit priſes pour le ſuccès. Le roi de Chypre ſe trouva à la conférence, & repréſenta la neceſſité d'une croiſade: le comte de Savoie y aſſiſta auſſi; mais l'irréſolution de ces Princes, tous d'un avis différent, rendit la conférence inutile. On ſe ſépara ſans être convenu de rien; & l'Empereur perdant de vûe le deſſein de faire la guerre aux Turcs, partit pour Luxembourg, où il vouloit voir ſon frère le duc Wenceſlas, & terminer un différend qui s'étoit élevé entre l'Archevêque & les bourgeois de Trèves. Cependant les compagnies, preſſées par les exhortations du Pape, ou intimidées par les armes des Princes qui demandoient leur éloignement, avoient promis de marcher contre les infidèles: le Pape avoit ordonné des collectes pour leur ſubſiſtance; & ces aventuriers, à qui on donnoit le nom d'Anglois, parce que la pluſpart avoient ſervi dans les armées d'Angleterre, s'avancèrent ſur les frontières de l'Alſace pour pénétrer par l'Allemagne dans la Hongrie.

André Ducheſ. généal. de Châteauvillain, pag. 53. 54, preuv p 44, 45.
Jac à Kœnigſhoven, chr Alſat. c. 2, 4.
Bernard Hertzog. thr. Alſat. l II, c 41, & l IV, p. 97.
Gill de Tſchudy, chr. Allem. de Suiſſe, part 1, l VI, p. 462, 464.
Odoric Raynal. annal Eccl. t. XVI, ad an. 1365, n° 1, 2.
Continuatio alt. chron. de Nangis, pag. 137. 138, &c.

Le projet de la guerre contre les Turcs ayant échoué, Cervolle, qui conduiſoit les Anglois au nombre de plus de quarante mille, chercha à les faire ſubſiſter. Le comte de Blamont étoit en guerre avec le comte de Salm, le ſire de Raveſtein & l'évêque de Straſbourg: il appela fort à propos

Chron. de S. Thiebaut ſur les années 1364 & 1365.
Dom Calmet; hiſt. de Lorr. l. XXVI, c. II.

l'Archiprêtre à ſon ſecours; & après avoir fait le dégât ſur les terres de ſes ennemis, il prit la route de Metz & laiſſa l'Archiprêtre & ſes Soldats dans la plaine de cette ville. Ils prirent parti pour Pierre de Bar, qui faiſoit alors la guerre aux Meſſins; ils ſe répandirent dans le Val-de-Metz, paſſèrent la Moſelle, vinrent à Magni, & menacèrent de piller tous les environs: *c'étoient,* dit la chronique de Metz, *des gens ſans foi, qui ne priſoient leur vie une angevine.* La ville ſe racheta par une ſomme de dix-huit mille livres, & l'Archiprêtre reprit le chemin de l'Alſace vers la S.t Jean.

Odoric. Rayn. ad an. 1365, n.° 4, 5.
Baluz. Pap. Aven. t. I, pag. 989.
Alberti Argentin. chr. ad an. 1365.
Anon. Zwetlenſis, chr. ad an. 1358, p. 999. t. I, ap. Pez. int. auſtr. ſcriptores.
Epitome Germ. rer. Jac. Wymphelingii, c. 45, ad an. 1365, inter hiſt. Germ. antiq. collectore Simone Schard. t. I.
Jac. à Koenigſ. chron. Alſat. p. p. 136, 139, 260, 261, 331, 891, 892.
Bernard Hertzog, chr. Alſat. p. 63, 64, 97.
Martini Fuldenſis, chron. p. 1729, 1730, apud Eccardum.
Jean-Henri Rahu, hiſt. de Suiſſe, p. 191.

Nous ſommes redevables du détail de cette expédition de l'Archiprêtre en Alſace aux Écrivains allemands *(d):* preſque tous les hiſtoriens de France gardent ſur ce point un profond ſilence. Le 4 juillet, quarante mille Anglois, après avoir franchi la montagne de Saverne, parurent près de cette ville: on comptoit dans cette armée douze mille chevaux. Tſchudy eſt le ſeul qui leur donne quarante mille cavaliers & vingt mille fantaſſins: il avance encore que la prétention d'Enguerrand, comte de Guiſe, (il devoit dire ſire de Couci) gendre du roi d'Angleterre, fut l'unique motif de cette invaſion. M. le baron de Zurlauben promet de détruire cette opinion dans ſon Mémoire ſur Enguerrand de Couci. D'autres hiſtoriens accuſent Léopold, duc d'Autriche, d'avoir appelé les Anglois pour les employer en Suiſſe contre les cantons ennemis de ſa maiſon, & ils ajoûtent que ce Prince voyant l'Empereur marcher contre les Anglois, n'oſa les ſecourir. Mais indépendamment du ſilence des Auteurs contemporains, ſi les Anglois euſſent été appelés par le Duc, pourquoi auroient-ils ravagé les pays qui lui appartenoient comme Landgrave de la haute Alſace? La pluſpart de ces aventuriers, nommés Anglois, étoient armés de cuiraſſes, portoient de longs & riches habits, & avoient la tête couverte d'une coëffe pointue ou d'un chapeau de fer; c'eſt d'eux que vint en Alſace la mode de porter de longs habits, appelés en allemand *Huſaecken,* &

(d) Chronique manuſcrite d'Ulric Krieg, en Allemand, conſervée à Zurich, dans la bibliothèque publique.

on donna le nom de coëffes angloises aux chapeaux de fer pointus: les pauvres marchoient pieds nuds. L'Archiprêtre ne formoit, disoit-on, aucune prétention sur le pays; il vouloit seulement en dépit de tout le monde faire boire ses chevaux dans le Rhin: tel étoit le discours qu'on lui prêtoit.

Franç. Haffner, chron. de Soleure, p. II, p. 135.
Gill. de Tschudy, chr. de Suisse, part. I, p. 462, 464.
F. Guillimann. de episc. Argentinens. p. 387. 392.

Dès la nuit suivante les Anglois s'approchèrent de Strasbourg; ils s'emparèrent du fauxbourg Vnter-Wagener, le pillèrent & mirent le feu à quelques maisons dans le Kœnigshoven, lieu qui touchoit presque aux portes de Strasbourg. Le lendemain 5 juillet, ils parurent près des fourches patibulaires qui étoient alors hors de la ville, près de la porte de Saint-Pierre-le-vieux; là ils défioient les Strasbourgeois au combat. Ceux-ci, piqués de leurs insultes, prirent les armes & s'assemblèrent sur la place de la cathédrale: les Bouchers se montroient les plus ardens; les Magistrats retinrent leur courage, ils prévoyoient que ces aventuriers n'ayant pas les machines nécessaires pour battre la ville, seroient bien-tôt forcés par la faim de se retirer. En effet, les Anglois se répandirent dans les villages voisins & dans l'évêché: les habitans, qui n'avoient pas eu la précaution de se mettre à couvert dans la ville & dans les châteaux, furent ou pris ou égorgés. Il n'est pas besoin de raconter les excès auxquels s'abandonna cette soldatesque cruelle & indisciplinée: on n'osoit voyager en Alsace sans les passeports de l'Archiprêtre; & l'histoire dit que les compagnies gardoient fidèlement leur parole à ceux qu'elles avoient pris sous leur protection: elles attaquèrent plusieurs châteaux & petites villes, mais sans succès faute de machines. Sébastien Munster dit qu'elles emportèrent plusieurs villes & saccagèrent Ruffach: il est le seul qui avance ces faits. Après avoir demeuré quelque temps dans le voisinage de Strasbourg, elles prirent la route de Scheleftatt & de Colmar, laissant par-tout d'horribles traces de leur brigandage.

Cosmog. l. III, p. 445.

La ville de Bâle, menacée de l'approche des Anglois, en fut d'autant plus alarmée, qu'elle n'avoit pas encore eu le temps de rétablir ses murs, qu'un tremblement de terre avoit renversés en 1356: elle implora le secours des cantons

Kœnigshoven, Tschudy, Wursteisen, chron. de Bâle.

de Zurich, de Berne, de Lucerne, d'Uri, de Schweitz & d'Underwalden. Elle écrivit aux Straſbourgeois: ceux-ci, aux approches des Anglois avoient eux-mêmes demandé ſecours à ceux de Bâle, qui, ſur la nouvelle que les ennemis abandonnoient Straſbourg & s'approchoient de Bâle, n'avoient pû les aider. La crainte empêcha auſſi les Straſbourgeois de dégarnir leur pays pour protéger leurs voiſins; mais les cantons ſe portèrent avec zèle à la défenſe de Bâle: ils aimoient cette ville, & leur propre tranquillité couroit riſque d'être troublée par cette armée d'étrangers; Berne & Soleure envoyèrent en diligence un ſecours de quinze cens hommes. Le lendemain arriva un autre renfort de trois mille hommes des cantons de Zurich, de Lucerne, d'Uri, de Schweitz, d'Underwalden, de Zug & de Glaris. La démarche des cantons étoit d'autant plus généreuſe, qu'ils n'avoient alors aucune confédération avec Bâle. Les Anglois informés de ces ſecours, s'arrêtèrent en Alſace.

Albert Argent. chr. p. 164, ap. Urſtiſium, inter Germ. hiſt. illuſtres, part. II.
Schilter, notes ſur Kœnigshoven, p. 895.
Baluz. Pap. Avenionenſ. t. I, p. 371.

L'Empereur ſe tenoit depuis près d'un mois enfermé à Seltz; Albert de Straſbourg ſe trompe lorſqu'il avance que ce Prince n'y demeura que quelques jours. Il couroit un bruit dans l'Alſace, & ſur-tout à Straſbourg, que l'Empereur favoriſoit les Anglois & qu'il les avoit attirés de concert avec l'Évêque. Charles, irrité de ces diſcours, écrivit à tous les États de l'Empire, & leur demanda un prompt ſecours contre les compagnies. Il promit aux Straſbourgeois de courir au plus tôt à leur défenſe: il tint parole; & dès qu'il eut reçû le renfort qui étoit fort conſidérable, il marcha vers Straſbourg. L'Évêque & un grand nombre de bourgeois allèrent le joindre: toute cette armée campa près de la Chartreuſe. Là un bourgeois prit querelle avec un ſoldat de l'Empereur, à qui il reprochoit, ſelon les apparences, ſon trop long retardement: Charles en fut tellement irrité, qu'il fut ſur le point de livrer les Straſbourgeois qui étoient dans le camp à toute la fureur de ſes Bohémiens. L'Évêque, Jean de Liechtemberg, pour qui l'Empereur avoit une vénération particulière, & quelques ſeigneurs adoucirent l'eſprit de Charles, & la querelle n'eut point de ſuite.

Pendant ce temps-là les Anglois étoient répandus auprès de Benfeld, de Tambach & de Scheleſtatt, & ils ravageoient les terres de la maiſon d'Autriche: les villes d'Alſace ſe plaignoient de l'inaction de l'Empereur, qui, preſſé par leurs inſtances, décampa & s'avança juſqu'à Colmar pour combattre l'Archiprêtre.

Les Anglois n'attendirent pas l'Empereur; & leur retraite, dit Trithème, fut ſi précipitée, qu'ils faiſoient en un jour plus de chemin que les Impériaux en quatre: l'Archiprêtre les conduiſit dans le comté de Bourgogne. Pluſieurs Auteurs rapportent que Cervolle & les Anglois ſe plaignirent alors hautement que l'Empereur leur avoit manqué de parole: quoi qu'il en ſoit de la vérité de ce fait, l'Alſace fut près d'un mois livrée à la cruauté des Anglois, mais elle fut encore plus maltraitée par les troupes impériales qui étoient venues la ſecourir; celles-ci achevèrent de piller ce qui avoit échappé à l'avidité des compagnies. La famine devint extrême; elle fut augmentée par le dérangement de la ſaiſon: la peſte ſe joignit à tous ces maux. L'Empereur, content d'avoir forcé les Anglois à évacuer la province, ſe retira avec plus de ſatisfaction que de gloire.

Un auteur a tort de dire que l'Archiprêtre, peu après ſa retraite, fut aſſaſſiné par ſes propres Soldats. Il ne mourut qu'en 1366. Les Anglois paſsèrent en Lorraine, où le duc Jean les battit près de Nancy. Après la S.t Remi ils ſe jetèrent dans le Luxembourg. Jean, duc de Lorraine, les y ſuivit & leur tua trois mille hommes près de Thionville. Le duc de Brabant leur donna auſſi la chaſſe, les pourſuivit juſqu'à Bar-le-Duc, en tua pluſieurs & en fit pendre un grand nombre. Pour réprimer ces deſordres, les ducs de Lorraine & de Bar firent alliance avec le roi Charles V, le 19 novembre 1366. M. le Baron de Zurlauben ne ſuit pas les compagnies dans les courſes qu'elles firent depuis leur ſortie d'Alſace en 1365. Il les abandonne pour ſuivre ſon objet, & pour rapporter ce qu'on ſait de l'Archiprêtre depuis cette époque juſqu'à ſa mort.

Baluze, Pap. Avenion. t. I, p. 370, 371.

Cervolle quitta la conduite des compagnies au même temps

qu'il ſortit d'Alſace. Il revint en France, où il paſſa tranquillement le reſte de ſes jours. Il mourut en Provence l'année ſuivante 1366. Sa veuve, dont il avoit été le troiſième mari, en épouſa après ſa mort un quatrième; ce fut Enguerrand d'Eudin, Chevalier, qui avoit été ſerviteur & familier de Cervolle. Cet Eudin fut Conſeiller du Roi, gouverneur de Tournai, Chambellan du roi Charles VI & gouverneur du Dauphiné. L'auteur de la vie de du Gueſclin parle de ſa valeur avec éloge. Il eut de ce mariage une fille, nommée Jeanne, qui épouſa Louis ſeigneur de Bouberch.

Duchesſ. généal. de Châteauvill. pag. 54, 57, preuv. p. 44, 45, 46.

P. 95, 113, 420, 486.

Arnaut de Cervolle laiſſa deux enfans, Philippe de Cervolle & Marguerite de Cervolle. Philippe, bailli de Vitry, épouſa Jeanne Dame d'Eſtrepy & de Pances, fille de Guillaume de Poitiers, bâtard de Langres, bailli de Chaumont, dont il eut Charles de Cervolle, qui vivoit en 1424. Philippe s'attacha à la maiſon de Bourgogne, qu'il ſervit avec zèle & dont il mérita les faveurs.

Duchesne, ibid. Le P. Anſelm. t. II, p. 191, 343. D. Planchet, hiſt. de Bourg. t. III, l. XV, p. 232, 299, 317, & note 33, p. 583.

ABRÉGÉ

DE LA VIE D'ENGUERRAND VII DU NOM, SIRE DE COUCI,

Avec un détail de ſon expédition en Alſace & en Suiſſe.

PLUSIEURS Écrivains ont parlé de la guerre qu'Enguerrand VII du nom, ſire de Couci, fit en Alſace & en Suiſſe, mais aucun d'eux ne l'a traitée avec la clarté & l'exactitude que mérite un objet ſi important, qui ſe trouve lié avec l'hiſtoire de l'Empire, de la France, de l'Angleterre, de la Suiſſe & de l'Alſace: c'eſt une matière encore neuve, quoiqu'elle ait déjà paſſé par tant de mains. M. le baron de Zurlauben s'eſt appliqué à l'épurer & à la mettre dans tout ſon jour. Dans le Mémoire qu'il a lû ſur ce ſujet, il examine avec beaucoup d'étendue les cauſes, la nature, les évènemens de cette guerre & la manière dont elle s'eſt terminée:

En Mai 1753.

terminée : ce qui forme quatre sections, dont nous allons rendre compte.

I.re SECT. Catherine, fille aînée de Léopold duc d'Autriche, a été la mère d'Enguerrand.

Dans la première section, M. le baron de Zurlauben prouve qu'Enguerrand VII du nom, sire de Couci, étoit né de Catherine, fille aînée de Léopold, duc d'Autriche.

Les plus célèbres historiens & chroniqueurs d'Allemagne sont tombés dans plusieurs erreurs au sujet du nom, de la généalogie & des alliances des seigneurs de Couci. Quatre auteurs François ont travaillé à l'histoire de cette illustre maison : François de l'Alouette, Bailli de la comté de Vertus, y a employé les trois quarts de son Traité des nobles ; le savant André Duchesne en a fait une histoire généalogique : Jovet, Chanoine de Laon, a composé un livre sur le même sujet ; ce n'est qu'un abrégé fort succinct des deux premiers : on trouve dans ces trois Auteurs beaucoup de fautes. On avoit lieu d'espérer qu'elles seroient corrigées dans l'ouvrage de Dom Toussaint du Plessis, Bénédictin de la Congrégation de S.t Maur, qui a donné l'histoire de la ville & des Seigneurs de Couci, avec des notes, des dissertations, des pièces justificatives ; mais les contradictions, les omissions, les anachronismes, rendent ce dernier ouvrage très-imparfait. Voici ce qu'il y a de certain sur la mère d'Enguerrand VII.

Vide hist. Germ. script. ap. Struvium, Pez, Urstisium.

Geneal. diplom. gentis Habsburgicæ, apud Hergot. t. I, l. III, c. 2.

De la Guille, hist. d'Alsace, part. I, l. XXII, p. 259, 263, & preuv. p. 46.

Struv. syntag. hist. Germ. diss. 24, p. 791, 792.

Alberti Arg. chr. p. 123.

Albert I, roi des Romains, qui fut assassiné en 1308 par son neveu, Jean, duc de Souabe, laissa douze enfans de son mariage avec Élisabeth, fille de Meinhard, duc de Carinthie, six Princes & six Princesses. L'anonyme de Leuben, qui écrivoit en 1386, nomme les fils dans l'ordre suivant : Frédéric, qui disputa l'Empire à Louis V de Bavière ; Rodolphe, élu roi de Bohème, qui mourut le 4 juillet 1307, sans enfans de son mariage avec Blanche, sœur de Philippe le Bel, roi de France ; Léopold, Henri, Albert & Othon, ducs d'Autriche.

Léopold, troisième fils d'Albert, fut célèbre par son courage & par ses exploits. Il se qualifioit dans ses titres : *Par la grace de Dieu, duc d'Autriche, de Stirie, de Carinthie & de Moravie, seigneur de Carniole & de Port-Naon, comte de*

Guichenon, hist. de Sav. t. I, p. 371, 372, preuv. p. 158, 159.

Habspourg & de Kybourg, & Landgrave de la haute-Alsace: il épousa, par contrat passé à Zurich le 20 d'avril 1310, Catherine, seconde fille d'Amé V, comte de Savoie: il mourut à Strasbourg le dernier jour de février 1326, laissant de ce mariage deux filles, Catherine, qui fut depuis mariée avec Enguerrand VI, sire de Couci, & Agnès, qui épousa Boleslas, duc de Schweidnitz en Silésie. Duchesne rapporte dans son histoire généalogique de la Maison de Luxembourg, que Catherine de Luxembourg, quatrième fille de Henri III, comte de Luxembourg, Empereur, eut pour mari ce Léopold d'Autriche, mais il ne donne aucune preuve de cette alliance.

C. 3, p. 102.

Du Tillet, rec. des grands de Fr. p. 18.

La maison de Couci étoit depuis long temps illustre en France: il avoit déjà été décidé du temps de St Louis, que le sire de Couci avoit le privilége d'amortir aussi-bien que les Ducs, les Comtes & les autres grands Seigneurs du Royaume. On sait le cri de guerre affecté au chef de cette maison.

Le P. Menestr. recherc. du Blas. part. II, p. 81.

Je ne suis Roi ni Prince aussi,
Je suis le Seigneur de Couci.

Duchesne, p. 257, & preuv. pag. 407 & 678.

Enguerrand VI, seigneur de Couci, de Marle, de la Fère & d'Oisy, fils de Guillaume & d'Isabeau de Châtillon de Saint-Pol, épousa Catherine d'Autriche en 1338, comme on le voit par deux traités de ce mariage, l'un daté de Paris en janvier 1337, & l'autre du bois de Vincennes le 25 novembre 1338: Philippe de Valois, roi de France, fut garand de ces traités & du douaire. De ce mariage, sortit un fils unique, Enguerrand VII, qui fait l'objet de cette dissertation. Enguerrand VI mourut en 1346 ou 1347: sa veuve Catherine, tutrice de son fils unique qui étoit encore enfant, veilla à son éducation. Ses soins ne furent pas infructueux; il surpassa la gloire de ses ancêtres. Catherine se remaria en secondes nôces: selon l'anonyme de la chronique de l'abbaye de Zwetle, qui écrivoit en 1386, elle épousa en 1348 Conrad de Hardeck, d'une maison illustre en Autriche; mais un grand nombre d'Auteurs très-dignes de foi diffèrent ce mariage en 1349, & lui donnent pour second mari Conrad,

Apud Pez inter script. austr. t. I, p. 996.
Wolfang. Laz. de migr. gent. l VIII, p 539.
Czerwenka, an. & acta piet domûs Habspurgo-Austr part. I, l. I, c. 16.

comte de Medebourg, Seigneur limitrophe de l'Autriche, de la Hongrie & de la Bohème. Elle & son second mari moururent cette même année de la peste qui ravageoit alors l'Allemagne, la France & l'Angleterre.

Garken, dict. généal. de l'Empire, t. I, page 763.
Albert. Argentin. p. 146.
Duchesne.

Les auteurs allemands ont défiguré de plusieurs manières le nom de Couci, en latin *Codiciacum* ou *Cociacum;* ils le changent en Kloesin, Cusin, Couzin, Kussi, Guise: ils font encore bien des fautes sur le mariage des deux filles de Léopold; ils appellent Amé ou Amédée, comte de Savoie, père de Catherine, *duc de Savoie;* qualité que les comtes de Savoie ne reçûrent qu'en 1416. Cette faute s'est même glissée dans une des Tables généalogiques de la maison de Savoie par Guichenon: l'Alouette est rempli de bévûes sur cet article, & le P. Dom Toussaint n'en est pas exempt. Il dit dans son texte que Léopold, duc d'Autriche, ne laissa de son mariage avec Catherine de Savoie qu'une fille, mère d'Enguerrand VII; & dans ses notes il observe que la sœur de Catherine d'Autriche épousa Boleslas, Duc en Silésie. M. le baron de Zurlauben relève toutes ces erreurs: nous n'entrons pas dans ces discussions; le récit que nous venons de faire prouve que Catherine d'Autriche, fille de Léopold, étoit mère d'Enguerrand VII; il peut servir à rectifier toutes les fautes qui se rencontreront dans les autres ouvrages sur quelqu'un des articles précédens.

Albert. chr. p. 146, 154.
Tschudy, Hagen, Arenpeck, apud Pez. t. I, p. 996, 1129, 1237.
T. II, p. 1216.
Hist. de Coucy, p. 80, 85.
Note 59, p. 115.

II.e SECT.
Quels pouvoient être les biens qu'Enguerrand VII, sire de Couci, avoit droit de répéter sur la succession de son aïeul maternel le Duc d'Autriche.

Le contrat de mariage, arrêté à Zurich le 20 avril 1310, entre Léopold, duc d'Autriche, & Catherine de Savoie, a été inconnu à André Duchesne, & même à Dom Duplessis, quoiqu'il ait été rapporté par Guichenon. Il portoit que le comte de Savoie donnoit pour dot à sa fille huit mille marcs d'argent pur; Léopold promettoit de son côté de donner à sa future épouse la même somme en augmentation de dot; & pour assurance, il assignoit les villes de Willisau, de Sempack, de Sursée, d'Arau, de Lenzbourg & de Bramgarten. Ces villes, situées dans l'Argeu, ancien patrimoine de la maison de Habspourg, appartenoient à Léopold & à ses frères Fréderic, Henri, Albert & Othon, ducs d'Autriche. Catherine devoit

Guichenon, hist. généal. de Sav. preuv. p. 158, 159.

retirer annuellement ſeize cens marcs d'argent ſur les revenus de ces villes, juſqu'à ce que la dot eût été liquidée par Léopold ou par ſes héritiers: il étoit ſtipulé que ſi Léopold avoit des enfans mâles de ſon mariage avec Catherine, ils lui ſuccéderoient dans tous les biens & honneurs dont il jouiſſoit par indivis avec ſes frères; & que s'il ne laiſſoit que des filles, elles lui ſuccéderoient dans les biens mobiliers & allodiaux, ſuivant la coûtume du pays. Léopold promettoit de faire ratifier ce contrat par ſa mère, Éliſabeth, reine des Romains, & par ſon frère Fréderic, duc d'Autriche, & de le faire confirmer par ſes autres frères lorſqu'ils auroient atteint l'âge de majorité, un mois après que Léopold auroit été requis de cette ratification. L'acte étoit ſigné par Amédée, comte de Savoie, Marie de Brabant ſa femme, Hugues Dauphin, ſeigneur de Faucigny, & Aymon de *Bellovidere*, ſeigneur de Villeneuve, d'une part; & de l'autre par Léopold, duc d'Autriche, par Pierre, comte de Gruyères, & par Thibaud de Hagenbourg, Chevalier, & il étoit ſcellé de leurs ſceaux. Rien n'eſt plus clair que ce contrat: Catherine & Agnès, filles & ſeuls enfans de Léopold & de Catherine, ne pouvoient prétendre, elles & leurs enfans, qu'à la ſucceſſion des meubles & des biens allodiaux qui avoient appartenus à leur père, aux termes de la coûtume où ces biens ſe trouveroient; mais ce contrat ne leur donnoit nul droit ſur les grands fiefs de l'Empire que Léopold avoit poſſédés ſeul ou par indivis avec ſes frères.

Goldaſt. Alam. antiq t. II, p. I, p. 34, 50, 60.
Guilliman de reb. Helvet. l. II, p. 238.
Struv ſyntag. hiſt. Germ diſſ. 5, p. 130.
Gloſſ mediæ & infimæ latin auctore Ducange, in voce lex Salica.
Theſaur. antiq. Teutonic. auct. Schiltero, t. II.
Lex Sal. tit. 42.

Les biens allodiaux de Léopold étoient ſitués en Alſace, en Suiſſe & dans la Souabe. Selon la coûtume de ces pays, rappelée dans le contrat, les terres ſaliques, c'eſt-à-dire les terres des nobles de la nation, les fiefs ne pouvoient jamais tomber en partage qu'aux mâles, mais les femmes pouvoient hériter des terres allodiales, c'eſt-à-dire des terres poſſédées en propriété héréditaire & qui n'étoient chargées d'aucune redevance. Cette coûtume étoit conforme à la loi Salique, qui, au titre XLII *de alode*, de l'Alleud, article ſecond, s'exprime ainſi: *Si quis homo mortuus fuerit, ſi pater aut mater non ſuperfuerint, & fratres vel ſorores relinquent, ipſi hæreditatem obtineant.*

Boullainvilliers, eſſai ſur la nobl. de Fr. notes p. 1.

La Guille, hiſt. d'Alſ. part. I, l. V, p. 56.

C'étoit donc aux biens meubles & allodiaux, ou propres, ſujets à la libre diſpoſition du poſſeſſeur, & non aux terres ſaliques dont les ſeuls mâles pouvoient hériter, comme le Landgraviat de la haute Alſace, & le comté de Habſpourg, que pouvoit prétendre Enguerrand VII, ſire de Couci, en vertu du contrat de mariage de ſon aïeule Catherine de Savoie avec Léopold duc d'Autriche. C'eſt en ce ſens qu'à la tête du manifeſte qu'il envoya aux villes de l'Alſace, il ſe nommoit, *Heres magni ducis Luppoldi primogeniti ducis Auſtrie.* Il eſt dit, dans cette déclaration, qu'il vient en Alſace à la prière des Alſaciens, pour recueillir la ſucceſſion de ſon aïeul maternel, que ſes couſins les ducs d'Autriche, Albert & Léopold, lui retiennent injuſtement: preuve certaine que Léopold, aïeul maternel d'Enguerrand VII, avoit eu des biens-meubles & allodiaux en Alſace, comme il en avoit eu en Suiſſe; la prétention d'Enguerrand ne pouvoit regarder que les biens de cette nature. Auſſi après la mort de Léopold & de Henri, lorſqu'Othon leur frère fit la guerre à ſes deux autres frères Fréderic & Albert, pour les forcer à lui faire part de la ſucceſſion des deux premiers, on ne voit pas que les filles de Léopold, Catherine & Agnès, aient pris aucun intérêt dans la querelle d'Othon; parce que leurs droits ne pouvoient regarder que les biens-meubles & allodiaux, & nullement les grands fiefs ou terres ſaliques, ſur leſquelles Othon formoit des prétentions, comme étant de la ligne maſculine. Le père Barre a parlé, dans ſon hiſtoire d'Allemagne, du différend d'Othon: il cite à la marge l'anonyme de Leuben, mais il n'en a pas exactement ſuivi le récit; & M. le baron de Zurlauben relève pluſieurs fautes qui ont échappé à cet hiſtorien, & qu'il ſera aiſé d'apercevoir, ſi l'on veut prendre la peine de comparer le texte de la chronique avec celui du père Barre.

Chron. anon. de Leuben.

Chron. d'Ebendorffer, l. III, p. 747, 789, 792, int. auſtr. ſcript. t. II, ap. Pez.

On ne ſait ſi les oncles d'Agnès, ducheſſe de Schweidnitz, fille puînée de Léopold, lui avoient donné ſa part des biens-meubles & allodiaux de ſon père. Mais il eſt certain qu'ils n'avoient pas ſatisfait leur nièce aînée Catherine, dame de Couci. Ce fut leur négligence ou leur refus qui obligèrent enfin Enguerrand, fils unique de cette Dame, à prendre les armes pour faire valoir ſes droits ſur cette partie de la ſucceſſion de ſon aieul maternel.

On ne peut faire l'énumération des biens de cette nature, que Léopold laiſſa en mourant à ſes deux filles; les monumens du temps n'en donnent aucun détail. M. le baron de Zurlauben fait voir que les auteurs Allemands & Suiſſes ſe ſont trompés en voulant fixer préciſément les lieux ſur leſquels la prétention d'Enguerrand étoit fondée. Froiſſard a encore plus mal rencontré: il prétend qu'Enguerrand diſputoit le domaine de l'Autriche. M. le baron de Zurlauben remarque que Froiſſard, en général, n'étoit que foiblement inſtruit de ce qui ſe paſſoit hors de la France & de l'Angleterre. Il n'eſt pas étonnant que l'Alouette & Jovet aient copié les fautes de Froiſſard, & qu'ils y en aient ajoûté pluſieurs autres. Mais on doit être ſurpris qu'un Savant du premier ordre, tel que Ducheſne, s'en ſoit rapporté à cet hiſtorien, au lieu de conſulter les auteurs & les monumens de l'Allemagne & de la Suiſſe. Dom Touſſaint du Pleſſis s'eſt encore plus écarté de la vérité, en voulant juſtifier Froiſſard, & critiquer le Laboureur, ce Savant ſi éclairé ſur l'hiſtoire de France, & qui avoit reconnu que le ſeigneur de Couci n'avoit aucun droit légitime ſur le duché d'Autriche. Le P. Barre s'eſt trompé ici en beaucoup d'articles. Il avance que Léopold, duc d'Autriche, aïeul maternel d'Enguerrand VII, ſire de Couci, avoit eu un fils Fréderic, qui ne lui ſurvécut que quatre ans: Léopold ne laiſſa que deux filles, Catherine & Agnès. Le P. Barre dit que ces deux Princeſſes n'eurent point de poſtérité; & cependant il dit plus bas qu'Enguerrand VII, ſire de Couci, étoit fils de Catherine, fille aînée de Léopold duc d'Autriche. Il dit qu'Othon, frère de Léopold, ne laiſſa point d'enfans: Othon mourut en février 1339; il eut deux fils qui lui ſurvécurent; mais ils moururent fort jeunes & ſans poſtérité; Léopold en août 1344, & Fréderic, qui étoit l'aîné, en décembre de

C. 323 & 324.

Hiſt. de Couci, l. VII, p. 267, preuv. p. 416.

Auſtr. hiſt. pars plen. ap. Struv. inter. rer. Germ. ſcript. t. I.

la même année. Le même auteur dit qu'Enguerrand VI, qui épousa Catherine d'Autriche, étoit sire de Couci & comte de Soissons. Enguerrand VII, son fils, fut le premier de sa maison qui fut comte de Soissons. Il avance qu'Enguerrand VII se porta toûjours pour héritier de la maison d'Autriche, malgré ses oncles & ses cousins, qui s'étoient mis en possession de tous les fiefs Autrichiens, à l'exclusion de Catherine mère d'Enguerraud, sous prétexte que ces fiefs étoient masculins: les historiens d'Allemagne, bien plus sûrs en cette matière que Froissard, l'auroient garanti de toutes ces erreurs.

Ebendorfferi, chr. austr. l. III, p. 798, t. II, apud Pez.

Enguerrand avoit perdu sa mère, Catherine d'Autriche, en 1349: devenu majeur, il servit le Roi son maître avec tout le zèle qu'on devoit attendre d'un Seigneur de sa naissance. Le roi Jean ayant été pris en 1356 à la bataille de Poitiers, Couci fut du nombre des seigneurs François qui furent donnés en otage aux Anglois, en conséquence du traité fait entre les deux Nations pour la délivrance de ce Monarque. Couci étoit à la fleur de son âge: Edouard III, roi d'Angleterre, pour s'attacher un Seigneur de cette importance, lui rendit la liberté, & lui fit épouser Isabelle sa seconde fille. Enguerrand possédoit déjà en Angleterre de grands biens, qui lui venoient du chef de Chrestienne de Bayeul, femme d'Enguerrand V de Couci son bisaïeul : Édouard y ajoûta la baronie de Bedfort, qu'il érigea pour lui en comté, & plusieurs autres revenus considérables dans la province de Lancastre. Couci n'eut de ce mariage que deux filles, Marie de Couci, comtesse de Soissons & Dame de Couci & d'Oisy, qui fut mariée à Henri de Bar, fils aîné de Robert, duc de Bar, marquis du Pont, & de Marie de France, sœur du roi Charles V; cette aînée mourut en 1404: la cadette, Philippe de Couci, épousa Robert de Vere, duc d'Irlande, marquis de Dublin, comte d'Oxford & Grand-Chambellan d'Angleterre.

IIIe SECT. Expédition des Anglois, Bretons & autres Routiers en Alsace & en Suisse, en 1375 & 1376, sous la conduite d'Enguerrand VII, sire de Couci.

Duchesn. hist. de Couci, l. VII, p. 265, preuv. p. 414, 419, 420.

Duch. l. VIII, p. 254, preuv. p. 673.

Id. l. VII, p. 267, 272, 274, preuves, p. 426.

Le jeune comte de Soissons, Gui de Blois, qui étoit en otage à Londres pour la rançon du roi Jean, ayant cédé en 1367 à Édouard la comté de Soissons pour le prix de sa liberté, Édouard en gratifia le sire de Couci, son gendre. Celui-ci

Id. preuves, p. 415, 420.

se signala en 1358 contre les paysans du Beauvoisis qui s'étoient attroupés contre la noblesse: *il avoit*, dit Froissard, *foison de Gentilshommes de lez lui, qui les mettoyent à fin partout où ils les trouvoyent, sans nulle merci.*

Vol. I, c. 184.

Enguerrand se trouva fort embarrassé au sujet de la guerre qui se rallumoit entre les deux Nations. D'un côté, sujet, allié & vassal, par sa naissance, du roi de France; de l'autre, gendre & vassal du roi d'Angleterre, il se faisoit un crime de tirer l'épée contre l'un ou contre l'autre. Il prit le parti de passer en Italie avec le congé de Charles V: il y servit utilement les Papes Urbain V & Gregoire XI contre les Visconti. A son retour en France, il retrouva ses terres & ses châteaux en bon état: les Anglois les avoient épargnés par respect pour l'alliance de Couci avec le Roi leur maître.

Duchesf. preuv. p. 420.

Froiss. vol. I, c. 284 & 316.

Ce fut en 1375 qu'Enguerrand fit valoir ses droits sur la succession de son aïeul maternel, Léopold, duc d'Autriche. Albert, frère de Léopold & cinquième fils d'Albert I, étoit resté le dernier de tous ses frères, & avoit hérité de tous les grands fiefs de sa maison: il mourut le 23 de juillet 1358, laissant quatre fils, Rodolphe, Fréderic, Albert & Léopold. Les deux premiers étant morts sans postérité, Albert qui étoit, par le droit d'aînesse, Régent de tous les États de sa maison, voulut bien abandonner à son frère Léopold, naturellement inquiet & remuant, l'administration du Tirol & celle de toutes les terres que Marguerite, comtesse de Tirol, avoit apportées en mariage à son frère Rodolphe, & qui avoient été dès-lors annexées pour toûjours à la maison d'Autriche: il lui céda aussi la Stirie, la Carinthie, la Croatie, la haute Alsace, le Burgau, le Windich-march, les comtés de Habspourg & de Kibourg, la ville de Fribourg en Suisse, en un mot tout ce que la maison d'Autriche possédoit dans la haute Allemagne.

Tschudi, chr. de Suisse, part. I, l. VI, p. 445, 450, 452, 454, 460, 464, 595. l. VII, p. 533, 595. Ebendorffer, chr austr. l. III, p. 796, 809, 811. Fragment hist. de 4 Albertis, p. 483, apud Pez. t. I. Chr. Albert. II, p. 377, 379, ap. Pez. t. II.

Il étoit difficile à Enguerrand d'obtenir justice contre des cousins si puissans; il n'en fut que plus ardent à l'entreprendre. Il rassembla, avec la permission du Roi, les compagnies ou routes qui se trouvoient encore dispersées en grand nombre dans

Chr. ms. de Froiss. vol. II, c. 29, intit. chr. d'Angl. dans la Bibl. de M. Milsonneau, à Paris.

dans le Royaume, & qui, depuis la trêve entre la France & l'Angleterre, vivoient aux dépens du pays, & y commettoient mille deſordres. Nous paſſerons ſous ſilence le détail des diverſes courſes de ces compagnies, que M. le baron de Zurlauben ſuit depuis l'expédition de l'Archiprêtre en 1365 juſqu'à l'année 1375, qui fut celle dans laquelle Enguerrand les enrôla ſous ſes drapeaux. Le roi Charles V lui prêta, ou lui donna, quarante mille francs pour l'aider à cet armement.

Froiſſart, hiſt. vol. I, c 323, 324. Ducheſ hiſt de Couci, preuves, p. 421.

Le ſire de Couci crut d'abord devoir juſtifier ſa démarche par un manifeſte qu'il envoya aux villes de Straſbourg, de Colmar & aux autres villes impériales d'Alſace: il y expoſoit ſes droits; il y réclamoit contre l'injuſtice de ſes couſins Albert & Léopold: il finiſſoit par prier les villes impériales de ne pas s'alarmer de ſon arrivée, mais de l'aſſiſter comme de bons & fidèles amis, ſon deſſein n'étant pas de faire aucun tort à l'Empereur ni à ſes ſujets, mais ſeulement d'arracher de vive force ſon patrimoine à ceux qui le retenoient avec tant d'injuſtice. Ce manifeſte, dont l'original ſe voit encore dans les archives de Straſbourg, eſt daté du 23 ſeptembre 1375, & cette ſeule pièce ſuffit pour conſtater l'époque du commencement de cette expédition & pour réfuter tous les Auteurs qui la placent plus tôt ou plus tard.

La Guille, hiſt. d'Alſace, preuv. p. 65.

Les Bretons ou les Anglois, c'eſt ainſi qu'on appeloit les aventuriers qui s'étoient engagés au ſervice d'Enguerrand, s'aſſemblèrent devant Metz au nombre d'environ quatre mille lances: ils jetèrent la terreur dans tout le pays, & tirèrent de grandes ſommes d'argent des habitans & de l'Évêque. Ils marchent en Alſace: Straſbourg demande du ſecours à la ville de Berne. L'alarme ſe répand dans Bâle, Worms, Mayence, Briſach; on exagéroit le nombre des ennemis, on diſoit que leur armée étoit de ſoixante mille hommes; quelques-uns y en mettoient cent mille. Elle étoit commandée par vingt-cinq Capitaines ſubordonnés à un ſeul. Entre les principaux Officiers, étoient des Seigneurs du premier rang, tels que les vicomtes de Meaux & d'Aunoy, Raoul de Couci, ſeigneur de Montmirail & de la Ferté-Gaucher, oncle paternel

Chron. de S. Theb. p. 183, parmi les preuves de l'hiſt. de Lorr. par D Calmet. Ibid p 222. Calmet, hiſt. de Lorraine, t. II, l XXVI, page 614. Meuriſſe. hiſt. des Évêques de Metz, p 521. Kœnigshoven, chron. d'Alſace, c. 2, p. 139 & c. 5, p 331. Stettler, chr de Nuit part I, l III, p 84. Graſſer, heroes Helvet. p. 82.

Steiner Germano-helv. Sparta, p. 582.

Rahn, hist. de Suisse, p. 197, &c.

Kœnigshoven, Tschudi.

d'Enguerrand, Pierre de Bar, sire de Pierrefort, Yvain de Galles, le comte Salver, les seigneurs de Vienne, le comte de Kent, Yves d'Uclaib & le seigneur de Frant; c'étoit le roi d'Angleterre qui avoit envoyé les trois derniers au service de son gendre. Les auteurs rapportent que les Officiers étoient vêtus magnifiquement, mais que les simples Soldats étoient presque nuds: on leur donna le surnom allemand de *Gugler*, parce que la plusspart portoient des casques & des coqueluchons ou cappes.

L'armée se répandit d'abord dans les environs de Strasbourg: comme elle étoit dispersée dans les villages, les paysans s'étant attroupés en grand nombre, allèrent attaquer le village de Marlen, où logeoient un petit nombre d'Anglois; mais ils furent repoussés avec une si grande perte, que la consternation succéda à l'audace, & nul n'osoit se mettre en chemin sans un passeport ou une escorte des Anglois.

Le duc Léopold d'Autriche, qui gouvernoit les états de sa maison, situés en Alsace, dans le Brisgaw & en Suisse, avoit pourvû à la sûreté des places. Quoiqu'il fût ennemi irréconciliable des cantons, dont les uns avoient constamment soûtenu leur indépendance, & les autres secoué le joug tyrannique de sa maison, il crut avoir besoin de dissimuler pour se ménager leur secours: il leur envoya des députés pour les engager à faire avec lui cause commune contre les Anglois. Les Cantons qui se défioient de Léopold plus qu'ils ne craignoient les ennemis, refusèrent d'entrer dans aucune confédération avec Léopold; mais l'irruption des Anglois en Alsace au commencement d'octobre rendit dans la suite les Cantons plus accessibles aux propositions du duc d'Autriche.

Les Alsaciens avoient retiré tous leurs effets & tous leurs vivres dans les places de défense: Léopold lui-même avoit fait brûler tous les villages d'Alsace jusqu'à Sunthusen. Strasbourg avoit réfusé aux Anglois le passage du Rhin: ceux-ci avoient d'abord usé de modération; ils ne prenoient que le nécessaire pour leur subsistance. Mais bien-tôt un grand nombre de brigands, échappés de l'Allemagne & de l'Italie, ayant grossi la troupe, il ne fut plus possible de contenir cette multitude effrénée: les viols, les profanations, les massacres étoient leur occupation ordinaire. Les Commandans en faisoient pendre tous les jours; mais cette rigueur n'arrêtoit pas les desordres. Ce fut dans ce temps qu'Enguerrand arriva en Alsace avec quinze cens lances, & vint se mettre à la tête de cette armée.

Léopold se rend en diligence à Baden en Argew, implore de nouveau le secours des Cantons, & leur représente leur propre péril: la plupart des Cantons consentent à une alliance défensive avec Léopold contre ces étrangers, mais le canton de Schwitz refusa constamment de traiter avec ce Prince, à moins que pour préalable il ne renonçât à ses prétentions sur la ville & le territoire de Zug, & qu'il n'arrêtât une paix solide & perpétuelle avec tous les Cantons; Schwitz empêcha même Lucerne, Uri & Underwalden d'accéder à l'alliance: les autres Cantons se prêtèrent aux circonstances. *Tschudi, chr. de la Suisse, part I, l. VI, p. 485.*

Les Anglois restèrent dans l'Alsace & le Sudgau jusqu'après la S.t Martin; ils attaquèrent les places, & ne purent emporter que Waugen, où ils s'abandonnèrent aux plus horribles excès. Ils s'avancèrent vers le Brisgaw: Léopold, le comte de Wirtemberg & plusieurs seigneurs de la Souabe ligués avec lui restoient enfermés dans Brisach, & les laissoient impunément ravager tout le pays. Bien-tôt les Anglois ne trouvant plus de vivres, sortirent de l'Alsace & prirent la route de l'Argew en passant devant Bâle & en s'avançant vers la montagne de Havenstein. L'Argew & la Turgovie appartenoient à Léopold: Zurich & Berne, joints à Lucerne & à Soleure, se mirent en mouvement pour couvrir ces pays; mais n'étant pas secondés par les vassaux Autrichiens, ils se retirèrent. Léopold fit fortifier à la hâte les villes de l'Argew capables de défense; il fit raser les autres, brûler les villages & enlever tous les vivres & les biens de la campagne: les Bernois vouloient aussi mettre le feu à leurs granges qui étoient hors de leur ville; mais un bourgeois de Berne, nommé Jean Rieder, s'y opposa; *Pour moi*, s'écria-t-il, *je ne veux rien changer à ma grange; j'attendrai l'ennemi de* *Grasser, heroes Helvet p. 83. Stettler, chron. part I, lib. III, p. 85.*

Isselin, notes sur la chr. de Tschudi, part. I, l. VI, p. 487.

pied ferme & je la défendrai avec la grace de Dieu: son exemple encouragea les autres.

Les Anglois ruinèrent Wallenbourg & passèrent le Havenstein: il ne falloit qu'une poignée de soldats pour disputer à la plus nombreuse armée le passage de cette montagne. Les comtes de Nidau & de Kibourg en étoient les maîtres, mais ils haïssoient mortellement les Cantons, & ils furent bien aises de laisser passer ce torrent qui alloit inonder & désoler la Suisse. Les Anglois forcèrent le détroit *de la Clus*, autre passage important dans le canton de Soleure, & le sire de Couci alla lui-même investir la ville de Buren qui appartenoit au comte de Nidau: ce comte y trouva la peine de sa perfidie; ayant mis la tête à une fenêtre du château, il fut tué d'un coup de flèche. Les Anglois campèrent le long de l'Aar & détruisirent la ville d'Altreu & plusieurs châteaux: ils firent des courses dans tout l'Argew, & leurs troupes légères se répandirent fort loin dans les terres de Léopold.

Le premier échec qu'ils essuyèrent, fut à Buttisholz, où trois mille Anglois s'étoient établis: six cens braves du pays s'assemblèrent, fondirent sur eux, en tuèrent trois cens, mirent les autres en fuite, en brûlèrent un grand nombre dans une église où ils s'étoient réfugiés, & firent un butin considérable. Le lieu de ce combat s'appelle encore *la colline des Anglois:* on rapporte qu'après cette victoire, un paysan qui avoit combattu ayant endossé la cuirasse d'un seigneur Anglois & couvert sa tête d'un heaume, passoit sur un beau cheval à la vûe du château de Thorburg, & que le Seigneur de ce château se moquant de lui, le paysan lui repliqua à haute voix, *Monseigneur, aujourd'hui le sang des nobles & celui des chevaux sont tellement mêlés ensemble, qu'on ne peut plus les distinguer l'un de l'autre.*

Leu. dict. histor. de Suisse, p. IV, p. 552.

Ce succès releva le courage des habitans du pays. Les Anglois ayant tout ruiné, retournèrent sur leurs pas: on soupçonnoit Jean de Vienne, Évêque de Bâle, de s'entendre avec eux: il haïssoit les Bernois, & l'on voyoit plusieurs de ses parens dans l'armée ennemie. Le jour de Noël 1375,

Tschudi.

les gens du pays surprirent une troupe d'Anglois dans Inss; ils les chassèrent de ce poste, en tuèrent trois cens & firent beaucoup de prisonniers & de butin. Le lendemain de Noël plusieurs bourgeois de Berne sortirent pendant la nuit de la ville, & marchèrent vers l'abbaye de Fraubunnen, entre Berne & Soleure: on y tua huit cens Anglois; on y prit trois drapeaux & beaucoup de chevaux & d'autre butin. Ce succès ne coûta aux Bernois que quatre hommes, du nombre desquels fut l'intrépide Jean Riéder: on mit le feu à l'abbaye, & les victorieux retournèrent aussi-tôt à Berne; vingt d'entre eux qui étoient restés derrière pour piller l'Abbaye, furent massacrés par dix-sept cens Cavaliers, qui ayant appris la fuite de leurs gens, accoururent à Fraubunnen.

Ces trois échecs, le froid & la disette des vivres, obligèrent le sire de Couci de retourner en Alsace: il y prit la petite ville de Wattwiler & resta dans le pays jusqu'au 13 janvier 1376, qu'il fit sa paix avec les ducs d'Autriche.

Il est à observer que dans le récit de cette expédition, Tschudy & Stettler donnent au sire de Couci le titre de Maréchal: on sait qu'alors cet office étoit encore amovible. M. Secousse a été le premier qui ait remarqué qu'Enguerrand VII, sire de Couci, a été maréchal de France; l'ordonnance de Charles V au château de Melun en novembre 1374, donne ce titre à Enguerrand VII.

Chr. de Nuitland, part. I, l. III, p. 84.

Secousse, ordonn. t. VI, p. 49.

M. le baron de Zurlauben relève ensuite les fautes qui ont échappé aux auteurs sur cette expédition: Duchesne la place en 1378; Dom du Plessis a transporté le théatre de cette guerre le long du Danube, & ne parle point d'accommodement avec les ducs d'Autriche: le P. Barre recule aussi cette expédition en 1378, & pare son récit de beaucoup de circonstances qui ne se trouvent pas dans les Écrivains originaux. Trithème fait monter l'armée de Couci à cent mille hommes & en fait périr plus de soixante mille; Rolewink dit que le Général périt à Fraubunnen: Stumpff, Simler & Stettler disent que Léopold attira Couci en Suisse. Le baron d'Alt, trompé par Tschudi, confond cette guerre avec l'invasion de l'Archiprêtre

Hist. de Couci, l. VII, p. 267, & pr. p. 416.

Hist. de Couci, p. 85, & note 59, p. 113.

Hist. d'Allem. t. VI, p. 856.

Chr. Hirsaug. t. II, p. 264.

Fascicul. temp. apud Pistorium, t. II, p. 86.

Chr. de Suisse, l. VII, c. 18, &c.

De Helvet. rep. l. I, p. 51.

Chr. de Nuit. part. I, lib. III, p. 84. *Hist. des Suiss. t. II, p. 150.*

en 1365 : M. le baron de Zurlauben censure encore plusieurs autres erreurs de moindre importance; sa critique éclairée fait sentir le prix de l'exactitude dans les faits historiques.

SECT. IV.[e] Paix d'Enguerrand avec Albert & Léopold, Ducs d'Autriche.

Hist. généal. de Couci, l. III, c. 7, p. 165. *Tschudy, chr. de Suisse, p. I, l. VI, p. 459.* *Stumpff, chr. de Suisse, liv. VII, c. 24, l. VIII, c. 20, l. XIII, c. 4.* *Grasser, heroes Helvet. p. 82.* *Stettler, chr. de Nuitland, p. I, l. III, p. 87.* *Rahn hist. de Suisse, p. 200.* *Le baron d'Alt. hist. des Suisses, t. II, p. 195.* *Leu dict. hist. de Suisse, p. IV, p. 437, p. V, p. 490.* *Du Plessis, hist. de Couci, note 59, p. 114.* *Froiss. chr. ms. d'Angl. c. 29.*

Le seul écrivain François qui ait eu quelque connoissance de l'accommodement du sire de Couci avec les ducs d'Autriche, est François l'Alouette. Cet Auteur, tout fabuleux qu'il est dans la pluspart des circonstances de son histoire de Couci, a néanmoins rencontré juste, lorsqu'il donne à Enguerrand le titre de comte de Nidau, mais il n'entre sur ce point dans aucun détail: il faut avoir recours aux Écrivains de Suisse & d'Allemagne.

Après la retraite d'Enguerrand en Alsace, quelques Seigneurs s'étant entremis pour un accommodement entre les deux parties, la paix fut arrêtée à condition que les ducs d'Autriche céderoient en propriété au sire de Couci les deux villes & seigneuries de Nidau & de Buren qu'ils avoient achetées depuis peu: Couci en resta possesseur pendant douze ans. Léopold se réserva sur ces deux villes la qualité de protecteur, qu'il conserva jusqu'à ce qu'il fut tué par les Suisses, dans la guerre de Sempach, en 1386. Le sire de Couci ramena son armée en Bretagne & dans la basse Normandie: une partie de ses troupes servit l'année suivante 1377 au siége d'Ardres en Picardie.

M. le baron de Zurlauben donne ensuite le précis des actions d'Enguerrand depuis son retour en France jusqu'en 1388, qu'il perdit les seigneuries que la paix lui avoit procurées: il s'attacha uniquement au service de la France, & renvoya en Angleterre sa femme & la cadette de ses filles; il retint l'aînée avec lui. Son beau-père Édouard III, étant mort en 1377, il renonça insensiblement à ses liaisons avec l'Angleterre, sur-tout depuis la mort de sa femme. Il épousa en secondes nôces Isabelle de Lorraine, fille de Jean, duc de Lorraine, & de Sophie de Wirtemberg: ce second mariage fut célébré en 1380 ou 1381. Le sire de Couci en eut une fille, nommée Isabelle, qui fut, après la mort de son père, mariée à Philippe de Bourgogne, comte de Nevers & de Rhétel, fils puîné de Philippe de France, dit *le Hardi*, duc de Bourgogne, & de Marguerite de Flandre.

Duchesf. hist. de Couci, l. VII, p. 519.

Enguerrand fut employé par le roi Charles V, dans pluſieurs négociations importantes. La guerre étant renouvelée, Couci alla joindre à Bergerac l'armée victorieuſe du duc d'Anjou : Charles V l'envoya en Normandie pour réduire les places qui obéiſſoient au roi de Navarre. Il prit Bayeux, Carentan, Moulineaux, Conches & Paſſy: Évreux lui ouvrit ſes portes. Après cette glorieuſe campagne, il inſtitua un ordre de Chevalerie, nommé *la Couronne,* dans lequel il admettoit les dames & les demoiſelles auſſi-bien que les Chevaliers & les Écuyers.

Ducheſ. hiſt. de Couci, l. VII, page 267, & preuv. p. 416.

Froiſſ. vol. I, c. 323, 325, vol. II, c. 3, 4, 10, 15, 18, 49.

Dom du Pleſſis, hiſt. de Couci, p. 88, 89.

Le Connétable du Gueſclin étant mort en 1380, Charles V jetta les yeux ſur le ſire de Couci: celui-ci, par un trait de générosité tout-à-fait rare, préféra le ſalut de l'État à cette brillante dignité. Le Roi venoit de confiſquer la Bretagne ſur le Duc Jean de Montfort : pour conſerver cette province, il falloit faire choix d'un homme qui connût parfaitement les Bretons & qui en fût lui-même connu ; ce fut pour cette raiſon qu'Enguerrand perſuada au Roi de conférer l'épée de Connétable à Olivier de Cliſſon. Le Roi, par une eſpèce de dédommagement, donna à Couci le Gouvernement de Picardie ; & ſe ſentant près de ſa fin, il le nomma, avec pluſieurs autres Seigneurs, pour ſervir de conſeil aux Princes qui devoient gouverner le Royaume pendant la minorité de Charles VI.

Après la mort de Charles V, arrivée le 26 ſeptembre 1380, Couci, qui venoit de ſe ſignaler contre les Anglois en Picardie & en Champagne, ſigna le 15 janvier 1381 au nom de Charles VI, un traité de paix avec le duc de Bretagne. Il appaiſa, cette même année, la révolte des Pariſiens contre ceux qui levoient les droits du Roi ; il ſervit utilement ce Prince en 1382 contre les Flamands rebelles à leur Comte, & ſe diſtingua à la bataille de Roſebeque. Il ſuivit, en 1383, le Roi dans ſon expédition contre ces mêmes peuples & contre les Anglois ; & il eut part aux nouvelles conquêtes.

Froiſſ. vol. II, c. 50, &c vol. III, ch. 112, 113.

Le duc d'Anjou ayant paſſé en Italie pour ſoûmettre le royaume de Naples, qui lui avoit été aſſuré par la donation de la reine Jeanne, Enguerrand, à la tête de quinze mille hommes d'élite, alla en 1384 joindre l'armée de ce Prince: il prit Avezzo; mais la mort inopinée du duc d'Anjou l'obligea de revenir en France. Le Roi le revêtit de la charge de Grand-bouteiller de France, & quelque temps après il lui commit la garde & la défenſe des frontières du royaume vers l'Auvergne & le Limoſin & entre la Dordogne & la mer. En 1385, Enguerrand fut nommé, avec le Connétable & le maréchal de Sancerre, pour commander l'armée deſtinée à l'expédition d'Angleterre. Charles VI le chargea de la même commiſſion en 1386 & 1387. Cette même année Enguerrand engagea le duc de Bretagne à faire ſatisfaction au roi pour avoir eu la témérité d'arrêter priſonnier le Connétable Cliſſon. En 1388, le ſire de Couci marcha à la tête de quelques troupes contre Guillaume, duc de Gueldres, qui avoit eu la hardieſſe de défier le roi; mais le duc évita la guerre par ſa ſoûmiſſion. Enguerrand eut enſuite ordre d'aller à Avignon vers le pape Clément VII, pour une négociation ſecrète & très-importante. Ce fut cette même année qu'il perdit les ſeigneuries de Buren & de Nidau, par une révolution dont nous allons donner le précis.

Duchеſ. ibid. Froiſſ. vol. III, c. 120, 122.

Léopold ayant péri avec ſix cens Gentilshommes dans la bataille de Sempach, le 9 juillet 1386, les habitans de Berne réſolurent de mettre le feu à la ville de Buren, dont le ſire de Couci poſſédoit la Seigneurie, mais où le duc d'Autriche avoit mis garniſon en qualité de Protecteur. Leur entrepriſe échoua: mais elle fit naître entre ceux de Berne & de Fribourg une guerre ſanglante & opiniâtre. Les Fribourgeois étoient intéreſſés à la conſervation de Buren; ils avoient ſur cette ville une hypothèque conſidérable. Le prétexte que prenoient ceux de Berne pour détruire Buren, étoit que la garniſon infeſtoit le pays. Après pluſieurs échecs donnés & reçûs de part & d'autre, enfin la ville & le château furent emportés d'aſſaut & brûlés le 12 d'avril 1388.

Chr. anonyme, mſ. de Fribourg.

Etterlin, p. 52. Tſchudi, part. I, l. VII, p. 549. Stumpff, liv. VII, c. 24.

Il ne reſtoit plus au ſire de Couci, en Suiſſe, que le comté de Nidau. Ceux de Berne & de Soleure allèrent mettre le ſiége devant cette place le 7 de mai. Elle étoit défendue par Jean

Anony. de Fribourg. Trith. annal. Hirſaug. t. II, p. 292.

Jean de Roſſey, à la tête d'une garniſon compoſée en grande partie de gens ſans aveu & de brigands. La ville fut priſe d'aſſaut & brûlée le 19, après douze jours de ſiége. Mais le château ſe défendit juſqu'au 21 de juin, & ne ſe rendit qu'après avoir ſouffert les extrémités de la famine.

Tſchudi, part. I, l. VII, p. 551. Stumpff, l. VIII, c. 20. Graſſer, heroes Helv. pag. 81, 88.

La guerre continua le reſte de l'année entre Fribourg & Berne. Le ſire de Couci envoya au ſecours de Fribourg deux cens ſoixante lances & cent ſoixante Arbalêtriers; ce renfort étoit commandé par Jean de Roye, ſeigneur diſtingué & connétable du ſire de Couci. Les ſeigneurs de Couci avoient depuis long-temps, à l'imitation des Ducs & des Comtes, des Officiers pareils à ceux de la maiſon des Rois; un Connétable, un Chambellan, un Grand-maitre de la maiſon, un Bouteiller. C'eſt ce qu'on voit encore en Allemagne, chez les Princes tant eccléſiaſtiques que ſéculiers. Enfin le 9 d'août ces troupes étrangères quittèrent Fribourg & retournèrent en France. L'année ſuivante la paix fut conclue entre la maiſon d'Autriche & les Cantons; par ce traité Couci perdit toute eſpérance de rentrer dans ſes domaines en Suiſſe. Buren & Nidau demeurèrent aux Bernois. Selon quelques hiſtoriens, les Bernois partagèrent ces Seigneuries avec ceux de Soleure.

Stettler, chr. de Nuitl p. I, l. III, p. 101. Rahn. hiſt. de Suiſſe, mſ. Tſchudi, part. I, l. VII, p. 555. Iſelin, notes ſur Tſchudi, part. I, l. VII, p. 580. Leu, dict hiſt. de Suiſſe, part. IV, p. 437. Haffner, chr. de Soleure, part. II, p 140.

M. le baron de Zurlauben termine ſon Mémoire par un récit abrégé des actions d'Enguerrand depuis 1388 juſqu'à ſa mort. En 1389 il ſuivit le roi Charles VI dans le voyage d'Avignon; il trouva dans cette ville la reine de Naples & de Sicile, veuve du duc d'Anjou; cette Princeſſe engagea Enguerrand à accompagner le Roi ſon fils juſqu'en Eſpagne, où il alloit épouſer une des filles de Jean I, roi d'Arragon. Enguerrand fut nommé, en 1390, pour marcher à la ſuite du duc de Bourbon, au ſecours des Génois contre les Mahométans d'Afrique; cette expédition fut aſſez heureuſe; elle l'eût encore été davantage, ſelon Froiſſart, ſi le ſeigneur de Couci avoit eu le commandement de l'armée. Couci refuſa une ſeconde fois, en 1392, la charge de Connétable, dont Olivier de Cliſſon venoit d'être dépouillé. En 1393 il fut envoyé à la cour de Savoie, pour calmer les troubles qui s'y

Duchesſ hiſt de Couci. l. VII. Froiſſ. vol. IV, c. 1, 2, 4, 13, 18, 20, 21, 23, 24, 39, 53, 57.

étoient élevés; & deux ans après il ſe rendit à Gènes, pour y ménager les intérêts du duc d'Orléans, ſur la réſolution qu'avoient priſe les Génois de ſe donner au Roi, ou à quelqu'un des Princes de ſon Sang. Il prit, au nom du duc d'Orléans, poſſeſſion de Savone, & il fit rentrer la ville d'Aſt dans le devoir.

Froiſſ. vol. IV, c. 67, 69, 72, 74, 79, 80, 81, 82, 85, 87. Gollut, mém. de la rép. Sequan. l. IX, c. 21. Dom Plancher, hiſt. de Bourg. t. III, p 149 Paradin, hiſt. de Bourgogne, p. 457. Gaguin, de Fr. reb. geſt. l IX, p. 191. Claude Dormay, hiſtoire de Soiſſ. p. 327, 342, 335. Ducheſ. hiſt. de Couci.

Philippe le Hardi, duc de Bourgogne, voulant envoyer Jean, comte de Nevers ſon fils, à la tête d'une armée contre Bajazet, à la prière du roi de Hongrie, crut ne pouvoir mieux confier ce jeune Prince qu'entre les mains du ſire de Couci. Enguerrand ne put réſiſter aux inſtances réitérées de Philippe; il partit en mars 1396, avec toute l'armée composée de près de deux mille Gentilshommes, ſuivis preſque tous de l'élite de leurs vaſſaux. Le ſire de Couci tailla en pièces, dans une rencontre, quinze ou vingt mille Turcs. Mais toutes les eſpérances s'évanouirent au ſiége de Nicopolis en Bulgarie; Bajazet vint fondre ſur eux, & il ne reſta de l'armée Françoiſe que les principaux chefs, qui furent enfin contraints de ſe rendre priſonniers. Ce fut le 28 ſeptembre 1396 que ce malheur arriva. Enguerrand fut emmené à Burſe, en Bithynie. On fut perſuadé en France que ſi le connétable Philippe d'Artois, qui avoit commandé à la bataille de Nicopolis, eût ſuivi les conſeils de Couci, les Turcs n'auroient pas remporté la victoire. Ce brave guerrier mourut à Burſe, le 18 février 1397. Son cœur fut apporté en France & inhumé dans le monaſtère des Céleſtins de Villeneuve, qu'il avoit fondé près de Nogent en 1390. Sa veuve, d'abord inconſolable, ſe remaria deux ans après à Étienne duc de Bavière, père d'Iſabelle reine de France, femme de Charles VI, & ſi célèbre par les malheurs qu'elle attira ſur le Royaume. Telle fut la fin du fameux Enguerrand VII, ſire de Couci, le dernier des mâles de ſa maiſon qui poſſéda la baronie de Couci. L'hiſtoire de cet homme illuſtre demanderoit un plus long détail: M. le baron de Zurlauben s'eſt contenté d'en indiquer les principaux faits, d'après les monumens du temps.

DEMANDE

FAITE A L'ACADÉMIE DES BELLES-LETTRES Le Vendredi 5 Juillet 1754.

QUELLE différence de temps il y a entre le pas militaire du soldat Romain, & celui du soldat François?

Pas du soldat Romain, suivant Végèce.

Les Romains faisoient faire à leurs soldats vingt milles de chemin en cinq heures d'été d'un pas ordinaire, & d'un pas plus grand vingt-quatre milles dans le même nombre d'heures. *Trad. de M. de Sigrais, liv. I, ch. 2.*

Pas du soldat François, suivant la dernière instruction du 14 mai 1754.

Les soldats seront exercés à parcourir des lignes divisées par pieds, de manière que dans l'espace d'une minute ils fassent soixante pas ordinaires de deux pieds, & cent vingt pas redoublés aussi de deux pieds, pendant le même temps d'une minute. *P. 12 & 16.*

RÉPONSE portée à l'Académie le mardi suivant, par M. D'ANVILLE.

LE mille romain, dont l'espace étoit fixé par l'intervalle des colonnes milliaires, élevées sur les voies militaires de l'Empire, revient, par une exacte analyse, à 756 toises, qui font 4536 pieds françois. Ce mille étoit essentiellement composé de 5000 pieds, mais sur la mesure du pied romain, qui ne contenoit qu'environ 1307 parties du pied de Paris, divisé en 1440, ou 10 pouces 10 lignes & 7 dixièmes de ligne.

Les 20 milles de marche que le soldat Romain faisoit en cinq heures, fournissent au calcul 90720 pieds françois : c'est donc 18144 pieds par heure.

Les 24 milles qu'on exigeoit du soldat dans le même espace de temps, en accélérant la marche, faisant monter le calcul à 108864 pieds, c'est donc 21773 pieds par heure.

Le nombre de pieds dans le premier calcul du chemin à faire dans une heure, compose 3026 toises, & dans le second 3629 toises.

Mais pour faire convenablement la comparaison de cette marche romaine avec la marche françoise prescrite par l'instruction du mois de mai dernier, il faut avoir égard à ce que Végèce spécifiant des *heures d'été*, l'heure est vrai-semblablement relative en proportion à ce qu'on appeloit *Vigilia*, qui, selon les différentes saisons, étoit plus grande ou plus courte.

En prenant pour la durée du jour d'été environ 15 heures, ce qui convient assez précisément à la hauteur de Rome, savoir 43 degrés moins quelques minutes, & considérant que ces 15 heures répondent à quatre *veilles*, & ne tiennent ainsi lieu que de 12 heures, selon l'usage ancien, il s'ensuit que les 5 heures marquées par Végèce en valent 6 & $\frac{1}{4}$ des nôtres.

Ainsi, la marche du soldat Romain, renfermée dans une heure telle que la nôtre, se réduit à 2400 toises de compte rond, en négligeant environ 18 toises d'excédant, & la marche accélérée à 2900.

Divisant par 60 les 2400 toises que donne la marche commune & non accélérée, il en résulte 40 toises pour la soixantième ou pour une minute d'heure, c'est-à-dire 240 pieds.

Or, cette supputation se trouve justement égale à ce que l'instruction prescrit au soldat François, de faire 120 pas de deux pieds chacun par minute, c'est-à-dire 240 pieds.

Au reste, un rapport semblable n'a rien que de très-naturel; & comme on n'a point cherché à se le procurer par des moyens étudiés, les élémens dont il est le résultat doivent être jugés très-convenables, & spécialement l'estimation qui a été faite de ce qu'il faut entendre par le terme d'*heure* dans le Traité de Végèce.

On ne peut néanmoins décider que le rapport qui se manifeste dépende d'une égalité scrupuleuse dans la mesure du pas: le pied romain étant plus court que le pied françois, conviendroit peut-être mieux, par cette raiſon, au pas ancien évalué à 2 pieds. La haute ſtature n'étoit point dominante dans les troupes romaines: Marius, au rapport de Végèce, avoit affecté de mettre aux premiers rangs les ſoldats de plus grande taille & depuis 5 pieds 10 pouces juſqu'à 6 pieds. Les 5 pieds 10 pouces faiſoient la hauteur commune de ceux qu'on enrôloit dans la milice romaine; & vû la comparaiſon du pied romain au pied françois, les 5 pieds 10 pouces romains ne font qu'environ 762 lignes, ou 63 pouces 6 lignes, ou 5 pieds 3 pouces 6 lignes du pied françois, ce qui eſt au deſſous de ce qui domine aujourd'hui dans les corps où la hauteur de taille eſt recherchée: mais ſi l'étendue du pas dans la marche du ſoldat Romain pouvoit être au deſſous de la meſure des deux pieds françois, preſcrite par la dernière inſtruction, l'action de marcher, en y ſuppléant, pouvoit produire le rapport qui s'eſt manifeſté ci-deſſus.

Quant au premier article de l'inſtruction pour la marche françoiſe, c'eſt-à-dire d'exercer le ſoldat à faire ſur des lignes diviſées par pieds, 60 pas de deux pieds, ou 120 pieds par minute, au lieu de 120 pas ou 240 pieds; il faut regarder cet article comme un ſimple exercice, conformément au terme d'*exercer* dans l'inſtruction, pour habituer le ſoldat à une égalité de marche, ſoit lente, ſoit accélérée: car l'eſpace de 1200 toiſes, ou d'environ une demi-lieue par heure ſelon cet exercice, eſt trop au deſſous de ce qu'on peut appeler une marche en campagne.

CONJECTURES

SUR

L'ORIGINE DE LA FABLE DE L'OLYMPE,

En explication & confirmation de ce qui en a été dit dans l'un des Éclairciſſemens ajoûtés au Traité phyſique & hiſtorique de l'Aurore boréale.

AVERTISSEMENT.

C'eſt l'uſage de l'Académie de ne faire imprimer entre ſes Mémoires, que ceux des Académiciens. Cependant nous avons cru que le Mémoire ſuivant méritoit une exception. Il eſt de M. de Mairan, qui a ſû joindre à l'étude des hautes Sciences les agrémens de la Littérature. L'Académie des Sciences, dont il eſt un des Membres les plus diſtingués, eſt unie à celle des Belles-Lettres par une correſpondance mutuelle. Ce Mémoire a été lû dans notre aſſemblée du 19 novembre 1754.

J'AVOIS voulu être court ſur ce ſujet dans un Ouvrage où l'érudition ne devoit venir qu'en ſecond & à l'appui du phyſique: j'y avois renfermé dans une demi-page ce qui étant un peu diſcuté fourniroit peut-être un aſſez bon Mémoire de Mythologie, comptant d'ailleurs en avoir aſſez dit pour ceux qui ſont au fait de la matière & plus en état que je ne ſuis de donner un ſemblable Mémoire; mais des perſonnes dont je reſpecte les lumières m'ayant paru faire quelque cas de mon idée, & deſirer que j'entraſſe moi-même dans la diſcuſſion des preuves de détail que j'en avois ſupprimées, je vais tâcher d'y ſatisfaire.

C'eſt donc, ſelon moi, l'Aurore boréale qui a donné lieu à la fable dont il s'agit, & qui a fait imaginer Jupiter & les Dieux aſſemblés ſur l'Olympe. Voyons d'abord à quelle occaſion, ſur quelle théorie & d'après quelles circonſtances physiques & morales j'en ai formé la conjecture, car c'est de cet ensemble qu'elle tire sa principale force.

L'éclaircissement où j'en ai parlé a pour but de montrer la liaison que les différens aspects de l'aurore boréale peuvent avoir avec les visions chimériques qu'elle a fait naître, selon la latitude des lieux d'où elle est vûe, & selon que ses apparitions y sont plus ou moins complètes, plus ou moins fréquentes.

A ce dessein, je considère l'aurore boréale sous trois aspects différens; savoir, sous la forme qu'elle paroît avoir étant vûe des terres arctiques & circonpolaires; sous celle que nous lui voyons en Europe, dans les pays de latitude moyenne, tels que la France, l'Angleterre, l'Allemagne & les parties septentrionales d'Espagne & d'Italie; & enfin sous l'aspect des pays méridionaux, tels que ceux du fond de l'Espagne & de l'Italie vers le sud, & de la Grèce proprement dite. Ces derniers sont compris entre le 30.me & le 40.me degré de latitude, & s'éloignent peu des limites au-delà desquelles j'ai observé que le phénomène ne paroît plus.

Or, je fais voir, 1.° que les habitans du Nord ont été peu alarmés de l'aurore boréale, ou qu'ils ne l'ont été qu'après quelque intervalle de temps, où elle avoit cessé de paroître; intervalle assez court & ordinairement assez rare. Il est vrai qu'ils ont cru alors leurs campagnes en feu & l'ennemi à leurs portes; mais ils sont bien-tôt revenus de cette frayeur; ils se sont accoûtumés à l'aurore boréale comme à un phénomène journalier, qu'ils ont même souvent confondu avec le crépuscule du soir ou avec quelque autre phénomène lumineux propre à leur pays: ce n'est presque jamais chez eux qu'un ciel irrégulièrement tapissé de bandes ou de flocons de matière lumineuse, blanche ou colorée; rien de pareil à cet arc qui caractérise si bien l'aurore boréale chez nous, & qui est presque toûjours placé bien en deçà entre eux & nous. Ils ont au dessus de leur tête cette espèce de calotte dont nous ne voyons que les bords & dont résulte cet arc.

2.° Que par les phénomènes particuliers & les circonstances

qui accompagnent les grandes aurores boréales dans les pays de moyenne latitude, où elles sont beaucoup moins fréquentes & de très-longs intervalles de temps sans paroître, nos pères y ont presque toûjours aperçû les présages les plus funestes & les objets les plus effrayans, des armées qui se livroient de sanglantes batailles, des boucliers ardens, des chars enflammés, des têtes hideuses séparées de leurs corps; ils en ont vû tomber des pluies de sang, ils y ont entendu le cliquetis des armes; & cet arc ou limbe lumineux, appuyé sur l'horizon, & qui s'y étend d'ordinaire sur plus de cent degrés d'amplitude, ils n'ont pas fait difficulté de le prendre quelquefois pour la queue ou pour la chevelure d'une comète énorme & menaçante, dont la tête se cachoit en tout ou en partie sous l'horizon.

3.° Que dans les pays méridionaux, où l'aurore boréale a été quelquefois des siècles entiers sans paroître, & où elle n'a paru ensuite que par intervalles, basse & communément tranquille, on n'a fait de l'aurore boréale qu'un spectacle riant, *beau à voir & admirable*, comme les Chinois s'expriment encore aujourd'hui: que dans les siècles passés, où la féerie & les enchantemens s'étoient emparés des esprits, les habitans de la ville de Reggio & du fond de la Calabre y ont reconnu leur fée Morgane ou Morgain, qui se présentoit à eux dans ses palais brillans de crystal & de pierres précieuses, ornés d'arcades & de colonnes; & qu'enfin, si ma conjecture ne me trompe, les anciens Grecs n'ont vû dans l'aurore boréale que Jupiter & les Dieux tenant leur conseil sur l'Olympe; fable qui étoit en crédit du temps d'Homère & d'Hésiode, & qui peut remonter par-là jusqu'à l'antiquité la plus reculée.

Je vais rapporter l'article en entier, puisque tout ceci n'en est que le commentaire.

L'Olympe dont il s'agit, car il y en a plus d'un dans la Grèce, « consiste en une chaîne de hautes montagnes qui » bordent la Thessalie vers le nord & la Macédoine vers le midi, » & qui sont par conséquent au nord déclinant vers l'ouest de » l'Achaïe, de la Phocide, & de tout ce qui formoit la Grèce » proprement dite, l'*Hellas*, l'ancienne Grèce, pays fertile en

idées

idées poëtiques & fabuleuses. L'aurore boréale, qui n'est jamais guère élevée à de semblables latitudes, & qui décline le plus souvent vers l'ouest, y aura donc paru immédiatement au dessus de ces montagnes, & comme adhérente à leur sommet. De-là le limbe, ce cintre lumineux & rayonnant du phénomène, n'aura été, pour le spectateur étonné, qu'un signe non équivoque de la présence des Dieux; le segment obscur qu'il y aura quelquefois vû au dessous, qu'un nuage respectable qui cachoit ces Immortels aux yeux profanes. Et les jets de lumière couleur de feu qui s'en élançoient, qu'auroient-ils pû être, qu'autant de foudres qui partoient de la main de Jupiter? Plus le phénomène aura été rare, plus il aura été merveilleux, & plus la tradition, comme tel, aura dû s'en conserver long-temps sans atteinte. »

Voilà l'idée en général, & dans l'ordre où elle a été conçue: entrons maintenant dans quelque détail.

Si l'on rassemble les endroits où Homère, Hésiode & les fabulistes nous ont parlé du mont Olympe, on le trouvera qualifié de haut, de grand ou de vaste, & de lumineux. Il paroît, dit-on, se confondre avec le Ciel; & aussi les Poëtes n'ont-ils fait aucune difficulté de le prendre quelquefois pour le Ciel même: je dis les Poëtes en général, car chez Homère l'Olympe n'est jamais, à mon avis, que l'Olympe; il ne place jamais les Dieux plus haut. C'étoit-là, selon lui, ou selon la tradition de son temps, leur vrai domicile, l'équivalent de notre empyrée; & « c'est sur les sommets de l'Olympe que chacun de ces mêmes Dieux avoit son magnifique palais *(a)*. » Le Ciel d'Homère, son *Ouranos*, n'étoit le plus souvent que le vague des airs.

La hauteur de l'Olympe & son étendue furent donc, sans doute, une des causes de la préférence qu'on lui donna sur toutes les montagnes des environs, pour en faire la demeure de Jupiter, sur l'Ossa, qui est un peu au dessous, tout proche du fleuve Pénée, & à droite en regardant vers le nord, sur

(a) Οἷσιν ἐνὶ μεγάροισι καθήατο, ἧχι ἑκάστῳ
Δώματα καλὰ τέτυκτο κατὰ πτύχας Οὐλύμποιο. Iliad λ. v. 76.

le Pinde & l'Œta, qui forment une autre chaîne de montagnes à peu près de l'eſt à l'oueſt *(b)*, mais qui toutes le cèdent à l'Olympe;

Ovide. *Oſſaque cum Pindo, majorque ambobus Olympus.*

Et nous pouvons remarquer ici, que la ſuperſtition payenne choiſiſſoit volontiers des montagnes pour y placer ſes Dieux, & pour y enſanter ſes myſtères. Les plus élevées & les plus inacceſſibles, les plus couvertes de bois, étoient toûjours préférées. Outre l'eſpèce de ſainte horreur qui en pouvoit naître, on en retiroit encore cet avantage, que la vérification des faits y étoit plus difficile que dans la plaine.

Quant à l'étendue ou à la grandeur de l'Olympe, indépendamment de ſa hauteur, je crois qu'il faut ordinairement l'entendre de cet amas, de cette longue chaîne de montagnes que l'on comprenoit ſous ce nom. Nos Géographes le ſavent aujourd'hui, & Homère ne l'ignoroit pas, puiſqu'il parle ſans ceſſe des ſommets de l'Olympe au pluriel. C'eſt *des ſommets de l'Olympe qu'Apollon deſcend (c)* pour venger l'injure faite à Chrysès ſon grand-prêtre, c'eſt de ces mêmes *ſommets que Minerve s'élance (d)* pour aller exécuter les ordres de Jupiter, & c'eſt enfin ſur ces ſommets, comme nous venons de le voir, que chacun des Dieux avoit ſon palais. J'inſiſte ſur cette circonſtance, parce qu'elle n'eſt pas peu importante à notre ſujet: car ſi l'Olympe n'avoit été qu'un pic iſolé, comme celui de Ténériffe, la plus grande partie des habitans de la Theſſalie & de l'ancienne Grèce n'auroient vû l'aurore boréale qu'à droite ou à gauche hors de ce pic, ſelon leur différente poſition, occidentale ou orientale, & il n'y auroit eu que le petit nombre de ceux qui ſe trouvoient dans la direction commune de l'Olympe & du phénomène, qui euſſent été fondés à y rapporter l'aſſemblée des Dieux; au lieu que toute

(b) Je me ſuis principalement réglé, pour tout ce topique, ſur la carte de l'ancienne Grèce de feu M. de l'Iſle, *Græciæ antiquæ tabula nova*, en deux feuilles.

(c) Βῆ δὲ κατ' οὐλύμποιο καρήνων χωόμενος κῆρ. *Iliad. α. &c.*

(d) Βῆ δὲ κατ' οὐλύμποιο καρήνων ἀΐξασα. *Odyſſ. α. &c.*

la partie nord de leur horizon étant bordée d'une haute chaîne de montagnes, & sur une grande amplitude, ils dûrent tous s'accorder sur ce point, & l'Olympe fut dès-lors regardé comme le séjour & le rendez-vous ordinaire des Dieux.

Mais de toutes les épithètes prodiguées à ce Mont célèbre, il n'y en a point qui lui soit plus propre, ni qui favorise plus notre idée que celle de *lumineux*, ou plustôt c'est moins une épithète que l'origine même du nom qui lui fut imposé; car *Olympe* ou *tout lumineux* étoient comme synonymes dans la langue du pays. L'étymologie n'en est pas douteuse, nous en avons Aristote pour garant. Ce Philosophe, après avoir dit que Dieu, qui a fait & gouverne le monde, y occupe le lieu le plus éminent, le plus tranquille & le plus pur, en un mot *le Ciel*, dont le nom [Οὐρανός] ne signifie autre chose qu'*au dessus de tout*, ajoûte que *c'est aussi ce que nous appelons l'Olympe, comme qui diroit tout brillant de lumière (e)*, & il cite à cette occasion ces quatre vers de l'Odyssée, que le docte Budé a rendus par ceux-ci. *Lib. VI.*

> *Esse solum Divis subnixum semper Olympum,*
> *Fama est, haud ventis tremefactum, haud imbribus udum,*
> *Ac procul à nivibus subductum; nubibus illinc*
> *Splendida summotis candensque expanditur æthra.*

Je n'ignore pas que les Grammairiens, qui ne pensoient à rien moins qu'à l'aurore boréale, & qui vrai-semblablement ne la connoissoient point du tout, ont expliqué l'épithète de *lumineux* donnée à l'Olympe, par la seule circonstance de sa hauteur qui permettoit aux rayons du Soleil de s'y montrer au dessus des nuages: mais combien une lumière nocturne, accompagnée de ce cintre brillant qui caractérise le phénomène, & par-là miraculeuse aux yeux des premiers Grecs, avoit-elle dû les frapper plus vivement, & valoir à plus juste titre à l'Olympe l'attribut de lumineux & l'insigne prérogative d'être le séjour ordinaire de Jupiter & de tous les Dieux!

(e) Ὄλυμπον δὲ, οἷον ὁλολαμπῆ. *De Mundo, cap. 6.*

Or on ne peut douter, par la position de l'Olympe, qu'il n'y ait eu des temps, peut-être fort reculés, où une semblable lumière avoit paru sur cette montagne : je dis peut-être fort reculés, parce qu'Homère ne nous rapporte là-dessus qu'une tradition, *Fama est (f)* ; & ce qui mérite aussi quelque attention, c'est que les termes dont il se sert en parlant de cette lumière de l'Olympe, d'après la renommée, expriment bien mieux l'apparence d'une aurore boréale qui se montre pendant la nuit, que celle des rayons du Soleil qui éclairent le sommet d'une montagne en plein jour ; car il dit à la lettre *une lumière blanche* ou blanchêâtre qui se répand ou *qui court au dessus de ce sommet (g)*.

Mais rien n'est plus favorable à mon idée sur la lumière de l'Olympe & sur la tradition du pays à ce sujet, que ce qu'Ulysse dit à Télémaque dans le XIX.me livre de l'Odyssée. Méconnu dans son propre palais, & méditant sa vengeance contre les poursuivans de Pénélope, il s'agissoit de cacher les armes qui s'y trouvoient, pour s'en servir lui-même dans ce grand jour & pour empêcher ses ennemis d'y avoir recours : c'étoit pendant la nuit, il falloit être éclairé sans bruit & sans qu'ils pussent s'en apercevoir. Alors Minerve, devenue invisible, « marche devant Ulysse & Télémaque avec une lampe d'or » qui répand par-tout une lumière extraordinaire. Télémaque » surpris dit à Ulysse : mon père, voilà un miracle étonnant qui » frappe mes yeux ; les murailles de ce Palais, les siéges, les lambris, les colonnes brillent d'une si vive lumière, qu'elles paroissent » toutes de feu ; assurément quelqu'un des Dieux immortels est » avec nous & honore ce Palais de sa présence. Gardez le silence, » mon fils, lui répond Ulysse, retenez votre curiosité & ne sondez » pas les secrets du ciel : *c'est-là le privilége des Dieux qui habitent l'Olympe, de se manifester aux hommes au milieu d'une brillante lumière, en se dérobant à leurs regards (h)*.

On m'a invité à lire au sujet de l'Olympe, un Mémoire de

(f) Οὔλυμπον δ', ὅθι φασὶ . . . . *Ibid.*

(g) . . . . . . λευκὴ δ' ἐπιδέδρομεν αἴγλη. *Ibid.*

(h) Αὕτη τοι δίκη ἐστὶ θεῶν οἳ Ὄλυμπον ἔχουσιν. J'emprunte ici la traduction de M.e Dacier.

M. Boivin le cadet, intitulé: *Syſtème d'Homère ſur l'Olympe*, où il prétend prouver que, ſelon ce Poëte, *l'Olympe étoit une montagne qui avoit pour baſe le ciel, & dont le ſommet regardoit la terre.*

Hiſt. & Mém. de l'Acad. R. des Inſcr & B. Lettres, t. VII, p. 411.

Les Dieux étoient donc ſur l'Olympe la tête en bas, ou ſuſpendus par le ſommet de la tête au ſommet de la montagne? voilà certainement une ſituation, laquelle des deux qu'on choiſiſſe, qui méritoit bien qu'Homère nous en dît un mot, ayant eu cent occaſions de nous la décrire, lui qui décrit tout, qui peint tout, & dans le plus grand détail.

J'ai lû ce Mémoire, & j'avoue que ce n'eſt pas ſans étonnement que j'ai vû un homme d'eſprit, & particulièrement diſtingué par ſon ſavoir dans la Littérature grecque, ſe prévenir à ce point en faveur d'un paradoxe ſi peu vrai-ſemblable & ſi infructueux. J'ai parcouru les vers d'Homère dont il prétend le déduire, ce qui les précède, ce qui les ſuit, & je n'en ai pas trouvé un ſeul qui puiſſe le moins du monde y avoir donné lieu, & qu'on ne puiſſe très-naturellement expliquer ſelon les idées reçûes. Eh quoi! Homère ſe ſeroit perſuadé, ou auroit voulu perſuader aux Grecs, aux Theſſaliens qui avoient ſans ceſſe l'Olympe devant leurs yeux, que ce qu'ils y voyoient en bas étoit en haut! & à quoi bon ce renverſement? Une montagne dont on voyoit quelquefois le ſommet ſe perdre dans les nues, comme il eſt dit en cent endroits, ne ſuffiſoit-elle pas pour y faire deſcendre les Dieux du ciel, d'après les idées étroites qu'on ſe faiſoit alors & des Dieux & du ciel? Mais ſi l'Olympe d'Homère avoit ſa baſe dans les cieux, ſon ſommet au deſſous, & pourtant au deſſus des nues, que devient l'Olympe réel de la Theſſalie? faudra-t-il l'anéantir ou ne le compter pour rien dans la Fable? C'eſt, je crois encore, ce que l'on auroit eu bien de la peine à perſuader aux Theſſaliens & aux Grecs. Il eſt bien ſûr que les Anciens, dont Homère étoit l'oracle, qui le ſavoient par cœur, qui faiſoient ſans ceſſe alluſion à ſes vers, Poëtes, Géographes, Hiſtoriens, Commentateurs, Juriſconſultes même, car on a remarqué qu'Homère ſeul étoit plus ſouvent cité dans le Digeſte que tous les Philoſophes enſemble; il eſt, dis-je, bien ſûr que les Anciens ont totalement ignoré ce ſyſtème merveilleux: ce n'eſt pas là cependant un de ces faits ou de ces points de critique ſur leſquels les Modernes peuvent en ſavoir plus que les Anciens n'en ont ſû. Mais écoutons encore M. Boivin: *j'ai trouvé,* ajoûte-t-il, *après avoir examiné ce ſyſtème, que ce n'étoit pas une pure chimère, mais une ſuppoſition fondée, non ſeulement ſur des raiſonnemens poëtiques, où l'on ne demande pas une ſi grande juſteſſe, mais même ſur quelques principes coſmographiques dont tout le monde convient.* On me diſpenſera, je m'en flatte, d'expoſer ici ces principes & l'application que M. Boivin en fait à ſon idée: les hommes ont bien été aſſez ignorans pour ne pas comprendre les Antipodes ni comment on y pouvoit *marcher la tête en bas,* mais ils n'ont jamais été aſſez ignorans ou aſſez fous pour croire que les montagnes de leur pays, & qui frappoient leurs yeux, tinſſent au ciel par leur baſe & euſſent leur ſommet tourné vers la terre.

Les fables n'ont été vrai-ſemblablement dans leur origine que la Phyſique des temps fabuleux, tant chez les Grecs que chez tous les autres peuples; Phyſique toûjours ſubordonnée à leur Théologie & à leurs traditions. C'eſt ainſi qu'ils expliquoient la Nature, les météores & les phénomènes les plus ordinaires, comme les moins communs qu'ils traitoient de prodiges; mais, quelque extravagantes que ces fables nous paroiſſent, & qu'elles ſoient en effet, elles avoient toûjours quelque fondement ſur des circonſtances locales ou hiſtoriques, dont les temps & les Poëtes nous ont dérobé la connoiſſance ou déguiſé la réalité.

Si nous voulions pouſſer plus loin cette théorie mythologique, nous trouverions peut-être que les fables du Pinde, de l'Hélicon & du Parnaſſe, habités par Apollon, Bacchus & les Muſes, ſans préjudice à l'Olympe que ces Dieux & les Muſes *(i)* habitoient auſſi, n'ont point une autre origine que celle de l'Olympe; mais je ne prétends point inſiſter

(i) Ἔσπετε νῦν μοι Μοῦσαι ὀλύμπια δώματ' ἔχουσαι. *Iliad. π. v. 112.*

ſur de pareilles conjectures. Un ſeul exemple de ces apparitions & des rêveries qu'on y avoit attachées, aura ſuffi pour donner naiſſance à cent autres : chaque contrée aura voulu avoir ſon Olympe ou l'équivalent ; l'amour propre ou national le demandoit, & les moindres apparences le lui auront procuré. Il n'en faut pas tant aux hommes pour étendre & généraliſer leurs chimères.

Ce qu'il y a ici de plus ſurprenant, c'eſt que les Grecs, ſi juſtement prévenus en faveur de leur patrie, aient conſenti à mettre l'aſſemblée des Dieux & la demeure ordinaire de Jupiter ailleurs que chez eux, ſur l'Olympe, aux confins de la Theſſalie & de la Macédoine, c'eſt-à-dire, chez des peuples barbares ; car c'eſt ainſi qu'ils nommoient tout ce qui ſortoit de la Grèce proprement dite, & ils ne changèrent de langage qu'après que Philippe leur eut appris qu'un Macédonien qui avoit ſû les ſoûmettre & protéger les Sciences & les Arts, n'étoit pas un barbare. Il falloit donc que le phénomène de l'Olympe eût été bien frappant, & accompagné de circonſtances bien favorables, pour déterminer les Grecs à lui donner la préférence ſur tout ce qu'il pouvoit y avoir eu d'apparitions de cette eſpèce dans leur propre pays. Mais il nous ſuffit de ſavoir, avec ce que nous avons déjà dit de l'Olympe & de la chaine de montagnes qui le compoſent, que ſa poſition, plus ſeptentrionale d'un ou deux degrés, lui donnoit là-deſſus les plus grands avantages ; car à meſure qu'on approche des limites au delà deſquelles l'aurore boréale ne paroît plus, un ou deux degrés de latitude de plus ou de moins peuvent produire une différence infiniment ſenſible ſur l'éclat & ſur la fréquence du phénomène.

Voilà tout ce que j'avois dans l'eſprit, lorſque je propoſai ſuccinctement mon idée ſur la fable de l'Olympe : je ne m'attendois pas à la trouver juſtifiée par des pierres antiques, des médailles & des bas-reliefs. Elle l'eſt cependant, comme je l'apprends des perſonnes qui ont bien voulu m'engager à écrire ce Mémoire. C'eſt à eux, pour qui l'antiquité n'a point de voiles, à mettre un fait ſi curieux dans tout ſon jour. Je me bornerai ici à la deſcription d'une de ces pierres, la ſeule qui ſoit venue à ma connoiſſance, & que je ne connois même que par le deſſein que j'en ai vû dans l'excellent livre de M. Mariette ſur les pierres gravées.

Voyez-en le deſſein ci-après, *p. 207.*

C'eſt une grande cornaline du Cabinet du Roi, parfaitement circulaire, & d'environ un pouce dix lignes de diamètre, où l'Olympe eſt déſigné par un Jupiter vû de face & aſſis ſur ſon trône, ayant ſous ſes pieds un grand arc ſurbaiſſé & ſenſiblement elliptique, dont la largeur eſt par-tout uniforme, comme l'eſt preſque toûjours celle du limbe de l'aurore boréale. Le Dieu tient la foudre de la main gauche, & une *haſte* ou long ſceptre de la droite. A ſes côtés ſont debout Mars & Mercure, & au pourtour de la pierre eſt une zone ou couronne concentrique portant les douze ſignes du zodiaque. *Quoiqu'on ne voie point ici tous les Dieux réunis*, dit le ſavant auteur de ce livre, *ce n'en eſt pas moins une repréſentation de l'Olympe, ſuivant l'idée que s'en étoient formé les Anciens.* Ce que je prends en général pour un arc, & qui ne nous montre en effet qu'une bande courbe & par-tout de la même largeur, comme un ruban, pouvoit bien avoir été *un voile enflé par le vent* dans l'intention du graveur, & ſelon que l'explique M. Mariette; mais il n'y auroit rien d'extraordinaire à voir le phénomène de l'Olympe ainſi repréſenté d'après quelque ancien monument bien ou mal entendu, & ſur une tradition confuſe. Ce n'eſt pas tout: le voile, ou l'arc quelconque, eſt retenu à ſes deux bouts par Neptune, qui étend ſes bras de l'une à l'autre extrémité, à l'une deſquelles il tient auſſi ſon trident; il a cet arc immédiatement au deſſus de ſa tête. Ce Dieu n'y eſt peint que juſqu'au haut de la poitrine, tout le reſte de ſon corps étant ſuppoſé dans la mer d'où il ſort, & dont les ondes ſont très-bien marquées. Suivons maintenant l'analogie de la réalité à la fiction.

L'aurore boréale a dû paroître le plus ſouvent ſur la croupe des montagnes, dans l'intérieur de l'ancienne Grèce, qui en étoit toute remplie; mais il n'y a pas de doute qu'elle n'ait été vûe auſſi quelquefois des côtes tournées vers le nord & le nord oueſt, au deſſus de l'horizon de la mer, par les habitans des contrées maritimes du continent. Et qu'auront alors penſé ces Grecs, avec les mêmes préjugés que les voiſins de l'Olympe, à la vûe d'un phénomène ſi impoſant? N'aura-t-il pas été auſſi pour eux le ſigne non équivoque de la préſence de quelque divinité, de Neptune ou d'Amphitrite ſortant du ſein de l'onde? Rien n'eſt donc plus complet que l'induction que nous avons à tirer de la cornaline qu'on vient de voir. Jupiter eſt ſur le plus haut de l'Olympe, & l'arc lumineux du phénomène imaginé, ſi l'on veut, comme un voile brillant, y eſt peint ſous ſes pieds; Neptune s'élève du fond des eaux à la ſurface de la mer, & le même arc s'étend au deſſus de la tête de ce Dieu. Pouvoit-on mieux rendre mon idée?

Je termine enfin ces recherches par un nouvel exemple des traditions fabuleuſes, dont l'aurore boréale nous fournit le dénouement, & qu'on peut mettre en parallèle avec celui de l'Olympe.

Le mont Ida de la Troade, dans l'antique pays d'Ilion, eſt, à quelques minutes près, au même degré de latitude que l'Olympe, ſeulement un peu plus méridional. C'eſt, comme l'Olympe, un amas de montagnes, les plus hautes du pays, & dont la chaîne *(k)* s'étend d'une extrémité à l'autre de la Troade, du ſud-oueſt vers le nord-eſt. L'Ida eſt donc dans les mêmes circonſtances que l'Olympe par rapport au phénomène de l'aurore boréale, pour toutes les contrées limitrophes ſituées vers le midi. Il n'eſt guère moins célèbre que l'Olympe, par les fictions poëtiques, & par la préſence des Dieux qui l'habitoient, ou qui s'y tranſportoient. Cybèle, mère des Dieux, y faiſoit ſon ſéjour ordinaire, & c'eſt-là qu'elle apprit aux Dactyles Idéens à travailler le fer. C'eſt ſur ce mont que Pâris

(k) Strabon, qui a décrit cette chaîne de montagnes dans un grand détail, dit que *par la multitude & la continuité de ſes pieds*, ou de ſes ſommets, elle a la figure d'une ſcolopendre, πολλοὺς δ' ἔχουσα πρόποδας, ἤδη καὶ σκολοπενδρώδης οὖσα τὸ σχῆμα. *l. XIII.* On ſait que la ſcolopendre eſt un inſecte reptile, qui a deux ou trois cens pieds.

jugea les trois Déesses; & sur le plus haut de ses sommets, sur le Gargare, qu'Homère plaçoit Jupiter, pour lui faire observer les combats des Grecs & des Troyens. C'est enfin sur ce sommet que Junon, implacable ennemie des Troyens, vient trouver Jupiter avec la ceinture de Vénus, pour le fléchir en faveur des Grecs. Voilà, dis-je, ce que la fable & les Poëtes nous racontent du mont Ida ; mais voici ce que nous en apprend un fameux historien de l'antiquité, Diodore de Sicile, au commencement du dix-septième livre de sa bibliothèque historique.

« Il se passe, dit-il *(l)*, quelque chose de très-singulier sur » cette montagne: on dit qu'au lever de la canicule, la tranquillité » de l'air est parfaite autour de son sommet, comme étant » beaucoup au dessus de la région des vents. Mais on y aperçoit » le Soleil dès la nuit même, non pas à la vérité tel qu'il nous » paroît le jour, mais comme jetant des rayons séparés les uns » des autres, & qui semblent produits par des feux allumés sur » l'horizon de la terre. Peu à peu tous ces feux se rassemblent » en un seul, qui forme une étendue de trois arpens. Enfin » l'heure du jour étant arrivée, ce phénomène se réduit à la » grandeur naturelle & ordinaire du Soleil, qui continue & achève ainsi sa course ».

Pourroit-on méconnoître l'aurore boréale à tous ces traits? à cette lumière nocturne qu'on prend pour un soleil plus pâle que celui du jour? à ces rayons séparés, à ces feux apparens répandus sur l'horizon ou sur la crête des montagnes, & qui, pour le dire en passant, pourroient bien avoir eu quelque part aux forges des Dactyles Idéens? à la réunion de tous ces feux & de leurs clartés en une lumière continue

(l) C'est la version de M. l'abbé Terrasson, si l'on en excepte quelques mots que j'ai cru devoir y changer. Par exemple, j'ai substitué des *rayons* aux *flammes* qu'il faisoit partir du Soleil, le mot qui y répond dans le texte, τὰς ἀκτῖνας, n'étant point équivoque. Il avoit mis les *feux au pied du mont*, c'est à l'horizon sensible, ou, comme le dit l'historien en propres termes, τοῦ τῆς γῆς ὁρίζοντος, *sur l'horizon de la terre*, qu'il faut les placer, sur cet horizon vû entre les montagnes, ou imaginé par delà, &c.

& uniforme, comme il arrive à l'aurore boréale lorsqu'elle est tout-à-fait formée ou qu'elle va finir? & enfin à cette amplitude horizontale qui est attribuée à tout cet amas de lumière sous l'expression vague de trois arpens? Il s'en faut bien que nos pères, chez qui l'aurore boréale étoit infiniment plus marquée qu'elle n'a dû l'être ici, c'est-à-dire, sous le 40.me degré de latitude, l'aient toûjours si bien dépeinte.

Les peuples situés vers le sud du mont Ida, y ont donc vû l'aurore boréale au dessus, &, par tout ce que nous en avons dit, ils ont dû l'y voir en même temps & à peu près sous le même aspect que les Thessaliens & les Grecs la voyoient au dessus de l'Olympe. Je ne décide point s'ils y ont attaché dès-lors les mêmes idées, s'ils en ont conclu de même la présence des Dieux, des trois Déesses, de Cybèle & de Jupiter; mais il est à présumer qu'ils ont pensé comme les Grecs en des circonstances semblables & conformément aux mêmes préjugés. La Théologie de toutes ces contrées de la côte occidentale de l'Asie mineure, de l'Hellespont, de la Troade, de l'Ionie où naquit Homère & où du moins il avoit vécu, étoit vrai-semblablement la même que celle de l'ancienne Grèce & d'Homère.

Mais quelle étoit alors la saison de ce *lever de la canicule*, où l'on plaçoit l'apparition du merveilleux phénomène, & dont l'Historien ne nous indique pas la date? Cette circonstance n'auroit pas été à négliger pour nous; car en général, l'aurore boréale ne se montre dans des pays si méridionaux que lorsqu'elle est grande & fréquente dans ceux de moyenne latitude. C'est ainsi que la très-grande & très-fameuse aurore boréale de *Gassendi*, qui parut au mois de septembre 1621, fut aperçûe jusqu'à Alep en Syrie vers la fin du 36.me degré de latitude, & que celle du mois d'octobre 1726, dont on a tant parlé en France & dans toute l'Europe, fut vûe à Cadiz vers le milieu du 37me. Mais sur quoi nous fonder dans une semblable recherche? l'étoile de la Canicule ou de *Sirius* a son mouvement commun avec celui de toutes les autres étoiles, d'occident en orient. A quelle époque de ce mouvement nous arrêterons-nous? son lever peut être cosmique, héliaque ou achronique; lequel des trois devons-nous choisir? car on sait que toutes ces sortes de lever ont été en usage chez les anciens, & que si le cosmique, par exemple, ou l'héliaque nous indiquent l'été dans un certain siècle, l'achronique correspondant pourra bien nous indiquer l'hiver: cependant la question, qu'on peut regarder comme desespérée par ce côté, ne l'est peut-être pas par un autre.

Je trouve au commencement du cinquième livre de l'Iliade, que *Minerve voulant faire éclater la valeur de Diomède*, répandit sur lui une grande lumière; que *du casque* de ce Héros *& de son boucher sortoit continuellement un feu semblable aux feux de la brillante étoile qui se lève à la fin de l'été & qui jette une lumière plus étincelante & plus vive après s'être baignée dans l'Océan.* C'est ainsi que Me Dacier a désigné l'étoile qu'Homère qualifie ici d'*automnale (m)*, & que Didyme, Eustathe *(n)*, & Me Dacier elle-même, expliquent sans hésiter de celle du grand Chien *(Sirius)*, ou de la canicule à *son lever (o)*, & qui est en effet de toutes les étoiles du ciel la plus brillante *(p)*. Le siècle d'Homère n'étoit pas sans doute fort éloigné de celui où la tradition fabuleuse dont il s'agit avoit pris naissance: mais quand il le seroit de quelques siècles & à concurrence d'un millier d'années, cela n'apporteroit pas ici une différence bien sensible, vû la lenteur du mouvement des fixes; sans compter que plus on reculera l'époque, plus on avancera le lever de l'étoile vers l'automne. Voilà donc le temps de l'apparition

(m) Ἀστέρ' ὀπωρινῷ. *V. Bayeri Uranometria, tab. 38.*

(n) Ὀπωρινὸς ἀστὴρ, ὁ κύων λεγόμενος.

(o) Ἀνατέλλοντι ἀστέρι.

(p) Plusieurs Astronomes, anciens & modernes, ont pris aussi le lever du petit Chien *(Procyon)* pour le temps de la canicule. Sur quoi l'on peut voir les différentes autorités alléguées en faveur de l'un & l'autre sentiment, dans l'Almageste du savant P. Riccioli, *l. VI, c. 5.* Mais outre qu'il n'est pas douteux que ce ne soit ici le grand Chien dont il s'agit, la proximité & la position de ces deux étoiles, mettent si peu de différence entre les temps de leur lever, pour la latitude du mont Ida, qu'il est tout-à-fait inutile d'insister davantage sur cet article.

du phénomène indiqué vers la fin de notre mois de septembre ou dans celui d'octobre; car l'épithète *d'automnale* & le mot grec, qui signifie incontestablement l'automne en général, marquent aussi quelquefois seulement l'entrée de cette saison; c'est du moins dans ce dernier sens que les interprètes d'Homère les expliquent en cet endroit. Or, selon que je l'ai fait voir dans mon Traité, sur quatorze ou quinze cens apparitions & par le résultat des tables que j'en ai données, le mois d'octobre est le temps de l'année où les aurores boréales sont communément & plus grandes & plus fréquentes; après celui-ci, septembre, novembre & décembre. Ainsi, quelque temps de la fin de l'été ou de toute l'automne qu'on assigne au lever de l'étoile automnale d'Homère ou de la canicule, on retrouvera toûjours une époque très-convenable à la tradition rapportée par Diodore de Sicile, conformément à l'explication que je viens d'en donner.

ADDITION AU MÉMOIRE PRÉCÉDENT,

Sur la Cornaline antique du Cabinet du Roi, décrite ci-dessus, & sur quelques autres monumens de l'Olympe, comparés avec cette pierre.*

* P. 200.

DEPUIS qu'on m'a fait l'honneur de lire ce Mémoire dans une Assemblée de l'Académie Royale des Inscriptions & Belles-Lettres, il m'a été communiqué quelques autres monumens antiques, qui, par eux-mêmes & par la comparaison qu'on en peut faire avec la Cornaline du Cabinet du Roi, constatent l'antiquité & le sujet de celui-ci, & confirment de plus en plus les inductions que j'en ai tirées.

1.° M. l'abbé *Belley*, de cette Académie, Garde du cabinet de M.gr le Duc d'Orléans, a eu la bonté de m'ouvrir ce Cabinet & de me montrer, parmi tout ce qu'il contient de rare, un Camée antique, dont le pourtour contient les douze signes du Zodiaque, & où le signe de la Vierge, ainsi que dans la Cornaline ci-dessus, est représenté par une fille avec une licorne qui l'embrasse & que cette fille paroît flatter. La dénomination & les figures des constellations & des signes, telles que nos Astronomes les ont adoptées, sont de la plus haute antiquité : on trouve le nom de plusieurs dans nos plus anciens livres. *Aratus*, qui vivoit près de trois cens ans avant l'Ère chrétienne, n'a fait que nous conserver ces noms dans son Poëme des *Phénomènes*. Mais, pour ne parler ici que du signe de la Vierge, l'épi qu'on lui fait tenir par-tout ailleurs, lui convient d'autant mieux, que dans la plus haute antiquité ce signe étoilé a dû répondre au temps de la moisson des pays orientaux chez les premiers Astronomes. *Cicéron*, qui avoit traduit le Poëme d'*Aratus*, & qui, dans son deuxieme livre de la nature des Dieux, allègue la position constante des étoiles fixes contre le concours fortuit des Epicuriens, ne désigne pas cette constellation autrement que nous. *Le Bouvier*, dit-il, *a toûjours sous ses pieds une belle Vierge qui tient un épi brillant.* C'est ainsi en effet qu'on la voit sur nos globes & dans nos cartes célestes: seulement y donne-t-on à cette figure deux grandes aîles, qu'on trouve encore dans *Hygin*, affranchi d'Auguste, & sur des marbres antiques *(q)*. Il seroit donc curieux & utile, par rapport à notre Cornaline, de savoir quand & à quelle occasion la licorne s'est introduite dans le signe de la Vierge; mais je puis me dispenser d'entrer dans cette discussion. Le savant Antiquaire qui m'a fait voir le Camée dont il s'agit, va incessamment nous en donner l'explication: c'est-là qu'on apprendra que cette espèce d'innovation au ciel poëtique doit être rapportée au siècle de Domitien, & qu'elle a pour tout fondement une tradition très-suspecte de quelques Naturalistes; aussi n'y a-t-il aucune apparence que cette représentation du signe de la Vierge ait été suivie au-delà du siècle de cet Empereur.

Job, Homère, &c.

J'ajoûte ici l'estampe de la Cornaline du Roi, qu'un des plus illustres Membres de la Compagnie & des plus éclairés en semblable matière, a eu la bonté de me faire graver.

(q) Dans le palais Farnèse. *Voyez le Manilius imprimé à Londres en 1739.*

2.° M. Mariette a bien voulu me confier une eſtampe très-rare & très-précieuſe, gravée par le célèbre *Marc-Antoine Raimondi*, d'après un deſſein de Raphaël, qu'on croit avoir été tiré d'un bas-relief ou de quelque pierre gravée antique. Le jugement de Pâris ſur le mont Ida en fait le ſujet principal, orné des deux côtés & à peu près ſur la même ligne, de deux autres grouppes de Divinités des eaux, en conſéquence ſans doute de ce que dit Homère des fleuves & des rivières qui prenoient leurs ſources dans les montagnes de l'Ida; car ces anciens monumens ſont ſans ceſſe alluſion aux Poëmes d'Homère. Mais on voit encore ici, par manière d'épiſode au tableau, une repréſentation de l'Olympe qui en occupe la partie ſupérieure depuis l'angle à droite juſque vers le milieu. Jupiter, assis & vû des trois quarts, y est accompagué d'un plus grand nombre de Divinités différentes & tout autrement disposées que dans la Cornaline du Roi & dans le Camée: tout de suite viennent Castor & Pollux à cheval & le Soleil conduisant son quadrige, renfermé dans un large cerceau qui porte les douze signes du Zodiaque. Ce qui du premier coup d'œil ressemble davantage à la Cornaline du Roi, c'est le voile enflé, & Neptune sortant des eaux, qui le retient par les deux bouts, & c'est pourtant là ce dont je dois le plus particulièrement faire observer les différences; car le voile n'y est pas simplement retenu comme dans cette Cornaline, il est tiré de part & d'autre; d'où résulte un arc plus surbaissé & tel véritablement qu'avoit dû le paroître celui de l'aurore boréale, vû de l'ancienne Grèce au dessus de l'Olympe. De plus, ce n'est pas ici une simple bande isolée, c'est en effet un grand voile dont la seule partie antérieure représente cette bande éclairée & qui se replie ensuite en arrière & dans l'ombre, sur le dos de Neptune. On ne pouvoit mieux représenter l'arc lumineux & le segment obscur de l'aurore boréale; & l'on ne les verra guère autrement dans les figures de mon Traité. Je conviens que l'ombre, non plus que la lumière, ne sauroient être exprimées par le creux ni par le relief, & que c'est vrai-semblablement Raphaël qui les supplée, mais l'une & l'autre étoient suffisamment indiquées sur le marbre ou sur la pierre par cette bande antérieure & par ce repli en arrière du voile, où le jour est censé tomber d'en haut & obliquement; du moins ne vois-je en cette partie & à cet égard que ce que Raphaël y a vû: & prenez garde aussi qu'un des bouts excédans de ce voile flotte au delà d'une des mains de Neptune & s'y déploie en éventail avec des plis à moitié ombrés; ce qui ne rend pas mal ces touffes de rayons colorés qui terminent quelquefois le phénomène des deux côtés sur l'horizon, & plus communément d'un seul côté: sur quoi je renvoie encore à mes figures *. Mais, pour plus de clarté, & afin que le lecteur juge par lui-même de tout ce que je viens de dire, je joindrai encore ici le dessein de cette partie, extrait & réduit

* XII, XVII. *Traité de l'Aurore boréale.*

réduit d'après l'eſtampe de Raphaël, gravé par les mêmes ſoins & ſous les mêmes yeux que la planche de la Cornaline; on en a retranché quelques figures, comme inutiles à notre ſujet.

3.° Enfin, M. le Baron de Thiers m'a fait préſent d'une eſtampe de *Jules Bonaſone*, Peintre & Graveur de Bologne, qui vivoit au milieu du XVI.ᵉ ſiècle. Cette eſtampe, ainſi que la précédente, contient le double ſujet de l'Ida & de l'Olympe; mais à l'égard du mont Ida, ſous une ordonnance & d'une exécution très-différente, par le nombre & par la poſition des figures qui le compoſent. Quant à l'Olympe, il eſt abſolument le même dans la partie du voile retenu ou déployé par Neptune, & il ne diffère du deſſein de Raphaël qu'en ce que Jupiter y eſt entouré d'autres Divinités & autrement placées. Je ne déciderai point ſi cette eſtampe a été tirée de quelque bas-relief ou pierre antique, quoiqu'elle en ait tout l'air: je paſſe auſſi ſous ſilence quelques autres repréſentations de l'Olympe qui ſont venues à ma connoiſſance, ſemblablement variées; mais n'ayant rien de plus poſitif à ce ſujet que celles que je viens de rapporter; je dirai ſeulement, d'après la remarque de M. Mariette ſur la Cornaline du Roi, que ces différences dans le grouppe de Jupiter ſur l'Olympe doivent être attribuées aux différentes Divinités tutélaires des pays, des villes ou des particuliers qui ordonnoient ces monumens ou qui en faiſoient la dépenſe.

DEVISES, INSCRIPTIONS ET MÉDAILLES FAITES PAR L'ACADÉMIE.

PENDANT les trois années dont ces deux nouveaux Volumes contiennent l'Hiſtoire & les Mémoires, l'Académie a continué de fournir les types & les deviſes pour les jetons des départemens Royaux.

Elle a de plus fait, en 1753, une Inſcription pour être gravée ſur une des portes du Cabinet du Conſeil de Sa Majeſté à Fontainebleau.

Elle a fait la même année une Médaille qui a été miſe dans les fondemens du piédeſtal de la ſtatue équeſtre de Sa Majeſté.

En 1754, elle a donné le type & la deviſe d'une Médaille pour la naiſſance de M.gr le Duc d'Aquitaine.

Une Inſcription & une deviſe pour la Chambre du Commerce de Rouen.

Une Médaille & une Inſcription pour la place devant le portail de l'égliſe de S.t Sulpice.

ÉLOGES
DES
ACADÉMICIENS
MORTS
DEPUIS L'ANNÉE M. DCCLI,
JUSQUES ET COMPRIS M. DCCLIV.

ÉLOGE*
DE M. TURGOT.

LE but principal de l'Hiſtoire n'eſt pas d'offrir à la curioſité ces pompeuſes ſcènes, où le Vice joue preſque toûjours un rôle brillant. Plus utile lorſqu'elle nous préſente le modeſte tableau des vertus de Fabricius & d'Ariſtide, elle nous inſtruit par leur exemple : elle nous montre une eſpèce d'héroïſme acceſſible à tous les états; & qui, ſans dépendre des haſards de la fortune ou de l'éclat des exploits, a pour baſe l'humanité, pour traits eſſentiels le deſintéreſſement & l'amour du devoir, pour récompenſe enfin une eſtime tendre & réfléchie, inſéparable de la reconnoiſſance. Aſſemblée publiq. du 20 avril 1751.

Tous les genres de mérite n'ont pas droit à ce ſentiment, & tous les hommes ne ſont pas dignes de s'y livrer. Ce n'eſt qu'aux ames vertueuſes qu'il appartient d'eſtimer la vertu. Seules elles ſont capables d'apprécier les bons citoyens. L'Hiſtoire, en s'attachant à peindre ces hommes rares, étend leurs ſervices au-delà de leur vie même, & les rend à la Poſtérité dans les imitateurs qu'elle leur ſuſcite. L'éclat dont elle couvre leurs noms eſt le germe d'une émulation qui ſecondant avec ſuccès, dans les cœurs nobles, la bonté du naturel & la force des principes, fait ſervir à l'intérêt commun le ſeul foible qui ſoit peut-être juſtifié par ſes effets, l'amour de la gloire.

C'eſt donc conſacrer ſa plume au bien de la Société, que de travailler à mettre dans le plus grand jour des modèles qu'on ne peut trop étudier pour le bonheur des hommes. Tel eſt le but que je me propoſe dans cet Éloge. Je prévois que la nature & l'étendue de mon ſujet me feront ſortir des bornes preſcrites par nos uſages; mais j'eſpère que l'Académie m'en ſaura gré. Nulle matière n'eſt autant de ſon reſſort que la vie d'un homme dont les monumens & les mœurs portent

* Cet Éloge & les quatre qui ſuivent ſont de M. de Bougainville.

également l'empreinte de l'Antiquité. M. Turgot fut citoyen: il eut le goût de Périclès & l'ame de Publicola; il méritoit un historien tel que Plutarque.

MICHEL-ÉTIENNE TURGOT, Marquis de Sousmons, naquit à Paris le 9 juin 1690, de Jacques-Étienne Turgot, Maître des Requêtes & de Marie-Claude le Peletier. M.rs Turgot sont originaires de Normandie. Ils y jouissent depuis long-temps de la considération que donnent de grands établissemens & la notoriété d'une Noblesse immémoriale. Leur nom paroît dès l'an 1272, dans un rôle dressé cette année des Gentils-hommes de la province qui devoient service au Roi: on le retrouve dans plusieurs monumens du même âge. Vers le milieu du siècle suivant commence une filiation prouvée par titres, & dont tous les degrés forment une chaîne continue depuis cette époque, jusqu'à présent. La branche principale a pris anciennement & conserve encore le nom des Tourailles: c'est celui d'une terre qu'elle acquit en 1445, par un mariage avec l'héritière de cette Maison. Jacques Turgot de S.t Clair, bisaïeul de celui que nous regrettons aujourd'hui, est le premier qui ait fixé son séjour à Paris. Il avoit d'abord suivi le parti des armes, à l'exemple de ses ancêtres: en 1614, n'étant encore âgé que de vingt ans, il fut député de la noblesse de Normandie, pour présenter au Roi les cahiers de la province assemblée. Peu de temps après il entra dans la Robe, & il est mort Conseiller d'État ordinaire, après avoir rempli l'Intendance de plusieurs provinces du Royaume. C'est lui que M. Huet met au rang des hommes illustres de la ville de Caen: il fut ami de Bochart, qui lui a dédié son *Phaleg*. Le goût des Lettres s'est transmis dans cette Maison des pères aux enfans, ainsi que l'amour de la vertu. Ce mérite héréditaire est le seul que M. Turgot se permit d'envisager avec complaisance dans une origine illustre: il se glorifioit à ce titre de compter parmi ses aïeux maternels le célèbre Pierre Pithou.

Les heureuses dispositions que M. Turgot montra dès ses plus jeunes années furent cultivées avec soin. Il étoit encore dans l'enfance lorsque son père, à l'âge de vingt-trois ans, fut nommé Intendant de Metz. M. le Peletier de Souzy, son aïeul maternel, se chargea de son éducation, & lui fit faire ses études au collège de Louis le Grand. Des mœurs douces, une érudition agréable & variée relevoient dans M. de Souzy les qualités solides auxquelles il a dû la confiance du feu Roi & l'estime du public. Despréaux, Massieu, Tourreil, M. & M.[de] Dacier se rassembloient dans sa maison. Il les y rendit souvent arbitres des progrès de son petit-fils. M. Turgot fut élevé sous leurs yeux. Il puisa les principes du goût dans l'élite des auteurs anciens; & les modèles de vertu qu'il y rencontroit à chaque pas, firent sur son ame une impression vive & profonde. L'Histoire ne lui présentoit dans le cours de ses lectures aucun fait, aucun sentiment estimable, que des exemples domestiques ne lui rendissent familiers, & dont il ne trouvât la preuve dans son cœur. Ainsi se développoient en lui ces qualités dont l'exercice constant a rempli le cours d'une vie consacrée toute entière à l'utilité publique. L'attachement à ses devoirs fut l'ame de sa conduite; & toûjours le même dans les différentes places qu'il a successivement occupées, il eut dans toutes le mérite propre à chacune d'elles.

En 1711, il fut reçû Conseiller au Parlement, & Commissaire en la seconde Chambre des Requêtes du Palais. Ce tribunal ne juge pas en dernier ressort; mais la multitude & la diversité des causes qui s'y portent en font une excellente école de jurisprudence. D'ailleurs les deux Chambres qui le composent sont exemptes du service de la Tournelle. M. Turgot les préféra, par ces deux motifs, à celles des Enquêtes. Il y voyoit plus d'occasions de s'instruire; en même temps il épargnoit à la sensibilité de son ame des épreuves trop pénibles.

Au bout de six ans, il passa de cette charge à celle de Président en la même Chambre, & s'y distingua par toutes les qualités qui rendent un Magistrat recommandable. Dans les affaires entre particuliers, il avoit toute l'application d'un Juge pénétré de l'importance de son ministère. Les affaires publiques lui donnèrent aussi plus d'une occasion de se connoître lui-même & d'être connu. La ſingularité des conjonctures rendoit pour lors les aſſemblées du Parlement très-fréquentes. On y traitoit des queſtions épineuſes, compliquées, problématiques, & d'un genre à pouvoir être enviſagées ſous des points de vûes contraires. De-là naiſſoient ſouvent des avis oppoſés, malgré l'unanimité des intentions. M. Turgot ſe déclara contamment pour ceux qui lui parurent concilier l'honneur de ſa Compagnie avec les droits du Trône & l'avantage de l'État. Vertueux ſans faſte & modéré ſans foibleſſe, il marchoit au bien d'un pas ferme; mais il ne confondit jamais le courage avec la témérité. Il penſoit, il parloit, il agiſſoit en homme qu'inſpirent l'amour de la paix & l'amour de la patrie.

Une nouvelle carrière plus vaſte, plus difficile, & qui demandoit des talens d'un ordre différent, s'ouvrit pour lui en 1729. La mort de M. Lambert laiſſa vacante la place de Prevôt des Marchands de la ville de Paris, & M. Turgot y fut nommé.

La ſcience des loix, la pénétration & l'équité paroiſſent ſuffire aux Magiſtrats, chargés ſpécialement du ſoin de rendre la juſtice. Ce bandeau dont les anciens couvroient les yeux de l'inflexible Thémis; cette balance qui ne penchoit entre ſes mains que ſous le poids des raiſons & des moyens, ſont les ſymboles d'une impartialité ſévère, & dès-lors incompatible avec tout égard aux circonſtances, aux temps, aux perſonnes. Mais les places de Magiſtrature, qui donnent quelque part à l'adminiſtration générale, en exigeant les mêmes qualités, ſemblent demander de plus une connoiſſance particulière des hommes, une attention continuelle, une exactitude ſcrupuleuſe appliquée à tous les détails. Si cette adminiſtration eſt étendue, l'activité doit s'y joindre à la patience. Si elle tient à des combinaiſons délicates; ſi elle n'eſt pas toûjours dirigée par des principes invariables; ſi ſes opérations ſe trouvent quelquefois dépendantes du moment, elle veut une intelligence, une ſoupleſſe, un mélange de circonſpection & de fermeté, dont le Juge conſtamment guidé par la loi, n'a pas le même beſoin. Mais ce n'eſt point aſſez encore. Avec toutes ces

qualités

qualités l'administration pourroit n'être que régulière, qu'irréprochable : il faut qu'elle soit utile ; il faut qu'elle le soit autant qu'elle peut l'être ; il faut que de plus en plus elle tende à se perfectionner. Et ce but, on ne l'atteint qu'autant qu'on est doué de ce coup d'œil sûr qui démêle le vrai, de cette supériorité dans les vûes qui mène au grand par des routes nouvelles, de cette vigueur de raison qui s'affranchit des préjugés, & de cette prudence courageuse qui prévoit les obstacles & sait en triompher. La place dans laquelle entroit M. Turgot est une de celles où la réunion des talens & des vertus, dont je viens de crayonner l'ébauche, est le plus nécessaire. Le succès avec lequel il l'a remplie montre qu'il les réunissoit.

Le Prevôt des Marchands est un des deux Magistrats chargés de pourvoir ensemble & de concert à la subsistance de Paris. Tout ce que la Seine & les rivières dont elle reçoit les eaux transportent ici de provisions, est l'objet de ses soins. Ce qui arrive par terre, & se débite ailleurs que sur les ports, ressortit au Lieutenant général de Police. Il est aisé de juger par cette division même, combien la partie de l'approvisionnement confiée au Prevôt des Marchands, éprouve de difficultés propres à son district. Dans les années communes la fourniture du bled, cette denrée si nécessaire & d'une administration si délicate, roule moins sur lui que sur le Magistrat de la Police ; mais il en répond presque seul dans les années fâcheuses, où l'épuisement du plat-pays oblige bien-tôt de recourir aux provinces éloignées, souvent même aux Étrangers, pour en tirer des grains qu'on amène à Paris par la rivière.

Tous nos livres économiques s'élèvent d'une voix unanime contre l'énorme ascendant que la Capitale usurpe de jour en jour sur les provinces. Nous gémissons de voir ce gouffre destructeur attirer sans cesse & absorber sans retour tous les talens, tous les arts, toutes les richesses, tous les hommes de la Nation, & tromper les yeux par le phantôme d'une opulence & d'une population dont il tarit insensiblement les sources. Le chef-d'œuvre d'un ministère éclairé sera peut-être de retenir ailleurs & d'occuper cette multitude immenſe, inutile, ſouvent dangereuſe: mais le devoir d'un Prevôt des Marchands eſt de la nourrir, & de la nourrir au plus bas prix poſſible. De combien de meſures n'eſt pas le fruit cette abondance qui lutte inceſſamment contre une conſommation prodigieuſe, contre les deſordres des ſaiſons, les froids exceſſifs, les débordemens, les ſéchereſſes, & mille accidens qu'on ne peut ni prévoir, ni prévenir? Nous en jouiſſons preſque ſans y penſer: mais que de canaux raſſemblés & détournés de leur cours naturel, pour entretenir un ſuperflu qui ſeul nous garantit le néceſſaire!

Il ſeroit à ſouhaiter que le Magiſtrat n'eût du moins à combattre que les viciſſitudes de la Nature; & que les moyens mêmes dont il eſt obligé de ſe ſervir, pour procurer cette abondance, ne devinſſent jamais une nouvelle ſource d'embarras & de difficultés. Les Légiſlateurs qui dans les ſiècles précédens ont préparé ces moyens, n'ont eu, ſans doute, en vûe que le bien public. Mais avec les intentions les plus pures, il n'eſt que trop aiſé de ſe tromper dans une opération auſſi délicate, auſſi prodigieuſement étendue dans ſon objet & dans ſes rapports, que la compoſition des loix: il n'eſt que trop ordinaire de n'éviter un mal qu'on redoute, qu'en ſe jetant dans un labyrinthe de précautions, qui donnent ſouvent naiſſance à mille autres inconvéniens auſſi dangereux. Inutilement voudroit-on ſe diſſimuler que la police établie par nos pères, ſur le commerce des denrées les plus eſſentielles à la vie, n'a pas été le réſultat d'une combinaiſon ſavante & d'une ſuite de vûes ſyſtématiques. Dans l'eſpèce d'anarchie où le gouvernement féodal, & cette multitude de pouvoirs indépendans qui le conſtituent, avoient plongé tous les Royaumes de l'Europe, aucune autorité n'étoit armée de la puiſſance néceſſaire pour devenir le centre de tous les intérêts, pour tenir la balance entre les villes & les campagnes, entre les provinces & la capitale. Au milieu des révolutions & des troubles qui bouleverſoient à la fois toutes les parties de la France; l'attention des Chefs étoit ſans ceſſe fixée, par leur intérêt personnel, sur la succession rapide des grands évènemens. Si quelquefois elle a pû se détourner sur les détails de la police & de l'économie intérieure, ce n'étoit jamais que dans ces circonstances pressantes, où la faim & le desespoir rendent le peuple terrible à ses maîtres. Alors l'administration livrée à toute l'incertitude que donnent la crainte & l'ignorance réunies, saisissoit à la hâte & sans choix les premiers moyens qu'offroit le hasard. Chaque province, chaque ville isolée ne voyoit que ses propres besoins, & ne sentoit que l'abus ou le malheur présent. A chaque occasion les abus & les malheurs renaissans produisoient des loix nouvelles; & l'on voyoit ces loix, souvent contraires les unes aux autres, se suivre en desordre, successivement arrachées à l'Autorité par la tyrannie des conjonctures, rarement appuyées sur des principes solides, dictées le plus souvent par les préjugés d'un siècle barbare, suggérées quelquefois par l'expérience, mais presque toûjours dans ce cas-là même, par l'expérience du moment, si différente de cette expérience uniforme & de tous les temps, la seule qui puisse être un guide assuré.

Peut-être nous seroit-il avantageux aujourd'hui, que nos aïeux eussent pû négliger totalement ces grands objets du gouvernement économique. Du moins l'exemple d'une Nation voisine semble nous autoriser à croire que la concurrence, animée par une liberté entière, suffiroit seule pour assurer d'un côté au cultivateur la juste récompense de ses travaux, de l'autre au simple citoyen une subsistance également facile dans tous les temps. Les instituteurs de notre police n'ont pas mis, comme nos voisins, toute leur confiance dans ce ressort unique & puissant; & le système de notre administration sur ces matières est embarrassé d'une multitude de ressorts, dont l'action diverse ne se dirige pas toûjours au même but. Une foule de règlemens & de loix compose des volumes dont la connoissance seule exige une étude très-longue. Le commerce de chaque espèce de denrée se trouve encore concentré, par un privilége exclusif, dans des communautés différentes; ce qui met incessamment aux prises un nombre infini de petits intérêts ſubalternes, ſouvent oppoſés entre eux, & plus ſouvent à l'intérêt public. De-là cette obligation de ſuivre la denrée dans toutes ſes routes, pour empêcher qu'elle ne ſoit détournée par des monopoles devenus trop faciles. De-là cette immenſe quantité d'Officiers, multipliés encore par la néceſſité de ſubvenir aux beſoins de l'État dans des temps difficiles; nouvelles ſurcharges ſur le prix de la denrée; nouveaux obſtacles à ſon abondance.

C'eſt à travers tant d'écueils que le Magiſtrat tend à ſon but. Il faut qu'en réprimant la cupidité, il favoriſe l'induſtrie; qu'en diſſipant les ligues entre les Marchands, il excite la concurrence entre eux & ſache la régler; qu'il les intimide ſans les décourager; qu'il ait le talent de les employer ſans ſe mettre jamais dans leur dépendance. Il doit ſe ménager des reſſources contre ces diſettes momentanées & ces ſecouſſes imprévues par leſquelles ils pourroient troubler le cours de la denrée: il doit répandre des gratifications avec diſcernement, oppoſer à propos l'art à l'artifice, s'aſſurer la confiance du peuple, & le tromper quand il a beſoin de l'être. Souvent, en effet, ſans le ſpectacle d'une feinte abondance, les frayeurs populaires feroient naître une cherté réelle: mais cette illuſion bienfaiſante eſt d'autant plus difficile à ſoûtenir, que l'intérêt du Marchand ne ceſſe de la combattre par une illuſion contraire.

M. Turgot ſe ſeroit eſtimé trop heureux de n'avoir jamais à manifeſter ſes talens en ce genre: mais le cours de ſa Magiſtrature lui en donna plus d'une occaſion. La récolte des bleds fut très-foible dans les dernières années de ſa Prévôté. Depuis 1738, juſqu'au moment où il ſortit de place, les ports de la ville ont fourni preſque ſeuls à la ſubſiſtance de Paris. Dans ces temps malheureux, M. Turgot raſſembloit toutes les forces de ſon génie, & le ſuccès a toûjours couronné ſes efforts. Mais s'il avoit l'art de multiplier en quelque ſorte les reſſources contre la diſette, il avoit auſſi l'art de les choiſir. Il connoiſſoit le danger de certains expédiens, qui ſont pluſtôt des palliatifs que des remèdes, & dont l'expérience auroit dû faire proſcrire l'uſage depuis long-temps. Il ſavoit que des précautions trop publiques peuvent semer l'effroi, en exagérant aux yeux de la multitude le mal qu'elles annoncent: il savoit quels frais énormes entraînent quelquefois les grandes levées de grains faites par autorité; à combien de vexations elles peuvent servir de prétexte, combien la crainte de ne pas retirer les avances faites par le Gouvernement peut suggérer de fausses mesures, capables de décourager les cultivateurs & d'inspirer la défiance au peuple. Il n'ignoroit pas combien l'opulence des citoyens riches & accrédités peut être utile pour accélérer le retour de l'abondance; mais il savoit en même temps avec quel scrupule on doit éviter jusqu'aux plus légères apparences d'une faveur trop particulière, dont l'effet seroit de refroidir une concurrence bien plus efficace, de porter dans les esprits le soupçon du monopole, & d'y faire naître les murmures à la place de la reconnoissance. Le seul expédient qu'il ait connu, qu'il ait employé dans les temps les plus difficiles, fut celui d'entretenir entre les Négocians une émulation active, de les animer par l'attrait de la liberté, de les exciter aux plus grands efforts par l'appas des récompenses. Tous les moyens qu'il s'interdisoit étoient suppléés par une vigilance continuelle & par les plus sages précautions. Et tel fut l'effet de ses mesures, qu'il attira dans la Capitale & qu'il y soûtint, en 1740, l'affluence des bleds au point de faire juger superflus par le peuple même les secours extraordinaires que sa prévoyance lui avoit préparés, & d'étouffer par-là tout prétexte de plainte. C'est ce qu'il vouloit: car ce n'étoit pas assez pour lui qu'on dût être content; il desiroit qu'on le fût; il aspiroit à rendre les murmures non seulement injustes, mais encore impossibles. M. Turgot a fait voir que ce but pouvoit n'être pas chimérique. Sans doute il avoit besoin pour l'atteindre de toutes les ressources du zèle & de l'intelligence : mais quelle idée ne se formera-t-on pas de ses talens, si l'on se rappelle que ces trois années si rudes, où le fardeau de l'approvisionnement d'une ville immense pesoit presque sur lui seul, ont été l'époque la plus brillante de son administration; qu'alors on le voyoit arrachant d'une main ses concitoyens à la misère, de l'autre ordonner des fêtes superbes,

& diriger l'exécution de ces ouvrages utiles & ſomptueux, dont nous parlerons dans un moment?

Parmi les autres objets de conſommation qui forment en quelque ſorte le néceſſaire de Paris, & que nous ne pouvons parcourir ni même nommer en détail, mais que M. Turgot ſut adminiſtrer, comme ſi chaque objet particulier eût été ſon affaire unique, il en eſt un qui devient de jour en jour plus important & plus digne de l'attention des Magiſtrats & du miniſtère. C'eſt celui du bois. Toutes les branches de ce commerce, dont la principale eſt le bois de chauffage, dépendent du Prevôt des Marchands. La police que M. Turgot trouva établie ſur ce point, tout eſſentiel qu'il eſt, avoit été juſqu'alors aſſez négligée. Mais quoiqu'imparfaite, elle pouvoit ſuffire pour des temps où la conſommation étoit peu conſidérable, en comparaiſon de l'abondance des bois. Cette conſommation eſt exceſſive aujourd'hui, & ne l'eſt devenue que vers le commencement de la Prevôté de M. Turgot. Dans le cours de ſes onze ans d'exercice, il l'a vûe s'accroître d'un tiers: abus dangereux peut-être; mais le luxe, dont il eſt la ſuite, tient à l'état des mœurs nationales, & au ſyſtème entier du gouvernement. Le Prevôt des Marchands n'eſt pas un Cenſeur; c'eſt un Édile chargé de pourvoir à la conſommation, quelle qu'en ſoit la cauſe, quel qu'en puiſſe être l'effet, & de remplacer par un excès d'abondance ce que l'excès du luxe enlève journellement aux beſoins du peuple.

M. Turgot y réuſſit; & malgré les obſtacles qu'il eut à combattre pendant cinq prevôtés, on a preſque toûjours vû la proviſion de deux ans raſſemblée dans les chantiers de Paris, tandis qu'il auroit pû répondre au beſoin d'une troiſième qui ſe préparoit dans les ports & dans les ventes éloignées. Il s'étoit aſſuré ce ſuccès par une étude profonde de tout ce qui ſe rapporte, même indirectement, à ce commerce. Il avoit ſans ceſſe préſent à l'eſprit le tableau de cette vaſte étendue, dont les productions, en ce genre, viennent chaque année ſe concentrer & s'anéantir dans la capitale. Des correſpondans répandus dans les provinces, choiſis avec ſoin, ſurveillés avec exactitude, lui rendoient compte de l'état des ports, de celui des forêts, de l'eſpèce & de la quantité des bois, de la difficulté de leur exploitation. Il enviſageoit ainſi d'un coup d'œil toutes les ſources de la denrée; il en ſuivoit la marche dans toutes les routes par leſquelles elle paſſe pour arriver juſqu'à Paris. Des cartes générales & particulières, levées ſous ſes auſpices par M. l'abbé de la Grive, lui mettoient ſans ceſſe ſous les yeux le cours de la Seine & des rivières qui s'y jettent, de tous les ruiſſeaux qu'elles reçoivent dans leur lit, la nature des pays que ces rivières & ces ruiſſeaux arroſent, & l'étendue des forêts voiſines. Par-là il s'étoit mis en état de guider ceux qui étoient chargés ſur les lieux de l'exécution de ſes ordres, & de n'en donner jamais que de juſtes & de précis : il ſavoit dans quels lieux on pouvoit ordonner des ouvrages utiles, conſtruire des chemins, raſſembler des eaux éparſes, creuſer des canaux, ouvrir des communications inconnues, &, qu'on nous permette cette expreſſion, pourſuivre l'Abondance qui fuit devant les progrès du Luxe.

M. Turgot voyoit d'un œil inquiet ce luxe toûjours croiſſant épuiſer d'une manière déjà ſenſible les forêts immenſes du Morvant & du Nivernois. L'amour du bien public lui fit former en 1739 le projet d'ouvrir aux bois de la Lorraine une route juſqu'à Paris, en établiſſant une communication entre la Meuſe & l'Oyſe par la rivière d'Aine, que quelques canaux joindroient à la Meuſe. Tous les plans de ce projet avoient été dreſſés avec ſoin. il eût mis en valeur les productions de pluſieurs de nos provinces; il eût à jamais raſſuré Paris contre la diſette des bois; & l'on doit regretter que des obſtacles ſupérieurs en aient empêché l'exécution.

Nous n'avons encore conſidéré M. Turgot que dans une des fonctions de ſa place. Si nous l'enviſageons à préſent comme chef d'un corps qui repréſente le corps entier des citoyens, & comme diſpenſateur des revenus de la capitale, ce nouveau point de vûe nous fera découvrir en lui de nouvelles qualités. M. Turgot n'imita point ces hommes pluſtôt ambitieux que zélés, qui jaloux à la fois de leurs prédécesseurs & de ceux qui doivent les remplacer, n'embellissent le présent qu'aux dépens de l'avenir, s'empressent de briller sur la scène, & s'annoncent au public par des entreprises éclatantes, sans se mettre en peine des ressources qu'ils laisseront après eux. Plus modeste, plus prévoyant, sur-tout plus citoyen, il employa les premières années de sa Prevôté à rétablir les affaires de la Ville, à rendre possible ce qu'il vouloit faire un jour, à préparer dans le secret d'une sage administration les moyens d'acquérir une gloire véritable & solide. Il se borna d'abord à des réparations nécessaires, à des embellissemens sans nombre, mais sans éclat, dans l'intérieur de l'hôtel de ville, au rétablissement de l'ordre dans les archives, à des améliorations insensibles, mais qui devoient être dans la suite le fondement du bien général. En vain des projets plus vastes se présentoient à son esprit & venoient tenter le goût qu'il avoit naturellement pour les grandes choses. Il ne se permit d'en écouter aucun qu'après avoir consacré près d'un million au remboursement de rentes, que le malheur des temps avoit forcé de réduire au denier cinquante, & sur le capital desquelles il étoit juste que les propriétaires ne perdissent rien. Cette opération commencée par M. Lambert, & terminée par M. Turgot, réunissoit l'honnête & l'utile; aussi conforme aux principes de la politique qu'aux loix de l'équité, elle assuroit le crédit public ébranlé par les violentes secousses des années précédentes. Enfin, lorsque la justice fut satisfaite, lorsque le crédit fut rétabli, lorsque les revenus de la Ville augmentés par toutes les ressources de l'administration la plus judicieuse, l'eurent mis en état de pouvoir entreprendre avec succès, il déploya, pour l'avantage & l'ornement de la capitale, toutes les richesses des arts qu'il avoit toûjours chéris & encouragés.

Ce fut alors qu'on vit éclorre au milieu des temps les plus difficiles, ces ouvrages admirables qui lui répondent de l'immortalité. Alors, au lieu de ce fossé croupissant, dont les exhalaisons infectoient l'air & causoient des maladies mortelles dans

dans le voisinage, parut ce canal construit pour l'écoulement des eaux & des immondices qu'elles entraînent; travail digne des Romains, & qui joint au mérite de l'utilité celui d'une très-grande difficulté vaincue. Sans parler des sources qui s'opposoient en plusieurs endroits à la solidité de la construction, le local ne donnoit pas, entre le point d'où les eaux partoient & le niveau de la rivière où elles devoient se rendre, une pente assez forte pour qu'elles pussent s'écouler d'elles-mêmes; il fallut que l'art y suppléât. Un vaste réservoir rassemble à la tête du canal un prodigieux volume d'eau qu'on y fait couler plusieurs fois par mois, & dont la vîtesse accrûe par les écluses placées de distance en distance, répare le défaut de pente, entretient l'écoulement, le favorise & le rend plus rapide. En même temps s'élevoit un quai dont la hardiesse étonne les connoisseurs, mais ne peut étonner ceux qui, présens à la construction de cet ouvrage immortel, en étudioient la méthode, & voyoient M. Turgot sans cesse à la tête des travailleurs, les animer, les diriger, les inspirer en quelque sorte. Ils savent par quels prestiges la main puissante de l'Art a suspendu sur le vuide ces masses énormes, & comment l'équilibre les y retient contre les efforts de la pesanteur.

D'un autre côté, le génie & le ciseau de Bouchardon ornoient à l'envi des plus riches trésors de l'Architecture & de la Sculpture, la fontaine de Grenelle, monument qu'on eût admiré dans Athènes, & que M. Turgot crut devoir opposer au reproche si souvent fait à la plus superbe ville de l'Europe, d'avoir trop négligé la décoration de ses fontaines. Ces grands ouvrages & plusieurs autres également utiles & durables, transmettront sa mémoire à nos descendans.

Mais ce qu'il a fait n'est qu'une partie de ce qu'il avoit projeté. Il vouloit rendre praticable & d'un abord facile ce labyrinthe que forment tant de rues étroites aux environs du Palais, en prolongeant le quai de l'Horloge jusqu'à la pointe de l'isle Notre-Dame: il vouloit rapprocher l'isle S.t Louis du centre de la ville, en bâtissant un pont de pierre à la place du pont-rouge; porter abondamment l'eau de la Seine dans tous les quartiers de Paris, en construisant au dessus de la porte St Bernard une machine qui auroit élevé l'eau jusqu'au sommet de la montagne Ste Geneviève; d'où rassemblée dans un réservoir immense, elle eût été facilement conduite par-tout. Il vouloit offrir aux yeux du public l'admirable spectacle du portail St Gervais, dont ils ont toûjours été privés. Il proposoit enfin que la Ville fût chargée de finir le plus beau palais de l'Univers, & qu'elle obtînt pour récompense la face de ce palais qui s'étend sur la rivière. Cette face eût donné à la ville de Paris un hôtel plus vaste, plus commode, mieux situé, plus digne d'elle, tandis que les trois autres côtés eussent logé magnifiquement le Grand-Conseil, les Académies, la Bibliothèque Royale, & contenu tous les dépôts des Secrétaires d'État.

Ces projets divers n'étoient point les fruits stériles & chimériques de l'imagination d'un citoyen, qui s'enflammant pour des vûes qu'il croit utiles, s'en exagère le mérite, & n'en aperçoit ni les inconvéniens, ni les obstacles. Tous les plans avoient été travaillés avec soin & profondément médités. M. Turgot n'ambitionnoit pas l'honneur frivole d'avoir seul ou le premier conçu toutes ces idées, dont plusieurs lui étoient communes avec un grand nombre d'habitans de la capitale. Il le savoit, & son zèle loin d'en être refroidi, trouvoit un motif de plus dans les desirs du public. Mais il étoit le seul qui eût réfléchi suffisamment sur les moyens de l'exécution: il ne partageoit avec personne la découverte des facilités & des ressources qui pouvoient réaliser ses projets. S'ils ont été arrêtés par des obstacles supérieurs, ils n'en doivent pas moins entrer dans l'estimation de la grandeur de ses vûes. Avec les idées de M. Colbert, M. Turgot n'avoit ni la disposition des mêmes sommes, ni la même indépendance.

Nous avons déjà dit qu'à l'exemple de cet illustre Colbert, le modèle de tous les hommes en place, M. Turgot aimoit les arts & les encourageoit. Au milieu de tant de fonctions, il s'étoit menagé le loisir d'en étudier non seulement la théorie, mais encore les différentes pratiques; il viſitoit les atteliers; il s'inſtruiſoit à fond du détail des manufactures. Il a toûjours favoriſé les auteurs des découvertes utiles; & plus d'une fois ſon imagination féconde a concouru, dans les réjouiſſances publiques, avec les talens des artiſtes qu'il employoit. Rien n'égale la pompe des fêtes qu'il a données, que la politeſſe aiſée, noble, attentive avec laquelle il en faiſoit les honneurs. Dans ces fêtes ſomptueuſes, l'ordre, la variété, la nouveauté des ſpectacles ſe diſputoient nos applaudiſſemens. Tout y portoit l'empreinte du zèle & du goût de M. Turgot. Il n'oublioit jamais que ces fêtes, frivoles en apparence, ſont en effet des témoignages ſolennels de l'intérêt qu'un peuple tendre & reconnoiſſant prend à la gloire & à la félicité de ſes Rois; intérêt qui les ennoblit, qui les rend dignes des regards du ſage, des efforts de l'artiſte & des ſoins du Magiſtrat.

M. Turgot, dès ſon entrée dans la carrière où nous le ſuivons, eut l'occaſion la plus heureuſe de peindre aux yeux de ſon maître les tranſports du peuple dont il étoit devenu le chef & l'organe; Monſieur le Dauphin naquit la première année de ſa prevôté. Ce grand évènement, qui combloit les vœux de la France & de l'Europe, fut célébré par des fêtes qu'honora la préſence du Souverain. Le Roi vint ſouper à l'Hôtel de ville, & daigna ſe montrer ſatisfait du zèle de M. Turgot. Parmi les autres fêtes, dont l'énumération ſeroit auſſi faſtidieuſe ici que le ſpectacle en fut intéreſſant, nous ne pouvons nous diſpenſer de rappeler celle qui ſuivit en 1739 le mariage de Madame. Les Étrangers la virent avec admiration; elle eſt encore préſente au ſouvenir de tous nos concitoyens; mémorable à jamais par ſa magnificence, elle a mérité de devenir en ce genre un monument du goût de notre ſiècle.

Au reſte, ces fêtes pompeuſes, ces ouvrages frappans, dont la beauté fixe nos regards, annoncent toûjours le goût de leur auteur; mais ce ne ſont pas toûjours des preuves de ſon zèle pour le bien public. L'amour propre ſuffit pour de pareilles entrepriſes, dont l'éclat eſt la récompenſe; & ſi

M. Turgot n'avoit en ſa faveur que des titres de cette eſpèce; je lui verrois un droit inconteſtable à l'eſtime des amateurs des arts; je pourrois douter qu'il méritât la reconnoiſſance des citoyens. Mais ce qui me perſuade que dans ces travaux mêmes, ſi capables de lui faire un nom, l'eſpérance de la gloire agit moins ſur ſon cœur que le deſir d'être utile; c'eſt le nombre preſque infini d'ouvrages inconnus, obſcurs, inviſibles en quelque ſorte, dont Paris eſt redevable à ſes ſoins. Qu'on parcoure les regiſtres de ſes prevôtés, on verra qu'il ne perdit pas un ſeul jour, puiſqu'il n'y en eut pas un ſeul qui ne fût marqué par des ſervices. Ici on verra ſa prévoyance faire placer une rampe, un parapet, une barrière; là, des pieux qui puſſent indiquer la hauteur de l'eau, des filets qui retinſſent ceux dont on n'auroit pû prévenir la chûte. On verra le lit de la Seine nétoyé, dégagé de ſables en pluſieurs endroits, les attériſſemens qui s'y formoient, détruits avec ſoin; l'iſle Louvier réduite à un contour fixe, élevée au deſſus du niveau des plus grandes eaux, diviſée par des routes régulières, & devenue deſormais un dépôt conſidérable de bois pour la proviſion de Paris; un canal profond creuſé entre cette iſle & le rivage de l'arſénal, où les bateaux trouvent un aſyle contre l'impétuoſité des glaces, dont le choc eſt ſoûtenu par une eſtacade ſolidement conſtruite en avant de ce canal: on verra les eaux de la rivière conduites dans des fontaines que des ſources moins pures avoient remplies juſqu'alors; un long travail entrepris pour régler les différentes meſures des liqueurs; des chauſſées conſtruites ou réparées; la police perfectionnée par l'établiſſement des corps-de-garde ſur les remparts & ſur les ports, mille précautions, mille réparations, mille embelliſſemens dont la multitude nous diſpenſe de faire ici l'énumération.

Tous ces détails ſont immenſes: pluſieurs en particulier ſemblent petits; mais plus ils le paroiſſent, & plus la vûe qui, ſans les confondre, ſans négliger les grands objets, embraſſe à la fois les uns & les autres, a de force & d'étendue. L'utilité de ces travaux les ennobliſſoit aux yeux de M. Turgot. Avec l'esprit assez juste pour n'en mépriser aucun, il avoit l'ame assez grande pour leur sacrifier quelquefois la gloire attachée à des entreprises plus brillantes. Il voyoit même dans la plus-part le motif d'intérêt le plus capable de l'animer, un rapport sensible avec la vie des hommes.

Tant de fêtes, d'embellissemens, de libéralités, de travaux de toute espèce, la plus-part exécutés dans des temps dont la rigueur n'avoit pû être adoucie qu'à force de dépenses, paroissoient devoir épuiser le trésor de la Ville. Cependant, & c'est ce qui met le comble à sa gloire, il l'a remise à ses successeurs libre de dettes, avec des fonds considérables dans ses caisses, & beaucoup plus riche qu'elle n'étoit avant sa prevôté. Ses revenus étoient presque doublés en 1740 ; le fait n'est pas vrai-semblable, mais il est vrai. Une économie inépuisable en ressources, une administration éclairée, qui proportionnoit les entreprises aux moyens, la réunion de plusieurs droits faite de son temps au domaine de la Ville, le produit de quelques droits anciens augmenté naturellement, ou porté par une sage régie à sa valeur réelle, ont été les causes de cet accroissement prodigieux, & concourent à donner la solution du problème. Ajoûtons enfin sa sévère exactitude à renfermer les revenus de sa place dans les limites les plus étroites, & à refuser souvent ce qu'un long usage auroit pû lui faire accepter à titre de droit.

L'amour de l'ordre & l'équité, qui font l'homme de bien, la justesse & l'élévation des vûes, qui font l'homme public, étoient animés en lui par cette humanité sans laquelle les talens sont presque toûjours dangereux, & les vertus même souvent oisives: qualité rare, mais sublime; plus puissante dans les ames nobles que l'amour propre ne l'est dans les ames vulgaires. Elle fut un des traits principaux qui caractérisèrent la sienne; & la place qu'il occupoit ne lui donna que trop d'occasions de l'exercer. Le Prevôt des Marchands, comme un des principaux Magistrats de Paris, partage avec les chefs du Parlement & le Lieutenant de police, le soin d'arrêter & de réparer les calamités publiques, de calmer les tumultes, de remédier aux incendies & aux ſuites des débordemens de la rivière. Les reſſources néceſſaires dans ces ſortes d'accidens ſont même à la charge de la Ville, & roulent particulièrement ſur le Prevôt des Marchands. C'eſt à lui ſur-tout qu'appartient la gloire d'être le ſauveur de ſes concitoyens dans les dangers, & leur conſolateur dans les diſgraces. Parmi les fléaux qui peuvent ravager cette ville immenſe, l'incendie eſt un des plus redoutables & des plus communs. Auſſi M. Turgot n'a-t-il rien oublié pour le prévenir. De-là ces pompes diſtribuées dans tous les quartiers: de-là ces regards placés de diſtance en diſtance, pour ouvrir les grands tuyaux des fontaines, & par le moyen deſquels on peut en un inſtant porter dans le lieu de l'incendie cette maſſe prodigieuſe d'eau que la pompe du pont Notre-Dame élève inceſſamment de la rivière, & que tant de ruiſſeaux ſoûterrains font circuler dans Paris. Mais il ne ſe repoſoit point ſur ces précautions générales. Au premier bruit d'un embraſement, il voloit lui-même par-tout où l'appeloit le danger des citoyens. Ils le voyoient actif, intrépide, infatigable, préſent par-tout, expoſer ſa vie pour ſauver la leur, donner ſes ordres de ſang froid, les faire exécuter ſans confuſion, animer les travailleurs par ſon exemple & par ſes largeſſes. Tel il parut dans l'embraſement de l'Hôtel-Dieu & dans celui de la Chambre des Comptes, arrivés coup ſur coup en 1737, & dans d'autres incendies moins connus. Celui de l'Hôtel-Dieu ſur-tout étoit accompagné des circonſtances les plus propres à développer la bonté de ſon ame & l'activité de ſon courage. Un peuple d'infortunés, incapables de ſe ſecourir eux-mêmes & de ſe dérober aux flammes, attendoient dans leurs lits une mort cruelle & qui ſembloit inévitable. Mais un génie tutélaire veilloit à leur conſervation. M. Turgot apprend leur péril, & court le partager ou les en garantir. Il obtient de M. l'Archevêque de Paris la permiſſion de tranſporter les malades dans l'égliſe de Notre-Dame. Le tranſport ſe fait ſous ſes yeux avec une diligence incroyable; & tandis qu'on l'exécute, il pourvoit à leurs beſoins de toute eſpèce. Graces à la ſageſſe

& à l'efficacité de ses mesures, tout se trouva rassemblé de manière qu'en moins de six heures les malades eurent le bouillon, la nourriture, les médicamens & les secours ordinaires, avec cette abondance qui peut seule rassurer dans une pareille crise. Qu'on oppose à ce spectacle attendrissant l'image d'un champ de bataille, & qu'on nous dise de quel côté est la véritable gloire.

Lorsque le sort des malades fut assuré, M. Turgot se livra tout entier au soin de conserver les bâtimens; il passa la nuit au milieu du péril, & ne se permit aucun repos que lorsqu'il eut vû les flammes éteintes. Ce fut quelques jours après, & sur les ruines mêmes des bâtimens incendiés, que considérant la situation incommode & serrée de ces édifices au centre de Paris, leur mauvaise construction, le peu de proportion de leur étendue avec l'objet auquel ils sont destinés, il conçut le dessein de transporter cet établissement dans l'isle des Cygnes. Il n'est personne qui ne soit frappé des avantages d'une telle position; on ne l'eût pas été moins des plans qui furent dressés tant pour la forme extérieure que pour la distribution des bâtimens & pour tous les arrangemens de détail. Des obstacles peut-être insurmontables s'opposèrent à l'exécution de ce projet. M. Turgot voulut du moins procurer à l'Hôtel-Dieu la possibilité de s'étendre, & de suppléer un jour, par des salles mieux placées, aux salles que le défaut d'espace a contraint d'élever sur un pont qui ne devroit servir que de passage. En démolissant celles-ci, on rendroit à cette masse d'air infectée par tant d'exhalaisons mal-saines, le mouvement & la salubrité que le courant de la rivière y entretiendroit naturellement. C'est dans cette vûe que la Ville fit don à l'Hôtel-Dieu de tout le terrein compris entre les anciens bâtimens de cet hôpital, & ce qu'on appelle les *grands degrés.*

Le peuple ne rend pas toûjours justice à ceux qui le servent: mais, il faut l'avouer, souvent il n'est injuste que parce qu'il manque de lumières; & les bienfaiteurs ne sont frustrés de sa reconnoissance que parce que les bienfaits échappent à ses regards. S'il parut ingrat envers l'immortel Colbert, s'il voulut profaner sa cendre, c'est que les changemens faits par M. Colbert dans l'administration publique, étoient d'un ordre trop élevé, pour qu'il pût en apercevoir les avantages; ou que ces avantages étoient trop éloignés de lui, pour qu'il pût les sentir, sur-tout dans un temps où les besoins d'une guerre presque continuelle ne cessoient de contrarier les intentions bienfaisantes de ce grand homme. Mais le bien que M. Turgot faisoit au peuple étoit, pour ainsi dire, palpable, & le peuple lui voyoit faire ce bien dont il jouissoit; il étoit témoin de son attention généreuse & continuelle à réparer les malheurs passés, à soulager les malheurs présens, à prévenir les malheurs futurs : il voyoit sensiblement l'homme animer en lui le Magistrat; & il se livroit à tous les transports d'une juste reconnoissance.

Aussi, peu de Magistrats ont-ils été chéris autant que M. Turgot. Il avoit tout ce qui prévient le peuple en leur faveur, une taille avantageuse, des traits agréables & réguliers, où les mouvemens de son ame se peignoient avec promptitude; une physionomie noble, qui respiroit la douceur & l'affabilité. Cet extérieur, soûtenu d'une grande réputation de probité, avoit fixé sur lui tous les yeux la première fois qu'il parut à la tête du Corps de Ville; & bien-tôt sa conduite lui gagna tous les cœurs. Sa présence inspiroit au peuple le respect & la joie, maintenoit la police, arrêtoit les tumultes les plus violens; l'autorité de sa vertu le dispensoit de recourir à celle de sa place. On peut se souvenir du démêlé sanglant qui s'alluma sur le port S.t Nicolas au mois de janvier 1736, entre les deux régimens des Gardes. Il s'agissoit de la décharge d'un bateau, dont les Suisses s'étoient emparés au préjudice des François. Ceux-ci vinrent le matin attaquer les travailleurs, qui se défendirent; & déjà la querelle s'échauffoit, lorsque M. Turgot, qui savoit toûjours se trouver par-tout où il pouvoit faire du bien & empêcher du mal, parut tout-à-coup, & rétablit le calme. Mais ce calme n'étoit qu'apparent. Vers les trois heures après-midi, les Suisses s'étant rangés en bataille dans la place du Carrouzel, marchèrent le le sabre à la main vers le port. Dans ce moment, quatre compagnies des Gardes-françoises revenoient de Versailles, & passoient sur le Pont-neuf; elles mettent à l'instant la bayonnette au bout du fusil, & s'avancent dans le même ordre contre les Suisses: ils se joignent, & le combat s'engage. M. Turgot, que sa prévoyance ramenoit alors naturellement vers le port S.t Nicolas, pour y raffermir son ouvrage, est averti par des cris confus de ce nouveau desordre; il court au devant du péril que tout le monde fuyoit avec effroi: il se précipite au fort de la mêlée: il saisit le bras d'un Soldat furieux, dans l'instant où il le levoit pour frapper; il crie qu'on mette bas les armes, & il est obéi. Alors il fait ranger les combattans sur deux lignes, écoute leurs plaintes, prononce entre eux, & les appaise. Il faisoit son devoir, & peut-être a-t-il moins risqué qu'on ne pense. Un Magistrat est armé par le respect qu'imprime sa dignité. M. Turgot connoissoit le pouvoir de la sienne; mais cette confiance, dans une pareille occasion, suppose toûjours bien du courage. Pour sentir alors tout ce qu'on peut, il faut être capable d'oser tout ce qu'on doit.

Quelle que fut la considération générale dont il jouissoit, cette estime est une suite si naturelle de sa conduite, que je ne m'arrêterois pas à la remarquer, si son zèle n'en avoit tiré de nouveaux avantages pour la ville de Paris. M. Turgot ne se bornoit pas à l'embellir, à la rendre en quelque sorte plus habitable, à mettre les Étrangers à portée de la connoître par un plan qui justifiât les éloges de la Renommée, à donner au Corps qui représente les citoyens un lustre égal à sa dignité. Défenseur ardent des prérogatives de la capitale, il a maintenu des droits contestés, il a fait revivre des priviléges à la veille d'être prescrits, il en a même obtenu de nouveaux également honorables. Paris regardera la prevôté de M. Turgot comme une des plus belles époques de son histoire.

Une place de Conseiller d'État avoit été, dès l'année 1737, la récompense de ses services; & c'est à ce titre qu'il fut, en

1741, premier Président du Grand-Conseil. Les qualités qu'il avoit signalées autrefois dans la charge de Président d'une Chambre des Requêtes du Palais, se déployèrent avec plus d'éclat encore sur un plus grand théatre; il y portoit toute la gloire dont il venoit de se couvrir. Sa réputation ne lui fut pas inutile dans une place où il y avoit des hommes à ménager & des intérêts à concilier. Toute Compagnie est une espèce d'État républicain qui a sa politique & ses loix, & qui est sujet à des fermentations intérieures. La liberté qui l'anime, l'égalité qui règne entre ses Membres doivent être respectées, & cependant contenues; il faut honorer & distinguer les talens & les lumières, sans que ces distinctions deviennent injurieuses à ceux qui ne doivent pas les obtenir. L'autorité du chef, nécessairement bornée, n'a de force qu'autant qu'elle ne se laisse ni apercevoir ni sentir, & qu'en lui cédant, on croit ne se soûmettre qu'à l'empire naturel du mérite & de la raison. Personne ne posséda plus souverainement, & n'exerça plus modestement cet empire si doux.

La présidence du Grand-Conseil fut le terme de la carrière où le Public l'avoit vû marcher avec tant de zèle & d'intégrité. Ses vertus, dont l'éclat, depuis douze ans, attiroit sur lui les regards des citoyens, rentrèrent alors dans l'ombre de la vie privée.

M. Turgot avoit sacrifié sa santé au bien public, sur-tout dans les trois dernières années de sa prevôté, que la disette des grains & la multitude des établissemens qu'il forma rendirent les plus difficiles. Il étoit depuis long-temps sujet à de fréquens accès de goutte: il craignoit que ces accès ne l'empêchassent de vaquer à tant de fonctions laborieuses; pour s'en délivrer, il essaya des remèdes qui, au lieu de dissiper l'humeur de la goutte, la rendirent errante, & qui lui firent passer le reste de sa vie dans des infirmités perpétuelles. Mais en cessant de se montrer, il ne cessa point d'être utile. Les services qu'il s'est toûjours empressé de rendre à l'innocence opprimée, au mérite indigent, à la probité sans appui, aux talens méconnus, le consoloient de l'inaction apparente où sa santé l'avoit réduit. Sa famille, tous ceux qui lui furent attachés, tous ceux que rapprocha de lui quelque relation d'affaires ou de société, ont joui de ce que l'État sembloit avoir perdu.

L'Académie des Belles-Lettres, qui retrouvoit dans les ouvrages dont il a décoré Paris, les beautés qu'elle admire dans les restes précieux de l'ancienne Grèce, voulut s'approprier une partie de son loisir, en le mettant au nombre de ses Honoraires en 1743. Un pareil choix auroit en quelque sorte fait revivre parmi nous M. de Souzy son aïeul, si les maladies de M. Turgot ne nous eussent privés de l'assiduité que nous promettoit son goût pour les connoissances utiles. Cette privation nous étoit d'autant plus sensible, que nous savions qu'il en partageoit le chagrin; nous nous flattions quelquefois qu'elle ne seroit pas éternelle. L'humeur d'abord vague, mais qui, en 1742, s'étoit fixée sur les yeux & lui causoit des maux de tête violens, avoit paru se dissiper au bout de six mois; & sa famille commençoit à goûter l'espérance de sa prochaine guérison. Mais au mois de Janvier 1745, il retomba dans un état presque continuel de douleur & d'accablement. La Religion, pour laquelle il avoit eu toute sa vie un attachement sincère, fortifia son courage dans cette longue & cruelle épreuve. Six ans de souffrances, soûtenues avec une résignation toûjours égale, l'ont conduit au tombeau le premier jour de février dernier*, dans la soixante-unième * 1751.
année de son âge. Il avoit épousé en 1718, Magdeleine-Françoise Martineau, d'une famille ancienne dans la Robe: il a eu de ce mariage trois fils & une fille. L'aîné de ses fils est aujourd'hui Président à Mortier du Parlement de Paris.

Notre siècle a peu vû d'hommes aussi vertueux que M. Turgot. Sa vertu avoit la simplicité d'un instinct naturel & la solidité des principes. Cette vertu simple & solide eut en lui pour ressort une extrême sensibilité; mobile puissant, mais qui ne s'ébranloit qu'à la vûe d'objets capables d'exciter son zèle ou d'émouvoir sa bienfaisance. C'est à cette cause qu'il faut rapporter la ponctualité rigoureuse & l'inquiétude pénétrante que M. Turgot a montrées dans l'exercice de ſes diverſes fonctions. Jamais il n'a remis au lendemain l'affaire du jour; il auroit pluſtôt devancé l'inſtant d'agir, que de s'expoſer à le perdre par un léger délai: jamais il ne s'eſt épargné des démarches ou des pas qui lui ſembloient néceſſaires, & il les jugeoit tels aiſément. L'œil ſans ceſſe ouvert ſur toute la ſphère de ſon adminiſtration, il en ſuivoit les moindres détails; il preſſentoit tous les accidens poſſibles; à la première apparence de diſette ou de quelque autre calamité, il cherchoit des reſſources, & ſe fioit à peine à la bonté de ſes meſures, même en convenant avec le Public qu'elles étoient ſuffiſantes. La réflexion, le calcul & la ſécurité générale raſſuroient alors ſon eſprit; mais ſon cœur n'étoit pas tranquille. Cependant, on le ſait, il portoit dans les dangers perſonnels le courage juſqu'à l'intrépidité la plus héroïque, & naturellement ami du repos, il s'y ſeroit peut-être livré, s'il n'avoit pas combattu ſon penchant. A le voir dans les occaſions où rien ne l'arrachoit à une ſorte de mélancolie douce, propre à ſon caractère, on ne l'auroit pas cru capable de cette ardeur & de cette vivacité de ſentiment qui l'ont rendu ſi cher aux ſiens, & ſi utile à tous ceux auxquels il a pû faire du bien.

Quelques exemples tirés de l'hiſtoire de Rome ou de Lacédémone, ont pû faire penſer qu'un vif amour du bien public étoit une paſſion excluſive, incompatible avec toute autre, & que le même homme n'étoit pas dans un égal degré père, ami & citoyen. M. Turgot eſt une preuve du contraire. Peu de Romains ont aimé la patrie, peu de Philoſophes ont aimé l'Humanité comme il les aima; cependant il doit être cité parmi les modèles de la tendreſſe paternelle; & ſes amis ſavent combien il fut ſenſible aux charmes de l'amitié & fidèle à ſes loix.

Bienfaiteur modeſte, mais vif & ſincère, il n'attendoit pas que les beſoins vinſſent mendier un appui dont il ne fut jamais avare. Il alloit au devant des deſirs; il prévenoit les demandes: loin de chercher dans l'incertitude ou la difficulté du ſuccès des diſpenſes d'agir, il imaginoit pour les autres des reſſources que leur propre intérêt ne leur avoit pas ſuggérées. Il a quelquefois eu pour ſes amis une ambition qu'il ne ſe ſentoit pas pour lui-même. Ce n'étoit pas qu'il ſe les préférât par un ſacrifice que quelque effort eût précédé; c'eſt qu'il s'oublioit véritablement alors, & ne voyoit qu'eux. M. le Peletier des Forts, ſon oncle, lui apprit un jour qu'il avoit à donner une place importante, & qui dépendoit de lui. Le premier mouvement de M. Turgot fut de la ſolliciter pour un de ſes amis; il l'obtint auſſi-tôt, & courut annoncer à ſon ami ce qu'il avoit fait. A ſon retour chez lui, on lui demanda pourquoi il ne s'étoit pas propoſé lui-même: ſa réponſe fut, *je n'y ai pas penſé.* Sera-t-on ſurpris qu'un homme capable d'un tel oubli de ſoi-même, ait fait brûler un teſtament fait en ſa faveur au préjudice des héritiers naturels? Cette action n'étoit que juſte pour M. Turgot, dont la morale pure & ſublime comptoit la généroſité parmi les devoirs.

M. Turgot a eu des ennemis; c'eſt-à-dire que ſa gloire a eu des envieux, & ſa vertu des détracteurs. Mais jamais il ne connut le tourment de haïr: jamais il ne goûta le plaiſir inhumain de la vengeance; & l'on peut aſſurer qu'il n'a nui volontairement à perſonne. Il étoit prompt, mais ſans fiel: ſa colère ne s'étendoit pas au-delà du moment. Maître d'uſer de repréſailles envers des aggreſſeurs dont l'injuſtice ne le ménageoit pas, il leur a laiſſé même ignorer qu'il les épargnoit.

La ſenſibilité du caractère de M. Turgot avoit en partie ſa ſource dans une imagination vive & forte, qui ne nuiſoit pas à la bonté de ſon eſprit; ou plutôt l'eſprit ſe confondoit en lui avec le ſentiment. Il ſentoit le vrai, comme on ſent le beau par une ſorte de tact plus rapide que le raiſonnement, & que la réflexion juſtifioit preſque toûjours. Par une ſuite de ce tact heureux, il avoit le goût d'une fineſſe peu commune, & ce goût s'étendoit aux productions de l'eſprit comme aux ouvrages de l'art. Son ſuffrage flattoit les grands artiſtes, parce qu'ils le reconnoiſſoient capable de juger leur talent par ſoi-même, & non ſur la foi d'une réputation ſouvent peu fondée. Il apprécioit avec une égale justesse le mérite des auteurs célèbres; & quoiqu'il eut peu cultivé la Littérature ancienne, il a conservé toute sa vie une connoissance assez délicate des beautés de la langue latine. Il parloit la sienne avec facilité; son langage étoit clair & naturel, simple comme ses manières & vrai comme son cœur. On ne le vit jamais chercher à briller par des tours ingénieux & variés. Il se hâtoit de rendre sa pensée de la façon la plus prompte & la plus directe, à moins que la conversation ne roulât sur un sujet digne d'intéresser son ame: alors ce n'étoit plus le même homme; il s'exprimoit avec abondance, avec force; il avoit cette éloquence que donne le sentiment.

Tel fut M. Turgot. Ce qu'il a fait, ce qu'il laisse, assure à son nom l'immortalité: mais il devra toûjours à ses qualités personnelles une gloire plus respectable, moins commune, & capable d'inspirer à ses pareils une émulation plus utile.

ÉLOGE
DE M. L'ABBÉ GEINOZ.

FRANÇOIS GEINOZ naquit à Bulle en Suiſſe au mois de juillet 1696 : il étoit le troiſième fils de Joſeph Geinoz, Curial de cette ville, & d'Anne Alec de Saulzens. Bulle, ſituée au pied des Alpes, eſt un Bailliage du canton de Fribourg, & dépend, pour le ſpirituel, de l'Évêque de Lauſanne. Depuis pluſieurs ſiècles la famille de Mrs Geinoz y tient un rang diſtingué : elle y jouit de cette conſidération que donnent parmi des égaux l'ancienneté, les ſervices, la poſſeſſion des premières Magiſtratures, & ſur-tout l'intégrité, l'honneur & le zèle héréditaire pour le bien de la patrie. Ces qualités, qui firent la gloire & la force des anciennes républiques, fleuriſſent encore aujourd'hui chez des peuples libres, que la nature de leur pays & leur caractère préſervent de la contagion du luxe, & chez leſquels la ſageſſe d'un gouvernement ferme & doux entretient cette heureuſe ſimplicité de mœurs, qui rend les loix preſque inutiles, en rendant les vertus communes.

Aſſemblée publique du 14 Novemb. 1752.

Les Armes & la Juriſprudence échurent en partage aux deux frères aînés de notre Académicien : pour lui, il fut deſtiné dès le berceau à l'état eccléſiaſtique. L'ordre de la naiſſance ne décide que trop de la vocation des enfans ; & les pères ſont heureux, lorſque les diſpoſitions de la Nature ſe prêtent à des arrangemens preſque toûjours pris ſans la conſulter. L'accord eſt rare : mais il ſe trouva parfait dans cette rencontre ; & le ſuccès auroit juſtifié des vûes prématurées, ſi jamais aux yeux de la Raiſon le ſuccès pouvoit être l'apologie des motifs. Les inclinations de M. l'abbé Geinoz parurent aſſorties dès le premier inſtant à l'état qu'on lui faiſoit embraſſer. Un éloignement marqué pour le vice, un grand fonds de droiture & d'humanité, une candeur aimable & relevée par une pénétration vive, un eſprit docile, ſérieux & patient, un goût déclaré pour l'étude, en ſe développant par degrés, annonceient ce qu'il devoit être un jour. Ses parens, très-capables l'un & l'autre de ſeconder, par d'utiles leçons, un caractère ſi digne d'être cultivé, ſe firent un devoir de lui prodiguer leurs ſoins. Pendant ſes premières années, il n'eut point d'autres maitres. Mais l'éducation domeſtique a ſon temps & ſes bornes; néceſſaire d'abord & rarement ſuffiſante, elle prépare à des inſtructions plus fortes & plus ſuivies. Dès que M. l'abbé Geinoz fut en état de les aller recevoir, on l'envoya chez les Jéſuites de Fribourg, où bien-tôt il ſe fit connoître par ſes talens, eſtimer par ſes mœurs & chérir par ſa modeſtie; qualité dont l'apparence même eſt aſſez rare dans un âge où l'amour propre, flatté par les premiers ſuccès, éclate ſouvent avec cette imprudence naïve, qui n'eſt preſque jamais corrigée dans la ſuite que par un défaut contraire. Sa facilité naturelle ne fut point un obſtacle à ſes progrès; il avoit, contre la négligence qu'elle inſpire, un préſervatif dans cette défiance de ſoi-même, qui ſeule peut accoûtumer l'eſprit à des efforts aſſidus, quand elle n'eſt pas aſſez grande pour le reſſerrer & l'aſſervir.

Qu'on ne s'étonne pas de nous voir inſiſter ſur la première époque de la vie d'un homme de Lettres, ſimple, iſolé, ſans ambition comme ſans titre, qui n'eut ni ne deſira jamais rien de cet extérieur dont l'éclat décore quelquefois le mérite, mais plus ſouvent l'offuſque ou le remplace aux yeux de la multitude. Peindre la jeuneſſe de M. l'abbé Geinoz, c'eſt ébaucher le tableau du reſte de ſa vie, parce qu'il ne s'eſt point démenti, parce qu'uniforme dans ſa conduite, invariable dans ſes goûts, il marcha d'un pas toûjours égal. Heureux de n'avoir eu que des paſſions douces, & peut-être auſſi de ne s'être pas rencontré dans ces circonſtances qui donnent l'eſſor aux deſirs, en les ſoûlevant contre la Raiſon, il trouva dans ſon caractère & dans ſes principes des armes contre la vivacité de l'âge & la ſéduction de l'exemple. Il ſuivit ſans écart & preſque ſans effort la route du devoir; & le chemin qu'il fit dans la carrière des Lettres, il l'eût fait avec des diſpoſitions moindres

moindres que les siennes, parce que son goût, trop souvent contraint par des occupations qu'il n'aimoit pas, ne fut jamais combattu par d'autres goûts. D'ailleurs, les espérances qu'il donnoit dans sa jeunesse influèrent sur une résolution qui décida du reste de ses jours; ce fut celle que prit sa famille de l'envoyer en 1713 à Paris pour y continuer ses études.

M. l'abbé Geinoz étoit âgé de dix-sept ans lorsqu'il fit ce voyage. A peine fut-il arrivé, qu'il mérita d'être reçû dans la communauté des *Trente-trois*, dont toutes les places se donnoient alors au concours. La diminution des fonds a fait depuis abolir cet usage si favorable au mérite: mais il vient d'être en partie renouvelé par la libéralité d'un Prince zélé pour tous les genres d'établissemens utiles, & dont le nom respectable doit vivre à jamais dans la mémoire de ceux qui chérissent l'Humanité, les Lettres & la Vertu. Feu M. le Duc d'Orléans a remis sur l'ancien pied douze de ces places, qui, grace à ses bienfaits, continueront d'être à la fois des récompenses pour le talent & des moyens de le perfectionner. C'est à cette loi, constamment observée dans la maison quand elle adopta notre jeune Étranger, qu'elle devoit le grand nombre de Sujets excellens qui la remplissoient alors, & dont plusieurs furent bien-tôt liés avec lui par la conformité des goûts & des caractères. Il y trouva les études florissantes & la discipline exacte, des loix austères & des mœurs douces, des Élèves qui pouvoient se passer de Maîtres & des Maîtres dignes de leurs Élèves. Une bibliothèque nombreuse & choisie, une distribution sage des heures de la journée, y facilitoient les progrès; & l'émulation, qui n'est presque jamais utile qu'à ceux auxquels elle ne seroit pas nécessaire, entretenoit l'amour de l'ordre & l'ardeur pour le travail.

M. l'abbé Geinoz prit sans peine le ton de la Société dans laquelle il entroit; c'étoit le sien: il lui coûta peu de se plier à des loix qu'il eût faites pour lui-même & dont il n'avoit pas besoin. Aussi fidèle à la lettre qu'à l'esprit des règlemens, il les remplissoit sans négligence, mais sans affectation: son exactitude à tout le faisoit regarder comme un modèle dans l'intérieur du Séminaire, pendant qu'il en ſoûtenoit la réputation au collége du Pleſſis, où ſes Supérieurs l'envoyèient étudier la Philoſophie.

Celle d'Ariſtote oppoſoit encore aux progrès du Cartéſianiſme les reſtes opiniâtres d'un parti prêt à ſe détruire, mais qui, conſervant le ton d'un deſpotiſme preſque légitimé par une poſſeſſion de pluſieurs ſiècles, traitoit toûjours ſes vainqueurs de ſujets rebelles. Les catégories, les formes ſubſtantielles, les qualités occultes depuis long-temps bannies des meilleures écoles, s'étoient réfugiées dans les cahiers de quelques anciens Profeſſeurs, qui s'obſtinoient à les défendre avec ce zèle intolérant qu'inſpire tout ſyſtème contredit. Des mots vagues, des phantômes d'idées étoient plus propres à dégoûter qu'à repaître un eſprit ſolide. L'Imagination ſe prête quelquefois à des chimères, pourvû qu'elles ſoient agréables; mais quand elles ſont triſtes & farouches, elle les abandonne ſans regret à la Raiſon qui les proſcrit. M. l'abbé Geinoz voulut connoître aſſez celles de la Philoſophie ſcholaſtique pour être en droit de les mépriſer; mais à peine daigna-t-il en charger ſa mémoire. Il la réſerva pour les Écrits de Deſcartes & des grands hommes ſortis de ſon école. Ces ouvrages immortels, dont les auteurs, en introduiſant la méthode dans les recherches philoſophiques, ont éclairé leurs Élèves & plus encore leurs rivaux, furent le ſujet continuel de ſes méditations pendant les deux années que dura ſon cours. Il fit même quelques progrès dans la Géométrie, devenue, depuis ſon application à la Phyſique, le guide des Phyſiciens, comme l'expérience eſt leur flambeau.

Ce cours n'étoit pour lui qu'un préliminaire à des études plus eſſentielles. La Théologie & l'hiſtoire de l'Égliſe ſont les Sciences propres à l'état qu'il devoit embraſſer. Il y porta les mêmes diſpoſitions que dans l'étude de la Philoſophie, écartant d'une main les épines dont eſt hériſſé ce champ ſi vaſte & pluſtôt mal cultivé qu'inculte, tenant de l'autre le fil de la tradition, dégageant par-tout le dogme des queſtions arbitraires; plein de reſpect pour les vérités, de mépris pour les ſyſtèmes, de haine pour les diſputes, préférant à la hardieſſe des déciſions une ſoûmiſſion ſimple, & d'autant plus raiſonnable qu'elle raiſonne moins.

Sans rien ſouſtraire à cette étude, regardée par lui comme un devoir, il trouvoit encore aſſez de loiſir pour cultiver les Lettres, vers leſquelles il ſe ſentoit entraîné par un penchant invincible. Depuis long temps les Supérieurs du ſéminaire y voyoient régner, pour les langues ſavantes, une paſſion ſecrète que tout leur zèle pour la philoſophie & la théologie ſcholaſtiques n'avoit pû détruire. Le goût y conſacroit aux Muſes bien des momens dérobés au ſommeil, aux heures de repos, à celles des exercices communs. Perſonne n'avoit plus que M. l'abbé Geinoz l'art de ſe ménager ces momens précieux, & de les mettre à profit. Les meilleurs écrivains de l'antiquité lui devinrent bien-tôt familiers. Il puiſa dans leur commerce des connoiſſances, des principes, un goût ſûr, & l'amour du ſimple & du vrai qui font le mérite réel des ouvrages de l'art. Homère, Sophocle & ſes rivaux, Ariſtophane, Hérodote, Démoſthène, Lucien parmi les Grecs, Cicéron, Virgile, Horace & Tite-Live parmi les Latins, furent ceux auxquels il s'attacha le plus. Perſuadé qu'un amas confus de connoiſſances mal digérées accable l'eſprit ſans le nourrir, il préféroit la fleur d'une Littérature exquiſe, au poids d'une érudition trop vaſte, & le plaiſir de méditer un petit nombre d'auteurs excellens, à cette curioſité trop avide que tout repaît, & qui, lorſqu'elle n'eſt pas accompagnée d'une mémoire heureuſe, d'un jugement ſolide & d'un eſprit étendu, ne produit que des demi-ſavans ténébreux, ſatisfaits d'eux-mêmes, inutiles à leurs contemporains, inconnus à la poſtérité. Il n'appartient qu'à des génies privilégiés de ſavoir bien & de ſavoir beaucoup, d'avoir beaucoup lû & beaucoup penſé. La multitude des modèles rend le goût indécis, & ſouvent faux; pour le former, il faut choiſir les meilleurs & les étudier ſans ceſſe.

M. l'abbé Geinoz avoit réglé ſur ce principe le plan de ſes études. Il découvroit, dans la lecture aſſidue des mêmes écrivains, de nouveaux motifs de les relire. Mais quelqu'attrait qu'il y trouvât, ces beautés profanes ne lui parurent rien au prix de celles qu'offrioient à ses regards les livres sacrés, dont il apprenoit en même temps la langue, & dans lesquels il ne se lassoit point d'admirer l'énergie du style, la grandeur des idées, la majesté des images, & sur-tout cette poësie noble, dont la chaleur se fait sentir jusque dans le froid de nos traductions littérales. Le desir de connoître ces originaux, si défigurés par leurs copies, l'avoit, dès l'an 1717, jeté dans l'étude de la langue Hébraïque; & la rencontre qu'il fit, vers le même temps, de M. l'abbé Fourmont, dès-lors très-versé dans les langues Orientales, en redoublant son ardeur, hâta ses progrès. Ils furent assez grands pour être connus, quoiqu'il ne s'annonçât sur rien. M. Fourmont l'aîné, qui ne croyoit pas facilement au mérite, eut assez bonne idée de lui sur ce point pour le mettre, quelques années après, au nombre de ceux qu'il proposoit à M. l'abbé Bignon, comme les plus capables de remplir une chaire d'hébreu vacante au collège Royal. M. l'abbé Geinoz ne l'a peut-être jamais sû. Nul motif étranger n'influoit sur le zèle qu'il porta dans l'étude de l'Écriture. Il y trouvoit à la fois des modèles de tous les genres de style, & les élémens de la morale, de la philosophie, de cette théologie sublime que tous les hommes doivent étudier, en un mot tout ce qui pouvoit intéresser son esprit & convenir à son état.

Le charme de ces lectures ajoûtoit encore au dégoût que lui avoient inspiré, dès le premier abord, les discussions théologiques. Bien-tôt elles le rebutèrent au point que regrettant toutes les heures que les loix du séminaire le forçoient d'y sacrifier, il prit enfin le parti de s'en expliquer avec les Supérieurs. Pendant les vacances de cette même année 1717, il osa leur demander dispense d'aller à l'avenir aux écoles de Sorbonne, fondé sur ce qu'en qualité d'Étranger, il n'aspiroit point à des grades inutiles pour lui dans sa patrie. Le motif étoit raisonnable; & le cas paroissoit un de ceux où déroger aux loix, c'est les remplir. Mais il est rare qu'un statut formel cède même à la Raison. Les Supérieurs eurent le bon esprit d'interpréter le règlement; & l'atteinte qu'ils y donnèrent en sa faveur, fut la récompense de son courage & de l'estime qu'il leur avoit témoignée par ſa demande. C'eſt, en effet, beaucoup eſtimer les hommes, que de les croire aſſez équitables pour prononcer en certaines occaſions contre l'uſage.

Libre dès-lors, il ſe renferma dans le lieu le plus déſert & le plus élevé de la maiſon, avec ſes auteurs favoris, l'hiſtoire de Joſèphe, le texte hébreu de la Bible, les commentaires de S.t Jérôme, & les traités de Théologie ſur leſquels il devoit répondre dans les conférences journalières. C'eſt-là que levé dès deux heures du matin, l'hiver comme l'été, il donnoit régulièrement à l'étude quatorze à quinze heures par jour. Cet excès de travail, dans un lieu mal ſain, altéra bien-tôt une ſanté naturellement foible. Il eut, ſur la fin d'octobre 1718, une fluxion de poitrine qui le mit à l'extrémité.

Le péril paſſé s'oublia; c'eſt l'ordinaire. M. l'abbé Geinoz ſuivit, après ſa guériſon, la même conduite, & la ſoûtint aſſez bien pendant trois ans. Mais en 1722 une ſeconde fluxion de poitrine, plus violente que la première, fit deſeſpérer de ſa vie pendant pluſieurs jours. Sa jeuneſſe & l'habileté de M. Môlin l'en tirèrent, mais tellement affoibli, que la maladie dégénéra peu après en langueur. Il dépériſſoit inſenſiblement; & ſes amis ne voyant plus d'autre reſſource pour lui que l'air natal, le déterminèrent à ſe rendre aux inſtances de ſa famille, qui depuis trois ans le rappeloit en Suiſſe. Il prit donc le parti d'y retourner, après neuf ans d'abſence, pendant leſquels il ne s'étoit que trop appliqué, ſans le ſavoir, à s'en rendre le ſéjour peu agréable, quoiqu'elle fût ſa patrie & qu'il l'aimât. Mais la véritable patrie d'un homme de Lettres, eſt le pays où les Lettres ſont le plus floriſſantes.

Le plaiſir de ſe retrouver dans le ſein de ſa famille, & ſur-tout celui de revoir une mère tendre dont il chériſſoit la vertu, l'empêchèrent quelque temps de ſentir combien il étoit étranger parmi les ſiens. Cette heureuſe diſtraction fut encore prolongée par de nouveaux devoirs, auxquels l'aſſujétit, preſqu'auſſi-tôt après ſon retour, un engagement qu'on crut aſſez fort pour le fixer. Il fut, en arrivant, pourvû d'un Canonicat dans la collégiale de Bulle, & en conſéquence ordonné Prêtre par l'évêque de Sion, pendant l'abſence de celui de Lauſanne.

L'étude de l'Écriture & les fonctions du Miniſtère ſacré l'occupèrent alors tout entier. Ses ſermons lui firent un nom dans le pays : ſon Évêque voulut l'entendre, le retint quelques jours, & fut ſi touché de ſon éloquence naturelle, de la pureté de ſes mœurs & de la douceur de ſon caractère, qu'il ne le nommoit jamais ſans éloge.

Cependant le goût des Lettres humaines le rappeloit ſans ceſſe à la lecture des auteurs anciens. Dans la vûe d'accorder ce goût avec les devoirs d'un état où l'on renonce à ſoi-même pour s'occuper uniquement des beſoins d'autrui, il prit chez lui deux ou trois jeunes gens de ſes parens, & ſe chargea de leur éducation. Les momens que lui laiſſoient les études & les fonctions eccléſiaſtiques, furent conſacrés à ce pénible emploi, qui lui fourniſſoit au moins l'occaſion de ſe retrouver quelquefois avec les Muſes.

Il eſpéroit en tirer un ſecond avantage, celui de ſe ſouſtraire plus ſouvent à l'ennui d'une ſociété ſans attraits pour lui, mais à laquelle il étoit trop cher pour s'y pouvoir refuſer ſans un prétexte plauſible. Les mœurs & les vertus rendent la ſociété douce & ſûre parmi les hommes ; & M. l'abbé Geinoz trouvoit l'un & l'autre dans celle de ſes concitoyens. Gens ſimples, vrais, pleins de cette candeur qui vaut mieux que l'eſprit, & qui ne l'exclut pas, ils avoient conçû pour lui la plus haute eſtime ; ils priſoient ſon mérite, mais ſans être en état d'en jouir. C'eſt la conformité des goûts, ce ſont les talens qui rendent le commerce aimable ; & l'agrément qu'ils y répandent forme entre les eſprits une ſorte de liaiſon utile aux uns & aux autres, qui n'eſt pas toûjours l'amitié, mais qui la remplace ſouvent, qui ſouvent s'y joint, la fortifie, en aſſure la durée. L'eſprit a ſes beſoins ; rarement capable de ſe ſuffire, il s'enrichit par cette communication d'idées qui fait le charme des entretiens, & les met au nombre des plaiſirs les plus réels que puiſſent rechercher des hommes accoûtumés à penſer.

M. l'abbé Geinoz en avoit goûté les prémices pendant ſon ſéjour à Paris : il en connoiſſoit la valeur, il méritoit d'en jouir; & la privation qui donne un nouveau prix à ce qu'on a perdu, rendoit ſes regrets d'autant plus vifs, qu'il n'étoit point pour lui de plaiſir équivalent, dont l'échange pût du moins le diſtraire. Forcé de vivre avec des gens dont l'affection lui devenoit à charge, parce qu'ils en faiſoient conſiſter le témoignage à le voir ſans ceſſe, il leur ſavoit gré de l'intention. Mais tout l'effort de la reconnoiſſance, en pareil cas, ſe borne à ne point haïr des importuns, à paroître leur ſacrifier de bonne grace un temps précieux, & ſe prêter ſans dégoût à des converſations monotones, ſans objet, ſans intérêt & ſans fruit. Cet état eſt violent ; & combien ne devoit-il pas l'être pour un homme né ſincère? La franchiſe helvétique s'élevoit en lui contre cette diſſimulation forcée; & la ſolitude étoit le ſeul moyen qu'il eût de conſerver des dehors néceſſaires, parce qu'elle ſeule pouvoit rendre les occaſions de s'échapper plus rares.

Il alloit ſouvent la chercher dans une forêt peu éloignée de Bulle, & dont les ſombres détours ſe perdent dans les profondeurs des Alpes. C'eſt-là qu'au milieu des rochers, entre des gorges inacceſſibles enſévelies ſous les neiges & ſous les bois, dans ce calme mêlé d'horreur, qu'inſpire le ſilence & la majeſté de la Nature, ſeul, mais à lui, ſans témoins, ſans contrainte, il méditoit ſur les plus ſublimes vérités. Homère, Virgile, Horace l'accompagnoient dans ſa retraite; & c'eſt à leur entretien qu'il devoit ſes momens les plus agréables. La beauté des images qu'il voyoit éclorre en foule ſous leur pinceau, le plongeoit quelquefois dans de douces rêveries; quelquefois elle le rempliſſoit d'un enthouſiaſme qu'il auroit voulu répandre ſur tout ce qui l'environnoit. Mais il le vouloit en vain. Ces arbres, ces rochers, ces grottes profondes, tant d'objets ſauvages qu'animoit à ſes yeux la poëſie de Virgile, ne l'étoient pas aſſez pour partager ſes plaiſirs. La Nature muette n'offroit à ſes regards que des êtres inſenſibles; & ceux qu'il retrouvoit dans la ville, en y rentrant, n'étoient guère plus touchés de ce qui faisoit une si vive impression sur son ame. Ce n'est pas jouir que de jouir seul. L'esprit, comme le cœur, a besoin de s'épancher; & le bonheur, du moins le bonheur fait ici bas pour les hommes, n'en seroit pas un, s'il n'étoit partagé. Cicéron l'a dit si bien dans son dialogue sur l'amitié: mais long-temps avant lui l'épreuve en avoit été faite par tous les cœurs sensibles. Il semble qu'à un certain degré le plaisir soit, comme le chagrin, un fardeau que l'ame ne puisse supporter seule; & la Nature, en rendant l'homme sociable, attache à cette communication des délices que n'exprimeront jamais ceux qui sont capables de les sentir, & dont les autres n'ont pas même l'idée.

Ce que nous disons ici de l'état de M. l'abbé Geinoz, paroîtra peut-être hyperbolique à ceux qui ne conçoivent pas que la lecture d'un grand Poëte, en échauffant l'imagination, puisse intéresser le cœur, au point de lui rendre, si je l'ose dire, un confident nécessaire. Mais j'en appelle aux Poëtes, aux grands Artistes, à tous ceux en un mot que la Nature a doués de ce goût vif & délicat, qui est un sens de plus. Ils conviendront sans peine, qu'un homme d'esprit enchanté des ouvrages d'Homère, étoit malheureux de ne trouver personne à qui le dire. Il avoit besoin d'une grande fermeté pour se soûtenir long-temps dans une situation si pénible.

Il combattit sept ans: mais enfin le courage s'épuise; & le moment arrive où la Raison fatiguée, mais contente de ses efforts, croit avoir acquis, par une longue résistance, le droit de céder sans honte. M. l'abbé Geinoz n'avoit pas oublié les amis qu'il s'étoit fait à Paris: tous étoient gens de Lettres, zélés comme lui pour la gloire des Anciens. La comparaison qu'il faisoit, sans le vouloir, de leurs entretiens avec ceux auxquels il étoit réduit à Bulle, ajoûtoit à ses chagrins par le souvenir amer d'un plaisir qui n'est plus: il n'avoit pas même la ressource d'une correspondance littéraire.

Dans la crainte que ce commerce n'augmentât le dégoût qu'il avoit pour le séjour de la Suisse, sa famille avoit rompu toute communication entre eux. Son père interceptoit toutes les

les lettres qui lui étoient adressées de Paris; & sans un billet que lui remit une main sûre de la part d'un de ses anciens amis de qui nous tenons le fait, il auroit pû se croire oublié de ceux même qui le plaignoient le plus sincèrement.

Ce billet lui fit prendre le parti de revenir en France. La mort de sa mère, le second mariage de son père, des chagrins domestiques de toute espèce l'affermirent dans sa résolution, dont il ne fit point mystère. Cette nouvelle répandit la tristesse dans Bulle & dans tout le Chapitre; le regret éclata par des démonstrations générales. Nous ne devons pas supprimer ce trait qui fait si bien l'éloge de son caractère: c'est un de ces hommages singuliers que la voix publique rend quelquefois au mérite; & de plus, c'est un exemple qui montre que l'amour propre, pour s'attacher à ce qu'il possède, n'a pas toûjours besoin d'en connoître tout le prix. On l'estimoit dans sa patrie comme on prise dans une ville quelque monument singulier dont elle ne jouit pas, mais dont elle se pare aux yeux des Étrangers. On réitéra près de lui les plus vives instances: le Corps de ville lui fit une députation dans les formes; tous les ressorts qui pouvoient l'ébranler furent mis en œuvre, mais inutilement. Le dessein en étoit pris; & quoique citoyen, quoique parent, quoiqu'ami tendre, quoique touché de la douleur de sa famille, il prit la route de Paris, où il se revit enfin au commencement de 1730.

La résignation du bénéfice avoit été le préliminaire du départ. L'amour des Lettres & de la liberté le fit renoncer sans peine à cet établissement, qu'il ne remplaçoit néanmoins alors que par des espérances incertaines. Mais il fuyoit des chagrins; il alloit au devant de plaisirs sûrs, dont la source inépuisable étoit dans un goût long-temps combattu. Cet ami, dont la lettre avoit hâté sa fuite, le reçut au collège de Reims; & le rapport de leurs études resserra bien-tôt leur union. Ils passèrent ensemble près de deux ans, pendant lesquels il donna une partie de son loisir à la langue allemande qu'il avoit presque oubliée. Cette connoissance lui devenoit essentielle pour une place d'Aumônier, à laquelle il aspiroit, dans le régiment des Gardes-Suiſſes, & qu'il obtint en 1732 par le crédit de M. de Surbeck, alors Capitaine de la compagnie générale.

Cette compagnie forme, en quelque ſorte, un corps à part. Indépendante du régiment pour la juſtice tant civile que militaire, elle a ſon État-major, ſon Grand-juge, ſon Interprète, ſon Aumônier, & cette dernière place, qui ne peut être remplie que par un Prêtre de la nation, convenoit parfaitement à M. l'abbé Geinoz. Avec beaucoup de courage, il avoit cette ſenſibilité qui donne de l'ame au diſcours, cette expreſſion vive, pathétique & facile qui touche les cœurs, qui les ébranle & les entraine. Auſſi l'eſtime qu'il s'eſt acquiſe dans cet emploi en a-t-elle augmenté la conſidération. Plein de religion & d'humanité, vertueux, bienfaiſant, il honoroit ſon état, parce qu'il s'en croyoit honoré, qu'il le reſpectoit & qu'il en eut toûjours les mœurs. Il fut cher aux Soldats; il les chériſſoit: hommes & chrétiens, guerriers & compatriotes, ils avoient plus d'un droit ſur un cœur tel que le ſien.

Quoique les honoraires attachés à ſes fonctions ne fuſſent pas conſidérables, il ſe trouva riche: on l'eſt aiſément quand on ſait ſe borner. Il ne deſiroit, pour être heureux, qu'une occaſion de prouver ſa reconnoiſſance à ſon bienfaiteur; le moyen s'en offrit peu de temps après. M. de Surbeck avoit un fils qui donnoit dès-lors de grandes eſpérances: M. l'abbé Geinoz ſe chargea de diriger ſes études, & le fit avec ce zèle qu'inſpire l'attachement le plus tendre & que ſoûtient le plaiſir du ſuccès.

Cette occupation ne l'empêcha de cultiver ni les Lettres ni ſes amis. Ceux qu'il avoit dans l'Académie l'exhortèrent à s'y préſenter en 1735, lorſque la mort de M. l'abbé de Vertot y fit vaquer une place. Elle lui fut accordée par des ſuffrages preſque unanimes: ſa réputation l'avoit annoncé depuis long-temps; & il ne tarda pas à la juſtifier par ſes écrits & ſon aſſiduité.

Un des premiers ouvrages qu'il nous donna fut un long Mémoire ſur les difficultés qui ſe rencontrent dans l'étude des Médailles, ſur l'abus qu'on en peut faire & ſur les avantages qu'en tire un eſprit juſte & ſolide. Les principes qu'il établit ſont ſimples, généraux, fertiles en applications tirées des médailles mêmes. Il les avoit étudiées, non ſeulement dans les recueils imprimés, mais encore dans de riches cabinets que ſes liaiſons avec M. de Surbeck l'avoient mis à portée d'examiner avec ſoin. C'étoient ceux de M. de Surbeck lui-même & de M. l'abbé de Rothelin; collections très-nombreuſes, principalement la ſeconde, qui paſſoit dès-lors pour une des plus belles de l'Europe. Il étoit difficile d'en connoître le poſſeſſeur ſans l'aimer; & l'on ſe défend mal contre les goûts de ceux qu'on aime, ſur-tout quand l'objet en eſt utile, curieux, intéreſſant par lui-même & par ſes liaiſons plus ou moins directes avec d'autres objets. Celle que les médailles ont avec l'hiſtoire, auroit, indépendamment de tout motif étranger, ſuffi pour inſpirer à M. l'abbé Geinoz le deſir de s'initier dans leur connoiſſance. Elles attachèrent quelque temps ſes regards; mais elles ne les fixèrent pas. L'Hiſtoire grecque avoit été juſqu'alors & continua toûjours d'être le but principal de ſes méditations & de ſes recherches.

Il en eſt peu qui méritent autant d'occuper le loiſir d'un homme d'eſprit. Dans le tableau d'un petit nombre de ſiècles, elle raſſemble tout ce qui ſe trouve épars dans l'hiſtoire de tous les peuples & de tous les temps. Faits mémorables, victoires éclatantes, révolutions ſubites ou préparées par une longue chaîne de cauſes & de reſſorts, mélanges ſinguliers de vices & de vertus, tout s'y réunit pour l'agrément & l'inſtruction des lecteurs. Le légiſlateur y trouve des modèles, le citoyen des leçons, le guerrier des exemples, l'homme d'État des principes. Enviſagée comme l'aſſemblage de pluſieurs républiques indépendantes, mais plus ou moins unies, l'ancienne Grèce offre un ſpectacle peu différent de celui que donnent à préſent l'Europe en général & l'Allemagne en particulier. Les liens qu'ont employés les négociateurs modernes, pour aſſurer à ces vaſtes corps une conſiſtance ſolide, malgré la fermentation de leurs parties, ils les ont empruntés des villes Grecques. On retrouve dans les motifs des ligues qui partageoient la Grèce en deux factions rivales, ce fameux ſyſtème de l'Équilibre, cette balance dont le maintien eſt le grand-œuvre de la Politique, & feroit la gloire d'un Souverain modéré. Sous un autre point de vûe, le ſpectacle n'eſt pas moins intéreſſant. La naiſſance & le progrès des arts, les détails des opinions religieuſes & philoſophiques, les mœurs, les caractères des différens peuples de la Grèce, auſſi variés que leurs dialectes, préſentent l'eſprit humain dans tous ſes âges, dans tous ſes états, & l'homme ſous toutes ſes faces. En un mot cette hiſtoire eſt un excellent abrégé de toutes les hiſtoires; & ce qui achève de lui donner un prix réel, c'eſt que les ſources où nous la puiſons, ſont en même temps celles du goût.

A ces attraits généraux, qui déterminent en ſa faveur une partie des gens de Lettres, elle en joignoit un particulier pour M. l'abbé Geinoz. Né Républicain, il prenoit une ſorte d'intérêt perſonnel à l'hiſtoire d'une nation libre comme la ſienne. En comparant la forme de ces anciennes Cités à celle du corps Helvétique, il jugeoit avec plaiſir que le plan adopté par ſes ancêtres, auroit eu Lycurgue ou Solon pour auteurs, ſi Lycurgue & Solon euſſent été placés dans les mêmes circonſtances que les légiſlateurs de ſa patrie. L'exemple de ces corps nombreux de troupes Grecques, qu'il voyoit à la ſolde des Étrangers, autoriſoit à ſes yeux l'uſage obſervé conſtamment par ſa Nation. Il y remarquoit même une différence qui tourne à l'avantage des ſiens. C'eſt que les Grecs s'y déterminoient ſouvent par jalouſie les uns contre les autres, & toûjours contre leurs véritables intérêts; au lieu que les Suiſſes, en ce point, ſuivent une politique auſſi déliée que profonde, dont l'effet eſt de leur entretenir, aux dépens de l'Étranger, une milice nombreuſe & redoutable, de conſerver parmi eux, au ſein de la paix, l'eſprit & la diſcipline militaire, de concourir avec leur ſituation à la défenſe de leurs États, en y intéreſſant les Princes voiſins, d'ouvrir enfin hors de leurs pays de brillantes carrières à ceux de leurs citoyens dont les talens, faute de prendre l'eſſor, pourroient alarmer la liberté commune, & lui rendre néceſſaire l'*oſtraciſme* des Athéniens.

Cette loi ſi long-temps regardée par un peuple jaloux, comme le garant de l'indépendance réciproque & de l'égalité des citoyens, étoit trop bizarre; elle caractériſoit trop le génie capricieux de ces injuſtes Républicains, pour échapper aux réflexions de M. l'abbé Geinoz. Il en a fait le ſujet d'un Mémoire dans lequel il remonte à l'origine de cette procédure ſinguliere, il en fixe l'époque, en décrit la forme, en examine les motifs, les avantages & les abus. Il s'étend ſur l'exil de Thémiſtocle, d'Ariſtide & des autres grands hommes condamnés à ce banniſſement honorable, la ſeule marque d'eſtime que la pluſpart des héros d'Athènes aient reçûe de leur ingrate patrie. Ce morceau bien écrit & bien penſé ſe trouve dans le douzième volume de nos Mémoires.

M. l'abbé Geinoz avoit d'abord eu deſſein de s'exercer ainſi ſur des ſujets iſolés qu'il eût approfondis avec ſoin. Mais il comprit bien-tôt par ſon expérience, qu'il tireroit peu de fruit de ſes études, s'il ne les aſſujétiſſoit à quelque plan méthodique, & que le moyen de les rendre plus utiles à l'Académie étoit d'embraſſer un grand objet, & de le ſuivre dans toutes ſes branches. Dans cette vûe, par le conſeil d'un de ſes amis, il entreprit une nouvelle édition d'Hérodote. Le projet étoit digne d'un amateur de l'Hiſtoire. Nous ne poſſédons pas encore dans toute ſon intégrité ce précieux monument de l'ancienne Grèce, malgré les ſoins d'Henri Étienne, de Thomas Gale & de Jacques Gronovius. D'ailleurs la chronologie de cet auteur, ſa géographie, ſes recherches ſur l'origine des anciens peuples de l'Aſie & de l'Europe, pouvoient fournir pluſieurs ſujets de diſſertations intéreſſantes.

En conſéquence M. l'abbé Geinoz commença par revoir juſqu'à trois fois le texte d'Hérodote ſur tous les manuſcrits de cet hiſtorien, conſervés dans la Bibliothèque du Roi: préliminaire eſſentiel à quiconque entreprend l'édition d'un auteur ancien. Dans le nombre de ces manuſcrits, le haſard en fit trouver un que perſonne n'avoit conſulté juſqu'alors. Il paroît être de la fin du XIIIe ſiècle; mais quoique plus moderne, il eſt beaucoup plus correct que les autres, ſans excepter même celui de Florence, ſi vanté par Gronovius, & que ce Savant a pris pour texte de ſon édition de 1716.

Après avoir recueilli toutes les variantes, M. l'abbé Geinoz s'attacha ſoigneuſement à la critique du texte pour en fixer la véritable leçon. Nous vîmes en 1738 le fruit de ſon travail dans un long Mémoire, où il nous propoſa grand nombre de corrections néceſſaires, & de reſtitutions heureuſes, qu'il devoit les unes aux manuſcrits, les autres à la ſagacité de ſa critique. Le ſuccès redoubloit ſon ardeur: mais il ne devoit pas arriver juſqu'au terme; trop d'obſtacles l'en ont empêché.

Le premier fut un voyage en Allemagne, qu'il fit dès l'année ſuivante, avec ſon jeune Élève, que M. de Surbeck crut devoir envoyer ſur les lieux pour en apprendre la langue, dont la connoiſſance, utile à tous les Militaires, eſt eſſentielle à ceux de cette nation. Après avoir parcouru les bords du Rhin, ils s'arrêtèrent quelques mois à Heidelberg. La Bibliothèque de cette ville poſsède quelques manuſcrits d'auteurs anciens, qui n'échappèrent pas à la curioſité de notre voyageur. De-là ils paſsèrent en Suiſſe; & M. l'abbé Geinoz, à qui les fertiles vallons de Tempé n'avoient pas fait oublier ſa patrie, ſaiſit cette occaſion de la revoir encore. Il fut à Bulle: mais les malheurs domeſtiques auxquels il s'étoit ſouſtrait par la fuite, s'étoient accrûs pendant ſon abſence; & la douleur d'en être le témoin inutile hâta ſes adieux, qui furent les derniers. Il revint ici ſe rendre à ſon travail ſur Hérodote. Cet intervalle de liberté produiſit deux Mémoires, dont l'un contenoit de nouvelles corrections du texte de l'hiſtorien, & l'autre, des recherches ſur l'origine & les migrations des Pélaſges ou des plus anciens habitans de la Grèce.

La trève ne fut pas longue. En 1742 il ſuivit en Flandre le régiment des Gardes-Suiſſes. L'année ſuivante, M. le Chancelier Dagueſſeau, qui prenoit un vif intérêt au Journal des Savans, voulut l'attacher à ce travail: il ſe chargea d'une partie de l'ouvrage, auquel il a contribué preſque juſqu'à ſa mort, avec une exactitude qui peut ſervir de modèle. La campagne de 1745 lui fit encore revoir la Flandre. Il s'est trouvé à tous les siéges, à toutes les actions où le régiment des Gardes-Suisses eut part; & nous pouvons dire de lui, dans le sens où nous le dirions d'un guerrier, qu'il étoit à la bataille de Fontenoi. Son courage lui fit partager les périls de cette journée mémorable; & les preuves éclatantes qu'il y donna, comme par-tout ailleurs, d'un zèle intrépide dans l'exercice de ses fonctions, lui méritèrent l'estime de son Corps & l'amitié des principaux Officiers. C'est à leurs témoignages qu'il a dû, l'année dernière, une pension sur un Bénéfice, que M. le prince de Dombes se chargea de demander pour lui à titre de récompense.

De retour en 1746, il se hâta de reprendre ses travaux sur Hérodote, que tant de délais forcés lui rendoient encore plus cher. Cet auteur faisoit ses délices. Il admiroit la pureté de son style, l'étendue de ses connoissances, l'art & la chaleur de sa narration; & telle étoit à ses yeux la beauté de cet ouvrage, qu'il ne pouvoit l'entendre ni critiquer, ni même louer foiblement, sans souffrir une sorte de peine que sa franchise trahissoit quelquefois, malgré la douceur de son caractère. Il comptoit moins d'Aristarques que de Zoïles parmi les censeurs anciens & modernes d'Hérodote; il les regardoit tous comme des conjurés unis ensemble, les uns par la jalousie, les autres par la prévention ou l'ignorance; & dont il seroit facile de dissiper la ligue, quoiqu'ils eussent Plutarque à leur tête. Répondre à cet écrivain célèbre, c'étoit à la fois fermer la bouche à tous ceux que son nom décide, & justifier Hérodote sur les principaux chefs d'accusation qui lui soient intentés. En effet, Plutarque l'accuse de malignité, de mauvaise foi, de mensonge, de basse jalousie, d'adulation plus basse encore. Des Critiques plus modérés lui reprochent de ne chercher qu'à plaire, d'aimer le merveilleux, d'adopter sans critique des fables qu'il débite sans ordre. Ils parlent de son histoire comme d'un roman agréable, où quelques faits se perdent dans un labyrinthe de fictions.

M. l'abbé Geinoz s'est déclaré le défenseur d'Hérodote sur

chacun de ces articles; & cette apologie devient entre ſes mains un éloge parfait de ſon auteur. Dans trois Mémoires qu'il nous a lûs ſur ce ſujet, & qui devoient être ſuivis de pluſieurs autres, il diſcute les raiſons de Plutarque ſans les affoiblir, & les détruit ſans les éluder. Il nous montre Hérodote ſous le plus beau point de vûe. Hiſtorien fidèle, Savant profond, Critique judicieux, Philoſophe éclairé, Citoyen zélé pour la gloire de ſa patrie, il n'a rien avancé qu'il ne le crût, & n'a rien cru qu'il ne l'eût examiné. Son Apologiſte découvre dans ſes écrits un ſyſtème complet de morale: il en expoſe les principes, en prouve la liaiſon avec les faits, & s'attache à montrer combien ce ſyſtème influe ſur le plan ſuivi par Hérodote dans la compoſition de ſon ouvrage. Ce plan, méconnu par preſque tous ſes lecteurs, eſt aux yeux de M. l'abbé Geinoz un chef-d'œuvre de l'art. Il y voit un enchaînement, une méthode, une ordonnance qui fait de ce cahos apparent un tout, dont les parties s'aſſortiſſent & s'éclairent par leur accord. C'eſt une eſpèce de poëme hiſtorique, dont le deſſein eſt pris ſur ceux des poëmes d'Homère: c'eſt ce qu'il entreprend d'établir par une comparaiſon détaillée qu'il en fait avec l'Iliade, & ſur-tout avec l'Odyſſée. Cette apologie, dont le commencement eſt inſéré dans les volumes que nous ſommes ſur le point de donner au Public, mérite d'être lûe & méditée. Elle nous a paru compoſée avec adreſſe, pleine de vûes fines & de réflexions ſolides; il y règne cette chaleur pathétique que l'intérêt répand ſur tous les ouvrages où le cœur a quelque part. Nous croyons que le nouveau ſyſtème ſur le plan d'Hérodote aura des partiſans; & que les Lecteurs qu'il ne perſuadera pas, conviendront au moins qu'on peut le ſoûtenir, que l'idée en eſt ingénieuſe, & que c'eſt le ſeul moyen de juſtifier le deſordre apparent ou réel de cet écrivain *(a)*.

M. l'abbé Geinoz ſe propoſoit encore d'établir la certitude

(a) Depuis la lecture de cet Éloge, les trois Mémoires contenant l'apologie d'Hérodote ont paru ſucceſſivement, dans les volumes XIX, XXI & XXIII de notre recueil.

d'un

d'un grand nombre de faits & de détails ſur l'Hiſtoire naturelle, conteſtés par les Critiques d'Hérodote, & que l'expérience ou les découvertes des voyageurs modernes ont depuis vérifiés; mais il n'en a pas eu le temps. Au mois d'avril 1751, nous le crumes à la veille de nous être enlevé par une de ces péripneumonies bien caractériſées, que les plus habiles Médecins de l'antiquité traitoient de rébelle à tous les ſecrets de leur art. Le danger fut opiniâtre; & M. l'abbé Geinoz échappa de cette maladie ſans recouvrer la ſanté. Son eſtomac s'affoiblit au point qu'il ne digéroit plus qu'avec des douleurs exceſſives. Elles étoient redoublées de temps en temps par celles d'une ſciatique, dont il avoit reſſenti dès 1735 les premières atteintes, pendant leſquelles il eut l'imprudence de ſe livrer aux remèdes d'un charlatan qui le mit en danger de périr par des fumigations de karabé.

Au milieu de toutes ces ſouffrances, il ne perdoit point de vûe le projet de ſon édition. Il nous lut encore au mois de novembre dernier, des recherches critiques ſur un paſſage obſcur d'Hérodote; & dans le mois ſuivant, il commença une traduction latine de cet hiſtorien. Mais à peine avoit-il traduit la moitié du premier livre, qu'il fut attaqué d'une fièvre maligne, dont il mourut au vingt-cinquième jour, le 23 mai dernier, laiſſant les matériaux d'un ouvrage que quelques années de plus l'auroient mis en état de finir, & qui manque à la république des Lettres.

Les larmes ſincères que ſa mort a fait répandre à tous ſes amis, honorent plus ſa mémoire que n'auroient fait les monumens de ſes travaux qu'il eût laiſſés, s'il avoit vécu plus long-temps & plus à lui. De fréquentes maladies & des diſtractions preſques continuelles l'ont arrêté dans ſa carrière: mais l'Académie, ſouvent à portée de le juger dans les aſſemblées particulières où les occaſions de ſe montrer ne lui manquoient pas, regrettera long-temps ſes lumières & ſon goût. Né reconnoiſſant, vrai, ſenſible à l'amitié, il portoit dans le commerce du monde cette gaieté douce qui naît de la ſageſſe des deſirs. Sa politeſſe ſimple & ſans art étoit l'expreſſion naïve de la bonté de son cœur. Il donnoit sans exiger de retour; & malgré la médiocrité de sa fortune, les siens ont souvent reçû des preuves réelles de son souvenir. Ses connoissances étoient extrêmement variées, sans être superficielles. Profond dans les antiquités Grecques & Romaines, initié dans celles des Hébreux, dont la langue lui fut toûjours familière, il étoit très-versé dans l'Histoire & la Littérature moderne. Il savoit parfaitement l'Italien; & quoiqu'à proprement parler le François & l'Allemand lui fussent étrangers, il écrivoit bien dans ces deux langues. Les extraits qu'il a long-temps fournis au Journal sur toutes sortes de matières, ne prouvent pas moins l'étendue de son érudition que la justesse de sa critique; & c'est à ce mérite qu'il a dû la considération distinguée dont l'honoroit feu M. le Chancelier, si bon juge des hommes & des talens. L'estime de ce grand Magistrat, supérieure à tous nos éloges, est le dernier trait par lequel nous finirons celui de M. l'abbé Geinoz.

ÉLOGE
DE M. DE BOZE.

Assemblée publique du 13 Novemb. 1753.

CLAUDE GROS DE BOZE, Intendant des Devises & Inscriptions des Édifices royaux, Trésorier de France au Bureau des finances de la généralité de Lyon, Garde des Médailles du Cabinet du Roi, l'un des Quarante de l'Académie Françoise, Pensionnaire & Secrétaire perpétuel de l'Académie des Belles-Lettres, naquit à Lyon le 28 janvier 1680. Il étoit fils de Jacques Gros & de Marie de Boze, issus l'un & l'autre de familles estimées dans l'ancienne bourgeoisie. Un oncle maternel, Trésorier de France, lui fit prendre son nom en lui destinant dès-lors sa charge & tous ses biens, dont il l'a depuis nommé l'unique héritier par son testament.

La jeunesse de M. de Boze fournit quelques traits qu'on n'oublieroit pas dans un Éloge moins rempli que le sien; entre autres, des actes de Philosophie, qu'à peine âgé de quinze ans il soûtint au collège de la Trinité de Lyon, avec un éclat qui jusqu'alors avoit eu peu d'exemples. Mais la réputation qu'il a laissée rend inutile un détail que l'étendue de notre sujet nous interdit. Quand un Savant s'est distingué par le mérite de ses ouvrages; quand on l'a vû, zélé pour la gloire des Lettres, les aimer avec ardeur, s'y livrer sans réserve, préférer à tout cet état noble, indépendant & borné, en soûtenir la dignité par la décence de ses mœurs; & toûjours semblable à lui-même, dans le cours d'une vie tranquille & laborieuse, faire autant chérir ses vertus qu'estimer ses talens, on ne songe pas à demander s'il a brillé dans ses études, si son esprit & son caractère se sont développés dès l'âge le plus tendre: on le suppose; on juge de ses premiers pas par ce qu'on sait des autres; & c'est un préjugé raisonnable qui trouve ici ſon application la plus juſte. Les progrès de M. de Boze comblèrent les eſpérances & les vœux de ſa famille. Né pour réuſſir dans pluſieurs genres de Littérature, en même temps qu'il devoit exceller dans un genie particulier, il étoit entraîné vers l'étude par cet inſtinct rapide & déciſif, qui décèle les vûes que la Nature a ſur nous; & ce qu'il n'avoit ſuivi d'abord que comme un attrait, ne tarda pas à devenir un goût, lorſqu'éclairé par la réflexion, il ſe ſentit capable de choiſir.

Avec un jugement ſolide & des idées nettes, il avoit l'imagination vive, l'expreſſion facile: le travail ne lui coûtoit que les efforts néceſſaires pour lui faire mieux goûter le ſuccès; & la lecture aſſidue des auteurs anciens les plus eſtimés, ouvrit bien-tôt à ſa curioſité ces ſources inépuiſables d'inſtruction & de plaiſir. Les Hiſtoriens l'intéreſſoient par l'importance & la variété des évènemens dont ils nous ont tranſmis la mémoire: les Orateurs & les Poëtes échauffoient ſon génie, formoient ſon ſtyle, l'accoûtumoient à ſentir, à penſer, lui préſentoient de belles images qu'il a ſû dans la ſuite ſe rendre propres, en ſe les rendant alors familières.

Ses parens l'envoyèrent à Paris terminer ſon cours d'études par celle de la Juriſprudence: il s'y diſtingua, comme dans les autres, par une application qu'il étoit incapable de refuſer à tout objet utile. Mais elle ne l'empêcha pas de conſacrer aux Lettres la plus grande partie de ſon loiſir. Il eut le bonheur d'être admis dans quelques ſociétés choiſies, dont le ſavoir & le mérite étoient le lien. En cultivant ſon eſprit par l'étude, il l'exerçoit par la compoſition, & s'attachoit à l'Hiſtoire, ſans perdre de vûe l'Éloquence & la Poëſie. Auſſi, quand il reparut à Lyon, où ſa réputation naiſſante avoit précédé ſon retour, on l'y regarda comme ſi fort au deſſus de ſon âge, qu'on ne balança pas à s'adreſſer à lui pour la harangue ſolennelle qui ſe prononce tous les ans à l'Hôtel de ville, le 21 décembre, en préſence de toutes les Compagnies & des perſonnes du premier rang. M. de Boze s'en chargea, fut applaudi, & méritoit de l'être. Son diſcours a des beautés; & les défauts en appartiennent plus à l'âge de l'Orateur qu'à ſon eſprit : ils ſont de l'eſpèce de ceux dans leſquels on tombe preſque toûjours à dix-neuf ans, quand on doit bien écrire à trente.

Après avoir ſaiſi cette occaſion d'offrir à ſa patrie les prémices de ſes talens, M. de Boze revint s'établir à Paris, où les gens de Lettres ont l'avantage de trouver, avec de puiſſans motifs d'émulation, tous les ſecours néceſſaires à leurs progrès, des livres, des amis, des modèles & des rivaux. Les premiers fruits de ſes recherches y parurent en 1702. Ce fut un Traité ſur le *Jubilé des Juifs ;* ouvrage compoſé méthodiquement, & bien écrit : on peut le regarder comme un commentaire curieux du XXVe chapitre du Lévitique.

Cependant d'autres objets plus propres au genre de ſon eſprit l'occupoient alors, & commençoient à le fixer. Lyon, colonie Romaine, eſt pour les Antiquités un champ fertile, où les découvertes ſont aſſez fréquentes. Ces débris intéreſſans s'étoient emparés des premiers regards de M. de Boze; & leur aſpect lui avoit inſpiré, dès ſa jeuneſſe, le goût d'une étude liée néceſſairement à celle de l'Hiſtoire. Mais c'eſt à Paris ſur-tout qu'il ſentit ſe fortifier en lui ce goût noble & vif, qui ſe change toûjours en paſſion dans les vrais amateurs.

La liſte en étoit nombreuſe alors, & compoſée de noms illuſtres dans la Littérature & dans l'État. On étudioit les médailles; on ſe diſputoit l'honneur ou le plaiſir d'en réſoudre les problèmes. Le Chronologiſte, le Grammairien, le Géographe, le Savant curieux des uſages & des arts anciens, y cherchoient des lumières & s'applaudiſſoient de leurs découvertes. M. Vaillant, M. Oudinet, le P. Hardouin vivoient : des Magiſtrats dont le mérite perſonnel auroit ſuffi pour accréditer un goût moins en vogue, avoient formé de belles ſuites, que chaque jour voyoit s'accroître par leurs ſoins. Le Cabinet du Roi commençoit à devenir le premier de l'Europe; & Louis XIV, comme autrefois Auguſte, aimoit à contempler l'Antiquité dans ces reſtes précieux, raſſemblés par ſes ordres de l'Italie, de la Grèce & des extrémités de l'Orient.

Tout se réunissoit pour animer de plus en plus un jeune homme plein d'ardeur & de sagacité. La seule vûe des médailles de M. Foucault, Conseiller d'État, fit sur son ame l'impression la plus vive. Elle le remplit d'un enthousiasme qui s'exprima sur le champ par un distique latin, que le possesseur du Cabinet trouva bon, & qui l'est en effet. Malgré la différence de l'âge, leur liaison, fondée d'abord sur une conformité de goût qui rapproche les âges & les rangs, bien-tôt cimentée par l'estime, devint en peu de temps une amitié tendre & solide, dont l'un & l'autre ont recueilli le fruit. Elle fit, pendant les dernières années de M. Foucault, *la douceur de sa vie*, comme il le dit en propres termes dans son testament, & contribua beaucoup à la considération singulière dont M. de Boze a joui dès son début dans le monde. Elle le mit, à vingt-deux ans, en relation avec les principaux Antiquaires de France, c'est-à-dire avec l'élite de ceux de l'Europe; & ce qui dut le flatter infiniment, elle lui valut dans la suite l'honneur d'être admis à la Cour de S. A. R. Madame, qui se connoissoit en vertus comme en talens. La confiance que cette Princesse avoit en M. Foucault, chef de son Conseil, réjaillit sur M. de Boze; il eut part à ses bontés: elle s'intéressa vivement pour lui dans des occasions importantes; & plusieurs lettres qu'elle lui écrivit de sa main, sont encore aujourd'hui des témoignages précieux de l'estime dont elle l'honoroit.

M. de Boze avoit de fréquentes conférences avec le Père Hardouin. Ce Savant, aussi respectable par la simplicité de ses mœurs, que fameux par l'abus qu'il a fait d'une immense érudition, se plaisoit à lui communiquer sans réserve ses découvertes & ses erreurs: mélange séduisant par l'adresse avec laquelle il présentoit son systême; mais le discernement du jeune Antiquaire le mettoit à l'abri de la séduction. En échange M. de Boze lui proposoit ses propres sentimens, que le P. Hardouin adoptoit quelquefois, & que même il publioit sous son nom, moins pour en dérober la gloire à l'auteur, que parce qu'il croyoit, par-là, leur donner plus de poids. Telle est l'opinion sur les *Médailles restituées*, dont le P. Jobert a parlé dans son ouvrage.

M. de Boze voulut aussi se former un Cabinet; & parfaitement instruit de ce qui manquoit à tous ceux qu'il avoit vûs, il s'ouvrit une carrière toute nouvelle. Deux branches de l'étude des Médailles étoient encore assez généralement négligées. La première étoit celle des rois Grecs; c'est ainsi qu'on appelle la suite des souverains de Macédoine, d'Egypte, de Syrie, & des autres États formés des débris de l'empire d'Alexandre. La seconde étoit celle des villes : ce sont des Médailles qui sans offrir le nom ni la tête d'aucun Prince, présentent le symbole ou le nom de quelque ville, & dont la pluspart ont été frappées par des villes Grecques, avant qu'elles eussent subi le joug des Romains. Au commencement de ce siècle, les curieux ne s'attachoient guère à ces sortes de médailles; ils plaçoient comme des hors-d'œuvre celles que le hasard leur faisoit rencontrer. Ce ne fut qu'avec des peines infinies que M. Vaillant le père en rassembla quelques-unes éparses dans les différens Cabinets, pour composer son histoire métallique des Séleucides, celle des Ptolémées, celles enfin des autres dynasties qu'on a publiées après sa mort. Mais quoique cet habile Antiquaire eût par-là fait sentir le mérite de ces monumens, son exemple n'auroit peut-être pas été de long-temps suivi, si M. de Boze n'avoit conçu le projet d'une réunion difficile alors. Il l'exécuta, & pour les médailles des Rois & pour celles des villes, dont il parvint avec le temps à rassembler un nombre prodigieux. Il en forma des classes & comme autant de chaines chronologiques, avec une intelligence à laquelle l'auteur de la *Science des Médailles* rend témoignage, en y joignant l'éloge de M. de Boze, tel que le faisoit dès-lors la voix publique.

L'étude des Médailles conduit à celle des Inscriptions, des Pierres gravées, des Antiques, en un mot de tout ce qui nous reste des ruines de la Grèce & de l'empire Romain. Ces monumens s'éclairent & se suppléent: ce sont les espèces du même genre. M. de Boze les embrassa toutes: on s'en aperçoit dans ses différentes Dissertations, où le Lecteur attentif verra ses progrès sensiblement marqués.

La première parut en 1704, sous la forme d'une lettre adressée au P. Chamillard : elle roule sur une médaille de Gallien. L'année suivante est l'époque de celles qu'il a composées sur la déesse Salus, sur le Janus des Anciens, & sur les Sacrifices connus sous le nom de *Tauroboles*. Une érudition agréable & variée règne dans ces écrits. L'auteur s'y montre déjà Critique, Grammairien, Antiquaire habile : ses explications ingénieuses, sans être forcées, ont la simplicité qui caractérise toûjours le vrai, ou la finesse qui le relève quelquefois. Il fit la dernière pour éclaircir un monument découvert depuis quelques mois à Lyon, & l'accompagna d'une estampe où sont représentés tous les détails d'un Taurobole. Le dessein de l'estampe est de lui, comme il a soin d'en prévenir: elle rend l'idée qu'il se formoit de cette bizarre cérémonie; mais elle la rend si bien dans le goût de l'antique; le costume y est si savamment observé, que des connoisseurs pourroient la prendre pour une copie de quelque bas-relief.

C'est pendant le cours de la même année 1705, que M. de Boze entra dans l'Académie sous le titre d'Élève; mais il ne fit que passer dans cette classe. On le nomma, dès 1706, Associé, Pensionnaire & Secrétaire perpétuel, à la place de M. l'abbé Tallemant que son âge obligeoit à se démettre de cet emploi, devenu plus important & plus difficile, depuis que le ressort de la Compagnie, borné dans l'origine à la composition des médailles & à l'étude des monumens, venoit de s'étendre au point d'embrasser toutes les parties de la Littérature & toutes les branches de l'Histoire.

Pour donner une juste idée du succès avec lequel M. de Boze a rempli les fonctions de sa place, il faudroit comparer ce qu'étoit alors l'Académie des Belles-Lettres, avec ce qu'elle est aujourd'hui. Foible encore dans ces temps voisins de son enfance, sujette à toutes les vicissitudes qui peuvent altérer la constitution des corps nouvellement formés, ou même les détruire, elle préludoit à ses travaux par des essais. Si depuis une chaleur féconde & soûtenue a toûjours animé ses efforts; si par la sagesse d'une administration régulière, elle a pris enfin

enfin la plus ſolide conſiſtance, c'eſt au zèle, c'eſt à la prudence, à l'attachement deſintéreſſé de M. de Boze, qu'elle doit en grande partie ces avantages. Perſuadé que de tous les établiſſemens faits par Louis XIV, elle étoit le ſeul qui pût maintenir en France, contre les atteintes réunies des Sciences abſtraites & du Bel-eſprit, ce goût pour les Études ſolides & pour la bonne Littérature, qui diſtingua toûjours le Royaume depuis la renaiſſance des Lettres, il n'épargna ni ſoins ni démarches pour aſſurer ſon état & pour la rendre floriſſante. La correſpondance avec les Étrangers rouloit ſur lui ſeul : il étoit l'organe de l'Académie auprès des Miniſtres; & tandis que d'excellens Sujets, qu'il lui avoit acquis ou conſervés, s'occupoient de recherches aſſorties à leur goût particulier, il travailloit à les en faire jouir, en prenant de juſtes meſures pour publier leurs ouvrages. Avant lui, quoique les Académiciens ſe les communiquaſſent entre eux, l'Académie ne donnoit point de Mémoires. M. de Boze recueillit avec ſoin tous les morceaux lûs dans nos aſſemblées, les mit en ordre; & bien-tôt l'Académie fut en état de s'annoncer au Public, & de prendre avec l'Europe ſavante un engagement qu'elle a ſoûtenu. C'eſt en 1717 qu'elle donna ſes deux premiers tomes qui remontent preſqu'à l'époque de ſon renouvellement. Les autres volumes ſe ſont toûjours ſuccédés depuis ſans lenteur & ſans interruption. Nous ne pouvons qu'indiquer tous ces faits : on les trouve en détail dans notre Hiſtoire compoſée par M. de Boze qui, malgré la briéveté qu'il s'eſt preſcrite, n'a rien omis d'eſſentiel, ſi ce n'eſt les ſervices qu'il nous a rendus. Sa préface expoſe le plan ſuivi dans la diſtribution des Mémoires, & préſente l'économie générale de ce tout immenſe qui tient un rang diſtingué parmi les meilleurs recueils de Littérature.

M. de Boze en a publié les quinze premiers tomes, où tout ce qui porte le nom d'*Hiſtoire* eſt ſon ouvrage; & par ce terme, nous entendons le récit des faits intéreſſans pour l'Académie, les Éloges des Membres qu'elle a perdus, & les extraits de toutes les diſſertations qu'on n'imprime pas en entier. Ce nombre prodigieux d'articles, dont le style est uniforme, malgré la diversité des sujets, annonce le talent qu'il avoit de se plier assez aux idées d'autrui, pour se les assujétir, & pour s'en rendre l'expression propre, sans se les approprier elles-mêmes. A l'égard des Éloges qu'il a composés, l'élégance, la précision, la vérité les caractérisent. Simples & naturels, semés de pensées judicieuses & de termes réfléchis, ils offrent des détails intéressans, fournis par les sujets mêmes, ou que l'auteur en a sû rapprocher. C'est un morceau précieux pour l'histoire littéraire de notre siècle.

Quoique la place de M. de Boze le déchargeât de la contribution particulière que les Statuts exigent des simples Académiciens, il ne s'en est jamais dispensé. Malgré les travaux & les distractions inséparables de son état & de ses autres devoirs, il se ménageoit encore assez de loisir pour cultiver les premiers objets de ses études. Personne n'a mieux que lui connu le prix du temps : il le prodiguoit aux autres, dès qu'ils lui donnoient occasion d'employer pour eux ses talens ou sa plume; mais il en étoit avare pour lui-même. L'esprit d'ordre qu'il étendoit à tout, influoit sur la distribution de sa journée; & c'est à cette sage économie que nous devons plusieurs Mémoires de lui, distribués dans nos différens volumes. Tels sont, par exemple, sa Dissertation *sur le Dieu Terme & sur son culte chez les Romains;* ses Réflexions *sur un tombeau magnifique découvert dans les ruines d'Athènes*, & ses Recherches *sur les rois du Bosphore Cimmérien:* morceaux où brille l'érudition numismatique, avec toutes les connoissances qu'elle suppose. En les lisant, on regrette qu'il n'ait pû se livrer sans partage à son goût pour les antiquités. Il l'a sans doute aussi regretté quelquefois: sans doute il avoit des projets; ils naissent d'eux-mêmes dans les esprits capables de les remplir. Et quelle entreprise n'auroit-il pas exécuté dans un genre auquel il étoit si propre, s'il eût réuni sur un seul objet tout le temps & tout le travail qu'il a répandus sur une multitude d'objets divers, & la plupart étrangers pour lui? Mais il se devoit à l'Académie: il en préféroit la gloire à sa réputation perſonnelle. L'amateur cédoit au citoyen; & ſi les véritables citoyens ſont les héros dans les républiques littéraires, comme ils le ſont dans les autres, c'eſt à notre reconnoiſſance à juger, par les ſacrifices que M. de Boze nous a faits, du rang qu'il mérite dans notre eſtime.

La place de Sous-précepteur du Roi, qu'il ne voulut point, ou pluſtôt qu'il n'oſa pas accepter en 1715, pourroit être miſe au nombre de ces ſacrifices, ſi ſa modeſtie naturelle & la défiance de ſes forces n'étoient entré pour beaucoup dans les motifs de ſon refus. Ni les offres, ni les efforts réitérés de M. l'Évêque de Fréjus & de M. le Maréchal de Villeroi ne purent vaincre ſa réſiſtance.

Ce fut au mois de novembre 1719, que la garde des Médailles & des Antiques du Roi, vacante par la mort de M. Simon, fut confiée à M. de Boze. Il crut devoir alors, par délicateſſe, ſe priver des ſuites de Médailles qu'il avoit formées avec tant de peines & de ſuccès: il les vendit au Maréchal d'Étrées, après la mort duquel il les a fait entrer au Cabinet du Roi. Elles en ſont aujourd'hui l'un des principaux ornemens, auſſi-bien que les médailles de grand bronze du Marquis de Beauveau, acquiſes depuis quelques années pour le Roi par M. le Comte d'Argenſon. Ce dépôt, à préſent ſi conſidérable, s'eſt accru preſque du double entre les mains de M. de Boze: il n'a ceſſé, pendant trente-quatre ans, de l'enrichir par des augmentations ſucceſſives que lui procuroient ſes correſpondances, ſoit dans l'intérieur du Royaume, ſoit avec les Étrangers. Quelques-unes de ces augmentations ne ſont même dûes qu'à l'eſtime perſonnelle dont il jouiſſoit. Le célèbre M. Mead, premier Médecin du Roi d'Angleterre, lui a fait préſent de pluſieurs Médailles ſingulières, & que leur rareté rend précieuſes, entre autres d'un *Allectus* en or, d'une *Hélène* du même métal, qu'on chercheroit en vain dans les autres Cabinets de France, & d'un *Carauſius* en argent, dont le revers paroît repréſenter la femme de ce Prince: Médaille inconnue juſqu'à préſent, & dont le ſacrifice a dû coûter d'autant plus à M. Mead, que les antiquaires Anglois recherchent avec une ſorte de paſſion les monumens de Carauſius. M. de Boze, auſſi deſintéreſſé que ſon ami, s'eſt montré digne de pareils dons, en ne les acceptant que pour les placer dans le Cabinet du Roi. L'accroiſſement produit par tant d'acquiſitions a rendu néceſſaires de nouveaux catalogues: il les commença lorſque les médailles furent tranſportées à Paris; & il a eu la ſatisfaction de les voir finis avant ſa mort. Ses ſoins n'étoient pas moindres pour la partie des Antiques. C'eſt ſur ſes repréſentations réitérées qu'on a fait acheter au Roi la nombreuſe ſuite de figures, de buſtes, de vaſes, d'inſtrumens pour les ſacrifices, & d'autres monumens en tout genre, que feu M. Mahudel avoit raſſemblés.

La connoiſſance de l'Antique avoit engagé naturellement M. de Boze à s'exercer dans la compoſition des Médailles, qui ſe frappent à la gloire de nos Rois: genre difficile autant que noble, & qui devroit former un des plus brillans & des plus eſtimés, ſi les connoiſſeurs, ou du moins les juges des productions de l'eſprit, régloient entre elles les rangs ſelon leur mérite & leurs difficultés. Mais à la vûe d'une médaille, on croit communément qu'on auroit pû la faire ſans beaucoup d'effort: c'eſt une erreur dont il eſt même aſſez rare de revenir, parce que rarement on eſt dans le cas de s'éprouver. Ce talent néanmoins ſuppoſe l'art de traduire une penſée par une image, de parler à l'eſprit en donnant un corps à des idées, d'en renfermer ſouvent pluſieurs dans une ſeule expreſſion, de ſaiſir le trait & le mot propres, d'accorder le type avec la légende, & l'un & l'autre avec le ſujet. Si le type eſt ſymbolique; ce ſymbole, à la fois ingénieux & naturel, doit en parant l'Hiſtoire des couleurs de la Fable, en la préſentant ſous le voile de l'allégorie, lui conſerver ſa majeſtueuſe ſimplicité. Enfin le ſtyle des Médailles, toûjours élégant & noble, s'élève quelquefois juſqu'au ſublime. Pour réuſſir, à plus forte raiſon pour exceller dans ce genre, il faut avoir une imagination vive & ſage, un laconiſme énergique & clair, une grande habitude avec l'Antiquité. Il eſt vrai que les plus heureuſes productions dans le genre métallique, ſont preſque toûjours l'ouvrage d'un moment, & le fruit d'une inſpiration ſi rapide, qu'on les croiroit dûes au haſard: mais ces ſortes de haſards ne s'offrent jamais qu'au génie; & le génie lui-même n'en profite que lorſqu'il eſt ſecondé par l'érudition & qu'il ſe laiſſe diriger par le goût. Ne craignons point d'appliquer ici les premiers vers de l'art poëtique: Boileau ne déſavoueroit pas cette application. Le talent des médailles eſt un don de la Nature: il dépend d'une ſorte d'eſprit qui ſe perfectionne par l'étude des monumens antiques, mais qui ne s'acquiert pas; & cet eſprit, M. de Boze l'eut en partage. Toutes les médailles dont il a fourni les ſujets en ſont la preuve, & doivent aſſurer à ſon nom l'immortalité.

L'hiſtoire métallique du feu Roi n'alloit pas au delà de l'année 1700, dans la première édition qui parut en 1702. C'étoit l'ouvrage de l'ancienne Académie, formée principalement pour cet objet par M. Colbert. Quinault, Racine, Boileau, Pavillon, Tourrell étoient du nombre des Académiciens; & tous les deſſeins avoient été faits par Antoine Coypel. Quelques années après, Louis XIV voulut qu'on en donnât une ſeconde édition. Il s'agiſſoit de revoir un très-grand nombre de types & de légendes, que les circonſtances obligeoient à changer; & ce changement devoit s'étendre aux explications qui les accompagnent. De plus, il falloit ajoûter des médailles pour tous les faits importans arrivés depuis le renouvellement du ſiècle. Ce ſoin roula principalement ſur M. de Boze, alors Secrétaire de l'Académie. Louis XIV l'admit pluſieurs fois à travailler avec lui dans ſon cabinet: après la mort de ce Prince, il continua l'ouvrage, en vertu de l'ordre exprès qu'il avoit reçû de lui; & le jour même de la majorité du Roi, il eut l'honneur de lui préſenter ce monument de la gloire de ſon biſaïeul, le plus magnifique peut-être qu'on ait érigé jamais pour aucun Souverain.

Nous invitons les Curieux à faire le parallèle des deux éditions, & pour les médailles & pour les explications hiſtoriques. M. de Boze, obligé de travailler en quelque ſorte le compas à la main, de rapprocher de longs intervalles, & de renfermer un grand nombre de faits en peu de lignes, a sû n'en point omettre d'essentiels, les lier par des transitions adroites, & trouver au besoin ces tours heureux, ces expressions mesurées, qui, sans nuire à la vérité, satisfont la prudence.

Il n'a pas eu moins de part aux médailles du Roi: c'étoit à lui que les Ministres s'adressoient; & l'Académie s'en reposoit sur son zèle, avec une confiance que le succès a toûjours justifiée. Toutes celles qu'il a faites pour les deux Histoires offrent une singulière variété dans les types, malgré la ressemblance des sujets; & l'on admire dans plusieurs l'idée la plus belle, jointe à la plus savante composition. Ce sont des tableaux dont l'invention & l'ordonnance feroient honneur à de grands peintres. Les images s'offroient à lui d'elles-mêmes: tout se personnifioit, tout s'animoit entre ses mains; ce peuple nombreux d'êtres allégoriques & moraux, créés par la Poësie, pour servir d'emblêmes à l'Histoire, sembloit être aux ordres de son Génie.

M. de Boze ne se bornoit pas aux Médailles: il excelloit aussi dans un autre genre essentiellement opposé, quoique semblable en apparence; dans le genre des Devises. Le nombre de celles qu'il a fournies en toutes sortes d'occasions, & sur des sujets de toute espèce, est presque infini. Sa facilité, sans cesse entretenue par la lecture des grands Poëtes, étoit inépuisable. Les applications les plus heureuses, les plus fines allusions naissoient sous sa plume. Nous n'en citerons pour exemple, que les emblèmes & les devises des neuf tableaux allégoriques qui représentent le Sacre du Roi. C'est sous ses yeux & presque toûjours sur les sujets de dessein qu'il a donnés, que travaillèrent tous les artistes chargés de transmettre à la postérité les détails de cette auguste cérémonie: lui seul a conduit l'édition du livre qui en porte le nom; ouvrage immortel, consacré par les Arts à la majesté du Thrône François.

Ajoûtons enfin que M. de Boze réussissoit dans le style lapidaire; & comme son talent ne se refusoit jamais à l'occasion, elle s'est renouvelée, pour ainsi dire, à chaque instant. De toutes les provinces du Royaume, & quelquefois des extrémités de l'Europe, on s'adreſſoit à lui pour des inſcriptions : on lui demandoit des ſujets de bas-reliefs, des ornemens pour des ſtatues, des mauſolées, des fontaines, & pour d'autres édifices publics. Souvent ces demandes ſe déguiſoient ſous l'apparence d'une ſimple conſultation ; mais conſulter ſon goût ſur des eſſais preſque toûjours informes & défectueux, c'étoit donner de l'exercice à ſon génie. Il eſt auteur des inſcriptions qui ſe liſent ſur la baſe de la ſtatue équeſtre que la ville de Lyon érigea, en 1713, au feu Roi : il l'eſt de celles de la ſtatue que les États de Bourgogne décernèrent à Louis le Grand pendant ſa vie, & qu'ils lui ont fait élever après ſa mort. En un mot, depuis le commencement de ce ſiècle, il s'eſt peu fait de monumens conſidérables, qu'il n'ait au moins dirigés. L'héroïſme, la valeur, la probité, la ſcience, les dons de l'eſprit, les qualités du cœur, toutes les eſpèces de mérite ont toûjours eu dans M. de Boze un panégyriſte ardent, qui s'eſtimoit heureux d'en perpétuer la mémoire ſur le marbre & ſur le bronze. Plus content d'être utile, que jaloux de le paroître, il a négligé de s'aſſurer aux yeux de ſes contemporains la gloire de ſes productions : mais on les reconnoîtra toûjours à l'élégante & noble ſimplicité qu'elles empruntent de l'Antique. Ses amis ont deſiré qu'il eût eu le loiſir de compoſer ſur le travail des Inſcriptions, ſur celui des Deviſes & des Médailles, quelque ouvrage inſtructif, où raſſemblant tout ce que ſes réflexions & ſa longue expérience lui donnoient de lumières, ſur ces objets trop ſouvent confondus, il en auroit défini la nature, établi les différences, & fixé les véritables loix. C'eſt un Traité qui manque encore à la Littérature. Mais M. de Boze laiſſe heureuſement un Élève & des modèles. En les étudiant, on y découvrira les principes de cet art, dont la pratique étoit en lui guidée par une théorie profonde.

Ce talent & l'uſage qu'il en a fait, l'avoient lié dès ſa jeuneſſe avec un grand nombre de perſonnes diſtinguées dans tous les ordres. L'idée qu'on s'étoit formée de ſon goût exquis engagea la Cour, en 1738, à le charger du dépôt des préſens que le Roi fait aux Miniſtres étrangers, ou à ceux de ſes ſujets qu'il veut honorer de cette marque de ſon eſtime: emploi de confiance, qui demande une intégrité délicate, & des connoiſſances ſupérieures dans un art où les gens de Lettres ſont rarement à portée de s'initier. M. de Boze l'accepta, mais ſous la condition expreſſe de n'être pas comptable, & de n'avoir aucun maniement. Il ſe contentoit de recevoir les ordres du Roi & d'en diriger l'exécution; de préſider aux ouvrages, & d'en régler les mémoires qui ſe payoient enſuite ſur ſes arrêtés. Les témoignages unanimes de ſatisfaction qu'il a toûjours reçûs des Miniſtres, ont été la ſeule récompenſe qu'il deſirât de ſon exactitude & de ſes ſoins. Ils ne ſavoient ce qu'il leur falloit priſer le plus, ou de l'élégance & de la beauté des ouvrages qu'on leur préſentoit de ſa part, ou de la promptitude & de la préciſion avec leſquelles il ſe conformoit à leurs vûes. Cette marque de confiance n'eſt pas la ſeule qu'il ait reçûe du Miniſtère. Après la mort de M. l'abbé de Louvois, il fut un des Commiſſaires nommés par l'arrêt du Conſeil, pour faire, en 1719, avec M. le comte de Maurepas, l'inventaire & le recollement de la Bibliothèque du Roi.

Nous avons cru devoir nous étendre ſur ces objets des travaux particuliers de M. de Boze, parce qu'ils ſont peu connus, & que d'ailleurs ils ne nuiſirent jamais à l'exercice aſſidu de ſes fonctions Académiques. Il a rempli celles du Secrétariat pendant près de trente-ſept ans, avec un zèle infatigable; & ce ne fut qu'avec douleur que nous le vimes, en 1742, deſirer un repos que l'affoibliſſement de ſa ſanté lui rendoit néceſſaire. *Cette année,* dit M. de Foncemagne, à qui nous devons l'édition du XVIe volume de nos Mémoires & celle du volume ſuivant, *cette année doit être à jamais regardée comme une époque malheureuſe dans les Faſtes de l'Académie.* M. de Boze ſe démit de ſa place au mois de décembre après avoir mis tout en règle, & laiſſant à ſes ſucceſſeurs un modèle qu'ils ne doivent jamais perdre de vûe.

Son attachement pour la Compagnie l'empêcha de faire

valoir

valoir les droits qu'il avoit acquis ſur la Vétérance. Il reſta dans la claſſe des Penſionnaires, & remplit conſtamment tous les devoirs attachés à ce titre. Toûjours prêt à communiquer ſes lumières, dès que les circonſtances obligeoient d'y recourir; mais renfermé plus volontiers en lui-même, ſans empreſſement marqué, ſans réſerve étudiée, il ne parloit guère que pour répondre; & ſes réponſes, qui formoient preſque toûjours la déciſion, n'eurent jamais le ton déciſif. Il aſſiſtoit à nos ſéances, auſſi ſouvent que pouvoit le lui permettre ſa ſanté devenue, de jour en jour, plus chancelante; & les différens morceaux qu'il nous a donnés dans le cours des années dernières prouvent qu'une partie de ſon loiſir étoit encore pour l'Académie. Trois de ces pièces ont été lûes dans nos aſſemblées publiques, entre autres ſon *Hiſtoire de l'empereur Tétricus, éclaircie par les médailles.*

Il avoit commencé une vie d'Hadrien par les médailles, & nous deſtinoit cet ouvrage dont la première partie eſt achevée. Mais l'ouvrage entier devoit avoir trois parties, & demande un continuateur, qui joigne à la connoiſſance des médailles, l'art qu'eut M. de Boze, & qu'il eut le premier, de les employer avec élégance: car il eſt le premier des Antiquaires qui ſe ſoit attaché ſingulièrement à répandre des fleurs ſur les écrits de ce genre, curieux par eux-mêmes, mais dont le mérite ne s'aperçoit qu'à la faveur du jour ſous lequel on en préſente les détails.

Ses porte-feuilles renfermoient encore le plan général & le commencement de deux autres ouvrages qu'il n'a pas eu le temps de finir. L'un eſt l'*hiſtoire des rois de Cappadoce*, qu'il a conduite depuis l'origine de ce royaume, juſqu'à la mort d'Eumène à qui la Cappadoce étoit échûe dans le partage que les Généraux d'Alexandre firent entre eux de ſes conquêtes. L'autre eſt un *Traité des monnoies frappées en France au coin des Prélats & des Barons du Royaume :* morceau curieux & qui ſerviroit de ſuite au Traité de le Blanc ſur les monnoies des Rois. M. de Boze a mis la dernière main à tous les articles qui concernent les Archevêques, & commencé la plufpart des autres.

Il étoit jufte qu'un homme qui avoit fi bien mérité des Lettres, réunît un grand nombre de titres littéraires, & que les Académies les plus diftinguées fe fiffent un honneur de l'adopter. Dès l'année 1715 il avoit obtenu dans l'Académie Françoife la place vacante par la mort de M. l'archevêque de Cambrai. L'Académie de Cortone [a], celle de Berlin [b] & la Société Royale de Londres [c] infcrivirent auffi fon nom dans leurs Faftes: il étoit depuis 1727 Honoraire de celle de Peinture ; & la connoiffance qu'il avoit de l'Antique juftifie ce choix, en indiquant l'efpèce de fecours que fes lumières pouvoient fournir. On s'y rappelle avec plaifir que la propofition faite il y a quelques années de mettre des infcriptions dans les tableaux, pour en défigner le fujet, alarma le goût de M. de Boze; qu'il craignit qu'une pareille innovation ne fît négliger aux Peintres l'étude des ufages anciens; & que fon zèle pour l'obfervation du coftume, à laquelle le Pouffin & l'école Françoife doivent une partie de leur gloire, lui fit compofer une Differtation pleine en même temps de fineffe, & d'égards pour l'auteur du fentiment qu'il fe croyoit obligé de combattre. Nous ne pouvons mieux finir cet article, qu'en ajoûtant que la Société des Beaux-arts de Touloufe, ayant été par une fuite de la protection que le Roi accorde aux talens, érigée en Académie, M. le comte de Saint-Florentin chargea M. de Boze d'en rédiger les ftatuts, comme il avoit dreffé ceux de l'Académie des Sciences de la même ville, de celle de Dijon & de plufieurs autres.

[a] En 1751.
[b] En 1740.
[c] En 1749.

Quoique raffurés par l'exception que l'Académie doit à la mémoire de M. de Boze, nous fentons avec une forte d'inquiétude que fon Éloge a déjà prefque excédé les bornes qui nous font prefcrites par l'ufage. Cependant nous n'avons rien dit, ni de fon commerce littéraire avec les Savans les plus diftingués du Royaume, avec ceux d'Italie, d'Angleterre & d'Allemagne; ni de fon voyage en Hollande, entrepris dans la vûe d'augmenter ſes correſpondances; ni de ce qu'il a fait pour le Journal des Savans, aux aſſemblées duquel il préſidoit quelquefois en l'abſence de feu M. le Chancelier; ni des ſervices qu'il a rendus à la Librairie, tant qu'il en a eu l'inſpection, ſous les ordres de ce Magiſtrat ſi plein d'un zèle éclairé pour les Lettres; ni de ſa Bibliothèque déjà célèbre de ſon vivant, & dont le catalogue, qui vient de paroître, ſera mis au nombre de ceux où l'on peut puiſer la ſcience des livres, devenue de nos jours une branche importante de l'Érudition.

Cette Bibliothèque plus choiſie que nombreuſe, étoit l'ouvrage de preſque toute ſa vie. M. de Boze ſuivoit dans l'acquiſition de ſes livres un plan aſſorti à ſes connoiſſances, à ſon goût & aux objets de ſes études. La claſſe des Belles-Lettres & celle des Antiquités ſont auſſi complètes qu'elles le doivent être pour un particulier ſage & connoiſſeur. Dans les autres il ne recherchoit que les livres néceſſaires, ou ceux que la rareté rend célèbres. Des correſpondances aſſidues avoient enrichi ſon Cabinet d'un grand nombre de morceaux précieux. Tels ſont, entre pluſieurs, le Traité de Servet, intitulé *Chriſtianiſmi Reſtitutio*, livre unique, & qu'on deſeſpéroit de recouvrer; la *Vergine Venetiana* de Guillaume Poſtel, dont l'exiſtence avoit été conteſtée par des Bibliographes fameux; les premiers eſſais de l'art de l'Imprimerie, le premier de tous les livres imprimés avec une date certaine, & preſque toutes les premières éditions des auteurs Grecs & Latins. Tant de ſingularités, jointes à la condition de tous les exemplaires admis dans le cabinet de M. de Boze, doivent le faire regarder comme le plus beau qu'on ait jamais formé.

Le caractère principal de ſon eſprit étoit l'exactitude & la juſteſſe. Un goût délicat relevoit en lui le mérite d'une érudition choiſie. Il faiſoit des vers avec facilité: mais il les cachoit avec encore plus de ſoin; & ſi quelques-unes de ſes poëſies ont vû le jour, ſi même elles ſe trouvent confondues ſans qu'on puiſſe les diſtinguer, dans des recueils eſtimés à bien des titres, il n'eut jamais de part à leur publication. Sa prose ſimple & préciſe lui coûtoit peu de travail. Un long exercice & l'étude de ſa langue lui avoient acquis l'habitude des tours heureux & des expreſſions propres. Il avoit l'ame ferme & le coup d'œil ſûr. Il dut de bonne heure au commerce des hommes, & ſur-tout à ſes réflexions, cette prévoyance active & diſcrète, qui s'épargne les fauſſes meſures & les démarches inutiles : invariable dans ſes principes, il ſe guidoit dans ſes actions par un diſcernement éclairé des temps & des conjonctures.

Ami ſûr, eſſentiel, à l'épreuve des évènemens, capable de donner les meilleurs avis ſur ce qui paroiſſoit le moins de ſon reſſort, il chériſſoit les occaſions d'être utile, & dirigeoit à ce but toutes les reſſources de ſon eſprit. Sa libéralité trouvoit dans ſon économie les moyens de ſoulager en ſecret la pauvreté reſpectable des gens de Lettres, dont les eſpérances étoient incertaines ou éloignées. On lui reprochoit un certain air de froideur & de réſerve; mais cette froideur, cette réſerve n'ont été qu'apparentes: nous pouvons aſſurer que rien n'égaloit ſon zèle & ſon attachement pour ceux dont le cœur lui étoit connu. Il a laiſſé des amis de plus de quarante ans, dont les regrets honorent ſa mémoire, & qui ſe rappellent avec douleur une union douce & ſolide, qu'aucun nuage n'a troublée. La réputation de ceux auxquels il a ſurvécu, ſuffiroit à ſon éloge. Comme la pluſpart ont été de l'Académie, il s'eſt vû dans la néceſſité conſolante d'écrire l'abrégé de leur hiſtoire; & les tableaux fidèles qu'il en a faits montrent combien il les a connus, & combien il étoit digne d'eux. Leur liſte cependant dreſſée ſur ſes Éloges ne ſeroit pas complète à beaucoup près; il faudroit joindre les noms de M. le maréchal de Villeroi, de M. l'abbé de Rothelin, de M. l'abbé Bignon & de M. le chancelier Dagueſſeau, à ceux du préſident de Lamoignon, & de M. Foucault.

M. Foucault ſur-tout eut pour M. de Boze la tendreſſe d'un père. Un trait que nous ne pouvons recueillir trop précieuſement pour l'honneur des Lettres, doit rendre le ſouvenir de leur amitié cher à tous les cœurs ſenſibles. M. Foucault avoit un recueil eſtimé de Médailles & d'Antiques : c'étoit le fruit de ſes recherches & l'amuſement de ſon loiſir. Des conjonctures imprévûes le forcèrent à s'en priver. M. de Boze qui le ſut d'ailleurs lui demanda la préférence, ſans négocier ſur le prix, & ne mit au traité qu'une condition expreſſe, ſur laquelle il ne conſentoit à s'expliquer qu'au moment de la ſignature. Cette condition fut l'uſufruit, qu'il laiſſa par l'acte même à M. Foucault, dont la réſiſtance céda enfin aux prières de M. de Boze. Jamais Deſpreaux n'a plus heureuſement imité les anciens, que M. de Boze ne l'imita lui-même en cette occaſion. Un cœur capable de ſuivre cet exemple l'eût donné ſans doute, s'il n'avoit été prévenu. Une dernière circonſtance ajoûte de part & d'autre au mérite de l'action. M. Foucault de l'aveu de ſon ami, mais ſans s'ouvrir à lui du motif de ſa réſerve, avoit excepté de la vente deux belles figures repréſentant l'une la déeſſe Iſis, & l'autre un nain d'Auguſte : il les gardoit pour les laiſſer à M. de Boze par ſon teſtament; & M. de Boze, dans le ſien, a ſupplié le Roi de les accepter pour ſon Cabinet où elles ſont aujourd'hui.

Ce fut au mois de février qu'il reſſentit les premières atteintes de la maladie dont il eſt mort le 10 ſeptembre dernier, dans la ſoixante-quatorzième année de ſon âge, après avoir reçû les Sacremens de l'Égliſe dans le cours de cette maladie. Elle commença par un rhumatiſme, dont les ſuites ne parurent pas d'abord dangereuſes, mais qui dégénéra ſubitement le 14 avril, en une paralyſie ſur la moitié du corps. Tous les ſecours de la Médecine ſe réduiſirent à prolonger de quelques mois ſa vie & ſes douleurs. Jamais la violence ni la continuité de ſes maux n'arrachèrent de ſa bouche la plus légère plainte: jamais il ne parut regretter la vie; ſoit que ſa conſtance n'eût pas beſoin de ces reſſources, ſoit qu'il en fît dans le ſilence un ſacrifice à la Religion; ou pluſtôt parce qu'il étoit en même temps ſoûtenu par ces deux appuis. Son courage n'étoit ni forcé ni faſtueux. Il vit d'un œil tranquille la mort s'approcher à pas lents; & pendant quatre mois il s'eſt privé volontairement de ſes amis. Non qu'il eût ceſſé de les aimer ; ou l'entendit bien des fois parler d'eux avec intérêt : mais il vouloit épargner à ſa fermeté le ſpectacle de leur attendriſſement. Il eſt mort en Chrétien philoſophe, après avoir vécu en hommes de Lettres vraiment citoyen.

M. de Boze avoit épouſé en 1732 Mademoiſelle de Cangé, dont les qualités aimables & la vertu ſolide ont fait ſon bonheur. Sans la perte de ſes enfans, nul chagrin n'auroit altéré pour lui le charme de cette union : il en a eu trois, morts preſque auſſi-tôt après leur naiſſance.

ÉLOGE

DE M. L'ABBÉ FÉNEL.

Assemblée publiq. du 23 Avril 1754.

JEAN-BASILE-PASCAL FÉNEL, Chanoine de l'église métropolitaine de Sens, Prieur commendataire de Notre-Dame d'Andresi, Associé de l'Académie des Belles-Lettres, naquit à Paris le 8 juillet 1695. Son père, Avocat au Parlement, issu lui-même d'Avocats estimés, jouissoit d'une considération héréditaire, & qu'il avoit mérité de se rendre personnelle. Sa mère étoit de l'ancienne famille des Francières-Pascal en Picardie. Henri Fénel, frère cadet de son père, est mort Doyen du Chapitre de Sens, auquel il a légué sa Bibliothèque, & qui l'avoit vû avec applaudissement succéder dans cette place à M. de Fontaines Évêque d'Aleth, son oncle, & grand-oncle de celui dont nous faisons l'Éloge. Selon toute apparence, elle eût passé des oncles au neveu, si ce neveu, plus docile ou plus intéressé, se fût livré sans réserve aux desirs de ses parens, qui le destinèrent à l'état Ecclésiastique. Ils s'étoient déterminés par ce motif, & plus encore par tous les présages qu'on pouvoit tirer de son caractère, à mesure que les occasions & les années le développoient. En effet, le desir de savoir est quelquefois le signe d'une vocation marquée pour un genre de vie où la science est aussi nécessaire que les mœurs. Mais ce desir, que M. l'abbé Fénel montra dès son enfance, n'étoit pas en lui un attrait foible, un goût modéré, capable de se prêter & de s'assujétir à d'autres goûts. C'étoit un besoin tyrannique, une passion exclusive & dominante, ennemie de toute espèce d'accommodement qui l'eût forcée de souffrir un partage. Elle ne le détourna pas d'une profession sérieuse & qui lui convenoit, en le tenant éloigné du monde; mais elle ne lui permit de la suivre, qu'autant qu'il le devoit pour s'engager dans les Ordres, & pour se faire un état fixe, à l'abri duquel il eût peu de distractions & beaucoup de loisir.

Aussi se dévoua-t-il à l'étude. Elle fut son affaire essentielle & son plaisir unique. Tous ses jours remplis, ou du moins consumés par le travail, ne présentent dans leur cours uniforme qu'un seul & même fait; & quand nous aurons dit que M. l'abbé Fénel naquit avec une curiosité vive, insatiable, & qui se portoit généralement sur tout ce qui peut être du ressort de l'esprit humain; que tant qu'il vécut, il ne cessa de repaître cette ardeur avide; & qu'il auroit produit davantage, s'il avoit pû se résoudre à moins acquérir, nous aurons dit tout en peu de mots. Il ne nous restera plus qu'à développer ce précis de son histoire, en donnant le détail de ce qu'il a fait, de ce qu'il a voulu, de ce qu'il auroit pû faire en tous les genres; & ce détail, qui seroit curieux, s'il nous étoit libre d'en mesurer l'étendue sur celle de la matière, remontera presque à ses premières années. Car il fut auteur, ou prétendit à l'être sous plus d'un titre, dans un âge où l'on entrevoit à peine qu'il y a des sciences & des livres. Les prémices de son érudition annoncèrent le prodigieux accroissement qu'elle devoit prendre; & dès le premier pas qu'il fit dans la carrière, la rapidité de sa marche indiqua la pluspart des routes qu'il a parcourues depuis.

M. l'abbé Fénel n'eut point d'autre maître que son père, qui ne crut pouvoir lui trouver de meilleure école que sa maison, où logeoit avec lui le célèbre Ménage, son ami particulier, sous les yeux de qui s'acheva cette éducation domestique. Elle eut pour leur élève des avantages & des inconvéniens, dont le mélange influa beaucoup sur le reste de sa vie. En lui faisant contracter l'habitude de vivre isolé, sans liaisons, & sans commerce avec ses pareils, elle fortifia l'éloignement qu'il avoit pour la société. Mieux assortie, sans doute, à ses talens que l'éducation commune, dont la lenteur méthodique se mesure avec raison sur la marche des esprits ordinaires, elle facilitoit l'essor du sien, en lui laissant cette liberté si favorable aux progrès. Elle ne ralentissoit pas l'ardeur de son génie: mais elle n'en modéra pas assez la fougue; elle n'en captiva

ni

ni l'audace, ni l'impétuoſité. Au lieu de lui preſcrire des loix qui l'euſſent réglé ſans l'aſſervir, & de diriger tous ſes efforts vers un même but, elle l'abandonnoit au caprice de ſes idées. Ce défaut de ſes premières études a privé la Littérature de ce qu'elle pouvoit attendre d'un eſprit comme le ſien, facile, courageux, pénétrant, capable d'une application ſoûtenue, & ſecondé de la plus heureuſe mémoire. S'il avoit eu la force de maîtriſer ſon imagination, & de renoncer au projet d'être un philologue univerſel, il auroit éclairé ſes contemporains; il auroit inſtruit la poſtérité: nous aurions à citer aujourd'hui des ouvrages importans & terminés, au lieu que nous ſommes preſque réduits à n'annoncer que des eſſais.

M. l'abbé Fénel entreprit à treize ans un traité de Géographie: à quinze ans, il faiſoit des extraits critiques de la bibliothèque de le Clerc & de celle de Fabricius. A dix-ſept ans, il voulut écrire à la fois ſur la Divination, ſur la Philoſophie hermétique, ſur la conſtruction générale de l'Univers.

La Métaphyſique parut à ſon tour, & l'attira ſans le fixer. Le goût vif qu'il s'eſt toûjours ſenti pour cette ſcience, dont il ne parloit qu'avec un enthouſiaſme religieux, le jeta, dès l'âge de vingt ans, dans les plus profondes méditations ſur le principe & l'eſſence des êtres, ſur celle des idées. Il entreprit une critique de Mallebranche, une réfutation de Hobbes, une autre de Spinoſa. Il paſſoit de la Métaphyſique à la Morale, au Droit naturel, au Droit des gens, à la Politique, à toutes les branches de la Philoſophie, ſans ſe repoſer ſur aucune. Un écart ſoudain le tranſportoit enſuite dans la Géométrie tranſcendante; il s'enfonçoit dans l'Algèbre; il appliquoit le Calcul à des problèmes ſinguliers d'Optique, d'Aſtronomie, de Phyſique générale & particulière: il vérifioit les expériences de Boyle; il méditoit avec Deſcartes; il converſoit avec Léibnitz; il diſputoit avec Newton; il entroit en lice avec tous les grands hommes; il mettoit à contribution toutes les ſciences. Dans le court eſpace de quelques années il devint ſavant; mais il n'étoit pas habile, parce qu'on ne le devient pas ſans méthode.

Cependant ces mêmes années, où jeune encore il préludoit par d'immenſes ſpéculations à d'immenſes travaux, ſont l'époque de ſon cours de Théologie, & des excurſions qu'il fit en Médecine. Il étudia l'une par devoir : mais il ſe livroit à l'autre par goût ; & ce goût, qui ſans les arrangemens de ſa famille auroit peut-être décidé de ſon état, il l'a toûjours entretenu depuis par la lecture de Galien, de Celſe, de Sydenham, de Boerhaave & des autres maîtres de l'art. Il s'y croyoit aſſez profond pour avoir une théorie propre, dont l'application ſur lui-même lui réuſſiſſoit mal, & ne l'a point détrompé.

Nous tirons ce détail d'une Table que M. l'abbé Fénel a dreſſée de ſes ouvrages & de ſes projets, ſelon l'ordre des temps. C'eſt un compte qu'il ſe rendoit de ſes entrepriſes paſſées & de ſes vûes pour l'avenir. Un ſeul mot, un ſimple titre y rappeloient à ſon eſprit l'abrégé d'un ſyſtème anciennement conçu, le réſultat d'une longue diſcuſſion, le précis d'un traité. Ce regiſtre de ſes penſées nous a mis à portée de ſuivre la progreſſion preſque infinie de ſes connoiſſances & celle de ſes deſſeins. Il l'avoit accompagné d'un journal où les viciſſitudes de ſa ſanté ſont marquées avec ſoin, & du plan raiſonné de la conduite qu'il ſe propoſoit de tenir dans le monde. Ces trois pièces contiennent des obſervations ſingulières, & des principes, ſoit de vie, ſoit de régime, fondés, à ce qu'il penſoit, ſur ſon expérience. Elles ſont écrites de ſa main ; & les deux dernières fourniſſent les principaux traits par leſquels nous eſſayerons de caractériſer en lui l'homme, après avoir achevé de peindre l'auteur. Car ce premier tableau n'eſt pas fini. Le côté des ſciences n'en eſt que le profil : il nous reſte à crayonner celui des Lettres ; & c'eſt le point de vûe ſous lequel il s'eſt le plus montré, quoique peut-être il pût s'offrir ſous l'autre avec encore plus d'avantage.

L'étude approfondie des Langues ſavantes l'avoit mis de très-bonne heure en état de lire les originaux ; & de la lecture des textes, il paſſa ſans intervalle à celle des Commentateurs, dont les écrits volumineux ſe ſuccédoient rapidement entre ſes mains. A quinze ans il travailloit d'après Bochart, & méditoit une hypothèſe nouvelle ſur la diſperſion des hommes. Il ſe rendoit familiers les ouvrages de Scaliger & d'Uſſérius; il s'exerçoit dans l'art conjectural des étymologies; il puiſoit dans toutes les ſources de l'Hiſtoire, dont il mêloit toutes les époques, en laiſſant à la Chronologie le ſoin de rétablir dans ſa mémoire l'ordre & l'enchaînement des faits. Tous les peuples diſtribués aujourd'hui ſur la face de la terre; tous ceux qui ne ſont plus, & dont les rôles ont tour à tour occupé la ſcène du monde, les Aſſyriens & les Goths, les Grecs & les Barbares, les Scythes & les Romains, ſéparés en vain par les temps & les lieux, ſe rapprochoient dans ſes lectures. Elles avoient pour objet commun le profane & le ſacré, les nations étrangères & la ſienne, les anecdotes de ſon ſiècle & les traditions du temps de Ménès & de Sémiramis. De cette revûe générale naiſſoient en foule des plans d'ouvrages, des projets de diſſertations, des vûes ſouvent nouvelles & quelquefois heureuſes. Il en communiqua pluſieurs au Père de Tournemine, dont il ambitionnoit les éloges, & qui lui donna des avis. Mais l'impreſſion de ces utiles conſeils étoit affoiblie par les louanges que lui prodiguoit en même temps le P. Hardouin, qui découvrant en lui le germe d'un novateur & l'ébauche d'un grand homme, auroit voulu s'en faire un proſélyte capable de le remplacer. Heureuſement le jeune Littérateur n'étoit point homme à ſe laiſſer ſéduire par des ſyſtèmes qu'il n'avoit pas imaginés: la juſteſſe & l'indocilité de ſon eſprit le préſervèrent des illuſions de l'Harduiniſme.

D'ailleurs M. l'abbé Fénel, en s'attachant à des recherches hiſtoriques, avoit moins pour but la connoiſſance des faits que celle des hommes. Il vouloit étudier l'eſprit humain dans ſes productions diverſes, qu'il partageoit en deux claſſes générales. Dans l'une étoient renfermés les uſages des peuples, leurs loix, leurs maximes de gouvernement, leurs ſyſtèmes politiques & religieux: l'autre comprenoit les différentes opinions des ſectes philoſophiques, les ſciences dont la théorie peut influer ſur la pratique des arts, & les arts mêmes, ſoit utiles, ſoit ſimplement agréables. C'eſt à ce double point de vûe qu'il rapportoit ſes principales études. Des recueils immenſes d'extraits, de citations, de remarques, ſont le dépôt de ce qu'il a penſé ſur une infinité de queſtions relatives à cette multitude d'objets divers.

A vingt-cinq ans, il ſe voyoit en état d'écrire ſur toutes ſortes de matières, & n'avoit écrit ſur aucune : à peine quelques pièces anonymes & deſtinées pour les Journaux échappoient de temps en temps à ſa plume. Mais enfin l'amour de la gloire tira M. l'abbé Fénel de ſon inaction laborieuſe ; & ſes idées s'ouvrirent alors vingt paſſages à la fois. Preſque toutes les Académies du Royaume & de l'Europe concoururent, ſans le ſavoir, à le rendre auteur. Les prix qu'elles propoſent tous les ans fixèrent ſon irréſolution, en lui préſentant des objets d'examen dans tous les genres auxquels il étoit initié.

Nous n'entrerons pas dans un détail qui nous meneroit loin. Mais, quelque préparé que doive être le Lecteur à des traits ſinguliers, il n'apprendra pas ſans ſurpriſe que M. l'abbé Fénel a, dans le cours de quinze ans, traité vingt-cinq queſtions différentes de Géométrie, de Phyſique, d'Aſtronomie, d'Hiſtoire ancienne & moderne ; qu'il travailloit à la fois ſur pluſieurs, malgré l'importance des ſujets, leurs difficultés particulières, & leur oppoſition réciproque ; qu'en 1741, par exemple, il compoſa pour l'Académie des Sciences *ſur les propriétés de l'aiman*, pour celle de Bordeaux *ſur les cauſes de la noirceur des Nègres*, & pour cette Académie *ſur l'hiſtoire des Galates ;* qu'il a concouru pour des Prix, ſur l'inſuffiſance de la Loi naturelle, ſur la théorie de Saturne & de Jupiter, ſur le ſyſtème des Monades, ſur l'origine des pierres figurées ; enfin que dans la même année il fit ſur les loix du mouvement quatre Diſſertations à la ſuite l'une de l'autre, toutes quatre ſelon des hypothèſes différentes, & dont il ne livra que la dernière au concours. Aſclépiade, fameux Athlète du temps des Antonins, avoit, en moins de ſept ans, combattu dans les jeux les plus célèbres de l'Italie, de la Grèce, de l'Égypte & de l'Orient : vainqueur dans tous, il avoit vû ſeize villes du premier ordre lui déférer à l'envi le titre de Citoyen. L'Aſclépiade moderne, infatigable & belliqueux comme l'ancien, n'eut pas le même bonheur. Le nombre de ſes combats excède celui de ſes triomphes : il éprouva qu'en partageant ſes forces, on court ſouvent riſque de les rendre inutiles & d'en anéantir l'effet. Mais s'il n'a pas toûjours cueilli des lauriers, il a preſque toûjours mérité des éloges : il a ſouvent balancé la victoire, & l'a quelquefois remportée. Dans la pluſpart des morceaux qu'il s'eſt donné le loiſir d'achever, on rencontre d'importantes obſervations & quelques découvertes utiles.

Tel eſt en particulier ſon Mémoire ſur *le Cabeſtan*, compoſé pour l'Académie des Sciences, qui l'a fait imprimer dans ſes Recueils, comme une des pièces qui, ſans obtenir le Prix, méritoient qu'il y eût plus d'un Prix à diſtribuer. En 1743, l'Académie de Soiſſons couronna la Diſſertation de M. l'abbé Fénel, *ſur la conquête de la Bourgogne par les fils de Clovis ;* & dans la même année un autre de ſes ouvrages eut ici le même ſuccès. Le ſujet du Prix que nous lui décernames, étoit, *l'état des ſciences en France, depuis la mort de Philippe le Bel, juſqu'à celle de Charles V ;* queſtion difficile, autant que curieuſe, & qu'il a traitée ſupérieurement. Son Mémoire eſt écrit avec aſſez de méthode, & plein de traits puiſés dans des ſources preſque ignorées. Il étonna ſes Juges ; & l'un d'eux étoit M. Falconet, ſi capable d'étonner lui-même par l'étendue de ſes connoiſſances. Le cas qu'il faiſoit de l'ouvrage s'étendit à l'auteur, qu'il voulut de ce moment connoître, qu'il eſtima bien-tôt, & qu'il vint juſqu'à chérir, comme M. de Peireſc chériſſoit Gaſſendi & l'auroit chéri lui-même : preuve reſpectable, & qui n'eſt pas unique, de ſon zèle pour les Lettres, & de la bienfaiſante facilité de ſon cœur, ſur lequel tous les genres de mérite ont des droits.

M. l'abbé Fénel, déjà payé de ſon travail par une liaiſon ſi flatteuſe, & qui lui devint très-utile, le fut encore par l'honneur qu'il eut peu de temps après de réunir les ſuffrages de la Compagnie, lorſqu'elle eut à donner en 1744, la place vacante par la mort de M. l'abbé Gédoyn. Elle jeta les yeux ſur lui, dans l'eſpérance d'acquérir, en ſa perſonne, pluſieurs Savans à la fois. Il a rempli cette idée par le nombre des Diſſertations qu'il nous a lûes, & par la variété des ſujets qu'il y traite, ſoit à deſſein, ſoit indirectement. Ce n'étoient pas de ſimples Mémoires: c'étoient de gros Traités dont la longueur abſorboit nos ſéances; & cependant aucun de ces morceaux n'eſt achevé. On ne pouvoit, ni les tirer de ſes mains, ni l'engager à les finir, à leur donner la forme dont ils avoient beſoin & qu'ils méritoient de recevoir.

On doit remarquer, comme un trait qui caractériſe ſa manière de travailler, que la pluſpart de ſes ouvrages ne furent, dans ſon plan, que des préparatifs à d'autres ouvrages, de ſimples introductions, qui par l'évènement ne l'ont conduit à rien d'ultérieur. En 1747 il nous lut, ſur les dogmes religieux des Celtes & des Germains, une *longue Diſſertation:* c'étoit un extrait de la préface qu'il deſtinoit à ſon hiſtoire de Sens, hiſtoire commencée ſous l'épiſcopat de M. de Chavigni, continuée ſous celui de M. Languet, & qu'il n'a pas eu le temps d'achever.

On avoit, en 1742, trouvé dans le cercueil d'un archevêque de Sens, mort au X.e ſiècle, quelques débris d'étoffes de ſoie, tiſſues de fils d'or en lame. D'autres tombeaux déterrés au village de Ruſch, en 1746, offrirent encore la même ſingularité. Ces découvertes réveillèrent les anciennes idées de M. l'abbé Fénel ſur l'art de fabriquer les étoffes; & la chaleur du premier moment fit éclorre un ample traité préliminaire, dans lequel à l'occaſion d'un art particulier, il nous traça le plan, tel qu'il l'avoit conçu, de l'hiſtoire générale des arts, en remontant preſque à l'origine du monde.

Ce qu'il nous a communiqué ſur les myſtères d'Éleuſis eſt encore l'avant-propos d'une hiſtoire du paganiſme, qu'il prétendoit auſſi donner quelque jour au Public.

Cet aſſemblage de projets trop vaſtes, ſes abſences fréquentes, & les diſtractions que lui donnoient pendant ſon ſéjour ici, les affaires de ſon Chapitre, dont il étoit l'agent, ſont les principales cauſes qui l'ont empêché de ſe livrer à l'Académie, & de juſtifier notre attente, comme il le pouvoit. Un dernier obſtacle plus fort que les précédens, & qui ſuffiroit à ſon apologie, s'il en avoit beſoin, c'eſt l'altération de ſa ſanté, naturellement foible, & que l'excès du travail avoit épuiſée depuis long-temps. Sujet à des maladies graves, & conſumé par une langueur habituelle, il s'abandonnoit à de longs accès de mélancolie. Cette ſituation, aigrie par des malheurs d'un autre genre, qu'il ſe rappelle dans ſon *plan de conduite*, ſans les détailler, augmentoit ſon averſion pour le monde. Soit timidité, ſoit défiance, il craignoit les hommes, & ne s'ouvroit avec une ſorte de liberté qu'au ſeul M. Falconet, dont l'amitié s'étoit acquis un droit à ſa reconnoiſſance. Impénétrable pour tout autre, il ne converſoit qu'avec ſoi-même & ſes livres; il aſpiroit à rétrécir de plus en plus ſa propre ſphère, en même temps qu'il étendroit celle de ſes idées. A le voir, on eût dit qu'il n'appartenoit ni à ſon ſiècle, ni à ſa Nation, & qu'il tendoit à cette inſenſibilité ſtoïque, qu'on honore du nom de philoſophie; quoique moins raiſonnée, ſouvent, que naturelle, elle annonce pluſtôt l'indifférence que la fermeté. M. l'abbé Fénel ſavoit que moins un corps a de ſurface, moins il eſt en butte aux impreſſions des autres corps. Il appliquoit cette vérité phyſique à la morale, & ſacrifioit tous les plaiſirs dont le ſentiment eſt la ſource, à l'eſpoir d'un prétendu repos, que ſon ame ne pouvoit trouver au milieu des maux qui l'affligeoient.

Depuis quelques années, on le voyoit dépérir: mais il ne vouloit pas ſe l'avouer; &, de tous les ſymptomes qui devoient l'éclairer ſur ſon état, le plus dangereux eſt préciſément celui dont il s'effrayoit le moins. C'étoit une faim vorace, comparable à cette ſoif ardente qui fait le tourment des hydropiques. Les plus forts alimens pris ſans meſure ne ſuffiſoient pas à l'opiniâtreté de ſes beſoins: cependant il ſe flattoit; & moins alarmé que chagrin d'un épuiſement de jour en jour plus ſenſible, il ne l'a jamais regardé que comme une maladie paſſagère. Sa ſécurité la rendit opiniâtre: il entreprit de la traiter; elle devint mortelle, & l'emporta preſque ſubitement le 19 décembre dernier, dans la cinquante-neuvième année de ſon âge : homme eſtimable à plus d'un titre; mais en qui tout fut ſingulier, l'eſprit, le ſavoir, le caractère & l'extérieur. Né pour le grand, il ne remplit pas ſon rôle; il étonna ceux dont il auroit pû ſe faire admirer.

De tous les Mémoires qu'il nous a donnés, les ſeuls en état de paroître de ſon vivant, ont été *ſes Recherches ſur ce que les Anciens ont penſé de la Réſurrection*, & ſes conjectures étymologiques *ſur le mot* Dunum, *ſi commun dans la langue des Celtes.* La briéveté de ces deux morceaux nous a permis de les inſérer en entier dans nos deux derniers volumes. Les autres pièces étoient confondues dans ſon porte-feuille avec une infinité d'ébauches ſur des ſujets qui nous ſont étrangers. Nous les en avons ſéparées avec ſoin, dans la vûe de les extraire, & d'en tirer, par de fidèles analyſes, tout ce qu'elles renfermeront d'intéreſſant & de curieux. Ce ſera la matière de pluſieurs articles qui ſe ſuivront par ordre dans l'Hiſtoire de l'Académie: la mine eſt riche & fournira long-temps.

Nous ſouhaitons que le reſte de ſes papiers paſſe à quelqu'un qui s'intéreſſe aſſez à la gloire de l'auteur ou au progrès des ſciences, pour entreprendre le même travail ſur ces mélanges prodigieux de Phyſique, de Morale & d'Hiſtoire Naturelle. Le catalogue de M. l'abbé Fénel annonce des découvertes en Géométrie, en Algèbre, en Optique, des inſtrumens d'Aſtronomie perfectionnés, un cadran univerſel de ſon invention, des expériences, des ſolutions de problèmes; & tous ces titres du catalogue ſe retrouvent dans les recueils, du moins autant qu'un examen général a pû nous en faire juger. C'eſt un labyrinthe où l'on ne doit pas entrer ſans fil & ſans flambeau : mais ce labyrinthe renferme peut-être quelque tréſor.

ÉLOGE

ÉLOGE

DE M. SECOUSSE.

DENYS-FRANÇOIS SECOUSSE naquit à Paris le 8 janvier 1691. Son père, Avocat célèbre, joignoit au ſavoir du Juriſconſulte, aux talens de l'Orateur, les vertus de l'homme de bien & les qualités de l'homme ſociable. Honoré de la confiance du public, ami de ſes rivaux, il eut l'avantage de poſſéder cette conſidération perſonnelle qui n'eſt dûe qu'au mérite, & de laiſſer à ſes enfans un nom recommandable, qui devenu pour eux un nouveau motif de ſe diſtinguer, leur en facilitoit encore les moyens : héritage précieux, ſujet à dégénérer dès qu'il ne s'accroît pas ; mais ſes enfans étoient dignes de le recueillir : ils en ont connu la valeur ; ils l'ont cultivé comme la portion la plus chère de leur patrimoine, & ſe ſont eſtimés heureux d'avoir cet engagement de plus à remplir avec eux-mêmes & avec la ſociété. Aſſemblée publiq. du 12 Nov. 1754.

L'ainé de tous fut l'Académicien que nous avons perdu. Sa paſſion pour les livres s'annonça dès l'âge le plus tendre. A ſix ans il avoit copié de ſa main une grande partie du Télémaque de M. de Cambrai. Avec de pareilles diſpoſitions, il méritoit de trouver un Mentor, & il le trouva dans la perſonne de M. Rollin. Il fut un des premiers élèves de cet homme reſpectable, qui voué par état, par principe & par ſentiment, à l'inſtruction de la jeuneſſe, ennobliſſoit par l'élévation de ſes vûes, un emploi déjà ſi noble, & jouiſſoit dès-lors de cette eſtime générale qu'il s'eſt depuis aſſurée par des écrits qui reſpirent l'amour de la patrie & de l'Humanité. Cet hommage de ma reconnoiſſance eſt inutile à ſa mémoire ; mais il n'eſt pas étranger dans l'éloge de M. Secouſſe. M. Rollin ſe faiſoit honneur de le citer au nombre des gens de Lettres citoyens, que ſon école a produits; & de ſon côté M. Secouſſe ſe félicita toûjours de l'avoir eu pour maître.

Ses études eurent le ſuccès qu'un eſprit ſérieux, juſte & pénétrant devoit retirer d'une application méthodique & continuelle. Les heures deſtinées au travail ne lui ſuffiſoient pas; il prenoit ſur le temps du ſommeil. En vain eſſayoit-on de réprimer cette intempérance ſi louable & ſi peu commune: ſon ardeur excitée par les obſtacles éludoit les déſenſes & ſavoit ſe ſouſtraire aux regards les plus attentifs. Les paſſions ſont fécondes en reſſources, & ſur-tout indociles. M. Secouſſe étoit entraîné par la ſienne avec une impétuoſité opiniâtre, qui avoit en partie ſon principe dans la fermeté de ſon caractère, plus vrai que ſouple, capable de céder par raiſon ou de ſe plier par égard, mais inflexible à tout autre motif, ſingulièrement jaloux de l'indépendance, & ne réſiſtant jamais aux impreſſions de ſon naturel, que lorſqu'elles lui ſembloient combattues par le devoir. Heureuſement la voix du devoir & celle de la Nature s'accordoient en lui: ſes inclinations étoient droites, ſes vûes ſaines, ſes deſirs ſages, ſes goûts ſolides; & cette rigidité de caractère, qui jointe à des défauts, en eût fait des vices, s'alliant à des qualités eſtimables, ſervit à les fortifier. L'étendue des connoiſſances & l'habitude de réfléchir ſuffiſent à l'homme de Lettres pour former de grands projets: mais il ne les exécuteroit point ſans cette conſtance d'eſprit qui peut, à la fois, tendre d'un pas toûjours égal vers un but éloigné, & ſe ſoûtenir contre l'ennui des détails par l'idée de l'importance du tout. M. Secouſſe eut en partage un eſprit de cette trempe; eſprit de ſuite & de diſcuſſion, entreprenant par zèle, ſe livrant avec patience aux analyſes les plus exactes, en ſaiſiſſant les réſultats avec préciſion, procédant avec ordre, ſans précipitation & ſans lenteur.

Son père, témoin de ſes progrès, en tiroit un augure favorable aux deſſeins qu'il avoit ſur lui. Il eſpéroit de ſe voir bien-tôt dévancé dans ſa carrière par un fils qui l'auroit fait revivre au Barreau. Mais ce fils, auquel ſon nom devra plus qu'il ne croyoit peut-être, n'étoit pas né pour l'état qu'on lui destinoit. Dès l'âge de quatorze ans, il s'étoit fait le plan de vie qu'il a depuis constamment suivi; & s'il ne l'embrassa pas sur le champ, c'est que trop jeune encore pour disposer de lui-même, il devoit le sacrifice de ses propres idées à l'autorité d'un père, qui croyoit ne consulter que l'avantage de son fils, en l'appliquant à un état où la réputation mène sûrement à la fortune. M. Secousse fit par déférence les premiers pas dans la route qui lui étoit marquée; & quoiqu'il ne se prêtât que pour un temps, il parut se livrer avec ardeur: le charme que le devoir a pour les ames bien nées, ôtoit à ses efforts l'air de la contrainte. D'ailleurs comme le bon esprit a l'art ou le bonheur de saisir les objets par le côté qui les rapproche de son goût, il entrevoyoit un moyen de concilier le sien avec la Jurisprudence, dans l'intime liaison de cette science avec l'Histoire, à l'étude de laquelle il se sentoit appelé.

Ce fut sous cet aspect qu'il envisagea le Droit Romain. La connoissance du Droit François lui parut avoir également besoin des recherches historiques, qui seules en effet peuvent éclaircir nos loix, en démêler l'origine, en faire sentir l'esprit, en développer les rapports avec nos usages, en justifier les vicissitudes, par les révolutions arrivées dans notre gouvernement & dans nos mœurs.

M. Secousse fut reçu en 1710 Avocat au Parlement, & se distingua dans plusieurs causes, sur-tout dans la première. Il la perdit néanmoins, & devoit la perdre; mais l'honneur du combat n'y dépendoit pas du succès. Il s'agissoit de l'honoraire des Avocats: on ne doutoit point qu'ils ne fussent autorisés à recevoir celui qui leur seroit offert; mais étoient-ils en droit de l'exiger; & l'exiger, n'étoit-ce pas déroger à la noblesse de leur profession? M. Secousse le pensoit; & il entreprit de le démontrer, avec cette chaleur qu'inspire la persuasion qui naît du sentiment. Les Juges ne furent pas de son avis: cependant on ne le soupçonna ni de singularité, ni d'orgueil, pour l'avoir soûtenu; parce qu'il le soûtint de manière à prouver que dans la pratique il s'en seroit fait une loi, s'il avoit continué de suivre le barreau, qu'il quitta quelque temps après, à la mort de son père.

Cette perte lui fut d'autant plus ſenſible, qu'elle étoit prématurée. Devenu libre, mais affligé ſincèrement de l'être à ce prix, *il ferma ſon digeſte*, ce ſont ſes propres termes, & ſe donna ſans délai, comme ſans réſerve, à la Littérature, avec laquelle il n'avoit pû juſqu'alors entretenir qu'un commerce clandeſtin.

Malgré les travaux immenſes des Ste Marthe, des Ducange, des Valois, des Ducheſne, des Mabillons & de quelques autres Savans, le jour commençoit à peine à ſe répandre ſur les antiquités Françoiſes. C'étoit un vaſte pays, que des routes frayées de toutes parts rendoient acceſſible, mais dont l'intérieur encore mal connu offroit une ample matière aux nouvelles découvertes. M. Secouſſe ſe propoſa d'y pénétrer, ſur les traces de ces grands hommes, & de mériter, comme eux, la reconnoiſſance de la Nation & l'eſtime de la poſtérité. Animé par leur exemple, il ſembloit avoir hérité de leur zèle pour l'honneur de ſa patrie; & ce reſſort qui n'agit avec force que ſur les ames peu touchées de l'intérêt perſonnel, fut le mobile de toutes ſes entrepriſes littéraires.

Mais on ne peut ſavoir bien notre hiſtoire, ſi l'on n'eſt initié dans celle des peuples & des temps plus anciens. Indépendamment de l'attrait qui fixe ou ramène preſque toûjours nos regards ſur deux Nations célèbres, à l'une deſquelles nous devons la connoiſſance des arts, & dont l'autre a joué long-temps le premier rôle dans l'Univers, un François ne ſe trouve point étranger au milieu des Grecs & des Romains. Les mœurs de la Grèce, dans ces ſiècles groſſiers, qu'on nomme héroïques parce qu'ils ont eu pour peintre le plus grand des Poëtes, lui offrent une image fidèle des mœurs de ſes aïeux. A l'égard des Romains, il voit en eux un peuple vaincu par ſes ancêtres; mais dont ſes ancêtres ont adopté la langue en l'aſſujétiſſant à leur grammaire, & les loix en les ſubordonnant à leurs coûtumes, que ce mélange a civiliſées inſenſiblement.

Ces réflexions déterminèrent M. Secouſſe à commencer ſon cours d'études par la lecture des auteurs de l'antiquité, qu'il étudia dans leur propre langue; non pour en prendre cette idée légère & souvent fausse que donne un coup d'œil superficiel; mais pour s'instruire avec eux, & former de l'assemblage des faits épars dans leurs écrits, le fondement d'un système raisonnable sur l'histoire des temps postérieurs.

Ses remarques critiques sur quelques-unes des vies de Plutarque peuvent faire juger de sa méthode. Il a choisi celles de plusieurs illustres Romains dont les vertus, les vices ou la fortune ont puissamment influé sur le sort de la République, & par conséquent sur le destin du monde attaché pour lors à celui de Rome. Ce sont entre autres Pompée, Cicéron, César, Caton d'Utique, Brutus & Marc-Antoine. M. Secousse, en rendant justice à Plutarque, qu'il considère moins comme Historien que comme Peintre, n'exige pas de lui l'exactitude superstitieuse des détails; mais il essaie de la rétablir dans ses récits, en les comparant aux témoignages des autres écrivains. Ses raisonnemens, où brille une sagacité toûjours impartiale, amènent des conclusions justes & précises. Cette suite d'observations est insérée dans le cinquième & le septième volume des Mémoires de l'Académie, où M. Secousse entra vers la fin de 1722; & ce sont les premiers morceaux qu'il nous ait communiqués avec sa Dissertation *sur la conquête de la Perse par Alexandre*, lûe dans notre assemblée publique du 6 avril 1723.

Ce Mémoire, qu'on doit regarder comme le commentaire d'une réflexion de M. Bossuet, est l'apologie du héros de la Macédoine contre les imputations de quelques modernes. L'auteur y prouve que l'expédition d'Alexandre étoit légitime, prudente, nécessaire, fondée sur la certitude presque infaillible du succès; & les raisons qu'il allègue sont d'un écrivain judicieux, qui connoissoit les intérêts, la politique & les forces des deux puissances rivales, & qui avoit considéré dans le vrai point de vûe le tableau général de la Grèce & de l'Asie.

Celui de l'état des Gaules sous la domination des premiers Césars n'étoit pas moins présent à ses yeux. On peut en juger

Cette perte lui fut d'autant plus ſenſible, qu'elle étoit prématurée. Devenu libre, mais affligé ſincèrement de l'être à ce prix, *il ferma ſon digeſte*, ce ſont ſes propres termes, & ſe donna ſans délai, comme ſans réſerve, à la Littérature, avec laquelle il n'avoit pû juſqu'alors entretenir qu'un commerce clandeſtin.

Malgré les travaux immenſes des Ste Marthe, des Ducange, des Valois, des Ducheſne, des Mabillons & de quelques autres Savans, le jour commençoit à peine à ſe répandre ſur les antiquités Françoiſes. C'étoit un vaſte pays, que des routes frayées de toutes parts rendoient acceſſible, mais dont l'intérieur encore mal connu offroit une ample matière aux nouvelles découvertes. M. Secouſſe ſe propoſa d'y pénétrer, ſur les traces de ces grands hommes, & de mériter, comme eux, la reconnoiſſance de la Nation & l'eſtime de la poſtérité. Animé par leur exemple, il ſembloit avoir hérité de leur zèle pour l'honneur de ſa patrie; & ce reſſort qui n'agit avec force que ſur les ames peu touchées de l'intérêt perſonnel, fut le mobile de toutes ſes entrepriſes littéraires.

Mais on ne peut ſavoir bien notre hiſtoire, ſi l'on n'eſt initié dans celle des peuples & des temps plus anciens. Indépendamment de l'attrait qui fixe ou ramène preſque toûjours nos regards ſur deux Nations célèbres, à l'une deſquelles nous devons la connoiſſance des arts, & dont l'autre a joué longtemps le premier rôle dans l'Univers, un François ne ſe trouve point étranger au milieu des Grecs & des Romains. Les mœurs de la Grèce, dans ces ſiècles groſſiers, qu'on nomme héroïques parce qu'ils ont eu pour peintre le plus grand des Poëtes, lui offrent une image fidèle des mœurs de ſes aïeux. A l'égard des Romains, il voit en eux un peuple vaincu par ſes ancêtres; mais dont ſes ancêtres ont adopté la langue en l'aſſujétiſſant à leur grammaire, & les loix en les ſubordonnant à leurs coûtumes, que ce mélange a civiliſées inſenſiblement.

Ces réflexions déterminèrent M. Secouſſe à commencer ſon cours d'études par la lecture des auteurs de l'antiquité, qu'il étudia dans leur propre langue; non pour en prendre cette idée légère & ſouvent fauſſe que donne un coup d'œil ſuperficiel; mais pour s'inſtruire avec eux, & former de l'aſſemblage des faits épars dans leurs écrits, le fondement d'un ſyſtème raiſonnable ſur l'hiſtoire des temps poſtérieurs.

Ses remarques critiques ſur quelques-unes des vies de Plutarque peuvent faire juger de ſa méthode. Il a choiſi celles de pluſieurs illuſtres Romains dont les vertus, les vices ou la fortune ont puiſſamment influé ſur le ſort de la République, & par conſéquent ſur le deſtin du monde attaché pour lors à celui de Rome. Ce ſont entre autres Pompée, Cicéron, Céſar, Caton d'Utique, Brutus & Marc-Antoine. M. Secouſſe, en rendant juſtice à Plutarque, qu'il conſidère moins comme Hiſtorien que comme Peintre, n'exige pas de lui l'exactitude ſuperſtitieuſe des détails; mais il eſſaie de la rétablir dans ſes récits, en les comparant aux témoignages des autres écrivains. Ses raiſonnemens, où brille une ſagacité toûjours impartiale, amènent des concluſions juſtes & préciſes. Cette ſuite d'obſervations eſt inſérée dans le cinquième & le ſeptième volume des Mémoires de l'Académie, où M. Secouſſe entra vers la fin de 1722; & ce ſont les premiers morceaux qu'il nous ait communiqués avec ſa Diſſertation *ſur la conquête de la Perſe par Alexandre*, lûe dans notre aſſemblée publique du 6 avril 1723.

Ce Mémoire, qu'on doit regarder comme le commentaire d'une réflexion de M. Boſſuet, eſt l'apologie du héros de la Macédoine contre les imputations de quelques modernes. L'auteur y prouve que l'expédition d'Alexandre étoit légitime, prudente, néceſſaire, fondée ſur la certitude preſque infaillible du ſuccès; & les raiſons qu'il allègue ſont d'un écrivain judicieux, qui connoiſſoit les intérêts, la politique & les forces des deux puiſſances rivales, & qui avoit conſidéré dans le vrai point de vûe le tableau général de la Grèce & de l'Aſie.

Celui de l'état des Gaules ſous la domination des premiers Céſars n'étoit pas moins préſent à ſes yeux. On peut en juger par l'*Hiſtoire de Julius Sabinus* & d'*Epponina*, qu'il nous lut en 1725 : ouvrage intéreſſant & bien écrit. Le ſtyle y répond au ſujet, dont le mérite eſt de joindre la vérité hiſtorique à la ſingularité romaneſque.

Nous inſiſtons ſur ces premiers fruits des études de M. Secouſſe, parce qu'ils ont l'antiquité pour objet, & qu'éclipſés en quelque ſorte par les ſuivans, ils n'entrent preſque pour rien dans ce qui fait ſa réputation. Après avoir ſuivi le cours de l'Hiſtoire univerſelle, depuis l'origine du monde juſqu'au temps où la monarchie Françoiſe ſe forma des débris de l'empire Romain, il partit de-là pour s'engager dans l'hiſtoire particulière de ſa Nation, en renonçant à tout le reſte ; & ſon nom ne paroît plus dans nos volumes qu'à la tête de Diſſertations relatives à la France. Tels ſont, entre autres, ſes Mémoires ſur *Paul de Foix archevêque de Toulouſe ;* ſes recherches ſur l'*union de la Champagne à la Couronne*, & *ſon apologie de Charles V, contre les reproches faits à ce Prince par les écrivains Anglois, au ſujet de la confiſcation de la Guyenne.* Ce morceau, qui roule ſur un des points les plus importans de notre hiſtoire, eſt un monument du zèle de M. Secouſſe pour la gloire de ſon pays, & pour celle d'un Souverain dont le règne, conſacré par l'admiration des Sages, offre aux Rois le modèle d'une politique noble & ſoûmiſe aux règles auſtères de la bonne foi. On reconnoît dans cet écrit un François, un Savant, un Juriſconſulte. Son ſyſtème, appuyé ſur les principes fondamentaux du Droit public, ſur nos loix nationales, & ſur des pièces imprimées dans le recueil même de Rymer, s'eſt trouvé depuis confirmé par des manuſcrits contemporains, que M. l'abbé Sallier nous fit connoître quelque temps après, & par les recherches de M. Bonamy, ſur le traité de Bretigni.

Cette juſtification du procédé de la France à l'égard de l'Angleterre, fut lûe par M. Secouſſe en 1743 ; elle avoit été précédée de ſept Mémoires, *ſur les troubles qui s'élevèrent dans le Royaume, & ſur-tout à Paris, après la bataille de Poitiers.* Mémoires vraiment critiques, & remplis de faits anecdotes, puiſés avec choix dans des ſources obſcures, diſcutés avec ſoin, & raſſemblés avec méthode quoique ſans art. Le ſeul art que connut M. Secouſſe, & qu'il ait voulu pratiquer en traitant l'Hiſtoire, étoit celui d'analyſer les circonſtances d'un événement, de combiner les textes, & de les apprécier avec une ſcrupuleuſe fidélité. C'eſt la manière de M. de Tillemont: il l'avoit priſe pour modèle, par des motifs dont il a rendu compte dans un diſcours qui ſert d'introduction à ſes Mémoires. Le mérite de cette méthode eſt de n'égarer jamais l'eſprit. Il eſt vrai qu'elle le fatigue en le menant par des chemins rudes & tortueux, dans leſquels il eſt obligé de diſputer le terrein pas à pas. Mais rien ne rebutoit la conſtance de M. Secouſſe, ou pluſtôt il n'avoit pas beſoin de conſtance, parce que tout intéreſſe dans l'objet aimé, & qu'il aimoit paſſionnément l'hiſtoire de ſa Nation. Par une ſuite de ſon enthouſiaſme, il ſuppoſoit à ſes lecteurs les ſentimens dont il étoit animé: du moins les croyoit-il aſſez équitables, pour l'approuver par réflexion; & nous remarquerons, comme un trait qui le caractériſe, que, moins attaché à ſes opinions qu'à ſes goûts, il ſouffroit volontiers la diſpute, lorſqu'elle pouvoit conduire à la ſolution d'une difficulté hiſtorique, mais qu'il auroit ſouffert impatiemment qu'un François n'eût pas fait preſque autant de cas que lui-même, de toutes les ſortes de recherches qui peuvent jeter quelque lumière ſur les plus petites branches de l'hiſtoire de France. Auſſi n'a-t-il négligé ni détails, ni diſcuſſions dans les Mémoires dont nous parlons ici. L'étendue prodigieuſe qu'il leur a donnée ne nous a pas permis de les inſérer dans les recueils de l'Académie: ils paroîtront ſéparément en trois volumes in-4.° avec les pièces juſtificatives. Mais notre XVIe volume en contient un extrait curieux, fait par M. de Foncemagne, qui a ſû renfermer en un petit nombre de pages le précis de tant de recherches, & préſenter dans un raccourci, où chaque partie conſerve ſa juſte proportion, le tableau non moins intéreſſant que vrai des malheurs qui affligèrent alors le Royaume.

Ce ſiècle, quoique barbare, l'étoit moins que les précédens.

Les eſprits commençoient à s'éclairer, & les mœurs à s'adoucir. L'héroïſme s'humaniſoit; l'autorité Royale rentroit dans ſes droits. Un nouveau ſyſtème de Juriſprudence & de gouvernement s'établiſſoit ſur les ruines de cette conſtitution informe & vicieuſe, dont l'effet néceſſaire étoit ou de détruire le corps même de l'État, par le choc violent de tous ſes membres, ou d'en miner les forces par une langueur inſenſible. Ainſi l'on doit conſidérer cette époque comme celle d'un changement heureux dans les idées, dans les loix, dans les uſages de la Nation. En terminant le premier âge de notre Monarchie, elle a préparé le ſecond: elle en eſt le centre; & comme elle tient également aux deux grandes parties de notre Hiſtoire, pour les connoître il faut l'avoir étudiée. C'eſt auſſi le point que M. Secouſſe avoit choiſi pour juger de l'enſemble, & pour mieux ſentir le rapport des détails. Mais outre ce motif général, une raiſon perſonnelle le déterminoit encore à des recherches approfondies ſur ce ſiècle important.

C'eſt le grand ouvrage qu'il fut chargé de continuer en 1728, après la mort de M. de Laurières, & qui n'a ceſſé de l'occuper juſqu'à la fin de ſa vie. Je parle du *Recueil des Ordonnances de nos Rois de la troiſième race:* collection immenſe, dont le IXe volume *in-folio* eſt à la veille de paroître, & dont le plan achèvera de donner une idée de ce que la Littérature Françoiſe doit à M. Secouſſe.

D'habiles Juriſconſultes avoient ſenti depuis long-temps la néceſſité de réunir les règlemens divers, émanés du Trône, & d'en faire un code national. Pluſieurs s'y ſont attachés ſucceſſivement: mais le défaut des ſecours néceſſaires, & l'oppoſition des routes ſuivies par les différens auteurs, rendoient preſqu'impoſſible la concordance de leurs ouvrages; & le fruit de ces laborieuſes comparaiſons de recueils mal digérés, ne payoit pas les efforts qu'elles coûtoient. Malgré tant de travaux, la France, ſi féconde en loix ſages, en ignoroit la plus grande partie: les monumens reſpectables de la prudence & de la juſtice de nos Souverains périſſoient dans les ténèbres où le temps les avoit enſévelis; & les Savans réduits à les à les regretter sans les avoir connus, ne pouvoient rien par eux-mêmes en faveur de ces débris précieux. Le succès d'une telle entreprise exigeoit le concours de l'autorité Souveraine.

Louis le Grand sentit toute l'utilité du travail & l'ordonna. M. le Chancelier de Pontchartrain, chargé d'y présider, en confia l'exécution à trois hommes que lui indiquèrent M.rs Daguesseau. Ces associés, dont l'un étoit M. de Laurières, qui dans la suite resta seul en possession de l'ouvrage, prirent pour époque le règne de Hugues Capet, où commencent en effet une Jurisprudence & des mœurs absolument nouvelles. Tous les dépôts de la Capitale & des Provinces furent ouverts aux nouveaux rédacteurs employés, sous les auspices du Souverain, par le chef de la Justice. Une infinité de pièces inconnues jusqu'alors, ou dont on ne connoissoit que les titres, sortirent de la poudre des Greffes, & du secret des Bibliothèques. A mesure que les découvertes se multiplioient, l'ordre dans lequel elles devoient se ranger, devenoit de jour en jour plus difficile à fixer. On fut long-temps indécis entre divers plans dont chacun avoit ses avantages: ces préparatifs consommèrent plusieurs années; & ce ne fut qu'en 1706 qu'on se vit en état d'annoncer le projet, en publiant une table chronologique de tout ce qu'on avoit recueilli d'Ordonnances, depuis l'avènement de Hugues Capet, en 987, jusqu'à l'année 1400.

Les malheurs des années suivantes arrêtèrent les progrès de l'ouvrage, & même le suspendirent jusqu'à la mort de Louis XIV; mais on le reprit avec vigueur, au commencement de ce règne, par ordre de M. Daguesseau devenu Chancelier de France. Le premier volume parut en 1723, avec une préface où M. de Laurières établit les principes du Droit François, & traite quelques points qui appartiennent en même temps à la Jurisprudence & à l'Histoire, tels que les amortissemens, les francs-fiefs, les guerres privées, les duels ou gages de bataille.

Ce premier volume fut reçû du public avec un applaudissement général; & l'auteur soûtenu par le succès, contre l'âge & les infirmités, avoit presque fini le second, lorsqu'il mourut en 1728, laissant un modèle qu'il n'étoit pas facile d'égaler. Sa réputation & l'importance de l'ouvrage demandoient un continuateur capable de sentir tout l'honneur & toute l'étendue d'un pareil engagement. Le Public & M. le Chancelier nommèrent M. Secousse: il n'avoit ni recherché ni même desiré cet emploi; mais il s'en chargea comme un citoyen qui croit se devoir à sa patrie. La défiance de nous-mêmes, quand elle n'est pas outrée, bien loin de nuire à nos progrès, les favorise; parce qu'au lieu de nous abattre, elle nous porte à des efforts courageux & soûtenus.

M. Secousse en a donné la preuve dans le cours de son travail, qu'il a poussé jusqu'au commencement du XV.ᵉ siècle. A la tête des volumes qu'il a publiés, sont des préfaces plus ou moins longues, dans lesquelles il continue d'examiner les mêmes objets que son prédécesseur, & passe ensuite à de nouvelles questions. L'article de l'arrière-ban & celui des monnoies sont approfondis dans la préface du troisième volume, qui renferme aussi des recherches curieuses sur les États généraux & particuliers tenus en France sous le règne du roi Jean. Un Mémoire historique sur les trois premières années de Charles VI accompagne celle du sixième tome. Les ordonnances contenues dans chaque volume sont éclaircies par des notes, & suivies de quatre tables, dont la plus importante est une table des matières, si exacte & si détaillée, qu'on peut la regarder comme un précis de l'ouvrage. Le texte entier s'y retrouve analysé dans toutes ses parties, & refondu pour ainsi dire par de savantes combinaisons. Des tables ainsi construites sont essentielles dans les collections de cette nature. Celles de M. Secousse passent pour des chefs-d'œuvre. Pour peu qu'on les examine, on sentira que la patience & le temps ne suffisoient pas pour porter à ce degré de perfection un travail difficile & fastidieux, qu'il avoit eu le courage de s'imposer, sans avoir de modèle, & presque convaincu que le mérite en seroit à peine deviné. En donner une idée, c'est louer à la fois son zèle & son talent; & nous le devions d'autant plus, que nos Éloges semblent moins faits pour célébrer des productions brillantes & qui s'annoncent d'elles-mêmes, que pour annoncer des ouvrages utiles, mais peu répandus, & dont l'existence ou du moins la valeur peut être inconnue, même à des gens de Lettres.

Aussi ne nous abstiendrons-nous d'un plus long détail sur cet article, que pour ne pas entreprendre sur les droits de M. de Villevault chargé de la continuation du Recueil des Ordonnances, & qui rendra sans doute à la mémoire de son prédécesseur, le même hommage que celui-ci rendit à M. de Laurières, en lui succédant. L'éloge historique que M. Secousse a composé de ce profond Jurisconsulte, est à la tête du second volume. Nous croyons louer assez cet Éloge & n'en pas trop louer l'auteur, en disant qu'il mérite d'en avoir un pareil. C'est le portrait d'un grand homme fait par un grand Peintre, qui s'est peint lui-même, sans y penser, dans les principaux traits du caractère qu'il représente. En parlant des connoissances de M. de Laurières, de son ardeur pour le travail, de sa probité rigide, mais sociable, de la noblesse de ses sentimens, de sa passion pour le bien public, M. Secousse donnoit des éloges vrais, & dont ses lecteurs lui doivent l'application. L'un & l'autre n'ont connu de plaisir que l'étude, de bonheur que l'avantage d'être utiles. Actifs & patiens, laborieux & desintéressés, ils ont partagé leur vie entre la lecture & la composition. Ils donnoient leur temps au travail & leur loisir à leurs amis.

M. Secousse ne se refusa jamais aux siens, & en général à ceux d'entre les gens de Lettres qui jugeant de ses lumières par ses écrits, & de son crédit par sa réputation, venoient lui demander ses conseils ou ses livres, ou même exiger de lui des démarches en leur faveur. C'étoit l'obliger, que de lui offrir des occasions de rendre service : il les saisissoit avec un empressement dont il n'eût pas été capable pour lui-même; & ce n'étoit qu'après avoir réussi, ou du moins après s'être assuré de l'impossibilité du succès, qu'il reprenoit le cours de son travail.

Ces distractions passagères ne retardoient pas sensiblement sa marche, parce qu'elle étoit uniforme & régulière. La solidité de son caractère, la force de son ame, le système vraiment philosophique de sa vie le préservoient du malheur de perdre son temps par négligence, ou de l'employer mal par inquiétude d'esprit, ou de le laisser involontairement consumer par des goûts frivoles & par des desirs aussi vains que les regrets qui leur succèdent. Jamais il ne perdit de vûe son objet essentiel; lors même que, pour se délasser, il changeoit de travail, ou plustôt qu'il ajoûtoit à son travail ordinaire quelque entreprise moins considérable, & de son choix.

C'est à ces momens ménagés avec économie, que le Public doit la nouvelle édition des *Mémoires de Condé*, qu'il fit paroître en 1743 : Recueil important, où l'on trouve ce qui s'est passé de plus mémorable sous François II, & sous une partie du règne de Charles IX. Les deux premières éditions données en 1565 & 1566, devenues fort rares, étoient par cette raison fort recherchées, malgré l'inexactitude & la partialité qu'on y remarque. Ces défauts sont corrigés dans la collection de M. Secousse, beaucoup plus complète que les précédentes, enrichie de notes historiques, de tables raisonnées, & d'un grand nombre de morceaux qui n'avoient point encore vû le jour. Les lettres originales de Charles IX, d'Henri III & de Catherine de Médicis, celles du prince de Condé, du chancelier de l'Hopital, du duc de Guise & du connétable de Montmorenci, les dépêches de l'ambassadeur d'Espagne, les registres du Parlement, les manuscrits de Béthune, de Brienne & de Dupui, sont les principales sources où le nouvel éditeur a puisé. Ces trois grands recueils, sur-tout le dernier que la Bibliothèque du Roi vient d'acquerir, sont des mines abondantes, mais peu connues. Pour les fouiller avec succès, il faut du savoir, de la critique & du courage; qualités qu'il est rare de posséder à un certain degré, même séparément, & plus rare encore de réunir.

M. Secousse les réunissoit; & s'il eût vécu plus long-temps, il en auroit laissé une preuve de plus, par un ouvrage utile

& singulier qu'il dirigeoit sous les auspices de M. de Machault & sur un plan agréé par ce Ministre, alors Contrôleur général des finances. Il nous reste à dire un mot de l'objet de ce travail, en annonçant qu'il n'est pas fini, mais que M. de Ste Palaye s'est chargé de le continuer.

Le nombre des pièces imprimées sur les différens points de notre histoire est immense: mais elles ne font pas corps; & la plupart, comme égarées dans des ouvrages où rien n'avertit de les chercher, demeurent inconnues, inutiles par conséquent, & dans le cas d'être redonnées plusieurs fois sans nécessité. Pour remédier à ces inconvéniens en faveur de ceux qui veulent approfondir notre histoire, & leur faciliter la connoissance de tout ce qui concerne la forme de l'État, le droit national, le domaine de la Couronne, les priviléges des provinces, des villes, des églises, ceux des corps & des particuliers, M. Secousse avoit entrepris une Table chronologique des pièces déjà publiées, c'est-à-dire des diplomes, des chartes, des traités, de tous les actes en un mot & de tous les titres originaux, de quelque nature qu'ils fussent. A cette première Table, dont l'inspection seule auroit guidé l'Historien & le Jurisconsulte dans leurs recherches, il devoit joindre des tables géographiques & des tables de matières, dressées sur le même plan que celles du Recueil des Ordonnances.

Cette opération que M. Secousse a poussée jusqu'aux deux tiers, exigeoit le dépouillement de presque tous les livres de la bibliothèque qui renferme plus de douze mille volumes, la plupart sur l'histoire de France. C'est la collection la plus riche en ce genre que jamais particulier ait formée. Elle embrasse toutes les branches de ce grand tout historique, à l'étude duquel il s'étoit dévoué. Le catalogue qu'on doit en publier incessamment, nous dispense d'en parler plus en détail.

Tout sembloit concourir au bonheur de M. Secousse; des travaux assortis à son goût, une bibliothèque nombreuse, fruit de quarante ans de recherches & de soins, une fortune honnête & qui suffisoit à la modération de ses desirs, la confiance des Magistrats, l'estime des gens de Lettres, l'amour des ſiens, le plaiſir ſi rare d'avoir des amis, & la ſatisfaction plus rare encore de trouver un ami dans ſoi-même. Il ſentoit le prix de tous ces avantages; il en jouiſſoit en homme qui les mérite: mais depuis long-temps un malheur réel les balançoit; malheur aſſez grand pour faire le ſupplice de ſes dernières années, s'il avoit eu moins de courage. C'eſt la perte de ſa vûe, qui s'étant d'abord affoiblie par des degrés inſenſibles, s'éteignit enfin ſans reſſources. Réduit à ne plus lire, à ne pouvoir plus même jouir du ſpectacle de ſes livres, & ſentant croître en lui par la privation même le goût & le beſoin de la lecture, il s'arma d'une fermeté tranquille dont il ſe félicitoit, ſans prétendre qu'on dût l'en eſtimer davantage. Son imagination à la fois ingénieuſe & patiente, épuiſa tous les moyens qu'il crut capables de ſuppléer à ſes yeux, ou de lui en rendre l'uſage, même imparfaitement. Dans l'eſpérance de le recouvrer, il eſſaya tout ce qu'on lui propoſoit de remèdes: il ſe détermina, en 1751, à l'opération de la cataracte; mais elle n'eut pas le ſuccès qu'on s'en promettoit; & peut-être les accidens dont elle fut ſuivie contribuèrent-ils à l'altération de ſa ſanté. Nous eumes le chagrin de la voir dépérir depuis ce moment, juſqu'à celui de la maladie violente qui nous l'enleva le 15 de mars dernier, dans la ſoixante-quatrième année de ſon âge. Cette mort n'a précédé que de peu de temps celle de Dom Bouquet, auteur du nouveau recueil des Hiſtoriens de France, & de Dom Touſtain, l'un des Savans qui travailloient à la nouvelle Diplomatique. Ainſi dans l'eſpace de quelques mois, la Nation & la Littérature ont perdu trois Écrivains chargés d'entrepriſes importantes pour notre Hiſtoire, & dont les noms méritent d'être chers aux amateurs des antiquités Françoiſes.

MÉMOIRES
DE LITTÉRATURE,
TIRÉS DES REGISTRES
DE L'ACADÉMIE ROYALE
DES INSCRIPTIONS
ET BELLES-LETTRES,

DEPUIS L'ANNÉE M. DCCLI,
JUSQUES ET COMPRIS M. DCCLIV.

MÉMOIRES DE LITTÉRATURE,

Tirés des Regiſtres de l'Académie Royale des Inſcriptions & Belles-Lettres.

DISSERTATION SUR LES PREMIERS HABITANS DE LA GRÈCE.

Par M. Gibert.

LE temps de Phoronée eſt le temps le plus reculé que les Grecs connuſſent dans leurs antiquités. Phoronée étoit ſuivant les uns le plus ancien roi de la Grèce; ſuivant d'autres il étoit le premier qui eût raſſemblé & policé les hommes, juſqu'alors épars & vivans à l'aventure dans les forêts & dans

Lû le 16 Janv. 1753.

Plat. in Timæo.

Plin. lib. VII. Clem. Alexand ſtrom. l. I. Pauſan. l. II.

les montagnes. Acuſilaüs diſoit qu'il étoit le premier homme; & un Poëte l'appeloit le père des hommes.

Mythol. expl. par l'hiſt t. III, l. I, c 5, art 2.

Auſſi, comme de ſavans Critiques l'ont déjà obſervé, on ne doit pas s'arrêter au calcul que quelques Chronologiſtes font des règnes des rois de Sicyone, qui fait remonter l'époque de ces Rois pluſieurs ſiècles avant Phoronée. La fauſſeté de ce calcul eſt d'autant plus certaine qu'Egialée, qu'ils font premier roi de Sicyone, eſt frère de Phoronée lui-même, & qu'il n'y a d'ailleurs depuis Egialée juſqu'à la guerre de Troie, que le même nombre de générations que celui qui s'y trouve depuis Phoronée.

Apollod. Biblioth. l. I.

Id. Ibid. & Pauſan l. II.

Il eſt important de remarquer que le fond de toute l'hiſtoire mythologique, ou des origines des Grecs, roule eſſentiellement ſur deux familles & ſur deux peuplades. Les deux familles ſont celle des Inachides & celle des Deucalionides: celle des Inachides venoit de Phoronée, fils d'Inachus; celle des Deucalionides venoit de Deucalion, fils de Prométhée. Ces deux familles deſcendoient de deux Titans fils d'Uranus; la première d'Océan, & l'autre de ſon frère Japet.

Apoll. Bibliot. l. I & II.

Les deux peuplades ſont celles des Pélaſges & des Hellènes, qui ſont, pour ainſi dire, analogues aux deux familles que je viens de nommer; car les Pélaſges rapportoient leurs antiquités aux Inachides, dont pluſieurs portèrent le nom de Pélaſgus, entre autres un petit-fils de Phoronée, duquel on prétend que venoit le nom de Pélaſges. Les Hellènes au contraire rapportoient leur origine à Deucalion, dont le fils Hellen les fit, dit-on, appeler Hellènes; & dont les deſcendans, Dorus, Eolus, Ion, furent chefs d'autant de tribus Helléniques, qui prirent d'eux leurs dénominations.

Ibid. lib. II. Dionyſ Halic. l I. Euſtat in Dion Perieg. v. 415.

Chron Marm. epoch. 6, & in eam not. Doct. Humphrey Prideaux.

Nous ne pouvons douter que la Grèce n'ait été d'abord occupée par des deſcendans de Japhet, fils de Noé, puiſqu'il eſt inconteſtable qu'elle ſe trouve dans le partage que les livres Saints leur aſſignent. Soit que les premiers qui parvinrent juſque-là ne connuſſent pas les arts, ſoit que la longueur du voyage les leur eût fait négliger & oublier, ſoit que la diſette où ils dûrent ſe trouver de toutes choſes, dans un pays entièrement désert, ne leur permit pas de les cultiver, il étoit naturel qu'ils tombassent dans la barbarie, & ils devinrent en effet bien-tôt tels qu'on nous représente les Sauvages.

C'est pourquoi la plus ancienne chose dont leurs histoires nous aient conservé le souvenir, c'est qu'ayant vécu originairement plustôt comme des bêtes que comme des hommes, Phoronée & quelques autres personnages ses contemporains commencèrent à les civiliser, leur persuadèrent de quitter les bois & les cavernes où ils se cachoient, leur apprirent à bâtir des maisons & des villes, & enfin les assujétirent à une forme de gouvernement.

Mais ces personnages étoient-ils nés parmi ces Sauvages mêmes? Étoient-ils parvenus, par la seule force d'un naturel heureux & par des talens supérieurs, à reconnoître le desordre & l'abrutissement de la vie à laquelle ils étoient réduits, & à imaginer & entreprendre tout ce qu'il falloit pour s'en tirer? Absolument parlant cela ne seroit pas impossible; mais il seroit certainement plus vrai-semblable qu'ils eussent été les chefs de colonies & de peuplades étrangères, & qu'étant sortis du sein de Nations déjà policées, ils eussent porté leurs mœurs & leurs usages chez ces Sauvages, en s'établissant dans leur pays.

Ce que je dis qui seroit le plus vrai-semblable, & qui n'est jusque-là qu'une conjecture, sera une chose démontrée & incontestable, si on accorde que le Japet des Grecs, qu'ils donnoient pour aieul à Deucalion, n'est pas différent de Japhet fils de Noé. Et pourquoi ne l'accorderoit-on pas? C'est une opinion presque généralement reçûe, & qui compte entre ses partisans les Saumaise, les Bochart, les Capelle, les Banier, &c. Il est vrai qu'on objecte que Deucalion, suivant la chronologie ordinaire, étoit contemporain de Moyse: or comme il y a près de huit cens ans de Noé jusqu'à Moyse, on prétend qu'il n'est pas possible que Japet, grand-père de Deucalion, soit un des fils de Noé. Mais ceux qui font cette objection n'ont pas fait attention apparemment qu'en comptant les années de Japhet & de ses enfans comme Moyse compte

Salmas. de linguâ Hellenist. p 2 c. 2 Bochart, Phaleg l. III, c 1 Lud Capell in Chron. sacr Ban Mythol expl t II, l 1, c 6, t III, l. 1, c 4

Plin. lib. VII. Clem. Alexand strom. l. I. Pausan. l. II.

les montagnes. Acusilaüs disoit qu'il étoit le premier homme, & un Poëte l'appeloit le père des hommes.

Mythol expl. par l'hist t III, l. I, c. 5, art 2.

Aussi, comme de savans Critiques l'ont déjà observé, on ne doit pas s'arrêter au calcul que quelques Chronologistes font des règnes des rois de Sicyone, qui fait remonter l'époque de ces Rois plusieurs siècles avant Phoronée. La fausseté de ce calcul est d'autant plus certaine qu'Egialée, qu'ils font premier roi de Sicyone, est frère de Phoronée lui-même, & qu'il n'y a d'ailleurs depuis Egialée jusqu'à la guerre de Troie, que le même nombre de générations que celui qui s'y trouve depuis Phoronée.

Apollod Biblioth l. I.

Id Ibid. & Pausan. l. II.

Il est important de remarquer que le fond de toute l'histoire mythologique, ou des origines des Grecs, roule essentiellement sur deux familles & sur deux peuplades. Les deux familles sont celle des Inachides & celle des Deucalionides: celle des Inachides venoit de Phoronée, fils d'Inachus; celle des Deucalionides venoit de Deucalion, fils de Prométhée. Ces deux familles descendoient de deux Titans fils d'Uranus; la première d'Océan, & l'autre de son frère Japet.

Apoll. Bibliot. l. I & II.

Les deux peuplades sont celles des Pélasges & des Hellènes, qui sont, pour ainsi dire, analogues aux deux familles que je viens de nommer; car les Pélasges rapportoient leurs antiquités aux Inachides, dont plusieurs portèrent le nom de Pélasgus, entre autres un petit-fils de Phoronée, duquel on prétend que venoit le nom de Pélasges. Les Hellènes au contraire rapportoient leur origine à Deucalion, dont le fils Hellen les fit, dit-on, appeler Hellènes; & dont les descendans, Dorus, Eolus, Ion, furent chefs d'autant de tribus Helléniques, qui prirent d'eux leurs dénominations.

Ibid. lib II. Dionys Halic. l I. Eustat in Dion. Perieg. v. 415.

Chron. Marm. epoch. 6, & in eam not. Doct. Humphry Prideaux.

Nous ne pouvons douter que la Grèce n'ait été d'abord occupée par des descendans de Japhet, fils de Noé, puisqu'il est incontestable qu'elle se trouve dans le partage que les livres Saints leur assignent. Soit que les premiers qui parvinrent jusque-là ne connussent pas les arts, soit que la longueur du voyage les leur eût fait négliger & oublier, soit que la disette où ils dûrent se trouver de toutes choses, dans un pays entièrement désert, ne leur permit pas de les cultiver, il étoit naturel qu'ils tombassent dans la barbarie, & ils devinrent en effet bien-tôt tels qu'on nous represente les Sauvages.

C'est pourquoi la plus ancienne chose dont leurs histoires nous aient conservé le souvenir, c'est qu'ayant vécu originairement plustôt comme des bêtes que comme des hommes, Phoronée & quelques autres personnages ses contemporains commencèrent à les civiliser, leur persuadèrent de quitter les bois & les cavernes où ils se cachoient, leur apprirent à bâtir des maisons & des villes, & enfin les assujétirent à une forme de gouvernement.

Mais ces personnages étoient-ils nés parmi ces Sauvages mêmes? Etoient-ils parvenus, par la seule force d'un naturel heureux & par des talens supérieurs, à reconnoitre le desordre & l'abrutissement de la vie à laquelle ils étoient réduits, & à imaginer & entreprendre tout ce qu'il falloit pour s'en tirer? Absolument parlant cela ne seroit pas impossible; mais il seroit certainement plus vrai-semblable qu'ils eussent été les chefs de colonies & de peuplades étrangères, & qu'étant sortis du sein de Nations déjà policées, ils eussent porté leurs mœurs & leurs usages chez ces Sauvages, en s'établissant dans leur pays.

Ce que je dis qui seroit le plus vrai-semblable, & qui n'est jusque-là qu'une conjecture, sera une chose démontrée & incontestable, si on accorde que le Japet des Grecs, qu'ils donnoient pour aieul à Deucalion, n'est pas différent de Japhet fils de Noé. Et pourquoi ne l'accorderoit-on pas? C'est une opinion presque généralement reçûe, & qui compte entre ses partisans les Saumaise, les Bochart, les Capelle, les Banier, &c. Il est vrai qu'on objecte que Deucalion, suivant la chronologie ordinaire, étoit contemporain de Moyse: or comme il y a près de huit cens ans de Noé jusqu'à Moyse, on prétend qu'il n'est pas possible que Japet, grand-père de Deucalion, soit un des fils de Noé. Mais ceux qui font cette objection n'ont pas fait attention apparemment qu'en comptant les années de Japhet & de ses enfans comme Moyse compte

Salmas. de ling. Hellenist. p. 2. c. 2. Bochart, Phaleg. l. III, c. 1. Lud. Capell. in Chron. sacr. Ban. Mythol. expl. t. II, l. I, c. 6, t. III, l. I, c. 4.

celles de Sem, frère de Japhet, & des siens, c'est-à-dire en leur donnant cinq à six cens ans de vie, il est très-possible qu'un petit-fils de Noé ait vécu même jusques après le temps de Moyse. 2.° Que quoique les Grecs ne mettent que Prométhée entre Japet & Deucalion, il n'est pas sûr que dans des généalogies si anciennes ils n'aient omis aucune filiation, & qu'on ne soit pas réduit aux générations de ceux qui par leur célébrité & quelques actions plus remarquables, se sont maintenus dans le souvenir de leurs descendans. 3.° Enfin que le synchronisme de Deucalion & de Moyse est moins le résultat de calculs certains & constans, que la conséquence d'hypothèses chronologiques, auxquelles on pourroit en opposer d'autres, qui reporteroient Deucalion plusieurs siècles avant Moyse; puisqu'à en juger, par exemple, par le nombre des générations, Deucalion se trouve plus ancien que Moyse de six à sept générations, & dans quelques généalogies de dix ou douze. Il est donc évident que le temps où les Chronologistes font vivre Deucalion, ne peut servir de prétexte à rejeter l'opinion qui suppose que le Japet des Grecs est le Japhet des livres Saints: opinion d'ailleurs qui n'a été adoptée par tant de savans hommes, que parce qu'elle est fondée sur les raisons les plus plausibles. Ces raisons sont 1.° l'identité des noms, qu'il n'est pas possible de méconnoître ou de nier; 2.° l'identité des pays, puisqu'il est hors de doute que le Japet des Grecs se rencontre dans un des pays que les livres Saints assignent au partage du fils de Noé; 3.° l'opinion que les Grecs avoient de l'antiquité de leur Japet, qu'ils ne croyoient pas
Japeto vetustior. qu'on pût surpasser, en sorte qu'ils en avoient fait un proverbe; ce qui ne peut bien convenir qu'à Japhet: enfin l'idée que les mêmes Grecs avoient de la supériorité de leur Japet au dessus du commun des hommes, puisqu'ils le mettoient au rang des êtres antérieurs aux hommes & d'une nature plus parfaite qu'eux, qu'ils appeloient Titans; car il n'y a que les premiers Patriarches, je veux dire les enfans immédiats de Noé, Japhet & ses frères, qui par leur naissance avant le déluge, par l'avantage d'avoir échappé à ce fléau universel, & par leur prééminence

en tout genre sur ceux avec qui ils vécurent, qui étoient tous leurs enfans ou leurs neveux, aient pû donner & laisser d'eux-mêmes de semblables idées.

Je ne crois donc pas qu'on puisse raisonnablement refuser de reconnoître que le Japet aïeul de Deucalion est Japhet fils de Noé. Or il s'ensuivra de là nécessairement qu'Océan, frère de Japet & auteur des Inachides, étoit un des frères de Japhet, soit Sem, soit Cham. Et après tout puisque les Inachides en général, & en particulier Phoronée & ceux qui avec lui commencèrent à civiliser les habitans originaires de la Grèce, n'étoient point de la postérité de Japhet, ou, ce qui est la même chose, du nombre de ces habitans originaires, il faut bien que ce fussent des descendans de Sem ou de Cham, qui des pays assignés au partage de ces deux Patriarches, c'est-à-dire de Syrie, de Phénicie ou d'Egypte, passèrent dans une contrée échue à leur troisième frère.

On prétendra peut-être que la généalogie des Inachides, rapportée à Océan est une allégorie, qui ne signifie autre chose, sinon que leurs auteurs étoient abordés par mer dans les pays où ils avoient d'abord paru. Je réponds premièrement, qu'à la vérité dans le langage des Mythologues l'Océan est quelquefois un être purement physique, qui ne désigne que la mer ou l'humidité; mais qu'il est aussi quelquefois un être historique, c'est-à-dire un personnage réel, prince Titan, fils d'Uranus & frère de Japet, & qu'il n'y a ici aucune raison de préférer le premier sens au dernier. Je dis en second lieu, que quand même les Mythologues n'auroient désigné ici par Océan qu'un être physique, le sentiment que je soûtiens & la preuve que j'en donne n'en subsisteroient pas moins. Il seroit toûjours vrai en effet que la Mythologie ne rapportoit point à Japet ou Japhet l'origine des Inachides, & que si les Inachides n'étoient point descendus de Japet ou Japhet, il faut nécessairement qu'ils descendissent de Sem ou de Cham; & par conséquent qu'ils fussent originaires des pays où s'étoit établie la postérité de l'un ou l'autre de ces deux Patriarches. Leur arrivée même dans la Grèce par mer, qu'on suppose

être exprimée par la fable qui les fait enfans d'Océan, ne
ferviroit qu'à le confirmer, puifque dans ces premiers tems
il n'y avoit encore que les peuples Orientaux qui connuffent
la navigation, & qui entrepriffent des voyages par mer.

On fent aifément que l'origine des Pélafges, qui reconnoiffoient les Inachides pour leurs auteurs & leurs chefs, doit être la même que celle des Inachides, puifqu'il est naturel que des colonies que les Inachides amenèrent avec eux, & avec lefquelles ils s'établirent & fe maintinrent au milieu des fauvages de la Grèce, fuffent tirées des mêmes pays d'où ils fortoient. Les Pélafges étoient donc, comme eux, Syriens, Phéniciens ou Egyptiens. On en peut d'autant moins douter, que non feulement les Pélafges étoient, de l'aveu unanime de tous les anciens, des étrangers qui parloient une langue différente de celle que les Grecs ont toûjours parlée, mais encore que leur religion étoit purement Phénicienne ou Egyptienne, puifque Dodone, qui étoit le fiége de leur culte & dont on reconnoiffoit qu'ils étoient fondateurs, avoit tiré immédiatement d'Egypte & de Phénicie fes premières Prêtreffes, & les inftituteurs de fes rits & de fon oracle, fuivant le témoignage précis d'Hérodote, qui eft fondé fur la tradition même des Hiérophantes Dodonéens.

Hérod. l. I. Thucyd. l. IV. Strab. l. VII.

Et par-là on voit que l'origine Syrienne, Phénicienne ou Egyptienne des Pélafges n'eft pas une fimple conjecture, qui n'ait d'autre fondement que le rapport que leur nom peut avoir avec quelque mot des langues orientales; mais que c'eft une conféquence naturelle des faits les mieux établis & les plus conftamment avoués.

Au refte, ce rapport même & une foule d'autres femblables qu'on trouve & dans leurs noms propres, & dans les noms de leurs premiers établiffemens, & dans les mots qui nous font reftés de leur langue; tous ces rapports, dis-je, venant à la fuite des faits qui fondent l'origine Phénicienne des Pélafges, en tirent & leur prêtent réciproquement une force à laquelle il eft difficile de réfifter. C'eft pourquoi je ne me ferai aucun fcrupule d'en indiquer ici quelques-uns de principaux, de quelque manière qu'ils puissent être reçûs de ceux qui ne distinguent point l'usage légitime des étymologies de l'abus qu'on en peut faire, ni les progrès que des hommes célèbres ont faits par leur moyen dans la connoissance des antiquités les plus reculées, des fautes qui ont pû leur échapper dans le cours de leurs plus heureuses découvertes.

D. Calmet & M. Fourmont croient que le mot hébreu *phelesschet*, qui s'interprète *dispersion*, nous donne la signification & la véritable origine du nom des *Pélasges*. En admettant cette étymologie, je ne voudrois pas dire avec eux qu'elle marque la vie prétendue errante & les courses de cette Nation; & je pense qu'elle signifieroit plustôt qu'ils étoient les restes, les débris, &, si notre langue nous permettoit cette expression, la dispersion des peuples qui avoient les premiers habité le pays de Canaan, & qui en furent depuis chassés & exterminés, dans différentes révolutions qui arrivèrent dans ce pays, tels que les Zuzim, les Emim, les Réphaim, les Enacim. C'est ainsi que les *Philistins* tiroient leur nom de ce qu'ils étoient la *dispersion* de *Caphtor*, ou des *Caphtorim*; car il n'y a d'autre différence en hebreu entre *Phelesschet* & le nom des *Philistins*, sinon que l'un est le singulier & l'autre le pluriel du même mot. Cette dispersion à laquelle je rapporte les colonies Pélasgiques, peut bien être celle qui dut être occasionnée par l'invasion des Cananéens ou Phéniciens, lorsque des bords de la mer Erythrée ils passèrent sur ceux de la Méditerranée; car ils dûrent chasser dès-lors une partie des premiers habitans, afin de pouvoir s'établir en leur place. Et ce fut avant la vocation même d'Abraham, comme on peut l'inférer d'un passage de la Genèse, où Moyse dit que lorsqu'Abraham arriva de Haran à Sichem, les Cananéens étoient déjà maîtres du pays.

Herod. lib. I; Just. l. XVIII, Diod. Sic. lib. XVI, Strab. lib. I.

Gen. c. XII, v. 6.

L'analogie des noms d'*Inachides* & d'*Inachus*, auteur des *Inachides*, avec ceux d'*Enacim* & d'*Enac*, père des *Enacim*, est d'autant plus remarquable que les *Enacim* sont justement du nombre de ces premiers habitans du pays de Canaan, mêlés dans les révolutions qui firent changer ce pays de maîtres.

être exprimée par la fable qui les fait enfans d'Océan, ne ſerviroit qu'à le confirmer, puiſque dans ces premiers temps il n'y avoit encore que les peuples Orientaux qui connuſſent la navigation, & qui entrepriſſent des voyages par mer.

On ſent aiſément que l'origine des Pélaſges, qui reconnoiſſoient les Inachides pour leurs auteurs & leurs chefs, doit être la même que celle des Inachides, puiſqu'il eſt naturel que des colonies que les Inachides amenèrent avec eux, & avec leſquelles ils s'établirent & ſe maintinrent au milieu des ſauvages de la Grèce, fuſſent tirées des mêmes pays d'où ils ſortoient. Les Pélaſges étoient donc, comme eux, Syriens ou Phéniciens ou Egyptiens. On en peut d'autant moins douter que non ſeulement les Pélaſges étoient, de l'aveu unanime de tous les anciens, des étrangers qui parloient une langue différente de celle que les Grecs ont toûjours parlée, mais encore que leur religion étoit purement Phénicienne ou Egyptienne, puiſque Dodone, qui étoit le ſiége de leur culte & dont on reconnoiſſoit qu'ils étoient fondateurs, avoit tiré immédiatement d'Egypte & de Phénicie ſes premières Prêtreſſes, & les inſtituteurs de ſes rits & de ſon oracle, ſuivant le témoiguage précis d'Hérodote, qui eſt fondé ſur la tradition même des Hiérophantes Dodonéens.

Hérod. l. I. Thucyd. l. IV. Strab. l. VII.

Et par-là on voit que l'origine Syrienne, Phénicienne ou Egyptienne des Pélaſges n'eſt pas une ſimple conjecture, qui n'ait d'autre fondement que le rapport que leur nom peut avoir avec quelque mot des langues orientales; mais que c'eſt une conſéquence naturelle des faits les mieux établis & les plus conſtamment avoués.

Au reſte, ce rapport même & une foule d'autres ſemblables qu'on trouve & dans leurs noms propres, & dans les noms de leurs premiers établiſſemens, & dans les mots qui nous ſont reſtés de leur langue; tous ces rapports, dis-je, venant à la ſuite des faits qui fondent l'origine Phénicienne des Pélaſges, en tirent & leur prêtent réciproquement une force à laquelle il eſt difficile de réſiſter. C'eſt pourquoi je ne me ferai aucun ſcrupule d'en indiquer ici quelques-uns des principaux, de quelque manière qu'ils puissent être reçûs de ceux qui ne distinguent point l'usage légitime des étymologies de l'abus qu'on en peut faire, ni les progrès que des hommes célèbres ont faits par leur moyen dans la connoissance des antiquités les plus reculées, des fautes qui ont pû leur échapper dans le cours de leurs plus heureuses découvertes.

D. Calmet & M. Fourmont croient que le mot hébreu *phelesçhet*, qui s'interprète *dispersion*, nous donne la signification & la véritable origine du nom des *Pélasges*. En admettant cette étymologie, je ne voudrois pas dire avec eux qu'elle marque la vie prétendue errante & les courses de cette Nation; & je pense qu'elle signifieroit plustôt qu'ils étoient les restes, les débris, &, si notre langue nous permettoit cette expression, la dispersion des peuples qui avoient les premiers habité le pays de Canaan, & qui en furent depuis chassés & exterminés, dans différentes révolutions qui arrivèrent dans ce pays, tels que les Zuzim, les Emim, les Réphaim, les Enacim. C'est ainsi que les *Philistins* tiroient leur nom de ce qu'ils étoient la *dispersion* de *Caphtor*, ou des *Caphtorim*; car il n'y a d'autre différence en hébreu entre *Phelesçhet* & le nom des *Philistins*, sinon que l'un est le singulier & l'autre le pluriel du même mot. Cette dispersion à laquelle je rapporte les colonies Pélasgiques, peut bien être celle qui dut être occasionnée par l'invasion des Cananéens ou Phéniciens, lorsque des bords de la mer Erythrée ils passèrent sur ceux de la Méditerranée; car ils dûrent chasser dès-lors une partie des premiers habitans, afin de pouvoir s'établir en leur place. Et ce fut avant la vocation même d'Abraham, comme on peut l'inférer d'un passage de la Genèse, où Moyse dit que lorsqu'Abraham arriva de Haran à Sichem, les Cananéens étoient déjà maîtres du pays.

Herod. lib. I; Just. l. XVIII, Diod. Sic. lib. XVI, Strab. lib. I.

Gen. c. XII, v. 6.

L'analogie des noms d'*Inachides* & d'*Inachus*, auteur des *Inachides*, avec ceux d'*Enacim* & d'*Enac*, père des *Enacim*, est d'autant plus remarquable que les *Enacim* sont justement du nombre de ces premiers habitans du pays de Canaan, mêlés dans les révolutions qui firent changer ce pays de maîtres.

פרנס Le nom de *Phoronée* répond au mot syriaque *Pharnas*, qui signifie Prince, Gouverneur: sa racine, comme l'a observé Bochart, est *pharnes*, paître des troupeaux; & *pharnas* vaut à la lettre le ποιμένα λαῶν dont Homère qualifie si souvent les rois Grecs. *Apis*, fils de Phoronée, *Ogygès* & son fils *Cadmus*, sont des noms que tous les Savans reconnoissent pour Phéniciens ou Égyptiens.

פרזים Je pourrois tirer le nom des *Parrhasiens*, qui tenoient le parti de Phoronée contre les Telchines, de celui des *Phérasim* ou *Phéréséens*, si connus entre les peuples de la Palestine. Ce nom est appellatif, & il désigne les habitans des villages.

ערג *Argos* peut trouver sa racine dans le mot hébreu *arag*, qui marque un desir ardent, comme est le desir de l'eau, que la soif excite dans les animaux: en sorte que ce nom s'interprétoit la terre ou la ville beaucoup desirée. Des colonies qui touchoient enfin une terre où elles pouvoient se fixer après une longue navigation, lui avoient pû donner ce nom; comme Christophe Colomb donna celui de Desirade ou Desirée à une des îles Antilles en Amérique. C'est même peut-être à cette signification originaire du nom d'*Argos* qu'Homère, qui étoit si versé dans les antiquités de sa Nation, a fait allusion par l'épithète πολυδίψιον, qu'il donne à cette ville: car la signification de cette épithète est exactement l'interprétation de l'hébreu *arag*. Il est vrai que quelques-uns ont cru qu'Homère avoit voulu dire qu'Argos manquoit d'eau. Mais Strabon montre au contraire qu'elle en étoit abondamment pourvûe, par les sources & les rivières qui arrosoient son territoire: qu'ainsi il ne falloit pas entendre le πολυδίψιον d'Homère par *qui a* ou *qui excite une grande soif*, mais par *qui est fort desiré*, πολυπόθητον.

Quelle que soit l'étymologie véritable du nom de *Thèbes*, que les uns tirent d'un mot qui signifie *vaisseau*, à cause de la manière dont ses fondateurs y arrivèrent, les autres d'un autre qui signifie *boue, fange*, à cause de la nature du terrein où elle étoit située; il est certain que c'est aussi le nom d'une ville du pays de Canaan, qui fut assiégée par Abimélech, fils

Vid. Boch. in Canaan. lib. I, c. 6.

Jud. IX, 50. Reg. II, 11, 21. Joseph. Antiq. l. V, c. 9.

fils de Gédéon, & celui de la plus célèbre ville d'Egypte: en sorte qu'on ne peut douter au moins que ce nom ne fût commun aux Pélasges avec les Syriens, Phéniciens ou Egyptiens.

Je pourois en dire autant du nom de *Larissa*, puisque Xénophon nous fait connoître une grande ville de ce nom dans l'Assyrie, sur les bords du Tigre, & qu'Hésychius nous en indique une autre dans la Cœlé-Syrie, la même peut-être que Pline nomme dans la description de l'Arabie heureuse. Les villes de Larissa étoient communes dans la Grèce: on en trouve dans tous les lieux que les Pélasges ont occupés, dans le Péloponnèse, dans l'Attique, dans la Thessalie, dans l'Asie mineure, en Italie. Et réciproquement on peut s'assurer, comme dit M. l'Abbé Geinoz, que les Pélasges ont habité dans tous les lieux où l'on trouve des villes qui portent le nom de Larissa, & que même ils en sont les fondateurs. A Argos on nommoit ainsi la citadelle; & Denys d'Halicarnasse dit que la Larissa du Péloponnèse étoit la métropole des Pélasges. Celle de Thessalie y étoit aussi leur ville capitale, & il y a lieu de croire qu'ils nommoient ainsi le chef-lieu de leurs habitations. C'est pourquoi je ne doute point que la racine de ce nom ne soit le mot chaldéen *rischa*, ou, suivant les Massorèthes, *rescha*, qui signifie tête, commencement, sommet d'une montagne, capitale d'un pays, comme en latin *caput*. Et quant au *la* qui précède cette racine dans *Larissa*, c'est un article qu'on y a laissé; comme à *Lahela* pour *Hela*, à *Lachlach* pour *Chalach*, à *Laboemath* pour *Boemath*. Je prends ces exemples de Bochart, qui s'en sert pour montrer que la ville de Larissa dans l'Assyrie, pourroit être celle de Resen, dont il est parlé dans la Genèse.

Hesych verbo Λάρισα.
Plin l VI, c. 28.
Strab. lib. IX. Denys d'Halic. l. I.
Mém de l'Acad. des B Let. t. XVI, p 113.
רישא
C 10.

On raconte que les Pélasges qui demeuroient en Italie, à Agylla, (ce nom a quelque rapport à un mot hébreu qui signifie *rond*) étant assiégés par les Tyrrhéniens, un de ceux-ci demanda à un Pélasge comment ils appeloient leur ville, que le Pélasge lui répondit *Kaïré;* ce qui fit que depuis les Tyrrhéniens s'en étant rendus maitres l'appelèrent *Caeré*,

Strab lib V. Serv in Æneid. Stephan. verbo Ἄγυλλα.

ou, ſuivant la forme latine, *Cæré.* Les Grecs diſoient que par ce *Kaïré* le Pélaſge, qui n'avoit point entendu la demande du Tyrrhénien, l'avoit voulu ſaluer, & s'étoit ſervi du mot χαῖρε, qui ſert en effet chez les Grecs à cet uſage. Mais cette étymologie eſt d'autant plus ſuſpecte qu'outre que les Pélaſges ne parloient point grec, ſuivant les témoignages exprès d'Hérodote & de Thucydide, le χαῖρε des Grecs s'écrit par un χ, au lieu que le *Kaïré* des Pélaſges Agylléens doit être écrit par un K. Il me paroît donc plus naturel de penſer que les Pélaſges employèrent, pour déſigner une ville en général, le mot *Kaïré*, le même probablement que celui de *kir* ou *kirja*, qui a en effet cette ſignification dans les langues Syriaque & Hébraïque, & que les Tyrrhéniens auront pris le nom appellatif pour un nom propre. Je ſai que les langues du Nord revendiquent le même mot & dans la même ſignification; mais il me ſuffit qu'il ſe trouve dans celles d'Orient pour en conclurre, comme de tous les autres que je viens de parcourir ici, qu'en même temps que l'hiſtoire nous engage à donner aux Pélaſges une origine Syrienne, Phénicienne ou Egyptienne, tout ce qui peut nous reſter de leur langue convient auſſi parfaitement à cette origine; & qu'en même temps qu'il eſt prouvé par les faits qu'ils ne ſont point de la poſtérité de Japhet, & par conſéquent qu'ils ſont de celle de Sem ou de celle de Cham, il ſe trouve auſſi que tous les monumens que nous pouvons avoir de leur langue, ſont en effet analogues aux langues des enfans de Sem ou de Cham.

קיר קריא
קרי קרית

Car, caer, ker, kir.

Les Inachides, & les Pélaſges qu'ils conduiſoient, s'étant introduits dans la plus grande partie de la Grèce, & y étant les maitres, par la réduction ou la retraite des Sauvages, on donna à tout le pays le nom de Pélaſgie. C'eſt le plus ancien nom que nous ſachions qu'on lui ait donné. Thucydide croit qu'il n'a eu originairement aucun nom commun, & que chaque canton y avoit le ſien particulier, ſuivant la peuplade ou tribu qui l'habitoit. Ne pourroit-il pas même ſe faire que ceux qui l'occupoient avant les Pélaſges étant ſauvages, & vivans ſans ſociété, ſans loix, ſans gouvernement, ſans police, ils n'euſſent eu aucun nom d'aſſociation ou de peuple?

Quoi qu'il en ſoit, on a beaucoup agité la queſtion ſi les Pélaſges du Péloponnèſe n'y étoient pas venus de Theſſalie, ou ſi au contraire ceux de Theſſalie ne devoient pas leur origine à ceux du Péloponnèſe. Saumaiſe a ſoûtenu que les Pélaſges du Péloponnèſe y étoient venus de Theſſalie; & M. l'Abbé Geinoz, de cette Académie, a embraſſé la même opinion. M. le Préſident Boubier a ſuivi l'opinion contraire, & je crois devoir m'y ranger auſſi. Ce qui me détermine eſt que je n'ai trouvé la première de ces deux opinions autoriſée du ſuffrage conſtant d'aucun ancien, & que l'autre au contraire eſt fondée ſur les témoignages précis des Écrivains les plus anciens & les plus graves, tels qu'Éphore & Denys d'Halicarnaſſe, &c. Or en matière de faits, il me ſemble que les règles de la critique ne permettent pas d'oppoſer des conjectures, quelque probables qu'elles puiſſent être, à des autorités poſitives.

On cite, il eſt vrai, quelquefois pour la première opinion Hérodote & Thucydide: mais on n'allègue que les noms de ces auteurs, ſans en rapporter aucun paſſage formel; ou tout au plus on ne réclame que des inductions, tirées de paſſages obſcurs & conteſtés. Mais quand il faudroit même adopter le ſens qu'on veut donner à ces paſſages, les inductions qui en réſultent, ſont qu'il y a eu des Pélaſges anciennement dans la Theſſalie; & qu'en des temps plus récens il en eſt venu des colonies s'établir dans le Péloponnèſe. S'enſuit-il de là que des Pélaſges qu'on trouve dans le Péloponnèſe bien avant ces colonies, & dès les temps les plus reculés qui ſoient connus, y fuſſent venus de Theſſalie?

Saumaiſe entaſſe en vain ici toutes les probabilités que la ſagacité de ſon eſprit peut lui ſuggérer. Outre que des probabilités ne peuvent ſuffire à établir des faits qui non ſeulement ne ſont appuyés d'aucun témoignage conſtant, mais qui ſe trouvent encore contredits par des autorités conſidérables; ceux même qui, depuis Saumaiſe, ont adopté ſon opinion, ont reconnu que presque tous ses raisonnemens portoient à faux : un seul leur a paru plus juste, & les a décidés ; c'est, disent-ils, que tous les peuples du Péloponnèse, les Éoliens, les Achéens, les Ioniens, les Doriens y étoient venus de la Thessalie. Je ne puis concevoir, je l'avoue, comment on a pû se laisser éblouir par un raisonnement qui pèche aussi évidemment & dans le principe & dans la conséquence. 1.° Les Arcades & les Cynuriens, suivant le témoignage exprès d'Hérodote, étoient dans le Péloponnèse avant qu'aucun de ceux qu'on vient de nommer y fût arrivé de Thessalie ; & bien loin qu'il soit dit nulle part qu'ils y fussent aussi venus de Thessalie, ils sont tenus pour Indigènes du Péloponnèse par tous ceux qui ont parlé de leur origine. On ne peut donc pas soûtenir que tous les peuples que l'on connoît dans le Péloponnèse y étoient venus de Thessalie. 2.° C'est une chose constante que les Arcades étoient Pélasges ; & c'est même d'eux que des Historiens assuroient que tous les autres Pélasges étoient sortis. Or puisque les Arcades étoient établis dans le Péloponnèse avant qu'il y eût aucun Éolien, Achéen, Ionien ou Dorien, il est évident qu'il y avoit des Pélasges dans le Péloponnèse, indépendamment des Éoliens, des Achéens, des Ioniens & des Doriens. Comment donc peut-on, de l'origine Thessalienne des Éoliens, Achéens, Ioniens & Doriens, induire la même origine pour tous les Pélasges du Péloponnèse, & quelle connexité y a-t-il de l'une à l'autre ? 3.° Si le raisonnement dont il s'agit a quelque apparence capable d'imposer, ce n'est qu'au moyen d'une équivoque par laquelle on confond les Pélasges qui ont pris le nom & la langue des colonies Thessaliennes qui s'établirent parmi eux, avec ces colonies mêmes. En effet, par Éoliens, Achéens, Ioniens & Doriens, on peut entendre d'un côté ces colonies d'Hellènes, qui se portant dans le Péloponnèse sous la conduite de différens chefs, s'y introduisirent chez les peuples barbares qui y habitoient déjà, Pélasges ou autres, sous prétexte de les protéger & de les secourir, & peu à peu leur donnèrent leur nom & même leur langue : en ce ſens il eſt bien vrai que ces peuplades vinrent de Theſſalie; mais il ſeroit abſurde d'en conclurre que les Barbares chez qui elles s'introduiſoient, en venoient auſſi. On peut entendre d'un autre côté par Eoliens, Doriens, Ioniens & Achéens, les peuples du Péloponnèſe, Pélaſges ou autres, qui ayant reçû chez eux les colonies d'Hellènes venues de Theſſalie, ſe réunirent à elles; & non ſeulement furent aggrégés à la ligue & au nom des Hellènes, mais prirent encore le nom particulier, chacun de celle de ces colonies qu'il avoit reçûe: or en ce ſens il eſt évident que la migration des Hellènes de Theſſalie dans le Péloponnèſe, ne regarde pas plus les Barbares ou les Pélaſges du Péloponnèſe qui ſe réunirent à eux & furent compris ſous leur nom, que la migration des François de Pannonie dans les Gaules, regarderoit les Gaulois qui ſe ſont réunis aux François, & qui ſe trouvent compris ſous le même nom.

On veut après cela appuyer le paſſage des Pélaſges de la Theſſalie dans le Péloponnèſe, ſur une prétendue progreſſion des peuplades du nord au midi: mais cette progreſſion, qui n'eſt qu'une conjecture moderne, bâtie ſur le ſable, n'eſt ni aſſez bien fondée ni aſſez générale pour balancer un fait contraire clairement atteſté par les Anciens. A quoi il faut ajoûter que ſi les Pélaſges ſont, comme je me flatte de l'avoir prouvé, une colonie Syrienne ou Egyptienne, il eſt tout auſſi naturel de la faire venir aborder par mer au Péloponnèſe, ainſi que toutes les autres qui y vinrent dans la ſuite du même pays, que de la conduire par terre au nord du Pont-Euxin, la ramener de-là dans la Theſſalie, & la tranſporter enfin dans le Péloponnèſe.

J'ai dit que l'opinion contraire, c'eſt-à-dire celle qui ſuppoſe que les Pélaſges de Theſſalie y paſsèrent du Péloponnèſe où ils s'étoient établis d'abord, étoit fondée ſur les témoignages précis d'Ephore & de Denys d'Halicarnaſſe. Ils le diſent en effet formellement, & détaillent même le temps & les circonſtances de cette migration: leur autorité n'eſt combattue par celle d'aucun autre Ecrivain. On récuſe inutilement celle d'Éphore, parce qu'on prétend qu'elle n'est appuyée que ſur un vers du poëte Héſiode: comme ſi les anciens Poëtes n'avoient ſuivi que leur imagination dans ce qu'ils ont dit des origines des Nations; tandis qu'il eſt conſtant que les Grecs y reconnoiſſoient les traces les plus authentiques & les reſtes les plus précieux de leurs antiquités: ou comme ſi les traditions des peuples que ces Poëtes ont ſuivies ſur des temps ſi reculés, ne devoient pas avoir plus de poids que des conjectures enfantées deux & trois mille ans depuis, à la faveur de quelques paſſages obſcurs & embarraſſés.

On reproche à Denys d'Halicarnaſſe des détails qui ſont la preuve de ſon exactitude & de la vérité de ſon récit, & on lui demande des garans, ſans prendre garde qu'il a averti que ſur les Pélaſges il ſuit l'opinion commune, & ce qu'en ont dit la pluſpart des auteurs: ὡς πολλοὶ περὶ αὐτῶν λέγουσι.

Voilà ce que j'ai cru devoir obſerver ſur une queſtion qui, à y faire quelque attention, n'en eſt pas une, & qui n'eſt véritablement embarraſſante que par le nom des Savans modernes qui ont voulu s'écarter d'un ſentiment fondé en autorités, pour en ſuivre un qui ne préſente que des conjectures.

Les colonies Pélaſgiques n'eurent pas de peine à ſe former des établiſſemens, & à les étendre par-tout où elles voulurent au milieu des Sauvages de la Grèce; & à l'égard de ces Sauvages, il en arriva ce qui arrive encore des Sauvages que l'on découvre de nos jours dans l'Amérique: on prend quelques femmes & quelques enfans qu'on accoûtume & qu'on élève à nos mœurs & à nos uſages; tout le reſte abandonne le terrein où l'on s'établit, & ſe ſauve plus avant dans les terres ou dans des cantons peu acceſſibles. Les Sauvages de la Grèce abandonnèrent de même le terrein aux colonies Pélaſgiques, par-tout où ces colonies s'avancèrent, dans le Péloponnèſe, dans la Béotie & l'Attique, dans la Theſſalie, &c. & ſe ſauvèrent dans les pays plus reculés ou dans les montagnes. Cependant le voiſinage des mêmes colonies les inſtruiſit peu à peu; ils ſe raſſemblèrent en ſociétés, ſe policèrent, & conduits par Prométhée & par Deucalion & ſes enfans, ils revinrent en force contre les Pélaſges; les attaquèrent & les pourſuivirent à leur tour, en chaſsèrent une partie, obligèrent le reſte de ſe ſoûmettre & de ſe réunir à eux.

Les Mythologues me ſemblent avoir aſſez bien déſigné tout cela dans une fable qu'ils racontoient de Prométhée: « Prométhée, diſoient-ils, tua deux taureaux; il les dépouilla, mit dans une des peaux les chairs des deux animaux, & dans l'autre leurs os ſeulement enveloppés d'une graiſſe blanche: il préſenta enſuite à Jupiter ces deux peaux ainſi déguiſées, & lui propoſa d'en choiſir une, ſe flattant d'attraper ce Dieu. Jupiter, quoiqu'il reconnût l'artifice, voulut bien paroître la dupe du fils de Japet, afin d'avoir un prétexte de le punir: il prit la peau qui ne contenoit que des os; mais, pour s'en venger, il refuſa aux hommes le feu du Ciel ». Ces deux peaux ne ſont, à mon gré, autre choſe que les deux objets que préſentoit aux Pélaſges cette portion de l'héritage de Japhet où ils abordoient; l'un des terres graſſes & fertiles, exprimées par ces os enveloppés de graiſſe; l'autre, les hommes qui les peuploient repréſentés par les chairs de l'autre peau.

On demandera peut-être pourquoi les Pélaſges ſont ici déſignés par Jupiter. Je crois qu'on en peut donner pluſieurs raiſons: car c'eſt peut-être parce que les Pélaſges & les Dieux étoient cenſés avoir la même origine, & qu'on donnoit aux uns & aux autres, Océan pour père; peut-être eſt-ce parce que les Pélaſges étoient les auteurs du culte religieux & de toute la théologie reçûe dans la Grèce. Enfin c'eſt peut-être parce que la ſupériorité de ces étrangers les fit prendre pour des Dieux, à peu près comme les premiers Européens qui abordèrent en Amérique furent appelés Dieux dans quelques pays du nouveau continent.

Quoi qu'il en ſoit, car on ne doit pas trop, ce me ſemble, ſe piquer de rendre compte du principe de toutes les allégories des Mythologues, les Pélaſges ſe contentèrent des terres abandonnées & dépouillées de leurs habitans, & crurent en même temps ſe mettre en ſûreté vis-à-vis d'eux, & s'aſſurer pour toûjours la domination, ou du moins la prééminence, en leur refuſant la connoiſſance des arts & toutes les lumières que des hommes policés peuvent avoir de plus que des Sauvages. Mais, comme dit la fable, Prométhée déroba le feu du ciel, c'eſt-à-dire, cette connoiſſance & ces lumières, & les communiqua aux Sauvages qui, les mettant à profit, prirent le deſſus ſur les colonies Pélaſgiques, quelques générations après que ces colonies avoient commencé à paroître dans ce pays.

RECHERCHES

Sur quelque événemens qui concernent l'hiſtoire des Rois Grecs de la Bactriane, & particulièrement la deſtruction de leur Royaume par les Scythes, l'établiſſement de ceux-ci le long de l'Indus, & les guerres qu'ils eurent avec les Parthes.

Par M. DE GUIGNES.

ENTRE les différens Royaumes qui ſe formèrent des débris du vaſte empire d'Alexandre, celui que les Grecs établirent dans la Bactriane après la mort de ce conquérant, n'eſt pas un des moins conſidérables. L'hiſtoire nous en eſt peu connue, & les auteurs Grecs n'en ont parlé, pour ainſi dire, que par haſard. M. Vaillant, dans ſon hiſtoire des Rois Parthes, a raſſemblé pluſieurs des paſſages qui ſont diſperſés dans les écrits des Anciens, & nous a donné quelques connoiſſances plus exactes & plus certaines ſur ce royaume de la Bactriane. Mais perſonne n'a travaillé avec plus de ſuccès que M. Bayer. Son ouvrage, plein de recherches curieuſes, renferme toutes les lumières que peuvent nous fournir les auteurs Grecs ou Latins, quoique d'ailleurs il ne contienne preſque point de détails, & qu'il ſoit pluſtôt une diſſertation chronologique qu'une hiſtoire ſuivie. Lû le 7 Mai 1754.

Je n'entreprends point de chercher dans les mêmes Écrivains de nouvelles lumières, ce ſeroit un travail inutile après l'ouvrage que je viens de citer. Je me borne uniquement à examiner les cauſes de la deſtruction du royaume des Grecs dans la Bactriane, & à rechercher le temps précis dans lequel cet événement eſt arrivé.

Ces détails nous ont été conſervés par un Général des armées Chinoiſes, qui non ſeulement vivoit dans le temps où cette révolution eſt arrivée, mais encore qui en a été terres abandonnées & dépouillées de leurs habitans, & crurent en même temps se mettre en sûreté vis-à-vis d'eux, & s'assurer pour toûjours la domination, ou du moins la prééminence, en leur refusant la connoissance des arts & toutes les lumières que des hommes policés peuvent avoir de plus que des Sauvages. Mais, comme dit la fable, Prométhée déroba le feu du ciel, c'est-à-dire, cette connoissance & ces lumières, & les communiqua aux Sauvages qui, les mettant à profit, prirent le dessus sur les colonies Pélasgiques, quelques générations après que ces colonies avoient commencé à paroître dans ce pays.

RECHERCHES

RECHERCHES

Sur quelques événemens qui concernent l'histoire des Rois Grecs de la Bactriane, & particulièrement la destruction de leur Royaume par les Scythes, l'établissement de ceux-ci le long de l'Indus, & les guerres qu'ils eurent avec les Parthes.

Par M. DE GUIGNES.

ENTRE les différens Royaumes qui se formèrent des débris du vaste empire d'Alexandre, celui que les Grecs établirent dans la Bactriane après la mort de ce conquérant, n'est pas un des moins considérables. L'histoire nous en est peu connue, & les auteurs Grecs n'en ont parlé, pour ainsi dire, que par hasard. M. Vaillant, dans son histoire des Rois Parthes, a rassemblé plusieurs des passages qui sont dispersés dans les écrits des Anciens, & nous a donné quelques connoissances plus exactes & plus certaines sur ce royaume de la Bactriane. Mais personne n'a travaillé avec plus de succès que M. Bayer. Son ouvrage, plein de recherches curieuses, renferme toutes les lumières que peuvent nous fournir les auteurs Grecs ou Latins, quoique d'ailleurs il ne contienne presque point de détails, & qu'il soit plustôt une dissertation chronologique qu'une histoire suivie. Lû le 7 Mai 1754.

Je n'entreprends point de chercher dans les mêmes Ecrivains de nouvelles lumières, ce seroit un travail inutile après l'ouvrage que je viens de citer. Je me borne uniquement à examiner les causes de la destruction du royaume des Grecs dans la Bactriane, & à rechercher le temps précis dans lequel cet événement est arrivé.

Ces détails nous ont été conservés par un Général des armées Chinoises, qui non seulement vivoit dans le temps où cette révolution est arrivée, mais encore qui en a été le témoin oculaire, & qui, ſuivant toutes les apparences, a combattu contre les Parthes, ou tout au moins s'eſt trouvé dans l'armée ennemie que ces peuples avoient à combattre.

Cet Officier nommé *Tchang-kiao*, avoit été envoyé par l'Empereur de la Chine dans le Maouarennahar, & dans les autres pays voiſins, pour quelques négociations dont je parlerai dans la ſuite. Il a fait une relation de ſon voyage, qui eſt rapportée dans l'ouvrage de *Sſé-ma-tſien*. On trouve auſſi pluſieurs autres détails intéreſſans dans l'hiſtoire des *Han*, & particulièrement dans celle qui a été compoſée par *Pan-kou*, frère d'un autre Général d'armée nommé *Pan-tchao*, qui avoit parcouru les pays ſitués entre la Chine & la mer Caſpienne vers l'an 100 de J. C. Tels ſont les hiſtoriens de qui j'emprunte tout ce que je dirai dans ce Mémoire. Je pourrois y ajoûter encore la bibliothèque de *Ma-tuon-lin*; mais cet Écrivain, dans tout ce qu'il dit des pays occidentaux, n'eſt qu'un copiſte ſouvent peu exact, principalement dans ce qui regarde la Géographie.

Pour être mieux inſtruit des circonſtances qui précédèrent l'événement que je me propoſe d'éclaircir, il eſt néceſſaire de donner une légère idée de ce royaume des Grecs. Théodote fut le premier qui porta le titre de Roi de la Bactriane, & qui fonda cet Empire vers l'an 255 avant J. C. Il eut des guerres à ſoûtenir contre les Rois des Parthes, qui venoient de fonder dans le même temps un puiſſant Royaume. En mourant il laiſſa ſes Etats à Théodote II ſon fils, & celui-ci fut tué par Euthydème le Magnéſien, qui ſe fit déclarer Roi. Ce dernier eut pour ſucceſſeur Ménandre ſon fils, qui fit de grandes conquêtes au-delà du mont Imaüs & dans l'Inde. On prétend qu'il pénétra même juſque chez des peuples Scythes, que Strabon appelle Σύεϱι & Φαῦνοι. On avoit cru qu'il s'agiſſoit des Phéniciens & des Syriens; mais comme cela ne paroiſſoit pas vrai-ſemblable, M. Vaillant a lû Σῆρες & Φρύνοι, *Seres* & *Phryni*. Ces derniers étoient des Scythes voiſins des Sères, ou pluſtôt des Σύεϱι, car je crois cette leçon préférable, puiſqu'il n'y a pas d'apparence que Ménandre ait porté la

guerre juſque chez les Sères & les Chinois, comme le penſe M. Bayer. Les *Suri* ne peuvent être qu'une nation Tartare appelée *Su*, qui avoit établi ſa demeure le long du Jaxarte, vers le nord des ſources de ce fleuve, ſuivant le témoignage de l'hiſtorien *Pan-kou*. *Han-cheou.*

Après Ménandre les Grecs furent gouvernés par Eucratidès, qui fut tué par Eucratidès II ſon fils, dernier Roi de la Bactriane.

Ce Royaume fut très-floriſſant pendant que les Grecs en étoient les maîtres; & il paroît que ces peuples, de même que les Parthes leurs voiſins, pénétroient fort avant dans la Scythie & dans l'inde; & qu'ils avoient, ou étoient à portée d'avoir une grande connoiſſance de tous ces pays. Sous le règne de Théodote I, Tiridate, Roi des Parthes, obligé de fuir devant Séleucus, Roi de Syrie, s'étoit retiré chez les Saces, ou *Scythæ Aſpaſiaci*, qui doivent être les Scythes du Captchac, ſitués au nord de Sihon, & qui formoient alors un Royaume très-conſidérable, que les Chinois appellent *Kam-kiu*. De même Ménandre avoit porté la guerre chez *Han-chou.* les Scythes qui habitent au nord-eſt du Jaxarte. Euthydème & Démétrius d'un autre côté, avoient pénétré juſque dans les Indes à la tête de leurs armées. Eucratidès, après avoir ſoûmis pluſieurs provinces voiſines, y étoit auſſi entré dans la ſuite. Ces Grecs en furent dépouillés, vers l'an 144 avant J. C, par Mithridate, frère de Phrahatès, qui s'étoit avancé juſque dans le Royaume où Porus avoit régné.

Tous ces vaſtes pays, l'Inde, le Khoraſan, le royaume des Grecs, ne formoient, pour ainſi dire, qu'un très-vaſte Empire, dont les provinces les plus éloignées étoient unies par un commerce réciproque. Les peuples du Khoraſan, les Parthes *Han-chou.* & leurs voiſins portoient dans l'Inde les productions de leurs pays, pendant que les Indiens venoient trafiquer dans le Khoraſan & dans les environs. C'eſt ce que nous apprend l'officier Chinois dont j'aurai occaſion de parler dans la ſuite de ce Mémoire, & qui étoit dans ces provinces vers le temps dont il s'agit.

Telle étoit la ſituation de la Bactriane, lorſque quelques Nations qui demeuroient dans l'Orient, ſur les frontières occidentales de la Chine, obligées par un Prince puiſſant d'aller chercher d'autres habitations, arrivèrent dans ces provinces, y détruiſirent le royaume des Grecs, & donnèrent beaucoup d'occupation aux Parthes.

C'eſt un événement ſingulier qui n'a point été développé juſqu'ici, & qui mérite d'être approfondi. Les annales Chinoiſes nous en fourniſſent les détails, & il ne s'agit que de les rapprocher de nos hiſtoriens, pour avoir une connoiſſance plus exacte de ce qui cauſa la ruine des Grecs dans la Bactriane. Il paroîtra ſans doute encore plus ſingulier que les hiſtoriens Chinois, qui ſont ſi éloignés, répandent quelques lumières ſur des événemens de l'hiſtoire Grecque. Ce ne ſont pas là les ſeuls ſecours que nous ayons à eſpérer de ces Ecrivains: plus on les lira, plus on trouvera des preuves de leur utilité, ſur-tout pour ceux qui entreprennent de rechercher l'origine de pluſieurs Nations qui ont paſſé dans l'Occident & ailleurs.

L'hiſtoire Chinoiſe nous repréſente ces peuples Tartares qui partent du fond de l'Orient, ſe refoulent, pour ainſi dire, les uns ſur les autres, & s'avancent ſucceſſivement dans des pays fort éloignés de leur patrie, comme un torrent rapide qui ſe répand de tous côtés.

Pluſieurs nations Scythiques ont rempli de ravages une partie de l'Europe; les autres ſe ſont, pour ainſi dire, échappées le long de la côte méridionale de la mer Caſpienne; mais arrêtées ſur les frontières de l'Arménie, elles ſe ſont enfoncées dans les montagnes du Derbend. On en a vû quelques-unes qui ſont deſcendues par le Maouarennahar; celles-ci trouvant ſur leur route les Parthes & les Perſes, ont gagné le bord de l'Indus, ſe ſont étendues juſqu'à la mer, & ſont enfin allées ſe perdre dans les pays voiſins du Gange. De ce nombre ſont les nations Scythiques dont je recherche particulièrement l'hiſtoire. Voici ce qui concerne leur origine, & leur irruption dans la Bactriane, ſelon les hiſtoriens Chinois les plus anciens.

Il y avoit anciennement une nation Tartare & Nomade, appelée *Yue-chi*, qui habitoit dans le pays de *Kan-tcheou* & de *Kua-tcheou*, à l'occident de la province de *Chen-sy*. Vers l'an 200 avant J. C. un Empereur des *Hiong-nou* ou des Huns, nommé *Me-te*, soûmit ces peuples. Mais soit que dans la suite les *Yue-chi* ne voulussent point obéir, soit que les Huns eussent résolu de les détruire entièrement, *Lao-cham* Empereur de ces derniers, qui avoit succédé à *Me-te*, porta la guerre dans leur pays, les défit, tua leur Roi, fit de sa tête un vase à boire, & obligea le reste de la Nation à aller chercher une autre patrie. Les *Yue-chi* se partagèrent en deux bandes. Les plus foibles passèrent vers le *Tou-fan* ou Tibet; c'est-à-dire qu'ils ne firent que descendre au midi. On les appela les *petits Yue-chi*. Les autres, & cette bande étoit la plus considérable, remontèrent vers le nord-ouest, & allèrent s'emparer des vastes plaines qui sont situées à l'occident de la rivière d'*Ili*. Ces derniers portèrent le nom de *grands Yue-chi*. La conquête de ce pays ne se fit pas sans peine : une nation puissante, appelée *Su*, y étoit établie; mais les *Yue-chi* furent assez forts pour l'obliger à se retirer.

Kam-mo.

Han-chou.

Ven-hien-tum-kao.

Les *Su* prirent alors le parti de passer du côté de l'occident, & vinrent demeurer dans les plaines qui sont situées au nord-est de Fergana & du Jaxarte. Les historiens Chinois nomment plusieurs hordes de cette Nation, qui formoient dans ces campagnes plusieurs petits Etats. Ces hordes étoient les *Hieou-sum*, qui montoient à environ trois cens cinquante-huit familles, & les *Kuen-to*, qui en avoient trois cens. Elles étoient gouvernées par différens chefs; & ces peuples, comme tous les autres Tartares, n'étoient occupés qu'à conduire leurs grands & nombreux troupeaux. Nous les laisserons un moment dans ce voisinage des Grecs, pour revenir aux *Yue-chi*.

Han-chou.

L'histoire de la dynastie impériale des *Han*, & plusieurs autres historiens nous apprennent que ces peuples se virent aussi obligés dans la suite de subir le même sort; &, comme les *Su*, qu'ils furent contraints d'abandonner les plaines qui sont aux environs de la rivière d'*Ili*. Une autre Nation venue

Sſé-ki. de l'orient, & qui étoit appelée *Ou-ſun*, les en chaſſa, & s'y établit à ſon tour. Les *Yue-chi* paſſèrent à l'occident du pays de Fergana, & vinrent camper dans les plaines qui ſont au nord du Jaxarte ou Sihon, ayant le Captchac au nord; c'eſt-à-dire qu'ils s'établirent aux environs du lac Arall. Ils y vivoient en Nomades, comme les autres Scythes: ils étoient très-nombreux, & pouvoient mettre ſur pied de grandes armées. Voilà donc, ſelon le rapport des hiſtoriens Chinois, deux nations Tartares, les *Su* voiſins des Grecs, & les *Yue-chi* voiſins des Parthes. Les premiers firent la conquête d'un pays que les Chinois appellent *Ki-pin*, & les ſeconds de celui de *Ta-hia*. Cette révolution arriva dans le temps que *Tcham-kiao*, général des armées Chinoiſes, étoit dans ce pays en qualité d'Ambaſſadeur auprès du Roi des *Yue-chi*, avec lequel il a parcouru une partie du Khoraſan. C'eſt donc l'époque du voyage de cet Officier qui doit nous guider, pour fixer le temps dans lequel ces événemens ſont arrivés. Voici ce que rapporte l'hiſtorien *Sſé-ma-tſien*, dans ſon ouvrage intitulé
Sſé-ki. *Sſé-ki*. « L'Empereur de la Chine, dans le deſſein de ſoûmettre
» toute la Tartarie, mais plus encore pour obliger les Huns à
» porter leurs armes du côté de l'occident, & par ce moyen
» à quitter les frontières de la Chine, voulut faire alliance avec
» les *Yue-chi*, qu'il ſavoit être les ennemis déclarés des Huns. Le
» général *Tcham-kiao* fut chargé de cette négociation; mais à
» peine fut-il ſorti de la Chine qu'il fut fait priſonnier par les
» Huns, & retenu pendant dix ans avec tout ſon monde, qui
» montoit à cent perſonnes. Ayant enſuite trouvé le moyen de
» s'échapper, il alla gagner les plaines de Captchac, & paſſa
» chez les *Yue-chi* ou *Ta-yue-chi*, c'eſt-à-dire les grands *Yue-chi*.
» Ces peuples venoient de faire périr leur Roi, & avoient mis
» ſon fils ſur le trône. *Tcham-kiao* les ſuivit dans une expédition
» qu'ils firent dans le pays de *Ta-hia*, dont ils s'emparèrent. Il
» reſta avec eux pendant pluſieurs années, s'en revint par le
» midi, c'eſt-à-dire par l'Inde, après avoir traverſé l'Indus, &
» fut encore pris par les Huns. Mais leur Empereur étant venu
» à mourir peu de temps après, *Tcham-kiao* profita de cet

événement & de quelques autres troubles pour regagner la «
Chine, où il arriva l'an 126 avant J. C. Il employa treize «
ans dans ſon voyage, & ne ramena que treize perſonnes. »
Pour connoître en quel pays les *Yue-chi* firent cette expédition, dont *Tcham-kiao* a été le témoin, & en quelque façon l'hiſtorien, car les auteurs Chinois n'en parlent que d'après le récit qu'il fit de ſon voyage à l'Empereur de la Chine, il s'agit d'indiquer où peut être ſitué le *Ta-hia.* La relation même de *Tcham-kiao,* rapportée dans le *Sſé-ki,* nous conduit à le placer dans le Khoraſan. En effet il nous apprend qu'il eſt ſitué au midi du fleuve *Goei* ou Gihon; que vers le ſud-eſt du *Ta-hia,* on trouve le royaume de *Chin-to* ou de Sind. Ainſi le pays où les *Yue-chi* pénétrèrent doit être celui que nous venons de nommer, ſitué véritablement entre le Gihon au nord, & les Indes au ſud-eſt.

Quoique les habitans du *Ta-hia* fuſſent nombreux, ajoûtent les hiſtoriens Chinois, comme ils étoient pluſtôt adonnés au commerce qu'exercés à manier les armes; que d'ailleurs tout ce grand pays appartenoit à pluſieurs Princes, les Scythes *Yue-chi,* qui avoient un grand nombre de ſoldats endurcis aux fatigues de la guerre, les attaquèrent, les ſoûmirent & s'établirent dans ce pays, qu'ils partagèrent en cinq gouvernemens, auxquels on a donné le nom de *Hi-heou.* *Sſé-ki. Han-chou.*

Le premier gouvernement étoit appelé *Hieou-mi,* & avoit pour principale ville *Ho-me-tching.*

Le ſecond étoit nommé *Choam-mi,* ainſi que la ville principale.

Le troiſième *Kuei-choam,* & la principale ville *Hou-tſao-tching.*

Le quatrième *Hie-tun,* qui avoit pour capitale *Po-yu-tching.*

Le cinquième *Kao-fou,* dont la capitale portoit le même nom.

Mais un autre Hiſtorien remarque, & cela paroît plus vrai-ſemblable, que ce cinquième gouvernement eſt d'un établiſſement poſtérieur, les habitans n'ayant été ſoûmis que dans la ſuite, comme on le verra ci-après. *Heou-han-chou.*

Quoi qu'il en ſoit, recherchons à qui les *Yue-chi* enlevèrent ſinon tout, au moins une partie du Khoraſan, & qui ſont ceux qui s'opposèrent à leur entrepriſe. J'ai dit plus haut que *Tcham-kiao* rentra dans la Chine l'an 126 avant J. C. Il avoit employé treize ans à faire ce long voyage; il étoit donc parti vers l'an 139 avant J. C. Mais comme il étoit reſté pendant dix ans priſonnier chez les Huns, il n'a pû arriver chez les *Yue-chi* que vers l'an 129; & il y ſera demeuré pendant cette année & pendant les ſuivantes, 128, 127, & peut-être même pendant une partie de 126. Or dans les mêmes années, c'eſt-à-dire 129, 128, 127, nous voyons les Parthes fort occupés dans une guerre contre les Scythes. Dans le temps que Phrahatès ſe diſpoſoit à partir pour la Syrie, il apprit que ces peuples venoient de faire une irruption dans ſes États, & qu'ils y faiſoient de grands ravages. Il avoit auparavant imploré leur ſecours contre Antiochus, Roi de Syrie; mais comme les Scythes n'étoient pas arrivés à temps, Phrahatès avoit refuſé ce qu'il leur avoit promis, & les Scythes mécontens étoient entrés dans ſon pays. Il marcha contre eux, mais il eut le malheur d'être vaincu, & de périr dans le combat. L'an 127 Artaban lui ſuccéda, & les Scythes continuèrent à ravager les pays ſoûmis aux Parthes.

Juſtin, l. XLII.

Je ne crois pas que l'on puiſſe regarder cette guerre des Parthes contre les Scythes, comme une guerre différente de celle dont parlent les Chinois; & l'on doit être convaincu que les *Yue-chi* ſont les Scythes qui défirent les Parthes, & leur enlevèrent ces provinces orientales. En effet, les *Yue-chi*, cantonnés alors vers le Khariſme, ne purent paſſer le Gihon, ni pénétrer dans le midi, ſans rencontrer ſur leur route les Parthes, qui devoient poſſéder alors quelques parties du Khoraſan; ainſi les lieux & les époques concourent à prouver ce que j'avance: mais ce qui y ajoûte encore une nouvelle force, c'eſt le rapport ſingulier des hiſtoriens Chinois & des hiſtoriens Grecs, au ſujet de la deſtruction des Grecs de la Bactriane, autre événement qui me reſte à éclaircir.

Dans le même temps que les Scythes, c'eſt-à-dire les *Yue-chi*,

Yue-chi, étoient occupés à faire la guerre aux Parthes, Strabon nous apprend que d'autres Scythes Nomades s'emparèrent de Bactre, de la Sogdiane, & détruiſirent le royaume des Grecs de la Bactriane. M. Bayer, dans ſon *Regnum Bactrianum*, n'aſſigne point l'année où ce Royaume fut éteint; mais M. Vaillant place cet événement à l'an 126: & je ſuis d'autant plus porté à adopter ſon ſentiment, qu'il s'accorde avec les hiſtoriens Chinois; ce qui doit former pour nous une eſpèce de preuve. Ces hiſtoriens, voiſins même du temps dont il s'agit, nous apprennent que les *Su*, ces autres Scythes dont j'ai parlé, qui après être ſortis des environs de la rivière d'*Ili*, étoient venus ſe camper au nord de Fergana, paſſèrent plus au midi, & ſoûmirent les *Ki-pin* dans le même temps que les *Yue-chi* ſoûmettoient le *Ta-hia*, c'eſt-à-dire pendant les années 129, 128 & 127.

Liv. XI. — *Han-chou.*

Suivant la deſcription que l'hiſtorien *Pan-kou* fait du pays de *Ki-pin*, il ne s'agit point d'un peuple barbare, mais d'un peuple induſtrieux, qui poſſédoit l'art de graver ſur les métaux, de broder les étoffes, de fabriquer des vaſes d'or, d'argent & de cuivre, qui ſe ſervoit de monnoies d'or & d'argent, ſur leſquelles on voyoit d'un côté des cavaliers, & de l'autre la figure d'un homme. *Ngheou-yam-ſieou*, dans ſon hiſtoire de la dynaſtie des *Tam*, & l'auteur de la Géographie des *Mim*, regardent le pays de *Ki-pin*, comme la Sogdiane, où eſt Samarcande & les autres pays voiſins. Il eſt certain, par tout ce que nous liſons dans les écrivains Chinois, que *Ki-pin* ne peut être ſitué que dans le Maouarennahar, où habitoient effectivement les Grecs auxquels convient la deſcription que je viens de rapporter. Et pour n'inſiſter que ſur ce qui regarde les monnoies, on trouve encore dans le cabinet de Péterſbourg, dans celui de M. Pellerin, & dans quelques autres, des médailles d'Eucratidès, Roi de la Bactriane, qui ſont conformes à ce que les Chinois en diſent; c'eſt-à-dire qu'on y voit d'un côté la figure d'un homme, qui eſt celle d'Eucratidès, & de l'autre deux cavaliers.

Han-chou. — *Tam-chou.* — *Y-tom-chi.*

On ne ſauroit exiger des preuves plus fortes ni plus ſolides.

Le rapport ſingulier de tous ces différens Hiſtoriens, la juſteſſe de l'époque indiquée par les Chinois aux environs de l'an 126, & toutes les autres circonſtances prouvent ſolidement ce que je me ſuis propoſé d'établir, nous donnent la véritable époque de la deſtruction des Grecs de la Bactriane, que M. Vaillant n'avoit fait qu'entrevoir, & nous font connoître les Scythes qui en ont été les deſtructeurs, & ceux qui ont fait la guerre aux Parthes. Car on a dû remarquer que nos Hiſtoriens, de même que ceux de la Chine, diſtinguent les uns des autres, & en font deux peuples différens.

Je n'entreprendrai point de rapporter les noms de ces Scythes, qui ſe trouvent cités dans Juſtin & dans Strabon. Il me ſuffit de remarquer que ceux qui marchèrent contre les Grecs étoient appelés *Aſiani, Tachari, Paſiani, Sacarauli* ou *Sacaurauci,* que l'on croit être les mêmes que les *Saraucæ* de Juſtin, ſelon la remarque de M. Vaillant.

Tous ces peuples doivent être des hordes de la nation des *Su;* mais peut-être y avoit-il parmi eux quelques hordes des autres Scythes voiſins, comme des *Ou-ſiun,* qui étoient plus orientaux que les *Su,* & qui demeuroient près du fleuve *Ili;* alors ces hordes d'*Ou-ſiun* ſeroient les *Aſiani.*

Il eſt auſſi rapporté que les *Tachares* habitoient le long du fleuve Jaxarte ou Sihon; & c'eſt-là effectivement que les *Su* demeuroient. Il paroît que ces *Tachares* étoient les premiers entre ces peuples Scythes. Après qu'ils ſe furent rendus maîtres de la Sogdiane & de la Bactriane, Artaban, Roi des Parthes, leur déclara la guerre dans le deſſein de leur enlever ces provinces; mais il fut obligé d'abandonner ce projet, ayant été bleſſé dans un combat. Nous liſons auſſi dans l'hiſtoire Chinoiſe, que les *Su* en général, dont les *Tachares* étoient apparemment la première horde, étoient fort puiſſans dans le pays de *Ki-pin,* & qu'ils y établirent un Royaume conſidérable, qui a eu ſouvent des relations avec la Chine.

Juſtin, l. XLII.

Il eſt fait mention d'un de leurs Rois, nommé *Ou-téou-lao,* qui tua pluſieurs ambaſſadeurs Chinois. Il eut pour ſucceſſeur

Heou-han-chou.

ſon fils, dont j'ignore le nom. Après celui-ci *In-moſou* fut mis ſur le trône par les Chinois; mais dans la ſuite ayant fait périr tous ceux de cette Nation qui étoient à ſa Cour avec l'Ambaſſadeur, & qui montoient au nombre de ſoixante & dix perſonnes, les Chinois ne voulurent plus avoir de commerce avec lui ni avec ſes ſucceſſeurs. Ces événemens ſe ſont paſſés depuis l'établiſſement des *Su* dans la Bactriane juſque vers l'an 30 ou environ avant J. C.

Reprenons à préſent la ſuite de l'hiſtoire des *Yue-chi.* Environ cent ans après qu'ils eurent paſſé dans le Khoraſan, & qu'ils s'y furent établis, un d'entre eux, nommé *Kieou-tcieou-kio*, après avoir ramaſſé quelques troupes, ſoûmit toutes les différentes provinces du *Ta-hia*, & prit le titre de Roi de *Kuei-choam*. Une fois affermi ſur le trône, il déclara la guerre aux peuples appelés *Gan-ſie*, & leur enleva le pays de *Kao-fou*, dont il forma un cinquième gouvernement. Il ſoûmit encore les *Pa-ta* & les *Ki-pin*, peuples voiſins; & ce fut après tant de conquêtes qu'il mourut, à l'âge de quatre-vingts ans. Mais avant que de paſſer à ſon ſucceſſeur, il me paroît néceſſaire de m'arrêter un moment, pour faire connoître les pays qui tombèrent ſous ſa domination, ou dont il battit ſeulement les armées.

Ven-hien-tum-kao.

Heou-han-chou

Nous avons vû que le pays de *Ki-pin* étoit la Sogdiane, ou les pays occupés par les Grecs; ainſi voilà les *Su* dépouillés du Royaume qu'ils y avoient fondé. Les *Pa-ta* doivent être ſitués vers le Captchac, au nord du Khariſme; c'eſt tout ce que l'on peut ſavoir de plus certain. A l'égard de *Gan-ſie*, la deſcription que les Chinois font de ce pays, & des mœurs des habitans, nous montre que nous ne devons pas rechercher ce peuple parmi les Nations Nomades de la Tartarie. Je ne m'arrêterai point à parler des productions du pays, qui ne font rien au ſujet que je traite, mais je dirai que *Sſé-ma-tſien*, *Pan-kou* & les autres hiſtoriens Chinois placent le *Gan-ſie* au midi du Gihon, en tirant vers la mer Caſpienne; qu'ils lui donnent une étendue conſidérable, & qu'ils y comptent un très-grand nombre de villes. Ils nous apprennent que les habitans ſe ſervoient de monnoies d'or & d'argent, ſur

Sſé-ki.

Han-chou

lesquelles étoient empreintes d'un côté la figure du Roi, & de l'autre celle d'un homme; que lorsque ce Roi étoit mort, & que son successeur étoit monté sur le trône, on frappoit de nouvelles monnoies; que ces peuples écrivoient sur des peaux, & qu'ils y plaçoient leurs lignes, non à la Chinoise ou perpendiculairement, mais d'une manière horizontale; qu'ils étoient fort adonnés au commerce, & qu'avec leurs vaisseaux ou chariots ils alloient trafiquer chez les peuples voisins. Toute cette description, rapportée par *Ssé-ma-tsien* & par *Pan-kou*, ne convient qu'à un Royaume très-policé, & aux peuples de la Perse orientale & des environs de la mer Caspienne; & comme on parle de *Gan-sie* comme d'un Royaume très-considérable & très-puissant, dont les Rois avoient soûmis plusieurs Etats voisins, & particulièrement celui de Perse, qui avoit été réduit en province, on ne peut s'empêcher de reconnoitre le royaume des Parthes. En effet, 1.° les *Gan-sie*, de même que les Parthes, habitoient au nord de la Perse, dans les pays voisins du Gihon, le long de la mer Caspienne, & ils étendoient leur Empire du côté de l'orient jusqu'au midi des plaines du Captchac. Ces Princes faisoient frapper des monnoies qui ressembloient en tout à la description que les Chinois en font. Sur la pluspart, & principalement sur celles qui étoient en usage dans le temps que les Chinois pénétrèrent dans ces pays, on voyoit d'un côté la tête du Prince, & de l'autre un homme qui tenoit une espèce d'arc. C'est ce que l'on peut vérifier dans l'ouvrage de M. Vaillant. 2.° L'histoire Chinoise nous indique ici une guerre entre les *Yue-chi* & les *Gan-sie*, environ cent ans après l'établissement des premiers dans le *Ta-hia* ou Khorasan, qui se fit vers l'an 128, 127 & 126; ainsi cette guerre a dû arriver vers l'an 28, 27 & 26 avant J. C. Nous trouvons pareillement dans Justin une guerre entre les Parthes & les Scythes, que M. Vaillant place à l'an 27 avant Jésus-Christ. Phrahatès, dépouillé du trône, avoit imploré leur secours. Tiridate, qui régnoit alors, ne fut pas plustôt informé de l'arrivée de ces Barbares, qu'il se retira vers les Romains: mais il n'en put obtenir de troupes, & Phrahatès fut rétabli.

Justin, l. XLII.

Il y a beaucoup d'apparence que les Scythes, en donnant du ſecours à Phrahatès, ſongèrent à en retirer quelque avantage, & que la province de *Kao-fou*, qui leur fut ſoûmiſe alors, fut le fruit de cette expédition.

Ce pays doit être placé au nord-oueſt ou à l'oueſt des Indes, & dans la partie méridionale du Khoraſan. L'hiſtorien Chinois dit qu'il eſt ſitué au ſud-oueſt des *Yue-chi*; qu'il eſt *Heou-han-chou.* fort étendu; que les habitans reſſemblent aux Indiens par les mœurs & le caractère; qu'ils ſont plus marchands que ſoldats; & qu'avant d'être ſoûmis aux *Yue-chi*, une partie l'avoit été aux Rois de l'Inde, une autre aux Parthes, & une troiſième aux *Ki-pin*, ou aux Rois de la Sogdiane, à ces Tartares *Su*, dont l'empire s'étendoit juſqu'à Kaſchgar, & qui furent vaincus dans cette occaſion par les *Yue-chi*.

Après avoir ainſi augmenté ſes Etats, le Roi des *Yue-chi* mourut âgé, comme je l'ai dit, de quatre-vingts ans; il eut pour ſucceſſeur ſon fils, nommé *Yen-kao-tching*. L'hiſtoire *Heou-han-chou.* Chinoiſe nous apprend que ce Prince ſoûmit le pays de *Tien-tço*, & y mit un Gouverneur. Alors l'empire des *Yue-chi* ſe trouva plus puiſſant qu'il n'avoit jamais été. Tout ce que l'on dit du pays de *Tien-tço* nous annonce l'Inde; en effet, les Chinois le nomment encore *Chin-to*, mot corrompu de celui de *Sind*. On y trouve, à ce que les Chinois rapportent, des rhino- *Tang-chou.* céros, des éléphans dont on ſe ſert à la guerre, & pluſieurs autres animaux. Il eſt arroſé par un grand fleuve, qui porte le nom de *Mi-lan* ou de *Sin-teou*, que nous connoiſſons ſous le nom de Mehran & de Sind. Il me paroît inutile de m'arrêter davantage ſur la ſituation de ce pays; on reconnoît ſans peine qu'il s'agit ici de la partie de l'Inde arroſée par l'Indus.

Je ne fais aucune difficulté de croire que ces *Yue-chi*, établis juſque dans l'Inde, ne ſoient les Indoſcythes dont il eſt fait mention dans pluſieurs de nos anciens auteurs. On lit dans Ptolémée, que ces Indoſcythes s'étendoient juſqu'à la mer, vers *Lib. VII.* les bouches de l'Indus. Arrien dit que leur principale ville étoit Minnagar, placée par M. d'Anville, dans ſes ſavantes recherches ſur l'Inde, aſſez près de la mer.

Heou-han-chou. Les historiens Chinois nous font aussi connoître que ces Scythes s'étendoient bien avant dans l'Inde, & beaucoup plus que nous ne le pensons, non seulement directement au midi, mais encore vers le sud-est. Ils parlent d'un pays soûmis aux *Yue-chi*, appelé *Tum-li*, dont la capitale, nommée *Chao-ki-tching*, étoit située à trois mille li au sud-est du nord de l'Inde & des environs de l'Indus. Autant que l'on en peut juger, il devoit être plus voisin du Gange que de l'Indus.

Les *Yue-chi* étant devenus très-puissans, cherchèrent à faire Kammo. alliance avec les Chinois, & voulurent demander une fille de l'Empereur de la Chine pour leur Prince. Ils avoient envoyé des Ambassadeurs à cet effet ; mais le fameux Général *Pan-tchao*, qui venoit de soûmettre aux Chinois tous les pays situés entre la Chine & les montagnes, où le Gihon & le Sihon prennent leur source, c'est-à-dire toute la petite Bukharie, n'avoit pas voulu les laisser aller jusqu'à la Chine, & ils avoient été obligés de s'en retourner. Le Roi des *Yue-chi* envoya alors soixante & dix mille hommes, qui passèrent les montagnes de Kaschgar, & marchèrent contre *Pan-tchao*. Mais toute cette grande armée ne remporta aucun avantage sur les Chinois; & dans la suite les *Yue-chi* leur envoyèrent tous les ans des présens, que l'on regardoit à la Cour de l'Empereur de la Chine comme un tribut.

Heou-han-chou. Ven-hien-tum-kao. Quelque temps après, c'est-à-dire l'an 98 de J. C, *Pan-tchao*, qui étoit resté en qualité de Gouverneur dans la petite Bukharie, détacha un de ses Officiers, nommé *Kan-ing*, avec quelques troupes. *Kan-ing* traversa tout le pays des *Yue-chi*, s'avança jusque sur le bord de la mer Caspienne, du côté de la Perse, dans le dessein de pénétrer jusque dans le *Ta-tsin*, ou l'empire Romain, suivant les ordres qu'il en avoit reçûs. *Pan-kou*, frère du Général *Pan-tchao*, qui rapporte ce fait dans l'histoire des *Han*, nous apprend que les peuples voisins de cette mer détournèrent les Chinois de leur entreprise, en leur faisant entendre qu'à la vérité si le vent étoit favorable ils pourroient faire ce voyage en trois mois; mais que s'il leur étoit contraire, ils devoient compter sur deux ans &

plus; & que pour ne pas manquer de vivres, il falloit en porter à tout hasard pour trois ans: alors les Chinois retournèrent vers *Pan-tchao*. C'est apparemment à cette occasion que quatre ans après, c'est-à-dire vers l'an 102 de J. C, le Roi des Parthes, qui portoit le nom de *Muon-kiou*, envoya à l'Empereur de la Chine plusieurs animaux rares. Si tous les noms que portoient ces Rois nous étoient connus, nous retrouverions celui que les Chinois ont ainsi défiguré. Ce ne peut-être que Pacor ou son successeur Khosroès, car il y avoit alors des troubles dans l'empire des Parthes; mais Khosroès ou Khosrou n'est qu'un titre, & nous ignorons le véritable nom de ce Prince.

Telles furent les suites de l'expédition des *Yue-chi*, & des liaisons qu'ils eurent avec la Chine. Ces peuples restèrent dans l'état florissant dont nous venons de parler, jusqu'à ce que d'autres peuples, nommés *Geou-gen*, qui s'étoient emparés de l'empire de Tartarie, fissent souvent des courses dans leur pays. Les *Yue-chi*, obligés alors de se retirer plus loin vers l'occident, abandonnèrent la ville de *Po-lo*, où ils tenoient leur Cour. Leur Roi, nommé *Ki-to-lo*, envoya en même temps son fils dans la ville de *Fo-leou-cha*, pour s'y maintenir & conserver le pays. Nous trouvons effectivement que ce dernier y fonda un Royaume, qui fut appelé le royaume des *petits Yue-chi*. L'historien Chinois remarque que l'on voit à l'orient de cette *Ven-hien-tum-kao.* ville un ancien temple de *Fo*, qui a trois cens cinquante pas de circuit & quatre-vingt pieds de hauteur. On comptoit depuis sa fondation jusqu'à l'an 550 de J. C. 842 ans, ce qui remonte à l'an 292 avant J. C.

Comme il s'agit ici des pays situés le long de l'Indus, le nom que les Chinois prononcent *Fo-leou-cha*, parce qu'ils ne connoissent point le son des lettres *B* & *R*, pourroit être celui de *Berasite* ou *Barace*, où l'on voyoit autrefois un fameux temple, que les Arabes appellent *Sanem soumenat*, dont l'Idole étoit d'une grandeur démesurée. Ce Temple paroît être le même que celui de *Fo*, que je viens d'indiquer d'après les Chinois.

Mais pour revenir au Roi des *Yue-chi*, nommé *Ki-to-lo*; dans la ſuite ce Prince, à la tête d'une puiſſante armée, repaſſa dans l'Inde ſeptentrionale, & ſoûmit pluſieurs Royaumes. Le défaut de monumens m'empêche de ſuivre l'hiſtoire de cette Nation juſqu'à des ſiècles plus voiſins du nôtre. Ce que l'on peut dire en général, c'eſt que tout le Maouarennahar, une partie du Captchac & pluſieurs pays voiſins de l'Indus étoient gouvernés par des Rois qui tiroient leur origine des *Yue-chi*. Nous apprenons encore qu'ils ont porté le nom de *Geta*, & que pendant que les *Geou-gen* régnoient en Tartarie, ces *Geta* régnoient dans Captchac, à Yerken, à Khoten, à Kaſchgar, & dans les provinces orientales de l'empire des Parthes, où ils avoient toûjours conſervé leur ancienne manière de vivre ſous des tentes. Mais dans la ſuite ils ont bien dégénéré de leur ancienne bravoure. On lit dans Euſèbe, que les Bactriens étoient, pour ainſi dire, ſous la domination de leurs femmes: ce qui eſt confirmé par les hiſtoriens Chinois, qui, en parlant de ces *Geta*, établis au midi de Gihon & de la Bactriane, diſent que comme il y avoit dans ce pays plus d'hommes que de femmes, celles-ci y avoient en même temps pluſieurs maris; quelques-unes en avoient juſqu'à dix; elles avoient une marque ſur leur bonnet qui en faiſoit connoître le nombre. Ordinairement elles épouſoient tous les frères ou parens; & ceux qui n'avoient point de frères étoient obligés, pour avoir une femme, de s'aſſocier avec quelques amis; ce qui mettoit en quelque façon les hommes ſous la domination des femmes.

Ven hien-tum-kao.

Præpar. Evang.

Ven-hien-tum-kao.

Dans la ſuite, cette Nation a été ſoûmiſe aux Turcs, qui étoient très-puiſſans dans la Tartarie pendant le VIe ſiècle, & elle s'eſt enfin diſperſée. Cependant on la retrouve encore ſubſiſtante dans l'Inde ſous le nom qu'elle portoit anciennement, c'eſt-à-dire ſous celui de *Geta*. Tamerlan, dans ſon expédition de l'Inde, y rencontra des Gètes, que M. d'Anville place, ſur ſa carte de l'Inde, à l'orient de l'Indus & plus du côté du Gange.

Scherfeddin, Hist. de Tamer.

Je crois avoir ſuffiſamment prouvé que les *Yue-chi* ſont les mêmes

mêmes que les Scythes qui ont fait la guerre aux Parthes, & que les *Su* sont ceux qui ont détruit l'empire des Grecs dans la Bactriane. Sans ces deux circonstances, qui répandent du jour sur des Ecrivains qui sont continuellement l'objet de nos travaux, peut-être l'histoire de ces nations Scythiques ne mériteroit pas de remplir une de nos séances; mais indépendamment des éclaircissemens qui étoient le premier objet de mes recherches, je crois avoir donné de ces parties orientales des idées totalement différentes de celles que nous en avions, & avoir fait connoître plus exactement le véritable état de ces provinces, & les liaisons qu'elles avoient d'un côté avec l'Occident, c'est-à-dire avec les Parthes, & de l'autre avec l'Orient, ou avec les Chinois. On aura sans doute été surpris de voir ces derniers s'établir dans la Bactriane, & de trouver dans leurs annales des relations si propres à éclaircir l'histoire des Grecs.

MÉMOIRE SUR LA NATION DES GÈTES, Et sur le Pontife adoré chez cette Nation.

Par M. D'ANVILLE.

Assemblée publique d'après la S.t Martin, 1754.

In Melpomene sive lib. IV.

SELON le récit que fait Hérodote de l'expédition de Darius, fils d'Hystaspe, contre les Scythes, ce Prince, après avoir jeté un pont sur le Bosphore, s'étant avancé dans la Thrace, rencontra les Gètes sur son passage, avant que d'arriver à l'Ister, ou au bas Danube : & cet historien, le premier que nous ayons à consulter, parle de ces Cètes comme faisant partie de la nation des Thraces. Que les Gètes aient été mêlés avec les Thraces, c'est ce qu'on peut conclurre de ce que dit Strabon, que les Gètes ont un même langage que les Thraces; ὁμογλώττου τοῖς Θρᾳξὶν ἔθνους. Ajoûtons le témoignage de Dion, qui parlant des Daces, dont le nom a prévalu chez les Romains sur celui des Gètes, les fait sortir du mont Rhodope, situé en deçà du cours de l'Hèbre. Pline cite les Gètes au nombre des peuples qui habitoient le penchant du mont Hémus tourné vers le Danube. Il n'est donc pas permis de douter que les Gètes n'aient eu des établissemens dans la Thrace, quoique leur demeure plus fixe & plus connue ait été au-delà du Danube, où le nom de Thrace ne s'est point étendu.

L. VII, p. 303. — *Lib. LI.* — *Lib. IV, c. 11.*

Dans l'expédition qu'Alexandre fit au nord de la Macédoine, avant que d'attaquer l'Empire des Perses, environ cent quatre-vingts ans après celle de Darius, ce prince n'eut affaire qu'aux Triballes en deçà du Danube; & ce ne fut que par le desir de passer le fleuve, que son expédition s'étendit aux Cètes, comme on voit dans Arrien. Lysimaque, à qui la Thrace échut en partage dans la division que les Généraux Macédoniens firent des provinces de l'Empire d'Alexandre,

Expedit. Alex. lib. I.

attaqua les Gètes; & loin de réussir dans cette entreprise, lui, ou son fils Agathocle, tomba au pouvoir de Diomichétès, Roi de cette nation, qui rendit la liberté à son prisonnier. Mais il y a lieu de croire, que le trésor du prince vaincu resta au vainqueur, vû la grande quantité de pièces d'or frappées au coin de Lysimaque, qui furent trouvées à Déva, du temps de Ferdinand, frère de Charle-quint. Déva étant un lieu situé à l'entrée de la Transilvanie, près de la rivière de Maros, on peut en inférer que ce fut au-delà du Danube, & dans l'étendue de la Dace conquise depuis par Trajan, que Lysimaque porta la guerre, lorsqu'il l'entreprit contre les Gètes; ce qui est d'autant plus vrai-semblable, que pour entrer chez eux Alexandre avoit eu l'Ister à traverser.

Strab. l. VII, p. 305. Pausan. Attic. lib. I.

Tumée, Hist. des Guerres de Hongrie.

Quoique les Daces paroissent faire avec les Gètes un même corps de nation au nord du Danube, depuis les plaines de la basse Hongrie qu'occupoit la nation Sarmate des Iazyges, jusqu'aux embouchûres du fleuve, & aux rivages du Pont-Euxin, le même langage étant commun aux uns & aux autres, selon Strabon; cet auteur paroît néanmoins y mettre une distinction. Il attribue aux Daces spécialement la partie supérieure de ce pays, eu égard au cours du fleuve, & assigne aux Gètes la partie inférieure: il appelle solitude des Gètes les plaines incultes & arides qui s'étendent le long de la mer, entre les bouches de l'Ister & l'embouchûre du Tyras, & dans lesquelles l'armée de Darius marchant contre les Scythes, fut en danger de périr faute d'eau. Le nom de Daces, moins familier aux Grecs que celui de Gètes, est plus employé que l'autre par les écrivains Romains. Cette nation ayant alors sa demeure bien décidée au-delà du Danube, & étant même cantonnée particulièrement dans les montagnes, comme l'indique Florus en disant, *Daci montibus inhærent;* cela n'empêchoit pas qu'elle ne parût en deçà du fleuve, lors sur-tout qu'étant glacé on le traversoit aisément; *quoties concretus gelu Danubius junxerat ripas:* ce sont les termes du même historien. Les courses des Daces, en franchissant cette barrière, s'étendoient dans la Thrace, la Macédoine, & l'Illyrie. Strabon

L. VII, p. 304.

P. 305.

Lib. IV, c. 12.

cite un Roi Gète, nommé Bœrébiſte, qui dans ces expéditions détruiſit les Boïens & les Tauriſques, nations Celtiques établies dans la Mœſie. Ce que Céſar, ſelon Suétone, avoit eu deſſein de faire, ſavoir de réprimer ces courſes des Daces & des Gètes, fut exécuté, comme on l'apprend du même auteur, ſous Auguſte: *Sic tunc Dacia, non victa, ſed ſummota ac dilata eſt.* Florus, de qui j'emprunte ces paroles, dit auparavant, *ultrà ulteriorem repulit ripam (Auguſtus); citrà, præſidia conſtituit.* L'avantage que les armes Romaines remportèrent alors ſur les Daces, eſt célébré par ce vers d'Horace, en l'honneur d'Auguſte:

In Cæſare.

In Octavio Aug.

Carmin. l. III, od. 8.

Occidit Daci Cotiſonis agmen.

Cotiſo, ici nommé, eſt appelé Roi des Gètes par Suétone.

Il étoit réſervé à Trajan de conquérir la Dace, & d'en faire une province Romaine. La guerre l'ayant épuiſée d'habitans, ce prince y fit paſſer beaucoup de monde de toutes les parties de l'Empire: *ex toto orbe Romano infinitas eò copias hominum tranſtulit*, ſelon les termes d'Eutrope. Cette province ne ſe bornoit pas à l'étendue actuelle de la Tranſilvanie, où avoit été le ſiége de Décébale, vaincu par Trajan. Le pays habité par les Gètes, connu aujourd'hui ſous le nom de Valakie & de Moldavie, devint alors un pays Romain. Mon deſſein n'eſt point d'en traiter ici fort en détail: c'eſt la matière d'un Mémoire particulier, dans lequel il peut entrer des recherches dignes de remarque ſur les révolutions que le pays, & le peuple par qui il eſt habité, ont éprouvées. Je me borne à dire, quant à préſent, que les mille milles qu'Eutrope attribue de circonférence à la Dace de Trajan, ne paroiſſent pas ſuffire à la meſure du terrein. Il faut, au reſte, ſuppoſer qu'il y avoit quelque corps de Daces détaché & indépendant de la Dace de Trajan, puiſque Dion parle d'un traité que Caracalla, s'étant approché du Danube en partant de la frontière du Rhin, fit avec les Daces, dont il prit des otages pour s'aſſurer de l'exécution du traité. Il eſt vrai-ſemblable que ces Daces étoient ſitués vis-à-vis de la Pannonie, mêlés

Lib. VIII.

L. LXXVIII.

peut-être avec les Iazyges, plustôt que vers la partie basse du Danube.

Selon Vopisque, l'empereur Aurélien voyant plusieurs provinces en deçà du Danube, l'Illyrie & la Mœsie, dans un état de désolation, & desespérant de conserver la Dace située au-delà du fleuve, en retira les garnisons Romaines, & avec ce qu'il put amener de peuple, les plaça dans la Mœsie, formant une nouvelle province de Dace entre les deux Mœsies, la supérieure & l'inférieure. Dès le temps de Caracalla, une nation venue du nord, les Goths, avoit entamé la Dace. Spartien, en confondant les Goths avec les Cètes, a été suivi par d'autres auteurs en assez grand nombre. Quelque ressemblance dans la dénomination, & l'établissement que firent les Goths dans le pays qu'avoient occupé les Gètes, furent la source de cette erreur. Mais, en supposant même que le pays eût conservé le nom de ses premiers habitans, il ne s'ensuivoit pas qu'on dût prendre pour une même race ceux qui leur ont succédé. Tacite remarque, que quoique la nation Germanique des Marcomans eût enlevé à la nation Gauloise des Boiens un pays où elle s'étoit établie en Germanie, ce pays conservoit néanmoins le nom de *Boio-hemum*, encore que les habitans ne fussent plus les mêmes, *quamvis mutatis cultoribus*. Et nous voyons qu'une troisième nation, qui est Slavone ou Sarmate, ayant pris la place des Marcomans, le nom de Bohème est resté au même pays. On sait que le nom de Goths est purement Tudesque ou Germanique; au lieu que celui des Cètes a pris son origine chez les Scythes. Dans les noms propres d'homme que l'on trouve parmi les Gètes, on n'en distingue aucun qui ait quelque ressemblance avec les dénominations Gothiques. Celles-ci sont évidemment Germaniques, ayant même leur signification marquée dans l'idiome Tudesque. On peut encore dire des noms qu'ont porté les villes dans la Dace, qu'ils ne ressemblent pas plus au Tudesque que les noms d'homme recueillis de tout ce qui se lit des Cètes. Cependant les Savans du nord, sur-tout en Suède, où l'on dispute à l'Alemagne l'honneur d'avoir produit les

In Caracallâ.

De Moribus German. c. 28.

Goths, les Vandales, les Lombards; non contens de la gloire que les expéditions de ces peuples procurent à leur nation, veulent encore y aſſocier le ſang des Gètes, dont l'illuſtration eſt antérieure; & ils ne ſont rien moins qu'indifférens ſur cet article.

On doit pourtant reconnoître les Gètes pour une nation vraiment Scythique. L'origine de pluſieurs grands peuples, que le rang qu'ils tiennent dans l'hiſtoire a fait rechercher, paroît plus équivoque que celle des Gètes. C'eſt dans les pays qui s'étendent au levant de la mer Caſpienne qu'il faut trouver leur berceau. Une grande migration n'a rien que de fort ordinaire aux nations de la Scythie. Comment méconnoître le nom des Gètes dans celui des Maſſagètes, nation puiſſante, établie, ſelon toute l'antiquité, ſur les rives du Jaxarte? On n'eſt pas en droit d'exiger, que l'on ſache préciſément, malgré l'éloignement du temps & des lieux, pourquoi ces Cètes étoient diſtingués par le nom de Maſſagètes, qui n'eſt pas ſimple comme celui des Cètes. Mais, s'il eſt permis d'haſarder une conjecture, je penſe que ce qui précède le nom de Cètes dans la dénomination de Maſſagètes, eſt le *mahha* des Tartares, qui a même paſſé dans l'Inde, & qui ſignifie *grand.* Rien n'eſt ſi commun à l'égard de diverſes nations & de divers pays, que la diſtinction par cette épithète miſe en oppoſition à l'épithète contraire: & dans ce mot *mahha,* l'aſpiration Tartare ou Scythique étant extrêmement dure, c'eſt par adouciſſement que dans les écrits des peuples de l'Occident, on lui a ſubſtitué une prononciation plus facile, exprimée par des caractères propres à cet adouciſſement. Mais doit-il reſter quelque doute, que le pays originaire des Cètes ne ſoit la Scythie, & dans l'étendue de la Scythie cette partie-là même qui eſt ici déſignée, lorſqu'on eſt inſtruit que le pays ſitué au-delà du Sihon ou Sirr, qui eſt le Jaxarte de l'antiquité, conſerve dans un grand eſpace le nom de *Gété!* Si les cartes que j'ai dreſſées de l'Aſie ſont les ſeules, entre les modernes, où une dénomination ſi remarquable ſoit miſe en place; la lecture de l'hiſtoire des expéditions de Timur, écrite en Perſan ſous les premiers ſucceſſeurs de ce conquérant, c'eſt-à-dire il y a environ trois cens ans, ſera trouver le nom de Gété employé comme propre à la contrée, & ceux qui l'habitent appelés Gètes. Il y auroit de l'abſurdité à imaginer, que c'eſt par quelque rapport à ce qui peut intéreſſer une érudition qui nous eſt particulière ſur l'antiquité, que Sheref-uddin, auteur de l'hiſtoire de Timur, a fait uſage de la dénomination dont il s'agit. Il eſt donc aſſez viſible, que les Gètes qui ont paſſé en Europe, ſont un détachement des Scythes voiſins des Maſſagètes. Cette migration ſera même conſidérée comme un fait rapporté par Hérodote, ſur ce qu'il dit que des Scythes Nomades, preſſés par les Maſſagètes, ſe tranſportèrent dans le pays des Cimmériens. « Car, ajoûte-t-il, ce pays que les Scythes occupent, parlant préciſément des Scythes de l'Europe voiſins du Boſphore & du Pont-Euxin, eſt celui qu'on croit avoir appartenu aux Cimmériens. » *In Melpomene, num. 11.*

Il eſt très-naturel que les Daces, unis avec les Gètes dans leur établiſſement en Europe, & uſant du même langage, ſoient réputés tirer leur origine d'une même région. Une diſcuſſion fort circonſtanciée ſur ce ſujet ſeroit regardée comme ſuperflue, puiſque l'une des branches d'un tout entraîne & détermine l'autre. Mais je ne ſuis point diſpenſé de remarquer, qu'il y a une grande affinité entre le nom des Daces, & celui des Dahes établis ſur le rivage oriental de la mer Caſpienne, & dont le nom ſubſiſte dans la même poſition : car c'eſt-là préciſément que les Géographes orientaux indiquent une contrée particulière ſous le nom de Dah-iſtan. Les Dahes étoient Scythes : Δάαι, Σκυθικὸν ἔθνος, dit Etienne de Byzance : Arſaces, fondateur de l'empire des Parthes, & qui avoit un commandement chez les Dahes, eſt reconnu pour Scythe dans l'hiſtoire. Pline faiſant l'énumération des nations Scythiques, cite les Dahes à la ſuite des Maſſagètes immédiatement. L'aſpiration dans le nom de Dahes eſt convertie en *c* dans le nom de Daces. L'uſage des langues Tartares eſt de prononcer par *k* ce qui eſt écrit par une lettre aſpirée. Au reſte, le mélange qu'on a vû des Gètes & des Daces avec les Thraces, n'eſt point contraire *L. IV, c. 17.*

à leur origine Scythique. Les Thraces eux-mêmes ſont pluſtôt du ſang des Scythes, que de tout autre des nations primitives de l'Europe.

Je paſſe au ſecond objet de ce Mémoire, concernant le Pontife des Gètes. Pluſieurs auteurs de l'antiquité, à commencer par Hérodote, ont parlé de Zamolxis comme du légiſlateur des Gètes. C'eſt à lui qu'on attribue l'établiſſement du dogme de l'immortalité de l'ame chez les Gètes, en

Herodote, in Melpom c 93.

conſéquence duquel ils ont été appelés Ἀθανατίζοντες, *quaſi immortalitatem agentes.* La croyance qu'avoient les Gètes de

Arrien, exped Alex liv. I, les appelle Ἀπαθανατίζοντες.

leur immortalité, étoit fondée ſur la métempſychoſe ou transfuſion des ames: & Trajan, ſelon le témoignage de Julien, *(in Cæſaribus)*, attribuoit à une pareille perſuaſion l'intrépidité avec laquelle les Gètes affrontoient la mort dans les périls de la guerre. Ce Zamolxis faiſoit recevoir ſa doctrine, comme la recevant lui-même immédiatement de la principale divinité que reconnût la nation: & cette divinité, Diodore de Sicile la nomme Veſta, c'eſt-à-dire le Feu, dont le culte a été auſſi étendu pour le moins, ſous différentes dénominations, qu'aucun autre en particulier. La vénération des Gètes pour leur légiſlateur lui a valu les honneurs divins de leur part: ils le regardèrent comme Saturne ou le Temps,

Antonius Diogenes, cod. 166.

ſelon un auteur que cite Photius; ſelon Porphyre, ils le prirent pour Hercule, à qui dans l'antiquité on donne les attributs de

In Pythagoræ vitâ.

Légiſlateur, autant que les qualités de Héros. Le ſacerdoce, dont Zamolxis eſt réputé l'inſtituteur, s'étoit perpétué chez

L. VII, p. 298.

les Gètes. Strabon en parle comme d'une dignité exiſtante de ſon temps, avec la prérogative éminente, dans le perſonnage qui rempliſſoit cette place, d'être appelé *Dieu* par les Gètes: Παρὰ δὲ τοῖς Γέταις ὠνομάζετο Θεός. C'étoit une ſuite de l'apothéoſe de Zamolxis, dont on croyoit les ſucceſſeurs remplis du même eſprit, émané de la divinité.

Ibid.

L'auteur que je viens de citer, nous indique le lieu que Zamolxis avoit choiſi pour ſa retraite. C'étoit un antre de difficile accès. Les Gètes regardoient comme ſacrée la montagne qui renfermoit cet antre: καὶ τὸ ὄρος ὑπελήφθη ἱερόν,

Strabon

Strabon a connu le nom de cette montagne, & dans ſon texte on lit Κωγαίων. Il y joint cette circonſtance, très-propre à ſeconder nos recherches, qu'une rivière qui paſſe au pied porte le même nom. La curioſité de faire la découverte d'un lieu remarquable, par ce qu'il a d'intéreſſant pour un point d'hiſtoire, ſingulier dans ſon eſpèce, me l'a fait trouver. La Moldavie, que les Cetes ont habitée, & qu'ils ont dû même habiter avant la Thrace, ou tout autre canton plus enfoncé dans l'Europe, comme étant antérieur, eu égard à leur migration de la Scythie Aſiatique, eſt ſéparée de la Tranſilvanie par une chaîne de montagnes, qui fait partie des Alpes Baſtarniques, ſelon la dénomination que donne la Table Théodoſienne. Un des ſommets, qui a ſon penchant également ſur la Tranſilvanie & ſur la Moldavie, ſe nomme Kaſzon ou Kaſzin; & il en deſcend, du côté de la Moldavie, une petite rivière qui tire de la montagne le nom qu'on lui donne. Les eaux de cette rivière, en paſſant ſucceſſivement par le canal de deux autres rivières, ſont portées dans celle de Siret, qui rencontre le Danube aux frontières de la Moldavie & de ce qu'on appelle Valakie. Je ſuis inſtruit de ces circonſtances par une carte manuſcrite de Moldavie, que je tiens du prince Antiochus Cantémir, qui a été Ambaſſadeur de Ruſſie auprès du Roi: cette carte eſt l'ouvrage de Démétrius Cantémir ſon père, dans le temps qu'il gouvernoit la Moldavie en qualité de Hoſpodar.

Or, dans le nom actuel de Kaſzon on reconnoît celui de *Kôgajon*, en mettant à part la première ſyllabe *Kô*, laquelle écrite par oméga, comme elle eſt dans Strabon, ſera réputée la même que *Kau*, dans le nom de Caucaſe. J'ai eu occaſion, en compoſant un ouvrage particulier ſur l'Inde, de faire voir que cette partie du nom de Caucaſe étoit le *Koh* des Perſans, employé même par quelques Indiens pour déſigner les montagnes. Un Mémoire que je médite ſur le Caucaſe & ſes paſſages, entre le Pont-Euxin & la mer Caſpienne, me donnera lieu de traiter particulièrement de la dénomination de Caucaſe, qui eſt pluſtôt appellative que propre, & avec laquelle le nom de Kaſzon ou Kaſzin, dont il s'agit ici ſpécialement, paroît s'identifier, ſi on le fait précéder du terme *Koh* dont je parle. En diſant Koh-kaſzon, on retrouve aſſez clairement le Kô-gajon de Strabon, ſuppoſé même qu'il n'ait pas pluſtôt écrit, ou dû écrire, Kô-caſon. Et quand on joint à cette analogie la rencontre d'une rivière, dont le nom eſt le même au pied de la montagne, ſelon l'indication préciſe de Strabon, on peut ſe flatter de reconnoître & de fixer le lieu dont il fait mention.

J'ajoûterai à ces indices, que ſur la pente de la montagne de Kaſzon, du côté de la Moldavie, il exiſte un lieu nommé Bogdana. Pour ſentir ce qu'une pareille circonſtance a d'influence ſur notre objet, il faut ſavoir que les Princes, qui, ſous la dépendance des Rois de Hongrie ou de Pologne ſucceſſivement, & avant que d'être aſſujétis au Turc, ont gouverné la nation des Vlaques, dans cette partie de la Vlakie ou Valakie, que l'on nomme communément Moldavie, prenoient le titre de Bogdan. Cédrène, Cantacuzène, Chalcondyle, parlent du Bogdan ſous différentes époques. Et de là vient le nom de Bogdanie, qui eſt donné à la Moldavie, ſur-tout par les Turcs. Ce titre renferme une ſignification qui peut intéreſſer le ſujet que je traite : c'eſt celle de *Dieu-donné*, ou *don de Dieu*, la même que dans les noms propres grecs celle de Théodore ou Théodoſe, autrement Doſithée. *Bog* eſt un terme correſpondant à celui de *Bod* ou *Budda* chez les Indiens, & par lequel leurs Gymnoſophiſtes déſignent la Divinité, ſelon St Jérôme & St Clément d'Alexandrie : & j'obſerve que dans le nom de *Bukht-unnoſor*, communément Nabuchodonoſor, qui ſignifie l'idole ou la divinité victorieuſe, le terme propre à la divinité ne diffère du terme Indien, que pour reſſembler davantage à celui qui étoit d'uſage dans le pays qu'ont occupé les Gètes. J'ajoûte que par-tout où l'on parle la langue Slavone, ou ſes différens dialectes, en Ruſſie, en Pologne, en Bohème, Windish-mark & Croatie,

Bog signifie Dieu. Or, d'où viendroit le nom de *Bog-dana*, ou du Dieu-donné, à un lieu situé au pied du mont que nous reconnoissons pour la résidence du Pontife déifié des Gètes, s'il ne vient de la convenance avec cette même résidence? Personne, que je sache, ne nous apprend ce qui a procuré un titre tel que celui de Bogdan, aux Princes du même pays. Ne peut-on pas, en conséquence de ce que nous découvrons actuellement, regarder ce titre comme une suite des attributs du pontificat, qui a subsisté si long-temps dans ce pays? Qui sait même, si pour s'établir dans cette principauté, on ne s'est point prévalu de quelque liaison d'origine ou de succession avec les anciens Pontifes? L'établissement de la domination Romaine dans la Dace, & sur le pays des Cètes, a bien pû apporter quelque diminution au crédit & à l'autorité de ce sacerdoce, mais sans l'abroger, vû la tolérance qu'on sait qu'avoit le peuple vainqueur pour les différens cultes des peuples qu'il soûmettoit à son obéissance. On voit dans Strabon, *L. x, p. 535.* que les Pontifes de Bellone à Comana dans la Cappadoce, conservoient avec leur rang une espèce de souveraineté.

Les écrivains Grecs, qui depuis Hérodote ont parlé de Zamolxis, savoir, Strabon, Diogène-Laërce, suivis par d'autres qui n'ont pû que copier les précédens, Origène, Porphyre, Iamblique, S.t Cyrille, Suidas, disent uniformément que ce Législateur avoit servi Pythagore dans la condition d'esclave, & qu'imbu de sa doctrine, il l'avoit enseignée dans la Thrace aux Gètes ses compatriotes; car on ne disconvient pas qu'il étoit Gète. Mais, il y a une affectation si marquée de la part des Grecs, à envier tout principe de doctrine aux nations qu'ils traitoient de barbares, que la critique veut que l'on s'en défie. Le dogme de la métempsychose, en particulier, étoit trop fameux, pour qu'il fût indifférent aux Grecs de le revendiquer. Hérodote, dont l'autorité doit prévaloir sur *In Melpomene, c. 96.* des écrivains qui l'ont suivi de fort loin, rapporte à la vérité ce qu'il plaisoit aux Grecs de débiter sur le compte de Zamolxis: mais il ajoûte, qu'il croit ce personnage bien antérieur à Pythagore. Et c'est avec justice que Gérard Vossius, dans *Cap. 3, §. 1.* son traité *de Philosophorum sectis*, reproche à Diogène-Laërce, lorsqu'il cite Hérodote pour son garant au sujet de Zamolxis, d'avoir dissimulé ce que l'opinion de l'auteur, sur lequel il se fonde, avoit de contraire à ce qu'il rapporte. Bien loin que les mystères de Religion reçûs dans la Grèce y aient tous pris leur origine, les Grecs en avoient beaucoup emprunté des Thraces, au milieu desquels les Gètes avoient habité: & Hermippus, disciple de Philon sous l'empire d'Adrien, & cité par plusieurs auteurs, avoit observé que Pythagore devoit une partie de ses dogmes au commerce qu'il avoit eu avec les Thraces. Pour ce qui est du temps où Zamolxis a pû exister, comment cet homme divinisé seroit-il comparé à Saturne, ou au Κρόνος des Grecs, selon l'auteur cité par Photius, si ce temps ne remontoit pas au-delà de celui où a vécu Pythagore, dont la mort arrivée la quatrième année de l'Olympiade LXX, au rapport d'Eusèbe, ne devance l'ère Chrétienne que de quatre cens quatre-vingt-dix-sept ans? Quoique les Savans ne soient pas d'accord entre eux sur ce sujet, plusieurs moyens qu'on peut employer à déterminer le temps de la mort de Pythagore, ne font remonter qu'à environ cinq cens ans, ou peu au-delà. Hérodote est si voisin du même temps, puisqu'au commencement de la guerre du Péloponnèse, en 431 avant J. C, il avoit cinquante-trois ans, *L. XV, c. 23.* selon Aulu-gelle, ce qui conduit à l'an 484; qu'en supposant Zamolxis plus jeune que le maitre qu'on lui attribue, il pouvoit être encore vivant lorsqu'Hérodote a vû le jour. Ce synchronisme donne, ce semble, un grand poids à l'opinion d'Hérodote sur ce qui concerne Zamolxis. Il falloit que le temps de son existence ne fût rien moins que certain, pour qu'étant supposé d'aussi fraîche date, & la vanité Grecque tirant avantage de cette époque, l'historien n'ait point fait difficulté de la rejeter, en l'attribuant à un siècle plus reculé.

Quand on considère que la métempsychose est un système de toute antiquité dans le fond de l'Orient, & chez les

Indiens, qui ne l'ont pû recevoir des Grecs, avec lesquels la distance des lieux ne leur a point permis de liaison dans les premiers temps; on voit bien que ce système ne doit pas s'attribuer à Pythagore d'une manière exclusive, & qu'il ne peut en être réputé l'auteur qu'à l'égard de ceux auxquels il a communiqué un dogme qu'ils ne connoissoient pas. Si la religion des Gètes est celle des contrées dont ils tiroient leur origine, ne sera-t-il pas très-naturel de penser qu'elle les a suivis quand ils ont quitté l'Asie pour s'établir en Europe? L'adoration que recevoit le Pontife des Gètes, la qualité divine transmise de la personne de Zamolxis à celle de ses successeurs dans le sacerdoce, ont tant de ressemblance à l'adoration que reçoit le Talaï-lama, & au passage successif de l'esprit du législateur Foë dans chacun de ceux qui remplissent la place de ce Lama, d'où est née l'opinion qu'il ne meurt point, qu'on ne peut s'abstenir d'y faire attention, quelque réserve qu'on veuille garder sur ce qu'une telle ressemblance donne lieu de conjecturer. La singularité d'un pareil culte est même une raison de confondre ce qui paroît semblable. Nous ne saurions assigner d'époque à Foë ou Fo, dont le caractère divin est censé inhérent à la personne du Lama. Le nom de Foë, sous lequel une religion particulière a été connue dans la Chine, environ soixante-cinq ans après l'ère Chrétienne, peut n'être pas le même dans l'Inde, où les Chinois allèrent alors chercher la doctrine qu'ils attribuent à Foë. Celui qui est nommé Foë dans la Chine, pourroit être Brahma dans l'Inde. Car, outre que les Chinois ne prononceront le nom de Brahma qu'en changeant les premières consonnes, & altérant même la prononciation des voyelles, puisqu'au lieu de Brahmènes ils diront Po-lo-men; il leur est de plus assez commun de changer les dénominations étrangères en d'autres toutes différentes. Ce n'est pas même ici une simple conjecture, puisque selon le P. Gaubil, dans son Astronomie Chinoise, Po-lo-men est le nom étranger donné dans la Chine à des Bonzes réputés de la secte de Fo. Brahma chez

Hist. de l'Astr. Chin. p. 123.

les Indiens eſt pluſtôt un légiſlateur, animé de l'eſprit divin, que la divinité même. C'eſt le fondateur de la ſecte des Brahmènes, qui depuis ſon établiſſement, auſſi ancien qu'aucune ſorte de connoiſſance qu'on ait eue de l'Inde, a été diſtinguée comme tribu parmi celles qui partagent toute la nation Indienne.

Mais je découvre un établiſſement aux Brahmènes, qui ne ſe renferme pas dans l'Inde. Le petit ouvrage qui a pour titre, *Expoſitio totius mundi & gentium*, écrit en grec ſous l'empire de Conſtance & de Conſtant, & dont nous avons une traduction en latin barbare, me fait connoître cet établiſſement. L'auteur dans ſa deſcription procédant d'Orient en Occident, & commençant par la nation des *Seres*, la fait ſuivre immédiatement par celle qu'il nomme *Braxmani*, qu'il dit vivre dans un état de liberté, ainſi que leurs voiſins les Sères, & être également recommandables du côté des mœurs; *retinent vicinorum bonitatem.* Remarquant enſuite qu'il n'eſt mention de l'Inde en cet auteur, qu'après un intervalle de pluſieurs autres contrées, j'ai lieu de conclure, que le canton attribué aux Brachmanes eſt fort différent de l'Inde. C'eſt donc un établiſſement particulier à une portion, ou ſi l'on veut, à une ſecte de Brachmanes: & étant adhérant à la Sérique, il y a toute apparence que ces Brachmanes ne ſont autres que les Lamas du Tibet. Car, ce que l'ancienne Géographie déſigne par le nom de *Serica*, eſt préciſément ce que l'on connoît aujourd'hui ſous le nom de Tibet. La différence de la dénomination de Brahmènes à celle des Lamas ne doit point arrêter, puiſque ce n'eſt qu'en étendant nos connoiſſances dans le fond de l'Aſie beaucoup au delà de celles qu'on avoit précédemment, que le terme de Lama uſité en Tartarie, eſt parvenu juſqu'à nous, & même depuis aſſez peu de temps. Dans l'ouvrage que j'ai publié ſur l'Inde, il eſt mention d'une rivière, que reçoit le Gange près de Daka en Bengale, ſous le nom de *Brahma-putren*, ce qui ſignifie chez les Indiens *tirant ſon origine de Brahma.* Or, cette rivière prend ſa ſource dans le

Tibet; elle ſort préciſément d'un canton voiſin de La-tſan ou La-ſa, qui eſt la demeure du grand Lama. Voilà donc une application formelle & actuelle du nom de Brahma à la partie du Tibet, où le ſiége des Lamas eſt établi. Donc, il ſaut reconnoître les Lamas dans ceux que l'auteur que j'allègue appelle Brachmanes. Et de ce qu'un auteur de l'Occident qui écrivoit il y a plus de quatorze cens ans, ſur des notions apparemment fort antérieures, s'explique d'une manière à déſigner les Lamas, il s'enſuit que leur inſtitut doit être très-ancien, indépendamment de ce que la qualification de Brachmanes y met d'antiquité.

C'eſt ainſi, qu'après avoir fait connoître les Gètes pour être Scythes d'origine, on rapproche par une convenance marquée, le culte qui leur étoit propre, de celui que l'on trouve établi & ſubſiſtant de temps immémorial, dans l'étendue de la région du monde dont ils ſont ſortis.

CONJECTURES
SUR
LE SYSTÈME DES HOMÉOMÉRIES,
OU
PARTIES SIMILAIRES, D'ANAXAGORE.

Par M. l'Abbé LE BATTEUX.

Aſſemblée publique d'après Pâques 1754.

LES cauſes premières, qui ſont un des principaux objets de la Philoſophie, peuvent ſe réduire à deux; dont l'une eſt le principe matériel, qui eſt employé dans la compoſition des êtres; l'autre le principe actif, qui emploie la matière, qui en ordonne & exécute la compoſition *(a)*. Ces deux points ſont, ſans contredit, ceux ſur leſquels ſe ſont portés de tout temps, & ſe portent encore aujourd'hui, les plus grands efforts de l'eſprit humain.

Qu'eſt-ce que ce grand tout, dont je ſuis partie, ſe dit le Philoſophe? De quoi a-t-il été fait, & par qui?

Un enfant inſtruit dans la ſimplicité de la foi n'eſt pas embarraſſé pour répondre à ces ſublimes queſtions: il y a long-temps qu'on l'a dit.

Mais l'homme ſuperbe, qui voudroit voir la lumière ſans nuage, qui s'irrite des obſtacles qui l'arrêtent, ſe donne vainement la torture: plus il creuſe, plus il trouve la nuit épaiſſe; & dans l'accès de ſa douleur & de ſon dépit, il eſt quelquefois tenté de ſe refuſer à l'évidence même, parce qu'il ne peut voir dans les ténèbres.

Nous ne ſentons pas aſſez l'avantage que nous avons ſur

(a) Eſſe debet aliquid unde fiat, deinde à quo fiat. Hoc cauſa eſt, illud materia. Omnis ars imitatio eſt naturæ: itaque quod de univerſo dicebam, huc transfer. Statua & materiam habuit quæ pateretur, & artificem qui materiæ daret faciem. Ergo in ſtatua, materia æs fuit, cauſa artifex. Eadem conditio rerum omnium eſt. Ex eo conſtat quod fit, & ex eo quod facit. Sénèque, epiſt. 65.

les

les Payens, lorſque nous voulons approfondir cette partie de la Nature. Nous avons un pied ſur le ferme. La révélation ſert de guide à la Philoſophie, & l'empêche de ſe perdre dans cette mer immenſe où preſque tous les Anciens n'ont trouvé que des écueils.

Thalès de Milet, celui par qui on ouvre l'hiſtoire de la Philoſophie chez les Grecs, quoiqu'avant lui il y ait eu en Grèce des Sages, des Légiſlateurs, des Politiques, alla en Égypte pour y chercher la lumière. Il n'en rapporta que quelques dogmes de tradition ſur le premier état du monde ſenſible; & les interprétant à ſa manière, il ſe figura un mélange confus de vapeurs épaiſſes, ténébreuſes, agitées par les fermentations des différens principes *(b)*. En conſéquence il prononça que l'eau étoit le principe des êtres; non que l'eau fût, ſelon lui, l'élément unique & primitif de tous les corps, mais parce qu'il s'étoit repréſenté l'état primitif ſous la forme d'une onde agitée: *Aquam dixit eſſe initium rerum.* *Cicer. de Nat. Deor. I, n. 10.*

A peu près dans le même temps Héraclite d'Éphèſe, averti par le ſpectacle même de la Nature, qu'il voyoit animée & nourrie par la chaleur, fixa ſes yeux ſur le principe des fermentations, & prétendit que le feu étoit l'unique élément de tous les êtres; & que la différence de ces êtres ne venoit que de la différence des degrés où ils ſe trouvoient dans l'échelle de la Nature, dont les principes étoient, ſelon lui, dans une agitation & un effort continuel, ſoit pour s'élever à l'extrême raréfaction, ὁδὸς ἄνω, ſoit pour deſcendre à la condenſation, ὁδὸς κάτω.

Anaximandre, ſucceſſeur de Thalès, ne fit attention qu'à l'amas confus des élémens dans leur premier état; & voyant que rien n'y étoit ſoûmis à une forme terminée, finie, deſſinée par des contours, il décida que ni l'eau ni le feu n'étoient principes, mais la ſeule infinité de la Nature: *Is infinitatem naturæ dixit eſſe, à qua omnia gignerentur.* *Cic. Lucull. II, n. 37.*

Il en eſt de même d'Anaximène, ſon diſciple, qui ſe

(b) Selon quelques auteurs, Thalès entendoit par le mot ὕδωρ, ἀέρα ζοφώδη καὶ πνευματώδη.

représenta le cahos comme un air immense, doué naturellement d'activité & de mouvement.

Xénophane & Parménide, chefs de l'école d'Elée, prirent une autre route pour philosopher. Ils commencèrent par supprimer le témoignage des sens, qu'ils ne crurent capables que de produire l'erreur, ou, tout au plus, l'opinion. Tout se réduisit au monde métaphysique. Il n'y eut plus dans la Nature ni génération, ni mouvement, ni changement réel; ils en vinrent jusqu'à dire qu'il n'y en avoit pas même dans nos pensées. Les Physiciens d'Ionie sembloient s'être ensevelis dans la matière grossière: ceux-ci se perdirent dans les chimères du monde intelligible.

Il est important de remarquer que, long-temps avant tous les Philosophes que nous venons de citer, dès avant le siége de Troie, un certain Mochus ou Moschus de Sidon *(c)* avoit publié en Asie la doctrine des Atomes, & qu'ainsi, dès avant l'époque de l'Ere Philosophique des Grecs, on avoit eu le temps d'en discuter la possibilité, la nécessité, les attributs, les qualités avec lesquelles on pouvoit les présenter.

Voilà où en étoit la Philosophie par rapport à la question concernant les principes, lorsque le Physicien de Clazomène, Anaxagore, se montra dans l'école d'Ionie.

Ce Philosophe vint au monde vers la LXXe Olympiade, environ cinq cens ans avant J. C. Soit qu'il eût trouvé dans ses longs voyages des instructions plus précises que celles qu'il avoit reçûes de ses premiers maîtres, ou qu'il eût une sagacité & une pénétration singulière, ou enfin qu'il se trouvât dans le moment des circonstances heureuses; il commença à débrouiller les pensées des Philosophes sur cette importante matière.

Peu content des idées confuses de Thalès, d'Anaximandre, d'Anaximène, ne pouvant comprendre qu'un seul élément, quel qu'il fût, pût fournir à toutes les variétés de l'Univers, quelque modification qu'on y supposât; trouvant d'ailleurs trop

(c) Cet Auteur est cité par Strabon, par Posidonius le Stoïcien, & par Sextus Emp.

peu de ſolidité dans les abſtractions exceſſives des Métaphyſiciens, il ſe rapprocha des penſées de Moſchus, & examina juſqu'à quel point on pouvoit porter les qualités des atomes, pour produire, avec le concours d'une cauſe intelligente, le ſyſtème actuel de l'Univers.

Le rayon de lumière qu'il préſenta parut ſi pur, que les Philoſophes qui l'avoient précédé, comparés avec lui, ſembloient n'avoir point uſé de leur raiſon ; c'eſt Ariſtote qui le dit, & nous adouciſſons ſes termes : οἷον νήφων ἐφάνη, παρ' εἰκῆ λέγοντας τοὺς πρότερον. Proclus, dans ſon commentaire ſur le Timée de Platon, nous préſente tous les prédéceſſeurs d'Anaxagore comme des hommes endormis, & Anaxagore ſeul éveillé, pour voir & pour montrer à l'Univers la vraie cauſe de toutes choſes: Ἀναξαγόρας δοκεῖ καθευδόντων τὸν νοῦν πρῶτον αἴτιον τῶν γιγνομένων ἰδεῖν. *Mét. 1, c 3.*

Il ſépara, avec une préciſion juſqu'alors inconnue, dit le même Ariſtote, φανερῶς, les droits de l'Intelligence & ceux de la matière, reconnoiſſant que Dieu eſt une nature ſimple, ἁπλοῦν, ſans mélange, ἀμιγῆ, pure, καθαρόν, ayant en ſoi la connoiſſance & le principe du mouvement pour tous les êtres de l'Univers: τό, τε γινώσκειν, καὶ τὸ κινεῖν, καὶ κινῆσαι τὸ πᾶν. *Ariſt de Animâ, l. 1, c. 2.*

La Métaphyſique moderne, après mille courſes & mille circuits, eſt enfin revenue à ce point fixe, & ne doute point que la matière étant, par ſa nature, indifférente ſoit au mouvement, ſoit au repos, ne peut paſſer d'un de ces états à l'autre que par l'action d'une cauſe qui n'eſt pas matière.

Quoiqu'on n'ignorât pas entièrement dans les Nations l'exiſtence d'un principe matériel & d'un principe actif, dont les preuves entrent dans l'eſprit par tous les ſens, cette doctrine fit cependant un grand éclat. Les Grecs comme par acclamation, rendirent hommage à la ſageſſe profonde du Philoſophe, & lui donnèrent le nom d'Eſprit, Νοῦς, parce qu'il avoit rendu un témoignage nettement articulé à l'Eſprit auteur du monde: & les Athéniens, qui ſe montrèrent toûjours ardens à honorer les grands talens & les grands génies, élevèrent un autel en sa mémoire, pour apprendre au genre humain combien ils révéroient la Philosophie qui soûmet la matière à l'esprit, & qui la rend dépendante de lui pour son mouvement & pour ses formes.

C'est cette gloire si grande du Philosophe de Clazomène, jointe à la sublimité de ses dogmes fondamentaux, & à la singularité des développemens qu'il en donnoit, qui nous a déterminés, dès que nous entrâmes dans la carrière de la Philosophie ancienne, à étudier par préférence son système des Homéoméries, & à examiner quelles en étoient les conséquences nécessaires & naturelles : d'autant plus qu'Aristote

Liv. I, c. 7. même nous apprend, dans sa Métaphysique, qu'Anaxagore n'avoit point assez digéré ses pensées, ὃν (λόγον) ἐκεῖνος αὐτὸς οὐ διήρθρωκεν ; mais que si on vouloit les suivre selon leurs directions, on pourroit en tirer, peut-être, des choses neuves & très-belles : ὅμως εἴ τις ἀκολουθήσειε συνδιαρθρῶν ἃ βούλεται λέγειν, ἴσως ἂν φανείη καινοπρεπεστέρως λέγων. C'est ce que nous allons tâcher de faire le plus clairement, & en aussi peu de mots qu'il nous sera possible.

Exposition du système des Homéoméries.

Anaxagore posoit deux principes dans la Nature : les élémens homéomériques ou similaires, qu'il supposoit sans mouvement & sans ordre ; & la cause intelligente qui donnoit le mouvement à ces élémens, & qui en faisoit un monde ordonné tel que nous le voyons : πάντα χρήματα ἦν ὁμοῦ, εἶτα Νοῦς ἐλθὼν αὐτὰ διεκόσμησε. Toutes choses étoient confondues ; l'action de l'Intelligence en fit un monde régulier : c'étoit par ce début sublime qu'il entroit en matière, dans son livre sur la Nature *(d)*.

(d) Diogène Laërce, l. II, tit. Anax. Πρῶτος τῇ ὕλῃ νοῦν ἐπέστησεν, ἀρξάμενος οὕτω τοῦ συγγράμματος, ὅ ἐστιν ἡδέως καὶ μεγαλοφρόνως ἡρμηνευμένον· Πάντα, &c.
Voyez Plat. Phædon. & Aristot. Phys. l. VIII. Cic. dans le *Lucul.* n. 37. *Anaxagoras materiam infinitam dixit, sed ex ea particulas similes inter se, minutas, eas primùm confusas, posteà in ordinem adductas a mente divinâ.*

Cette ſimilarité de parties ne conſiſtoit pas dans la reſſemblance mutuelle de tous les élémens dans le cahos, mais dans celle qu'ils ont avec les différens corps dont ils composent la Nature dans l'état actuel des choſes : Ὁ μὲν (Ἀναξ.) τὰ ὁμοιομερῆ στοιχεῖα τίθησιν, οἷον ὀστοῦν καὶ σάρκα, καὶ μυελὸν, καὶ τῶν ἄλλων ὧν ἑκάστου τὸ μέρος συνώνυμόν ἐστιν. Sextus Empiricus l'explique de même dans ſes hypotypoſes : Οἱ περὶ Ἀναξ. πᾶσαν αἰσθητὴν ποιότητα περὶ ταῖς ὁμοιομερείαις ἀπολείπουσιν.

Ariſt. l. de Gen. & Cor. c. 1.

L. III, c. 4.

Le poëte Lucrèce ne caractériſe pas moins clairement cette ſimilarité dans ces vers, où il remplace le défaut de mot latin par la deſcription de la choſe :

L. I, v. 830

Nunc & Anaxagoræ ſcrutemur Homœomeriam
Quam Græci memorant, nec noſtrâ dicere linguâ
Concedit nobis patrii ſermonis egeſtas.
Sed tamen ipſam rem facile eſt exponere verbis,
Principium rerum quam dicit Homœomeriam.
Oſſa videlicet è pauxillis atque minutis
Oſſibu', ſic & de pauxillis atque minutis
Viſceribus viſcus gigni : ſanguenque creari
Sanguinis inter ſe multis coeuntibu' guttis,
Ex aurique putat micis conſiſtere poſſe
Aurum ; & de terris terram concreſcere parvis,
Ignibus ex ignem, humorem ex humoribus eſſe :
Cætera conſimili fingit ratione putatque.

Ainſi, dans ce ſyſtème, l'or eſt composé de parcelles ſimilaires, c'eſt-à-dire qui ſont or, le plomb de parties qui ſont plomb, & ces parcelles étoient or & plomb dans le cahos ; c'eſt pourquoi Anaxagore dit : πάντα ἦν χρήματα. Toutes choſes étoient, dans leur nature propre ; mais elles étoient dans un état de mélange & de confuſion, ἦν ὁμοῦ.

L'Intelligence ſurvenant, Νοῦς ἐλθὼν, porta ſon action

sur les élémens, & en forma les combinaisons qui existent actuellement dans l'Univers. C'est elle qui a ordonné, mû, séparé, revêtu de graces ce qui étoit sans ordre, sans mouvement, dans la confusion, sans aucune beauté; c'est elle qui est le principe, la cause, la maîtresse souveraine de tous les êtres: *ταῦτα παιδεύει Ἀναξαγ. ἀρχὴ πάντων ὁ Νόος, καὶ αὐτὸς αἴτιος καὶ κύριος τῶν ὅλων, καὶ παρέχει τάξιν τοῖς ἀτάκτοις, καὶ κίνησιν τοῖς ἀκινήτοις, καὶ διάκρισιν τοῖς μεμιγμένοις, καὶ κόσμον τοῖς ἀκόσμοις* (e). Elle est cause & maîtresse souveraine, non pour avoir fourni, ni taillé les pièces qui composent l'Univers; elles les a trouvées toutes faites: mais parce qu'elle les a employées selon leurs natures & leurs formes, dans les desseins qu'elle a exécutés. Ainsi, si dans l'état présent des choses il y a de l'air, du feu, des minéraux, des végétaux, &c. c'est parce qu'il s'est trouvé dans la matière préexistante des corpuscules qui étoient feu, air, eau, minéraux, végétaux, &c. & si le cahos n'eût point eu de ces corps, le monde n'en auroit pas aujourd'hui les espèces similaires.

Il y avoit donc, selon Anaxagore, deux sortes de loix qui fixoient l'état & la forme des êtres: les unes dans la nature des parties de la matière, que la Divinité même ne pouvoit changer, à laquelle elle étoit obligée de se conformer dans l'emploi qu'elle en faisoit; les autres dans les idées de l'Intelligence, qui avoit combiné, assemblé, assorti à son gré les parties, pour en faire tel ou tel corps, selon les différences que nous remarquons dans les espèces. Dans les premières loix c'étoit la matière qui commandoit à Dieu, qui lui imposoit, par sa configuration essentielle, éternelle, immuable, la nécessité de l'employer telle qu'elle étoit; à peu près comme l'artisan qui emploie le fer comme fer, & le bois comme bois, sans pouvoir en changer la nature. Dans les secondes loix c'étoit Dieu qui commandoit à son tour à la matière, & qui lui faisoit subir toutes sortes de formes, mais de ces formes qui dépendent de la combinaison artificielle des parties.

(e) Hermias, dans son petit ouvrage *de Irrisione Philosophorum Gentilium.*

On sent que, dans ce système, en expliquant, comme il semble qu'Anaxagore le faisoit, l'action de la cause intelligente par les effets connus, qui en sont actuellement les résultats, ses opérations ont été nécessairement de deux sortes.

Lorsqu'il ne s'est agi que d'assembler en masse, sans aucune organisation spéciale & ordonnée, les élémens tant similaires que dissimilaires; le triage & l'impression du mouvement ont suffi, sans autre opération de la part de l'Estre intelligent. Ainsi l'air, l'éther, les eaux, le feu, les minéraux, les sels, les huiles, la terre, toutes les masses élémentaires qui existent, soit qu'on les considère sans alliage ou avec alliage, n'ont eu besoin, pour former des assemblages spécifiques plus ou moins grands, que d'être triés jusqu'à une certaine dose, & portés dans un même lieu, & réunis par le tact réciproque de leurs parties *(f)*.

Mais quand il fut question de former des végétaux & des animaux, c'est-à-dire des espèces comprises dans des individus sujets à une altération & à des renouvellemens perpétuels; alors, pour ramener une matière à tout moment renouvelée à une forme spécifique constamment la même, il fallut que l'art de l'ouvrier se joignît à la force de l'impulsion. Il fallut dessiner, figurer avec intelligence, au dedans & au dehors, toutes les machines qui devoient produire cet effet. C'est ce qu'Anaxagore suppose que fit l'Esprit ordonnateur de tous les êtres: *Primus*, dit Cicéron, *omnium rerum descriptionem & modum, Mentis infinitæ vi ac ratione designari & confici voluit (g).* *De Nat. Deor. 1, n. 11.* Ce passage, également clair & important, nous montre, comme en perspective, tous les détails du système par rapport aux espèces qui végètent.

L'Esprit infini dessina, selon sa science, les contours, la figure, la grandeur, les rapports, *descriptionem & modum*

(f) Σχεδὸν γὰρ ἅπαντα ὁμοιομερῆ, καθάπερ ὕδωρ, ἢ πῦρ, οὕτω γίγνεσθαι καὶ ἀπόλλυσθαί φησι, συγκρίσει, καὶ διακρίσει μόνον· ἄλλως δὲ οὔτε γίγνεσθαι οὔτε ἀπόλλυσθαι, ἀλλὰ διαμένειν ἀΐδια. *Arist. Métaph. 1.°, c. 3.*

(g) Aristote dit la même chose, *Métaph. 1, 3.* Ἅμα τοῦ καλῶς τὴν αἰτίαν ἀρχὴν εἶναι τῶν ὄντων ἔθεσαν, καὶ τὴν τοιαύτην, ὅθεν ἡ κίνησις ὑπάρχει τοῖς οὖσιν. *Et l. 1, de Anima, c. 2* Ἀναξαγόρας πολλαχοῦ μὲν τὸ αἴτιον τοῦ καλῶς καὶ ὀρθῶς τὸν Νοῦν λέγει.

ratione deſignavit, & exécuta par ſa force & ſa puiſſance, *vi confecit*, avec les élémens que lui offroit la matière increéée & organiſée, *omnium rerum*, πάντων χρημάτων, autant d'eſpèces de machines que nous en voyons qui végètent & qui vivent dans la Nature.

A juger du deſſein par l'exécution que nous avons ſous les yeux, l'Eſprit fit un plan qui, par ſon univerſalité & ſa ſimplicité, embraſſa toutes les eſpèces vivantes; puiſque toutes, elles conviennent en deux points fondamentaux, dont l'un concerne la nutrition des individus, & l'autre leur réproduction pour conſerver l'eſpèce.

Pour opérer la nutrition, l'Intelligence organiſa tellement les individus dans chaque eſpèce, qu'ils fuſſent pourvûs de tous les inſtrumens propres pour extraire des autres compoſés de la Nature, les parties qui leur ſeroient ſimilaires, & pour les unir à leur propre ſubſtance par une adoption intime. Car on conçoit évidemment que la nutrition ne peut ſe faire que par l'acceſſion des parties analogues au corps qui ſe nourrit.

Pour opérer la réproduction, l'Intelligence ſoûmit la matière extraite & adoptée par les organes de la nutrition, à une nouvelle organiſation de pure combinaiſon, pour en faire autant de germes, & reproduire, par eux, la même eſpèce de machine dans un nouvel individu.

Voici, ſelon Ariſtote, de quelle manière Anaxagore prouvoit que la nutrition ſe faiſoit par l'extrait & l'acceſſion des parties ſimilaires.

Dans l'état actuel de la Nature, diſoit-il, il ne ſe fait rien de rien; donc tout ce qui ſe fait, ſe fait de ce qui eſt, de ce qui eſt fait, de ce qui eſt mis en réſerve, en attendant qu'il ſoit employé; car c'eſt ce que ſignifient les termes ἐκ τῶν ὄντων καὶ ἐνυπαρχόντων : donc s'il ſe fait du ſang, des os, de la chair, il y a néceſſairement, dans les élémens dont ces eſpèces ſont compoſées, une forme préexiſtante en vertu de laquelle ils ſont entrés dans leur organiſation. « Nous pre-
» nons, dit Plutarque expoſant la doctrine d'Anaxagore, une

nourriture

nourriture qui nous paroît simple & sous une forme unique, «
le pain & l'eau : cependant c'est de cette nourriture que les «
cheveux, les artères, les veines, les os, enfin toutes les parties «
tirent leurs substances. Il faut donc que ces substances soient «
dans cet aliment; que leurs parties soient dans ses parties; il «
faut qu'il y ait en lui des parties propres à former du sang, «
des nerfs, des os, &c. Car il ne s'agit point de juger par «
les sens de ce que le pain & l'eau contiennent, il faut en «
juger par le raisonnement. » Nous ne citerons qu'une partie du passage grec : ἐν ἐκείνῃ ἐστὶ τῇ τροφῇ μόρια αἵματος γεννητικὰ, καὶ νεύρων, καὶ ὀστέων, καὶ ἄλλων τῶν ἃ ἦν λόγῳ θεωρητὰ μόρια (h). On doit observer que dans ce passage, Anaxagore ne prétend point qu'il y ait des nerfs, des os, du sang dans le pain, mais seulement des parties propres à former des nerfs, des os, du sang, μόρια αἵματος γεννητικά.

Et pourquoi tout n'est-il pas également bon pour la nutrition des différentes espèces? pourquoi les animaux & les végétaux de toutes espèces ne peuvent-ils pas naître & vivre également dans l'air, dans l'eau, sur la terre? pourquoi les fruits ont-ils besoin d'attendre les saisons, & le développement successif des sucs qui les nourrissent? pourquoi l'accroissement de toutes choses n'est-il pas momentané, si ce n'est parce que toute matière n'étant pas similaire, n'est pas également propre à la nutrition? Enfin pourquoi cultive-t-on les terres, pourquoi arrose-t-on les plantes, si ce n'est parce qu'il y a dans la terre & dans l'eau des parties qui se détachent pour aller grossir les substances analogues, ou y remplir des vuides? Ἀναξαγόρας μὲν τὸν ἀέρα πάντων φάσκων ἔχειν σπέρματα· καὶ ταῦτα συγκαταφερόμενα τῷ ὕδατι γεννᾷν τὰ φυτά. *Theophr. Hist. Plant. lib. III, cap. 2.* Il faut donc convenir que dans tout ce qui nourrit, il y a une substance similaire à ce qui est nourri. Τούτων οὖν γινομένων, ὁμολογητέον ἐστὶν ὅτι ἐν τῇ τροφῇ τῇ προσφερομένῃ πάντα ἐστὶ τὰ ὄντα, καὶ ἐκ τῶν ὄντων πάντα αὔξεται, καὶ ἐν ἐκείνῃ ἐστὶ τῇ τροφῇ μόρια αἵματος γεννητικὰ, καὶ ὀστέων, καὶ &c. Il ne s'agit donc, pour exécuter

(h) *De Placitis Philosophorum, I, c. 3.* Stobée donne la même exposition dans ses Extraits de Physique.

la nutrition, que d'extraire ces parties, de les séparer de tout ce qui est moins analogue avec les parties qu'il s'agit de nourrir. C'est pour faire cette sécrétion, qu'il y a dans les machines végétantes tant de coctions, de digestions, tant de chausses, de couloirs, afin que la répartition des sucs alimentaires se fasse à chaque partie, selon son genre & ses besoins particuliers. Pythagore, Empédocle, Démocrite, & tous ceux qui n'admettoient pas de génération proprement dite, usoient de ces preuves, de même & dans le même sens qu'Anaxagore.

Pour prouver le second point concernant la réproduction, voici comme Anaxagore raisonnoit.

S'il est vrai que la nutrition ne se fait que par l'extrait & l'adoption des parties similaires, & en conséquence que tout ce qui fournit des alimens aux corps qui végètent, renferme ces parties similaires, il s'ensuit nécessairement que les corps qui se nourrissent des mêmes alimens, sont composés à peu près des mêmes parties similaires : ainsi l'herbe & l'arbre, qui se nourrissent dans le même terrein, des mêmes sucs, par le même arrosement, auront les mêmes principes de composition.

Les conséquences s'étendent de proche en proche : les animaux, se nourrissant de végétaux, auront encore, à quelques degrés d'affinement près, les mêmes élémens; donc il y aura beaucoup de choses communes aux végétaux & aux animaux, & par conséquent ils seront composés encore des mêmes homéoméries. Tirons une dernière conséquence.

Si les principes composans sont communs dans les deux règnes, si l'animal & la plante sont formés avec les mêmes élémens, il est évident que leurs différences génériques & spécifiques ne peuvent venir que de la combinaison & de la modification de ces élémens; & que cette modification ne peut venir que du travail & de l'action des organes que l'Estre intelligent a mis dans les premiers individus de chaque espèce, & par eux dans tous les autres, pour y opérer cette espèce de fabrique nouvelle. La chaîne & la trame sont les mêmes dans les deux genres, c'eſt donc de l'organiſation ſeule du métier que dépend la différence des étoffes. Ainſi, à prendre un individu quelconque, en rétrogradant depuis ſon état de perfection juſqu'au plus petit commencement de ſon organiſation, juſqu'au point précis, où les linéamens primitifs n'étant plus communs, ne ſont pas encore tout-à-fait propres & appartenans au germe ſpécifique; dans tous ces états, l'organiſation ſpécifique de cet individu eſt l'ouvrage de la ſeule machine. Tout y dépend de l'arrangement, du nombre & de la combinaiſon des parties. C'eſt ainſi que le même terrein nourrit la cigue & la canne à ſucre, la plante douce & la plante amère: c'eſt ainſi que les ſucs pompés par la racine du ſauvageon, & qui s'élevoient dans les couloirs de ſa tige, pour aller, ſelon la première intention de la Nature, produire un fruit ſauvage, rencontrant au milieu de la route une autre tige entée par une main étrangère, prennent une autre forme, un autre caractère, qu'ils communiquent au bois, aux feuilles, aux fleurs, aux fruits.

La Chymie moderne prouveroit cette conſéquence par la réſolution, l'analyſe tirant les mêmes ſels, les mêmes eſprits, les mêmes principes, des animaux & des végétaux. Anaxagore ſe contentoit de la prouver, comme nous venons de le voir, par la compoſition. De l'une & de l'autre preuve, il réſulte également que les différences dans ces deux genres ne viennent que de la diſtribution, & nullement de la différence des matériaux.

C'eſt ce qui a fait dire au philoſophe de Clazomène que *tout étoit dans tout*, πᾶν ἐν παντὶ μεμίχθαι. Conſéquence qui lui a été reprochée par un grand nombre d'auteurs, mais qui étant développée, ne fait que répandre un nouveau jour ſur les principes mêmes dont elle eſt la conſéquence.

Tout eſt dans tout: c'eſt-à-dire, non pas comme on a affecté de le faire entendre, que chaque homéomérie ou partie ſimilaire ſoit compoſée d'homéoméries de toutes eſpèces; car il faudroit dire la même choſe de chaque homéomérie compoſante, & le progrès iroit à l'infini: mais qu'il y a de

tout dans tout, que rien n'eſt ſans mélange, que rien n'eſt
Ariſtot. Phyſ. Auſc. 1, 5. purement blanc, noir, os, chair, &c. εἰλικρινῶς μὲν γὰρ ὅλον λευκὸν, ἢ μέλαν, ἢ σάρκα, ἢ ὀστοῦν οὐκ εἶναι; mais que dans chaque corps organiſé, s'il y a des homéoméries dominantes, qui, par leur excédant ſur les autres, caractériſent l'eſpèce, & lui donnent ſa différence & ſon nom, il y en a auſſi d'autres genres, & même de tous les genres, qui concourent, ſelon
Ariſt. Ibid. leur nature, à la compoſition de l'animal & du végétal : φαίνεσθαι δὲ διαφέροντα καὶ προσαγορεύεσθαι ἕτερα ἀλλήλων ἐκ τοῦ μάλιστα ὑπερέχοντος διὰ τὸ πλῆθος ἐν τῇ μίξει τῶν ἀπείρων. Ainſi il y aura dans l'herbe de l'eau, de l'air, du feu, des ſoufres, des ſels, des métaux, qui ſeront employés ſoit à animer, ſoit à conſolider l'édifice.

Tout eſt dans tout; c'eſt-à-dire que les mêmes homéoméries qui compoſent une eſpèce auroient pû être employées à en compoſer une autre. Par ce moyen la laitue eſt dans l'anémone, parce que ce qui a ſervi à former l'une, auroit pû ſervir à former l'autre: l'animal eſt dans la plante, & la plante eſt dans l'animal, parce que ſi la plante, diviſée & réſolue par la digeſtion, devient animal, la ſubſtance de l'animal, diviſée & réſolue par la putréfaction, redevient plante à ſon tour.

A plus forte raiſon les élémens d'un animal ſeront-ils dans un autre animal, puiſque par l'analogie de l'eſpèce & des organes, les ſucs nourriſſans y ont pris un nouveau degré d'aſſimilation, une diſpoſition plus prochaine à devenir germe ſpécifique, dans l'animal où il a été coopté.

Cette conſéquence, ſeule néceſſaire dans le ſyſtème des homéoméries, eſt bien différente de celle qu'on a prétendu en tirer pour le convaincre de contradiction & d'abſurdité.

Si tout eſt compoſé de parties ſimilaires, a-t-on dit, il s'enſuit qu'un arbre eſt compoſé de petits arbres, un homme de petits hommes, un homme riant même, Lucrèce va juſque-là, de petits hommes riants, & ceux-ci encore d'autres ſemblables, à l'infini; ou, juſqu'à ce qu'on ſoit arrivé à des élémens ſimples, qui par leur diſſimilarité au tout compoſé, ruineront entièrement le ſyſtème.

Il y a plus : comme Anaxagore prouve, par la nutrition, que les principes doivent être communs entre les plantes & les animaux, il faudra encore avouer que les plantes sont composées de petits animaux, puisqu'elles sont parties similaires d'animaux ; & les animaux de petites plantes, puisqu'ils sont parties similaires des plantes, ce qui répugne au sens commun, & renverse encore le système.

C'est justement parce que ces conséquences répugnent au sens commun, & qu'elles renversent trop évidemment le système des parties similaires, qu'elles font peu de chose contre lui. Elles prouvent, ou que les principes du Philosophe n'ont point été saisis dans toute leur étendue, ou qu'ils ont été rendus avec des vûes intéressées, ἐριστικῶς. Cet homme si sage, si intelligent, en comparaison de qui ses prédécesseurs ont paru déraisonner, cet homme si versé dans la connoissance de la Nature, le plus grand des Physiciens, ὁ φυσικώτατος, dit Sextus Empiricus, seroit-il tombé dans de si grossières absurdités ?

Il a dit que les corps étoient composés de parties similaires ; mais il a dit en même temps, comme nous venons de le voir, que tout étoit dans tout : par conséquent qu'il y avoit dans tout des parties similaires & des dissimilaires, qu'il y avoit même les contraires dans les contraires : c'est Aristote qui l'assure *(i)*.

Ces principes, qui sont bien certainement ceux du Philosophe, prouvent ce qu'il a pensé de la nature de ses homéoméries, & qu'il n'a point cru qu'un navire fût composé de petits navires semblables, ni un cheval de petits chevaux moulés les uns dans les autres de toute éternité ; mais qu'on a pris dans le sens collectif ce qui devoit être pris dans le distributif : parce qu'il a dit qu'une livre d'or étoit composée de parcelles d'or ou similaires, on lui a fait dire qu'une livre étoit composée de petites livres, un animal de petits animaux.

(i) Les contraires naissent des contraires, disoit Anax. donc ils y étoient : Ἐπεὶ δ' ἐκ τοῦ γίνεσθαι ἐξ ἀλλήλων τἀναντία· ἐνυπῆρχεν ἄρα. *Phys. Ausc. l. 1, c. 5.*

Cependant ſi on veut abſolument que ce genre de ſimilarité, qui s'étend à un individu pris dans le ſens collectif, ſe ſoit trouvé dans les idées du Philoſophe, parce que peut-être ſes écrits, dont il ne nous reſte preſque rien, ont donné lieu de le croire; on conviendra encore qu'il peut s'y trouver, mais en y ſuppoſant la main & le travail de l'architecte, qui a ſoûmis la matière à une ſeconde organiſation de pure combinaiſon, différente par conſéquent de l'organiſation naturelle des élémens conſidérés ſeuls & comme atomes. Alors, ſi on le veut, une plante ne ſera, que comme le polype, un tiſſu, une gaine remplie de germes de la même plante, qui ſeront dans la voie, ou au terme d'une organiſation parfaite, ou qui y auront été. Ce ſera même de ces germes condenſés, durcis, deſſéchés, combinés, que ſeront compoſés le bois, l'écorce, la moëlle, la feuille de l'arbre; puiſque toutes ces parties ont paſſé par l'état de lymphe, de ſève, de ſuc laiteux, modifié par la filière ſpécifique, & qu'il n'eſt aucune parcelle de ce ſuc qui n'eût pû former un bourgeon, & ce bourgeon une tige, ou un nouvel arbre.

Il en ſera de même, ſelon lui, des animaux, à cette différence près, que les germes arriveront à leur perfection par une gradation plus lente & plus longue; parce que leur configuration demande à la Nature plus d'art & plus de ſoin. Il y aura chez eux, de même que dans les plantes, à commencer au moment de la première digeſtion, des élémens qui prendront la voie pour devenir germes, qui approcheront de ce terme de plus en plus, à meſure qu'ils ſeront plus épurés & plus travaillés; mais qui ne ſeront germes parfaits que quand ils ſeront parvenus à un point précis, déterminé ſpécifiquement pour la qualité, la quantité, l'arrangement des parties, & qui perdront cet état de germes parfaits à meſure qu'ils s'éloigneront de ce même point, pour devenir, par une autre combinaiſon, ou par la ſeule condenſation, chair, os, veines, cheveux, &c. Si Anaxagore n'a point tiré cette conſéquence, ſes adverſaires l'ont tirée pour lui: & il eſt certain qu'elle découle naturellement du ſyſtème des homéoméries, mais des homéoméries soûmises aux loix de l'Esprit ordonnateur.

Reprenons en deux mots tout ce que nous avons dit; on verra la connexion de toutes les parties du système.

La Nature est partagée en deux espèces d'êtres, dont les uns sont vivans, les autres ne le sont point.

Les êtres non vivans, qui ne constituent que des masses toutes passives de parties similaires ou dissimilaires, sont l'ouvrage de la seule impulsion & du mouvement local.

Pour les êtres vivans, Anaxagore suppose une matière particulière, commune à tous les genres & à toutes les espèces. C'est le Protée des poëtes philosophes, qui a besoin d'être lié, enchaîné, fixé par une force étrangère, qui le détermine à une forme. Cette matière n'est ni vivante, ni active de soi, ni se mouvant par soi, puisque l'Intelligence est, selon lui, la seule cause du mouvement. Mais elle est douée de qualités singulièrement propres à recevoir l'action de l'Intelligence, qui la destine à la végétation. On peut la regarder comme le genre physique de tout ce qui végète, s'il est permis d'user ici de ce terme, quoique pris dans un sens métaphysique. *Sextus Emp.*

Pour faire passer cette matière du genre à l'espèce, l'Estre intelligent forma, de sa main, le premier individu complet avec ses différences spécifiques: & il le figura de manière qu'ayant reçû cette matière commune, il la conduisit par mille labyrinthes, à une organisation semblable à la sienne, & déterminée, sans équivoque, par les mêmes caractères.

Enfin, pour arriver au troisième degré, qui est l'individualité, les germes étant travaillés artistement & spécifiquement dans chaque individu, il ne s'agissoit que de les détacher de la masse, & d'en faire autant d'êtres à part: ce qui s'exécute encore par les loix qu'a établi la Cause intelligente, dont l'attention est marquée singulièrement dans le système des homéoméries; puisqu'elle a placé à portée du germe une provision de parties similaires, toutes digérées par la tige mère, & dont le fétus encore tendre, se nourrit sans travail, juſqu'à ce qu'il ſoit en état de faire ſes extraits par ſes propres organes.

Voilà les trois degrés bien marqués dans la phyſique des végétaux, ſelon Anaxagore. Dans le premier, on voit la matière organiſée ſpécialement pour cette eſpèce d'êtres: dans le ſecond, cette matière eſt déterminée par ſes combinaiſons artificielles à telle ou telle eſpèce : dans le troiſième, cette même matière eſt un individu à ſoi, & indépendant de tout autre individu.

Ce ſyſtème a été attaqué, dans Anaxagore, par les philoſophes Payens & par les Chrétiens. *Phédon.* Socrate, qui auroit voulu que la Phyſique montrât les cauſes finales; Platon, qui vouloit que la matière eût le mouvement par elle-même; Ariſtote, qui vouloit régner ſeul, & ne bâtir qu'avec des principes qui fuſſent à lui; Zénon, qui confondoit l'eſprit avec la matière; Épicure, qui admettant une intelligence dans l'homme, n'en vouloit pas dans le monde, les Pères de l'Égliſe, qui s'élevoient avec force contre l'éternité de la matière; enfin Bayle, qui cherchoit à voir & à montrer par-tout des difficultés: tous ces adverſaires, guidés chacun par des vûes qui leur étoient propres, ſe ſont réunis contre Anaxagore.

Nous n'avons pas aſſez d'eſpace pour diſcuter ici leurs objections ; en attendant que nous le faſſions, nous nous contenterons d'obſerver, 1.° que cette eſpèce de conjuration de tous les Philoſophes qui ont fait des ſyſtèmes, contre un Auteur qui n'a point fait de ſecte, & dont la doctrine ne s'eſt jamais défendue que par elle-même, ſemble être pour lui un préjugé favorable; tant d'ennemis prouvent, en pareil cas, une ſupériorité de mérite. Nous obſerverons, en ſecond lieu, que le ſyſtème des parties ſimilaires en lui-même, n'eſt pas néceſſairement tel qu'il étoit dans Anaxagore.

Dans ce Philoſophe, il étoit mêlé d'opinions reçûes de ſon temps, de préjugés pris de ſes maîtres, de vûes & d'idées qui lui étoient particulières, & qui donnoient priſe à ceux qui combattoient en lui le dogme de la ſimilarité. Mais ce même ſyſtème, en abandonnant quelques-uns de ſes dehors, qui n'en n'en ſont que des pièces d'attache, & en y faiſant quelques changemens, qui n'en altèrent point la ſubſtance, pourroit ſubſiſter tout entier, & devenir orthodoxe.

Par exemple, que la matière ſoit éternelle, ou non, qu'elle ſoit taillée par elle-même, ou par la main d'un Créateur, la doctrine des parties ſimilaires n'en ſubſiſte pas moins, avec toutes ſes conſéquences. Elle paroît même, en poſant le dogme de la création, plus ſenſée & plus raiſonnable que celle des autres ſyſtèmes.

Dieu qui a créé la matière, l'a-t-il créée ſans aucune vûe, ſans aucun deſſein? Un Eſtre infiniment ſage qui fait des matériaux, les fait-il, peut-il les faire ſans les rapporter à un plan? Il n'a pû donner l'être à la matière ſans lui donner une forme, quelle qu'elle fût; lui en aura-t-il donné une contraire, ou étrangère à ſes fins, pour y revenir enſuite par une ſeconde opération?

Suppoſé que cette ſeconde opération ait eu lieu, quoiqu'elle ne puiſſe être fondée ſur aucune raiſon, ne faudroit-il pas dire encore que ces nouvelles molécules compoſées, ces élémens ſecondaires ont été fixés dans leur état, & déterminés par une loi ſpéciale de la première cauſe, pour affermir la ſcène mouvante de la Nature, & la montrer telle qu'on la voit, toûjours nouvelle & toûjours la même.

Et comme dans la Nature on voit des maſſes irrégulières, dont le mouvement ſeul paroît avoir uni les principes; & qu'il y en a d'autres qui nous paroiſſent régulières & ſoûmiſes à des fins nettement marquées; ne faudra-t-il pas dire encore qu'il a été néceſſaire que l'Intelligence fabriquât, figurât elle-même, & comme de ſa main, les modèles, les matrices, les filières qui devoient donner la forme, tant intérieure qu'extérieure, à tous les individus à venir.

Sur ces principes, très-orthodoxes, on ſe repréſente, de même que dans le ſyſtème du philoſophe Grec, toute la matière, au moins celle du monde ſublunaire, employée en élémens de compoſition & en machines organiſées: en élémens qui circulent actuellement, ou qui attendent le moment de circuler dans les machines ou vaſes organiſés: en machines, qui comprennent actuellement une certaine quantité de ces élémens, qu'elles ont modifiés par la combinaiſon, ou qui en attendent d'autres pour leur donner la même modification. Tout ce qui n'eſt point employé dans les individus ſpécifiques s'efforce d'y entrer; ce qui y eſt employé s'efforce de reprendre ſa liberté: le contenu pèſe ſur le contenant, le contenant ſur le contenu, juſqu'à ce que le temps & les forces réunies l'emportent; alors le vaſe ſe diſſout, la Nature qui triomphe, s'applaudit de ce que nous appelons deſtruction, & ſe prépare une nouvelle jeuneſſe avec ſes propres débris.

Si notre objet n'étoit pas de nous borner à une expoſition ſimple & entièrement littéraire des penſées des Philoſophes, ou que nous euſſions quelque deſſein d'établir par des preuves cette idée de la matière, que nous venons de préſenter, nous demanderions aux Métaphyſiciens comment ils peuvent concevoir, ſans l'indeſtructibilité phyſique des élémens, l'ordre conſtant des eſpèces, au milieu de tant de viciſſitudes? comment ils peuvent concevoir une ſi grande variété dans les corps avec une matière homogène, qui n'eſt propre à rien parce qu'elle eſt propre à tout? comment, ſuppoſé qu'il y ait un principe actif ſecondaire, ſoit occaſionnel, ſoit conditionnel, comme on voudra l'entendre, comment l'action générale de ce principe ſera modifiée, ſi ce n'eſt par la diſpoſition particulière des corps ſur leſquels il agit?

Nous irions demander aux Chymiſtes ſenſés, ſi dans leurs analyſes ils ſont venus à bout de détruire les principes phyſiques des corps; ſi les métaux, les minéraux dont ils ont tenté la tranſmutation, ont dégénéré de leur eſpèce; ſi les huiles, les ſels, les eſprits, l'or, l'argent, le cuivre ont ceſſé d'être ce qu'ils étoient, ou ont été dégradés de leurs principes ſimilaires.

Nous demanderions aux Naturaliſtes s'ils ont découvert des organiſations ſpécifiques & vivantes, de fabrique nouvelle: s'ils ont trouvé des eſpèces qui ſe reproduiſiſſent ſans germes, ſans tiſſus figurés avec un deſſein particulier.

S'il falloit des expériences nouvelles & des faits ajoûtés à ceux que la Nature nous présente en grand dans les objets que nous voyons, on pourroit faire valoir ceux que le microscope fournit à la Physique moderne. Cet instrument nous a fait voir dans les végétaux, & dans les animaux décomposés, des points de matière plus mobiles & plus agiles que les autres, des principes que la moindre action de la Nature détermine au mouvement, & qui se trouvant également dans les deux genres, semblent y établir la société & la similarité des élémens.

Enfin s'il falloit des autorités, on citeroit, sinon Démocrite, dont les atomes de deux genres primitifs, sous-divisés ensuite en une presqu'infinité d'espèces, reviennent à peu près aux homéoméries; sinon Pythagore, Empedocle, Platon, qui admettent des principes élémentaires, les uns actifs, les autres passifs, on citeroit un moderne qui ne le cède à aucun des anciens par la force & la sagesse de son génie.

S. Aug. epist. à Diosc.

Newton dit expressément, dans son Optique, qu'il y a des principes physiques immuables & indestructibles, taillés, figurés, doués de propriétés & de qualités telles qu'il a plû à l'Estre suprême de les leur donner, relativement au plan de l'Univers qu'il a exécuté. Il en donne la raison: parce que, sans cela, le monde ne seroit plus aujourd'hui ce qu'il étoit autrefois; l'eau, la terre, ne seroient plus ce qu'elles étoient dans le temps de leur première origine; & il ajoûte que la Cause intelligente a formé nécessairement, par un décret spécial de sa volonté, le premier individu complet de chaque espèce, pour donner par lui la forme à tous les autres.

Lib. III, quæst. 31, vers. fin.

De ces principes à ceux d'Anaxagore le trajet n'est pas long. Ces deux hommes, quoique séparés par plus de vingt siècles, se donnent la main; & peut-être qu'il ne seroit pas difficile de montrer que cette Philosophie vient de plus loin encore, & qu'elle a sa source dans les traditions de l'antiquité la plus reculée & la plus respectable.

de circuler dans les machines ou vases organisés : en machines, qui comprennent actuellement une certaine quantité de ces élémens, qu'elles ont modifiés par la combinaison, ou qui en attendent d'autres pour leur donner la même modification. Tout ce qui n'est point employé dans les individus spécifiques s'efforce d'y entrer ; ce qui y est employé s'efforce de reprendre sa liberté : le contenu pèse sur le contenant, le contenant sur le contenu, jusqu'à ce que le temps & les forces réunies l'emportent ; alors le vase se dissout, la Nature qui triomphe, s'applaudit de ce que nous appelons destruction, & se prépare une nouvelle jeunesse avec ses propres débris.

Si notre objet n'étoit pas de nous borner à une exposition simple & entièrement littéraire des pensées des Philosophes, ou que nous eussions quelque dessein d'établir par des preuves cette idée de la matière, que nous venons de présenter, nous demanderions aux Métaphysiciens comment ils peuvent concevoir, sans l'indestructibilité physique des élémens, l'ordre constant des espèces, au milieu de tant de vicissitudes ? comment ils peuvent concevoir une si grande variété dans les corps avec une matière homogène, qui n'est propre à rien parce qu'elle est propre à tout ? comment, supposé qu'il y ait un principe actif secondaire, soit occasionnel, soit conditionnel, comme on voudra l'entendre, comment l'action générale de ce principe sera modifiée, si ce n'est par la disposition particulière des corps sur lesquels il agit ?

Nous irions demander aux Chymistes sensés, si dans leurs analyses ils sont venus à bout de détruire les principes physiques des corps ; si les métaux, les minéraux dont ils ont tenté la transmutation, ont dégénéré de leur espèce ; si les huiles, les sels, les esprits, l'or, l'argent, le cuivre ont cessé d'être ce qu'ils étoient, ou ont été dégradés de leurs principes similaires.

Nous demanderions aux Naturalistes s'ils ont découvert des organisations spécifiques & vivantes, de fabrique nouvelle : s'ils ont trouvé des espèces qui se reproduisissent sans germes, sans tissus figurés avec un dessein particulier.

S'il falloit des expériences nouvelles & des faits ajoûtés à ceux que la Nature nous préſente en grand dans les objets que nous voyons, on pourroit faire valoir ceux que le microſcope fournit à la Phyſique moderne. Cet inſtrument nous a fait voir dans les végétaux, & dans les animaux décompoſés, des points de matière plus mobiles & plus agiles que les autres, des principes que la moindre action de la Nature détermine au mouvement, & qui ſe trouvant également dans les deux genres, ſemblent y établir la ſociété & la ſimilarité des élémens.

Enfin s'il falloit des autorités, on citeroit, ſinon Démocrite, dont les atomes de deux genres primitifs, ſous-diviſés *S. Aug. épître à Dioſcore.* enſuite en une preſqu'infinité d'eſpèces, reviennent à peu près aux homéoméries; ſinon Pythagore, Empedocle, Platon, qui admettent des principes élémentaires, les uns actifs, les autres paſſifs, on citeroit un moderne qui ne le cède à aucun des anciens par la force & la ſageſſe de ſon génie.

Newton dit expreſſément, dans ſon Optique, qu'il y a *Lib. III, quæſt. 31, verſ. fin.* des principes phyſiques immuables & indeſtructibles, taillés, figurés, doués de propriétés & de qualités telles qu'il a plû à l'Eſtre ſuprême de les leur donner, relativement au plan de l'Univers qu'il a exécuté. Il en donne la raiſon: parce que, ſans cela, le monde ne ſeroit plus aujourd'hui ce qu'il étoit autrefois; l'eau, la terre, ne ſeroient plus ce qu'elles étoient dans le temps de leur première origine; & il ajoûte que la Cauſe intelligente a formé néceſſairement, par un décret ſpécial de ſa volonté, le premier individu complet de chaque eſpèce, pour donner par lui la forme à tous les autres.

De ces principes à ceux d'Anaxagore le trajet n'eſt pas long. Ces deux hommes, quoique ſéparés par plus de vingt ſiècles, ſe donnent la main; & peut-être qu'il ne ſeroit pas difficile de montrer que cette Philoſophie vient de plus loin encore, & qu'elle a ſa ſource dans les traditions de l'antiquité la plus reculée & la plus reſpectable.

DÉVELOPPEMENT

D'un principe fondamental de la Phyſique des Anciens, d'où naiſſent les réponſes aux objections d'Ariſtote, de Lucrèce, de Bayle, contre le ſyſtème d'Anaxagore.

Par M. l'Abbé LE BATTEUX.

PREMIÈRE PARTIE.

Lû le 19 Juillet 1754.

LORSQU'ON veut s'appliquer à l'étude de la Philoſophie ancienne, il eſt important de faire attention, en entrant dans la carrière; 1.° que l'objet des recherches philoſophiques n'étoit pas autrefois différent de ce qu'il eſt aujourd'hui. Il a toûjours été queſtion de rechercher les cauſes indiquées par les phénomènes. En ſecond lieu que les anciens Philoſophes ont eu, pour faire leurs découvertes, les mêmes inſtrumens naturels que nous; je veux dire les ſens, les idées, le raiſonnement: enfin qu'ils ont eu les mêmes motifs & les mêmes paſſions, pour mettre en jeu ces inſtrumens; c'eſt la gloire & l'intérêt. Voilà, en deux mots, la Philoſophie & les Philoſophes de tous les temps. Toutes les différences qu'on a pû y remarquer de ſiècle en ſiècle, ne vont que du plus au moins.

Il ſuit de cette obſervation que nous avons, au moins en grande partie, dans les objets que nous offre la Nature, dans la marche ordinaire de nos penſées, & dans les affections de notre cœur, les commentaires des Philoſophes anciens. Si nous pouvions nous mettre dans leurs poſitions préciſes, & ſaiſir les points de rapport où ils étoient, il n'eſt pas douteux qu'en fixant notre attention ſur leurs principes, le moindre fil ſuffiroit pour nous faire retrouver leurs penſées: & ce fil, nous ne manquerions guère de l'apercevoir parmi les ruines de l'ancienne Philoſophie.

Anaxagore en eſt un exemple: nous n'avons de lui qu'un paſſage très-court; cependant, en rapprochant ce mot de ce que Platon, Ariſtote, Épicure & les autres ont dit de ce Philoſophe, quoiqu'en paſſant, & preſque toûjours pour le réfuter; en conſidérant attentivement l'état de la queſtion, & les circonſtances où étoit l'homme, eu égard aux diverſes opinions de ſon temps, il ſuffit preſque de ſe laiſſer aller au ſeul bon ſens, pour découvrir toute la ſuite de ſon ſyſtème. Un pied, un membre tronqué, a ſuffi quelquefois à un artiſte, inſtruit des loix des proportions, pour lui faire reconnoître la grandeur totale d'une antique: l'eſprit auroit-il moins de pouvoir & d'étendue dans les Sciences, que le goût n'en a dans les arts?

Le principe que nous entreprenons de développer, & qu'Anaxagore poſoit, avec tous les anciens Phyſiciens, κοινὴν δόξαν *(a)*, eſt celui qu'on a coûtume de traduire ainſi: *Rien ne ſe fait de rien:* Ἐκ τοῦ μὴ ὄντος μηδὲν γίνεσθαι:

Ex nihilo nihil, in nihilum nil poſſe reverti. *Perſ. Sat.*

C'eſt de là, ſelon Ariſtote, qu'eſt ſortie toute la Phyſique du philoſophe de Clazomène.

Il y avoit une autre maxime toute contraire à celle-ci, principalement dans les ſectes iſſues de l'école de Socrate; on y établiſſoit, pour dogme fondamental, que tout ſe faiſoit de tout: δῆλον ὅτι πάντα πέφυκεν εἰς ἄλληλα μεταβάλλειν. *Ariſt. de Gen. & Cor. II, 1.*

Les premiers prétendoient que tout étoit dans tout, que chaque être ſortoit d'un autre comme d'un vaſe, ὥσπερ ἐξ ἀγγείου; que tout étoit fait; qu'il n'y avoit dans la Nature ni génération, ni corruption; que tout ſe réduiſoit au mouvement local: πᾶν ἐν παντί. *Ariſt. de Cælo, III, 7. Ariſtot. Phyſ. I, 4. & paſſim.*

Les autres diſoient, au contraire, que rien n'étoit fait immuablement, que tout étoit ſujet à génération & à corruption, & paſſoit conſtamment d'une forme & d'un état à un autre: πᾶν ἐκ παντός. *De Gen. & Cor. II, 4.*

(a) Περὶ γὰρ ταύτης ὁμογνωμονοῦσι τῆς δόξης ἅπαντες οἱ περὶ τῆς φύσεως. *Ariſt. Phyſ. I, 5.*

Sur ce premier exposé, il sembleroit presque qu'une partie des Anciens auroit eu un autre esprit, d'autres sens que nous; qu'ils auroient vécû dans un autre monde. Cependant c'est cette même partie qui nous paroît toute en paradoxe, celle qui dit que tout est dans tout, qu'il n'y a nulle génération dans la Nature: c'est celle-là même qui est la plus proche de notre façon de penser, & avec laquelle nos inventeurs modernes se trouvent le plus d'accord. Et l'autre partie, qui semble s'approcher de nos idées, qui nous dit qu'il peut se faire, & qu'il se fait quelque chose de rien; qu'il se forme des natures, en un mot qu'il y a des êtres qui s'engendrent, & d'autres qui se détruisent, est précisément celle qui a été abattue sous les efforts de la Philosophie moderne, & réléguée, comme on le dit, dans quelques écoles obscures, qui servent encore d'asyle à l'admiration stupide des Anciens, & à la subtilité gothique de leurs commentateurs: car nos Ecrivains ne manquent point d'expressions fortes, quand il s'agit de dépriser la vieille Philosophie.

Ces deux systèmes, si opposés dans les écoles anciennes, vont s'éclaircir d'eux-mêmes, & se caractériser d'une façon propre, par le seul développement de la maxime en question. On y verra même la Physique de toutes les écoles, puisqu'il n'en est aucune qui ne soit partie de là pour arriver à la connoissance des causes, & que c'est de l'affirmative ou de la négative de cet axiome, ou des modifications avec lesquelles on l'a employé, que dépend toute la suite de leurs opinions.

Voyons donc dans quel sens cet axiome si important a été employé par les Anciens. Mais, d'abord, écartons les sens étrangers qu'il peut avoir, & que nous sommes portés à lui donner, aujourd'hui que le Christianisme nous a accoûtumés à des idées, dont à peine on soupçonnoit la possibilité dans la Philosophie payenne.

Quand nous lisons, dans le poëte Lucrèce, ce vers fameux:

Liv. I, v. 151. *Nullam rem ex nihilo gigni divinitùs unquam:*

la première idée qui se présente à nous, est que les Epicuriens rejetoient toute création : le mot *divinitùs*, joint à *unquam*, ſemble nous confirmer dans cette penſée. Et auſſi-tôt nous concluons que le Poëte matérialiſte n'a eu en vûe que d'établir l'éternité de la matière. En conſéquence, pluſieurs de nos Théologiens ont pris les armes pour attaquer ce principe fondamental, qu'ils regardoient comme le rempart de l'impiété : & ils ſe ſont mis en état de prouver, par toutes ſortes de raiſons, l'impoſſibilité d'une matière éternelle & le fait de la création ; mais ce n'étoit pas le lieu.

Ni Lucrèce, ni Épicure ſon maître, ni aucun autre philoſophe Grec ne s'eſt propoſé cet objet, en poſant l'axiome dont il s'agit. On le prouve :

1.° Parce qu'aucun philoſophe Grec n'a reconnu la création, ni ne l'a crue poſſible. Laurent Moshem, dans une ſavante Diſſertation ſur ce ſujet, a démontré qu'Hiéroclès, Platonicien moderne*, a été le premier qui, par ſes diſputes avec les Chrétiens, en ait ſenti, connu & avoué la néceſſité *(b)*. *Non eſt probabile*, dit Cicéron, repréſentant la penſée des Anciens ſur cette queſtion, *eam materiam rerum, unde orta ſunt omnia, eſſe divinâ providentiâ effectam ; ſed habere & habuiſſe vim & naturam ſuam. Ut igitur faber cum quid ædificaturus eſt, non ipſe facit materiam, ſed eâ utitur quæ ſit parata ; fictorque item è cera : ſic iſti Providentiæ divinæ materiam præſtò eſſe oportuit ; non quam ipſa faceret, ſed quam haberet paratam.* Ex frag. l. III, de Natur. Deor. apud Lact.

* Il vivoit dans le V.e ſiècle.

2.° Cet axiome, ſelon ces Philoſophes, s'applique à tous les temps. Ceux qui le combattoient, diſoient : *il s'eſt fait, & actuellement il ſe fait quelque choſe de rien.* Ceux qui le défendoient, au contraire, diſoient *que jamais il ne s'étoit fait, & qu'actuellement il ne ſe faiſoit rien de rien.* Ce qui prouve que ni les uns, ni les autres ne prenoient cet axiome dans un ſens relatif à la création ; puiſque perſonne ne s'aviſera de dire qu'aujourd'hui encore dans chaque génération, il y a paſſage du néant à l'être, & dans chaque corruption, de l'être au néant, en prenant ces deux termes dans le ſens rigoureux.

(b) Cette Diſſertation ſe trouve dans le livre de Cudvoorth, *t. II, p. 957.*

3.° Si Lucrèce l'eût pris dans ce ſens, il auroit raiſonné d'une façon abſurde dans l'étendue de plus de deux cens vers de ſon Poëme. Voici comme il entre en matière. « Les » hommes craignent les Dieux, parce que, voyant les effets & » ne voyant pas les cauſes, ils s'imaginent que ce ſont les Dieux » qui agiſſent par un pouvoir inviſible. Mais pour prouver que » ce ne ſont pas les Dieux, il ſuffira, dit le Poëte, de démontrer qu'il ne ſe fait rien de rien ».

On ne ſent pas d'abord la liaiſon de ces deux propoſitions: *il ne ſe fait rien de rien; donc l'action des Dieux eſt inutile.* Mais on la ſentira par ce qui ſuit: « Car, dit le même Poëte, » ſi on voit la raiſon de toutes les formes & de toutes les » propriétés des êtres dans leurs principes matériels de compo- » ſition, il ſera inutile de recourir à d'autres cauſes qui ſoient » étrangères à ces mêmes principes. Or, je vais prouver que la » raiſon de toutes les formes eſt dans les principes matériels; » donc il ne ſe fait rien de rien, & par conſéquent l'action des Dieux eſt inutile ».

S'il étoit vrai que l'objet de Lucrèce n'eût été que de prouver l'éternité de la matière, on eût arrêté le Philoſophe dès le premier pas. Le beau raiſonnement! La matière porte en ſoi la raiſon des formes de tous les êtres, donc elle n'a point été créée: l'abſurdité eſt trop évidente pour que le Philoſophe n'ait pas eu un tout autre point de vûe. Ecoutons-le: il expliquera lui-même ce qui nous a paru inintelligible dans le raiſonnement précédent.

L. I, v. 160. S'il ſe faiſoit quelque choſe de rien, *ſi de nihilo fierent;* s'il n'y avoit point de corps principes pour chaque eſpèce; Verſ. 168. *ſi non genitalia corpora cuique;* s'il n'y avoit point de matériaux ſpécifiques pour déterminer les formes & les propriétés des Verſ. 541. êtres, *ſi non materies.... rebus reddita certa eſt gignundis, à quâ conſtat quid poſſit oriri;* (car ces trois propoſitions ont le même ſens dans l'auteur) tout naîtroit en tous lieux, en toutes ſaiſons, dans un ſeul inſtant; tout croîtroit ſans bornes & ſans meſure. Rien de tout cela n'arrive, ni ne ſe fait; donc il ne ſe fait rien de rien; ou, ce qui eſt la même choſe,

chose, puisqu'il est contenu comme synonyme dans ses prémities; donc il y a des corps principes qui portent en eux la raison déterminante pour chaque nature, & avec laquelle seule, mûe par le hasard, le monde a pû se former tel qu'il est aujourd'hui.

Il suit de ce raisonnement, que par *nihilum*, le néant, le Philosophe entendoit un principe matériel qui auroit été indéterminé, & par l'*être*, ou l'opposé du néant, un principe matériel d'une forme déterminée : ce qui rend sa marche régulière, relativement à son système.

Ce même sens se retrouve chez lui en une infinité d'autres endroits.

Après avoir prouvé, par la composition, que rien ne se fait que de principes déterminés, il le prouve encore par la résolution, faisant voir qu'aucun être ne se dissout qu'en des élémens déterminés :

Huc accedit uti quidque in sua corpora rursùm
Dissolvat natura, neque ad nihilum interimat res.

Dissolvi in sua corpora & *non interimi ad nihilum*, sont ici la même chose; on le voit : le Poëte ne dit point *in corpora*, mais *in sua corpora*, en ces corps qu'il appelle, *corpora genitalia*, *materies certa*, *semen certum*, corps principes, matière déterminée, semence primordiale.

Au vers 541, il prouve que les premiers corps ou atomes, sont indivisibles, parce que sans cela ils se réduiroient à rien:

Nisi materies æterna fuisset (c),
Antehac ad nihilum penitus res quæque redissent;
De nihiloque renata forent quæcumque videmus.

De cet argument, il faut conclurre ou que Lucrèce n'avoit pas l'ombre de logique, ni même du sens commun, (car qui a jamais dit que la simple division anéantît les corps?)

(c) Il entend par le mot *æterna*, la même chose que nous par celui d'*indivisibilis*; sa thèse même le prouve.

ou que par l'anéantiſſement il n'entendoit que la deſtruction de la forme, de la configuration des principes, qui effectivement ceſſe d'être la même après la diviſion.

Vers 666. C'eſt le ſens que le Poëte donne lui-même à ſes expreſſions, lorſqu'il argumente contre Héraclite, qui prétendoit que le feu étoit le ſeul principe dans la Nature, & qu'il s'éteignoit pour produire les êtres différens de lui. Un feu qui s'éteint, dit Lucrèce, eſt réduit au néant, parce que l'anéantiſſement n'eſt qu'un changement de nature & de forme:

Quod ſi fortè ulla credunt ratione poteſſe
Igneis in cœtu ſtingui, mutareque corpus....
Occidet ad nihilum nimirùm funditùs ardor
Omnis, & ex nihilo fient quæcunque creantur.

Il eſt évident que par *nihilum* il n'entend ici que le néant de la forme, & non le néant de la matière; & par conſéquent que la diviſion, qui, ſelon lui, réduiroit les atomes au néant, n'anéantiroit que leur forme & leur configuration. Il le dit nettement dans les vers qui ſuivent ceux que nous venons de citer:

Nam quodcunque ſuis mutatum finibus exit,
Continuo hoc mors eſt illius quod fuit ante.

L'être qui reſte après le changement eſt l'anéantiſſement, *eſt mors*, de celui qui étoit auparavant, *illius quod fuit ante.* Il ne s'agit donc que d'un néant relatif & improprement dit, d'un néant qui conſiſte dans l'extinction d'une forme pour faire place à une autre forme.

Vers 790. Enfin il déclare qu'il faut, ſi on veut que les êtres ne ſe réduiſent point au néant, que les principes ſoient inaltérables:

Immutabile enim quiddam ſuperare neceſſe eſt;
Ne res ad nihilum redigantur funditùs omnes.

C'en eſt aſſez, je crois, pour démontrer que l'idée de la création n'eſt entrée pour rien dans l'axiome de Lucrèce, &

que par *le néant* il n'a voulu dire que ce qui est sujet à altération ou à corruption:

Quodcunque suis mutatum finibus exit.

De même que par *l'être* il n'a entendu que ce qui est immuable, *immutabile*, ou, comme il le dit trois vers après,

Quæ nequeant convertier unquam.

Ces définitions de mots, qui nous paroissent aujourd'hui si étranges, n'étoient point particulières à Lucrèce; elles venoient de plus loin, & étoient causées en partie par la disette de la langue Latine.

Les Grecs avoient quatre expressions auxquelles ils attachoient des idées, en partie les mêmes, & en partie différentes: δὲν & μηδὲν, ὂν & μὴ ὄν. Nous définirons d'abord les négatives, parce qu'elles nous aideront à reconnoitre le sens des positives.

Μηδὲν signifioit proprement l'opposé de l'être, le néant absolu; ce qui n'est aucune chose, μηδὲ ἕν. Epicure l'employoit cependant quelquefois pour signifier l'opposé du corps, le vuide, κενὸν; par exemple, lorsqu'il disoit que le vuide n'existoit pas moins que le corps: μὴ μᾶλλον τὸ δὲν ἢ τὸ μηδὲν εἶναι: c'est-à-dire, ajoûte Plutarque, que le vuide a un être & une substance, ὑπόστασιν, de même que le corps. *Plut. adv. Col. vers. init.*

Δὲν par conséquent signifioit l'être, ou tout ce qui est, &, selon quelques Philosophes, le vuide même aussi-bien que le corps. Mais Epicure, comme nous venons de le voir, l'appliquoit au corps par opposition à μηδὲν, qu'il appliquoit au vuide.

Μὴ ὂν signifioit, selon Anaxagore & Empédocle, un être sans qualité; selon Démocrite & Epicure, une matière sans configuration; selon Platon *(d)* & Aristote, la matière sans

(d) Platon, dit Plut. *(adv. Col.)*, a mis une grande différence entre *n'être pas* & *non être*: Τῷ Πλάτωνι θαυμαστῶς ἐδόκει διαφέρειν τὸ μὴ εἶναι τῷ μὴ ὂν εἶναι. « L'un détruit toute » existence, l'autre marque la diffé- » rence de l'être informe avec l'être » formé; .... le premier est au second » comme la matière à la cause, la » cire au sceau qui l'imprime, la » puissance à l'acte. Le second est » toûjours être, parce qu'il est im- » muable; le premier ne l'est jamais, par la raison contraire ».

forme; selon Parménide, Mélisse & les autres Métaphysiciens; tout être changeant & sujet à génération ou à corruption: τὰ γινόμενα, τὰ ῥέοντα, τὰ μὴ ὄντα: tout être qu'on ne connoissoit que par l'opinion, τὰ δόξαντα.

Ὂν par conséquent signifioit, selon Anaxagore & Empédocle, la matière douée de qualités sensibles; selon Démocrite & Epicure, la matière douée de configurations inamissibles; selon Platon & Aristote, la forme qui revêt la matière; selon Parménide & Mélisse, & tous les Métaphysiciens, l'être qui ne change point, τὰ οὐ γινόμενα, τὰ ὄντα; l'être qui est partout, qui comprend tout, qui est le seul objet de la science, τὰ νοητά: idée qui n'étoit pas étrangère aux Orientaux, puisque Dieu se définissant lui-même, dans les livres Saints, s'appelle l'Estre par excellence ὁ ὢν, *qui est;* c'est-à-dire l'Estre nécessaire, l'Estre qui est toûjours le même: *apud quem non est mutatio nec vicissitudinis obumbratio.*

De toutes ces définitions particulières, il en résulte pourtant une notion générale, où toutes les sectes se réunissoient: μὴ ὂν signifioit par-tout, ce qui est sans forme déterminée, & qui peut changer d'état & de nature; & ὂν, ce qui a une forme déterminée, soit qu'elle puisse ou ne puisse point varier. Ἔστι γῆ τὸ ὄν, τὸ δὲ μὴ ὂν ὕλη τῆς γῆς, καὶ πυρὸς ὡσαύτως. Il seroit aisé de rassembler un grand nombre de passages qui ont le même sens que celui-ci; mais ces notions se prouveront d'elles-mêmes par ce que nous dirons ci-après.

Arist. de Gen. & Cor. I, 3.

Lorsqu'il fut question de traduire ces quatre termes, les Latins rendirent μηδὲν par *nihil* & par *vacuum;* & nous, nous l'avons rendu par le mot de *néant* ou de *vuide.* Δὲν fut rendu par *res* ou *corpus,* en François par *être* & *corps:* tout alloit bien jusque-là.

Mais quand il fallut en venir à μὴ ὂν & à ὂν, les deux langues ayant employé ce qu'elles avoient de termes pour traduire μηδὲν & δὲν, furent obligées d'avoir recours aux mêmes expressions, quoique les idées n'eussent qu'une ressemblance apparente: c'étoit aux Philosophes à ne pas s'y laisser tromper. Ainsi quand les Grecs demandèrent si les êtres se formoient, ἐκ τοῦ ὄντος, ou bien ἐκ τοῦ μὴ ὄντος, les Latins traduisirent, sans autre apprêt, *ex nihilo, an ex aliquâ materie res gignerentur*, & les François, à plus forte raison, induits en erreur par les Latins, demandèrent *si les êtres se formoient de quelque chose ou de rien*. Il eût fallu traduire, *d'élémens fixes & immuablement déterminés à une forme*, ou *d'élémens générables & corruptibles*.

On voit de quelles ténèbres ces expressions équivoques ont dû couvrir le champ de l'ancienne Philosophie. Presque toute la physique d'Aristote est inaccessible sans cette clef, de même que plusieurs morceaux de Platon, d'Épicure, de Plutarque, & en particulier tout le premier livre du poëme de Lucrèce.

Qu'après ces préliminaires on essaie d'expliquer la doctrine des Anciens sur la génération des êtres, on trouvera le chemin aisé, & on verra la pluspart des obscurités éclaircies.

Mais peut-être qu'auparavant, pour écarter encore quelques nuages que peut former dans l'esprit le terme de *génération*, il sera nécessaire de déterminer le sens que les Anciens donnoient à ce mot, & qui est très-différent de celui que nous lui donnons aujourd'hui.

La génération, selon nous, est la production naturelle d'un individu spécifiquement semblable au principe qui le produit. Ainsi, selon le langage des Modernes, il n'y a proprement & naturellement parlant, de génération que dans les genres qui végètent ou qui sont animés.

Les Anciens en avoient une toute autre idée: prenons-la dans Aristote & dans Plutarque.

Aristote distingue quatre sortes de mouvemens, dont le premier concerne la substance, ou, pour mieux dire, l'essence des êtres, κατ' οὐσίαν; le second la quantité, κατὰ ποσὸν; le troisième la qualité κατὰ ποιὸν; le quatrième le lieu κατὰ φορὰν. Chacun de ces mouvemens peut aller en deux sens contraires: le premier va de la privation à la forme, & réciproquement; le second du parfait à l'imparfait; le troisième d'une qualité contraire à une autre qualité contraire; le quatrième d'enhaut

en embas, *& vice verſâ.* Les deux mouvemens qui concernent l'eſſence ſe nomment génération & corruption, γένεσις καὶ φθορά; ceux qui regardent les qualités, altération, ἀλλοίωσις; ceux qui regardent la quantité, accroiſſement ou décroiſſement, αὔξησις καὶ φθίσις; les deux derniers, mouvement local,
Phyſ. III, 1. φορά. Lorſque le ſujet reſtant le même, paſſe d'une qualité, d'une quantité, d'un lieu à un autre, ce n'eſt point génération, mais un des trois autres mouvemens, ou ce n'eſt génération que *per accidens*, κατὰ συμβεβηκός. Lorſque le ſujet, τὸ ὑποκεί-
De Gen. & corrupt. 1, 4. μενον, eſt changé lui-même, c'eſt proprement génération ou corruption, ἁπλῶς; c'eſt même l'un & l'autre ſous divers aſpects, puiſque la génération eſt corruption, & réciproquement:
Ibid. 3. ἡ γὰρ γένεσις φθορὰ τοῦ μὴ ὄντος, ἡ δὲ φθορὰ γένεσις τοῦ μὴ ὄντος.

Mais il faut obſerver que ce ſujet n'eſt pas ſeulement un mixte, un animal, une plante, un métal; c'eſt auſſi, & même le plus ſouvent, un des quatre élémens, qui perd ſa forme actuelle, ſon entéléchie, pour en prendre une autre. C'eſt l'air, par exemple, qui devient feu; parce qu'ayant en ſoi deux qualités, le chaud & l'humide, & le feu en ayant auſſi deux, le chaud & le ſec, lorſque la Nature veut produire une nouvelle eſſence, οὐσίαν, les deux élémens s'accrochent par la qualité qui leur eſt commune, συμβόλῳ, & combattent l'un contre l'autre par celle qu'ils ont contraire, juſqu'à ce que l'un des deux l'emporte, & que l'humide ſoit conſumé par le ſec, & alors l'air devient feu, ou le ſec par l'humide, & alors le feu devient air, κατ' οὐσίαν. C'eſt ainſi que le chef des Péripatéticiens expliquoit le ſyſtème de la génération.

Plutarque nous en donne la même idée. On la verra chez lui avec d'autant plus de plaiſir que les deux opinions y ſont en parallèle. Nous uſerons de la traduction d'Amiot. « En » dérobant à Démocritus, il parle d'Epicure, que les atomes » ſoient principes de l'Univers,... il faut après auſſi avaler les » fins & conſéquences fâcheuſes; il faut montrer comment des » corps qui n'ont aucune qualité, peuvent apporter aux autres » toutes ſortes de qualités par s'aſſembler & ſe joindre enſemble » ſeulement. Par exemple, la chaleur, d'où eſt-elle venue? &

comment s'eſt-elle engendrée ès atomes, s'ils n'avoient point de chaleur quand ils ſont venus, ni ne ſont devenus chauds après s'être joints enſemble? Car l'un ſuppoſe en eux quelque qualité; l'autre ſuppoſe qu'ils ſont idoines à en recevoir: & Epicure dit qu'il ne faut pas dire que ne l'un ne l'autre conviennent aux atomes, d'autant que les atomes ſont incorruptibles. Comment donc Platon, Ariſtote, Xénocrate ne produiſent-ils pas de l'or de ce qui n'eſt pas or, de la pierre de ce qui n'eſt pas pierre, & pluſieurs autres choſes des quatre premiers corps? oui bien. Mais avec ces corps concourent incontinent auſſi les principes à la génération, portant quant & eux de grandes contributions, c'eſt à ſavoir les premières qualités qui ſont en eux. Puis quand viennent à s'aſſembler, & joindre en un le ſec avec l'humide, le froid avec le chaud, le ferme avec le mol, c'eſt-à-dire corps agens avec autres aptes à ſouffrir & à recevoir, alors ſe fait la génération, en paſſant d'une température à une autre. Là où l'atome étant ſeul, eſt privé & deſtitué de toutes qualités & force générative: & quand il vient à ſe rencontrer avec les autres, il ne peut faire qu'un bruit & un ſon, à cauſe de ſa dureté & fermeté, & non autre accident. Car ils frappent & ſont frappés toûjours, ne pouvant par ce moyen compoſer, ni faire un animal, une ame, une nature; mais non pas ſeulement un monceau ni un tas d'entre eux-mêmes, attendu qu'ils ſe heurtent & ſe deſemparent l'un d'avec l'autre». *Adv. Colot.*

On a vû, dans Ariſtote, comment les quatre premiers corps ſe formoient les uns des autres. Ici on voit comment les autres êtres ſe forment des quatre premiers corps, par le ſecours des qualités principes unies aux corps principes; on y voit que ces qualités étoient, non l'étendue, la figure, la mobilité, la diviſibilité, l'inertie, que les Anciens n'appeloient pas qualités; mais le chaud, le froid, le ſec, l'humide; & enfin que le paſſage d'une température en une autre, c'eſt-à-dire d'un mélange de qualité en un autre mélange, faiſoit ce qu'ils appeloient *génération*.

On y voit de plus, que ni Démocrite, ni Epicure ne

vouloient de cette espèce de génér[illegible], parce qu'ils ne vouloient point de qualités dans les at[illegible] les regardant comme essentiellement ingénérables & inc[illegible]bles.

Ces deux opinions partageoie[illegible]te la Philosophie ancienne, & la ligne de séparation [illegible] & le μὴ ὄν.

Tous ceux qui admettoient le [illegible] principe, c'est-à-dire qui vouloient des élémens fixes & [illegible]erables, soit qu'ils n'en admissent qu'un seul ou plusieurs [illegible] qu'ils les admissent en nombre fini ou indéfini, similair[illegible] dissimilaires, différens par leurs figures ou par leurs nat[illegible]: tous ces Philosophes, s'ils étoient fidèles à leurs princip[illegible] reconnoissoient nulle génération proprement dite: [illegible] μετὰ συναθροισμὸν τῶν λεπτομερῶν σωμάτων κοσμοποιΐας [illegible] κρίσεις μὲν καὶ διακρίσεις εἰσάγουσι, γενέσεις δὲ καὶ φθορὰς οὐ [illegible]. Ils comparoient les élémens des corps à ceux du la[illegible]; & de même qu'avec les sons élémentaires on a comp[illegible] artificiellement les mots qui désignent les choses, comme [illegible], *bois, oiseau, montagne, maison;* de même avec les élé[illegible] de la Nature ont été composées les choses signifiées pa[illegible] mots. Dans l'un comme dans l'autre genre, ç'a été le ch[illegible] & l'arrangement des élémens qui ont constitué les mix[illegible] avec leurs différences: les élémens mêlés ensemble,

Plut. Plac. I, 24.

Ores un homme ils f[illegible]
Ores des bois & de [illegible]s ils font,
Ou des oiseaux; & [illegible]est nature:
Puis, se venant à ro[illegible] la jointure,
Le départ d'eux s'ap[illegible] triste mort.

Version d'Amyot.

Adv. Colot. C'est Empédocle d'Agrigente [illegible] parloit ainsi, selon Plutarque.

En conséquence, ce Philoso[illegible] disoit qu'il n'y avoit point de *nature*, entendant par ce m[illegible] la génération d'une forme essentielle & intrinsèque; que [illegible] *nature* n'étoit qu'un vain nom, & qu'il en étoit de mê[illegible] des mots de *naître* & de *mourir;* que tout n'étoit que [illegible], union & desunion.

Ἀλλὰ

Α'λλὰ δέ το … φύσις ὀυδὲν ἐςὶν ἁπάντων
Θνητῶν . . . . v. 30.
Α'λλὰ μόνον … τε διάλλαξίς τε μιγέντων.

C'est pour cela en… qu'Epicure définissoit la nature d… êtres d'une façon qui n… s paroît si bizarre, & qui n'en… pas moins juste dans les p…ncipes: *le lieu & les corps*, ἡ τ… φύσις σώματά ἐςὶ ϰ̀ τοπο parce que tout n'étoit qu'a… & position relative d… Colot.

On sent qu'Anaxag… à plus forte raison, dev… de ses principes la mê… conséquence, & regarder… simplement comme un …semblage ordonné de incommuables: aussi, d…, *toutes choses étoient, n'a fait que les placer … s arranger.* Plut. de Plac. I, 30.

Ceux, au contraire, q… admettoient le μὴ … re la génération ἐκ τ̃ μὴ ὄντος, ou, ce qui est … ose, un matière muable, quel… nom qu'ils lui … eau, air, feu, huile, éther, & à la tête desq… e met Platon, Aristote, Xénoc…, supposoient … homogène en tout, sans propri…s, sans confi… qualité, sans aucune espèce de d…ermination, … de tout cela: διὸ ϰ̀ πάντων ἐκτὸς δεῖν εἶναι, … πάντα εἰσδεξόμενον ἐν αὐτῷ γένη. Et A…stote: … ϰαθ' αὐτὴν μήτε τὶ, μήτε πόσον, μήτε ποῖον, … μηδὲν λέγεται, οἷς ὥρισαι τὸ ὄν. En conséq…e, ils … une génération proprement dite, dont un des termes ét… μὴ ὄν, c'est-à-dire la matière indéterminée … l'autre terme ὄν, qui étoit la même matière revêtue de qualités, & déterminée par des formes essentielles, κατ' … : πάντες ὅσοι παθητὴν τὴν ὕλην …ποτίθενται, κυρίως γε … ϰ̀ φθορὰν γίνεσθαι. Et Aristote: ὥστε ἀνάγκη φθαρτὰ ϰ̀ … εἶναι τὰ ςοιχεῖα τ̃ σωμάτων. Tellement que, selon c… opinion, il y avoit une échelle de génération qui s'éle… de la matière première, d'abord aux quatre corps princi…s & à leurs qualités contraires; & de-là à toutes les espèces de températures, ou de qualités mixtes qu'on aperçoit d… es corps. C'étoit par ce mélange

Timæ. 50 & in seq. Aristot. Metaph. VIII, 3.

Plut. ibid. Arist. lib. de Gen. & Cor.

vouloient de cette espèce de génération, parce qu'ils ne vouloient point de qualités dans les atomes, les regardant comme essentiellement ingénérables & incorruptibles.

Ces deux opinions partageoient toute la Philosophie ancienne, & la ligne de séparation étoit le ὂν & le μὴ ὄν.

Tous ceux qui admettoient le ὂν pour principe, c'est-à-dire qui vouloient des élémens fixes & inaltérables, soit qu'ils n'en admissent qu'un seul ou plusieurs, soit qu'ils les admissent en nombre fini ou indéfini, similaires ou dissimilaires, différens par leurs figures ou par leurs natures; tous ces Philosophes, s'ils étoient fidèles à leurs principes, ne reconnoissoient nulle génération proprement dite: πάντες ὅσοι μετὰ συναθροισμὸν τῶν λεπτομερῶν σωμάτων κοσμοποιοῦσι, καὶ συγκρίσεις μὲν καὶ διακρίσεις εἰσάγουσι, γενέσεις δὲ καὶ φθορὰς οὐ κυρίως. Ils comparoient les élémens des corps à ceux du langage; & de même qu'avec les sons élémentaires on a composé artificiellement les mots qui désignent les choses, comme *plante, bois, oiseau, montagne, maison;* de même avec les élémens de la Nature ont été composées les choses signifiées par les mots. Dans l'un comme dans l'autre genre, ç'a été le choix & l'arrangement des élémens qui ont constitué les mixtes avec leurs différences: les élémens mêlés ensemble,

Plut. Plac. I, 24.

Ores un homme ils font;
Ores des bois & des bêtes ils font,
Ou des oiseaux; & cela est nature:
Puis, se venant à rompre la jointure,
Le départ d'eux s'appelle triste mort.

Version d'Amyot.

C'est Empédocle d'Agrigente qui parloit ainsi, selon Plutarque.

Adv. Colot.

En conséquence, ce Philosophe disoit qu'il n'y avoit point de *nature,* entendant par ce mot la génération d'une forme essentielle & intrinsèque; que *la nature* n'étoit qu'un vain nom, & qu'il en étoit de même des mots de *naître* & de *mourir;* que tout n'étoit que mélange, union & desunion.

Ἀλλὰ

Ἀλλὰ δέ τοι ἐρέω, φύσις οὐδὲν ἐστιν ἁπάντων *Plut. I, 30.*
Θνητῶν . . . .
Ἀλλὰ μόνον μίξις τε διάλλαξίς τε μιγέντων.

C'eſt pour cela encore qu'Epicure définiſſoit la nature des êtres d'une façon qui nous paroît ſi bizarre, & qui n'en eſt pas moins juſte dans ſes principes: *le lieu & les corps*, ἡ τῶν ὄντων φύσις σώματά ἐστι καὶ τόπος; parce que tout n'étoit qu'atomes, & poſition relative d'atomes. *Plut. adv. Colot.*

On ſent qu'Anaxagore, à plus forte raiſon, devoit tirer de ſes principes la même conſéquence, & regarder la Nature ſimplement comme un aſſemblage ordonné de matériaux incommuables: auſſi, dit-il, *toutes choſes étoient, l'Intelligence n'a fait que les placer & les arranger.* *Plut. de Plac. I, 30.*

Ceux, au contraire, qui admettoient le μὴ ὄν, c'eſt-à-dire la génération ἐκ τοῦ μὴ ὄντος, ou, ce qui eſt la même choſe, un matière muable, quelque nom qu'ils lui donnaſſent, eau, air, feu, huile, éther, &c. à la tête deſquels Plutarque met Platon, Ariſtote, Xénocrate, ſuppoſoient cette matière homogène en tout, ſans propriétés, ſans configuration, ſans qualité, ſans aucune eſpèce de détermination, mais ſuſceptible de tout cela: διὸ καὶ πάντων ἐκτὸς εἰδῶν εἶναι χρεὼν τὸ τὰ πάντα ἐκδεξόμενον ἐν αὐτῷ γένη. Et Ariſtote: λέγω δὲ ὕλην ἣ καθ' αὑτὴν μήτε τί, μήτε πόσον, μήτε ποῖον, μήτε ἄλλό τι μηδὲν λέγεται, οἷς ὥρισται τὸ ὄν. En conſéquence, ils admettoient une génération proprement dite, dont un des termes étoit μὴ ὄν, c'eſt-à-dire la matière indéterminée, & l'autre terme ὄν, qui étoit la même matière revêtue de qualités, & déterminée par des formes eſſentielles, κατ' οὐσίαν: πάντες ὅσοι παθητὴν τὴν ὕλην ὑποτίθενται, κυρίως γένεσιν καὶ φθορὰν γίνεσθαι. Et Ariſtote: ὥστε ἀνάγκη φθαρτὰ καὶ γεννητὰ εἶναι τὰ στοιχεῖα τῶν σωμάτων. Tellement que, ſelon cette opinion, il y avoit une échelle de génération qui s'élevoit de la matière première, d'abord aux quatre corps principes & à leurs qualités contraires; & de-là à toutes les eſpèces de températures, ou de qualités mixtes qu'on aperçoit dans les corps. C'étoit par ce mélange

Timæ. 50 & in ſeq. *Ariſtot. Metaph. VIII, 3.*

Plut. ibid. *Ariſt. lib. de Gen. & Cor.*

& cette température qu'ils prétendoient former l'ame végétative, ou même la sensitive, dans les animaux & dans les plantes; & qu'ils y établissoient ce principe essentiel & primordial du mouvement & du repos, qu'ils appeloient *Nature.*

Cette question étoit la plus grande question de la Physique ancienne, c'étoit de là que dépendoit l'explication de la plus-part des phénomènes physiques, & même métaphysiques, qui ont rapport à notre manière de connoître, & de juger des corps & de leurs qualités. Aussi le combat étoit-il très-vif entre les deux partis.

Nous avons vû, dans Plutarque, que la principale objection que faisoient aux corpusculistes les partisans des qualités, étoit fondée sur l'état des corps, qui passent du chaud au froid, du sec à l'humide, & à toutes les qualités secondaires qui dépendent de celles-là. De deux choses l'une, disoient-ils, ou les atomes ont ces qualités en eux-mêmes, ou ils les reçoivent; si l'on accorde l'un ou l'autre, dès-lors ils sont altérables & passibles, & par conséquent μὴ ὄντα.

Les corpusculistes répondoient en niant l'un & l'autre: ils disoient que ces qualités n'existoient point, qu'elles n'étoient que des apparences sans réalité, des manières de voir & de
Plut. adv. Colot. sentir: que l'eau n'étoit pas chaude plustôt que froide, οὐ μᾶλλον τοῖον ἢ τοῖον: que les parfums n'avoient en soi nulle odeur, puisque l'un les trouvoit agréables, & l'autre insupportables, que ne pouvant être l'un & l'autre en même temps, il étoit évident qu'ils n'étoient ni l'un ni l'autre; τούτων μηδὲν φαίνεσθαι κατ' ἀλήθειαν, ἀλλὰ μόνον κατὰ δόξαν: en un mot que le doux, l'amer, le chaud, le froid, les couleurs, n'étoient que dans nos sensations, & nullement dans les êtres auxquels on les attribuoit; ou que, s'ils y étoient, ils n'y étoient que comme dans leurs causes occasionnelles, & parce que tel arrangement de tels élémens les faisoit naître en nous. C'étoit Démocrite qui parloit ainsi, selon Plutarque, Sextus Empiricus, Diogène Laërce, Galien, & d'autres dont * M. Ménage a rassemblé
Lib. IX. les textes dans son commentaire sur Diogène Laërce.

Anaxagore, Empédocle, Épicure *(e)*, & tous ceux qui nioient la génération dans les élémens, n'avoient rien à ajoûter à cette doctrine, que quelques légères modifications convenables à leurs systèmes particuliers. Aussi disoient-ils les uns & les autres que toutes les sensations étoient vraies, que les choses étoient ce qu'elles paroissoient, douces & amères, blanches & noires, chaudes & froides, selon les sensations de chacun, c'est-à-dire qu'elles n'étoient ni l'un ni l'autre en soi; & ils en donnoient les raisons physiques qu'on voit dans Plutarque à l'endroit que nous venons de citer, dans Épicure, lettre à Hérodote, & dans Lucrèce. *L. II.*

Cette réponse hardie nous fait voir, pour le dire en passant, que dès ce temps-là on avoit fait main basse sur les secondes qualités des corps; & que si on accuse, avec quelque raison, les Péripatéticiens modernes d'avoir cru que la chaleur étoit dans le feu, ce reproche du moins ne tombe pas sur toute la Philosophie ancienne.

On y voit encore qu'on avoit fait ce grand pas, dont quelques Écrivains ont cru que Descartes seul avoit la gloire, de vouloir ramener toute la Physique aux loix du méchanisme. Ce fut presque le premier pas de la Philosophie. Ce fut lui qui fit croire que tous les Physiciens, avant Anaxagore, avoient formé le monde sans y appeler l'Intelligence. Les qualités principes, la matière première, les formes substantielles ne vinrent que long-temps après, & comme un rafinement de la Philosophie du moyen âge, qui crut par-là enchérir sur l'âge précédent, qu'on peut nommer l'âge d'or en comparaison des autres siècles, parce qu'on y alloit avec plus de simplicité, & qu'on n'y faisoit parade ni de beaux discours, ni de vaine métaphysique.

(e) Plut. adv. Colot. p. 1120 & 1121. Et Sext. Emp. I, adv. Log. Vid. Gass. Com. in l. X. Diog. Laer. p. 130. Et Luc. l. II, v. 841 & seq.

Sed ne fortè putes solo spoliata colore
Corpora prima manere: etiam secreta teporis
Sunt, ac frigoris omnino, calidique vaporis;
Et sonitu sterila, & succo jejuna feruntur;
Nec jaciunt ullum proprio de corpore odorem.

On avoit même senti les deux différences où sont revenus depuis Descartes & Newton. Le premier de ces modernes célèbres, admettant une matière homogène, sans qualités, & se déclarant ennemi de toutes formes substantielles, entre dans les idées de Démocrite, lequel pouvoit dire, aussi-bien que le moderne, *donnez-moi la matière & le mouvement, & je fais le monde.*

Newton admettant des élémens doués de propriétés & de qualités, mais de propriétés immuables & fixées dans la matière par les loix du souverain Estre, a suivi la pensée d'Anaxagore, & a fait comme lui le monde avec des élémens déterminés & un mouvement ordonné. Il y a des genres où le monde, en vieillissant, n'a rien appris. Revenons à notre objet.

Les partisans du μὴ ὄν, ou de la matière privée de forme, ne se tiroient pas d'embarras avec autant de succès que leurs adversaires. Il n'y en avoit pas un qui ne bégayât quand il falloit rendre compte de cette matière, & de cette forme
Plat. Tim. 51. qui survenoit en elle : δυσαλωτότατον αὐτὸ λέγοντες οὐ ψευσόμεθα.

Platon disoit tantôt que la matière étoit l'étendue simple, parce que l'étendue étoit le seul attribut inséparable de l'idée
Aristot. Phys. IV, 4. de la matière ; διὸ καὶ ὁ Πλάτων τὴν ὕλην, καὶ τὴν χώραν ταὐτό φησιν εἶναι *(f)* : d'autres fois il disoit que c'étoit le lieu,
Plut. Plac. 1, 19. ὁ τόπος καθάπερ τινὰ τιθήνην καὶ δεξαμένην : d'autres fois il donnoit des points sans étendue, ou des superficies absolument planes, & qui par cette raison n'étoient pas corps, parce que pour être corps un être doit avoir les trois dimensions.

Il n'étoit pas moins embarrassé quand il falloit s'expliquer sur la forme *(g)*. Il fut réduit à fabriquer des idées substantielles, éternelles, immuables, universelles, qui se portant sur la matière, & s'y appliquant comme un sceau, recevoient par elle l'individualité corporelle, au moment qu'elles lui

(f) Dans le même endroit Aristote emploie le mot διάστημα, au lieu de celui de χώρα.

(g) Démocrite appeloit aussi quelquefois la configuration essentielle de ses atomes ἰδέας. *V. Plut. adv. Colot.*

communiquoient la forme ſpécifique; & d'un ſyſtème dont les parties ne pouvoient être que des Eſtres de raiſon, éloignés plus ou moins de la réalité, il en faiſoit un ordre d'agens réels, ſous qui la matière informe devenoit un monde parfaitement beau.

Ariſtote lui-même, quoique d'accord pour le fond avec Platon ſon maitre, ne put ſe prêter à cette Philoſophie. Il fit voir avec complaiſance *(h)* le vuide de ces images poétiques, où il y avoit plus d'enthouſiaſme que de vrai-ſemblance, diſcutant en toute occaſion, & avec la plus fine dialectique, l'étendue ſimple, les ſurfaces élémentaires, & les idées ou formes éternelles.

Mais comme en ce temps-là ce n'étoit pas aſſez de ruiner, le diſciple fut obligé de ſubſtituer de meilleures idées à celles de ſon maitre.

C'eſt de-là que nous ſont venus ces trois principes, fameux dans l'école Péripatéticienne, la matière, la forme & la privation, ou pluſtôt la matière conſidérée ſous deux états; ſans forme, Ariſtote l'appelloit μὴ ὄν; revêtue de forme, c'étoit ὄν; ou, pour parler un moment le langage ſingulier de cette Philoſophie, la matière ſans forme étoit le *non être en acte ou entéléchie, & l'être en puiſſance;* ἐντελεχείᾳ μὴ ὄν, δυνάμει ὄν: la matière unie à la forme, ἐντελεχείᾳ ὄν, δυνάμει μὴ ὄν: être en acte, non être en puiſſance.

Nous nous garderons bien de rapporter ici ce que les corpuſculiſtes diſoient pour réfuter ces idées. Ariſtote avoit trop d'eſprit pour y croire lui-même. Il n'avoit élevé cet édifice politique que pour le moment, & pour donner à ſes élèves un ſyſtème au lieu d'un autre, parce qu'il en falloit un. Il nous ſuffit de dire que Sextus Empiricus traite ces dogmes de dogmes monſtrueux, inintelligibles à leurs propres docteurs.

Et en effet, quoi de plus étrange que de faire de la *matière première*, c'eſt-à-dire d'une abſtraction mentale, le ſujet phyſique des variations de la Nature? de faire de la *privation*,

(h) Φιλονεικότερον ἐνίοις ἔδοξεν ἢ φιλοσοφώτερον... ὡς προθέμενος τὴν Πλάτωνος ὑπερίδεῖν φιλοσοφίαν. *Plut. adv. Colot.*

c'eſt-à-dire d'un pur néant un principe? & enfin d'en faire un troiſième de la *forme*, qui eſt le réſultat de l'action & de l'emploi des principes?

On ne fut réduit à ces contradictions que pour n'avoir pas voulu reconnoître des corpuſcules inaltérables. Il falloit opter; répéter ce qui avoit été dit, ou ſe jeter dans des écarts. C'étoit d'ailleurs une gloire dans ce temps-là d'être ce qu'ils appeloient αὐτοδίδακτος, & de paroître avoir tout inventé lors même qu'on avoit tout appris.

Long-temps avant ces conteſtations ſi vives ſur la nature du principe matériel, Anaxagore s'étoit tracé une route ſimple, qui tenoit le milieu entre les deux partis.

Il avoit vû que le méchaniſme ſeul, ſans quelque qualité élémentaire, n'avoit pû former la Nature, ni la fixer. D'un autre côté que les qualités ſeules ſans méchaniſme ne préſentoient que ténèbres & abſurdités palpables. Il prit donc le parti de donner des qualités aux élémens primitifs, & d'établir le méchaniſme dans les mixtes.

Il y avoit, ſelon lui, autant d'eſpèces d'atomes qu'il y a de natures élémentaires inaltérables: l'or, le fer, le plomb, l'air, l'eau, l'éther, la lumière, l'huile, la terre, le feu, la matière végétale, & d'autres natures en nombre indéfini, ἄπειρα, étoient telles par elles-mêmes: elles étoient ſans aucune organiſation, & par elles ſeules chaudes, froides, colorées, graves, légères, amies, ennemies dans toutes ſortes de degrés; c'eſt-à-dire, comme nous l'avons vû ci-deſſus, qu'elles avoient en ſoi de quoi nous cauſer ces ſenſations: πάντα ἦν χρήματα. Voilà les qualités.

L'Intelligence y introduiſit le méchaniſme par lequel il organiſa ce monde & le fixa dans ſon état. Et tout l'art de ce méchaniſme conſiſta à marquer la doſe de chaque eſpèce d'élément pour chaque eſpèce de mixte, & à donner à ces élémens l'arrangement qui avoit été figuré dans les plans qui en avoient été deſſinés de toute éternité.

Platon, Ariſtote, Xénocrate faiſoient de l'or de ce qui n'étoit pas or, par l'entremiſe des qualités principes, &

par l'extrême docilité de la matière première, qui se prêtoit à tout: c'étoit génération de l'un & corruption de l'autre.

Démocrite même, & par conséquent Epicure, quoiqu'ils n'admissent aucune génération, faisoient aussi de l'or de ce qui n'étoit pas or, par le choix, l'arrangement, la position des atomes; tout dépendoit des corps & du lieu qu'ils occupoient. Ainsi, selon ces Philosophes, qui comprenoient toutes les écoles, l'alchymie n'étoit point une chimère; on pouvoit raisonnablement travailler au grand œuvre, & espérer de faire de l'or avec de la boue: il ne s'agissoit que de trouver le procédé de la Nature, & de descendre ou de monter comme elle par degré, d'un genre & d'une espèce à une autre.

Anaxagore fut le seul qui déclara constamment, & conformément à ses principes, qu'on ne pouvoit faire ni or, ni aucune autre nature; qu'on ne pouvoit que rapprocher les élémens pour les rendre sensibles par leur masse: & alors, en supposant que le tout fût homogène, c'etoit simple assemblage de parties similaires: en supposant que le tout fût mixte & caractérisé, c'étoit excédant d'un genre sur un ou plusieurs autres; enfin en supposant que le tout fût constitué pour exercer des fonctions végétales ou animales, c'étoit organisation artistement ordonnée. Selon lui, la Chymie seule pouvoit être sensée. On pouvoit bien unir & desunir les principes; mais la Nature même, avec tout son art & toute sa puissance, ne pouvoit faire que des composés ou des analyses.

Quoiqu'il y eût une si grande différence entre les principes de Démocrite & d'Epicure d'une part, & ceux d'Anaxagore de l'autre, il est évident néanmoins qu'ils devoient dire également, dans le sens de la Physique ancienne, qu'il n'y avoit point de génération ni de corruption proprement dite; que tout se faisoit, ἐξ ὄντων; que la Divinité même ne pouvoit rien faire, ἐκ τοῦ μὴ ὄντος,

Nullam rem ex nihilo gigni divinitùs unquam.

En cela ils n'établissoient que l'immutabilité des élémens

fondamentaux : c'étoit l'objet commun des corpufculiftes; mais pourtant avec cette différence, que les partifans de Démocrite conftruifoient, par le mouvement & les combinaifons, des maffes du fecond ordre, (que les modernes appellent *parties intégrantes*) & qui après cette organifation devenoient de vraies homéoméries; au lieu qu'Anaxagore fuppofoit les homéoméries toutes faites, avant le mouvement & fans combinaifon, ne les diftinguant pas des corpufcules élémentaires dans leur état primordial.

SECONDE PARTIE.

APRÈS l'éclairciffement que nous venons de donner fur le ὂν & fur le μὴ ὂν, & fur la manière dont les Anciens s'expliquoient par rapport aux principes de génération & de compofition, il n'eft pas difficile de faire fentir la foibleffe des objections qu'Ariftote, Lucrèce & Bayle ont oppofées à Anaxagore. Nous allons les préfenter en peu de mots, avec nos obfervations, fans néanmoins nous attacher à l'ordre des temps. Bayle paffera avant Lucrèce, avant Ariftote, il viendra avec eux, après eux, felon l'occafion & la nature même des objections.

Peut-être fera-t-on étonné de voir jufqu'où l'écrivain François, qu'on fait valoir fur-tout dans la partie philofophique, dont il fembloit avoir fait fon genre de préférence, a été emporté par fa prévention & fon extrême confiance.

Lettre C, n. 1. *I.re OBJECTION.* « Lucrèce, dit Bayle, au mot *Anaxagore*, ne s'avifa pas de propofer une objection qui eût pû » ruiner tout le fondement de l'hypothèfe d'Anaxagore. Le » motif de ce Philofophe, dans la fuppofition de fes homéo» méries, fut qu'*aucun être ne fe fait de rien, ni ne fe réduit au*
V. 9. » *néant.* Si la terre étoit formée de chofes qui ne fuffent point » terre, elle fe feroit de rien; *or rien ne fe fait de rien,* difoit » Anaxagore: il faut donc que la terre fe faffe de ce qui eft » terre.... On doit s'étonner qu'un fi grand homme ait pû » raifonner ainfi. Ne voyoit-il pas qu'une maifon ne fe fait point

point de rien, encore qu'elle ſoit bâtie de matériaux qui ne ſont pas une maiſon : quatre lignes dont aucune n'eſt quarrée, ne ſont-elles pas un quarré? » Bayle développe ce raiſonnement, après quoi il conclut ainſi : « voilà ce que Lucrèce eût pû objecter à notre Anaxagore, il eût ruiné l'hypothèſe des homéoméries par les fondemens ».

Observation. Bayle commet ici deux fautes : l'une contre Anaxagore, en prenant les termes d'*être* & de *néant* dans un autre ſens que ce Philoſophe ne les a pris ; l'autre contre Lucrèce, à qui il impute mal-à-propos de n'avoir pas ſû uſer de tous ſes avantages contre Anaxagore.

Bayle avoit oublié apparemment que Lucrèce lui-même avoit employé la même maxime, & dans le même ſens qu'Anaxagore ; que cette maxime étoit le fondement de toute la doctrine d'Epicure ; qu'Ariſtote la donnoit à tous les anciens Phyſiciens, entre autres à Empédocle, à Démocrite, à Parménide, à Epicure, que Cicéron appelle, *Philoſophi majorum gentium*, & qui ne vouloient ni génération, ni corruption proprement dites. Bayle a-t-il pû croire que tous ces grands hommes fuſſent aſſez imbécilles pour ne pas voir qu'un quarré ſe fait de lignes qui ne ſont pas quarrées, & une maiſon, de matériaux qui ne ſont pas maiſon?

II.e Objection. « La multitude des principes, dit le même Ecrivain, quelques lignes plus haut, eſt un défaut inſigne. Il eſt de l'eſſence d'un beau ſyſtème, qu'un très-petit nombre de cauſes y produiſe une infinité d'effets ».

Observation. Auſſi Anaxagore n'en admet-il que deux, l'Intelligence & la Matière ; l'une toute active, l'autre toute paſſive. Rien de ſi ſimple que ce premier point de vûe. Il eſt vrai qu'il partage cette matière en différentes eſpèces phyſiques, & qu'elle n'eſt pas toute homogène, ſelon lui. Mais ſi par haſard l'expérience des ſiècles avoit confirmé cette hypothèſe ; il faudroit bien alors que les ſyſtèmes d'imagination cédaſſent aux ſyſtèmes de la Nature. En Métaphyſique, où l'eſprit règne en maître, le Philoſophe peut ſuſpendre à un seul point d'appui une longue chaîne de vérités & de conséquences, dont il est agréable de voir la suite & les articulations; mais en Physique, si les phénomènes ne se prêtent pas à ces simplifications, si, par malheur, tout nous prouve la diversité & la multiplicité des élémens, il faut bien nous résoudre à prendre la Nature telle qu'elle est, & nous souvenir que *rien n'est beau que le vrai.*

IIIe Objection. « C'est se contredire, continue Bayle, » que d'établir une hypothèse qui ramène d'un côté un incon- » vénient qu'on veut lui faire chasser de l'autre. Voilà le mal » du systême d'Anaxagore: tout étoit dans tout dans le cahos, » tout est encore dans tout dans le monde: qu'a donc fait l'Intelligence »?

Observation. Le voici: tout étoit dans tout avant l'action de l'Intelligence, mais il y étoit sans ordre & sans mouvement; c'étoit un cahos. Tout est encore dans tout depuis que l'Intelligence a agi; mais c'est un monde, c'est-à-dire un mélange régulier où tout se meut & se porte à des fins. Πάντα ἦν ὁμοῦ, voilà le cahos; Νοῦς πάντα ἐκόσμησε, voilà le monde; voilà les deux états de l'Univers, τοῦ παντός.

IVe Objection. « Il admettoit la divisibilité à l'infini, » ce qui faisoit que ses premiers principes l'étoient & ne l'étoient » pas. Les principes & les mixtes ne différoient point entre eux, puisqu'ils étoient également soûmis à la dissolution »

Observation. Dans cette hypothèse même il y auroit eu une différence, puisque les mixtes se seroient divisés en parties dissimilaires, & les principes en parties similaires.

Mais qui nous assurera que par le mot ἄπειρον, que nous rendons par celui d'*infini*, Anaxagore n'ait pas entendu l'indéfini? Mais s'il étoit vrai qu'il n'eut entendu que la possibilité métaphysique de cette division, & qu'il eut dit formellement que le fait n'avoit point lieu dans la Nature? or c'est ce qu'il disoit, peu philosophiquement à la vérité, selon Aristote, cependant il le disoit : Τὸ δὲ μηδέποτε διακριθήσεσθαι, οὐκ εἰδότως μὲν λέγεται, ὀρθῶς δὲ λέγεται. Enfin, quoi qu'il en soit de cette question, qu'apparemment Anaxagore n'a pas jugé à propos d'approfondir, il est certain que personne n'a mieux senti, ni porté plus loin que lui l'indestructibilité physique des élémens, & l'inhérence essentielle de leurs qualités similaires. D'ailleurs comme la divisibilité tient à l'étendue & non aux qualités de la matière, les homéoméries, qui sont étendues par essence, peuvent subir le sort de tout ce qui est étendu, & devenir, sans perdre leurs qualités, tout ce qu'il plaira aux Philosophes qui s'occupent de pareilles questions. L'or peut être divisé autant que la terre, sans perdre non plus qu'elle sa nature spécifique.

V.e Objection. « A la bonne heure, dit encore Bayle, qui se rencontre ici par hasard *(i)* avec Aristote, si Anaxa- « gore eût regardé ses principes comme Démocrite ses atomes, « lesquels étoient homogènes dans toutes leurs parties. Mais « le Philosophe de Clazomène veut que chaque homéomérie « composante soit de même nature que le tout composé ; par « exemple, le bois étant composé de matière terrestre, de feu, « d'eau, d'huile, de souffre, de fer, &c. chacune de ses parties « doit être composé des mêmes principes, de sorte qu'on tirera « de la plus petite parcelle possible du bois, autant d'espèces « & en aussi grande quantité proportionnellement qu'on en « tireroit de l'arbre entier ».

Observation. Quand il n'y auroit que cet exemple, pour rendre le chef des Péripatéticiens suspect d'altérer la doctrine de ceux qu'il combat, il seroit suffisant. Mais il y en a bien d'autres ; & sans aller chercher au loin, il avoit traité de même, dans le chapitre qui précède celui d'où cette objection est tirée, Parménide & Mélisse, en leur faisant dire de l'*un* physique ce qu'ils avoient dit de l'*un* théologique ou métaphysique. On peut voir Gassendi, dans l'endroit où il parle spécialement des fausses attributions qu'Aristote a faites à *T. III, l. I, adv. Arist. exercitat. VII, n. 4.*

(i) Bayle observe que s'il se rencontre avec Aristote, c'est sans dessein

Meteor. IV, c. 12. Anaxagore, & où il est observé qu'Aristote lui-même admet une sorte d'homéoméries. Venons à la réponse. Anaxagore veut que chaque homéomérie composante soit de même nature que le tout composé : oui, sans doute ; mais il ne le veut ainsi que dans les tous similaires *(k)*. S'il s'agit d'un tout mixte, qui ne soit similaire qu'en apparence, & qui soit dissimilaire dans la réalité, le mot seul l'emporte ; il n'est pas possible de concevoir que ses premiers élémens soient similaires.

Il a dit que *tout étoit dans tout*. Quoique nous ayons déjà fait nos observations sur cette expression dans notre premier Mémoire, il ne sera pas inutile d'observer encore ici que cette maxime étoit commune à Démocrite & à Empédocle, aussi-bien qu'à Anaxagore. Celui-ci l'a donc dit dans le même sens que les autres, dans le même sens qu'Epicure, que Lucrèce ; or voici comme ce dernier s'exprime *(l)*:

L. II, v. 581.
Illud in his obsignatum quoque rebus habere
Convenit, & memori mandatum mente tenere
Nil esse . . . .
Quod genere ex uno consistat principiorum ;
Nec quidquam, quod non permisto semine constet.
Et quàm quicque magis multas vîs possidet in se,
Atque potestates ; ita plurima principiorum
In sese genera ac varias docet esse figuras,

Qu'on mette *naturas* à la place de *figuras*, on a toute la doctrine d'Anaxagore, & la différence des deux systèmes quant à la cause matérielle.

VI.e OBJECTION. « S'il y avoit du sang dans l'herbe, » dit Lucrèce, on en verroit quelque chose dans le suc qui sort de l'herbe pilée. » Cette réfutation, ajoûte Bayle, n'est pas mauvaise : & pour la fortifier, « mêlez, dit-il, des grains

(k) Ὁμοιομέρειαν ἀπὸ τῶ ὅμοια τὰ μέρη εἶναι τοῖς γινομένοις. *1, Plac. 3.*

(l) Il traite cette matière dans l'étendue de plus de deux cens vers.

différens, y eût-il cent fois plus de froment que d'orge, feiez-vous accroire qu'il n'y a là que du froment? fables & rêveries que tout cela! ne verroit-on pas paroître quelques grains d'orge? Anaxagore ne peut ſe tirer de ce mauvais pas que par la diviſibilité à l'infini.» Qui croiroit que c'eſt Bayle qui approuve ce raiſonnement, & qui prétend le fortifier?

Observation. Anaxagore pourroit ſe tirer comme Epicure, en diſant que ſes homéoméries ſont d'une petiteſſe infinie, qui les rend inviſibles à nos yeux. Mais il a une autre réponſe, qui eſt que l'herbe qui fait le ſang ne contient point le ſang formellement, qu'elle n'en contient que les parties conſtituantes, μόρια αἵματος γεννητικά, comme elle contient l'animal même qu'elle nourrit. Nous avons touché cette même réponſe dans le premier Mémoire.

VII.e Objection. « Mais au moins les noms, dit encore Bayle d'après Lucrèce, car tout lui eſt bon quand il mène à ſon but, les noms auroient été mal impoſés, s'il y avoit de tout dans tout, & que ce ne fût que par la doſe excédante d'un genre ſur l'autre que l'eſpèce eût ſon nom».

Observation. Bayle ignoroit-il, pouvoit-il ignorer que les noms ne ſont tirés que de la qualité la plus apparente des compoſés? On appelle *eau*, l'amas de mille principes différens, mais où l'eau eſt dominante; comme on appelle Cinna, Phèdre, les pièces de théatres où ces acteurs jouent les premiers rôles.

Nous ne parlons point de l'objection des Pères de l'Egliſe, que Bayle a ſerrée ainſi dans un dilemme. « On pouvoit dire à Anaxagore, Ou vous en faites trop, ou vous n'en faites pas aſſez; ſi la Nature a fait les homéoméries, pourquoi n'a-t-elle pas fait le mouvement & le monde? ſi c'eſt un Dieu qui a fait le monde, pourquoi n'a-t-il pas fait les homéoméries»?

Nous avons obſervé ailleurs que cette objection tombe plus ſur le ſiècle que ſur la perſonne d'Anaxagore; qu'elle eſt étrangère à la queſtion du principe matériel telle que nous la traitons ici, puiſqu'il s'agit de ſa nature, & non de la cauſe de ſon exiſtence; enfin nous avons dit que le ſyſtème des homéoméries n'en ſeroit que plus raiſonnable, s'il étoit poſé ſur le dogme de la création.

Juſqu'ici on a préſenté la doctrine d'Anaxagore, avec ſes preuves. Il a fallu s'arrêter ſur les objections, raſſembler des autorités, faire des comparaiſons de cette doctrine avec celle des autres Philoſophes, qui l'avoient précédé ou qui l'ont ſuivi; ce qui a empêché qu'on ait pû en embraſſer tout le plan d'une ſeule vûe. Seroit-il inutile, en finiſſant, de rapprocher les principaux traits de cette Philoſophie, & d'en montrer le tableau dégagé de tout objet étranger?

Précis de la doctrine d'Anaxagore ſur la Coſmogonie.

I. Deux choſes étoient de tout temps, la Matière & l'Intelligence: Νοῦς καὶ χρήματα.

II. Ces deux Eſtres étoient ſéparés nettement l'un de l'autre par des attributs contraires.

La Matière étoit étendue, ſans penſée, ſans mouvement, ſans ordonnance, diviſée ſeulement en parties très-petites, contigues, & revêtues naturellement de qualités contraires & inaltérables.

L'Intelligence étoit ſimple, & ſans étendue matérielle, ayant en ſoi la penſée, l'activité, & le droit & le pouvoir de l'exercer ſur la matière. Φησὶν, Νοῦν, μόνον τῶν ὄντων εἶναι ἁπλοῦν, καὶ ἀμιγῆ τε, καὶ καθαρόν· ἀποδίδωσι δὲ ἄμφω τῇ αὐτῇ ἀρχῇ, τό, τε γινώσκειν, καὶ τὸ κινεῖν, λέγων Νοῦν κινῆσαι τὸ πᾶν.

Ariſtot. l. I, de Anim. 2, & Phyſ. l. VIII, 37.

III. Un temps infini s'étoit écoulé avant la formation du monde. L'Intelligence ſouveraine, voyant que l'ordre valoit mieux que la confuſion, ſe détermina à le former: φησὶ γὰρ (ὁ Αναξ.) ὁμοῦ πάντων ὄντων, καὶ ἠρεμούντων τὸν ἄπειρον χρόνον, κίνησιν ἐμποιῆσαι τὸν Νοῦν, καὶ διακρῖναι. D'où il ſuit que ce n'eſt point par fatalité, ni par néceſſité, ni par émanation naturelle que le monde s'eſt formé, mais par un acte libre

Ariſtot. Phyſ. VIII, 1.

de la volonté de l'Auteur, qui passe d'un repos éternel à l'action. *Plut. in Perut.*

IV. Quand le moment fut arrivé, l'Intelligence, ayant en soi tous les plans des espèces qui subsistent dans le monde actuel, se porta sur la matière, ἐπελθὼν, désigna les élémens qui devoient en constituer les individus; elle en fixa la dose particulière, & ensuite elle leur imprima le mouvement pour aller chacun à leur destination. *Anaxagoras mentis infinitæ vi ac ratione, rerum omnium modum & descriptionem, designari & confici voluit.* *De Natur. Deor. 1.*

V. Cette première & grande opération étant achevée, les espèces étant établies & fondées dans les premiers individus, la machine universelle s'entretient par le méchanisme, soûmis aux loix générales de l'Intelligence toute-puissante. Toutes les matrices sont faites; les élémens sont ébranlés, & ne cesseront jamais de circuler, pour réparer les pertes des espèces par la reproduction des individus.

VI. L'Intelligence veille sur les hommes avec une attention particulière. C'est pour eux qu'elle a fait le monde, leur patrie est le Ciel, où ils sont rappelés quand ils l'ont mérité par leurs vertus. Κοινῶς οὖν ἁμαρτάνουσι ἀμφότεροι (Platon & Anax.) ὅτι τὸν Θεὸν ἐποίησαν ἐπιστρεφόμενον τῶν ἀνθρωπίνων, ἢ τούτου χάριν τὸν κόσμον κατασκευάζοντα. *Plut. de Plac. l. 1, c. 7.* On lui demanda un jour s'il ne se soucioit point de sa patrie: Oui, dit-il, en montrant le Ciel, j'ai un soin extrême de ma patrie: ἐμοὶ δὲ καὶ σφόδρα μέλει τῆς πατρίδος, δείξας τὸν οὐρανόν. *Diog. Laër.*

VII. Les corps des premiers animaux, & par conséquent celui du premier homme, ont été formés d'abord du limon de la terre, détrempé & échauffé; ensuite les individus se sont formés les uns des autres. Ζῶα γενέσθαι ἐξ ὑγροῦ καὶ θερμοῦ, *Diog. Laër.* καὶ γεώδους, ὕστερον δὲ ἐξ ἀλλήλων.

VIII. Ni le Soleil, ni la Lune, ni aucun des astres ne sont des Dieux, ni des démons, ni des corps animés. Ce sont des masses grossières & matérielles, portées par l'Intelligence, seule & unique cause du mouvement: τὸν ἥλιον (ἔφη) *Diog. Laër.*

μύδρον εἶναι διάπυρον. Φάσκων δὲ τὸν ἥλιον λίθον διάπυρον εἶναι. On peut consulter aussi Platon, apologie de Socrate.

Xenoph. Memor. IV.

Telle fut la base de Philosophie qu'Anaxagore présenta à la Grèce. Les peuples furent saisis de la beauté, de la magnificence, de la simplicité de ces idées; il leur parut le seul sage, le seul éclairé, le seul éveillé. Mais les Philosophes, dont la pâture ordinaire étoit de disputer & de contredire, se réunirent pour le combattre. La conjuration fut telle que personne après lui n'osa se dire de son avis. Il eut des autels & n'eut pas de disciples : tandis que les nombres Pythagoriques, les idées, le hasard, les formes substantielles, faisoient la plus brillante fortune dans le monde philosophique.

S'il étoit permis de hasarder ici quelques conjectures sur les sources où ce Philosophe pourroit avoir puisé, il sembleroit presque, à en juger par certains traits de conformité, qu'il auroit eu quelque connoissance, du moins indirecte, de la doctrine des livres Saints.

Moyse avoit présenté, de même que lui, la Divinité & la Matière, l'une donnant les formes, l'autre les recevant.

Il est vrai que Moyse fait Dieu auteur de la matière même; mais est-il étonnant que le Philosophe payen ait pris le change sur ce point capital, puisque toute l'antiquité payenne a échoué contre cet écueil; puisque parmi les Juifs cette question n'étoit pas encore parfaitement éclaircie, & que dans les premiers siècles de l'Eglise il y a eu des Pères qui, trop amis du Platonisme, ont chancelé sur ce dogme fondamental?

A cela près, la Cosmogonie est la même dans le Philosophe & dans l'historien Sacré. Le monde commence, selon l'un & l'autre, & il commence par la libre volonté de l'Auteur; tous les élémens s'arrangent par son ordre; toutes les espèces sont déterminées par son décret; le triage & le transport des parties composantes se fait par sa puissance & par sa parole, *vi & ratione.* Tout est fait, selon l'un & l'autre, élémens & espèces, & par les mêmes raisons.

Dans

Dans la position où étoit alors la Philosophie, il ne falloit que deux mots à Anaxagore pour lui fournir tout ce que son système a de particulier.

Anaximandre, son prédécesseur immédiat dans l'école d'Ionie, avoit reconnu le cahos, & les qualités contraires des élémens qui y étoient renfermés: Οἱ δὲ ἐκ τοῦ ἑνὸς ἐνούσας τὰς ἐναντιότητας ἐκκρίνουσιν, ὥσπερ Ἀναξίμανδρός φησι. Par ἓν il entendoit la masse entière du cahos, & par ἐναντιότητας les qualités inhérentes aux élémens, dont le triage s'étoit fait pour former le monde, ἐκκρίνουσι. C'étoit les homéoméries proprement dites. On avoit d'ailleurs, comme nous l'avons dit, une idée vague de la cause active & intelligente; Anaxagore n'avoit presque besoin que d'être rassuré par quelque autorité, pour commencer son livre comme il l'a fait: *Toutes choses étoient, l'Intelligence se portant sur les élémens, en fit un monde régulier.* Cette autorité lui fut fournie par le commerce seul: son système s'en ressent. Il ne paroissoit pas assez digéré à Aristote: ce qui arrive à tous ceux qui emploient des idées qui ne sont pas de leur crû.

Aristot. Phys. l. V.

Scipio Aquilianus.

Quand il s'agissoit d'expliquer les causes des phénomènes, il avoit d'abord recours aux principes naturels qu'il avoit établis. Quand on le pressoit & qu'il se voyoit sans réponse, il faisoit comme Newton a fait depuis, il recouroit à la volonté suprême de celui qui a établi les loix fondamentales: il s'en tenoit aux faits, & prétendoit que le raisonnement des Philosophes, remontant de causes en causes, pouvoit s'arrêter de bonne grace à un point fixe, au-delà duquel il fût permis de n'être plus Philosophe.

Cette modestie, qui auroit dû lui valoir des éloges, lui attira du ridicule. Les Philosophes qui vinrent après lui le comparèrent aux Poëtes tragiques, qui n'ayant point assez de génie pour dénouer l'intrigue qu'ils avoient nouée eux-mêmes, recouroient à la divinité pour se tirer d'embarras. Ἀναξαγόρας τε μηχανῇ χρῆται τῷ Νῷ πρὸς τὴν κοσμοποιίαν, καὶ ὅταν ἀπορήσῃ διὰ τίν' αἰτίαν ἐξ ἀνάγκης ἐστί, τότε ἕλκει αὐτόν. On sent que la comparaison n'est pas juste.

Arist Metaph. l. c 4.

On pouvoit lui demander pourquoi Dieu avoit formé le monde dans le temps pluſtôt que dans l'éternité? pourquoi ſur un plan pluſtôt que ſur un autre? comment il avoit pû imprimer le mouvement? comment la matière avoit pû recevoir l'ordre & s'y conformer? qu'eſt-ce qui fait rouler les Aſtres, la Terre & tout le Ciel?

Cic. Acad. 1, 12.

Il répondoit que tout cela étoit couvert de ténèbres; *Omnia tenebris circumfuſa eſſe: anguſtos ſenſus, imbecillos animos, brevia curricula vitæ:* qu'il n'eſt donné à aucune intelligence humaine de le ſavoir; que Dieu ſeul avoit fait tout, qu'il animoit tout, qu'il donnoit le mouvement à tout. C'étoit ſa dernière réponſe. Il ne recherchoit de cauſes finales que celles qui étoient à la portée de l'homme, & qui pouvoient aider à le rendre meilleur & plus heureux.

TRAITÉ HISTORIQUE DE LA RELIGION DES PERSES.

Par M. l'Abbé FOUCHER.

INTRODUCTION.

CEUX qui n'ont qu'une notion ſuperficielle de l'ancienne Philoſophie, ne connoiſſent rien au-delà des Philoſophes Grecs: on croit que Thalès & Pythagore ont les premiers deſſillé les yeux des mortels, & tracé la route qui conduit à la ſageſſe; & l'on ne conſidère pas aſſez que ces grands hommes, ſelon le témoignage de Platon, étoient eux-mêmes des enfans qui ne faiſoient encore que bégayer. Deſeſpérant de trouver dans leur patrie les lumières dont ils avoient beſoin, ils entreprirent de longs voyages pour conſulter les peuples dont la doctrine étoit célèbre dans l'Univers.

Lorſque la Grèce étoit encore plongée dans ſa première barbarie, les beaux arts fleuriſſoient en Orient & dans l'Égypte. Les habitans de ces contrées furent de bonne heure en état de contempler les aſtres, d'étudier la Nature, & de ſe livrer à ce que les Sciences ont de plus piquant.

L'Orient fut donc le berceau de la Philoſophie: c'eſt-là qu'il faut chercher l'origine des opinions des hommes: c'eſt de là qu'il faut partir pour ſuivre pas à pas les progrès qu'a fait l'eſprit humain, quelquefois vers la vérité, & le plus ſouvent vers l'erreur. Les Sages de la Grèce puiſèrent dans cette ſource; & leurs ſuccès montrent ce qu'on doit penſer des maîtres qui formèrent de tels diſciples.

Mais la Philoſophie que ces derniers apportèrent dans leur climat, y fut toûjours comme une plante étrangère. Eſpèce de jeu d'eſprit, réſervé à des génies d'un certain ordre, elle n'y ſervit jamais à l'inſtruction des peuples: jamais on n'eſſaya de réformer à ſa lumière les horreurs du culte public; &, comme ſi *raiſonnable* & *religieux* étoient deux choſes différentes, les Philoſophes groſſièrement Idolâtres dans les temples, mépriſoient dans leurs écoles ces mêmes Dieux qu'ils venoient d'adorer, & s'apercevoient à peine de la contradiction.

Mais en Orient la Philoſophie étoit populaire, parce qu'elle étoit identifiée avec la religion publique. Tout Prêtre étoit philoſophe par cela même qu'il étoit Prêtre : & les Sages eſtimoient aſſez les dogmes reçûs, pour en faire le fondement de la morale & des loix.

Ainſi rien n'eſt plus digne de quiconque veut étudier en philoſophe les opinions des hommes, que d'approfondir la religion de ces anciens peuples. Quand je dis la religion, je n'entends pas ſeulement l'appareil extérieur, qui n'en eſt que le corps: c'eſt ſur-tout des dogmes dont je veux parler, parce que ces dogmes en ſont l'ame & la vie. L'hiſtoire n'eſt jamais plus intéreſſante, que lorſqu'elle nous peint les penſées de ceux qui nous ont précédés.

Or parmi les Orientaux, les Perſes ſemblent, à tous égards, mériter nos attentions & nos recherches. Cette nation cèlèbre, par le rang qu'elle occupe dans les faſtes du monde, l'eſt encore plus par une réputation ſingulière de ſageſſe. Mais ſes idées religieuſes étoient-elles aſſez pures pour avoir droit à des éloges ſans reſtriction? Ne ſeroient-elles pas au contraire une preuve de l'égarement général des peuples, qui n'ont eu que la raiſon pour guide? Queſtion vraiment intéreſſante, & digne d'un ſérieux examen.

Tout le monde convient que les Perſes ſe ſont moins écartés de la Religion primitive du genre humain, que la pluſpart des autres peuples. Zélés pour la doctrine de l'immortalité de l'ame, ils n'héſitèrent pas même ſur la réſurrection des corps : d'un héros mort, ils ne firent jamais un Dieu; & leur Religion fut toûjours exempte de ces abſurdités groſſières qu'on reproche aux nations idolâtres. Mais on a toûjours cru qu'ils deshonoroient ces précieuſes vérités par deux erreurs capitales; c'est-à-dire qu'on les a toûjours regardés comme adorateurs du Soleil & du feu, & comme les premiers sectateurs du systême impie des deux principes co-éternels.

Telle étoit l'idée que l'on avoit encore des Perses à la fin du dernier siècle, lorsque M. Hyde composa un grand ouvrage pour faire leur apologie sur ces deux points. Il entreprend d'établir que les Perses, depuis leur origine jusqu'à nos jours, ont conservé la Religion naturelle dans son intégrité: il justifie, par leurs intentions secrètes, le culte qu'ils rendoient aux astres & aux élémens, & ne trouve dans ces hommages superstitieux qu'un culte civil ou relatif. Dans Arimane, auteur de tout mal selon les Perses, il ne voit que le Démon simple créature, bon dans son origine, & devenu mauvais par l'abus de sa liberté. C'est ainsi que par des interprétations subtiles, il s'efforce de ramener à l'orthodoxie une Religion qui sembloit être décriée pour jamais. Il n'est que trop ordinaire que les Savans se passionnent à l'excès pour l'objet de leurs travaux. M. Hyde, qui se regardoit comme le créateur & le père d'une Nation qu'il tiroit, pour ainsi dire, de l'oubli, avoit pour elle cette tendresse aveugle qui n'aperçoit aucun défaut dans ses enfans.

Hist. Religion. veter. Persar.

Ce Docteur étoit très-habile dans les langues orientales. Au rapport de M. Prideaux, il entendoit l'ancien Perse aussi-bien que le Persan moderne. Il avoit trouvé moyen de rassembler les écrits de Zoroastre, dont le recueil est connu dans l'Orient sous le nom de *Zend avesta*, & se disposoit à les faire imprimer en caractères de l'ancien Perse, avec une traduction latine, un glossaire, une grammaire; mais les Mécènes d'Angleterre n'ayant pas secondé son zèle, il mourut sans pouvoir exécuter son projet.

Hist. des Juifs, l. IV.

Son livre, fruit d'une lecture immense, contient beaucoup de recherches intéressantes. Tout ce qui regarde les usages religieux de la Perse, les fêtes, les cérémonies, les temples, l'ordre des Prêtres ou Mages, leurs fonctions, leur règle de vie, s'y trouve parfaitement bien débrouillé. Il est vrai que l'auteur ne brille pas du côté du raiſonnement: ſa critique eſt peu judicieuſe: il ne ſait ni digérer ſes idées, ni diſpoſer ſes matériaux: ſon ſtyle barbare, hériſſé d'Arabe & de Perſan, n'eſt adouci par aucune ſorte d'aménité. Mais comme on n'avoit alors que des notions fort ſuperficielles ſur la nation des Perſes, il apprit une infinité de choſes qu'on ignoroit: il fit connoître les auteurs Orientaux, que l'on ne connoiſſoit guère alors. Par ce moyen *l'hiſtoire de la religion des Perſes*, toute défectueuſe qu'elle eſt, parut un phénomène littéraire: le Public ſavant lui fit l'accueil le plus flatteur, & l'on cita cet ouvrage comme une autorité ſans replique.

D'ailleurs tout ce qui porte un air de nouveauté, ſemble avoir des droits ſur notre eſprit. Le ſyſtème de M. Hyde avoit quelque choſe de hardi, & s'élevoit au deſſus des préjugés. C'en fut aſſez pour le faire adopter par des littérateurs de toute eſpèce. On ſe crut diſpenſé de tout examen après les travaux d'un ſi ſavant homme; & ce n'eſt preſque qu'en tremblant que des Savans conſommés ont eſſayé de diſſiper l'illuſion. En marchant ſur leurs traces, j'entreprends de réfuter à fond la prétention du docte Anglois. Je ne toucherai qu'en paſſant, & ſelon le beſoin, ce qui concerne l'extérieur de la religion des Perſes: je me borne à la partie dogmatique, qui, ſans contredit, eſt la plus importante & la plus curieuſe.

Pour procéder avec ordre, je conſidère, avec M. Hyde, cette Religion ſous trois époques remarquables.

La première comprend tout le temps qui s'eſt écoulé depuis l'établiſſement des Perſes, dans la contrée qui porte leur nom, juſqu'au temps de Darius fils d'Hyſtaſpe. Car c'eſt ſous le règne de ce Prince que M. Hyde place le célèbre Zerdusht ou Zoroaſtre, ſelon les uns fondateur, & ſelon d'autres réformateur du Magiſme. Cette conjecture a paru plauſible aux Savans. Je l'examinerai dans la ſuite; & je la ſuppoſerai véritable en attendant, parce qu'elle l'eſt en effet juſqu'à certain point.

La ſeconde époque commence à la réformation de Zerdusht, ſous Darius fils d'Hyſtaſpe, & finit à l'an 651 de l'ère vulgaire. Ce fut dans cette année que les Sarrazins firent la conquête de la Perſe. On ſait avec quel zèle les Muſulmans perſécutent l'idolâtrie. Ils crurent, dit M. Hyde, que les anciens habitans adoroient le Soleil & le feu. En conſéquence ils abattirent les Pyrées, c'eſt-à-dire les temples où les Mages entretenoient le feu ſacré, & proſcrivirent l'ancien culte.

Enfin la troiſième époque dure depuis la conquête des Sarrazins juſqu'à nos jours. Quoique la pluſpart des Perſans aient abandonné leur ancienne Religion, cependant elle n'eſt point abolie. De ceux qui refusèrent d'embraſſer le Muſulmaniſme, les uns ſe retirèrent avec leurs Prêtres dans la province de Kerman, & dans quelques contrées de la partie méridionale des Indes, où leur poſtérité vit paiſiblement ſous la protection des Princes; les autres, répandus dans la Perſe, y ſont traités avec le dernier mépris. On les connoît ſous le nom de Ghèbres, mot Perſan qui veut dire *Infidèles*. C'eſt un terme injurieux, par lequel les Mahométans déſignent ceux qui ne ſont pas de leur Religion, & ſur-tout les ignicoles, qu'ils ont ſingulièrement en horreur.

M. Hyde s'attendrit ſur le ſort d'une ſecte qui lui paroît ſi reſpectable: un Ghèbre qui ſe ſoûmet à l'Alcoran eſt à ſes yeux un apoſtat: peu s'en faut qu'il ne traite de martyrs ceux qui montrèrent une fermeté à toute épreuve. Etrange effet de la prévention! quand même le Magiſme ſeroit exempt des erreurs dont on le charge, ſur quel fondement le préféreroit-on au Mahométiſme? L'Alcoran prêche à haute voix l'unité & la ſpiritualité de Dieu: on y reconnoît clairement que l'Eſtre ſuprême eſt créateur des eſprits & des corps, du Ciel & de la Terre, & qu'il n'exiſte aucun être qui lui ſoit co-éternel: on y proſcrit ſans ménagement le culte du Soleil, des aſtres & des élémens, qui, de l'aveu même de M. Hyde, eſt un culte ſuperſtitieux. Pouvoit-il ſe diſſimuler que ces vérités eſſentielles ne ſoient au moins couvertes de quelque nuage dans la religion des Perſes? Un auteur moins paſſionné reconnoîtroit qu'un Ghèbre, qui ſe fait Muſulman de bonne foi, fait un pas vers la vérité.

Quoi qu'il en ſoit, M. Hyde fait tous ſes efforts pour juſtifier les Ghèbres des erreurs que les Chrétiens & les Mahométans leur imputent. Il faut convenir que c'eſt ici l'endroit le plus plauſible de ſon ſyſtème. En effet, les Miſſionnaires & les voyageurs rendent à ce peuple des témoignages fort avantageux: ils nous aſſurent que ces bonnes gens ſe récrient contre la doctrine qui leur eſt attribuée; qu'ils ſont profeſſion de n'adorer & de ne prier que Dieu ſeul, & de ne révérer le Soleil & le feu que comme des ſymboles expreſſifs de la préſence divine.

M. Hyde trouve encore l'apologie des Ghèbres dans le *Sad-der*, eſpèce d'abrégé du *Zend aveſta*, compoſé par un Mage il y a environ deux cens cinquante ans, & dont il a fait imprimer la traduction à la fin de ſon ouvrage.

J'examinerai dans la ſuite ce qu'il faut penſer de cette prétendue orthodoxie des Ghèbres, & de la doctrine du livre *Sad-der*. Mais quand même on en porteroit un jugement favorable, faudroit-il décider par-là des ſentimens des anciens Perſes, même de ceux qui précédèrent Zoroaſtre? C'eſt la prétention de M. Hyde: il a beſoin de s'étayer de ce ſecours, parce qu'il n'en trouve point dans l'antiquité. Au reſte on ne peut trop louer ſa bonne foi. Au lieu d'éluder, par des ſubtilités & des ſubterfuges, la multitude de textes qu'on lui oppoſe, il avoue ſans détour qu'ils dépoſent contre lui. Mais il a la hardieſſe de s'inſcrire en faux contre le témoiguage unanime des anciens, & de traiter d'ignorans & de calomniateurs ceux qui nous ont repréſenté les Perſes comme des *Ignicoles* & des *Dualiſtes*. Il porte même ſa prévention contre les anciens, juſqu'à les croire mal informés de l'hiſtoire de la Perſe. Il voudroit preſque qu'on ne l'étudiât que dans les auteurs Arabes & Perſans, dont les moins modernes ne ſont pas antérieurs au XIII.e ſiècle de l'Egliſe.

Les Grecs ſur-tout excitent ſa mauvaiſe humeur. Obſerſervateurs ſuperficiels des coûtumes & de la Philoſophie des nations étrangères, les Grecs, dit-il, trouvoient par-tout leurs idées, leurs imaginations & leurs Dieux: contre la

notoriété

notoriété publique, ils imputent aux Perses d'adorer Jupiter, Mars, Vénus, les Héros & les Génies du pays. Est-ce donc à ces auteurs inexacts que l'on s'en rapportera, dit le docte Anglois, plustôt qu'aux Persans eux-mêmes, seuls témoins non suspects des sentimens de leur nation? Soupçonnera-t-on les Ghèbres de s'être écartés de la doctrine de Zoroastre, eux qui, pour la conserver sans altération, souffrent depuis onze cens ans tant de persécutions & d'insultes de la part des Mahométans?

Les milliers de Martyrs, qui dans les IIIe & IVe siècles de l'Eglise, souffrirent la mort dans la Perse plustôt que d'adorer le Soleil, n'ébranlent pas davantage le docte Anglois: il va jusqu'à dire que ces Chrétiens sacrifioient plustôt à leur humeur & à leur opiniâtreté, qu'à de véritables motifs de conscience.

Tel est le systême de M. Hyde; & tels sont les moyens par lesquels il prétend l'appuyer. Je prie qu'on veuille bien en concevoir toute l'étendue. Dans cette hypothèse il faut soûtenir que depuis le déluge jusqu'à nos jours, c'est-à-dire pendant l'espace de quatre mille ans, il subsiste un peuple qui, sans interruption, a conservé dans toute sa pureté la Religion naturelle & le vrai culte de Dieu, sans le secours d'aucune révélation, ou plustôt à l'aide de fausses révélations qu'un imposteur habile a sû leur faire adopter, pour les maintenir dans leur orthodoxie primitive.

M. Hyde dévore cette conséquence, & s'en fait gloire. Il prétend même que rien n'est plus avantageux à la cause de la véritable Religion, que de trouver ses principaux dogmes perpétués dans une nation qui n'avoit rien de commun avec les Hébreux, & pour qui les livres saints étoient des livres inconnus.

Mais ne suffiroit-il pas, pour le triomphe de la Religion, de recueillir les traces de l'ancienne tradition conservée dans toutes les nations, & dans celle des Perses en particulier? Pour prouver que Moyse & les Prophètes nous ont transmis fidèlement l'ancienne croyance du genre humain, est-il nécessaire de trouver un peuple qui, par le seul secours de la raiſon, ait eu avec les Hébreux une auſſi parfaite conformité? Je n'en dis pas davantage : c'eſt aux Théologiens à qualifier le ſyſtème de M. Hyde. Je dois me renfermer ſcrupuleuſement dans l'examen du fait. Je puis néanmoins me flatter de ſervir la Religion plus efficacement que n'a fait le docte Anglois, en montrant, par l'exemple même des Perſes, que les peuples deſtitués de la lumière de la révélation, quelque éclairés qu'ils aient été d'ailleurs, loin de conſerver la Religion naturelle dans toute ſon intégrité, l'ont toûjours deshonorée par quelque erreur capitale.

PREMIÈRE E'POQUE.

De la Religion des Perſes, depuis l'établiſſement de leur Nation, juſqu'au règne de Darius fils d'Hyſtaſpe.

PREMIER MÉMOIRE.

Sur le Sabaïſme des anciens Perſes.

IL n'eſt pas néceſſaire de recourir aux livres ſaints pour ſe convaincre que la véritable Religion étoit originairement celle du genre humain. Les anciens peuples, quoique livrés à des ſuperſtitions extravagantes, quoique diviſés ſur la nature de la Divinité & ſur les devoirs qu'elle exige, conſervoient des traces ſenſibles de l'ancienne tradition, & les ſemences précieuſes des vérités les plus importantes. Cet accord frappant entre des nations qui ſouvent ne ſe connoiſſoient point, qui n'avoient entre elles aucun commerce, prouve évidemment que leurs pères communs avoient une même croyance, une même morale, un même culte; & que les diverſes opinions qui dans la ſuite partagèrent les hommes, n'étoient que des inventions modernes, & des altérations de la Religion primitive.

Il ſeroit difficile de fixer le temps où les idées commencèrent à ſe brouiller. Quelques auteurs placent cette époque avant la confuſion des langues; d'autres, mieux fondés, ce me ſemble, la reculent juſqu'après la diſperſion générale qui ſuivit cet évènement. Il n'eſt pas naturel que les hommes aient ſi-tôt oublié le déluge, & les merveilles que le ſouverain Maître de la Nature avoit alors opérés.

Quoi qu'il en ſoit, je ſuppoſerai volontiers, avec M. Hyde, qu'Elam, fils de Sem, porta la religion de Noé dans la contrée où il établit ſa famille. Mais la famille d'Elam partageoit cet avantage avec les autres colonies qui s'étoient ſéparées pour chercher de nouvelles habitations; &, comme les autres, elle eut le malheur de ne pas conſerver long-temps le véritable culte dans ſa pureté. Les hommes s'égarèrent bien-tôt dans leurs raiſonnemens, & ſubſtituèrent le culte des créatures à celui du Créateur.

Il ne faut pas croire néanmoins que la métamorphoſe ait été ſubite; & qu'après s'être couché orthodoxe, on ſe ſoit trouvé, pour ainſi dire, idolâtre à ſon réveil. Ces paſſages bruſques ne ſont pas dans la Nature: les anciennes idées ne ſe perdent guère que par des dégradations imperceptibles, qui dérobent même la connoiſſance du changement. Pour en être frappé, il faudroit comparer le point d'où l'on eſt parti avec celui où l'on eſt arrivé, & ſouvent le premier terme eſt tellement éloigné qu'on en a perdu le ſouvenir. Le changement dont il s'agit ne s'eſt pas fait dans un ſeul eſprit, ni même dans une ſeule génération; de ſorte que l'arrière-petit-fils d'Elam, par exemple, devenu adorateur du Soleil, pouvoit croire, avec une eſpèce de bonne foi, n'avoir pas d'autre religion que celle de ſon biſaïeul.

Il fut donc un temps où l'on n'étoit ni parfaitement orthodoxe, ni tout-à-fait idolâtre; & ce milieu, d'une certaine étendue, n'aura pas été franchi d'un ſeul ſault: les uns l'auront parcouru plus vîte, les autres plus lentement.

Frappés à l'excès de tous les objets ſenſibles; occupés du ſoin de pourvoir aux beſoins les plus preſſans; obligés d'étudier la nature du terroir, & le cours des aſtres qui règlent les ſaiſons, les hommes auront d'abord été ſaiſis d'admiration à la vûe de ces globes lumineux, dont les bénignes influences donnent à la terre ſa fertilité. Et cette terre elle-même, ſource inépuiſable d'alimens; cette eau qui s'inſinue dans ſes entrailles, pour former la sève qui donne l'accroiſſement aux plantes; ce feu, principe actif dans l'Univers, qui par la fermentation qu'il y cauſe, le tire d'un engourdiſſement léthargique, auront-ils moins attiré leurs regards & leur attention?

De l'admiration au reſpect, & du reſpect au culte, il n'y a preſque qu'un pas à faire. Pourroit-on ſans ingratitude, aura-t-on dit, ne pas honorer des êtres ſi puiſſans, de qui nous devons tout attendre? Puiſque c'eſt par leur moyen que Dieu nous comble de biens, c'eſt par leur canal que notre reconnoiſſance doit monter juſqu'à lui. Ce Dieu ne nous parle plus comme il parloit à nos pères: il ne nous manifeſte ſa préſence que par la ſplendeur des aſtres & par l'activité des élémens. C'eſt donc proprement dans ces objets qu'il réſide: c'eſt dans ces objets qu'il le faut adorer; & ſur-tout dans ce globe éclatant, principe de lumière & de chaleur, ſi digne par ſa magnificence d'être le trône du Très-haut, & la vive image de cette lumière éternelle qui n'eſt aperçûe que des eſprits.

On ne s'en tint pas à ces premiers raiſonnemens: inſenſiblement on oublia l'Auteur de la Nature: on lui ſubſtitua la Nature elle-même; non cette Nature groſſière, que nous voyons de nos yeux, que nous touchons de nos mains; mais une Nature ſubtile & vivante, qui s'inſinuant dans la matière ſenſible, pour ne faire qu'un tout avec elle, dirige le mouvement des corps d'une manière propre à conſerver l'harmonie de l'Univers.

Bien-tôt cette prétendue Nature ſembla trop vaſte pour être ſaiſie par une ſeule vûe de l'eſprit: il parut plus commode de la couper, pour ainſi dire, en parcelles. On ſavoit, par l'ancienne tradition, qu'il exiſtoit des eſprits ſupérieurs à l'homme, miniſtres du grand Roi dans le gouvernement du monde. Ce furent ces eſprits dont on anima l'Univers: on en plaça par-tout; dans le Ciel, dans les aſtres, dans l'air, dans les montagnes, dans les eaux, dans les forêts, & même dans les entrailles de la terre; & l'on honora ces nouveaux Dieux ſelon l'étendue & l'importance du domaine qu'on leur avoit attribué. Subordonnés les uns aux autres, on leur faiſoit reconnoitre pour ſupérieurs un génie du premier ordre, que des nations plaçoient dans le Soleil, & d'autres au-deſſus de cet aſtre, ſelon que le caprice le leur dictoit.

Ce ſyſtème conduiſit inſenſiblement au culte des morts. Les Héros, les bons Princes, les inventeurs des arts, les pères de famille diſtingués n'étoient pas regardés comme des hommes ordinaires. On s'imagina que des eſprits bienfaiſans s'étoient rendus viſibles en ſe revêtant d'un corps humain, ou bien que les grands hommes s'étant élevés au-deſſus du commun par une vertu plus qu'humaine, leur ame avoit mérité d'être placée au rang de ces Génies divins qui gouvernoient l'Univers. On les honora donc après leur mort, comme protecteurs de ceux auxquels ils avoient fait tant de bien pendant leur vie.

Mais comme les hommes aiment ce qui frappe les ſens, & que les eſprits des morts ne jugeoient pas à propos de ſe communiquer ſouvent, ni à beaucoup de perſonnes par des apparitions, on crut les forcer en quelque ſorte à ſe rendre préſens à la multitude par le moyen des ſtatues qu'on leur érigea, & dans leſquelles on ſuppoſa que les génies venoient volontiers habiter, pour y recevoir les reſpects qui leur étoient dûs. C'eſt ainſi que par degrés on tomba dans les plus grands excès. L'Idolâtrie fut diverſifiée ſelon le caractère particulier de chaque peuple, ſelon ſa ſituation, ſes aventures, ſon commerce avec d'autres nations. On conçoit aiſément que les circonſtances ont dû répandre une variété infinie ſur les objets & la forme du culte public.

Je m'écarterois trop ſi j'entrois dans un plus grand détail. Je n'ai voulu préſenter qu'une légère eſquiſſe de l'origine & du progrès de l'Idolâtrie. C'eſt peut-être dans ce goût qu'il en faudroit faire l'hiſtoire.

Quand je dis l'Idolâtrie, je ſens que j'emploie un terme

impropre pour ſignifier l'adoration d'une créature quelconque. Mais la langue grecque, dont cette expreſſion eſt tirée, n'en fournit point de plus générale. C'eſt que les Grecs s'étoient livrés de bonne heure au culte des Héros & des ſtatues. Ce nouveau culte abſorba tellement l'ancien dans la pluſpart des régions occidentales, que les aſtres & les élémens n'étoient plus honorés, que comme perſonnifiés avec quelque Génie ou quelque Héros célèbre. Le terme d'Idolâtrie exprimoit donc très-exactement le caractère du culte reçû dans l'Occident.

Mais en Orient, où l'on adoroit les aſtres & les élémens pour eux-mêmes, à cauſe de l'eſprit vivifiant qui conſtitue leur nature, le fonds de la Religion n'étoit pas proprement l'Idolâtrie. Le culte des aſtres & des élémens fut long-temps le ſeul culte; & celui des Héros & des ſtatues, adopté peu à peu par la pluſpart des Orientaux, n'étouffa pas le premier, qui fut toûjours le principal & l'eſſentiel.

Ce que nous appelons en général *idolâtrie*, eſt exprimé dans l'Orient par *Sabaïſme (a)*; & ce mot, ſelon les plus habiles critiques, n'indique pas la religion d'un peuple particulier habitant la ville de Saba: il vient du mot hébreu *tſaba*, qui ſignifie *troupe* ou *armée*. L'ordre conſtant que les aſtres obſervent dans leur cours, paroiſſoit plus admirable que les mouvemens d'une armée rangée en bataille.

V. Hyde & Pokock.

Un *Sabaïte* étoit donc un adorateur de l'armée céleſte; & c'eſt ainſi que les auteurs ſacrés, qui vivoient avant que le culte des morts eut entièrement prévalu, déſignent le culte prophane où les Hébreux ſe laiſſoient ſouvent entraîner. *Il adora*, diſent-ils, *le Soleil, la Lune & toute l'armée du Ciel.*

Ce fut pour combattre l'impiété Sabaïte, que les Iſraëlites

(a) La ſecte des Sabéens ou Zabiens eſt fort renommée dans les écrits des orientaux Muſulmans. Mais comme ni les Grecs, ni les Latins n'en font aucune mention, les Savans ne ſont pas d'accord ſur ſon antiquité. Le docte Spencer la croit auſſi ancienne que l'Idolâtrie: d'autres ne la font commencer que vers le temps de Mahomet. Je n'entre point dans cette queſtion; & pour l'éviter, je me ſers des termes *Sabaïſme* & *Sabaïte*. Tous les Orientaux étoient *Sabaïtes* dans le ſens que je l'explique, mais ils purent n'en porter le nom, que lorſqu'ils furent réduits en aſſez petit nombre pour faire ſecte.

consacrèrent au vrai Dieu le titre de Dieu *sabaoth*. Car, selon les meilleurs interprètes, ce seroit énerver la force de ce terme, que de ne lui faire signifier qu'*arbitre de la victoire*, attribut qu'aucun peuple n'a jamais contesté à la Divinité. Ainsi par cette expression énergique, un Hébreu faisoit profession de n'adorer que le Créateur de l'armée des Cieux; s'affermissoit dans l'idée majestueuse qu'il avoit de l'Estre suprême; & se dépeignoit vivement l'infériorité des objets, devant lesquels les autres nations avoient la bassesse de se prosterner.

Après ces idées générales, que j'ai cru nécessaires pour l'intelligence de ce que je dois dire dans ce Mémoire & dans les suivans, je viens à ce qui concerne la religion particulière des anciens Perses, unique objet de mes recherches.

Je conviens sans peine qu'ils n'étoient point *Sabaïtes-idolâtres*. Adorateurs de l'armée du Ciel, ainsi que tous les peuples de l'Orient, à l'exception des Hébreux, ils se tinrent dans les bornes de cette première erreur. Jamais ils ne divinisèrent les hommes: ils ne prostituèrent point leur culte à des idoles, à des figures monstrueuses, si communes dans les autres nations. Mais il est notoire, avoué même par leurs apologistes les plus décidés, qu'ils se prosternoient avec un respect profond devant le Soleil, les astres & le feu; & qu'ils donnoient à ces objets les mêmes témoignages d'adoration qu'on leur donnoit dans tout l'Orient, & que les Idolâtres ne refusoient point aux statues de leurs Dieux. Donc les anciens Perses étoient vraiment *Sabaïtes*, selon la signification littérale de ce terme.

Toute l'antiquité sacrée & prophane nous découvre dans l'Orient une secte renommée, qui détestant le culte des morts & des statues, ne reconnoissoit d'autres Divinités que les astres & les élémens. Cette secte, qui tenoit le milieu entre les Hébreux & les Idolâtres, étoit connue des Prophètes; & le livre de la Sagesse nous la dépeint au naturel. *Sap. c. 13.* En quelle contrée de l'Asie placerons-nous cette secte? (car il est indubitable qu'elle formoit un corps, & qu'elle n'étoit pas réduite à quelques Philosophes épars çà & là) où trouverons-nous ce peuple demi-orthodoxe & demi-payen? Toutes les nations connues adoroient les idoles: les Perses seuls les avoient en horreur. C'est donc en Perse qu'il faut placer cette secte; & c'est en effet dans ce pays que les Anciens nous assûrent qu'elle existoit.

Je dis les Anciens, & je n'en excepte aucun; M. Hyde lui-même n'en disconvient pas. Il juge à propos de récuser les Grecs; mais qu'allégueroit-il contre les auteurs Arabes, qu'il cite avec prédilection? Ceux mêmes qui parlent le plus avantageusement de la doctrine de Zoroastre, disent nettement que les Mages, plus anciens, étoient Sabaites.

Je discuterai ces témoignages dans la suite; maintenant l'aveu non suspect de M. Hyde nous suffit. Quand même il réussiroit à faire l'apologie des sectateurs de Zoroastre, quelle conséquence en pourroit-il tirer en faveur de l'orthodoxie des Mages, plus anciens que ce réformateur? Celui-ci n'auroit-il pas pû corriger les erreurs de sa Nation; & ne passe-t-il pas même pour l'avoir fait, du moins sur quelques articles? Il falloit donc que M. Hyde abandonnât les Perses de sa première époque.

En vain auroit-il objecté qu'aucun de ces auteurs Grecs ou Arabes n'étoit contemporain des anciens Mages. Mais au défaut d'auteurs contemporains, les Écrivains postérieurs sont-ils incapables de nous rien apprendre? Leur témoignage n'est-il d'aucun poids lorsqu'ils déposent unanimement d'un fait très vrai-semblable en soi? Ces mêmes auteurs nous assûrent que les autres peuples de l'Orient étoient Sabaites. Ils nous attestent l'idolâtrie des anciens Chaldéens, des Babyloniens, des Égyptiens avec lesquels ils n'avoient pas vêcu. Pourquoi M. Hyde ne s'est-il pas avisé de leur donner un démenti sur ce point, & de transformer en symboles innocens les idoles de ces Nations?

Mais s'il lui falloit des auteurs contemporains, il les pouvoit trouver sans peine dans les Prophètes de l'ancien Testament, dont quelques-uns ont parlé des Perses. Leur témoignage l'auroit convaincu de sa méprise : car indépendamment de

l'autorité

l'autorité divine, qui doit assujétir nos esprits, on sait qu'ils étoient parfaitement au fait des usages & des religions de l'Orient, & que d'ailleurs ils n'avoient aucune envie de décrier un peuple qu'ils regardoient comme le futur libérateur de la nation sainte. Cherchons donc ces lumières que M. Hyde a négligées. Je commence par Ezéchiel. Ce Prophète, captif à Babylone, étoit, à parler même humainement, très à portée de connoître la religion des Perses.

Il raconte qu'ayant été transporté en vision au dessus du temple de Jérusalem, Dieu lui fit voir toutes les abominations qui s'y commettoient. Il aperçut d'abord des gens qui adoroient Baal; d'autres qui se prosternoient devant des idoles peintes sur les murailles, & devant des images de reptiles & d'animaux : d'un autre côté il vit des femmes qui pleuroient Thammuz. Enfin, dit-il, *je vis à l'entrée du temple du Seigneur, entre le vestibule & l'autel, vingt-cinq hommes qui tournoient le dos au temple du Seigneur, & dont le visage regardoit l'Orient; & ils adoroient le Soleil levant.* *Ch. VIII.*

On voit, par la suite de ce chapitre, que les Israëlites infidèles avoient embrassé, chacun suivant son goût, l'une des quatre religions les plus connues dans l'Orient. La première, est celle des Phéniciens & des Chaldéens: la seconde, celle des Egyptiens: la troisième, celle des Syriens. Peut-on douter que la quatrième ne soit celle des Perses? elle est si bien caractérisée, qu'il est impossible de la méconnoître. « Ces paroles d'Ezéchiel signifient, dit M. Prideaux, que ces Israëlites avoient renoncé au culte du vrai Dieu, & avoient embrassé le culte idolâtre des Mages. Car le Saint des Saints, dans lequel étoit le *Shekinah*, ou symbole de la présence divine, qui reposoit sur le Propitiatoire, étant au bout occidental du temple de Jérusalem, tous ceux qui y entroient pour adorer Dieu, avoient le visage tourné vers cet endroit. C'étoit-là leur *Kebla*, ou le point vers lequel ils dirigeoient toûjours leur culte. Mais le *Kebla* des Mages étant le Soleil levant, ils adoroient toûjours le visage tourné vers l'Orient. Ainsi *Hist. des Juifs, l. IV.*

» ces vingt-cinq hommes en changeant de Kébla, faisoient voir qu'ils avoient changé de religion ».

En effet, ces vingt-cinq hommes n'adoroient ni Baal, ni Thamnuz, ni les statues, ni les images. Les Perses n'adoroient non plus aucun de ces objets. Mais ces Israëlites infidèles se prosternoient devant le Soleil levant; & de l'aveu de M. Hyde, les Perses rendoient au Soleil levant les mêmes honneurs. C'est donc la religion des Perses que le Prophète a voulu décrire. Mais si le culte de cette religion n'eût pas été Sabaïte, Ezéchiel n'auroit pas mis cette quatrième abomination sur la même ligne que les trois premières. Il regardoit donc les Perses comme adorateurs du Soleil.

Le témoignage d'Isaïe est encore plus décisif, parce qu'il nomme le peuple qu'Ezéchiel ne fait qu'indiquer. Le Prophète annonce les conquêtes de Cyrus deux siècles avant la naissance de ce Prince: il décrit sa religion & ses erreurs; & telles sont les instructions que Dieu donne, par Isaïe, au libérateur de son peuple.

Isaïe, c. XLV. *Voici ce que le Seigneur dit à Cyrus, qui est son Christ.... Je suis le Seigneur, moi le Dieu d'Israël, qui vous ai appelé par votre nom. C'est à cause de Jacob qui est mon serviteur, & d'Israël qui est mon élû, que je vous ai appelé par votre nom. Je vous ai désigné par des titres honorables, & vous ne m'avez point connu. Je suis le Seigneur, & il n'y en a point d'autre: il n'y a point de Dieu que moi. Je vous ai mis les armes à la main, & vous ne m'avez point connu. Je le fais afin que depuis le lever du Soleil jusqu'au couchant, on sache qu'il n'y a point de Dieu que moi. Je suis le Seigneur, & il n'y en a point d'autre. C'est moi qui produis la lumière, & qui forme les ténèbres; qui crée la paix, & qui fais les maux: je suis le Seigneur qui fais toutes ces choses.... C'est moi qui ai fait la terre, & qui ai créé l'homme pour l'habiter. C'est moi dont les mains ont étendu les Cieux, & qui ai donné mes ordres à toute la milice des astres.*

Pesons ces paroles: elles nous apprennent quelle devoit

être la religion de Cyrus, & quelle étoit celle des Perses contemporains d'Isaïe.

Cyrus ne connoissoit pas le vrai Dieu. Il ne savoit pas que le Dieu d'Israël fût le seul Dieu véritable. Il n'adoroit donc pas l'Estre souverainement parfait, créateur du Ciel & de la Terre; car tel est le Dieu d'Israël. Les peuples étrangers aux Hébreux, n'étoient pas obligés de savoir que Dieu prenoit ce titre, *de Dieu d'Israël,* parmi la Nation consacrée à son culte: Job & d'autres saints Patriarches ne le savoient pas non plus. Ce n'eût donc été dans Cyrus qu'une simple ignorance de fait, qui ne l'eût pas rendu coupable, si d'ailleurs il n'eût adoré que le vrai Dieu. Il adoroit donc quelque créature qu'il prenoit pour la Divinité, car certainement il n'étoit pas Athée.

Cependant le Prophète n'impute point à Cyrus d'adorer les Idoles, ou les mânes des morts, comme il le reproche, immédiatement avant & immédiatement après, aux Babyloniens & aux autres peuples de l'Orient. Or quand on n'adore ni le vrai Dieu, ni les Héros, ni les Idoles, peut-on adorer autre chose que le Soleil, les astres, la lumière & le feu?

Mais il n'est pas besoin de raisonner pour tirer cette conclusion. Le Prophète nous fait assez connoître, par les instructions que Dieu donne à Cyrus, quelles étoient les fausses idées que ce Conquérant se formoit de la Divinité. Il ignoroit qu'il y eût un Dieu créateur de la lumière: il ne savoit pas que ce Dieu eût produit la terre; que les Cieux fussent l'ouvrage de ses mains, & qu'il commandât en maître à la milice des astres. Car si ce Prince eût connu toutes ces choses, la peinture que Dieu fait de lui-même ne seroit qu'une description vague, & Cyrus n'en eût pas été plus instruit. Par conséquent Cyrus regardoit la lumière, les Cieux, la milice des astres comme des Estres souverains, & comme les seules Divinités qu'il devoit adorer.

Ces deux autorités, d'Ezéchiel & d'Isaïe, sont si décisives, que M. Hyde lui-même n'auroit pû refuser de s'y rendre, s'il y eût fait attention. C'est du moins le jugement que

Hist. des Juifs, l. IV.

M. Prideaux en porte. Mieux instruit que son compatriote dans les saintes Écritures, il n'hésite pas à condamner les anciens Perses, & ne date leur orthodoxie prétendue que de la réformation de Zoroastre, sous le règne de Darius fils d'Hystaspe; & c'est ainsi qu'il adoucit le système de M. Hyde, (dont il paroît d'ailleurs admirateur,) pour rendre ce système plus soûtenable. Nous verrons dans la suite de ces Mémoires, s'il est possible de tenir dans ce retranchement. Mais avant que de finir, il est juste d'écouter les raisons de M. Hyde; il en résultera de nouveaux éclaircissemens.

Le savant Anglois convient, comme on l'a déjà remarqué, que les anciens Perses adoptèrent de bonne heure le culte extérieur des élémens & des astres; mais il prétend que ce culte n'est pas une preuve certaine de Sabaïsme. Si nous savions, dit-il, ce qu'ils prononçoient en se prosternant devant le Soleil & devant le feu, nous pourrions juger de leurs intentions; car les sentimens de l'ame se manifestent par les paroles. Mais les formules de ces anciennes prières ne nous ont pas été conservées. Nous savons seulement que les Ghèbres, en observant les mêmes cérémonies, ne prétendent adorer ni le Soleil, ni le feu. D'ailleurs le prosternement n'est pas un signe certain de l'adoration proprement dite. Les Orientaux se prosternoient devant les Rois & les Grands: Abraham se prosterna devant les princes Cananéens. Ces salutations n'étoient que des honneurs civils, que l'on distinguoit sans peine des honneurs religieux, par les sentimens connus de ceux qui les rendoient. Ainsi les anciens Perses pouvoient ne rendre au Soleil & au feu que des honneurs du même genre.

Pour les convaincre de Sabaïsme, ajoûte M. Hyde, il faudroit prouver que leur culte étoit absolu, & non relatif. S'il n'avoit pour objet que l'être même du Soleil & du feu, les Perses étoient Sabaïtes. Mais il est très-possible qu'ils regardassent le feu uniquement comme le symbole de la présence divine; les astres, & sur-tout le Soleil, comme le trône du grand Roi, comme l'image la plus parfaite de la lumière éternelle. En ce cas, le culte étoit ſimplement relatif, parce que c'étoit Dieu ſeul que l'on adoroit, comme réſidant dans ces objets, ou repréſenté par eux; comme c'étoit Dieu ſeul que Moyſe adoroit dans le buiſſon ardent, & les Iſraëlites, dans l'arche d'alliance.

Telles ſont en abrégé les ſuppoſitions que M. Hyde allègue, comme des réalités, dans le cours de ſon livre. Il eſt clair qu'il ne peut les appuyer ſur aucun monument certain; & qu'ainſi elles ne peuvent être raiſonnablement oppoſées au témoignage poſitif d'Ezéchiel & d'Iſaïe. Je veux qu'il ſoit poſſible que les anciens Perſes n'aient point été Sabaïtes: mais il eſt du moins auſſi poſſible qu'ils l'aient été. Les preuves de fait décident à laquelle des deux poſſibilités il faut s'en tenir.

Mais voyons ſi la ſuppoſition de M. Hyde pourroit ſe défendre, même en genre de poſſibilité. J'y remarque d'abord une contradiction manifeſte, & cette contradiction ſe trouve par-tout dans l'ouvrage du docte Anglois. Il prétend que le culte des aſtres étoit tout à la fois, chez les Perſes, culte civil & culte relatif. Mais ſi ce culte étoit relatif, il étoit religieux, puiſqu'il ſe rapportoit à Dieu: & par la même raiſon, s'il n'étoit que civil, il n'étoit pas relatif. Ce ſont deux hypothèſes différentes entre leſquelles il faut opter, parce qu'elles ſe donnent mutuellement l'excluſion.

Je ſais que les mêmes hommages extérieurs peuvent quelquefois appartenir également aux deux cultes, parce que les ſignes de reſpect ſont arbitraires & d'inſtitution humaine, & que d'ailleurs on ne peut les varier à l'infini. C'eſt par la différence des objets, & l'intention connue de ceux qui leur donnent des marques de vénération, qu'il faut juger de la nature du culte. Un Payen ſe proſterne devant ſon Roi & devant la ſtatue de Jupiter: le premier de ces actes n'eſt point un culte religieux, parce qu'il eſt notoire que le Roi n'eſt point regardé comme un Dieu; mais le ſecond eſt certainement religieux, parce que le culte de la ſtatue de Jupiter n'a point de rapport à l'ordre de la ſociété, ni à la ſubordination qui doit être obſervée entre les hommes.

Le culte des aſtres & du ſeu ne pouvoit avoir aucun de ces rapports humains: il ne regardoit que Dieu; il étoit partie eſſentielle de la religion des Perſes. Ce n'étoit donc pas un culte civil. En un mot, les Perſes regardoient les aſtres & le feu comme des Divinités proprement dites, ou ſimplement comme des êtres repréſentatifs de Dieu. Dans l'une & dans l'autre ſuppoſition, les Perſes, en ſe proſternant devant le Soleil & devant le feu, prétendoient adorer la Divinité. C'étoit donc un culte religieux, s'il en fut jamais.

Mais ce culte religieux étoit-il relatif, ainſi que M. Hyde le prétend? c'eſt la ſeconde hypothèſe, & la ſeule qui mérite attention. Ce que ce ſavant auteur dit à ce ſujet, exprime aſſez bien les premiers pas que les hommes ont faits vers le Sabaïſme, & que les Perſes firent ſans doute comme les autres. Tâchons de développer ces premières idées de nos pères, & de ſaiſir le fil de leurs raiſonnemens.

Quoique Dieu ſoit par-tout, quoique tout ſoit en lui, il faudroit être bien élevé au-deſſus des ſens, pour voir également l'inviſible dans tous les objets de l'Univers, pour percer les voiles qui ne le décèlent qu'aux eſprits attentifs, & qui le cachent aux charnels. Bien-tôt les hommes ne virent plus dans la Nature que la Nature ſeule. Pour ſe rappeler la préſence de Dieu, ils crurent devoir choiſir des objets plus propres que les autres à réveiller en eux l'idée de l'Eſtre ſuprême, & dans leſquels on pût ſuppoſer qu'il réſidoit d'une façon particulière. C'eſt ce que les Orientaux appellent le *Shekinah*, c'eſt-à-dire le ſymbole de la préſence divine. C'étoit dans cet objet qu'ils adoroient Dieu d'une manière ſpéciale, ſur-tout dans le moment du culte public, qui ſemble exiger que quelque objet ſenſible fixe les yeux & l'attention de la multitude.

Le préjugé ſur ce point étoit tellement enraciné, que Dieu voulant conſerver le vrai culte dans le peuple Hébreu, eut égard à ſa foibleſſe, juſqu'à lui accorder un *Shekinah.* C'étoit l'arche d'alliance, où la préſence divine étoit manifeſtée par des ſignes éclatans.

Les autres nations, que Dieu ne jugea pas à propos d'honorer de ſa préſence ſpéciale, prirent pour *Shekinah* le Soleil, les aſtres, le feu. La pluſpart même ne s'en tinrent pas long-temps à ces objets communs à tout le genre humain. Chaque peuple voulut avoir ſon *Shekinah* particulier, & fixa le ſéjour de la Divinité dans des ſimulacres, & dans des figures d'hommes & d'animaux, conſacrées avec certaines cérémonies.

Je crois bien que dans les premiers commencemens, l'intention n'étoit pas tout-à-fait mauvaiſe. Mais les hommes firent en cela deux fautes, dont les conſéquences furent terribles.

La première fut de ſe fixer un *Shekinah* par leur propre choix. Dieu eſt également par-tout; & ce n'eſt pas à l'homme à lui preſcrire une demeure ſpéciale, où, pour ainſi dire, il ſoit tenu de ſe manifeſter. C'eſt à Dieu ſeul à la choiſir, s'il veut bien avoir cette condeſcendance, afin que l'homme ſe ſouvienne toûjours que Dieu ſeul eſt l'auteur de cette inſtitution.

Le ſecond tort qu'eurent les hommes, c'eſt d'avoir pris pour *Shekinah*, des objets capables par eux-mêmes d'attirer le reſpect & l'admiration. On fut la dupe d'un raiſonnement plus ſpécieux que ſolide. Si l'on veut, diſoit-on, adorer Dieu dans ſon image, il faut choiſir la plus parfaite & la plus expreſſive. Or il n'y a rien de plus propre à repréſenter la lumière éternelle, & la puiſſance de celui qui donne la vie & la fécondité, que l'aſtre brillant principe de la lumière ſenſible, que le feu qui met tout en mouvement dans la Nature.

Rien de plus raiſonnable en apparence, & dans le fond, rien de moins ſenſé. Plus ces images paroiſſent naturelles; plus elles expriment la grandeur de Dieu, ſa bonté, ſa puiſſance, & moins il étoit à propos de faire paſſer par elles les reſpects & l'adoration qu'on doit à Dieu. Il étoit trop à craindre que de pareils ſymboles ne fixaſſent entièrement l'attention des adorateurs, & ne devinſſent l'unique objet du culte.

Auſſi lorſque Dieu établit un *Shekinah* pour les Hébreux, il ne choiſit ni le Soleil, ni le feu. Ce fut ſur une arche qu'il fit éclater ſa gloire. Or quelque magnifique que fût cette arche, ce n'étoit dans le vrai qu'un ſimple coffre, qui n'offre aucune apparence de puiſſance & d'action. La ſplendeur qui l'environnoit quelquefois, étoit une ſplendeur étrangère. Il étoit trop évident que l'arche n'étoit reſpectable que par inſtitution, pour qu'on fût tenté d'y borner ſon culte. Elle ne devint jamais une idole pour les Iſraëlites, quelque penchant qu'ils euſſent à l'idolâtrie.

On dira peut-être que Dieu s'étoit ſouvent rendu viſible, avant & après le déluge, ſous le ſymbole du feu; que dans la ſuite il manifeſta ſa préſence à Moyſe dans le buiſſon ardent, & même à tout le peuple d'Iſraël, lorſque la loi fut donnée ſur le mont Sina, au milieu des feux & des éclairs. On ſe conformoit donc, ce ſemble, à l'intention de Dieu, en prenant le feu pour *Shekinah.* De là le reſpect pour le feu perpétuel, autoriſé par toutes les religions du monde, & ſpécialement par la loi de Moyſe. On ſait qu'il étoit preſcrit de l'entretenir avec ſoin, & de le nourrir de matières pures. C'étoit un crime de l'employer à des uſages prophanes, ou de ſe ſervir du feu prophane pour brûler les victimes & les parfums.

Je ne doute point que ces exemples n'aient fait impreſſion, & qu'on ne s'en ſoit ſervi pour autoriſer le choix du feu pour *Shekinah;* mais ce choix n'en fut pas moins téméraire. Lorſque Dieu s'étoit manifeſté par le feu, il eſt indubitable que ce feu particulier étoit le vrai *Shekinah* pour le moment: c'étoit vers cette portion de matière ignée, qu'il falloit diriger l'adoration dûe au ſouverain Eſtre. Mais ce feu étant miraculeux, quelle conſéquence en pouvoit-on tirer pour les feux naturels? Dieu avoit-il quelquefois parlé du milieu du Soleil, du milieu des feux ſacrés? Parce que Dieu s'étoit quelquefois rendu préſent ſous le ſymbole du feu, les hommes étoient-ils les maitres de fixer ſa demeure dans tel feu qu'ils jugeoient à propos *(b)!*

Quant

(b) Quelques perſonnes m'ont objecté le verſet du pſeaume XVIII, *In ſole poſuit tabernaculum ſuum.* D'où l'on pourroit conclurre que le Soleil peut être regardé comme un *Shekinah* choiſi de Dieu même; & que

Quant au feu perpétuel des Hébreux, M. Hyde n'en peut tirer aucun avantage. Il convient lui-même qu'ils ne lui rendoient point de culte. Le soin avec lequel on l'entretenoit pur & sans souillure, étoit un symbole, non de la présence de Dieu, mais de l'adoration perpétuelle, & de la pureté intérieure avec laquelle on doit s'approcher du Saint des Saints.

Si quelqu'un vouloit encore justifier ceux qui se formèrent arbitrairement des *Shekinah*, j'en appelle à l'expérience. Qu'arriva-t-il de cette première démarche? Bien-tôt les hommes adorèrent les astres & les élémens: le culte, de relatif qu'il étoit d'abord, devint absolu: on oublia la chose signifiée, & l'on s'en tint au signe. On avoit voulu honorer la lumière invisible dans la lumière visible; le principe éternel du mouvement, de la vie & de la fécondité, dans les principes créés qui sont les instrumens de la Providence; & bien-tôt on ne reconnut plus que les principes créés, ou plustôt on confondit les deux ensemble, & l'on attribua les qualités du principe immatériel qu'on ne voyoit point, à ceux qui seuls paroissoient avoir de la réalité, parce qu'ils étoient sensibles.

Pouvoit-on raisonnablement attendre autre chose? On ne s'étoit déterminé à prendre pour *Shekinah* le Soleil & le feu, que parce qu'on s'étoit formé une haute idée de l'excellence de ces créatures. Combien ce commencement de respect excessif dut-il augmenter, lorsque ces êtres devinrent l'objet immédiat du culte extérieur? Qui pouvoit retenir les Nations

que par conséquent on l'y peut adorer. Mais l'équivoque qui résulte de la version Vulgate, est entièrement levée par le texte hébreu, qui porte mot à mot: *Soli posuit tabernaculum in ipsis*, c'est-à-dire *in Cœlis*. Le Ciel est donc un pavillon pour le Soleil, & non pas le Soleil un pavillon pour Dieu. Le dessein du pseaume exige tellement ce sens, que les auteurs de nos versions françoises, quoique faites sur la Vulgate, ont cru dans cette occasion devoir se conformer au texte original. On lit dans les Septante: ἐν τῷ ἡλίῳ ἔθετο τὸ σκήνωμα αὐτοῦ; ce qui n'offre pas un sens fort clair. On verra bien-tôt que rien n'est plus contraire à l'esprit des livres Saints, & de plus favorable au Sabaïsme, que ce prétendu choix que Dieu auroit fait du Soleil, pour en faire son tabernacle ou pavillon.

dans un pas si glissant? Depuis long-temps Dieu ne leur parloit plus ni par lui-même, ni par les Prophètes: elles n'avoient ni livres sacrés, ni code de religion: de jour en jour les anciennes traditions s'obscurcissoient par le mélange des fables: on perdoit l'intelligence des allégories & des figures, sous lesquelles le génie oriental aimoit à renfermer les dogmes de la religion & l'histoire du genre humain; ou les prit à la lettre, & dans le sens le plus grossier. Les peuples n'étoient guère en état de percer ces voiles épais; & les Sages étoient plutôt égarés, que ramenés à la vérité par leurs raisonnemens & leurs systèmes.

Sur quel fondement jugeroit-on que les anciens Perses ont été plus privilégiés? Comme les autres peuples, ils placèrent leur *Shekinah* dans le Soleil & dans le feu. M. Hyde convient lui-même que le culte qu'ils rendoient à ces objets étoit excessif & superstitieux, & que Moyse le défendit avec raison aux Israëlites. Ce culte portoit donc par lui-même au Sabaïsme. Or, conçoit-on qu'un peuple entier, dénué du secours de la révélation, ait résisté pendant quinze siècles au moins au penchant qu'ont tous les hommes à se former des Divinités sensibles, lorsque ce penchant étoit fortifié & comme justifié par le culte reçû dans la Nation? Ils auront embrassé de bonne heure une manière mal entendue d'honorer Dieu; & depuis ce premier pas, ils auront été un temps infini sans en faire un second, qui n'en étoit qu'une suite trop naturelle! séduits par la contagion du mauvais exemple, ils auront adopté le rituel des peuples voisins, & détesté leur catéchisme! On ne connoît pas l'homme, quand on imagine de pareilles hypothèses.

Ne jugeons pas des anciens par nous-mêmes. Nés dans le sein d'une religion divine, nous suçons, pour ainsi dire, avec le lait des idées saines sur la nature de Dieu, & loin de nous sentir enclins à l'Idolâtrie, nous avons peine à comprendre qu'on ait été capable d'un tel égarement.

Mais dans les siècles qui suivirent le déluge, le Sabaïsme étoit un mal contagieux, qui se gagnoit par les yeux & par

les oreilles. Le Soleil & les aſtres étoient alors des objets très-dangereux à regarder avec attention, parce que leur vûe rappeloit l'opinion générale qu'on avoit de leur excellence. C'eſt contre ce péril que Moyſe avertiſſoit les Iſraëlites de ſe précautionner. *Prenez garde*, leur dit-il, *qu'en élevant vos yeux* Deuter. IV, 19.
au Ciel, & voyant le Soleil, la Lune & tous les aſtres, vous ne tombiez dans l'illuſion & dans l'erreur; & que vous ne rendiez un culte & une adoration à des êtres que Dieu a faits pour le ſervice de toutes les Nations qui ſont ſous le Ciel.

C'eſt dans le même eſprit que Job, environné d'adorateurs de l'armée céleſte, n'oſoit preſque ſe livrer au plaiſir innocent de contempler la courſe majeſtueuſe du Soleil & de la Lune. *Si regardant*, dit-il, *le Soleil dans tout ſon éclat, & la Lune* Job. XXXI, 26 & ſeq.
lorſqu'elle avançoit avec majeſté, mon cœur alors a été ſéduit en ſecret par la beauté de ces aſtres, & ſi j'ai porté ma main à ma bouche pour la baiſer en leur honneur (c), *ce ſeroit un crime capital, & j'aurois renoncé le Dieu ſuprême.*

Les anciens Perſes rendoient bien d'autres honneurs aux aſtres; & l'on ſoûtiendroit qu'ils n'avoient pas *renoncé le Dieu ſuprême!* à la vûe de la magnificence des Cieux, les gens même inſtruits avoient beſoin de ſe roidir contre l'impreſſion de l'exemple; & l'on voudroit qu'un peuple entier, adoptant au moins les pratiques extérieures du Sabaïſme, ſe ſoit tenu conſtamment à ne les regarder que comme un culte relatif!

M. Hyde perſuadé du fait, ne ſe laſſe point d'admirer une Nation ſi ſage: il ne voit que les Hébreux qui puiſſent l'emporter ſur elle. Mais en vérité il eſt trop modeſte; ſes Perſes méritent en toutes façons la préférence. Réduits au ſeul ſecours de la raiſon, portés au Sabaïſme par l'exemple de leurs voiſins, & même par leurs propres uſages religieux, ils perſévèrent dans l'orthodoxie ſans jamais ſe démentir; & les Hébreux, nourris pour ainſi dire de miracles, inſtruits par une loi claire & préciſe, excités par les exhortations des Prophètes, prémunis

(c) On voit par ces paroles que cette pratique religieuſe, exprimée par le mot latin *adorare*, eſt de la plus haute antiquité.

en toute manière contre l'Idolâtrie; les Hébreux, dis-je, ne cessent d'adorer les astres & d'autres Divinités plus méprisables encore, & ne peuvent être ramenés au vrai Dieu que par des châtimens rigoureux! Les Perses seroient donc infiniment préférables aux Hébreux. Mais si cette conséquence répugne à M. Hyde lui-même, il faut reconnoitre que les Hébreux ne l'emportoient sur les Perses que parce que ceux-ci étoient, par principe de religion, adorateurs décidés du Soleil & des astres.

La différence des noms que les deux peuples donnoient au Soleil, suffiroit seule pour établir l'opposition de leurs idées. Chez les Perses le Soleil étoit appelé *Mithra*, sur-tout quand il s'agissoit de culte & de religion. C'est ainsi du moins que les Grecs rendoient le mot Perse *mihr*, dont ils avoient peine à saisir la véritable prononciation. Or *mihr*, dans l'ancienne langue
C. IV, p. 107. de Perse, signifie *amour, bonté, miséricorde*. Je copie M. Hyde: son vocabulaire ne sera pas suspect.

Mais donna-t-on jamais un nom si majestueux à ce que l'on regarde comme une simple créature, une créature inanimée? Ce nom convient tellement à l'Etre suprême que les Idolâtres auroient peut-être eu honte de l'accorder à la plupart de leurs Dieux. Je veux bien supposer que le Soleil n'a d'abord reçû le nom de *mihr*, que comme image de celui qui par essence est *amour, bonté, miséricorde*. Mais il faut convenir que la métaphore est dure, & qu'il est naturel au bout de quelque temps de confondre l'image & l'original.

Ainsi regardant le Soleil comme un être puissant qui aime les hommes, comme un abyme de *miséricorde* & de *bonté*, les Perses, lorsqu'ils se prosternoient devant lui, ne pouvoient manquer de se laisser pénétrer des sentimens les plus vifs de reconnoissance, d'amour & de respect: & voilà l'adoration la mieux caractérisée.

Le nom du Soleil, dans la langue Hébraïque, avoit une signification bien différente: on l'appeloit *Shemesh*, c'est-à-dire *ministre, serviteur*. Cependant M. Hyde, par une suite de ses
Hyde, ibid. préventions, prétend que le *Shemesh* des Hébreux a le même

sens que le *Mihr* des Perses *(d)*. Mais il se trompe assurément. Si le Soleil étoit appelé *serviteur*, c'étoit serviteur du genre humain : ministre de Dieu sans doute; mais créé pour servir les hommes. Cette signification est démontrée par les paroles de Moyse, que j'ai rapportées ci-dessus : *De peur que vous n'adoriez des êtres que Dieu a faits pour le service de toutes les Nations qui sont sous le Ciel.* Le ministère du Soleil est donc un ministère servile, & non pas un ministère de puissance & d'autorité.

Le livre de la Genèse, qui nous apprend la destination du Soleil & des astres, borne leur ministère *à luire sur la terre, à séparer le jour d'avec la nuit.* Ces grands corps ne sont point faits pour eux-mêmes, mais pour l'utilité de l'homme. *Gen. ch. 1.*

C'est en conséquence de ces nobles idées, que dans une occasion extraordinaire, Josué n'hésite pas à commander au Soleil même: *Soleil arrête-toi sur Gabaon, & toi Lune n'avance point sur la vallée d'Aialon.* Isaïe ordonne de même à l'ombre du cadran d'Achaz de rétrograder de dix degrés. Ces Prophètes, sachant que le Soleil étoit fait pour servir l'homme dans l'ordre de Dieu, lui commandent avec empire, sans ménagement, sans compliment, sans excuse, comme un maître qui parleroit au plus vil de ses esclaves. Quelle eût été la surprise d'un Perse, s'il eût vû *Mithra* obéir ponctuellement aux ordres d'un mortel ! *Josué, x, 12.* *Is. xxxviii, 8.*

C'est donc par une vûe profonde que, dans la langue sainte, on affecta de désigner le Soleil par un nom méprisant, pour l'opposer aux noms honorables que les Nations lui prodiguoient. Le terme de *Shemesh* étoit un argument invincible, & tout à la fois un excellent préservatif contre le Sabaïsme: car qui peut être tenté d'adorer son propre serviteur? c'est un raisonnement que Moyse insinue d'une manière bien propre à faire impression sur les Israëlites.

(d) Voici les paroles de M. Hyde : *In religionis negotio Sol præcipuè appellatur* Mihr, *quâ voce primariò significatur amor, miseratio, misericordia quo quidem nomine insignitus est Sol, quia totum orbem fovet recreatque, & quasi amore complectitur ; notione haud multùm diversâ ab ea vetustissimorum Hebræorum, quibus a ministrando ipse Sol dictus est* Shemesh : *q. d. totius orbis minister seu famulus officiosus.*

Outre le Soleil, les anciens Perſes honoroient la Lune, les étoiles, les planètes, & ſur-tout celle de Mars, qu'ils nommoient *Behram*. Ils honoroient auſſi les élémens, & principalement le feu, qu'ils regardoient comme l'ame de l'Univers. Je n'entrerai point dans le détail de tous ces objets du culte adopté par la Nation. J'aurai des occaſions plus naturelles d'en traiter à fond dans la ſuite de ces Mémoires. Ce que j'ai dit dans celui-ci eſt plus que ſuffiſant pour prouver, contre M. Hyde, que la religion des anciens Perſes, avant le règne de Darius fils d'Hyſtaſpe, étoit le *Sabaiſme* pur, en prenant ce terme dans un ſens exact & littéral.

SUITE DU TRAITÉ HISTORIQUE DE LA RELIGION DES PERSES.

Par M. l'Abbé FOUCHER.

PREMIÈRE ÉPOQUE.

De la Religion des Perses, depuis l'établissement de leur Nation, jusqu'au règne de Darius fils d'Hystaspe.

SECOND MÉMOIRE.

Sur le Dualisme des anciens Perses.

LE Sabaïsme n'est pas le côté le plus défavorable de la religion des Perses. Il pourroit même passer pour un effort de bon sens, en comparaison de l'Idolâtrie des autres peuples. Si les Perses s'égarèrent, du moins ils furent séduits par des raisonnemens spécieux; & les idées défectueuses qu'ils se formoient de la Divinité, conservoient encore un reste de noblesse & de grandeur.

Mais il étoit arrêté que les peuples abandonnés à eux-mêmes deshonoreroient la raison par quelque excès monstrueux. Les anciens Perses firent du *Dualisme* un article capital de leur Théologie; & ce dogme insensé, destructif de toute religion & de toute morale, les couvrira d'un opprobre éternel.

Tout le monde sait que Manès ne fut pas le premier auteur de l'impiété qui porte son nom. Il puisa sa doctrine dans la Théologie des Mages: il essaya de la concilier avec le Christianisme: il en tira d'affreuses conséquences: il l'étaya d'explications plus folles les unes que les autres: & de ce composé monstrueux, il bâtit un système qui parut neuf. Mais le fond même du système ne l'étoit pas; puisqu'on le trouve adopté par des hérétiques & par des philosophes plus anciens que Manès.

V. Plut Tract de Isid. & Osir.

Il est certain que l'origine de cette erreur se perd dans l'antiquité la plus reculée: on en trouve des traces dans toutes les nations: presque toutes les religions de l'Amérique en sont infectées; mais elle ne fut nulle autre part que dans la Perse un point de la religion nationale. La Perse est son pays natal: c'est en Perse qu'elle s'est conservée; & c'est de la Perse qu'elle s'est répandue dans tout l'Univers.

M. Hyde, forcé par l'évidence du fait, & par le témoignage des écrivains Arabes, convient lui-même qu'avant Manès il existoit dans la Perse une secte de *Dualistes*, qui prenant dans un sens grossier l'histoire des combats d'Oromaze & d'Arimane, en faisoient deux natures éternelles & irréconciliables.

Je n'examine point si ces *Dualistes* n'étoient qu'une secte particulière parmi les Mages, ainsi que le prétend M. Hyde. Mais il est certain que Zoroastre passoit dans l'antiquité, & sur-tout parmi les Mages Dualistes, comme l'inventeur ou le principal fauteur du dogme des deux Principes. M. Hyde fait tous ses efforts pour l'en disculper; & je veux bien aujourd'hui ne rien contester sur ce sujet au savant Anglois. Mais du moins il faudra conclure, de la déposition générale de toute l'antiquité, que Zoroastre n'avoit pas clairement combattu le Dualisme, & que par la manière dont il s'étoit exprimé dans ses discours & dans ses écrits, il avoit donné lieu à cette imputation. Que l'on dise, si l'on veut pour l'excuser, que dans la crainte de soulever contre lui le corps des Mages, il n'osa proscrire l'erreur trop ouvertement, ni changer le langage autorisé par la religion publique, il s'ensuivra toûjours que les Perses antérieurs à Zoroastre étoient Dualistes, & même que l'erreur devoit être profondément enracinée dans les esprits, puisqu'on ne peut faire l'apologie du réformateur, qu'aux dépens de ceux qui sur ce point avoient un si grand besoin de réforme.

Plut. in Isid. & Osirid. Diog Laërt. in Proœmio.

Une présomption déjà si fondée, est soûtenue du témoignage de tous les anciens. Sans accumuler ici leurs textes, qui

trouveront

trouveront mieux leur place lorſque nous en ſerons à la ſeconde époque, je me contenterai d'en citer deux, qui me paroiſſent ne ſouffrir aucune replique.

Rappelons-nous d'abord le célèbre paſſage d'Iſaïe, que j'ai rapporté tout au long dans le Mémoire précédent, pour prouver le *Sabaïſme* des anciens Perſes: il n'eſt pas moins déciſif pour les convaincre de *Dualiſme. Je ſuis le Seigneur, & il n'y en a point d'autre. C'eſt moi qui produis la lumière, & qui forme les ténèbres; qui fais la paix & qui crée les maux. Je ſuis le Seigneur qui fais toutes ces choſes.* *Iſaïe, c. XLV.*

« Puiſque ces paroles ſont adreſſées à Cyrus, dit M. Prideaux, *Hiſtoire des Juifs, l. IV.*
« elles doivent faire alluſion à la doctrine des Mages de Perſe,
« qui croyoient que la lumière & les ténèbres, c'eſt-à-dire le bien
« & le mal, étoient les Eſtres ſouverains, & qui ne reconnoiſſoient
« pas le Dieu ſuprême qui leur eſt ſupérieur. Et c'eſt de-là ſans
« doute que vint à Zoroaſtre la penſée de réformer ce dogme
« abſurde de la théologie des Mages ».

Laiſſons Zoroaſtre, dont il ne s'agit pas ici. M. Prideaux, très-zélé d'ailleurs pour le ſyſtème de M. Hyde, eſt contraint par la force des paroles du Prophète, d'abandonner les anciens Perſes, & ſe retranche dans l'orthodoxie prétendue de leur réformateur. Son raiſonnement, au reſte, eſt d'une évidence qui ſaiſit. Car l'idée de Dieu, que Dieu lui-même donne à Cyrus, n'eſt point une idée vague, qui n'auroit pas éclairé ce Prince: il s'agiſſoit de le deſabuſer des fauſſes notions qu'il avoit de la Divinité.

Cette réflexion nous a déjà fait conclurre que les Perſes ne reconnoiſſoient point d'Eſtre ſupérieur à la lumière, puiſque Cyrus avoit beſoin de ſavoir que Dieu *avoit produit la lumière; que ſes mains avoient étendu les Cieux; & qu'il donnoit ſes ordres à toute la milice des aſtres.* Ce n'eſt donc point en vain que Dieu ajoûte, qu'il *produit les ténèbres,* ainſi que *la lumière;* qu'il *crée les maux,* comme *les biens;* & qu'il inſiſte en diſant: *je ſuis le Seigneur qui fais toutes ces choſes.* Cyrus & ſa Nation croyoient donc que les ténèbres & le mal avoient une exiſtence indépendante de la puiſſance divine: ils ne regardoient pas les biens & les maux comme distribués aux hommes par la volonté suprême du Créateur, mais comme un effet naturel du combat de deux puissances ennemies: & par la même raison, ils cherchoient l'origine du mal & du desordre dans une substance ténébreuse que Dieu n'avoit pas produite. Si ce n'est pas là le Dualisme tout pur, on ne le trouvera nulle part.

Pour confondre cette erreur en peu de mots & sans discussion, Isaïe propose à Cyrus une profession de foi sur l'unité du principe éternel de toutes choses, auteur de la lumière & des ténèbres, distributeur souverain des biens & des maux; &, pour prévenir toute équivoque, créateur même de l'esprit de ténèbres. On voit assez qu'il ne s'agit point ici du mal moral: ce seroit un blasphème de l'attribuer à Dieu. Ce mal ne peut avoir d'autre caûse que la volonté libre de la créature qui se détourne de l'ordre.

Les sentimens qu'Isaïe lisoit d'avance dans l'ame de Cyrus, se trouvent singulièrement constatés par l'historien de la vie de ce Prince. Xénophon nous représente son héros, dans le cours de ses conquêtes, & par conséquent avant que Dieu l'eût éclairé, comme le fauteur & même comme le prédicateur du Dualisme.

Cyropæd. l. V & VI.

On se rappellera sans peine l'aventure d'Araspe, à qui Cyrus avoit confié le soin de garder la belle Panthée. Ce Prince ne le chargea d'une commission si délicate, qu'après l'avoir averti du danger. Mais en vain Cyrus remontra: vainement prouva-t-il à son ami, par d'illustres exemples, que l'amour est capable de renverser les plus fortes têtes; Araspe n'en fut point effrayé. Il promit de résister à ses penchans, & crut même pouvoir assurer qu'il n'auroit point à combattre. Quoi, disoit-il, aime-t-on sans vouloir aimer? résolu de ne point aimer Panthée, je ne l'aimerai jamais, dussai-je passer avec elle tout le reste de ma vie.

Cette confiance présomptueuse eut le succès qu'elle méritoit. L'amour se glissa bien-tôt dans le cœur d'Araspe, & s'en rendit maître au point que le jeune homme s'oubliant, alla jusqu'aux menaces. Cyrus en prévint l'effet, dès que Panthée l'en fit avertir.

Araſpe confus vint alors déplorer ſa faute aux pieds de ſon général. « Ah Seigneur, s'écria-t-il, j'éprouve ſenſiblement que j'ai deux ames. C'eſt une Philoſophie que l'amour, ce dangereux « ſophiſte, ne m'a que trop bien enſeignée. Si je n'avois qu'une « ame, la même pourroit-elle à la fois être bonne & mauvaiſe; « aimer en même temps le bien & le mal; vouloir une choſe « & ne la vouloir pas? Il eſt donc inconteſtable qu'il y a deux « ames en moi; que lorſque la bonne eſt la plus forte, elle fait « le bien, & que lorſque la mauvaiſe a le deſſus, elle opère des « actions vicieuſes. Quelle conſolation pour moi, Seigneur, de « ſentir que votre ſecours & votre préſence donnent à ma bonne « ame la ſupériorité qu'elle devoit toûjours avoir » *(a)!* *Cyropæd. l. VI.*

On eſt étonné que le coupable, au lieu d'exprimer ſa douleur par ſes larmes, ſe livre à des raiſonnemens abſtraits, pour rejeter tout l'odieux de ſa conduite ſur une mauvaiſe ame, en quelque ſorte étrangère à lui-même. L'hiſtorien, ſans doute, veut faire entendre que Cyrus vouloit perſuader à ſon ami ce point de doctrine, qu'il regardoit comme fort important. Araſpe, Mède de nation, & peut-être aſſez ſuperficiellement inſtruit dans la religion des Mages, ne goûtoit pas cette Philoſophie abſtruſe, à laquelle il oppoſoit l'orgueilleuſe idée qu'il avoit de ſa propre force. Mais convaincu de ſa foibleſſe par l'expérience qu'il venoit d'en faire, & ne connoiſſant pas le vrai principe de la contrariété de ſes amours, & de la tyrannie des paſſions, il crut en trouver le dénouement dans la religion du Prince, & l'aſſurance du pardon dans l'aveu de ſa défaite.

Quelque inſtruit que pût être Xénophon des particularités de la vie de Cyrus, ce n'eſt pas néanmoins ſur la vérité de ce trait d'hiſtoire, que je crois devoir inſiſter. On le prendra, ſi l'on veut, pour une fiction que les Mages débitoient en faveur de leur doctrine, ou que l'hiſtorien lui-même avoit inventée

(a) Δύο, ὦ Κῦρε, σαφῶς ἔχω ψυχάς· νῦν τοῦτο πεφιλοσόφηκα μετὰ τοῦ ἀδίκου σοφιστοῦ τοῦ Ἔρωτος. οὐ γὰρ δὴ μία γε οὖσα, ἅμα ἀγαθή τέ ἐστι καὶ κακή, οὐδ᾽ ἅμα καλῶν τε καὶ αἰσχρῶν ἔργων ἐρᾷ, καὶ ταὐτὰ ἅμα βούλεταί τε καὶ οὐ βούλεται πράττειν· ἀλλὰ δῆλον ὅτι δύο ἐστὶν ψυχὰ, καὶ ὅταν μὲν ἡ ἀγαθὴ κρατῇ, τὰ καλὰ πράττεται· ὅταν δὲ ἡ πονηρὰ, τὰ αἰσχρὰ ἐπιχειρεῖται· νῦν δὲ ὡς σὲ σύμμαχον ἔλαβε, κρατεῖ ἡ ἀγαθὴ, καὶ πάνυ πολύ.

pour expliquer leur ſyſtème d'une manière ingénieuſe. L'eſſentiel eſt que notre auteur, qui ne prête point ici des idées Grecques aux anciens Perſes, leur attribue diſertement le dogme de la double ame humaine, & développe très-clairement les raiſons ſur leſquelles ils appuyoient ce paradoxe.

Or ce paradoxe renferme tout le ſyſtème Dualiſte. Car il eſt évident que l'origine de ces eſprits rivaux animant chaque individu, ne peut être la même. Si les bonnes ames ſont l'ouvrage ou l'émanation d'Oromaze, les ames mauvaiſes par leur nature ne peuvent ſortir de la ſubſtance divine. Elles viennent donc d'Arimane, mauvais principe, qui combat contre le bon pour l'empire de l'Univers, comme chaque mauvaiſe ame combat contre la bonne pour ſe rendre maîtreſſe du corps humain.

La doctrine de la double ame ſuppoſe tellement celle du double principe, qu'elle en eſt une des conſéquences les plus raffinées. Il faut même avoir médité ſur le ſyſtème Dualiſte, pour aller juſque-là. Car on pourroit admettre un double principe éternel, pour expliquer le mélange des biens & des maux, & ne pas s'apercevoir qu'à raiſonner conſéquemment, il faut reconnoître une double ame, pour expliquer le mélange des bonnes & des mauvaiſes qualités ſpirituelles. De là vient qu'Araſpe, moins philoſophe que Cyrus, répugnoit à cette concluſion, quoiqu'il fût attaché à la religion des Mages, comme tous les Mèdes l'étoient. On pourroit donc regarder le dogme de la double ame comme un myſtère du Magiſme, qui paſſoit la portée du peuple, & que les Sages ſeuls croyoient pouvoir comprendre. Mais qu'eſt-ce que Manès a pû dire de plus fort dans la ſuite? On ſait que les Manichéens inſiſtoient principalement ſur les contrariétés que nous éprouvons en nous-mêmes; & l'on voit, par les ouvrages de Saint Auguſtin, que le fort de la controverſe entre les Manichéens & l'égliſe Catholique rouloit ſur cette queſtion: le combat intérieur qui ſe paſſe en nous, eſt-il un combat de deux natures, ou bien un combat de volontés contraires dans la même ame? En liſant les raiſonnemens que Xénophon met dans la bouche de Cyrus, on croit entendre Fauſte le Manichéen.

Il est étonnant que ces idées extravagantes aient pû s'introduire chez des hommes d'ailleurs raisonnables. Comment les Perses, dont la morale étoit si vantée, ne faisoient-ils pas réflexion que le Dualisme est destructif des bonnes mœurs? Dans ce système la bonne ame est impeccable, & la mauvaise incapable de vertu. Il n'y a donc plus pour l'homme ni loi, ni ni devoir, ni récompense, ni punition, & par conséquent point de morale. Pour qui seroit la loi? pour la bonne ame? elle ne peut l'enfreindre; pour la mauvaise? elle ne peut l'accomplir. Il seroit injuste que la mauvaise ame fût louée & récompensée du bien qu'elle n'a pas fait; & que la bonne fût blâmée & punie du mal auquel elle n'a point eu de part. En un mot, il n'y a point de devoir sans liberté. Or la bonne ame n'en a point pour le mal, ni la mauvaise pour le bien.

En vain les Mages nous disent, dans Xénophon, que le devoir de l'homme est de travailler à ce que la bonne ame ait toûjours la supériorité. Je demanderai toûjours sur qui tombe le devoir, & qui sera le coupable si la loi n'est pas accomplie? Car ce n'est pas à la mauvaise ame que la vigilance est commandée; & d'un autre côté si la bonne ame y manquoit, le mal viendroit d'une bonne substance. Il faudroit donc admettre dans l'homme une troisième ame, supérieure à la bonne & à la mauvaise, capable de favoriser les inclinations tantôt de l'une & tantôt de l'autre, & par conséquent susceptible de vice & de vertu. Mais si nous avons cette troisième ame, les deux autres sont inutiles, & le Dualisme est renversé.

Ce qui met le comble à l'extravagance du système des Mages, c'est qu'en paroissant tout expliquer, il n'explique rien. En effet, si l'homme a deux ames, il n'est plus un être unique. Dans laquelle des deux ames résideroit ce *moi* qui pense, qui veut, qui sent? Si j'ai deux ames, j'ai deux *moi*, & deux *moi* plus ennemis que deux hommes acharnés à se déchirer. Ce ne seroit donc plus le même *moi* en qui se trouvent tant de modifications différentes; qui tantôt éprouve le plaisir, & tantôt la douleur; qui connoît quelque chose, & en ignore davantage; qui se glorifie de ses bonnes qualités,

& rougit des mauvaiſes; qui pratique la vertu, & d'autres fois ſe livre au vice. Cependant il eſt indubitable que ce *moi* eſt unique, & les Mages ne le nioient pas, parce qu'ils n'étoient pas des foux. Or c'eſt ici le plus haut point de la déraiſon: il s'agit d'expliquer comment un *moi* unique eſt ſuſceptible de modalités ſi différentes; & pour cela les Mages avoient recours au combat de deux ames d'une nature contraire, & plus diſtinguées l'une de l'autre qu'un homme ne l'eſt d'un autre homme. Rien de plus mal adroit qu'un pareil dénouement, qui ne touche pas même la queſtion. Mais lorſqu'on adopte un faux ſyſtème, on ne l'enviſage que du côté favorable; & l'on porte rarement la vûe ſur les abſurdités qu'il renferme. Il faut bien que le Dualiſme ait quelque choſe de ſéduiſant, puiſqu'il a ſéduit des Nations entières, & même tant de gens d'eſprit.

On me dira peut-être que le Dualiſme eſt un excès de métaphyſique, où l'on ne ſe porte que dans le deſeſpoir de concilier par une voie plus naturelle, l'exiſtence du mal avec la bonté & la ſainteté de Dieu; & qu'il eſt inconcevable que dans ces temps reculés, dont la ſimplicité paroît être le partage, on ſe livrât à des queſtions ſubtiles, pâture de Philoſophes oiſifs.

Mais de quel droit ſuppoſe-t-on que les premiers hommes étoient ſi ſimples? Il eſt à préſumer, au contraire, que nos pères furent de grands raiſonneurs. Avec autant d'eſprit que nous pouvons en avoir, ils avoient plus de loiſir, & n'étoient pas diſtraits par une multitude d'arts, de ſciences & d'occupations qui nous abſorbent. Plus près que nous de l'origine des choſes, la religion étoit, pour ainſi dire, leur ſcience unique, & chacun en raiſonnoit plus ou moins profondément, ſelon la portée de ſon génie. Or rien ne leur parut plus intéreſſant que de rechercher la cauſe des maux qui nous aſſiègent de toutes parts. Cette recherche en conduiſit pluſieurs au Dualiſme. Mais ne penſons pas qu'on l'ait embraſſé tout d'un coup; on ne paſſe pas dans un inſtant de l'orthodoxie à des erreurs monſtrueuſes: des vérités mal entendues ont dû cacher le précipice vers lequel on s'avançoit imperceptiblement. Suivons ces progrès inſenſibles: tranſportons-nous dans les premiers temps, où les colonies du genre humain vivoient en paix dans les contrées qu'elles avoient choiſies pour leur demeure; & voyons ce qui pouvoit venir à l'eſprit d'un homme ſenſé, capable de rentrer en lui-même & de réfléchir.

Qui ſuis-je donc, pouvoit-il dire, moi qui ne ſuis que d'hier, & qui demain retourne en pouſſière? dois-je remercier l'auteur de mon être de m'avoir fait voir le jour? Si c'eſt un préſent que je tiens de ſa main, il y a mêlé tant d'amertumes, qu'on le prendroit pour le don d'un ennemi. Les maux m'accablent depuis le moment de ma naiſſance juſqu'à celui de ma mort. La douleur, les maladies, la faim, la ſoif, les élémens, les ſaiſons, les animaux, mes pareils même, tout ſemble conſpirer à me rendre malheureux: & lorſque je deſire le plus de vivre, lorſque je commence à jouir en paix du fruit de mes travaux, une mort cruelle vient m'enlever à mes projets, & m'arracher à ce que j'ai de plus cher au monde.

Ce n'eſt encore là que l'extérieur de moi-même. Si je rentre au dedans, je ſuis ſurpris de la compoſition bizarre de mon être. Pourquoi cette intelligence ſublime, par laquelle je penſe, je raiſonne, je veux, eſt-elle enfermée dans une ſubſtance groſſière, qui ne ſert qu'à l'appeſantir? Elle ſe flatte quelquefois d'en être la maîtreſſe, & n'en eſt que l'eſclave.

Mais cette ame elle-même me paroît une énigme encore plus inexplicable. Simple, comme elle doit l'être, comment eſt-elle un amas de contrariétés qui paroîtroient déſigner deux ames d'une nature oppoſée? Comment un même être raſſemble-t-il tant de ſageſſe & tant de folie; des connoiſſances relevées avec une ignorance ſi profonde; des ſentimens vertueux avec des paſſions ſi déraiſonnables? Je croirois cette ame un écoulement de la lumière la plus pure; & bien-tôt la vûe de mes défauts me confond, & me ravale au deſſous des plus vils animaux.

Sortant de moi-même, l'Univers que j'habite ne me préſente pas un ſpectacle moins contradictoire. Qu'il eſt grand, qu'il eſt admirable cet Univers! Tout annonce l'ouvrage d'une main toute-puiſſante, d'une intelligence ſans bornes, d'une

bonté prodigue en faveur des hommes. J'y vois tracée, en caractères brillans, l'attention d'une Providence, qui veille sans cesse à la conservation de ce grand tout. Mais pourquoi ces richesses immenses nous sont-elles enlevées par le dérangement des saisons, par les orages, par les inondations, par la chaleur brûlante du Soleil? Pourquoi les élémens destinés à conserver la vie, sont-ils si souvent la source de la mort? Le Dieu suprême veille, sans doute, pour empêcher que ces fléaux ne détruisent entièrement son ouvrage. Ne seroit-il pas plus naturel d'en prévenir la naissance? est-ce le pouvoir, est-ce la volonté qui manque à Dieu?

Si je tourne ma vûe sur la société, c'est alors qu'un voile plus épais me cache la Providence. Dieu n'a-t-il pas mis les hommes sur la terre pour y vivre dans une parfaite union? Cependant les enfans d'une même famille se haïssent, se déchirent par la calomnie; chacun d'eux voudroit tout avoir, tout envahir; ils se font la guerre, & tendent à leur destruction mutuelle, avec plus d'acharnement que les bêtes qu'il nous plait d'appeler féroces. Les sages loix, qui devroient rendre les états florissans & les citoyens heureux, deviennent inutiles par la faute de ceux qui gouvernent, ou de ceux qui sont gouvernés. Le vice reste impuni, la vertu sans récompense; les innocens, opprimés par l'injustice du plus fort, gémissent accablés de douleurs & d'opprobres, pendant que le superbe usurpateur jouit en paix du fruit de ses crimes.

Telles sont à peu près les réflexions que faisoient nos pères, & que les Orientaux faisoient peut-être plus que les autres, parce qu'ils paroissent avoir toûjours eu l'imagination plus forte. Dans le fond est-il besoin d'être philosophe pour être frappé de nos misères? le mélange du bien & du mal se fait apercevoir des moins clairvoyans. Ne soyons donc plus surpris que les Sages de l'antiquité aient fait tous leurs efforts pour découvrir la source d'un desordre que l'on ne peut se déguiser. Par malheur le problème est aussi difficile à résoudre qu'il est intéressant.

Ces pensées des anciens sont exprimées d'une manière très-énergique, dans un discours de Maxime de Tyr, célèbre Platonicien,

Platonicien, & l'un des précepteurs de Marc-Aurèle. « De quoi s'avisoit Alexandre, dit cet auteur, d'aller consulter l'oracle de Jupiter-Hammon, pour savoir où étoient les sources du Nil? Ne manquoit-il à la félicité de ce Prince, que de satisfaire une curiosité frivole? Que ne faisoit-il à Jupiter une question dont la réponse auroit intéressé tout le genre humain? Il n'étoit pas nécessaire de lui demander d'où viennent les biens: la cause n'en peut être inconnue; elle se montre à tous les mortels. C'est le père & le créateur de toutes choses; c'est celui qui fait régner un ordre admirable dans le Ciel, qui tient les rênes du Soleil & de la Lune, & qui marque au chœur brillant des étoiles les mouvemens qu'il doit suivre. C'est celui qui a fait le partage des saisons, qui gouverne les vents, qui a rassemblé les mers & fondé la terre, qui fait couler les fleuves, & qui donne la fécondité aux plantes & aux animaux. C'est cette Intelligence immortelle qui ne souffre aucune altération; & qui dans un clin d'œil meut, éclaire, embellit toute la Nature.... Sur cela je n'ai pas besoin d'oracle. J'en crois Homère; j'ajoûte foi à Platon; j'ai pitié d'Epicure. Mais si je me tourne du côté des maux, je ne puis m'empêcher de demander quelle en est la première origine. Viennent-ils donc d'Ethiopie avec la peste? ou de Babylone avec Xerxès? ou de Macédoine avec Philippe? car certainement ils ne viennent pas du Ciel: l'envie est bannie à jamais du séjour de la félicité. C'est ici où j'ai besoin d'oracle ».

Maxim Tyr. orat. XXV. p 144, edit. Heins.

Remarquons ces paroles tranchantes; *certainement les maux ne viennent pas du Ciel.* Maxime de Tyr prononce sans hésiter, parce que cette maxime étoit reçûe comme un axiome par tous les anciens Philosophes. Platon ne craint pas de l'ériger en dogme: « Dieu, dit-il, est l'unique cause de tous les biens: pour les maux, il n'en peut être l'auteur; il faut les attribuer à tout autre qu'à lui ».

Plat. de Rep. l. II.

Cette maxime cependant n'est rien moins qu'évidente. Mais comme elle présente une apparence de piété & de vérité, & que même elle est vraie dans un sens, elle n'en étoit que plus séduisante, & plus propre à conduire à l'erreur. Il falloit distinguer entre le mal moral, qui *certainement ne vient pas du Ciel,* & le mal physique, juste punition du crime. On pouvoit dire encore que le mal physique n'est point de la première institution, puisque le Créateur n'a pas fait les hommes pour être malheureux. Mais le mal moral supposé, n'est-ce pas Dieu qui, par justice, ordonne les maladies, la mort, & tous les maux dont le genre humain est accablé? Les religions même payennes enseignoient cette doctrine, plus raisonnables en cela que les Sages qui la rejetoient. Homère, dans son allégorie des deux tonneaux placés aux deux côtés du trône de Jupiter, où ce Dieu puise les biens & les maux qu'il verse sur la terre, me paroît plus philosophe que les Philosophes les plus célèbres.

Les anciens Perses n'y regardèrent pas de si près. Adoptant l'axiome prétendu sans aucune limitation, ils aimèrent mieux donner des bornes à la puissance de Dieu, que d'en donner à sa bonté, ou plustôt à la fausse idée qu'ils s'en étoient formée. Ignorant la véritable solution du problème, que la révélation nous a dévoilée, pouvoient-ils manquer de s'égarer dans leurs raisonnemens?

Il ne leur fut pas difficile de se fixer sur cette unique cause du mal qu'ils cherchoient. Une tradition constante leur apprenoit qu'un Génie mauvais & puissant avoit trouvé le moyen de s'insinuer dans les ouvrages de la création, & d'y répandre le trouble & le desordre. Ils savoient encore qu'après ce premier succès, l'esprit infernal ne s'étoit pas retiré des bas lieux de l'Univers; que fier de sa victoire, il veut étendre l'empire des ténèbres, & leur assujétir la lumière même; que continuellement il combat contre Dieu, & Dieu contre lui; & que cette guerre inexprimable doit durer pendant un grand nombre de siècles, jusqu'à ce que Satan soit chassé de dessus la terre, & renfermé dans les prisons de l'abyme.

Voilà, disoient les sages de la Perse, la véritable origine des desordres qui nous étonnent. *Oromaze* est auteur de tout bien; *Arimane,* auteur de tout mal. Le mélange de l'un & de l'autre subsistera nécessairement, tant que ces deux Principes seront en état de se combattre.

On ne s'en tint pas à ces idées, qui, quoique vagues & défectueuses, ne laissoient pas de renfermer des vérités importantes. Quel est donc, disent les sages de la Perse, cet irréconciliable ennemi de l'Estre suprême? ce Génie assez puissant pour lutter avec quelque succès contre Dieu, pour corrompre ses ouvrages, & s'opposer à l'exécution de ses desseins? S'ils eussent voulu s'en tenir à la tradition, elle leur auroit encore appris que Satan avoit été autrefois un Ange de lumière, un des plus grands ornemens du Ciel; & qu'il n'étoit déchu de ce haut rang, que parce qu'il s'étoit révolté contre Dieu : que le souverain Estre, par des vûes adorables mais incompréhensibles de sa providence, avoit souffert qu'il s'introduisît dans le monde, qu'il séduisît les premiers hommes, & que par ce moyen il y jetât les semences de la confusion & du desordre; & qu'enfin Dieu n'avoit permis tous ces maux que pour sa gloire & pour en tirer un plus grand bien.

Mais ces idées ne quadrant pas avec les principes qui faisoient raisonner les anciens Perses, ils crurent devoir corriger la tradition. Non, dirent-ils, Dieu n'a pû permettre à son ennemi de lui faire de pareilles insultes. Que lui en coûtoit-il pour l'empêcher? ne pouvoit-il pas anéantir cet ingrat? ne pouvoit-il pas le tenir enfermé dans les prisons de l'abyme? pourquoi souffrir qu'échappé de ses liens, il envahît le globe de la terre, qu'il obscurcît le séjour de la lumière, & défigurât le chef-d'œuvre de la création? Du moins après cet attentat, le souverain Estre ne pouvoit se dispenser d'écraser ce coupable. Néanmoins il le laisse en possession de son injuste conquête, & se contente de le combattre pied à pied, non sans souffrir quelques disgraces, jusqu'à ce qu'après des efforts multipliés, il le chasse enfin de son empire. Une pareille supposition est-elle tolérable? Que dirions-nous d'un Roi qui pouvant, sans aucune peine, conserver le bon ordre dans ses États, permettroit à son ennemi d'y pénétrer à main armée, & d'y répandre le desastre & la mort? Que dirions-nous de ce Roi, si pouvant réparer sa première négligence par un prompt & entier anéantissement de son ennemi, il le laissoit subsister au milieu de ſon empire, tantôt vaincu, & tantôt victorieux, pour avoir le plaiſir de le harceler & de le combattre pendant un temps infini? Ce Prince pourroit-il paſſer pour bon, pour aimer ſes ſujets, pour haïr le deſordre? Par conſéquent puiſque Dieu eſt infiniment ſaint, infiniment bon, il faut croire qu'il n'y a de mal dans le monde que malgré lui; qu'il l'empêcheroit s'il le pouvoit; & qu'il ne le détruit peu à peu, que parce qu'il ne peut le détruire par l'efficace de ſon commandement.

Tous les argumens tirés de la bonté de Dieu contre la permiſſion du mal, ſe préſentent ſans effort, & peuvent ſe varier à l'infini. Il n'eſt donc pas étonnant que les anciens Perſes, en réfléchiſſant ſur cette matière, en aient été frappés. Ils en conclurrent qu'Arimane ou Satan, auteur de tout mal, étoit un être indépendant de Dieu, qui n'avoit point reçû de lui ſon exiſtence, & ne pouvoit craindre l'anéantiſſement.

Il eſt impoſſible, ajoûtoient-ils, qu'un tel être ait jamais été bon, & ſoit devenu mauvais. Car ſa perverſité auroit ſon principe dans ſa bonté primitive; les ténèbres ſeroient nées de la lumière, ce qui répugne autant que ſi l'on faiſoit naître la lumière des ténèbres. En ſuppoſant qu'Arimane eût d'abord été bon, il ne pourroit être devenu totalement mauvais : il conſerveroit encore un reſte de bonne ſubſtance. Il faudroit donc reconnoitre dans Arimane même un mélange de bien & de mal; & pour en trouver le principe, avoir recours ſans fin, à des Arimanes plus anciens. Donc Arimane eſt ſouverain dans le mal, comme Dieu l'eſt dans le bien. Donc la ſubſtance d'Arimane eſt le mal même ſans mélange de bien, comme la ſubſtance de Dieu eſt le bien même ſans mélange de mal.

Quelque plauſibles que ſoient les difficultés, il eſt inconcevable qu'on ne recule pas à la vûe d'une telle conſéquence. Eſt-ce qu'il n'eſt pas bon d'être, de vivre, de penſer, de vouloir? N'eſt-il pas encore meilleur d'avoir la puiſſance, l'intelligence, la fineſſe & les autres qualités que les Perſes, & les Manichéens après eux, attribuoient à l'eſprit de ténèbres? La ſuppoſition d'un Eſtre réel totalement mauvais, eſt donc une ſuppoſition abſurde, & contradictoire dans les termes mêmes. Mais l'horreur que les Perses avoient pour Arimane étoit telle, qu'ils s'imaginoient ne pouvoir outrer dans le portrait qu'ils s'en traçoient. Qui croiroit qu'on peut trop haïr le Diable? C'est pourtant par une suite de cette haine excessive, que les Mages ne vouloient reconnoitre dans Arimane aucune trace de bonne nature.

L'abus des métaphores fut pour les anciens une autre source d'illusion. L'imagination des Orientaux ne leur permettoit pas d'en employer de foibles pour les sujets dont ils étoient affectés. Les termes de lumière & de ténèbres furent consacrés de tout temps à signifier le bien & le mal, Dieu & le Démon. Aussi ces termes sont-ils sans danger pour ceux qui les prennent comme on doit les prendre, c'est-à-dire pour des comparaisons. Mais tout est perdu dès que les métaphores deviennent principes de raisonnement. J'ai montré, dans le Mémoire précédent, combien l'expression, mal entendue, de lumière avoit fait de ravages dans l'esprit de tous les peuples, & des Perses en particulier. Prenant la figure pour la chose figurée, ils crurent que la Divinité n'étoit autre chose que la lumière & le feu. Il étoit conséquent de confondre le Démon avec les ténèbres sensibles. Et comme le Démon est un être très-réel, les ténèbres ne furent plus pour les Perses une simple privation de la lumière, mais une substance en qui la noirceur est un attribut positif.

Les autres peuples, dont l'imagination étoit plus riante, donnoient, il est vrai, quelque chose de substantiel aux ténèbres de la nuit. C'étoit une gaze obscure & déliée qui tapissoit le firmament, & dont le tissu, percé de toutes parts, laissoit passer la lumière de la Lune & des étoiles. Une Déesse majestueuse, quoique sombre, en conduisoit la marche en silence, montée sur un char orné de tout l'appareil du deuil.

Mais chez les Orientaux, la nuit n'avoit rien que de sinistre. Mithra, ou le Soleil, fatigué d'avoir lutté tout le jour contre Arimane, étoit obligé de penser au repos, laissant aux astres le soin d'entretenir le combat, jusqu'à ce qu'ayant repris ses forces, il vint de nouveau triompher des ténèbres, & les chasser de l'atmosphère, dont elles s'étoient emparées pendant son absence.

Ces idées bizarres ſubſiſtent encore aujourd'hui en diverſes contrées des Indes orientales. La ſucceſſion du jour & de la nuit n'effraie pas à l'excès, parce qu'on y eſt familiariſé par l'habitude. Mais une éclipſe répand la terreur : on s'imagine que le dragon infernal s'élance du fond de l'air groſſier, pour attaquer la lumière juſque dans ſa ſource. Quel danger la Nature ne court-elle pas alors ? & comment être tranquille ſpectateur d'un combat dont l'iſſue doit avoir tant d'influence ſur la vie & le bonheur des hommes? Les pauvres Indiens donnent tous les ſignes de la plus profonde douleur. Les uns ſe plongent dans l'eau : les autres pouſſent des cris lamentables : d'autres enfin font retentir l'air du ſon des inſtrumens aigus, pour étonner le monſtre noir, & pour encourager l'aſtre à ſe dégager au plus tôt des ailes & des griffes du dragon. Le retour de la lumière fait renaître la joie dans les eſprits ; & la victoire du Dieu eſt célébrée par les démonſtrations de la plus vive allégreſſe.

Ces folies, qui font pitié, ſont néanmoins la ſuite d'une première erreur, dont le faux ne ſaiſit pas d'abord. Il parut plauſible de diviniſer la lumière, & par conſéquent de regarder Satan, l'ennemi de Dieu, comme l'oppoſé de la lumière ſenſible. Or rien n'eſt plus contraire à la lumière que les ténèbres. Donc les ténèbres ſont la ſubſtance même de Satan : donc elles ſont le principe de tout mal, comme la lumière eſt le principe de tout bien.

On voit par-là le rapport intime qu'ont entre elles les deux erreurs fondamentales de la théologie des Perſes. Le *Dualiſme* eſt une conſéquence ſi naturelle de l'eſpèce de Sabaiſme qu'ils avoient embraſſé, qu'il faut les juſtifier ou les condamner ſur ces deux points. Auſſi le prophète Iſaïe ne ſépare point ces deux dogmes pervers dans l'inſtruction que Dieu donne à Cyrus : *Je ſuis le Seigneur, & il n'y en a point d'autre. C'eſt moi qui produis la lumière & qui forme les ténèbres ; qui fais la paix, & qui crée les maux.* C'eſt qu'en effet les deux erreurs des Mages ſont deux branches d'un ſeul & même ſyſtème, entées ſur le même principe.

Ce principe nous eſt manifeſté dans les paroles du Prophète.

Les anciens n'avoient point d'idée de la création proprement dite; & ce fut pour les Perſes une troiſième ſource d'illuſion plus féconde, quoique peut-être moins ſenſible.

L'Univers n'eſt pas éternel; la raiſon le démontre, & la tradition encore fraîche ne permettoit pas aux anciens Perſes de douter que ce bel ouvrage ne fût même d'une fabrique aſſez récente. Ils reconnoiſſoient que le Dieu ſuprême en étoit l'auteur. Mais à quels principes les matériaux dont le monde eſt compoſé doivent-ils leur exiſtence? D'où ſortent en particulier la lumière & le feu, qui mettent toute la nature en mouvement? D'où viennent les Génies & les eſprits prépoſés au gouvernement du monde? Ces êtres ont-ils commencé? ne ſont-ils que le ſimple effet de la volonté libre d'un Créateur qui les ait tirés du néant? Les Perſes ne croyoient point cette vérité, puiſqu'ils avoient beſoin de ſavoir que c'eſt Dieu *qui produit la lumière*. Ils regardoient donc la lumière & les eſprits comme des émanations ſubſtantielles de la Divinité, & par conſéquent comme des portions détachées de la ſubſtance de Dieu.

Or la ſubſtance de Dieu eſt inaltérable dans ſon tout & dans ſes parties. Donc un mauvais eſprit ne peut avoir été bon & s'être enſuite perverti: donc Arimane ne peut avoir aucun degré de bonté: donc puiſque nous ſentons en nous des penchans contraires les uns aux autres, de bonnes & de mauvaiſes inclinations, des vertus & des vices, ces qualités ne peuvent réſider dans un même eſprit: donc chaque homme a deux ames, dont l'une eſt une ſubſtance de lumière, & l'autre une ſubſtance de ténèbres. Conſéquences étranges, mais aſſez bien tirées dès qu'on n'admet pas la création.

On pourroit demander auquel des deux principes les anciens Mages attribuoient la production de la matière. La regardoient-ils comme une ſubſtance bonne, ou comme une ſubſtance mauvaiſe, ou comme une ſubſtance neutre? Queſtion intéreſſante, mais difficile à réſoudre par rapport aux Perſes qui vivoient avant Zoroaſtre, c'eſt-à-dire avant le règne de Darius fils d'Hyſtaſpe. Il eſt certain que ce réformateur, & ſes diſciples, ajoûtèrent beaucoup du leur, ſoit pour corriger le ſyſtème national, ſoit pour lui donner une forme plus philoſophique. Les étrangers le goûtèrent juſqu'à un certain point, & l'adoptèrent en l'adouciſſant, les uns plus, les autres moins. Enfin Manès pouſſa le Dualiſme juſqu'au dernier degré de l'extravagance & de l'impiété. Il ſeroit curieux de ſuivre toutes ces nuances : mais de telles diſcuſſions ſeront mieux placées dans les Mémoires où nous examinerons le Dualiſme de Zoroaſtre & de ſes ſectateurs. Il me ſuffit d'avoir prouvé, contre M. Hyde, que les Perſes antérieurs à Darius fils d'Hyſtaſpe, n'étoient pas exempts de tout levain de Manichéiſme.

Mais cette doctrine pernicieuſe étoit-elle uniquement renfermée chez les Perſes ? s'étendoit-elle au loin avant que Zoroaſtre lui donnât un nouveau luſtre ? C'eſt ſur quoi je ne puis me diſpenſer de faire quelques obſervations générales, qui termineront ce Mémoire.

1.° Quand on parle de la Perſe, il ne faut pas ſe reſtreindre à la province de ce nom, qui n'étoit qu'un petit canton de l'Aſie : il faut y joindre la Médie, la Bactriane, & les autres contrées qui dans la ſuite formèrent ce qu'on appela l'empire des Perſes ; car il eſt conſtant que la même religion régnoit dans toutes ces provinces. Or dès que le Dualiſme dominoit dans un pays ſi vaſte, il n'eſt pas douteux qu'il ne s'étendît dans les Indes & dans pluſieurs autres régions. Il paroît néanmoins qu'il ne fut nulle autre part qu'en Perſe un point de religion nationale, puiſqu'il ne s'eſt conſervé que dans ce Royaume. On en trouve, il eſt vrai, quelques traces dans les autres religions ; mais s'il y fut établi d'abord, on s'en dégoûta bien-tôt, ou bien l'on n'en tira pas les conſéquences naturelles.

Quoi qu'il en ſoit, on ne peut douter que cette erreur ne ſoit très-ancienne, & qu'elle n'ait eu un grand nombre de ſectateurs, ſur-tout en Orient, où l'hiſtoire de nos premiers pères s'étoit mieux conſervée qu'ailleurs. Dans le loiſir dont jouiſſoient les hommes de ces ſiècles reculés, ils s'entretenoient volontiers du bonheur que l'on poſſédoit dans le Paradis terreſtre : ils déploroient la foibleſſe des pères du genre humain, & ne parloient qu'avec indignation des ruſes de Satan, qui les

avoit

avoit fait tomber. On peut bien juger que chacun sur cela raisonnoit à sa manière, on agitoit des questions délicates sur la Providence, sur la permission du mal; & l'on ne doit pas être étonné que les raisonnemens qui séduisirent les Mages, aient séduit des Prêtres & des Philosophes dans d'autres Nations. A force de se former des idées excessives de la puissance & de la malice du Démon, on en vint jusqu'à regarder Dieu & Satan à peu près comme deux puissances parallèles, & bien appariées pour le combat.

Il étoit alors dangereux de s'occuper trop de la puissance du *Prince des ténèbres;* & c'est peut-être pour cette raison que Moyse, en racontant l'histoire de la tentation, évite avec soin de le nommer, & s'arrête uniquement à l'instrument visible que l'esprit infernal employa pour séduire la femme. Ce n'est pas que les Hébreux ignorassent l'existence de Satan. Le contraire est prouvé par le livre de Job, par les livres des Rois, & par d'autres endroits de l'ancien Testament. Mais le Législateur, par une sage économie, crut devoir détourner l'attention de son peuple d'un objet qui, vû la disposition trop commune dans les Nations voisines, pouvoit être un sujet de scandale; & ne pas mettre trop sensiblement sous les yeux des Israëlites l'espèce de victoire qu'un Ange révolté paroissoit avoir remportée sur Dieu même dans une occasion importante. C'est une remarque qu'ont faite avant moi plusieurs habiles interprètes de l'Écriture.

2.° Si le Dualisme ne devint pas un dogme général dans l'Orient, deux causes en arrêtèrent le progrès.

La première fut l'ancienne tradition, mieux conservée dans certaines contrées que dans d'autres. Elle portoit que Satan avoit d'abord été un des principaux Anges du firmament; qu'enflé de sa propre grandeur, il s'étoit voulu rendre indépendant, & que Dieu l'avoit chassé du Ciel, avec les Anges complices de sa révolte.

Cette tradition excluoit absolument le Dualisme imaginé par les Mages. Car si le Démon de bon qu'il étoit, put devenir mauvais, il est inutile de recourir à des substances essentiellement mauvaises, pour expliquer l'origine du mal.

On abuſa néanmoins de cette vérité hiſtorique; car de quoi n'a-t-on pas abuſé? Pluſieurs Nations adorèrent Dieu & le Démon: Dieu, pour en obtenir des faveurs; & le Démon, pour l'engager à ne pas faire de mal *(b)*. D'autres peuples allèrent juſqu'à n'adorer que le Démon connu comme tel. C'eſt ce que les voyageurs imputent aux habitans du Curdiſtan. Il eſt inutile d'adorer Dieu, diſent ces peuples; Dieu, la bonté par eſſence, eſt incapable de faire de mal à perſonne: au lieu que le Démon, être mal-faiſant, ne peut être trop adouci par les honneurs & les reſpects. Ils fortifient cette raiſon par un rafinement ſingulier de politique. Satan, diſent-ils, eſt un miniſtre diſgracié. Que ſavons-nous s'il ne conſerve pas encore quelques intelligences à la cour de ſon Prince, & s'il ne trouvera pas moyen de rentrer un jour en faveur? C'eſt alors qu'il nous ſauroit bon gré de ne l'avoir pas négligé dans le temps de ſon infortune; & qu'il feroit reſſentir les effets de ſa vengeance à ceux qui mal-à-propos auroient voulu faire leur cour aux dépens du proſcrit.

Voyag. de Michel le Fèvre, cités par M. Hyde, in Append. p. 549.

Le Polythéiſme, qui prit faveur d'aſſez bonne heure, fut un ſecond obſtacle au progrès du Dualiſme, qui ne fut jamais du goût des eſprits légers. Le Dualiſme demande des méditatifs à outrance. Lorſqu'on ſe livra au culte des Héros, après avoir perdu de vûe le principe inviſible de toutes choſes, on ne

(b) M. Volfius, dans ſon livre intitulé *Manichæiſmus ante Manichæos, ſect. 2*, prouve fort au long que le culte du Démon, connu comme tel, a eu lieu dans toutes les religions Payennes; d'où il conclut que tous les peuples ont été infectés de l'erreur Manichéenne. Mais, avec ſa permiſſion, ce ne pouvoit être qu'un Dualiſme mitigé, tel que je l'expoſe ici. Car on ne peut adorer le Démon, qu'en lui ſuppoſant une bonté phyſique, & même quelque bonté morale. On le croyoit donc ſenſible aux hommages des mortels, flatté par les ſacrifices, ſuſceptible de quelques mouvemens de pitié. Un vrai Dualiſte n'eſt pas tenté de rendre aucune ſorte d'honneur au mauvais Principe, parce qu'il ne reconnoît en lui ni bonté morale, ni bonté phyſique. Tels étoient les Mages de Perſe, ſelon le témoignage des anciens. Dualiſtes rigides, Dualiſtes par ſyſtème, ils ne croyoient pouvoir expliquer le mélange du bien & du mal, que par le moyen de deux cauſes indépendantes, dont l'une fût toute bonne ſans mélange de mal, & l'autre toute mauvaiſe ſans mélange de bien. La pluſpart des autres peuples ne purent ou n'oſèrent pouſſer le Dualiſme juſqu'à cet excès de préciſion.

s'occupa plus que des aventures merveilleuſes de ces Divinités modernes : on ſe nourrit de fables agréables; une théologie gaye, favorable aux paſſions, remplaça les triſtes abſtractions de quelques philoſophes de l'Orient.

3.° C'eſt par la même raiſon que l'on découvre peu de traces du Dualiſme dans la pluſpart des religions Occidentales. Je ſais que Plutarque prétend trouver les deux principes dans l'hiſtoire d'Oſiris & de Typhon. Oſiris, en effet, répond aſſez bien à Oromaze, & Typhon à Arimane. Mais ſi ces allégories avoient d'abord eu cette deſtination, on en avoit bien-tôt perdu l'intelligence. Les figures priſes à la lettre, étoient devenues des faits hiſtoriques pour les Égyptiens.

Plut. in Iſid. & Oſirid.

On cite encore le *Véjovis,* ou le Pluton des Grecs. Mais ce Dieu, quoique morne, quoiqu'inflexible, étoit juſte, & préſidoit autant ſur les champs Élyſées que ſur le Tartare. Ce n'eſt point là l'Arimane des Perſes.

On le trouveroit encore moins dans les Divinités de l'Olympe. Quoique les Idolâtres leur attribuaſſent les vices des hommes, ils leur en attribuoient encore plus les vertus. Ces Dieux faiſoient du bien par bonté, & du mal par juſtice.

Le paganiſme, à la vérité, reconnoiſſoit certains petits Dieux enclins à mal faire. Mais ces lutins n'avoient qu'un pouvoir local; & tels que des enfans mal élevés, ils ne nuiſoient que par caprice.

Les Euménides ou Furies, qui reſſemblent un peu plus à nos Démons, bornées à la fonction de bourreaux immortels, pour la punition des crimes, n'étoient nullement regardées comme principes dans la conſtitution de l'Univers, & rarement comme des eſprits ſéducteurs.

La Fortune, Déeſſe aveugle & ſans bonté morale, répandoit également les biens & les maux.

La Diſcorde, & les autres Divinités abſolument mal-faiſantes, peuvent prouver que les Grecs avoient un reſte de préjugé ſur l'exiſtence éternelle d'un mauvais Principe. Mais il eſt remarquable qu'on ne leur donnoit pas une influence fort étendue; & que d'ailleurs elles étoient toûjours aux ordres de Jupiter & du Deſtin.

Il eſt fort ſingulier que les nations Occidentales n'aient conſervé que des idées confuſes du Démon & de ſa puiſſance, pendant que les Orientaux s'en occupoient ſi fortement. Les peuples de l'Amérique ne leur cèdent en rien ſur cet article; & le temps n'a pas affoibli cette impreſſion. Ce trait de reſſemblance, joint à d'autres conjectures, prouveroit que cette partie du monde a reçu ſes habitans pluſtôt de l'Orient que de l'Occident.

REFLEXIONS

Sur quelques chapitres du XXXVe Livre de Pline.

Par M. le Comte DE CAYLUS.

PREMIÈRE PARTIE.

Lû le 17 Nov. 1752.

PLINE eſt peut-être l'auteur de l'antiquité auquel nous avons le plus d'obligations; ſes recherches, les détails qu'il nous a conſervés, les peines qu'il s'eſt données pour raſſembler des éclairciſſemens dans tout le monde connu de ſon temps, enfin l'univerſalité de ſes objets, ſont autant d'articles qui méritent notre reconnoiſſance. Je ne déciderai point s'il eſt également lumineux dans toutes les parties qu'il a traitées; la choſe ſeroit difficile. Car indépendamment de la pente naturelle qui nous fait préférer tel objet d'étude à tel autre, un ſeul ſuffit pour occuper toute la vie, ſans qu'on puiſſe encore s'aſſurer de l'avoir bien connu.

On peut regarder Pline comme étant plus Phyſicien que connoiſſeur profond dans la partie des arts. Il a pû les aimer; mais il les a vûs, pour ainſi dire, en qualité de citoyen de l'Univers, & les a préſentés d'un côté avantageux pour les pays qui les ont accueillis. Les détails & les éloges, qui regardent le fond & la pratique de ces mêmes arts, ne ſont, à mon avis, dans ſon ouvrage, que des extraits empruntés des auteurs Grecs qui l'avoient précédé. Cette conjecture me paroît démontrée dans la ſuite de ce Mémoire. D'ailleurs le plan de ſon ouvrage, me confirme dans cette opinion. Il ne parle des ſtatues de bronze qu'à l'occaſion du cuivre, de la peinture qu'à la ſuite des matières qui compoſent les couleurs; c'eſt à propos de la terre travaillée, ou de la poterie, qu'il traite de la plaſtique: enfin il ne s'étend ſur les grands ſculpteurs de la Grèce, qu'après avoir examiné les différentes eſpèces de marbre. Tous ceux qui l'auront lû avec attention, conviendront qu'aucun de ces différens arts n'eſt l'objet particulier de ſon examen, & qu'il ne décrit l'uſage que les hommes ont fait de ces différentes matières, que comme l'emploi de ces mêmes matières, & l'uſage auquel elles ont été deſtinées. Cette façon de penſer peut être examinée dans le détail de chaque partie; elle autoriſe les réflexions contraires, & permet de ne pas recevoir aveuglément tout ce qu'il rapporte; d'autant qu'il n'a donné ces mêmes détails dans l'objet immenſe qu'il a entrepris, que comme des fleurs capables d'enrichir une matière sèche, & plus capables encore de délaſſer ſon imagination. Voilà, je crois, les véritables motifs qui nous ont procuré les plus juſtes & les plus belles indications de l'accord, de l'harmonie, de la légèreté du pinceau, de l'air, & de tant d'autres parties que l'on admiroit dans les tableaux des Anciens. Plus on ſera perſuadé, en les méditant, que ces définitions n'ont pû être faites que par des artiſtes ſavans, plus on regrettera la perte des belles & ſolides inſtructions que les peintres Grecs avoient écrites pour la poſtérité. Ce malheur, tout grand qu'il eſt, nous laiſſe cependant quelque conſolation. Raſſemblons tout ce qui nous eſt demeuré; joignons ce que Pline a ſemé dans ſon recueil en faveur des grandes parties de la peinture, aux grands morceaux de ſculpture Grecque, qui élèvent l'eſprit & paroiſſent au deſſus de l'art, & nous aurons les beaux arts de la Grèce. La peinture nous ſera démontrée, d'un côté, avec toutes ſes richeſſes & tous ſes charmes, tandis que les beaux ouvrages de ſculpture nous prouveront de l'autre, toutes les parties ſur leſquelles Pline ne s'eſt point étendu. Tels ſont le deſſein, l'effet des muſcles, le ſentiment de la peau, la préciſion du trait, la beauté des caractères, la juſteſſe de l'action, le balancement des parties, la ſimplicité, & par conſéquent la grandeur des compoſitions, en un mot le ſublime de cet art. Voilà de quoi nous conſoler de nos pertes, ſi nous ſavons en profiter.

J'avoue que je vois avec étonnement que Pline n'ait pas donné la préférence à ces dernières parties. S'il en avoit été affecté, combien ſon éloquence & ſon eſprit auroient-ils profité de leurs avantages pour nous charmer, comme il a fait ſi ſouvent, par des traits de feu & des images que l'on ne trouve dans aucun auteur, ni ſi fréquemment, ni d'une ſi grande beauté!

Les notions que j'ai pû acquerir ſur la Peinture, me mettent en état de vous préſenter quelques réflexions ſur les faits & les définitions que Pline nous a conſervés dans les premiers chapitres de ſon XXXVe livre. Je ſuis bien éloigné de prétendre vous les donner ſans appel; je ne vais parler ici que comme un artiſte, qui vous ſoûmet les idées que la connoiſſance de l'art ont fait naître en lui. Si vous approuvez mes vûes & mon travail, je pourrai les étendre dans la ſuite ſur toutes les parties des arts que cet auteur a travaillées dans ſon Hiſtoire Naturelle. Cette façon de le conſidérer peut avoir ſon utilité pour ceux qui rechercheront, dans ce qu'il nous a laiſſé, la connoiſſance de ces mêmes arts chez les Anciens, & peut-être pour ceux qui, charmés avec raiſon de cet auteur, croient qu'il ne peut ſe tromper, & regardent ce qu'il dit comme autant de préceptes. C'eſt un effet de la prévention, ou du peu de connoiſſance de la matière; car en l'étudiant avec attention, on trouve quelquefois des paſſages qui ſe contrediſent, & d'autres qu'il ne faut ni prendre, ni traduire à la lettre. Enfin la vérité, l'objet de toutes nos recherches, paroîtra dans un plus grand jour, ſi je puis mériter vos objections, & profiter de vos lumières.

Ce Mémoire eſt diviſé en trois parties. La première contiendra les détails de la Peinture, qui ne me paroiſſent pas avoir été bien entendus par les commentateurs: la ſeconde, les différens genres de Peinture exercés & pratiqués par les Anciens; & la troiſième préſentera la manière de leurs Peintres, autant que j'ai pû la retrouver dans l'ouvrage de Pline. Je la comparerai quelquefois avec celle des plus grands maîtres modernes, pour la rendre plus ſenſible.

Au reſte, ſi je parois un peu plus critique dans ce Mémoire que dans celui que j'ai lû en 1747, je vous prie de penſer que l'on commence toûjours par être ébloui, & qu'un plus grand examen laiſſe enfin diſcerner des erreurs que la réputation d'un grand homme & la diſpoſition à l'admirer, ne voilent que trop ordinairement.

On peut avancer que Pline a mis peu d'ordre dans ce qu'il a écrit sur la Peinture & sur les artistes. Ce défaut est assez com-
Chap. VIII. mun dans de certains temps de l'antiquité. *Non constat sibi in hac parte Græcorum diligentia, multas post Olympiadas celebrando pictores, quàm statuarios ac toreutas.*

Chap. IX. Notre auteur relève lui-même quelques fautes de date que les Grecs avoient faites. Autorisé par de si grands exemples, je me contenterai de dire, sur cette chronologie, ce qui me paroîtra nécessaire, & le peu d'observations dont je me suis trouvé à portée de faire la recherche.

Tout ce que Pline rapporte de l'invention de la Peinture, & de ses progrès, n'est revêtu d'aucune autorité, & peut être mis au rang des conjectures. Cependant ces choses valent en général le prix qu'il leur donne. Il faut même convenir que l'on est obligé, soit à Pline, soit à des auteurs plus anciens, d'avoir bien voulu prendre sur eux de décider sur l'origine de cet art. La postérité part de-là, & ses idées sont en quelque façon fixées; mais elle se réserve la liberté de douter & d'appeler, au moins de quelques parties.

Pline a suivi sans doute l'opinion des Grecs, qui ont toûjours cherché à s'attribuer ce qu'ils devoient aux autres Nations. Il veut que cet art ait été inventé par les Grecs. Je n'aurai pas recours à des autorités bien éloignées pour le contredire, ou du moins pour jeter des doutes sur son sentiment; car il parle lui-même de six mille ans de peinture, dont les E'gyptiens se vantoient précédemment à la Grèce; & quoiqu'il dise que c'est une erreur de leur part, il n'apporte aucune espèce de preuve pour la détruire: la chose eût été difficile. L'antiquité des E'gyptiens & l'ancienneté de leurs connoissances remontent à des temps bien reculés; & quand même on conviendroit que leur calcul seroit trop fort en cette occasion, il faudroit toûjours avouer qu'ils ont connu la Peinture avant tous les peuples de l'Europe. Mais Pline me paroît avoir toutes les préventions que les Romains éprouvoient pour les Grecs, & pour tout ce qui venoit de leur pays. La Grèce vaincue par les armes, s'en étoit bien vengée par la séduction de l'esprit.

Une

Une preuve de la prévention de notre auteur, c'est qu'il dit, dans le même chapitre, que Cléophante, selon Cornélius Népos, suivit en Italie Démarate père de Tarquin l'ancien, qui fuyoit de Corinthe pour éviter la persécution du tyran Cypselus; & il fait entendre que la Peinture avoit passé de Grèce en Etrurie, en attribuant à ce Cléophante les peintures d'Ardée & de Lanuvium. Je veux bien convenir que cet artiste a été l'auteur de ces morceaux en particulier; cependant on sait en général les avantages que les Etrusques ont retirés de leur communication avec les Egyptiens. On va voir, par la suite du même passage, qu'il y avoit avant Cléophante, en Italie, d'autres peintures, faites par des artistes qui ne pouvoient être qu'Etrusques; cependant Pline, dans cette occasion, ne parle pas plus de cette Nation & de ses lumières que les Grecs. Je vais rapporter le passage dans lequel il est parlé de ces anciennes peintures, que l'on voyoit encore du temps de Pline en quelques endroits de l'Italie. *Jam enim absoluta erat Pictura etiam in Italia; extant certè hodieque antiquiores Urbe picturæ Ardeæ in ædibus sacris, quibus equidem nullas æque demiror, tam longo ævo durantes in orbitate tecti, veluti recentes.*

Chap. III.

Ibid.

Cette première idée m'intéresse; elle me représente l'Italie déjà pleine de ruines & d'anciennes beautés de l'art, & me rappelle en même temps la répétition des tableaux de l'Univers.

Similiter Lanuvii, ubi Atalanta & Helena, comminus pictæ sunt nudæ ab eodem artifice, utraque excellentissimâ formâ, sed altera ut virgo; ne ruinis quidem templi concussæ. *Ibid.*

Pline a raison d'admirer la conservation de ces morceaux, puisqu'il y avoit au moins huit siècles qu'ils étoient exécutés. Malgré ce que j'ai dit des connoissances que les Etrusques avoient tirées des Egyptiens, je n'ose leur attribuer ces ouvrages, & sur la simple description de notre auteur, on pourroit croire qu'ils étoient Grecs, d'autant qu'ils firent sur l'empereur Caligula une impression que des peintures Etrusques étoient, ce me semble, peu capables d'inspirer. *Caius princeps eas tollere conatus est, libidine accensus, si tectorii natura permisisset.* *Ibid.*

Ces figures nues, telles que les Grecs étoient dans l'habitude de les faire, les grands effets qu'elles ont produits, ou qu'elles ont mérité qu'on leur supposât, ces caractères qui les distinguoient, *altera ut virgo*, sans doute la modestie, la pudeur, l'ingénuité, &c. toutes ces choses indiquent déjà des connoissances avancées, & décideroient en faveur de Pline, s'il étoit d'accord avec lui-même. Après avoir dit, *durant & Cære antiquiores & ipsæ*, il ajoûte, *fatebiturque, quisquis eas diligenter æstimaverit, nullam artium celerius consummatam, cum Iliacis temporibus non fuisse eam appareat.* C'est ce que je ne pense pas qu'on puisse croire. Pline a peut-être senti quelque difficulté sur l'origine de la Peinture; ainsi, pour l'éviter, il se rejette sur les progrès rapides qu'elle a pû faire, & j'avoue qu'en cela je ne suis pas de son sentiment. Ce n'est pas tout, il avance qu'il ne paroît pas qu'elle fût connue du temps de la guerre de Troie. Voyons ce qu'on peut opposer à cette opinion. Homère est le seul qui nous instruise de ce fameux siège; & dans le temps que ce grand Poëte écrivoit, je vois au moins la toile brodée par Hélène avec un dessein & des couleurs variées. La broderie est, sans contredit, une suite de la Peinture, & de cet art bien entendu. D'ailleurs quelle connoissance Homère n'avoit-il pas des arts? Il a décrit le bouclier d'Achille; & ce chef-d'œuvre de l'esprit & de l'art nous présente différentes couleurs dans les métaux dont il étoit principalement orné. Comment, dans ce même temps, ou quelque temps après, le dessein & la peinture pouvoient-ils être ignorés au point où Pline nous représente l'un & l'autre? Pourra-t-on jamais se persuader que des actions, des paysages, enfin des compositions de tous les genres, indiquées avec tant de grandeur & de détail, ne soient pas décrits d'après la Nature, vûe par un Peintre, ou d'après des ouvrages qui aient existé? L'esprit humain se ressemblera toûjours. La description des arts peut être embellie, mais elle ne peut être absolument imaginaire.

Chap. III.

Du reste, par rapport à la Peinture du temps de la guerre de Troie, je suis assez heureux pour m'être trouvé conforme à M. l'abbé Fraguier. Je renvoie à ce qu'il en dit dans nos Mémoires. Cependant Pline n'a placé l'invention de la Peinture,

T. I, p. 75.

dont les ornemens du bouclier d'Achille sont au moins une indication, que quarante olympiades après celle de la sculpture. Je sais que l'on pourra opposer à mon sentiment celui de quelques auteurs, qui donnent une plus grande antiquité à la plastique, & conséquemment à la Sculpture, qu'à la Peinture. Mais il me semble qu'on pourroit soûtenir le contraire, & présenter des raisons fondées sur la Nature. La couleur donne plus de vérité à l'objet; donc elle est plus frappante que le trait sur de la terre ou sur du métal. Cette discussion ne seroit point ici à sa place.

Mais pour admettre le sentiment de Pline, & attribuer à la Grèce l'invention de la Peinture, il faudroit que le dessein (la base de tous les arts, & conséquemment de toutes les magnificences du bouclier d'Achille) eût été totalement oublié; & c'est une supposition absolument nécessaire pour admettre, 1.° qu'il n'étoit pas possible de faire un profil, & même si grossier, qu'il fût dépourvû de tous les détails intérieurs; 2.° pour se prêter aux éloges donnés à Eumarus, Athénien, qui a sû distinguer un homme d'avec une femme, & osé entreprendre la représentation de toutes sortes de figures; enfin pour mille autres détails de cette force. Je ne dis point que ces commencemens n'aient existé, ni même qu'ils n'aient été répétés plus d'une fois; car les arts ont été souvent perdus & retrouvés; mais je soûtiens que tous ces détails d'ignorance ne peuvent succéder à une si grande élégance dans le même pays, lorsqu'il n'a été ni dévasté par les barbares, ni bouleversé par des tremblemens de terre ou des Volcans. Je croirois plustôt, & cette idée pourroit nous accorder, que ces deux arts, trouvés en même temps, puisqu'ils avoient un principe commun, ont été différemment accueillis; c'est-à-dire que la Sculpture a commencé par avoir une préférence que sa solidité a dû nécessairement inspirer à un peuple occupé de sa gloire; & que la Peinture, regardée comme une chose plus facile à détruire, avoit de plus ses couleurs à trouver & à perfectionner. Plus cette recherche a été composée, & longue à compléter, & plus sa rivale faisoit de progrès, elle qui n'étoit à la fois renfermée que dans une ſeule matière, ſoit le bois, ſoit la terre, ſoit enfin le marbre ou la fonte. En un mot, ſi ce que Pline avance à ce ſujet étoit exactement vrai, il faudroit que la Peinture, qui n'eſt produite que par le deſſein, & ſans lequel elle ne peut former que des couches de couleur, il faudroit, dis-je, qu'elle eût changé de nature. Enfin, pour appuyer mon ſentiment, j'ajoûterai une choſe inconteſtable, & tirée de la nature des arts; ils s'éclairent & ſe nourriſſent mutuellement, peut-être encore plus que les ſciences.

Je ne finirai point cette partie de mes réflexions ſans prier les lecteurs, de ne point oublier la beauté de ces peintures d'Ardée; elles ont précédé de plus de quatre cens ans les artiſtes les plus célèbres de la Grèce. Qu'on ſe ſouvienne encore, que dès ce même temps, il y avoit des peintures Etruſques plus anciennes à *Cæré,* ville de l'Etrurie, & vrai-ſemblablement dans pluſieurs autres endroits de l'Italie, & qu'enfin je ne m'appuie ſur aucun autre auteur que ſur Pline lui-même. Je dois convenir cependant qu'Homère étant poſtérieur d'environ trois cens ans à la guerre de Troie, il n'étoit guère antérieur au temps que les peintures d'Ardée ont été faites; j'ajoûterai même qu'il a pû négliger le coſtume dans cet endroit de ſon poëme, & faire entrer dans ſa fiction les arts connus de ſon temps. Malgré ces aveux, je crois que mes objections ſubſiſtent, & qu'elles ſuffiſent au moins pour prouver que Pline n'a pas examiné avec aſſez d'exactitude le commencement & les progrès des arts. Mais ſans pouſſer plus loin les réflexions ſur l'antiquité & ſur l'invention de la Peinture, je vais continuer le développement des idées que cet auteur nous fournit, & la traduction de quelques unes de ſes expreſſions.

La ſucceſſion & la marche que Pline donne à la Peinture, en décrivant ſes progrès, autoriſe ce que j'ai dit du deſordre avec lequel il traite cette matière; car les détails qu'il en rapporte, & la place qu'il leur attribue, ne peuvent être la route, ni le chemin d'aucun art connu & pratiqué ſucceſſivement dans un pays. Les premiers temps, l'enfance & la découverte de cet art nous ſont indifférens, je l'ai déjà dit; il nous ſuffit de savoir, même pour l'intelligence de l'ouvrage de Pline, que la Peinture a paru dans tout son éclat l'espace de deux cens ans, depuis le temps de Périclès jusqu'au règne d'Antigonus, & de Démétrius Poliorcete son fils, & qu'aussi-tôt après elle a totalement dégénéré, au point qu'elle tomba dans une sécheresse de couleur, & une aridité de composition confirmées long-temps avant Pline. En un mot elle étoit devenue semblable à quelques malheureux restes que nous en voyons encore dans plusieurs ruines en Italie. Et par une destinée cruelle, aucun des fameux ouvrages dont Rome avoit dépouillé la Grèce, n'est venu jusqu'à nous. Les tableaux peints sur bois n'ayant pû résister, mes regrets ne tombent que sur les fresques, exécutées dans la suite à Rome par de bons artistes Grecs.

On pourroit reprocher, en quelque façon, à Pline d'avoir fait des distinctions qui ne sont pas toûjours justes, & d'avoir attribué à des artistes l'invention de plusieurs choses, sans lesquelles les ouvrages dont il parle, comme d'un temps beaucoup plus reculé, n'auroient pû s'exécuter. Je ne vois qu'un moyen pour réparer ce dernier inconvénient; c'est de ne point prendre à la lettre ces mots de *primus invenit*, & de ne pas regarder ces choses comme des découvertes, mais seulement d'accorder à ceux dont il parle, le mérite d'avoir excellé dans cette partie, ou de l'avoir perfectionnée. Je compte en donner plusieurs exemples. En général j'avouerai que plusieurs de mes doutes sont aussi fondés que celui-ci. Théodore de Samos étoit peintre, *L. VII, c. 56.*
sculpteur, architecte, & de plus graveur en pierre. Quelque difficile que puisse être la réunion d'un si grand nombre de talens, je consens à y ajoûter foi. Mais croira-t-on que ce même Théodore puisse être, comme le dit Pline, inventeur du niveau, du tour, de la règle & de la clef? Un pays où ces instrumens n'étoient pas connus, étoit-il capable de produire un artiste avec des connoissances aussi variées & aussi étendues que celles qui sont attribuées à Théodore? Personne ne respecte plus les anciens, & ne les étudie plus volontiers que moi; mais ils demandent quelquefois de l'examen, & le bon sens autorise les restrictions.

Pline commence ſon livre XXXV.e par regretter le talent & les façons d'opérer des anciens Peintres; il en fait un très-bel éloge, fondé ſur l'utilité dont leur art étoit pour perpétuer la mémoire des grands hommes, & pour inſpirer aux vivans le deſir de les imiter. Il eſt enſuite affligé de ne plus voir que les dorures & les ornemens que l'on plaçoit ſur les murs & ſur les ſolives dans les intérieurs des maiſons. Nous voyons par-là que les mêmes uſages ſe ſuccèdent dans les Nations policées: car nos plafonds ont été décorés de cette manière dans les deux derniers ſiècles. Après ces regrets, Pline s'étend ſur la critique de ſes contemporains, & tombe ſur le goût pour les moſaïques avec leſquelles ils repréſentoient des animaux; mais ce genre de décoration le bleſſe encore moins que l'incruſtation & l'imitation des marbres: enfin il ne peut approuver la peinture de la pierre, il regarde cette opération comme une inſulte à la Nature. Il nous apprend que cet uſage commença à Rome ſous l'empire de Claude, & qu'il s'augmenta beaucoup ſous celui de Néron. Je ne puis finir ce qui regarde ce premier chapitre ſans communiquer une réflexion. Pline reproche aux Romains ce que je viens de dire; mais il eſt encore fâché de ce qu'ils trouvoient du plaiſir à incruſter des marbres dans d'autres marbres. Il cite avec une métaphore l'alliage du marbre de Numidie, & de celui de Synnade. *Maculas*, dit-il, *quæ non eſſent, cruſtis inſerendo, unitatem variare, ut ovatus eſſet Numidicus, ut purpurâ diſtingueretur Synnadicus.* Le bon du Pinet traduit ainſi cette dernière phraſe: *pour montrer en pierre l'entrée que l'on fit à Numidicus, & comme Synnadicus ſe pouvoit remarquer entre les autres à ſa robe de pourpre.* Quelle idée le Public peut-il prendre d'un auteur, quand on le lui préſente ſous une pareille forme? Cependant cette traduction eſt depuis long-temps dans les mains de tout le monde. Le projet d'une traduction nouvelle eſt donc auſſi raiſonnable, qu'il eſt digne du Magiſtrat qui voudroit y réuſſir, & qui s'eſt déjà donné tant de peine.

Chap. 1.

Il me paroît naturel d'examiner ce qu'il faut entendre par les *Monochromata*, ou les *Peintures d'une ſeule couleur*, avant que de rapporter des exemples plus compoſés.

Cet article me paroît devoir être diviſé en trois parties, pour être bien entendu. Pline en parle autant de fois dans ſon recueil, mais ſans les diſtinguer. La différence des temps a dû cependant en apporter dans leur eſpèce. Je vais les rapprocher pour les faire mieux ſentir, & les mettre à la fois ſous les yeux.

Il dit donc, que le trait ayant été la première opération, la ſeconde fut nommée *monochromaton*, qu'elle n'employoit qu'une ſeule couleur: *ſecundam ſingulis coloribus & monochromaton dictam.* *Chap. III.* Ce premier genre ne peut jamais être pris à la lettre, celui-ci même, qu'il regarde comme l'enfance de l'art; c'eſt-à-dire qu'il n'y aura jamais eu une ſeule couleur, & qu'il y en aura toûjours eu deux, celle du profil ou de l'objet, tel qu'il ſoit, & celle de ſon fond. Quoique cette dernière ne ſoit point donnée, elle ſervira toûjours pour diſtinguer & détacher celle du Peintre, autrement celle-ci ne ſe diſtingueroit pas, & ne ſeroit qu'un enduit: il faut donc ſe renfermer à dire qu'une couleur de chair générale, placée ſur un fond, formoit ces premiers profils; encore cela ne ſera jamais véritablement exact. Car les peintures des Sauvages, & de tous les peuples de l'Amérique, dont Pline nous rappelle préciſément l'idée, en parlant de ces premiers temps, ont toûjours indiqué le blanc des yeux & le noir des ſourcils; ce qui eſt d'autant plus vrai, que ces objets ſont les plus frappans & les plus détachés par les couleurs naturelles. La complaiſance pour Pline ne peut aller, ce me ſemble, juſqu'à comparer les Grecs depuis la guerre de Troie aux Sauvages de l'Amérique, & c'eſt cependant, à peu de choſe près, ce qu'il faut faire; car en le ſuivant exactement, cette première peinture n'a été qu'une teinte générale, approchante de la carnation. On aura peine à ſe perſuader qu'elle ait jamais été en Grèce juſqu'à ce point d'ignorance. Il eſt vrai-ſemblable que les Égyptiens leur ont communiqué ce qu'ils en ſavoient, ainſi que des autres arts. Mais en ſuppoſant cette ignorance, elle ne peut avoir été d'une longue durée dans un pays policé, où cet art une fois trouvé, a été exercé par ceux que la Nature déterminoit à l'imitation.

On pourra m'objecter que, selon Hérodote, la communication des Grecs avec les Egyptiens n'a été considérable que depuis que Psamméticus fut monté sur le trône d'Egypte, environ six cens soixante-dix ans avant J. C; & que cette première peinture ayant commencé en Grèce, entre la guerre de Troie & le règne de Psamméticus, on pourroit en accorder l'invention aux Grecs. Mais outre qu'avant la guerre de Troie, les Egyptiens avoient déjà communiqué aux Grecs quelques-unes de leurs connoissances, celle-là ne paroît pas être arrivée en Grèce d'une façon assez brillante & assez approfondie, pour n'avoir pas pû être apportée par le récit du voyageur le moins éclairé, ou du marchand le plus grossier.

La seconde manière dont il faut entendre les *monochromata* dont Pline fait mention, mérite plus de considération. Il fait une récapitulation des artistes dont il a parlé, & dit: *quibus coloribus singulis pinxissent.... qui monochromatea genera picturæ vocaverint.* Il n'est guère possible qu'un genre si misérable ait été pratiqué par plusieurs Peintres de suite, sur-tout dans un temps où la Sculpure étoit aussi avancée. Il faut donc regarder ces derniers Peintres comme ayant connu & pratiqué le clair-obscur, dont la Sculpture elle-même leur donnoit une idée véritable. Il n'est pas nécessaire de définir ces clairs-obscurs, tels que nous les pratiquons aujourd'hui à l'huile, en détrempe ou au crayon, pour lesquels on emploie plus ordinairement le blanc & le noir, & auxquels on donne quelquefois le nom de *camayeu.* Il me suffit qu'on les imagine plus avancés que les premiers, & tels qu'une succession d'artistes a dû les produire dans un pays, qui tout au moins étoit éclairé sur d'autres articles. Mais supposé qu'on ne veuille pas être persuadé des différences que la pratique a dû nécessairement apporter dans ces *monochromata,* on conviendra bien que Zeuxis ne les a pas traités comme ces derniers. Cependant Pline se contente de dire, à la fin de ce qu'il rapporte de Zeuxis, *Pinxit & monochromata ex albo.* Cet éloge est assurément le plus grand que l'on puisse donner à un Peintre, du côté de l'harmonie & de l'intelligence de la couleur; car il faut être bien maître de cette partie, c'est-à-dire bien entendre

Chap. V.

Chap. IX.

la

la ruption des couleurs, pour tirer à l'effet, & ce qu'on appelle faire *jouer ſes figures* par l'oppoſition du blanc ſur le blanc.

On voit que les différences de ces *monochromata* ſont conſidérables; Pline les ayant confondues, ſans rapporter aucune diſtinction, il m'a paru que je devois les expliquer.

Si l'on n'avoit pas d'auſſi fortes convictions du ſentiment de Pline ſur la Peinture, ſur-tout par la bonté du choix qu'il a ſû faire dans les extraits qu'il a rapportés, on pourroit lui reprocher d'avoir établi le principal mérite de la Peinture ſur l'eſpèce, la variété, l'éclat & l'abondance des couleurs; car l'admiration & l'étonnement que lui cauſent les ouvrages d'*Apelle*, d'*Echion*, de *Mélanthius* & de *Nicomachus*, ſemblent tomber ſur ce qu'ils étoient faits avec quatre couleurs.

Quatuor coloribus ſolis immortalia illa opera fecere, ex albis Melino, ex ſilaceis Attico, ex rubris ſinopide Pontica, ex nigris atramento.... cum tabulæ eorum ſingulæ oppidorum venirent opibus. Chap. VII.

Cet étonnement me paroît ne lui pas ſuffire; il en témoigne un autre: il croit qu'avec un plus grand nombre de couleurs, & de plus belles encore, que l'on apportoit de toutes parts à Rome, les Romains avoient plus de tort de ne pas faire des choſes auſſi recommandables que celles qu'il vient de citer. Quel qu'ait été le ſentiment de Pline ſur ce fait, le mérite de la Peinture n'a jamais conſiſté dans l'abondance & la richeſſe des couleurs. Perſonne n'ignore que cet art n'exiſte que dans le talent & le génie de l'artiſte. En effet une ſeule couleur, dont je viens de donner l'idée dans le *monochromata* de Zeuxis, ſuffira à un habile homme pour exprimer toutes les actions & tous les objets, & pour faire concevoir toutes les idées qu'il peut avoir. La multiplicité des couleurs eſt une facilité pour l'imitation, ainſi que pour une plus grande vérité; & quoiqu'il faille convenir qu'elle eſt une difficulté de plus pour l'harmonie, la beauté & le mérite de l'exécution, elle n'eſt cependant pas l'eſſence de la Peinture: ſa partie principale conſiſte dans le deſſein qui exprime l'action, dans la penſée qui conduit la main, enfin dans le génie ſi bien exprimé par la fable de Prométhée. Les deſſeins des grands maîtres, qui ne ſont point coloriés, ſont une preuve de ces vérités. Il eſt donc aiſé de ſentir ce qu'il étoit poſſible à de grands artiſtes de faire avec quatre couleurs, dont la combinaiſon ſubdiviſée en demi-teintes, quart de teintes, huitième de teintes, &c. s'étend à l'infini. Cependant Pline finit le paſſage que je viens de rapporter par un reproche raiſonnable aux artiſtes de ſon temps; *rerum, non animi pretiis excubatur;* & cette avidité ſera toûjours la perte des talens.

Je vais faire à Pline une autre eſpèce de reproche. En parlant d'un tableau de Philocharès, où étoient repréſentés un nommé Glaucion & ſon fils Ariſtippe, il s'écrie: *immenſa, vel unam ſi quis tantum hanc tabulam æſtimet, potentia artis, cum propter Philocharem, ignobiliſſimos alioquin Glaucionem & filium ejus Ariſtippum, Senatus populuſque Romanus tot ſæculis ſpectet.* Je conviens que ce fait énonce l'amour de l'art du côté des Romains, & que le Sénat & le peuple donnent des preuves de la juſtice qu'ils rendoient aux talens de Philocharès. Mais ce trait ne pourroit-il pas auſſi indiquer une aſſez plate vanité, à laquelle on participe quand on ne l'accompagne d'aucun correctif? Il ſemble, en effet, que de certains yeux ne peuvent regarder que des ſujets nobles. Cette réflexion n'eſt pas d'un Philoſophe, elle eſt encore moins d'un amateur de Peinture. Mais ces minces critiques ne méritent pas d'être préſentées. J'aime beaucoup mieux employer le temps à retrouver les degrés de l'art chez les anciens.

Chap. IV.

Ce Glaucion & ſon fils Ariſtippe ſe reſſembloient parfaitement; *puberem filium ſeni patri ſimilem eſſe, ſalva ætatis differentia;* & cette nouvelle reſſemblance, ou pluſtôt ces rapports, conſervés & exprimés malgré la différence des âges, nous donnent une idée du ſentiment & de la fineſſe de l'exécution des peintres Grecs.

Après avoir rappelé, dans le cinquième chapitre, ce qu'il a dit juſque-là ſur la Peinture, il finit par une deſcription du coloris & de ſes progrès, que la grandeur, la force & la préciſion m'obligent à vous rapporter.

Chap. V. *Tandem ſe ars ipſa diſtinxit, & invenit lumen atque umbras, differentia colorum alterna vice sese excitante. Deinde adjectus est splendor, alius hic quàm lumen: quem quia inter hoc & umbram esset, appellaverunt tonon; commissuras vero colorum & transitus, harmogen.*

Voici comment je traduirois ce passage: *Enfin l'art prit un nouvel essor; il trouva la lumière & les ombres, que leur opposition fait mutuellement valoir. Ensuite il ajoûta*, selon les lieux & les corps, *un éclat*, ou plustôt *une splendeur*, une lumière soûmise & répandue généralement, *qui n'est pas la lumière*, mais qui la fait briller; c'est une lumière moyenne, qui règne dans les demi-teintes, c'est l'*accord*, c'est l'*air:* parties qui servent à la faire valoir, & par conséquent à faire briller la grande lumière. Cet éclat, cette splendeur *qui se trouve entre l'ombre & la lumière*, fut appelé *tonos*, c'est ce que nous nommons le ton d'un tableau, sa force, la chanterelle plus ou moins haute. Cette expression est tirée de la musique; elle fait entendre, par une sorte de comparaison, le plus ou le moins de vigueur sur lequel l'ouvrage est accordé: *& ils nommèrent harmogé, ce que nous exprimons par le passage & l'union des couleurs.*

Il seroit aisé de faire une dissertation fort étendue sur une si belle image de la Peinture, & qui renferme une de ses plus grandes parties; mais elle ne conviendroit point ici. Je dois seulement faire observer que la seule indication de ces connoissances, prouvant incontestablement la belle exécution des Grecs quant à la couleur, & la profondeur de leur savoir dans toutes les parties de cet art, la Sculpture nous indiquant de l'autre côté les autres parties qui la composent, il faut convenir de sa perfection chez les Grecs.

Je suis entré dans un trop grand détail, lorsque j'ai traité cette matière, pour répéter un passage de Pline qui regarde Parrhasius, & qui commence par ces mots: *Primus symmetriam Picturæ dedit*, &c. Cependant je dois dire, pour en rappeler la mémoire, « que les airs de tête de ce Peintre étoient extrêmement piquans, qu'il ajustoit les cheveux avec autant de « noblesse que de légèreté, que ses bouches étoient aimables, « & que son trait étoit aussi coulant que ses contours étoient «

Mém. Acad. t. XIX, p. 266.

juſtes; c'eſt le ſublime de la Peinture, *hæc eſt in Pictura ſublimitas :* & qu'enfin cette belle définition du plus grand coloriſte, convient parfaitement au Corrège. Mais Pline termine ce paſſage par ces mots: *hanc ei* (Parrhaſio) *gloriam conceſſere Antigonus & Xenocrates, qui de Pictura ſcripſere.* Il me ſemble donc que nous devons attribuer à ces auteurs une définition ſi belle & ſi complète; & cette preuve, tirée des citations dont il a rempli ſon ouvrage, pourra s'étendre ſur quelques autres articles. On peut avoir toutes les parties que nous admirons dans Pline, & ne pas ſavoir un art auſſi profondément que le ſavoient les auteurs qui lui ont fourni cet extrait, & qui ſans doute étoient artiſtes eux-mêmes. Les traits qui portent cette même empreinte, ne doivent pas diminuer la reconnoiſſance que nous devons à Pline, d'avoir choiſi des paſſages qui nous conſervent des idées ſi juſtes & ſi grandes du mérite des anciens. Sans lui, notre imagination n'iroit peut-être pas juſque-là, enfin nous ne pourrions que conjecturer ce que nous pouvons aſſurer.

Je reviens à Parrhaſius. L'éloge que Pline en a fait, eſt un des plus étendus. La liſte des ouvrages de ce grand artiſte, me paroît auſſi la plus nombreuſe, & il me ſemble que le haſard, & non le choix, en avoit plus raſſemblé dans Rome que de tout autre maître. Il s'en trouve un dans le nombre, dont la deſcription a cauſé quelque difficulté, & c'eſt ce qui m'engage à l'examiner. *Pinxit & demon Athenienſium, argumento quoque ingenioſo; volebat namque varium, iracundum, injuſtum, inconſtantem: eumdem exorabilem, clementem, miſericordem, excelſum, glorioſum, humilem, ferocem, fugacemque, & omnia pariter oſtendere.* Voici de quelle façon je le traduirois. *Il peignit le peuple d'Athènes, & ſon projet étoit ingénieux ; il vouloit qu'il parût tout à la fois changeant, colère, injuſte, inconſtant, facile à appaiſer, doux, compatiſſant, haut, glorieux, rempant, fier & poltron.* (Chap. x.)

Le peuple d'Athènes avoit été repréſenté pluſieurs fois en peinture & en ſculpture, ſans doute comme nous voyons la ville de Rome, & comme nos villes modernes, qui ont été preſque toutes perſonnifiées. Parrhaſius fit donc un de ces ouvrages; mais je regarde cette description comme une critique fine de sa part. Cet artiste, qui aimoit à rendre les passions, aura dit toutes celles qu'il auroit fallu donner à ce peuple pour le bien représenter, & Pline, ou l'auteur qu'il a extrait, n'a point été la dupe de cette satire. Car il faut remarquer que le terme de *volebat,* diminue ici la valeur d'*argumentum ingeniosum,* que l'on ne peut guère traduire que par le mot *projet,* mais qui paroîtroit devoir être entendu par une chose faite & exécutée; cependant une conjecture est bien forte quand elle attaque une impossibilité. En effet, c'en est une des plus certaines, que l'expression d'un si grand nombre de demi-passions & de mouvemens de l'ame, si peu marqués, & si contraires les uns aux autres. Un art qui ne peut rendre qu'un moment, les pouvoit-il exprimer sans recourir à des allégories, ou à des traits d'histoire qui peuvent seuls donner le caractère à des choses si légères? Alors quelle confusion que douze attributs autour d'une figure! Mais une réflexion, qui me paroît encore plus solide, s'oppose aux sentimens de ceux qui ont pris la chose au positif. Le peuple d'Athènes a eu assez d'esprit pour rire du personnage, dupe, sot & ridicule, qu'Aristophane lui avoit donné dans une de ses pièces. L'action, la déclamation, la place, le moment servent à faire passer avec d'autant plus de facilité ces sortes de critiques, que toutes ces nuances dépendent de l'esprit & de la volonté de l'auteur. Il n'en peut être de même d'un tableau que rien n'excuse. Les Athéniens n'auroient jamais souffert un portrait si cruel & si méprisant; auroient-ils voulu l'avoir continuellement devant leurs yeux? Tout me paroît donc concourir à l'explication que je viens de présenter.

Pamphile, Macédonien, a mérité que Pline dît de lui: *Primus in Pictura omnibus litteris eruditus, præcipue arithmetice, & geometrice, sine quibus negabat artem perfici posse.* Chap. X.

Cet artiste, qui méritoit d'être célèbre par le seul trait de son savoir, étoit persuadé qu'on ne pouvoit être grand Peintre sans être savant, & principalement dans l'*arithmétique* & dans la *géométrie.* Il est à présumer que les noms de ces deux parties des mathématiques, rappeloient d'autres idées que celles qu'elles nous présentent; elles renfermoient peut-être la justesse & la perspective. Si on prenoit ces mots à la lettre, je demande à quoi le calcul des chiffres & celui des angles pouvoient servir à un Peintre? Quoique Pline parle ici formellement, la chose est trop éloignée de l'objet pour ne pas admettre quelque figure, ou quelque faute dans le texte. Au reste ce Pamphile ne prit aucun élève, à moins d'un talent pour dix ans; *docuit neminem minoris talento annis decem*, environ trois mille francs. Cette somme, pour un pareil temps ne mériteroit pas qu'on se récriât; je croirois donc, avec le P. Hardouin, qu'il faut entendre un talent par chaque année. Et le texte de Pline est susceptible de cette explication.

Chap. XI. Je ne parlerai point du mérite que Pline accorde à Pausias, pour avoir exprimé le raccourci dans les victimes, qu'il a représentées dans plusieurs sacrifices, ni pour la hardiesse avec laquelle il les a peintes absolument noires. Ces choses ont dû être connues par les artistes qui ont précédé Pausias, à n'en juger même que par celles dont Pline nous fait le récit.

Je n'entrerai point dans le détail d'un récit qui ne feroit qu'ennuyer; je me contenterai de demander ce que pouvoient être des tableaux de bataille sans raccourci. Pline en rapporte cependant qui avoient été peintes avant la naissance de cet artiste. Je crois donc qu'il faut seulement lui accorder, comme je l'ai déjà dit ci-dessus, un plus grand degré de perfection dans ces parties.

Apelle est le Peintre sur lequel Pline, ainsi que tous les auteurs, s'est le plus étendu, & dont il a le mieux parlé, peut-être à cause qu'il a eu plus de secours. Voici un passage qui

Chap. X. m'a fait quelque peine. *Pinxit & quæ pingi non possunt (a), tonitrua, fulgura, fulgetraque, bronten, astrapen: ceraunobolian*

(a) Les distinctions admises par les Anciens, & que nous ne pouvons plus recevoir avec la simplicité de nos principes Physiques, nous mettent hors d'état d'expliquer toutes les différences qui ont engagé à donner autrefois à la foudre cette variété de noms. Si le lecteur est curieux d'en être ennuyé, il peut lire ce que Sénèque en dit, *Quest. Nat.* dans plusieurs chapitres du livre III.

appellant; inventa ejus & cæteris profuere in arte. Ce paſſage eſt un de ceux ſur lequel il ne faut point prendre Pline à la lettre; il le dit lui-même, *pinxit & quæ pingi non poſſunt.* On pourroit peut-être lui reprocher d'avoir fait uſage d'une métaphore trop outrée, qui ſeroit tolérée tout au plus dans un Poëte. Mais j'abandonne la critique perſonnelle, & je demande combien la Peinture devoit être reſſerrée dans les payſages & dans les grands effets de la Nature avant Apelle, ſi elle lui a cette obligation, & combien ſa froideur & ſa contrainte devoient être grandes, lorſqu'elle étoit privée de ces acceſſoires. Car dans ce cas, une privation en entraîne néceſſairement pluſieurs autres. On ſent bien que je ne traduirai pas ces effets de la Nature par le bruit du tonnerre, & par la lueur ſubite des éclairs, images propres à l'éloquence, & que la Peinture ne peut indiquer à l'eſprit que par des moyens fixes. Cependant Pline n'eſt pas le ſeul qui ait donné des éloges aux artiſtes qui ont précédé Apelle. Tout cela n'eſt donc point exact, & un ſoupçon fondé en autoriſe pluſieurs autres. Je ne ferai mention que de deux traits qui regardent ce fameux artiſte, & je les choiſis dans le nombre de ceux que Pline nous a conſervés.

Apelle avoit repréſenté Alexandre ayant le foudre en main: *Chap. x.*
Digiti eminere videntur, & fulmen extra tabulam eſſe. En premier lieu cette attitude indique un raccourci, mais des plus nobles & des plus heureux; on peut inſiſter ſur ce point, car ces expreſſions de la Nature ſont très-ſouvent ingrates. Mais pour revenir à l'idée que la deſcription me donne de ce tableau, je dirai qu'elle me paroît le plus grand exemple de ce qu'on appelle l'effet; & j'ajoûterai que cette deſcription me ſemble encore faite par un homme de l'art, car Raphaël n'auroit pas dit autrement, en parlant d'un tableau de Michel-Ange. *La main étoit ſaillante, & le foudre paroiſſoit hors de la toile.* J'ai trop bonne opinion de l'eſprit & du caractère d'Apelle, pour *Ibid.*
croire que voulant prouver la beauté du cheval qu'il avoit peint, il ait voulu le faire juger par des chevaux, dont le henniſſement le fit triompher. A la réſerve des oiſeaux, qui

peuvent ſe tromper dans les ciels, les animaux pourroient plus aiſément être frappés de la ſculpture que de la peinture. Cette diſcuſſion ſeroit inutile ici ; mais la conduite attribuée à Apelle dans cette occaſion, me paroît un de ces traits répandus pour l'agrément du ſujet, & pour flatter l'opinion de ceux qui en étoient perſuadés ; Pline étoit ſans doute trop éclairé pour en rien croire intérieurement.

Je ne puis me réſoudre à quitter Apelle, cet homme qui a réuni tant de qualités du cœur & de l'eſprit, qui a joint l'élévation du talent à celle du génie, & qui a été enfin aſſez grand pour ſe louer ſans partialité, & pour ſe blâmer avec vérité ; je ne puis, dis-je, le quitter ſans parler de l'idée que me donne la deſcription d'un de ſes ouvrages. C'eſt le tableau de
Chap. X. Diane & de ſes Nymphes, dont Pline dit, *Quibus viciſſe Homeri verſus videtur id ipſum deſcribentis.* L'admiration que l'on a pour Homère, lui que Phidias voulut prendre pour ſon ſeul modèle, dans l'exécution du Jupiter qui lui fit un honneur immortel, la ſupériorité que l'antiquité accorde à Apelle, enfin la réunion de ces deux grands hommes me fera regretter ce tableau toute ma vie.

Pline parle fort convenablement de la Vénus d'Apelle, & des ouvrages de pluſieurs autres auteurs, que la mort les em-
Chap. XI. pêcha d'achever, & que perſonne n'oſa terminer : *In majori admiratione eſſe quam perfecta : quippe in iis lineamenta reliqua, ipſæque cogitationes artificum ſpectantur ; atque in lenocinio commendationis dolor eſt ; manus, cum id agerent, extinctæ deſiderantur. Elle cauſoit plus d'admiration que ſi elle avoit été terminée ; car on voit dans les traits qui reſtent la penſée de l'auteur ; & le chagrin que donne ce qui n'eſt point achevé, redouble l'intérêt.* Après avoir préſenté des idées auſſi élevées dans l'art, je n'avois aucune envie de rapporter ce que Pline dit des premiers peintres Romains ; mais ce ſont des faits trop liés à mon ſujet, pour les paſſer abſolument ſous ſilence.

J'ai beaucoup de peine à croire le peu même que Pline
Chap. IV. rapporte des Peintres que la ville de Rome a produits dans ſes commencemens ; je conviendrai de leur illuſtration par les charges,

charges, ou par la naiſſance; mais je ſuis fort trompé ſi la vanité & l'amour de ſa patrie ne ſont pas les raiſons qui ont engagé notre auteur à en faire mention. Il parle de Fabius, ſurnommé *Pictor* à cauſe de ſon talent; ce n'eſt pas, à la vérité, dans les mêmes termes dont il s'eſt ſervi pour les peintres Grecs: il dit donc qu'il a peint le temple de la Santé, l'an de Rome 450, & quoique l'ouvrage ſe ſoit conſervé juſqu'à lui, *quæ pictura duravit ad noſtram memoriam*, il n'en fait aucun détail; il ne dit pas un mot des ſujets que Fabius avoit repréſentés, lui qui les déſigne ordinairement. Je ſais qu'il auroit été poſſible à Fabius de s'inſtruire de cette profeſſion, en parcourant la grande Grèce, que Zeuxis, entre autres, avoit remplie de ſes ouvrages. Mais la ruſticité des Romains, l'ignorance dans laquelle Rome étoit plongée dans ce temps, le ſilence ſur les voyages de Fabius, toutes ces raiſons détruiroient la ſuppoſition, & me porteroient à croire, ſans une ſorte de reſpect pour Pline, que Fabius n'auroit fait que couvrir les murailles de ce temple d'une ſeule couleur, & qu'il les auroit ornées tout au plus de quelques-uns de ces *monochromata* dont Pline eſt ſi fort occupé dans les commencemens de la Peinture.

J'ai meilleure opinion des ouvrages que le poëte Pacuvius, père d'Ennius, fit dans le temple d'Hercule, par la raiſon que la poëſie a pû lui donner un peu plus de facilité dans l'eſprit que je n'en ſoupçonne à Fabius. Il eſt vrai que le talent de Pacuvius, du côté de la poëſie, ne mérite pas une grande conſidération. Auſſi mes idées ſur ſa peinture ſont renfermées dans des bornes très-étroites.

A l'égard de Turpilius, Chevalier Romain & Vénitien de naiſſance, il a embelli Vérone de ſes ouvrages de peinture. Je conſens à les croire auſſi beaux qu'on le voudra, puiſqu'en effet il peut avoir appris cet art dans la Grèce. Mais j'aurai peine à pardonner à Pline l'admiration qu'il témoigne ſur ce qu'il a travaillé de la main gauche; l'habitude fait tout pour le choix des mains, & il ne faut pas une grande philoſophie pour faire cette réflexion: mais cette habitude entre pour beaucoup moins dans un art que l'eſprit ſeul conduit, & qui donne ſans peine le ſens de la touche en indiquant celui de la hachure, ou qui produit enfin des équivalens pour concourir à l'expreſſion générale & particulière.

Jouvenet, attaqué d'une paralyſie ſur le bras droit quelques années avant ſa mort, a fait ſon tableau du chœur de Notre-Dame de la main gauche. Ce fait eſt plus étonnant, puiſqu'il avoit contracté une autre habitude, & l'on n'en a fait mention à Paris que pour ne pas oublier une petite ſingularité de la vie d'un artiſte.

Il n'eſt pas étonnant que Pline ne nous ait rapporté que des hommes de guerre, dans le détail qu'il nous a laiſſé des peintres Romains. Cette Nation, ſur-tout dans les commencemens, étoit abſolument guerrière; mais celui qui donna plus de crédit à la Peinture dans Rome, ſelon le ſoupçon de Pline, ce fut Valérius Maximus Meſſala, il expoſa dans une des places un tableau qui repréſentoit la bataille dans laquelle il avoit défait, en Sicile, Hiéron & les Carthaginois, l'an de Rome CCCCXC. L. Scipion ſuivit ſon exemple, & préſenta également au peuple Romain la victoire qu'il avoit remportée en Aſie. Je n'ignore pas que Paul Emile, père de ce Scipion, le plus grand homme pour tous les talens, qui ait vécu dans la République, avoit dans ſa maiſon de très-bons Peintres, pour apprendre le deſſein à ſes enfans. Malgré ces ſecours, je crois que Scipion a fait faire ſon tableau, de même que Meſſala: & c'eſt ainſi qu'on le trouve dans Pline, en le liſant avec attention. En effet les talens d'un Général demandent trop d'études & d'occupations pour permettre au même homme la pratique d'un art auſſi étendu que la Peinture, & ce ne ſont point des bagatelles que les ouvrages dont il s'agit; c'eſt la repréſentation d'une bataille qu'ils auront fait peindre l'un & l'autre par des artiſtes Grecs, quoique Pline ne le diſe pas.

Plutar. vie de Paul Emile.

En général, il me ſemble que les tableaux de ce genre, qu'il a cités, & ceux dont quelques auteurs ont parlé, préſentent quelques difficultés. Ils ſont rapportés dans les premiers temps de la peinture; cependant ils ſuppoſent ce que l'art a de plus étendu pour la compoſition, & de plus ſuſceptible de détail.

Car les descriptions que Pline nous a conservées, parlent de cent figures, & citent même le combat de Marathon, peint par Panænus, frère de Phidias, où l'on reconnoissoit Miltiade & les deux autres généraux Athéniens, ainsi que les deux qui commandoient leurs ennemis. Nous ne pouvons même rendre l'idée que nous en recevons que par la bataille de Constantin, dont Raphaël nous a laissé le dessein, ou par celles d'Alexandre, peintes par le Brun. Cette objection prouve quelques négligences dans l'ordre des temps, & dans la marche que l'art a dû suivre nécessairement. Il y a plus; quelques-unes de ces batailles précèdent l'invention que Pline attribue à des artistes. Cependant il n'a pas été possible de les exécuter sans la pratique de ces mêmes inventions. On ne peut rétablir aujourd'hui l'ordre qui paroît n'avoir point été suivi dans la composition de l'ouvrage; mais l'esprit n'étant pas absolument satisfait, il en faut conclure que les anciens, peu sensibles à l'ordre, en ont encore moins apporté dans le détail des arts qui ne leur paroissoient importans qu'autant qu'ils conservoient la mémoire des Héros. Pour accorder cependant une partie de ces récits avec des faits possibles, j'avouerai que je suis fort porté à croire que quelques-uns de ces tableaux, & principalement ceux qui, dans les premiers temps, étoient exposés à Rome, au milieu des places publiques, par les Généraux après leurs victoires, n'ont jamais été que des plans à vûe d'oiseau, dans les angles & les bordures desquels on pouvoit ajoûter ces portraits & ces différentes actions; par ce moyen ils n'avoient aucune proportion contrainte avec l'objet principal du dessein: & je me suis d'autant plus confirmé dans cette idée, que l'on voit dans les descriptions que Pline nous donne de ces dernières batailles, des dispositions & des mouvemens de troupes que la Peinture ne peut rendre, puisqu'elle ne peut exprimer qu'un instant; au lieu qu'un plan peut les faire sentir par des couleurs différentes, ou des lignes ponctuées. Je ne dois pas oublier, dans la liste des peintres Romains, Antistius Labeo, qui avoit été Proconsul de la Gaule Narbonnoise, & qui se vantoit de savoir bien peindre en petit. *Chap. VIII.*

Si l'intention de Pline a été de faire entendre que les Romains avoient commencé, à l'exemple des Grecs, par n'admettre pour la pratique de cet art, que des hommes d'une condition libre & honnête, il nous explique pourquoi cet uſage n'a point eu de ſuite dans ſa patrie, car il ajoûte qu'on ſe mocquoit de tous ceux qui s'y appliquoient. *Sed ea res in riſu & jam contumelia erat.* C'eſt ainſi que l'on en uſoit il n'y a pas encore long-temps en France pour toutes les études & les connoiſſances.

Chap. IV.

En finiſſant cette première partie, je crois devoir dire l'impreſſion que j'ai reçue de Pline, quant à la Peinture. C'étoit conſtamment un très-bon citoyen, qui avoit employé ſon eſprit & ſon bien pour l'utilité des hommes, & qui ne pouvant tout ſavoir, a profité avec raiſon des ouvrages de ceux qui l'avoient précédé, peut-être plus ſur cette matière que ſur les autres. Auſſi je croirois volontiers qu'il n'a donné de ſon chef aucune définition de l'art, mais qu'il s'eſt échauffé ſur les beaux endroits qu'on lui a préſentés, ou qu'il a choiſis par eſprit; & qu'enfin toutes les découvertes qu'il a attribuées à différens Peintres, en diſant *primus invenit,* feroient croire qu'il a extrait, ſans diſtinction, les ouvrages des élèves, ou des amis des maîtres, & qu'il n'a voulu rien perdre de ce qu'il avoit raſſemblé. C'eſt ainſi que doit en uſer celui qui ne connoiſſant pas parfaitement une matière, veut cependant être utile à ceux qui la connoîtront mieux. Il eſt plus avantageux qu'il recueille trop que trop peu. La connoiſſance ſeule admet les diſtinctions. Ainſi les bonnes choſes, les médiocres, les inutiles ſont toutes rapportées, & ſans beaucoup d'ordre; du moins c'eſt dans ce point de vûe que j'ai cru devoir examiner tout ce que Pline dit de la Peinture. Je vais paſſer aux différens genres que les Grecs & les Romains ont exercés & pratiqués, & je les préſenterai de la façon dont la pratique de ce même art a pû me les faire entendre.

RÉFLEXIONS

Sur quelques chapitres du XXXV.e Livre de Pline.

Par M. le Comte DE CAYLUS.

SECONDE PARTIE.

Du genre & de l'eſpèce des Peintures anciennes.

LES grandes parties des Peintres, les grandes expreſſions de la Peinture ſont indiquées dans l'ouvrage de Pline. Cet auteur ne nous laiſſe aucun doute ſur la connoiſſance qu'il avoit des beautés de l'accord, & des charmes de l'harmonie. J'ai fait mon poſſible pour en faciliter l'intelligence dans la première partie de ce Mémoire. Je vais entrer dans quelques détails ſur les différens genres de Peinture, pratiqués par les Grecs, dans la Grèce & dans Rome. Lû le 7 Déc. 1752.

Il eſt d'autant plus naturel de commencer par les deſſeins, que nous ſerions obligés d'en ſuppoſer l'uſage aux Anciens, quand il ne nous en ſeroit demeuré aucune preuve; cette opération étant néceſſaire dans la Peinture, ſoit pour l'étude des parties, ſoit pour la beauté & la juſteſſe des compoſitions. Mais Pline nous dit, en parlant de Parrhaſius, *Alia multa graphidis veſtigia extant in tabulis ac membranis ejus, ex quibus proficere dicuntur artifices.* *Chap. X.*

Ces deſſeins, ou ces études, étoient exécutés par les Anciens ou ſur des planches, comme leurs tableaux, ou ſur des peaux de veau, *pellis vitulina,* ce qui étoit à peu près la même choſe que celles que nous connoiſſons ſous le nom de vélin & de parchemin, & dont on s'eſt ſervi avant l'invention de notre papier. Quelques Peintres même en ont conſervé l'uſage, depuis que nous avons fait l'heureuſe découverte de ce même papier. Tels ont été les plus anciens maitres Italiens, le Giotto, &c. & les premiers qui ont pratiqué cet art dans les Pays-bas &

dans l'Allemagne; ils ont deſſiné conſtamment ſur le vélin. La pluſpart étoient accoûtumés à peindre ou à voir peindre des Heures, ou des prières pour leſquelles cette matière étoit conſacrée. On gardoit dans l'antiquité, comme on garde aujourd'hui, les études & les premières penſées des artiſtes, toûjours pleines d'un feu proportionné aux taleus de leur auteur, ſouvent au deſſus des ouvrages terminés, & toûjours plus piquans: ces premiers traits, plus ou moins arrêtés, ſont plus eſſentiels pour la Peinture, que les idées jetées ſur le papier ne le ſont pour tous les autres genres d'ouvrage. Comme aujourd'hui, on ſuivoit avec plaiſir les opérations de l'eſprit d'un artiſte; on ſe rendoit compte des raiſons qui l'avoient engagé à faire des changemens en terminant ſon ouvrage; enfin comme aujourd'hui, on cherchoit à en profiter, les hommes de mérite pour s'en nourrir & s'en échauffer, les hommes médiocres pour les copier ſervilement.

Pline nous apprend encore que les jeunes gens deſſinoient & étudioient ſur des planches de buis; en effet, les parties de ce bois étant fort compactes, prennent & conſervent aiſément le poli; les traits s'y marquent ſans peine; & ſi les Anciens ne faiſoient point uſage des crayons que leurs mines leur fourniſſoient, ils avoient la reſſource facile d'un poinçon de cuivre ou d'argent; il étoit plus aiſé d'effacer les faux traits: mais ſi l'on n'étoit point obligé, avec ces inſtrumens, d'aiguiſer auſſi fréquemment que les crayons nous y contraignent (ce qui ne laiſſe pas de rallentir & d'interrompre les idées & le feu du travail) ces pointes de métal ont un autre inconvénient; leur trait eſt maigre; le travail en eſt toûjours égal, & n'a jamais cette graiſſe & cet attrait dans la touche, que l'on voit avec tant de plaiſir, ſur-tout dans les deſſeins de ceux que la Nature a doués d'*un beau crayon.*

Avant que de quitter l'article des deſſeins, je ſuis bien aiſe de ne rien laiſſer en arrière de ce qui les regarde.

Pline, après avoir fait l'éloge des Bibliothèques anciennes
Chap. 11. & modernes, fait celui de Varron, pour avoir conſervé la
mémoire de ſept cens perſonnages illuſtres. Ce paſſage n'a

rien d'embarraſſant juſque-là; mais pluſieurs perſonnes pourroient ne pas entendre clairement ce qu'il dit enſuite: *Quando immortalitatem non ſolum dedit, verum etiam in omnes terras miſit, ut præſentes eſſe ubique, & claudi poſſent.*

Cette façon de s'exprimer pourroit faire illuſion; car on ne parleroit point autrement pour déſigner des portraits gravés que l'on répand facilement, & que l'on peut envoyer de tous les côtés. Cependant on ne peut inférer que notre gravûre fût connue des Anciens. Mais une pratique bien ſimple, & dont nous faiſons uſage tous les jours, rend compte d'une multiplication très-facile. Le portrait une fois deſſiné, & tel que Varron l'avoit fait faire en premier lieu, étoit calqué ou poncé, enſuite reporté dans la place que le copiſte de l'écriture lui avoit réſervée, & cette opération n'étoit ni longue, ni difficile, & conſervoit aiſément une reſſemblance qui étoit le point le plus eſſentiel. Ces têtes, de face ou de profil, étoient vrai-ſemblablement un ſimple trait. Le beau Térence du Roi n'eſt point exécuté autrement, quoiqu'il repréſente des ſujets compoſés. Je ſais que l'on pourra m'objecter que les deſſeins du manuſcrit que je cite, ne ſont que des copies, & que l'ouvrage même n'a été écrit que dans le Xe ou le XIe ſiècle; mais il eſt à préſumer qu'il a été rendu & figuré comme ſon original, dans la partie des deſſeins.

Nous voyons, par tout ce que Pline nous a conſervé ſur les couleurs, que les Anciens faiſoient uſage, comme nous, de cendres & de terres pour leur peinture. Il y en a pluſieurs que nous connoiſſons & que nous employons. Pline n'en parle point en homme qui rend compte de leur mélange & de leur durée. Je dirai, en paſſant, que l'examen des différentes matières de leur couleur feroit bien digne de l'étude & de l'application d'un homme ſavant dans la Chymie & dans l'Hiſtoire Naturelle; il nous apprendroit, par ſes expériences, les cauſes de leur durée, de leur changement, & des pratiques néceſſaires pour parer aux inconvéniens de leur emploi; ſon travail lui feroit vrai-ſemblablement retrouver pluſieurs couleurs des Anciens dont on ne fait plus d'uſage; enfin dans le cours de ſes opérations il ſeroit des découvertes infiniment avantageuſes à la Peinture. Mais pour revenir à mon ſujet, quelques-unes des couleurs, dont Pline fait le détail, m'ont paru bonnes & ſolides à la ſimple lecture; on voit ſeulement qu'elles ſont tirées des terres & des minéraux; mais les ſources ſont indiquées d'une façon ſi obſcure, les routes du commerce ſont ſi prodigieuſement effacées, les dénominations priſes de ces mêmes routes & les deſcriptions de chaque matière ſe trouvent préſentées d'une façon ſi louche, que cette entrepriſe, pour laquelle j'avoue que j'ai déjà fait des recherches, me paroît difficile, pour ne pas dire impoſſible.

On diſtinguoit à Rome les couleurs en deux genres, *auſteri* & *floridi*, les dures & les communes, les fleuries ou les rares, *utrumque naturâ aut mixturâ evenit; floridi ſunt, quos Dominus pingenti præſtat.* (*Chap. VI.*) Le ſoin que prenoit de les fournir celui qui faiſoit travailler, ne regardoit, ce me ſemble, que ceux qui faiſoient enduire leurs murailles par des couleurs ſimples, ou par des imitations de marbres. Quoi qu'il en ſoit, on agiſſoit dans ce temps-là pour les couleurs plus chères, comme on a fait quelquefois dans les derniers ſiècles pour l'outre-mer. Mais ſi les Marchands ſophiſtiquoient les couleurs dans l'antiquité, les Peintres qui n'étoient pas honnêtes gens avoient le même ſecret que nous, ſoit pour tromper, ſoit pour ſe venger de la défiance. La choſe a toûjours été trop aiſée pour la mettre en doute; car en trempant ſouvent le pinceau dans un godet rempli d'huile, ou de toute autre liqueur, ſous le prétexte de le nettoyer, il eſt facile enſuite de retirer ce même outre-mer, ou cette autre couleur, ſans qu'elle ait reçu la plus légère altération.

Ibid. Les Anciens détrempoient leurs couleurs avec du blanc d'œuf. Cette petite obſervation m'a fait faire une découverte aſſez médiocre; mais les plus légères obſervations ſont admiſes dans les recherches de l'antiquité, & ſur-tout dans la pratique des arts. Indépendamment d'une curioſité qu'on aime à ſatisfaire, une bagatelle conduit quelquefois à l'éclairciſſement d'une choſe plus eſſentielle.

Pluſieurs critiques ont été occupés de la raiſon pour laquelle Pline

Pline a dit que Protogène tenoit une éponge lorſqu'il peignit ſon fameux tableau de Jaliſus, ſur lequel je me ſuis ſuffiſamment étendu dans mon premier Mémoire ſur Pline. En expliquant ce paſſage, j'ai comparé cette éponge à l'*eſſui-main* ou torche-pinceau dont nos Peintres ſe ſervent aujourd'hui, ce n'étoit alors que pour me faire entendre plus aiſément; cependant j'avois raiſon, car les éponges en tenoient lieu aux Anciens; non ſeulement ils s'en ſervoient pour eſſuyer leur plume en écrivant, d'où vient le mot *incubuit in ſpongiam,* mais ils ne pouvoient ſe ſervir d'autre choſe dans la Peinture. Le blanc d'œuf ſe deſſéchant avec une grande facilité, une éponge avoit plus de priſe & nettoyoit les pinceaux plus ſûrement & plus exactement. Protogène peignoit depuis long-temps cette écume, ſans pouvoir parvenir à l'imiter, il avoit ſouvent eſſuyé ſon pinceau, & l'éponge ſe trouvant exceſſivement pleine de la couleur convenable, produiſit par haſard, ce que tout le ſavoir de Protogène n'avoit pû opérer.

On voit pluſieurs concours de Peintres répétés dans la Grèce: ils apportoient leurs ouvrages dans ces fameuſes aſſemblées, où la noble émulation paroiſſoit à l'envi; & vrai-ſemblablement c'eſt à ce ſentiment généreux que cette même Grèce a dû la perfection des talens de ſes artiſtes.

La France a ſuivi cet exemple depuis quelques années; ces beaux ſalons ſont-ils autre choſe que des concours magnifiques, & qu'aucun autre pays ne peut préſenter ni ſi beaux, ni ſi nombreux? Le public juge les ouvrages, chaque particulier conſerve ſes partiſans, & l'artiſte n'a pas le chagrin, comme en Grèce, de voir prononcer ſon arrêt. Quelque peine que puiſſent cauſer ces malheureuſes brochûres, dictées par le venin & dépourvûes de connoiſſances, cette peine n'eſt point du tout comparable à une préférence accordée dans les jeux publics de la Grèce, & dont les peuples étoient auſſi-tôt inſtruits. Les monumens de leur honte, ou de leur foibleſſe, étoient conſacrés à la poſtérité, après leur avoir cauſé un deſagrément pendant le reſte de leur vie.

Pline cite pluſieurs Peintres, dans le nombre deſquels eſt

Apelle, pour avoir fait des ſtatues; c'eſt un fait que l'on ne peut révoquer en doute. Je crois cependant que la plus grande partie de ces Peintres n'a fait que des modèles, qui ont été enſuite jetés en bronze & réparés ſous leurs yeux. Il ſeroit difficile que la choſe fût autrement; car la coupe du marbre & le maniement du ciſeau ne ſont pas des choſes aiſées. La Nature a produit, pour les modernes, deux hommes qui cependant ont pratiqué les deux arts, Michel-Ange & Puget; c'en eſt aſſez pour nous prouver que la choſe eſt poſſible. Mais la Grèce peut-elle avoir été auſſi ſouvent favoriſée de la répétition de ſemblables prodiges? Nous pouvons, ce me ſemble, accorder une grande partie de ces faits, en diſant que le talent de modeler n'eſt ni ſi difficile, ni ſi compoſé; un Peintre même devroit toûjours le poſſéder, & ſon art lui rend cette pratique aiſée. Le goût, dirigé par le ſavoir & par la connoiſſance de la Nature, lui permet aiſément de toucher un modèle de cire ou de terre; c'eſt en quelque façon peindre de ronde-boſſe; il ne lui ſera pas difficile, pour la ſuite de l'opération, de conduire celui qui doit réparer l'ouvrage au ſortir de la fonte. Ainſi toutes les réflexions ſur l'art ſe réuniſſent à ne donner au plus grand nombre des peintres Grecs que la production des ſtatues de fonte; d'autant même que les Grecs les ont plus multipliées qu'aucune autre Nation, & que tous les Peintres cités pour avoir été ſtatuaires, ſont regardés comme ayant été célèbres dans la Peinture.

Le tableau d'Antiphilus, où l'on voyoit un enfant qui ſouffloit le feu dans un réchaut, indique non ſeulement une grande connoiſſance des reflets, mais il confirme une partie du méchaniſme, dont je rendrai un compte exact & détaillé en parlant de la Peinture encauſtique; il le confirme, d'autant plus que ce ſujet eſt cité plus d'une fois, & toûjours dans l'attelier d'un Peintre. *Chap. XI.*

Les ſacrifices peints par Pauſias, indiquent encore d'autres parties de la Peinture que celle des raccourcis; ils donnent une idée complète de la perſpective: *cum longitudinem bovis oſtendere vellet, adverſum eum pinxit, non tranſverſum; unde & abunde* *Ibid.*

intelligitur amplitudo. Voulant montrer la longueur du bœuf, il le peignit de face & non de côté. On sentoit cependant toute son étendue. Voilà certainement l'objet & la perfection du raccourci bien exprimés par le peintre & par l'auteur. *Dein cùm omnes, quæ volunt eminentia videri, candicantia faciant, coloremque condant nigro: hic totum bovem atri coloris fecit. Ensuite loin de faire, comme on le pratique ordinairement, les corps saillans blancs, avec des oppositions noires, il peignit le bœuf absolument noir.* On ne peut mieux décrire l'intelligence, l'harmonie & la ruption des couleurs, d'autant que Pline ajoûte: *Umbræque corpus ex ipso dedit (scilicet nigro); il tira les ombres & le corps (du bœuf) de cette seule couleur (noire).* Il dit ensuite: *Magna prorsus arte, in æquo extantia ostendens, & in confracto solida omnia. Faisant voir avec un art infini, sur une surface, toute l'étendue & la solidité des corps par des traits rompus.*

Je ne puis m'empêcher de dire, encore une fois, qu'il est impossible de donner plus parfaitement l'idée des corps mis en perspective: & j'aurois rapporté ce passage dans le Mémoire que j'ai fait sur cette partie des arts par rapport aux Anciens; mais il m'étoit inconnu dans le temps que je l'ai présenté.

Pamphile a fait un portrait de famille, c'est-à-dire un groupe, ou une ordonnance de plusieurs parens. Je crois que les anciens auteurs ne nous rapportent que cet exemple, non que la chose n'ait été facile & naturelle; mais elle n'étoit point en usage, du moins chez les Romains, qui remplissoient leur *atrium*, ou le vestibule de leurs maisons, de simples bustes. Je conviens qu'il n'est mention chez ces derniers, en ce cas, que des ouvrages de sculpture; mais il est à présumer, & tout le prouve, que les emplois d'un de ces arts ont été ceux de l'autre. Il est cependant véritable que le goût de la sculpture étoit plus en honneur, sur-tout à Rome, où tous les enduits & les imitations de marbre, que Pline reproche à sa Nation, prouvent que la Peinture n'étoit pas fort considérée. Pline rapporte peut-être ce portrait de famille, peint par Antiphilus, d'après les auteurs qu'il faisoit extraire, & il aura d'autant moins marqué que la chose n'étoit point en usage, qu'il écrivoit pour *Chap. X.*

être lû par des gens qui ſavoient le fait auſſi-bien que lui.

Le même Antiphilus fit un tableau qui repréſentoit une figure plaiſante & groteſque, à laquelle il donne le nom de *gryllus;* & ce nom fut conſervé dans la ſuite à tous les tableaux que l'on voyoit à Rome, & dont l'objet pouvoit être plaiſant ou ridicule. C'eſt ainſi que l'on a nommé en Italie, depuis le renouvellement des arts, *bambochades* les petites figures faites d'après le peuple, & que Pierre Van Laër, Hollandois, ſurnommé Bamboche, par un ſobriquet que méritoit ſa figure, avoit coûtume de peindre. C'eſt encore ainſi que nous diſons une figure à Calot, quand elle eſt chargée de quelque ridicule, ou de quelque imperfection donnée par la Nature, ou ſurvenue par accident; non que cet habile deſſinateur n'ait fait, comme Antiphilus, des ouvrages d'un autre genre; mais il eſt ſingulier de voir combien le monde ſe répète dans les opérations, dans celles même qui dépendent le plus de l'eſprit.

Ludius, celui qui vivoit du temps d'Auguſte (car il y en
Chap. x. a un qui l'a précédé) fut le premier qui peignit à Rome des payſages, des marines, &c. ſur les murailles des appartemens. Je trouve, en premier lieu, que les décorations de théatre étant connues & pratiquées comme elles l'étoient en Grèce & à Rome, cette invention ne valoit pas trop la peine d'être citée. Ce que dit Pline à cette occaſion indique cependant la juſtice qu'il rendoit aux grands maîtres de l'antiquité, par rapport à la nobleſſe & à la beauté des ſujets qu'ils avoient traités: *ſed nulla gloria artificum eſt, niſi eorum qui tabulas pinxere; eoque venerabilior apparet antiquitas.* Pline ne parle donc, ſelon mon avis, de ce Ludius que dans le deſſein de rapporter tous les genres, & le même motif me conduit aujourd'hui.

Les Anciens ont eu de grands décorateurs de théatre, leurs dépenſes en ce genre, & leur goût pour les ſpectacles, ont dû produire des hommes habiles dans cette partie; & nous pouvons imaginer, par conſéquent, que la facilité du génie & de l'exécution devoit néceſſairement être appuyée en eux par la connoiſſance exacte de la perſpective. Plus un trait eſt rapporté dans le grand, & plus il exige d'exactitude & de vérité, & la perſpective aërienne éprouve les mêmes néceſſités. Sérapion fut peintre de décoration, Pline en parle comme d'un homme diſtingué dans ſon talent, mais il dit qu'il ne pouvoit peindre la figure, c'eſt encore aujourd'hui la même choſe. A la réſerve de Jean Paul Panini, qui a ſû allier pluſieurs parties de la peinture, Bibiena, Servandoni, & tous ceux qui les ont précédés, n'ont jamais ſû repréſenter une figure, je ne dis pas correctement, mais ſeulement l'indiquer en petit ſur le plan le plus éloigné.

Pline nous dit que les décorations de Claudius Pulcher, pour les jeux publics qu'il donna l'an de Rome 553, étoient peintes ſi fort au naturel, que les corbeaux ſe trompoient à tous les momens, croyant pouvoir ſe repoſer ſur le toit des maiſons que la décoration repréſentoit. L'accord de ces grands morceaux de Peinture étoit différent du nôtre; leur effet ne ſe tiroit que du jour vrai, & le nôtre n'eſt produit que par les lumières que nous plaçons aſſez à notre volonté; ainſi les Anciens ont eu, à pluſieurs égards, plus de mérite dans leur ſuccès que nous ne pouvons en avoir. Mais j'avouerai naturellement que les preuves tirées des animaux me ſont toûjours un peu ſuſpectes; le ſoin avec lequel Pline nous les rapporte, perſuade au moins qu'elles étoient à la mode de ſon temps, & qu'on les regardoit comme certaines & convainquantes. Et ſi notre auteur regarde comme une fable la peinture du grand dragon peint ſur un parchemin, & qui chaſſa les oiſeaux qui interrompoient le ſommeil de Lépidus pendant le Triumvirat; le doute qu'il a de ce fait pourroit donner à penſer que les autres récits lui paroiſſent avoir quelque vérité. Pour moi je préférerois à ces ſortes de contes, toûjours du goût du peuple, une deſcription bien détaillée des ouvrages, pour juger des raiſons de leur ſuccès. D'ailleurs le caractère des animaux ne peut avoir changé depuis ce temps, & ils ne ſont pas ſi faciles à tromper que les hommes le ſuppoſent par pluſieurs eſpèces de vanité. Je ſuis convenu, dans la première partie de ce Mémoire, & j'en conviens encore, que les oiſeaux ſe trompent plus aiſément que les autres animaux : leur erreur eſt

Chap. X.

Chap. XI.

même aſſez fréquente pour les ciels de perſpective. On en a eu des exemples à Ruel, dans les jardins de l'ancienne maiſon du Cardinal de Richelieu. Le Maire avoit peint une arcade qui laiſſoit un ciel ſi bien imité, que les oiſeaux croyoient que l'arcade étoit percée, & que rien ne les empêchoit de la traverſer; auſſi on en a vû tomber morts ou étourdis, pour s'être frappé la tête contre le mur.

Caladès peignit les tableaux que l'on mettoit ſur la ſcène dans les comédies, *in comicis tabellis*, ou ſe rendit célèbre *dans les tableaux comiques*. Cette dernière traduction ſeroit la plus littérale; mais l'uſage de ces tableaux nous étant inconnu, & Pline n'en parlant point d'une façon que l'on puiſſe comparer aux autres genres de peinture dont il fait mention dans ſon ouvrage, il faut convenir que toutes les traductions, loin de ſatisfaire, laiſſent un doute, & ce doute autoriſe la conjecture que je vais propoſer.

Je croirois donc que les ouvrages de Caladès pouvoient être la repréſentation des principales actions des comédies que l'on devoit donner. C'eſt un uſage que les Italiens pratiquent encore aujourd'hui; car on voit ſur la porte de leurs théatres, les endroits les plus intéreſſans de la pièce qu'on doit jouer ce même jour, & cette eſpèce d'annonce, repréſentée en petites figures coloriées ſur des bandes de papier, eſt expoſée dès le matin. Le motif aujourd'hui eſt charlatan; chez les Anciens il avoit d'autres objets, l'inſtruction du peuple, pour le mettre plus au fait de l'action, le deſir de le prévenir favorablement; enfin l'envie de l'occuper quelques momens de plus par des peintures faites avec ſoin. Il eſt même vrai-ſemblable qu'on les expoſoit pluſieurs jours avant la repréſentation: & ſi ma conjecture eſt véritable, il ne ſera pas étonnant qu'on ait employé des artiſtes habiles pour exécuter ces morceaux.

Chap. VII. Néron ſe fit peindre en pied, *in linteo*, ſur une toile de cent vingt pieds de haut. Nos Critiques ont, ce me ſemble, laiſſé échapper cet exemple de la folie de ce Prince; heureuſement Pline nous en a conſervé le ſouvenir; je dis heureuſement, car ce fait, que je n'aurois pas imaginé poſſible, me fournit pluſieurs réflexions. Il nous indique les grands moyens d'exécution que les artiſtes d'alors pouvoient avoir. Si ce coloſſe a été bien exécuté, & s'il a eu ce que l'on appelle *de l'effet,* comme on ne peut preſque en douter, puiſque Néron l'expoſa à la vûe de tout le peuple, on doit regarder ce morceau, non ſeulement comme un chef-d'œuvre de la peinture, mais comme une choſe que peu de nos modernes auroient été capables de penſer & d'exécuter. Michel-Ange ſeul l'auroit oſé, & le Corrège l'auroit peint; car aucun de nos modernes n'a vû la peinture en grand comme ce dernier. Les figures coloſſales de la coupole de Parme, qu'il a haſardées le premier, en ſont une preuve: car il n'eſt pas douteux qu'un pareil ouvrage de peinture ne ſoit plus difficile que tous les coloſſes de ſculpture; chaque partie, dans ce dernier genre, conduit néceſſairement aux proportions de celle qui l'approche. D'ailleurs la ſculpture porte ſes ombres avec elle, & dans la peinture il faut les donner, il faut les placer &, pour ainſi dire, les créer ſucceſſivement, il faut enfin avoir une auſſi grande machine tout à la fois dans la tête, il eſt abſolument néceſſaire qu'elle n'en ſorte point, non ſeulement pour les proportions & le caractère, mais pour l'accord & l'effet. L'eſprit a donc beaucoup plus à travailler pour un tableau d'une étendue ſi prodigieuſe, que pour tous les coloſſes dépendans de la ſculpture. Cette immenſe production de l'art fut expoſée dans les jardins de Marius; c'eſt une circonſtance qui ne doit rien changer à nos idées, car elle ne prouve pas que ces eſpaces réſervés dans Rome fuſſent plus étendus que nous ne le croyons; le terrein étant auſſi cher, & les maiſons auſſi proches les unes des autres, la diſtance néceſſaire pour le point de vûe de ce tableau n'étoit pas fort grande. La règle la plus ſimple de ce point de vûe donne une diſtance égale à la hauteur; ajoûtons-y deux toiſes, pour faire encore mieux embraſſer l'objet à l'œil, & nous n'aurons jamais que vingt-deux toiſes; ce qui n'eſt pas fort conſidérable ſi l'on penſe que ces jardins de Marius étoient publics, & ſi l'on ſuppoſe, avec quelque apparence de raiſon, que l'on aura choiſi le terrein le plus eſpacé. Cet ouvrage ſurprenant, mais ridicule en lui-même, fut consumé par la foudre, comme si l'entreprise étoit trop audacieuse pour la peinture. Pline fait souvent des exclamations pour des choses assez médiocres; cependant il se contente de rapporter tout simplement un fait aussi singulier qu'étonnant: ce n'est pas qu'il l'ait trouvé assez grand par lui-même pour n'avoir pas besoin d'être appuyé & relevé; il semble au contraire qu'il l'a trouvé tout simple. Pour moi j'avoue que cette opération de l'art me paroît au dessus de l'esprit humain.

Un Affranchi de Néron tapissa tous les portiques d'Antium, où il donna des jeux, avec des tableaux qui représentoient au naturel les gladiateurs & leur suite, tels enfin qu'ils devoient paroître. Ces détails & ces ressemblances n'étoient apparemment pas en usage à ce degré de soin & d'exactitude, puisque Pline en fait mention. Il est certain, selon le même auteur, que C. Terentius Lucanus fut le premier qui fit peindre le portrait de ses gladiateurs dans Rome; il en donna trente couples pendant trois jours dans le *Forum;* & quand ses jeux furent finis, il plaça le tableau qui représentoit ses gladiateurs, dans le temple de Diane. Vrai-semblablement ce morceau n'étoit pas comparable en grandeur à ceux de l'Affranchi de Néron, c'est-à-dire que les figures n'étoient pas grandes comme la nature; car soixante figures & leur suite, de cette proportion, auroient rempli, & par delà, l'espace que les Anciens donnoient à leurs temples, & s'ils avoient pû s'y trouver placés, ç'eût été d'une façon très-desagréable, c'est-à-dire sans laisser d'intervalle entre eux, & sans avoir une reculée nécessaire pour jouir de leur effet. Il faut donc croire que C. Terentius Lucanus avoit fait peindre ces figures en petit, d'autant que Pline dit, *Tabulamque pictam in nemore Dianæ posuit,* & le mot de table ou de planche, au singulier, autorise mon idée.

Un passage d'Horace confirme, ce me semble, toutes les idées que ces sortes d'affiches m'ont données.

Sat. VII, l. II, vers. 95.

Cum Pausiacâ torpes, insane, tabellâ,
Quî peccas minus atque ego! cum Fulvi Rutubæque

Aut

Aut Placideiani, contento poplite miror
Prœlia, rubricâ picta aut carbone.

Lorſque vous demeurez en extaſe devant un tableau de Pauſias; eſtes-vous plus ſage que moi, quand appuyé ſur une jambe, je m'arrête pour admirer des combats de gladiateurs peints en rouge, ou deſſinés au charbon! Il me paroît que ces mots, *prœlia picta*, indiquent abſolument les enſeignes placées ſur la porte des lieux où ſe donnoient les combats particuliers des gladiateurs: car il eſt vrai-ſemblable que ces hommes mercénaires, ſe tenant en haleine dans les intervalles des grands ſpectacles, retiroient pendant le courant de l'année, une rétribution de ceux qui vouloient être témoins de leurs exercices. Mais ce qui importe à mon ſujet, ces peintures ou ces deſſeins de combats, *prœlia picta*, pour les ſpectacles publics, étoient une imitation médiocre des tableaux expoſés & peints par les meilleurs maitres, lorſqu'il s'agiſſoit des ſpectacles donnés au peuple. Il ſeroit difficile de dire ſi l'objet particulier ou l'objet public a introduit cet uſage. Selon le cours naturel, le beſoin & l'avidité inventent ordinairement; la vanité profite & ajoûte une plus grande, une plus belle exécution, du moins une plus grande dépenſe. Cependant on peut dire que les hommes n'inventent preſque jamais, & qu'ils ne ſavent que placer différemment un objet, en un mot augmenter les idées reçûes. Quoi qu'il en ſoit, par une ſuite néceſſaire de ce paſſage d'Horace, ma conjecture, rapportée plus haut, ſur les *tableaux comiques* de Caladès, me ſemble confirmée par rapport aux annonces, par le moyen deſquelles on voyoit les endroits les plus intéreſſans de la pièce qu'on devoit repréſenter. Les deſſeins, ou les tableaux publics ou particuliers dont on faiſoit uſage pour les gladiateurs, ne peuvent être plus clairement décrits qu'ils le ſont par Horace & par Pline. Rien n'eſt donc plus ſimple & plus naturel que de ſuppoſer, dans le même temps & le même lieu, la même conduite pour des ſpectacles différens à la vérité, mais dont le peuple Romain étoit également l'objet.

Parrhaſius peignoit en petit des ſujets obſcènes, pour ſe

délaſſer, diſoit-il, de ſes plus grandes occupations. Je ne dois point oublier à cette occaſion que Pline, tout payen qu'il étoit, paroît deſapprouver ce genre de peinture, toutes les fois qu'il ſe trouve obligé d'en parler; cette modeſtie eſt bien rare, & mérite aſſurément d'être relevée.

Ces petits ouvrages, cités même plus d'une fois dans le recueil de Pline, me perſuadent que les Anciens connoiſſoient & pratiquoient la miniature. Leurs couleurs étoient les mêmes que les nôtres, puiſqu'elles ſont pareilles, pour cette opération, à celles qu'on emploie dans la freſque. Il eſt conſtant que les grands maîtres, tels que Parrhaſius, peuvent avoir mis leurs couleurs à plat, dans les petits ſujets qu'ils ont exécutés. Mais ceux que la Nature conduiſoit à ne traiter que ces objets diminués, avoient devant les yeux de trop grands exemples d'harmonie & de terminé pour ne pas arriver aiſément à leur donner un grand & beau fini, c'eſt-à-dire la rondeur & la propreté, enfin à careſſer leurs ouvrages & les rendre intéreſſans; toutes choſes que les petits objets demandent, qu'ils exigent, & qui ſe font avec d'autant plus de facilité que la patience eſt leur première baſe: ils auront pû produire tous ces effets, même ſans pointiller, pratique que l'on peut regarder comme un abus. Les Anciens connoiſſoient l'ivoire; nous avons vû qu'ils faiſoient uſage du vélin ou parchemin, enfin de peaux préparées. Ces deux matières ſont les plus avantageuſes pour ce genre de peinture. Ils connoiſſoient les gommes que l'on emploie dans cette pratique. Je croirois donc qu'ils ont connu la miniature. Mais à l'occaſion des gommes dont je viens de parler, je crois devoir dire qu'il ſe peut auſſi qu'ils en fiſſent uſage, pour les grands tableaux, indifféremment avec le blanc d'œuf; l'une & l'autre matière produiſant les mêmes effets, & ayant les mêmes propriétés.

Nous voyons encore que les Anciens ont connu un vernis, ou un équivalent à ce que nous mettons ſur nos tableaux. Voici le paſſage de Pline, il peut conduire à quelques obſer-
Chap. x. vations; il dit donc, au ſujet d'Apelle: *Unum imitari nemo potuit, quòd abſoluta opera atramento illinebat ita tenui, ut idipſum*

repercuſſu claritatem colorum excitaret, cuſtodiretque à pulvere & ſordibus, ad manum intuenti demùm appareret. Sed & cum ratione magna: ne colorum claritas oculorum aciem offenderet, veluti per lapidem ſpecularem intuentibus è longinquo; & eadem res nimis floridis coloribus auſteritatem occultè daret. Cette préparation produiſoit le même effet que notre vernis, elle garantiſſoit la peinture de la pouſſière & des ordures; on ne s'apercevoit d'aucune différence quand on regardoit (le tableau ainſi préparé) de près à pouvoir le toucher, *ad manum;* mais cette opération avoit cela d'avantageux, que le brillant des couleurs ne pouvoit bleſſer la vûe, & qu'il ſembloit, à ceux qui le regardoient de loin, qu'ils voyoient à travers d'un talc, & par conſéquent l'éclat des couleurs étoit adouci. Pline nous aſſure que perſonne n'a pû imiter cette pratique d'Apelle; & comme nous ſavons, d'un autre côté, que les Anciens aimoient le brillant & l'extrême poli dans toutes les productions de leurs arts, il faut croire qu'ils employoient ordinairement la cire pour frotter leurs ouvrages, & les rendre plus agréables à la vûe. D'ailleurs la cire qu'ils mettoient ſur leurs ſtatues de marbre, la poix ou le bitume dont ils couvroient leurs ſtatues de bronze, où ils pouvoient s'en paſſer plus aiſément que ſur les tableaux, matières qui produiſent leur poli par elles-mêmes, tout cela autoriſe mon ſentiment ſur l'emploi de la cire dans toutes les opérations de peinture, dans les tableaux comme dans les enduits. Ce dernier paſſage nous confirme encore le fréquent uſage que les Anciens faiſoient du talc; ils l'employoient ſans doute à toutes les choſes qui avoient beſoin de tranſparence, & dont il falloit ménager la conſervation. Rien ne prouve l'uſage commun d'une choſe, autant que les comparaiſons d'un auteur.

Ils peignoient ſur le bois, la toile, le vélin, la pierre & les murailles; ils avoient leurs couleurs à freſque, qu'ils employoient ſur l'enduit frais & préparé, abſolument de même que nous le faiſons aujourd'hui. Ils employoient ces mêmes couleurs avec du blanc d'œuf ou des gommes pour peindre tous leurs ouvrages.

Ils ont dû faire usage de la colle de peau pour peindre leurs décorations. Ce n'est point à cause de notre pratique que je leur impose cette nécessité; mais les cendres que l'on est dans la nécessité d'employer pour cette pratique, ne s'établiroient jamais sur les toiles & sur les voliges sans le secours de cette colle: il est cependant vrai qu'ils ont été les maitres d'employer la cire; cette pratique est plus chère, mais la dépense des spectacles n'a jamais été capable d'arrêter les anciens pour l'embellissement de leurs scènes.

La Peinture encaustique étoit encore pratiquée indifféremment pour leurs tableaux, *ceræ tinguntur iisdem coloribus ad eas picturas, quæ inuruntur.* Chap. VII.

Nous avons, il est vrai, la façon de mêler nos couleurs avec l'huile, & d'en faire la base de la plus grande partie de nos opérations; il se pourroit peut-être que les anciens ne l'ont pas autant ignorée qu'on se l'imagine, eux qui ont connu tant de préparations & de mixtions; celle dont il s'agit étoit même des plus simples. Quoi qu'il en soit, voyons si l'ayant connue ils ont si mal fait de la négliger.

Je conviens d'abord que l'huile donne une très-grande facilité de pinceau, & qu'elle rend le travail plus agréable, qu'aucun autre corps ne le pourroit faire; mais les anciens peu sensibles au moment présent, travailloient toûjours pour la postérité. Or il est constant que l'huile nous a fait perdre du côté de la conservation. Ce n'est pas tout, elle altère nos couleurs & les fait jaunir par la seule impression de l'air. Les teintes poussent souvent avec inégalité, les ombres noircissent; enfin nos couleurs & nos impressions s'écaillent, & les peintures anciennes étoient, ce me semble, à l'abri de tous ces inconvéniens: nous pratiquons l'huile depuis un temps assez considérable pour en connoître les effets, & pour avancer que l'on ne verra aucune de nos peintures préparées de cette façon dans huit cens ans, comme Pline a pû voir celles qui subsistoient dans les ruines d'Ardée, & comme nous voyons encore aujourd'hui des restes d'une beaucoup plus grande ancienneté dans quelques endroits de l'Italie, & même jusque dans l'Egypte ; il faut convenir que ces peintures sont à fresque. Mais comme ces réflexions conviendroient mieux à l'Académie de Peinture, je crains qu'elles n'aient ennuyé. Je finirai par la traduction du passage que Pline nous a conservé sur les toiles peintes.

Pingunt & vestes in Ægypto inter pauca mirabili genere, candida vela postquam attrivere illinentes non coloribus, sed colorem sorbentibus medicamentis. Hoc cum fecere, non apparet in velis; sed in cortinam pigmenti ferventis mersa, post momentum extrahuntur picta. Mirumque, cum sit unus in cortina colos, ex illo alius atque alius fit in veste, accipientis medicamenti qualitate mutatus. Nec postea ablui potest; ita cortina non dubie confusura colores, si pictos acciperet, digerit ex uno, pingitque dum coquit. Et adustæ vestes firmiores fiunt, quam si non urerentur. Voici la traduction. *Chap. XI.*

Dans le nombre des arts merveilleux que l'on pratique en Égypte, on peint des toiles blanches qui servent à faire des habits, non en les couvrant avec des couleurs, mais en appliquant des mordans, qui lorsqu'ils sont appliqués ne paroissent point sur l'étoffe; mais ces toiles, plongées dans une chaudière de teinture bouillante, sont retirées un instant après, coloriées. Ce qu'il y a d'étonnant, c'est que quoiqu'il n'y ait qu'une couleur, l'étoffe en reçoit de différentes, selon la qualité des mordans, & les couleurs ne peuvent ensuite être emportées par le lavage. Ainsi une liqueur qui n'étoit propre qu'à confondre les couleurs, si la toile eût été peinte avant que d'être plongée, les fait naître toutes d'une seule; elle les distribue, elle peint la toile en la cuisant, pour ainsi dire. Et les couleurs de ces étoffes, teintes à chaud, sont plus solides que si elles étoient teintes à froid.

Le seul mérite que je puisse avoir en cette occasion, est celui d'avoir relevé ce passage. Car cette pratique, pour exécuter la teinture des toiles, est en usage dans l'Europe & dans plusieurs autres parties du monde. Elle subsiste encore à la Chine, où nous l'avons trouvée établie dans le temps de sa découverte. Je passe à la troisième partie.

RÉFLEXIONS

Sur quelques chapitres du XXXV.e Livre de Pline.

Par M. le Comte DE CAYLUS.

TROISIÈME PARTIE.

Du caractère & de la manière des Peintres Grecs.

Lû le 12 Janv. 1753.

JE ne me propoſe point de donner un catalogue de tous les maitres & de leurs élèves, dont Pline eſt aſſez généralement dans l'habitude de parler. Je ne ferai mention que des Peintres les plus célèbres, & principalement de ceux dont le nom eſt accompagné d'une épithète, qui, en indiquant la manière & le talent d'un artiſte, nous apprend à quel degré les Anciens ont connu la pratique de la Peinture; & je traduirai ces épithètes, autant qu'il me ſera poſſible, dans l'eſprit de ce même art. Ce moyen me paroît plus aſſuré pour retrouver le véritable ſens de l'auteur; & je ne m'en départirai pas, quand même ma traduction devroit contredire les dictionnaires. Le feu qui fait parler les artiſtes, n'eſt pas toûjours correct, du moins aux oreilles de ceux qui ne ſont pas initiés dans la pratique. Mais pour fixer ces détails dans ce Mémoire, & éviter en même temps la ſécheresſe & la monotonie d'un catalogue, je comparerai, autant qu'il me ſera poſſible, les peintres Grecs aux artiſtes qui ont excellé depuis le renouvellement des arts; je ſuivrai l'ordre dans lequel Pline a nommé les artiſtes, pour rendre quelques-unes de mes critiques ou de mes réflexions plus ſenſibles.

Tous les Peintres dont Pline fait mention, ſont Grecs; du moins des noms qu'il rapporte, il y en a très-peu qui paroiſſent appartenir aux Romains: & ſon ſilence ſur ceux de cette Nation qui ont profeſſé la Peinture, confirme ce que j'ai dit à leur égard, dans le recueil d'antiquités que j'ai eu l'honneur de préſenter au public.

J'ai rapporté, dans la première partie de ce Mémoire, mon ſentiment ſur les premiers peintres Romains, tels que Fabius, Pacuvius, &c. ainſi on ne ſera point étonné de ne les pas trouver dans le nombre des artiſtes; à qui pourrois-je les comparer? d'ailleurs Pline ne décrit point leurs ouvrages, & ne leùr donne aucune épithète ſur laquelle on puiſſe fonder un éloge ou une critique: je paſſe donc aux peintres Grecs avec Pline.

Les Grecs ont voulu donner à leurs écoles de Peinture des noms fixes & particuliers, comme ils ont fait à leurs ordres d'Architecture. La Peinture n'avoit eu d'abord que deux diſtinctions, l'*Helladique* & l'*Aſiatique*, ou l'*Attique* & l'*Ionique*; car je les trouve l'une & l'autre ſous ces deux noms. Mais Eupompus, qui étoit de Sicyone, ſe rendit ſi recommandable par ſon talent, que l'on ajoûta la Sicyonienne par rapport à lui. Pline rapporte ce fait tout ſimplement, ſans l'accompagner d'aucun détail: mais je préſume que les écoles ou les différentes manières s'étant multipliées dans la Grèce, on abandonna ce projet, & l'on ne parla plus, comme l'on fait aujourd'hui, que des maîtres en particulier & de leurs élèves. On peut cependant comparer ces premiers noms à ceux que nous donnons en général, & qui nous ſervent de point de diſtinction: telles ſont les écoles de Florence, de Rome, de Bologne, de Veniſe, de France, de Flandre ou d'Allemagne. L'étendue ou l'éloignement de ces pays a exigé & perpétué l'uſage de ces diſtinctions. La Grèce, plus reſſerrée & plus réunie, n'a pas eu beſoin de les continuer. Je crois donc qu'elles n'ont fait que paroître en ce pays; Pline eſt, je crois, le ſeul qui ait conſervé une circonſtance qui prouve ſeulement la répétition des idées & des uſages dans le monde. *Chap. x.*

Les peintres de la Grèce qui ont pratiqué les premiers cet art, ſelon Pline, ſont Ardicès de Corinthe, & Téléphanès de Sicyone; cependant on diſoit encore, ſelon lui, qu'un Philoclès Egyptien, ou Cléanthe de Corinthe avoient auparavant inventé le trait: *inventam linearem dicunt .... ſine ullo etiamnum colore, jam tamen ſpargentes lineas intus*, ſans aucune *Chap. III.*

couleur à la vérité, mais accompagnant ce trait de détails intérieurs. Et tout de ſuite, il dit, en citant Cornelius Nepos, que Cléophante de Corinthe, ou un autre du même nom, paſſa en Italie; & il lui attribue l'invention des couleurs. Ce Cléophante ſuivit Démarate, & c'eſt lui que j'ai cité pour les peintures d'Ardée & de Lavinium: cependant Pline nous donne de grandes idées de cet artiſte; à dire la vérité, elles ſont un peu fortes pour un homme qui ne feroit qu'ouvrir, pour ainſi dire, la porte d'un art; car c'eſt encore ſous cet aſpect que Pline le préſente, ce qui peut être difficile, ou même impoſſible à accorder avec les détails de ces ouvrages rapportés par Pline lui-même.

L. Mummius Achaïcus fit voir le premier des tableaux Grecs à Rome; il les avoit pris dans Corinthe. Le tableau d'Ariſtide, qui repréſentoit un Bacchus, fut un des principaux; cet ouvrage étoit ſi célèbre dans la Grèce, & avoit fait une ſi grande impreſſion, qu'il avoit paſſé en proverbe, ou pluſtôt il ſervoit de comparaiſon; car on diſoit beau *comme le Bacchus.* Il faut néceſſairement que l'ouvrage ait beaucoup mérité, & que l'art ait été bien à la mode.

Chap. IV.

Strabon.

Le Gaulois tirant la langue, & le vieillard avec un bâton, rapportés à l'occaſion de Craſſus & d'un ambaſſadeur des Teutons, nous rappellent ce que nous voyons tous les jours, c'eſt-à-dire, des ſujets que l'art ſeul engage à conſidérer, & deſquels on diroit ſans le mérite de l'imitation, comme l'ambaſſadeur Teuton, *ſibi donari nolle talem vivum, verumque.* Ce fait nous indique encore que les Grecs ne traitoient pas toûjours des ſujets nobles, & qu'ils ſe laiſſoient emporter par le piquant de la Nature. Ne pourroit-on pas trouver auſſi dans l'action de ce Gaulois, un caractere de la plaiſanterie & de l'ironie que notre Nation a conſervé?

Suet. l. VII. César témoigna ſon goût pour les beaux ouvrages de l'art. *Pl. l. XXXV, chap. IV.* Pline en fait mention par rapport à l'Ajax & à la Médée de Timomaque de Byzance.

Agrippa, ſi grand d'ailleurs, *vir ruſticitati quam deliciis propior,* n'avoit pas le même goût pour la peinture que pour les grandes

grandes & utiles décorations, ſoit qu'il trouvât ridicule le prix qu'on donnoit des tableaux, ſoit qu'il craignît les impreſſions que cet art pouvoit cauſer; cependant il finit par en acheter lui-même.

Agrippa, chap. IV.

Auguſte, qui fut grand en tout, témoigna de l'amour pour les tableaux, il en orna les temples & les places publiques; dans le nombre des morceaux qu'il raſſembla, il eſt mention d'une figure de la forêt de *Némée* aſſiſe ſur un lion, tenant une palme, & ſuivie d'un vieillard appuyé ſur un bâton. Cette compoſition paroît d'abord ſingulière, & ne préſente pas beaucoup à l'eſprit; mais j'adopte la réflexion que Durand fait dans une note, à cette occaſion; il dit donc que le vieillard ſans défenſe, eſt une image de la ſûreté établie dans cette forêt par le courage d'Hercule. Cette conjecture me paroît d'autant plus vrai-ſemblable, que les Anciens ont perſonnifié les villes & les endroits qui ont mérité quelque conſidération. Il faut convenir qu'ils ont fait uſage, en ce cas, d'une allégorie un peu compoſée: mais la juſteſſe de leurs idées les aura ſans doute empêchés d'en abuſer; & c'eſt ainſi que nos grands artiſtes, & ſur-tout le Pouſſin, en ont repréſenté quelques-unes avec ſuccès. Tel eſt le payſage de ce dernier, où l'on voit écrit *& in Arcadia ego.* Au reſte on avoit marqué ſur le tableau de cette Némée, qu'il avoit été brûlé par Nicias, c'eſt-à-dire qu'il étoit peint en manière encauſtique, ce qui prouve que l'on employoit les deux genres indifféremment. Ce Nicias peut n'être pas le même qui mettoit ſi parfaitement la cire ſur les ſtatues de Phidias. L'hiſtoire nous parle de deux artiſtes célèbres qui ont porté ce nom; cependant celui-ci étant peintre encauſtique, ſavoit gouverner & donner la cire à propos. Si le fait étoit plus important, je déciderois en ſa faveur.

Ibid.

Hiſtoire de la Peinture anc. extraite de l'Hiſt. Nat. de Pline, livre XXXV. Paris, in-fol.

Je ne quitterai point les empereurs Romains ſur ce qui regarde la Peinture, ſans dire qu'ils ne furent pas long-temps ſans laiſſer apercevoir l'excès de la flatterie, ou pluſtôt de la barbarie, Claude ayant fait mettre la tête d'Auguſte à la place de celle d'Alexandre, dans un tableau d'Apelle.

Chap. X.

Après avoir donné de très-grandes idées de la Peinture,

Pline dit que Polygnote fut le premier qui peignit, avant la xc.^e Olympiade, les femmes avec des étoffes claires & brillantes, qui sut orner leurs têtes de différentes richesses, & Chap. IX. donner du mouvement à leurs visages. *Plurimumque picturæ primus contulit. Siquidem instituit os adaperire, dentes ostendere, vultum ab antiquo rigore variare.* Ce dernier trait ne peut regarder que les graces qu'il répandit, au lieu de la sécheresse & de la servitude du trait de ses prédécesseurs, suites nécessaires de l'ignorance, ou plustôt du peu d'acquis; & c'est ainsi qu'il faut regarder, selon Pline, tous ceux qui ont précédé Polygnote: cependant nous allons bien-tôt voir ce qu'il faut penser de ce même artiste par rapport à ses successeurs.

On voyoit, sous le portique de Pompée, un autre tableau Ibid. de ce même Polygnote, il représentoit un jeune homme avec son bouclier. Je ne doute pas que cet ouvrage ne fût admirable; mais Pline semble appuyer son éloge sur ce que l'on ne pouvoit distinguer si le jeune homme montoit ou descendoit. De quelque façon que l'on veuille considérer cette figure, j'avoue qu'elle mériteroit, à mon sens, plus de louange si son action avoit été décidée. Ce fut le même artiste qui peignit à Athènes le Pœcile, & qui ne voulut point recevoir d'argent pour les ouvrages qu'il avoit faits dans le temple de Delphes; son procédé parut d'autant plus généreux que Micon, qui décoroit les autres parties de ce même temple, se fit payer: mais les Amphictyons ordonnèrent que Polygnote seroit défrayé dans toutes les villes de la Grèce; apparemment cette distinction lui fut accordée pour le reste de sa vie. Nous avons eu assez de Peintres modernes qui par vanité, ou par dévotion, en auroient bien fait autant; mais en général ils n'ont pas été aussi riches que ceux dont je parle. Cependant le nombre de nos artistes, qui ont décoré les temples sans recevoir aucune rétribution, ou qui n'en ont accepté qu'une très-médiocre, est si grand, que je ne puis entreprendre de les nommer: d'ailleurs les Amphictyons n'existent plus, & les récompenses aussi flatteuses pour l'amour propre, & telles que les Grecs les savoient accorder, ne sont plus en usage, & ne peuvent même se pratiquer aujourd'hui.

Apollodore, Athénien, brilla dans la XCIII.^e Olympiade, & profita des lumières de ceux qui l'avoient précédé. *Hic primus ſpecies exprimere inſtituit, primuſque gloriam penicillo jure contulit*, ce que je traduirois ainſi: *Il fut le premier qui exprima la couleur locale (a), & qui établit une réputation ſur la beauté de ſon pinceau.* On voit par là, que du temps de Pline, & ſans doute dans la Grèce, la couleur, ou le pinceau étoient ſynonymes, comme ils le ſont aujourd'hui: avant Apollodore, aucun tableau ne mérita d'être regardé ou de fixer la vûe, *quæ teneat oculos.* Chap. IX.

Zeuxis d'Héraclée, frappé des talens d'Apollodore, ſut en profiter, & fit voir, la quatrième année de la XCV.^e Olympiade, qu'il les ſurpaſſoit; il s'attacha même à un grand terminé; les biens qu'il acquit furent ſi conſidérables, & ſa vanité fut ſi grande, qu'il pouſſa le luxe de ſes habits juſqu'au ridicule, & cet exemple eſt en général aſſez ſuivi parmi nous, & beaucoup trop dans notre jeuneſſe.

Zeuxis, pour couronner ſon caractère, finit par faire préſent de ſes ouvrages, perſonne ne pouvant lui en donner ce qu'il les eſtimoit; il écrivoit même, au bas d'un de ſes tableaux qui repréſentoit un athlète, *qu'il étoit plus aiſé de l'envier que de l'imiter.* Quoique nous ayons eu des Peintres modernes aſſez vains, je ne pourrois trouver que des comparaiſons trop foibles, & j'aime mieux profiter du même artiſte pour préſenter un parallèle d'un autre genre. Zeuxis peignit une Pénélope, *in quâ pinxiſſe mores videtur.* On ne peut aſſurément donner une idée plus délicate de ſon eſprit & de ſon pinceau, car il faut prendre ici Pline à la lettre, & ne pas regarder ce trait comme une métaphore; telle eſt celle où, pour exprimer les peintures des vaiſſeaux, & faire entendre les dangers de la navigation, il dit *pericula expingimus.* Mais pour revenir à la belle expreſſion de *mores pingere*, & qui me paroît en même temps une définition; je crois pouvoir dire, avant de le comparer plus exactement encore, que comme lui, Raphaël *a peint les mœurs*, & a ſû plus d'une fois les exprimer. En

Ibid.

Ibid.

Chap. VII.

(a) L'eſpèce, quand il s'agit de couleur, ne peut, ce me ſemble, être entendue autrement.

effet, quels caractères, quelle réunion de grandeur, de simplicité, de noblesse cet illustre moderne n'a-t-il pas mis dans toutes ses têtes, & sur-tout dans celles des Vierges! & peut-on s'empêcher de sentir, en admirant ses ouvrages, *mores pinxit!* Malgré cette comparaison anticipée, je dois dire que ce seroit Léonard de Vinci que je comparerois à Zeuxis, à cause du terminé auquel il s'appliquoit. Mais pour revenir à Zeuxis, j'avoue que j'ai peine à accorder tout ce que les récits de Pline me font penser du talent de ce grand homme, avec ce qu'il dit en finissant l'article qui le regarde: *deprehenditur tamen Zeuxis grandior in capitibus articulisque.* Si ce mot de *deprehenditur* n'indiquoit pas le reproche, & n'autorisoit pas la traduction de faire ses têtes & ses attachemens trop forts, j'aurois pris le mot de *grandior* comme un éloge, en disant qu'il faisoit ces parties d'un grand caractère, d'autant qu'il le loue de travailler avec soin & d'après la Nature, *alioqui tantus diligentiâ;* car ce fut lui qui demanda *aux Agrigentins les cinq filles, pour faire le tableau qu'ils vouloient placer dans le temple de Junon Lacinienne.* Quoi qu'il en soit, un défaut aussi considérable que celui des proportions, pourroit détruire toutes les belles qualités que Pline lui accorde; mais on doit savoir gré à cet auteur de nous avoir donné la critique aussi-bien que l'éloge.

Nos modernes n'ont jamais été assez heureux pour avoir de semblables modèles, ni en aussi grand nombre; ce que j'en dis, n'est point du tout pour faire une plaisanterie; mais la différence des mœurs & des usages nous met aujourd'hui dans une situation embarrassante pour les modèles des femmes, toûjours plus difficiles à trouver complets que ceux de l'autre sexe.

J'ai rapporté dans mon premier Mémoire sur Pline, lû en 1747, & dans un fort grand détail, tout ce que cet
Chap. x. auteur dit de Parrhasius d'Éphèse, qui étoit un peintre d'esprit; mais je n'ai point parlé de la fin de ce même passage.
Ibid. La voici: *Minor tamen videtur sibi comparatus, in mediis corporibus exprimendis. On trouvoit, en le comparant à lui-même,*

qu'il mettoit trop de sécheresse & de petite manière dans les détails du corps. Après cette critique, Pline parle de deux enfans que ce même Parrhasius avoit peints, & dit, *securitas & simplicitas ætatis.* Il faut que ces enfans aient été bien rendus pour avoir inspiré des expressions qui peignoient à leur tour cette peinture. Du reste, Pline rend justice aux taleus & aux défauts de cet artiste, en louant d'un côté l'abondance & la facilité de son génie, & en critiquant de l'autre sa plate & ridicule vanité, *fecundus artifex, sed quo nemo insolentiùs & arrogantiùs sit usus gloriâ artis.* Ce fut lui qui se donna le nom d'*Abrodiætos*, le *délicat*, le *voluptueux*, *abrodiætum se appellando*, & qui se déclara le prince d'un art qu'il avoit porté à sa perfection, *artem ab se consummatam.* C'est donc avec une sorte de plaisir que l'on voit son insolence punie; car il fut vaincu par Timanthe dans un des concours établis pour les arts dans la Grèce.

Ce Timanthe avoit beaucoup d'esprit pour son art, & cet esprit étoit accompagné de génie, *nam Timanthi vel plurimum* Chap. x. *adfuit ingenii.* Son Iphigénie sera célèbre à jamais, & donnera des preuves de la délicatesse & de la justesse de ses idées *(b)*; ainsi l'on croira, sans peine, ce que Pline dit de lui en poursuivant, *in omnibus ejus operibus intelligitur plus semper quàm pingitur; & cùm ars summa sit, ingenium ultra artem est.*

Il me semble qu'il n'est pas possible de faire un plus parfait éloge de l'esprit & du génie d'un Peintre; *il donna plus à entendre dans ses ouvrages, qu'il n'en prononça.* Ces sous-entendus sont les mêmes dans la Peinture, ils ont autant de charmes & sont aussi nécessaires que dans toutes les autres parties de l'esprit; *& quelqu'étendu que l'art puisse être, l'esprit est encore par-delà. Pinxit & heroa absolutissimi operis*, personne ne caractérisoit si parfaitement un héros, ou pour traduire plus littéralement, il peignit un héros qui ne laissoit rien à desirer. Pline semble donner la preuve de cette dernière

(b) Il étoit redevable à Euripide du trait qui lui a fait le plus d'honneur dans cet ouvrage. Mais un Peintre a toûjours du mérite lorsqu'il rend bien l'action qui lui est donnée.

opération en ajoûtant, *artem ipſam complexus viros pingendi. Il excella*, ou, pour employer l'exagération comme Pline, *il pratiqua l'art lui-même dans tout ſon entier, pour peindre les hommes*. Nous avons eu quelques modernes qui n'ont pû rendre la délicateſſe & les graces que la Nature a répandues dans les femmes.

Pamphile, Macédonien, fut *primus in Pictura*, mais d'une façon dont nos Peintres devroient tâcher d'approcher; c'eſt
Chap. X. qu'étant ſavant dans ſon art, il fut *omnibus litteris eruditus*. Il eut le crédit d'établir à Sicyone, enſuite dans toute la Grèce, que les enfans nobles apprendroient à deſſiner avant toutes choſes, & que les eſclaves ne pourroient exercer la Peinture; enfin il mit cet art *in primum gradum liberalium*. Le préjugé contre l'étude ſera toûjours très-fort dans l'eſprit de nos artiſtes; car, malheureuſement, preſque tous ceux qui ont eu des lettres, n'ont pas excellé dans l'art. L'eſprit ſeul nous diroit qu'il n'eſt pas impoſſible à un Peintre d'être ſavant. L'exemple de Léonard de Vinci & de pluſieurs autres nous ſuffiroit, ſi les auteurs anciens ne nous en donnoient des preuves inconteſtables: enfin, ſans être comme Hippias, dont Pline dit tout ſimplement, qu'*il ſavoit tous les arts & toutes les ſciences*, il y a des degrés entre cet éloge & une ignorance que l'on ne peut jamais pardonner.

Apelle de Cos parut la CXII.^e olympiade, *voluminibus etiam editis quæ doctrinam eam continent*. Quel dommage que de pareils livres ſoient perdus! Il dit enſuite d'Apelle, *præcipua ejus in arte venuſtas fuit*. La manière qui le rendit ainſi ſupérieur, conſiſtoit dans la *grace*, le *goût*, la *fonte*, le *beau choix*; & pour faire uſage d'un mot qui réuniſſe une partie des idées que celui de *venuſtas* nous donne; dans le *morbidezza*, terme dont les Italiens ont enrichi la langue des artiſtes. Quoiqu'il ſoit difficile de ne pas accorder des talens ſupérieurs à quelques-uns des Peintres qui ont précédé celui-ci, il faut convenir que toute l'antiquité s'eſt accordée pour faire ſon éloge; la juſteſſe de ſes idées, la grandeur de ſon ame, ſon caractère enfin, doivent avoir contribué à un rapport unanime. Il recevoit le ſentiment du public pour ſe corriger, & il l'entendoit ſans en être vû ; ſa réponſe au cordonnier devint ſans peine un proverbe, parce qu'elle eſt une leçon pour tous les hommes ; ils ſont trop portés à la déciſion & ſont en même temps trop pareſſeux pour étudier. Enfin Apelle fut *in æmulis benignus*, & ce ſentiment lui fit d'autant plus d'honneur, qu'il avoit des rivaux d'un grand mérite. Il trouvoit qu'il manquoit dans tous les ouvrages qu'on lui préſentoit, *unam Venerem, quam Græci charita vocant; cætera omnia contigiſſe: ſed hac ſolâ ſibi neminem parem.* Il faut qu'il y ait eu une grande vérité dans ce diſcours, & qu'Apelle ait poſſédé véritablement les graces, pour avoir forcé tout le monde d'en convenir, après l'aveu qu'il en avoit fait lui-même. Cependant, lorſqu'il s'accordoit ſi franchement ce qui lui étoit dû, il diſoit, avec la même vérité, qu'Amphion le ſurpaſſoit pour l'ordonnance, & Aſclépiodore pour les pro- *Chap. X.* portions ou la correction. C'eſt ainſi que Raphaël, plein de juſteſſe, de grandeur & de graces, parvenu au comble de la gloire, reconnoiſſoit dans Michel-Ange une fierté dans le goût du deſſein qu'il chercha à faire paſſer dans ſa manière, & cette circonſtance achève de rendre complet le parallèle de Raphaël & d'Apelle.

J'avoue que Pline m'étonne ſouvent, quand je vois qu'après avoir loué véritablement un homme, & donné matière aux réflexions les plus avantageuſes, il établit l'éloge de ce même homme ſur des objets qui n'en valent preſque pas la peine.

On trouve donc au milieu de la juſtice qu'il rend à Apelle, la louange d'un Hercule de ſa compoſition, placé dans le temple d'Antonia, & dont on voyoit en même temps le dos & le viſage, attitude qui peut difficilement produire une figure agréable, ſur-tout quand elle eſt ſeule ou dominante, comme celle-ci le devoit être. Ce qu'il y a de certain, c'eſt que le choix de cette poſition ne peut jamais être convenable pour un Dieu. Et quant à ce choix d'attitude, ce grand artiſte avoit, ainſi que tout deſſinateur, la poſition de la Nature à ſon gré : le fait n'a donc rien d'étonnant. *Æqualis* *ejus fuit Ariſtides Thebanus.* Ariſtide de Thèbes fut ſon contemporain ; Pline paroîtroit même l'élever fort au deſſus d'Apelle, en ajoûtant ces mots, *is omnium primus animum pinxit, & ſenſus omnes expreſſit.* Je ne ſais pourquoi le Père Hardouin a corrigé ici *omnes* par *hominis.* Le premier qui ſe trouve dans tous les autres textes, convient mieux, ce me ſemble, en cet endroit, & me paroît plus dans le ſtyle de l'auteur. Mais ſi l'on prenoit les choſes à la lettre, il ſembleroit qu'Apelle n'auroit point eu d'expreſſion ni fine ni délicate; enfin rien de ce qu'il accorde à Ariſtide, & que Pline renferme en un mot, en diſant *quæ vocant Græci ethe,* & que je crois ne pouvoir traduire que par les paſſions douces ou qui demandent moins d'expreſſion. Ce n'eſt pas tout, Ariſtide exprimoit auſſi les agitations, les troubles, les impreſſions de l'ame, *perturbationes,* toutes choſes qui ſont renfermées dans l'*animum* & dans le *ſenſus omnes,* avec leſquels il commence un éloge dont il donne la preuve en décrivant ainſi un de ſes tableaux : *Oppido capto ad matris morientis è vulnere mammam adrepens infans : intelligiturque ſentire mater & timere, ne emortuo lacte ſanguinem lambat. Dans le ſac d'une ville, on voit un enfant s'attacher au ſein de ſa mère expirante des bleſſures qu'elle avoit reçûes. On croit lire ſur le viſage de la mère le ſentiment & la crainte où elle eſt que ſon fils ne ſuce le ſang avec un lait prêt à tarir.* Je conviens que la ſituation eſt différente : mais Rubens a exprimé * tout à la fois la joie & la douleur ſur le viſage de Marie de Médicis. Après avoir trouvé dans les modernes un exemple pareil de deux paſſions exprimées à la fois, je croirois que le Pouſſin auroit pû rendre les ſujets qu'Ariſtide a ſû traiter; il a ſi bien fait ſentir le *ſenſus,* les *perturbationes* dans la ſoif des Iſraëlites, dans les ſujets de peſte! il a ſi bien exprimé le déluge! avec un ſi petit nombre de figures il en a fait un ſujet ſi pathétique, que je penſe à lui en liſant cette deſcription du tableau d'Ariſtide! Au reſte, avec autant de grandes qualités dans l'art, il étoit *durior in coloribus,* c'eſt-à-dire que *ſa couleur étoit un peu crue.* Pour expliquer ce paſſage dans toute ſon étendue, ſans le

* Dans la galerie du Luxembourg.

prendre exactement à la lettre, je dirois : Raphaël est, sans contredit, un grand Poëte ; mais Jules Romain son élève, a mis plus de feu dans ses compositions, il a témoigné plus d'enthousiasme. Raphaël cependant n'en est pas moins ce qu'il est, grand, précis, sage, ingénieux, plein d'expression ; quoiqu'il soit vrai que le Dominiquin lui soit fort supérieur à quelques égards ; & c'est de lui que l'on peut dire *primus animum pinxit, perturbationes, &c.* & qu'il étoit comme Aristide, *paulò durior in coloribus :* car le Dominiquin n'a point connu l'harmonie des couleurs. La différence que je trouve entre les façons d'opérer du Dominiquin & du Poussin, c'est que le premier n'est arrivé à ces belles expressions que par la Nature, c'est-à-dire, par un discernement fin & délié ; & que le Poussin nourri de l'antique, a cherché & saisi la manière des Anciens, & qu'enfin le desir de les imiter l'a engagé à voir la Nature conséquemment ; aussi ses tableaux sont sages, la convenance & le costume y sont parfaitement observés : il est vrai que, frappé de ce que nous appelons l'antique, au propre, c'est-à-dire des belles statues Grecques, ses figures se sentent un peu de la sécheresse que le marbre peut inspirer. Il est encore vrai que, comme le Dominiquin, il laisse quelque chose à desirer pour la couleur ; d'ailleurs il ne faut chercher aucun autre rapport entre ces grands artistes.

Protogène, cet autre Peintre célèbre, étoit de Caune, ville soûmise aux Rhodiens ; ses commencemens furent accompagnés de la pauvreté, son application lui tint lieu de maître, car on ne connoît point celui dont il reçut des leçons. Voilà un bel exemple de l'attachement ; de l'assiduité & du talent naturel. *Summa ejus paupertas initio, artisque summa intentio & ideò minor fertilitas.* Ce défaut de facilité, que Pline semble attribuer à la pauvreté & au peu d'éducation de Protogène, fit son malheur, & l'engagea à trop fatiguer ses ouvrages ; il ne savoit pas les quitter. Aussi Apelle sut lui reprocher, *quod manum ille de tabula non sciret tollere.* Ce défaut a souvent causé le malheur de quelques-uns de nos modernes, & les a jetés dans les glaces. Car il faut savoir se contenter, & se souvenir du beau précepte d'Apelle, *nocere ſæpe nimiam diligentiam; le trop de ſoins eſt ſouvent dangereux.* La Peinture n'eſt pas la ſeule opération de l'eſprit qui doive y faire attention.

Carlino Dolce, parmi les Italiens, fournit un exemple de ce danger. La ſtérilité de ſon génie égala la propreté de ſon pinceau.

Pline ne parle pas affirmativement, en attribuant à Néalcès le même bonheur avec ſon éponge, en peignant un cheval,
Chap. x. que Protogène avoit éprouvé en repréſentant le chien de ſon Jalyſus. En effet, on auroit peine à croire la répétition d'un auſſi heureux haſard.

Ariſtote preſſa ſon ami Protogène de peindre les actions d'Alexandre, *propter æternitatem rerum.* Il avoit raiſon; les artiſtes ne ſauroient trop ſe joindre aux héros; la beauté de leurs ouvrages devient plus intéreſſante; elle s'imprime plus aiſément dans l'eſprit; l'hiſtoire a déjà prévenu le ſpectateur; il compare avec plus de facilité la façon dont l'artiſte a été affecté: mais Protogène, tout perſuadé qu'il pouvoit être de ces vérités par lui-même & par l'éloquence de ſon ami, aima mieux ſuivre ſon génie, & le caprice d'un art qui ne veut point de contrainte. *Impetus animi & quædam artis libido in hæc potius eum tulere.*

Ibid. Nicomachus étoit élève & fils d'Ariſtodème: *nec fuit alius in eâ arte velocior; il n'en fut jamais un plus prompt & plus facile.* Il me rappelle l'idée du Tintoret, quant à cette partie. Et s'il eſt vrai qu'il travailloit auſſi promptement, il devoit néceſſairement être auſſi *ſtrapaſſé,* & l'on ne ſoupçonneroit pas cette manière d'avoir été du goût des Grecs. Auſſi il faut convenir que Pline en fait un éloge aſſez médiocre. Mais ce fait nous prouvera, avec pluſieurs autres, que les Grecs ont connu la pratique de tous les genres & de toutes les manières.

Pline parle enſuite de Philoxène d'Erythrée, *cujus tabula nulli poſtferenda.* C'eſt aller ſingulièrement d'éloge en éloge. Il ſuivit la manière de ſon maître Nicomachus. *Breviores etiamnum quaſdam Picturæ vias & compendiarias invenit. Il trouva des chemins plus courts encore.* Il travailloit donc comme le Pellegrini, qui avoit peint la banque à Paris, & comme Paul Matei, qui a fait un ſi grand nombre d'ouvrages chez M. Crozat l'aîné. L'un & l'autre faiſoient ordinairement, par jour, une figure grande comme nature; mais la promptitude & la facilité étoient preſque leur ſeul mérite.

Nicophanes elegans & concinnus; ita ut venuſtate ei pauci comparentur. Cothurnus ei & gravitas artis. C'eſt ainſi que j'entends ce paſſage : *Nicophane fut ſi élégant, ſi précis, que peu de Peintres ont égalé ſes agrémens, & jamais il ne s'eſt écarté de la dignité, ni de la nobleſſe de l'art.*

Après avoir parlé de ces grands Peintres, Pline avertit que ceux qu'il va nommer leur ſont inférieurs, c'eſt-à-dire qu'on peut les mettre dans la ſeconde claſſe: le genre de leurs ouvrages en eſt une preuve.

Pyreïcus *arte paucis poſtferendus*, & ſur-tout du côté de la beauté du pinceau; mais il a dégradé ſon mérite, de l'aveu même de Pline, *Tonſtrinas ſutrinaſque pinxit;* auſſi fut-il nommé *Rhyparographos,* c'eſt-à-dire *bas* & *ignoble.* Nous pouvons donner cette épithète à preſque tous les Peintres des Pays-bas. *Chap. X.*

Il paroît que les Romains étoient ſenſibles à la ſéduction que cauſent ces petits genres, & qu'ils pardonnoient aux ſujets en faveur de la belle couleur, qui véritablement eſt attrayante.

Sérapion, décorateur, ne pouvoit faire aucune figure. Dionyſius, au contraire, ne ſavoit peindre que des figures. Ces partages, dans l'art, ſe rencontrent tous les jours. Cependant les Dionyſius ſeront plus aiſément Sérapions, que les Sérapions ne ſeront Dionyſius. Car un Peintre d'hiſtoire exprimera toûjours toutes ſes penſées. Le deſſein de la figure conduit à tout, & rend tout facile. *Ibid.*

Calliclès peignit en petit, *parva fecit.* J'ai dit, dans la ſeconde partie, ce que je penſois ſur ces petits ſujets. *Ibid.*

Caladès brilla pour les *comicæ tabellæ,* je crois avoir expliqué cette eſpèce de tableaux.

Antiphilus, *utraque,* c'eſt-à-dire qu'il fit de petits ſujets, & les tableaux qui ſervoient à la comédie; ce qui ſemble prouver que ce n'étoit pas des décorations, & ce mot me paroît

confirmer la conjecture que j'ai avancée à ce ſujet. Mais Pline, après avoir accordé ces deux taleus à Antiphilus, rapporte les ſujets héroïques qu'il a exécutés; & comme il eſt en même
Chap. x. temps l'auteur du Gryllus, cet artiſte devoit être fort étendu dans ſon art.

Ludius fut le premier qui peignit, ſur les murailles des appartemens, des marines & des payſages. Ces peintures étoient fort agréables, & le prix n'en étoit pas conſidérable. *Sed nulla gloria artificum eſt, niſi eorum qui tabulas pinxere, eoque venerabilior apparet antiquitas. Mais les artiſtes qui ont peint des tableaux (c) ont ſeuls mérité d'être célèbres, un tel ſentiment rend encore l'antiquité plus reſpectable.* Pline en conſéquence ne trouve ni ſage, ni raiſonnable d'expoſer dans une maiſon des choſes auſſi précieuſes, & qu'il n'étoit pas poſſible d'enlever en cas d'incendie; mais pour établir ſolidement la critique des peintures ſur le mur, que Ludius avoit introduites, il dit: *Caſulâ Protogenes contentus erat in hortulo ſuo. Nulla Apellis in tectoriis pictura erat. Nondum libebat parietes totos pingere. Protogène content & renfermé dans ſa petite cabane & dans ſon petit jardin, a peint tous ſes tableaux; & l'on ne vit jamais de peintures d'Apelle ſur les enduits. Les Peintres n'avoient point encore eu la fantaiſie de peindre les murailles entières.*

Pline, en conſéquence de ce qu'il vient de dire, ajoûte un trait bien flatteur pour l'art & pour les artiſtes: il donne ainſi l'eſſor à ſon imagination. *Omnium eorum ars urbibus excubabat; Pictorque res communis terrarum erat. Tous ces Peintres n'avoient en vûe, dans leur travail, que les grandes villes, & le Peintre étoit un bien commun à toute la terre.*

Arélius travailloit à Rome, & jouiſſoit d'une grande réputation un peu avant le règne d'Auguſte. On ſera fort étonné du

(c) Je ne ſais ſi Pline & les Romains penſoient à cet égard comme nous faiſons, & ſi *tabula* étoit entendu dans leur langue comme nous entendons le mot *tableau*, auquel nous attachons, quand il eſt dit en bonne part, une idée de grandeur, de force & de réunion de parties. Car il eſt vrai, pour les Anciens comme pour nous, que ces ouvrages portatifs peuvent ſe travailler à tête repoſée, qu'il eſt aiſé de les expoſer à des jours différens, & que par conſéquent ils ſont plus faciles à corriger, & à conduire à une plus grande perfection.

ſcrupule de Pline, & du genre de reproche qu'il lui fait après
l'avoir loué; il dit donc: *Ni flagitio inſigni corrupiſſet artem, ſemper* *Chap. X.*
alicujus feminæ amore flagrans & ob id Deas pingens, ſed di-
lectarum imagine. Nous ne ſommes pas ſi difficiles aujourd'hui,
& nous ſommes contens que la beauté ſoit bien rendue, n'importe d'après quelle perſonne elle eſt deſſinée; nous deſirons
ſeulement de l'inconſtance à nos Peintres, pour jouir d'une
certaine variété dans les beautés qu'ils ont à repréſenter, &
nous ne faiſons de reproches qu'à ceux qui nous ont donné
trop ſouvent les mêmes têtes, comme a fait Paul Véronèſe,
entre pluſieurs autres.

Pline admire la tête d'une Minerve que peignit Amulius,
qui regarde toûjours celui qui la regarde, *ſpectantem ſpectans,* *Ibid.*
quacumque adſpiceretur. Ce jeu d'optique ne tient point au
mérite perſonnel, & ſuppoſe dans le Peintre une connoiſſance
de cette partie de la perſpective: on admire la première que
l'on voit, on en montre pluſieurs en Italie. Après avoir deſ-
cendu auſſi bas, Pline ſans aucune raiſon, du moins ſans
alléguer aucun motif, revient aux plus anciens Peintres dont
il a déjà parlé, & j'y reviens avec lui. Au reſte, la peinture
encauſtique ſe préſente, à mon avis, d'une façon à nous perſuader que l'on ne doit lui attribuer qu'une différente pratique:
auſſi notre auteur ne marque en cet endroit aucune diſtinc- *Chap. VII.*
tion; pourquoi en auroit-il fait? ce genre ne diffère que par
la manière de préparer & d'employer les couleurs, tous les
effets & tous les avantages étoient d'ailleurs abſolument les
mêmes.

Pauſias, fils de Briès & ſon élève, *pinxit & ille penicillo* *Chap. XI.*
parietes Theſpiis; c'étoit peut-être le temple des Muſes que
l'on voyoit à Theſpies au bas de l'Hélicon. Polygnote avoit
orné avant lui ce même lieu de ſes ouvrages; le temps les
avoit apparemment dégradés ou effacés. On chargea Pauſias
de les refaire, mais ſes tableaux perdirent beaucoup à la comparaiſon, *quoniam non ſuo genere certaſſet,* c'eſt-à-dire que
Pauſias, aveuglé par ſon amour propre, voulut apparemment
peindre de grands ſujets, lui qui avoit fait dans la Grèce ce

que Ludius fit enſuite à Rome; car il fut le premier Peintre qui décora les murs intérieurs des appartemens, &c. Pauſias étoit auſſi facile que ce genre exige qu'on le ſoit; car il peignit un tableau en un jour, ce qui, dans la vérité, n'a rien d'étonnant; j'en ai rapporté plus haut des exemples modernes: mais ce qui rend Pauſias moins admirable, quant à cette diligence, c'eſt que le tableau dont il s'agit, repréſentoit un enfant dont les chairs mollettes, rondes & pleines de lait, n'exigent qu'une forme générale, ſans aucun détail intérieur, ſans aucune expreſſion compoſée, enfin ſans étude de muſcles & d'emmanchemens. Pauſias devint dans ſa jeuneſſe amoureux de Glycère; cette belle vendeuſe de fleurs le rendit excellent dans l'imitation de la plus légère & de la plus agréable production de la Nature; le portrait de ſa maîtreſſe qu'il peignit, tenant une des couronnes qu'elle faiſoit avec une ſi grande perfection, devoit bien flatter la vûe. Combien auroit-on payé l'original, puiſque Lucullus en acheta dans la ſuite la copie à Athènes deux talens? Ce prix exceſſif étonnera moins ceux qui ont vû donner de nos jours des ſommes pareilles de ſemblables tableaux de Gerard Dou, de Miris, & des bouquets de fleurs peints par Vanhuiſſen; tandis que l'on n'auroit pas donné le même prix d'un tableau de Raphaël. La belle imitation des fleurs à laquelle il joignoit la plus grande facilité, m'engageroit à comparer Pauſias à Baptiſte pour cette partie ſeulement.

Environ neuf mille quatre cens livres.

Pauſias terminoit beaucoup ſes ouvrages, & Pline lui accorde des parties de *mouvement* dans la compoſition, & d'*effet* dans la couleur; il fit de grandes compoſitions. Pline fait plus de cas de ceux dont j'ai déjà parlé, & qui repréſentoient des ſacrifices. Je n'en ſuis point étonné; car, je le répéterai, il me paroît que cet artiſte étoit un de ceux qui ſavoient le mieux la perſpective; & je relève avec ſoin toutes les preuves de cette connoiſſance que l'antiquité nous préſente: c'eſt une de celles qu'on lui a le plus ſouvent & le plus conſtamment refuſées. Cependant les éloges que Pline donne à cet artiſte, m'étonnent toûjours: car enfin, que peut devenir tout ce que j'ai rapporté à l'avantage de ceux qui ont précédé celui-ci, dont il dit poſitivement, *eam enim Picturam primus invenit quam poſtea imitati ſunt multi, æquavit nemo!* Il faut remarquer que cet éloge ſemble ne tomber que ſur le raccourci exprimé dans ces tableaux & ſur la couleur noire des animaux; & dès-lors on conviendra que ce *primus invenit*, ainſi que pluſieurs autres, ne doit abſolument être entendu que comme la perfection d'une partie de ce même art. Cependant, comme il parle d'une imitation ſuivie ſans avoir été égalée, il ſe pourroit auſſi que Pauſias eût compoſé ſes tableaux comme nous avons vû Piètre de Cortone ſortir du ton ordinaire de ſon école, & nous préſenter des compoſitions nobles & remplies d'une grace que pluſieurs artiſtes modernes ont cherché à imiter. Je ne préſente cette réflexion que comme un doute & un moyen d'éclairciſſement qui peut être fondé & qui pourroit même s'étendre plus loin. Au reſte, Pauſias fixa ſon ſéjour à Sicyone, *diuque fuit illa patria Picturæ.* C'eſt l'éloge que l'on pourroit donner à *Florence*, à *Rome* & à quelques autres villes de l'Italie. *Chap. XI.*

Euphranor vivoit dans la CIV.ᵉ Olympiade, & exécuta auſſi pluſieurs morceaux de ſculpture, & entre autres des coloſſes; Pline, quoiqu'il en ait déjà parlé plus haut, en dit tout ce que l'on peut dire de flatteur pour un artiſte. Voici ſes paroles: *Docilis ac laborioſus ante omnes, & in quocumque genere excellens ac ſibi æqualis.* J'avoue qu'indépendamment du mérite de ſes talens, j'aurois peine à le comparer avec nos artiſtes modernes; je ſerois peut-être moins embarraſſé ſur le *laborioſus* que ſur le *docilis*, ſi j'étois perſuadé qu'il fallût prendre ce mot à la lettre: mais je crois qu'il faut regarder ces épithètes d'un côté qui ait plus de rapport à l'art. Le Dominiquin me pourra ſervir de comparaiſon: docile aux leçons de la Nature, le travail ne l'effrayoit point; une perſévérance & une étude conſtante de cette même Nature, l'ont élevé au deſſus des autres artiſtes. Pline regarde cet Euphranor comme le premier qui a donné aux héros un caractère qui leur fût convenable, *hic primus videtur expreſſiſſe dignitates heroum.* Il ſeroit aiſé d'en conclurre que tous les héros repréſentés avant *Ibid.*

lui, n'auroient pas mérité les éloges que Pline lui-même a donnés aux artistes plus anciens: cependant je crois encore une fois que l'on ne peut reprocher à notre auteur qu'une façon de parler trop générale, & certainement beaucoup trop répétée; on peut dire, sur le cas présent, qu'il y a plusieurs degrés dans l'excellence. Titien est un grand peintre de portraits; Vandick a mis dans ce genre plus de finesse, de délicatesse & de vérité. Titien n'en est pas pour cela un peintre médiocre. Mais ce dont je sais un très-grand gré à Pline, c'est la critique dont il accompagne assez souvent ses éloges; car après avoir dit d'Euphranor, *usurpasse symmetriam*, c'est-à-dire, qu'il s'étoit fait une manière dont il ne sortoit point, il ajoûte: *sed fuit universitate corporum exilior, capitibus articulisque grandior.* Cette manière étoit apparemment dans le goût de celle que nous a laissée le Parmesan; je sais qu'elle peut être blâmée, mais elle est bien élégante. Il est vrai qu'on ne peut reprocher au Peintre moderne d'avoir fait, comme Euphranor, ses têtes trop fortes & ses emmanchemens trop nourris. Le terme de *grandior* prouve, par cette répétition, qu'il est employé en critique sur Zeuxis, comme je l'ai dit plus haut.

Plusieurs monumens antiques, & principalement les plus beaux Camées, présentent pour l'ordinaire le défaut des têtes trop fortes. On peut en voir un exemple, que j'ai relevé, dans un Camée gravé par Solon; il représente l'enlèvement du Palladium, & je l'ai rapporté dans le recueil d'antiquités que j'ai donné au public. J'avois imputé ce défaut à la petitesse des objets, & à la nécessité d'exprimer un caractère dans un fort petit volume. Mais je vois, par la répétition des exemples & par le reproche de Pline, que cette manière étoit reçûe dans plusieurs écoles de la Grèce. Les Grecs avoient donc aussi quelquefois nos défauts.

Euphranor a écrit plusieurs traités sur les proportions & les couleurs. Il est singulier qu'un Peintre qui a mérité qu'on le reprît sur les proportions, ait écrit sur cette matière. Cependant la même chose est arrivée, depuis le renouvellement des arts, à Albert Durer.

Antidotus,

Antidotus, élève d'Euphranor, *diligentior quàm numerosior, & in coloribus severus.* Voici de quelle façon je rendrois le caractère de cet artiste. *Il fut plus soigneux (d) que fécond, & très-exact dans sa couleur;* c'est-à-dire qu'il observa la couleur locale, & qu'il ne s'écarta point de la vérité. Cet Antidotus eut pour élève Nicias, Athénien, qui peignit si parfaitement les femmes, & dont il y a de plus grands éloges à rapporter, car *lumen & umbras custodivit; il conserva avec soin la vérité de la lumière & celle des ombres*: c'est-à-dire qu'il a mieux entendu le clair-obscur, & par une suite nécessaire, les figures de ses tableaux prenoient un grand relief, & les corps paroissoient saillans, *atque ut eminerent e tabulis picturæ, maximè curavit.* On croiroit que Pline, dans ce passage, feroit l'éloge de Polydore.

Nicias joignit à ces grandes parties celle de bien rendre les quadrupèdes, & principalement les chiens. Nos modernes ne me fournissent aucun objet de comparaison. Car ceux qui ont excellé à peindre les animaux, n'ont ordinairement choisi ce genre de travail que par la raison qu'ils étoient foibles dans l'expression des figures, &, pour ainsi dire, incapables de traiter les sujets de l'histoire & les grandes passions. Il est vrai que Rubens se plaisoit à peindre des animaux, & c'est à ses leçons que nous devons le fameux Sneydre; mais ces sortes d'exemples sont rares.

Je vois qu'on a comparé autrefois ce Nicias à Athénion de Maronée, mais on a préféré ce dernier, qui étoit élève de Glaucion de Corinthe, & dont voici le caractère quant à la Peinture. *Austerior colore & in austeritate jucundior, ut in ipsâ picturâ eruditio eluceat. Fier, exact & un peu sec dans sa couleur, & cependant agréable à cause du savoir & de l'esprit qu'il mettoit dans ses compositions.*

Tous ces exemples devroient bien animer nos Peintres, & les engager à ne pas négliger les Belles-Lettres, & à suivre

(d) Je sais que le nombre, qui fait allusion aux Vers & à la poesie, pourroit convenir à la Peinture, & surtout à la composition. Mais comme les ouvrages soignés détruisent la facilité du Peintre, j'ai préféré le mot de fécond, qui me paroît plus juste pour l'art.

les parties qui peuvent rendre leurs travaux si recommandables. Je suis persuadé que depuis le renouvellement des arts, nous avons eu des Peintres doués d'autant de talent, de génie, de correction, de couleur, & de facilité; mais il s'en faut beaucoup que nous en ayons eu un aussi grand nombre qui aient été ni aussi savans, ni aussi instruits. Car en admettant même que Pline, à l'imitation des Grecs, qui se sont toûjours fait valoir, ait augmenté cette partie de leur éloge, nous n'avons pas une si grande quantité de Peintres modernes, non seulement qui aient écrit sur la Peinture, mais qui aient été en état de s'en acquitter. Je puis leur opposer Léonard Vinci, le Ridotti, Baglione, Lomazzo, Armenini, Scaramucia, Vasari, & plusieurs autres peintres Italiens; & parmi les François, Dufresnoy, Antoine & Charles Coypel.

L'exemple que j'aurai peine à comparer est celui de Métrodore, à qui non seulement Pline donne les noms de Peintre

Chap. XI.

& de Philosophe, *magnæ in utrâque scientiâ auctoritatis*, mais dont les qualités sont prouvées par les faits. Quand L. Paulus eut vaincu Persée, il demanda deux hommes aux Athéniens, l'un pour décorer son triomphe, l'autre pour avoir soin de sa bibliothèque. Ce peuple éclairé ne lui envoya que Métrodore, & il répondit aux intentions de L. Paulus, *quod ita quoque Paulus judicavit*. On assure même qu'il fut chargé de l'éducation de ses enfans, & nommément de celle de P. Scipion. S'il a réussi dans ses tableaux comme dans son élève, on peut le regarder comme un des grands Peintres de l'antiquité.

Voyez Plut.

Cependant si à la place de la philosophie on me permettoit de suppléer la négociation, qui demande bien autant de lumières, & qui réunit aux connoissances qu'elle exige la confiance des Princes, je pourrois mettre Rubens en parallèle; la facilité de son génie lui auroit assurément permis de décorer un triomphe; n'a-t-il pas été l'ordonnateur de toutes les grandes décorations, & de ces beaux arcs de triomphe qui furent élevés à Anvers, lorsque le cardinal Infant y fit son entrée? Au reste je répète que je ne présente ces comparaisons que pour diminuer la sécheresse de ce récit. On ne sent que trop combien elle est inévitable quand on fait une espèce de catalogue, & je me trouve encore dans la nécessité de le continuer pendant quelques momens.

Aristolaüs, fils & élève de Pausias, *e severissimis Pictoribus fuit*, fut un des Peintres qui prononça le plus son dessein, & dont la couleur fut la plus fière, ou plustôt la plus austère. Car ce terme de *severus*, si souvent répété par Pline, me paroît consacré à la Peinture, & je crois qu'il répond pleinement à celui d'*austère*, que nous employons, ce me semble, en cas pareil.

Méchopane étoit élève du même Pausias: *sunt quibus placeat diligentiâ quam intelligant soli artifices, aliàs durus in coloribus, & sile multus.* Je consens à croire que sa couleur ait été crue, & qu'il a trop donné dans le jaune; les modernes offrent sans peine de pareils exemples: mais j'avoue que l'intelligence, les soins, ou la précision, qui ne sont connus que des seuls artistes, présentent une vûe bien délicate & bien vraie; elle me confirme la façon dont Pline s'est servi des auteurs qui l'avoient précédé; car elle ne peut avoir été mise en avant & proposée que par un artiste.

Quant à Socrate, *jure omnibus placet*, cet artiste fut bienheureux, *il se trouve du goût de tout le monde, & ce fut avec raison.* On peut dire que ce Peintre eut un sort bien différent du Philosophe dont il portoit le nom. C'est au Peintre que nous devons la composition suivante, & qu'un philosophe auroit pû imaginer. Pour exprimer un homme négli- *Chap. XI.*
gent & qui fait des choses inutiles, il peignit un homme assis par terre, travaillant une natte mangée par un âne à mesure qu'il la termine.

Il n'est pas possible de donner en moins de mots une idée plus complète *de la fougue du pinceau, obéissante à la vivacité du génie*, que celle que Pline nous a conservée par ces mots, *Ctesilochus Apellis discipulus petulanti picturâ innotuit.* Je conviens que j'ai traduit ce passage un peu en amateur de peinture, & que l'on pourroit lui donner un autre sens; car Pline dit tout de suite, *Jove Liberum parturiente depicto mitrato & muliebriter ingemiſcente inter obſtetricia Dearum.* Cette peinture ridicule pour un Dieu comme Jupiter, eſt forte pour un payen, & peut être ſeulement traduite comme inſolente; mais je n'oſe décider.

Cléſidès ſe vengea d'une façon cruelle de la reine Stratonice. Mécontent de ce qu'elle ne lui avoit fait aucun accueil, il la peignit dans les bras d'un pêcheur qu'on l'accuſoit d'aimer, & laiſſa ce tableau expoſé ſur le port d'Ephèſe dans l'inſtant de ſon embarquement : mais cette Princeſſe témoigna plus de grandeur & de ſageſſe, que l'artiſte n'avoit témoigné de méchanceté, car elle ne voulut pas faire ôter le tableau. Michel-Ange, Paul Véronèſe, le Zucharo & quelques autres Peintres n'ont que trop imité Cléſidès pour la ſatisfaction de leur vengeance.

Nealces, ingenioſus & ſolers in arte; ce que je traduirois par ces mots, *il ſaiſiſſoit les incidens propres à enrichir ſon tableau & à ſe faire paſſer lui-même pour un homme d'eſprit, attentif & ingénieux pour donner une idée de ſon ſujet.* Pline

Chap. XI. rapporte le fait ſuivant : *Siquidem cùm prælium navale Ægyptiorum & Perſarum pinxiſſet, quod in Nilo cujus aqua eſt mari ſimilis, factum volebat intelligi, argumento declaravit, quod arte non poterat; aſellum enim in litore bibentem pinxit, & crocodilum inſidiantem ei. Il avoit peint un combat naval entre les Égyptiens & les Perſes; ce combat s'étoit donné ſur le Nil; & pour faire connoître au ſpectateur le lieu de la ſcène que ſon art ne pouvoit exprimer, les eaux de ce fleuve reſſemblant à celles de la mer, il avoit repréſenté un âne qui buvoit & un crocodile qui l'attaquoit.*

Erigonus, broyeur de couleur de Néalcès, devint un très-bon Peintre, & eut pour élève Paſias qui ſe rendit célèbre. Ce rapport eſt bien marqué avec l'hiſtoire de Polydore.

On voit auſſi, comme parmi nos modernes, quelques femmes qui ont exercé la Peinture dans la Grèce: telles ſont

Ibid. Timarète, fille de Mycon, & qui a excellé; Irène, fille & élève de Cratinus; Calypſo, Alciſthène, Ariſtarète qui s'étoit formée dans ſon art ſous ſon père Nearchus; Lala de

Cyzique, *perpetua virgo*, épithète ſingulière pour ce temps, ſi elle ne veut pas dire tout ſimplement qu'elle ne fut point mariée. Cette fille exerça la Peinture à Rome, ſelon M. Varron cité par Pline; non ſeulement elle peignit, mais elle fit des ouvrages *ceſtro in ebore*, ce que je ne puis encore traduire que généralement, en diſant qu'elle grava ſur l'ivoire: j'aurai peut-être dans la ſuite des notions plus ſûres & plus étendues ſur ce travail. Elle fit le portrait de beaucoup de femmes, & le ſien même dans le miroir: *nec ullius in pictura velocior manus fuit. Perſonne n'eut le pinceau auſſi léger,* ou bien *ne montra une auſſi grande légèreté d'outil,* pour m'exprimer dans la langue des artiſtes. Pline fait encore mention d'une Olympias.

Pluſieurs de ces femmes ont fait de bons élèves & laiſſé de grands ouvrages. Je n'oppoſerai à ces femmes illuſtres qu'une ſeule moderne, non que les derniers ſiècles n'en aient produit qui pourroient trouver ici leur place; mais la célèbre Roſalba Carrieri a fait des choſes ſi remplies de cette *charis* qu'Apelle s'étoit accordée, que je crois pouvoir l'oppoſer ſeule à toutes les autres de la Grèce. Les ſujets qu'elle a faits n'ont cependant jamais été fort étendus, car elle n'a travaillé qu'en miniature & en paſtel.

Le recueil de Pline fournit des exemples & des leçons pour toutes les eſpèces d'hommes; car il parle d'un amateur, nommé Polémon *(e)*, qui a laiſſé pluſieurs traités ſur la Peinture & ſur les meilleurs tableaux. M. de Piles ſe préſente aiſément pour la comparaiſon: je doute même que le Grec ait mieux travaillé que lui; il peut au plus avoir apporté un peu moins de prévention.

Pline finit ce onzième chapitre par décrire la façon dont les Egyptiens faiſoient des toiles peintes. Je n'en rappelle le ſouvenir que pour montrer que plus on approfondit, & plus on trouve que les Anciens n'ignoroient preſque rien de ce que nous ſavons; & quant à la peinture, je vais faire la récapitulation de toutes leurs opérations du côté des genres.

(e) Ce Polémon peut être le même dont parle Athénée, *l. XIV, c. 11*, pour avoir écrit ſur les tableaux que l'on voyoit à Sicyone.

Les grandes compoſitions héroïques, ce que nous appelons l'Hiſtoire; les portraits, les ſujets bas, les payſages, les décorations; les arabeſques, ornemens fantaſtiques & travaillés ſur des fonds d'une ſeule couleur; les fleurs, les animaux, la miniature, les camayeux, les marbres copiés, les toiles peintes. Il me ſemble que nous ne peignons en aucun autre genre, & que nous n'avons aucun autre objet. Nous ne pouvons donc nous vanter d'avoir de plus que la peinture en émail, encore je ne voudrois pas aſſurer qu'elle fût inconnue aux Anciens; mais ce qui nous appartient ſans contredit, c'eſt l'exécution des grands plafonds & des coupoles. Les Grecs ni les Romains ne me paroiſſent pas avoir connu ce genre d'ornement, ni avoir pratiqué la perſpective juſqu'au point néceſſaire pour rendre ces décorations complètes; les modernes peuvent au contraire préſenter un très-grand nombre de ces chefs d'œuvres de l'eſprit & de l'art.

Au reſte, je ſens très-bien que cette dernière partie ne préſente que des matériaux ou le cannevas d'un plus grand ouvrage auquel je pourrai m'appliquer quelque jour; car cette matière demande beaucoup de recherches & de diſcuſſions: je me ſuis borné dans ce Mémoire à en donner une idée. Les épithètes que Pline emploie ſouvent avec une énergie merveilleuſe, ſont très-difficiles à rendre, aujourd'hui que nous n'avons plus les ouvrages qui nous les feroient retrouver, & que la langue de l'art de ce temps nous eſt inconnue. Je ne me ſuis propoſé que de préſenter une nouvelle façon de conſidérer Pline quant à cette partie, & d'offrir un eſſai que d'autres pouſſeront aiſément plus loin.

MÉMOIRE

Sur la manière dont Pline a traité de la Peinture.

Par M. DE LA NAUZE.

L'OBJET de ce Mémoire est de prouver que Pline, en traitant de la Peinture au livre XXXV.e de son histoire naturelle, s'y est peint lui-même comme philosophe & citoyen, comme physicien & naturaliste, comme amateur & connoisseur, comme historien & chronologiste. On trouvera sans doute un grand nombre de lecteurs qui l'auroient volontiers dispensé de remplir à la fois les quatre rôles. Un Savant, dont tout le goût se portera aux recherches épineuses de la chronologie, n'auroit demandé que des dates où l'auteur eût fixé l'origine de la Peinture, les époques de ses différens progrès, l'âge précis de chacun des Peintres de l'antiquité, &, s'il eût été possible, le jour qui a vû naître & celui qui a vû périr leurs ouvrages; après quoi il auroit tenu quitte de tout le reste l'écrivain de l'histoire naturelle. Les amateurs au contraire seront fâchés qu'il n'ait pas donné dans toutes les formes, soit un traité didactique de la Peinture, soit une histoire exacte, raisonnée & approfondie, où les dates chronologiques, la morale & l'histoire naturelle eussent été mises totalement à l'écart. Un Naturaliste, peu curieux de ce qui regarde les arts, n'approuvera point une digression sur la Peinture, qui le transportera de l'objet dont il est uniquement occupé, à des matières qui, par rapport au sujet annoncé, lui paroîtront étrangères, & par rapport à lui personnellement, fort peu amusantes. Enfin, les moralistes sévères, aussi peu touchés des curiosités de la nature & de l'art que des détails de chronologie & de l'histoire, ne goûteront dans le recueil de Pline sur la Peinture, que les réflexions qui tendent directement à rendre les hommes meilleurs. Il faut espérer que d'autres seront plus indulgens: disons mieux, Lû le 20 Mars 1753.

Pline enlèvera leur ſuffrage; ils admireront dans ce morceau particulier, comme dans tout ce qui eſt ſorti de ſa plume, une étendue de lumières qui ſe répand à tous les objets & à toutes leurs différentes faces; ils lui ſauront gré d'y avoir enrichi ſon ſujet, multiplié ſes recherches, diverſifié ſes inſtructions, & donné à la Peinture le cortége le plus flatteur, en faiſant marcher d'un pas égal avec elle la morale, la phyſique & l'hiſtoire. C'eſt auſſi là ce qui va faire la diviſion naturelle de ce Mémoire en quatre parties; la partie philoſophique, la partie phyſique, la partie pittoreſque & la partie hiſtorique, les unes & les autres mêlées continuellement enſemble dans le récit de Pline.

PHILOSOPHE & CITOYEN, il a fait éclater par-tout ſon attention pour les mœurs & pour ſa patrie: on le voit clairement, & dans le zèle auquel il s'abandonne ſur ces deux objets, & par la méthode qu'il ſuit, la plus capable d'intéreſſer & d'inſtruire les Romains; méthode qui échapperoit à qui chercheroit ici l'ordre chronologique ou tout autre arrangement moins convenable aux vûes ſupérieures de l'écrivain. C'eſt ce zèle & c'eſt cette méthode, toûjours liés l'un à l'autre, qu'on apercevra facilement dans le plan abrégé & ſuivi que nous allons tracer du texte de l'auteur.

Il entre en matière par des plaintes amères contre ſon ſiècle ſur la décadence de la Peinture, ſur la chûte d'un art qu'il trouve infiniment précieux par l'avantage qu'il a de conſerver la mémoire des morts & d'exciter l'émulation des vivans: il blâme en conſéquence les ornemens, ſoit de marbre ſimple & naturel, ſoit de marbre en moſaïque, ſoit de marbre incruſté qu'on avoit mis ſucceſſivement à la place des peintures: il condamne également les boucliers & les figures d'argent où les citoyens donnoient en ſpectacle la richeſſe d'un métal pluſtôt que la repréſentation de leur perſonne: l'attachement même des Romains de ſon temps pour d'anciens tableaux, n'eſt point à couvert de ſa critique, parce que c'étoit dans les uns une curioſité mal-entendue pour des

figures

figures étrangères, pendant qu'ils s'oublioient eux-mêmes; & dans les autres, une espèce de culte qu'ils prétendoient rendre à la mémoire d'Épicure: ce dernier mot montre assez de quel œil il regardoit les maximes des Épicuriens, & même la personne de leur maître. *(a)* « Oui, dit-il, la corruption des mœurs a perdu les arts; & les hommes, en renonçant à ce moyen de peindre leur ame, ont la même négligence pour leur figure. » L'éloge au contraire qu'il fait des tableaux, comme monumens du mérite & de la vertu, il l'étend aux autres ouvrages qui avoient la même destination, aux figures de cire que les Romains conservoient dans leurs familles, aux statues dont ils décoroient leurs bibliothèques, aux portraits dessinés que Varron & Pollion mirent en usage, enfin aux boucliers où étoient représentés les personnages illustres de l'ancienne Rome. Tout ce début fort étendu dans Pline, parce qu'il y est manié avec éloquence & fourni d'exemples & de leçons, se réduit pourtant à prouver l'excellence de la Peinture, d'abord par son opposition à de vains ornemens dont le motif étoit vicieux, & ensuite par sa conformité avec d'autres usages fondés sur les principes les plus respectables. Le Philosophe, le Citoyen pouvoit-il entamer son sujet d'une façon plus régulière & plus judicieuse?

Après avoir présenté la Peinture dans ce point de vûe, & avoir pris les Romains du côté de l'honneur & de la vertu, il cherche à piquer leur curiosité, en leur indiquant l'origine & l'antiquité de l'art, & en s'arrêtant sur-tout au récit de quelques peintures plus anciennes que la fondation de Rome. Elles subsistoient encore en Italie; il nomme les différentes villes où on les voyoit, & il distingue parfaitement le mérite de ces ouvrages d'avec l'abus qu'en vouloit faire la lubricité d'un Empereur, tenté d'en tirer deux de leur place à cause de quelque nudité. Aux motifs d'une curiosité louable succèdent les motifs d'émulation, puisés dans le sein même de la ville de Rome: il propose par une gradation

(a) *Ita est profecto: artes desidia perdidit; & quoniam animorum imagines non sunt, negliguntur etiam corporum.*

ſuivie, l'exemple des citoyens qui s'étoient autrefois appliqués à l'exercice de la Peinture, l'exemple des héros de la Nation qui avoient étalé dans Rome les tableaux de leurs victoires, l'exemple enfin des Généraux & des Empereurs qui, après avoir tranſporté dans la capitale une quantité prodigieuſe de tableaux étrangers, en avoient orné les portiques des temples & les places publiques. Quelle foule de motifs pour animer le cœur d'un Romain à l'amour de la Peinture! vertu, curioſité, émulation, rien n'a été oublié, & tout a été mis dans ſa place naturelle.

Avant que de quitter ce dernier article ſur les tableaux étrangers expoſés dans Rome, conſidérons-en un qui pourroit faire ſoupçonner que, dans la deſcription que Pline nous en a faite, ſa philoſophie ne ſe fût démentie. « Le ſecond » tableau, dit-il, préſente un ſujet d'admiration dans la reſ- » ſemblance d'un fils encore jeune avec ſon père déjà vieux, » malgré la différence des deux âges clairement exprimée: un » aigle vole au deſſus, & tient un lion dans ſes ſerres. Philo- » charès y a marqué que c'étoit ſon ouvrage: preuve éclatante, » continue Pline, du pouvoir immenſe de l'art, quand on » n'enviſageroit que ce ſeul tableau, puiſque le Sénat & le » peuple Romain y contemplent depuis tant de ſiècles, en con- » ſidération de Philocharès, deux perſonnages d'ailleurs obſcurs, Glaucion & ſon fils Ariſtippe ». Ce texte étant placé dans un endroit où l'auteur cherche évidemment à accréditer l'art de la Peinture dans l'eſprit des Romains, il eſt clair que Pline voudroit, pour ainſi dire, perſuader à la ville de Rome, malgré ſon mépris décidé pour les artiſtes, qu'elle les chérit, qu'elle les admire, & qu'il y en a tel capable de la mettre toute entière en mouvement: c'eſt le ſens qui ſe préſente naturellement à l'eſprit du lecteur. Une ſeconde explication y verroit un reproche tacite fait aux Romains, de ce qu'ils couroient après un tableau de pure curioſité, pendant qu'ils en avoient tant d'autres d'inſtructifs pour la morale ou pour l'hiſtoire: mais cette idée, quelque digne qu'elle paroiſſe d'un philoſophe, ne peut point être adoptée dans une occaſion où il cherche à piquer le goût & l'émulation d'un peuple pour la Peinture. Une troiſième explication ſeroit de voir dans les paroles de Pline un reproche d'une autre eſpèce; comme ſi les Romains, en portant leurs regards ſur un portrait de deux perſonnes abjectes, s'étoient eux-mêmes dégradés & avilis: mais ce dernier ſens répugne, & à l'objet préſent de l'auteur, & à tous ſes principes de philoſophie, & à la manière dont il nous offre pluſieurs autres tableaux où les ſujets étoient vils ou inconnus. Il ne prétend pas plus cenſurer les admirateurs de Glaucion & d'Ariſtippe, que les panégyriſtes de ce malade qu'Ariſtide avoit peint, *ægrum ſine fine laudatum:* comme c'étoit ſur la fineſſe de l'exécution du Peintre que tomboient les admirations & les louanges, le philoſophe s'en ſervoit pour faire connoître les charmes de l'art, & le citoyen pour les faire aimer. Mais reprenons le fil du diſcours de Pline.

Il a juſqu'ici expoſé méthodiquement l'excellence & les attraits de la Peinture; il a préparé par-là les eſprits à l'inſtruction; il commence enſuite à inſtruire, par l'énumération exacte des couleurs employées par les Peintres, il en décrit la nature & les propriétés, il marque même le prix, en monnoie Romaine, de preſque chaque couleur particulière. Si ces minuties apparentes ont beſoin d'apologie, ce ne ſera pas auprès de ceux qui ſeront au fait du plan & du deſſein de l'auteur, & de la déclaration qu'il a faite dans la préface de ſon Hiſtoire Naturelle *(b)*, qu'il ſacrifioit dans ſes ouvrages l'envie de plaire à celle d'être utile: qu'il y a de grandeur dans les prétendues petiteſſes de Pline! Il finit l'article des couleurs par obſerver que ſans en avoir jamais employé plus de quatre, les anciens Peintres de la Grèce ont fait des chef-d'œuvres; & que dans les derniers temps, où l'on prodiguoit en ornement la pourpre & les couleurs précieuſes de l'Inde, il ne ſortoit plus de la main des Peintres modernes un ouvrage eſtimable. « Tout étoit donc meilleur, conclut-il, quand on avoit moins de facilités: c'eſt qu'on porte, je l'ai déjà dit, «

(b) Utilitatem juvandi prætulerunt gratiæ placendi: idque jam & in aliis operibus ipſe feci.

» toute l'attention à faire briller le luxe, non le génie & les talens *(c)* ».

L'inſtruction ſur les couleurs eſt accompagnée d'autres inſtructions ſur certaines peintures dont il deſapprouvoit le goût dans ſa Nation ; & il s'étoit bien donné de garde de joindre ces peintures frivoles, à celles qu'il avoit propoſées plus haut comme des ſujets d'éloge & d'émulation. « On emploie ici, » dit-il *(d)*, la peinture à l'ornement des vaiſſeaux de guerre, & » déjà même à celui des vaiſſeaux de charge : car nous peignons » ce qui fait les périls de la vie, afin qu'on ſoit moins étonné » de voir que nous peignons juſqu'à nos bûchers funéraires. » Des gens, continue-t-il, qui vont chercher la mort, ou du » moins l'horreur des combats, aiment à s'y faire conduire d'un air magnifique & galant. » Il n'emprunte pas le même ſtyle ironique lorſqu'il parle, auſſi-tôt après, d'un tableau coloſſal de Néron, de la hauteur de ſix-vingts pieds Romains, ouvrage étonnant, dont perſonne, avant M. le comte de Caylus, n'avoit remarqué la magnificence, ſuppoſé qu'il ait été bien exécuté. Pline n'en dit qu'un mot ; c'eſt que ce fut une extravagance réſervée à ſon ſiècle *(e)*, ſoit que le tableau n'eût pas fait l'effet qu'on en avoit attendu, ſoit que l'effet en ait été merveilleux de loin, mais les touches extrêmement groſſières, ſoit, comme il y a plus d'apparence, que le citoyen, uniquement frappé de la folie du tyran, ait eu les yeux fermés ſur tout le reſte. Au récit du tableau de Néron, il joint les tableaux des combats de gladiateurs, qu'on expoſoit quelquefois dans les portiques, par ſurcroît de magnificence, quand on donnoit au peuple ces ſortes de jeux. Qu'étoit-il beſoin de tableaux ? On ne voit que trop, dit Pline *(f)*, dans ces occaſions-là, depuis pluſieurs ſiècles, la grandeur d'ame en peinture. Ces odieux ſpectacles

(c) Omnia ergo meliora tunc fuere, cum minor copia. Ita eſt ; quoniam, ut ſupra diximus, rerum non animi pretiis excubatur.

(d) Claſſibus familiari genere, jam verò & onerariis navibus : quoniam & pericula expingimus, ne quis miretur & rogos pingi. Juvatque pugnaturos ad mortem, aut certè cædem, ſpecioſè vehi.

(e) Et noſtræ ætatis inſaniam ex picturâ non omittam.

(f) Hic multis jam ſæculis ſummus animus in picturâ.

se révoltoient, & il auroit voulu, pour l'honneur de l'humanité, que tout le monde eût pensé comme lui. Les égards pour les mœurs, la tendresse pour la patrie, l'enchaînement des matières sont toûjours visibles: de tout ce que Pline a dit jusqu'ici, l'on n'en sauroit déranger un point, & le transposer ailleurs, qu'il ne s'y trouvât déplacé.

De Rome enfin il passe dans la Grèce; & c'est ici que le citoyen, que le philosophe, sous le personnage d'historien, mêle continuellement dans le tissu de sa narration & accumule, en faveur de la Peinture, de nouveaux motifs de vertu, de curiosité & d'émulation, & de savantes instructions sur la pratique de l'art. Cette méthode d'animer les Romains, quoique plus indirecte pour eux que la première, étoit bien plus lumineuse & plus efficace: là se trouvent en foule ces traits vifs & délicats, qui caractérisent l'amateur & le connoisseur. Je ne les annonce d'avance que pour indiquer le principe d'où ils partoient, & pour faire sentir que l'amateur étoit subordonné au citoyen, le connoisseur au philosophe. C'est donc en faveur des Romains, qu'il commence ici par rappeler la mémoire des peintres Grecs, encore grossiers dans les premiers temps; qu'il rapporte l'usage établi depuis dans leur pays, de proposer des prix pour la Peinture, & de les distribuer dans la solennité des jeux publics; qu'il fait l'énumération des maîtres de l'art, qui parurent dans la Grèce en conséquence de ces premiers établissemens; qu'il y représente cet art exercé par d'illustres citoyens, & interdit à toute main servile; qu'il vante le mérite & la multitude des ouvrages de peinture; qu'il marque les sommes immenses qu'on les payoit; & que dans le détail de ces ouvrages, dont plusieurs avoient été transportés dans Rome, il s'arrête toûjours de préférence à ces derniers, comme pour dire aux Romains: vous n'avez qu'à ouvrir les yeux pour vous instruire. Mais sans insister sur toutes ces preuves de son zèle, il suffira de tracer la méthode exacte qui règne dans cette histoire de la peinture Grecque, & d'indiquer les instructions morales qu'il a eu soin d'y répandre.

Il partage les artistes de la Grèce en différentes classes,

dont la première comprend les plus anciens qui ne furent pas les plus habiles: il les présente suivant l'ordre des temps, en commençant aux peintres Monochromes, & en finissant à Polygnote, vers le temps de la guerre du Péloponnèse. Il fait valoir le procédé de Polygnote qui ne voulut pas être payé d'un ouvrage fait à Athènes, & le procédé des Amphictyons, qui firent plus que de payer son travail; ils récompensèrent sa générosité.

La seconde classe renferme, par ordre chronologique, les grands hommes qui ont fait le beau siècle de la peinture Grecque, depuis la fin de la guerre du Péloponnèse, jusqu'après la mort d'Alexandre le Grand. Il ne fait entrer dans cette liste que ceux qui exercèrent alors leur pinceau sur les grands sujets & dans de grands tableaux, sans parler encore ni des Peintres encaustiques, ni des autres Peintres qui s'étoient arrêtés à de petits tableaux ou à de petits sujets. Il nous fait connoître Zeuxis, dont il blâme la ridicule vanité, sans supprimer les louanges dûes à son habileté dans la Peinture. S'il met Parrhasius fort au dessus de Zeuxis pour l'intelligence de l'art, il lui reproche d'ailleurs une vanité plus insupportable dans les discours & dans les manières, & une licence plus inexcusable dans les petits tableaux qu'il faisoit pour se délasser. Ce qui le frappe le plus dans un tableau d'Échion, c'est l'air modeste & décent d'une nouvelle mariée: & pour Apelle, qu'il juge avoir été le plus grand Peintre de l'antiquité, il mêle sans cesse à l'éloge de ses talens celui de sa modestie & de sa politesse; on voit cet artiste admirer sincèrement & louer volontiers les ouvrages de ses rivaux, reconnoitre la supériorité d'Amphion sur lui pour l'ordonnance, & celle d'Asclépiodore pour la justesse des proportions, exposer ses tableaux à la critique du public, le jugeant plus capable que lui-même d'en connoître les défauts, ne s'oublier jamais, malgré toute la gloire dont il étoit couvert, malgré tous les biens de la fortune dont il étoit comblé, malgré toutes les bontés d'Alexandre pour lui, qui alloient jusqu'à la plus intime familiarité. Ce prince lui céda la plus chérie de ses favorites: grand par sa valeur héroïque, ajoûte Pline, & plus grand encore pour s'être surmonté lui-même, il fit là un trait qui ne le cède en rien à aucune de ses victoires. Il faut, on le voit bien, que tout ce qui vient se ranger sous la plume de cet écrivain, & qui présente un côté avantageux, y reçoive toûjours le tribut de louange qui peut lui appartenir. Quand on lit ce qu'il raconte de Protogène, on est touché de voir ce Peintre dans l'indigence au commencement de sa carrière, & de le voir ensuite ne rien rabattre d'une assiduité, d'une constance, d'une application qui sont sans exemple: pendant qu'il travaille à son magnifique tableau d'Ialysus, il ne prend pour toute ressource contre la faim & la soif, que de mauvais légumes trempés dans de l'eau, de peur de s'émousser l'imagination & le sentiment par une nourriture trop appétissante. On admire sa tranquillité à continuer son travail dans un fauxbourg de sa ville assiégée, & à répondre pour lors au roi Demetrius, qu'il savoit bien que ce Prince venoit faire la guerre aux Rhodiens, & non aux beaux arts. Tels sont quelques-uns des Peintres célèbres au siècle d'Alexandre, qui ont mérité, à tous égards, une attention particulière de la part de Pline, & sur lesquels il s'est étendu beaucoup plus que sur tous les autres.

La troisième classe contient les artistes, soit Grecs, soit Romains, qui s'étoient aussi distingués par le pinceau, mais dans de petits tableaux ou sur de petits sujets: il en parle d'une manière fort superficielle en comparaison des artistes précédens; c'est qu'à proprement parler, rien n'avoit le don de lui plaire, que l'utile, le solide & le grand.

Les mêmes principes le dirigent dans le jugement qu'il porte sur la quatrième classe, composée de ceux qui avoient pratiqué la fresque, peinture qu'on applique sur l'enduit d'une muraille. *(g)* « Parmi les Peintres, dit-il, il n'y en a point

(g) Sed nulla gloria artificum est, nisi eorum qui tabulas pinxere: eoque venerabilior apparet antiquitas. Non enim parietes excolebant dominis tantum, nec domos uno in loco mansuras, quæ ex incendiis, rapi non possent. Casulâ Protogenes contentus erat in hortulo suo. Nulla in Apellis tectoriis pictura erat. Nondùm libebat parietes totos pingere. Omnis eorum ars urbibus excubabat, pictorque, res communis terrarum erat.

» qui se soient fait un grand nom autrement que par le moyen » des tableaux ; & ce goût des anciens semble devoir nous les » rendre de plus en plus respectables : ils n'embellissoient ni » murailles dont l'ornement n'auroit été que pour le maître de » la maison, ni maisons stables & permanentes qu'on ne pou» voit pas sauver de l'incendie. Protogène étoit content d'une » cabane dans son petit jardin; il n'y avoit point de peinture » sur des enduits de la façon d'Apelle; & les murs des mai» sons, peints du haut en bas, n'étoient point encore de mode: » ces grands hommes destinoient toutes les productions de leur » art à pouvoir passer de ville en ville: un Peintre appartenoit à l'Univers entier. » Dans ce passage rempli de beautés, remarquons sur-tout la cabane de Protogène : ce seul mot, en retraçant la simplicité des mœurs & l'image de la vertu, prouve encore, conformément au fil du discours, que l'artiste ne travailloit la fresque, ni chez lui, puisqu'il n'y avoit pas de mur à orner, ni ailleurs, puisqu'il ne quittoit pas son réduit. L'auteur est plein de ces finesses d'expression, qui sont dans les bons écrivains, ce que sont dans les grands Peintres ces touches savantes qui, pour me servir des termes de Pline, font voir les objets, même en les cachant. Il aggrave ici sa critique de la fresque par des reproches particuliers, qu'il fait à deux Romains distingués dans ce genre de peinture. L'un étoit Arellius, « Peintre célèbre, dit-il, s'il n'eût » pas terni la gloire de son pinceau par une indignité crimi» nelle: toûjours amoureux de quelque femme, il représentoit » les Déesses sous la figure de ses favorites, & l'on distinguoit » telles & telles courtisanes dans ses ouvrages ». L'autre étoit » Amulius, *(h)* qui ne travailloit que peu d'heures de la jour» née, & toûjours avec une gravité affectée, ne quittant jamais » la toge, quoique guindé sur des échaffauts. Ses peintures » étoient confinées dans le palais de Néron, comme dans une prison » suivant l'expression de Pline, qui a voulu marquer par-là les inconvéniens de la fresque.

(h) Paucis diei horis pingebat, id quoque cum gravitate, quod semper togatus, quanquam in machinis. Carcer ejus artis domus aurea fuit.

Il

Il range dans la cinquième claſſe, par ordre chronologique, les plus célèbres Peintres encauſtiques, c'eſt-à-dire, ceux qui employoient le poinçon & non le pinceau. Parmi eux, on nous fait remarquer Euphranor; on obſerve qu'il étoit docile & laborieux, & l'on place dans ſon éloge ces deux qualités avant celle qu'on lui donne enſuite d'excellent artiſte dans toutes les parties de la Peinture. On nous apprend à l'honneur de Nicias, qu'il aima mieux faire préſent d'un de ſes tableaux à la ville d'Athènes ſa patrie, que de le vendre à un prince étranger, qui lui en offroit ſoixante talens; ce ſont plus de deux cens mille livres de notre monnoie.

Les Peintres de moindre conſidération, ſoit encauſtiques, ſoit autres, occupent la ſixième claſſe par ordre alphabétique: on y traite de peinture inſolente, celle de Cteſilochus, où étoit repréſenté Jupiter accouchant de Bacchus, & coëffé en femme, avec les contorſions de celles qui ſont en travail, & avec le cortège des Déeſſes pour accoucheuſes: on y parle auſſi de Cléſidès qui peignit une reine d'Egypte dans une attitude encore plus indécente. On met en contraſte ces Peintres téméraires, avec Habrou qui peignit la Concorde & l'Amitié, avec Nicéarque qui repréſenta Hercule confus & humilié de ſes accès de rage, & avec d'autres artiſtes qui avoient conſacré leurs ouvrages à la gloire de la vertu ou de la religion.

La ſeptième & dernière claſſe eſt réſervée à faire connoître les femmes qui s'étoient adonnées à la Peinture: car Pline n'étoit pas de ces prétendus Philoſophes qui, également aveugles ſur le mérite des femmes & ſur le véritable intérêt des hommes, veulent que l'ignorance, la pareſſe, les amuſemens frivoles ſoient le partage de la moitié du genre humain.

Il dit enſuite un mot ſur les trois différentes manières de pratiquer l'encauſtique, deux anciennes avec le poinçon, & une moderne avec le pinceau, inventée pour l'ornement des navires. Après quoi il finit ſes recherches ſur la Peinture par les toiles peintes d'Egypte, dont M. le comte de Caylus a montré l'uniformité avec celles qu'on travaille aujourd'hui, ſur-tout en Orient; de ſorte qu'il eſt à préſumer que l'Inde a tiré originairement ce ſecret de l'Egypte qui, après avoir été le centre des arts & des ſciences, la reſſource de l'Aſie & de l'Europe par la fertilité de ſon terroir, le climat le plus heureux par la ſalubrité de l'air, un monde par la multitude des naturels du pays & par l'affluence des étrangers, n'eſt plus aujourd'hui qu'une terre aride & empeſtée & une retraite de brigands, pour avoir perdu de vûe les arts & les ſciences qui faiſoient ſon bonheur & ſa gloire; exemple terrible & palpable, qui ſuffiroit ſeul pour confondre un odieux paradoxe avancé de nos jours, s'il méritoit d'être ſérieuſement réfuté.

Après l'extrait qu'on vient de voir des remarques de Pline ſur la Peinture, extrait dont il eſt fort aiſé de vérifier la fidélité par la confrontation du texte, il n'y a perſonne qui ne ſoit en état de décider ſi, en mauvais compilateur qui ne veut rien perdre de ſes collections, il a ici entaſſé les ſiennes ſans ordre, ſans diſcernement & ſans choix; ou bien, s'il a traité ſon ſujet en écrivain méthodique: mais je ne m'aperçois pas que je lui fais injure de mettre ſeulement le fait en queſtion. On ne dira pas non plus que le zèle pour les mœurs & l'amour de la patrie qui éclatent à chaque inſtant dans tout le reſte de ſon grand ouvrage, ſe ſoient démentis dans ce morceau particulier: tout y eſt animé par ces deux puiſſans reſſorts qui font agir les cœurs vertueux; il s'y eſt donc peint lui-même comme Philoſophe & Citoyen.

Je ne dois point oublier un trait de la rigidité de ſa morale, qui pourroit échapper ici à ſes lecteurs. Lyſippe de Sicyone, Nicias & Philocharès avoient mis leur nom à quelques-uns de leurs tableaux, avec ces mots, *un tel l'a fait:* & Pline, en rapportant dans ſon recueil ſur la Peinture les trois occaſions où ils avoient employé l'inſcription, n'y marque pas le deſir qu'il auroit eu qu'elle eût été conçue en termes plus modeſtes; mais voici ce qu'il en avoit dit dans ſa préface de l'hiſtoire naturelle. « Vous trouverez dans la ſuite de » cette hiſtoire, que les maîtres de l'art, après avoir travaillé

& terminé des chefs-d'œuvres de peinture & de ſculpture, que nous ne pouvons nous laſſer d'admirer, y mettoient, pour toute inſcription, les paroles ſuivantes qui pouvoient marquer des ouvrages imparfaits: *Apelle* ou *Polyclète faiſoit cela*. C'étoit donner leur travail comme une ébauche, ſe ménager une reſſource contre la critique, & ſe réſerver juſqu'à la mort le droit de retoucher & de corriger ce qu'on auroit pû y trouver de défectueux: conduite pleine de modeſtie & de ſageſſe, d'avoir employé par-tout des inſcriptions pareilles, comme ſi chaque ouvrage particulier eût été le dernier de leur vie, & que la mort les eût empêchés d'y mettre la dernière main. Je crois que l'inſcription préciſe & déterminée, *un tel l'a fait*, n'a eu lieu qu'en trois occaſions que j'aurai ſoin de remarquer quand ce ſera le lieu d'en parler. Plus cette dernière formule annonçoit un homme content de la bonté de ſes ouvrages, plus elle lui attiroit de cenſeurs & d'envieux ». Ainſi parle Pline, dont les yeux, peut-être quelquefois trop délicats, étoient bleſſés des plus petites apparences de vanité & d'amour propre.

On ne lui refuſera donc pas certainement le titre de Philoſophe moral; mais le danger ſera qu'on ne lui reproche d'avoir porté trop loin ſa philoſophie, & d'en avoir trop ſouvent étalé les maximes. Cependant il faut conſidérer que ce ne ſont point ici les déclamations d'un homme ordinaire que le cercle étroit de ſes connoiſſances réduiroit à la miſérable reſſource de quelques lieux communs de morale. Pline au contraire connoiſſoit tout le prix du génie, du ſavoir & des talens; & quel écrivain s'eſt étudié plus que lui à les faire valoir? Mais il vouloit les tourner au profit des mœurs, c'eſt-à-dire, au bien public & au bonheur des particuliers. On ne peut qu'applaudir à cette façon de penſer; & ſi nous ne la ſuivons pas, nous devons du moins la reſpecter.

PHYSICIEN & NATURALISTE, il commence par déclarer, à la tête de ce qu'il doit dire ſur la Peinture, qu'il n'en parlera qu'à l'occaſion des foſſiles qui fourniſſent les couleurs; car il écrivoit l'Histoire Naturelle, & non l'histoire des Arts. Quoiqu'il ait ainsi annoncé la digression, il ne la pousse pourtant point ensuite jusqu'à donner un traité de la Peinture dans les formes, ni une histoire suivie, qui auroit fait perdre de vûe l'objet principal. Il n'oublie point cet objet, & ne souffre pas que ses lecteurs puissent l'oublier; il les y ramène de temps en temps, moins souvent peut-être que ne le voudroit un physicien, & plus souvent qu'un amateur ne l'auroit desiré: mais je ne sais si Pline n'est pas mieux justifié par les regrets de l'un & de l'autre, qu'il ne le seroit s'il n'y en avoit qu'un qui se plaignit.

D'abord l'article des couleurs, qui est du ressort de l'Histoire Naturelle, occupe, au milieu de la narration de Pline, une étendue considérable. L'auteur y expose la nature & les propriétés de chaque couleur employée par les Peintres, & il marque les différens pays d'où elles venoient à Rome. Par ce moyen l'énumération qu'il fait offre continuellement des curiosités pour la Physique, des indications pour la Géographie, & jusqu'à des remèdes pour la Médecine. Quoique la pluspart de ces observations paroissent étrangères à la Peinture, elles sont pourtant, non un écart de l'écrivain, mais un retour au principal sujet, & un tribut dû à des lecteurs de l'Histoire Naturelle, qui ne sont censés permettre une digression, telle que l'histoire de la Peinture, qu'à condition de n'être pas totalement oubliés eux-mêmes.

C'est à des Savans également versés dans l'ancienne Littérature & dans les matières de Physique, à juger si Pline a toûjours parlé juste dans l'exposition des couleurs. Il ne seroit pas prudent de s'en rapporter en ce point à Saumaise, trop prévenu contre les connoissances physiques de l'Historien de la Nature, & trop accoûtumé à lui reprocher comme des fautes les notions les plus justes & les descriptions les plus exactes. Nous en avons un exemple dans la manière dont il le traite, pour avoir divisé les couleurs, dont on faisoit usage dans la Peinture, en couleurs foncées & en couleurs fleuries, & pour avoir ajoûté que ceux qui faisoient travailler un Peintre, lui fournissoient les couleurs fleuries, à cause de leur cherté. *Sunt autem colores austeri & floridi.... floridi sunt, quos dominus pingenti præstat, minium, armenium, &c.* Saumaise dit d'abord que cette définition des couleurs fleuries n'est pas bonne, parce que la cherté *In Solin. p. 140, edit. Ultraject.* ne provient pas de la nature de la couleur, mais de la rareté de la drogue, & de l'éloignement des lieux d'où on la tire: comme si Pline avoit prétendu donner ici la définition des couleurs fleuries, réduire à la cherté leur qualité intrinsèque & naturelle, & nier que cette qualité consistât dans la fraîcheur & l'éclat. Saumaise ajoûte que l'auteur, en donnant aux couleurs foncées le titre d'*austeri*, a oublié qu'il s'étoit ailleurs servi du même terme pour marquer des couleurs fleuries: il en cite deux exemples, où il voit *le fleuri & le brillant*, quand Pline a marqué *le foncé & le brillant (i)*, deux qualités différentes, qui se trouvent souvent réunies dans une pierre précieuse, ou même dans une couleur mélangée, soit pour la teinture, soit pour la peinture, mais non dans aucunes des couleurs capitales, soit naturelles, soit factices, dont Pline a donné l'énumération pour les Peintres. Ainsi la division qu'il a faite des couleurs capitales de la peinture, en couleurs foncées & en couleurs fleuries, est digne d'un physicien & d'un naturaliste. Je laisse à des gens plus habiles la discussion des autres difficultés de Saumaise, sur le rapport des couleurs particulières, à la classe des couleurs foncées, ou à celle des couleurs fleuries. Contentons-nous d'observer une faute plus marquée, dans l'article de Pline sur les couleurs, la seule peut-être que son critique auroit pû relever avec quelque fondement.

(i) *Et hìc mares austeritas distinguit, quodam vigore apposita tingens. Hist. Nat. XXXVII, 7.* Ce qui distingue la sandarèse mâle, est un foncé qui a la force de colorer les objets qu'on approche de cette pierre.

Pelagio admodum alligatur, nimiaque ejus nigritiæ dat austeritatem illam nitoremque, qui quæritur, cocci. Ita permixtis viribus, alterum altero excitatur aut astringitur. Hist. Nat. IX, 38. Le buccinum, dont la teinture légere ne se soûtiendroit pas, s'allie & s'incorpore parfaitement avec la pourpre de pleine-mer; & comme celle-ci seroit trop noire, l'autre lui donne ce foncé & ce brillant d'écarlate qu'on recherche. Par le mélange donc de leurs qualités, la pourpre de pleine-mer acquiert de l'éclat, & le buccinum de la ténacité.

Pline adoptoit l'opinion fabuleuse qui faisoit consister une des couleurs précieuses de l'Inde, dans le mélange du sang d'éléphant pompé par un dragon, avec le sang du dragon écrasé ensuite par la chûte de l'éléphant. Un lecteur judicieux excusera facilement l'auteur de l'Histoire Naturelle : la nature des drogues a de tout temps partagé les Savans; & peut-être ne sommes-nous pas en état encore aujourd'hui de dire affirmativement, auquel des trois règnes appartiennent toutes celles dont nous faisons continuellement usage : l'éloignement des lieux où elles naissent, les réserves mystérieuses de ceux qui les vendent ou qui les achettent, la longueur du trajet qu'elles font pour venir jusqu'à nous, & l'ignorance ou la mauvaise foi de ceux qui nous les livrent, répandent sur cette marchandise, plus que sur toute autre, une obscurité fort souvent difficile à percer. Pour y avoir été quelquefois trompé dans ces derniers temps, on n'a pas perdu le titre de Naturaliste & de Physicien : & le cas où se trouve Pline, par l'immensité de son recueil, est encore plus favorable.

Lorsqu'on aura une fois bien éclairci tout ce qu'il a dit sur les couleurs, on pourra les comparer avec celles dont nos Peintres se servent aujourd'hui, examiner l'identité ou la différence, les desavantages ou les compensations respectives des unes & des autres, & décider si la supériorité, en ce point-là, est du côté des anciens ou des modernes. Il faut espérer que dans la confrontation l'avantage sera pour nous, puisque du temps de
Orat. III, 25. Pline, & même de Cicéron, les Romains, tout ignorans qu'ils étoient dans l'art de la Peinture, l'emportoient sur les grands Peintres de l'antiquité, pour la finesse & la multiplicité des couleurs. Enfin l'on sera pour lors en état d'apprécier au juste
Brut. 18. la louange donnée par Cicéron & par Pline aux fameux peintres de la Grèce, pour avoir exécuté des chefs-d'œuvres avec quatre couleurs capitales; un simple blanc, un simple rouge, un simple jaune & un simple noir. Je vois, parmi nos modernes, deux opinions diamétralement opposées, qui se réunissent ici pour faire le procès à Cicéron & à Pline : les uns prétendent que les quatre couleurs sont si pleinement & si notoirement

ſuffiſantes, qu'il n'eſt pas permis à des connoiſſeurs d'en faire un ſujet d'éloge; les autres au contraire ſoûtiennent l'inſuffiſance des quatre couleurs. De ce dernier ſentiment étoit M. de Piles; il veut que ces quatre couleurs des Anciens n'aient ſervi qu'à préparer le tableau, & quand on a dit que le Giorgion n'employoit auſſi que quatre couleurs capitales, le même M. de Piles juge qu'on n'y a vrai-ſemblablement compris ni le blanc, qui tient lieu de la lumière, ni le noir, qui en eſt la privation. La contrariété des deux opinions nous fait aſſez entendre qu'il n'eſt ni aiſé, ni cependant impoſſible de peindre avec quatre couleurs ſeulement, & que Cicéron & Pline, que l'on condamne diverſement, ſont pourtant les ſeuls qui aient raiſon. De plus, quand même on prouveroit qu'aujourd'hui quatre de nos couleurs ſont inſuffiſantes ou plus que ſuffiſantes pour peindre, ce ne ſeroit pas prouver que les deux auteurs aient eu tort, la qualité des drogues qu'on employoit anciennement pouvant n'avoir pas été préciſément la même que celle des drogues dont on ſe ſert aujourd'hui; ainſi l'on ſe jetteroit encore dans un labyrinthe de nouvelles difficultés: c'eſt ce qui arrivera toûjours, tant qu'on voudra juger des anciens uſages autrement que par le témoignage des anciens écrivains; & quels écrivains que Cicéron & Pline!

Cours de Peint. p. 352.

Abrégé de la vie des Peintres: Réflexions ſur les ouvrag. du Giorgion.

Révoquerons-nous auſſi en doute l'autorité de ce dernier, lorſqu'il aſſure qu'on voyoit de ſon temps telles & telles peintures à freſque, plus anciennes que la fondation de Rome, où les couleurs, quoiqu'expoſées aux injures de l'air, ſe ſoûtenoient avec une ſorte de fraîcheur? Ne conviendrons-nous pas pluſtôt que les Anciens avoient pour leurs peintures, comme il eſt certain qu'ils en ont eu pour d'autres ouvrages, certains maſtics, certaines gommes, certains ſecrets qui nous ſont inconnus?

Les couleurs ne ſont pas le ſeul point où Pline ſe ſoit peint comme Phyſicien, dans ſon hiſtoire de la Peinture; il sème encore, çà & là, pluſieurs traits relatifs à l'hiſtoire naturelle des animaux, en racontant comment ils avoient été trompés à la vûe de certains tableaux. L'objet ne paroît pas d'abord mériter l'attention des lecteurs, dont les uns traiteront ces faits de pure fable, & les autres de pure bagatelle : cependant comme il n'y a rien de plus nuisible à la Littérature que le mépris de ce que les Anciens ont écrit, & rien de plus préjudiciable à l'Histoire, que de vouloir juger de l'ancien temps par le nôtre, ces importantes considérations, & la nécessité de justifier la physique de Pline, demandent une réflexion sur la question présente. Sans la délicatesse de notre siècle, qui ne souffriroit jamais qu'on cherchât à faire illusion à des animaux, pour mettre un ouvrage de peinture à l'épreuve, peut-être que la tentative réussiroit aujourd'hui comme autrefois : & si l'on en veut croire M. Perrault, les Peintres modernes ne le cèdent point aux anciens dans ce genre de succès. Il en rapporte plusieurs exemples du dernier siècle ; mais comme il n'en parle, ce semble, que pour pouvoir dire qu'un chardon de le Brun, qui trompa un âne, valoit bien les raisins de Zeuxis, qui trompoient les oiseaux, il nous permettra de ne pas plus compter sur ses expériences que sur sa logique, & de nous en tenir au témoignage même de nos Peintres modernes, qui ne veulent ici ni parallèle, ni conformité avec les anciens. Peut-être donc que la Peinture en détrempe des anciens, moins luisante que la peinture à l'huile d'aujourd'hui, présentoit les objets d'une manière plus naturelle & plus séduisante. « Les anciens, dit » M. de Piles, avoient des vernis qui donnoient de la force à » leurs couleurs brunes, & leur blanc étoit plus blanc que le » nôtre, de sorte qu'ayant par ce moyen plus d'étendue de degrés » de clair-obscur, ils pouvoient imiter certains objets avec plus de force & de vérité qu'on ne fait par le moyen de l'huile ». Aussi le même auteur a-t-il adopté sans difficulté, dans son abrégé de la vie des Peintres, & dans le parallèle qu'il a fait de la peinture & de la poësie, le récit de Pline sur les animaux trompés par des Peintres. Et comment nier ces sortes de faits, quand les anciens écrivains les attestent positivement, que les exemples en sont variés & répétés, car Pline ne les rapporte pas tous, qu'ils ne renferment rien d'impossible, & que ces effets de l'ancienne peinture sont même beaucoup moins surprenans

Parallèle, t. I, p. 200.

Abrégé de la vie des Peintr. Vie de Protog.

Vie de Zeuxis.

Cours de Peint. p. 443.

que

que ceux de l'ancienne muſique ou de l'ancienne méchanique, dont il ne nous eſt pourtant pas permis de douter? Des préſomptions vagues contre l'antiquité ne ſeront point admiſes, dans un ſiècle ſur-tout équitable & éclairé, où d'anciennes découvertes, qu'on regardoit comme chimériques, ſe renouvellent chaque jour; & ſi les Savans modernes, à qui nous en ſommes redevables, avoient écouté je ne ſais quels préjugés préférablement à l'autorité de l'hiſtoire, ils auroient acquis moins de gloire, & moins contribué à celle des arts. Ces réflexions ſur les égards dûs au témoignage des anciens hiſtoriens, ſont de la dernière importance en tout genre de Littérature, quoique l'occaſion qui les fait naître puiſſe paroître mince & frivole.

Pline continue encore à nous mettre, ſouvent ailleurs, l'Hiſtoire Naturelle & la Phyſique devant les yeux. Malgré ſa ſévérité philoſophique contre la freſque, voici comment, en naturaliſte, il parle de quelques payſages exécutés dans ce genre de peinture. « Il ne faut point faire à Ludius, qui vivoit du temps d'Auguſte, l'injuſtice de l'oublier: il eſt le premier qui ait mis en vogue les aménités de la freſque. Tantôt c'étoit des maiſons de campagne, des portiques, des ouvrages de verdure, des boſquets, des bois, des collines, des réſervoirs d'eau, des rivières même avec leurs rivages, ſelon le goût particulier des curieux; tantôt c'étoit des figures de gens qui ſe promenoient, d'autres qui alloient ſur l'eau dans des barques, ou qui ſe rendoient par terre à des maiſons de campagne ». Je laiſſe le reſte de la deſcription à cauſe de ſa longueur.

En bon Phyſicien il rejette *(k)*, comme incroyable, ce qu'on racontoit d'un diſeur de bonne aventure, qui, ſur l'inſpection du portrait des perſonnes peintes par Apelle, devinoit au juſte en quel temps les uns étoient morts & les autres devoient mourir. S'il dit que Protogène ne pouvant venir à bout de peindre

(*k*) *Imaginem adeò ſimilitudinis indiſcretæ pinxit, ut (incredibile dictu) Apion grammaticus ſcriptum reliquerit, quemdam ex facie hominum addivinantem (quos metopoſcopos vocant) ex eis dixiſſe aut futuræ mortis annos aut præteritæ.* Pline avertit, *XXX, 2*, qu'Apion, auteur de ce récit, étoit un charlatan & un menteur.

l'écume de la gueule d'un chien, jeta de dépit son éponge contre le tableau, & que le hasard opéra ce que l'art n'avoit pû faire, il connoît trop bien la Nature pour se persuader que de pareils faits soient sujets à se répéter. Comme on vouloit donc que Néalcès se fût trouvé depuis dans le même cas, pour l'écume de la bouche d'un cheval, Pline rapporte cette dernière histoire avec la restriction *on dit*, pour avertir qu'il n'en falloit rien croire. Nous pourrions même ajoûter aussi peu de foi à la première histoire qu'à la seconde, sans craindre de compromettre l'honneur de Pline. Des Physiciens, & même des connoisseurs en fait de peinture, peuvent très-bien, sans se faire beaucoup de tort, ignorer ce qui regarde le torche-pinceau des ouvriers, & raconter en pareille matière, sur la foi publique, une singularité sans conséquence, qu'ils auront négligé d'approfondir.

Quand il se plaint des marbres incrustés, que Rome avoit substitués à l'usage des peintures, il indique, en naturaliste attentif, les pays d'Afrique & d'Asie, d'où l'on avoit tiré ces marbres. « On a voulu, dit-il *(l)*, rendre de plusieurs couleurs
» ceux qui n'étoient que d'une seule, tracer des figures ovales
» sur le marbre de Numidie, marqueter de pourpre le marbre
» de Synnade, & les rendre tels que la fantaisie vouloit que la Nature les eût formés ». Lorsqu'il nomme Turpilius parmi les Romains qui s'étoient adonnés à la Peinture, il ajoûte qu'il peignoit de la main gauche, particularité, dit-il, dont on ne voit pas qu'il y ait eu d'exemple. Je ne m'arrête point à plusieurs autres petits faits pareils, qui entassés les uns sur les autres, ne feroient pas le même effet avantageux qu'ils font parsemés dans le cours de la narration; & je me hâte de passer à un objet plus intéressant.

AMATEUR & CONNOISSEUR, il parle de la peinture en homme qui l'aime & qui en sent les beautés & les défauts, en homme à qui elle plaît, & qui en connoît la raison. C'est

(l) Maculas, quæ non essent, crustis inserendo, unitatem variare, ut ovatus esset Numidicus, ut purpurâ distingueretur Synnadicus, qualiter illos nasci optarent deliciæ.

ce qui paroît manifestement par une foule de traits de lumière & de feu qu'il ne cesse de répandre, & qui, pour la force des idées, pour la délicatesse du sentiment, pour la noblesse & pour la précision du style, pour le tour de phrase singulier à cet auteur, sont tout-à-fait pareils à mille & mille traits qu'il emploie ailleurs, toutes les fois qu'affecté & instruit lui-même le premier, il tâche d'affecter & d'instruire les autres. Le dessein, la beauté des contours, la distribution des lumières & des ombres, le coloris, l'expression, l'invention, l'ordonnance, la justesse des proportions, le relief des figures, la perspective & le raccourci, le choix des attitudes, les finesses & les ressources d'esprit, le savoir & l'érudition, la manière de chaque Peintre, les différens genres de peinture, rien ne se dérobe à la sagacité de ses recherches & à la finesse de son goût. Suivons tous ces différens articles.

Le dessein est le fondement & la base de la Peinture, & c'est aussi par-là qu'elle a commencé: ceux qui les premiers exercèrent l'art, firent des portraits *(m)* simplement dessinés; & Pline, qui nous instruit de cet usage des premiers temps, remarque, dans un petit fait des temps postérieurs, le talent singulier d'Apelle pour ce genre de peinture linéaire: l'artiste arrive dans Alexandrie, & parle à un inconnu dont on lui demande ensuite le nom; il prend un charbon, & dessine dans l'instant sur le mur la figure de la personne, que tout le monde reconnut.

Mais Pline a donné des idées bien plus magnifiques du mérite & de l'excellence du dessein, dans une circonstance qui n'est ignorée de personne. Apelle trace un contour d'une grande élégance, suivant l'interprétation des Savans, bien opposée à celle de M. Perrault, Protogène en trace un second encore plus parfait dans l'intérieur du premier, & Apelle un troisième, qui croisoit les deux autres, & qui ne permettoit pas qu'on portât plus loin la finesse & la justesse du pinceau. « On se détermina, dit Pline *(n)*, à transmettre à la postérité

(m) Primi exercuere Ardices Corinthius, & Telephanes Sicyonius, sine ullo etiamnum colore, jam tamen spargentes lineas intus.

(n) Placuitque eam tabulam posteris tradi, omnium quidem, sed

» ce tableau, comme un prodige pour tout le monde, mais » principalement pour les gens de l'art. J'apprends, continue-t-il, » qu'il a péri dans les flammes au premier incendie de la maison » de César, sur le mont Palatin, après y avoir autrefois occupé si » long-temps les yeux des spectateurs : il n'offroit pourtant que » des traits presque imperceptibles, avec l'apparence d'un tableau » nu, au milieu des beaux ouvrages de plusieurs autres Peintres; » mais il piquoit la curiosité par cela même, & se faisoit regarder plus que tout le reste ». L'intelligence & le sentiment n'éclatent pas moins ailleurs, où il dit, tantôt qu'on trouvoit dans les recueils de Parrhasius plusieurs restes de dessein, qui passoient pour être d'un grand secours aux maîtres de l'art; tantôt qu'Apelle étant mort après avoir commencé le tableau d'une Vénus, il ne se rencontra personne en état d'exécuter le dessein qu'il en avoit tracé; tantôt enfin que l'Iris d'Aristide, les Tyndarides de Nicomachus, la Médée de Timomachus, furent à peu près dans le cas de la Vénus d'Apelle. « On préfère, dit-il *(o)*, » ces ouvrages imparfaits à des ouvrages terminés, parce qu'on » y contemple les traits qui nous restent de la main de ces grands » Peintres, & qu'on y voit leur pensée parfaitement bien exécutée ». Tel est le langage du connoisseur; & l'amateur ajoûte aussi-tôt : « le plaisir dont on se sent flatté à louer ces beautés » de l'art est mêlé de douleur; on a regret à la main des artistes ainsi arrêtée au milieu de leur travail ». Un écrivain ne traite point avec cette effusion de cœur les matières qui lui seroient indifférentes, ni avec ce discernement celles qu'il ignoreroit. Celui-ci a donc aimé, & il a connu la première & la plus importante partie de la Peinture.

La beauté des contours, l'une des plus grandes perfections

artificum præcipuo miraculo. Consumptam eam priore incendio domus Cæsaris in Palatio audio : spectatam olim tanto spatio nihil aliud continentem, quam lineas visum effugientes, inter egregia multorum opera inani similem, & eo ipso allicientem, omnique opere nobiliorem.

(o) Memoriâ dignum, etiam suprema opera artificum imperfectasque tabulas .... in majori admiratione esse quam perfecta. Quippe in iis lineamenta reliqua, ipsæque cogitationes artificum spectantur, atque in lenocinio commendationis dolor est : manus, cum id agerent, extinctæ desiderantur.

du dessein, & la plus attrayante pour des yeux connoisseurs, a été rendue par Pline dans les termes suivans. « De l'aveu des maîtres de l'art *(p)*, Parrhasius l'emporte sur tous les autres « par la beauté des contours: or c'est ici le sublime de la Pein- « ture. Peindre les corps & le milieu de l'étendue des objets, « c'est à la vérité un grand ouvrage; cependant plusieurs s'en « sont tirés à leur honneur: mais tracer les contours, & terminer « parfaitement bien une peinture, c'est à quoi on a rarement « réussi. Car les contours doivent s'arrondir sur eux-mêmes, « & en se perdant au tournant des parties, annoncer derrière « eux la continuité des objets, & les faire voir, même en les « cachant ». A ce style on ne peut méconnoître ni l'auteur de l'Histoire Naturelle, ni un homme de savoir & de goût, versé dans les plus profonds mystères de la peinture. La beauté singulière & frappante du texte cité, ne doit pas faire soupçonner qu'elle ait passé la sphère des connoissances de Pline, en sorte qu'il n'ait été ici, & souvent ailleurs, qu'un aveugle copiste des gens du métier. Outre que son style y est par-tout fort reconnoissable, on sait que les Savans, quand ils sont amateurs & véritablement connoisseurs, parlent des grands principes d'un art encore mieux que ceux qui l'exercent; la théorie & le raisonnement sont plus particulièrement le partage des uns, la pratique & l'exécution l'affaire des autres.

La distribution des lumières & des ombres, autrement le clair-obscur, regarde deux principaux points: l'un consiste à représenter les parties colorées, & les parties ombrées de chaque objet, & l'ombre qu'il doit faire à son voisinage; l'autre à distribuer de grandes masses, les unes claires, les autres obscures, qui aillent se confondre imperceptiblement à leurs extrémités par un nombre infini de différentes nuances, & qui fassent par ce moyen le repos des yeux des spectateurs, & l'effet du tout

(p) *Confessione artificum in lineis extremis palmam adeptus. Hæc est in picturâ summa sublimitas. Corpora enim pingere & media rerum, est quidem magni operis, sed in quo multi gloriam tulerunt. Extrema corporum facere, & desinentis picturæ modum includere, rarum in successu artis invenitur. Ambire enim debet se extremitas ipsa, & sic desinere, ut promittat alia post se, ostendatque etiam quæ occultat.*

ensemble. Le premier point appartient aux simples élémens du clair-obscur, le second en est l'artifice & la perfection: or Pline paroît avoir été au fait de l'un & de l'autre.

En exposant le progrès de la Peinture, lorsqu'elle passa de l'usage d'une couleur unique à l'emploi de plusieurs couleurs, il dit *(q)*, « qu'au moyen de la pluralité des couleurs, qui se » firent mutuellement valoir, l'art jusque-là trop uniforme, se diversifia, & inventa les jours & les ombres ». Nous ne devons supposer là que les élémens du clair-obscur, parce qu'il est de la nature d'une première découverte d'avoir des commencemens simples & imparfaits. Mais quand il déclare ailleurs *(r)*, que Nicias observa la distribution des jours & des ombres, nous y devons apercevoir l'artifice du clair-obscur, parce que Nicias a été un Peintre des plus célèbres, contemporain d'Apelle & d'Alexandre le Grand, dans le temps que la Peinture & la Sculpture étoient à un point de perfection où elles ont eu bien de la peine à parvenir depuis, si pourtant elles y sont jamais parvenues. Nous pouvons faire le même raisonnement sur Antiphile, excellent artiste, contemporain aussi de Nicias & d'Apelle: il peignit un jeune garçon *(s)*, qui souffloit le feu, dont la lueur éclairoit un appartement d'ailleurs fort orné, & faisoit briller la beauté du jeune homme. Pline en louant cet ouvrage de nuit, & quelques autres encore ailleurs, n'a-t-il pas voulu nous indiquer une belle entente de lumière & d'ombre? En voilà plus qu'il n'en faut pour prouver que cette partie de la peinture ne lui a pas été inconnue.

Que dirons-nous ensuite de M. Perrault, qui prétend s'autoriser du témoignage de cet écrivain pour refuser aux Anciens la connoissance du clair-obscur? « Pline, dit-il, rapporte comme » une merveille de ce qu'un Peintre de ces temps là, en peignant » un pigeon, en avoit représenté l'ombre sur le bord d'une auge » où il buvoit: cela montre seulement, continue-t-il, qu'on

Parall. t. I, p. 201, 202.

(q) Tandem se ars ipsa distinxit, & invenit lumen atque umbras, differentiâ colorum alternâ vice sese excitante.

(r) Lumen & umbras custodivit.

(s) Antiphilus puero ignem conflante laudatus, ac pulchrâ aliàs domo splendescente, ipsiusque pueri ore.

n'avoit point encore représenté l'ombre qu'un corps fait sur un autre, quand il le cache à la lumière ». L'accusation n'est pas juste: Pline parloit d'un ouvrage en mosaïque, non d'un ouvrage de peinture; & ce qui n'auroit pas été merveilleux avec le mélange & la dégradation des couleurs, pouvoit l'être avec des pièces de rapport: c'est pourquoi Pline trouvoit admirable, dans ce dernier genre, le pigeon qui buvoit, & qui répandoit une obscurité dans l'eau par l'ombre de sa tête: *mirabilis ibi columba bibens, aquam umbrâ capitis infuscans.* On voit donc que le critique, par un de ses tours ordinaires, a substitué la peinture à la mosaïque, & même le bord d'une auge à la limpidité des eaux, pour pouvoir rendre Pline & les Anciens méconnoissables aux yeux des ignorans.

Hist. Natur. XXXVI, 25.

Le coloris consiste dans le résultat des couleurs mêlées & fondues ensemble: il n'a donc lieu ni dans le simple blanc, premier terme des jours, ni dans le simple noir, dernier terme des ombres, & il roule par degrés entre les deux termes; c'est ce que Pline explique en maitre de l'art. « A l'invention, dit-il, des jours & des ombres *(t)*, l'on ajoûta dans la suite le coloris différent des jours; & comme il tient le milieu entre les jours & les ombres, on l'appela le ton des couleurs, & l'on donna le nom d'accord des couleurs à leur union, & aux passages de l'une à l'autre ». Dans ce peu de mots, quelle profondeur à marquer la nature & les propriétés du coloris, à établir entre les sons & les couleurs une analogie que nos Savans modernes n'ont fait que développer, à faire connoître l'amitié ou l'antipathie que certaines couleurs ont ensemble, à faire sentir la nécessité d'en ménager si bien l'union, qu'elles se perdent toûjours insensiblement l'une dans l'autre.

On ne s'étonnera plus ensuite de la critique éclairée, qui lui fait dire qu'Aristide le Thébain *(u)*, faisoit ses couleurs un peu trop tranchantes, que le même défaut se remarquoit dans

(t) Deinde adjectus est splendor, alius hic quam lumen, quem quia inter hoc & umbram esset, appellaverunt tonon; commissuras vero colorum & transitus, harmogen.

(u) Durior paulo in coloribus.

les ouvrages de Méchopanès *(x)*, & que de plus le jaune y dominoit excessivement; que les couleurs étoient trop foncées dans ceux d'Athénion *(y)*; que le Thésée de Parrhasius étoit nourri de roses *(z)*, & celui d'Euphranor nourri de chair. Enfin son attention, pour cette partie de la peinture, est marquée dans une autre observation qu'il fait sur Apelle. « Quand il avoit fini ses ouvrages *(a)*, il y appliquoit un » vernis fort délicat, qui renvoyoit l'éclat des couleurs avec une » nouvelle force, qui garantissoit ses peintures de la poussière & » de l'ordure, & qu'on ne pouvoit distinguer qu'en l'examinant » de très-près. C'étoit en même temps un moyen excellent » d'empêcher que des couleurs déjà trop fortes ne blessassent les » yeux; on voyoit à travers le vernis comme à travers la pierre » transparente, qui fait fuir les objets: ainsi le même secret donnoit une apparence de foncé aux couleurs trop fleuries ». C'est ce que font aujourd'hui les verres dont nous couvrons quelquefois les tableaux; ils augmentent l'harmonie des couleurs, en donnant du jeu à celles qui sont foibles, & du moëlleux à celles qui sont fortes & tranchantes; ils mettent les objets dans une espèce de lointain, comme Pline le dit de la pierre spéculaire, qui tenoit lieu aux anciens Grecs & Romains de vitre & de glace.

A tant de preuves, sans replique, de ses lumières & de son goût en matière de coloris, opposera-t-on la manière dont il a parlé de la conservation d'un tableau de Protogène, & plusieurs autorités incontestables seront-elles anéanties par un témoignage unique & contesté? Pline, dit-on, représente le Peintre mettant quatre couches de couleurs au tableau, pour en perpétuer la fraîcheur, afin qu'une couche venant à partir, il en

(x) Durus in coloribus & sile multus.

(y) Austerior colore.

(z) Theseus, in quo dixit, eumdem apud Parrhasium rosâ pastum esse, suum vero carne.

(a) Absoluta opera atramento illinebat ita tenui, ut idipsum repercussu claritates oculorum excitaret, custodiretque a pulvere & sordibus, ad manum intuenti demum appareret. Sed & cum ratione magnâ, ne colorum claritas oculorum aciem offenderet, veluti per lapidem specularem intuentibus è longinquo: & eadem res nimis floridis coloribus austeritatem occulte daret.

il en ſuccédât auſſi-tôt une nouvelle: voilà toute la difficulté. Les uns prétendent que c'étoit-là un ſecret admirable de l'ancienne peinture, qui s'eſt malheureuſement perdu, & les autres ſoupçonnent ou quelque altération dans le texte, ou quelque faute de la part de l'écrivain. Sans donner dans aucune de ces extrémités, ne pourroit-on pas expliquer l'endroit de Pline autrement que par toutes ces croûtes imaginaires? Protogène travailla pendant ſept ans entiers à ſon magnifique tableau d'Ialyſus: dans ce long intervalle quatre fois il compta d'avoir fini l'ouvrage, & quatre fois il le reprit, pour l'empâter de plus en plus, & le mettre en état de braver l'injure des temps; il voulut que le coloris, à meſure qu'il s'altéroit au deſſus par l'action de l'air, fût continuellement & inſenſiblement réparé par ce qui ſeroit au deſſous. C'eſt, je crois, le ſens de la phraſe latine: *Huic picturæ quater colorem induxit, ſubſidio injuriæ & vetuſtatis, ut decedente ſuperiore inferior ſuccederet.* Après tout, quand parmi ces différentes interprétations on choiſiroit de préférence la plus déſavantageuſe à Pline, qu'en réſulteroit-il contre lui, ſinon qu'il ſe ſeroit trompé ſur le méchaniſme de l'application des couleurs? Mais ces ſortes de connoiſſances pratiques, indiſpenſables pour un ouvrier, ne ſont pas ce qu'on exige d'un connoiſſeur: par conſéquent, de quelque façon qu'on tourne le texte allégué, il ne ſauroit infirmer les autres preuves de l'intelligence de Pline, dans ce qui concerne les merveilles du coloris.

Plut. in Demetrio, p. 898. F. edit. Pariſ. Ælian. Variar. hiſt. XII, 41.

L'expreſſion décidant ſouvent du mérite du Peintre, & du ſuccès de l'ouvrage, doit être chère aux yeux d'un amateur & d'un connoiſſeur; elle a été telle à ceux de Pline, comme il paroît par pluſieurs endroits remplis de cette énergie de ſtyle qui lui eſt particulière. Pour donner idée d'un tableau, où Apelle avoit repréſenté un héros nu, il déclare que « c'étoit un défi fait à la Nature *(b)* ». Il dit, de deux hoplitites, ouvrages de Parrhaſius, « celui qui court, on le voit ſuer *(c)*, celui

(b) Pinxit & heroa nudum, eâque picturâ naturam ipſam provocavit.

(c) Hoplitites alter, in certamine ita decurrens, ut ſudare videatur; alter arma deponens, ut anhelare ſentiatur.

qui met les armes bas, on le ſent haleter: » & d'un Hercule peint par derrière, « la peinture y montre à découvert, pluſtôt qu'elle n'y annonce, l'air du viſage *(d)*. Apelle, ajoûte-t-il ailleurs, peignit ce qui eſt même impoſſible à peindre, le bruit du tonnerre & la lueur des éclairs *(e)* ». Ce langage pourroit ſembler étrange dans la bouche d'un philoſophe ordinaire, mais la philoſophie de Pline n'étoit point apathique : toûjours guidée par le génie & par le ſavoir, toûjours ſoûtenue par l'imagination & par le ſentiment, elle admettoit juſqu'à l'enthouſiaſme poëtique en faveur d'une peinture expreſſive; & je ne ſais ſi pour lors le langage figuré, le ſeul qui pût peindre la chaleur de l'expreſſion, comme l'expreſſion peignoit celle de la Nature, n'étoit pas conſéquemment le langage le plus vrai, le plus philoſophique, le plus naturel. En matière de ſtyle comme en matière de peinture, les ſavantes exagérations, bien loin de donner atteinte à la fidélité de l'imitation, ſont quelquefois néceſſaires pour lui imprimer le caractère de l'exacte vérité; & ce grand principe doit être gravé dans l'eſprit d'un Peintre, s'il veut parvenir à l'intelligence de ce que Pline a écrit, & de ce qu'Apelle avoit exécuté.

Cependant, comme la Nature n'eſt pas toûjours dans l'agitation, l'expreſſion du Peintre ne doit pas toûjours être forte & véhémente; il faut qu'elle ſoit quelquefois douce & naïve, pour peindre un état de repos & de tranquillité. Pline dans ces occaſions ne manque jamais de faire auſſi paſſer la douceur juſque dans ſon ſtyle : il trouve, dans un tableau de Zeuxis, « les mœurs de Pénélope peintes d'après nature *(f)*; » & il voit dans le tableau de deux enfans, de la main de Parrhaſius, « l'image même de la ſécurité & de la ſimplicité de l'âge *(g)* ».

Ces deux derniers exemples d'expreſſion regardent l'état habituel de l'ame, autrement les mœurs, appelées par les Grecs ἤθη; mais ce qu'on entend plus ordinairement par expreſſion

(d) Herculem averſum, ut, quod eſt difficillimum, faciem ejus oſtendat verius pictura, quam promittat.

(e) Pinxit & quæ pingi non poſſunt, tonitrua fulgetraque.

(f) Fecit & Penelopen, in quâ pinxiſſe mores videtur.

(g) Pueros duos, in quibus ſpectatur ſecuritas & ætatis ſimplicitas.

de la peinture, c'est l'expression des passions, ou de l'état actuel de l'ame dans des circonstances passagères. Or il y a des passions fortes, les Grecs les nommoient πάθη, & il y a des passions douces, ils les appeloient ἤθη *(h)*, par une acception particulière du mot, qui signifie les mœurs en général. Le tableau de Zeuxis, qui représentoit les efforts d'Hercule au berceau, étouffant des dragons, & qui marquoit la frayeur d'Amphitryon & d'Alcmène, témoins du débat, annonçoit des passions fortes; & Pline nous offre bien d'autres peintures de passions violentes ou même furieuses, il seroit trop long de les rapporter. Les passions douces sont pour un Peintre les plus difficiles à rendre, & avant Aristide le Thébain, aucun n'y avoit bien réussi. « Il fut le premier, dit Pline *(i)*, qui peignit l'ame & exprima les sentimens de l'homme, que les Grecs appellent « ἤθη, & il peignit aussi les passions violentes. De lui, conti- « nue-t-il, pour donner un exemple des deux sortes de passions en même temps, de lui est ce tableau du sac d'une ville, où « l'on voit un enfant se traîner pour aller prendre la mamelle « de sa mère mourante & baignée dans son sang: on la sent encore « s'attendrir & craindre, ayant perdu son lait, que l'enfant ne « vienne appliquer les lèvres sur le sang qui coule de sa plaie ». La suite de la description faite par Pline des ouvrages du même Peintre, nous en présente plusieurs autres remarquables du côté de l'expression; un suppliant dont la figure étoit parlante *(k)*, une Biblis au moment d'expirer *(l)*, & un malade qu'on ne cessoit

M. de Piles, Convers. sur la connoissance de la Peint. p. 268.

(h) Quintilian. orat. instit. VI, 2. *Illud adhuc adjicio πάθος atque ἦθος esse interim ex eâdem naturâ, ita ut illud majus sit, hoc minus, ut amor πάθος, caritas ἦθος. Interdum diversa inter se, sicut in epilogis; namque πάθος concitat, ἦθος solet mitigare. Propria tamen mihi hujus nominis exprimenda natura est, quatenus appellatione ipsâ non satis significari videtur ἦθος quod intelligimus, quodque à docentibus desideramus, id erit, quod ante omnia bonitate commendabitur, non solum mite ac placidum, sed plerumque blandum & humanum, &c.*

(i) Is omnium primus animum pinxit, & sensus hominis expressit, quæ vocant Græci ethe; item perturbationes: durior paulo in coloribus. Hujus pictura est, oppido capto ad matris morientis è vulnere mammam adrepens infans: intelligiturque sentire mater & timere, ne emortuo lacte sanguinem lambat.

(k) Supplicantem penè cum voce.

(l) Anapauomenen propter fratris amorem.

de louer *(m)*. Apelle, contemporain d'Ariſtide, mais un peu plus jeune, peignit également des figures de gens qui expiroient, & tous les genres d'expreſſion ſont ſemés dans les tableaux que Pline rapporte de ce grand artiſte. Faut-il demander enſuite, ſi l'écrivain a été curieux d'une des plus nobles & des plus difficiles parties de la Peinture, & s'il y a été ſenſible?

L'invention n'a point été oubliée: il fait remarquer le tableau de l'indolent, qui travaillant d'un côté à une natte *(n)*, la laiſſe manger de l'autre par un âne: comme le ſujet étoit fort connu, qu'il avoit même paſſé en proverbe, & qu'on croyoit que le Peintre avoit voulu repréſenter un mari imbécille, dont l'économie fournit aux dépenſes de ſa femme, Pline, ſans entrer dans tout ce détail, que nous tenons de Pauſanias, s'eſt contenté de rappeler ſimplement le ſujet, ſans parler de l'allégorie, que tout le monde ſavoit.

Pauſan. X, 29.

Il inſiſte davantage ſur le mérite de l'invention dans un autre tableau, qui s'étoit perdu, ou qui peut-être n'avoit jamais été pleinement exécuté: le voici. « Parrhaſius, dit-il *(o)*, peignit » le peuple d'Athènes d'une manière ingénieuſe pour le choix du » ſujet: il vouloit repréſenter ce peuple avec ſes variations, em» porté, injuſte, inconſtant, & cependant facile à calmer, doux » & compatiſſant, haut, glorieux & rampant, fier & poltron, & il vouloit que le tout parût en même temps ». L'école d'Athènes, un des chefs-d'œuvres de la peinture moderne du côté de l'invention, nous fait aſſez clairement entendre ce qu'a pû être le peuple d'Athènes de Parrhaſius, dont Pline trouvoit auſſi l'invention ingénieuſe: l'artiſte Grec aura peint les variations des ſentimens populaires, comme Raphaël celle des opinions philoſophiques, par une multiplicité de figures habilement imaginées; car enfin un tableau allégorique du génie d'un peuple par le moyen de pluſieurs grouppes, qui en retraçant des évènemens hiſtoriques de divers temps, marqueroient la viciſſitude des

M. de Piles, Cours de Peint. p. 75 & ſuiv.

(m) Ægrum ſine fine laudatum.

(n) Ocnos ſpartum torquens, quod aſellus arrodit.

(o) Pinxit demon Athenienſium, argumento quoque ingenioſo. Volebat namque varium, iracundum, injuſtum, inconſtantem, eumdem exorabilem, clementem, miſericordem, excelſum, glorioſum, humilem, ferocem, fugacemque, & omnia pariter oſtendere,

sentimens populaires, ne paroît pas plus difficile à concevoir, qu'un tableau allégorique du génie de la philosophie par d'autres grouppes, qui en représentant les personnages historiques de différens pays & de différens siècles, indiquent la vicissitude des opinions philosophiques. Le parallèle semble complet, avec cette différence que le sujet caustique de Parrhasius étoit délicat à traiter; aussi Pline a-t-il insinué, par le terme *il vouloit*, que l'exécution, ou du moins le succès, furent moins heureux que l'invention. Au reste, si je propose le tableau de Raphaël pour donner idée de celui de Parrhasius, je ne prétends pas nier que celui-ci n'ait pû être conçu de plusieurs autres différentes manières: par exemple, Xénophon, contemporain de Socrate & de Parrhasius, écrit qu'un jour le philosophe demandoit au peintre *(p)*, si la grandeur & la noblesse des sentimens, la petitesse & la bassesse du cœur, l'honnêteté & la sagesse, l'insolence & la grossièreté, ne pouvoient pas se rendre en peinture par l'air du visage, & par les attitudes de divers personnages en repos & en mouvement; le peintre répondit qu'oui; & voilà presque le canevas de l'ouvrage, où Parrhasius aura pû réunir plusieurs de ces figures, malgré leur opposition, & les assigner pour cortège, à la ville d'Athènes personnifiée. Aristophane, autre auteur contemporain, représente dans une même scène de comédie, le peuple d'Athènes *(q)*, sous l'emblème d'un enfant à qui sa nourrice mâche les morceaux, & sous l'emblème d'un vieillard, qui conserve un grand air de dignité dans le particulier, & qui tient niaisement la bouche ouverte en public. Ne sont-ce point encore là des images favorables au récit de Pline, sur la possibilité de rendre en peinture les inégalités de ce peuple?

(p) Ἀλλὰ μὴν καὶ τὸ μεγαλοπρεπές τε καὶ ἐλευθέριον, καὶ τὸ ταπεινόν τε καὶ ἀνελεύθερον, καὶ τὸ σωφρονικόν τε καὶ φρόνιμον, καὶ τὸ ὑβριστικόν τε καὶ ἀπειρόκαλον, καὶ διὰ τοῦ προσώπου, καὶ διὰ τῶν σχημάτων καὶ ἑστώτων καὶ κινουμένων ἀνθρώπων, διαφαίνει· ἀληθῆ λέγεις, ἔφη. *Xenoph. memorabil. III, p. 167, edit. Basil.*

(q) Καθώσπερ αἱ τίτθαι γε σιτίζεις κακῶς,
Μασώμενος γὰρ, τῷ μὲν ὀλίγον ἐντιθείς.
. . . .
. . . . Ὁ γὰρ γέρων
Οἴκοι μὲν, ἀνδρῶν ἐστὶ δεξιώτατος.
Ὅταν δ᾽ ἐπὶ ταυτησὶ κάθηται τῆς πέτρας,
Κέχηνεν, ὥσπερ ἐμποδίζων ἰσχάδας.
Aristophan. Equit. II, 2.

Pour peu qu'on veuille donner l'eſſor à ſon imagination, on trouvera bien d'autres idées à peu près pareilles; & quand on n'en trouveroit aucune de véritablement ingénieuſe, on ne pourroit pas nier que celle de Parrhaſius ne l'eût été, parce que les preuves négatives ne détruiſent pas les témoignages poſitifs. Si nous ignorions l'invention de la natte de l'indolent, nous ſoupçonnerions peut-être plus de difficulté à exécuter ingénieuſement en peinture le contraſte de l'économie & de la diſſipation dans un ménage, que la contrariété des ſentimens dans une ville.

L'ordonnance conſiſte dans la diſtribution des objets, qui doivent compoſer le ſujet d'un tableau. Pline ayant dit qu'Amphion excella dans cette partie, ne l'a donc pas ignorée? De plus, le ſoin qu'il a de diſtinguer, dans la deſcription des anciens ouvrages de peinture, ceux qui renfermoient un grand nombre de figures, prouve aſſez qu'il ſentoit le mérite & la difficulté des grouppes & des grandes compoſitions.

La juſteſſe des proportions, autrement la correction du deſſein, eſt pour les parties d'une ſeule figure, ce qu'eſt l'ordonnance pour les figures priſes dans la totalité; & Pline en a ſouvent fait mention. Parrhaſius fut le premier *(r)* qui en donna les règles & la méthode pour la peinture, & Euphranor les appliqua le premier *(ſ)* à la peinture encauſtique. Pline avertit pourtant que le même Parrhaſius *(t)* donnoit trop peu d'étendue, en comparaiſon du reſte, aux parties du milieu des figures, &, ce qui revient au même, qu'Euphranor *(u)* donnoit trop d'étendue à ſes têtes & aux emmanchemens des membres. Il avoit déjà fait à Zeuxis *(x)* le même reproche: il n'en avoit point à faire à Aſclépiodore, puiſqu'il obſerve qu'Apelle convenoit de la ſupériorité de cet artiſte pour la juſteſſe des proportions.

(r) Primus ſymmetriam picturæ dedit.

(ſ) Hic primus videtur... uſurpaſſe ſymmetriam.... volumina quoque compoſuit de ſymmetriâ, & coloribus.

(t) Minor tamen videtur, ſibi comparatus, in mediis corporibus exprimendis.

(u) Sed fuit univerſitate corporum exilior, capitibus articuliſque grandior.

(x) Deprehenditur tamen Zeuxis grandior in capitibus articuliſque.

Le relief des figures est un prestige de l'art, que l'auteur de l'Histoire Naturelle ne pouvoit pas laisser passer, sans l'accompagner de quelqu'un de ces beaux traits qui lui sont familiers. Apelle avoit peint Alexandre la foudre à la main, & Pline s'écrie à la vûe du héros, « sa main paroît saillante *(y)*, & la foudre sort du tableau ». Il n'appartient qu'à cet écrivain de rendre ainsi les beautés qui le saisissent. Il emprunte ailleurs un style plus simple, pour dire que Nicias *(z)* observa la distribution des jours & des ombres, & eut grand soin de bien détacher ses figures. Un lecteur qui n'apercevra dans cette phrase que le clair-obscur & le relief, sans leur rapport mutuel, n'y verra que le récit d'un historien : les autres y découvriront l'attention d'un connoisseur à marquer la cause & l'effet, & à donner, sous l'apparence d'un exposé historique, une leçon importante en matière de peinture.

La perspective, qui doit former le raccourci, est rendue clairement & savamment dans le passage qui suit. « Pausias fit aussi de grands tableaux *(a)* pareils à celui qu'on voit sous les «
portiques de Pompée, où est peint un sacrifice de bœufs: car «
il s'avisa le premier de cette sorte de peinture, & il s'est trouvé «
plusieurs Peintres qui l'ont imité, sans qu'aucun l'ait égalé. «
D'abord voulant indiquer la longueur du corps de l'animal, «
il le présente de front, non par le flanc, & ne laisse pas d'en «
faire connoître suffisamment tout le volume. Ensuite, au lieu «
que les autres détachent leurs figures par des couleurs voyantes «
qu'ils appliquent sur un fond obscur, celui-ci a fait le bœuf «
entier de couleur noire, par où il a donné du corps aux «

(y) Digiti eminere videntur, & fulmen extra tabulam esse.

(z) Lumen & umbras custodivit, atque ut eminerent è tabulis picturae, maxime curavit.

(a) Pausias autem fecit & grandes tabulas, sicut spectatam in Pompeii porticibus boum immolationem. Eam enim picturam primus invenit, quam postea imitati sunt multi, aequavit nemo. Ante omnia cum longitudinem bovis ostendere vellet, adversum eum pinxit, non transversum. & abunde intelligitur amplitudo. Dein, cum omnes, quae volunt eminentia videri, candicantia faciant, coloremque condant nigro; hic totum bovem atri coloris fecit, umbraeque corpus ex ipso dedit, magnâ prorsus arte in aequo exstantia ostendens, & in confracto solida omnia.

„ ombres mêmes. C'eſt ainſi qu'il a repréſenté, avec beaucoup „ d'artifice tous les membres avec tout leur relief, ſur une ſurface „ égale & unie, & avec toute leur ſolidité, à l'aide d'une couleur rompue ». Ce ſont les paroles de l'auteur, & il faut être bien ſupérieur à ſa matière, pour la traiter avec cette netteté dans les idées, & avec cette énergie dans les expreſſions.

Le choix des attitudes ne lui eſt point échappé; & pour rendre compte de toutes les ſituations ſavantes ou curieuſes qu'il remarque dans les figures, ſoit naturelles, ſoit hiſtoriques, ſoit allégoriques, il faudroit faire le catalogue preſque entier des peintures dont il a parlé: l'ouvrage ſeroit long, à commencer par le Jupiter de Zeuxis, qui magnifiquement aſſis ſur ſon trône, tient en reſpect toute la cour céleſte, & à finir par le jeune garçon de Philiſcus, qui ſouffle le feu dans l'atelier d'un peintre. Je ne m'arrêterai donc qu'à trois endroits, où l'on pourroit prendre le change, & voir dans des beautés réelles l'apparence de quelque défaut. La préciſion de Pline, ſa profondeur & la liberté de ſon ſtyle, le rendent ſouvent difficile à entendre, & il faut convenir de bonne foi qu'il emploie un langage qui ſouffre quelquefois différentes interprétations, du moins pour des ſiècles éloignés du ſien. Mais on auroit grand tort de ranger parmi ces expreſſions équivoques, celles qui littéralement priſes préſenteront deux ſens, l'un fin & judicieux, l'autre défectueux & peu digne de l'auteur. On ne peut point alors lui refuſer la juſtice qu'on eſt obligé de rendre en pareil cas à tous les écrivains du monde; c'eſt de les expliquer par eux-mêmes, pour faire évanouir toute ombre de difficulté. Voyons préſentement l'application de cette règle de critique aux trois exemples que nous venons d'annoncer.

Il dit que Polygnote *(b)* avoit peint un homme armé de ſon bouclier, dans une attitude qui laiſſoit en doute s'il montoit ou s'il deſcendoit. Quelqu'un pourra d'abord trouver que ces paroles ne diſent rien de fort curieux, ni même de fort clair:

(b) Hujus eſt tabula in porticu Pompeii, quæ ante curiam ejus fuerat, in quâ dubitatur, aſcendentem cum clypeo pinxerit, an deſcendentem.

cependant

cependant si l'on considère que Pline s'exprime de la sorte en faisant les plus grands éloges du Peintre, & en ne spécifiant pourtant point d'autre tableau de lui que celui dont il s'agit, on conviendra qu'il faut qu'il ait supposé une beauté dans l'indétermination de l'attitude du soldat. Que dis-je, supposé? la beauté y est suffisamment exprimée par une attitude indécise, par une contenance mal assurée, qui peignoit l'irrésolution de l'esprit. Il n'arrive que trop souvent qu'un soldat qui escalade, ou qui grimpe à l'ennemi, s'arrête tout-à-coup, sans savoir d'abord s'il continuera de monter, ou s'il prendra le parti de descendre; & ce qui se passe alors dans son ame n'est pas tellement caché, que les spectateurs ne s'aperçoivent très-bien de son embarras. Or ces sortes de positions vacillantes, pour avoir de fréquens exemples dans la Nature, n'en sont pas plus aisées à copier pour un peintre. L'habile artiste dont nous parlons avoit pourtant saisi celle-ci, & l'habile écrivain a eu soin d'avertir qu'on en voyoit à Rome le tableau sous le portique de Pompée.

L'autre peinture étoit une Minerve, dont les yeux suivoient les yeux des spectateurs, comme si cette attitude, assez ordinaire dans un simple portrait, avoit pû convenir à une divinité, qui auroit dû être occupée d'autres soins que de la curiosité de voir & d'être vûe. Aussi Pline fait-il entendre que le peintre, qui avoit entrepris par-là de traiter un grand sujet, n'étoit propre qu'à traiter les petits; *humilis rei pictor Amulius: hujus erat Minerva, spectantem aspectans quâcumque aspiceretur.* M. Perrault veut au contraire, pour pouvoir dépriser l'ancienne Peinture, que Pline ait loué par ignorance l'attitude de la Minerve. Un des écrivains les plus instruits & les plus sensés auroit donc accumulé ici les contradictions les plus monstrueuses; contradiction, d'admirer une puérilité en fait de peinture, pendant qu'il montre par-tout ailleurs une profonde intelligence de l'art; contradiction, d'assurer en même temps & dans le même endroit, qu'un artiste qui n'étoit bon que pour les petits sujets, réussissoit dans les grands. Le vrai sens des paroles de Pline ne sauroit donc être douteux: l'écrivain

Parallèle, t. I, p. 202.

nous fait entendre, par un de ces traits de critique qui lui sont ordinaires, que le Peintre, avec un mérite borné aux petits sujets, s'étant essayé sur un grand, étoit tombé dans une petitesse; & il continue la dérision aussi-tôt après, en représentant Amulius avec sa toge guindé sur des échaffauts, comme nous l'avons déjà observé ailleurs.

A l'attitude de la Minerve, M. Perrault joint celle de l'Hercule peint par derrière, dont j'ai déjà parlé dans l'article de l'expression. La peinture, dit Pline en termes figurés, y fait voir à découvert, plustôt qu'elle n'y annonce, l'air du visage, ce qui est extrêmement difficile : *Herculem aversum, ut, quod est difficillimum, faciem ejus ostendat veriùs pictura, quàm promittat.* On comprend aisément la pensée de Pline, sur-tout quand on l'a déjà vû ailleurs faire consister la grande difficulté de la peinture à présenter si bien les parties apparentes de l'objet, qu'elles puissent donner une idée des autres & les faire voir, même en les cachant. Pour M. Perrault, il veut que l'Hercule vû par le dos montrât réellement aussi le visage, & que cette attitude fort aisée, selon lui, pour nos Peintres, ait été un prodige parmi les Anciens à cause de leur ignorance. Il prend donc à la lettre & sans figure les mots *faciem ostendat!* mais comment expliquer dans cette hypothèse les mots suivans, *veriùs quàm promittat!* De plus, la tête de l'homme ne tournant point sur un pivot, l'attitude proposée seroit contraire aux loix de la Nature, & conséquemment aux premières règles de l'art.

Heureusement nous n'aurons plus à parler de M. Perrault dans la suite, parce que les quatre ou cinq passages de Pline, sur lesquels nous avons vû jusqu'ici les singulières interprétations du critique, sont les seuls témoignages de l'antiquité qu'il ait produits contre l'ancienne peinture. Il a dissimulé, avec un courage étonnant, les autres autorités nombreuses, claires, décisives, tant de Pline que du reste des anciens écrivains, & il s'est borné aux quatre ou cinq endroits cités, qui disant ce que disent tous les autres, mais le disant avec plus de précision & de délicatesse, lui ont paru par-là susceptibles de quelque chicane, & propres à en impoſer à des lecteurs peu inſtruits. Il avoit raiſon de vouloir proſcrire l'uſage des langues ſavantes; tant qu'elles ſeront entendues, elles dépoſeront contre ſes étranges prétentions. Mais revenons à Pline, & aux autres parties de la Peinture.

Les fineſſes & les reſſources d'eſprit ſont néceſſaires dans la Peinture comme dans tous les autres arts, qui rivaux de la Nature, mais plus bornés dans leurs ouvrages qu'elle dans les ſiens, ne peuvent pas toûjours nous la préſenter dans un parfait degré de reſſemblance: il faut pour lors appeler l'induſtrie au ſecours de l'art, comme l'ont fait quelques Peintres cités par notre auteur. « Tous les ouvrages *(c)* de Timanthe, dit-il, donnent à entendre plus qu'ils n'expriment, & quoique le talent pour la peinture y brille au ſouverain degré, ils annoncent l'homme d'eſprit encore plus que le grand peintre ». Il peignit le ſacrifice d'Iphigénie, & pour indiquer la douleur du père, après avoir épuiſé tout ſon art à exprimer celle des autres aſſiſtans, il couvrit d'un voile le viſage d'Agamemnon. Il trouva le moyen auſſi de peindre, dans un petit tableau, un énorme Cyclope, à qui des Satyres prenoient la meſure du pouce avec un thyrſe. On peut ajoûter deux autres exemples d'induſtrie, que Pline rapporte ailleurs; l'un d'Apelle, qui peignit de profil Antigonus parce qu'il étoit borgne; l'autre de Néalcès, qui repréſentant un combat ſur le Nil, diſtingua la rivière d'avec la mer par un ânon à l'abreuvoir, & par un crocodile en embuſcade. Ce judicieux écrivain exige qu'un Peintre ait du moins aſſez d'eſprit pour ſuivre le genre de peinture aſſorti à ſes talens, & le plus propre à lui procurer un ſuccès avantageux: Pauſias, qui réuſſiſſoit dans l'encauſtique, ayant pris le pinceau pour rafraîchir d'anciennes peintures à freſque de Polygnote, perdit beaucoup au parallèle qui fut fait du travail de l'un & de l'autre; c'eſt que Pauſias, ſuivant la remarque de Pline, étoit ſorti de ſon genre.

Le ſavoir & l'érudition, qu'il n'eſt permis qu'à de ſimples

(c) In omnibus ejus operibus, intelligitur plus ſemper, quam pingitur, & cum ars ſumma ſit, ingenium tamen ultra artem eſt.

ouvriers de négliger, entre pour beaucoup dans ce qui sert à former les véritables artistes. Pline en faisoit grand cas: il nous donne à entendre *(d)* que le défaut de coloris, dans les ouvrages d'Athénion, contribuoit à les rendre plus agréables, parce que les yeux y étoient moins séduits, & l'esprit mieux en état d'y voir briller l'érudition; & il ne faudroit pas remonter bien haut dans les derniers temps, pour y trouver de grands Peintres à qui l'on a volontiers pardonné, en faveur de leurs savantes compositions, de n'avoir point été coloristes. Du moins ce que Pline dit ici sur l'érudition, comme ce qu'il a dit ailleurs sur le dessein, sur les contours, sur l'expression, & sur les autres parties de la Peinture, prouve évidemment que le coloris n'a été ni la seule, ni même la principale qui ait attiré ses regards.

Pamphile, plus ancien qu'Athénion, avoit été, entre les Peintres *(e)*, le premier versé dans tous les genres de Science & de Littérature: il prétendoit que sans le secours de l'arithmétique & de la géométrie, il n'étoit pas possible de conduire la Peinture à un état de perfection. Pline, qui rapporte l'assertion, paroît y souscrire, & avec très-grande raison, puisque les règles de la perspective, dont les Peintres font continuellement usage, & celles de l'architecture, qu'ils sont quelquefois obligés d'employer, appartiennent les unes & les autres à la géométrie; or la nécessité de la géométrie la plus simple & la plus élémentaire, entraîne la nécessité de l'arithmétique pour le calcul des angles & des côtés des figures: ainsi l'on n'exige rien de trop en voulant qu'un peintre soit arithméticien & géomètre, du moins jusqu'à un certain degré. M. de Piles prescrit aussi aux élèves l'étude de la géométrie, & il prononce que le peintre en tire un service dont il lui est impossible de se passer, quelque ouvrage qu'il veuille entreprendre. Ajoûtons, comme une suite nécessaire du même raisonnement, que la

Cours de Peinture, p. 402.

(d) Austerior colore, & in austeritate jucundior, ut in ipsâ picturâ eruditio eluceat.

(e) Primus in picturâ omnibus litteris eruditus, præcipue arithmetice, & geometrice, sine quibus negabat artem perfici posse.

Peinture étant deſtinée à repréſenter tous les objets de la Nature par une imitation fidèle, tous les êtres métaphyſiques par des ſymboles & des allégories, tous les évènemens de l'hiſtoire par les caractères des temps, des lieux & des perſonnes, elle ne doit par conſéquent rien ignorer; & qu'elle n'excellera jamais, ſi elle n'a des artiſtes qui réuniſſent chacun en particulier, ou du moins qui partagent entre eux les plus vaſtes connoiſſances.

Malheur à elle, ſi au lieu de mettre ainſi à contribution la Littérature & les Sciences, pour les faire ſervir à ſa gloire, elle venoit jamais à les regarder comme un joug qu'elle dût ſecouer, pour ſe livrer aux opérations de l'œil & de la main. Qu'auroit dit Pline d'une ſi étrange idée, lui qui nous préſente continuellement la peinture ſous un point de vûe magnifique? Il l'appelle un art noble & diſtingué, qui avoit excité l'empreſſement des Rois & des peuples: il veut qu'elle ſoit exercée par des citoyens, & interdite aux eſclaves: la négliger c'eſt étouffer, ſelon lui, le génie & les talens: il aime qu'elle faſſe briller l'érudition au préjudice même du coloris: il joint avec complaiſance au titre de peintre, celui de philoſophe dans la perſonne de Métrodore, & celui d'écrivain dans Parrhaſius, dans Euphranor, dans Apelle & dans les autres: il ſemble même préférer la peinture à la poëſie; « la Diane d'Apelle, au milieu de ſes Nymphes qui ſacrifient *(f)*, paroît, dit-il, l'emporter ſur « la Diane d'Homère, lequel a décrit le même ſpectacle ». Et il avoit dit, quelques lignes auparavant *(g)*, que les vers grecs qui ſubſiſtoient à la louange de la Vénus Anadyomène du même Apelle, avoient à la vérité prévalu ſur le tableau qui ne ſubſiſtoit plus, mais qu'ils rendoient toûjours hommage à ſa gloire. Ceux qui aiment l'antiquité, ceux qui s'intéreſſent en faveur de notre ſiècle, ne peuvent donc trop inculquer aux Peintres modernes que Pline doit leur être infiniment cher; qu'ayant

(f) Dianam ſacrificantium virginum choro mixtam; quibus viciſſe Homeri verſus videtur idipſum deſcribentis.

(g) Verſibus Græcis tali opere, dum laudatur, victo ſed illuſtrato.... Conſenuit hæc tabula carie.

affectionné leur art, & en ayant possédé à fond la théorie, il leur en donnera les leçons les plus sublimes; qu'il leur montrera toute l'étendue de leur carrière, toute la noblesse de leur profession; qu'une fois bien approfondi par les gens du métier, & une fois goûté du public, il suffiroit seul pour renouveler parmi nous les talens & les récompenses des Apelles. On vit, après sa mort, la Peinture trouver faveur pendant quelque temps auprès des Romains; ne doutons pas qu'elle n'en ait eu l'obligation à ce que ce grand homme avoit fait pour elle; mais il n'avoit certainement pas compté rendre ce service à un art manuel, pour lequel les Sciences & les Lettres seroient étrangères. Ce n'étoit pas non plus là l'idée de ceux qui tirèrent la Peinture, il y a environ un siècle, de l'état d'avilissement où elle étoit en France: elle rompit, à la faveur des Lettres, les liens de la servitude, qui dégradoient parmi nous un art libéral, & il ne se maintiendra dans ce degré de distinction que par les mêmes moyens qui l'y ont fait parvenir.

La manière des différens Peintres nous est donnée par Pline d'une façon propre à nous instruire, & plus que suffisante par conséquent pour prouver combien il étoit instruit lui-même. Il nous apprend, nous l'avons déjà vû, que ceux-là se distinguèrent dans le dessein ou dans les contours, ceux-ci dans la distribution des lumières & des ombres, ou dans le coloris; les uns dans l'invention ou dans l'ordonnance, les autres dans la justesse des proportions ou dans le relief des figures; tels dans la perspective & le raccourci, & tels dans le choix des attitudes; quelques-uns par les finesses & les ressources d'esprit, & quelques autres par le savoir & l'érudition. Mais pour ne répéter ni les louanges, ni les critiques répandues dans les articles précédens sur la manière des Peintres, contentons-nous de nommer ici Apelle *(h)*, qui avoit en partage une grace inimitable; Nicophane *(i)*, plein d'élégance & de goût, l'emportant sur la plupart des autres du côté de l'agrément,

(h) Præcipua ejus in arte venustas fuit... Græci charita vocant.

(i) Nicophanes elegans & concinnus, ita ut venustate ei pauci comparentur. Cothurnus ei & gravitas artis.

& traitant avec ce que l'art a de plus noble les grands sujets; Amulius *(k)*, de grande manière aussi dans les petits, ferme dans son exécution, & en même temps fleuri; Aristolaüs *(l)*, l'un des plus fermes encore dans leur exécution; Méchopanès *(m)*, dont l'exactitude ne pouvoit être imaginée que des seuls artistes; Protogène *(n)*, qui ne pouvant ôter la main de dessus un tableau, nous a donné à ses dépens, remarque Pline, cette importante leçon, que la trop grande exactitude est un défaut; Parrhasius *(o)*, d'une fécondité de veine qui produisoit les ouvrages en foule; Antidotus *(p)*, plus remarquable par l'exactitude des siens que par leur nombre, & distingué par la vigueur de son coloris; le moderne Ludius *(q)*, qui répandoit par-tout l'aménité; Socrate *(r)*, qui étoit avec raison au goût de tout le monde, dans le sens apparemment qu'on nous dit que Pierre de Cortone plaît généralement par le tout ensemble, quoique défectueux dans les détails; *M. de Piles, Abrégé de la vie des Peint. vie de Piet. de Cortone.* Euphranor *(s)*, toûjours égal à lui-même, non en tombant dans la manière, mais en possédant également & parfaitement toutes les parties de l'art; Cornélius Pinus *(t)*, & Accius Priscus, l'un & l'autre accrédités dans les derniers temps, mais ce second plus semblable aux Anciens; enfin Nicomachus *(u)*, Philoxène *(x)* & la célibataire Lala *(y)*, mémorables par la facilité, la vîtesse, la rapidité de leur exécution. Toutes ces recherches sur le plus ou le moins de goût, d'habileté & de talens des artistes, & sur les différens degrés qui les

(k) Fuit & nuper gravis ac severus, idemque floridus, humilis rei pictor Amulius.

(l) Aristolaus è severissimis pictoribus fuit.

(m) Diligentiâ, quam intelligant soli artifices.

(n) Quod manum ille de tabulâ non sciret tollere; memorabili præcepto, nocere sæpè nimiam diligentiam.

(o) Fecundus artifex.

(p) Diligentior quam numerosior, & in coloribus severus.

(q) Primus instituit amœnissimam parietum picturam.

(r) Socrates jure omnibus placet.

(s) In quocumque genere excellens, ac sibi æqualis.

(t) Fuere in auctoritate Cornelius Pinus & Accius Priscus.... sed Priscus antiquis similior.

(u) Celeritate & arte mirâ.

(x) Celeritatem præceptoris secutus.

(y) Lala Cyzicena perpetua virgo... nec manus ullius velocior.

approchoient de la nature & du beau, marquent bien clairement dans un auteur un grand fonds de connoiſſance.

Les divers genres de peinture dont il a parlé, ſans en oublier aucun, ſerviroient encore de ſurabondance de preuve, pour lui aſſurer la gloire d'avoir poſſédé ſa matière; mais après tout ce qu'on vient de voir, je me crois diſpenſé d'entrer dans ce nouveau détail; d'autant plus que je ne pourrois que répéter ce qui a été dit depuis peu par M. le Comte de Caylus, ſur les différentes anciennes manières de peindre, dont quelques-unes, malheureuſement négligées, n'étoient déjà plus depuis long-temps entendues de perſonne.

Il ne me reſte plus guère qu'une remarque à faire en général ſur les traits d'éloge que l'auteur a prodigués, & qui en manifeſtant le zèle de l'amateur, pourroient nous laiſſer dans l'eſprit quelque nuage ſur l'intelligence du connoiſſeur. Véritablement, les louanges redoublées qu'il donne aux artiſtes Grecs, vont quelquefois juſqu'à déconcerter les gens de l'art, & les perſonnes exactes & curieuſes qui voudroient peſer aujourd'hui, la balance à la main, le mérite de chacun des Peintres de l'antiquité. On deſireroit donc qu'il en eût dit également & le bien & le mal. Mais ſon objet n'étoit pas un pareil jugement critique, & pour n'avoir pas toûjours dit le mal, il n'en eſt pas moins croyable ſur le bien. Il faiſoit à peu près comme Apelle, qui ſans s'écarter du vrai s'attachoit au beau, & qui ſans jamais abandonner la Nature, n'en copioit pourtant que ce qu'elle avoit de noble & de gracieux. C'eſt précíſément par-là que les Peintres de l'antiquité, & Pline leur hiſtorien, ou, ſi l'on veut, leur panégyriſte, mériteront à jamais l'approbation de tous les ſiècles. Quel devoit être, & quel étoit en effet le deſſein de Pline? d'inſpirer aux Romains de l'eſtime & du goût pour les arts, le ſeul endroit par où Rome avoit toûjours dédaigné de ſe meſurer avec la Grèce. Plus éclairé donc ſur ce qui pouvoit faire l'avantage de ſes citoyens, & plus zélé pour eux qu'ils ne l'étoient eux-mêmes, il a dû préſenter l'art de la Peinture du côté le plus flatteur, le plus digne de leur émulation, & louer les talens des peintres Grecs, pluſtôt

pluſtôt que de leur reprocher des défauts. Aſſez d'autres avant lui avoient écrit l'hiſtoire des Peintres, & donné des traités didactiques de Peinture; on avoit ſous la main leurs ouvrages, & l'art n'en étoit pas moins ſur le penchant de ſa ruine: il tâche de le relever par une nouvelle méthode, en faiſant admirer les anciens artiſtes; ſa réſerve à les critiquer ne peut donc point être imputée à un défaut de lumières.

Le ſoin qu'il a de nommer les écrivains où il a puiſé ſes recherches ſur la Peinture, ne doit pas non plus fonder contre lui un chef d'accuſation, comme s'il n'avoit fait que les tranſcrire ſans entendre la matière. Les beaux endroits où il parle comme auroit pû faire un maître de l'art, ſont tous rendus dans le tour de phraſe qui caractériſe Pline, quand il ſaiſit bien une idée, & qu'il en eſt vivement frappé; s'il en a tiré le fond d'ailleurs, il l'a donc fait en homme intelligent, en écrivain ſupérieur, qui ſe rend propre ce qu'il emprunte. Quand même il auroit copié, ce qui n'eſt pas, les écrits des artiſtes, comme il a quelquefois copié dans Théophraſte & dans Dioſcoride certaines deſcriptions de plantes, qui exigeoient une verſion ſimple & littérale, les règles de la critique & les loix de l'équité demanderoient qu'on ſuppoſât au moins dans l'un comme dans l'autre cas, qu'il a entendu ce qu'il écrivoit: de plus, la bonté ſeule du choix y décéleroit encore alors ſuffiſamment la main de maître. N'a-t-il pas même fait des remarques de connoiſſeur, qui ne ſauroient avoir été ni copiées, ni même empruntées d'aucun auteur précédent? Il dit, par exemple, à l'occaſion de Pinus & de Priſcus, que ce dernier approchoit plus du goût des Anciens; il le dit à l'inſpection des ouvrages qu'ils faiſoient l'un & l'autre par ordre de l'empereur Veſpaſien, & il écrivoit ſon Hiſtoire Naturelle ſous le même règne, dont la durée ne fut que de dix ans. Il eſt donc manifeſte que le jugement qu'il portoit, & qui par ſa nature demandoit de grandes lumières, étoit fondé ſur les pièces de comparaiſon qu'il avoit devant les yeux, & non ſur les collections qu'il avoit faites de ce qui avoit été autrefois écrit ſur la Peinture.

Après tant de titres de toute eſpèce qui lui adjugent la qualité de connoiſſeur, il faudroit, pour la lui conteſter, qu'il lui eût échappé des inepties bien marquées, & des contradictions bien groſſières : c'eſt ce qu'on ne voit point. Et il eſt vrai qu'avec un génie rare & un goût exquis, avec les circonſtances favorables qui le mettoient dans Rome à portée d'un nombre prodigieux d'écrits & de tableaux des plus grands Peintres, il a pû beaucoup plus aiſément que perſonne, joindre la connoiſſance de la Peinture à toutes les autres dont il avoit l'eſprit enrichi; avec cette différence que les connoiſſances de l'Hiſtoire Naturelle étant d'un détail infini, qu'il ne lui étoit pas le plus ſouvent poſſible de vérifier, il a été quelquefois trompé par le rapport d'autrui ; au lieu qu'ayant connu la Peinture par lui-même, il n'a, ce ſemble, rien avancé où l'on puiſſe le convaincre d'un défaut d'intelligence dans la théorie de l'art.

HISTORIEN & CHRONOLOGISTE, il a marqué l'origine, les progrès, les révolutions de la Peinture, avec un détail qui doit nous conſoler un peu de la perte d'un grand nombre d'écrits où les Anciens avoient traité cette partie hiſtorique. Il eſt à croire que ce qu'il nous en a conſervé, c'eſt ce qu'ils avoient avancé de plus certain & de plus curieux. Nous tâcherons de raſſembler ces faits relatifs à l'hiſtoire de l'art, de les indiquer année par année, ſuivant l'ordre des temps, & de les éclaircir quelquefois par des remarques, moins amuſantes pour le lecteur, que propres à vérifier l'exactitude de Pline. S'il eût fallu ſe propoſer ici un autre plan, être en garde contre la ſécheresse des matières, leur donner la forme la plus agréable, recueillir dans l'auteur la vie & les actions des Peintres, l'énumération & la deſcription de leurs ouvrages, & en compoſer l'hiſtoire de la Peinture, on peut juger par les ſeuls lambeaux que nous avons eu juſqu'ici occaſion de produire, quel effet avantageux ſeroient capables de faire toutes ces beautés réunies. Mais ce ſeront ces beautés-là mêmes que nous paſſerons ſous ſilence, nous mettrons un voile ſur les attraits de l'hiſtoire, pour ne point perdre de vûe l'historien, pour constater partout sa fidélité scrupuleuse, pour aider les lecteurs à parcourir eux-mêmes son recueil sur la Peinture, sans que rien puisse les arrêter: & dans cette vûe nous pourrons nous livrer plus d'une fois à des recherches grammaticales ou chronologiques, sur des Peintres même qu'il s'est quelquefois contenté de nommer, comme moins dignes d'attention. Cette manière de procéder, tantôt par des discussions de textes ou de dates, tantôt par des noms propres accumulés ou par des époques isolées, & conséquemment par un style sec & décousu, répondra mal à la narration de l'auteur, toûjours intéressante par la noblesse & l'aménité des objets, par la force & la finesse du style, par une méthode industrieuse & aisée. Défigurer ainsi le récit de Pline, ce sera ne présenter que des épines dans un champ semé de fleurs; mais l'on est souvent contraint à dénaturer un tout, pour en connoître bien distinctement une partie.

« La question, dit-il, qui roule sur les commencemens de la Peinture, n'offre que des incertitudes *(z)*, & elle est étran- «
gère à mon sujet. Les Égyptiens, continue-t-il, assurent que «
l'art a pris naissance chez eux six mille ans avant que de passer «
dans la Grèce, ostentation manifestement frivole ». Il ne conteste point à l'Égypte l'avantage d'avoir possédé les peintres les plus anciens, il reconnoissoit même le Lydien Gygès pour *Hist. Natur. VII, 56.* le premier inventeur de la Peinture en Égypte, il combat simplement une antiquité trop reculée, qui se trouve contredite aussi par l'autorité des livres Saints. Il ne dit rien de plus sur la peinture Égyptienne, soit qu'il n'en restât plus de son temps aucun monument, soit que les ouvrages y méritassent peu d'attention, parce que la politique des Égyptiens avoit toûjours entretenu la Peinture, selon Platon, dans le même état de *De legib. l. II, pag. 656, edit. Serran.* médiocrité, sans aucune altération & sans aucun progrès. Pline s'est donc arrêté presque uniquement à la peinture Grecque,

(z) De picturæ initiis incerta, nec instituti operis quæstio est. Ægyptii sex millibus annorum apud ipsos inventam, priusquam in Græciam transiret, affirmant, vanâ prædicatione, ut palam est.

comme si l'art, primitivement découvert en Egypte, ne s'étoit jamais répandu de ce pays-là dans un autre, & que la Grèce l'ayant depuis inventé de nouveau, l'eût mis elle seule dans un état florissant.

Mais ce ne sont encore que nouvelles incertitudes sur l'origine de la Peinture parmi les Grecs: incertitude pour le lieu *(a)*, les uns vouloient qu'elle eût commencé à Sicyone, les autres chez les Corinthiens: incertitude pour le nom des inventeurs, on nommoit ou Philoclès d'Egypte, ou Cléanthe de Corinthe: incertitude sur l'opération primitive qu'ils employèrent, & qui servit de préparation à la véritable découverte de l'art. On disoit, à la vérité, que ce début fut le contour d'une figure humaine, tracé autour de l'ombre d'un corps opaque *(b)*, & Pline assure que tout le monde en convenoit; mais quand on n'a rien à dire de mieux circonstancié sur un fait de cette nature, qui se perd dans l'obscurité des temps, c'est faire entendre qu'il est fondé sur des conjectures & des raisonnemens, plustôt que sur des témoignages authentiques & bien avérés. On ne pouvoit pourtant mieux faire, dans l'histoire obscure de l'origine d'un art, que de partir d'un point comme celui-là, & nous en partirons aussi avec Pline. Mais encore un coup ce seroit aller au-delà de ses intentions, que d'y voir plus qu'une hypothèse vrai-semblable & accréditée, après la déclaration qu'il a faite que les commencemens de la Peinture sont incertains.

A la délinéation du simple contour, qu'il appelle une peinture linéaire, succéda une autre peinture linéaire plus parfaite *(c)*, qui distingua par le dessein, & sans aucune couleur, les traits du visage renfermés dans l'intérieur du contour. Elle eut pour inventeurs Ardicès de Corinthe, & Téléphane de Sicyone; *Plin. Hist. Nat. VII, 56.* & comme Aristote nommoit Euchir, parent de Dédale, pour le premier auteur de la peinture dans la Grèce, ou pourroit

(a) Græci autem alii Sicyone, alii apud Corinthios repertam... Inventam linearem dicunt à Philocle Ægyptio vel Cleanthe Corinthio.

(b) Omnes, umbrâ hominis lineis circumductâ.

(c) Primi exercuere Ardices Corinthius & Telephanes Sicyonius, sine ullo etiamnum colore, jam tamen spargentes lineas intus.

peut-être ſoupçonner que l'habile artiſte, déſigné par le nom appellatif *Euchir*, a été le même qu'Ardicès ou que Téléphane, & qu'il aura vécu, ainſi que Dédale ſon parent, environ un ſiècle avant la guerre de Troie. Quoi qu'il en ſoit, ces deux auteurs des portraits deſſinés furent, ſelon Pline, les premiers qui exercèrent l'art de repréſenter la figure ſur une ſurface égale & unie. En effet, la première méthode, celle du contour extérieur, ne marquant pas les traits du viſage & ne rendant point la perſonne reconnoiſſable, n'avoit donc point repréſenté la figure. Ils furent auſſi les premiers *(d)*, ajoûte Pline, qui écrivirent ſur leur ouvrage le nom de la perſonne repréſentée. La précaution auroit été fort inutile dans la première méthode, qui ne repréſentant point la figure, n'auroit excité, par l'addition du nom, la curioſité ni de la poſtérité, ni des étrangers, ni de perſonne. Voilà quelles ſont les idées de l'auteur ſur les uſages préliminaires de la peinture Grecque avant la guerre de Troie, il n'y contredit en rien les écrivains plus anciens que lui.

Dans la ſuite les Grecs employèrent la peinture proprement dite, la peinture coloriée, & il paroît, dit-il *(e)*, qu'elle n'étoit point encore connue dans le temps de la guerre de Troie. Cette opinion, qu'on ne trouve combattue par aucun ancien auteur, eſt par conſéquent d'un très-grand poids; elle n'étoit pas ſimplement appuyée ſur le ſilence d'Homère, puiſque nous voyons Pline, & en général les anciens écrivains, admettre dans les temps héroïques pluſieurs faits hiſtoriques dont le poëte n'avoit jamais fait mention; le témoignage de ceux qui nous ont tranſmis celui-ci, doit donc avoir toute la force d'une preuve poſitive. Quelques Savans modernes l'ont pourtant rejetée, & M. l'abbé Fraguier s'eſt efforcé de la réfuter; il prétend que le goût naturel aux hommes, aux enfans même, pour imiter ce qui leur frappe la vûe, a dû les porter à peindre dès la naiſſance preſque du monde; que ſi les noms de peintre & de peinture ne ſont pas dans Homère, on y trouve la choſe

Mém. Acad. t. I, pag. 75, ſeqq. Hiſt.

(d) Ideò & quos pingerent, adſcribere inſtitutum.
(e) Cum Iliacis temporibus non fuiſſe eam appareat.

même; que la defcription du bouclier d'Achille, faite par le poëte, préfuppofe l'idée de l'art de peindre; que les ouvrages de tapifferie, qu'il met entre les mains d'Hélène, devoient être poftérieurs auffi à l'invention de la peinture; enfin que Virgile, obfervateur exact du coftume, parle de peintures en ufage vers le temps de la guerre de Troie. Examinons en peu de mots toutes ces difficultés l'une après l'autre.

Les hommes font naturellement portés à l'imitation; l'axiome eft indubitable: les enfans même, fans connoître les règles ni du deffein, ni de la plaftique, ni de la fculpture, ni de la peinture, ébauchent fouvent, fans autre guide que la fimple Nature, les figures de certains objets; les Sauvages dépourvûs de la connoiffance des arts, fe peignent le corps de différentes couleurs; il fuffit d'être homme pour être peintre dans ce fens-là, & la peinture envifagée dans ce point de vûe, peut fort bien remonter jufqu'à la naiffance du monde; Homère lui-même, c'eft une remarque de Pline, parle de peintures qui fervoient d'ornement à la proue des vaiffeaux. Mais il faut mettre de la différence entre peinture, *couleur,* & peinture, *art de peindre:* l'art confifte à deffiner d'abord des traits réguliers, & enfuite à les colorier; c'eft cet art, & non une application quelconque de couleurs, que Pline renvoie après la guerre de Troie. Le deffein étoit connu dans ces temps héroïques, la gravûre & la fculpture y étoient auffi pratiquées; Pline en convient avec tous les anciens auteurs, & il refufe avec eux d'y reconnoître l'ufage de la peinture.

Hift. Natur. XXX, 7.
Iliad. B. 637.

En vain lui oppofe-t-on le bouclier d'Achille, où le métal repréfentoit tantôt une terre de couleur d'or, qui devenoit noire dans les endroits où la charrue avoit paffé, & tantôt une vigne d'or avec du raifin noir. Il faut bien, dit-on, que l'ufage de *colorier* ainfi les métaux, on devoit dire *colorer,* ou pluftôt *brunir & dorer,* foit poftérieur à l'ufage de peindre; car, ajoûte M. l'abbé Fraguier, l'un eft beaucoup plus aifé que l'autre. Cette règle de juger de l'antiquité des arts par leur plus grande facilité, pourra tout au plus fonder une conjecture quand l'hiftoire n'y fera pas contraire; mais les conjectures ne

Iliad. Σ. 548, feq.
Ibid. 561, feq.

ont plus rien vis-à-vis des témoignages historiques. Il étoit sans doute plus facile aux anciens Grecs & Romains, qui avoient l'usage du verre, d'en faire des carreaux de vitre, que d'aller fouiller les carrières pour en tirer le talc, & que de lui donner ensuite les préparations nécessaires pour le mettre en œuvre; cependant ils se livroient à un travail pénible, sans songer à l'expédient aisé qu'ils avoient sous la main: & combien d'exemples pareils ne pourroit-on pas alléguer dans l'histoire de la découverte des arts? Ceci nous conduit à une autre réflexion: si l'on voit des milliers d'années s'écouler entre les ouvrages du même art les plus approchans, entre la façon d'une pièce de verre & la façon d'une vitre, il n'est pas étonnant que des arts différens aient eu différentes époques: c'est aussi ce qui est toûjours arrivé. Prétendre donc que la Grèce ait connu la peinture avant la guerre de Troie, parce qu'elle connoissoit dès-lors la gravûre & la sculpture, comme si les arts étoient nécessairement liés les uns aux autres par une simultanéité de temps; c'est attaquer Pline par un raisonnement que l'expérience de tous les pays & de tous les siècles ne cesse de contredire. Les fondemens de l'histoire sont appuyés, non sur la vraisemblance des parallèles, mais uniquement sur la foi des autorités.

Hélène travailloit en tapisserie: on en conclut l'antériorité *Iliad.* Γ. 125,
de la peinture, sous prétexte encore que l'un est plus aisé que *seqq.*
l'autre, & même que pour la tapisserie il falloit un modèle *Ibid.* X. 440,
en peinture devant les yeux. *seq.* Le premier fait sur le plus ou le moins de facilité, pourroit être du moins contesté; mais en le supposant vrai, nous y avons déjà répondu: le second fait est détruit par l'exemple journalier des femmes, qui font aujourd'hui de pareils ouvrages; leur travail n'est point dirigé par un peintre; un dessinateur tout au plus leur aura quelquefois marqué sur le canevas le contour des figures. Pline étoit beaucoup mieux au fait que nous de l'ancienne façon de travailler en tapisserie, il n'a pas cru que la peinture y fût nécessaire; nous pourrions en toute sûreté nous en rapporter à lui, quand même nous ne verrions pas aussi évidemment

que nous le voyons, combien les deux arts ſont indépendans l'un de l'autre.

Æneid. I, 468. Virgile a ſuppoſé des peintures dans le temple de Junon à Carthage, peu après la priſe de Troie: mais Carthage étoit une ville Phénicienne, & Pline, nous l'avons dit & répété, ne parle ici que de la peinture Grecque. Son témoignage par conſéquent eſt à couvert de toutes les difficultés qu'on a pû faire, & les règles de la critique forcent à convenir que l'art n'a été pratiqué dans la Grèce qu'après la guerre de Troie.

On avoit donc connu juſqu'alors dans la Grèce la ſeule peinture linéaire, & non la peinture coloriée *(f)*. Après qu'on eut inventé cette dernière, plus recherchée que l'autre dans ſes opérations, elle fut appelée peinture monochrome, parce qu'on n'y employa d'abord qu'une ſeule couleur dans chaque ouvrage, à moins que nous ne donnions le nom de ſeconde couleur à celle du fond ſur lequel on travailloit. L'auteur de cette méthode, l'inventeur de la peinture proprement dite, fut Cléophante de Corinthe *(g)*; il débuta par colorier les traits du viſage avec de la terre cuite & broyée; ainſi la couleur rouge, comme la plus approchante de la carnation, fut la première en uſage. Les autres peintres monochromes, & peut-être Cléophante lui-même, varièrent de temps en temps dans le choix de la couleur des figures, différente de la couleur du fond. Peut-être auſſi qu'ils mirent quelquefois la même couleur pour le fond & pour les figures, on peut le préſumer par l'exemple de quelques-uns de nos camayeux, pourvû qu'on n'admette point dans les leurs l'uſage du clair-obſcur, dont la découverte accompagna l'introduction de la peinture polychrome, ou de la pluralité des couleurs, comme nous le dirons plus bas.

Après Cléophante parurent d'autres peintres monochromes, Hygiemon, Dinias, Charmadas, Eumarus d'Athènes & Cimon de Cléone; Pline, qui les nomme, ſe plaint que l'hiſtoire n'ait

(f) Itaque talem primam fuiſſe, ſecundam ſingulis coloribus, & monochromaton dictam, poſtquam operoſior inventa erat.

(g) Primus invenit eas colorare, teſtâ ut ferunt tritâ, Cleophantus Corinthius.

pas

pas fixé le temps où ils ont vécu *(h)*, il n'a même aucune particularité à nous apprendre que des deux derniers, Eumarus & Cimon. Eumarus *(i)* marqua le premier dans la peinture la différence de l'homme & de la femme, dont on ne peignoit auparavant que la tête ou le buſte; il oſa auſſi ébaucher toutes ſortes de figures, les autres peintres s'étant toûjours bornés à la figure humaine. Cimon *(k)* enchérit ſur les découvertes d'Eumarus; il inventa le profil, *obliquas imagines*, terme que Pline répète encore ailleurs *(l)*, pour marquer la manière dont un peintre cacha la difformité d'un homme qui n'avoit qu'un œil; il inventa *(m)* les divers aſpects du viſage, dirigés en face, en haut & en bas, preuve qu'avant lui les yeux étoient dans la peinture, comme ils ſont dans la ſculpture, immobiles & inanimés; il diſtingua l'emmanchement des membres, c'eſt-à-dire les jointures du coude, des épaules, des hanches & des genoux; il fit paroître les veines à travers la peau, & enfin il inventa le jet des draperies. Il eſt inutile d'avertir que ces découvertes, déjà connues pour la pluſpart dans le deſſein, dans la ſculpture ou dans la plaſtique, regardent ici la peinture: le profil, par exemple, pouvoit fort bien avoir eu lieu plus anciennement, dans la figure *(n)* que fit de ſon amant la fille de Dibutadès, en traçant ſur le mur l'ombre du viſage à la lueur d'une lampe; ce qui fit naître à ſon père, ouvrier en poterie à Corinthe, l'idée du premier ouvrage de plaſtique connu dans la Grèce. Mais encore un coup Pline, à l'article de Cimon, parle de découvertes dans la peinture proprement dite; c'eſt ce qu'on ne doit jamais perdre de vûe.

(h) *Quorum ætas non traditur.*

(i) *Et qui primus in picturâ marem feminamque diſcrevit, Eumarum Athenienſem, figuras omnes imitari auſum.*

(k) *Quique inventa ejus excoluit, Cimonem Cleonæum. Hic catagrapha invenit, hoc eſt, obliquas imagines.*

(l) *Pinxit & Antigoni regis imaginem altero lumine orbam, primus excogitatâ ratione vitia condendi; obliquam namque fecit.*

(m) *Et varie formare vultus, reſpicientes, ſuſpicienteſque & deſpicientes. Articulis etiam membra diſtinxit, venas protulit, præterque in veſte & rugas & ſinus invenit.*

(n) *Dibutades Sicyonius figulus primus invenit Corinthi filiæ operâ, quæ capta amore juvenis, illo abeunte peregre, umbram ex facie ejus ad lucernam in parietis lineis circumſcripſit.*

Il ne faut pas, dit-il *(o)*, paſſer ſous ſilence le peintre du temple d'Ardéa, ville du Latium, ſur-tout puiſqu'elle l'honora, continue-t-il, du droit de bourgeoiſie, & d'une inſcription en vers qu'on joignit à ſon ouvrage. Comme l'inſcription & la peinture à freſque ſe voyoient encore ſur les ruines du temple au temps de Pline, il nous a conſervé l'inſcription en quatre anciens vers latins; elle porte que le peintre étoit Ludius, originaire d'Etolie. Oui, dit-il ailleurs *(p)*, il ſubſiſte encore aujourd'hui dans le temple d'Ardéa des peintures plus anciennes que la ville de Rome, & il n'y en a point qui m'étonnent comme celles-ci, de ſe conſerver ſi long-temps avec leur fraicheur, ſans qu'il y ait de toit qui les couvre. Il parle enſuite de quelques peintures du même Ludius, extrêmement belles & également bien conſervées à Lanuvium, autre ville du Latium, & d'autres peintures encore plus anciennes qu'on voyoit à Cæré, ville d'Etrurie. Quiconque voudra, conclut-il, les examiner avec attention, conviendra qu'il n'y a point d'art qui ſe ſoit perfectionné plus vîte, puiſqu'il paroît que la peinture n'étoit point encore connue du temps de la guerre de Troie. Ce raiſonnement ſuppoſe une origine Grecque aux peintures de Cæré comme à celles d'Ardéa, à la peinture Etruſque comme à la peinture Latine. L'hiſtorien, toûjours attentif, toûjours exact, reconnoiſſoit l'uſage de la plaſtique & de la ſculpture en Etrurie *(q)* avant la guerre de Troie; il reconnoiſſoit auſſi pour les ſiècles ſuivans, des ouvrages d'un goût Etruſque *(r)* dans ces deux genres; il n'en étoit pas de même pour la peinture.

Ludius, peintre d'Ardéa, & le peintre anonyme de Cæré,

(o) Decet non ſileri & Ardeatis templi pictorem, præſertim civitate donatum ibi, & carmine, quod eſt in ipſâ picturâ, his verſibus.

(p) Exſtant certè hodièque antiquiores urbe picturæ Ardeæ in ædibus ſacris, quibus equidem nullas æquè demiror, tam longo ævo durantes in orbitate tecti, veluti recentes. Similiter Lanuvii... ab eodem artifice... excellentiſſimâ formâ... Durant & Cære antiquiores & ipſæ. Fatebitur quiſquis eas diligenter æſtimaverit, nullam artium celeriùs conſummatam, cum Iliacis temporibus non fuiſſe eam appareat.

(q) Signa quoque Tuſcanica per terras diſperſa, quæ in Etruria factitata non eſt dubium. Hiſt. Natur. XXXIV, 7.

(r) Ante hanc ædem Tuſcanica omnia in ædibus fuiſſe, auctor eſt M. Varro.

ayant exécuté l'un & l'autre de bons ouvrages, ont donc été postérieurs, non seulement à Cléophante, inventeur de la peinture Grecque, mais encore à Cimon, auteur des premières beautés de l'art: cependant Ludius étoit plus ancien que la fondation de Rome, c'est-à-dire, suivant l'idée de Pline, que l'an 753 avant l'ère chrétienne. Plus d'un siècle après cette époque de la fondation de Rome, vint en Italie Démarate ou Damarate, suivant la différence des dialectes, chassé de Corinthe par Cypsélus, & accompagné de Cléophante; ce Cléophante postérieur à Ludius, étoit à plus forte raison postérieur à Cléophante premier peintre monochrome: c'étoit-là le raisonnement de Pline, dont voici à peu près les paroles. « Nous allons montrer *(f)* que ce fut ou Cléophante auteur de la peinture, ou plustôt un Cléophante différent, qui accompagna Démarate, père de Tarquin l'ancien, roi de Rome; car « du temps de ce dernier Cléophante, la peinture avoit été déjà « portée à un grand point de perfection en Italie, témoin les « peintures d'Ardéa, de Lanuvium & de Cæré ». La chronologie qui résulteroit de là, en plaçant la fondation de Rome en l'an 753, & en supposant le moindre intervalle possible entre les deux Cléophantes, seroit que Ludius auroit vécu pour le plus tard vers l'an 765, l'anonyme de Cæré vers l'an 780, Cimon vers l'an 795, Eumarus vers l'an 810, Charmadas, Dinias & Hygiémon vers l'an 825, & Cléophante l'ancien vers l'an 840: on expliqueroit facilement par ce moyen la rapidité des premiers progrès que l'auteur attribue à la peinture.

Une observation à faire, c'est qu'il ne faut point prendre dans toute la rigueur des termes ce que Pline semble dire de la perfection de l'art dans cette antiquité reculée: les découvertes qu'il détaillera dans la suite, feront assez voir combien ces premiers commencemens furent imparfaits. Il aimoit à louer la peinture & les peintres, & il n'y a point de reproche

(f) Hunc, aut eodem nomine alium fuisse, quem tradit Cornelius Nepos secutum in Italiam Demaratum, Tarquinii Prisci, Romani regis, patrem, fugientem a Corintho injurias Cypseli tyranni, mox docebimus. Jam enim absoluta erat pictura etiam in Italiâ, &c.

à lui faire ſur l'exactitude de l'hiſtoire, dès-lors que ce qui précède ou ce qui ſuit dans ſa narration met les lecteurs en état d'apprécier au juſte les louanges qu'il donne. Tous ces peintres antérieurs à l'ère de Rome, ne connoiſſoient ni clair-obſcur, ni coloris, ni même pluralité des couleurs, comme il ſera aiſé de le voir par l'époque des découvertes ſuivantes.

Pline en diſant que les peintres monochromes *(t)* avoient précédé Bularchus, fait clairement entendre que ce fut celui-ci qui le premier introduiſit l'uſage de pluſieurs couleurs dans un ſeul ouvrage de peinture. Il étoit contemporain du roi Candaule *(u)*, qui lui acheta au poids de l'or un tableau de la défaite des Magnètes; or Candaule mourut dans la XVIII.e Olympiade, l'an 708 avant l'ère chrétienne: ainſi Bularchus a vécu poſtérieurement à l'ère de Rome, & vers l'an 730 avant J. C. Ce ſera donc là l'époque à peu près de la peinture polychrome, & l'époque apparemment de la repréſentation des batailles dans des ouvrages de peinture: ce fut auſſi l'époque du clair-obſcur, Pline aſſurant qu'au moyen *(x)* de la pluralité des couleurs, qui ſe firent mutuellement valoir, l'art juſque-là trop uniforme ſe diverſifia, & inventa les lumières & les ombres. Mais puiſqu'il ajoûte que l'uſage du coloris, le mélange & la dégradation des couleurs ne furent connus que dans la ſuite, il faut que le clair-obſcur de Bularchus ait été fort imparfait, comme il arrive dans les commencemens d'une découverte. S'il vante donc encore la gloire & la perfection de la peinture *(y)* pour ce temps-là, il nous apprend lui-même à mettre des reſtrictions aux éloges qu'il ſemble prodiguer. Il s'attachoit, dans cet article de Bularchus & dans les ſuivans, à réfuter les chronologiſtes qui renvoyoient l'époque de la

(t) Eoſque qui monochromata pinxerint... aliquanto ante fuiſſe.

(u) In confeſſo perinde eſt, Bularchi pictoris tabulam, in quâ erat Magnetum prælium, Candaule rege Lydiæ Heraclidarum noviſſimo... repenſam auro ... Duo enim de viceſimâ olympiade interiit Candaules.

(x) Tandem ſe ars ipſa diſtinxit, & invenit lumen atque umbras, differentiâ colorum alternâ vice ſeſe excitante. Deinde adjectus eſt ſplendor, alius hic quàm lumen: quem quia inter hoc, & umbram eſſet, appellaverunt tonon: commiſſuras verò colorum & tranſitus, harmogen.

(y) Manifeſtâ jam tum claritate artis atque abſolutione.

peinture à des temps fort poſtérieurs, c'eſt pourquoi il fait ce qu'il peut pour déterrer le nom des anciens peintres, & pour en parler d'une manière avantageuſe.

Malgré les recherches où il ſe trouvoit engagé par ſon ſujet, pour donner ici la ſuite des peintres Grecs, il ne fait mention d'aucun depuis Bularchus, c'eſt-à-dire depuis l'an environ 730, juſqu'à la bataille de Marathon, en l'an 490. Dans cet intervalle de près de deux cens cinquante ans vécut Théodore de Samos, célèbre ſculpteur, dont parlent pluſieurs écrivains de l'antiquité. C'en eſt aſſez pour faire juger que le peintre Théodore de Samos *(z)*, nommé par Pline dans un autre endroit, & qualifié de diſciple de Nicoſthène, a été beaucoup plus récent que le fameux ſculpteur qui avoit porté le même nom.

Herodot. I, 51, III, 41. Plat. t. I, pag. 533, edit. Serran. Diodor. I, ſub fin. Plin. Hiſtor. Nat VII, 56, XXXIV, 8, XXXV, 12, Pauſan. III, 12, VIII, 14, X, 38. Athen. XII, 2, p. 515. Laert. II, 103.

Panénus peignit la bataille de Marathon, avec la figure reſſemblante des principaux chefs des deux armées *(a)*, d'où Pline infère de nouveau les progrès & la perfection de l'art; mais il nous apprendra bien-tôt lui-même encore combien la peinture ſe perfectionna depuis. L'uſage de concourir pour le prix de peinture fut établi à Corinthe & à Delphes du temps du même Panénus, qui ſe mit ſur les rangs le premier, avec Timagoras de Chalcis, pour diſputer le prix à Delphes dans les jeux Pythiens. Timagoras demeura vainqueur; c'eſt un fait, ajoûte Pline, prouvé par une pièce de vers du même Timagoras, qui eſt fort ancienne: elle a dû précéder d'environ cinq cens cinquante ans le temps où Pline écrivoit, ſi nous plaçons la victoire de Timagoras vers la XXVIII.e Pythiade, en l'an 474 avant J.C. Panénus devoit même encore être aſſez jeune l'an 474, ſeize ans après la bataille de Marathon, puiſqu'il

(z) Theodorus Samius, & Stadieus, Nicoſthenis diſcipuli.

(a) Panænus quidem, frater Phidiæ, etiam prælium Athenienſium adverſum Perſas apud Marathona factum pinxit. adeò jam colorum uſus increbruerat, adeòque ars perfecta erat, ut in eo prælio iconicos duces pinxiſſe tradatur, Athenienſium Miltiadem, Callimachum, Cynegirum, Barbarorum Datim, Artaphernem. Quin imò certamen picturæ florente eo inſtitutum eſt Corinthi ac Delphis: primuſque omnium certavit cum Timagorâ Chalcidenſe, ſuperatus ab eo Pythiis: quod & ipſius Timagoræ carmine vetuſto apparet.

est encore question de lui *(b)* à la LXXXIIIe Olympiade, l'an 448, qu'il peignit à Élis la partie concave du boucher d'une Minerve, statue faite par Colotès disciple de Phidias. Si ce mélange de peinture & de sculpture dans un même ouvrage révolte aujourd'hui notre délicatesse, si nous condamnons comme inutiles & comme cachés à la vûe du spectateur, des ornemens qui ont pû cependant être presque aussi visibles en dedans qu'en dehors d'un bouclier, du moins gardons-nous bien d'étendre nos reproches jusqu'à l'historien ; ce seroit le blâmer de son attention à nous transmettre les anciens usages, & d'une exactitude qui fait son mérite & sa gloire.

Panénus fit encore des peintures *(c)* à fresque à un temple de Minerve dans l'Élide ; & Phidias, ce sculpteur si célèbre en l'an 444, frère du même Panénus, avoit aussi exercé au commencement l'art de la peinture *(d)*, & avoit peint dans Athènes l'Olympien, c'est-à-dire Périclès *(e)*. Tout ce détail de Pline nous montre quel sens nous devons donner à ses paroles, quand il avertit, au livre suivant de son Histoire Naturelle, que la peinture & la statuaire en métal *(f)*, plus récente que la sculpture, ont commencé l'une & l'autre à Phidias, sur la fin de la LXXXIIIe Olympiade, trois cens trente-deux ans après la première Olympiade. Comment la peinture, dira-t-on, a-t-elle commencé à Phidias, puisque Pline a déjà déclaré qu'elle étoit parfaite du temps de Bularchus, & même du temps de Ludius, & puisqu'il déclare de nouveau, plus bas, qu'Apollodore a depuis ouvert le premier la carrière de l'art? Mais il ne seroit pas juste de presser ainsi les expressions d'un écrivain, pour pouvoir l'accuser de contradiction, pendant que

(b) Prætereà in confesso sit, octogesimâ tertiâ, fuisse Panænum fratrem ejus, qui Clypeum intus pinxit, Elide, Minervæ quam fecerat Colotes Phidiæ discipulus.

(c) In Elide ædes est Minervæ, in quâ frater Phidiæ tectorium induxit lacte & croco subactum. Hist. Nat. XXXVI, 23.

(d) Cùm & Phidiam ipsum initio pictorem fuisse tradatur, Olympiumque Athenis ab eo pictum.

(e) Olympium Periclem, dignum cognomine. Hist. Nat. XXXIV, 8.

(f) Non omittendum, hanc artem tantò vetustiorem fuisse, quàm picturam aut statuariam, quarum utraque cum Phidiâ cœpit LXXXIII Olympiade, post annos circiter trecentos triginta duos. Hist. Nat. XXXVI, 5.

les différentes acceptions de ces termes vagues ſont évidemment déterminées par le fil du diſcours. Les peintures de Ludius furent l'époque d'un premier degré de perfection, celles de Bularchus d'un ſecond, celles de Panénus & de Phidias d'un troiſième, & il y en aura d'autres encore dans la ſuite.

Peu après Phidias & Panénus, & avant la XC.[e] Olympiade, parut Polygnote de Thaſos *(g)*, fils d'Aglaophon, & ſurnommé quelquefois Athénien, parce qu'Athènes le mit au nombre de ſes citoyens. Il fut le premier *(h)* qui donna des draperies fines & légères à ſes figures de femmes, le premier qui les coëffa d'une *mitre* de différentes couleurs, le premier qui ſit peindre une bouche ouverte, y laiſſer apercevoir les dents, & varier l'air du viſage, ſec & dur dans l'ancienne peinture. L'époque de ces nouvelles inventions appartient donc à l'an environ 430. Il y avoit au moins un de ſes tableaux à Rome du temps de Pline, nous en avons fait mention, & il fit pluſieurs autres ouvrages vantés dans l'hiſtoire.

Plat. t. I, pag 532, edit. Serran. Harpocrat. & Suid. voce Πολύγνωτος.

Il quitta quelquefois le pinceau pour peindre en encauſtique, peinture dont les Anciens ne nous ont pas laiſſé des notions aſſez claires; on ſait uniquement qu'elle ſe faiſoit *(i)* avec le feu & à l'aide d'un poinçon, tantôt avec des cires colorées & tantôt ſur de l'ivoire. On peut en rapporter l'époque au temps de Polygnote, puiſque Pline n'a point d'artiſte plus ancien à nommer qui ait pratiqué ce genre de peinture. Il réfute, par l'antiquité de Polygnote *(k)* & de quelques autres, le ſentiment de ceux qui vouloient que l'encauſtique eût été inventée par Ariſtide, ſculpteur connu vers l'an 400 *(l)*, & perfectionnée

(g) Alii quoque poſt hos clari fuere ante nonageſimam Olympiadem, ſicut Polygnotus Thaſius.

(h) Primus mulieres lucidâ veſte pinxit, capita earum mitris verſicoloribus operuit, plurimùmque picturæ primus contulit. Siquidem inſtituit os adaperire, dentes oſtendere, vultum ab antiquo rigore variare.

(i) Encauſto pingendi duo fuiſſe antiquitùs genera conſtat, cerâ, & in ebore, ceſtro, hoc eſt, viriculo.

(k) Ceris pingere ac picturam inurere quis excogitaverit, non conſtat. Quidam Ariſtidis inventum putant, poſteà conſummatum à Praxitele. Sed aliquanto vetuſtiores encauſticæ picturæ extitere, ut Polygnoti.

(l) Floruit.. Olymp. LXXXVII.. Polycletus... Diſcipulos habuit... Ariſtidem. Hiſt. Nat. XXXIV, 8. Ariſtide a donc fleuri vers la 95.e Olympiade.

par Praxitèle, ſculpteur encore plus célèbre en l'an 364 *(m)*. Il eſt certain, & nous le verrons dans la ſuite, que Praxitèle fit mettre à quelques-unes de ſes ſtatues un très-beau vernis d'un habile peintre encauſtique; Ariſtide vrai-ſemblablement s'étoit aviſé le premier de mettre aux ſiennes un vernis beaucoup moins beau, de quelqu'autre peintre encauſtique. C'eſt apparemment l'occaſion de l'erreur qui attribuoit à l'un de ces ſculpteurs l'invention, & à l'autre la perfection de cette ſorte de peinture. Nous devons donc en faire remonter l'époque à Polygnote, vers l'an 430.

Pline lui donne *(n)* pour contemporain le peintre Micon, qui peignit un côté du Pécile d'Athènes, pendant que Polygnote peignit l'autre; & il place encore à l'an 424, à la LXXXIX.[e] Olympiade *(o)*, Démophile d'Himère & Néſéas de Thaſos, qui eurent l'un ou l'autre Zeuxis pour élève. Himère étoit une ville de Sicile où Démophile a dû être appelé Damophile, ſuivant le dialecte du pays. Ainſi le Sicilien Démophile, plus ancien que Zeuxis, paroît avoir été le même que Damophile qui fit des ouvrages avec Gorgaſus, dans un temple de Rome. C'étoit deux habiles ouvriers en plaſtique *(p)*, & en même temps ils étoient peintres. Ils mirent des ornemens de l'un & de l'autre genre au temple de Cérès, ornemens de plaſtique au haut de l'édifice, & ornemens de peinture à freſque ſur les murs intérieurs, avec une inſcription en vers Grecs, qui marquoit que le côté droit étoit l'ouvrage de Damophile, & le côté gauche l'ouvrage de Gorgaſus. Avant l'arrivée de ces deux peintres Grecs à Rome *(q)*, les temples

(m) Centeſimâ quartâ Praxiteles. Ibid.

(n) Cùm partem ejus Micon mercede pingeret.

(o) À quibuſdam Zeuxis *falſo in* LXXXIX *Olympiade poſitus, cùm fuiſſe neceſſe eſt Demophilum Himeræum & Neſeam Thaſium, quoniam utrius eorum diſcipulus fuerit, ambigitur.*

(p) Plaſtæ laudatiſſimi fuere Damophilus & Gorgaſus, iidemque pictores, qui Cereris ædem Romæ ad circum maximum utroque genere artis ſuæ excoluerunt, verſibus inſcriptis Græcè, quibus ſignificaverunt à dextrâ opera Damophili eſſe, ab lævâ Gorgaſi .... cruſtas parietum ...., ſigna ex faſtigiis.

(q) Ante hanc ædem Tuſcanica omnia in ædibus fuiſſe, auctor eſt M. Varro.

de

de la ville n'avoient eu, suivant la remarque de Pline, que des ornemens de goût Etrusque, c'est-à-dire des ouvrages de plastique & de sculpture à l'ancienne façon des Etrusques, & non des ouvrages de peinture, qui dans l'Etrurie même étoient d'un goût Grec, ainsi que nous l'avons déjà remarqué d'après Pline. On peut donc placer au temps de Démophile & de Gorgasus, vers l'an 424, l'introduction & l'époque de la peinture dans la ville de Rome.

De l'antiquité de tous ces peintres que nous venons de nommer, depuis Cléophante jusqu'à Polygnote & à ses contemporains, Pline conclut *(r)* que l'exactitude des écrivains Grecs s'est démentie, quand ils n'ont parlé des peintres Grecs avec éloge que plusieurs Olympiades après avoir parlé des statuaires & des sculpteurs, & qu'ils ont placé l'époque des peintres à la XC.^e^ Olympiade; l'erreur de ces chronologistes, ajoûte-t-il, n'est pas douteuse. Je crois qu'il faut expliquer ici le mot *erreur* par le mot précédent, *défaut d'exactitude;* car il est à présumer que ces chronologistes ont eu quelque connoissance des anciens peintres de la Grèce, & qu'ils n'ont pas pensé, dans le fond, autrement que Pline, qui nous donnera plus bas Apollodore pour le véritable auteur de la belle peinture. Cependant ils ont eu tort dans leur assertion, & Pline a eu raison dans sa critique; la différence entre eux & lui est celle qu'on trouveroit aujourd'hui entre un chroniqueur qui, sans parler de nos anciennes pièces dramatiques, rapporteroit au siècle de Louis le Grand l'époque de notre théatre, & un historien qui après avoir marqué les premiers essais de la comédie & de la tragédie parmi nous, diroit ensuite que le siècle de Louis le Grand a donné commencement à notre théatre: l'un & l'autre sembleroit dire la même chose, & voudroit la dire en effet; le premier induiroit pourtant des lecteurs en erreur, & le dernier leur mettroit devant les yeux la vérité de l'histoire.

(r) Non constat sibi in hâc parte Græcorum diligentia, multas post Olympiadas celebrando pictores, quàm statuarios ac toreutas, primùmque Olympiade nonagesimâ.... chronicorum errore non dubio.

A la XC.^e Olympiade, l'an 420, se distinguèrent *(s)* dans la peinture Aglaophon, différent d'Aglaophon père de Polygnote, Céphissodore, dont le nom a été commun à différens sculpteurs, Phrylus & Evénor d'Ephèse. Vers le même temps doivent être placés deux autres peintres, qu'Aristote a mis à la suite de Polygnote, l'un est Pauson, & l'autre Denys de Colophon: le poëte Aristophane, qui vivoit en l'an 420, nomme deux fois Pauson comme un de ses contemporains, & les scholiastes assurent que c'étoit le peintre de ce nom, ce qui est confirmé par l'antériorité prouvée de ce peintre sur Aristote. Pour Denys de Colophon, il imita *(t)* la manière de Polygnote, à la grandeur près, comme la meilleure manière qu'il y eut alors; il étoit donc postérieur à Polygnote, & antérieur à l'an 404, qui fut, comme nous le verrons, l'époque des grands peintres de la Grèce; & conséquemment Denys de Colophon appartient, ainsi que Pauson, environ à l'an 420. La question est présentement de faire voir que Pline a fait aussi mention de ces deux peintres; mais pour le prouver il faut reprendre les choses de plus haut.

Aristoph. Plut. 11, 5. Thesmophor.

Aristote, en parlant des mœurs qui doivent entrer dans les ouvrages de poësie, dit qu'elles sont ou plus vertueuses que les nôtres, ou plus vicieuses, ou tout-à-fait pareilles à nos mœurs ordinaires, qui tiennent un certain milieu entre la vertu & le vice. Il compare ensuite les trois sortes de mœurs de la poësie avec les trois sortes de sujets de la peinture, les sujets grands & héroïques, les sujets bas & grossiers, les sujets médiocres & ordinaires; & il dit: « Polygnote *(u)* en peignant les » hommes les a rehaussés, Pauson les a avilis, & Denys les a peints ce qu'ils ont coûtume d'être ». Ce philosophe exige en conséquence, pour l'instruction de la jeunesse, qu'on lui mette devant les yeux les grands sujets de Polygnote, & qu'on lui cache les sujets grossiers de Pauson. Cependant le nom de

Arist. Polit. VIII, 5.

(s) Nonagesimâ autem Olympiade fuere Aglaophon, Cephissodorus, Phrylus, Evenor pater Parrhasii.

(t) Τὰ δὲ Διονυσίου, πλὴν τοῦ μεγέθους, τὴν τοῦ Πολυγνώτου τέχνην ἐμιμεῖτο. *Ælian. Var. hist. IV, 3.*

(u) Πολύγνωτος μὲν κρείττους, Παύσων δὲ χείρους, Διονύσιος δὲ ὁμοίους εἴκαζε. *Aristot. Poetic. 2.*

ce dernier peintre, fameux dans Aristophane, dans Aristote, dans Plutarque, dans Lucien, dans Élien, & dans les autres, ne se retrouve plus aujourd'hui dans Pline; & d'un autre côté l'on voit dans Pline un très-habile peintre de sujets bas & grossiers, sous le nom de Pracius ou Préïus, ou Pyréïcus, car toutes ces dénominations varient dans les manuscrits, & sont également inconnues aux autres écrivains de l'antiquité. « Il y a, dit Pline *(x)*, fort peu d'artistes à qui l'on doive accorder « la préférence sur celui-ci du côté du talent; & je ne sais si « le choix qu'il fit de ses sujets peut lui faire grand tort, car « en donnant dans ce qu'il y a de plus bas, il s'y est pourtant « acquis une grande gloire. Il peignit des boutiques de barbier « & de cordonnier, des pièces de service de table, des mets « de cuisine, & d'autres figures pareilles, qui lui attirèrent le « surnom de Rhyparographe, peintre de *vilenies*. Elles ont fait « un plaisir infini, & ont été vendues plus cher que les tableaux « les plus magnifiques de plusieurs autres peintres ». Ainsi parle Pline: or la variation & l'altération manifeste des manuscrits, dans le nom de l'artiste, le peu d'apparence qu'il y a qu'il ait oublié un peintre fameux dans l'antiquité, & que les autres écrivains n'aient rien dit d'un peintre célèbre dans Pline, & l'identité de goût & de manière dans le Pauson des Anciens & dans le peintre Rhyparographe, font assez comprendre que c'est un seul & même artiste. Pline avoit donc parlé de Pauson, peintre de l'an environ 420.

De Pythiæ oraculis p. 396. E. edit Par.
Encom. Demosthen.
Ælian. var. hist IV, 3. XIV, 15.

Il est plus facile encore de prouver qu'il a parlé de Denys de Colophon, peintre du même temps, car il nomme *(y)* Denys appelé l'Anthropographe, parce qu'il ne peignoit que la figure, & il le nomme à l'article de ceux qui s'étoient bornés à de petits sujets ou à de petits tableaux. Il faut donc

(x) Pyreïcus arte paucis postferendus: proposito, nescio an destruxerit se; quoniam humilia quidem secutus, humilitatis tamen summam adeptus est gloriam. Tonstrinas sutrinasque pinxit, & asellos, & obsonia, ac similia, ob hoc cognominatus Rhyparographos: in iis consummatæ voluptatis. Quippe eæ pluris venere, quam maximæ multorum.

(y) Contra Dionysius nihil aliud quam homines pinxit, ob id Anthropographos cognominatus.

reconnoître dans ce Denys le Denys de Colophon, qui, ſuivant Elien, imita Polygnote en tout, à la grandeur près, & le Denys d'Ariſtote, qui prenant un milieu entre Polygnote & Pauſon, peignit les ſujets petits & communs de la vie ordinaire des hommes. On voit par-là que le peintre Rhyparographe & le peintre Anthropographe ont vécu l'un & l'autre environ l'an 420.

Vers l'an 415, vécurent Nicanor & Arcéſilaüs, tous les deux de Paros, & Lyſippe d'Egine; ils ſont, après Polygnote *(z)*, les trois plus anciens peintres encauſtiques, & Pline les place entre Polygnote & le ſculpteur Ariſtide, c'eſt-à-dire, entre l'an 430 & l'an 400. Un tableau de ce Lyſippe portoit pour inſcription, *Lyſippe m'a fait avec le feu:* c'eſt la plus ancienne des trois inſcriptions, *un tel m'a fait,* qui paroiſſent à Pline des inſcriptions ſingulières dans l'antiquité; au lieu de la formule ordinaire & plus modeſte, *un tel me faiſoit:* nous verrons plus bas quelles furent les deux autres inſcriptions pareilles à celle de Lyſippe. Briétès, autre Peintre encauſtique, ſuivit de près les trois peintres précédens: il eut, comme nous le dirons, pour fils & pour élève, Pauſias, célèbre vers l'an 376; ainſi, l'âge de Briétès regarde l'an environ 406.

Hiſt. Natur. Præfat.

A la XCIV.e Olympiade, l'an 404 *(a)*, Apollodore d'Athènes ouvrit une nouvelle carrière, & donna naiſſance au beau ſiècle de la Peinture: il eſt le premier qui ait peint le caractère des objets, c'eſt-à-dire, qui en ait bien marqué la figure & les traits par le deſſein, & la nature par la couleur; le premier qui ait fait & mérité de faire la gloire du pinceau; le premier dont les tableaux aient arrêté & tenu comme immobiles les yeux des ſpectateurs. Pline ſe ſert ſouvent de

(z) Vetuſtiores encauſticæ picturæ extitere, ut Polygnoti, & Nicanoris & Arceſilai Pariorum. Lyſippus quoque Æginæ picturæ ſuæ inſcripſit, ἐνέκαυσεν, *quod profecto non feciſſet, niſi encauſticâ inventâ.*

(a) In quibus primus refulſit Apollodorus Athenienſis nonageſimâ quartâ Olympiade. Hic primus ſpecies exprimere inſtituit, primuſque gloriam penicillo jure contulit ... neque ante eum tabula ullius oſtenditur, quæ teneat oculos.

cette expreſſion, *un tel fut le premier*, pour indiquer les progrès de l'art; & ces mots ſignifient quelquefois une découverte primitive & rigoureuſe, quelquefois un degré de perfection dans des points déjà connus: on ne ſauroit pourtant s'y méprendre; avec les éloges qu'il a faits de Polygnote & des autres peintres plus anciens, il falloit bien qu'ils euſſent peint le caractère des objets, en les diſtinguant les uns des autres par le deſſein & par la couleur; mais ce qu'ils n'avoient fait qu'imparfaitement, Apollodore l'exécuta d'une manière ſupérieure. Tous les autres endroits où Pline tient un langage à peu près pareil dans ſon recueil ſur la Peinture, ſont également ſans difficulté; la nature du progrès & les autres circonſtances y fixent toûjours nettement le ſens des paroles: après quoi ce ſeroit peut-être exiger de l'auteur une exactitude inutile, une eſpèce d'affectation, du moins une prolixité dont il étoit ennemi, que de vouloir qu'il eût continuellement expliqué en quel ſens il entendoit les mots, *un tel peintre fut le premier*. La même expreſſion continuellement répétée à la fin du ſeptième livre de l'Hiſtoire Naturelle, pour y donner le nom de chaque inventeur dans tous les genres de découvertes, forme un langage beaucoup plus embarraſſant: on ne ſait le plus ſouvent, ſi c'eſt une première découverte ou une invention renouvelée, ou quelque perfection ſeulement d'une ancienne méthode; le plan & l'immenſité de ſon ouvrage ne lui permettoient alors, que de dire rapidement un mot ſur chaque point particulier; & tout ce qu'il y dit de la Peinture *(b)*, c'eſt que le Lydien Gygès l'avoit inventée en Egypte, que dans la Grèce c'étoit, ſuivant Ariſtote, Euchir parent de Dédale, & ſelon Théophraſte, Polygnote d'Athènes. Nous pouvons concilier les trois ſentimens à la faveur de l'hiſtoire de la Peinture qu'il nous a donnée ſéparément; mais comme il n'a fait ni pû faire également l'hiſtoire de tous les arts & de toutes les ſciences, ce catalogue précieux

(b) Gyges Lydus picturam in Ægypto, in Græciâ verò Euchir Dædali cognatus, ut Ariſtoteli placet; ut Theophraſto, Polygnotus Athenienſis. Hiſt. Nat. VII, 56.

& ſuvant des anciennes découvertes nous laiſſera toûjours à deſirer des éclairciſſemens, & ne pourra cependant jamais nous inſpirer pour Pline que des ſentimens d'eſtime & de reconnoiſſance: nos regrets ſont fondés, nos reproches ne le ſeroient point.

A la quatrième année de la XCV.e Olympiade, l'an 397, Zeuxis de la ville d'Héraclée (l'Héraclée apparemment d'Italie), entra dans la carrière qu'Apollodore avoit ouverte *(c)*, & il y fit de nouveaux progrès: Apollodore avoit exprimé le caractère des objets; il reſtoit, pour la perfection de l'art, à exprimer le caractère des paſſions. On en fut redevable à Zeuxis & aux autres Peintres ſes contemporains; nous devons le juger ainſi à la deſcription de leurs tableaux, faite par Pline, ſans pourtant croire que l'expreſſion des paſſions, juſqu'à un certain degré, n'eût pas été connue auparavant, ou qu'elle n'ait pas encore été perfectionnée dans la ſuite. Zeuxis fit auſſi des peintures monochromes *(d)* en blanc ſur blanc, preuve d'une grande intelligence dans la ruption des couleurs: Cléophante, auteur de la Peinture, & les Peintres monochromes ſes ſucceſſeurs, avoient fait tout au plus des camayeux imparfaits avec quelque autre couleur; Zeuxis traça le premier des figures en blanc ſur un fond blanc. Ce ſont donc principalement ces deux Peintres que Pline avoit déſignés ailleurs par les paroles ſuivantes: *(e)* « Nous dirons, » en faiſant mention des Artiſtes, qui ſont ceux qui ont ſpécifié les divers genres de peinture monochrome ». Entre pluſieurs ouvrages qu'il rapporte de Zeuxis, il parle d'un tableau de Pan *(f)* pour le roi Archelaüs. C'eſt manifeſtement Archelaüs roi de Macédoine, mort, ſuivant Pétau & Dodwel en l'an 399, deux ans avant l'année où Pline a placé la célébrité de Zeuxis: la conſéquence que Bayle en a tirée, comme ſi Pline étoit tombé dans un anachroniſme,

Doctr. temp. t. II, Paralip. p. 867. Annal Thucyd ante Chriſt. 454. Dictionn hiſtorique, Zeuxis.

(c) Ab hoc artis fores apertas Zeuxis Heracleotes intravit, audentemque jam aliquid penicillum, ... ad magnam gloriam perduxit.

(d) Pinxit & monochromata ex albo.

(e) Qui monochromatea genera picturæ vocaverint, ... dicemus in mentione artificum.

(f) Pana Archelao.

n'a pas le moindre fondement; quand on place tel Peintre en telle année, ne suppose-t-on pas toûjours qu'il a pû travailler quelques années auparavant & quelques années après? Zeuxis ne s'attacha pas seulement à la peinture, il travailla aussi en plastique.

Parrhasius d'Ephèse, Timanthe de Cythnos, Androcyde de Cyzique, Euxénidas & Eupompe de Sicyone ont tous été contemporains *(g)* de Zeuxis, & la plûpart d'entr'eux enrichirent l'art par de nouvelles découvertes: celles de Parrhasius furent *(h)* la justesse des proportions, les airs de tête extrêmement piquans, une tête bien coëffée en cheveux, une bouche belle & agréable, & ce que Pline appelle le sublime de la Peinture, la beauté des contours: je ne dis rien de tout ce qu'il ajoûte sur la vie & sur les ouvrages de ce fameux artiste; il s'est bien gardé de faire entrer dans *son récit* un trait fabuleux avancé par Sénèque le Rhéteur: c'est que dans la vente des Olynthiens, prisonniers de Philippe, Parrhasius en acheta un qu'il fit périr dans les tourmens, voulant s'en servir pour modèle d'un Prométhée. Pline a fait ce que font ceux de nos historiens, qui ne daignent pas seulement rapporter une fable à peu près pareille, mise sur le compte de Titien: d'ailleurs, la chronologie s'oppose au récit de Sénèque; la prise d'Olynthe est de l'an 348, & Parrhasius étoit déjà connu avant la mort de Socrate, arrivée plus de cinquante ans avant cette expédition. Timanthe paroît être le premier des Peintres, qui se soit distingué par les finesses *(i)* & les ressources d'esprit; & Eupompe *(k)* donna commencement à une troisième classe de Peintres, à l'école

Controverf. V; 10.

Rémarquez la faute de M. Olivier *Hist. de Philippe, t. II, p. 24*

Xenoph. Memorabil. III, p. 616, seq. edit. Basil.

(g) Æquales ejus & æmuli fuere Timanthes, Androcydes, Eupompus, Parrhasius.... Euxenidas hâc ætate docuit.

(h) Primus symmetriam picturæ dedit, primus argutias vultus, elegantiam capilli, venustatem oris, confessione artificum in lineis extremis palmam adeptus. Hæc est in picturâ summa sublimitas.

(i) Timanthi vel plurimum affuit ingenii.

(k) Ipsius auctoritas tanta fuit, ut diviserit picturam in genera tria, quæ ante eum duo fuere, Helladicum & quod Asiaticum appellabant. Propter hunc qui erat Sicyonius, diviso Helladico, tria facta sunt, Ionicum, Sicyonium, Atticum.

Sicyonienne, différente de l'Ionienne ou Asiatique, & de l'Athénienne ou Helladique.

Aristophon, dont Pline rapporte ailleurs différens ouvrages *(l)*, sans déterminer le temps où il vivoit, parce que c'étoit un Peintre du second rang, doit avoir suivi de fort près les artistes précédens, & s'être fait connoître vers l'an 390. Il étoit fils d'Aglaophon, célèbre en l'an 420, comme il a été dit plus haut; ce qui prouve que le tableau de l'Alcibiade & de la Némée étoit l'ouvrage d'Aglaophon, ainsi que l'assure Athénée, & non d'Aristophon, comme le veut Plutarque.

Plat. Gorgias, t. I, pag. 448, edit. Serran.

Athen XII, 9, p. 534.

In Alcibiade, t. I, p. 199, B. edit. Par.

Hist. Nat. XXI, 2.

En l'an 380 commença la C.e Olympiade, après laquelle Pline met Pausias de Sicyone, en le faisant pourtant plus ancien que la CIV.e Olympiade *(m)*; la célébrité de Pausias appartient donc à la CI.e Olympiade, vers l'an 376. Il étoit fils & élève de Briétès *(n)*, & il fut, à proprement parler, l'auteur de la belle encaustique, il inventa la ruption de la *couleur dans le noir*, comme Zeuxis l'avoit fait dans le blanc, & il mit le premier la peinture en usage pour le revêtement des appartemens.

Pamphile de Macédoine *(o)*, ayant été l'élève d'Eupompe, rapporté par Pline à l'an 397, & le maître d'Apelle, placé à l'an 332, a vécu par conséquent vers l'an 365. En effet il peignit, suivant le même auteur *(p)*, la bataille de Phliunte, que Diodore met à la seconde année de la CIII.e Olympiade, l'an 368; il ne sauroit donc avoir été le maître de Pausias, plus ancien que lui: d'ailleurs l'un pratiqua l'encaustique, & l'autre la peinture ordinaire; aussi Pline s'est-il servi de la restriction *on dit (q)*, quand il a parlé de l'opinion qui faisoit Pausias élève de Pamphile dans l'encaustique. Pamphile fut le premier

Diodor. l.

(l) Aristophon Ancæo vulnerato, &c.

(m) Post eum (Pausiam) *eminuit.... Euphranor.... Olympiade centesimâ quartâ.*

(n) Pausiam Sicyonium primum in hoc genere nobilem. Brietis filius huc fuit, ejusdem primo discipulus, &c.

(o) Docuit... Eupompus Pamphilum Apellis præceptorem.

(p) Pamphili, cognatio & prælium ad Phliuntem & victoria Atheniensium.

(q) Traditur.

peintre

peintre versé dans tous les genres de Science & de Littérature *(r)*, & il fit commencer dans la Grèce l'instruction des enfans par le dessein. Il ne prit point d'élève à moins d'un talent d'avance *(ſ)* pour dix années de leçon. Le talent Attique doit être évalué à environ quatre mille sept cens livres de notre monnoie, suivant le titre où est l'argent en France dans la présente année 1753, ainsi que Mrs Belley & Barthelemy l'ont supputé : & nous suivrons toûjours dans la suite cette évaluation.

Ctésidème, peintre du second rang, ayant été maître d'Antiphile *(t)*, doit avoir été contemporain de Pamphile, maître d'Apelle, puisque les deux disciples vécurent ensemble sous le règne d'Alexandre, comme nous le verrons plus bas.

A la CIV.[e] Olympiade, l'an 364, Euphranor, natif des environs de Corinthe *(u)* dans l'isthme, fut en même temps & célèbre statuaire & célèbre peintre encaustique. On trouve les deux genres souvent réunis dans les artistes de l'antiquité, comme ils l'ont été depuis dans Michel-Ange & dans plusieurs autres à la renaissance de la peinture. Euphranor fut le premier *(x)* qui donna, dans ses tableaux, un air frappant de grandeur à ses têtes de Héros & à toute leur personne, & le premier qui employa dans l'encaustique la justesse des proportions, que Parrhasius avoit introduite dans la peinture ordinaire. Cydias de Cythnos *(y)* étoit contemporain d'Euphranor, & comme lui peintre encaustique; il fit, entre autres ouvrages, un tableau des Argonautes.

Aristodème *(z)*, dont Pline ne parle que pour dire que Nicomachus, célèbre en l'an 332, fut son fils & son élève,

(r) Primus in picturâ omnibus litteris eruditus, præcipuè arithmetice & geometrice... & hujus auctoritate effectum est, Sicyone primum, deinde & in totâ Græciâ, ut pueri ingenui ante omnia graphicen, hoc est, picturam in buxo, docerentur.

(ſ) Docuit neminem minoris talento annis decem.

(t) Didicit Antiphilus à *Ctesidemo.*

(u) Eminuit longe ante omnes Euphranor Isthmius Olympiade centesimâ quartâ, idem qui inter fictores dictus est à nobis.

(x) Primus videtur expressisse dignitates heroum & usurpasse symmetriam.

(y) Eodem tempore fuit & Cydias.

(z) Nicomachus Aristodemi filius ac discipulus.

doit conſéquemment être placé vers l'an 360. On peut conjecturer que ce fut auſſi l'âge à peu près de Caladès, dont l'auteur n'a pas déterminé le temps, parce qu'il s'étoit borné à peindre *(a)* de petits ſujets, *parva*, dans de petits tableaux badins, *comicis tabellis*. A ce terme *comicis*, paroît répondre le titre κωμῳδοῦντες, donné, par Élien *(b)*, à des peintres qui pour apprêter à rire repréſentèrent Timothée endormi dans ſa tente, & par-deſſus ſa tête la fortune emportant les villes d'un coup de filet. Dans la pluralité de ces peintres pour un ſeul ſujet de peinture, on découvre d'abord la catachrèſe d'un pluriel pour un ſingulier: c'étoit un ſeul peintre, κωμῳδῶν, qui avoit ainſi donné la comédie aux dépens de Timothée, & le peintre borné à ces ſortes de petits tableaux badins, *comicis tabellis*, étoit Caladès. On donne à l'expreſſion de Pline pluſieurs autres interprétations, où la raiſon du moins de la petiteſſe des tableaux, & de leur deſtination à paſſer ſecrètement de main en main, ne ſe fait pas ſentir comme on la ſent dans l'explication propoſée. Timothée étoit Général des Athéniens en 355; ce ſeroit donc à peu près le temps où Caladès auroit travaillé.

A la CVII.e Olympiade, l'an 352, Echion & Thérimachus, habiles ſtatuaires, ſe firent encore honneur par leur pinceau *(c)*: & il faut rapporter à l'an environ 350 Ariſtolaüs & Méchopanès *(d)*, peintres encauſtiques, celui-là fils, celui-ci élève de Pauſias, dont nous avons fixé le temps vers l'an 376. Antidotus, autre peintre encauſtique, les ſuivit de près, car ayant été élève d'Euphranor *(e)*, qui vivoit en l'an 364, & maître de Nicias, qui vécut en 332, il appartient à l'an environ 348. Un autre élève d'Euphranor *(f)* fut Carmanidès,

Hiſt. Natur. XXXIV, 8.

(a) Parva & Callicles fecit, item Calades, comicis tabellis.

(b) Οἱ ζωγράφοι δὲ καθεύδοντα ἐποίουν αὐτὸν κωμῳδοῦντες· ἐπὶ τῆς σκηνῆς, ὄντα ὑπὲρ τῆς κεφαλῆς ἀπῃώρητο ἑστῶσα ἡ τύχη, ἕλκουσα εἰς κύρτον τὰς πόλεις. *Ælian. Var. hiſt. XIII, 43.*

(c) Clari etiam CVII Olympiade conſtitere Echion & Therimachus.

(d) Pauſiæ & filius & diſcipulus Ariſtolaus... & Mechopanes ejuſdem Pauſiæ diſcipulus.

(e) Euphranoris autem diſcipulus fuit Antidotus... maximè inclaruit diſcipulo Niciâ.

(f) Carmanides diſcipulus Euphranoris.

peintre du troisième rang. On ne sauroit non plus donner une plus grande antiquité à Calliclès, qui, selon Pline *(g)*, peignoit en petit. Ses tableaux, disoit Varron, n'avoient pas plus de quatre pouces de grandeur, & il ne put jamais parvenir *Sosipat. Charis. I.* à la sublimité d'Euphranor. Il fut donc postérieur à ce dernier, ce qui détruit l'idée où étoit le P. Hardouin, que le peintre Calliclès a pû être le même que le sculpteur Calliclès qui fit la statue de Diagoras, vainqueur aux jeux olympiques, en l'an 464.

La CXII.e olympiade, autrement l'an 332, nous présente, sous le règne d'Alexandre, Apelle, Aristide le Thébain, Protogène, Asclépiodore, Nicomachus & quelques autres peintres du premier mérite: quoique Pline mette, avec raison, Apelle à la tête de la liste, il ne faut pas croire que plusieurs de ces peintres ses contemporains & ses amis n'aient pas été un peu plus anciens que lui, & je vais tâcher de les ranger ici suivant toute l'exactitude de l'ordre chronologique.

Aristide le Thébain, le premier qui réussit, comme nous l'avons déjà prouvé, à exprimer parfaitement bien les passions douces, avoient été élève d'Euxénidas *(h)*, pendant que Pamphile, maître d'Apelle, avoit été élève d'Eupompe, contemporain du même Euxénidas; par conséquent Aristide doit avoir été un peu plus ancien qu'Apelle: d'ailleurs, il avoit fait un tableau admirable *(i)*, qu'Alexandre transporta depuis en Macédoine, & le transport se fit vrai-semblablement après la bataille de Chéronée, qui donna occasion à Alexandre de signaler sa valeur avant de monter sur le trône, & qui fut suivie de la prise de Thèbes, patrie d'Aristide; le tableau étoit donc plus ancien que l'avénement d'Alexandre à la Couronne. Enfin, Aristide vendit à Mnason, tyran d'Elatée, un tableau de cent figures *(k)*, sur le pied de dix mines pour chaque

(g) Parva & Callicles fecit.

(h) Euxenidas hâc ætate docuit Aristidem præclarum artificem, Eupompus Pamphilum Apellis præceptorem.

(i) Quam tabulam Alexander Magnus transtulerat Pellam in patriam suam.

(k) Idem pinxit prælium cum Persis, centum homines eâ tabulâ

figure; c'étoit mille mines, autrement plus de soixante-dix-huit mille livres: le tableau représentoit la bataille contre les Perses, la bataille sans doute de Marathon, dont Pline avoit fait précédemment mention à l'article de Panénus.

Asclépiodore reçut *(l)* aussi de Mnason trois cens mines (vingt-trois mille cinq cens livres) pour chaque figure de Divinités qu'il avoit peintes au nombre de douze, ce qui fait en tout trois mille six cens mines (deux cens quatre-vingt-deux mille livres). Le même Tyran donna encore à Théomneste, autre artiste, cent mines ou plus de sept mille huit cens livres pour chaque figure de héros, & s'il y en avoit aussi douze, c'étoit quatre-vingt-quatorze mille livres. Asclépiodore & Théomneste paroissent donc se rapporter au temps d'Aristide, & avoir été un peu plus anciens qu'Apelle: on peut placer vers le même temps Amphion, dont Apelle reconnoissoit la supériorité pour l'ordonnance, comme il reconnoissoit la supériorité d'Asclépiodore pour la justesse des proportions.

Nicomachus peignoit d'une vîtesse extrême *(m)*, ce qui, dans une occasion, le tira d'affaire vis-à-vis d'Aristrate tyran de Sicyone: or Aristrate étoit contemporain *(n)* de Philippe père d'Alexandre; voilà donc encore un peintre contemporain d'Apelle, mais un peu plus ancien. Il fut le premier *(o)* qui peignit Ulysse avec un bonnet, & tel qu'on le retrouve dans des médailles de la famille Mamilla, rapportées par Vaillant aux années 614 & 626 de Rome, environ deux cens ans après les ouvrages de Nicomachus.

Famil. Rom. Mamilia, 2, 3, 4.

Melanthius, que Pline met au nombre des peintres dont les chef-d'œuvres avoient été faits avec quatre couleurs seulement, & au nombre des élèves de Pamphile, conjointement

complexus, pactusque in singulos mnas denas à tyranno Elatensium Mnasone.

(l) Eadem ætate fuit Asclepiodorus, quem in symmetriâ mirabatur Apelles. Huic Mnason tyrannus pro duodecim diis dedit in singulos mnas tricenas, idemque Theomnesto in singulos heroas mnas centenas.

(m) Nec fuit alius in eâ arte velocior.

(n) Ἀριστράτου κατὰ Φίλιππον ἀκμάσαντος. *Plutarch. in Arato, t. I, p. 1032, F. edit. Par.*

(o) Hic primus Ulyssi addidit pileum.

avec Apelle, étoit véritablement contemporain de Nicomachus & d'Aristrate. Plutarque dit que Melanthius & les autres de sa volée travaillèrent à un tableau de ce tyran de Sicyone, contemporain de Philippe, & qu'Apelle, qui étoit avec eux, n'y toucha, selon Polémon *(p)*, que *du bout des doigts*, circonstance qui semble encore indiquer la jeunesse d'Apelle dans les temps d'Aristrate & de Philippe.

Antiphile, né en Égypte, également propre à peindre les grands & les petits sujets *(q)*, peignit Philippe & Alexandre encore fort jeune, & fut donc un peu plus ancien qu'Apelle, quoiqu'ils aient vécu l'un & l'autre encore après la mort d'Alexandre. Antiphile a été l'inventeur du grotesque : il peignit Gryllus, l'olympionique apparemment de ce nom, que Diodore place en la CXII.e Olympiade; & le peintre jouant sur le mot, qui signifie une sorte d'insecte, figura Gryllus *(r)* d'une manière risible; ce qui fit donner, ajoûte Pline, le nom de Gryllus à ce genre de peinture.

Lucian. De non temere cred. calumn.

Diodor.

Apelle doit venir ensuite; il étoit natif de Cos, & il surpassa, dit Pline, tous ceux qui l'avoient précédé & tous ceux qui devoient le suivre, *omnes priùs genitos futurosque:* ce dernier mot peut avoir deux sens; un sens historique, comme si personne depuis Apelle ne l'avoit encore égalé; ou bien un sens emphatique, comme si personne ne l'égaleroit jamais dans les siècles à venir. L'auteur paroît quelquefois se plaire à ces sortes de tours énigmatiques, lorsqu'ils ne peuvent ni obscurcir l'histoire ni rompre le fil du discours. Apelle donnoit à tout ce qu'il peignoit une *(s)* grace inimitable : il sema le bruit, pour rendre service à Protogène, qu'il vouloit s'approprier ses ouvrages, & les lui acheter cinquante talens (deux cens trente-cinq mille livres); il fit un tableau d'Alexandre

(p) Ἀπλῶς συνεφαψαμένου τῆς γραφῆς. *Plutarch. loc. cit.*

(q) Utraque Antiphilus. Pinxit... Philippum.... Alexandrum puerum.

(r) Idem jocoso nomine Gryllum ridiculi habitus pinxit : unde hoc genus picturæ Grylli vocantur.

(s) Præcipua ejus in arte venustas fuit ... quam Græci charita vocant.... Quinquagenis talentis poposcit, famamque dispersit, se emere, ut pro suis venderet.

pour la ville d'Ephèſe *(t)*, dont il reçut vingt talens (quatre-vingt-quatorze mille livres) qu'on lui paya par une meſure comble de pièces d'or, ſans les lui compter. C'eſt tout ce que nous dirons ſur un artiſte dont Pline a raconté une foule de particularités inſtructives & curieuſes. Nous ſommes malheureuſement obligés ici, comme ailleurs, de mettre à l'écart, je l'ai déjà dit, toutes ces beautés, pour ne point abandonner un plan qui nous borne à des éclairciſſemens d'un autre genre.

Pline compte Nicophane *(u)* parmi les excellens peintres contemporains d'Apelle, & il fait mention d'Alcimachus *(x)*, artiſte du ſecond rang, qui peignit Dioxippe, vainqueur au Pancrace ſans concurrent dans les jeux Olympiques, & avec des concurrens dans les jeux Néméens; or le Peintre doit être placé en ces temps-ci, puiſque l'athlète vivoit ſous le règne d'Alexandre. *Ælian. var. hiſt. X, 22.*

Nicias d'Athènes, habile peintre encauſtique, élève d'Antidotus, vivoit, comme Apelle, à la CXII.e Olympiade, l'an 332. Il fut le premier qui employa *(y)* parmi ſes couleurs, la ceruſe brûlée, dont la découverte ſe fit par haſard dans un incendie du Pirée; & Meurſius, dans ſon recueil ſur le Pirée, confondant cet ancien incendie avec celui de l'an 86 ſous le proconſulat de Sylla, renvoie beaucoup plus tard qu'il ne faut l'époque de la ceruſe brûlée. Le ſculpteur Praxitèle déclaroit *(z)* que celles de ſes ſtatues qui lui plaiſoient le plus, étoient celles où Nicias avoit appliqué ſon vernis. Comme Praxitèle floriſſoit en 364 & Nicias en 332, Pline ſemble trouver quelque difficulté dans le ſynchroniſme; on

(t) Pinxit & Alexandrum Magnum fulmen tenentem, in templo Epheſiæ Dianæ, viginti talentis... Tabulæ pretium accepit aureos menſurâ, non numero.

(u) Annumeratur his & Nicophanes elegans & concinnus.

(x) Pinxit Alcimachus Dioxippum, qui pancratio Olympia citra pulveris tactum, quod vocant aconiti, vicit: coniti Nemeæ.

(y) Uſta caſu reperta incendio Piræei... hâc primus uſus eſt Nicias.

(z) Hic eſt Nicias, de quo dicebat Praxiteles interrogatus, quæ maximè opera ſua probaret in marmoribus; quibus Nicias manum admoviſſet: tantum circumlitioni ejus tribuebat. Non ſatis diſcernitur, alium eodem nomine, an hunc eumdem quidam faciant Olympiade centeſimâ duodecimâ.

ne comprend pas trop, dit-il, si c'est le même Nicias, ou si c'est un autre qui a vécu à la CXII.e Olympiade; mais il n'y a qu'à supposer Nicias encore jeune & Praxitèle un peu âgé vers l'an 348, & la difficulté disparoîtra. Nicias *(a)* refusa d'un tableau soixante talens (deux cens quatre-vingt-deux mille livres) qu'un Prince lui offroit. C'étoit, suivant Plutarque *(b)* & suivant la chronologie, *le roi Ptolémée*, un des successeurs d'Alexandre, & ce n'étoit pas *le roi Attalus*, qu'on lit dans Pline par une faute manifeste du copiste; car Attalus I du nom ne monta sur le trône de Pergame qu'en l'an 242, plus de cent ans après le synchronisme de Praxitèle & de Nicias : il y a plus, le Roi de ce nom curieux en tableaux étoit Attalus III, postérieur à l'autre d'un siècle. Comme on voyoit au comice de Rome deux tableaux encadrés dans un mur *(c)*, l'un avec l'inscription *Nicias m'a fait avec le feu*, l'autre, qui lui servoit de pendant, où Philocharès avoit marqué que c'étoit son ouvrage; on ne sauroit douter que ces deux inscriptions, avec celle de Lysippe rapportée plus haut, ne soient les trois que la préface de Pline avoit annoncées comme les seuls monumens d'ancienne peinture où l'on lût *un tel m'a fait*. On ignore en quel temps a vécu Philocharès.

Enfin Protogène, qui tint par ses talens & par sa réputation un des premiers rangs parmi les contemporains d'Apelle, sera placé le dernier de tous dans la liste chronologique, parce qu'on le voit encore travailler dans sa cabane *(d)* environ vingt ans après la mort d'Alexandre, lorsque Démétrius, surnommé depuis Poliorcète, fut envoyé dans l'île de Rhode par son père Antigonus, vers l'an 305. Nous ne dirons rien de la vie & des actions de ce grand Peintre, sinon qu'il joignit, comme tant d'autres, l'exercice de la sculpture avec celui de la peinture.

(a) Hanc vendere noluit Attalo regi talentis sexaginta.

(b) Plutarch. Non posse suav. vivi secund. Epicur. t. II, p. 1093, E. edit. Par.

(c) Augustus in curiâ quoque, quam in comitio consecrabat, duas tabulas impressit parieti, &c.

(d) Erat tunc Protogenes in suburbano hortulo suo, hoc est Demetrii castris. Fecit & signa ex ære.

Tels ont été, depuis Apollodore jusqu'à Protogène, autrement depuis la fin de la guerre du Péloponnèse jusqu'après la mort d'Alexandre, les Peintres connus, dont la plufpart, excellens artiftes, ont à jamais illuftré la Grèce dans cet intervalle d'environ cent ans. De-là Pline paffe à plufieurs autres peintres Grecs moins fameux, & coule légèrement fur ce qui les regarde; il y en a même plufieurs qu'il ne fait que nommer: nous les pafferons conféquemment prefque tous fous filence, pour ne pas groffir inutilement une énumération qui n'a déjà été, & ne fera peut-être encore que trop ennuyeufe. Les peintres Romains, qui vis-à-vis même de ces derniers peintres Grecs ne font rien, ni pour le nombre, ni pour le talent, mériteroient bien mieux d'être auffi oubliés, fi l'Hiftorien, en faveur de fa patrie, n'avoit pas fait une mention expreffe de quelques-uns. Il fera donc quelquefois mention d'eux dans ce qui nous refte à recueillir des dates chronologiques, la plufpart relatives à l'hiftoire de l'art chez les Romains.

A l'expiration du beau fiècle de la peinture Grecque, lequel avoit commencé, comme il a été dit, par Apollodore en l'an 404, on voit en 304, pour la première fois, un Romain prendre le pinceau *(e)*. « On a fait auffi de bonne heure, dit » Pline, honneur à la peinture chez les Romains; car une » branche de l'illuftre famille des Fabius en a tiré le furnom » de *Pictor*, & le premier qui le porta, peignit le temple de » la Déeffe Salus, en l'an de Rome 450: l'ouvrage a fubfifté » jufqu'à notre temps, que le temple a été brûlé fous l'empire de Claude ». Il y a dans ces paroles une fineffe & une exactitude qui ont échappé à plufieurs Savans: on y fent une différence entre ce que Pline dit & ce qu'il voudroit pouvoir dire. Il voudroit pouvoir avancer que l'art avoit été pratiqué fort anciennement à Rome par des citoyens; &, en hiftorien exact, il joint à l'expreffion *de bonne heure*, la détermination

(e) Apud Romanos quoque honos maturè huic arti contigit. Siquidem cognomina ex eâ Pictorum traxerunt Fabii, clariffimæ gentis; princepfque ejus cognominis, ipfe Ædem falutis pinxit anno Urbis conditæ CCCCL quæ pictura duravit ad noftram memoriam, æde Claudii principatu exuftâ.

de

de l'époque, qui ne va pas à quatre cens ans d'antiquité: il voudroit pouvoir ajoûter que l'exercice de la peinture y fut dès-lors en honneur, & il dit uniquement qu'on y fit honneur à la peinture; enfin il voudroit pouvoir vanter la beauté des ouvrages de Fabius, & tout l'éloge qu'il en fait, c'est qu'ils s'étoient conservés jusqu'au règne de Claude. Ceux qui se sont donc autorisés diversement de ce passage, pour prouver, ou que les ouvrages de Fabius avoient de la beauté, ou que la profession de peintre étoit honorable chez les anciens Romains, ou que Pline a prétendu nous faire entendre l'un & l'autre de ces deux points, afin de nous en imposer, se sont tous également trompés.

Le seul ouvrage de peinture que l'auteur nous fasse remarquer à Rome dans le siècle qui suivit l'époque de Fabius Pictor, c'est un *(f)* tableau que Valerius Messala fit faire de sa victoire de Sicile en l'an 264, & qu'il exposa sur un côté de la curie *Hostilia:* le silence de Pline sur le nom du peintre, nous fait assez comprendre que l'ouvrier étoit Grec, les Romains étendant déjà pour lors leur domination sur le canton d'Italie, appelé la *grande Grèce,* & sur la Sicile pareillement peuplée de Grecs. L'exemple de Valerius Messala fut suivi dans la suite par Lucius Scipion qui, après avoir défait en Asie le roi Antiochus, étala dans Rome le tableau de sa victoire, en l'an 190.

L'année suivante, 189, Fulvius Nobilior assiégea & prit Ambracie, où Pyrrhus avoit autrefois rassemblé plusieurs rares productions des arts cultivés dans la Grèce. Le consul Romain, dit Pline, ne laissa que les ouvrages en plastique de Zeuxis *(g)*, & transporta les Muses à Rome: c'étoit neuf statues où chaque Muse en particulier étoit représentée avec ses attributs. Tite-Live dit aussi que Fulvius enleva d'Ambracie les statues de

Eumen orat pro restaur Schol

L. XXXVIII. c. 9.

(f) Qui princeps tabulam picturæ prælii, quo Carthaginenses & Hieronem in Siciliâ devicerat, proposuit in latere curiæ Hostiliæ anno ab urbe conditâ CCCCXC. Fecit hoc idem & L. Scipio, tabulamque victoriæ suæ Asiaticæ in Capitolio posuit.

(g) Zeuxis fecit & figlina opera, quæ sola in Ambraciâ relicta sunt, cum inde Musas Fulvius Nobilior transferret.

bronze & de marbre, & les tableaux : mais il paroît que les tableaux ne furent pas transportés à Rome, ou qu'ils n'y furent pas livrés à la curiosité du public, puisque Pline nous marquera plus bas l'époque du premier tableau étranger qu'on ait étalé dans la ville. Les Romains n'étoient point encore curieux de peinture, comme ils l'étoient de sculpture : les statues des Muses, apportées d'Ambracie, furent représentées chacune dans des Médailles particulières, qu'on trouve expliquées fort ingénieusement dans Vaillant.

Famil. Rom. Pomponiâ, II, seqq.

Vers l'an 180, Caïus Térentius Lucanus, si c'est, comme l'a cru Vaillant, le frère de Publius maître du poëte Térence, fut le premier *(h)* qui fit peindre à Rome des combats de Gladiateurs.

Ibid. Terentiâ, 2.

Paul Emile, destructeur du royaume de Macédoine, en 168, emmena d'Athènes à Rome Métrodore *(i)*, qui étoit en même temps philosophe & peintre. Il ne vouloit un peintre, que pour le faire travailler aux décorations de son triomphe.

Vers l'an 154, Pacuvius *(k)*, neveu maternel d'Ennius, cultivoit à Rome & la poësie & la peinture. Entre Fabius Pictor & lui, dans un espace d'environ cent cinquante ans, Pline n'a point de peintre Romain à nous produire : il dit que les pièces de théatre de Pacuvius donnèrent plus de considération à la profession de peintre, & que cependant après lui elle ne fut guère exercée à Rome par d'honnêtes gens. Qu'on juge ensuite si l'écrivain a prétendu nous laisser une grande idée des peintres Romains.

En l'an 147, Hostilius Mancinus, qui dans une tentative sur Carthage, étoit le premier entré jusque dans la ville,

(h) Pingi autem gladiatoria munera, atque in publico exponi cœpta, à C. Terentio Lucano.

(i) Cùm L. Paulus devicto Perseo petiisset ab Atheniensibus, ut sibi quam probatissimum philosophum mitterent ad erudiendos liberos, itemque pictorem ad triumphum excolendum, Athenienses Metrodorum elegerunt.

(k) Proxime celebrata est, in foro boario æde Herculis, Pacuvii poetæ pictura. Ennii Sorore genitus hic fuit : clarioremque eam artem Romæ fecit gloria Scenæ. Posteà non est spectata honestis manibus.

exposa dans Rome *(l)* le tableau de la situation de la place, & de l'ordre des attaques. L'année suivante Mummius, destructeur de Corinthe, fit transporter à Rome le premier tableau étranger *(m)* qu'on y ait exposé en public. C'étoit un Bacchus d'Aristide le Thébain, dont le roi Attalus donnoit six cens mille sesterces, cent dix-sept mille cinq cens livres; mais le général Romain rompit le marché, dans la persuasion qu'un tableau de ce prix renfermoit des vertus secrettes. La somme offerte par Attalus ne paroîtra pas exorbitante, si l'on considère qu'il acheta, dans une autre occasion, un tableau du même Aristide cent talens (quatre cens soixante-dix mille livres); & ce dernier fait étant rapporté par Pline en deux différens endroits *(n)*, nous ne devons point y soupçonner de l'erreur dans les chiffres, comme il ne nous arrive que trop souvent de supposer des fautes de copiste, & même des fautes d'ignorance dans les historiens de l'antiquité, quand ce qu'ils attestent n'est pas conforme à nos idées & à nos usages, vrai moyen d'anéantir toute l'ancienne histoire. La conduite de Mummius fait voir que les Romains n'avoient point encore de son temps le goût de la peinture, quoiqu'ils eussent celui de la sculpture depuis la fondation de leur ville *(o)*. Pour un tableau que ce Général rapporta d'Achaïe, il en tira un si grand nombre de statues qu'elles remplirent *(p)*, suivant l'expression de Pline, la ville entière de Rome. Nous voyons aussi que dans la Grèce le nombre des sculpteurs & des ouvrages de sculpture l'a de tout temps emporté sur le nombre des peintres & des ouvrages de peinture: c'est, comme l'a remarqué M. le Comte de Caylus, que ces deux peuples, jaloux de s'éterniser, préféroient les monumens plus durables à ceux qui l'étoient moins.

(l) Hostilius Mancinus, qui primus Carthaginem irruperat, situm ejus oppugnationesque depictas proponendo in foro, &c.

(m) Tabulis autem externis auctoritatem Romæ publicè fecit primus omnium Lucius Mummius, &c.

(n) Ut Attalus rex unam tabulam ejus centum talentis emisse tradatur. Aristidis Thebani pictoris unam tabulam centum talentis rex Attalus licitus est. Hist. Nat. VII, 38.

(o) Vetustas æqualem urbi auctoritatem ejus declarat. Idem, XXXIV, p. 1.

(p) Mummius devictâ Achaïâ replevit urbem signis. Idem, XXXIV, 7.

Cependant peu après l'expédition de Mummius, les Romains commencèrent à se familiariser un peu plus avec un art qui leur paroissoit comme étranger. On vit à Rome *(q)*, pendant la jeunesse de Varron, environ l'an 100 avant J. C, Lala de Cyzique, fille qui vivoit dans le célibat & dans l'exercice de la peinture; on y voyoit en ce temps-là même un Sopolis & un Dionysius, dont les tableaux remplirent peu à peu tous les cabinets. En l'an 99, Claudius Pulcher, étant Édile, fit peindre *(r)* le premier la scène pour une célébration des jeux publics; & il est à croire qu'il y employa le peintre Sérapion, Pline ajoûtant *(s)* que le talent de cet artiste se bornoit à des décorations de scène, & qu'un seul de ses tableaux couvroit quelquefois, au temps de Varron, tous les vieux piliers du Forum. Sylla, quelque temps après, fit peindre *(t)*, dans sa maison de plaisance de Tusculum, qui passa depuis à Cicéron, un évènement de sa vie bien flatteur; c'étoit la circonstance où commandant l'armée, l'an 89, sous les murs de Nôle en qualité de Lieutenant, dans la guerre des Marses, il reçut la couronne obsidionale.

Les Lucullus firent venir à Rome *(u)* un grand nombre de statues, dans le temps apparemment de leur édilité, en 79, & l'aîné des deux frères, le célèbre Lucius Lucullus, étoit alors *(x)* absent: on ne peut donc mieux placer qu'en cette occasion l'achat qu'il fit, selon Pline *(y)*, dans Athènes aux fêtes de Bacchus, de la copie d'un tableau de Pausias,

(q) Lala Cyzicena perpetua virgo, Marci Varronis juventâ, Romæ & penicillo pinxit ..... artis vero tantum, ut multum manipretio antecederet celeberrimos eadem ætate imaginum pictores, Sopolin & Dionysium.

(r) Habuit & scena ludis Claudii Pulcri magnam admirationem picturæ.

C. Pulcher scenam varietate colorum adumbravit, vacuis antè picturâ tabulis extentam. Val. Max. II, 4, 6

(s) Mæniana, inquit Varro, omnia operiebat Serapionis tabulâ. Hic scenas optimè pinxit, sed hominem pingere non potuit.

(t) Idque etiam in villâ suâ quæ fuit postea Ciceronis, pinxit. Hist. Nat. XXII, 6.

(u) Multa & signa *Luculli invexere.* Idem, XXXIV, 7.

(x) Ὥστε σὺν ἐκείνῳ μὴ παρὼν ἀγορανόμους αἱρεθῆναι *Plutar. in Lucullo, t. 1, p. 492, B. edit. Par.*

(y) Hujus tabulæ exemplar, quod apographon vocant, L. Lucullus duobus talentis emit Dionysiis Athenis.

pour la ſomme de deux talens (neuf mille quatre cens livres) diſproportion toûjours viſible dans le nombre des ouvrages de peinture & de ſculpture. Lucullus ramaſſa dans la ſuite une grande quantité des uns & des autres, & Plutarque le blâme de ce goût pour les ouvrages de l'art, autant qu'il le loue du ſoin qu'il avoit de faire des collections de livres. La façon de penſer de Plutarque ne doit pas nous ſurprendre; elle a des exemples dans tous les ſiècles qui ont connu les Arts & les Lettres; elle en a parmi nous, parce qu'il n'appartient qu'à un très-petit nombre de Savans de reſſembler à Pline, & de n'avoir point de goût excluſif. *Plutarch. loc. cit p. 518. C. Ibidem pag. 519. E.*

Il nous marque un progrès dans la curioſité des particuliers & du public pour la Peinture, vers l'an 75, en diſant que l'orateur Hortenſius *(z)*, après avoir acheté les Argonautes de Cydias cent quarante-quatre mille ſeſterces (vingt-huit mille cent dix livres) fit bâtir dans ſa maiſon de Tuſculum une chapelle exprès pour ce tableau, & que le forum étoit déjà garni de divers ouvrages de peinture *(a)* dans le temps où Craſſus, avant de parvenir aux grandes Magiſtratures, ſe diſtinguoit dans le Barreau.

Pour l'année 70, on trouve une apparence de contrariété entre la chronologie de Cicéron & celle de Pline, ſur l'âge de Timomachus de Byzance, peintre encauſtique. Cicéron écrivoit en cette année-là ſon quatrième diſcours contre Verrès; il y parle de quelques tableaux, parmi un grand nombre d'ouvrages de ſculpture, enlevés à la Sicile, & tranſportés à Rome par l'avide Préteur: « que ſeroit-ce, dit-il à l'occaſion *In Verr. IV, 60.*
« de ces tableaux, ſi l'on enlevoit aux habitans de Cos leur
« Vénus, à ceux d'Ephèſe leur Alexandre, à ceux de Cyzique
« leur Ajax ou leur Médée? » Cet Ajax & cette Médée ſont viſiblement l'Ajax & la Médée que Jules Céſar acheta depuis à Cyzique; or, ſelon Pline, la Médée *(b)* étoit demeurée

(z) Tabulam Argonautas H-S CXLIV. Hortenſius orator mercatus eſt, eique ædem fecit in Tuſculano ſuo.

(a) Deinde video & in foro poſitas vulgò. Hinc enim ille Craſſi oratoris lepos, &c.

(b) Imperfectaſque tabulas ſicut... Medeam Timomachi.

imparfaite par la mort de Timomachus antérieure à l'an 70; &, ſelon le même écrivain *(c)*, Timomachus fut contemporain de Céſar Dictateur en l'an 49. Telle eſt la difficulté, qui diſparoîtra, ſi l'on veut conſidérer que Timomachus a pû mourir vers l'an 69, environ vingt ans avant la dictature de Céſar, & avoir été contemporain de Céſar, mais contemporain un peu plus ancien. L'expreſſion de Pline, *Cæſaris Dictatoris ætate*, ſignifie donc, *dans le temps de Céſar, celui qui fut Dictateur*, & non pas *dans le temps que Céſar étoit Dictateur.* Il faut ſouvent faire ces ſortes d'attentions dans la chronologie de Pline, où le titre des Magiſtratures déſigne quelquefois l'époque des évènemens, & quelquefois la ſeule diſtinction des perſonnes d'un même nom, que des lecteurs pourroient confondre. Le titre de *Dictateur*, qu'il donne par-tout à Céſar, eſt de cette dernière eſpèce: mais voici d'autres exemples où, par les titres de *Préteur*, d'*Édile* ou d'*Imperator*, il indique habilement des dates, que ſa méthode élégante & préciſe ne lui permettoit pas de ſpécifier plus particulièrement, & que nous ne laiſſerons pas d'exprimer année par année pour la continuation de notre chronique.

Le préteur *(d)* Marcus Junius (c'étoit l'an 67) fit placer dans le temple d'Apollon, à la ſolennité des jeux Apollinaires, un tableau d'Ariſtide le Thébain: un peintre ignorant, qu'il avoit chargé immédiatement avant le jour de la fête de nettoyer le tableau, en effaça toute la *beauté.*

Les édiles *(e)* Varron & Muréna (c'étoit l'an 60) firent tranſporter à Rome, pour l'embelliſſement du Comice, des enduits de peinture à freſque, qu'on enleva de deſſus des murailles de brique à Lacédémone, & qu'on enchâſſa ſoigneuſement dans des quadres de bois, à cauſe de l'excellence des

(c) Timomachus Byzantius Cæſaris dictatoris ætate Ajacem & Medeam pinxit, ab eo in Veneris genetricis æde poſitas.

(d) Cujus tabulæ gratia interiit pictoris inſcitiâ, cui tergendam eam mandaverat M. Junius prætor ſub die ludorum Apollinarium.

(e) Lacedæmone quidem exciſum lateritiis parietibus tectorium, propter excellentiam picturæ, ligneis formis incluſum, Romam deportavere in ædilitate, ad comitium exornandum, Muræna & Varro. Cùm opus per ſe mirum eſſet, tranſlatum tamen magis mirabantur.

peintures: ouvrage admirable par lui-même, ajoûte Pline, il le fut bien plus encore par la circonſtance du tranſport.

Pendant l'édilité de Scaurus, en l'an 58, on vit des magnificences qui nous paroîtroient incroyables ſans l'autorité de Pline, & incompréhenſibles ſans les explications de M. le Comte de Caylus ſur les jeux de Curion, qui ſuivirent d'aſſez près ceux de Scaurus: pour ne parler que de la peinture, Scaurus fit venir *(f)* de Sicyone, où l'art & les artiſtes avoient fixé depuis long-temps leur principal ſéjour, tous les tableaux qui pouvoient appartenir au public, & que les habitans vendirent pour acquitter les dettes de la ville. *Hiſt. Natur. XXXVI, 16.*

Les factions qui régnoient dès-lors dans Rome, & qui renversèrent bien-tôt la République, engagèrent Varron & Atticus à ſe livrer totalement à leur goût pour la Littérature & pour les beaux arts *(g)*. Atticus, le fidèle ami de Cicéron, donna un volume avec les portraits deſſinés de pluſieurs illuſtres perſonnages, & Varron diſtribua dans tous les endroits de l'empire Romain, un recueil de ſept cens figures pareillement deſſinées avec le nom de ceux qu'elles repréſentoient. Le même Varron atteſtoit l'empreſſement du peuple Romain pour d'anciens reſtes de peinture: quand on voulut réparer le temple de Cérès, que Démophile & Gorgaſus avoient autrefois orné d'ouvrages de peinture & de plaſtique, on détacha *(h)* des murs les peintures à freſque, & l'on eut ſoin de les encadrer; on diſperſa auſſi les figures de plaſtique.

Jules Céſar, parvenu à la Dictature l'an 49, augmenta de beaucoup l'attention & l'admiration des Romains pour la Peinture *(i)*, en dédiant l'Ajax & la Médée de Timomachus

(f) Diuque fuit illa (Sicyon) *patria picturæ. Tabulas inde è publico omnes propter æs alienum civitatis addictas, Scauri ædilitas Romam tranſtulit.*

(g) Imaginum amore flagraſſe quondam teſtes ſunt Atticus ille Ciceronis, edito de his volumine, & Marcus Varro benigniſſimo invento, inſertis voluminum ſuorum fecunditati, non nominibus tantum ſeptingentorum illuſtrium, ſed aliquo modo imaginibus, &c.

(h) Ex hâc, cum reficeretur, cruſtas parietum excisas, tabulis marginatis incluſas eſſe, item ſigna ex faſtigiis diſperſa.

(i) Sed præcipuam auctoritatem fecit publicè tabulis Cæſar dictator, Ajace & Medea ante Veneris Genetricis ædem dicatis.

à l'entrée du temple de Vénus Genitrix: ces deux tableaux *(k)* lui coûtèrent quatre-vingts talens (trois cens soixante & seize mille livres). En l'année 44, qui fut celle de la mort de César, Lucius Munacius Plancus ayant reçû le titre d'*Imperator (l)*, exposa au Capitole un tableau de Nicomachus, où étoit représentée l'image de la Victoire conduisant un quadrige au milieu des airs. Observons que, dans tous ces récits qui regardent Rome, ce sont des peintres Grecs qu'on y voit paroître; l'auteur nomme cependant, pour ces temps-ci, Arellius, peintre Romain *(m)*, qu'il place peu avant le règne d'Auguste.

Ce fut sur-tout cet Empereur qui orna les temples de Rome & les places publiques de ce que les anciens peintres de la Grèce avoient fait de plus rare & de plus précieux: Pline qui, de concert avec les autres écrivains, nous assure *(n)* le fait en général, désigne en particulier quelques-uns de ces ouvrages consacrés au public par Auguste; & nous devons attribuer aux soins du même Prince l'exposition de plusieurs autres tableaux, que l'historien remarque dans Rome, sans dire à qui l'on en avoit l'obligation; le grand nombre fait que nous ne parlerons ni des uns ni des autres. Agrippa, gendre d'Auguste, se distinguoit par le même goût, & Pline assure qu'on avoit encore de lui un discours magnifique & tout-à-fait digne du rang qu'il tenoit de premier citoyen *(o)*, sur le parti qu'on devroit prendre de gratifier le public de tout ce qu'il y avoit de tableaux & de statues dans les maisons particulières de Rome: ce n'est pourtant pas nous faire voir dans cet amateur des ouvrages de peinture, un homme attentif à leur conservation, que d'ajoûter *(p)* qu'il en confina

(k) Ab eo in Veneris Genitricis æde positas, octoginta talentis venumdatas.

(l) In eodem capitolio alia, quam Plancus imperator posuerat, victoria quadrigam in sublime rapiens.

(m) Arellius Romæ celeber paulò ante Divum Augustum.

(n) Super omnes Divus Augustus, &c.

(o) Exstat certè ejus oratio magnifica, & maximo civium digna, de tabulis omnibus signisque publicandis.

(p) In thermarum quoque calidissimâ parte marmoribus incluserat parvas tabellas.

quelques-uns

quelques-uns dans les étuves des bains qui portoient son nom, ni nous donner une grande idée de sa dépense en tableaux, que de nous dire, pour toute particularité dans ce genre *(q)*, qu'il acheta un Ajax & une Vénus à Cyzique trois mille deniers (deux mille trois cens cinquante livres): quelle différence de prix entre l'Ajax & la Vénus d'Agrippa, & l'Ajax & la Médée de Jules César, tous achetés dans la même ville?

Le moderne Ludius *(r)*, qui vivoit sous le règne d'Auguste, fut le premier qui peignit des paysages à fresque; il en faisoit de côté & d'autre à bon marché, suivant la fantaisie des curieux. On ignoroit avant lui l'aménité des sujets dans les peintures à fresque; on ne les avoit guère employées qu'à des ornemens de temple ou à des sujets nobles & sérieux, & même les grands artistes de la Grèce n'avoient jamais donné dans ce genre de peinture.

Le même Empereur approuva *(s)* le parti qu'on prit d'appliquer à la Peinture le jeune Quintus Pedius d'une des premières familles de Rome: Pline semble d'abord en vouloir tirer quelque avantage en faveur de la profession; cependant il ajoûte en même temps, avec son exactitude & sa fidélité ordinaire, une circonstance qui affoiblit totalement cette idée, c'est que le jeune Pedius étoit muet de naissance. Il convient aussi qu'Antistius Labeo *(t)*, qui avoit rempli des charges considérables dans l'Etat, & qui avoit refusé le Consulat qu'Auguste lui offroit, se donna un ridicule, en s'attachant à faire de petits tableaux, & en se piquant d'y réussir. En un mot,

Digest. 11, t. 11, orig. Jur. 47.

(q) Eadem illa torvitas tabulas duas Ajacis & Veneris mercata est à Cyzicenis, HS. XII M.

(r) Non fraudando & Ludio, Divi Augusti ætate, qui primus instituit amœnissimam parietum picturam .... qualia optaret .... blandissimo aspectu, minimoque impendio. Sed nulla gloria artificum est, nisi eorum qui tabulas pinxere, eoque venerabilior apparet antiquitas.

(s) Qu. Pedius, nepos Qu. Pedii consularis triumphalisque, ... cum naturâ mutus esset, eum Messala orator, ex cujus familiâ pueri avia erat, picturam docendum censuit, idque etiam Divus Augustus comprobavit.

(t) Parvis gloriabatur tabellis, extinctus nuper in longuâ senectâ, Antistius Labeo prætorius, etiam proconsulatu provinciæ Narbonensis functus. Sed ea res in risu ex contumeliâ erat.

l'on aimoit, l'on estimoit les ouvrages de l'art, & l'on méprisoit ceux qui en faisoient leur occupation, ou même leur amusement.

La mort d'Auguste fut bien-tôt suivie de la décadence des Arts: cependant Pline parle d'un grand prêtre de Cybèle *(u)*, ouvrage de Parrhasius, & tableau favori de Tibère, estimé soixante mille sesterces (onze mille sept cens cinquante livres), que ce Prince tenoit enfermé dans sa chambre à coucher, & d'un tableau *(x)* chéri d'Auguste, un Hyacinthe qu'il avoit apporté d'Alexandrie, & que Tibère consacra dans le temple du même Auguste. Pline naquit au milieu du règne de Tibère, l'an 25 de Jésus-Christ; & tout ce qu'il ajoûte sur la peinture & sur les peintres pour son temps, se réduit aux remarques suivantes.

Aux deux anciennes manières *(y)*, dit-il, de travailler l'encaustique, on en a ajoûté une troisième, qui est de se servir du pinceau pour appliquer les cires qu'on fait fondre à la chaleur du feu: comme ces peintures résistoient à l'ardeur du soleil & à la salure des eaux de la mer, on les fit servir à l'ornement des vaisseaux de guerre *(z)*; on s'en sert même déjà, remarque-t-il, pour les vaisseaux de charge. Ces ornemens étoient en dehors des bâtimens, suivant la force du terme latin, *expingimus.*

Il nous donne une étrange idée du goût des successeurs de Tibère pour la peinture. L'empereur Caius voulut enlever *(a)* du temple de Lanuvium, à cause de leur nudité, les figures d'Atalante & d'Hélène, peintes par l'ancien Ludius;

(u) Parrhasius *pinxit & Archigallum, quam picturam amavit Tiberius princeps : atque, ut auctor est Decius Eculeo,* LX *sestertiis æstimatam, cubiculo suo inclusit.*

(x) *Hyacinthus, quem Cæsar Augustus delectatus eo secum deportavit Alexandriâ captâ, & ob id Tiberius Cæsar in templo ejus dicavit hanc tabulam.*

(y) *Encausto pingendi duo fuisse antiquitus genera constat .... donec classes pingi cœpere. Hoc tertium accessit, resolutis igni ceris penicillo utendi, quæ pictura in navibus nec sole nec sale nec ventis corrumpitur.*

(z) *Jam verò & onerariis navibus, quoniam & pericula expingimus.*

(a) *Caïus princeps eas tollere conatus est, libidine accensus, si tectorii natura permisisset.*

& il l'auroit fait, si la nature de l'enduit, altéré par la trop grande vétusté, ne se fût opposée à l'exécution du projet. L'empereur Claude *(b)* crut signaler son bon goût & donner un grand air de dignité à deux tableaux d'Apelle consacrés au public par Auguste, d'y faire effacer la tête d'Alexandre le Grand, & d'y faire substituer la tête d'Auguste lui-même: Pline se plaint encore *(c)*, soit de pareils changemens dans des têtes de statues, soit de la peinture des mosaïques de marbre *(d)*, mise à la place des tableaux, & inventée sous le même règne de Claude, environ l'an 50 de Jésus-Christ. Le règne de Néron, successeur de Claude, donna, vers l'an 64, l'époque des marbres incrustés les uns dans les autres, & l'auteur s'en plaint également comme d'un usage qui portoit préjudice au goût de la peinture; il traite enfin d'extravagance réservée à son siècle *(e)*, la folie de Néron, qui se fit peindre de la hauteur de cent vingt pieds Romains. La toile, dont les peintres ne s'étoient pas encore avisés de faire usage, fut employée alors pour la première fois, parce que le métal ou même le bois n'auroient jamais pû se façonner pour un pareil tableau: il faut donc rapporter aussi à l'an environ 64 de Jésus-Christ l'époque de la peinture sur toile.

Amulius, peintre Romain *(f)*, confina dans le palais de Néron, comme dans une prison, ses peintures à fresque, & il étoit mort depuis peu lorsque Pline écrivoit. La mémoire du peintre *(g)* Turpilius, chevalier Romain du pays Vénitien, étoit pareillement récente, & ses ouvrages étoient à Vérone: à moins qu'on ne veuille parler de lui, dit Pline,

(b) Divus Claudius pluris existimavit, in utrisque excisâ facie Alexandri Divi Augusti imaginem subdere.

(c) Statuarum capita permutantur.

(d) Cœpimus & lapidem pingere. Hoc Claudii principatu inventum: Neronis verò, maculas quæ non essent crustis inserendo, unitatem variare.

(e) Et nostræ ætatis insaniam ex picturâ non omittam. Nero princeps jusserat colosseum se pingi CXX pedum in linteo, incognitum ad hoc tempus.

(f) Fuit & nuper... pictor Amulius..... Carcer ejus artis Domus aurea fuit.

(g) Pictura postea non est spectata honestis manibus, nisi fortè quis Turpilium equitem Romanum è Venetiâ nostræ ætatis velit referre.

on ne trouvera point de citoyen de quelque considération, qui depuis Pacuvius ait exercé l'art de la Peinture. Il nomme ensuite sous le règne de Vespasien, vers l'an 70 de J. C, deux peintres à fresque Romains *(h)*, Cornelius Pinus & Accius Priscus. Fort peu de temps après, il composa sous le même règne son immense recueil d'Histoire naturelle; il venoit de l'achever, lorsqu'il en fit la dédicace *(i)* à Titus, Consul pour la sixième fois en l'an 78 de J. C. L'année suivante fut celle où Titus monta sur le trône, au mois de mars, & Pline mourut au commencement de novembre suivant: cet écrivain avoit donc composé immédiatement auparavant son grand ouvrage, avec la digression sur la peinture, dont nous venons de rendre compte, & qui servira de monument éternel à sa gloire, parce qu'il s'y est peint lui-même comme philosophe & citoyen, comme physicien & naturaliste, comme amateur & connoisseur, comme historien & chronologiste.

Quand un auteur a présenté les Arts avec cet appareil, & que l'exécution y a pleinement répondu, il mérite, je ne dis pas l'indulgence de ses lecteurs, mais toute leur estime, toute leur reconnoissance, toute leur admiration. Que les artistes sur-tout ne se laissent jamais enlever l'avantage que l'exemple & l'autorité de Pline leur fournissent contre quelques Savans qui, dispensés à juste titre de l'étude des Arts par des études d'un genre supérieur, se croient dès-lors autorisés à mépriser ce qu'ils ignorent: Pline suffira toûjours pour les réfuter; & quoiqu'il soit le seul des anciens dont il nous reste des recueils en faveur de la Peinture, le seul qui pour elle ait heurté de front les préjugés & le goût de sa Nation, le seul qui, d'un art de pur agrément, en ait fait un art utile, le seul qui ait traité cet art avec la rigidité de la philosophie, & avec les aménités de la littérature & de l'érudition; toutes ces circonstances ne servent, par leur singularité même, qu'à donner

(h) Cornelius Pinus & Accius Priscus, qui Honoris & Virtutis ædes imperatori Vespasiano Augusto restituenti pinxerunt.

(i) Sexiesque consul. Hist. Nat. præfat.

plus de poids à ſon ſuffrage. Après quoi, ſi quelqu'un refuſe encore de reconnoître l'excellence de la Peinture & le mérite des Peintres, il ne lui reſtera plus qu'à traiter leur hiſtorien, ou d'enthouſiaſte qui, ſans connoiſſance de cauſe, ſe paſſionne pour des objets qui n'en valent pas la peine, ou de déclamateur qui, jouant l'homme paſſionné, ſe trahit par des phraſes pompeuſes & vuides de ſens, ou d'écrivain infidèle qui, en citant fauſſement ſes auteurs & ſes garans ſur l'hiſtoire d'un art, nous en trace d'imagination l'origine & les progrès, ou d'écrivain frivole, qui court après l'eſprit, c'eſt-à-dire, qui, négligeant le fond des choſes, ne s'occupe que de la manière de les raconter, & qui cherche à éblouir ſes lecteurs, au lieu de les inſtruire: mais ces étranges qualifications ne conviennent point à Pline; les traits diamétralement oppoſés à ceux-là, ſont ceux qui le caractériſent, heureuſement pour ſa gloire, heureuſement pour celle des arts dont il a été le panégyriſte, heureuſement enfin pour l'intérêt de la Littérature & des Sciences dont il a été le dépoſitaire: & je n'ai pas beſoin d'avertir que ce dernier objet, plus eſſentiel & plus preſſant pour nous, ſans aucune comparaiſon, que les deux autres, a été l'unique motif de ce Mémoire, & que le reſte n'en a été que l'occaſion.

DE LA SCULPTURE
ET
DES SCULPTEURS ANCIENS,
SELON PLINE.

Par M. le Comte DE CAYLUS.

Lû le 1.er Juin 1753.

LES Grecs ont trop bien exécuté toutes les parties de la Sculpture, pour n'en avoir pas entièrement connu la théorie. Il ne paroît cependant pas qu'ils ſoient entrés dans aucun détail ſur les règles & les effets de cet art. Je conviens que l'on doit être étonné que des hommes dont l'eſprit s'eſt étendu ſur la Peinture, n'aient donné dans leurs écrits que les noms des ſculpteurs diſtingués, & en quelque façon la ſimple liſte de leurs ouvrages. Pline, il eſt vrai, dit en parlant de la Sculpture, *hæc ad infinitum effloruit multorum voluminum operâ.* Mais cette quantité d'ouvrages ne regardoit, à mon avis, que des deſcriptions de ſtatues, & non des règles de l'art. Je crois que ce Mémoire confirmera pleinement cette idée. Il eſt cependant certain que l'unité des principes, le deſſein qui eſt la baſe commune, enfin tous les rapports de la Peinture avec la Sculpture, étoient ſi parfaitement connus des Grecs, que pluſieurs de leurs grands artiſtes ont pratiqué les deux arts. Je croirois donc, pour lever en quelque ſorte la difficulté qui ſe préſente à l'eſprit, que le brillant des couleurs, l'harmonie, l'étendue & la multiplicité des objets ont plus mérité à leurs yeux; tandis que l'auſtérité, la complication & la longueur des manœuvres & des procédés de la Sculpture, les auront dégoûtés: ils auront imaginé devoir laiſſer ces détails renfermés dans les atteliers. Combien de gens parlent aujourd'hui même avec excès de la Peinture, qui, ne ſachant pas un ſeul détail de la Sculpture, ſe contentent de juger de la ſtatue quand elle eſt terminée. Cette vérité peut

Liv. XXXIV, chap. 7.

expliquer les procédés des Grecs; car les hommes se ressemblent toûjours, même dans les opérations les plus délicates de l'esprit.

Polyclète de Sicyone, élève d'Agéladès, & un des plus grands artistes que la Grèce ait produits, voulant laisser à la postérité les règles de son art, se contenta de faire une statue qui les comprenoit toutes, & que par cette raison il appela la règle *(a)*, *fecit & quem canona artifices vocant, lineamenta artis ex eo petentes, velut à lege quâdam.* L. XXXIV, chap. 8.

Je sais qu'au milieu des plus grands écrivains, un artiste pouvoit dire, je ne sais point écrire, je ne sais qu'opérer; & ce sentiment naturel est fondé sur la vanité de l'art. Mais les artistes Grecs étoient capables de l'un & de l'autre; ils aimoient les Lettres, & faisoient cas de tout ce qui pouvoit conduire à la postérité. Quoi qu'il en soit, ce bel ouvrage de Polyclète ne pouvoit être parfaitement entendu que par des artistes; & si Pline l'a vû, il ne l'a point expliqué; il s'est contenté d'ajoûter d'une façon brillante & qui n'est pas fort juste: il fut regardé (Polyclète) comme le seul des hommes qui eût créé l'art par un ouvrage de l'art, *solusque hominum artem ipse fecisse, artis opere judicatur.* Ibid. Enfin le silence des Grecs sur l'esprit & sur les détails de la Sculpture, me paroît absolument

(a) Ce fait est un de ceux qui demandent d'autant plus à être expliqués, qu'il paroît n'en avoir aucun besoin. Tout homme de Lettres qui lira ce passage, ne doutera pas que l'ouvrage de Polyclète n'ait été une règle fondamentale pour les Sculpteurs, & conséquemment il croira que si l'on avoit cette statue, on pourroit faire d'aussi belles choses que les Grecs. Cela n'est cependant vrai que dans un sens, c'est-à-dire pour un seul âge, encore dans ce même âge on peut s'écarter du point donné pour de certaines parties & bien faire; car l'artiste qui prendra les proportions de l'antique, précaution que tous nos modernes prennent avec grand soin, a le même privilége que le grand architecte qui suit les proportions d'un ordre, mais qui s'en écarte pour les raisons d'aspect, de convenance, &c. Cependant, pour me faire entendre par une comparaison moins éloignée de la sculpture, je dirai: les proportions de l'Hercule, de l'Apollon, de la Vénus, &c. ne peuvent être les mêmes, puisque les natures sont différentes; la *règle* ou le *canon* de Polyclète ne pouvant renfermer tous les âges & toutes les natures, n'a eu d'utilité que pour un genre; donc ce passage ne peut jamais être pris à la lettre, & je crois qu'il avoit besoin d'une interprétation, absolument inutile à l'égard des artistes.

prouvé par celui de Pline. Cet auteur confirme ici, ce me ſemble, ce que j'ai avancé, qu'il n'a fait que copier les écrits des anciens maîtres, dans les grands détails qu'il nous a laiſſés ſur la Peinture. Son eſpèce d'aridité ſur la Sculpture, ou du moins la différente façon de la traiter, indiquent clairement les ſecours dont il a ſû profiter; d'autant même que, ne citant aucun auteur Grec ſur la Peinture, il fait une ample mention de Varron ſur la Sculpture; les ouvrages de ce dernier étoient trop connus pour les paſſer ſous ſilence. Cette même aridité m'oblige à ſuivre Pline avec une ſorte d'exactitude, pour donner une idée de la Sculpture & des Sculpteurs dans la Grèce, & ne rien prendre ſur moi.

Cé Mémoire eſt donc une eſpèce de traduction du chapitre 12 du XXXV.ᵉ livre, & des chapitres 4 & 5 du livre ſuivant: il eſt vrai que j'interromprai le texte autant que les réflexions me paroîtront néceſſaires.

Perſonne ne contredira Pline dans ce qu'il aſſure en entrant en matière; il dit « que l'art de travailler la terre pour les » différens beſoins de la vie, eſt plus ancien que celui de former des figures de bas relief ou de ronde-boſſe avec cette terre ». Cette manœuvre de l'art eſt connue ſous le nom de *plaſtique.*

On pourroit refuſer à la Grèce toutes ces différentes inventions. Les livres de Moyſe & ce que nous connoiſſons des Égyptiens, font remonter à une plus haute antiquité les commencemens de tous les arts; mais je ne traite ici que le ſentiment de Pline, & je vais ſuivre l'examen de ce qu'il nous a laiſſé ſur la Sculpture.

Il dit que Dibutade, potier de terre à Corinthe, fut le *premier qui inventa la plaſtique.* Tout le monde ſait que ſa fille, épriſe pour un jeune homme qui partoit pour un voyage, traça ſur le mur l'ombre que ſon viſage formoit par l'oppoſition d'une lampe. Le père, frappé de ce deſſein, ſuivit les contours, & remplit avec de la terre les intervalles qu'ils occupoient; enſuite il porta ce prétendu bas-relief dans ſon four avec ſes autres ouvrages; « on conſerva même ce premier » modèle juſqu'à la priſe de Corinthe, que Mummius brûla

&

& renversà ». Cette idée est mêlée de vrai-semblance dans le détail, & d'agrément dans l'invention: mais quand on voudroit douter de ces prétendus faits, il est encore plus commode de les adopter; on ne pourroit mettre à la place que d'autres suppositions.

« Il y a des auteurs qui veulent que cette découverte ait été faite à Samos par Rhœcus & Theodorus; très-long-temps « avant que les Bacchiades aient été chassés de Corinthe, & que « Démarate, banni de cette ville, ait emmené avec lui Euchir « & Eugrammus, qui portèrent en Italie l'art de la plastique ».

Je serai toûjours étonné que Pline ne fasse aucune mention des arts que les Grecs connoissoient & pratiquoient dans le temps de la guerre de Troie, & qu'il place beaucoup plus tard la découverte de tous les arts dépendans du dessein: il est vrai qu'il ne donne aucune date de l'invention de la plastique, qu'il attribue à Dibutade; & ce qu'il dit de Rhœcus & de Théodore de Samos, prouve au moins que le sentiment qu'il a suivi n'étoit pas le général: mais comme on lit dans ce même passage *multo ante*, on ne peut établir rien de positif. Ce passage donne cependant une plus grande antiquité à la découverte de cet art. Je préférerois donc cet avis à celui que Pline a suivi. Les auteurs anciens nous mettent en état d'aller plus loin.

La prise de Troie est arrivée près de douze cens ans avant l'ère chrétienne, & a précédé de trois cens ans les écrits d'Homère. La première Olympiade se compte environ cent ans depuis la mort de ce grand poëte. L'expulsion des Bacchiades est de la XXXe Olympiade, ce qui rapproche des temps d'Homère l'invention de la plastique, selon les auteurs que Pline se contente de citer en général. Pour lui, ce n'est qu'à la L.^e^ Olympiade qu'il place l'invention de la Sculpture. Je demanderois donc ce que sont devenus, pendant l'espace de plus de trois cens ans, & dans un pays dont les habitans étoient pleins d'esprit & de talens, tous ces beaux détails que j'ai déjà cités en parlant du bouclier d'Achille? Ce bel ouvrage donne sans contredit les plus grandes, les plus justes & les plus positives idées de la sculpture: il est même constant que le bas-relief présente assez ordinairement plus de difficultés que la ronde-bosse. Quoi qu'il en soit, l'art de la sculpture étoit donc inventé, & par conséquent la plastique étoit connue des Grecs avant le temps que Pline établit pour la découverte de ces arts.

Cette vérité m'étonne d'autant plus, que cet auteur a presque toûjours suivi le sentiment, ou plustôt la prévention des Grecs, & l'on sait qu'ils ont été dans l'habitude de s'arroger l'invention de tous les arts. Par quelle raison auroient-ils voulu perdre un témoignage aussi favorable, aussi public que celui d'Homère, & qui leur accordant une ancienneté de pratique que Pline leur refuse, ne décidoit pourtant rien sur l'invention? Les Grecs n'auroient-ils point voulu s'appuyer sur Homère en ce cas, par la raison que lui-même parle avec estime de l'Egypte & de plusieurs autres pays? Voilà mes doutes, & les raisons sur lesquelles ils sont établis.

Au reste, les connoissances & la pratique des Etrusques dans tous les arts, & nommément dans celui dont il s'agit, pourroient encore s'opposer à ce passage de Pline. On pourroit trouver que dans ce même temps, les Etrusques en savoient trop pour tenir leurs connoissances de cette source. Cependant Pline dit tout de suite, « que Dibutadès fut l'inventeur de la
» manière de donner une couleur rouge à la terre de ses ouvrages,
» & de placer des figures sur les extrémités des toits, & principalement sur ceux des temples ».

On auroit tort de mépriser ces premières manœuvres, dans quelques temps qu'elles aient été pratiquées, & dans quelques pays qu'elles aient été découvertes. Tout ce qui peut être d'une aussi grande utilité pour les hommes, autorise les éloges que l'on voudra donner; car il est difficile de concevoir à combien d'usages utiles la terre cuite est employée.

Si par les extrémités des toits, Pline en cet endroit ne parloit que des frontons, je me garderois bien de relever ce qu'il nous rapporte de ces usages anciens. Ce genre d'ornement, sage & raisonnable, véritablement magnifique par ces deux raiſons, ſubſiſtera toûjours; mais Pline nous indique en hiſtorien les faitières, ou le haut des frontons de ces premiers temples, comme étant couronnés par des figures, & dit que les ſaillies du toit en furent également ornées. Ces ornemens ſubſiſtèrent long-temps, & joignirent au reſpect inſpiré par le lieu qu'ils décoroient, celui que donne l'antiquité. Ce n'eſt que dans cette idée que je relève ces premières opérations, & que je ne puis m'empêcher de dire que l'ignorance des habitans d'une ville, jointe à l'amour national, fait naître tous les jours un enthouſiaſme pour des choſes ridicules, qui ſouvent amuſent les étrangers, ou leur paroiſſent déplacées. Quoi qu'il en ſoit, cet uſage ſubſiſta long-temps; on le voit même encore ſur des médailles de pluſieurs Empereurs, & l'on y reconnoît ſans peine une profuſion de ſtatues en pied au deſſus des frontons; c'eſt une preuve du mauvais goût, & nous avons obligation à Pline, non ſeulement de nous en avoir parlé, mais de nous en avoir conſervé la ſource. Quoi qu'il en ſoit, ces figures, nommées dans le commencement *protypes*, c'eſt-à-dire qui ſervoient de modèles, puiſque l'on en prenoit des *creux* pour les multiplier, & ces *creux*, que l'on nommoit *ectypes*, nous indiquent un grand nombre de pratiques déjà connues, & cependant fort compoſées. Il faut convenir que ſuppoſant même ces ſtatues des chefs-d'œuvres de l'art, non ſeulement il n'auroit pas été poſſible de les diſtinguer dans de pareilles places, & Pline en conviendra bien-tôt; mais elles produiſoient néceſſairement une décoration auſſi mauvaiſe que ridicule. La fin de ce paſſage, & quelques autres dans le même goût, prouvent clairement que Pline ne prétend point parler de bas-reliefs, qui ſont les ſeuls ornemens d'un fronton; mais de ſtatues iſolées, poſées ſur les arêtes d'un toit, ou ſur les extrémités d'un fronton. Ainſi ma critique ſubſiſte, & je ne fais ici que ce que Pline auroit pû faire en rapportant ce fait.

« Lyſiſtrate de Sicyone, frère de Lyſippe, fut le premier qui fit des portraits *gypſo*, en appliquant le plâtre ſur le « viſage de ceux dont il vouloit avoir la reſſemblance, & qui «

» jeta de la cire dans le creux que cette première opération
» avoit produit; *c'est ce que nous appelons moule.* Avant le temps
» de cet artiste, on ne songeoit qu'à rendre les têtes les plus
» belles qu'il étoit possible. Mais celui-ci s'attacha le premier à la
ressemblance; » & quoique le fait suivant n'ait point de rapport,
Pline dit tout de suite; « enfin la chose alla si loin, que l'on
» ne fit aucun ouvrage de sculpture sans employer la terre:
» *crevitque res in tantum ut nulla signa, statuæ-ve sine argilla
fierent* ».

Pline étoit un homme d'imagination, qui me paroît s'être emporté facilement sur la matière qui lui étoit présente. Car pour faire l'éloge de la terre, il avance des choses qui prouvent la médiocrité de ses notions sur la pratique, en disant, par exemple, que le mérite de la terre devint si considérable, que l'on ne fit plus aucun ouvrage de sculpture, statues ou autres, sans employer la terre, tandis qu'il est impossible de s'en dispenser; car il n'y a dans le monde que la terre, ou la cire, ou le plâtre qui puisse obéir à l'ébauchoir, ou à la main du sculpteur pour former son ouvrage, & le mettre en état d'être moulé. On conviendra sans peine que le plâtre & la cire sont plus difficiles encore à trouver que la terre; par conséquent l'éloge qu'il en fait, & la distinction qu'il lui attribue ne méritoient d'être rapportés que pour en instruire. Mais comme on suit ordinairement son idée, Pline dit tout de suite: *quo apparet antiquiorem hanc fuisse scientiam, quam fundendi æris.* Le plus jeune élève d'un sculpteur ne pourroit s'empêcher d'être étonné de ce propos. Pour fondre il faut un creux, ce creux ne peut être fait que sur le modèle, & ce modèle n'a pû être pris qu'avec une matière molle & obéissante, par conséquent personne n'a jamais douté de ce qui nous est donné ici comme une découverte, ou plustôt comme une instruction.

« Damophilus & Gorgasus, non seulement travaillèrent
» très-bien la terre, mais ils furent peintres; ils décorèrent dans
» ces deux genres le temple de Cérès, situé à Rome auprès du
» grand cirque: une inscription en vers Grecs apprenoit que

les ouvrages de Damophilus étoient à la droite, & ceux de «
Gorgasus à la gauche ».

M. Varron rend justice aux Etrusques, car Pline le cite pour avoir dit « que tous les temples de la ville de Rome étoient remplis, avant l'ouvrage de ces deux Grecs & dès le « commencement de sa fondation, des ouvrages qu'ils avoient « faits ».

Le passage suivant nous fait voir que l'on avoit pratiqué dès-lors une opération assez compliquée, & qui marque le goût, ou du moins la considération que l'on avoit déjà pour la peinture; car en rétablissant ce même temple de Cérès, dont il vient d'être fait mention, Pline dit: *crustas parietum excisas tabulis marginatis inclusas esse.* C'est-à-dire que l'on enleva les peintures exécutées sur les murailles, & qu'on les encastra dans des planches de bois, qui leur servoient en même temps de bordure dans le nouveau mur sur lequel on les plaça. Voilà le sens que ce passage présente à la lettre.

On a souvent pratiqué la même chose dans les derniers siècles en Italie, pour la conservation des plus belles fresques. On coupe le mur par derrière, on lui conserve une épaisseur nécessaire, c'est-à-dire proportionnée à l'étendue du morceau; & quand on s'en est rendu maître avec des armatures de fer & des madriers, on enlève le tout, que l'on replace & que l'on scelle dans le mur nouveau, préparé pour le recevoir; ce qui est une opération meilleure que celle qui paroît être indiquée par Pline, car le mot *tabula marginata,* sembleroit dire que l'on replaçoit le tout à plat sur le nouveau mur. Il se pourroit cependant que le mot *marginata* ne fût pas employé ici pour une bordure, mais pour le bâti établi au pourtour du morceau & nécessaire pour le contenir. Pline pourroit n'avoir pas voulu pousser plus loin un détail très-connu de son temps, & avoir sous-entendu la pratique que je viens de rapporter; je le croirois d'autant plus que les anciens aimoient la solidité en tout, & qu'ils ne paroissent point avoir employé le bois pour les revêtemens, sur-tout dans leurs temples. D'ailleurs je trouve un passage de Pline qui décide en faveur

L. xxxv, chap. 14. de ce que je viens de dire. *Lacedæmone quidem excisum lateritiis parietibus opus tectorium, propter excellentiam picturæ ligneis formis inclusum, Romam deportavere in ædilitate ad comitium exornandum Muræna & Varro.* Ce passage ne laisse, ce me semble, aucun doute sur l'égalité & la ressemblance des opérations. Car cette machine, nécessaire pour le transport, ne fut pas laissée autour de ces belles peintures, elles furent encastrées dans le mur qu'on leur destinoit, pour y paroître dans un éclat pareil à celui dont elles jouissoient en Grèce. Je reviens au texte.

On n'eut pas les mêmes attentions pour les figures posées sur le haut du temple, *item signa ex fastigiis dispersa.* Il se peut que ces ouvrages fussent trop endommagés, & ne méritassent pas la peine du transport, ce qui paroît indiquer qu'ils étoient de terre cuite, matière assez fragile pour avoir été difficile à transporter & à déplacer.

Avant que d'aller plus loin, je ne quitterai pas cet endroit de Pline sans dire qu'il nous prouve avec évidence que la sculpture étoit établie depuis long-temps en Etrurie, & je ne doute pas qu'elle n'y marchât à peu près d'un pas égal avec la Peinture. On peut du moins conclure que la sculpture a précédé en Italie la fondation de Rome; Pline va le dire lui-même dans quelques momens. Il rapporte tout de suite, car il ne met aucun ordre dans ses récits, que Chalcosthène, dont l'attelier donna le nom au Céramique à Athènes, fit des ouvrages dont la terre n'étoit pas cuite, *cruda opera,* mais n'étoit vrai-semblablement que desséchée au Soleil.

Nous avons plusieurs exemples anciens & modernes de cette pratique, quoiqu'elle ne soit pas des meilleures; la terre, trop sujette aux accidens qui la peuvent détruire, a besoin d'un temps considérable pour sécher avant que de pouvoir être mise en place; il faut estimer sa diminution, qui n'est pas toûjours égale ni dans sa totalité, ni dans ses parties, sur-tout lorsque les morceaux sont d'une certaine étendue. Il eût été plus simple de cuire ces morceaux, ainsi que Dibutadès, cité plus haut, en avoit donné l'exemple; mais Chalcosthène vouloit peut-être affecter une nouveauté dont l'usage ne pouvoit être continué, sur-tout dans un pays tel que la Grèce, où l'idée de la postérité étoit en grande recommandation ; cependant nous devons savoir gré à Pline, qui a rempli son intention, & qui vouloit indiquer toutes les différentes façons de travailler la terre. Sans considérer le grand intervalle de temps, Pline passe tout de suite à M. Varron, qui cite un nommé Posis qu'il avoit connu à Rome, & qui exécutoit en terre des fruits, des raisins & des poissons dont l'imitation étoit parfaite.

Varron fait aussi de grands éloges d'Arcésilaüs, qui étoit attaché à Lucius Lucullus, *familiarem*, & dont les modèles se vendoient plus cher aux artistes mêmes que les ouvrages terminés des autres : *Cujus proplasmata pluris venire solita artificibus ipsis, quam aliorum opera.*

Il faut convenir que Varron parle fort avantageusement de cet artiste; mais la preuve qu'il donne de son mérite n'a d'ailleurs rien d'étonnant. Il ne faut avoir que des yeux pour agir comme on faisoit avec Arcésilaüs, & tous les connoisseurs donneroient même de certaines statues antiques de marbre, & grandes comme nature, pour un très-petit modèle de quelques artistes modernes, comme Michel-Ange, François Flamand, Bouchardon, &c.

A l'égard de ce qu'il dit des artistes, ce fait prouve le mérite de leur confrère, & nous voyons tous les jours nos modernes acheter des ouvrages des grands maîtres pour s'entretenir & s'échauffer; par la même raison ils préfèrent les esquisses aux ouvrages terminés; elles ont plus de feu, & souvent la grandeur du génie & les talens du maître y paroissent plus à découvert.

Ce même Arcésilaüs exécuta la statue de *Venus genitrix ;* mais César impatient de la voir placée dans le forum (ou le marché) qu'il avoit fait faire, ne lui donna pas le temps de la terminer.

Il paroît d'abord étonnant que César, étant Dictateur, se soit contenté d'un ouvrage de terre pour une figure qui flattoit tant sa vanité; mais son empressement, rapporté par

L. XLIII, p. 225. Dion, paroît ne laisser aucun doute. D'ailleurs il y avoit dans Rome quelques autres statues de terre cuite, & j'en rapporterai des exemples.

« Lucullus chargea Arcésilaüs de faire une statue de la Féli-» cité, & convint de lui en donner soixante mille sesterces : (Près de douze mille livres.) » mais la mort de l'artiste & de celui qui l'employoit, leur envia » l'honneur d'un tel ouvrage, *cui mors utrusque invidenit;* & le » modèle en plâtre d'une coupe qu'Octavius, Chevalier Romain, fit faire à ce même Arcesilaüs, lui coûta un talent ». (Quatre mille sept cens livres.) Si on est étonné de ce prix, la vûe seule de l'ouvrage, & la façon dont il étoit plus ou moins chargé & terminé, peuvent seules en décider. Au reste, je ne rapporte ces prix que pour fixer l'idée que l'on avoit alors de l'art & des artistes.

Varron donne une grande idée de Pasitèle; mais Pline ou Varron met sur son compte un propos qui n'est point du tout celui d'un artiste : l'un ou l'autre lui fait dire que la plastique, ou l'art de modeler, est la base & le fondement de tous les ouvrages de ciselure & de sculpture. La chose est si vraie qu'elle n'a pas besoin d'être relevée; & comme je l'ai déjà dit, Pline paroît entendre peu les pratiques de l'art, d'autant qu'il ajoûte, pour donner une preuve de la supériorité de Pasitèle, *& cum esset in omnibus his summus, nihil unquam fecit, antequam finxit.* Le plus médiocre comme le plus savant Sculpteur n'a jamais pû rien exécuter sans cette précaution, & j'ignore par quelle raison Pline rapporte un fait aussi simple, quand les progrès de l'art sont aussi pleinement établis dans son propre récit. Notre auteur convient ensuite « que la sculp-» ture florissoit en Italie, sur-tout chez les Etrusques, d'autant » que Tarquin l'ancien fit venir de Frégella *(b)* Turianus, pour » faire la statue de Jupiter qu'il vouloit placer dans le capitole; » & l'on étoit encore dans l'habitude long-temps après, de » peindre cette statue avec du minium. Le même Turianus fit

(b) Le P. Hardouin croit, avec raison, cet endroit corrompu. Je connois Frégella dans le Latium, mais non dans l'Etrurie : Or Pline & l'histoire Romaine nous apprennent que Tarquin s'adressa à un artiste Etrurien.

aussi

aussi des chars à quatre chevaux, ils furent placés sur le faîte « du temple, & cet artiste joignit à tous ces ouvrages une statue « d'Hercule, *qui hodieque materiæ nomen in urbe retinet,* & que « l'on nommoit l'Hercule de terre ».

Pline fait ensuite la critique du luxe qui a produit les divinités d'or & d'argent, & comme nous regrettons le bon vieux temps, (c'est-à-dire les mœurs simples) il regrette *Jupiter de bois.*

Le reste du chapitre douze du XXXV.ᵉ livre ne regarde que le luxe des Romains par rapport aux vases & à la poterie.

Je passe donc aux chapitres quatre & cinq du XXXVI.ᵉ livre dont j'ai promis l'examen.

« Dipœnus & Scyllis, tous deux Crétois, furent les premiers que leur ciseau rendit célèbres : l'empire des Mèdes « subsistoit encore, & Cyrus n'étoit pas monté sur le trône des « Perses ; » c'est-à-dire que ces deux artistes vivoient vers la L.ᵉ olympiade. Je crois sans peine qu'ils ont tiré leur célébrité de la coupe du marbre ; mais supposé que l'on pût admettre ce calcul de Pline sur le peu d'antiquité qu'il donne à la sculpture, je ne puis croire qu'elle ait existé dans quelque pays que ce soit, sans qu'il y ait eu aucune connoissance de la peinture ; j'en ai dit ailleurs les raisons. Je conçois cependant qu'un médiocre Sculpteur aura par le secours du moule sur la nature, plus de moyens pour faire un ouvrage dont quelques parties seront attrayantes ; mais aussi par un principe naturel, la couleur ajoûte beaucoup à l'imitation, non seulement elle donne des facilités à l'artiste, mais elle frappe l'homme le plus grossier. Nos paysans sont des exemples continuellement répétés de ces différentes impressions ; j'ai examiné plus d'une fois celles qu'ils reçoivent d'une estampe grossièrement enluminée, & la préférence qu'ils lui donnent sur des ouvrages de sculpture : cependant ces mêmes paysans voient des ouvrages de ronde-bosse depuis leur naissance, & les hommes dont Pline nous parle ne pouvoient en avoir vû, selon ce qu'il nous en dit lui-même. Il faut cependant convenir que ces paysans frappés des couleurs vives des enluminûres, ne sentiroient pas les parties d'un tableau, & lui préféreroient une médiocre sculpture de ronde-bosse. Ce n'est point ici le lieu de discuter cette matière, mais une raison plus forte pour me confirmer dans l'espèce de critique que je viens d'en faire, c'est qu'il ne paroît point que les ouvrages exécutés par Dipœnus & Scyllis pour les Sicyoniens, fussent des choses aussi informes que les ouvrages que notre auteur donne à la peinture dans ses commencemens, c'est-à-dire, même un grand nombre d'Olympiades après les ouvrages en question. Ils représentoient Apollon, Diane, Hercule & Minerve. Je croirois sans peine que ces figures manquoient d'élégance & de proportion; mais le sexe étoit distingué, mais les attributs étoient indiqués, puisqu'ils avoient un caractère senti & reconnu. Comment donc se pourra-t-il que plus d'un siècle après on ait regardé comme une découverte la peinture grossière d'un profil très-informe? & dans quel lieu dit-on que cet ouvrage a paru? A Corinthe, pendant que les statues de Dipœnus & de Scyllis existoient à Sicyone. La distance de ces deux villes ne peut servir de prétexte; elles étoient voisines & de la même nation, un égal intérêt les conduisoit; non seulement les Grecs étoient nés curieux, mais l'oracle d'Apollon avoit décidé en faveur de Dipœnus & de Scyllis. On sait trop le bruit que les réponses des Dieux faisoient dans la Grèce, pour admettre que celle-ci ait été ignorée, aussi-bien que le fait qui l'avoit attirée. Le respect pour les anciens ne doit jamais faire recevoir les choses qui sont contraires à la nature, & dont la physique prouve l'impossibilité.

Il semble même que Pline veuille encore fortifier mon opinion, car il parle tout de suite de Malas, Sculpteur, qui s'étoit acquis de la réputation dans l'isle de Chio, & qui vivoit avec son fils Micciadès avant les deux artistes précédens; *cum ii essent, jam fuerant in Chio insula Malas sculptor*, &c. Pline fait une généalogie des Sculpteurs descendans de ce Malas, dont la quatrième génération vivoit encore dans la LXe olympiade, du temps du poëte Hipponax: ce qui fait, dit-il, remonter l'origine de la sculpture au commencement des olympiades. Je pourrois observer en passant, qu'il fait une grande faute contre la chronologie en donnant deux cens quarante ans pour quatre générations, mais j'aime mieux croire qu'il y a erreur dans le chiffre.

Je reviens à mon objet. Je suis étonné que Pline ne relève pas la singularité que présente cette race de Sculpteurs, dont les talens paroissent avoir toûjours suivi les progrès de l'art; car Bupalus & Anthermus, les derniers de cette famille, furent de très-habiles gens; le transport de leurs ouvrages à Rome présente au moins l'idée de la réputation qu'ils avoient méritée. Une de leurs aventures est peut-être la plus ancienne preuve que nous ayons de l'esprit de satyre qui accompagne assez souvent les artistes. Voici ce que Pline nous en a conservé.

« Bupalus & Anthermus exposèrent en public une figure ridicule & insultante du poëte Hipponax, qui d'ailleurs étoit « fort laid. La ressemblance ne pouvoit être plus grande; le « succès de l'ouvrage irrita le poëte, & il fit des vers si piquans « que l'on assure que les artistes se pendirent de douleur. Mais, « continue Pline, le fait est faux; car ils firent dans la suite « plusieurs autres ouvrages dans les îles voisines, entre autres à « Délos: ils écrivirent même sur ces derniers morceaux, que « Chio n'étoit pas seulement recommandable par ses bons vins, « mais par les ouvrages d'Anthermus. On voit dans la ville de « Iasus une Diane, & l'on assure qu'on montre à Chio une « autre figure de cette Déesse; l'une & l'autre sont de la main « de ces artistes. Cette dernière est élevée, *in sublimi posita* ». Mais Pline finit par un trait où, pour parler les termes de l'art, on reconnoît bien sa touche & sa manière, car il dit: *cujus vultum intrantes tristem, exeuntes hilaratum putant.* Il est vrai qu'il l'attribue aux habitans de Chio, en disant *putant*, ils croient. Mais ce trait nous fait voir au moins le goût que le peuple de tous les pays a toûjours eu pour se repaître du merveilleux, quelque opposé qu'il ait été au bon sens & à la nature.

« On conserve dans Rome plusieurs ouvrages de ces mêmes

» artistes, on en voit dans le temple d'Apollon, sur le mont Palatin, & dans les bâtimens publics qu'Auguste a élevés ».

Pline s'étend ensuite, & à l'occasion de ces mêmes artistes, sur les marbres de Paros & sur ceux d'Italie. Tout ce qu'il en dit est juste : mais sur quelque exemple qu'il ait pû se fonder, on ne s'accoûtume point à s'entendre dire sérieusement, *sed in Pariorum (lapicidinis) mirabile proditur, gleba lapidis unius cuneis dividentium soluta, imaginem Sileni extitisse.*

Non content des calculs qu'il a faits ci-devant sur l'antiquité de la sculpture, il ajoûte, à la suite de ce dernier passage : *tanto vetustiorem fuisse quam picturam, aut statuariam, quarum utraque cum Phidia cœpit LXXXIII Olympiade post annos circiter CCCXXXII.* Cette confirmation établie par de nouvelles dates, ne me fait nullement changer d'avis ; au contraire, il me paroît qu'elle doit donner de nouvelles forces à l'idée que j'ai du peu de proportion qui se trouve entre les grands progrès de la sculpture & l'ignorance de la peinture ; car il me semble que tous ces faits ne sont pas d'une conséquence évidente.

Pline parle ensuite de Phidias ; voici ses paroles. « On dit » que Phidias a travaillé le marbre, & que la Vénus qui se voit à Rome, dans les portiques d'Octavie, est de lui. » Ce doute, je l'avoue, m'a toûjours paru singulier. Il ajoûte : *ce qu'il y a de certain, c'est que Phidias a eu pour élève le célèbre Alcamène, Athénien. Docuit in primis nobilem.* « On voit plusieurs ouvrages » de cet Alcamène dans les temples d'Athènes, & sur-tout la » Vénus placée hors des murs, nommée la Vénus des Jardins. » On dit même que Phidias y a mis la dernière main : *Huic summam manum ipse Phidias imposuisse dicitur* ».

« Phidias eut encore pour élève un jeune homme de Paros, » dont la figure étoit fort agréable, & sous le nom duquel il a donné plusieurs de ses ouvrages. » Cet exemple d'un aussi grand sacrifice n'est pas commun dans les arts, & n'a heureusement point d'exemple chez les modernes.

« Les deux élèves concoururent pour la statue d'une Vénus. » Alcamène l'emporta, non par le mérite de son ouvrage, mais par le ſuffrage des citoyens, qui ne voulurent pas lui préférer un étranger. On dit même que cet Agoracritus (c'eſt le nom de ce ſecond élève) ne conſentit à leur vendre ſa ſtatue, qu'à condition qu'elle ne ſeroit point placée dans Athènes; & il lui donna le nom de Néméſis ».

C'étoit une foible vengeance de l'injuſtice que les Athéniens lui avoient faite, & ſelon la nature de ce ſentiment, elle retournoit contre celui qui s'y livroit; car cette ſtatue fut placée dans un bourg de l'Attique, nommé Rhamnunte, où certainement elle n'eut pas le nombre d'admirateurs qu'elle méritoit. Mais l'auteur étoit vengé, car le peuple Athénien, grand amateur des beaux ouvrages de l'art, ne pouvoit en jouir, & certainement il y fut plus d'une fois ſenſible. M. Varron préfère ce morceau à tous ceux qu'il a vûs.

Tout le monde fait l'éloge de Phidias, & le Jupiter Olympien paroît le morceau qui a le plus contribué à ſa grande réputation. Mais pour prouver que les louanges données à ce grand artiſte ſont fondées, Pline rapporte les preuves ſuivantes de ſes talens & de ſon eſprit; il les nomme, avec raiſon, *argumenta parva & ingenii tantum.* En effet, les objets dont il va parler pouvoient être très-bien compoſés, mais ils étoient d'une médiocre étendue. J'avoue qu'un ouvrage ſi célèbre me paroît mériter d'autres éloges. « Je ne parlerai point, dit-il, de la beauté de Jupiter Olympien, ni de la grandeur de la Minerve d'Athènes, qui a vingt-ſix coudées de hauteur, & qui eſt d'or & d'yvoire, mais je parlerai, continue-t-il, du bouclier de cette même figure, ſur le dehors duquel il a repréſenté en bas-reliefs le combat des Amazones, & dans le dedans celui des Dieux & des Géans; il a employé toute la délicateſſe de l'art pour repréſenter le combat des Centaures & des Lapithes ſur la chauſſure de la Déeſſe, tant il a ſû profiter de tout, & il a décoré la baſe de la ſtatue par un bas-relief qui repréſente la naiſſance de Pandore. On voit dans cette compoſition la naiſſance de vingt autres Dieux, du nombre deſquels eſt une Victoire qui ſe diſtingue par ſa beauté. Les connoiſſeurs admirent ſur-tout le ſerpent & le ſphinx de bronze ſur lequel

Trente-neuf pieds.

» la Déeſſe appuie ſa haſte. Voilà ce que je voulois dire en » paſſant, ajoûte Pline, d'un artiſte que l'on ne peut jamais aſſez » louer, & dont la grande manière, *magnificentia*, s'eſt toûjours ſoûtenue juſque dans les plus petites choſes ».

Après avoir remercié Pline de nous avoir conſervé ces détails, qui ne ſe trouvent dans aucun autre auteur, on me trouvera ſans doute hardi, & peut-être téméraire, d'oſer deſapprouver ces petits ouvrages en eux-mêmes. Je ne doute point aſſurément de leur mérite & de leur perfection; mais je dirai franchement que ſans parler de l'intérieur du bouclier, dont je laiſſe à juger pour la poſſibilité du coup d'œil, ces beaux détails étoient en pure perte: car il eſt conſtant qu'il n'auroit pas été poſſible de les diſtinguer, quand même la figure auroit été de grandeur naturelle. Mais quoique le bouclier pût avoir dix pieds de diamètre, on ne pouvoit examiner ſes ornemens d'aſſez près, en quelque endroit qu'il ait été placé, pour en juger ſainement ſur une figure d'environ quarante pieds de proportion, d'autant qu'elle étoit placée ſur un piédeſtal qui l'élevoit encore tout au moins de dix ou de quinze. Cette figure, pour être auſſi belle que toute l'antiquité l'a déclarée, devoit être entendue & formée par de grandes maſſes, & ces maſſes devoient néceſſairement abſorber un auſſi grand nombre de petits détails. Il faut convenir que les Anciens paroiſſent les avoir aimés. En effet le trône d'Amyclée, décrit par Pau-
Lacon. p. 296. ſanias, repréſentoit, je crois, la Fable en entier. Cependant pour faire mieux entendre mon eſpèce de critique, je comparerai ces petits travaux à ceux d'un peintre, qui faiſant le portrait d'une femme auſſi grand que la nature, auroit grand ſoin de peindre en miniature un autre portrait qu'elle auroit au bras. Je demande ſi le travail & la diſpoſition du grand portrait ne feroient pas abſolument évanouir le mérite & l'ouvrage du braſſelet. Cependant il s'en faut beaucoup que la comparaiſon ſoit en proportion avec le point duquel je ſuis parti.

Cette ſtatue de Minerve préſente encore une difficulté, elle étoit d'or & d'yvoire, & elle avoit à ſes pieds un ſerpent &

un ſphinx de bronze. Quel alliage de couleurs & de matières! on a peine à concevoir leur agrément. Mais ſans pouſſer plus loin cet examen, qui pourroit être excuſé par la mode & l'uſage, je reviens à Pline; il continue ſa narration en ces termes.

« J'ai parlé du temps auquel vivoit Praxitèle, qui s'eſt ſurpaſſé lui-même pour la gloire du marbre. Preſque tous les « ouvrages de ce grand artiſte ſont à Athènes dans le Céramique. « Mais celui qui ſurpaſſe ceux qui peuvent être dans tout le « monde, & ceux de Praxitèle lui-même, c'eſt une Vénus qui « a engagé pluſieurs perſonnes à paſſer la mer pour aller la voir « à Gnide. Praxitèle en avoit fait une autre, & il les mit en « vente en même temps, & donna le choix pour le même « prix, quoique l'une des deux fut drapée. Les habitans de « Cos choiſirent cette dernière, la croyant plus décente & plus « honnête; cependant celle qu'ils dédaignèrent eut une réputation « bien ſupérieure, & les habitans de Gnide l'achetèrent. Le roi « Nicomède voulut par la ſuite en donner une ſomme conſi- « dérable, il conſentoit à payer toutes leurs dettes; mais ils firent « bien de refuſer ſes propoſitions, car leur ville a été illuſtrée « par cette ſtatue. Elle eſt placée dans un petit bâtiment qui « reçoit le jour de tous les côtés, & qui permet de l'admirer « ſans obſtacles & de toutes les faces; elle ſemble même accueillir « ceux qui la vont viſiter: *favente ipſa, ut creditur, facto* ».

Je ne dis rien de ce dernier trait, c'eſt un des payemens que Pline ſe donnoit pour les peines que lui coûtoient ſes recherches. Il continue & dit: « on aſſure qu'un homme en devint amoureux, & trouva moyen de paſſer la nuit avec « elle *(c)*. »

Les récits de cette nature ſe trouvent également rapportés dans l'hiſtoire de nos artiſtes modernes. Ne dit-on pas qu'un Eſpagnol s'eſt laiſſé enfermer la nuit dans l'Egliſe de S.t Pierre de Rome, pour jouir d'une figure qui eſt au tombeau du pape Paul III? elle eſt de la main de Guillaume della Porta, élève

(c) Lucien rapporte le même fait, & dit qu'il l'avoit appris du garde du temple de Gnide.

de Michel-Ange, & ſculpteur un peu ſec. Depuis ce temps, ſoit que l'aventure ait eu quelque fondement, ou pluſtôt parce que cette figure étoit trop nue, on l'a couverte d'une draperie de bronze; mais dans la vérité, quoique l'on ne doive pas diſputer des goûts, je connois vingt ſtatues plus capables d'inſpirer une pareille fureur. Sénèque ne rapporte-t-il pas auſſi que Parrhaſius voulant faire un Prométhée, avoit acheté un des priſonniers d'Olynthe, ville que Philippe de Macédoine avoit priſe, & qu'il l'avoit fait mourir dans les tourmens pour mieux étudier la nature? Les anciens même ſe ſont amuſés à faire des plaidoyers pour accuſer & excuſer l'artiſte. Je crois qu'ils n'étoient pas trop perſuadés de la vérité de ce fait. Il me ſuffit qu'ils en aient parlé, pour autoriſer la comparaiſon que j'en veux faire avec le conte que l'on a répandu ſur Michel-Ange; il avoit, dit-on, poſé ſon modèle en croix pour en faire un Chriſt mourant; & des gens mal inſtruits, ou qui aimoient le merveilleux, l'ont accuſé de lui avoir donné un coup de coûteau, pour mieux exprimer tous les mouvemens de la mort.

« Praxitèle fit auſſi la ſtatue de l'Amour, citée par Cicéron » dans ſes reproches à Verrès, & pour laquelle on faiſoit, dit » l'orateur, le voyage de Theſpies; elle eſt placée aujourd'hui, » continue Pline, dans les portiques d'Octavie. Il ſortit encore » un autre Amour de ſon cizeau, pour la ville de Parium, » colonie de la Propontide. Cette figure eſt égale en beauté à » ſa Vénus, & produiſit les mêmes effets ſur les ſens d'Alchidas » de Rhodes ».

« Céphiſſodore, fils de Praxitèle, hérita de ſon bien & de » ſon talent: on admire à Pergame un groupe de Lutteurs, & » c'eſt avec raiſon, car leurs mains paroiſſent entrer dans la chair » & nullement dans le marbre ».

« Scopas n'eſt pas moins célèbre que ces artiſtes; il fit Vénus » Pothos * & Phaëton, qui ſont adorés en Samothrace avec les » cérémonies les plus ſaintes; l'Apollon Palatin, la Veſta aſſiſe, » ayant auprès d'elle deux Veſtales aſſiſes à terre; ce dernier » morceau eſt très-célèbre. » Selon cette deſcription, je le croirois

* *Pothos* eſt le *Deſir.*

croirois traité en bas-relief. « Scopas a répété les deux Vestales; elles sont dans les bâtimens d'Asinius Pollio, où l'on voit de plus une Canéphore; mais ce que l'on trouve supérieur, & que l'on voit dans le temple de CN. Domitius, au cirque de Flaminius, ce sont les figures de Neptune, de Thétis, d'Achille, des Néréïdes assises sur des dauphins & des chevaux marins, des tritons avec une trompe à la suite de Phorcus; enfin plusieurs autres choses convenables aux divinités de la mer. » Pline dit de ce morceau, qui ne peut encore, selon moi, avoir été traité qu'en bas relief, *magnum & præclarum opus, etiam si totius vitæ fuisset.* « Ouvrage qui seroit admirable, quand il auroit occupé toute la vie d'un homme; nous ne connoissons pas, continue-t-il, tous les morceaux qui sont sortis de la main de cet artiste: cependant il a exécuté Mars assis & de proportion colossale. Cette statue est placée dans le temple de Brutus Callaïcus, dans le même cirque, où l'on voit de plus une Vénus nue, supérieure à celle de Gnide, & capable de rendre célèbre tous les autres lieux qui pourroient la posséder; mais l'air de grandeur & de magnificence qui règne par-tout dans la ville de Rome, peut seul étouffer la réputation de ces grands morceaux: il n'est pas possible de les admirer & de les contempler; le mouvement des affaires détourne sans cesse, & l'admiration des chefs-d'œuvres a besoin du silence & de la tranquillité de l'esprit ».

Cette réflexion est très-bonne, & présente une peinture du mouvement & de l'embarras de la ville de Rome, plus frappante peut-être que toutes celles qui se trouvent dans aucun autre auteur; mais, après les éloges, qu'il a donnés plus haut à la Vénus de Praxitèle, & qui ne peuvent guère être poussés plus loin, il en rapporte une autre qui est encore au dessus. On conviendra du moins que Pline n'a point de mesure dans ses éloges, & que rien n'est aussi déplaisant pour un lecteur que l'on met hors d'état d'asseoir son jugement.

« On ignore le nom de l'artiste qui a fait la Vénus que l'empereur Vespasien a placée dans le temple de la Paix qu'il a fait bâtir, mais elle est digne des anciens artistes. On ne

» ſait ſi c'eſt à Scopas ou à Praxitèle que l'on doit attribuer
» la Niobé mourante avec ſes enfans; ce grouppe eſt placé dans
le temple d'Apollon Soſien ». Les anciens ont traité des ſujets fort compoſés, & les ont rendus par des grouppes de grandes figures. Ce genre d'ouvrage n'a guère été imité par les modernes que dans les bains d'Apollon que Louis XIV a fait faire à Girardon.

Le ſujet de Niobé ſe voit encore par partie dans la vigne de Médicis à Rome: je ne ſais ſi ces reſtes appartiennent à celui dont parle Pline. Le cardinal de Polignac avoit apporté de Rome un mauvais ouvrage dans ce même goût, repréſentant Achille chez Déidamie: nous avons eu le temps de l'examiner à Paris; il eſt aujourd'hui chez le roi de Pruſſe.

« On ignore auſſi lequel de ces deux artiſtes (Scopas ou
» Praxitèle) a fait le Janus que l'on voit dans le temple d'Au-
» guſte, & que ce Prince avoit fait apporter d'Égypte: on le
ſait d'autant moins que l'on a fait dorer la figure ».

Voilà une raiſon tirée de l'art; car il eſt conſtant que toute couleur, dorure ou vernis appliqué ſur une ſtatue, ôte des fineſſes, empêche de diſtinguer la touche, émouſſe les vives arêtes, dénature l'expreſſion de la chair, & par conſéquent empêche ſouvent les connoiſſeurs de l'attribuer à un maître pluſtôt qu'à un autre. C'eſt encore par toutes ces raiſons ſans doute, & pour l'intelligence & le peu d'épaiſſeur avec lequel il plaçoit la cire, que Praxitèle préféroit Nicias. Mais je reviens à Pline: on doit lui ſavoir gré de l'aveu de ſon ignorance ſur le nom des auteurs des ouvrages qui décoroient la ville de Rome. Il donne en ce cas une leçon à tous les curieux préſens & à venir, dont la déciſion eſt pour l'ordinaire impérieuſe & ſans appel.

« On étoit dans le même doute, ſelon Pline, au ſujet de
» l'amour qui tient un foudre; mais on aſſure qu'il a été fait
» d'après Alcibiade, lorſqu'il étoit à cet âge. Il y a beaucoup
» d'autres ouvrages, dans le portique d'Octavie, dont on ignore
» les auteurs, & qui ne font pas moins de plaiſir à voir. Dans
» le nombre, on admire quatre Satires, un deſquels porte devant

lui un Bacchus couvert d'une robe de femme; le second est « également chargé d'une Divinité nommée *Libera;* le troi- « sième empêche un enfant de pleurer; le quatrième donne à « boire dans une coupe à un autre enfant; enfin deux Nym- « phes * dont les habits étoient enflés par le vent, & formoient « des espèces de voiles ». * *Auræ.*

Cette description ne présente, selon moi, qu'un bas relief, dont l'ouvrage pouvoit être beau; mais le sujet de cette Bacchanale (comme nous le nommons aujourd'hui) me paroit un peu confus, ou n'avoir point d'objet principal. « On n'est pas moins embarrassé sur les auteurs de l'Olympe, du Pan « & de Chiron avec Achille; mais ces figures sont dignes des « ordres donnés pour leur conservation ».

Pline indique en cet endroit, que ceux qui avoient la garde de ces beaux ouvrages en répondoient sur leurs têtes. Le monde a donc toûjours été tel que nous le voyons, & il a fallu, dans tous les temps, prendre des précautions contre la noirceur, l'imbécillité ou la plate curiosité; enfin les uns ont toûjours travaillé & élevé, les autres toûjours renversé & détruit.

« Scopas eut des rivaux & des émules d'un grand mérite; tels furent Briaxis, Timothée & Léocharès, qui furent chargés, « aussi-bien que lui, des ornemens du mausolée, c'est-à-dire « du tombeau qu'Artémise fit faire à Mausole son mari, roi « de Carie; ce Prince mourut la CVI.e Olympiade ».

Je n'entrerai point dans un plus grand détail sur un monument si célèbre: il m'a paru mériter une attention particulière, & je compte le mettre au jour dans quelque temps, non seulement avec tous les passages des anciens, mais avec un plan & des élévations, tels que j'ai cru les retrouver. Il est singulier, ce me semble, que Pline ne nomme point l'architecte d'un ouvrage dont les anciens ont été si fort occupés. Les quatre Sculpteurs se seroient-ils réunis pour composer l'architecture? ces artistes pouvoient en être capables; car ils réunissoient, pour la plupart, un grand nombre de connoissances; & nous voyons de quelle façon Phidias a

Plut. vie de Périclès.

conduit les superbes bâtimens élevés sous les ordres de Périclès pour la décoration d'Athènes.

« Un cinquième artiste se joignit aux premiers, & fit un » char de marbre à quatre chevaux, qui fut placé sur le haut de ce monument ».

J'avoue que les chars placés comme celui-ci, pour ainsi dire en l'air, ne pouvoient jamais faire un bel effet; ils n'étoient capables dans le vrai que de causer une sorte de surprise; car tout ce qui n'a pas une espèce de vrai-semblance, & ne conserve pas une imitation de la Nature, même dans le plus simple ornement, ne satisfait point l'esprit, & déplaît par conséquent à la vûe. Ce n'est pas tout, l'aspect de pareils corps ainsi placés, est très-difficile à trouver dans son point le plus agréable; mais nous avons vû que cet usage ancien & souvent répété, avoit même été pratiqué par les Etrusques à Rome peu de temps après sa fondation. L'antiquité, & plus encore, l'habitude ont consacré de tout temps plusieurs choses contraires à la nature, & par conséquent au bon sens.

« On voit à Rome dans le temple d'Apollon, renfermé » dans le palais, une Diane de la main de Timothée, à laquelle Aulanius Evander a remis une tête ». Faut-il regarder cela comme un sujet d'étonnement ou comme un fait? Il y a peu d'étoffe pour l'un ou de mérite pour l'autre; mais nous voyons par-là que depuis long-temps on est dans la triste obligation de restaurer les statues.

« On admire beaucoup l'Hercule de Menestratus & l'Hé- » cate du même auteur: on voit cette dernière figure à Ephèse » derrière le temple; le marbre en est si brillant que les gardiens » de ce même temple avertissent les étrangers de la regarder avec précaution pour ménager leurs yeux ». Comment peut-on relever une chose pareille, si ce n'est pour s'en moquer? Pline continue en ces termes: « On a bien autant d'admiration » pour les Graces qui sont dans le vestibule de la citadelle » d'Athènes, & que Socrate a faites. Cet artiste n'est pas le » même que le peintre, selon le sentiment de plusieurs personnes ».

Aſinius Pollio, dont la vivacité étoit extrême, (c'eſt-à-dire apparemment qui a été très-empreſſé pour aſſembler des ouvrages de l'art, & cet empreſſement a été & ſera ſouvent une maladie dans les hommes) Aſinius Pollio, dis-je, orna ſes bâtimens avec les figures des plus grands ſculpteurs. Leurs noms & leurs ouvrages me paroiſſent inutiles à rapporter, ils ſont détaillés dans l'ouvrage de Pline; je diſtingue ſeulement le grouppe ſuivant.

« Zétus & Amphion attachant Dircé à un taureau, tout eſt du même bloc de marbre juſqu'aux cordes. Cet ouvrage de « la main d'Apollonius & de Tauriſcus, fut apporté de Rhodes « à Rome. On n'a point été d'accord ſur le père de ces artiſtes. « Quelques-uns ont cru qu'ils étoient fils de Ménécrate; mais « il eſt plus vrai-ſemblable qu'élèves de celui-ci, & fils d'Artémidore, ils donnoient au premier, par reconnoiſſance, le nom « de père ».

Ce morceau, qu'on a trouvé tout entier & qui ſubſiſte aujourd'hui à Rome, eſt compoſé de cinq figures, d'un taureau & d'un chien; il eſt connu ſous le nom de *Taureau Farnèſe*, parce qu'il eſt dans le palais de cette maiſon.

Ce monument eſt conſidérable par ſon étendue, & par ſa conſervation. Il a dix-huit palmes de hauteur, qui font douze de nos pieds, & quatorze palmes de largeur en tout ſens, qui valent neuf pieds & $\frac{1}{3}$.

Ce grand grouppe a été pluſieurs fois expliqué depuis le renouvellement des arts, car ſon étendue a frappé les Savans; & quoique le ſujet de cette compoſition ait été ſouvent rapporté, je crois devoir la mettre ſous les yeux, non ſeulement parce que l'on trouve une autre Dircé dans l'hiſtoire, mais pour être en état de parler de l'ouvrage du côté de l'art.

Zétus & Amphion étoient fils de Lycus, roi de Thèbes, & d'Antiope, qui avoit été répudiée de ſon mari & miſe dans une priſon où elle étoit maltraitée; elle éprouvoit ces tourmens à l'occaſion de Dircé: ces jeunes gens attachèrent celle-ci aux cornes d'un taureau indompté, pour venger leur mère.

Apollodore, de Dirce imag. Properce, liv. III, élég. 13.

Voilà le trait d'hiſtoire qu'Apollonius & Tauriſcus ont

voulu représenter. Cependant on a peine à reconnoître Dircé dans leur ouvrage. Les deux frères sont nus à la Grecque, & d'un assez bon style, ils ont l'air seulement de vouloir arrêter le taureau, qui paroît se défendre & être au moment de renverser une figure de jeune femme drapée, qui semble par son mouvement aller plustôt au devant de ce même taureau, que d'être condamnée au supplice qu'on lui prépare. D'ailleurs les jambes de cette figure sont d'une position affectée. Enfin la disposition de toute la figure n'indique rien qui ait rapport à sa triste situation. A côté, presque derrière le taureau, on voit une figure de femme drapée & debout, qui vrai-semblablement est Antiope leur mère; mais elle ne grouppe avec les autres figures ni d'action, ni de composition. Jusqu'ici il n'y a rien à dire, au moins quant à la proportion. Mais la cinquième figure à demi drapée, & qui représente un pâtre, est diminuée de près de moitié, quoiqu'elle soit posée sur le plan le plus avancé. Indépendamment de ce ridicule, elle est de mauvaise manière, & n'est liée en aucune façon au reste du grouppe. Le chien est placé tout droit sans aucune raison, car il *ne bouche aucun trou* & ne sert à rien. En un mot il y a plus de magnificence dans ce morceau que de savoir & de goût. Il est vrai que Pline n'en fait aucun éloge, mais ce n'est point assez. Ne faut-il pas dans les arts dire le mal pour persuader le bien, pour instruire, enfin pour l'honneur de la vérité? Je passe plusieurs noms d'artistes & des indications de leurs ouvrages, parce qu'ils ne fournissent aucune discussion.

Les anciens ont donné plus fréquemment que nous ne l'avons fait, l'exemple de cette union de plusieurs artistes pour le même grouppe; elle me paroît difficile, non seulement pour l'accord des caractères, mais encore pour l'agrément & la perfection de l'ouvrage: car la composition & l'exécution fournissent un nombre infini de difficultés qui sont toutes au desavantage de l'entreprise. Je veux même que ces obstacles aient été surmontés, l'opposition aussi voisine de deux manières ou de deux genres de travail, ne peut jamais produire un bon effet, & je ne vois pas que cette union ait toûjours réussi aux anciens, du moins l'exemple de la Dircé est très-favorable à cette opinion.

Pline continue en ces termes : « l'ouvrage de Lysias a été traité avec la plus grande considération. Auguste l'a placé sur « l'arc qu'il a consacré à la mémoire de son père, & l'a ren- « fermé dans un petit temple environné de colonnes. C'étoit « un char à quatre chevaux, dans lequel Apollon & Diane « étoient placés, & ce bel ouvrage étoit d'un seul bloc ».

Ce genre de décoration ne se conçoit pas aisément ; ainsi nous aurions peine à entendre ce passage, si nous suivions nos simples idées. En effet, il faut imaginer un char à quatre chevaux, grand tout au moins comme la nature ; ce que l'on peut inférer du soin avec lequel Pline nous dit qu'il étoit d'un seul bloc, & cela pour en donner sans doute une idée plus recommandable. Il faut concevoir ce char placé sur un bâtiment que nous ne sommes point dans l'habitude de réduire, & que notre imagination ne sépare jamais de triomphes, de monumens, &c. grands mots qui élèvent notre esprit & portent nos idées sur des masses d'autant plus grandes, qu'il s'agit ici du témoignage de la piété d'un grand Prince en l'honneur de son père. Enfin, pour comble d'embarras, cet arc est placé dans une chapelle ou dans un petit temple. Ce dernier trait paroît d'abord s'opposer au bel effet de la décoration & au point de vûe d'un ouvrage estimé : cependant il s'agit d'un monument élevé par Auguste, & nous savons que les arts ont été dans toute leur splendeur sous le règne de ce Prince ; d'ailleurs Pline décrit ici une chose qu'il avoit vûe, & dont il parle à des hommes qui la voyoient tous les jours ; on ne peut par conséquent douter ici de son exactitude. Il faut donc nécessairement accorder des idées d'ornement qui paroissent fort opposées ; Pline lui-même nous en donne le moyen, en disant à l'occasion des statues élevées sur des colonnes à l'honneur des hommes célèbres dans le premier temps de Rome, *columnarum ratio erat attolli suprà cæteros mortales, quod & arcus significant novitio invento.* Le mot d'*arc* avoit donc différentes significations, ou plustôt il

Liv. XXXV, chap. 6.

y avoit des arcs d'une très-médiocre grandeur; tels étoient ceux que l'on faisoit depuis peu, selon Pline, pour porter des statues. Car il ne faut pas croire que ni le forum, ni les comices fussent garnis d'arcs d'une certaine grandeur, ces places n'auroient pû les contenir. Cette nouvelle invention se réduisoit sans doute à un grand socle, ou piédestal, chargé de la figure ou du monument; & ce corps solide devoit cependant avoir une certaine hauteur, pour indiquer une ou plusieurs portes d'entrée qui fournissoient un passage, ou donnoient, quand même elles n'auroient été que simulées, une plus grande idée de magnificence que des colonnes & des piédestaux ordinaires; d'autant même que ces corps étoient encore plus susceptibles de tous les bas-reliefs dont on vouloit les enrichir. Il est cependant singulier que nous n'ayons aucun monument, ni même aucun revers de médaille qui puisse fixer nos idées, en nous faisant voir quelques-uns de ces petits arcs *(d)*.

La réputation de plusieurs autres artistes n'est ni connue, ni éclaircie, quoiqu'il y en ait dont les ouvrages sont excellens. Mais le nombre de ceux qui les ont travaillés ne permet ni d'en attribuer la gloire à un seul, ni de la partager également entre ceux qui y ont part. Tel est le Laocoon placé dans le palais de l'empereur Titus, ouvrage supérieur à tous ceux que la peinture & la sculpture ont jamais produits; il est d'un seul morceau, Laocoon, ses enfans & les serpens, dont les replis sont admirables. Ce groupe a été exécuté par Agésander, Polydore & Athénodore, tous trois Rhodiens.

Malgré ce grand éloge, auquel je souscris à plusieurs égards, je crois pouvoir dire mon sentiment sur ce beau grouppe; il nous a été heureusement conservé; & la sincérité dont je vais faire usage est d'autant plus permise, que l'art est le même pour nous, & que ses règles ne peuvent avoir changé. Je n'attaquerai pas l'expression, elle ne peut être ni plus juste, ni plus belle, & c'est dire, à cet égard, que ce grouppe est

(d) Depuis la lecture de ce Mémoire, j'ai trouvé un monument qui confirme cette idée, & je l'ai rapporté dans le second volume du Recueil d'antiquités. *Planche XLVI, n.° V.*

digne,

digne, comme quelques-uns le prétendent, d'avoir servi de modèle à Virgile, pour la description qu'il a faite de ce malheureux père. La figure principale ne peut être ni plus élégante, ni mieux disposée. La juste contraction de tous les muscles est un chef-d'œuvre de connoissance anatomique, & d'exécution de ciseau. La douleur & l'horreur d'une pareille situation sont parfaitement exprimées. La position des enfans & leur intention sont justes; cependant, malgré la précision de leur trait, le coulant de leurs contours & la beauté de leur travail, leur caractère général & particulier laisse à desirer, c'est-à-dire que leur âge est bien rendu & qu'il exprime l'adolescence, mais qu'ils n'ont point la taille & la proportion qu'ils devroient avoir; en un mot ils font partie d'un groupe, & la figure principale fait sentir leur disproportion.

Je ne crois pas devoir oublier que le bras droit de ce beau monument, celui qui est élevé & qui concourt si bien à l'action de la figure principale, a été restauré par Bacio Bandinelli, grand sculpteur Florentin, imitateur de Michel-Ange. Ce grand artiste ne voulut point rétablir cette partie en marbre, dans l'espérance que l'on trouveroit un jour le morceau de l'original, il est donc encore aujourd'hui en terre cuite. L'artiste moderne est si parfaitement entré dans l'esprit de l'ancien, que je suis persuadé qu'il arriveroit à Bacio Bandinelli la même chose qu'à l'Algarde; celui-ci fut chargé de restaurer la figure d'un Hercule qui combat l'Hydre, & que l'on conserve à Rome dans le palais Verospi; il s'en acquitta si bien que les parties rétablies ayant été retrouvées dans la suite, on a laissé l'ouvrage de l'Algarde, & l'on s'est contenté de placer auprès de la statue les parties antiques, pour mettre les curieux à portée d'en faire la comparaison, & rendre justice à l'artiste moderne.

Je ne quitterai point l'article de Laocoon sans discuter un point assez important pour les arts. Pline dit positivement que ce grouppe étoit d'un seul bloc, en même temps qu'il nous assure qu'il avoit été travaillé par trois maîtres différens; c'est assurément une grande preuve de la façon dont les artistes ſe concilioient autrefois. Cependant Michel-Ange lui-même a vû les liaiſons, & a dit que le morceau avoit toûjours été de trois pièces. On ſeroit tenté, par les raiſons de l'exécution & par la difficulté de la conciliation, de donner le tort à Pline, & de dire que n'ayant pas bien examiné le grouppe, il l'a décidé d'un morceau tandis qu'il étoit de trois. Mais Fulvius Urſinus *(e)* nous préſente un moyen qui donne raiſon à tout le monde; il dit donc poſitivement que le grouppe que l'on voit au Vatican n'eſt pas celui dont parle Pline; il allègue la différence que je viens de relever dans le bloc, & il ajoûte de plus, que l'antiquaire Antonioli conſervoit chez lui quelques fragmens des ſerpens d'une ſtatue de Laocoon, découverts dans un autre endroit, & ſur la montagne où l'on peut plus probablement placer le palais de Titus. Il réſulteroit de ces faits que nous aurions la plus belle des copies, qui par cela même deviendroit un monument, ſinon plus recommandable, du moins plus ſingulier par rapport à l'art. Et comme il eſt très-vrai-ſemblable que dans la copie d'un morceau ſi capital on ait conſervé non ſeulement la diſpoſition, mais auſſi les proportions, ma critique ou pluſtôt mes obſervations ſubſiſteroient également & dans tout leur entier.

Pline continue & dit, « que les Palais des Céſars ſont » remplis des plus célèbres ouvrages, exécutés par Cratérus » avec Pythodore, par Polyclète avec Hermolaus, par un autre » Pythodore avec Artémon, & par Aphroſius de Tralles, qui a travaillé ſeul ».

« Diogène, Athénien, décora le Panthéon d'Agrippa, & » les Caryatides qui ſervent de colonnes au temple ſont miſes » au rang des plus belles choſes, ainſi que les ſtatues poſées ſur » le haut du temple; mais elles ſont trop élevées pour qu'on puiſſe leur rendre toute la juſtice qui leur eſt dûe ».

La bâtiſſe de ce temple eſt fort ancienne, on ignore le temps de ſa conſtruction. Agrippa ſe contenta de le décorer, & d'y ajoûter le portique que l'on admire aujourd'hui, & ſur

(e) *Urſini notæ ad Barthol. Marliani urbis Romæ topographiam.* L. IV, c. 14. Antiq. Rom.

la friſe duquel il a fait mettre ſon nom. Septime-Sévère fit dans la ſuite des réparations conſidérables à ce beau monument de la piété des anciens; mais le temple eſt toûjours demeuré tel qu'il étoit au temps de Pline, avec la ſeule différence qu'il a été dépouillé de ſes ſtatues, & de cette grande quantité d'ornemens de bronze dont il étoit enrichi. On ne voit pas même où pouvoient être placées les Caryatides dont Pline fait mention. On a ſoupçonné qu'elles avoient occupé l'attique qui règne au deſſus des colonnes, dans l'intérieur de l'édifice. On ignore le temps auquel elles ont été ſupprimées, & l'on n'eſt pas plus inſtruit du motif de leur deſtruction. Il y a cependant apparence qu'on eſt venu à cette extrémité lorſque le temple a été converti en égliſe, il a fallu en ôter les ſtatues des Divinités, & les Caryatides furent miſes apparemment au rang des ſtatues, par des gens qui ne ſavoient pas que les Caryatides étoient un ordre d'architecture, & n'avoient aucun rapport avec le culte religieux.

« On voyoit auprès du temple de la Félicité les neuf Muſes, une deſquelles, au rapport de Varron, rendit amoureux un chevalier Romain nommé Junius Piſciculus.

Ces ſtatues ſont auſſi l'admiration de Paſitèle, qui a écrit cinq volumes ſur les plus excellens ouvrages qui aient paru dans tout le monde. Il étoit de cette partie de l'Italie qu'on nomme la grande Grèce, & acquit, conjointement avec elle, le droit de citoyen Romain. Il fit un Jupiter d'yvoire, & cette ſtatue eſt placée dans la maiſon de Métellus, ſituée ſur le chemin du champ de Mars. Cet artiſte, très-exact imitateur de la Nature, *diligentiſſimus artifex*, travailloit un jour dans cet endroit de Rome où l'on gardoit les animaux d'Afrique: pendant qu'il étudioit un lion à travers les barreaux, une panthère s'échappa d'une cage voiſine, non ſans lui faire courir un très-grand danger. On dit qu'il a fait beaucoup d'ouvrages, mais on ne les connoît pas préciſément.

Il y a eu d'autres artiſtes qui ſe ſont acquis une grande réputation, en faiſant de très-petits ouvrages de marbre.

Myrmécide a fait un char de quatre chevaux avec le

» cocher, le tout si petit qu'une aile de mouche le pouvoit
» couvrir.
» Callicratès faisoit des fourmis d'une taille si petite, que
» leurs pieds & plusieurs autres parties de leur corps étoient
imperceptibles ».

Mais ces badinages ne méritent pas, selon moi, d'être rapportés, & je n'en fais mention que pour prouver mon exactitude.

Je finis par quelques réflexions sur la sculpture Grecque, qui me paroissent embarrassantes.

La quantité des ouvrages attribués au plus grand nombre des sculpteurs dont Pline & Pausanias nous ont conservé le souvenir, me paroît inconcevable; & plus on connoîtra la pratique & le nombre d'opérations indispensables que cet art exige, plus on sera convaincu que mon étonnement est fondé, en admettant même le secours d'un grand nombre d'élèves très-avancés, qui travaillent sur les modèles des maîtres.

Ma seconde réflexion tombe sur ce que nous n'avons trouvé, sur les statues Grecques qui nous sont demeurées, aucun des noms que Pline nous a rapportés; & pour en convaincre, je joins ici la liste des noms qui sont véritablement du temps des ouvrages.

La Vénus de Médicis porte le nom de CLEOMÉNES, fils d'APOLLODORE, ATHÉNIEN.

L'Hercule Farnèse celui de GLYCON, ATHÉNIEN.

Le Torse du Belveder est d'APOLLONIUS, fils de NESTOR, ATHÉNIEN.

La Pallas du jardin Ludovisi, d'ANTIOCHUS, fils d'ILLUS.

Sur deux têtes de philosophes Grecs, dans le jardin du palais Aldobrandin, LINACE, fils d'ALEXANDRE.

Sur le groupe d'une mère & d'un fils; MENELAUS, élève de STEPHANUS.

Sur le Gladiateur au palais Borghèse, AGASIAS, fils de DOSITHÉE, ÉPHÉSIEN.

Sur l'Esculape, au palais Verospi, on lit ASSALECTUS-M.

Sur l'Hermès des jardins Montalte, EUBULE, fils de PRAXITELES.

Sur deux bustes du cardinal Albani; on lit sur l'un ZENAS.

Et sur l'autre ZENAS, fils d'ALEXANDRE.

Chez le cardinal Albani, on lit sur un bas-relief représentant des Bacchantes & un Faune, le tout tenant de la manière Égyptienne quoique Grec, CALLIMAQUE.

L'apothéose d'Homère, sur un vase dans le palais Colonne, ARCHELAUS, fils d'APOLLONIUS, de PRIENE.

Sur un vase servant de fonds de baptême à Gaëtte, & qui est orné d'un bas-relief représentant la naissance de Bacchus, SALPION, ATHÉNIEN.

J'ai tiré tous ces noms, que je n'avois plus, de la préface sur les pierres gravées de M. le Baron Stock. On peut écrire d'après un homme aussi exact & si bon connoisseur. Aussi je n'ai point rapporté plusieurs noms Grecs, qui ont été ajoûtés en différens temps, & nommément à la Plinte des deux chevaux que l'on voit sur le mont Quirinal, vulgairement nommé *il monte Cavallo*, & qui portent les beaux noms de *Phidias* & de *Praxitèle*.

J'étends encore mon étonnement sur ce que Pline ne désigne aucun des ouvrages que je viens de citer. Le Laocoon & la Dircé sont les seuls dont il parle & qui nous soient demeurés, à moins que l'on ne voulût croire que le grouppe des lutteurs, rapporté plus haut, que l'on voyoit à Pergame, & qui étoit un ouvrage de Céphisodore, fils de Praxitèle, ne fût celui que l'on conserve à Florence dans la galerie du Grand Duc.

Je n'ai point été surpris du silence de Pausanias sur toutes les belles statues de Rome; quand il a fait le voyage de la Grèce, il se pouvoit qu'elles fussent déjà transportées en Italie. Car depuis environ trois cens ans les Romains travailloient à dépouiller la Grèce de ses tableaux & de ses statues. Instruits par la réputation des plus beaux morceaux, ils avoient eu soin de les transporter à l'envi l'un de l'autre. Quelle devoit en être l'abondance? Pausanias écrivant quarante ans après, nous décrit cette même Grèce encore remplie des plus grands tréſors. Je finis par une autre réflexion. Si les Anciens n'ont point parlé des figures que nous admirons parce qu'ils en connoiſſoient de plus belles, ſi leur ſilence ſur le nom des artiſtes qui nous ſont demeurés, eſt fondé ſur ce qu'ils en ſavoient de ſupérieurs, quelles idées devons-nous avoir des Grecs & de la perfection de leurs talens? Cette ſuppoſition n'eſt point trop forcée, elle peut ſe préſenter à l'eſprit, il ſeroit même poſſible d'en ſoûtenir la probabilité. Mais l'imagination ne peut ſe prêter, & s'oppoſe à concevoir des ouvrages ſupérieurs à ceux qui faiſant aujourd'hui le plus grand ornement de Rome, ſont auſſi la baſe & la règle de nos études. J'avoue donc que plus je lis, & moins je puis établir de certitude ſur le récit des auteurs par rapport aux arts. Il faut voir les ouvrages pour en parler, & avoir une connoiſſance ſolide & bien établie pour en écrire. Les anciens eux-mêmes, & le plus grand nombre de nos modernes, n'ont pas toûjours admis ces principes. Ce reproche, auſſi-bien mérité, me donnera du courage pour préſenter les doutes que les récits des auteurs anciens me fourniſſent aſſez ſouvent ſur les arts.

RÉFLEXIONS

Sur les chapitres du XXXIV.e livre de Pline, dans lesquels il fait mention des ouvrages de bronze.

Par M. le Comte DE CAYLUS.

PREMIÈRE PARTIE.

CE Mémoire doit être regardé comme une seconde partie de celui de la Sculpture. On y trouve presque tous les mêmes artistes, par une raison bien simple; les fondeurs, proprement dits, n'ont jamais été que les manœuvres des grands maîtres, ceux-ci ont tous été statuaires. La composition & l'étude de la Nature sont également nécessaires pour les modèles, indispensables à l'une & à l'autre opération, soit du marbre, soit de la fonte. Lû le 4 Déc. 1753.

On peut considérer les ouvrages de fonte, dont Pline nous a conservé le souvenir, sous trois aspects.

Celui des grands sculpteurs, qui ont fait les modèles du nombre infini de ces morceaux recommandables par l'élégance de leur travail & la magnificence de leur volume. Cet article ne peut regarder que la Grèce; je suivrai donc Pline sur tout ce qu'il en rapporte, sans détailler cependant les trois cens soixante & six artistes en ce genre dont il parle, & sans présenter d'autres faits que ceux qui me fourniront des réflexions, que l'art ou les artistes rendront intéressantes, & dont l'auteur a lui-même embelli ses récits.

Il n'est pas douteux que ce genre de monumens, en quelque lieu qu'il ait été fait, n'ait eu pour objet ou la récompense du mérite, ou celui d'une vanité reçûe & bien placée. Nous connoissons l'usage des Grecs à cet égard, ainsi je réserverai ce point de vûe pour le second article, dans lequel je renfermerai l'usage & l'abus que les Romains en ont fait depuis le commencement de la République; nous la verrons, pour ainsi dire, croître avec ses statues. L'éclaircissement de quelques faits historiques pourra rendre cette partie intéressante.

Le troisième aspect, qui pourroit regarder l'opération de la fonte, seroit inutile quand même Pline en auroit parlé; mais il n'est entré dans aucun détail sur les fourneaux, non plus que sur les préparations, la manière de fondre & l'alliage de la matière. Je suis persuadé que nous employons les mêmes procédés; aucune réflexion ne me persuade qu'ils puissent être différens; cependant toutes les opérations des anciens m'ont paru si justes, & nous avons tiré un si grand profit de ce qu'ils nous ont laissé, que nous devons, ce me semble, regarder le silence de Pline comme un malheur; nous aurions peut-être profité des différences de leur pratique, & des lumières acquises par une manœuvre qu'ils ont si constamment répétée. Je regrette moins le mélange de leur matière; il a toûjours été assez arbitraire, c'est-à-dire dépendant de la volonté & de l'habitude des fondeurs. De plus, ce qui est assez rare dans la Nature, on peut faire des expériences de ce mélange en petit, & elles sont toûjours certaines & utiles dans le grand.

Le nombre des ouvrages des fondeurs en particulier, selon Pline, est inconcevable. On assure que le seul Lysippe en fit six cens dix morceaux, qui tous auroient rendu célèbre celui qui n'en auroit fait qu'un seul. Il fut aisé de savoir leur nombre, car il avoit coûtume de mettre à part un denier d'or quand il en avoit produit un nouveau, & son héritier en fit le calcul après sa mort.

Chap. VII, p. 103.

Pline ne pouvoit rien dire de plus fort que d'ajoûter, sur le détail de ces morceaux, *tantæ omnia artis, ut claritatem possent dare vel singula.*

Ibid.

C'est présenter, ce me semble, avec trop d'apparat la chose la plus simple, & dont le détail méritoit le moins d'être relevé; heureusement la seule pratique de l'art peut nous en donner l'intelligence, & même sans faire tort au mérite de Lysippe, en faveur de qui tout le monde est prévenu, par les éloges de l'antiquité, & par l'approbation & le choix d'Alexandre le Grand,

Grand, dont il étoit contemporain. Cependant l'explication de ce paſſage me paroît néceſſaire pour concilier toutes les idées; d'autant que ceux qui voudroient s'en tenir au texte ſimple, croiroient ne devoir en rien rabattre, puiſque les preuves de fait ſont jointes à une deſcription qui tient non ſeulement du merveilleux, mais qui répond aux grandes idées que l'on a des anciens: perſonne ne les admet plus que moi, mais elles demandent des diſtinctions. D'un autre côté les artiſtes & les amateurs des arts commenceroient par rejeter fort loin le fait, & ils le regarderoient comme impoſſible; car il faut convenir que Pline paroît, au premier abord, s'être mis ici dans le danger de ceux qui veulent trop prouver.

S'il étoit queſtion, dans ce calcul, des ouvrages de Lyſippe, de ſtatues de marbre & même de figures de bronze de grandeur naturelle, ou faites chacune ſur différens modèles (quoiqu'il en ait produit pluſieurs de ce genre) le nombre de ſix cens dix morceaux de la main d'un ſeul artiſte, ne ſeroit ni poſſible, ni vrai-ſemblable; la connoiſſance des arts & leur marche dans l'exécution, vont heureuſement ſervir à lever tous nos doutes.

Quand la pratique de la fonte eſt familière à un artiſte, & qu'il a ſous ſes ordres des gens capables de l'aider, les ouvrages ſe multiplient en peu de temps; l'artiſte n'a proprement beſoin que de faire des modèles en terre ou en cire, manœuvre que l'on fait être auſſi prompte que facile. Le moule, la fonte & le ſoin de réparer, ſont des opérations qui ne demandent point la main du maître, & cependant la figure n'eſt pas moins regardée comme ſon ouvrage. Ajoûtons à ces facilités que l'on peut jeter un très-grand nombre de figures dans le même moule, & ſans doute que toutes les fois qu'il en ſortoit une de ſon fourneau, Lyſippe s'étoit impoſé la loi de mettre à part un denier d'or, dont le nombre accumulé ſervit après ſa mort à ſupputer la quantité de figures fondues dans ſon attelier. Il n'eût pas été difficile à Jean de Boulongne d'en faire autant de nos jours; & peut-être que ſi l'on comptoit le nombre de petites figures qu'il a produites de cette façon, on n'en trouveroit guère moins de ſix cens dix, indépendamment des grandes figures équeſtres, & des autres ſtatues ou bas-reliefs dont il a fait les modèles, & à la fonte deſquels il a préſidé. Malgré la facilité dont je viens de rendre compte, & avec laquelle il eſt aiſé de multiplier les figures, je n'ai point voulu ſuivre le P. Hardouin, qui va bien plus loin dans ſon édition ſur le nombre des productions de Lyſippe; tout incrédule qu'il a été ſur d'autres points, il lui donne quinze cens morceaux: je ne doute pas qu'il n'ait vû d'autres manuſcrits inconnus à ceux qui l'avoient précédé, mais plus le nombre ſera grand, plus mon explication acquiert de force.

Je ne puis quitter Lyſippe ſans dire ce que Pline nous en apprend encore.

Duris dit que Lyſippe de Sicyone (ce ſont les paroles de Pline) n'a point eu de maître; Tullius, apparemment Cicéron, dit qu'il en a eu, mais que dans les commencemens qu'il étudioit ſon art, la réponſe du peintre Eupompus lui donna un excellent précepte; car lui ayant demandé quel étoit celui des anciens dont il lui conſeilloit de ſuivre la manière, il lui montra une multitude d'hommes, & lui indiqua par-là qu'il falloit ne ſuivre que la Nature. Toutes les parties de l'eſprit ont autant de beſoin que les arts de cette grande vérité, & tous ceux qui n'ont pas eu la Nature en vûe, n'ont préſenté que de faux brillans, & leurs ſuccès n'ont jamais été que paſſagers.

Chap. VIII, p. 116.

Après la liſte d'une partie des grands & des beaux ouvrages de Lyſippe, Pline finit par dire, il a beaucoup embelli l'art ſtatuaire par la façon légère dont il a traité les cheveux, par la diminution des têtes que les anciens tenoient fortes, & par les corps traités plus légers & plus ſveltes, pour faire paroître ſes ſtatues plus grandes. La langue latine n'a point de mot pour exprimer *ſymmetria*, ou les proportions qu'il obſerva avec tant de ſcrupule: par des moyens nouveaux, & qui n'avoient point encore été pratiqués, il changea la manière lourde & quarrée des anciens; il diſoit même communément qu'ils avoient fait les hommes tels qu'ils étoient, mais que pour lui il les rendoit tels qu'ils lui paroiſſoient.

Ce discours est très-bon dans la bouche d'un habile homme, mais en général il seroit dangereux; un homme incorrect en seroit quitte pour dire, je vois la Nature de cette façon. Au reste tout ce que Pline nous dit en cet endroit de Lysippe, nous rappelle le jugement que nous pourrions faire aujourd'hui de Raphaël, par rapport à Albert Durer, André Mantègue, &c. Mais faut-il que toutes les idées que l'on nous a données de Phidias, & des prédécesseurs de Lysippe, soient renversées, & que l'on nous renvoie tout d'un coup à des manières aussi sèches & aussi lourdes? Ne pourroit-on pas reprocher à Pline de nous donner des idées que nous ne pouvons conserver? Ces premiers artistes faisoient bien pour leur temps, ils ont ouvert la porte aux autres; n'eût-il pas été plus convenable de proportionner les éloges aux progrès d'un art dont on avoit les exemples sous les yeux? En un mot étoit-il nécessaire de faire ces premiers si grands, ou du moins si égaux aux derniers?

Pline se récrie, avec raison, sur les entreprises grandes & hardies dans cette opération de l'art, & dont le nombre, dit-il, est impossible à compter. Nous voyons, ajoûte-t-il, des masses de statues auxquelles on donne le nom de colosses, & qui ressemblent à des tours. Il cite en effet l'Apollon placé dans le Capitole, & que Lucullus avoit apporté d'Apollonie de Thrace; ce colosse, dont la hauteur étoit de trente coudées [a], avoit coûté cinq cens talens [b]. Pline fait encore mention du colosse de Jupiter, que l'empereur Claude avoit consacré dans le champ de Mars; il ne nomme point les auteurs de ces deux derniers, mais ce qu'il ajoûte d'un autre Jupiter, que Lysippe avoit fait à Tarente, mérite un peu plus de réflexion. *Chap. VII, p. 104.*

[a] 45 pieds.

[b] Environ deux millions trois cens cinquante mille livres de notre monnoie.

Ce colosse avoit quarante coudées [c]; ce qu'il y a d'admirable dans celui-ci, continue Pline, c'est que la main suffit, à ce que l'on dit, pour le remuer, & que les plus grands orages ne le renversent point. On dit que l'artiste avoit prévenu ce danger, en opposant une colonne dans un petit défilé par où il étoit le plus nécessaire de rompre le vent.

[c] 60 pieds.

Cet ouvrage, singulier par son équilibre, regarde les Physiciens, & cette colonne placée pour empêcher le vent, ne peut être entendue ſans la connoiſſance du local. Je ne ſuis qu'un artiſte, & comme tel je ſais qu'une pareille poſition, même dans une très-petite figure, ne peut jamais être que l'effet du haſard. Je crois cependant qu'en faiſant de tels récits, on eſt médiocrement excuſé par *on dit*, on fait croire au moins que l'on eſt prêt d'être perſuadé.

Je ne puis m'empêcher de joindre à cet article le ſuivant, il me paroît avoir trop de rapport pour en être ſéparé.

Démétrius fit une Minerve qui fut ſurnommée *Muſique*, *Chap. VIII, p. 123.* parce que les ſerpens de ſon égide raiſonnoient au ſon de la lire.

Il auroit fallu, pour répondre à ce ſon, que les ſerpens euſſent été bien déliés & bien détachés de la figure; ſans cela ils n'auroient point été ſenſibles aux vibrations d'un inſtrument. Je dirai encore, comme artiſte, qu'il me ſemble que ces ſerpens, ainſi diſpoſés, n'auroient point été agréables en ſculpture. Je ne crois pas que le fait contrediſe la phyſique. C'eſt tout ce que je peux dire ſur le récit de cet ouvrage.

Chap. VII, p. 105. Pline dit enſuite que le plus admirable de tous les coloſſes, eſt celui de Rhodes. Les diſcuſſions dans leſquelles ce bel ouvrage m'a fait entrer, & ſur-tout l'envie de retrouver quel eſt le premier des modernes qui a porté tous les autres à le placer auſſi ridiculement ſur le port, m'ont engagé dans des détails qui m'ont paru faire une trop longue digreſſion dans le corps de ce Mémoire; ainſi je compte finir par l'examen qu'il m'a paru mériter. Il ſera d'autant plus agréable, que j'ai joint tout ce que m'a donné un de nos plus ſavans confrères aux idées que j'avois eues, & aux réflexions que l'art m'avoit fournies.

Ce coloſſe, que l'on a placé au rang des merveilles du monde, étoit accompagné de cent autres coloſſes dans la même ville de Rhodes; ils étoient à la vérité plus petits, mais, ſelon Pline, chacun en particulier auroit ſuffi pour rendre une ville célèbre.

J'avoue qu'une telle abondance doit être à charge; car rien n'eſt plus dégoûtant que l'excès de la magnificence: d'ailleurs il n'y a point de ville, quelque grande qu'elle ſoit, qu'un ſi grand nombre de coloſſes ne rendent petite à tous égards. Ce n'eſt pas tout, Pline ajoûte encore à ce fait, & dit; il y en a cinq de la main de Briaxis, & qui repréſentent des Dieux. Cette augmentation de nombre ne diminue point ma critique, & cette diſtinction peut faire imaginer que l'ouvrage en étoit plus parfait. D'ailleurs il n'eſt pas vrai-ſemblable que les cent coloſſes dont il a parlé d'abord fuſſent la repréſentation des héros de Rhodes ou de la Grèce; il y en avoit de répétés, & ſans doute on y voyoit des divinités. On pourroit peut-être reprocher à Pline de n'avoir point éclairci un fait qui tombe ſur des monumens conſidérables, lui qui nous a quelquefois rapporté des minuties, & dans le plus grand détail.

Le conſul P. Lentulus conſacra deux têtes dans le Capitole, il eſt à préſumer qu'elles étoient de bronze; Pline dit qu'elles attiroient toute l'admiration. L'une eſt de la main de Charès, dont il a parlé au ſujet du coloſſe de Rhodes, & l'autre étoit de Décius, dont l'ouvrage affoibli par la comparaiſon ne ſembloit être que celui d'un écolier. Pline parle ici en connoiſſeur, qui diſtingue & qui ne ſe laiſſe pas emporter par le préjugé public. Chap. VII, p. 106.

Après avoir parlé des bronzes de Corinthe, recommandables ou par leur matière, ou par la confiance qu'ils inſpiroient, ou par la ſuperſtition qu'ils flattoient, il dit: *Minoribus ſimulacris ſignisque innumera prope artificum multitudo nobilitata!* Un nombre infini d'artiſtes s'eſt illuſtré par la prodig quantité de petites ſtatues & de bronzes. Quand on v. regarder *minores ſtatuæ* comme des ſtatues grandes c Nature, nous voyons toûjours le mot *ſigna* dans l'er voilà donc encore ce nom appliqué aux bronzes. phraſe en diſant: *ante omnes Phidias Athenienſ facto.* Je veux qu'il ne ſoit mention de Ph plus de célébrité, quoique le ſens conduiſe jeté de petites figures. Cette augmenta à ce que nous avons vû de Lyſippe. beaucoup de petits ouvrages, que peut être entendue ſans la conn[...]ce du local. Je ne ſuis qu'un artiſte, & comme tel je [...] qu'une pareille poſition, même dans une très-petite figu[...] ne peut jamais être que l'effet du haſard. Je crois cepend[...] en faiſant de tels récits, on eſt médiocrement excuſé par [...] on fait croire au moins que l'on eſt prêt d'être perſuadé.

Je ne puis m'empêcher de j[...]e à cet article le ſuivant, il me paroît avoir trop de rapp[...]ur en être ſéparé.

Démétrius fit une Minerve [...]ut ſurnommée *Muſique*, parce que les ſerpens de ſon [...] raiſonnoient au ſon de la lire.

Chap. VIII, p. 123.

Il auroit fallu, pour répond[...] ce ſon, que les ſerpens euſſent été bien déliés & bien d[...]s de la figure; ſans cela ils n'auroient point été ſenſible[...] vibrations d'un inſtrument. Je dirai encore, comme [...], qu'il me ſemble que ces ſerpens, ainſi diſpoſés, n'au[...] point été agréables en ſculpture. Je ne crois pas que [...]t contrediſe la phyſique. C'eſt tout ce que je peux dire [...] récit de cet ouvrage.

Chap. VII, p. 105.

Pline dit enſuite que le plus [...]rable de tous les coloſſes, eſt celui de Rhodes. Les diſc[...] dans leſquelles ce bel ouvrage m'a fait entrer, & ſur-t[...] l'envie de retrouver quel eſt le premier des modernes qu a[...]orté tous les autres à le placer auſſi ridiculement ſur le [...] m'ont engagé dans des détails qui m'ont paru faire une [...]op longue digreſſion dans le corps de ce Mémoire; ainſi j[...]mpte finir par l'examen qu'il m'a paru mériter. Il ſera d[...]nt plus agréable, que j'ai joint tout ce que m'a donné un [...]es plus ſavans confrères aux idées que j'avois eues, & au[...]lexions que l'art m'avoit fournies.

Ce coloſſe, que l'on a placé [...] rang des merveilles du monde, étoit accompagné de cen[...]es coloſſes dans la même ville de Rhodes; ils étoient à la [...] plus petits, mais [...] Pline, chacun en particulier aur[...] pour rendre [...] célèbre.

J'avoue qu'une telle abondance [...]t être à charg[...] n'eſt plus dégoûtant que l'excès [...] magnificence[...]

il n'y a point de vi[illegible] [illegible]uelque grande qu'elle ſoit, qu'un ſi grand nombre de [illegible] ne rendent petite à tous égards. Ce n'eſt pas tout, [illegible] ajoûte encore à ce fait, & dit; il y en a cinq de la m[illegible] e Briaxis, & qui repréſentent des Dieux. Cette augme[illegible]n de nombre ne diminue point ma critique, & cette di[illegible]on peut faire imaginer que l'ouvrage en étoit plus parfait. [illegible]lleurs il n'eſt pas vrai-ſemblable que les cent coloſſes do[illegible] parlé d'abord fuſſent la repréſentation des héros de Rhode[illegible] e la Grèce; il y en avoit de répétés, & ſans doute on y [illegible] des divinités. On pourroit peut-être reprocher à Pline [illegible] oir point éclairci un fait qui tombe ſur des monumens c[illegible]lérables, lui qui nous a quelquefois rapporté des minut[illegible] dans le plus grand détail.

Le conſul P. Le[illegible] conſacra deux têtes dans le Capitole, il eſt à préſumer q[illegible] étoient de bronze; Pline dit qu'elles attiroient toute l'a[illegible]n. L'une eſt de la main de Charès, dont il a parlé au ſu[illegible] coloſſe de Rhodes, & l'autre étoit de Décius, dont l'ouv[illegible] foibli par la comparaiſon ne ſembloit être que celui d'un[illegible]er. Pline parle ici en connoiſſeur, qui diſtingue & q[illegible] laiſſe pas emporter par le préjugé public. Chap. VII, p. 106.

Après avoir par[illegible] bronzes de Corinthe, recommandables ou par leur m[illegible] ou par la confiance qu'ils inſpiroient, ou par la ſuperſtiti[illegible] q[illegible]ls flattoient, il dit: *Minoribus ſimulacris ſignisque inn[illegible] a rope artificum multitudo nobilitata* [illegible] Un nombre infini [illegible]iſtes s'eſt illuſtré par la prodig[illegible] quantité de petites [illegible]u & de bronzes. Quand on v[illegible] regarder *minores ſta*[illegible] omme des ſtatues grandes c[illegible] Nature, nous voyons to[illegible]ours le mot *ſigna* dans l'én[illegible] [illegible] donc encore [illegible]pliqué aux bronzes. [illegible] [illegible]hraſe en diſa[illegible] *Athenienſi*[illegible] [illegible]. Je [illegible] peut être entendue ſans la connoiſſance du local. Je ne ſuis qu'un artiſte, & comme tel je ſais qu'une pareille poſition, même dans une très-petite figure, ne peut jamais être que l'effet du haſard. Je crois cependant qu'en faiſant de tels récits, on eſt médiocrement excuſé par *on dit*, on fait croire au moins que l'on eſt prêt d'être perſuadé.

Je ne puis m'empêcher de joindre à cet article le ſuivant, il me paroît avoir trop de rapport pour en être ſéparé.

Démétrius fit une Minerve qui fut ſurnommée *Muſique*; parce que les ſerpens de ſon égide raiſonnoient au ſon de la lire.

Chap. VIII, p. 123.

Il auroit fallu, pour répondre à ce ſon, que les ſerpens euſſent été bien déliés & bien détachés de la figure; ſans cela ils n'auroient point été ſenſibles aux vibrations d'un inſtrument. Je dirai encore, comme artiſte, qu'il me ſemble que ces ſerpens, ainſi diſpoſés, n'auroient point été agréables en ſculpture. Je ne crois pas que le fait contrediſe la phyſique. C'eſt tout ce que je peux dire ſur le récit de cet ouvrage.

Chap. VII, p. 105.

Pline dit enſuite que le plus admirable de tous les coloſſes, eſt celui de Rhodes. Les diſcuſſions dans leſquelles ce bel ouvrage m'a fait entrer, & ſur-tout l'envie de retrouver quel eſt le premier des modernes qui a porté tous les autres à le placer auſſi ridiculement ſur le port, m'ont engagé dans des détails qui m'ont paru faire une trop longue digreſſion dans le corps de ce Mémoire; ainſi je compte finir par l'examen qu'il m'a paru mériter. Il ſera d'autant plus agréable, que j'ai joint tout ce que m'a donné un de nos plus ſavans confrères aux idées que j'avois eues, & aux réflexions que l'art m'avoit fournies.

Ce coloſſe, que l'on a placé au rang des merveilles du monde, étoit accompagné de cent autres coloſſes dans la même ville de Rhodes; ils étoient à la vérité plus petits, mais, ſelon Pline, chacun en particulier auroit ſuffi pour rendre une ville célèbre.

J'avoue qu'une telle abondance doit être à charge; car rien n'eſt plus dégoûtant que l'excès de la magnificence: d'ailleurs il n'y a point de ville, quelque grande qu'elle ſoit, qu'un ſi grand nombre de coloſſes ne rendent petite à tous égards. Ce n'eſt pas tout, Pline ajoûte encore à ce fait, & dit; il y en a cinq de la main de Briaxis, & qui repréſentent des Dieux. Cette augmentation de nombre ne diminue point ma critique, & cette diſtinction peut faire imaginer que l'ouvrage en étoit plus parfait. D'ailleurs il n'eſt pas vrai-ſemblable que les cent coloſſes dont il a parlé d'abord fuſſent la repréſentation des héros de Rhodes ou de la Grèce; il y en avoit de répétés, & ſans doute on y voyoit des divinités. On pourroit peut-être reprocher à Pline de n'avoir point éclairci un fait qui tombe ſur des monumens conſidérables, lui qui nous a quelquefois rapporté des minuties, & dans le plus grand détail.

Le conſul P. Lentulus conſacra deux têtes dans le Capitole, il eſt à préſumer qu'elles étoient de bronze; Pline dit qu'elles attiroient toute l'admiration. L'une eſt de la main de Charès, dont il a parlé au ſujet du coloſſe de Rhodes, & l'autre étoit de Décius, dont l'ouvrage affoibli par la comparaiſon ne ſembloit être que celui d'un écolier. Pline parle ici en connoiſſeur, qui diſtingue & qui ne ſe laiſſe pas emporter par le préjugé public. *Chap. VII, p. 106.*

Après avoir parlé des bronzes de Corinthe, recommandables ou par leur matière, ou par la confiance qu'ils inſpiroient, ou par la ſuperſtition qu'ils flattoient, il dit: *Minoribus ſimulacris ſignisque innumera prope artificum multitudo nobilitata eſt:* Un nombre infini d'artiſtes s'eſt illuſtré par la prodigieuſe quantité de petites ſtatues & de bronzes. Quand on voudroit regarder *minores ſtatuæ* comme des ſtatues grandes comme la Nature, nous voyons toûjours le mot *ſigna* dans l'énumération: voilà donc encore ce nom appliqué aux bronzes. Il termine la phraſe en diſant: *ante omnes Phidias Atheniensis, Jove Olympio facto.* Je veux qu'il ne ſoit mention de Phidias que pour le plus de célébrité, quoique le ſens conduiſe à croire qu'il a auſſi jeté de petites figures. Cette augmentation de preuves, jointe à ce que nous avons vû de Lyſippe, qui certainement a fait beaucoup de petits ouvrages, quelque explication que l'on *Chap. VIII, p. 108.*

veuille donner au paſſage cité plus haut, prouve inconteſtablement que les anciens ont été plus curieux de petits bronzes que nous ne le ſommes. J'en étois convaincu par la quantité de ceux qui ſubſiſtent encore; il eſt vrai que les bronzes Grecs ſont rares, & que nous n'en avons guère que de Romains; mais nous ne pouvons douter que Rome n'ait toûjours été le ſinge de la Grèce. Cependant la réunion de ces faits nous donne le moyen d'expliquer le nombre des figures tranſportées par Mummius. Quelle qu'ait été la marine des anciens, une ſeule de leurs flottes n'a jamais pû rapporter trois mille ſtatues de marbre ou de bronze, toutes grandes comme nature; une de nos flottes les plus conſidérables ne les rapporteroit pas en un ſeul voyage, & l'hiſtoire diſant que Mummius les avoit apportées avec lui, ſemble nous prouver qu'elles ſont arrivées toutes enſemble, du moins à peu de choſe près. Le poids, le nombre, & ſur-tout le volume me paroiſſent indiquer que la plus grande partie de ces ſtatues étoit ce que nous appelons des bronzes au deſſus & au deſſous d'un pied. Ces mêmes raiſons de poſſibilité par rapport au poids & à l'eſpèce, raiſons toûjours convainquantes, me ſerviront à préſenter en paſſant
P. 103. les idées que j'ai ſur la décoration du théatre de Scaurus.

Pour admettre les trois mille ſtatues plus grandes que celles que je ſuppoſe, je demanderois comment on auroit pû les placer ſolidement dans un théatre de charpente? En général une ſtatue, qui ne ſe prête point, occupera toûjours près de trois pieds; voilà, dans la ſuppoſition reçûe, environ neuf mille pieds de pris ſur les places deſtinées au peuple Romain. Ces théatres de bois étoient moins grands que ceux de pierre, ainſi, partant toûjours de celui de Marcellus, le plus petit de ces derniers, il reſtera bien peu de place pour les ſpectateurs, & ces places étoient cependant le principal objet de cette ſorte de magnificence.

On n'aura pas la reſſource de m'oppoſer que la ſcène & l'orcheſtre en étoient décorés, car ſi j'y conſens, elles n'auront pû s'y trouver rangées que ſur un plan, ſans pouvoir convenir à toutes les ſcènes, & le nombre en aura toûjours été médiocre.

Ce n'eſt pas la ſeule impoſſibilité; pluſieurs années n'auroient pas ſuffi pour l'arrangement des trois mille grandes ſtatues: il ne faut pas s'y tromper, ce travail n'étoit pas dans la nature de ceux que l'on peut forcer en multipliant les ouvriers; un trop grand nombre n'eût été qu'un plus grand embarras; de plus, cette opération & les manœuvres qu'elle exigeoit, n'auroient pû avoir lieu qu'après la conſtruction totale du théatre. Au lieu qu'en admettant de petites figures de bronze rangées ſur des tablettes légères, & placées ſur les galeries ſupérieures & ſur la ſcène, dans des ornemens accompagnés de colonnes de verre, il ne ſera plus difficile de concevoir comment le théatre de Scaurus a pû être décoré. On pourra dire que cette décoration auroit eu l'air meſquin, & qu'elle ne répond pas aux idées que nous en avons; je n'en diſconviendrai point, mais elle étoit éclatante, elle étoit nouvelle, elle étoit avantageuſe pour la deſcription. D'ailleurs ce qui plaît dans un temps ne plaît pas toûjours dans un autre; & j'ai vû donner des éloges à des décorations faites de nos jours, où les petits objets dominoient peut-être davantage. Il y a long-temps que je crois que l'on fait plus de tort qu'on ne penſe aux anciens, en voulant que tout ce qu'ils ont fait ait été coloſſal; ils ont plus ſouvent donné dans le grand que nous, mais les anciens étoient des hommes, & pour en juger ſainement je ſuis perſuadé qu'il faut, en beaucoup de rencontres, les réduire à notre meſure, & le merveilleux diſparoiſſant, tout ſe conciliera.

Pline nous rapporte un fait qui mérite bien d'être conſidéré, en parlant de la CXX.[e] Olympiade. *Ceſſavit deinde ars, ac rurſus Olympiade centeſimâ quinquageſimâ quintâ revixit.* Chap. VIII, p. 110.

Ces ſortes d'altérations & d'inégalités, dont la Nature fournit des exemples juſque dans les choſes dépendantes de l'eſprit & du goût, paroiſſent bien ſingulières, ſur-tout quand on les regarde de loin. Il eſt vrai qu'en les examinant de près, on trouve toûjours des cauſes ſecondes auxquelles on peut en attribuer l'effet; mais Pline n'entre dans aucun détail au ſujet de cet évènement; il ſe contente de nous rapporter la façon dont on ſe conduiſit pour connoître la plus belle ſtatue du temple de Delphes: on donna, dit-il, une Amazone à faire aux quatre meilleurs artistes qui parurent après cette disette, & l'on jugea que celle que chacun nommeroit après la sienne, méritoit d'être préférée; celle de Polyclète l'emporta sur toutes, & la statue de Phidias même ne marcha qu'après. Pour entendre ce passage, il suffit de dire que les ouvrages des vivans concoururent avec ceux des morts.

Chap. VIII, p. 110.

Malgré les éloges que le Jupiter Olympien & la Minerve de Phidias ont reçûs, j'avoue qu'une autre Minerve de ce grand artiste, qui fut surnommé *la belle*, piqueroit beaucoup plus ma curiosité; elle étoit en entier de bronze, & devoit à mon sens plus satisfaire la vûe que cet assemblage d'or, d'yvoire, & même de bronze qui composoit les deux autres.

P. 111.

J'ai déjà parlé de Polyclète de Sicyone dans le nombre des sculpteurs; j'aurois peut-être passé sous silence la statue qu'il avoit faite d'un jeune homme, dont la tête étoit parée d'un diadème, & dont les chairs étoient si bien exprimées qu'elle fut vendue cent talens. Mais un autre trait m'oblige à en parler encore. Pline dit qu'il est le premier qui ait fait poser des figures sur une seule jambe, *ut uno crure insisterent signa excogitasse*. Ce passage ne peut absolument être entendu que pour les bronzes ou pour les grandes figures de cette matière, que l'armature met en état de poser avec solidité sur un seul point. Cette position est si fort impossible dans les ouvrages de marbre, que les statuaires n'ont jamais assez de deux jambes pour soûtenir une figure; ils sont obligés de recourir à un tronc d'arbre, à des drapperies, en un mot à quelque corps qui leur donne un moyen de solidité. Plus ce moyen conserve de vraisemblance & plus il mérite d'éloge. Il ne faut pas se rejeter sur le talent & le mérite des artistes Grecs pour accuser les modernes; ils étoient soûmis comme nous aux raisons physiques; d'ailleurs leurs propres ouvrages certifient cette vérité. Il n'y a jamais eu de figure plus faite que l'Atalante, pour être traitée dans cette position; cependant celle de marbre que le temps a épargné ne pose, il est vrai, que sur un pied, mais elle a un tronc d'arbre pour appui. Il faut donc regarder les ouvrages

P. 112.

Quatre cens soixante - dix mille livres.

P. 112.

ouvrages de Polyclète, cités à cette occasion, comme étant de bronze, & se persuader à coup sûr qu'ils n'ont rien de merveilleux. Nous voyons même que les anciens ont souvent traité dans cette position des femmes sortans du bain, des Vénus, &c. mais toûjours en bronze; on en verra dans le nouveau recueil auquel je travaille.

Je ne puis quitter Polyclète sans citer Varron; il dit, au rapport de Pline, que les figures de cet artiste étoient un peu quarrées, & presque sur le même modèle. *Chap. VIII, p. 112.*

Cette critique est bien forte, je ne l'aurois peut-être point relevée, si elle ne fortifioit la remarque que j'ai eu occasion de communiquer, dans la troisième partie de mon Mémoire sur la Peinture, & que les proportions quarrées & un peu courtes de plusieurs camées Grecs m'ont rendu sensible.

Myron d'Éleuthère, & la belle vache qu'il a exécutée, ont été trop célèbres pour en parler; d'ailleurs il nous importe peu aujourd'hui que l'on ait dit de lui, *primus hic multiplicasse varietatem videtur, numerosior in arte, quam Polycletus, & in symmetriâ diligentior.* Mais ce *primus* pourroit causer ici de l'embarras; si l'on n'y prenoit garde, il porteroit à croire que ceux qui ont précédé Myron dans l'art, n'avoient aucune de ces parties: il semble qu'il n'est ici question que d'une plus grande variété dans la composition, & d'un plus grand soin dans l'exécution. *P. 112. P. 115.*

Pour faire une sorte d'opposition à tous les colosses dont j'ai parlé, j'aime mieux, avec Érinne, n'envisager ici que les petits ouvrages de Myron. Il fit un tombeau pour une cigale & pour une sauterelle. *P. 114.*

Les plaisanteries & les badinages ne sont pas communs en sculpture & en fonte, ces sortes d'ouvrages exigent trop de temps, & la fantaisie en est passée avant que l'exécution permette la jouissance: mais comme tout se répète dans le monde, nous avons eu de nos jours le tombeau de la chatte de Me de Lesdiguieres; il a fait, à la vérité, plus de bruit qu'il ne méritoit. Je passe à des objets plus sérieux.

Syracusis autem claudicantem; cujus ulceris dolorem sentire etiam spectantes videntur. *P. 115.*

Voilà ce que Pline rapporte de Léontius; en réduisant l'hyperbole, on peut inférer de ce récit que l'ouvrage ne laissoit rien à desirer pour l'expression. Mais quoique les grandes & justes imitations de la Nature aient le droit d'affecter, il est possible de trouver la métaphore un peu forte, d'autant qu'il est très-difficile de faire connoître dans la sculpture qu'un homme boite, & sur-tout qu'il boite à cause d'un ulcère. Je ne puis me dispenser de joindre à cet article, & pour les mêmes raisons, ce qu'un ouvrage de Ctésilas fait dire à Pline un peu
Chap. VIII, p. 122. plus bas: *vulneratum deficientem, in quo possit intelligi, quantùm restet animæ.* Il y a peu de Médecins, quelqu'accoutumés qu'ils soient à voir mourir, qui pussent juger du temps que Ctésilas a marqué; il est vrai que nous jugeons aujourd'hui que le Mirmillon, ou le gladiateur mourant, n'a pas long-temps à vivre, & que sa blessure est mortelle. Il est encore véritable que plus on considère ce beau monument du savoir & de l'élégance des Grecs, plus on est affecté d'un sentiment de compassion; mais il me semble que l'on n'est pas en droit d'en dire davantage, & que la description de Pline est trop positive pour un ouvrage de l'art, qui ne peut qu'indiquer. Cependant on peut dire, pour excuser cette façon de Pline un peu forcée, qu'indépendamment de la langue des artistes, à laquelle j'ai dit qu'il étoit nécessaire de se prêter, ces mêmes artistes ont entre eux des façons de parler vives, souvent déréglées & qui passent le but; elle sont d'autant plus excusables, que le génie & le besoin les font éclorre, que la réflexion ne les dirige point, & que l'à propos qui les fait naître peut seul les faire entendre. Pline nous prouve que cet usage régnoit de son temps, & que l'enthousiasme produit par les belles opérations de l'art est un sentiment général. Cependant je croirois que dans ces occasions il ne faut point écrire comme l'on parle, & que l'enthousiasme de la conversation n'est pas celui du style.

Chap. VIII, p. 119. Ce que Pline dit à propos de Téléphanès, Phocéen, me fait plaisir. La principale raison du silence que l'on a gardé sur le mérite véritable de cet artiste, c'est qu'il avoit travaillé pour les rois Xerxès & Darius. J'avoue que bien des gens pourroient regarder cette punition comme une eſpèce d'humeur mal entendue; mais cette convention générale, & ſi parfaitement executée par tous les peuples de la Grèce, me paroît peindre les Grecs; elle leur fait, à mon ſens, d'autant plus d'honneur que leur goût pour les arts & pour les bons artiſtes étoit bien établi; & je ſuis perſuadé que toute l'antiquité a penſé ce que Pline nous dit de Péryllus, *il fut plus cruel que* Chap. VIII, p. 130. *Phalaris même*. Perſonne n'ignore l'hiſtoire du taureau qu'il avoit exécuté, & dont il éprouva lui-même toute l'horreur; *in hoc à ſimulacris Deûm hominumque devocaverat humaniſſimam artem*. Cette peinture des arts eſt très-belle & très convenable; ils ne ſont faits que pour le culte des Dieux, pour conſerver le ſouvenir des héros, ou pour corriger les paſſions & inſpirer la vertu. C'eſt donc avec raiſon que Pline pourſuit en diſant; *itaque unâ de cauſâ ſervantur opera ejus, ut quiſquis illa videat, oderit manus (Perylli)*.

L'hiſtoire de la courtiſane Lééna & ſa figure en lionne, P. 122. exécutée par Tiſicrate, ſont trop connues, ainſi je la paſſerai ſous ſilence.

Les façons de penſer & de s'exprimer étoient ſemblables, dans le temps de Pline, à celles que nous employons; nous en avons la preuve par un trait que je dois rapporter. Eutychidès exécuta la ſtatue du fleuve Eurotas; pluſieurs perſonnes ont trouvé que le travail de ce fleuve étoit encore plus coulant que ſes eaux; car c'eſt ainſi que je traduirois *in quo artem* P. 124. *ipſo amne liquidiorem plurimi dixere*. Et c'eſt un bel éloge du deſſein, de la compoſition, & d'une exécution convenable, ſur-tout quand il s'agit de repréſenter un fleuve; c'eſt d'ailleurs tout ce que l'on peut demander à l'art, que de trouver dans la Nature des choſes qui répondent à celles que l'imagination a créées: de plus cette façon de parler eſt abſolument dans la Nature, ou du moins elle ſe préſente aiſément à l'eſprit. Nous diſons aujourd'hui un deſſein coulant, & nous le diſons encore avec plus d'éloge quand il eſt placé dans les figures auxquelles il convient par leur eſſence.

Pline nous donne encore, dans le bronze, une de ces petites

admirations qu'il nous a présentées dans le marbre; ces légères productions pouvoient être plus recommandables sur cette dernière matière; le moule n'y pouvant être d'aucun secours, & le plus petit coup donné à faux ou trop appuyé pouvant détruire en un moment le travail de plusieurs mois. L'artiste que Pline indique pour cette bagatelle traitée en fonte, est
Chap VIII, p 127. Théodorus, qui exécuta le labyrinthe de Samos, & qui dans le portrait qu'il fit de lui-même, tenoit dans sa main gauche un char à quatre chevaux que couvroit une aile de mouche. Il falloit que le piédestal ou la statue fussent bien petits, pour que cet objet pût être distingué. Je crois devoir placer le morceau suivant avec ce petit badinage de l'art. *Cervumque*
P. 123. *unà ita vestigiis suspendit, ut linum subter pedes trahatur, alterno morsu digitis calceque retinentibus solum, ita vertebrato dente utrisque in partibus, ut à repulsu per vices resiliat.* Cet ouvrage de Conachus, si éloigné de tous ceux que Pline rapporte, ne présente, à mon sens, qu'une petite opération de méchanique, & peut-être fort embellie par le récit. Ce double mouvement dans les pieds de ce cerf, qui n'étoient point arrêtés sur la plinte, chose nécessaire pour laisser passer le fil, prouve que cet ouvrage étoit d'une médiocre étendue. Cet autre mouvement des dents, d'accord ou ressemblant à celui des vertèbres, prouve encore une machine qui affectoit quelques-uns des mouvemens de la Nature. L'examen ou la répétition seroit convenablement entre les mains de M. Vaucanson, qui a fait de si belles choses en méchanique. Je crois qu'il nous suffit d'apprendre par ce fait, que les anciens ont connu toutes les opérations des arts, & même celles que l'on auroit pû leur disputer avec plus d'apparence de raison.

Je ne puis me dispenser de rapporter, en finissant, la description d'un ouvrage de Léocharès, c'est, à mon gré, une des plus belles que Pline nous ait données. Cet artiste exécuta
P. 125. un aigle enlevant Ganymède, sentant le mérite du poids dont il est chargé, & la grandeur de celui auquel il le porte, craignant de blesser avec ses ongles ses habits même. Cette composition, très-possible & très-simple, me paroît charmante; il faut que

l'exécution ait répondu parfaitement à la beauté de l'idée, & je trouve que dans la deſcription du fleuve Eurotas & dans celle de Ganymède, Pline a peint les délicateſſes de l'art & celles de l'eſprit. Je crois cependant pouvoir joindre à ces deſcriptions celle d'une ſtatue qu'Euphranor avoit faite d'Alexandre Paris; il indiqua, dit-il, le juge des Déeſſes, l'amant d'Hélène, & le vainqueur d'Achille; tant de différentes expreſſions ſont impoſſibles à exécuter à la lettre, mais c'eſt beaucoup que de les faire penſer, & l'idée en eſt fort agréable. Chap. VIII, p. 124.

Pline nous apprend que les Grecs étoient dans l'uſage de couvrir leurs bronzes avec du bitume ou de la poix; ils ne pouvoient prendre cette précaution que pour les conſerver, & leur donner l'éclat & le brillant qu'ils aimoient. Mais Pline eſt étonné que les Romains aient préféré la dorure à cet uſage; il parle, en ce cas, non ſeulement en philoſophe ennemi du luxe, mais en homme de goût & au fait des arts. J'ai déjà rapporté les inconvéniens de la dorure; mais le plus grand, ſur-tout quand on dore une ſtatue qui n'a point été faite pour être dorée, eſt de l'empêcher de s'éclairer ſelon la penſée & l'intention de l'auteur. Au reſte par rapport à la poix dont les anciens couvroient leurs bronzes, nous n'avons rien à deſirer; nos fumées & nos préparations ſont d'autant préférables qu'elles ont moins d'épaiſſeur. Chap. IV, p. 94.

SECONDE PARTIE.

LE ſoin de Pline pour diſtinguer les ouvrages Etruſques de ceux des Romains, pourroit perſuader que les ſtatues placées, dans les premiers temps de la République, au Capitole & dans les marchés de la ville, ont été Romaines, ou que la médiocrité de ceux qui ſont venus les travailler, a fait ignorer leurs noms & leur pays, & permis de les attribuer aux Romains. Pline ne nous éclaircit point ce fait; mais nous ſommes aſſez autoriſés à croire les Romains, dans les premiers temps de la République, trop groſſiers pour avoir connu la fonte des ſtatues; & ceux qui voudroient attribuer ces ouvrages à leurs voisins (les Étrusques) n'auroient peut-être pas de grands reproches à se faire; d'autant que Pline a nommé quelques peintres de sa Nation, & qu'il ne distingue aucun statuaire. Quoi qu'il en soit, il ajoûte que la première statue de bronze que l'on ait fondue à Rome, fut une Cérès consacrée par Sp. Cassius, qui fut tué par son propre père pour avoir aspiré à la Royauté. Pour accorder sur ce fait Pline avec lui-même, il faut donc *Chap. IV, p. 94.* que les statues des Rois prédécesseurs de Tarquin, & même celle de Romulus en robe, que l'on voyoit dans le Capitole, aient été fondues ailleurs & transportées ensuite à Rome.

C. V, p. 95 & 96. Pline nous apprend, dans le même chapitre, que les anciennes statues étoient placées sur des colonnes, ou plustôt sur des cippes; comme nous le voyons en effet sur un très-grand nombre de monumens Grecs & Romains. Ces cippes portoient les noms de ceux qui avoient mérité cet honneur, & les motifs qui avoient engagé à leur accorder cette préférence. Il dit aussi que dans la suite on les a placées sur des arcs, & j'en ai rendu compte dans le Mémoire précédent sur la sculpture. Cependant les idées de magnificence que ces premières statues de fonte présentent à l'esprit, se trouvent réduites à un point de vrai-semblance qui ne peut plus étonner; Pline nous assurant *Page 98.* qu'on lisoit dans les annales qu'il étoit ordonné que les statues placées dans le marché auroient trois pieds de haut, ce qui lui paroît indiquer que c'étoit la hauteur des plus considérables. On peut donc diminuer l'idée que les colonnes ont pû donner, les croire fort petites, & soûmettre les statues à la mesure de trois pieds, ou s'en écarter médiocrement, même pour les statues équestres de Clélie, & de quelques autres Romains qui avoient mérité cette distinction. Les statues que les Romains accordoient aux Ambassadeurs qui avoient péri dans leurs ambassades, avoient cette même proportion.

On en voyoit quatre élevées à l'honneur de ceux que les Fidénates firent mourir, & deux aux Ambassadeurs qui éprouvèrent le même sort auprès de Teuta, reine des Illyriens. Je ne sais s'ils méritèrent autant d'être punis que Cn. Octavius, revêtu du même caractère auprès du roi Antiochus; il fit un cercle autour de lui avec une baguette, & le força de lui répondre avant que d'en sortir: mais ayant éprouvé un sort pareil à celui des précédens, il fut également récompensé par une statue. L'objet des ambassades que la République envoyoit alors, & le ton des Ambassadeurs, qui n'étoit ni l'insinuation, ni la négociation, méritoit bien qu'on leur assûrât des distinctions; elles prouvoient que leur conduite ou leur insolence étoit non seulement approuvée, mais que le gouvernement desiroit que cette conduite fût répétée.

On ne peut s'empêcher d'être étonné, avec Pline, du trait suivant; on avoit, dit-il, élevé dans la place des Comices les statues de Pythagore & d'Alcibiade, elles furent consacrées pendant la guerre des Samnites, sur la réponse d'Apollon Pythien, qui avoit ordonné d'élever, dans l'endroit le plus fréquenté de la ville, deux statues, l'une au plus courageux des Grecs, l'autre au plus sage de la même Nation. Il est fort étonnant, continue-t-il, que nos pères aient préféré ces deux hommes à Socrate, reconnu par tout le monde, & par le même Dieu, pour le plus sage des hommes; & Alcibiade à tant d'autres célèbres par leur courage, & particulièrement à Thémistocle, qui pouvoit réunir les deux qualités. Ce trait d'histoire m'a paru mériter d'être mis sous les yeux, pour faire voir que les Romains alors ne savoient pas trop l'histoire Grecque. Je me suis écarté des premières statues Romaines, j'y reviens. *Chap. VI, p. 99.*

Après avoir dit que l'usage des statues passa bien-tôt des Dieux aux hommes, Pline ajoûte que l'ambition est devenue si générale sur ce point, que l'on voit des statues placées dans les marchés de toutes les villes de province, avec de longues inscriptions; & que les maisons des particuliers, ainsi que leurs vestibules, sont remplies de figures en bronze de leur famille.

Les plus anciennes des statues Romaines étoient drapées avec des robes, & celles que l'on fondit nues & appuyées sur une haste, furent nommées Achilléennes. Il n'est pas aisé de dire si ce nom leur avoit été donné par les Romains, ce que je croirois assez, ou si cette dénomination venoit des Grecs. L'usage de *C. V, p. 96.*

ces derniers étoit de ne rien cacher, les Romains au contraire se faisoient représenter avec un habillement de guerre. L'abus des statues s'étendit jusqu'aux femmes, & Pline cite les exclamations de Caton contre toutes les statues qu'on leur avoit élevées. Les cris du Censeur ne corrigèrent personne, & Pline finit ce chapitre en disant, pour confirmer sa critique, qu'on en voyoit jusqu'à trois d'Annibal dans Rome même. Ce dernier trait sera toûjours difficile à concevoir; mais on ne peut le révoquer en doute. Le char de triomphe dans lequel paroît celui auquel on accorde cet honneur, est un usage venu de
C. v, p. 96. Grèce à Rome. On a commencé tard, dit-il, à augmenter les attelages, ce n'est que sous Auguste que l'on en a vû tirés par six animaux, entre autres par des éléphans.

Je ne passerai point sous silence deux anciennes statues dont Pline rappelle le souvenir; l'une est Hercule, que l'on dit consacré par Évandre : cette statue est placée dans le marché, & n'a point d'autre nom que celui de triomphale, car on lui
Chap. VII, p. 102. mettoit un habit de triomphe les jours de cérémonie. Ce fait est une preuve bien certaine du mauvais goût & de la grossièreté des Romains, qui avoient établi cet usage, & que l'on n'avoit peut-être pas osé interrompre; car rien n'est aussi ridicule que des statues ainsi ajustées. La seconde statue est celle de Janus, consacrée par Numa; les doigts de sa main sont arrangés, selon Pline, de façon qu'ils expriment le nombre des jours, pour marquer qu'il est le Dieu du temps & de l'année. Ce nombre de jours mérite quelque examen. L'année lunaire astronomique est de trois cens cinquante-quatre jours huit heures & quelques minutes; ainsi elle est plus longue que l'année lunaire civile de trois cens cinquante-quatre jours, & plus courte que l'année civile de trois cens cinquante-cinq jours, qui étoit celle de Numa, & celle dont Pline cite en effet le nombre. Le P. Hardouin indique un arrangement de doigts pour une seule main, il peut être juste, c'est tout ce que l'on en peut dire. Ce qu'il y a de plus certain, c'est que l'on ne peut opposer à cet arrangement, non plus qu'au nombre de trois cens cinquante-cinq jours, ce que disent Macrobe & Suidas; ils

citent

citent trois cens soixante-cinq jours figurés par les doigts des deux mains; il faut se souvenir qu'ils parlent des statues de Janus, telles qu'on les faisoit depuis que Jules César avoit fixé l'année à trois cens soixante-cinq jours.

Il n'est pas douteux, continue Pline, que les statues ou monumens Étrusques, qui sont répandus par tout le monde, ont été fabriqués en Étrurie. *Signa quoque Tuscanica per terras dispersa, quæ in Etruria factitata non est dubium.* Chap. VII, p. 102.

Voilà un aveu bien formel de la connoissance & de la grande pratique des arts, chez une Nation à laquelle on étoit quelquefois obligé de rendre justice. Mais voici une autre réflexion qui me paroît plus intéressante. Pline emploie le mot *signa* pour exprimer ces monumens Étrusques; indépendamment de ce qu'il en parle comme d'une chose légère, & qui s'étoit facilement répandue chez toutes les Nations civilisées, ce terme me paroît consacré par les anciens pour les petites statues d'environ un pied, & que nous connoissons, comme je l'ai déjà dit, sous le nom de bronzes; ce qu'on lit dans Pitiscus, au mot *signum*, m'a confirmé dans cette opinion: de plus, la suite fera voir que Pline ne prétend parler ni de médailles, ni de monumens d'une autre forme, & qu'il ne perd point ici son objet de vûe, il continue en disant:

Deorum tantum putarem ea fuisse, ni Metrodorus Scepsius, cui cognomen à Romani nominis odio inditum est, propter duo millia statuarum Volsinios expugnatos objiceret. Mirumque mihi videtur, cùm statuarum origo tam vetus in Italia sit, lignea potius aut fictilia Deorum simulachra in delubris dicata, usque ad devictam Asiam, unde luxuria. Similitudines exprimendi quæ prima fuerit origo, in ea quam plasticen Græci vocant, dici convenientius erit.

Ce passage mérite, ce me semble, d'être examiné en détail. Le reproche de Métrodore aux Romains sur le motif de la guerre qu'ils firent aux Volsiniens, est une confirmation de la quantité de bronzes Étrusques dont il a été parlé plus haut.

Je suis aussi étonné que Pline, de voir l'usage de la fonte aussi ancien, & de trouver que l'Italie a formé ses Dieux de

ces derniers étoit de ne rien cac , les Romains au contraire ſe faiſoient repréſenter avec un h llement de guerre. L'abus des ſtatues s'étendit juſqu'aux femmes, & Pline cite les exclamations de Caton contre toutes les ſt es qu'on leur avoit élevées. Les cris du Cenſeur ne corrigè . perſonne, & Pline finit ce chapitre en diſant, pour co rer ſa critique, qu'on en voyoit juſqu'à trois d'Annibal d. Rome même. Ce dernier trait ſera toûjours difficile à co e oir; mais on ne peut le révoquer en doute. Le char de r mphe dans lequel paroît celui auquel on accorde cet ho e r, eſt un uſage venu de
C. V, p. 96. Grèce à Rome. On a commen tard, dit-il, à augmenter les attelages, ce n'eſt que ſous A ſte que l'on en a vû tirés par ſix animaux, entre autres pa s éléphans.

Je ne paſſerai point ſous ſilenc eux anciennes ſtatues dont Pline rappelle le ſouvenir; l'ur eſt Hercule, que l'on dit conſacré par Évandre: cette ſtat eſt placée dans le marché, & n'a point d'autre nom que ce i de triomphale, car on lui
Chap. VII, p. 102. mettoit un habit de triomphe le urs de cérémonie. Ce fait eſt une preuve bien certaine du m ais goût & de la groſſièreté des Romains, qui avoient établi et uſage, & que l'on n'avoit peut-être pas oſé interrompre; c rien n'eſt auſſi ridicule que des ſtatues ainſi ajuſtées. La ſec e ſtatue eſt celle de Janus, conſacrée par Numa; les doigts d main ſont arrangés, ſelon Pline, de façon qu'ils expriment nombre des jours, pour marquer qu'il eſt le Dieu du tem x de l'année. Ce nombre de jours mérite quelque examen. nnée lunaire aſtronomique eſt de trois cens cinquante-quat urs huit heures & quelques minutes; ainſi elle eſt plu l ngue que l'année lunaire civile de trois cens cinquante-qu ours, & plus courte que l'année civile de trois cens cinquat cinq jours, qui étoit celle de Numa, & celle dont Pline en effet le nombre. Le P. Hardouin indique un arrangem de doigts pour une ſeule main, il peut être juſte, c'eſt tot e que l'on en peut dire. Ce qu'il y a de plus certain, c' t e l'on ne peut oppoſer à cet arrangement, non plus nombre de trois cens cinquante-cinq jours, ce que di Macrobe & Suidas; ils citent

. . . les Romains au contraire
. . . de guerre. L'abus
. . . Pline cite les exclama-
. . . avoit élevées,
. . . & Pline finit
. . . sa critique, qu'on en
. . . Rome même. Ce dernier
. . . ; mais on ne peut le
. . . dans lequel paroît
. . . est un usage venu de
. . . dit-il, à augmenter
. . . que l'on en a vû tirés
. . . des éléphans.
. . . deux anciennes statues dont
. . . & Hercule, que l'on dit
. . . est placée dans le marché,
. . . le triomphale, car on lui
. . . de cérémonie. Ce fait
. . . goût & de la grossièreté
. . . & que l'on n'avoit
. . . n'est aussi ridicule que
. . . statue est celle de Janus,
. . . à main sont arangés, selon
. . . le nombre des jours, pour
. . . de l'année. Ce nombre
. . . l'année lunaire astronomique
. . . huit heures & quel-
. . . que l'année lunaire
. . . & plus courte que
. . . cinq jours, qui étoit celle
. . . en effet le nombre. Le
. . . de doigts pour une seule
. . . que l'on en peut dire
. . . c'est que l'on ne peut opposer
. . . nombre de trois cens
. . . Macrobe & Suidas; ils
disent

citent trois cens [illegible] figurés par les d[illegible] deux mains; il [illegible] qu'ils parlent des [illegible] Janus, telles qu'on les [illegible] que Jules César [illegible] l'année à trois cens [illegible] jours.

Il n'est pas [illegible] Pline, que [illegible] monumens Étrusques [illegible] répandus par tout [illegible] ont été fabriqués en [illegible] *disperſa, quæ in Etruria [illegible] non est dubium.*

Voilà un [illegible] de la connoissance [illegible] grande pratique [illegible] laquelle quelquefois [illegible] Mais voici [illegible] réflexion qui me [illegible] Pline emploie *ſigna* pour exprimer [illegible] Étrusques [illegible] ment de ce qu'il [illegible] une chose [illegible] s'étoit facilement [illegible] ce terme [illegible] pour [illegible] statues d'environ [illegible] je l'ai déja dit [illegible] Pitiscus, au mot [illegible] plus, la suite [illegible] médailles, ni de [illegible] perd point ici [illegible] continue en [illegible]

Deorum [illegible] cui cognomen [illegible] Roman [illegible] est, [illegible] millia ſtatuarum [illegible] Mirum videtur, cùm ſtatuarum [illegible] in Italia ſit potius aut fictilia [illegible] ad devictam Aſiam, [illegible] ſimilitudines exprime[illegible] prima fuerit origo, [illegible] Græci vaca[illegible] convenientius erit.

Ce passage mérite, ce [illegible] d'être examiné e[illegible] Le reproche de Métrodore [illegible] Romains sur le [illegible] guerre qu'ils firent aux Volsi[illegible], est une confirmati[illegible] quantité de bronzes Étrusques dont il a été parlé plus [illegible]

Je suis aussi étonné [illegible] de voir l'usage de [illegible] aussi ancien, & de trouver [illegible] terre ou de bois jusqu'à la conquête de l'Asie. Cette date descend non seulement bien bas, mais il paroît singulier que les Romains aient préféré jusqu'à ce temps leurs Rois & leurs Héros à leurs Dieux.

L'art de faire des modèles, *similitudines exprimendi*, tire son origine de celui que les Grecs nomment plastique.

Voici les raisons qui m'ont engagé à traduire *similitudo* par modèle; il est constant que ce mot est un de ceux que l'art se consacre, & qui commençant par être une figure, finissent par devenir propres & généralement entendus. *Similitudo* seroit très-bien traduit par ressemblance, mais ce terme ne voudroit rien dire en cet endroit. Pline a parlé ailleurs de cette partie ou plustôt de cet objet du portrait; & j'ai d'autant moins fait de difficulté de traduire ce mot par celui de modèle, qu'une statue de terre, de plâtre ou de cire, est d'une nécessité indispensable pour faire le creux, & pour tirer une ou plusieurs figures si ressemblantes que *similitudo* ne peut jamais être mieux rendu. On verra plus bas les termes dont Pline se sert à l'occasion de Zénodore & de la statue de Néron; ils serviront à prouver ce que je viens d'avancer.

On a pû, dans la première partie de ce Mémoire, prendre une idée du cas que l'on faisoit à Rome des morceaux qu'on enlevoit à la Grèce. On pourroit croire que l'attrait des figures ou la superstition du culte avoient part au desir de ces beaux ouvrages. Voici un fait qui prouve que la sculpture étoit considérée à Rome pour elle-même.

On voyoit dans le temple de Junon, sur le Capitole, un chien de bronze qui léchoit une plaie qu'il avoit reçûe; cet ouvrage étoit d'une si grande vérité qu'aucune somme d'argent ne pouvant en répondre, les gardiens du temple en étoient chargés sur leur tête, & par arrêt du peuple. Nous avons déjà vû un pareil exemple, dans le Mémoire précédent, sur la sculpture. *Chap. VII, p. 107.*

L'Apollon Toscan, placé dans la bibliothèque d'Auguste, mérite d'être cité; il avoit, selon Pline, cinquante pieds de haut; mais ce qui m'étonne le plus, c'est que l'auteur ajoûte *Ibid. p. 106.*

qu'on ne ſait ce que l'on doit le plus admirer, de la beauté du trait ou de celle de la fonte.

J'avoue que cet éloge me ſurprend. J'ai pris le parti des Étruſques, mais par eſprit d'équité, car il m'a paru que les auteurs anciens avoient été injuſtes à leur égard. J'ai des preuves de la beauté de leurs fontes & de l'intelligence de leurs fondeurs, mais je n'en ai point de leur élégance dans le deſſein, cependant le paſſage eſt formel: *dubium ære mirabiliorem an pulchritudine.* Voilà donc une raiſon de plus donnée aux artiſtes pour les aimer, Pline allant aſſurément plus loin que je n'aurois imaginé que l'on pût aller.

Je ſuis perſuadé qu'aucun Romain, comme je l'ai déjà dit, n'a fait d'ouvrages qui aient mérité d'être cités. S'il y en avoit un dans le nombre, ce ſeroit une des deux têtes dont j'ai parlé plus haut, que le conſul P. Lentulus avoit conſacrées dans le Capitole, & que Pline donne pour être de la main de Décius. *Chap. VII, p. 106.* Le rapport du nom & le jugement de l'ouvrage me feroient croire que Décius étoit Romain.

Ce que Pline nous a conſervé de Zénodore eſt un peu plus important, & me conduira par conſéquent à un plus long examen. Les ouvrages de Zénodore l'ont emporté ſur toutes *Ibid. p. 107.* les ſtatues de ce genre (que l'on voit en Italie) par le Mercure qu'il a exécuté en Gaule, dans la ville des Arvernes; il y travailla l'eſpace de dix ans, & elle coûta quatre cens mille ſeſterces. Quand il eut fait voir ſon habileté par les ouvrages qu'il avoit faits dans cette ville, Néron le fit venir à Rome, & l'employa à faire ſon portrait dans une figure coloſſale de cent dix pieds de haut; elle a depuis été conſacrée au Soleil, pour témoigner l'horreur que l'on avoit de tous les crimes de ce Prince; c'eſt-à-dire qu'on ôta la tête de ce Prince pour y mettre celle du Soleil.

Il n'y a rien à dire ni à ajoûter ſur ce fait. J'ai cru cependant devoir le rappeler pour en rafraîchir la mémoire. Ce qui me reſte à examiner me conduit à quelques détails qui regardent les arts, & qui ſont néceſſaires pour l'intelligence de l'auteur. *Mirabamur in officina, non modo ex argilla ſimilitudinem inſignem, verùm & ex parvis admodum surculis, quod primum operis instar fuit.* Nous avons vû, dans l'attelier de Zénodore, non seulement le modèle de terre de ce colosse, mais les petites figures qui servirent au commencement de l'ouvrage. C'est ainsi que la vérité de l'art me fait traduire ce passage : *similitudo,* confirmé par l'épithète *insignis,* m'a semblé rendu en disant le modèle en grand, c'est-à-dire de la grandeur de l'ouvrage, ce qui étoit absolument nécessaire pour une figure fondue, ou quelle qu'elle ait été; & cette nécessité augmente la vérité de la traduction que j'ai présentée plus haut. Ce modèle étoit de terre, donc ce n'étoit pas un creux, car la terre n'a pas assez de consistance pour être employée à faire des creux; elle se cuit trop inégalement dans ses parties, ou plustôt en séchant elle se resserre & se raccourcit de façon que sa diminution est trop inégale; donc il est question d'un modèle de terre, & le mot de *surculis* doit être regardé comme les premières idées, les pensées, les esquisses; les maquettes, comme nous disons dans l'art, qui servent à fixer & à déterminer le choix du sculpteur dans la composition de sa figure.

P. 107. Pline poursuit : *Ea statua indicavit interisse fundendi æris scientiam, cum & Nero largiri aurum argentumque paratus esset, & Zenodorus scientiâ fingendi cœlandique nulli veterum postponeretur.* Cette statue fit voir que l'art de fondre étoit perdu; Néron n'épargnant ni or, ni argent pour la réussite de cette entreprise, & Zénodorus étant estimé autant qu'aucun des anciens artistes, pour le talent de modeler & de réparer son ouvrage.

On pourroit expliquer ce passage, en disant que Pline parle ici comme il a fait lui-même à l'égard de la peinture, & comme on a fait souvent dans les pays qui font voir de mauvaises productions après en avoir présenté de bonnes, & qui mettent en droit de dire, par une métaphore, *l'art se perd, l'art est perdu ;* mais cette explication ne me paroît pas suffisante, sur-tout à cause de la manière dont Pline insiste plus d'une fois, sur la perte d'un art qu'il paroît mettre en même temps en valeur.

Il n'eſt pas poſſible qu'il ait fait dans la même phraſe une contradiction ſi manifeſte, encore moins qu'il l'ait répétée; on ne peut raiſonnablement en accuſer perſonne, encore moins un homme d'eſprit, tel que nous connoiſſons Pline. Ne pourroit-on pas tirer un meilleur parti de ce paſſage? il me ſemble, au contraire, qu'il nous eſt aiſé de profiter de ce qu'il nous apprend: convenons avec lui que l'art de fondre étoit perdu, c'eſt-à-dire celui de jeter de grands morceaux tels que les coloſſes; par conſéquent, celui de Néron exécuté par Zénodore, & le Mercure des Arvernes, loin d'être travaillés comme tous ceux dont Pline a parlé juſques ici, n'auront été faits que de plaques ou de platines de cuivre ſoudées ou clouées; cette pratique ſuppoſée en cet endroit, laiſſeroit à Zénodore tout le mérite de l'art comme ſculpteur, & ne lui ôteroit à lui ou aux fondeurs de ſon temps, que la connoiſſance du méchaniſme de la fonte en grand: ce ſeroit, à la vérité, le ſeul exemple que Pline nous auroit donné d'une pareille opération, nous la trouvons citée deux fois dans Pauſanias; il faut même convenir qu'il n'en a fait mention que dans l'enfance de l'art, mais l'enfance & la vieilleſſe éprouvent les mêmes inconveniens: cette différence d'opération ſert non ſeulement à l'intelligence du paſſage de Pline qui ne peut être entendu ſans un tel ſecours; mais à prouver, que tous les autres coloſſes dont il a parlé, étoient fondus comme nous l'entendons, puiſqu'il en parle en termes différens.

Pour donner une idée des talens de Zénodore, Pline continue en diſant, & pendant qu'il travailloit à la ſtatue des Arvernes, il copia deux vaſes dont les bas reliefs étoient de la main de Calamis; ils appartenoient à Vibius Avitus qui commandoit dans cette province; ils avoient été poſſédés par Germanicus Céſar qui les avoit donnés, parce qu'il les eſtimoit beaucoup, à Caſſius ſon gouverneur, oncle de Vibius; Zénodore les avoit copiés ſans qu'il y eût preſque aucune différence. Enfin, plus ce grand Artiſte a montré de ſavoir & de talent, & plus on peut dire que l'art eſt perdu, *quantoque* P. 107.

major in Zenodoro præstantia fuit, tanto magis deprehendi æris obliteratio potest.

Une répétition si précise & dont j'ai voulu faire sentir la force, me paroit autoriser, ou du moins excuser l'explication que je viens de vous présenter.

Au reste, le talent de Zénodore est plus prouvé par les deux grands modèles qu'il a faits, que par la copie de ces deux vases: un Artiste médiocre peut en venir à bout & satisfaire, étonner même des gens peu délicats; mais il faut toûjours de grandes parties dans l'esprit & des connoissances fort étendues dans l'art, pour exécuter heureusement des machines pareilles à ces colosses: le détail de la fonte ne change rien à la grandeur du génie nécessaire pour la production d'une figure de plus de cent pieds de proportion.

Chap. VIII, p. 131. *Juxta rostra Herculis tunicati, Eleo habitu, Romæ, torva facie, sentienteque suprema in tunicâ.*

Ce passage est bien un de ceux que le tour du style & la façon de s'exprimer de Pline rendroient embarrassans; il me semble que Turnebe & le P. Hardouin en ont donné une bonne explication, ils ont regardé cette figure comme la représentation de l'Hercule revêtu de la robe fatale que Déjanire lui avoit donnée; mais une autre considération m'a engagé à relever ce passage, la voici. Les trois inscriptions écrites sur le piédestal de cette même figure, font voir qu'elle a été pendant long-temps recommandable; la première apprenoit que Lucullus Général ou *imperator* l'avoit fait faire des dépouilles des ennemis; la seconde, que le fils de Lucullus l'avoit consacrée par arrêt du Sénat; la troisième, que des particuliers s'en étant emparés, Septimius Solinus Edile Curule l'avoit fait rendre au public. Ces petits détails n'intéressent que médiocrement la plus grande partie des lecteurs, mais ils ne sont point inutiles pour l'histoire des Arts; ils prouvent l'estime qu'en ont fait ceux mêmes qui n'étoient occupés (comme les Romains) que des idées de la guerre; ils font voir de quelle utilité ils regardoient ces monumens pour la perpétuité de leur gloire, par les soins qu'ils prenoient de joindre leurs noms à ces monumens. Si la plufpart des hommes vouloient penfer, (leur folie étant de vivre après leur mort) que ceux qui n'ont rien fait, & qui ne peuvent rien faire pour perpétuer leurs noms, n'ont d'autre reffource pour fatiffaire cette idée, que celle de s'affocier aux travaux d'un habile Artifte, en le chargeant de fon bufte ou de fon tombeau, la fculpture feroit encore plus en vigueur qu'elle n'eft aujourd'hui; car elle auroit peine à fe foûtenir en France fans les bontés & les foins continuels & généreux du Roi.

Caton n'auroit pas approuvé ce que je viens de propofer, lui, qui felon Pline, ne fut frappé dans fon expédition de Cypre, ni de l'art ni de la matière, & qui fit vendre à l'encan toutes les ftatues: il ne pardonna qu'à celle du Philofophe Zénon. *Chap. VIII, p. 131.* On peut dire à cette occafion, que l'efprit ne corrige pas toûjours de la barbarie, & que la prévention conduit prefque toûjours à l'aveuglement; car en oubliant le préjugé pour les Arts, qui pourroit me faire parler moi-même, quel argent pourroit-on retirer d'une vente forcée au milieu des horreurs de la guerre? & même en fuppofant cette vente dans des circonftances abfolument oppofées, quelle modicité de profit? quel miférable objet pour un peuple auffi confidérable que les Romains du temps de Caton? concluons que la dureté & la févérité ne font pas toûjours la fageffe.

Pour ne rien oublier de ce qui regardoit la fculpture à Rome, je dois vous dire avec Pline, qu'il y avoit des Artiftes qui fe livroient abfolument à la feule occupation de faire les portraits des Philofophes; le nombre de ces ouvriers étoit infini. Les préventions particulières pour les différentes fectes, & l'envie de paroître avoir de l'efprit, (maladie qui a toûjours régné) obligeoient d'avoir des Bibliothéques, & ces buftes en étoient l'ornement inféparable; ces motifs donnoient beaucoup d'ouvrage à cette efpèce d'entrepreneurs, & nous devons préfumer que le plus grand nombre de ces têtes étoient moulées, & fe trouvoient exécutées en bronze.

Pline fait auffi mention des ouvriers en argent; il paroît,

par ce qu'il en dit, qu'ils étoient dans le goût & ſur le ton de nos orfèvres d'aujourd'hui.

Je vais finir par l'examen du coloſſe de Rhodes; voici les paroles de Pline.

Coloſſe de Rhodes.

C. VII, p. 105. « Le plus admirable de tous les coloſſes eſt celui du Soleil, » que l'on voit à Rhodes, & qui fut l'ouvrage de Charès de » Linde; il fut élève de Lyſippe dont je viens de parler. Ce » coloſſe avoit ſoixante-dix coudées de hauteur. Un tremblement » de terre le renverſa après qu'il eut été cinquante-ſix ans en » place; & quoique renverſé, c'eſt une choſe prodigieuſe à voir. » Il y a très-peu d'hommes qui puiſſent embraſſer ſon pouce; » ſes doigts ſont plus grands que la pluſpart des ſtatues; ſes » membres épars paroiſſent de vaſtes cavernes, dans leſquels on » voit les pierres prodigieuſes que l'on avoit placées dans l'in- » térieur du coloſſe, pour le rendre plus ferme dans ſa poſition. » Charès avoit été douze ans à le faire, & il coûta trois cens » talens, qu'ils avoient retirés de tous les équipages de guerre » que le roi Démétrius avoit laiſſés devant leur ville, ennuyé » d'en continuer le ſiége ».

Environ 105 pieds.

Un million quatre cens dix mille liv.

Solis coloſſus Rhodi. Rhodes étoit avec raiſon adonnée au culte du Soleil; après avoir été inondée par un déluge, elle croyoit devoir le deſsèchement de ſa terre aux rayons du Soleil.

Diodore, l. V, chap. 56.

Quem fecerat Chares Lindius. Linde étoit une des principales villes de l'île de Rhodes; elle fut la patrie de Charès, que quelques auteurs ont nommé Lachès. Meurſius concilie cette différence en diſant que Charès étant mort avant que d'avoir achevé le coloſſe, Lachès l'acheva. Suivant Sextus Empiricus, Charès s'étoit trompé, & n'avoit demandé que la moitié de la ſomme néceſſaire, & quand l'argent qu'il avoit reçu ſe trouva employé au milieu de l'ouvrage, il s'étoit donné la mort.

De Rhodo, l. I, cap. 5.

Lib. VII, p. 107.

Septuaginta cubitorum altitudinis fuit. La pluſpart des auteurs donnent, avec Pline, ſoixante-dix coudées de hauteur à ce coloſſe,

colosse, quelques autres lui ont donné jusqu'à quatre-vingt coudées. Hygin veut qu'il n'ait eu que quatre-vingt-dix pieds. *Fab. 123.* Nous avons un moyen bien simple de vérifier ce calcul, par la mesure d'une partie qui nous est indiquée par le texte; ce moyen est toûjours plus certain que les chiffres, dont l'incorrection n'est que trop connue dans les manuscrits: de plus l'exemple de Pythagore, pour retrouver les proportions d'Hercule, est si bon, qu'on ne sauroit trop le suivre.

Les proportions des figures sont variées selon les âges & les occupations de l'homme. La seule comparaison d'un Hercule à un Apollon suffira pour convaincre de cette variété. Ainsi l'on conviendra sans peine que les membres d'un homme de trente-cinq à quarante ans qui a fatigué, diffèrent en grosseur de ceux d'un jeune homme de vingt-quatre à vingt-cinq ans délicat & reposé. On pourroit donc s'égarer dans les différentes proportions, ou du moins laisser du soupçon sur la précision du calcul que je vais présenter, mais nous marchons ici avec sûreté. Nous savons que ce colosse représentoit le Soleil, & nous connoissons les Grecs pour avoir été fort exacts à conserver les proportions convenables aux âges & aux états; nous voyons qu'ils les ont toûjours tirées du plus beau choix de la Nature. Ce sera donc sur l'Apollon du Vatican, une des plus belles figures de l'antiquité, que je comparerai toutes les mesures données par la grosseur du pouce. Pline nous en parle comme pouvant à peine être embrassé par un homme; ce qu'il ajoûte immédiatement après, que ses doigts sont plus grands que la pluspart des statues, prouve, ce me semble, qu'il entend le pouce de la main, dont les doigts plus alongés ont plus de rapport à l'idée générale des statues. C'est donc sur le pouce de la main que je vais établir toutes mes mesures.

Le pouce a deux diamètres principaux & différens entre eux: l'Apollon ayant sept têtes trois parties neuf minutes, & de notre pied de Roi six pieds cinq pouces, il résulte que le plus petit de ces deux diamètres nous donne quatre-vingt-dix-sept pieds cinq pouces $\frac{1}{2}$ 7, & le plus grand cent douze pieds dix pouces.

Nous voyons par-là que Pline nous a conservé la mesure du plus grand diamètre, & que son calcul de cent cinq pieds ou environ est juste, d'autant que s'il y avoit peu d'hommes qui pussent embrasser ce pouce, il y en a peu aussi de la grandeur de l'Apollon qui m'a servi de règle, pour donner des mesures dont j'ai cru devoir ne présenter que le résultat, sans même vouloir entrer dans le détail du pied Romain, que l'on sait être d'un peu plus d'un pouce plus court que le nôtre.

Post 56 annum terræ motu prostratum; c'est le sentiment commun. Scaliger prétend prouver, contre Pline, par un calcul chronologique, qu'il faut compter soixante-six ans. Ce qu'il y a de plus certain, c'est que le tremblement de terre qui le renversa est arrivé dans la CXXXIX.[e] Olympiade, selon la chronique d'Eusèbe; celle d'Alexandrie le place cependant dans la CXXXVIII.[e]

Animad. in chronic. Euseb. ann. 1594.

Sed jacens quoque miraculo est. Selon Strabon[a] il s'étoit rompu vers les genoux. Eustathe[b] a fait mention de cette circonstance, & quelques auteurs modernes l'ont copié. Lucien[c], dans son histoire fabuleuse qu'il appelle véritable, suppose des hommes grands comme la moitié supérieure du colosse. Cette moitié étoit donc à terre, il étoit donc aisé de la mesurer aussi-bien que le pouce qu'on ne pouvoit embrasser. De-là il est naturel de conclurre que si ce colosse avoit été placé à l'entrée du port & les jambes écartées, cette moitié rompue seroit tombée dans la mer.

[a] L. XIV.
[b] In Dyonys. Perieg. c. 1, v 504.
[c] Verit. Hist. l. 1, c. 18.

Spectantur intus magnæ molis saxa. Philon[d] & Plutarque[e] disent la même chose; ce dernier en fait une belle application aux Princes qui ressemblent au colosse; spécieux par le dehors, pleins de terre, de pierre & de plomb au dedans.

[d] Phil Byzant. de 7 Miraculis.
[e] Ad Princip. indoct.

Duodecim annis tradunt effectum 300 talentis, quæ contulerant ex apparatu regis Demetrii. Tout le monde est d'accord sur ces trois articles; on diffère sur le temps où l'on commença à y travailler: la plus commune opinion est qu'il fut fini l'an 278 avant J. C, après douze ans de travail, & qu'il fut renversé cinquante-six ans après, l'an 222.

Je crois devoir examiner ici ce que j'ai pû raſſembler ſur la vérité & l'erreur de cette poſition. Par ce qui a été dit à l'occaſion de la chûte du coloſſe, on voit qu'il n'étoit point placé ſur la mer, & que les jambes écartées qu'on lui donne, ſont une ſuite de l'opinion qu'il étoit placé à l'entrée du port. Plutarque, dans l'endroit cité plus haut, dit que les plus mauvais Sculpteurs, pour en impoſer davantage, repréſentoient les coloſſes avec les jambes le plus écartées qu'ils pouvoient; argument indirect contre l'écartement des jambes de celui de Rhodes, dont aſſurément il faiſoit autant d'eſtime que les anciens Grecs. La traduction du prétendu manuſcrit Grec ſur le coloſſe de Rhodes, cité par G. Duchoul, fait poſer le coloſſe ſur une baſe triangulaire, ſans doute par rapport à la figure de l'iſle, que Pline, à cauſe de cette prétendue figure, appelle *Trinacria*, dans la liſte de ſes autres noms. *Relig. des anc. Rom. p. 211.* *L. V, c. 31.*

Quoique ce prétendu manuſcrit Grec ne mérite guère de croyance, parce qu'il ajoûte aux narrations connues, mettant une épée & une lance dans les mains du coloſſe, avec un miroir pendu à ſon col (je laiſſe d'autres circonſtances fabuleuſes), cependant cette baſe triangulaire pour les deux pieds du coloſſe eſt digne de remarque.

Colomiés, qui cite cette traduction comme un fragment de Philon, ne prend pas garde qu'elle finit par l'enlèvement des débris, ce qui démontre que ſi l'auteur a exiſté, ce ne peut être qu'à la fin du VIIe ſiècle. Philon de Byzance écrivoit à peu près du temps que le coloſſe étoit encore ſur pied, puiſqu'il ne parle point de ſa chûte; on le croit un peu poſtérieur à Archimède. On ne ſait ſi c'eſt celui dont parle Vitruve, ou celui dont l'ouvrage grec a été imprimé au Louvre, car il y a un très-grand nombre de Philons, poëtes, hiſtoriens & mathématiciens, &c. Celui qui nous a laiſſé un petit traité ſur les ſept merveilles, ne parle que d'une baſe, & la dit de marbre blanc; la grande idée qu'il en donne convient au monument qu'elle portoit: mais ce qui nous importe, c'eſt qu'il ne fait mention que d'une, & dans la ſuppoſition moderne il en auroit fallu deux pour laiſſer le paſſage aux vaiſſeaux. *In Gyral. de Poët. hiſt. l. IX.* *Præfat. l. VII.* *De Teler. conſt. apud vet. Mathem. 1693, in-fol.*

Il eſt aſſez étonnant que dans ces derniers temps on ait imaginé le coloſſe placé à l'entrée du port, avec les jambes écartées; on ne le trouve décrit dans cette poſition dans aucun auteur, ni repréſenté dans aucun monument ancien: ce ne peut être que quelque vieille peinture ſur verre, ou quelque deſſein d'imagination, qui aient été la première ſource de cette erreur. Vigenère[a] eſt peut-être le premier qui ſe ſoit aviſé de l'écrire, il a été ſuivi de Bergier[b], de Chevreau[c], qui tout homme de lettres qu'il eſt, ajoûte pourtant que ce coloſſe tenoit un fanal à la main, de M. Rollin[d] même, & de la pluſpart de nos dictionnaires François, qui ne ſont guère que les échos de ce qui ſe trouve de faux comme de vrai dans les auteurs; tels ſont les dictionnaires de Trévoux, de la Martinière, & en dernier lieu celui de l'Encyclopédie *(a)*.

[a] *Tableaux de Philoſt. p. 127.*
[b] *Hiſtoire des grands chemins, l. V, c. 15.*
[c] *Hiſtoire du Monde, l. VII, c. 2.*
[d] *Hiſt. Anc. t. VII, p. 268.*

Daper ne dit pas un mot de cette poſition. De quelque façon que ce coloſſe ait été placé, voici les réflexions que j'ai faites ſur les moyens dont il a pû être exécuté.

Deſcrip. des Iles de l'Archip. Amſter. 1713, in-fol.

J'avois toûjours imaginé que des corps d'une étendue pareille à ces coloſſes, ne pouvoient être jetés d'un ſeul jet. Tout a des bornes dans la Nature, & la chaleur ne peut ſe conſerver à une auſſi grande diſtance du fourneau dont elle part, pour porter la matière à un degré convenable de chaleur à des parties auſſi éloignées: je ne doute pas même que les anciens, qui ont apporté une ſi grande ſagacité dans la pratique, n'aient connu le moyen de réunir la fonte chaude à la froide, ainſi que nous l'avons vû pratiquer il y a quelques années par Varin; ce fut ainſi qu'il répara la ſtatue équeſtre du Roi, exécutée par Lemoine pour la ville de Bordeaux. Toute la moitié ſupérieure

(a) On voit, dans le Xe tome des antiquités Romaines recueillies par Grævius, la traduction de Bergier en latin par Henninius, il y a joint des notes où il ne corrige point Bergier.

Il y a deux éditions de Philon de Byzance, une grecque & latine de Léon Allatius, avec ſes notes. *Rom. 1640, in-8°*, réimprimée t. VIII des antiquités Grecques recueillies par Jacques Gronovius. L'autre édition, donnée par Salvaing de Boiſſieu, illuſtre Magiſtrat du Dauphiné, imprimée à Lyon en 1661, dans un mélange de ſes opuſcules.

Boiſſieu avoit vû en 1633, étant à Rome, le manuſcrit Grec dans la bibliothèque du Vatican, & il a fait au texte quelques corrections qui ont échappé à Allatius.

du cheval avoit manqué horizontalement à la première fonte, & elle fut réparée à la seconde. Sans entrer dans le détail d'une opération qui ne convient point ici, il est possible que ce moyen, qui évite l'apparence de toutes les soudures & de toutes les liaisons, ait été pratiqué anciennement. A la vérité cette pratique ne peut avoir été suivie que pour les figures plus petites & plus sous l'œil que celle dont il s'agit, & je crois d'autant plus que les anciens ont connu les pratiques les plus délicates & les mieux entendues de cet art, que j'ai vû plus d'un bronze antique si bien jeté qu'il n'avoit jamais eu besoin d'être réparé, & Bouchardon m'a confirmé dans cette opinion. Quoi qu'il en soit, on n'avoit certainement pas employé pour le colosse de Rhodes des recherches & des soins que sa prodigieuse étendue rendoit inutiles. Il est donc à présumer qu'il a été jeté en tonues, c'est-à-dire par parties qui se raccordoient & se plaçoient les unes sur les autres *(b)*. Pline ne le dit pas, mais il en fournit une preuve convaincante en parlant du colosse renversé, il compare le creux des membres épars à de vastes cavernes dans lesquelles on voyoit des pierres prodigieuses, &c. Il est constant que ces pierres n'ont pû être placées qu'après coup, donc les morceaux de la fonte ont été rapportés & rejoints en place; car ces pierres nécessaires à la solidité du colosse, placées & élevées dans l'intérieur à mesure qu'il se formoit, ont suivi les parties quand elles ont été renversées; d'ailleurs ce plomb, dont parle Plutarque dans l'endroit cité plus haut, ne peut être que la soudure nécessaire à la réunion des parties.

Ad Princip. indoct.

Pour suivre la destinée du colosse depuis ce que Pline nous en a conservé, on convient à peu près du temps où les Arabes en enlevèrent les débris après avoir pris Rhodes. Ce fut Mabias (Moavias) leur Général qui fit cette expédition, l'année du califat d'Othman quatrième Calife, & la seconde de l'empereur Constans, l'an de J. C. 672, ce qui fait près de neuf cens ans depuis que le tremblement de terre l'avoit

Const. Porphyrog. de administ. Imperii, c. 21 & 22.

(b) Et c'est ainsi que la statue de S.t Charles Boromée a été travaillée, quoiqu'elle n'ait que trente-trois pieds de hauteur.

renversé; ceux qui comptent mil trois cens & tant, se trompent grossièrement. Tous les auteurs conviennent qu'il fallut neuf cens chameaux pour transporter ces débris. Scaliger estime la charge d'un chameau à huit cens livres, le poids du tout montoit à sept cens vingt mille livres *(c)*.

Theophan. chronolog. 1366. Cedren. 1365, hist. compend. Paul Diacre, 1560. Hygin, Miscell. l. XIX.

Je crois avoir prouvé que le colosse n'étoit point placé sur le port, les jambes écartées, & que cette erreur ne peut être imputée qu'aux modernes; mais des auteurs anciens, en assez grand nombre, sont tombés dans une autre. Ils ont cru que les Rhodiens, depuis l'érection du colosse, avoient été appelés Colossiens, c'est ce que disent Cédrénus[a], Glycas[b], Maléla[c], Eustathe[d], Suidas[e], suivis de quelques modernes, Marius Niger[f], Porcacci[g], Pinédo[h], Daper même[i], qui nous a donné une assez bonne description de Rhodes, où entre autres choses il remarque[k] que le colosse avoit été placé dans l'ancienne ville de Rhodes, de même que les autres colosses (dont Pline fait mention) & non pas dans le port de la nouvelle ville, qui a été bâtie long-temps après. Au reste Erasme[l] est le premier qui ait réfuté les Colossiens de Rhodes; il fait voir qu'on les a ridiculement confondus (ce qu'avoit fait *(d)* Pinédo) avec les Colossiens à qui saint Paul écrit.

[a] *P. 431, édit. du Louvre.*
[b] *Annal. p. 11.*
[c] *Chronolog. p. 189.*
[d] *In Dionys. l. IV, 504.*
[e] Au mot Κολοσσός.
[f] *Isolario, p. 116*
[g] *In Stephan.* au mot Ῥόδος.
[i] *Archipel. p. 96.*
[k] *Ibid. p. 97.*
[l] *Epist 1, D. Pauli ad Coloss.*

Après avoir rapporté des erreurs sur le fait, il y en auroit bien d'autres à remarquer. Festus dit: *Colossus à Caleto à quo formatus est, dictus. Caletus* est manifestement la corruption de Charès. Sur quoi l'on pourroit remarquer que le Père

(c) Jos. Scaliger, dans une de ses notes sur la chronique d'Eusèbe, estimant le poids des débris du colosse sept cens vingt mille livres, ajoûte, par inadvertance, cent quarante-quatre quintaux au lieu de sept mille deux cens. Sur quoi Léon Allatius, dans ses notes sur Philon de Byzance, insulte grossièrement à Scaliger, lui qui fait une faute bien moins pardonnable, en disant que le colosse fut rétabli par Vespasien, se laissant tromper par la chronique d'Alexandrie, où, dans l'édition de Raderus, sous le cinquième consulat de Vespasien, parlant du colosse rétabli par ce Prince, quelque copiste ignorant a ajoûté ἐν Ῥόδῳ, à Rhodes, mots qui ne sont point dans l'édition du Louvre de cette Chronique.

Brodeau, sur l'anthologie, a fait la même faute : il faut qu'ils n'aient lû ni l'un ni l'autre Pline & Suétone, qui parlent expressément du colosse de Néron raccommodé par Vespasien.

(d) Comment. 1, de Asia. Il dit même que l'île a été appelée Colosse.

Hardouin [a], pour confirmer la leçon de Charès, rapporte ailleurs le nom du même Charès, quoique ce ſoit celui d'un général Athénien. Un autre auteur appelle l'artiſte Coloſſus, donnant à l'ouvrage le nom de l'artiſte.

Caſſiodore [b] dit que ſous le ſeptième conſulat de Veſpaſien, fut élevé le coloſſe de cent ſept pieds. Le ſavant Brodeau [c] a copié cette erreur, & l'a même approuvée en ajoûtant le mot *Rhodus*. '*Veſpaſiani principatu factus eſt Rhodi coloſſus habens altitudinis pedes* ' 1 0 7.

Caſſiodore & Brodeau ont confondu groſſièrement avec le coloſſe de Rhodes le coloſſe de Néron, fait par Zénodore, ſur lequel Veſpaſien ſubſtitua la tête du Soleil à celle de Néron, ainſi que Commode ſubſtitua enſuite la ſienne à celle du Soleil. *Suet.*

[a] *Not. 10, in p. 18, lib. XXXIV, Plin.*

[b] *Chronicon. p. 387.*

[c] *In Anthol. l. IV, c. 6, epigram. 4.*

ÉCLAIRCISSEMENT SUR UN OUVRAGE DE SALLUSTE,

Avec un essai d'explication suivie des fragmens qui nous en restent.

Par M. le Président DE BROSSES.

Lû à l'Assemblée publique d'après Pâques 1754.

LES ouvrages de l'historien Salluste, sont l'histoire de la conjuration de Catilina; celle de la conquête de Numidie; deux discours politiques à Jules César sur le gouvernement de l'État; & enfin une histoire générale d'une partie du VII.e siècle de Rome. Je ne parle pas d'un cinquième écrit qui lui est attribué, contenant une déclamation violente contre Cicéron, dont Salluste étoit l'ennemi déclaré; pièce fausse quoique très-ancienne, puisqu'elle subsistoit dès le temps de Quintilien, mais facile à reconnoître pour un écrit de quelques-uns de ces déclamateurs de l'école, qui, comme nous l'apprenons de Pétrone, & comme nous le voyons par plusieurs autres exemples, s'exerçoient à composer, sur des sujets connus, de prétendues pièces d'éloquence, qu'ils mettoient quelquefois sous le nom d'auteurs célèbres, tels que Cicéron, Salluste & Sénèque. Des quatre ouvrages de Salluste, le Catilina & la conquête de Numidie sont assez connus pour le plus parfait modèle qu'il y ait de la manière d'écrire l'histoire particulière d'un trouble civil ou d'une guerre étrangère. On ne lit guère ses discours politiques, qui cependant méritent fort d'être lûs; l'auteur y ayant peint sans déguisement les véritables sentimens de son ame, & laissé un libre cours à l'animosité dont elle étoit remplie contre le parti du Sénat. Il les écrivit à Rome, où il étoit resté sans fonctions publiques durant les guerres civiles, depuis qu'on l'avoit chassé du Sénat, & il les envoya en en Égypte à César, alors occupé du siége d'Alexandrie. Tout y respire l'esprit de faction, & l'aigreur contre les partisans de Pompée. Ce n'est plus ce style impartial qu'il se vante, avec raison, d'avoir sû conserver dans ses histoires, au milieu des terribles divisions qui déchiroient Rome alors. A cela près, & à un certain ton d'adulation peut-être un peu trop marqué pour l'homme le plus admirable, à la vérité, qu'il y ait jamais eu, on y trouve un grand sens, une force infinie dans les idées, une connoissance fort juste de l'intérieur de la République & des causes de sa décadence.

Le quatrième ouvrage de Salluste n'est lû, ni ne peut l'être dans l'état où nous l'avons, puisqu'étant perdu depuis huit ou neuf cens ans au moins, il n'en reste aujourd'hui que des lambeaux décousus & sans suite; & c'est celui que j'ai dessein de faire entièrement connoître ici, même de faire revivre s'il est possible. Il contenoit, en cinq livres adressés à Lucullus, une histoire civile & militaire de la république Romaine, comprenant le récit des évènemens arrivés pendant la jeunesse de l'auteur depuis la fin de la dictature de Sylla. Le temps nous a dérobé cet ouvrage, le plus étendu & le plus instructif de ceux qu'avoit écrits ce célèbre historien; perte d'autant plus grande que, par une fatalité singulière, tous les auteurs qui ont écrit l'histoire générale de la république Romaine se trouvent de même avoir une lacune dans cet endroit intéressant.

Le travail que j'ai fait sur cet historien, m'ayant naturellement engagé à y joindre la vie de l'auteur, j'ai voulu, pour faire connoître à fond ses ouvrages, examiner les fragmens qui nous restent de celui-ci, afin d'en pouvoir rapporter en détail le plan, l'ordre & la suite; s'il étoit possible de démêler non seulement les temps & les évènemens généraux qui en faisoient le sujet, mais aussi les circonstances de ces évènemens. Ces fragmens se trouvent presque tous épars dans les anciens grammairiens Latins, & les vieux glossateurs, tels que Donat, Servius, Priscien, Sosipater, Nonius & autres, qui ont souvent eu occasion de citer pour exemples des passages de notre auteur, à cause de la tournure peu commune de ses phrases,

& du grand nombre de termes singuliers dont il se plaît à faire usage. Tous ces lambeaux, rapportés par des auteurs de glossaires, qui n'avoient que la grammaire en vûe, sont isolés, fort courts, & n'apprennent presque rien au premier coup d'œil. Sénèque, Quintilien, Aulugelle, Isidore, & sur-tout saint Augustin, dans son livre de la cité de Dieu, en ont cité un petit nombre de plus étendus. Mais ce que nous avons de principal a été trouvé par Pomponius Lætus, dans un manuscrit du Vatican, où l'on avoit copié quantité de harangues directes extraites de divers historiens Latins; parmi lesquelles on en trouve six, tirées de l'ouvrage perdu de Salluste, pleines de faits & de réflexions, & qui jettent un assez grand jour sur l'histoire de ce temps-là. Riccoboni avoit commencé à rassembler ces fragmens: Louis Carrion a continué avec plus de succès, en joignant de temps en temps de très-bonnes notes. Leur recueil m'a suffi pour démêler en gros de quoi il étoit question dans cet ouvrage. Mais lorsque j'ai voulu mettre ces fragmens en ordre, & les examiner en détail, je les ai trouvés la plupart horriblement corrompus, & souvent inintelligibles, si l'on n'a recours à l'auteur qui les rapporte, pour savoir à propos de quoi ils sont cités. C'est ce qu'il n'est pas facile de faire. Les compilateurs, contens d'avoir nommé le grammairien, ne marquent point le lieu, ou le marquent souvent à faux. Il a donc fallu recourir aux originaux. Alors j'ai reconnu que si les compilateurs avoient quelquefois attribué à Salluste des passages qui n'étoient pas de lui, & qui par cette raison devenoient inexplicables, les temps & les lieux ne se rapportant point au reste, ils en avoient en revanche omis un grand nombre de réels. J'ai pris le parti de les rassembler tous avec exactitude, en dépouillant le corps entier des anciens Grammairiens, c'est-à-dire en faisant les plus ennuyeuses lectures qu'il soit possible de se figurer. Par ce moyen je suis parvenu à rassembler les fragmens au nombre de six à sept cens; ce qui fait plus de la dixième partie, peut-être même près de la cinquième de l'ouvrage entier. Après cette tâche fatiguante, j'ai voulu les éclaircir par des notes latines, marquer l'argument de chacun, les diſpoſer ſelon l'ordre des temps, & les ranger par claſſes d'évènemens. Il eſt aiſé de penſer que ceci n'a pû s'exécuter qu'après avoir manié cent & cent fois les pièces de cette moſaïque en toute ſorte de ſens. Mais auſſi j'ai eu la ſatisfaction de voir enſuite que quantité de choſes, qui n'étoient point intelligibles, le devenoient par cette méthode, & que tel paſſage où je n'avois d'abord rien aperçu d'intéreſſant, devenoit inſtructif ſur l'hiſtoire du temps. Voici le détail de ce que m'a préſenté le nouvel arrangement.

Salluſte avoit écrit l'hiſtoire générale de Rome, depuis l'abdication de Sylla juſqu'au temps où le pouvoir énorme que la loi Manilia confioit à Pompée, remettoit, à vrai dire, de nouveau la République ſous les loix d'un ſeul homme. Ceci ne comprend pas plus de douze années complètes & de quatorze commencées, depuis le conſulat de Servilius Iſauricus & d'Appius Pulcher, en 674, juſqu'à celui de Volcatius Tullus & de M. Æmilius Lepidus, en 687. Mais l'auteur reprenoit de plus haut un récit abrégé des évènemens antérieurs, depuis le commencement des brouilleries arrivées entre Marius & Sylla, à leur retour de la guerre de Numidie, c'eſt-à-dire depuis l'endroit où il avoit fini ſa guerre de Jugurtha; de ſorte que terminant ſon hiſtoire en 687, à ce même conſulat de Tulle & de Lépide, où commence celle qu'il avoit écrite de la conſpiration de Catilina, on peut dire que le total des trois morceaux formoit une ſuite preſque complète de l'hiſtoire du VIIe ſiècle de Rome.

L'ouvrage étoit dédié à Lucullus, fils du Conſul de ce nom, ſi célèbre par ſa magnificence & par ſes victoires ſur Mithridate, dont le récit faiſoit une partie conſidérable de ce livre. Les plus ſavans perſonnages de Rome, tels qu'Hortenſe, Atticus, Cicéron, le philoſophe Antiochus & Caton, tous anciens amis de Lucullus, étoient dans l'habitude de ſe raſſembler dans la maiſon de ce jeune homme, ſoit pour y converſer, ſoit pour travailler dans la belle bibliothèque que le père avoit formée, & dont il avoit confié le ſoin à Caton, avec la tutelle de ſon fils. On peut aſſurer que cette hiſtoire ne contenoit pas plus de cinq livres. Les Grammairiens citent assez souvent le numero du livre : à la vérité leurs citations méritent peu qu'on s'y arrête, comme on l'a fait jusqu'à présent, pour fixer en particulier l'ordre des passages, & le livre duquel chacun d'eux faisoit partie. Ils citent souvent de mémoire, sans exactitude, sans fidélité, brouillant quelquefois ensemble la moitié d'une phrase de l'histoire avec une autre demi-phrase du Jugurtha, & se trompant sans cesse sur le chiffre du livre ; ce qui devient visible en certains endroits, où ils attribuent au commencement de l'ouvrage des choses qui ne peuvent évidemment être racontées qu'au milieu ou à la fin. On doit inférer cependant que puisqu'ils s'accordent à ne citer presque jamais au-delà du cinquième livre, l'auteur n'en avoit pas écrit un plus grand nombre. Celui qu'il a plû aux éditeurs d'intituler *le sixième livre*, n'est composé que des passages où le chiffre n'étoit pas cité : aussi en contient-il lui seul un plus grand nombre que tous les autres ensemble. Il est fait deux fois mention du septième livre, une fois du neuvième, & une fois du onzième ; mais il n'y a presqu'aucun doute que dans ces quatre endroits il n'y ait erreur dans les chiffres. Si l'ouvrage avoit contenu onze livres au moins, seroit-il croyable qu'un auteur qui hasarde tant d'expressions singulières, qui aime à se servir de vieux mots, déjà hors d'usage de son temps, comme l'ont dit de lui l'empereur Auguste & Martial *(a)*, qui, au rapport d'Aulugelle, retient exactement dans le sens propre certains termes que les autres écrivains n'emploient jamais qu'au figuré *(b)*, dont enfin les constructions hardies & peu communes ont mis les compilateurs des vieux glossaires Latins dans la nécessité de rapporter un si grand nombre de ses phrases ; seroit-il croyable, dis-je, qu'un tel écrivain

(a) *Et verba antiqui multum furate Catonis*
Crispe, Jugurthinæ conditor historiæ.
Martial.

Tuque dubitas Cimberne Annius an Verrius Flaccus imitandi sint tibi ; ita ut verbis quæ C. Sallustius excerpsit ex originibus Catonis utaris, an potius Asiaticorum oratorum inanibus sententiis ! August. epistol. ap. Suet.

(b) *C. Sallustius proprietatis in verbis retinentissimus.* A. Gell.

n'eût employé ce ſtyle, qui lui eſt ſi familier, que dans les cinq premiers livres de ſon hiſtoire, & que les ſix derniers, s'ils euſſent exiſté, n'euſſent pas fourni, comme les précédens, matière aux remarques des Grammairiens?

Il débute, comme dans ſon Catilina, par un diſcours préliminaire ſur le gouvernement & ſur les mœurs; ſur les cauſes de l'accroiſſement extérieur de la puiſſance Romaine, & de ſa décadence journalière au dedans. Il trace enſuite un excellent tableau raccourci des troubles civils de Marius & de Sylla, néceſſaire pour l'intelligence de ce qui va ſuivre: après lequel, entrant en matière, il raconte comment le conſul Lépide, voulant ſuccéder à la puiſſance que Sylla venoit d'abdiquer, excita dans Rome une nouvelle guerre civile, que ſon collègue Catulus termina, dès la ſeconde année, à l'avantage du Sénat, ayant contraint Lépide à fuir en Sardaigne avec les débris de ſon parti vaincu. A cette occaſion Salluſte décrit les antiquités de Sardaigne. Il ſuit la dernière branche de la guerre civile, que le fameux Sertorius, proſcrit par la faction contraire, ſoûtint en Eſpagne pendant huit années, avec tant de valeur & d'intelligence de l'art militaire, contre toutes les forces des légions Romaines, commandées par les deux plus habiles Généraux que la République eût alors, Métellus & Pompée. D'un autre côté, Curion faiſoit la conquête de la Mœſie: Marc Antoine tentoit celle de l'île de Crète, dont Salluſte donne une deſcription géographique. Servilius, employé durant trois ans à détruire les pirates de Cilicie, parvint plus aiſément à joindre à l'Empire quelques provinces au-delà du mont Taurus, que les Romains n'avoient jamais paſſé, qu'à purger la mer de cet eſſain de brigands qui déſoloit la Méditerranée. A Rome la famine cauſée par les guerres civiles & par une ſuite de mauvaiſes récoltes, occaſionne le mécontentement du peuple. On demande le rétabliſſement de la puiſſance Tribunitienne, abattue par les loix de Sylla. Sicinius attaque Octavius & Curion, & Curion s'en défait par un aſſaſſinat. Les prodiges épouvantent les eſprits. Pour calmer le peuple, on cherche à rétablir, par des copies, l'original des livres Sibyllins, brûlés lors de l'incendie du Capitole; oracle qu'on étoit en uſage de conſulter lorſque quelque malheur ſembloit menacer la Nation. Tous ces faits étoient racontés avec toutes leurs circonſtances: on les devine en gros, mais il n'en eſt pas de même du détail. L'alliance que Mithridate avoit faite avec Sertorius, la protection qu'il accordoit aux pirates de Cilicie, les diſputes au ſujet de la ſucceſſion de Nicomède, roi de Bithynie, renouvellent la guerre en Aſie. Elle commence avec ſuccès contre les Romains, commandés par Cotta. Lucullus ſouhaitant avec paſſion d'être envoyé contre Mithridate, & craignant que Pompée, qui menaçoit depuis long-temps de quitter l'armée d'Eſpagne, ne revînt croiſer ſa demande, détermine le Sénat à envoyer à Pompée un renfort contre Sertorius. Lucullus part pour la guerre du Pont, après avoir diſſuadé Quinctius de rétablir la puiſſance Tribunitienne, & de propoſer l'abrogation des loix de Sylla. Cette ſeconde guerre du Pont eſt pleine de morceaux curieux & d'évènemens intéreſſans. Le récit du fameux ſiége de Cyzique y occupe une place conſidérable, auſſi-bien que la deſcription de toutes les côtes de la mer Noire, juſqu'alors peu connues des Romains. C'étoit un des plus curieux endroits de tout l'ouvrage. Il nous en reſte un bon nombre de fragmens, très-eſſentiels pour l'ancienne Géographie. Les diſputes de parti continuent dans le ſein de Rome. Palicanus emploie de nouveaux efforts pour rétablir les prérogatives du Tribunat. Le Tribun du peuple, Licinius Macer, fait une harangue terrible contre les Grands. Le conſul Cotta ramène les eſprits du peuple par la douceur de ſa conduite; il conſent à partager, comme autrefois, entre les trois ordres le droit de juger les affaires particulières, que les loix Cornéliennes attribuoient au Sénat ſeul. Enfin peu après Pompée, revenu d'Eſpagne avec le projet d'obtenir à tout prix la faveur du Peuple, rétablit le Tribunat. En Campanie les Gladiateurs excitent une ſédition; les eſclaves ſe joignent à eux. Ils mettent Spartacus à leur tête. Ce brave Gladiateur, par ſa bonne conduite & par ſes talens militaires, mettoit l'empire Romain à deux doigts de ſa perte, & auroit conſommé ſon ouvrage, s'il avoit eu d'autres troupes à sa suite que de misérables brigands, sans discipline & sans foi. Après plusieurs défaites des Généraux Romains, Crassus trouve le moyen de resserrer les rebelles aux extrémités de l'Italie, près du détroit de Messine. Spartacus périt en grand Général, après une longue résistance. Les restes de son parti, échappés à travers l'Apennin, sont rencontrés par Pompée, revenant d'Espagne, qui les détruit & s'attribue impudemment tout l'honneur de la victoire. Marcus Lucullus, frère du Général de l'armée d'Orient, continue, après Curion, la conquête de la Mœsie, & pénètre jusqu'aux Palus Méotides. Métellus répare en Crète les disgraces de Marc Antoine, & mérite le surnom de Crétique par la conquête de l'isle. Mithridate vaincu s'enfuit vers Tigrane. Il écrit à Arsace, roi des Parthes, pour l'engager dans une ligue, & lui dépeint, avec les couleurs les plus vives & les plus vraies, l'ambition & l'insatiable avarice de Rome. Cette lettre, qui porte un caractère original, est sans doute un des plus beaux morceaux de l'antiquité. Nouvelle guerre en Arménie. Lucullus, partout vainqueur de ses ennemis, trouve la révolte semée contre lui dans sa propre armée, par Claudius son beau-frère. Pompée cabale de loin pour l'entretenir. Il est tout-puissant dans Rome avec Crassus. Tous deux parviennent ensemble au Consulat, & se brouillent dès leur entrée dans la Magistrature. On les réconcilie. On veut ôter à Lucullus le commandement d'Asie. Glabrion est envoyé pour lui succéder. Les Tribuns proposent une loi qui attribue à Pompée un pouvoir absolu contre les pirates de Cilicie, contre Mithridate, & sur plus de la moitié de tout l'empire Romain. Pompée s'y oppose à l'extérieur, & agit en secret pour être forcé d'accepter. Le sage Catulus, Prince du Sénat, & l'orateur Hortense haranguent contre la loi. Clameurs du peuple, qui à la vûe de ces oppositions, veut augmenter encore le pouvoir attribué à Pompée. Cicéron fait enfin passer la loi Manilia. Pompée part pour l'Orient, détruit les Pirates, s'abouche avec Lucullus : leur entrevûe se passe avec une aigreur mutuelle. Lucullus lui remet l'armée, revient à Rome, triomphe malgré les oppositions des Tribuns, & se retire pour jamais des affaires.

Tel est le précis de ce que l'on démêle dans les fragmens de Salluste, en les comparant, pièce à pièce, avec les anciens auteurs qui nous restent, & après avoir pris une connoissance fort détaillée de tous les évènemens de ce temps-là, dont il a fallu dresser des tables contenant jusqu'aux moindres circonstances. L'histoire que Salluste en avoit écrite a subsisté au moins jusqu'au VIIe siècle. Isidore de Séville est peut-être le dernier de qui on puisse assurer qu'il en a certainement eu l'original entre les mains, pendant qu'il travailloit à ses recueils: mais peut-être aussi a-t-il encore subsisté long-temps après. Jean de Salisberi, mort en 1182, en cite deux passages dans son *Policraticon*. Ces passages ont visiblement rapport à la guerre de Sertorius en Espagne. Mais le premier est aussi rapporté par Végèce; & j'ai depuis retrouvé le second dans un petit traité de Macrobe, sur la Grammaire, où Jean de Salisbery peut l'avoir pris. Suidas, auteur du Xe ou du XIe siècle, parle à la vérité d'une traduction Grecque de tous les ouvrages de Salluste, faite sous le règne d'Adrien, par un grammairien de Rome nommé Zénobius. Selon ce que dit Suidas, il ne semble pas que cette traduction, ni l'original, fussent encore perdus de son temps. Mais Suidas ne faisant que copier ce qu'il trouve recueilli de côté & d'autre, il n'est guère possible d'asseoir sur ses paroles aucun jugement.

Souvent un travail entrepris mène, par l'affection qu'on prend à ce qu'on y a déjà fait, beaucoup plus loin qu'on n'auroit cru d'abord aller. Après avoir comparé ces fragmens, soit entre eux, soit avec les autres historiens; après les avoir mis dans l'ordre des évènemens, les avoir corrigés & éclaircis par des notes historiques ou critiques, j'ai conçu la pensée d'y faire un supplément, en écrivant moi-même cette histoire perdue, de manière à y insérer tous ces fragmens dans leur place véritable, ou du moins dans la plus vrai-semblable: c'est-à-dire de faire à peu près sur mon auteur le même travail que Freinshémius a fait sur Tite-Live & sur Quinte-Curce. La méthode

méthode des commentaires isolés a toûjours quelque chose de sec & de rebutant; au lieu que celle-ci paroissoit la meilleure pour bien éclaircir ces fragmens, & pour en donner une explication suivie, qui pût se faire lire sans ennui. Je me rappelai le précepte du vieux historien Sisenna: *Gesta ideirco litteris continentia mandavimus, ne vellicatim aut saltuatim scribendo, lectorum animos impediremus.* L'exemple de Freinshémius me parut donc le meilleur à suivre. Mais il avoit, dans son projet, un avantage dont j'étois privé, & il n'avoit pas à surmonter un embarras par lequel je me trouve très-gêné. Florus le guidoit pas à pas par les sommaires qu'il nous a laissés de chaque livre de Tite-Live, & d'un autre côté la perte totale des ouvrages de l'historien, laissoit à Freinshémius une entière liberté dans sa marche. Au lieu de ceci, il me falloit, pour ainsi dire, deviner à chaque passage quel étoit la circonstance particulière du point d'histoire qui en faisoit l'objet. J'ai déjà remarqué plus haut que tous les auteurs anciens qui ont écrit un corps de l'histoire de ce temps, se trouvent perdus. Il en a donc fallu rassembler les circonstances éparses dans Plutarque, Florus, Appien, Valère Maxime, Velléius, Eutrope, Orose, Frontin, Végèce, Suétone, Xiphilin, & autres qui en parlent par occasion; & sur-tout dans Cicéron, Pline & Strabon, dont les livres sont des trésors inépuisables pour qui veut y faire des recherches exactes. Parmi les modernes, Pighi & Freinshémius, les deux hommes du monde qui ont le mieux sû l'histoire Romaine, ne m'ont pas été inutiles; d'un autre côté Salluste laisse des lambeaux à recoudre, à suivre des uns aux autres, après les avoir disposés de place en place, & dont il est presque toûjours fort difficile de remplir l'intervalle d'une manière naturelle: car je me suis fait une loi d'employer les propres termes de mon auteur, sans y altérer quoi que ce soit; ceci m'a mis dans la nécessité singulière d'écrire comme si c'étoit Salluste lui-même qui parlât, parce que dans la construction de ses phrases, il s'exprime quelquefois à la première personne, comme lorsqu'il dit: *J'écris l'histoire civile & militaire du peuple Romain; les sources ordinaires de nos dissensions; l'esprit de parti ne m'a point écarté de la vérité; il me paroît plus vrai-semblable de croire*, & autres expressions pareilles.

Ma première pensée, & c'étoit la plus naturelle, avoit été d'écrire cet ouvrage en langue latine: mais après quelques essais je m'en dégoûtai bien-tôt, dans la crainte que mon style ne fût plein de gallicismes, certain d'ailleurs que les passages de Salluste, auxquels il serviroit de cadre, en seroient très-défigurés. Je me suis donc remis à l'écrire en françois; & alors j'ai changé quelque chose à mon plan. Les fragmens se trouvant insérés dans la narration françoise selon leur ordre naturel & la suite des faits, je leur ai donné une autre disposition dans l'édition latine de l'original que je compte publier. Je les ai rangés selon l'ordre où ils se trouvent dans les auteurs qui les citent; & les auteurs à peu près selon l'ordre des temps où ils ont vécu, & de leur plus grande proximité avec le siècle de Salluste, le texte étant toûjours plus fidèle dans les plus anciens. De cette manière il sera facile de reconnoitre si j'en ai omis quelqu'un, que l'on vienne à retrouver à l'avenir. J'ai mis au devant de chacun un argument qui en explique le sujet, & à la suite le pur texte original des anciens historiens qui développent le même fait; comme si c'étoit Cicéron, Plutarque, Appien ou Strabon qui eussent, pour ainsi dire, fait un commentaire historique sur mon auteur. J'y ai joint les Inscriptions & les Médailles, quand elles se trouvent directement relatives au sujet. Ce commentaire historique, qui, sous le titre d'*historia Sallustiana*, occupe une colonne fort large à côté du texte des fragmens, qui n'en forme qu'une très-étroite, est extrêmement long. J'en demande pardon d'avance; mais il n'étoit pas possible d'en user autrement dans une matière si curieuse & si obscure, si abondante & si décousue. On doit considérer qu'il s'agit ici de près de sept cens fragmens, qui demandent presque autant de dissertations, à peu près comme si c'étoit un pareil nombre de Médailles peu connues qu'il fallût déchiffrer, & en donner les explications avec les preuves: qu'à mesure que le texte est plus court, le commentaire devient nécessairement plus long, parce qu'il n'est quelquefois question, dans le texte, que d'une petite circonstance, d'un fait particulier faisant partie d'un point d'histoire générale; de sorte qu'il faut commencer par développer le point d'histoire, pour faire entendre le fait particulier & ses circonstances: & enfin que dans une entreprise singulière & d'un genre assez nouveau, telle que celle de faire revivre un célèbre historien perdu, l'écrivain doit se croire comptable de son récit au lecteur, en lui faisant voir qu'il ne lui donne pas un roman pour une histoire. Ces notes historiques servent donc à la fois de matériaux pour écrire de suite l'histoire en langue françoise, & de preuves de cette même histoire. Elles montrent ce qu'il y a de réel dans la narration, & ce qui sert à fonder quelquefois certaines conjectures. Au reste, malgré la longueur de ces notes, ceux qui aiment l'histoire Romaine pourront se promettre de les lire avec agrément, & d'y trouver rassemblé le détail épars en mille endroits de tous les faits curieux & intéressans relatifs à ces temps de la République, qui ne se trouvent plus dans Tite-Live, dans Denys d'Halicarnasse, ni dans Dion Cassius.

J'ai séparé du commentaire historique, & mis à la suite les notes critiques sur le texte, qui n'ayant nul agrément par elles-mêmes, ne sont lûes que lorsqu'on a besoin de les consulter. Autant le travail de ce genre étoit estimé dans le XVI.ᵉ siècle, autant est-il peu considéré dans celui-ci, qui se pique d'être le siècle de la philosophie & du bon goût. Mille gens ne parlent même qu'avec mépris des Grammairiens & des savans critiques de ce temps-là. Disons vrai à cet égard; lors de la renaissance des Lettres ils étoient nécessaires pour éclaircir, pour rectifier le texte obscur & défiguré de tant d'excellens écrivains de l'antiquité. Ils nous en ont rendu l'intelligence aisée; & par-là notre siècle, ennemi de la peine, leur doit ce bon goût dont il se vante, & qu'il a formé par la lecture facile des anciens auteurs classiques. Mais aujourd'hui la tâche des Littérateurs de ce genre est à peu près remplie: on n'a plus besoin d'eux; & on n'en fait plus de cas, depuis que par leur travail ils nous ont mis en état de nous en passer. Ils ont arraché les épines d'un terrein où nous marchons aujourd'hui avec plaisir, sans reconnoissance pour ceux qui l'ont aplani & défriché; aussi injustes en cela que ceux qui satisfaits à la vûe d'un superbe édifice, mépriseroient l'art nécessaire des échafauts employés à l'élever, mais inutiles après la construction. J'aurois donc voulu pouvoir déférer au goût actuel, en supprimant les pures discussions grammaticales, si hors de mode aujourd'hui, s'il eût été possible de les éviter, lorsqu'il s'agit de publier un texte qui ne subsiste plus que dans ses débris, horriblement défigurés, & ayant à tout moment besoin de correction. C'est ici le même cas où se trouvoient les éditeurs du XVI.e siècle, lorsqu'ils ont fait usage d'une utile critique en publiant, pour la première fois, d'anciens ouvrages peu connus. C'est un terrein en friche qui n'a point encore été manié, si on en excepte le peu de travail que Carrion & Douza y ont fait avec assez de justesse. De plus il falloit aussi, pour faire entendre ces fragmens, montrer à quelle occasion les anciens Grammairiens les avoient cités. A cet effet j'ai rapporté, au dessous de chacun, le passage du grammairien Latin qui les cite, les explique ou les compare; tels sont Aulugelle, Servius, Priscien, Diomède, &c. qui forment une nouvelle espèce grammaticale de *Variorum.* A ne rien dissimuler, ce commentaire est peu de chose. Ces auteurs n'ont, pour la plupart, ni goût, ni justesse; mais ils ont pour eux le mérite de l'antiquité. On ne peut au moins leur refuser de connoître mieux que nous le génie de leur propre langue. C'est ce qui rend si recommandable aujourd'hui le commentaire de Servius sur Virgile, tout insipide qu'il est presque par-tout: c'est ce qui m'a donné la pensée de rassembler sur mon auteur un pareil commentaire, entièrement composé d'anciens scholiastes Latins. J'avoue qu'après avoir donné à Salluste, dans la partie historique, le même avantage qu'a Cicéron, d'avoir un excellent commentateur contemporain, tel qu'Asconius, je me suis plû à lui donner le même avantage qu'ont dans la partie grammaticale, Aristophane, Virgile, Horace, Juvénal & Stace, d'avoir des scholiastes originaux dans leurs propres langues.

J'ai déjà eu l'honneur de lire à l'Académie, dans une séance précédente, un morceau de cette histoire rétablie en langue françoise, savoir, celui de la guerre civile excitée dans Rome, en 675, par le consul Lépide, lorsqu'il entreprit de se rendre maitre de la République, comme l'avoit été Sylla. En voici un autre d'un genre tout différent: c'est le début même de l'ouvrage, le discours préliminaire de l'auteur sur la constitution primitive de l'État, & sur les causes de son dépérissement. Au reste il ne faudra pas perdre de vûe que ce n'est pas moi, que c'est un Romain, que c'est Salluste lui-même qui va parler.

Je donnerai d'autant plus volontiers une constante application à suivre jusqu'au bout ce travail singulier, & je me sens d'autant plus engagé d'en présenter à l'Académie les morceaux terminés, qu'il m'a paru plus conforme au but de son institution, & des soins continuels qu'elle se donne à conserver, expliquer & recouvrer les monumens antiques. Ceux de ce genre-ci sont assurément au nombre des plus précieux. Parmi les amateurs de l'antiquité, plusieurs ont consacré leurs études à recueillir les Médailles & les Inscriptions, à les disposer dans un ordre utile à l'histoire, à rétablir ce qui manquoit à chaque pièce, à les expliquer par de longs & savans commentaires, souvent indispensables en pareil cas. L'histoire elle-même & les ouvrages des plus anciens écrivains qui nous l'ont transmise, n'est-elle pas au moins aussi utile à la fin qu'on s'est ici proposée. Il est donc assez étonnant que si peu de personnes aient pris la pensée d'entreprendre, sur les débris de tant d'historiens originaux dont on déplore tous les jours la perte, le même travail que l'on fait sur les débris des Médailles & des Inscriptions. On sait quels applaudissemens a mérité celui de Freinshémius, lorsqu'il a rempli les lacunes de Tite-Live & de Quinte-Curce avec autant d'exactitude que de fidélité. M. de Valois a rendu un service important aux Lettres, en disposant dans leur ordre, en éclaircissant par de bonnes notes les passages que Constantin Porphyrogenète avoit extraits de divers historiens que nous n'avons plus. D'autres ont aussi rassemblé, en petit nombre, quelques fragmens des historiens Orientaux

& Grecs, & une partie de ceux qui nous reſtent des premiers hiſtoriens Latins : mais, à dire vrai, ceci n'eſt qu'à peine ébauché. Nous ne ceſſons de regretter la perte de mille ouvrages célèbres, que l'injure des temps nous a ravis. Tout le plaiſir que nous donne la découverte de quelque ſtatue antique, ou des divers morceaux d'une belle ſculpture, qu'un habile ouvrier a eu l'art de rejoindre & de réparer, n'égale pas celui que nous donneroit la découverte de quelque livre ancien dont on ne connoît plus que le nom & la réputation. On a plus d'empreſſement à demander s'il ne ſe trouve pas dans la ville ſoûterraine d'Herculane quelque poëme ou quelque hiſtoire, que de ſavoir qu'on y vient de déterrer une ſtatue ou un bâtiment. Pourquoi donc ne pas au moins faire uſage de ce qui nous reſte, en l'employant de la meilleure manière poſſible? Pourquoi ne pas entreprendre ſur les fragmens raſſemblés de chaque ancien hiſtorien original, ce que d'induſtrieux artiſtes ont heureuſement exécuté ſur la ſtatue de Pyrrhus au Capitole, ſur celles de la famille de Lycomède, &c. ce que font les antiquaires ſur les Médailles raſſemblées d'un même règne ou d'une même ville? Nous ſommes riches, peut-être plus que nous ne croyons, en débris informes d'originaux perdus. Diodore, Plutarque, Josèphe, Strabon, Pline, Athénée, Pauſanias, Clément d'Alexandrie, Eusèbe, le Syncelle, Photius, Suidas, Iſidore, les Grammairiens, &c. peuvent en fournir un très-grand nombre tirés des anciens hiſtoriens, poëtes & philoſophes, dont les écrits ſubſiſtoient encore de leur temps. Mais au lieu que ces débris, ainſi deſunis & diſperſés, ne font preſque aucun effet, il s'agiroit de ranimer un peu les cendres des plus anciens hiſtoriens originaux, enſevelis dans la nuit des temps; de mettre à part tout ce qui appartient à chacun; d'en diſpoſer les fragmens dans leur ordre naturel; de les comparer ſoigneuſement ſoit entr'eux, ſoit avec les hiſtoires moins mutilées des mêmes faits; de les réunir lorſqu'ils doivent ſe rejoindre; de remplir les intervalles, quand cela eſt poſſible, par le narré que fournit un autre auteur ancien, & d'éclaircir le ſurplus par de bonnes explications. Alors on verroit que

Bérose, Ératosthène, Timée, Caton & Sisenna, ne sont pas tout-à-fait perdus sans ressource. Ces lambeaux rassemblés, qui ne paroissent d'abord qu'un fatras obscur, tel, par exemple, que m'avoient paru, au premier coup d'œil que j'y jetai, tous ces fragmens de Salluste mis en un tas, se débrouillent peu à peu par la disposition. L'ordre & la méthode de comparaison en dissipent insensiblement l'obscurité: deux morceaux, inintelligibles séparément, s'éclairent d'une lumière réciproque lorsqu'on les place à côté l'un de l'autre. On y trouve des faits inconnus, des points de mœurs singuliers quelquefois; des énigmes historiques s'y dévoilent: l'éclaircissement devient d'autant plus précieux que les siècles dont il s'agit sont plus reculés. Enfin au lieu de quelques passages noyés, pour ainsi dire, dans une mer étrangère, on a sous les yeux, dans les parties ainsi réunies, l'original même que l'on croyoit entièrement perdu, la contexture & le fil de la narration: on commence à discerner le caractère propre de l'historien, quelquefois même le caractère général des écrivains de son temps, par où l'on peut juger du degré d'estime qu'il mérite, & du plus ou moins de regret qu'il faut avoir de sa perte. Si l'on ne parvient pas ainsi à redonner une véritable vie au corps entier d'un historien de l'antiquité, on en ranime au moins quelque partie; on retire le squelette du tombeau de l'oubli.

J'ose dire que si d'habiles gens vouloient remanier de la sorte les fragmens égarés qui nous restent de tant d'ouvrages perdus, le recueil des anciens historiens qu'ils auroient ainsi fait revivre jetteroit un très-grand jour sur l'antiquité, & mériteroit l'éloge qu'un célèbre écrivain de notre temps donne à la méthode approfondie d'étudier l'histoire ancienne dans ses fragmens originaux, éloge que je n'ai garde de vouloir appliquer à la tentative imparfaite que je fais ici sur Salluste. « Une telle étude de l'histoire, dit-il, si difficile, si réfléchie, consiste à « combiner de la manière la plus parfaite ces matériaux défec- « tueux. Tel seroit le mérite d'un architecte, qui sur des ruines « savantes traceroit de la manière la plus vrai-semblable le plan «

» d'un édifice antique, en ſuppléant par le génie & par d'heu-reuſes conjectures à des reſtes informes & tronqués ».

Diſcours préliminaire de Salluſte.

Fragm. 530. apud Pompeium Meſſalin.

Auſon. Eidyll. IV.

[J'écris l'hiſtoire civile & militaire du peuple Romain, depuis le conſulat de Lépide & de Catulus] juſqu'à celui de Tulle & de Lépide. Cet intervalle de temps n'offre que des objets dignes d'être connus de la poſtérité. La République y prend une nouvelle forme, ſous les loix d'un Tyran qui après avoir, par des cruautés inouies, uſurpé le pouvoir ſuprême ſur ſes égaux, ſait en uſer avec ſageſſe, & le quitter avec intrépidité. Une faction terraſſée par ſa puiſſance fait, après ſa mort, de nouveaux efforts pour ſe relever : les Conſuls ſe diviſent, le chef de la République devient le chef de la révolte; des Généraux expérimentés ſont à la tête des armées; *[des Magiſtrats pleins de courage ſont à la tête des affaires;]* un ennemi auſſi redoutable qu'Annibal[a], un Citoyen auſſi grand que Scipion[b], un Eſclave digne d'être nommé après ces deux héros[c], attaquent à la fois la République en Orient, en Occident, dans le ſein même de l'Italie, Rome ſe ſoûtient contre tant d'aſſauts réitérés; elle ſemble n'être attaquée que pour devenir plus puiſſante; la République s'agrandit au dehors par la victoire, & ſe mine au dedans par la diſcorde; les grands Capitaines qui la couvrent d'une gloire extérieure, ſont de mauvais citoyens qui lui déchirent le ſein ; les deux factions s'affoibliſſent l'une par l'autre, & ſe voient enfin réduites à s'appuyer unanimement du pouvoir d'un jeune homme plus heureux qu'habile[d], qu'elles choiſiſſent par caprice, & qu'elles élèvent par néceſſité. Tel eſt le tableau que nous préſentent les douze années qui s'écoulèrent depuis la mort de Sylla, juſqu'à l'expédition de Pompée contre Mithridate. Je ne crois pas pouvoir mieux ſervir ma patrie qu'en conſacrant le repos dont j'ai deſormais réſolu de jouir, à lui retracer des faits qui la touchent de ſi près; à lui dévoiler les cauſes prochaines qui ont amené par degrés le gouvernement au point où nous le voyons aujourd'hui; à faire voir quelles ont été les ſources des diviſions qui nous troublent depuis

Fragm. 447. ap. Diomedem.

[a] Mithridate.

[b] Sertorius.

[c] Spartacus.

[d] Pompée.

depuis si long-temps, & les funestes effets qu'elles ont produits; à distinguer la différence de ces effets par la différence des causes dans les différens temps. [*Au milieu de tant de factions qui ont partagé l'État, l'esprit de parti ne m'a point écarté de la vérité*]; ma situation actuelle me met à l'abri de tout soupçon à cet égard. J'ai vécu dans les honneurs, & je les ai quittés. Sans desir pour le présent, sans prétention pour l'avenir, je ne cherche qu'à être court & vrai. Quelque grands & intéressans que soient les évènemens, mon dessein est de les resserrer en peu de mots. Les plus longues histoires ne sont pas toûjours les plus instructives. Ennius, Valerius Antias, Fabius Pictor, Quadrigarius & Sisenna méritent sans doute des éloges par l'étendue qu'ils ont donnée à leurs annales, où les faits sont développés dans un grand détail. Mais [*Caton, le plus estimé de nos anciens historiens, renferme un grand sens en peu de paroles*]; [*Fannius néglige les ornemens pour ne s'attacher qu'à la vérité*]. Ce sont ceux-là sur-tout, [*dans le grand nombre d'habiles écrivains que nous avons, dont je me*] propose d'imiter l'énergie & la fidélité. [*Ce dernier point, toûjours nécessaire, l'est encore plus quand on parle d'évènemens qui se sont passés presque sous nos yeux*]. Mais avant que d'entrer pleinement dans le sujet que je veux traiter, je dois, pour l'intelligence des faits, tracer ici un léger crayon de l'ancien gouvernement Romain, depuis le temps de nos premières dissensions, jusqu'à celui où nous avons vû la cruelle jalousie de deux chefs de parti remplir l'État d'horreurs, & plonger Rome dans le sang de ses citoyens.

Fragm. 445. apud Arusian. Mess.

Fragm. 154, apud Servium, Æn. X. Et ap. Ampelium, Ib. memorial

Fragm. 69, apud Marium Victorin. ad Cic. de invent. l. I.

Fragm. 225, apud Servium, Æn IV, 213.

Fragm. 13, apud Senec. de benef. IV, 1.

Le gouvernement Monarchique est celui de presque tous les États naissans, dont les peuples se rassemblent plus aisément sous un seul chef que sous plusieurs. Ce fut celui de Rome à son origine: son fondateur, par un consentement tacite de ceux qui s'étoient volontairement réunis pour former une nouvelle Nation, resta leur chef & fut appelé Roi. Il reconnut ce bienfait par les loix politiques & militaires dont il fut l'auteur. Ses successeurs suivirent cet exemple, & leurs sages règlemens

Sallust. Præf. Catilin.

ſont les vraies baſes ſur leſquelles s'eſt élevée depuis la grandeur de Rome. Il ſemble même qu'une providence particulière des Dieux ait voulu ſucceſſivement conformer les diverſes inclinations de ſes Rois aux différens beſoins de la Nation, pour la mettre plus promptement à portée de ſe régir par elle-même, & d'acquérir, par ſes ſeules vertus, l'empire de l'Univers, que le Ciel lui avoit deſtiné. En effet, le génie du peuple Romain n'étoit point fait pour vivre aſſervi au pouvoir d'un ſeul homme. L'amour de la gloire & celui de la liberté ſe développèrent preſque dès ſa naiſſance. Les Romains ne reſſentoient alors que cette unique paſſion, dont le fondateur même de l'État fut la première victime. Peu après le roi Servius, par une équitable politique, les mit en ſituation de ſe pouvoir paſſer de la puiſſance Royale; & l'abus qu'en fit Tarquin, ſon ſucceſſeur, acheva de la rendre odieuſe. La haine qu'on avoit pour le Roi fit proſcrire la Royauté. Le peuple rentra dans ſes droits. C'eſt en lui que réſide la vraie puiſſance, qui ſe trouve toûjours où eſt la force & le plus grand nombre. La ſouveraineté fut diviſée entre le peuple & les patriciens qui compoſoient le Sénat. Ce corps reſpectable devint l'ame & la loi vivante de l'État, tandis que l'extérieur de la ſouveraineté fut repréſenté au dehors par deux Magiſtrats annuels, qui, avec tout l'appareil & les ornemens de la Royauté, n'étoient les chefs de la Nation que pour faire exécuter ſes ordres.

Salluſt. præf. Catilin.

Telle fut la forme du gouvernement, le plus parfait qui ſe puiſſe établir, ſi les hommes ſavoient ſe contenir dans leur vraie place, & dans les bornes de la modération, ſeul ſoûtien d'un état Républicain. Mais la diviſion ne tarda pas à s'y gliſſer. [*Et ne cherchons point la ſource de nos premières diſſenſions ailleurs que dans la fabrique naturelle du cœur humain, qui toûjours inquiet & toûjours indomptable, met fauſſement ſa gloire à ſe jetter d'une part dans la tyrannie, & de l'autre dans la licence*]. Le Sénat fut ſouvent injuſte, & le peuple quelquefois trop jaloux. Le premier voulut porter ſon pouvoir au-delà de la loi; le ſecond

Fragm 277, apud Servium, Æn. IV, 245. Et fragm 549. apud Priſcian. l. V, cap. de genoib.

voulut s'affranchir de la loi même. L'un prétendit gouverner ses égaux en esclaves; l'autre, peu content d'avoir repoussé l'injure, prétendit être agresseur à son tour: il devint entreprenant & tumultueux; plus il obtint, plus il fut insatiable, & plus [*il contracta la malheureuse habitude de tout disputer avec acharnement*]; [*car depuis l'origine de Rome jusqu'à la guerre de Macédoine contre le roi Persée*], temps auquel les Patriciens semblèrent abandonner tout-à-fait le Consulat au peuple, ce ne furent que disputes continuelles au sujet des Magistratures, que prétentions nouvelles de la part du second ordre. Après plus d'un siècle de contestations, il avoit obtenu de partager avec les Patriciens cette éminente dignité, qui jusqu'alors leur avoit été réservée: il parvint enfin au droit de la posséder lui-même sans partage, sous le consulat de Popilius Lénas & d'Ælius Ligus, Plébéiens l'un & l'autre.

Fragm. 153, apud Servium, Æn. 1, 34.

Pigh. Annal. ad an. 581.

Je ne le dissimulerai point: le même esprit de discorde, qui dans le siècle présent a fait éclorre tant de malheurs parmi nous, n'est guère moins ancien dans l'État que le gouvernement Républicain; cependant les effets n'en étoient pas les mêmes. La cause de cette différence mérite sans doute d'être remarquée; & j'ai sur-tout en vûe de la développer ici. La raison est que les mœurs & la façon de vivre n'étoient pas les mêmes; qu'alors les disputes fâcheuses, quoique poussées fort loin, n'avoient pas un principe aussi pernicieux que celui qu'elles ont eu depuis; & que pour enfanter tant de maux, il a fallu que la corruption des mœurs & la perversité du cœur se joignissent à l'orgueil naturel du caractère. Les vices des premiers temps avoient leur source plustôt dans l'imperfection que dans la dépravation de l'humanité: ils étoient du nombre de ceux qui peuvent résulter d'une vertu outrée ou mal entendue. La fierté du cœur & le courage de l'ame, égaux dans les deux ordres, y produisoient d'un côté une ambition démesurée de dominer, & de l'autre un esprit d'indocilité trop inflexible. Mais on y voyoit en même temps régner l'amour de la liberté, le zèle de la gloire du nom Romain, la valeur militaire, le mépris

de l'intérêt. Tandis que par un courage ſignalé nos ancêtres rendoient le nom de Rome formidable au dehors, ils le ſoûtenoient dans le ſein de la patrie par les plus grands exemples de vertu : l'eſtime mutuelle que les deux ordres avoient l'un pour l'autre, banniſſoient de leurs diſſenſions cet eſprit d'aigreur & d'éloignement qu'inſpirent l'averſion & le mépris. Auſſi les diſcordes ne furent-elles pendant long-temps ni cruelles, ni durables. Des gens ſages & modérés ſavoient ramener les eſprits & réunir les volontés. Tout concouroit dès qu'il étoit queſtion de la gloire de la République, & de l'augmentation de ſa puiſſance. Les armes Romaines ſe firent craindre au-delà des confins de l'Italie ; elles réveillèrent la jalouſie des Nations étrangères, qui s'unirent contre la République. Rome, par les ſeules forces de ſon courage, triompha de tous les obſtacles. Les Rois furent vaincus, les peuples
Sallust. in Catil. aſſujétis ; & cette orgueilleuſe maîtreſſe de l'Afrique fut enfin contrainte de nous céder l'empire de la mer, & de tomber aux pieds de ſa rivale.

Fragm 45. ap. Auguſtin. de Civit. II, 18. III, 16 V, 12. [*Mais après la deſtruction de Carthage la diſcorde, l'avarice, l'ambition & les autres maux, fruits ordinaires de la proſpérité, ſe renouvellèrent plus que jamais. Je le repète encore, ils ne firent que ſe renouveler. Car il faut convenir que dès les commencemens de la République, nous voyons les Grands opprimer le Peuple, celui-ci ſe ſéparer du Sénat, & la ville ſe remplir de diſſenſions. A parler vrai, l'équité & la modération ne durèrent, après l'expulſion des Rois, qu'autant qu'on vit durer la crainte du retour de*
Fragm 74. apud Donat. in Andr. I. I. *Tarquin & des armes de Porſenna. Auſſi-tôt après, le Sénat traitant le Peuple en eſclave, s'empara de ſes biens, étendit le deſpotiſme juſque ſur le corps & ſur la vie de ſes concitoyens, & ſe réſerva le commandement pour lui ſeul & ſans partage. Une conduite ſi dure, &, plus que tout le reſte, les uſures dont le peuple ſe voyoit accablé, tandis qu'il avoit à ſupporter, dans les guerres perpétuelles, le fardeau de la milice & des impôts, le*
Fragm 256. apud Servium, Æn. VIII, 479. *portèrent à ſe retirer en armes ſur le Mont-ſacré & ſur l'Aventin ; ce fut là qu'il acquit ſes Tribuns, & depuis tant d'autres droits.*

La seconde guerre Punique vint mettre fin aux querelles des deux partis]. A la nouvelle de l'entreprise d'Annibal, la crainte des armes étrangères & l'intérêt commun, qui est le plus sûr lien de la concorde, réunirent tous les esprits. Cet état de tranquillité se maintint même après sa défaite. *[Entre la seconde & la dernière guerre Punique la concorde fut parfaite entre les ordres; de part & d'autre la conduite fut irréprochable]*. Mais si le premier Scipion ouvrit le chemin à la grandeur de Rome en soûmettant Carthage, le second Scipion en ouvrit un autre à sa perte en détruisant cette ville. *[Dès que la crainte étrangère eut cessé, & qu'on se vit assez de loisir pour se livrer aux haines domestiques, les troubles, les séditions recommencèrent, & dégénérèrent enfin en guerre civile. Un petit nombre de Grands, à qui le reste des citoyens faisoient bassement la cour, exerçoient la domination sous les noms honnêtes tantôt du peuple, tantôt du Sénat. Il n'étoit pas question de probité ou d'amour de la patrie, depuis long-temps ces fantômes ne subsistoient plus dans aucun parti; mais on étoit convenu d'en donner le nom à la conduite de ceux qui, plus riches que les autres, ou plus en état de commettre impunément des injustices, savoient, par de bonnes ou de mauvaises voies, maintenir le gouvernement dans la forme qu'ils lui avoient eux-mêmes fait prendre. Dès-lors le véritable esprit de citoyen fut altéré; les mœurs ne se corrompirent plus par degrés comme autrefois, la corruption se répandit comme un torrent. Le luxe & l'avidité de la jeunesse furent tels, qu'elle sembla n'être née que pour tout prendre & ne rien avoir]*.

Fragm 44, apud Augustin. de Civitat. II, 18, & III, 16 & 20.

Fragm. 53, apud Augustin. loc. cit. & Frag. 28, apud A. Gell. IX, 12.

Fragm 465, apud Arusian. Mss.

C'est ainsi que de l'ambition & de l'avidité naquirent tous les maux, qui depuis la fin des guerres Puniques n'ont cessé de désoler l'État. D'un côté les jeunes gens, que le service militaire transporta dans des pays éloignés, quittèrent facilement les mœurs austères de leur patrie, pour s'adonner au luxe des Nations étrangères, & sur-tout à la mollesse Asiatique, qui acheva de les corrompre lors de la guerre d'Antiochus. C'est de là qu'ils rapportèrent ce goût pour tant de frivoles magnificences, qui après avoir épuisé leur patrimoine, les

Salluſt. in Catil.

mirent dans la néceſſité d'envahir celui d'autrui. D'autre part, les Généraux accoûtumés à voir, au premier ſignal, des milliers d'hommes plier ſous leurs ordres, retinrent dans le ſein même de la République cette habitude de commander, ſi douce à contracter, & ne ſurent plus ſe reſtreindre à l'égalité néceſſaire entre des concitoyens; autant ils avoient été redoutables aux ennemis durant la guerre, autant furent-ils nuiſibles à leurs compatriotes pendant la paix. Ainſi les heureux ſuccès de nos armes n'ont pas moins contribué à nos malheurs qu'à notre gloire.

Fragm. 70, apud Marium Victorin.

Fragm. 43, ap. Amm. Marcellin. l. XX.

Il eſt vrai que *[c'eſt à l'habileté de ſes Capitaines &, à la valeur de ſes troupes que Rome doit ſa principale grandeur, & que c'eſt par-là que nous avons enfin vû, ſous le conſulat de Sulpitius & de Marcellus, la puiſſance Romaine s'étendre dans tout le monde connu, par la conquête de toutes les Gaules compriſes entre la Méditerranée, le Rhin & l'Océan, à l'exception des lieux que les marais ont rendu impraticables]*. Mais auſſi a-t-on pû eſpérer que des Soldats, nourris dans le ſang & dans le pillage, ſauroient à leur retour faire entendre paiſiblement leurs plaintes au milieu d'un mécontentement général? Rien n'eſt plus dangereux que de faire injuſtice à une Nation aguerrie. L'humeur guerrière ſe retrouva au milieu des tumultes domeſtiques, & rendit bien-tôt ſanglans ces deſordres populaires, que la corruption des mœurs avoit déjà rendu de jour en jour plus fréquens. Au lieu que les anciens ſentimens de liberté étoient inſéparables de l'amour de la patrie, & par conſéquent de l'amour du bon ordre, la licence ſe crut bleſſée par la néceſſité d'obéir, & l'eſprit ſéditieux ſe prit aiſément alors pour un effet de la liberté.

Fragm. 54, ap. Auguſtin. de Civit. II, 21.

Fragm. 230, apud Servium, Æn. IV, 290.

Salluſt. in Jugurth.

[Les ſéditions devinrent plus fâcheuſes que jamais dans le temps des Gracques]; la loi Agraire, ou du partage des terres, *[qui leur ſervit de prétexte pour introduire des nouveautés]*, fut une arme que leurs ſucceſſeurs employèrent toûjours efficacement pour réprimer l'orgueil du Sénat: elle les rendit redoutables aux Grands & agréables au peuple. La populace devint fière des ſuccès de ſes Tribuns, qui n'avoient en effet travaillé que pour eux-mêmes. Le Sénat, dans les

occasions où il se sentit le plus fort, ne diminua rien de sa hauteur, ni de son injustice; la règle, l'équité ne furent plus employées, elles ne furent pas même connues: *[les coupables se disculpèrent plus aisément par leur audace que par des raisons]*; & dès *[que cette malheureuse coûtume eut infecté le dedans de l'État]*, on courut aux armes sur le moindre prétexte; l'injustice fut repoussée par l'injure, & la violence par le massacre. Enfin les guerres civiles éclatèrent, & le mal, renfermé quelque temps dans la Capitale, se répandit jusqu'aux confins de ce vaste Empire.

Fragm. 115. apud Donat. in Phorm. I, 4.

Fragm. 329. ap. Festum, V. tabes.

DE LA PUISSANCE TRIBUNITIENNE DES EMPEREURS.

Par M. l'Abbé DE LA BLÉTERIE.

Lû le 7 Mars 1752.

LES premiers auteurs qui depuis la renaissance des Lettres s'appliquèrent à nous donner une idée du gouvernement Romain, idolâtres pour la plupart de l'ancienne République, auroient cru profaner leur plume, s'ils l'eussent employée à décrire la nouvelle constitution. Nous pouvons juger du profond mépris qu'avoient quelques-uns d'eux pour cette portion de l'histoire Romaine, par la manière dont s'exprime Paul Manuce dans son excellent traité *du Sénat.* Cet écrivain ordinairement si judicieux ayant allégué un fait du règne de Tibère, paroît honteux d'être descendu jusqu'à ce temps *(a)*. « Laissons-
» là, dit-il, les Empereurs. Ils gouvernèrent sans système, sans
» règle. Ils n'eurent d'autre loi que leur volonté; disons mieux,
» que leur caprice. Ainsi nous nous bornerons au temps de la
» République & de la liberté. Tous les faits postérieurs, si vous
» en exceptez un petit nombre, sont de telle nature, qu'il vaut
» mieux les ignorer que les savoir. En effet sans liberté, point
» de vertu; sans vertu, point d'exemple utile. Or vouloir écrire
» des choses inutiles ou nuisibles aux lecteurs, c'est vouloir perdre son temps & même desservir les Lettres ». *Sed omittamus Imperatores, qui civitatem nullâ certâ ratione aut lege, sed pro voluntate vel pro libidine potiùs administrarunt..... Itaque continebimus nos intra Reipublicæ tempora; & ea quæ à liberis civibus in liberâ civitate sunt instituta persequemur. Posteriora ejusmodi fuerunt, ut ea præstet ignorare quam scire. Non enim, unde libertas abest, ibi adesse potest virtus. Neque verò sine virtute quidquam ita geritur, ut exemplo prodesse possit. Porrò quæ*

(a) Paul Man. de senatu Romano, c. de ordine rogandi sententias.

legentibus

legentibus non proſint aut etiam quæ nocere poſſint mandare litteris qui cogitat, is & otio abuti & de litteris ipſis male mereri ſimul cogitat.

Je ne crois pas qu'il ſoit poſſible de trouver en moins de paroles & dans un plus beau latin une plus ſingulière complication de fauſſetés & de mauvais raiſonnemens, ni une doſe plus forte de cet eſprit excluſif, qui conſtitue l'eſſence de la pédanterie. Mais il ne s'agit point ici de réfuter les idées d'un écrivain très-eſtimable à tant d'autres égards. Nous ſommes aujourd'hui convaincus que l'hiſtoire des Empereurs, moins agréable peut-être que celle de la République, n'eſt pas moins intéreſſante ſur-tout par rapport à nous. Nous ſavons auſſi que l'hiſtoire de l'ancien gouvernement Romain & celle du nouveau ſont deux parties d'un même tout tellement liées enſemble, que pour en poſſéder une ſeule, il faut avoir de l'autre une connoiſſance plus que ſuperficielle.

Pluſieurs écrivains ſe ſont occupés de ce qui concerne les Empereurs. Mais ſuppoſant tous ou preſque tous comme un principe inconteſtable que le gouvernement établi par Auguſte étoit purement militaire & deſpotique, ils n'en ont étudié ni la nature ni la marche; ils n'en ont point diſcerné les différentes époques. Ils ont perpétuellement confondu le Prince avec la Nation, les prérogatives d'Auguſte & de Trajan avec celles de Conſtantin & de Juſtinien. Sur-tout ils n'ont jamais aſſez diſtingué ce que l'Empereur avoit droit de faire en vertu de telle magiſtrature avec ce qu'il pouvoit en vertu de tel autre emploi. L'illuſtre Spanheim, dans ſon livre *de l'excellence & de l'uſage des Médailles (b),* déploie une érudition immenſe au ſujet des différens titres que l'on donnoit aux Empereurs. Mais outre qu'il traite cette matière ſans aucun rapport à la politique, il ne parle que des titres qui ſe liſent ordinairement ſur les Médailles. Ainſi cet habile antiquaire ne dit pas un mot du titre de *Princeps,* ſur lequel je n'ai trouvé de ſecours que dans mes propres recherches ſoûtenues de mes propres réflexions. A plus forte raiſon a-t-il gardé le ſilence ſur le pouvoir

(b) De præſtantiâ & uſu numiſmatum.

consulaire d'Auguste & des autres Empereurs. Il s'étend fort au long sur leurs consulats annuels: mais il paroît avoir ignoré leur consulat perpétuel, cette magistrature permanente, source de leur autorité dans le Sénat & sur les citoyens qui n'étant point engagés dans le service ne pouvoient dépendre de l'Empereur comme Général des armées. Ce n'est pas que M. Spanheim ne connût le passage où Dion nous apprend que les Romains revêtirent Auguste pour toute sa vie de la puissance des Consuls. M. Spanheim le cite, mais il n'en tire aucune conséquence.

Ni le célèbre jurisconsulte Jean Vincent Gravina, dans ses Origines du Droit civil & dans son Traité de l'empire Romain *(c)*, ni le Marquis Scipion Maffei dans son Histoire de Vérone *(d)*, où j'ai eu le plaisir de rencontrer l'idée que j'avois conçue moi-même du pouvoir des Empereurs, n'ont fait attention à la puissance consulaire d'Auguste. C'est néanmoins la réalité de ce pouvoir consulaire, qui achève de caractériser le gouvernement introduit par ce Prince, de fixer avec précisiou ses droits légitimes & ceux de ses successeurs, de prouver invinciblement que les Empereurs ne furent que les chefs trop puissans d'une Nation toûjours libre de droit, quoique de fait souvent opprimée, en un mot de mettre le sceau de l'évidence & de la certitude à l'hypothèse de ces savans Italiens. Il est singulier que le fait le plus important & le plus lumineux peut-être de l'histoire Impériale, consigné de la manière la plus expresse dans le LIVe livre de Dion, que ce fait dis-je, ou pour parler avec plus de justesse l'usage qu'on en pouvoit faire ait échappé jusqu'à ce jour à tant d'yeux beaucoup meilleurs que les miens. Après tout que Dion & la foule des modernes, décidée comme lui & d'après lui pour le despotisme des Empereurs, ne tirent aucune induction de ce fait, j'en suis moins surpris. Mais devoit-il être comme non-avenu pour ceux même auxquels il donne gain de cause, dont il complète &

(c) Jani Vincentii Gravinæ Originum juris civilis libri tres. Et de Romano imperio lib. singul. Venetiis, M. DCCXXX, apud Joseph. Bapt. Albritium Hier. f.

(d) Verona illustrata.

démontre le système? J'ai eu le bonheur d'en être frappé: j'en ai vû les conséquences. Il a dissipé ce qui pouvoit me jetter de doute & d'embarras sur l'opinion que j'avois embrassée. Je l'ai saisi comme un principe fécond, qu'il étoit essentiel de développer. Mais après ce que je viens de dire, on conçoit que je me suis trouvé dans cette discussion abandonné à moi-même & réduit à la nécessité de relire ou du moins de parcourir attentivement les auteurs originaux dans lesquels j'espérois trouver des lumières. La matière est toute neuve. C'est un terrein que j'ai défriché. Il produira beaucoup, lorsque des mains plus habiles & plus laborieuses essayeront de le mettre en valeur.

J'ai prouvé dans la Dissertation précédente, qu'Auguste n'eut droit de commander dans Rome qu'à raison de la puissance Consulaire. J'ai montré que les Romains par cette concession prétendirent accorder à leur Général les pouvoirs ordinaires du Consulat, & quand le besoin de la République l'exigeroit les pouvoirs extraordinaires de cette même dignité. J'ai cherché les raisons pour lesquelles Auguste ne prit aucun titre relatif au Consulat perpétuel, & fait voir que ses successeurs en ont été revêtus aussi-bien que lui, quoiqu'à son exemple ils se soient abstenus d'en prendre le titre. Il semble que je devrois maintenant détailler les fonctions & les singularités du Consulat impérial. J'avois déjà mis la main à l'œuvre, & ce détail étoit assez avancé, lorsque je me suis aperçu que faute d'avoir parlé de leur puissance Tribunitienne, je tombois dans une sorte d'inconvénient. Comme l'Empereur joignoit à la puissance Consulaire celle du Tribunat, les actes d'autorité qu'il faisoit émanoient tantôt de l'une & tantôt de l'autre, & souvent de toutes les deux à la fois. Je me trouvois dans la fâcheuse alternative ou de supposer cette puissance Tribunitienne, dont je n'ai pourtant encore expliqué ni la nature ni l'étendue, ou d'en faire mention à chaque instant. Si je prenois le parti de la supposer, je sentois que les idées du lecteur ne manqueroient pas de se croiser & de se confondre; que je paroîtrois attribuer à l'Empereur comme Consul, ce qu'il ne faisoit que comme

Tribun. Si pour éviter la confuſion, je parlois autant qu'il étoit néceſſaire de la puiſſance du Tribunat, je dérangeois le plan que j'ai formé d'examiner ſucceſſivement toutes les branches du pouvoir Impérial, ou du moins je préparois à mon lecteur & à moi-même le déſagrément des répétitions toûjours fatiguantes, lors même qu'on y joint quelque choſe de nouveau. Tout conſidéré, j'ai cru qu'il étoit à propos de diſcuter aujourd'hui ce qui concerne la puiſſance Tribunitienne des Empereurs. Après quoi pleinement en droit de ſuppoſer & ce que j'ai prouvé dans le Mémoire précédent ſur leur puiſſance Conſulaire & ce que je vais établir dans celui-ci touchant leur pouvoir Tribunitien, je reprendrai la Diſſertation que j'ai commencée, & j'y ſuivrai pas à pas le Prince Romain dans l'exercice de ſon autorité, qui par rapport à Rome n'étoit que le réſultat de ces deux puiſſances combinées. J'y démêlerai le jeu de ces deux principaux reſſorts. Les lecteurs m'entendront à demi-mot, & ſouvent ils apercevront d'eux-mêmes de quelle puiſſance dérivoit tel ou tel acte d'autorité.

PREMIÈRE PARTIE.

LE Tribunat fut inſtitué l'an de Rome 263 pour être le rempart de la liberté contre la puiſſance exceſſive des Patriciens, & pour garantir à jamais du deſpotiſme ariſtocratique le peuple qui ſe plaignoit, qu'en détrônant ſes Rois il n'avoit fait que multiplier ſes tyrans. Les Tribuns étoient élûs par le peuple même & toûjours pris dans l'ordre des Plébéïens. Ils ne furent que cinq dans l'origine. On en doubla le nombre l'an de Rome 299, & je ne trouve pas que dans la ſuite on l'ait augmenté ni diminué. Ils n'avoient aucun appareil de Magiſtrature, nul habillement qui les diſtinguât du commun des citoyens; point de licteurs ni d'autre cortège que de ſimples meſſagers deſtinés à faire leurs commiſſions & connus ſous le nom de *Viatores*. « Le faſte & la pompe conviennent au » Conſul & au Préteur, diſoit Caïus Curion, fameux dans l'hiſtoire par l'abus qu'il fit du Tribunat & de ſes talens.

Pour le Tribun, il faut qu'il ſe laiſſe fouler aux pieds *(e)*; que ſon extérieur n'ait rien d'impoſant, ſon abord rien qui rebute, qu'il ſoit acceſſible à la multitude.... & qu'elle puiſſe toûjours diſpoſer de lui ». La foibleſſe apparente du Tribunat en augmentoit la force réelle. Auſſi quoiqu'à la rigueur les Tribuns fuſſent Magiſtrats du peuple ſeulement & non pas de la Nation, leur pouvoir au lieu d'être le juſte contrepoids de l'autorité Conſulaire, emporta fréquemment la balance, & l'entretint dans une agitation perpétuelle, qui ne finit que par la ruine de l'ancien gouvernement. L'hiſtoire intérieure de la République n'eſt que le détail de leurs entrepriſes ſouvent heureuſes, & preſque toûjours impunies contre la majeſté du Sénat. Je vais détailler leurs prérogatives. L'uſage qu'en faiſoient ces magiſtrats Plébéïens, tirés quelquefois de la lie du peuple, & qui n'en jouiſſoient que pour un an, prouvera ce qu'elles furent dans la main du prince du Sénat, généraliſſime des armées, chef de la religion, & qui joignoit pour toûjours au pouvoir Tribunitien les pouvoirs ordinaires & extraordinaires du Conſulat. Enſuite je ferai l'hiſtoire de la puiſſance tribunitienne d'Auguſte & je remarquerai l'extenſion que les Romains donnèrent à cette puiſſance en la conférant à leur Général.

L'eſſence du Tribunat conſiſtoit à proprement parler dans le droit d'oppoſition. Chacun des dix Tribuns pouvoit empêcher tout ce qu'il croyoit abuſif. L'oppoſition d'un ſeul notifiée par cette parole énergique VETO, *je le déſends*, avoit la force d'anéantir les ordonnances des Conſuls & des Préteurs, de rendre les Senatus-conſultes nuls & de nul effet, de ſuſpendre les délibérations ſoit du Sénat, ſoit du peuple, d'empêcher la promulgation des loix. Un ſeul Tribun rendoit inutile le conſentement de ſes propres collègues, & tenoit en échec toute l'autorité publique. Il pouvoit ſe déſiſter de ſon oppoſition: mais en cas qu'il y perſiſtât, l'unique reſſource étoit d'attendre que ſon Tribunat fut expiré. Plus d'une fois on vit, pour ainſi dire, la Nation aux genoux d'un Tribun, ſans qu'il fût poſſible

(e) Τὸν δὲ δήμαρχον, ὥς Γάϊος Κουρίων ἔλεγε, καταπατεῖσθαι δεῖ κ. τ. λ. *Plutarch. Quæſt. Roman. quæſt. 80.*

de le fléchir. Les Tribuns n'étoient point tenus de motiver leur oppoſition: & comme l'entêtement eſt le défaut commun des eſprits bornés, un homme ſans mérite devenoit ſouvent le plus redoutable des Tribuns.

Défenſeurs par état de l'innocence opprimée, ils avoient droit de prendre ſous leur protection quiconque les réclamoit dans l'enceinte de la ville, d'empêcher que l'on ne mît en priſon ceux qu'ils croyoient arrêtés mal-à-propos, de pourſuivre criminellement les oppreſſeurs devant l'aſſemblée du peuple. Leurs maiſons étoit ouvertes jour & nuit, afin qu'à toute heure on pût implorer leur ſecours. Ils avoient la permiſſion d'empriſonner les particuliers & prétendoient avoir celle d'empriſonner les Magiſtrats. Dans un temps où l'on reſpectoit encore les loix (c'étoit peu d'années après la priſe de Carthage) ils abusèrent de leur droit *(f)*, juſqu'à mettre en priſon les deux Conſuls. Après cela doit-on s'étonner de voir dans les derniers temps de l'ancienne République le conſul Q. Cécilius Métellus éprouver le même traitement de la part d'un Tribun nommé Flavius *(g)*, & celui-ci plaçant ſon ſiége devant la porte de la priſon, dire au Sénat qui veut s'unir à la deſtinée de ſon chef & s'aſſembler dans la priſon, que les Pères conſcripts peuvent, s'ils veulent, eſcalader les murs, mais qu'ils n'entreront point par la porte?

On jugeoit le Tribunat ſi néceſſaire, qu'il ne laiſſoit pas de ſubſiſter, lors même que la nomination d'un Dictateur faiſoit vaquer les autres Magiſtratures. Tite-Live nous apprend qu'il trouvoit dans quelques auteurs, que les Tribuns avoient
Tit. Liv. l. V, n. 38. mis un Dictateur à l'amende, mais il combat ce fait par des raiſons qui paroiſſent concluantes. Ce n'eſt pas au reſte que les Tribuns n'eſſayaſſent quelquefois leurs forces contre la Dictature. Cependant ils ſuccombèrent toûjours *(h)*. Leur

(f) Ces deux Conſuls étoient P. Cornelius Scipion Naſica, & D. Junius Brutus. *Tit. Liv. ſupplement. l. LXV, n.° 2.*

(g) Ibid. CIII, 56 & ſeqq. Il me ſeroit aiſé d'accumuler beaucoup d'exemples ſemblables : mais je n'ai pas deſſein de faire une hiſtoire complète du Tribunat.

(h) Quoad uſque ad memoriam noſtram Tribunitiis Conſularibuſque certatum viribus eſt, Dictaturæ ſemper altius faſtigium fuit. Ibid.

droit d'oppoſition & de protection, ſous cette Magiſtrature abſolue, devoit, ce ſemble, être réduit à de ſimples repréſentations. Je m'imagine que le principal objet de la politique Romaine, en conſervant le Tribunat même ſous la Dictature, étoit de donner toûjours quelque ſorte d'inquiétude au Dictateur, & d'avoir en place des Syndics du peuple, prêts à réclamer en faveur du gouvernement établi par les loix, s'il arrivoit que ce Magiſtrat extraordinaire à l'expiration de ſon terme ne voulût pas abdiquer.

Régulièrement le pouvoir Tribunitien ne s'étendoit pas hors de la ville. Auſſi arrivoit-il quelquefois que pour éluder l'oppoſition des Tribuns, les Conſuls alloient hors de l'enceinte faire des actes d'autorité. Denys d'Halicarnaſſe ſur l'an 273 *Dionyſ. Halic. l. VIII, p. 531, edit. Oxon.* rapporte que les conſuls M. Fabius & L. Valerius, à qui l'opiniâtreté d'un Tribun ne permettoit pas de lever des troupes, ordonnèrent que l'on portât leurs ſiéges dans une plaine voiſine, & là faiſant faire le dégât ſur les terres de ceux qui refuſoient de comparoître, procédèrent à l'enrôlement par voie de contrainte ſans qu'il fût poſſible au Tribun de les traverſer. *C'eſt,* ajoûte cet écrivain, *que l'autorité des Tribuns eſt renfermée dans les murailles de la ville.... L'ancien uſage s'obſerve juſqu'à ce jour. Ils n'ont aucun pouvoir hors de Rome (i).* Cependant toute la ſuite de l'hiſtoire oblige de convenir que le Tribunat ne perdoit pas ſes droits dans les comices par centuries qui ſe tenoient toûjours hors des murs, & pour l'ordinaire au champ de Mars, *Paull. Manut. de Comitiis Romanor. c. VII.* que l'on ſait n'avoir pas été compris dans le *Pomœrium.* Il les conſervoit également lorſqu'on tenoit le Sénat hors de l'enceinte. L'an de Rome 703 cette Compagnie s'étant aſſemblée *Famiani Nardini Roma vetus, l. I, c. 6.* au temple d'Apollon hors de la porte Carmentale, parce que Pompée étant alors Proconſul n'avoit pas permiſſion d'entrer dans la ville, l'oppoſition de pluſieurs Tribuns ne laiſſa pas d'empêcher que l'on ne fît un décret. Mais je penſe que ces deux *Suppl. T. Liv. CVIII, n. 38 & ſeqq.* cas étoient les ſeuls où les Tribuns euſſent quelque pouvoir au-delà du *Pomœrium;* & que dans ces mêmes cas ils n'en auroient

(i) Οὐδενὸς γάρ εἰσι τῶν ἔξω τῆς πόλεως οἱ τὴν δημαρχικὴν ἔχοντες ἐξουσίαν κύριοι· περιγέγραπται αὐτῶν τὸ κράτος τοῖς τείχεσι κ. τ. λ. *Ibid.*

eu aucun, s'il étoit arrivé que le Sénat ou les Comices ſe fuſſent aſſemblés à plus de mille pas hors de l'enceinte. Cette diſtinction eſt, ce me ſemble, l'unique moyen de concilier un endroit de Tite-Live où l'hiſtorien paroît ſuppoſer que la puiſſance Tribunitienne s'étendoit juſqu'à mille pas de l'enceinte *(k)*, de le concilier, dis-je, avec des textes de Denys d'Halicarnaſſe & de Dion qui portent expreſſément le contraire.

Dionyſ. VIII, ubi ſuprà. Dio Caſſius, l. LI, p. 457, edition. Hanov. Vechel.

Les Tribuns ne pouvoient s'abſenter que pour aller au Mont-Albain, l'un des trois jours des fêtes latines *(l)*, encore étoient-ils obligés de rentrer avant minuit. Je trouve néanmoins un exemple qui montre que cette règle ſouffroit des exceptions, & que ſous le gouvernement ancien la puiſſance du Tribunat n'étoit pas tellement bornée à la ville de Rome, qu'avec diſpenſe ceux qui en étoient revêtus ne puſſent la conſerver & l'exercer même dans les provinces. L'an de Rome 548, au ſujet des plaintes que portèrent les habitans de Locres contre l'horrible tyrannie de Pleminius Lieutenant de Scipion, les Conſuls & le Sénat envoyèrent ſur les lieux un Préteur & dix Commiſſaires, avec ordre de paſſer en Sicile &, s'il le falloit, en Afrique. On engagea deux Tribuns à les accompagner: en quoi l'on s'écarta de l'uſage, parce qu'il s'agiſſoit d'une affaire extrêmement délicate. Suppoſé que Scipion fût coupable lui-même, on vouloit faire arrêter au milieu de l'armée ce Général adoré de ſes Soldats. Pour une commiſſion ſi hardie, falloit-il moins que des Tribuns du peuple, c'eſt-à-dire des hommes armés d'une puiſſance ſacrée devant laquelle tout avoit coûtume de plier?

T. L. XXIX, 19.

(k) Tribuni, ut impediendæ rei nulla ſpes erat, de proferendo (dele *exercitu) agere; eo magis quod & augures juſſos adeſſe ad Regillum lacum fama exierat, locumque inaugurari, ubi auſpicatò cum populo agi poſſet..... Omnes id juſſuros quod Conſules vellent: neque enim provocationem eſſe longiùs ab urbe mille paſſuum, & tribunos, ſi eò adveniant, in aliâ turbâ Quiritium ſubjectos fore conſulari Imperio.* Tit. Liv. III, 20.

(l) Dionyſ. ubi ſup. Aul. Gell. III, 2. *Tribuni plebis quos nullum diem abeſſe Româ licet, cùm poſt mediam noctem proficiſcuntur, & poſt primam facem ante mediam ſequentem revertuntur, non dicuntur abfuiſſe unum diem, quando ante horam noctis ſextam regreſſi parte aliquâ illius in urbe Româ ſunt.*

Rien

Rien n'étoit plus inviolable que la personne d'un Tribun: rien de plus terrible que les peines & les malédictions prononcées par la loi contre quiconque oseroit, je ne dis pas attenter à sa vie, mais porter la main sur lui. Cette loi se nommoit la loi sacrée. Je sais qu'en vertu d'une loi plus sacrée encore, à laquelle les Romains subordonnoient toutes les autres, c'est-à-dire le salut de la patrie, le Sénat avoit droit de s'élever contre les Tribuns mêmes, & de les déclarer ennemis publics, lorsqu'ils attaquoient la constitution de l'État: témoin l'aîné des Gracques, & trente ans après lui Appuleius Saturninus. Ils furent poursuivis & mis à mort, le premier par un Sénateur (ce fut Scipion Nasica) qui sans avoir alors de Magistrature prit les armes sous les yeux de la Compagnie & de son consentement présumé; le second par Marius Consul, & revêtu des pouvoirs extraordinaires du Consulat. De son côté le peuple qui créoit les Tribuns, & prétendoit ne les créer que pour lui, pensant que l'ouvrier a droit de défaire son propre ouvrage, ne renonça jamais au privilége de leur retirer ses pouvoirs, lorsqu'ils abusoient de sa confiance. C'est sur ce principe que le Tribun Marcus Octavius fut déposé par les Tribus assemblées à la poursuite d'un de ses collègues, du même Tiberius Gracchus dont nous venons de parler. D'ailleurs tout homme qui avoit trempé dans la mort d'un Tribun même proscrit légitimement, étoit toûjours odieux au peuple, & couroit grand risque d'être recherché tôt ou tard comme coupable de lèze-Majesté au premier chef. Scipion Nasica fut trop heureux d'accepter la commission de visiter les villes d'Asie, que lui donna le Sénat pour le soustraire aux yeux des Plébéiens qui ne pouvoient lui pardonner la mort de Gracchus. Il n'osa revenir à Rome & mourut dans cette espèce d'exil. Rabirius accusé faussement d'avoir tué, il y avoit trente-six ans, le Tribun Saturninus déclaré par le Sénat ennemi public, eut besoin de toute l'éloquence de Cicéron, & de Cicéron Consul, pour échapper au dernier supplice: & peut-être n'eût-elle pas sauvé Rabirius, si le Préteur Quintus Metellus Celer n'avoit trouvé le secret de rompre l'assemblée.

Dionys. Halic. VI, edit. Oxon. p. 395. Tit. Liv. II, 33.

Supplement. T. Liv. LVIII, 58 & 59.

Ibid. LIX, 26 & seqq.

Ibid. LVIII, 22-25.

Ibid. LIX, 10, 22 & 28.

Orat. Ciceron. pro Rabirio. Asconius comment. & supplement. Tit. Liv. CII, 43, & 44.

Les Tribuns n'ayant presque rien à craindre, tandis qu'ils étoient en place, & moralement sûrs d'être protégés lorsqu'ils n'y seroient plus, par quelqu'un de leurs successeurs, se prévalurent étrangement du respect profond que l'on portoit à leur caractère, & souvent les prétendus défenseurs du peuple se conduisirent comme auroient fait des brigands privilégiés. Je ne citerai qu'un seul exemple entre mille. L'an de Rome 624 le Tribun Atinius, furieux de n'avoir pas été compris dans la liste du Sénat faite par Métellus le Macédonique homme Consulaire & pour lors Censeur, le saisit dans la place publique, & sans autre forme de procès alloit le précipiter de la roche Tarpéienne. En vain la famille de Métellus essaya d'adoucir le Tribun par des prières & par des larmes. C'en étoit fait de cet illustre vieillard, que tout le monde plaignoit sans oser le secourir, si l'on n'eût eu le bonheur de trouver un autre Tribun qui vint assez à temps pour empêcher l'exécution. Le caractère de Tribun étoit si sacré qu'Atinius même le respecta dans son collègue. Mais ne pouvant sévir contre la personne de Métellus, il entreprit de se venger sur ses biens, & les consacra publiquement aux Dieux par une cérémonie religieuse. L'histoire nous apprend que cette espèce de confiscation n'eut pas lieu; mais elle remarque en même temps que les excès d'Atinius demeurèrent impunis.

Supp. T. Liv. LIX, 54, 55.

Deux hommes profonds dans les antiquités de la nation Romaine, Antistius Labéon jurisconsulte fameux du temps d'Auguste & le célèbre Varron contestoient aux Tribuns le droit de citer personne devant eux. Labéon mandé par les Tribuns pour répondre à la plainte qu'une femme avoit portée contre lui, refusa de comparoître *(m)*, & leur fit dire qu'ils étoient en droit de venir l'arrêter s'ils le jugeoient à propos,

Vide Aul. Gell. Noct. Attic. XIII, 12.

(m) Quum à muliere quâdam Tribuni plebis adversùs eum aditi Gellianum ad eum misissent ut veniret & mulieri responderet, jussit eum qui missus erat redire & Tribunis dicere jus eos non habere neque se neque alium quemquam vocandi; quoniam moribus majorum Tribuni plebis prensionem haberent, vocationem non haberent: posse igitur eos venire & prendi se jubere, sed vocandi absentem jus non habere. Aul. Gell. ubi sup. ex epistolâ Atei Capitonis.

mais qu'ils ne pouvoient sans violer les règles le mander ni lui ni personne. Il suivoit en cela l'exemple & les principes de Varron. Celui-ci par le conseil des principaux du Sénat avoit refusé d'obéir à la citation d'un Tribun : & conséquemment lorsqu'il exerça le Tribunat il ne se crut permis ni de citer devant lui qui que ce fût, ni d'appuyer ses collègues, quand ils entreprirent de citer quelqu'un *(n)*. Concluons de ces faits qu'aucune loi n'autorisoit les Tribuns à faire droit sur les plaintes ; que proprement leur ministère étoit de les écouter, & qu'ils n'auroient dû tout au plus que s'assurer de la personne dont on se plaignoit & la traduire en justice. Mais concluons aussi de ces mêmes faits que les Tribuns ne laissoient pas d'exercer des fonctions judiciaires. Nous savons même qu'ils jugeoient assis sur des bancs *in subselliis* & non sur des siéges élevés comme les Magistrats Curules. C'étoit dans une basilique voisine du *Forum* que siégeoit le collège des Tribuns. On ne peut douter qu'ils n'étendissent leur jurisdiction le plus qu'ils pouvoient, & que si les gens instruits la regardoient de mauvais œil & la traitoient d'usurpation, le plus grand nombre ne faisoit pas difficulté de s'y soûmettre. Il étoit plus commode de les reconnoître pour juges ou du moins pour arbitres que de s'exposer à leur mauvaise humeur, que de se voir traîner en prison, & pour une bagatelle de s'attirer un affaire sérieuse ou du moins très-désagréable. Il est aisé de comprendre comment des hommes assez hardis pour sommer les Consuls de comparoître devant eux, pour les condamner à l'amende, pour les emprisonner, étoient venus à bout de rendre leur tribunal redoutable à de simples particuliers. Il faudroit même dire que ce Tribunal connoissoit d'affaires capitales, & qu'il condamnoit à des peines afflictives plus rigoureuses peut-être que la mort, si l'on prenoit à la lettre ce que nous trouvons

(n) *Tribuni pleb. vocationem habent nullam : neque minus multi imperiti, perinde atque haberent, eâ sunt usi. Nam quidam non modo privatum, sed etiam Consulem in rostra vocari jusserunt. Ego triumvir vocatus à P. Porcio Tribuno pleb. non ivi auctoribus principibus ; & vetus jus tenui : item Tribunus quum essem, vocari neminem jussi, neque vocatum à Collega parere invitum.* M. Varro, apud A. Gellium, ibidem.

dans l'épitome du livre LV.[e] de Tite-Live. L'abbréviateur rapporte « que Caïus Matiénus, accusé devant les Tribuns » d'avoir déserté de l'armée d'Espagne fut condamné à être » long-temps battu de verges, & vendu pour le prix d'un sesterce » *(o)*. Mais on ne peut raisonner trop sobrement sur les faits qui ne sont connus que par les abrégés. Si l'histoire de Tite-Live existoit encore, nous y lirions apparemment que Matiénus fut dénoncé aux Tribuns; que ceux-ci le poursuivirent devant le peuple, & qu'après l'avoir fait juger ils présidèrent à l'exécution. Les termes que je viens de citer sont très-susceptibles de ce sens: & rien n'est plus ordinaire que de voir les Tribuns se rendre parties publiques dans les affaires qu'ils croyoient intéresser la Nation. Je sais qu'on risque beaucoup en avançant des propositions exclusives, surtout lorsqu'on parle d'une espèce d'hommes aussi entreprenante que le furent les Tribuns. Cependant il me semble qu'on ne peut alléguer d'exemple clair & précis d'un jugement contradictoire rendu par eux, soit en matière civile, soit en matière criminelle. Dois-je inférer de-là qu'ils ne jugeoient point? Non sans doute: mais je puis en conclurre que les affaires de leur ressort n'étoient pas importantes ni du nombre de celles dont la décision mérite d'être transmise à la postérité. Ce n'étoient que de simples affaires de police. Dès le commencement on avoit nommé les Édiles plébéiens pour être leurs substituts en cette partie.

Dionys. Hal. VI, p. 396.

Si du côté de la jurisdiction les Tribuns étoient inférieurs aux Magistrats proprement dits, assez d'autres priviléges sans compter ceux que nous avons déjà mentionnés les égaloient en quelque sorte aux Consuls. Les Tribuns ne commandoient point dans Rome, mais personne, pas même les Consuls, ne pouvoit leur commander. Il leur étoit permis de convoquer le Sénat, & de le faire délibérer sur ce qu'ils lui proposoient. Quoique leur prérogative en ce point ne fût pas illimitée

(o) C. Matienus accusatus est apud Tribunos plebis, quòd exercitum in Hispaniâ deseruisset, damnatusque sub furcâ diù virgis cæsus est & sestertio nummo veniit.

comme l'étoit celle des Consuls *(p)*, elle leur donnoit beaucoup d'influence dans la législation, parce que les Senatus-consultes n'avoient force de loi, que quand ils n'étoient pas traversés par l'opposition des Tribuns. A la vérité les Tribuns n'avoient pas le droit d'assembler les *Comices par centuries*, & s'ils vouloient qu'on les tint, il falloit qu'ils engageassent les Consuls ou les Préteurs à les assembler: mais ils étoient maitres de tenir quand ils vouloient les *Comices par tribus* où les Plébéiens étoient toûjours les plus forts *(q)*. C'étoit dans ces assemblées populaires que régnoient les Tribuns. C'étoit-là qu'ils haranguoient sans qu'il fût possible de leur imposer silence: privilége qui joint au talent de la parole équivaut presque à la souveraineté. C'étoit-là qu'écoutés comme des oracles par une multitude jalouse des droits qu'elle avoit & de ceux qu'elle n'avoit pas, ils entraînoient les esprits & les suffrages, & dictoient en législateurs ces plébiscites qui depuis la loi *Hortensia* *, quoique faits sans la participation du Sénat, ne laissoient pas d'obliger tous les Romains indistinctement. Chaque Tribun étoit censé parler au nom du collége Tribunitien: & le peuple n'imaginant pas que ses dix protecteurs se pussent méprendre sur ses intérêts, approuvoit communément l'ordonnance proposée, à moins qu'un autre Tribun ne combattît avec succès les raisons de son collègue, ou ne s'opposât formellement. Les Patriciens & le Sénat en gagnoient souvent quelqu'un, & prévenoient par-là certains plébiscites, qu'ils jugeoient pernicieux. Mais outre

* *Voyez la citation précédente.*

(p) Si leur prérogative eût été illimitée, on ne voit pas pourquoi le Sénat en ordonnant l'exécution du plébiscite qui donnoit à Auguste le pouvoir Tribunitien, y eût joint le droit de proposer une affaire dans chaque assemblée du Sénat. *Χρηματίζειν περὶ ἑνός ὅτι ἂν ἐθελήσῃ καθ' ἑκάστην βουλήν.* Dio Cass. LII, pag. 518. Voyez la note de Casaubon sur la vie de César par Suétone, c. 20.

(q) Les Tribuns avoient même le droit d'assembler les Plébéiens seuls. *Is qui non universum populum, sed partem aliquam adesse jubet, non comitia sed concilium edicere debet. Tribuni autem neque advocant patricios, neque ad eos referre ullâ de re possunt. Ita ne leges quidem propriè, sed plebiscita appellantur quæ Tribunis plebis ferentibus accepta sunt: quibus rogationibus antè patricii non tenebantur, donec Q. Hortensius Dictator eam legem tulit, ut eo jure quod plebes statuisset, omnes Quirites tenerentur.* Aul. Gell XV, 27, ex lib. Lælii Felicis ad Quintum Mucium (Scævolam).

qu'ils ne trouvoient pas toûjours le Tribun, qui voulût entrer dans leurs vûes; c'étoit une mo ... ation pour le Sénat de ne pouvoir résister aux Tribuns, ... par le secours des Tribuns mêmes. Dans un sens il est vrai ... dire que le Tribunat avoit toûjours le dessus.

Qu'ai-je besoin de rappeler ... il l'abus effroyable, que des Tribuns séditieux firent du ... it de tenir des assemblées, les excès auxquels ils portèrent ... aveugle populace, devenue l'instrument & le jouet de leurs ... urs, les loix injustes qu'ils promulguèrent, les scélérats qu ... protégèrent, les citoyens vertueux qu'ils opprimèrent, les ... itions & les guerres civiles qu'ils allumèrent? Sylla qui se ... monarque de Rome pour se venger & pour établir l'arist ... ie, dépouilla les Tribuns du privilége de faire des plébi ... s, & même en partie du droit d'opposition. Quelques rest ... ce droit, un vain fantôme de protectorat, ce fut tout ce ... leur laissa. De peur que la puissance Tribunitienne ne ... de l'anéantissement, si elle étoit exercée ou par des aventur ... hardis ou par des hommes d'un mérite distingué, le Dicta ... ordonna dans la même loi que le peuple choisiroit à l'aven ... es Tribuns parmi les Sénateurs, & que ceux qui rempliro ... cette place ne pourroient de leur vie exercer aucun autr ... mploi. La plus nombreuse partie de la Nation vit avec ... eur, que sous prétexte des abus on renversoit le boulevart ... liberté; que cette puissance tutélaire, n'étant plus que l'om ... d'elle-même, & devenue une sorte de flétrissure pour ce ... qui l'exerceroit, alloit être désormais l'appanage de quelqu ... nateurs obscurs, hommes nuls, sans ambition, sans talens ... livrés servilement à toutes les volontés du Sénat.

Supplem. Tit. Liv. LXXXIX, 11.

Dès que Sylla ne fut plus ... indie, les murmures des Plébéïens éclatèrent contre sa lo ... en-tôt on la modifia dans ce qu'elle avoit de plus dur. L ... onsul Aurélius Cotta par une loi nouvelle rouvrit aux Tr ... s le chemin des honneurs. Enfin Pompée dans son premie ... Consulat acheva de leur rendre tous leurs droits. Ils pa ... nt ne les avoir recouvrés que pour justifier les précautions ... Sylla. Depuis cette époque

Ibid. XCI, 29 & seqq.

Ibid. XCII, 27

Ibid. XCVII, 17.

dans le cours des vingt années de troubles & quelquefois d'anarchie qui précéderent & préparèrent l'usurpation de César, divers Tribuns, esclaves de leurs passions ou de celles des Grands, ne cessèrent par leurs harangues séditieuses d'allumer le feu de la discorde, d'enfanter plébiscites sur plébiscites, de se servir de la puissance législative pour faire le mal, du droit d'opposition pour empêcher le bien, de l'un & de l'autre pour compromettre le pouvoir du peuple avec l'autorité du Sénat. Qui ne sait que Pompée fut la victime de cette même puissance Tribunitienne dont il avoit été le restaurateur, que l'opposition de deux Tribuns au decret rendu contre César *(r)*, les menaces qu'ils s'attirèrent & leur fuite précipitée fournirent au conquérant de la Gaule le prétexte qu'il attendoit pour marcher contre sa patrie? Le prétendu motif de venger la sainteté du Tribunat lui servit de manifeste *(s)*. C'étoit l'unique raison qu'il alléguât, & l'air de justice qu'elle donnoit à sa cause éblouit une infinité de Républicains. Plusieurs qui sous un autre point de vûe n'auroient apperçu dans César qu'un nouveau Catilina, crurent y voir un libérateur, parce qu'ils jugeoient tout permis, tout légitime, lorsqu'il s'agissoit de maintenir les droits sacrés du Tribunat.

Ce qui achève de prouver quel cas on faisoit de cette magistrature plébéïenne, c'est qu'au rapport de Dion les Romains après la défaite de Pompée non contens de donner au vainqueur la Dictature pour un an, & le Consulat pour cinq années consécutives lui conférèrent aussi comme un privilége singulier le droit de prendre séance sur les bancs des Tribuns, & d'être considéré comme membre de leur corps. Le traducteur de Dion fait dire affirmativement à son auteur, que César reçut la puissance Tribunitienne, & semble par-là mettre *Dio Cassius, XLIII, p. 195.*

(r) Les Tribuns Antoine & Cassius. *Suppl. Tit. Liv. CIX, 3.*

(s) Tu tu, inquam M. Antoni, princeps Caio Cæsari, omnia perturbare cupienti, causam belli contra patriam inferendi dedisti. Quid enim aliud ille dicebat? Quam causam dementissimi sui consilii & facti afferebat, nisi quod intercessio neglecta, jus Tribunitium sublatum, circumscriptus esset Antonius? Cicer. Philipp. 2.ª Vid. Dionys. Hal. VIII, p. 531 & 532.

qu'ils ne trouvoient pas toûjours de Tribun, qui voulût entrer dans leurs vûes; c'étoit une mortification pour le Sénat de ne pouvoir réſiſter aux Tribuns, que par le ſecours des Tribuns mêmes. Dans un ſens il eſt vrai de dire que le Tribunat avoit toûjours le deſſus.

Qu'ai-je beſoin de rappeler en détail l'abus effroyable, que des Tribuns ſéditieux firent du droit de tenir des aſſemblées, les excès auxquels ils portèrent une aveugle populace, devenue l'inſtrument & le jouet de leurs fureurs, les loix injuſtes qu'ils promulguèrent, les ſcélérats qu'ils protégèrent, les citoyens vertueux qu'ils opprimèrent, les ſéditions & les guerres civiles qu'ils allumèrent? Sylla qui ſe rendit monarque de Rome pour ſe venger & pour établir l'ariſtocratie, dépouilla les Tribuns
Supplem. Tit. Liv LXXXIX, 11. du privilége de faire des plébiſcites, & même en partie du droit d'oppoſition. Quelques reſtes de ce droit, un vain fantôme de protectorat, ce fut tout ce qu'il leur laiſſa. De peur que la puiſſance Tribunitienne ne ſortît de l'anéantiſſement, ſi elle étoit exercée ou par des aventuriers hardis ou par des hommes d'un mérite diſtingué, le Dictateur ordonna dans la même loi que le peuple choiſiroit à l'avenir ſes Tribuns parmi les Sénateurs, & que ceux qui rempliroient cette place ne pourroient de leur vie exercer aucun autre emploi. La plus nombreuſe partie de la Nation vit avec douleur, que ſous prétexte des abus on renverſoit le boulevart de la liberté; que cette puiſſance tutélaire, n'étant plus que l'ombre d'elle-même, & devenue une ſorte de flétriſſure pour celui qui l'exerceroit, alloit être déſormais l'appanage de quelques Sénateurs obſcurs, hommes nuls, ſans ambition, ſans talens, & livrés ſervilement à toutes les volontés du Sénat.

Dès que Sylla ne fut plus à craindre, les murmures des
Ibid XCI, 29 & ſeqq. Plébéïens éclatèrent contre ſa loi. Bien-tôt on la modifia dans ce qu'elle avoit de plus dur. Le conſul Aurélius Cotta par
Ibid. XCII, 27. une loi nouvelle rouvrit aux Tribuns le chemin des honneurs.
Ibid. XCVII, 37. Enfin Pompée dans ſon premier Conſulat acheva de leur rendre tous leurs droits. Ils parurent ne les avoir recouvrés que pour juſtifier les précautions de Sylla. Depuis cette époque

dans le cours des vingt années de troubles & quelquefois d'anarchie qui précédèrent & préparèrent l'usurpation de César, divers Tribuns, esclaves de leurs passions ou de celles des Grands, ne cessèrent par leurs harangues séditieuses d'allumer le feu de la discorde, d'enfanter plébiscites sur plébiscites, de se servir de la puissance législative pour faire le mal, du droit d'opposition pour empêcher le bien, de l'un & de l'autre pour compromettre le pouvoir du peuple avec l'autorité du Sénat. Qui ne sait que Pompée fut la victime de cette même puissance Tribunitienne dont il avoit été le restaurateur, que l'opposition de deux Tribuns au décret rendu contre César *(r)*, les menaces qu'ils s'attirèrent & leur fuite précipitée fournirent au conquérant de la Gaule un prétexte qu'il attendoit pour marcher contre sa patrie? Le prétendu motif de venger la sainteté du Tribunat lui servit de manifeste *(s)*. C'étoit l'unique raison qu'il alléguât, & l'air de justice qu'elle donnoit à sa cause éblouit une infinité de Républicains. Plusieurs qui sous un autre point de vûe n'auroient aperçu dans César qu'un nouveau Catilina, crurent y voir un libérateur, parce qu'ils jugeoient tout permis, tout légitime, lorsqu'il s'agissoit de maintenir les droits sacrés du Tribunat.

Ce qui achève de prouver quel cas on faisoit de cette magistrature plébéienne, c'est qu'au rapport de Dion les Romains après la défaite de Pompée non contens de donner au vainqueur la Dictature pour un an, & le Consulat pour cinq années consécutives lui conférèrent aussi comme un privilége singulier le droit de prendre séance sur les bancs des Tribuns, & d'être considéré comme membre de leur corps. Le traducteur de Dion fait dire affirmativement à son auteur, que César reçut la puissance Tribunitienne, & semble par-là mettre *Dio Cassius, XLIII, p. 195.*

(r) Les Tribuns Antoine & Cassius. *Suppl. Tit. Liv. CIX, 34.*

(s) Tu tu, inquam M. Antoni, princeps Caio Cæsari, omnia perturbare cupienti, causam belli contra patriam inferendi dedisti. Quid enim aliud ille dicebat? Quam causam dementissimi sui consilii & facti afferebat, nisi quod intercessio neglecta, jus Tribunitium sublatum, circumscriptus esset Antonius? Cicer. Philipp. 2.ª Vid. Dionys. Hal. VIII, p. 531 & 532.

l'hiſtorien Grec en contradiction avec Tacite *(t)* qui nous aſſure que le titre de *puiſſance Tribunitienne* fut inventé par Auguſte. Mais le texte de Dion porte ſeulement que Céſar reçut *pour ainſi dire (u)* la puiſſance des Tribuns; & cette modification ſignifie que s'il reçut les pouvoirs du Tribunat, il n'eut aucun titre relatif à ces pouvoirs. Au reſte cet aſſocié des Tribuns montra dans la ſuite que ſon zèle pour leurs droits n'avoit été que le maſque de ſon ambition. Un jour quelqu'un de la lie du peuple mit à la ſtatue de Céſar une couronne attachée avec des bandelettes, qui lui donnoient un air de diadème. Deux Tribuns, Epidius Marullus & Ceſetius Flavus, firent ôter la couronne, & conduire cet homme en priſon. Ils croyoient faire leur cour à Céſar; mais ils ſe méprirent. Céſar, quoiqu'il feignît de ne pas vouloir le nom de Roi, le deſiroit avec une puérilité peu digne de lui. Il prétendit que ces Tribuns lui enlevoient la gloire de refuſer le diadème, & ſous ce prétexte groſſier, il les réprimanda vivement. Quelques jours après les deux Tribuns ayant eu la hardieſſe de ſe plaindre, Céſar les accuſa dans le Sénat, de vouloir le rendre odieux & le faire paſſer pour un tyran. Cependant il ſe contenta de demander qu'ils fuſſent exclus du nombre des Sénateurs & dégradés du Tribunat. On aſſembla donc les *Comices par tribus* où ſur la propoſition de C. Helvius Cinna membre du collége Tribunitien, on fit un plébiſcite par lequel Flavus & Marullus furent dépoſés.

On peut conclurre de cet exemple que pendant la Dictature perpétuelle de Céſar, & à plus forte raiſon, tant que dura la ligue triumvirale, les Tribuns non plus que les autres Magiſtrats ordinaires ne purent agir que dépendamment & ſous le bon plaiſir de ces Magiſtrats extraordinaires, ou pour mieux dire de ces uſurpateurs.

Ces tyrans qui gênèrent l'exercice des magiſtratures en ſuppoſoient, en reconnoiſſoient les prérogatives. Ils ne firent aucune loi pour en détruire, ni pour en reſſerrer les droits.

(t) Id ſummi faſtigii vocabulum Auguſtus reperit. Tacit. Ann. III, 56.
(u) Τήν τε ἐξουσίαν τῶν δημάρχων διὰ βίου, ὡς εἰπεῖν, προσέθετο.

Ceux

Ceux du Tribun étoient réputés tels que Pompée les avoit rétablis; & consistoient toûjours dans le privilége 1.° de s'opposer à ce qui lui paroissoit contraire au bien public, & cela sans être tenu de motiver son opposition. 2.° De protéger les particuliers opprimés dans l'enceinte de la ville, d'arrêter & de faire juger les oppresseurs, & ceux qui troubloient l'ordre public. 3.° De juger certaines affaires de police. 4.° D'assembler les *Comices par tribus*. 5.° De convoquer le Sénat en certains cas. 6.° De ne recevoir d'ordre de personne. 7.° D'être censé revêtu d'un caractère si sacré, si inviolable, qu'insulter un Tribun c'étoit commettre un sacrilége énorme & punissable de mort par le premier venu, sans aucune forme de procès, avec confiscation de tous les biens.

Sur cet exposé trop long sans doute pour des lecteurs instruits, il est facile de juger, qu'Auguste ayant dessein de composer sa puissance des magistratures établies chez les Romains, ne devoit pas regarder d'un œil indifférent les droits attachés au Tribunat. Voyons présentement la manière dont ils lui furent accordés & ce que les Romains y ajoûtèrent en sa faveur.

SECONDE PARTIE.

J'OBSERVE dans l'histoire d'Auguste trois decrets différens soit du Sénat soit de la Nation concernant la puissance Tribunitienne.

L'an de Rome 718 sous le consulat de Gellius & de Cocceius, Auguste, que j'appelle ainsi par anticipation, après avoir vaincu le jeune Pompée, soûmis la Sicile & dépouillé Lépide le Triumvir, à qui par grace il laissa la vie & le souverain Pontificat, fut comblé d'honneurs & de priviléges nouveaux. Parmi les concessions que les Romains lui firent alors, Freinshemius *(x)* dans les supplémens de Tite-Live compte la

(x) Uti sacrosanctus haberetur, & qui eum verbo quive facto læsisset, eadem pœnâ teneretur ac si Tribunum plebis violavisset; quorum & potestatem & in subselliis considendi jus ei dederant. Supplement. Tit. Livii, CXXIX, 42.

puiſſance du Tribunat. L'hiſtorien moderne croit parler d'après Dion : mais celui-ci dit uniquement *(y)* que le Sénat défendit d'attaquer la réputation & la perſonne d'Auguſte ſous les peines portées contre ceux qui injurioient ou maltraitoient un Tribun du peuple ; & que l'on y joignit le droit de prendre place ſur les bancs des Tribuns. Le motif de ce decret fut, comme Dion l'inſinue *(z)*, de fermer la bouche à divers mécontens, qui cherchoient dans les intentions d'Auguſte de quoi décrier ſes meilleures actions. Au ſujet de quelques taxes ſupprimées & de la remiſe des anciennes dettes, les uns publioient, qu'il avoit deſſein de rendre odieux Antoine & Lépide en les faiſant paſſer pour les ſeuls auteurs de ces impôts. D'autres diſoient qu'ayant ruiné tout le monde, il vouloit avoir le mérite de donner ce qu'il ſavoit bien qu'on ne lui payeroit jamais. Pour le mettre donc, s'il étoit poſſible, à l'abri de ces diſcours d'autant plus offenſans qu'ils pouvoient être fondés, d'autant plus dangereux qu'Auguſte avoit encore dans Antoine un redoutable concurrent, on voulut qu'Auguſte participât à la ſainteté du caractère Tribunitien, & pour le lui imprimer d'une manière plus authentique, on lui permit de s'aſſeoir parmi les Tribuns. C'étoit, je l'avoue, lui conférer la prérogative la plus noble & la plus intéreſſante du Tribunat. Mais j'oſe aſſurer, qu'on ne lui donna point encore les pouvoirs de cette Magiſtrature, & voici ſur quoi je me fonde.

Le decret de 718 fut l'ouvrage du Sénat. Or ce n'étoit point au Sénat de nommer les Tribuns, ni par conſéquent de diſpoſer du pouvoir Tribunitien. La nation jouiſſoit encore du droit d'élire ſes Magiſtrats dans des aſſemblées générales, & ne le perdit que ſous le règne de Tibère. L'élection des Tribuns ſe faiſoit dans les *Comices par Tribus*. Auguſte étoit-il donc aſſez mauvais politique, pour recevoir contre les règles ce qu'il ne tenoit qu'à lui d'obtenir légitimement. Ne perdons

(y) Καὶ τὸ μήτε λόγῳ, μήτε ἔργῳ τι ὑβρίζεσθαι· εἰ δὲ μὴ, τοῖς αὐτοῖς τὸν τοιοῦτόν τι δράσαντα ἐνέχεσθαι οἷσπερ ἐπὶ δημάρχῳ ἐτέτακτο· καὶ γὰρ ἐπὶ τῶν αὐτῶν βάθρων συγκαθίζεσθαι σφίσιν ἔλαβε. Τῷ μὲν οὖν Καίσαρι ταῦτα παρὰ τῆς βουλῆς ἐδόθη *Dio Caſſ. XLIX, p. 401.*

(z) Ἤδη μὲν γάρ τινες διεθρόησαν ὅτι κ. τ. λ. *Ibid.*

point de vûe, qu'il reſpectoit les loix juſqu'au ſcrupule lorſqu'elles n'étoient point compromiſes avec ſes intérêts, & que les injuſtices qu'il commit, ou laiſſa commettre en ſa faveur, ne furent jamais que ſon pis-aller. Diſons donc que le Sénat qui ne pouvoit donner aucune Magiſtrature, mais qui s'étoit conſervé dans la poſſeſſion immémoriale de récompenſer les ſervices éclatans par des diſtinctions honorifiques, par certains priviléges perſonnels, uſa de ſon droit pour faire ſentir combien les jours & l'honneur d'Auguſte étoient précieux en le déclarant inviolable comme les Tribuns. Quelque grand, quelque flatteur, que fût un tel privilége, ce n'étoit après tout qu'une ſauvegarde, & nullement un pouvoir. Être aſſis entre les Tribuns ſans avoir leurs autres droits, ce n'étoit qu'un Tribunat honoraire. Or ſuppoſé qu'Auguſte les eût reçus en 718, pourquoi Dion ne dit-il pas au moins, comme il a fait en parlant de Jules Céſar, qu'Auguſte reçut *pour ainſi dire* la puiſſance des Tribuns; & qu'avec la prérogative de prendre place ſur leurs ſiéges, on lui donna celle d'être regardé dans tout le reſte comme membre de leur corps?

Ce ne fut que ſix ans après, l'an de Rome 724, que l'on revêtit Auguſte des pouvoirs effectifs du Tribunat. Il étoit alors Conſul pour la quatrième fois. Vainqueur d'Antoine & de Cléopâtre, il avoit réduit l'Égypte en province & réuni dans ſa perſonne le commandement de toutes les légions. Rome enrichie de l'opulence des Ptolémées, triomphante au dehors, alloit jouir du calme domeſtique dont elle étoit privée depuis plus de vingt ans. Les guerres civiles paroiſſoient éteintes pour jamais. Les imaginations échauffées par tant de proſpérités & d'eſpérances, ne voyoient dans le jeune Céſar qu'une divinité tutélaire. Si l'on ſe ſouvenoit des horreurs de la ligue triumvirale, c'étoit pour le plaindre d'avoir été forcé d'y prendre part. De trois maîtres il n'en reſtoit qu'un, & ſon empire qu'il ne faiſoit plus ſentir que par des bienfaits étoit aux yeux d'une infinité de gens préférable à la liberté. Les Républicains eſtimoient aſſez Auguſte, pour croire toucher au moment heureux où l'ancien gouvernement alloit être rétabli. Qui pourroit nombrer les triomphes, les monumens, les prières publiques, les jeux, les solennités, les cérémonies, les droits, les concessions que prodiguèrent le zele & la reconnoissance des Romains pour honorer le conquérant de l'Égypte, le pacificateur de l'État, le sauveur de la patrie? Les deux ordres de la République se signalèrent à l'envi. Au milieu de cet enthousiasme général, le peuple toûjours outré dans son amour comme dans sa haine, n'avoit pas besoin d'être excité, mais peut-être avoit-il besoin d'être mis sur les voies.

Dio Cass. LI, p. 457.

Auguste connoissoit parfaitement le pouvoir intrinsèque & la portée du Tribunat. Il est à présumer que ses émissaires, profitant de l'éternelle jalousie, qui régnoit entre le Sénat & le peuple, firent entendre aux Plébéïens, qu'il leur étoit essentiel de témoigner au Généralissime une confiance sans bornes & de le choisir pour protecteur. Auguste est Consul, disoit-on, & le bien public demande qu'il le soit plusieurs années de suite, pour travailler efficacement à la réforme de l'État, que nos longues dissensions ont affoibli dans toutes ses parties. La dignité Consulaire l'unit étroitement au Sénat. Quelqu'impartial que soit Auguste, il penchera tôt ou tard en faveur de la Compagnie dont il est chef, si le peuple n'a le secret de se l'attacher. L'unique mais l'infaillible moyen d'ôter au Consul tout sujet de prédilection, est de faire en sorte que l'homme du Sénat devienne aussi l'homme du peuple, d'avoir un Tribun dans la personne du Consul. Dépositaire des droits du peuple, il sera pour lors obligé par honneur comme par devoir de les ménager & de les défendre. Il tiendra désormais aux deux corps qui composent la nation, & n'aura plus d'intérêt de faire prévaloir l'un à l'autre. En établissant Auguste le centre & le point de réunion des deux Puissances opposées, nous aurons enfin trouvé cet équilibre que nos ancêtres cherchèrent inutilement.

Pour exercer le Tribunat, il falloit être Plébéïen. Auguste ne l'étoit plus, non seulement parce que la famille Octavia dont il tiroit son origine avoit été mise au nombre des maisons Patriciennes par César le Dictateur, mais encore parce que l'adoption du même César avoit fait passer Octave dans l'illustre maison des Jules. On pouvoit le dispenser de la loi qui réservoit le Tribunat aux seuls Plébéïens. Toutefois un Patricien du premier ordre auroit cru se dégrader en acceptant même avec dispense une magistrature Plébéienne. Mais on fit réflexion qu'à Rome il n'étoit pas nouveau de donner les pouvoirs annexés à une Magistrature sans donner la Magistrature même : témoin ces Tribuns militaires qui n'étant pas Consuls avoient gouverné la République avec l'autorité du Consulat. Et sans remonter à des temps si reculés n'avoit-ou pas donné *pour ainsi dire* à César la puissance du Tribunat? Auguste lui-même en avoit déjà le caractère & la plus sainte prérogative? il n'étoit question que d'y joindre des pouvoirs effectifs. Ils lui furent conférés pour toute sa vie, comme Dion l'assure expressément. *Dio Cass. LI, p. 457.* Cet auteur ne dit pas qu'ils lui furent conférés par un plébiscite *(a)* mais la chose parle d'elle-même : & le fait ne sera point contesté par ceux qui savent combien la nation Romaine tenoit à la forme, lors même qu'elle abandonnoit le fonds. Suivant la règle, & certainement la règle fut observée, le Sénat ne dut avoir à cette concession d'autre part que d'y applaudir. Les Pères conscripts se flattèrent que plus dépendant du Consul le peuple seroit moins indépendant du Sénat. Ils ne prévirent pas, que sous prétexte de ménager les droits respectifs des deux ordres, Auguste sacrifieroit adroitement les uns & les autres à ses vûes particulières, qu'il feroit semblant d'étendre l'autorité du Sénat; mais qu'en même temps, comme pour maintenir la souveraineté des Plébéïens & comme pour les dédommager par une sorte de compensation, le protecteur du peuple régneroit dans le Sénat, & réduiroit à des bornes très-étroites le pouvoir des Magistrats. Auguste avoit tellement ensorcelé les Romains, que chaque ordre croyoit acquérir aux dépens de l'autre ce que ce rusé politique s'approprioit au préjudice de la Nation.

Jusques ici tout se suit dans l'histoire de la puissance Tribunitienne d'Auguste. En 718 on le déclare inviolable comme

(a) Cet auteur l'insinue en disant : Ῥωμαῖοι ἐψηφίσαντο.

s'il étoit Tribun. En 724 il reçoit les pouvoirs Tribunitiens avec de nouveaux droits dont je parlerai bien tôt. Mais ce que Dion rapporte ſur l'année 731 fait naître une foule de difficultés que nous auroient à coup ſûr épargnées un Tite-Live, un Tacite, hiſtoriens qui d'ordinaire penſent à tout, & ſavent mettre le lecteur à l'aiſe en prévenant juſqu'à l'apparence des contradictions. Après avoir raconté, qu'Auguſte Conſul pour la onzième fois abdiqua le Conſulat, & mit à ſa place Lucius Seſtius l'ami fidèle & l'admirateur de Brutus, Dion ajoûte *(b): c'eſt pourquoi le Sénat ordonna qu'Auguſte ſeroit Tribun du peuple toute ſa vie.* Rien de plûs épineux & de plus embarraſſant que ce texte de Dion. Auguſte fut-il jamais Tribun du peuple? Dion ne nous apprend-il pas lui-même, que ce Prince & ſes ſucceſſeurs portèrent ſeulement le titre d'hommes revêtus de la puiſſance Tribunitienne, attendu que la place de Tribun étoit incompatible avec la qualité de Patricien *(c)*. Si l'on ſuppoſe, comme on ne peut s'en diſpenſer, que l'auteur a voulu dire qu'en 731 Auguſte reçut pour toute ſa vie le pouvoir du Tribunat, on demandera 1.° pourquoi donner à Auguſte pour toute ſa vie en 731, ce qu'Auguſte en 724 a déjà reçû pour toute ſa vie? 2.° De quel droit le Sénat lui confère-t-il la puiſſance Tribunitienne, dont cette Compagnie n'eut droit de diſpoſer qu'après que les Comices eurent été transférés au Sénat: ce qui n'arriva que ſous Tibère? Ce ſont-là les perplexités où Dion jette ſes lecteurs, ſans leur préſenter le moindre fil, pour ſortir du labyrinthe.

Dio Caſſ. LIII, p. 518.

Rendons juſtice à cet écrivain. Sans lui nous ne connoîtrions que très-imparfaitement l'hiſtoire Romaine & ſur-tout le règne d'Auguſte. S'il n'a pas le diſcernement & le goût des hiſtoriens qu'a produits l'ancienne Grèce, il ſemble en approcher & par l'harmonie du ſtyle & par la pureté de la diction. Malgré ſes préjugés en faveur du deſpotiſme & contre la Nation Romaine, on peut dire en général, qu'il rapporte

(b) Καὶ διὰ ταῦτα ἡ Γερουσία δήμαρχόν τε αὐτὸν διὰ βίου εἶναι ἐψηφίσατο.

(c) Δημαρχεῖν μὲν γὰρ, ἅτε καὶ ἐς τοὺς εὐπατρίδας πάντως τελοῦντες, οὐχ ὅσιον νομίζουσιν εἶναι. *Dio Caſſ. LXIII, p. 508.*

les faits avec d'autant plus de fidélité, que n'ayant pas une grande étendue de génie, il n'en voit pas toûjours les conséquences. Dans la disette où nous sommes, c'est un compilateur, ou si l'on veut un historien très-précieux; & ce qui reste de lui force de regretter ce que nous en avons perdu. Mais je puis assurer avec connoissance de cause qu'on le trouve peu satisfaisant, lorsqu'on n'est pas d'humeur à se contenter d'une suite telle quelle d'événemens, qui n'est que le squelette ou tout au plus le cadavre de l'histoire, quand on cherche ce qui en est l'ame & la vie, je veux dire les mobiles, les ressorts, la correspondance & l'enchaînement des faits. On accuse Tacite de deviner trop. Dion ne devine rien. Il se repose sur ceux qui le lisent du soin de conjecturer, d'ajuster, de concilier, de penser. J'ai déjà plus d'une fois mis en œuvre des matériaux assez brutes qu'il m'offroit. Essayons de lier à l'histoire le fait décousu, & rapporté sans exactitude qui occasionne cette digression.

Auguste étoit ennemi des titres insolites, & ne cherchoit que la réalité du pouvoir. Ainsi quoiqu'il eût reçû dès 724 la puissance Tribunitienne, il n'en prit point le titre, pendant la longue suite des Consulats annuels qu'il exerça jusqu'en 731. Il prétendoit même que sa puissance Tribunitienne quoique perpétuelle dans son origine n'étoit plus que décennale à compter depuis le commencement de 727, parce qu'alors il s'étoit démis de tous ses pouvoirs extraordinaires, & n'avoit voulu consentir à les reprendre que pour dix ans. Cela posé lorsqu'en 731 Auguste eut abdiqué le Consulat, il ne lui restoit que le commandement des armées, le gouvernement de certaines provinces & le pouvoir Tribunitien. La moitié de son décennat étoit alors écoulée; il paroissoit impatient de le voir finir. L'abdication du Consulat ajoûtoit à ses discours un air de sincérité dont on avoit peine à se défendre. Les preuves qu'il donnoit de sa modestie en quittant la dignité Consulaire, & de générosité en nommant ou plustôt en faisant nommer à sa place un homme très-agréable aux Romains, mais sur lequel ils n'eussent osé jeter les yeux, ranimèrent encore leur affection & la firent éclater par un témoignage nouveau. On voulut abſolument qu'il portât quelque titre relatif à la ville de Rome. Le plus naturel étoit celui de la puiſſance Tribunitienne puiſqu'il avoit déjà droit de le porter. On prit des meſures pour s'aſſurer à tout évènement, qu'il garderoit toûjours le titre & l'exercice de cette puiſſance. Le Sénat ordonna donc que le plébiſcite de 724 qui lui conféroit à perpétuité l'un & l'autre ſeroit exécuté ſelon ſa forme & teneur. Le Sénat par ſon ordonnance n'empiétoit nullement ſur les droits du peuple. Il ne diſpoſoit pas du pouvoir Tribunitien. Il maintenoit ſeulement la diſpoſition qu'avoit faite le peuple, & veilloit à l'exécution de la loi. Auguſte fut conjuré de céder aux ordres du peuple, à l'autorité du Sénat: car on continuoit toûjours de parler l'ancien langage. Un ſi bon citoyen pouvoit-il ſe diſpenſer d'obéir? Il obéit, & c'eſt ſeulement depuis cette époque que l'on trouve ſa puiſſance Tribunitienne marquée dans ſes médailles & dans ſes inſcriptions. Mais quoiqu'il l'eût pour toûjours, comme tout pouvoir perpétuel heurtoit de front les anciens principes du gouvernement Romain, il tâcha de la faire paroître annuelle.

Dans cette vûe il en prenoit de nouveau poſſeſſion tous les ans, non pas le dixième de décembre jour de l'inſtallation des Tribuns; mais le vingt-ſeptième de juin, jour auquel il avoit commencé d'en porter le titre. Auguſte continua ce manége juſqu'à l'année 767 qui fut celle de ſa mort & la trente-ſeptième de ſon pouvoir Tribunitien à dater depuis 731. Les autres Empereurs renouvelèrent auſſi tous les ans leur puiſſance Tribunitienne le même jour qu'ils l'avoient reçûe pour la première fois: & comme dans les monumens on ſpécifie les années de ce pouvoir, elle ſert à caractériſer les années de chaque règne, à moins que le Prince n'en eût été revêtu dès le vivant de ſon prédéceſſeur, auquel cas on la compte du temps de la première conceſſion. Par exemple, lorſque Tibère mourut, il étoit dans la trente-huitième année de ſon pouvoir Tribunitien, quoiqu'à compter depuis la mort d'Auguſte, il n'en eût régné que vingt-trois. Mais les éclairciſſemens que donne à l'hiſtoire des Empereurs leur puiſſance Tribunitienne,

commencent

commencent à nous manquer vers l'an de Rome 1021, deux cent soixante-huitième de Jésus-Christ. Depuis Gallien exclusivement, il est moins ordinaire qu'elle soit marquée sur les médailles. On ne la trouve point du tout dans celles de Quintillus, presque point dans celles d'Aurélien & de Tacite, jamais sur celles de Florien. On la voit rarement dans les monnoies de Probus, une fois ou deux dans celles de Maximien-Hercullus. Pendant plus d'un siècle elle ne paroît point sur les monumens de cette espèce, pas même sur les médailles de Julien, quoiqu'elle se trouve encore quelquefois dans les inscriptions, & à la tête des ordonnances impériales. On est étonné de la revoir sur deux médailles de Théodose le jeune *(d)*: & je crois que ce sont les dernières qui fassent mention de la puissance Tribunitienne des Empereurs.

Passons maintenant aux prérogatives spéciales, que les Romains annexèrent dans la personne d'Auguste au pouvoir du Tribunat.

Dion sur l'année 725 indique tous ces priviléges. C'est un endroit important, &, je crois, unique. Seulement il seroit à souhaiter, que Dion eût rendu les termes latins du decret national aussi littéralement que je vais rendre les termes grecs de l'historien. Les Romains, dit-il, ordonnèrent.... *que César auroit toute sa vie la puissance des Tribuns; qu'il pourroit secourir ceux qui le réclameroient non seulement dans l'enceinte des murs de la ville, mais encore au dehors dans l'espace de huit stades & demi: prérogative dont ne jouissoit aucun des Tribuns; qu'il pourroit, quand on appelleroit à lui, rendre justice, & que dans tous les tribunaux il auroit droit de donner un suffrage pareil au suffrage de la déesse Minerve (e).*

(d) L'une de l'an de Jésus-Christ 439. D. N. THEODOSIUS P. F. AUG. TR. P. XXXVII. COS XVII. P. P. CON. OB. L'autre de l'an 444, porte TR. P. XXXXII COS. XVIII. P. P. *Ex Mediobarbo.*

(e) Καὶ τὸν καίσαρα τήν τε ἐξουσίαν τὴν τῶν δημάρχων διὰ βίου ἔχειν, καὶ τοῖς ἐπιβοωμένοις αὐτὸν, καὶ ἐντὸς τοῦ Πωμηρίου καὶ ἔξω, μέχρι ὀγδόου ἡμισταδίου ἀμύνειν (ὃ μηδενὶ τῶν δημαρχούντων ἐξῆν) ἔκκλητόν τε δικάζειν καὶ ψῆφόν τινα αὐτοῦ ἐν πᾶσι τοῖς δικαστηρίοις ὥσπερ Ἀθηνᾶς φέρεσθαι. *Dio Cass. LI, 457.*

Cette dernière expression, dont il ne paroît pas que les Latins se soient jamais servis, est purement grecque, & me jette malgré moi dans une espèce de digression. Érasme ne l'a point entendue[a] : mais des philologues plus modernes, Meursius[b], Boëcler[c], & Jean Frédéric Gronovius *(f)* l'ont expliquée très-heureusement. Voici le résultat de leurs savantes discussions. Au tribunal de l'Aréopage l'accusateur & l'accusé, s'il arrivoit que les voix fussent également partagées, étoient mis hors de cour & de procès. Cet usage ou cette loi subsistoit de temps immémorial. On prétendoit que Mars n'avoit évité la condamnation qu'à la faveur du partage des Dieux qui furent ses juges; dont six opinèrent pour le condamner & six pour l'absoudre *(g)*. Dans les idées d'un peuple ami du merveilleux comme les Athéniens, il falloit bien qu'une jurisprudence si humaine & si sage eût été sinon dictée, du moins tôt ou tard confirmée solennellement par Minerve elle-même. Ils contoient donc qu'Oreste meurtrier de Clytemnestre sa mère, poursuivi juridiquement par les Euménides, soit devant les juges ordinaires de l'Aréopage, soit, comme le disent quelques auteurs[d], devant les Dieux qui siégèrent une seconde fois dans ce tribunal, qu'Oreste, dis-je, alloit être condamné faute d'une voix, lorsque Minerve lui donnant la sienne rendit les suffrages égaux & le sauva. La Déesse eut soin de recommander, qu'à l'avenir en cas d'égalité de suffrages on continuât de suivre le parti de la clémence.

[a] *Erasm. Adag.*
[b] *Joan Meursii Areop. c. 10.*
[c] *Joan. Henr. Boëcleri, dissertat Academicæ Argent. 1701, t. I. Dissert. de calculo Minerv.*
[d] *Demosth contra Aristocrat. Aristid. t. II, orat. 14. Liban. contra Florentium.*

Relativement à cette fable, lorsqu'un accusé devoit son salut au partage des voix, on disoit qu'il étoit absous par le suffrage de Minerve. Mais comme dans toutes les langues il est assez ordinaire, que les expressions acquièrent à la longue une

(f) Discours de la loi Royale traduit du latin de J. Frédéric Gronovius. par Barbeyrac, dans le recueil intitulé : du pouvoir des Souverains.

(g) M. Varro ..... nec Areopagon vult inde accepisse nomen, quod Mars ... cum homicidii crimine reus fieret, judicantibus duodecim diis in eo pago sex sententiis absolutus est; quia ubi paris numeri sententiæ fuissent, præponi absolutio damnationi solebat. Sed contra istam, quæ multò est ampliùs celebrata, opinionem aliam quamdam conatur adstruere Augustinus, de Civit. Dei. XVIII, 10.

signification plus étendue que celle qu'on y attachoit originairement, le suffrage de Minerve signifia parmi les Grecs une voix prépondérante & décisive en faveur de la personne accusée, un acte d'autorité qui sauvoit un criminel; en un mot tout ce que nous entendons dans notre langue par lettres de grace, de pardon, de rémission, d'abolition, &c. Ainsi lorsqu'un auteur Grec dit, que les Romains attribuèrent à César Octavien le droit de donner dans tous les tribunaux le suffrage de Minerve, il veut apprendre à ses lecteurs, qu'Octavien reçut le pouvoir de faire grace aux coupables, même convaincus, par quelque tribunal qu'ils eussent été condamnés. Dion n'a pas voulu dire seulement que les Romains donnèrent à César Octavien la voix prépondérante, lorsque le nombre des voix, la sienne comptée, seroit également partagé. Ce n'eût été qu'une concession illusoire, parce que chez les Romains, en cas de partage moitié par moitié, la clémence prévaloit comme chez les Athéniens. Plutarque dans les vies de Marius *(h)* & de Caton d'Utique *(i)*, rapporte des faits qui ne permettent pas d'en douter *(k)*. Ainsi l'expression dont il s'agit doit être prise ici dans le sens le plus étendu, & selon toute l'énergie de ces paroles que Sénèque met à la bouche du prince Romain. « Malgré la loi chacun peut tuer les hommes: moi seul j'ai le droit de sauver les hommes en « dérogeant à la loi ». *Occidere contra legem nemo non potest: servare nemo præter me.*

Lucian in Harmonid t. I, edit. Amstelod. p. 583.

Senec. de Clement. I, 5.

Après cet éclaircissement, développons le passage de Dion. Le commentaire, que je ferai sur son texte, présentera, si je

(h) L'an de Rome 638 Marius accusé de brigue fut absous, parce que les voix furent égales: Ἴσων τῶν ψήφων γινομένων. *Plutarch. V. Marii.* C'est ce que les Romains appeloient *ambustum evadere.*

(i) Un Greffier accusé de faux, alloit être condamné, parce que le nombre des Juges qui lui étoient contraires l'emportoit d'une voix, lorsque M. Lollius Questeur, à qui sa mauvaise santé n'avoit pas permis d'arriver de bonne heure, vint assez à temps pour donner sa voix en faveur du Greffier: & cette voix le sauva.

(k) Denys d'Halicarn *liv. VII,* dit aussi que Coriolan auroit été absous, si les voix eussent été partagées également; & que telle étoit la disposition de la loi. Διὰ τὴν ἰσοψηφίαν ἀπελύετο ἂν ὥσπερ ὁ νόμος ἠξίου.

ne me trompe, une idée précise de ce que j'appellerai, pour abréger, le Tribunat impérial.

1.° Auguste reçut *la puissance des Tribuns pour toute sa vie.* Je l'ai déjà dit: la perpétuité d'un pouvoir quelconque l'augmente presque à l'infini. En général une autorité passagère est plus timide & moins respectée. Celui qui l'exerce est moins en état & moins jaloux de la faire valoir. Il n'en jouit que par emprunt. C'est un dépôt qu'on va lui redemander au premier jour. A-t-il intérêt de le grossir à ses dépens, de travailler pour d'autres, & peut-être pour des ingrats? Qu'il soit entreprenant par caractère, comme le furent à Rome une infinité de Tribuns annuels; qu'il le soit par politique ainsi que plusieurs d'entre eux qui croyoient, en étendant les prérogatives du Tribunat, se faire des créatures parmi le peuple, & s'ouvrir la route des places supérieures: le temps ne lui permettra pas de surmonter les obstacles, de consommer ses entreprises, d'assurer ses usurpations. Mais un Magistrat perpétuel a pour sa puissance une affection, une jalousie de propriétaire. Occupé des moyens d'en étendre les limites, il a le courage & le loisir d'entreprendre. On craint ou du moins on se lasse de lui résister. Il épie les occasions, il profite des conjonctures. Si quelquefois on le force de reculer, il reculera moins qu'il ne s'étoit avancé; semblable au flux de la mer, dont les vagues en revenant sur elles-mêmes gagnent toûjours du terrein. Quelque modération que vous lui supposiez, le bénéfice du temps, la flatterie, l'empire de l'habitude sur les hommes, le mérite personnel rendront ce Magistrat despotique dans sa sphère & très-puissant au-delà. Par conséquent revêtir Auguste pour toute sa vie des pouvoirs du Tribunat, même sans les étendre formellement, ç'eût été toûjours y donner dans sa personne une extension prodigieuse.

L'opposition d'un Tribun annuel expiroit nécessairement avec son année: mais celle du Tribun perpétuel durera, s'il le veut, autant que sa vie. L'un se sentant à la veille de redevenir simple citoyen, craignoit quelquefois d'user à la rigueur de son pouvoir négatif. L'autre ne pouvant être déplacé que par une révolution, abuſera impunément de ce même pouvoir, & ſes refus perſévérans tiendront les Magiſtrats, le Sénat & la Nation dans une dépendance éternelle. Si la perſonne du Tribun annuel eſt inviolable & ſacrée, on imaginera bien-tôt dans le Tribun perpétuel quelque choſe de divin : lui manquer de reſpect ſera le comble de la profanation & de l'*impiété*. On peut appliquer le même raiſonnement à chacune des prérogatives du Tribunat : mais on concevra mieux encore l'étendue que leur donnoit la perpétuité, ſi l'on conſidère le tribunat des Empereurs dans ſon véritable point de vûe, c'eſt-à-dire étayé de tous les pouvoirs qui formoient la dignité impériale. Autrefois il n'étoit pas rare que la puiſſance Conſulaire fît échouer les tentatives des Tribuns. Aujourd'hui les deux puiſſances rivales ſe trouvent confondues, & comme identifiées. Autrefois les Tribuns, lorſqu'ils prétendoient qu'on les opprimoit, invoquoient le ſecours des Généraux. Maintenant le Tribun perpétuel n'a plus beſoin d'une aſſiſtance étrangère; &, ſi j'oſe m'exprimer ainſi, lorſqu'il ſera trop foible comme Tribun, il s'invoquera lui-même comme Général. Dans ſa perſonne le caractère Tribunitien ſera déſormais relevé par la majeſté Conſulaire, ſoûtenu par la terreur du Généralat, conſacré de nouveau par la ſainteté du Sacerdoce, diviniſé par ce culte religieux que les Grecs dès le temps de l'ancienne République ont commencé de rendre aux gouverneurs de Province, & dont les Romains adopteront une partie en faveur d'Auguſte & de ſes ſucceſſeurs.

2.° Auguſte reçut, continue Dion, *le pouvoir de ſecourir ceux qui le réclameroient non ſeulement dans l'enceinte de la ville, mais encore au dehors dans l'eſpace de huit ſtades & demi : prérogative dont ne jouiſſoit aucun des Tribuns.*

L'expreſſion grecque ὄγδοον ἡμιστάδιον que je rends par huit ſtades & demi, comme a fait Leunclavius traducteur de Dion, ne ſignifie que ſept ſtades & demi, ſi l'on en croit Caſaubon dans une de ſes notes ſur Suétone. Il renvoie à ſes *Sueton. Aug.* remarques ſur les caractères de Théophraſte. Mais au reſte ce *c. XXVI, edit. Grævii, Hagæ* Critique décide, que ſuivant l'évaluation conſtante de Dion *Comit. 1691.*

les ſept ſtades & demi font mille pas. Ainſi, quoique Caſaubon diffère de Leunclavius dans la traduction grammaticale du paſſage, il convient avec lui que Dion a voulu marquer un mille: ce qui me ſuffit. Je n'ai garde de me livrer à des queſtions épineuſes & ſouvent interminables de meſure, de calcul & de grammaire, qui m'écarteroient de mon objet.

Comme la partie de la ville de Rome non compriſe dans l'enceinte des murailles étoit prodigieuſement peuplée, on aperçoit du premier coup d'œil que ce nouveau privilége augmente beaucoup la ſphère du pouvoir Tribunitien. On aperçoit auſſi qu'une telle conceſſion met Auguſte en droit de s'oppoſer à des actes d'autorité que les Conſuls auroient pû faire hors de Rome malgré les Tribuns. Mais ce qui me frappe le plus, c'eſt en général de voir la puiſſance du Tribunat franchir ſes anciennes barrières. Juſqu'à ce jour empriſonnée, pour ainſi dire, dans les murailles de Rome, elle en ſort maintenant armée des forces effectives du Généralat. C'eſt un torrent dont les Romains viennent de rompre la digue. On paroît vouloir le contenir dans l'eſpace de mille pas: mais il ſe répandra par-tout, & ne s'arrêtera qu'aux frontières de l'Empire. Souvenons-nous que la puiſſance du Tribunat, établie pour défendre le plus foible de l'oppreſſion du plus fort, & par conſéquent toûjours aimée, toûjours adorée du grand nombre, étoit exceſſivement inquiète, audacieuſe, incapable de ſe tenir dans de juſtes bornes. Au tableau que j'en ai tracé, j'ajoûte ici pour dernier trait celui que m'offre Tacite *(l)*. Sous le gouvernement des Empereurs & du temps de Néron de ſimples

(l) Inter Vibullium Prætorem, & plebei Tribunum Antiſtium ortum certamen, quod immodeſtos fautores hiſtrionum & à Prætore in vincula ductos Tribunus omitti juſſiſſet. Comprobavere patres incuſatâ Antiſtii licentiâ. Simul prohibiti Tribuni jus Conſulum & Prætorum præripere, aut vocare ex Italiâ cum quibus lege agi poſſet. Addidit L. Piſo deſignatus Conſul, ne quid intra domum pro poteſtate animadverterent: neve multam ab iis dictam quæſtores ærarii in publicas tabulas ante quatuor menſes referrent; medio temporis contradicere liceret; deque eo Coſſ. ſtatuerent. Cohibita artiùs & Ædilium poteſtas, ſtatutumque, quantum Curules, quantum plebei pignoris caperent vel pœnæ irrogarent. Tacit. Ann. XIII, 28.

Tribuns empiétoient ſur la juriſdiction des Préteurs & des Conſuls. Ils prétendoient que l'Italie étoit de leur reſſort: & (ce que je crois ſans exemple du temps de l'ancienne République) ils y envoyoient chercher pour les traduire devant leur tribunal ceux qu'ils jugeoient à propos. Contre l'ancien uſage, ils donnoient des ordres ſans ſortir de leurs maiſons, ils abuſoient du droit de condamner à l'amende. En liſant l'endroit de Tacite, on ſeroit tenté de croire que les Tribuns vouloient participer en quelque ſorte à l'extenſion faite au pouvoir Tribunitien dans la perſonne de l'Empereur. Le Sénat, qui repréſentoit alors la nation, fut obligé de rendre un decret pour réprimer leurs attentats. Après cela que l'on juge, combien la puiſſance Tribunitienne, dans la main d'un Empereur, devoit être active, entreprenante, hardie à faire valoir arbitrairement les droits de l'ancien Tribunat & ceux du nouveau. Quel obſtacle eût-elle trouvé de la part des Grands? Un dévouement ſervile à toutes les volontés du Prince étoit le moyen de faire rapidement une fortune brillante. *Quantò quis ſervitio promptior, opibus & honoribus extollerentur.* La populace de Rome plus heureuſe, même ſous les mauvais Empereurs, que ſous l'ancien gouvernement, voyoit avec complaiſance s'accroître le pouvoir de ſon protecteur. Les ſeuls habitans de Rome profitoient autrefois des avantages & de la reſſource du protectorat Tribunitien. Quelle ſatisfaction pour l'Italie & pour les provinces, de partager avec la capitale un privilège, qui ſembloit les égaler à Rome même!

Tacit. Ann. I, 2.

Aucun auteur ne dit poſitivement, qu'Auguſte ait exercé ſon pouvoir Tribunitien au-delà des mille pas exprimés dans la conceſſion. Cependant le fait me paroît certain, & je compte l'exercice de la nouvelle puiſſance Tribunitienne dans les provinces & juſque dans les villes libres, comme la plus ancienne uſurpation des Empereurs, & comme la première extenſion arbitraire qu'ils aient donnée à leur prérogative légitime. On ſait qu'Auguſte prit Agrippa pour collègue dans la puiſſance Tribunitienne & lui donna pour cinq ans cette portion du pouvoir impérial. Après la mort d'Agrippa le même Prince aſſocia pareillement Tibère pour cinq années. Celui-ci ne pouvant ſouffrir ni les deſordres de Julie ſa femme, ni la prédilection d'Auguſte pour les enfans d'Agrippa, ſous prétexte de ne leur pas donner d'ombrage, demanda la permiſſion de ſe retirer à Rhodes, & l'arracha pluſtôt qu'il ne l'obtint.

Dans ſa retraite Tibère fit uſage de la puiſſance Tribunitienne, quoique d'ailleurs il vécût dans cette ville Grecque, preſque en ſimple particulier. « On ne le vit faire, ce ſont les » termes de Suétone, qu'un acte ſeul & unique du pouvoir » Tribunitien. Comme il aſſiſtoit très-fréquemment aux exercices » des gens de Lettres, un jour il prit parti dans une querelle très- » vive qui s'étoit émue entre des ſophiſtes. Un d'eux lui dit » des injures en lui reprochant ſon exceſſive partialité. Tibère » ne répondit rien, retourna tranquillement à ſa maiſon, & tout » d'un coup il en ſortit avec des appariteurs, fit citer à ſon tri- » bunal par le crieur public l'inſolent qui venoit de l'inſulter, & commanda qu'on le traînât en priſon *(m)*. » Quand Suétone n'avertiroit pas, que Tibère agit ici comme revêtu de la puiſſance du Tribunat, nous ne pourrions nous y méprendre : car outre que Tibère n'avoit alors aucune autre Magiſtrature, l'acte qu'il fait porte viſiblement le caractère du pouvoir Tribunitien. Après être rentré chez lui pour y prendre des appariteurs, il en ſort pour ordonner que l'on arrête le coupable. C'eſt que ſelon la règle les Tribuns ne pouvoient rien ordonner qu'en public. Les Tribuns n'avoient point de licteurs. Auſſi l'hiſtorien ne donne-t-il que des appariteurs à Tibère. Ce nom général comprend tous les Officiers qui accompagnoient les Magiſtrats ou pour imprimer du reſpect ou pour exécuter leurs ordres. J'ai dit, que les officiers du Tribun s'appeloient *Viatores*.

(m) Unum hoc tantummodo, neque prætereà quidquam notatum eſt in quo exercuiſſe jus Tribunitiæ poteſtatis viſus ſit. Cùm circa ſcholas & auditoria profeſſorum aſſiduus eſſet, moto inter antiſophiſtas graviore jurgio, non defuit qui eum intervenientem & quaſi ſtudioſiorem partis alterius convitio inceſſeret. Senſim itaque regreſſus domum, repente cum apparitoribus prodiit, citatumque pro tribunali voce præconis convitiatorem rapi juſſit in carcerem. Suet. Tiber. c. 11.

Si

Si Tibère, assez mal en ce temps-là dans l'esprit d'Auguste & menacé d'une entière disgrace dans laquelle il tomba bientôt après, loin de Rome, au milieu des Rhodiens à qui l'on permettoit de se gouverner selon leurs propres loix, usa de la puissance Tribunitienne pour se faire justice à lui-même, pour se venger, sans qu'il paroisse qu'Auguste l'ait trouvé mauvais, il est visible qu'à plus forte raison Auguste ne se bornoit point aux termes de la concession, aux mille pas spécifiés dans le decret national. Ce Prince qui n'ignoroit nullement que cette branche du pouvoir impérial étoit la plus susceptible d'extension, parce que c'étoit la plus populaire, ne manqua pas de l'étendre par des actes de clémence & de bonté, prenant sous sa sauve-garde, en quelqu'endroit qu'il se trouvât, celui qui le reclamoit contre une oppression manifeste, arrêtant les voies de fait par-tout où l'on écrasoit le plus foible, arrachant à la barbarie de leurs maîtres impitoyables quelques esclaves innocens. Supposé, par exemple, & la chose est assez probable, que ce fût en vertu de son Tribunat impérial qu'Auguste fit l'acte de justice & d'humanité dont parlent Sénèque & Dion, qui pouvoit trouver à redire qu'en cette rencontre il excédât ses droits légitimes? Ce Prince soupoit un jour chez Védius Pollion homme de fortune fameux par ses richesses & par sa cruauté. C'étoit apparemment dans sa maison de Pausilype située entre Naples & Pouzoles *(n)*. Les Romains avoient le droit de vie & de mort sur leurs esclaves, & ne le perdirent que du temps de l'empereur Hadrien *(o)*. Pour des fautes très-légères, Pollion faisoit dévorer les siens par des murènes, sorte de poisson vorace & carnacier, qu'il nourrissoit dans une grande pièce d'eau. Pendant qu'Auguste étoit chez lui, un esclave casse un verre de crystal: Pollion commande qu'on le saisisse & qu'on le jette aux murènes. Ce malheureux s'échappe, & court se prosterner aux pieds d'Auguste pour lui demander, non pas la vie, mais un autre genre de mort.

Senec. de irâ, III, 40. Dio. LIV, p. 536 & 537.

(n) Il la légua par testament à Auguste. *V. Dionem, ubi sup.*

(o) Servos à dominis occidi vetuit, eosque jussit damnari per judices, si digni essent. Spartian. V. Hadrian.

Alors Augufte, dit Sénèque, faifant un ufage louable du pouvoir qu'il avoit en main, *viribus fuis bene ufus*, ordonna que l'efclave fût mis en liberté, fit brifer fous fes yeux tous les cryftaux de Pollion & combler la pièce d'eau. Quelqu'ennemis que fuffent les Romains du defpotifme que l'on exerçoit fur eux, quelque jaloux qu'ils fuffent de celui qu'ils exerçoient dans leurs maifons fur tout ce qui leur appartenoit, je penfe que fi Augufte eût livré à ces mêmes poiffons un monftre qui deshonoroit l'efpèce humaine, peu de gens l'euffent defapprouvé *(p)*. Il eft des cas odieux dont l'atrocité fait difparoître les inconvéniens de la puiffance arbitraire, & n'en laiffe voir que l'avantage préfent. Un habile politique en profite & trouve le fecret de pouffer à peu près auffi loin qu'il veut les droits de fa place, pourvû que fans montrer de prétentions, il n'ufurpe qu'en réprimant les injuftices criantes, & qu'il ait fur-tout la difcrétion de demeurer en deçà de ce qu'il peut, lorfqu'il ofe faire plus qu'il ne devroit.

Senec. ubi fuprà.

Seroit-il abfurde de dire que l'ufage de fe réfugier auprès de la ftatue de l'Empereur étoit relatif à fon pouvoir Tribunitien? Les images furent principalement inventées pour fuppléer & pour multiplier en quelque forte les objets qu'elles repréfentèrent : de-là vint que chez toutes les nations elles participèrent au refpect que l'on portoit aux originaux, & ne furent que trop fouvent & trop long-temps confondues avec eux. Les Romains, qui n'avoient autrefois décerné des ftatues que fobrement & pour reconnoître des fervices fignalés, prodiguèrent le marbre & les métaux pour flatter les Empereurs. Ainfi l'homme revêtu du pouvoir Tribunitien, le protecteur univerfel, le refuge des malheureux exifta par-tout dans fes images : les opprimés s'adrefsèrent à elles, comme ils fe feroient adreffés au Prince même. On fait armes de tout dans le malheur : & qui doute que fi les Tribuns ordinaires avoient

(p) *Quis non Vedium Pollionem pejùs oderat quàm fervi fui, quòd muræenas humano fanguine faginabat! . . . . O hominem mille mortibus dignum, five devorandos fervos objiciebat muræenis quas efurus erat, five in hoc tantum illas alebat, ut fic aleret.* Senec. de Clement. 1, 18.

Dion fait affez entendre qu'Augufte rougiffoit d'avoir Pollion pour ami.

eu des statues, on ne les eût invoquées à tout événement, au défaut de leur personne? qu'un homme, par exemple, que l'on vouloit mettre en prison ne les eût étroitement embrassées? Les Empereurs favorisèrent cette nouvelle extension que le public donnoit à leur pouvoir Tribunitien. Les esclaves, hommes trop négligés par les loix Romaines, & trop abandonnés aux caprices de leurs maîtres, furent peut-être les premiers qui recoururent aux images du Prince. *(q)*. Bien des personnes de condition libre y cherchèrent pareillement un asyle, les débiteurs contre leurs créanciers, les coupables contre la justice: car ce recours suspendoit toute voie de fait, toute procédure. Il semble même que du moins en certains cas on attribuoit aux portraits des Empereurs, à leurs bustes qui n'étoient pas rares dans les maisons, à leurs pierres gravées que l'on portoit au doigt, à leurs monnoies, ce même droit de protection que le peuple avoit attaché d'abord à leurs statues érigées par autorité publique.

Dès le temps de Tibère, il en résulta des abus qui ne tendoient à rien moins qu'au renversement des loix & de la société *(r)*. Saisis d'une image du Prince, des scélérats de profession vomissoient impunément des injures contre les plus honnêtes gens, & leur attiroient les insultes de la populace en les faisant regarder comme des oppresseurs. Armés de ce bouclier les esclaves, les affranchis insultoient leurs maîtres, leurs patrons, osoient lever la main sur eux & les faire trembler. On vit une femme nommée Annia Rufilla, dans le *forum*, à la porte du Sénat braver & défier le sénateur Caius Cestius qui l'avoit convaincue juridiquement d'une insigne friponnerie. Sous la sauvegarde d'une image de Tibère, elle accabloit Cestius d'injures & de menaces atroces sans qu'il eût la hardiesse de demander justice. Il se plaignit enfin dans le Sénat, & ses plaintes parurent si justes, que Drusus fils de Tibère, & pour lors Consul

(q) Servis ad statuam licet confugere, cùm in servos omnia liceant, &c. Senec. de Clement. I, 18.

(r) Incedebat enim deterrimo cuique licentia, impune probra & invidiam in bonos excitandi, arreptâ imagine Cæsaris; libertique etiam ac servi patrono vel domino cùm voces, cùm manus intentarent, ultro metuebantur, &c. Tacit. Annal. III, 36.

avec lui, ordonna qu'elle fût conduite en prison. Il fallut dans la suite mettre des bornes à cette licence. Mais je n'entreprends pas ici de faire l'histoire *du recours aux images de l'Empereur:* je lui réserve une autre place qui sera plus naturelle.

On dira peut-être que mal-à-propos, & par un effet de mes préjugés, je rapporte à la puissance Tribunitienne des Empereurs, ce qui n'étoit que la suite des honneurs divins qu'on leur rendoit même de leur vivant. Mais je répondrai que si le recours à l'image du Prince eût dès-lors passé constamment à Rome pour un acte de religion, Tibère n'eût pas souffert que l'on recourût à la sienne, lui qui ne voulut point qu'on lui rendît, au moins dans la capitale, aucune sorte de culte religieux. Il défendit, selon Suétone *(s)*, qu'on lui décernât ni temples, ni pontifes, ni prêtres, pas même de statues ni d'images, sans une permission expresse de sa part; encore la donnoit-il à condition qu'elles ne seroient point des objets de culte, & ne serviroient que d'ornemens. Tibère se contentoit d'être le premier entre les hommes *(t)*, & ne prétendoit nullement aux honneurs des immortels. Après tout, comme la divinité des Empereurs vivans étoit fondée sur leur puissance, & leur puissance sur les magistratures dont la Nation les avoit revêtus, il est visible que le pouvoir Tribunitien influoit beaucoup dans cette divinité prétendue. C'est sur-tout en protégeant les malheureux, que l'homme montre qu'il est l'image de Dieu. D'ailleurs la personne du Tribun étoit sainte, sacrée, inviolable. *Plutar. quæst. Roman. quæst. 80.* Plutarque la compare à un autel toûjours accessible, où chacun trouvoit un refuge. Dans les idées populaires des payens, il n'y avoit de là qu'un pas jusqu'à la divinité. Je joins à ces réflexions, qui me paroissent solides, une remarque assez curieuse. Théodose le Jeune, à la honte de ses prédécesseurs, est le

(s) Templa, flamines, sacerdotes decerni sibi prohibuit; etiam statuas atque imagines, nisi permittente se poni; permisitque ea sola conditione, ne inter simulacra Deorum, sed inter ornamenta ædium ponerentur. Suet. Tiber. XXVI. Voy. aussi Dion, LXVII, p. 606.

(t) Ego me, patres conscripti, mortalem esse & hominum officia fungi, satisque habere si locum principem impleam, & vos testor, & meminisse posteros volo. Tacit. Ann. IV, 37.

premier empereur Chrétien qui ait défendu de rendre à ſes ſtatues, à ſes images aucun honneur religieux *(u)*, quoique d'ailleurs il ait fait inſérer dans le code qui porte ſon nom la loi de Théodoſe le Grand & de Valentinien II, qui maintient & règle l'uſage où l'on étoit de recourir aux ſtatues des Empereurs: & c'eſt précisément ſur les Médailles du même Théodoſe le Jeune *(x)* que reparoît le titre de la puiſſance Tribunitienne, après avoir diſparu, depuis plus d'un ſiècle, de ce genre de monumens. Cette rencontre ſingulière ſeroit-elle un pur effet du haſard? J'entrevois que l'on en pourroit tirer quelque conſéquence. Mais reprenons le texte de Dion.

Troiſièmement. Auguſte, dit-il, reçut *le droit de rendre juſtice, lorſqu'on appelleroit à lui.* La conceſſion précédente ne faiſoit qu'étendre en faveur d'Auguſte le reſſort du pouvoir Tribunitien: celle-ci ſur-ajoûte à ce pouvoir une nouvelle prérogative que n'avoit jamais eu le Tribunat; c'eſt le droit de ſtatuer ſur les appels. La ſignification des mots *appellare, provocare* dont l'un ou l'autre avoit été néceſſairement employé dans le decret national qu'abrège Dion, eſt beaucoup plus étendue que celle du mot françois *appeler*, qui dans notre juriſprudence ſignifie uniquement ſe pourvoir devant un juge ſupérieur, lorſqu'on prétend avoir été mal jugé par un juge inférieur. Les mots latins s'entendent en général de tout recours

(u) XV cod. Theodoſ. tit. IV, de imaginibus Imperialib. IMPP. Theod. A & Valentinianus Cæſar Aetio PF. P. *Si quando noſtræ ſtatuæ vel imagines eriguntur, ſeu diebus ut adſolet feſtis ſive communibus adſit judex ſine adorationis ambitioſo faſtigio, ut ornamentum diei vel loco & noſtræ recordationi ſui probet acceſſiſſe præſentiam. Ludis quoque ſimulacra propoſita tantum in animis concurrentûm mentiſque ſecretis noſtrum nomen & laudes vigere demonſtrent. Excedens cultura hominum dignitatem ſuperno numini reſervetur. Dat non. maii, Theod. A. XI & Valentin. Cæſ. (Coſſ. 425).*

(x) IX cod. Theod. tit. XLIV, de his qui ad ſtat. conf. IMPPP. Valentinian. Theodoſ. & Arcad. A A A Cynegio P P. *Eos qui ad ſtatuas vel evitandi metûs vel creandæ invidiæ cauſâ confugerint, ante diem decimum neque auferri ab aliquo, neque diſcedere ſponte perpetimur: ita tamen, ut ſi certas habuerint cauſas quibus confugere ad imperatoria ſimulacra debuerint, jure ac legibus vindicentur: ſin vero proditi fuerint artibus ſuis invidiam inimicis creare voluiſſe, ultrix in eos ſententia proferatur. Dat. prid. non. jul. C. D. Honorio nobiliſſimo puero & Evodio v. cl. Coſſ. (386).*

à une protection ſupérieure ſoit avant ſoit après le jugement. A Rome, du temps de l'ancienne République, les appels pris dans le ſens que nous donnons à ce mot, les appels proprement dits, étoient au moins fort rares en matière civile. Je trouve ſeulement dans la ſeconde Verrine *(y)*, & dans le commentaire d'Aſconius *(z)* qu'on ſe pourvoyoit quelquefois devant un Préteur contre la déciſion de ſon collègue, ſpécialement lorſque celui-ci ſtatuoit contre ſa propre ordonnance. Ce point de l'ancienne juriſprudence des Romains eſt fort obſcur; mais certainement il ne faut pas confondre avec les appels proprement dits le recours aux Tribuns pendant l'inſtruction du procès. En vertu de leur protectorat, ils avoient droit d'empêcher que les juges ne procédaſſent contre les règles & de ſuſpendre la déciſion. Les Tribuns uſoient & ſans doute abuſoient de ce droit; néanmoins il eſt inoui qu'ils aient entrepris de réformer par eux-mêmes aucun jugement.

Les appels aſſez fréquens en matière criminelle ne s'interjetoient qu'à la Nation. Il eſt vrai que la partie appelante s'adreſſoit ſouvent aux Tribuns pour demander les Comices; que les Tribuns, en qualité de parties publiques, avoient droit d'y porter l'appel & de l'y ſuivre; qu'en général, dans les affaires dont la Nation prenoit connoiſſance, ils jouoient un très-grand rôle; & que l'oppoſition d'un ſeul d'entr'eux, même non motivée, empêchoit qu'on ne prononçât. Toutefois il ne leur appartenoit en aucune ſorte de faire droit ſur l'appel.

Pour Auguſte, outre la prérogative d'écouter les plaintes & les appels, prérogative ordinaire du Tribunat, il reçut encore celle de les juger en dernier reſſort, lorſqu'on auroit recours à lui. C'étoit lui donner une portion conſidérable de la ſouveraineté. Plus ce nouveau privilége étoit exorbitant,

(y) *Lucius Piſo multos codices implevit earum rerum quibus ita interceſſit, quod iſte (Verres) aliter atque ut edixerat decreviſſet, quod vos oblitos eſſe non arbitror, quæ multitudo, qui ordo ad Piſonis ſellam iſto prætore ſolitus ſit convenire, quem iſte collegam niſi habuiſſet, obrutus in foro lapidibus eſſet.* Cicer. contra Verrem, de Præturâ urbanâ.

(z) *Intercedere, ut vides, etiam Prætor Prætori ſolet, ut Piſo Verri, appellatione cauſæ ad collegam facta.* Aſcon. Pedian. ad eam Cicer. orat.

plus je présume qu'Auguste avec sa sincérité accoûtumée témoigna de répugnance à l'accepter. Il gémit sans doute de la pesanteur du fardeau; mais dans la suite il trouva moyen de le rendre plus léger, en commettant des juges à sa place. Tous les ans, dit Suétone *(a)*, il déléguoit le Préfet de Rome pour connoître des appels de la ville; & pour juger ceux des provinces, les hommes Consulaires qu'il avoit chargés de ce qui concernoit chaque province en particulier. Dans le système d'Auguste ces délégations ne devoient être qu'annuelles, parce qu'elles émanoient de sa puissance Tribunitienne dont il prenoit chaque année une nouvelle possession, quoiqu'il l'eût reçûe à perpétuité. J'aperçois aussi quelque rapport entre la conduite d'Auguste, qui se décharge en partie des fonctions de son pouvoir Tribunitien sur des substituts annuels, & celle des premiers Tribuns, qui dès l'année même de leur institution renvoyèrent les affaires de la police aux Édiles plébéiens, pour vaquer plus librement aux devoirs essentiels du Tribunat.

Le passage de Suétone regarde plustôt le civil que le criminel. Voici ce que Dion fait dire en général à Mécénas sur les appels, dans le long discours où ce favori, après avoir détourné son maitre du dessein d'abdiquer l'Empire, lui propose un plan de gouvernement. « Réservez-vous la connoissance des appels & des affaires qui seront renvoyées par les grands « magistrats, par les Intendans, par le Préfet de Rome, par le « Sous-censeur *(b)*, par les Gouverneurs de province, par l'Inten- « dant des vivres, par le Commandant des cohortes qui gardent « Rome pendant la nuit. Qu'aucun de ces Officiers n'ait une « jurisdiction assez absolue, assez indépendante de la vôtre, pour « juger sans appel. Vous connoîtrez de ces affaires & de toutes « les causes où seront intéressées la vie & la réputation des « Chevaliers, des Centurions actuellement au service & des « particuliers les plus distingués. » Tel est le conseil de Mécénas,

(a) *Apellationes quotannis urbanorum quidem litigatorum prætori delegavit urbano.* Je crois avec Casaubon qu'il faut lire, *præfecto delegavit urbis*, ou plustôt *urbi : at provincialium, consularibus viris quos singulos cujusque provinciæ negotiis præposuisset.* Suet. Aug. 33.

(b) Τοῦ ὑποτιμητοῦ.

ou peut-être celui de Dion : car cette harangue n'a pas plus l'air d'être originale ou composée sur des monumens originaux, que beaucoup d'autres de la même main, où l'on ne trouve en divers endroits ni le costume ni la vrai-semblance. J'ai déjà fait observer que le Sous-censeur, dont Mécénas parle assez longuement dans ce discours, n'exista jamais : ce qui seul porteroit à croire que Dion met dans la bouche d'un homme d'État, tel que Mécénas, quelques-unes de ses propres idées pour leur donner plus de poids & peut-être pour les faire adopter par les Empereurs. Tout le monde convient que le plan tracé dans Dion représente le gouvernement de l'empereur Alexandre plustôt que celui d'Auguste. L'historien avertit lui-même, que le plan de Mécénas ne fut d'abord exécuté qu'en partie, & qu'Auguste abandonna l'exécution du reste à ses successeurs *(c)*.

Rien par conséquent ne nous oblige de croire qu'Auguste ait expressément ordonné que l'on recourût à lui dans tels ou tels cas, ni qu'il ait astreint les magistrats de Rome & les gouverneurs des provinces, entre autres de celles qui n'étoient pas de son département, à lui renvoyer les principales affaires. J'ose même assurer qu'il se garda bien de faire ces actes de despotisme entièrement inutiles à son projet. Il faut observer que la concession nationale qui l'autorisoit à juger en dernier ressort toutes les affaires pour lesquelles on s'adresseroit à lui, ne lui en réservoit aucunes. Il n'étoit point dit, par exemple, que les causes dont le peuple Romain avoit connu jusqu'alors iroient desormais à César, mais il étoit permis de les porter à César. La Nation sans se dessaisir du droit d'en juger, approuvoit qu'il en jugeât à sa place. L'alternative étant permise, on aima mieux s'adresser à César : c'étoit lui faire sa cour. On se flattoit de trouver de la faveur auprès d'un juge à qui l'on donnoit la préférence. D'ailleurs l'esprit de sédition qui régnoit dans les Comices que l'on tenoit encore pour l'élection des

(c) Τὰ μὲν παραχρῆμα μετεκόσμησε, τὰ δ' ὕστερον· καί τινα καὶ τοῖς μετὰ ταῦτα ἄρξουσι ποιῆσαι κατέλιπεν, ὡς καὶ κατὰ καιρὸν μᾶλλον ἐν τῷ χρόνῳ γενησόμενα. *Dio Cass. LII, p. 493.*

Magistrats,

Magiſtrats, fourniſſoit des raiſons ou du moins des prétextes plauſibles de ne les pas aſſembler pour d'autres ſujets. Mais Auguſte trop habile pour ſe ſubſtituer en tout à la Nation, & d'ailleurs ayant intérêt que le Sénat en devînt le repréſentant, voulut que l'on portât au Sénat certaines cauſes majeures, qui ſelon l'ancien uſage euſſent été jugées ou par la Nation ou par les Commiſſaires qu'elle auroit nommés. Auguſte les jugeoit ordinairement dans le Sénat, & avec le Sénat, quelquefois dans une eſpèce de Conſeil privé, composé des deux Conſuls, d'un Magiſtrat de chaque eſpèce & de quinze Sénateurs tirés au ſort; & cela tous les ſix mois, de peur ſans doute que l'air de la Cour ne les corrompît. Régulièrement & hors les cas imprévûs l'Empereur ne devoit juger qu'avec le Sénat, ou du moins avec les repréſentans du Sénat, qui accompagnoient le Prince hors de Rome & le ſuivoient même à l'armée. Dès le commencement de Tibère, le Sénat étoit en pleine poſſeſſion de juger avec le Prince & ſans le Prince les affaires qui concernoient la vie ou l'état des Sénateurs & des principaux citoyens.

Quant à celles qui étoient dévolues aux Magiſtrats & aux juges ordinaires; ſans qu'Auguſte ordonnât, ſans qu'il exigeât, la voie du recours à Céſar étant une fois ouverte, pouvons-nous douter que tout plaideur mécontent, que tout criminel condamné, tout homme prévenu de crime n'ait voulu tenter cette reſſource, les uns par appel proprement dit, les autres en déclinant la juriſdiction ordinaire? Quels Magiſtrats auroient eu la hardieſſe de s'en formaliſer? Que dis-je? chacun d'eux ſe fit un mérite de reconnoître la ſupériorité des lumières du Prince. Ils ſe dépouilloient eux-mêmes, en lui renvoyant les cauſes qu'ils trouvoient ou qu'ils feignoient de trouver difficiles. On peut appliquer à la ſervitude ce que Sénèque dit de la colère *(d)*. *Elle vient ſouvent chercher les hommes, mais plus ſouvent encore les hommes vont la chercher.* Auguſte ſe vit accablé d'appels, de conſultations, de renvois; & ce fut peut-être dès

(d) Sæpè ad nos ira venit, nos ſæpiùs ad illam. Senec. de Irâ, III, 12.

ces premiers temps que pour empêcher le nombre des appels de se multiplier excessivement, on établit une peine pécuniaire contre ceux qui mal-à-propos appelleroient à l'Empereur. Parmi les affaires que l'on portoit à son tribunal, il ne consentoit à juger par lui-même ou par ses Commissaires, que les plus considérables. La conduite qu'Auguste & son successeur tinrent à cet égard pendant plus d'un demi-siècle *(e)*, fixa tacitement la forme d'une jurisprudence nouvelle. Insensiblement telle & telle espèce d'affaires furent censées dévolues à l'Empereur. Caligula, dans une fougue d'humeur républicaine, voulut rétablir les choses sur l'ancien pied. Il permit aux Magistrats, dit Suétone *(f)*, l'exercice libre de leur jurisdiction, sans que l'on pût appeler à lui. Mais cette permission n'eut pas plus de suite que le projet formé par le même Prince de rendre au peuple Romain la liberté des élections. Tant que subsista l'Empire, on continua de recourir à l'Empereur, soit devant, soit après la décision des Magistrats. Le seul exemple de S.t Paul prouve que dans les affaires criminelles tout citoyen Romain en avoit le droit ; & personne n'ignore que les Gouverneurs de province renvoyoient à Rome les citoyens pour être jugés par le Prince *(g)*, ou du moins qu'ils ne prononçoient définitivement sur leur sort qu'après avoir consulté l'Empereur *(h)*.

Tacit. Annal. XIV, 28.

Act. Apostol. XXV.

L'histoire ne fait aucune mention d'appels proprement dits, interjetés à Auguste des jugemens du Sénat. Ce silence ne

(e) L'administration d'Auguste, à compter depuis le 7 janvier de l'an de Rome 727, auquel il se fit contraindre de reprendre le Généralat, & celle de Tibère, qui mourut le 16 ou le 26 de mars 790, font l'espace de soixante-trois ans complets.

(f) Magistratibus liberam jurisdictionem & sine sui appellatione concessit. Suet. Caligul. XVI.

(g) Pline le Jeune, dans sa lettre à Trajan au sujet des Chrétiens. *Fuerunt alii similis amentiæ, quos, quia cives Romani erant, annotavi in urbem remittendos.* Plin. epist. l. X, 98.

(h) Dans la lettre des églises de Vienne & de Lion aux églises d'Asie & de Phrygie, au sujet des martyrs de Lion, on voit que le Gouverneur ayant appris que l'un d'eux nommé Attale étoit citoyen Romain, écrivit à l'empereur M. Aurèle. Sur la réponse de l'Empereur, tous ceux qui se trouvèrent citoyens Romains eurent la tête tranchée, & les autres furent condamnés aux bêtes. *Eusèb. hist. Eccles. l. V, c. 1.*

ſeroit pas concluant par lui-même; mais je me flatte de connoître aſſez le plan d'Auguſte, & ſon caractère, pour oſer dire que jamais il ne porta ſon autorité juſqu'à réformer les decrets de ce même Sénat, pour la majeſté duquel il montra toûjours une vénération ſi profonde.

Il ſemble que Tibère devoit reſpecter encore plus que n'avoit fait Auguſte, les déciſions du Sénat, parce que depuis la tranſlation des Comices le Sénat repréſentoit abſolument la Nation. Néanmoins Suétone nous apprend *(i)* que Tibère caſſa quelques ordonnances du Sénat. L'hiſtorien ne dit pas ſi ce fut à la requête de quelqu'un, ou de ſon propre mouvement. Comme autrefois l'oppoſition Tribunitienne pouvoit rendre les Sénatus-conſultes nuls & de nul effet, cette uſurpation de Tibère étoit auſſi conforme à la lettre que contraire à l'eſprit de la loi. Vrai ſophiſte en matière de gouvernement, il abuſoit de l'équivoque du mot *Sénatus-conſulte*. Les ſophiſmes, quand on a la force en main, valent des démonſtrations. Cependant je ne remarque ſous Tibère qu'un ſeul appel interjeté du Sénat à l'Empereur; encore n'eſt-ce pas un appel proprement dit, puiſqu'il fut interjeté pendant le cours du procès. Cotta Meſſalinus, fauteur de la tyrannie, intime ami de Tibère & très-digne de l'être, fut accuſé dans le Sénat d'avoir outragé par des railleries ſanglantes l'honneur de C. Céſar & la mémoire de Livie. On lui reprochoit auſſi d'avoir dit au ſujet d'un procès qu'il ſoûtenoit contre des parties très-accréditées: *ils auront le Sénat pour eux (k), mais moi j'aurai mon petit Tibère.* Meſſalinus ſe ſentant preſſé déclara qu'il appeloit à l'Empereur. Tibère qui pour lors étoit à Caprées, écrivit en faveur de ſon ami, & pria les Pères conſcripts de ne pas regarder comme criminelles *(l)* des paroles innocemment échappées

Tacit. Annal VI, 5.

(i) Conſtitutiones quaſdam Senatûs reſcidit. Suet. Tib. c. XXXIII.

(k) Illos quidem Senatus, me autem tuebitur Tiberiolus meus. Tac. Annal. VI, 5.

(l) Iiſque inſtantibus ad Imperatorem provocavit: nec multo pòſt litteræ adferuntur, quibus in modum defenſionis, repetito inter ſe atque Cottam amicitiæ principio, crebriſque ejus officiis commemoratis, ne verba pravè detorta, neu convivalium fabularum ſimplicitas in crimen duceretur, poſtulavit. Ibid.

dans la gaieté d'un repas. En cette occaſion la conduite de Tibère n'eut rien d'irrégulier. Comme en vertu de ſa prérogative il conſervoit, quoiqu'abſent, le pouvoir Tribunitien, il fit par lettres ce qu'un ſimple Tribun auroit pû faire de vive voix; & même un ſimple Tribun auroit pû faire davantage, puiſqu'au lieu de *défendre*, Tibère ſe contenta de *prier*.

Les appels proprement dits du Sénat au Prince furent très-fréquens ſous le ſucceſſeur de Tibère, ſous ce même Caius qui d'abord avoit voulu laiſſer aux Magiſtrats une juriſdiction indépendante de la ſienne. « Il jugeoit, ce ſont les termes de
Dio Caſſ. LIX, p. 654. » Dion, tantôt en particulier, tantôt avec tout le Sénat. De
» ſon côté le Sénat connoiſſoit auſſi de quelques affaires ſans
» l'Empereur; mais en ce cas le Sénat ne jugeoit point au ſouverain, & l'on appeloit fréquemment de ſes déciſions. » En liſant l'endroit de Dion, il eſt aiſé de voir que Dion lui-même regarde ceci comme abuſif & tyrannique.

Depuis Caius, je ne trouve aucun exemple d'appels interjetés des jugemens du Sénat, pas même ſous le règne de Néron ni ſous celui de Domitien. Mais cet argument négatif prouve tout au plus qu'ils n'étoient pas communs. En effet ils doivent avoir eu lieu quelquefois, puiſqu'un paſſage d'Ulpien nous apprend que le Sénat en conſéquence d'un diſcours prononcé par Hadrien fit une loi pour les défendre. *Sciendum*
Ulpian. l. 1, de appellationibus. *eſt appellari à Senatu non poſſe principem; idque oratione divi Hadriani effectum.* Je n'entends cette loi que des appels poſtérieurs au jugement: il n'eſt pas vrai-ſemblable qu'Hadrien, quelque favorable qu'il fût à la grandeur du Sénat, ait prétendu renoncer au droit que les ſimples Tribuns avoient toûjours eu, même ſous les Empereurs, d'intervenir comme parties oppoſantes, dans les cauſes qui ſe jugeoient au tribunal de la Nation, d'intervenir, dis-je, ſoit d'office, ſoit lorſqu'on avoit recours à eux.

Quatrièmement. Il me reſte à parler en peu de mots de la quatrième & dernière prérogative du Tribunat impérial, mentionnée par Dion. Les Romains, dit-il, ordonnèrent qu'Auguſte *dans tous les tribunaux auroit le droit de donner un suffrage pareil à celui de la déesse Minerve;* autrement, le droit de faire grace aux coupables, par quelque Tribunal qu'ils eussent été condamnés. Tout le monde sait que le prince Romain jouissoit de ce privilége. Ce fut pour laisser au Prince le temps d'exercer sa clémence, que le Sénat, à la requisition de Tibère, ordonna que les Sénatus-consultes ne seroient exécutés qu'au bout de dix jours; surséance qui dans la suite fut prolongée jusqu'à trente jours, sans que la loi perdît le nom de Sénatus-consulte Tibérien. Tacite au quatrième livre des Annales rapporte un fait que je ne dois pas omettre. Le préteur Antistius avoit composé des vers satyriques contre Néron & les avoit récités dans un festin: Néron le fit dénoncer au Sénat par Cossutianus Capito. Cependant la presque unanimité des suffrages n'alla qu'au bannissement & à la confiscation. Les Consuls n'osant prononcer, consulterent l'Empereur. Néron, après avoir balancé long-temps entre le dépit & la bienséance, écrivit au Sénat, que l'on auroit dû proportionner la peine à l'énormité du crime; que cependant il ne s'opposeroit pas à l'indulgence de la Compagnie, lui dont le dessein avoit toûjours été d'empêcher l'exécution d'un arrêt plus rigoureux; qu'ainsi l'on pouvoit juger comme on voudroit, & même absoudre le criminel. Tacite ajoûte que le Sénat ne changea point: Antistius fut privé de ses biens & relégué dans une isle. C'étoit en vertu de sa puissance Tribunitienne que Néron prétendoit commuer la peine d'Antistius, en cas que le Sénat l'eût condamné à la mort.

Tacit. Annal. III, 51.

Ibid. XIV, 48.

Quelque partisan du despotisme Impérial dira sans doute qu'un faiseur de systême voit par-tout son idée. Mais heureusement je ne suis pas le premier qui voie ici le pouvoir Tribunitien de l'Empereur: Tacite & Rome l'y voyoient avant moi. On croyoit, dit l'historien, que Néron cherchoit moins à faire périr Antistius qu'à se ménager la gloire de lui sauver la vie en vertu de l'opposition Tribunitienne. *Credebaturque haud perinde exitium Antistio quàm Imperatori gloria quæsita, ut condemnatus à Senatu intercessione Tribunitiâ morti eximeretur.* Donc c'étoit à raiſon de la puiſſance Tribunitienne que les Empereurs faiſoient grace; donc ni l'Empereur ni la Nation elle-même n'en jugeoient pas autrement. Si ces trois lignes de Tacite étoient perdues, j'aurois une preuve de moins; mais le principe n'en ſeroit pas moins certain. Ainſi quoique les auteurs n'avertiſſent pas toûjours de quelle ſource dérive tel ou tel acte de l'autorité Impériale, on doit ſans autre preuve l'attribuer aux pouvoirs de telle ou de telle Magiſtrature. Qu'avoient-ils beſoin de faire ces diſtinctions, & de répéter à chaque inſtant ce qui n'étoit ignoré d'aucun vrai Romain?

Achevons ce qui concerne le Tribunat impérial. Je le définis un privilége en conſéquence duquel le prince du Sénat, Généraliſſime des armées, ſans porter le titre de Tribun jouiſſoit à perpétuité dans Rome & hors de Rome, des prérogatives du Tribunat, avec le droit ſpécial de ſtatuer ſur les appels antérieurs ou poſtérieurs au jugement des autres Magiſtrats, & celui de faire grace aux coupables, même après la condamnation. Le titre de la puiſſance Tribunitienne eſt le ſeul titre de magiſtrature relatif à la ville de Rome, qu'Auguſte ait voulu prendre pour toûjours; encore eſſaya-t-il de donner le change ſur ſa perpétuité. Il l'accepta préférablement à tout autre, comme le plus populaire & le plus modeſte, comme annonçant au peuple un protecteur & non pas un maître, en un mot comme ne réveillant aucune idée de prééminence & de ſupériorité. C'eſt ce qui m'enhardit à propoſer, en finiſſant, une légère correction dont me paroît avoir beſoin un paſſage de Tacite au ſujet de la puiſſance Tribunitienne. *Id ſummi faſtigii vocabulum Auguſtus repperit, ne Regis aut Dictatoris nomen adſumeret, ac tamen appellatione aliquâ cætera imperia præmineret.* Je ne doute preſque pas qu'on ne doive lire *præmuniret;* & je croirois entrer dans l'eſprit d'Auguſte & de Tacite, ſi je traduiſois ainſi. « Ce titre attaché au pouvoir ſuprême fut inventé » par Auguſte, qui ne voulant prendre ni le nom de Roi, ni » celui de Dictateur, cherchoit néanmoins un titre propre à » ſervir de ſauve garde & de rempart aux autres Magiſtratures

Tacit Annal. III, 56.

dont il étoit revêtu. » J'ai découvert avec plaiſir que Gutherius avoit déjà propoſé cette conjecture dans ſon livre *de officiis domus Auguſtæ*: c'eſt une preuve qu'elle eſt naturelle. Cependant je ne dirai pas comme lui que le mot *præminere* ſe rencontre à peine dans les auteurs. Qu'importe, puiſque Tacite ſe ſert encore ailleurs de ce mot *(m)* avec l'accuſatif? Je me fonde ſur une autre raiſon plus ſolide qu'emploie auſſi le même Juriſconſulte. Le titre de puiſſance Tribunitienne n'avoit rien en ſoi d'éminent, mais il rendoit inviolable & ſacrée la perſonne qui le portoit.

De off. dom. Aug. l. I, 39.

(m) Ut cæteros Britannorum Imperatores præmineret. Tacit. Annal. XII, 33.

MÉMOIRE
SUR
LE COIN OU L'ORDRE ROSTRAL,

Pour ſervir d'explication à ce qu'en a écrit le Chevalier FOLARD.

Par M. DE SIGRAIS.

Lû à l'Aſſemblée publique d'après la S.t Martin. 1753.

LE Chevalier Folard, mort depuis deux ans, conſervera toûjours un rang diſtingué parmi les modernes qui ont écrit ſur la guerre, pour avoir été le premier qui ait entrepris de donner un corps complet de Science militaire, & parce qu'il a traité ſon ſujet en grand, avec un eſprit d'invention & un fonds de connoiſſances beaucoup plus rares dans le temps où il commença à écrire, qu'elles ne le ſont aujourd'hui. Guidé par les anciens qu'il avoit reconnus pour nos maitres, par une longue expérience, par ſon propre génie, & quelquefois par une imagination féconde, il porta un nouveau jour dans des matières difficiles, preſque entièrement négligées par ceux qu'elles touchent perſonnellement, & que les Savans avec beaucoup de travail & de doctrine n'ont jamais pû traiter d'une manière ſatisfaiſante. S'il s'égara ſouvent, il ouvrit au moins les routes ou les montra, il offrit des ſecours à l'émulation, il réveilla la pareſſe, il fit rougir l'ignorance, & inſpira le deſir de ſavoir. Homme d'ailleurs capable de penſer & d'exécuter les plus grandes choſes, il fut ſouvent conſulté par les Miniſtres de la guerre, qui faiſoient cas de ſes lumières: pluſieurs Généraux ſe ſervirent utilement de ſes projets & de ſes conſeils; quelques-uns ſe firent honneur d'avoir pris de ſes leçons.

En s'élevant avec autant de force que de raiſon contre la routine & les modes de guerre, il ne s'aperçût pas que l'ambition de créer un ſyſtème le faiſoit retomber comme

les

les autres dans le défaut des méthodes générales. Sa colonne a fait autant de bruit dans le monde guerrier que les tourbillons de Descartes dans la Physique, & n'a pas eu une fortune plus solide : non que ce soit une simple spéculation, c'est un ordre de combattre très-réel, & avantageux en plusieurs occasions ; mais le tacticien porte ses prétentions aussi loin que le philosophe, il emploie la colonne sur toutes sortes de terreins, il la met à toutes sortes d'usages, il en fait le fondement de toute la tactique.

La colonne en général est un corps d'Infanterie rangé sur peu de front & beaucoup de hauteur. C'est l'ordre sur lequel il est naturel de marcher & convenable de combattre dans des passages de montagnes, dans des lieux étroits, & dans des circonstances qui demandent qu'on emploie la masse & la vîtesse pour opérer un effort puissant. La petitesse du front fait la vitesse en supprimant le flottement, & la profondeur des files donne le poids & la force d'impulsion. Les Anciens ont connu la colonne sous les noms également figurés de javelot & de tour. Varron, cité par un écrivain postérieur, avoit dit *pilatim incedere, pilatim exercitum ducere*, marcher en javelot ; & le *pilum* ayant été nommé ensuite *veru*, Végèce appelle la même disposition, *in similitudinem veru*. Le vieux Caton, dans un passage conservé par Festus, se sert du mot *turris, tour*, pour exprimer le javelot ou la colonne. Aulugelle s'en sert aussi, & bien des siècles avant eux Homère avoit employé le terme *Iliade, liv. II.*
de πυργηδὸν, *turritim*, en forme de tour, dans le même sens militaire : *longus ordo, longum agmen* présentent aussi la même tactique dans les meilleurs historiens latins.

L'ordre long, que les Modernes ont mieux aimé appeler colonne que tour ou javelot, n'est donc ni de l'imagination, ni de l'invention du Chevalier Polard; mais il se l'est rendu propre en le réduisant à des loix, à des règles de tactique qui forment un système particulier. Le nombre des rangs & des files de sa colonne est fixé, les armes blanches sont combinées avec les armes à feu, les sections marquées, & leurs mouvemens déterminés pour tous les cas que l'auteur a cru possibles. Cette méthode, ébauchée dans son livre des nouvelles découvertes sur la guerre, parut ensuite avec plus d'étendue & d'appareil dans son commentaire sur Polybe.

Il avoit mis la dernière main à l'édifice de sa colonne, lorsqu'il rencontra dans ses lectures les termes de bec, de pointe, de triangle, de coin, de tête de porc, ἔμβολος, τρίγωνον, *rostrum, cuneus, caput porcinum*; mots synonymes dont les auteurs se servent pour exprimer un genre de tactique qu'on peut nommer l'ordre rostral, qui paroît employé par les Anciens aux mêmes usages auxquels il applique lui-même sa colonne, & agir par des principes semblables de vîtesse & de densité. Que fit M. Folard? préoccupé par cet esprit de système qui fait rapprocher les idées les plus éloignées, souvent les plus contraires, il aima mieux confondre l'ordre rostral avec celui de la colonne, que de les trouver en concurrence ou en opposition; & il tâcha de se persuader que le coin & la tête de porc n'étoient que des expressions métaphoriques par lesquelles les Anciens, qui n'étoient pas fort opulens, dit-il, en termes militaires, vouloient signifier un corps de troupes rangé sur beaucoup de profondeur & peu de front, c'est-à-dire, *une colonne*. Il fonde ses raisons premièrement sur la nature même de la forme triangulaire, qu'il juge trop défectueuse pour que les Anciens s'en soient servis; ensuite sur quelques passages où le mot de *cuneus* ne présente pas une idée déterminée: d'où il conclut qu'il ne faut jamais prendre le coin au pied de la lettre pour une figure rostrale. Pressé par les auteurs qui ont défini expressément le coin, qui l'ont décrit, & même figuré clairement en triangle, il prend le parti de décliner leur témoignage sans discuter les textes, & de dire qu'étant de la moyenne antiquité, ils sont aussi d'une très-moyenne autorité. Il attaque particulièrement le triangle d'Élien, qu'il couvre de ridicule; il assure que les tacticiens éclairés n'en parleront plus que pour s'en moquer, & comme sa dissertation est pleine de chaleur, & décorée de traits d'érudition qui ressemblent à des preuves, il eſt arrivé effectivement que la pluſpart des lecteurs militaires, à qui il eſt plus aiſé de croire ſur parole que d'examiner, ont regardé le coin comme une chimère.

Ce n'eſt point ici le lieu d'examiner ſi le coin eſt une bonne ou une mauvaiſe diſpoſition, s'il conviendroit à notre milice, s'il ſeroit préférable ou non à la colonne. En me reſtraignant à la queſtion de fait, qui eſt purement littéraire, je prouverai que le coin n'étoit pas une manière de parler, mais de combattre, un ordre diſtinct de tout autre, & célèbre dans la tactique des Grecs & des Romains.

Premièrement, on ne peut paſſer au Chevalier Folard, admirateur des Anciens, & qui ſoûtient par-tout qu'ils avoient porté la guerre au dernier point de perfection, d'avancer qu'ils n'étoient pas riches en termes militaires; ce qui implique contradiction, parce qu'un art immenſe, qui embraſſe une vaſte théorie, ſuppoſe néceſſairement une grande opulence de termes, tous les arts augmentant en mots à meſure qu'ils augmentent en perfection. Et dans le fait, quelle richeſſe, quelle propriété, quelle vérité de langage militaire chez les Grecs! je n'en veux pour preuve que la ſeule nomenclature de leur phalange, dont tous les mouvemens, toutes les diviſious, toutes les parties, tous les hommes en particulier ſelon la place qu'ils occupent, ſelon leurs fonctions & la façon dont ils ſont armés, ont des noms propres, précis & ſignificatifs. Il en eſt de même en général de tout ce que les Grecs ont écrit ſur la guerre; de ſorte que des gens d'eſprit entendront mieux aujourd'hui, ſans être du métier, les récits militaires de Thucydide, de Xénophon, ou de Polybe, qu'ils n'entendront les relations qui arrivent de nos armées; ce qui vient en partie de ce qu'un même eſprit philoſophique avoit formé la milice des Grecs & leur langue, & de ce que cette langue ſingulièrement propre à la génération des mots compoſés, cherchoit toûjours à préſenter à l'eſprit les formes, les couleurs & les attributs ſenſibles des choſes.

Le latin n'a ſans doute jamais eu ces avantages; mais les Romains, devenus très-ſavans dans la guerre par la guerre même, & par les leçons qu'ils prirent de tous les peuples du monde, ne purent manquer d'étendre leur langue militaire comme leurs connoissances & leurs conquêtes. S'il se trouve dans leurs livres des termes techniques qu'on n'entend pas, il faut se souvenir que leurs Grammairiens & leurs auteurs dogmatiques ne sont pas tous parvenus jusqu'à nous. Si l'on rencontre des termes qui aient des significations vagues & appliquables à plusieurs choses, comme ceux d'*acies* & de *testudo*, que M. Folard donne pour exemples, on doit avoir l'équité de reconnoître que toutes les langues du monde sont pleines de ces mots vagues que l'usage & les circonstances déterminent.

Ne seroit-ce pas plustôt aux Modernes qu'on pourroit reprocher l'imperfection de leur langage militaire? il est véritablement pauvre, parce qu'il y a dans leur police générale des vices essentiels qui rétrécissent l'art de la guerre; il est impropre & presque tout barbare; il porte le caractère des temps grossiers où il a été formé, la marque des mélanges étrangers & des variations continuelles qu'a subi notre milice, & la preuve du mépris que faisoient nos pères de l'art de parler & d'écrire; ce qu'il seroit aisé de montrer par la simple exposition des titres ou grades militaires depuis le nom du Soldat jusqu'à celui du Général *(a)*. Au reste, de pareilles

(a) Le mot ignoble de *Soldat*, qui ne signifie qu'un homme soudoyé, rend-il bien l'idée d'un guerrier! celui de *Général* est-il plus précis ou plus militaire! Quelle peut être la signification générique du terme *Maréchal*, pour s'appliquer, avec quelques additions, à celui qui est revêtu de la première dignité de la milice, à l'Officier supérieur du troisième grade, au bas Officier d'une compagnie de chevaux, à plusieurs Officiers de ce que nous appelons l'État-major d'une armée, à l'ouvrier qui ferre des chevaux, &c: Maréchal de France, Maréchal-de-camp, Maréchal-des-logis, Maréchal général des logis de l'armée, ou de la Cavalerie, Maréchal-ferrant! Il en est de même du nom de Brigadier, qu'on a rendu commun à un simple Cavalier & à l'Officier supérieur qui commande plusieurs régimens de Cavalerie ou d'Infanterie. Qu'expriment les termes de Colonel, Mestre-de-camp, Sergent, Anspessade, &c! Major & Majorité énoncent-ils des fonctions de guerre! Fantassins & Infanterie offrent-ils à l'esprit des troupes de pied! Le nom de *Dragons*, appelés par les Grecs avec beaucoup de justesse *Dimaques*, désigne-t-il des gens qui combattent à pied & à cheval, ou est-il fondé sur une métaphore sensible!

discussions sur la richesse ou l'indigence des langues ne seroient que nous éloigner de la question particulière dont il s'agit.

On a déjà observé que les Romains faisoient usage de l'ordre de la colonne ou de l'ordre long, & qu'ils l'appeloient le javelot & la tour, *pilum, veru, turris*. Mais dans deux passages remarquables où l'on trouve la tour, on rencontre aussi le coin. Le vieux Caton, cité par Festus, dit, *sive forte opus sit cuneo, aut globo, aut forcipe, aut turribus, aut serra ut adoriare; soit qu'on ait besoin du coin, du peloton, de la tenaille, des tours, ou de la scie pour attaquer*. Aulugelle ne confond point non plus le coin avec la tour: *il y a*, dit-il, *des noms militaires consacrés à l'ordonnance d'une armée en bataille; on distingue le front, les réserves, le coin, le rond, le peloton, les tenailles, la scie, les aîles, les tours: vocabula sunt militaria quibus instructa certo modo acies solet appellari, frons, subsidia, cuneus, orbis, globus, forcipes, alæ, turres*. Le coin est donc aussi distinct de la tour que de la tenaille ou du rond; & puisque les Romains donnoient aussi au coin les noms de bec, de triangle, de tête de porc, il faut convenir que bien loin de donner lieu aux reproches d'indigence, du moins dans le cas en question, ils ne manquoient au contraire ni de termes différenciels pour rendre des idées différentes, ni de termes synonymes pour exprimer les mêmes choses.

Il est vrai que le terme de coin paroît quelquefois employé par Tite-Live dans un sens fort étendu, pour désigner la charge & l'effort d'une troupe qui tâche de pénétrer à travers des ennemis, & pour signifier seulement un corps serré, comme au livre VIII, *tantaque cæde perrupere cuneos Latinorum; on rompit les coins des Latins, & le carnage fut si grand, &c.* Ce qu'il nomme ici *coins*, il l'avoit appelé *manipules* deux lignes plus haut. Mais on voit aisément que cet historien, qui écrit plus en orateur qu'en homme de guerre, n'avoit en vûe que de varier ses expressions. Il est plus que probable qu'il entendoit parler du véritable coin au livre XXII, *cuneoque facto per medios vadit hostes, & evaserunt, &c. les Romains ayant formé le coin se jetèrent au milieu des ennemis, & se firent jour;*

& au livre XL, *Celtiberi cuneo impressionem fecerunt; les Celtibères enfoncèrent avec le coin, &c.* L'aventure fameuse des trois cens Fabiens, qui après s'être défendus quelque temps en rond formèrent le coin pour s'ouvrir un passage au milieu des Véiens, *cuneo rupere viam,* me seroit encore plus favorable; cependant je m'abstiens de prononcer, parce que Tite-Live ne détermine pas la figure de ce coin. Par la même raison, je ne tirerai point avantage de cet endroit du sixième livre de la guerre des Gaules, où César dit que des troupes Romaines se trouvant surprises hors de leur camp, les uns furent d'avis de se défendre sur une montagne, les autres de faire le coin pour percer & regagner le camp: *alii cuneo facto ut celeriter perrumpant, &c.* Je remarque seulement que *cuneo facto, ayant formé le coin,* marque une évolution positive, comme *orbe facto, testudine factâ* dans le même César, non pas simplement une impulsion violente, un effort. En tout cas, si on ne vouloit pas reconnoître l'ordre rostral dans ces derniers passages, on y trouveroit encore moins la colonne de M. Folard.

Si l'on objecte encore que Pline donne le nom de coin à la phalange Macédonienne, *cuneum Macedonum ipsi phalangem vocant,* on doit sentir qu'il oppose l'ordonnance serrée & massive des Macédoniens à l'ordonnance manipulaire des Romains, & qu'il veut peindre la densité en général, comme lorsque César applique le nom de phalange aux grosses divisions qui formoient l'ordre de bataille d'Arioviste; *reperti sunt complures nostri qui in phalangas insilirent.* C'est-à-dire que les lignes ou les divisions épaisses & serrées des Germains ressembloient plus à l'ordonnance de la phalange qu'à celle des légions Romaines.

Guerre des Gaules, l. V.

On accorde donc que le coin ne doit pas toûjours être pris dans le sens propre, & dans la valeur d'une figure rostrale; mais ce qui est équivoque dans les historiens doit s'expliquer par les auteurs dogmatiques, il faut interpréter ceux-ci les uns par les autres, les écrivains les plus anciens par les moins éloignés, les moins clairs par ceux qui le sont davantage, si l'on n'a des preuves positives que les uns, en se servant des mêmes termes que les autres, ont entendu des choses différentes. Or, dans les ouvrages de l'empereur Léon, & de presque tous les auteurs militaires de l'empire d'Orient, les termes de *coin, pointe, triangle, tête de porc,* désignent évidemment une disposition rostrale. Pour me renfermer dans les bornes d'un Mémoire, je me fixe aux trois écrivains principaux, Végèce, Ammien-Marcellin & Agathias, que le Chevalier Folard n'a point assez approfondis, & qu'il ne récuse que parce qu'ils déposent trop fortement contre lui.

Végèce expliquant dans son premier livre les élémens des évolutions, & supposant sans doute qu'on exerçoit les Soldats par centuries ou par petites troupes, dit qu'il ne faut d'abord les mettre que sur un rang, *ita ut primò simplex extensa sit acies;* ensuite on les fera doubler & former deux rangs, *tum præcipiendum ut duplicent aciem;* au troisième commandement ils doubleront encore, & se mettront promptement sur quatre de hauteur, *tertiò præcipiendum ut quadratam aciem repentè constituant;* & de ce quarré long ils formeront un triangle qu'on appelle le coin, *quo facto in trigonum quem cuneum vocant acies ipsa vertenda est; disposition,* ajoûte-t-il, *dont on se sert souvent & avec avantage dans les batailles, quæ ordinatio plurimum prodesse consuevit in bello.* Végèce dit donc ici que le coin étoit d'un usage fréquent & utile, *plurimum prodesse consuevit,* & la même chose que le triangle. Dans son second livre, en parlant des postes des Généraux dans un ordre de bataille, il applique le coin à un usage particulier, qu'on ne peut douter qui ne fût une méthode commune de son temps: *Le second Général,* dit-il, *se place au centre de l'Infanterie.... il doit avoir auprès de lui une réserve de ses plus braves Soldats & bien armés, pour en former le coin & percer la ligne des ennemis, ou pour leur opposer la tenaille en cas qu'ils formassent le coin les premiers.* Il peint ensuite le coin, dans le même livre, il en explique la force, & lui donne le troisième nom de tête de porc. *Ce qu'on appelle,* dit-il, *le coin est une masse de gens de pied qui se termine en pointe par le front & s'élargit à la queue, & qui rompt la ligne des ennemis en faisant qu'un plus grand*

Chap. 26.

Chap. 18.

Chap. 19.

nombre d'hommes portent leurs traits ſur un même endroit : les Soldats nomment encore cette diſpoſition tête de porc ; cuneus dicitur multitudo peditum quæ juncta acie primò anguſtior, deinde latior procedit, &c. La cauſe qui, ſelon Végèce, rend le coin propre à percer, mérite d'être peſée avec beaucoup d'attention par les tacticiens. Rien n'eſt plus clair aſſurément que ſa deſcription, ſur-tout quant à la forme roſtrale ; cependant il lui donne un nouveau jour, en décrivant auſſi la tenaille comme une diſpoſition contraire *qui reſſemble*, dit-il, *par ſa figure à la lettre* V, *& qui reçoit & enferme le coin : contra quod ordinatio ponitur quam forficem vocant, &c.* Le coin eſt donc l'inverſe de la tenaille, c'eſt-à-dire, la lettre A renverſée ou préſentée par l'angle. Le Chevalier Folard, qui dans pluſieurs endroits de ſes ouvrages témoigne une eſtime particulière pour Végèce, qui le trouve admirable (ce ſont ſes termes) & profond juſqu'au merveilleux à l'égard des grands principes de la guerre, lui refuſe toute créance à l'égard du coin, parce que, dit-il, cet auteur a confondu les temps de la milice Romaine, & qu'il ne paroît pas qu'il eût fait la guerre, deux raiſons qui ne ſont pas déciſives. Je n'ai pas plus de preuves hiſtoriques & poſitives que Végèce fût homme de guerre, que M. Folard n'en a pour avancer le contraire ; cependant je croirois pluſtôt qu'il avoit ſervi, parce que je vois bien dans ſes ouvrages des erreurs contre l'hiſtoire de la guerre, des bévûes, des négligences d'écrivain, mais point de fautes d'homme du métier.

Quoi qu'il en ſoit de la perſonne de Végèce, Ammien-Marcellin n'eſt pas moins clair dans ſa deſcription du coin, ſous le nom de tête de porc, qui avoit prévalu de ſon temps. Cet hiſtorien illuſtre avoit ſervi dans de grandes guerres : il *Liv. XVII.* raconte que les Limigantes, qui étoient des eſclaves révoltés, ſe trouvant enveloppés par l'armée de l'empereur Conſtance, percèrent à travers les légions, après avoir formé une diſpoſition qui alloit en ſe rétréciſſant vers le front, & que les Soldats, dans leur langage groſſier, nomment tête de porc : *deſinente in anguſtum fronte, quem habitum caput porcinum ſimplicitas militaris*

militaris appellat. Mais il eſt de néceſſité qu'une ordonnance de troupes qui ſe rétrécit à ſon front, s'élargiſſe à la queue: par conſéquent Ammien a peint exactement le coin comme Végèce, & le *deſinente in anguſtum fronte* eſt parfaitement égal à l'autre expreſſion, *primò anguſtior, deinde latior procedit.* M. Folard aſſure cependant que dans le fait des Limigantes, Ammien décrit la tête de porc comme un corps rangé ſur une extrême profondeur & peu de front, c'eſt-à-dire, en colonne. Il n'appartient qu'à l'eſprit de ſyſtème de changer ainſi la valeur des termes & l'idée des figures, pour trouver un quarré dans un triangle.

Venons à la troiſième autorité. Agathias, décrivant la bataille de Caſilin entre les Francs & les troupes de Juſtinien aux ordres de l'eunuque Narſès, dit formellement que l'ordre de bataille des premiers étoit en forme de bec ou de coin, οἱονεὶ ἔμβολον, qu'il figuroit une tête de porc, συὸς κεφαλὴν, qu'il reſſembloit à la lettre grecque Δ majuſcule, que les deux côtés de cette ordonnance, formés chacun d'une ligne de pluſieurs bataillons, s'étendoient obliquement & au loin de part & d'autre, de façon que l'entre-deux ſe trouvoit vuide. Ici on voit non ſeulement la peinture, la deſcription & la compoſition du coin, mais cette ordonnance miſe en pratique & avec ſuccès dans une grande bataille; car le coin avoit d'abord rompu & mis en déroute les légions, & ce ne fut que par la ſupériorité de ſa Cavalerie & à l'aide d'un ſecours qui lui arriva pendant l'action, que le brave Narſès battit ſes ennemis déjà victorieux. M. Folard, qui connoiſſoit ce morceau d'Agathias, n'oſe pas l'entamer, il paſſe auprès comme on raſe un écueil, & ſe contente de dire qu'Agathias n'étoit qu'un ſimple hiſtorien; ſolution qui ne vaut pas mieux ici qu'à l'égard de Végèce, parce qu'en ſuppoſant même qu'Agathias n'eût compoſé qu'un roman, la tête de porc dont il parle feroit encore foi qu'une ſemblable ordonnance étoit connue de ſon temps. Le Père Daniel a décrit élégamment cette bataille de Caſilin, & l'a ornée d'un plan gravé où la tête de porc des Francs *Liv. II.*

eſt repréſentée pleine & par ſections, qui, ſelon le Chevalier Folard, ſe débordent trop les unes les autres; il ſe récrie ſur cet excès, qu'il corrige par un autre plan, & loue cependant l'intelligence de l'hiſtorien de France; mais la critique & l'éloge portent ici également à faux, puiſque dans Agathias le coin des Francs ſe trouve vuide, formé de deux lignes obliques, & par conſéquent ſans ſections.

Élien, plus ancien que les trois auteurs que j'ai cités, n'offre aux yeux, dans ſon livre des ordres de bataille, que des repréſentations de coins de Cavalerie & d'Infanterie, de coins pleins & de coins vuides, de coins doubles ou lozanges qu'il appelle rhombes; & c'eſt parce qu'il prouve trop que je ne me ſuis point preſſé de l'appeler en témoignage. Cet auteur, qui prétend porter ſur les évolutions militaires la lumière des ſciences mathématiques, conſidère abſtractivement les hommes comme des nombres, les bataillons comme des lignes géométriques, & ne peut par conſéquent manquer de tracer des figures très-ridicules, telles que ſon eſcadron rhomboïde, où les Cavaliers combinés de quatre façons différentes ſont rangés dans la première figure par rangs & par files, ſelon la raiſon, dans la ſeconde par files & ſans rangs, dans la troiſième par rangs & ſans files, & dans la quatrième ſans rangs & ſans files. Ainſi on abuſoit dès-lors des vérités mathématiques en voulant les appliquer à des objets purement phyſiques qui ſuivent d'autres loix, ou à des êtres mixtes dont quelques parties ſeulement ſont réductibles aux calculs abſtraits. Cependant Élien n'eſt pas par-tout auſſi abſurde qu'on vient de le montrer: il dit d'abord que le coin d'Infanterie ſeroit trop mince à la pointe ſi l'on n'y mettoit qu'un ſeul homme, qu'il en faut au moins trois; & ailleurs, que le coin ſe forme avec deux phalanges qui ſe joignent par une aile, en s'éloignant obliquement par l'autre, & que c'eſt dans cet ordre qu'Épaminondas combattit à Leuctres. Ainſi M. Folard ne devoit pas faire deſſiner, comme il l'a fait, le triangle d'Élien avec un ſeul homme à la pointe, & l'auteur Grec n'avoit pas beſoin de cette imputation. Enfin, qu'Élien raisonne bien ou mal sur le coin, qu'il en parle, si l'on veut, comme le philosophe Phormion discouroit sur la guerre devant Annibal, il en résultera toûjours la même preuve, que le coin étoit un ordre de combattre très-réel, très-connu de son temps, c'est-à-dire, sous le règne d'Adrien; & lorsqu'il fait remonter cette évolution jusqu'à Philippe père d'Alexandre, & jusqu'à Jason mari de Médée, ce n'est plus un mathématicien qui place mal sa science, c'est un écrivain qui rapporte une tradition, qui écrit ce qu'il a trouvé dans d'autres auteurs; car il fait, dans sa préface, un long catalogue des tacticiens Grecs, & il dit qu'il a lû généralement tous les auteurs qui ont traité de l'art de la guerre.

Quant à la bataille qu'il appelle de Leuctres, où il dit que les Thébains combattirent sur l'ordre du coin, & qui, suivant le récit de Xénophon, paroît être la bataille de Mantinée, je dois croire Élien qui atteste l'ordonnance du coin, plustôt que M. Folard qui la représente en colonne, d'autant plus qu'Élien est en ce point conforme à Xénophon, qu'il avoit sans doute lû. « Épaminondas, dit ce grand écrivain, après avoir fait halte, & fait mettre bas les armes à sa phalange pour mieux cacher sa manœuvre, forma de l'élite de ses troupes un coin très-fort, *ἰσχυρὸν ἔμβολον*, qu'il conduisit à l'ennemi comme une galère qui présente son éperon, *ἀντίπρωρον ὥσπερ τριήρη*. » Et certainement il n'y a point là d'ordre ou d'attaque oblique, comme le prétend encore M. Folard; le texte dit phalange droite, *φάλαγξ ὄρθια*. C'est dans la bataille de Leuctres du même Épaminondas qu'on trouve effectivement l'ordre oblique de la colonne, & l'attaque par la gauche très-conforme à la troisième disposition de Végèce, non pas, comme le dit le Chevalier Folard, à la sixième, qui est clairement l'ordre droit du javelot ou de la colonne; *in directum quasi veru ad similitudinem litteræ I.*

Je n'ai pû me refuser en passant à ces remarques, pour faire voir avec quelles précautions il faut lire un écrivain aussi peu exact que le Chevalier Folard, & combien il faut se défier de l'usage qu'il fait de son érudition. On doit aux Anciens le respect de ne pas les commenter arbitrairement, & ce n'est pas la peine de ne chercher dans leurs ouvrages que la confirmation de nos propres idées.

Quoiqu'on ne puisse plus douter, par ce qui vient d'être exposé, que le coin, si évidemment établi, &, pour ainsi dire, si trivial dans le moyen âge, ne soit le même ordre que les écrivains plus anciens ont désigné par les mêmes termes, Xénophon & quelques autres par celui d'ἔμβολος, les Latins, comme Varron, Caton, César, Tite-Live, par celui de *cuneus*, je n'ai pas été fâché d'en trouver dans Polybe même une preuve positive, & qui assure à l'ordre rostral une continuité de tradition. Voici comment il décrit, dans son premier livre, le combat naval d'Ecnome, entre les Romains & les Carthaginois. « Les deux vaisseaux, dit-il, à six rangs de rames que montoient les deux Consuls, Regulus & Manlius, furent mis de front à côté l'un de l'autre; ils étoient suivis chacun d'une ligne de vaisseaux. La première flotte faisoit une ligne, & la seconde l'autre, les bâtimens de chaque ligne s'écartant & élargissant l'intervalle à mesure qu'ils se rangeoient, & tournant la proue en dehors. Les deux premières flottes étant ainsi rangées en forme de bec ou de coin, ἔμβολος, de la troisième on forma une troisième ligne qui fermoit l'intervalle & qui faisoit front aux ennemis (en dehors) en sorte que l'ordre de bataille avoit la figure d'un triangle, τρίγωνον. Enfin la quatrième flotte, où étoient les triaires, venoit après, & débordoit des deux côtés la ligne qui la précédoit. De cette manière l'ordre de bataille représentoit un coin creux, dont la base étoit solide, mais fort dans son tout, propre à l'action & difficile à rompre. » Polybe avoit averti plus haut que les Romains avoient partagé leur armée navale, qui étoit de cent quarante mille hommes, en quatre divisions, ou flottes, ou escadres, qui s'appeloient première, seconde & troisième légions; & la quatrième se nommoit les triaires, noms empruntés des armées de terre; par conséquent cette disposition venoit aussi de la même source, car ils ne l'avoient pas prise de la marine, dans laquelle ils étoient absolument ignorans; ils n'avoient point encore combattu dans cet ordre, ni les Carthaginois non plus, dans les actions de mer précédentes; & les Consuls, dit Polybe, l'employèrent comme une disposition sûre & difficile à rompre, & parce qu'ils avoient à se garantir de la légèreté des vaisseaux ennemis. Donc les Consuls connoissoient les propriétés de cette ordonnance rostrale, & ils ne pouvoient la connoître que dans la tactique de terre, qui a toûjours servi de modèle à celle de mer; par conséquent le coin étoit familier aux Romains dès la première guerre Punique, & sans doute long-temps auparavant. Ces réflexions sont trop simples pour ne s'être pas présentées au Chevalier Folard, lorsqu'il commentoit le combat d'Ecnome, dont il nous a donné un plan; mais il devoit les écarter: il avoit déjà prononcé, dans son traité de la colonne, que les Romains ne savoient seulement pas si le triangle avoit jamais existé.

Au reste, la longue dissertation du Chevalier Folard contre le coin n'est pas exempte de contradictions. Ici il nie formellement qu'on ait jamais combattu sur un pareil ordre; là il semble accorder qu'il a été connu des Grecs, & même des Égyptiens; dans d'autres endroits c'est le triangle tel qu'il l'attribue à Élien, qui lui déplaît; ailleurs c'est la tête de porc par sections débordées; cependant, en corrigeant un peu celle que le Père Daniel a fait graver, il ne la condamne pas absolument, il donne même les commandemens pour la former, *supposé* pourtant, ajoûte-t-il, *qu'elle ait jamais existé.* En un mot il desireroit que le coin fût sa colonne, & il s'efforce de le prouver sans le croire lui-même. C'est pourquoi, afin de jeter plus de jour sur cette matière, il conviendroit d'ébaucher la théorie du coin, & de dire au moins ce qu'on en peut toucher en gros sans s'engager dans les détails de la tactique.

Il me paroît donc résulter de la lecture des auteurs qui ont parlé de cette diſpoſition, qu'elle remonte à la plus haute antiquité, & qu'elle a dû, comme figure ſimple, ſe préſenter à l'eſprit des peuples guerriers auſſi naturellement que le quarré parfait, que le quarré long à grand front, qui eſt la méthode ordinaire, que le quarré long à petit front, qui eſt le javelot ou la colonne, & que l'*orbis* ou le rond; qu'on l'a regardée comme également capable d'une grande réſiſtance & d'un effort impétueux; qu'on l'employoit principalement pour rompre l'ordonnance des ennemis, & pour percer au milieu du grand nombre avec des troupes inférieures; que les noms figurés de coin, de bec, de pointe, de triangle, de tête de porc, conviennent tous parfaitement à ſes propriétés ou à ſa forme; qu'on attribuoit la force du coin à la petiteſſe de ſon front, à l'impulſion oblique des côtés & à la maſſe du corps; par conſéquent qu'on le formoit de peſamment armés, & que cependant en allant à la charge il pouvoit fournir, à proportion du front, plus de traits rapprochés que les ennemis, à cauſe ſans doute de l'inclinaiſon de ſes côtés. Car on comprend que dans une colonne il n'y a que la tête qui voie l'ennemi en l'abordant, & que dans le coin les deux faces le voient en grande partie.

Il paroît, par la comparaiſon des différens écrivains, qu'il y avoit pluſieurs eſpèces de coins; premièrement les coins vuides & les coins pleins, comme nous avons eu des bataillons quarrés à centre vuide & à centre plein. Le coin des Francs contre Narſès étoit vuide: celui qu'Élien forme de deux phalanges en chevron eſt vuide auſſi: celui que Végèce forme d'un bataillon à quatre de hauteur ſeroit vuide de même, & auroit huit ſoldats de front. Le coin auquel Élien donne trois hommes au front ſeroit plein; celui d'Épaminondas à Mantinée l'étoit. Secondement, le coin méritoit proprement le nom de triangle lorſqu'il étoit fermé à la baſe; mais ſoit fermé, ſoit ouvert, il paroît porter indifféremment ce nom. Troiſièmement, plein ou vuide, ouvert ou fermé, il étoit toûjours épointé, & en rigueur géométrique c'étoit un triangle tronqué; mais les Soldats ne parlent pas géométriquement, ils ont mieux aimé l'appeler tête de porc, & peut-être auſſi y avoit-il entre ce nom & le triangle quelque légère différence dont nous ne pouvons plus juger aujourd'hui. Quatrièmement, il y avoit de grands & de petits coins. Les grands coins ſe compoſoient de pluſieurs phalanges ou de pluſieurs légions, & pouvoient embraſſer tout l'ordre de bataille : ainſi fut formé celui de Regulus au combat d'Ecnome, & celui des Francs au Caſilin. L'ordonnance de Paul Émile contre Perſée étoit, ſelon Frontin, ſur trois coins, *triplicem aciem cuneis inſtruxit.* Le petit coin, plus commun, plus fréquent dans les hiſtoriens, ſe formoit d'une petite troupe, d'une cohorte, par exemple, ou d'un moindre nombre ſuivant les circonſtances, & ſelon la néceſſité qui ordonnoit le plus ſouvent cette diſpoſition; alors on peut le ſuppoſer pluſtôt plein que vuide. Les petits coins entroient auſſi dans l'arrangement général d'une bataille, placés entre d'autres corps & diſtribués ſur la ligne. Enfin il y avoit des coins d'hommes & des coins de chevaux. Les coins équeſtres, plus ſouvent petits que grands, n'étoient point auſſi ridicules qu'ils ſont oppoſés à notre méthode d'aujourd'hui.

Pour le coin d'Infanterie, qui eſt celui dont il s'agit avec M. Folard, il ſe préſente d'abord pluſieurs méthodes fort ſimples de le former : ſi on le fait vuide, les troupes qui doivent le compoſer étant en bataille ſur une ligne, & partagées en ſection de droite & ſection de gauche, on les fera marcher par les ailes qui doivent ſe joindre juſqu'à ce qu'elles forment l'angle qu'on demande. Si on veut un triangle plein, on diviſera la ligne en ſections inégales, ſuivant la progreſſion des nombres qu'on aura déterminés, & ces ſections marchant d'abord de front, enſuite par l'aîle, doubleront les unes derrière les autres. Les Anciens avoient ſans doute porté fort loin cette évolution, & on pourroit retrouver leurs mouvemens en faiſant des eſſais.

Je me réſerve de faire voir, dans un ſecond Mémoire, que les Modernes ont employé fréquemment le coin, & que dans des ſiècles d'ailleurs aſſez barbares ils ont fait des efforts pour retrouver la tactique des Anciens, ou pour s'en former une. En général cette ſcience, que les Grecs ſeuls paroiſſent avoir connue parfaitement, eſt d'une étendue immenſe, parce que le grand nombre de pièces qu'elle diſpoſe eſt ſuſceptible de combinaiſons ſans bornes, & que ces combinaiſons ſont eſſentiellement ſubordonnées à la diverſité même de la Nature, qui dans tout l'Univers n'a pas fait deux champs de bataille exactement ſemblables.

DE

DE
LA LÉGION ROMAINE.

Par M. LE BEAU.

AVANT-PROPOS.

Assemblée publique d'après Pâques 1752.

Cic. de Haruspic. Respons. c. 19.

Végèce, liv. I, c. 1.

JE me propose de faire l'histoire de la légion Romaine, & de suivre dans toutes ses opérations cette milice fameuse qui rendit Rome maîtresse de l'Univers. Les Romains, & leurs propres auteurs en conviennent, n'étoient ni plus vigoureux & plus braves que les Gaulois, ni plus fins que les Carthaginois, ni plus instruits de l'art militaire que les Grecs. Leurs armées furent presque toûjours inférieures en nombre à celles qu'ils ont vaincues; & mille fois ils ont démenti cette fausse maxime, que Mars se déclare toûjours pour les gros bataillons. Ils ne dûrent des succès si brillans & si long-temps soûtenus qu'à l'exactitude de leur discipline, & à l'avantage que leur donnoit sur leurs ennemis ce corps redoutable, composé d'enfans de la patrie tous animés du même esprit, assez nombreux pour se soûtenir seul, sans être surchargé d'une multitude confuse & inutile, divisé en autant de parties qu'il lui en falloit pour être souple & propre à prendre toutes sortes de formes, accoûtumé à une prompte obéissance, endurci par les fatigues, dressé par les exercices à toutes les fonctions militaires, à marcher, à camper, à se battre avec feu & avec ordre, à ne se point débander dans la victoire, à se rallier dans la défaite, en un mot la légion, cette ame des armées, j'ose même dire celle de la République & de l'Empire.

En effet, chez les Romains la légion est née avec l'État; tous deux ont eu même durée de vigueur, mêmes révolutions, même vieillesse; & s'il semble que l'Empire ait survécu à la légion, qu'on l'observe de près, on verra que cet Empire n'étoit plus que l'ombre de l'ancienne puissance, & que ses mouvemens reſſembloient à ceux qu'un reſte de reſſort animal achève quelquefois de produire dans un corps, après que l'ame en eſt ſéparée.

Une matière ſi importante a beſoin d'une longue ſuite de Diſſertations, pour être traitée dans toute ſon étendue. Elle ne peut manquer d'intéreſſer la nation Françoiſe, qui après avoir quelque temps combattu contre les aigles Romaines, ne vint à bout de forcer les barrières qui lui fermoient l'entrée des Gaules, que quand enfin la milice légionnaire, expirante & preſque anéantie, permit à ces nouveaux conquérans de s'établir ſur les débris de ſes trophées.

Mais il me ſemble qu'un pareil ſujet ne peut être entamé plus à propos dans cette Académie, que ſous les auſpices & ſous la préſidence d'un Miniſtre qui, par la ſageſſe de ſes conſeils, a ſû dans la guerre procurer à nos troupes des ſuccès dont les Romains ſeroient jaloux, & qui dans le ſein de la paix fait tenir en haleine la milice Françoiſe par une diſcipline & par des exercices qui, plus encore que la valeur, rendirent les légions ſupérieures à toutes les milices du monde.

Pour traiter avec méthode la matière que j'entreprends de développer, je la diviſerai en trois parties principales. Je conſidérerai d'abord la légion en général, & comme d'une première vûe. Dans cette partie j'examinerai quel fut le commencement de la légion & comment cette milice s'anéantit, de quel nombre de Soldats elle a été compoſée dans les temps différens, quels étoient les membres de ce grand corps. Dans la ſeconde partie, qui ſera la plus étendue, je prendrai le Soldat au moment qu'il entroit dans la légion, & je le conduirai par toutes les fonctions militaires juſqu'à la fin de ſon ſervice. C'eſt-là que je traiterai de la levée des troupes, du ſerment militaire, de l'habillement, de l'équipement & des armes; des noms, des grades, des emplois & des fonctions diverſes des Soldats & des Officiers légionnaires; des exercices, des enſeignes, des marches, du campement, des évolutions, de l'ordre de bataille, de la paye, des priviléges, de la ſubſiſtance; des récompenſes & des punitions, de la diſcipline & des loix qui concernoient les légions, & enfin du congé & de la vétérance, & je suivrai avec soin les changemens qui sont successivement arrivés. Dans la troisième partie j'envisagerai les rapports des légions entr'elles, & je rechercherai quel a été dans les temps différens le nombre des légions, les divers noms qu'elles ont portés, dans quels pays elles furent établies quand elles devinrent perpétuelles & sédentaires; & je finirai par l'histoire des villes qu'elles formèrent, soit par des colonies, soit par des campemens. Mais je dois avertir que mon dessein ne s'étend pas à toute la milice Romaine en général, il se restraint à la légion. Ainsi je ne parlerai ni du Général d'armée, ni des siéges & des machines, ni des cohortes Prétoriennes, ni de celles qui gardoient la ville de Rome le jour & la nuit, ni des troupes alliées, ni des Barbares auxiliaires, qu'autant que ces objets se trouveront quelquefois inséparablement liés avec ce qui concerne la légion.

Peut-être n'est-il pas hors de propos d'indiquer en peu de mots les sources où j'ai puisé. Le nom de légion frappe si souvent nos oreilles, il se présente si fréquemment à nos yeux dans les auteurs, qu'on est porté à croire que c'est de toute l'antiquité Romaine la partie la plus connue. Il est pourtant vrai de dire qu'il reste encore sur cette milice un grand nombre de points à éclaircir; qu'aucun littérateur n'a approfondi cette matière dans toutes ses parties; que tous ensemble ne forment pas encore un système suivi & complet, & qu'après tant de volumes sur la milice Romaine en général, il faut encore avoir recours aux Anciens si l'on veut bien connoître la légion en particulier. Il faut pourtant convenir qu'on trouve à ce sujet, dans les écrits modernes, des articles bien discutés & des conjectures heureuses, dont je ferai honneur à ceux qui en sont les auteurs.

Pour ce qui est des Anciens, il ne nous en reste qu'un petit nombre qui aient écrit sur cette matière. Un fragment du sixième livre de Polybe, est sans comparaison le morceau le plus précieux. Ce judicieux écrivain, élève de Philopœmen & maître de Scipion, nous a tracé un tableau raccourci, mais exact, de la milice Romaine dans le temps qu'elle fut le plus florissante. Les sentimens d'un homme si éclairé ont toûjours eu force de loi dans l'empire militaire, & nous le suivrons comme un guide infaillible pour l'état de la légion, telle qu'elle étoit de son temps.

Hygin le Gromatique, qui selon les apparences vivoit sous Hadrien, nous a laissé une description fort exacte du campement des armées. Elle est très-différente de celle de Polybe, parce que la milice avoit dans cet intervalle éprouvé de grands changemens. Les manuscrits de cet auteur, défigurés jusqu'à être devenus inintelligibles, ont été réparés avec succès par d'habiles mains, & Schelius y a fait des notes excellentes.

Arrien, gouverneur de Cappadoce sous Hadrien, & qui réunissant l'art de combattre & celui de bien écrire par rapport à son siècle, mérita d'être appelé le nouveau Xénophon, a composé une tactique estimable que nous avons encore. Elle ne représente que l'ordonnance des Grecs; tout s'y rapporte à la phalange, & non pas à la légion; il y a seulement à la fin un morceau assez étendu, qui traite des exercices de la cavalerie Romaine: j'en ferai usage dans l'occasion. Mais entre les ouvrages d'Arrien, il nous reste une pièce d'un grand prix, parce qu'elle est l'unique en ce genre qui se soit conservée jusqu'à nous; c'est un ordre de marche & de bataille dressé par Hadrien lui-même, & envoyé à Arrien lorsque celui-ci se disposoit à marcher contre les Alains.

Enfin nous avons de Végèce un traité de l'art militaire en quatre livres. L'auteur, selon l'opinion la plus probable, vivoit sous Valentinien II. Le titre de son ouvrage annonce qu'il l'a composé sur les mémoires de Caton le Censeur, de Celse, le même dont il nous reste un traité de Médecine, de Trajan, d'Hadrien & de Frontin. De tous ces monumens il ne s'est conservé que les stratagèmes de Frontin, qui, selon les apparences si nous les eussions perdus, seroient bien moins à regretter que les quatre autres auteurs que nous n'avons plus. Ce n'est qu'une collection assez informe de quelques ruses de guerre, & souvent même un récit sec & décharné de la conduite des Généraux; il y a peu de détail & d'inſtruction. Mais quelle perte que celle des réflexions militaires de trois hommes tels que Caton l'ancien, Trajan & Hadrien!

Pour Végèce, il peut preſque autant nous tromper que nous inſtruire: il confond ce qu'il trouve dans Caton avec ce que lui ont fourni Celſe, Trajan & Hadrien, ſouvent même avec ce qui ſe pratiquoit dans ſon ſiècle. Il auroit pû, ſans groſſir ſon volume, donner plus d'étendue à chaque article, en retranchant les répétitions ſuperflues. Sa manière d'écrire ſe reſſent du deſordre & de la barbarie qui de ſon temps avoient déjà altéré l'ancienne milice légionnaire. La belle traduction qu'en a donné M. de Sigrais, corrige entre ces défauts ceux qu'un traducteur étoit en droit de réformer.

Je ne dis rien de Modeſtus, qui n'eſt qu'une copie groſſière de quelques endroits de Végèce, quoique ſous un faux titre il ſoit dédié à l'empereur Tacite, antérieur de plus d'un ſiècle à Valentinien II. Je ne parle point non plus des ouvrages militaires des empereurs Maurice & Léon; ils ne diſent pas un mot de la légion, & c'eſt une preuve que ce corps ne ſubſiſtoit plus dès l'empire de Maurice. L'ouvrage de Conſtantin Porphyrogénète eſt encore plus étranger à mon ſujet.

Ce petit nombre d'auteurs ne ſuffiroit pas à beaucoup près pour nous inſtruire à fond d'une ſi ample matière, ſi on n'y joignoit pas une lecture réfléchie non ſeulement des hiſtoriens Grecs & Latins qui ont traité quelque partie de l'hiſtoire Romaine, mais même des orateurs, des poëtes, des philoſophes, des géographes & des grammairiens. On y rencontre des traits jetés au haſard, qui nous apprennent ſur la légion des choſes qui ne ſe trouvent point ailleurs. Le Digeſte, les deux Codes, la notice de l'Empire, les Inſcriptions & les Médailles ſont encore des ſources fécondes. Il n'y a pas juſqu'aux actes des Martyrs qui ne fourniſſent des anecdotes militaires. Enfin, pour former ſur ce ſujet un corps complet de doctrine, il faut mettre à contribution preſque tous les auteurs de la République & de l'Empire.

exact, de la milice Romaine d. temps qu'elle fut le plus florissante. Les sentimens d'un me si éclairé ont toûjours eu force de loi dans l'empire i e, & nous le suivrons comme un guide infaillible p l'état de la légion, telle qu'elle étoit de son temps.

Hygin le Gromatique, qui se es apparences vivoit sous Hadrien, nous a laissé une des ion fort exacte du campement des armées. Elle est très- rente de celle de Polybe, parce que la milice avoit dans ce ervalle éprouvé de grands changemens. Les manuscrits d auteur, défigurés jusqu'à être devenus inintelligibles, o réparés avec succès par d'habiles mains, & Schelius y t des notes excellentes.

Arrien, gouverneur de Ca e sous Hadrien, & qui réunissant l'art de combattre & i de bien écrire par rapport à son siècle, mérita d'être le nouveau Xénophon, a composé une tactique estim que nous avons encore. Elle ne représente que l'ordon des Grecs; tout s'y rapporte à la phalange, & non p a légion; il y a seulement à la fin un morceau assez éter qui traite des exercices de la cavalerie Romaine: j'en fe ge dans l'occasion. Mais entre les ouvrages d'Arrien, il reste une pièce d'un grand prix, parce qu'elle est l'unique e enre qui se soit conservée jusqu'à nous; c'est un ordre d che & de bataille dressé par Hadrien lui-même, & env Arrien lorsque celui-ci se disposoit à marcher contre les s.

Enfin nous avons de Végèc traité de l'art militaire en quatre livres. L'auteur, selon l'o n la plus probable, vivoit sous Valentinien II. Le titre ouvrage annonce qu'il l'a composé sur les mémoires d on le Censeur, de Celse, le même dont il nous reste un t de Médecine, de Trajan, d'Hadrien & de Frontin. D s ces monumens il ne s'est conservé que les stratagèn e Frontin, qui, selon les apparences si nous les eussions s, seroient bien moins à regretter que les quatre autres s que nous n'avons plus. Ce n'est qu'une collection asse tome de quelques ruses de guerre, & souvent même cit sec & décharné de la conduite des G. c ux; il y a peu de détail & d'instruction. Mais quelle p e celle des réflexions militaires de trois hommes tels . Con l'ancien, Trajan & Hadrien!

Pour Végèc peut presque autant nous tromper que nous instruire. nfond ce qu'il trouve dans Caton avec ce que lui ont f r Celse, Trajan & Hadrien, souvent même avec ce qui se a quoit dans son siècle. Il auroit pû, sans grossir son volu , onner plus d'étendue à chaque article, en retranchant les itions superflues. Sa manière d'écrire se ressent du déso de la barbarie qui de son temps avoient déjà altéré l'anc milice légionnaire. La belle traduction qu'en a donné e Sigrais, corrige entre ces défauts ceux qu'un traducteu t en droit de réformer.

Je ne dis rien Modestus, qui n'est qu'une copie grossière de quelques en o de Végèce, quoique sous un faux titre il soit dédié à l'e reur Tacite, antérieur de plus d'un siècle à Valentinien I e ne parle point non plus des ouvrages militaires des em reurs Maurice & Léon; ils ne disent pas un mot de la on, & c'est une preuve que ce corps ne subsistoit p s lès l'empire de Maurice. L'ouvrage de Constantin Por ogénète est encore plus étranger à mon sujet.

Ce petit no d'auteurs ne suffiroit pas à beaucoup près pour nous inst à fond d'une si ample matière, si on n'y joignoit pas un le ure réfléchie non seulement des historiens Grecs & Lati i ont traité quelque partie de l'histoire Romaine, mai n me des orateurs, des poëtes, des philosophes, des gé ra es & des grammairiens. On y rencontre des traits jetés a asard, qui nous apprennent sur la légion des choses qu e trouvent point ailleurs. Le Digeste, les deux Codes, t tice de l'Empire, les Inscriptions & les Médailles son e des sources fécondes. Il n'y a pas jusqu'aux actes artyrs qui ne fournissent des anecdotes milit ires. En , our former sur ce sujet un corps complet de doctrine, f t mettre à contribution presque tous les auteurs de la R blique & de l'Empire.

Je vais commencer par examiner l'origine de la légion Romaine, & fixer ensuite, autant que l'histoire me fournit de lumière, l'époque de sa décadence & de son entière extinction. Ce sera le sujet du premier Mémoire.

PREMIER MÉMOIRE.

De la nature, du nom & de l'origine de la Légion, & jusqu'à quel temps cette milice a subsisté.

LA Légion étoit un corps de citoyens, le plus considérable de la milice Romaine, composé d'Infanterie & de Cavalerie. La qualité de citoyens Romains que devoient avoir tous les Soldats, faisoit la principale différence de ce corps & des troupes auxiliaires; & les autres corps de milice, tels que la cohorte, le manipule, la centurie, n'étoient que des parties de la légion, subordonnées les unes aux autres. Au dessus de la légion il n'y avoit que l'armée, qui d'ordinaire contenoit plusieurs légions outre les troupes auxiliaires; mais la légion elle-même faisoit une armée complète, qui sans aucun secours étranger étoit autrefois, dit Végèce, en possession de battre les ennemis les plus redoutables par leur multitude. Le nombre des Soldats qui la composoient, fut différent selon les temps. Je traiterai cet article dans la Dissertation suivante.

L. II, c. 2.

Selon tous les auteurs, la légion tiroit sa dénomination du mot *legere*, choisir, parce qu'on ne choisissoit pour la former que ceux qui avoient les qualités dont je parlerai (a) dans la suite. Il est bon de remarquer que ce nom, fameux chez les Romains comme celui de phalange chez les Grecs, s'est souvent étendu à signifier en général un corps de troupes, ou même un grand nombre, quel qu'il fût. C'est en ce sens que la Vulgate, dans les livres des Rois & dans ceux des Paralipomènes, nomme plusieurs fois les légions de Céreth & de Phéleth; qu'au premier livre des Machabées, les troupes d'Antiochus Eupator sont appelées dans le grec *phalanges* & dans le latin *légions*, & que le mot λεγέων en grec & en

Varron, l. L, c. 4. Plut. in Rom. Isidore, orig. l. IX, c. 3. Nonius Marcel,

L. II, c. 15, v. 18, & l. IV, c. 11, v. 19. L. I, c. 18, v. 17. C. VI, v. 38.

(a) Dans le Mémoire sur les levées.

latin *legio* ſe trouvent plus d'une fois dans les Évangéliſtes. *Matth. XXVI, 53.*
Il ne faut donc pas conclure que la légion ſoit plus ancienne *Marc. V, 9.*
que Rome, de ce que, ſans parler des poëtes à qui on permet *Luc. VIII,*
un uſage plus fréquent des termes figurés, Paterculus donne *30 & 36.* *Liv. I.*
le nom de légion aux troupes de Latinus qui aidèrent Romulus à bâtir Rome, *adjutus legionibus Latini avi ſui*; ni que Tite-Live ſe contrediſe, de ce qu'il appelle l'armée de Tullus *L. I, c. 28.*
Hoſtilius *Romana legio*, & qu'il y ſuppoſe enſuite pluſieurs *Ibid. c. 29.*
légions; ni que les Toſcans & les Sabins connuſſent cette *L. II, c. 16.*
ordonnance, de ce que le même auteur appelle légions les *Ibid. c. 26.*
troupes de Porſenna & celles des Sabins.

Les auteurs Latins ſe ſont encore ſervis de quelques autres termes pour déſigner les légions. Le faux Hégéſippe, dans ſon hiſtoire de la guerre des Juifs, les appelle *ordines; connexis ordinibus quinto & decimo*, pour dire la cinquième & la dixième légion. Le mot *numeri* étoit employé pour *legio* dès le temps de Tacite, & ce nom devint enſuite très-commun. Vopiſcus, *C. 14.*
dans la vie de l'empereur Probus, diſtingue par ce nom les corps des Soldats légionnaires d'avec les troupes qui, campées ſur la frontière, ſervoient de barrière contre les incurſions des barbares, & qu'on appeloit *milites limitanei*.

Les Grecs, jaloux de la pureté de leur langue, & qui ſe faiſoient ſcrupule d'y introduire des termes étrangers, ont donné lieu à bien des équivoques, par les diverſes manières dont ils ont exprimé la légion. Non ſeulement les divers auteurs ont appliqué à la légion différens noms qui ſignifioient dans leur langue une autre eſpèce de milice, mais ils ne s'accordent pas avec eux-mêmes, & on trouvera que le même écrivain déſigne quelquefois par le même mot la légion & la cohorte, & que celle-là y paroît tantôt ſous un nom, tantôt ſous un autre. C'eſt ce qui a plus d'une fois induit en erreur les traducteurs, ſur-tout ceux des auteurs du bas empire. Trompés par la reſſemblance des termes, ils font paroître des légions dans un temps où elles ne ſubſiſtoient plus. Je trouve huit noms différens que les auteurs Grecs ont employés pour la légion; les voici.

Στράτευμα, qui signifie proprement une armée.

Dion, l. LIV, p. 605, & alibi. Polybe. Hérodien.

Στρατόπεδον, qui veut dire un camp; quelquefois des troupes campées, ou même des troupes en général.

Παράταξις, ordre de bataille; troupe rangée en bataille.

Arrien.

Τάξις, se disoit dans le même sens que son composé, & de plus, dans la tactique des Grecs, ce mot signifioit un corps particulier de cent vingt-huit hommes.

Plut. in Oth. Xiphil. in Aurel.

L. III, p. 729, & l. V, p. 819. L. IV, p. 776.

Τάγμα étoit le mot générique pour désigner un certain nombre de Soldats formant un corps; c'est le nom le plus fréquent dans les auteurs Grecs pour indiquer la légion. Plutarque & Xiphilin expliquent le terme latin de *legio* par τάγμα: cependant ce mot n'est pas exempt d'équivoque. Zosime l'emploie pour une cohorte d'Infanterie, & même pour une compagnie de Cavalerie.

Arrien.

Τέλος, qui dans la tactique des Grecs désigne un corps de deux mille quarante-huit hommes. Plutarque & Appien usent souvent de ce mot pour dire la légion.

Φάλαγξ, qui exprimoit l'ordonnance propre des Grecs. Hadrien, dans le projet de marche & de bataille qu'il adresse à Arrien, appelle ainsi la légion.

Eclogâ ultimâ.

Mais le nom le plus extraordinaire que les Grecs aient donné à la légion, est celui de τεῖχος, qui signifie un mur & quelquefois une place forte. On le trouve deux fois dans les fragmens de Dion, recueillis par Fulvius Ursinus, & il y est employé de manière qu'on ne peut recourir à la métaphore. L'auteur appelle la quatrième légion Scythique τὸ τέταρτον, τὸ Σκυθικὸν τεῖχος, & quelques lignes après il répète le mot πολεμικώτατον τεῖχος. On seroit tenté de corriger ce mot par celui de τέλος, si on ne lisoit dans Végèce que les Anciens ont donné le nom de *mur* à un corps d'Infanterie: *Apud antiquos murus dicebatur pedestris exercitus.*

L. I, c. 20.

L. I, c. 2.

Je ne parle point du mot *thema*, que les anciennes gloses expliquent pourtant par *legio*; mais Constantin Porphyrogénète, dans l'ouvrage qu'il a fait sous ce titre, περὶ θεμάτων, nous apprend que ce mot ne fut en usage que depuis Héraclius, pour signifier les troupes attachées à une province de l'Empire;

&

& fixées ſur une frontière; ce qui fit donner à ces provinces mêmes le nom de Θέματα. Or du temps d'Héraclius il n'y avoit plus de légions.

Il eſt remarquable que les deux hiſtoriens qui nous donnent le plus de lumières ſur les commencemens de Rome, Tite-Live & Denys d'Halicarnaſſe, ne parlent point de l'établiſſement de la légion. Tite-Live la ſuppoſe déjà formée dans la guerre contre les Antemnates, qui ſe fit avant celle des Sabins, quatre ans après la fondation de Rome. C'eſt la première fois qu'il nomme la légion. Mais Varron dit expreſſément que Romulus inſtitua la légion, & qu'il la compoſa de trois mille hommes, prenant mille hommes dans chaque tribu. Plutarque nous donne plus de détail; il raconte que Romulus ayant appris que ſon frère étoit entre les mains de Numitor, & qu'il étoit menacé de perdre la vie, accourut à ſon ſecours avec une groſſe troupe diviſée en centuries; qu'à la tête de chaque centuries marchoit un homme qui portoit au bout d'une pique une poignée de foin, ce que les Latins appellent *manipulus*, & que de là ce mot eſt paſſé dans l'uſage militaire. Ce fut-là comme le premier germe de la légion. L'auteur fait enſuite l'hiſtoire de la fondation de Rome, & auſſi-tôt après il ajoûte que dès que la ville fut bâtie, la première choſe que fit Romulus fut de diviſer en pluſieurs corps de troupes ceux qui étoient en âge de porter les armes; qu'il mit dans chacun trois mille Fantaſſins & trois cens Cavaliers, & que ce corps s'appela légion, parce qu'on avoit choiſi les plus capables du ſervice militaire. Ainſi, ſelon Plutarque, la légion fut la première inſtitution de Romulus: il ne parle des tribus Romaines qu'après la guerre des Sabins, qui ne ſe termina que la ſeptième année de Rome. Tite-Live paroît être du même ſentiment ſur l'époque des Tribus.

L. 1, c. 11.
L. L. c. 4 & 5.
In Romulo, p. 22.
Ibid. p. 24.
Ibid. p. 30.
L. 1, c. 13.

Ici Varron & Plutarque ſemblent être en contradiction. Le premier ſuppoſe les tribus antérieures à la légion, puiſqu'il dit que Romulus, pour former la légion, tira mille hommes de chaque tribu. L'autre fait naître la légion avant l'enlèvement des Sabines, & ne ſemble placer l'établiſſement des tribus qu'après les guerres dont cet enlèvement fut la cause. Et ce qui confirme la dernière partie de ce sentiment, c'est qu'une des trois tribus portoit le nom de Tatius, roi des Sabins, qui par le traité de paix partagea la Couronne avec Romulus. Cependant Denys d'Halicarnasse semble s'en tenir à l'autorité de Varron, qui met avant la guerre des Sabins le commencement des curies, & par conséquent des tribus Romaines, dont les curies étoient une division. Mais ce passage même de Denys, l'auteur le plus exact qui nous reste sur les premiers siècles de Rome, nous aide à sortir de cet embarras.

Plut. in Romul. p. 30.
Tite-Live, l. 1, c. 13.
Ibid. p. 112.

Je crois que Romulus, après avoir bâti Rome, songea d'abord à régler le civil & le militaire; qu'il établit les tribus & les curies; qu'il en tira de quoi composer sa légion; qu'après avoir donné à son état naissant une assiette ferme & solide, il pensa à le rendre durable en procurant des mariages à ses sujets; qu'après les guerres causées par l'enlèvement des filles, ayant partagé sa puissance avec Tatius, il donna les noms de *Ramnenses*, de *Titienses* & de *Luceres* aux tribus qui se trouvèrent augmentées par la jonction des Sabins. Cette explication concilie tout. La milice de Romulus aura été formée, comme il est vrai-semblable, avant les guerres qu'il s'attendoit bien à soûtenir; il sera vrai, comme le dit Varron, que Romulus institua sa légion en tirant mille hommes de chaque tribu. Plutarque aura raison de montrer la légion établie avant la guerre des Sabins; il ne contredira pas Varron, en rapportant après cette guerre les noms qui furent donnés aux tribus: & le récit de Denys d'Halicarnasse ne forme plus aucune difficulté.

Ce dernier auteur me fournit encore la raison qui, selon toute apparence, détermina Romulus à fixer le nombre des Soldats de sa légion à trois mille Fantassins & trois cens Cavaliers. Il dit, en deux endroits, qu'après le combat que l'ambition de posséder un si petit Royaume excita entre les deux frères, la colonie, auparavant beaucoup plus nombreuse, se trouva réduite à trois mille hommes de pied & à trois cens Cavaliers: d'où l'on peut conjecturer que d'abord Romulus, quoiqu'il eût en peu de temps augmenté ce nombre, en ouvrant

L. II, p. 78 & 89.

un aſyle où ſe réfugièrent quantité de vagabonds venus des *Tit. Liv. l. I. c. 8.* pays voiſins, ne voulut cependant donner des armes qu'à ceux qui l'avoient ſuivi dès les commencemens, & dont il connoiſſoit la valeur & l'attachement à ſa perſonne, & qu'il ne forma d'abord qu'une légion. Rien n'empêche de croire que cette légion lui fut ſeule ſuffiſante pour vaincre les Céniniens, les *Ibid. c. 10.* Antemnates, les Cruſtuminiens; & Tite-Live ſemble le dire *Ibid. c. 11.* à l'occaſion des Antemnates: *raptim & ad hos Romana legio ducta.* *Ibid.* Mais il falloit de plus grandes forces pour tenir tête aux Sabins, nation puiſſante & aguerrie, qui armoit vingt- *Denys d'Hal. l. II, p. 105.* cinq mille hommes d'Infanterie & mille chevaux. Romulus mit donc alors ſur pied pluſieurs légions, & Denys d'Hali- *Ibid.* carnaſſe lui donne dans cette guerre une armée à peu près égale à celle des ennemis. Les peuples déjà vaincus & incorporés à l'état Romain, dont ils devenoient colonies en même temps *Ibid. p. 103 & 104.* que ſujets, & pluſieurs villes qui, à l'exemple de Médullie, ſe donnèrent à Romulus, ſans compter une grande multitude de *Ibid p. 104.* braves, que la réputation des Romains attira de toutes parts, fourniſſoient abondamment de quoi augmenter le nombre des légions. Telle fut l'origine de la légion Romaine.

Il n'eſt pas auſſi aiſé d'en marquer préciſément la fin. Ce corps, long-temps ſain & vigoureux, ne ſe détruiſit que peu à peu par des dépériſſemens d'abord inſenſibles; & il parut quelqueſois ſe rajeunir & reprendre de nouvelles forces, lorſqu'il étoit près de finir. Je vais tâcher de parcourir les divers degrés de décadence par où il paſſa, & dont je rechercherai les cauſes. Je ne parlerai point ici de ce principe de corruption que portent en eux-mêmes tous les établiſſemens des hommes. L'altération de la diſcipline militaire fut pour la légion la maladie interne qui la conſuma peu à peu. Je développerai ce point dans un Mémoire à part ſur la diſcipline: je ne montrerai pour le préſent que les cauſes extérieures qui pûrent contribuer à l'affoibliſſement de la milice légionnaire.

Je trouve dans l'hiſtoire de la légion, quatre époques principales où cette milice éprouva des changemens qui dûrent en altérer la conſtitution.

1.° Marius, auſſi ambitieux que grand Capitaine, qui de la plus baſſe naiſſance s'éleva juſqu'au faîte des honneurs, ennemi de la Nobleſſe, qu'il mépriſoit parce qu'il en étoit mépriſé, introduiſit dans les légions les derniers du peuple, les plus miſérables, qu'on appeloit *capite cenſi.* Juſqu'à ſon premier Conſulat, qui fut l'an 646, Rome n'avoit employé pour Soldats que les citoyens des cinq premières claſſes, qui avoient quelque fortune. Elle regardoit leur bien comme un gage & une caution de leur fidélité & de leur attachement à l'État où ils vivoient heureux. Elle excluoit du ſervice ces gens qui n'ont rien à conſerver comme ils n'ont rien à perdre, & qui mettent tout en trafic juſqu'à l'honneur; *cui neque ſua curæ, quippe quæ nulla ſunt, & omnia cum pretio honeſta videntur.* Marius, l'idole de cette populace à qui il devoit ſon élévation, la crut propre à ſeconder ſes vûes; *homini potentiam quærenti egentiſſimus quiſque opportuniſſimus.* Il ſe l'attacha encore davantage en lui mettant les armes à la main, & par-là il avilit le métier des armes, il fit tomber en roture la milice légionnaire; elle devint ſéditieuſe, portée au meurtre & au pillage, digne inſtrument des guerres civiles, dont le deſtin de Rome faiſoit ſourdement les préparatifs; elle dégénéra tout-à-fait de ces anciens Soldats dont Tite-Live dit, qu'ils n'étoient pas aguerris juſqu'à verſer le ſang de leurs frères, qu'ils ne ſavoient encore faire la guerre qu'aux étrangers, & que le dernier excès de leur colère n'alloit qu'à ſe ſéparer de leurs concitoyens: *Nondum erant tam fortes ad ſanguinem civilem, nec præter externa noverant bella, ultimaque rabies ſeceſſio ab ſuis habebatur.* Il faut pourtant convenir que ces légions, dégradées de leur ancienne nobleſſe, conſervèrent encore long-temps toute leur réputation. Ce ne fut qu'une première atteinte qui n'amollit pas leur courage, mais qui relâcha les liens qui les tenoient attachées à la République.

Sall. in Jug. — *Plut. in Mario.* — *Florus, l. III, c. 1.* — *Aulug. l. XVI, c. 10.* — *Salluſt. Jug.* — *Ibid.* — *L. VII, c. 40.*

2.° Le ſecond changement conſidérable arriva ſous l'empire d'Auguſte. Dans les premiers temps de la République, lorſque le théatre de la guerre n'étoit qu'à peu de diſtance de Rome, à la fin de chaque campagne l'armée revenoit dans la ville;

T. L. première Décade.

elle étoit aussi-tôt licenciée, & l'année suivante on en levoit une autre. Chaque année voyoit de nouvelles légions, sans voir de nouveaux Soldats; tous les citoyens étoient Soldats: la guerre étoit le métier des Romains; il ne leur étoit permis d'exercer aucun art méchanique, ni de revendre aucune marchandise; οὔτε κάπηλον, οὔτε χειροτέχνην βίον ἔχειν, dit Denys d'Halicarnasse. *L. IX, p. 583.* Dans la suite, lorsque les conquêtes s'éloignoient du centre, *T. L. 3e, 4e & 5e Décades.* comme les guerres devenoient plus longues & plus importantes, *Polybe, Salluste, César, Dion.* & qu'il falloit même pendant l'hiver garder des places, couvrir des provinces, conserver les avantages de la campagne précédente & tenir l'ennemi en échec, les armées ne revenoient plus à Rome pour y passer l'hiver; les mêmes légions servoient tant que duroit la guerre; on réparoit les pertes que faisoient les armées, en recrutant les premières légions, & en y ajoûtant de nouvelles quand les premières ne suffisoient pas. Tel fut l'état des troupes jusqu'au temps où César Auguste, après la bataille d'Actium, se vit seul possesseur de l'Empire.

Ce fut alors que suivant la politique de Mécène, ce Prince établit une milice permanente. Voici les avis que Dion met *Dion, l. LII, p. 552.* dans la bouche de ce courtisan. « Il me semble à propos, dit-il à Auguste, d'entretenir dans chaque province, selon le besoin « des affaires, tantôt plus, tantôt moins de troupes, composées « de citoyens, de sujets & d'alliés; & que ces troupes ne quittent « point les armes; que les Soldats soient attachés par état au « métier de la guerre; qu'ils établissent leurs quartiers d'hiver « dans les lieux les plus commodes, & que le terme de leur « service soit marqué à un âge qui leur laisse encore quelque « temps en deçà de la vieillesse. Éloignés comme nous le sommes « des extrémités de l'Empire, & environnés de toutes parts de « nations ennemies, il ne seroit plus temps de courir au secours « quand la frontière seroit attaquée; & si nous permettions de « manier les armes à tous ceux qui sont en âge de les porter, « ce seroit une source perpétuelle de divisions & de guerres « civiles. D'un autre côté, leur ôter les armes pour ne les leur « donner que dans le besoin, ce seroit nous exposer à n'employer « que des Soldats sans expérience & mal exercés. Mon avis est «

» donc de ne laiſſer aux citoyens en général, ni armes, ni places » fortes, mais de choiſir les plus robuſtes & ceux qui ſont moins » en état de ſubſiſter par eux-mêmes, pour les enrôler & les » former aux exercices. Ceux-ci feront de meilleures troupes » n'ayant d'autre métier que celui de la guerre, & les autres » vivant à couvert ſous cette garde perpétuelle, vaqueront plus » tranquillement à l'agriculture, au commerce & aux autres occu- » pations de la paix, ſans être jamais obligés de quitter leurs » profeſſions pour courir à la frontière. La partie de l'État la » plus vigoureuſe, qui ne peut vivre qu'aux dépens des autres, » ſubſiſtera ſans incommoder perſonne, & ſervira de défenſe à tout le reſte. »

Dion, l. LV, p. 645.

Auguſte ſuivit ce conſeil; il établit vingt-trois, d'autres diſent vingt-cinq légions perpétuelles, & les fixa dans les provinces frontières, dont il ſe réſerva le gouvernement. Cette politique procura une partie des avantages que Mécène avoit annoncés; mais elle entraîna auſſi des inconvéniens qu'il ſemble n'avoir pas prévûs. Premièrement, les légions étant devenues perpétuelles, l'eſprit militaire ſe perdit chez les Romains; ce ne fut plus une ſeule & même choſe d'être citoyen & d'être Soldat; l'humeur indocile & hautaine des Soldats, & la grande autorité que ſe donnèrent leurs Commandans, long-temps éloignés du centre de l'Empire, formèrent dans l'État un nouvel État; les armes inſpirèrent à ceux qui les portoient, du mépris pour ceux qui vivoient dans des profeſſions pacifiques, & pour les Empereurs eux-mêmes, qui ne faiſoient preſque plus la guerre que par leurs Lieutenans. Secondement, les légions devenant ſédentaires, & attachées à une province d'où on ne les tiroit que rarement pour les tranſporter ailleurs, y prirent racine; les diverſes dénominations qu'elles tiroient de ces provinces, les accoûtumèrent à ſe regarder chacune comme un corps abſolument étranger aux autres; une autre jalouſie que celle de réputation & d'honneur ſe mit entr'elles: on ſe relâcha même ſur la qualité de citoyen Romain pour donner entrée dans les légions; on leva des recrues dans le pays même où elles étoient établies. De-là, dès le temps d'Auguste, la distinction entre les cohortes en général & celles que Tacite appelle cohortes légionnaires de citoyens Romains. *L. I, Ann. c. 8.* Ce fut une des causes de la décadence des légions. Hérodien l'impute à Auguste. « Tant que les Romains, dit-il, se gou- *L. II.* « vernèrent en République, & que les Généraux furent choisis « par le Sénat, tous les Italiens portoient les armes, & vainqueurs « des Grecs & des Barbares, ils conquirent la terre & la mer; « il n'y eut point de pays, point de climats, où ils n'étendissent « leur puissance. Mais dans l'établissement de la Monarchie, « Auguste exempta les Italiens des fatigues de la guerre; il leur « ôta les armes, il environna l'Empire de troupes & de légions « composées de Soldats mercénaires, qui n'avoient dans le service « de l'État d'autre intérêt que celui de leur paye. Peu à peu tout « se confondit. Si d'un côté les simples sujets de l'Empire étoient « admis dans les légions, d'un autre côté les citoyens prenoient « parti dans les cohortes auxiliaires. » Nous voyons, par Hygin, que cet abus régnoit dès le temps d'Hadrien. Végèce nous donne *Végèce, l. II, c. 3.* les raisons de cette préférence injurieuse au nom Romain; il prétend que ce qui a contribué à dégarnir les légions, c'est que le service y étoit dur, les armes pesantes, les récompenses tardives, la discipline sévère; la plupart des jeunes gens en étoient effrayés, & prenoient parti de bonne heure dans les auxiliaires, où ils avoient moins de peine & des récompenses plus promptes à espérer. Enfin la qualité des Soldats que Mécène veut qu'on choisisse, contribua encore à deshonorer & même à affoiblir les légions. On ne fut pas long-temps à s'apercevoir qu'une multitude sans éducation comme sans subsistance, ne valoit pas des hommes élevés dans l'esprit des loix & de la patrie; & Tibère se plaint, dans Tacite, qu'on *Ann. l. IV, c. 4.* ne trouve plus de Soldats volontaires, ou que s'il s'en trouve, ils n'ont plus le même courage, & n'observent plus la même discipline qu'autrefois; parce que ce ne sont plus que les misérables & les vagabonds qui s'enrôlent volontairement. Tout cela joint ensemble engendra la desobéissance, & de là à la mutinerie & à la révolte il n'y eut plus qu'un pas à faire. Les Soldats, selon leur caprice, firent & défirent leurs Empereurs.

Les légions des diverses provinces prétendant toutes au privilége de se donner un maître, en proclamèrent souvent plusieurs à la fois. Tout l'Empire devint un champ de bataille, où l'on achetoit par le massacre d'une partie des sujets, le droit de commander à l'autre.

3.° Quoique dès le temps d'Auguste on voie dans les légions des Soldats qui n'étoient pas citoyens Romains, cependant cet abus n'étoit pas général: mais, & c'est la troisième époque du dépérissement des légions, Caracalla ayant donné à tous les sujets de l'Empire le droit de bourgeoisie Romaine, cette distinction s'évanouit; Rome cessa d'être le centre, ou du moins devint un point imperceptible, parce que tout l'Empire étoit devenu Romain. Plus d'amour pour la patrie; plus de cette émulation héréditaire. La milice Romaine, qui avoit eu tant de ressort tant qu'elle avoit été concentrée, se relâcha à force de s'étendre. Les légions ouvertes à tant de peuples, perdirent cet esprit propre & ce point d'honneur dont les efforts généreux les avoient mises si fort au dessus des auxiliaires. De-là leur décadence fut plus rapide; elles perdirent l'habitude de vaincre, & la plupart des règnes suivans furent signalés par les défaites des légions. Caracalla semble s'être aperçu lui-même du tort qu'il faisoit aux légions, en communiquant à tous les sujets de l'Empire le titre qui y donnoit entrée; & ce fut peut-être pour rétablir d'un côté la distinction qu'il détruisoit de l'autre, que ce Prince frénétique, qui se piquoit follement d'être l'imitateur du grand Alexandre, dont il n'avoit pris que le nom, s'avisa de mettre sur pied une phalange de seize mille hommes choisis, qu'il fit armer à la Macédonienne, & dont les Officiers portoient les noms fameux des Capitaines d'Alexandre. Après lui Alexandre Sévère, sur le modèle des Argyraspides du héros de la Macédoine, forma deux corps qu'il nomma Argyraspides & Chrysaspides, & une phalange de trente mille hommes. Mais ces bizarres établissemens tombèrent dès leur origine, & il ne resta que les légions affoiblies & bien différentes de ce qu'elles avoient été quand leurs Soldats étoient les enfans de Rome, non point par une

Dio. excerpt. Val p. 475. Dig. l. 1, t. 9, l. XVII.

Xiphilin. in Anton. p. 348. Hérodien, liv. IV, p. 470.

Lamprid. in Alex. c. 50.

une adoption générale, mais par le droit de leur naissance,

Pulchrâ cùm libertate vigerent,
Et proprio latè florerent milite Patres.

De bello Getico

dit le poëte Claudien.

4.° Mais ce qui porta le coup mortel à la milice légionnaire, ce fut l'introduction des Barbares dans les légions. Suivons les progrès de cet abus. Dès le temps des premiers Empereurs, on trouve quelquefois des troupes étrangères dans les armées Romaines. On en voit dans l'armée que Vespasien envoya en Italie contre Vitellius, & dans celle de Titus devant Jérusalem. Mais, selon la remarque de l'abbé du Bos, ces troupes étrangères, loin de faire partie des légions, n'étoient pas même des corps à la solde de l'Empire; c'étoient des volontaires qui accompagnoient leurs Souverains, tels que Sido & Italicus, rois des Suèves, qui se joignirent à l'armée de Vespasien, & plusieurs rois d'Asie qui vinrent unir leurs forces à celles de Titus. Il n'en fut plus de même depuis Caracalla, lorsque le nom de Soldat légionnaire eut cessé d'être un titre précieux. Un demi-siècle après, sous Claude le Gothique, nous voyons les Barbares entrer dans les légions Romaines. Ce Prince, plus guerrier que politique, ayant ruiné une grande armée des Goths qui pilloient la Thrace, en incorpora une partie dans ses légions, & donna aux autres des terres à cultiver. Dix ans après, l'empereur Probus voulant adoucir l'humeur farouche & intraitable des Germains, & les plier au joug de l'Empire, tira de la Germanie seize mille Soldats, & les distribua par bandes de cinquante ou de soixante dans les cohortes Romaines.

Tacite, Hist. l. III

Ibid. l. V.

Établiss de la Mon Françoise, l. I, c. 5.

Zos. liv. I, p. 654.

Vopisc. in Probo, c. 14.

Les légions avoient déjà changé de face lorsque Constantin monta sur le trône. Ce Prince donna au gouvernement militaire, aussi-bien qu'au gouvernement civil, une forme toute nouvelle. Lorsqu'il eut cassé les cohortes Prétoriennes, dit l'abbé du Bos, il institua un nouveau corps de milice pour la garde de la personne du Prince, & l'on donna aux Soldats qu'on y enrôloit le nom de Soldats *Présens*. Soit que cet Empereur eût mis sur pied un gros corps de cette nouvelle milice, soit

Établiss de l Mon. Fr l. I c 9.

que ſes ſucceſſeurs l'euſſent augmentée en y incorporant une partie des anciennes légions, il eſt certain que du temps d'Honorius ce corps étoit aſſez nombreux pour ſuffire en même temps à monter la garde auprès de la perſonne de l'Empereur, & à fournir des détachemens qui ſerviſſent dans toutes les provinces. Les Soldats réſervés pour la garde du Prince furent appelés *Palatini*, & ceux qui accompagnoient les Commandans envoyés dans les provinces ſe nommèrent *Comitatenſes*. Il paroît par la ſuite de l'hiſtoire, que dans ce nouveau ſyſtème politique les légions ne conſervèrent que leur nom; d'ailleurs elles ne furent plus reconnoiſſables; le nombre de leurs Soldats ne fut plus le même; on en voit de deux mille, de mille hommes & de moins encore. Les noms de pluſieurs d'entr'elles, tels qu'on les lit dans Ammien Marcellin, dans Zoſime, dans la notice de l'Empire, font connoître qu'outre les Barbares qui ſervoient dans les troupes auxiliaires, il y en avoit dans les légions, & même des légions entières. [*De vita Conſt. l. IV, c. 6.*] Euſèbe rapporte que les Sarmates ayant été chaſſés de leur pays par leurs propres eſclaves, Conſtantin leur donna aſyle ſur les terres de l'Empire, & qu'il enrôla dans ſes troupes les plus capables du ſervice; ἐν οικειοις κατελεγε στρατοις τους ἐπιτηδειους, expreſſions qui ſemblent déſigner les légions. [*Excerpta auct. ignoti de Conſt.*] Le fragment d'un auteur anonyme de la vie de Conſtantin fait monter à trente mille hommes le nombre des Sarmates qui furent alors répandus dans les provinces. Ce fut peut-être là [*Notitia Imp. occid. ſ. 65.*] l'origine de tant de préfectures de Sarmates, que la notice place en différens quartiers de l'Italie & des Gaules. Ainſi, quoiqu'on ait raiſon d'accuſer Zoſime de n'avoir pas rendu [*Diſſert. ſur la Diſcipline.*] juſtice à Conſtantin, nous verrons ailleurs que la pluſpart des reproches qu'il fait à ce grand Prince ſur la décadence du militaire, ne ſont pas tout-à-fait mal fondés. Conſtantin étoit ſenſible aux marques de reſpect que lui donnoient les Barbares; il les careſſoit, les combloit de biens, les élevoit aux dignités. [*De vita Conſt. l. IV, c. 7.*] Son panégyriſte Euſèbe lui en fait un mérite; [*Amm. Marc. l. XXI, c. 10.*] Julien, meilleur politique que l'évêque de Céſarée, en blâmoit cet Empereur & avoit la même foibleſſe.

Les ſucceſſeurs de Conſtantin, loin d'épuiser les légions en excluant cette ſoule de Barbares que ce Prince y avoit introduits, les altérèrent encore davantage. Julien ayant envoyé à Conſtantius mille François qu'il avoit fait priſonniers, ce Prince jaloux des ſuccès du Céſar les confondit dans ſes légions, pour ne pas paroître les avoir reçûs de lui. Le même Julien fit entrer dans les ſiennes des Quades & des Saliens; & ces légions ſemblent, dit Zoſime, ſubſiſter encore de nos jours, c'eſt-à-dire, ſous Théodoſe le Jeune. Ammien Marcellin dit que Valentinien Ier augmenta de beaucoup les armées, & Zoſime fait entendre que ce fut en enrôlant dans les légions grand nombre de Germains; il ajoûte qu'il ſut ſi bien les former & les diſcipliner, qu'ils tinrent en bride pendant neuf ans leurs compatriotes d'au delà du Rhin. Gratien, qui aimoit les Barbares juſqu'à s'habiller à leur manière, & qui par cette bizarre préférence s'attira la haine de ſes Soldats, dont il fut enfin abandonné, ne fit grace aux Allemands vaincus qu'à condition qu'ils lui donneroient la fleur de leur jeuneſſe, pour être mêlée parmi les nouvelles milices des Romains: *oblatâ, ut præceptum erat, juventute validâ noſtris tyrociniis permiſcendâ,* dit Ammien Marcellin. Théodoſe le Grand, qui joignit à tant d'autres qualités brillantes une grande connoiſſance de la guerre, étoit ſans doute capable de remédier aux fautes de ſes prédéceſſeurs; mais le terme fatal des légions étoit arrivé. Soit que l'état déplorable où ce Prince trouva cette milice lui en rendît le rétabliſſement impoſſible, ſoit que dans l'ordre politique les maux tiennent quelquefois tellement au corps de l'État, que les remèdes ſeroient encore plus dangereux que les maux, il ne ſongea point à réformer le deſordre; il l'augmenta même, ſelon Zoſime, qui malgré ſa haine contre cet Empereur, n'auroit pas oſé en impoſer ſur un fait ſi public & ſi récent. Ce Prince, dit-il, voyant le dépériſſement des armées, permit aux Barbares d'au delà du Danube de paſſer ſur les terres de l'Empire, & leur promit de les enrôler dans les légions. Il en paſſa un nombre ſi ſupérieur à celui des troupes Romaines, qu'il appréhenda que s'ils y entroient ils ne s'en rendiſſent les

Liban. orat. funeb.

Zoſ. liv. III, p. 709.

Amm. Marc. l. XXX, c. 7.

Zoſ. liv. IV, p. 472.

Amm. Marcell. l. XXXI, c. 10.

Zoſ. liv. IV. p. 755.

maîtres. Il se détermina à faire venir d'Égypte une partie des légionnaires, & à les remplacer par ces étrangers qu'il y envoyoit. Ce mélange détruisit toute discipline; il n'y avoit plus d'ordre dans les camps, plus de distinction du Romain & du Barbare; on ne tenoit plus même le rôle des Soldats; il étoit permis aux Barbares de retourner dans leur pays, à condition qu'ils enverroient quelqu'un à leur place, & de revenir à leurs enseignes quand il leur en prendroit envie. C'est ainsi que les Goths & les autres peuples destinés à la ruine de l'Empire, apprirent des Romains mêmes l'art de les vaincre; & je puis leur appliquer ce qu'Ammien Marcellin dit des esclaves des Sarmates: leurs maîtres se servirent d'eux pour vaincre les Scythes, & furent à leur tour attaqués & vaincus par eux; *vicerunt dominos, ferociâ pares, numero præminentes.*

Amm. Marc. l. XVII, c. 12.

Voilà quel étoit l'état des légions dans le temps où Végèce écrivoit. Quoiqu'il nous donne sur ce point moins de lumières que les autres auteurs, il en dit cependant assez pour nous faire connoître que cette milice tiroit à sa fin. « On conserve » encore aujourd'hui dans les armées le nom de légions, dit-il, » mais elles sont abatardies depuis que par un relâchement qui » est assez ancien, la brigue a surpris les récompenses dûes au » mérite, & que par la faveur on est monté aux grades que le » service seul obtenoit auparavant. On n'a pas eu soin de mettre » de nouveaux Soldats à la place de ceux qui se retiroient avec » des congés, après le temps de leur service. On a encore négligé » de remplacer les morts, les déserteurs, ceux qu'on est obligé » de renvoyer pour raison d'infirmité ou de maladie; & tout » cela fait un si grand vuide dans les troupes, que si on n'est » pas attentif à les recruter tous les ans, ou même tous les mois, l'armée la plus nombreuse est bien-tôt épuisée. » Il se plaint ensuite de ce que nous avons déjà remarqué, que la jeunesse aimât mieux prendre parti dans les troupes auxiliaires que dans les légions, & quelques pages après il ajoûte: « Si l'on veut » défaire les Barbares en bataille rangée, il faut faire des vœux » au Ciel, qu'il inspire à l'Empereur de recruter les légions selon l'ancien usage. »

Veg. l. II, c. 3. Trad. de M. de Sigrais.

Veg. l. II, c. 8.

Dans ces endroits où Végèce ſemble avoir dû raſſembler toutes les cauſes du mauvais état des légions, il ne dit pas un mot de celle que nous donnons pour la principale, c'eſt-à-dire, du mélange des Barbares avec les Romains dans les légions. Le ſilence de cet auteur, qui traite à deſſein cette matière, ne fait-il pas tomber tous les témoignages des autres écrivains, ſans doute moins inſtruits du militaire, & qui ne parlent de la milice Romaine que par occaſion? Je réponds par l'hiſtoire même de Valentinien II, à qui Végèce adreſſe ſon ouvrage: cet auteur n'avoit garde d'attribuer au mélange des Barbares la décadence des légions, dans une Cour où deux comtes François, Bauton & Arbogaſte, étoient plus puiſſans que l'Empereur. Quelle ſûreté un Officier auroit-il pû eſpérer, s'il eût choqué les Barbares & leur chef Arbogaſte, qui fit étrangler l'Empereur lui-même?

Déterminons à préſent, autant qu'il eſt poſſible, l'époque préciſe de l'anéantiſſement des légions. Dion nous donne la liſte de celles qui ſubſiſtoient ſous Alexandre Sévère; depuis ce temps juſqu'à la notice de l'Empire, qu'on croit faite ſous Théodoſe le Jeune, nous ne trouvons nulle part l'énumération des légions. La dernière qui ſoit marquée ſur les Médailles eſt la légion ſeptième de Carauſius, qui s'empara de l'Angleterre ſous Dioclétien. Le nom des légions ſubſiſtoit encore ſous Honorius; vers l'an 400 nous en voyons une en Angleterre, pour défendre cette iſle contre les Pictes, les Écoſſois & les Saxons. Le code Juſtinien nous donne une loi des empereurs Arcadius & Honorius, adreſſée au préfet Romulien, par laquelle ils défendent aux Soldats de la garde ou des autres légions de vaquer à autre choſe qu'à leur ſervice. Je n'en trouve point de mention plus récente dans l'un ni dans l'autre code. Enfin la notice de l'Empire nous met encore ſous les yeux un nombre conſidérable de légions; mais il paroît certain, & c'eſt le ſentiment de Pancirole, que ces légions ne reſſembloient aux anciennes ni par le nombre, ni par la qualité des Soldats; c'étoient pluſtôt des cohortes demi-barbares; & ce qui confirme ce ſentiment, c'eſt que l'auteur anonyme de *rebus Bellicis*,

Dio. l. LV, p. 645.

Tillem. Emp. t. VI, p. 266 & 628.

Band. numiſm. t. I, in Carauſ.

Claud. de bell. Gal. & in Pallad. nupt.

L. XII, t. 36, l. XIII.

Pancir. in Notit. c. 59.

qu'on croit à peu près du même temps, parlant beaucoup des troupes Romaines, ne nomme pas une seule fois la légion. Depuis la notice, on n'en trouve plus même le nom; à peine voit-on des Romains dans les armées. Dans celles que Bélisaire commanda contre les Perses, sous Justinien, je ne vois que des Goths, des Érules, des Maures, des Vandales & d'autres Barbares, mais point de Romains. La multiplication de la Cavalerie dans les armées contribua sans doute beaucoup à faire disparoître les légions, & ce fut une suite de l'introduction des Barbares dans le service: la pluspart de leurs forces consistoient en Cavalerie. Bélisaire assiégé dans Rome par Vitigès, & se préparant à livrer bataille, n'ose faire usage de son Infanterie; & sur les remontrances de deux braves Capitaines, il consent à peine à ranger les Fantassins à l'arrière-garde pour soûtenir la Cavalerie. Je place donc l'extinction totale des légions au plus tard dans la vieillesse de Justinien. Voici la peinture que fait Agathias de l'état des troupes dans les dernières années de ce Prince. « Justinien, qui dans la fleur de » sa jeunesse avoit réduit sous son obéissance l'Italie & l'Afrique, » commença dans sa vieillesse à appréhender les inquiétudes & » les embarras de la guerre, & il aima mieux ou gagner ses » ennemis par des présens, ou les armer par des intrigues les » uns contre les autres, que d'exposer ses armées au péril des » combats & à l'inconstance de la fortune. C'est pour cela qu'il » laissa périr les légions, τὰς τάξεις, comme s'il n'en eût eu que » faire. Ceux sur lesquels il se déchargea d'une partie du gou» vernement, abandonnèrent à son exemple le soin de conserver » les troupes, de lever les sommes nécessaires pour leur subsis» tance, & de les envoyer dans les pays où il étoit besoin. De » plus, ou ils privoient absolument les Soldats de leurs montres, » ou ils en différoient le payement.... Ces vaillans hommes, » qui exposoient leur vie pour la conservation de l'Empire, se » voyant ainsi maltraités & réduits à la dernière misère, étoient » contraints de renoncer à l'exercice des armes, où ils avoient » été élevés, & de chercher dans une autre profession les moyens de subsister. » C'est ainsi que parle Agathias. Procope, au

Proc. de bell. Pers. l. I, c. 2, & l. II, c. 21.

Proc. bel. Got. l. I, c. 28.

Agath. l. V, c. 6.

troiſième livre des édifices, s'exprime de manière à faire croire *Chap. 4.* que le nom même de légion ne ſubſiſtoit plus du temps qu'il écrivoit cet ouvrage, c'eſt-à-dire, ſur la fin de Juſtinien. Voici ſes termes: « Dans le pays appelé autrefois la petite Arménie, étoit un lieu peu éloigné de l'Euphrate, où étoit établi un corps de troupes Romaines; ce lieu ſe nommoit *Mélitène*, & ce corps de troupes *légion*; λεγεὼν δὲ ὁ λόχος ἐπωνομάζετο. » Mais ce qui prouve encore plus que tous ces témoignages, que les légions étoient éteintes ou s'éteignoient ſous Juſtinien, c'eſt que dans le grand nombre de règlemens qu'il fit pour les troupes, & dont le Code, les Novelles & les édits de ce Prince ſont remplis, rien ne ſe rapporte à la conſtitution de la légion. Il eſt donc conſtant que cette illuſtre milice, après avoir fait trembler l'Univers ſous la République & ſous le haut Empire, s'évanouit enfin par des dégradations ſucceſſives, & qu'il n'en reſtoit plus de traces ſous l'empire de Maurice, qui commença à régner dix-ſept ans après Juſtinien, & qui nous ayant laiſſé un traité *Mauricii Strategicum.* fort détaillé de la conduite des armées, forme une milice tout-à-fait différente des légions, dont il ne parle jamais. La légion, depuis Romulus juſqu'à la fin de Juſtinien, ſubſiſta l'eſpace de treize cens ans.

SECOND MÉMOIRE SUR LA LÉGION ROMAINE.

Du nombre de gens de pied dont elle étoit composée.

Par M. LE BEAU.

Lû le 6 Juin 1752.

« LES Grecs, les Macédoniens, les Dardaniens, dit Végèce[a], » avoient un corps de troupes qu'ils nommoient *phalange*, » & qui étoit composé de huit mille hommes; les Gaulois, les » Celtibères & plusieurs autres Barbares combattoient par bandes » de six mille, qu'on appeloit *Catervæ;* & les Romains formèrent » la légion, qui faisant dès son origine un corps considérable, » s'accrut successivement avec les forces de l'Empire, & selon la puissance des peuples qu'il fallut combattre. » Je vais parler du nombre de Soldats dont elle fut composée dans les temps différens.

La légion contenoit des gens de pied & des Cavaliers; mais quoique la Cavalerie fût le corps le plus distingué par la qualité de ceux qui le formoient, cependant l'Infanterie fit toûjours la principale partie de la légion, & par le nombre des Soldats, & par l'importance du service. Rome étoit bâtie sur un terrein inégal & qui fournissoit peu de fourrage: c'est peut-être, sans autre raison, ce qui d'abord accoûtuma les Romains à n'employer que fort peu de Cavaliers. En effet, nous voyons que les peuples qui habitoient un pays de plaines & de pâturages, comme les Thessaliens en Grèce, les Tarentins & les Campaniens en Italie, & parmi les Barbares les Gaulois, les Sarmates, les Gètes & les Parthes, ont eu une nombreuse Cavalerie. Mais on peut croire qu'une raison militaire porta encore les Romains à donner la préférence à l'Infanterie. Ce peuple, né pour les conquêtes, fit sans doute réflexion que dans les troupes de pied les évolutions sont plus promptes & plus

[a] L. II, c. 2.

plus concertées, l'attaque plus déterminée, la résistance plus ferme & plus opiniâtre; que tous les terreins y sont propres; que les subsistances sont plus faciles, & la valeur plus sûre, parce qu'elle ne dépend que d'elle-même. Aussi dans les occasions périlleuses, quand il étoit besoin des plus grands efforts, les Cavaliers mettoient pied à terre, & devenus eux-mêmes Fantassins, ils avoient alors sur les autres tout l'avantage que leur donnoient la naissance & la noblesse des sentimens. Ailleurs, dans les batailles, la Cavalerie ne servoit guère qu'à engager l'action après les premières escarmouches des troupes légères, ou à charger en flanc pendant l'action même, ce que Tite-Live appelle si souvent *terror equestris*, ou à poursuivre l'ennemi & à achever la déroute. Le combat ne devenoit sérieux que quand la Cavalerie s'étant écartée sur les ailes, faisoit place à ces lignes redoutables de Fantassins hérissés de piques & de javelots. Je vais exposer dans ce Mémoire les différens accroissemens de l'Infanterie dans les légions: le Mémoire suivant traitera de la Cavalerie.

La légion fut de trois mille Fantassins depuis son établissement jusqu'à Servius Tullius, de quatre mille ou environ depuis ce Prince jusqu'à la seconde guerre Punique; elle monta pour lors à cinq mille hommes, ce qui subsista jusqu'à Marius; celui-ci la fit monter à six mille: ce fut le dernier terme d'accroissement jusqu'à la décadence de cette milice. Ces divers degrés d'augmentation nous donnent quatre intervalles, mais il est bon d'avertir que le nombre que je viens de fixer pour chaque intervalle n'est que le nombre ordinaire; on y trouve des variations que je marquerai chacune en sa place.

I.er INTERVALLE.

Depuis Romulus jusqu'à Servius Tullius.

Selon tous les auteurs qui ont parlé de l'établissement de la légion, Romulus la composa de trois mille hommes de pied. Varron prétend même que le mot *miles* vient de *mille*, parce que chacune des trois tribus fournissoit mille hommes pour

Varro, l. IV.
Plut. in Rom.
Ibid.

la légion. Ce nombre continua sous les Rois suivans, jusqu'à Servius Tullius.

In Rom. Plutarque fait naître ici une difficulté. Il rapporte qu'après que les Sabins se furent joints aux Romains pour ne faire qu'un seul peuple, Romulus fit monter sa légion à six mille Fantassins & à six cens Cavaliers : αἱ λεγεῶνες ἐγένοντο πεζῶν μὲν ἑξακισχιλίων, ἱππέων δὲ ἑξακοσίων. Ce passage a beaucoup exercé tous ceux qui ont traité de la milice Romaine. Les uns rejettent sans hésiter le témoignage de cet auteur, qui semble véritablement n'avoir pas toûjours été parfaitement instruit des anciens usages des Romains. En effet, il est constant que la légion ne commença à compter six mille Fantassins que vers le temps de Marius. D'autres prétendent que Plutarque a seulement voulu dire que les troupes légionnaires montèrent alors au nombre de six mille hommes, c'est-à-dire, qu'au lieu d'une seule légion que Romulus avoit eue jusqu'alors, il en forma deux. Cette explication me paroît plus vrai-semblable;

Savilius, de milit Rom pag. 349. Onuphr. de imp. Rom. l III. Lips. de milit. Rom. Valtrinus, lib. III, c. 1.

L. II. elle est appuyée par un passage de Denys d'Halicarnasse, qui dit qu'après la victoire remportée sur les Céniniens & les Antemnates, Romulus incorpora dans les tribus trois mille hommes de ces deux peuples, & que l'infanterie Romaine se trouva alors monter en tout à six mille hommes : ὥστε τοὺς σύμπαντας ἑξακισχιλίους πεζοὺς Ῥωμαίοις τότε πρῶτον ἐν καταλόγοις γενέσθαι. La seule différence qui reste entre ces deux auteurs, c'est que Plutarque recule cette augmentation jusqu'après la guerre des Sabins, & que Denys d'Halicarnasse la place auparavant, & immédiatement après la défaite des Céniniens & des Antemnates; ce qui me semble plus conforme à l'histoire, qui donne à Romulus une armée considérable dans la guerre contre les Sabins.

Ibid. Un autre endroit de Denys d'Halicarnasse peut encore causer ici quelqu'embarras : cet historien parlant des préparatifs de la guerre des Sabins, dit que l'armée Romaine ne fut guère inférieure à celle de ce peuple; il y met le nombre précis de vingt mille Fantassins & de huit cens Cavaliers. Ce nombre de Fantassins ne peut se diviser par trois mille, ni par conséquent faire aucun nombre complet de légions telles qu'elles étoient alors. Les huit cens Cavaliers embarassent encore davantage. Il faut dire de deux choses l'une, ou que Denys ne s'est pas exprimé exactement, & qu'au lieu de dix-huit mille qui devoient faire six légions, il a pris le nombre de la dixaine la plus proche, ce qui est assez ordinaire aux auteurs; ou plustôt qu'il n'y avoit que deux légions régulières, que le reste étoit composé de ces Toscans & de ces autres Italiens dont il dit quelques lignes plus haut qu'ils vinrent se donner à Romulus, & que ceux-ci n'étoient pas incorporés dans les légions.

IIe Intervalle.

Depuis Servius Tullius jusqu'à la seconde guerre Punique.

L'histoire ne marque pas précisément l'époque de la première augmentation de la légion; mais aussi-tôt après l'expulsion des Rois, on voit ce corps de milice parvenu à quatre mille hommes. Denys d'Halicarnasse dit que M. Valerius, frère de *L. VI.*
Publicola, l'an de Rome 259, leva dix légions chacune de quatre mille hommes, δέκα τάγματα ἀνδρῶν τετρακισχιλίων ἕκαστον, & Saumaise conjecture avec raison que cet *De re milit. Rom. c. 15.*
accroissement remonte à Servius. Romulus ayant divisé Rome *Dionys. l. II.*
en trois tribus, avoit tiré mille hommes de chacune pour *Tit. Liv. l. I, c. 43.*
composer sa légion. Servius ayant ajoûté une quatrième tribu, aura sans doute à cette occasion ajoûté mille hommes à la *Dionys. l. IV.*
légion. En effet, Denys d'Halicarnasse dit que ce Prince régla *Ibid.*
sa milice sur les quatre tribus qu'il avoit établies, & non pas sur les trois tribus de Romulus. Mais le même Saumaise se *De re milit. Rom. c. 2.*
trompe, & se contredit lui-même dans un autre endroit, quand il avance que la légion ne fut jamais au dessous de quatre mille deux cens hommes, même sous Romulus; & que si les auteurs ne la font que de trois mille, c'est qu'ils n'y comprennent point les troupes légères nommées Vélites, qui étoient au nombre de douze cens. J'aurai occasion de réfuter

cette opinion, quand je parlerai des Vélites, en traitant des diverſes parties de la légion.

Dionyſ. l. IX. L'an 273 on voit les Romains armer contre les Véïens, peuple puiſſant, vingt mille Fantaſſins diviſés en quatre légions, ce qui donne cinq mille Fantaſſins par légion; mais ce fut un effort paſſager, & la légion revint auſſi-tôt au nombre de quatre mille hommes, ordinaire en ce temps-là. La première fois que *L. VI, c. 22* Tite-Live détermine le nombre des Soldats de chaque légion, c'eſt ſur l'an 374 de Rome, il y compte quatre mille hommes; *L. VII, c. 25* & ſur l'an 404 il rapporte que Rome alarmée de la défection des Latins, mit ſur pied tout ce qu'elle avoit de forces; elle leva dix légions, chacune de quatre mille deux cens Fantaſſins. *L. II* Eutrope ſe trompe ici groſſièrement, il donne à chacune de ces légions ſix mille hommes & plus; mais il eſt certain, par le témoignage unanime des autres auteurs, que cette augmentation ne ſe fit que long-temps après.

C. 8. Tite-Live, au livre huitième, où il expoſe dans un grand détail la diviſion & l'ordre des troupes Romaines du temps de la guerre des Latins, en 413, dit en termes exprès qu'on avoit coûtume alors de lever cinq mille hommes de pied pour chaque légion; mais tout ce morceau eſt corrompu, & les *De milit. Rom.* commentateurs en conviennent: Juſte-Lipſe l'a corrigé. J'examinerai cet endroit dans le Mémoire où je traiterai des diverſes parties de la légion. Il ſuffit de dire ici que ce paſſage, altéré comme il eſt, ne peut détruire ce que le même Tite-Live *L. VII, c. 25.* a peu auparavant énoncé en termes clairs, & ce qu'il continue de dire juſqu'à la ſeconde guerre Punique. Dans tout cet intervalle, il donne conſtamment quatre mille hommes de pied à la légion. En parlant du ſupplice auquel fut condamnée la légion qui par une cruelle perfidie s'empara de Rhège en égorgeant *L. XXVIII, c. 28* les habitans, l'an de Rome 472, il dit, *tota legio millia hominum quatuor in foro Romæ ſecuri percuſſi ſunt;* & ſur l'an 535, qui *L. XXI, c. 17* fut la première année de la ſeconde guerre Punique, il fait encore la légion de quatre mille Fantaſſins. Ce n'eſt que deux ans *L. XXII, c. 36.* après, c'eſt-à-dire, l'année de la bataille de Cannes, qu'il fait monter la légion à cinq mille, encore ne donne-t-il pas cette augmentation comme certaine; il ne la rapporte que comme une opinion de quelques auteurs.

Polybe est conforme à Tite-Live. La seconde année de la première guerre Punique, c'est-à-dire, l'an de Rome 490, il fait les légions de quatre mille Fantassins. Il donne encore le même nombre pour la première année de la guerre d'Annibal; il dit qu'à la journée de Trébie les Romains avoient seize mille Fantassins, & il ajoûte que telle est l'armée complète lorsque les deux Consuls commandent ensemble. Or comme chaque Consul avoit deux légions, il s'ensuit que la légion étoit de quatre mille Fantassins. Il est vrai que dans la guerre des Gaulois, qui précéda celle d'Annibal & qui causa une grande alarme, chaque légion, au rapport de Polybe, fut de cinq mille deux cens hommes de pied; mais il y a en cet endroit une chose remarquable, & qui fait voir que le nombre des Soldats varioit en même temps dans les diverses légions, selon l'importance des diverses guerres. Polybe donne aux légions qui servoient en Italie, & qui étoient destinées à combattre les Gaulois, cinq mille deux cens Fantassins; & il ajoûte qu'il y avoit encore alors deux autres légions, l'une en Sicile, l'autre à Tarente, chacune de quatre mille deux cens hommes.

L. I, c. 16.

L. III, c. 72.

L. II, c. 24.

Il est évident, par toutes ces autorités, que le nombre ordinaire des Soldats de la légion, depuis Servius jusqu'à la bataille de Cannes, étoit de quatre mille & quatre mille deux cens hommes d'Infanterie; quoiqu'Appien dise, sur la seconde année de la guerre d'Annibal, que dès ce temps la légion étoit de cinq mille hommes. Le témoignage de cet auteur, qui ne traite cette guerre que sommairement & sans beaucoup d'exactitude, ne peut contre-balancer celui d'un écrivain tel que Polybe, avec lequel Tite-Live est d'accord.

De bel. Annib.

IIIe INTERVALLE.

Depuis la bataille de Cannes jusqu'à Marius.

Ici la légion commence à paroître sur le pied de cinq mille hommes. Polybe vivoit en ce temps, & il nous fait entendre

que dans cet intervalle la légion fut encore fréquemment de quatre mille ou quatre mille deux cens Fantaſſins. Dans les fragmens du ſixième livre, où il traite de la milice Romaine en général, il dit que la légion eſt de quatre mille deux cens Fantaſſins, & dans les circonſtances périlleuſes de cinq mille.
C. 107. Au livre troiſième, quand il commence l'année de la bataille de Cannes, il dit que chaque légion fut compoſée de cinq mille hommes de pied. *D'ordinaire*, dit-il, *la légion contient quatre mille Fantaſſins, mais dans les grandes occaſions on la fait de cinq mille.* J'ai déjà cité le paſſage de Tite-Live qui rapporte la même choſe au ſujet de la bataille de Cannes, ſans pourtant
L. XXIII, c. 24. L. XXVI, c. 28. l'aſſurer; mais dès l'année ſuivante il met ſans balancer cinq mille hommes dans la légion levée pour la Sardaigne, & l'an 542 il donne le même nombre à la légion qui devoit garder la Campanie. Six ans après, la République fait un puiſſant effort; une armée Romaine paſſe en Afrique, pour obliger Annibal à courir à la défenſe de ſa patrie, & à quitter enfin l'Italie qu'il ravageoit depuis quinze ans. Scipion, l'auteur & le chef de cette hardie entrepriſe, ſe met à la tête de deux
T L. l XXIX, c. 24. légions, chacune de ſix mille deux cens Fantaſſins. Mais cette augmentation n'eut pour objet que l'Afrique, & les légions qui dans le même temps furent occupées ailleurs, ne reçurent aucun changement dans le nombre de leurs Soldats. Dans tout le temps qui s'écoula juſqu'à la guerre de Perſée, c'eſt-à-dire, pendant trente-trois ans, je vois les légions reſter ſur le pied où elles étoient depuis la bataille de Cannes. Elles croiſſent
Ib l. XXXVII, c. 39. Ib l XXXIX, c. 38. Ibid. l XL, c. 1, 18, 36, l XLI, c. 9 Ibid. l XLI, c. 21. ſeulement de quatre cens hommes dans la guerre contre Antiochus, en 563. Elles reviennent enſuite à cinq mille, & depuis le commencement des guerres de Ligurie, en 571, je les vois toûjours de cinq mille deux cens Fantaſſins, excepté pour l'iſle de Corſe, où l'on ſe contenta d'envoyer une légion de cinq mille.

En 582. La guerre de Macédoine commence: Rome veut, par un dernier coup de vigueur, abattre ce Royaume célèbre. Pendant le cours de cette guerre, qui dura quatre ans, les légions employées en Macédoine furent toûjours de ſix mille hommes de pied, tandis que celles qui gardoient l'Italie, ou qu'on envoyoit en Eſpagne & en Illyric, n'en avoient que cinq mille deux cens, quelques-unes même que cinq mille. Tite-Live marque en termes exprès cette diſtinction : *id præcipuè provinciæ Macedoniæ datum, quòd cùm alterius Conſulis legionibus quina millia & ducenti pedites ex vetere inſtituto darentur in ſingulas legiones, in Macedoniam ſena millia peditum ſcribi juſſa.* Tite-Live appelle ici l'ancien uſage, celui qui s'obſervoit depuis la bataille de Cannes. Après la conquête de la Macédoine juſqu'à Marius, pendant l'eſpace de ſoixante ans, je ne trouve marqué nulle part le nombre des Soldats de chaque légion; mais la manière dont les auteurs s'expriment ſur le changement que Marius fit dans la milice, ne laiſſe aucun lieu de douter qu'après la défaite de Perſée la légion continua, comme auparavant, de ne renfermer que tantôt cinq mille, tantôt cinq mille deux cens hommes d'Infanterie, ſouvent même quatre mille ou quatre mille deux cens, ſelon Polybe.

T. L. l. XLII, c. 31, l. XLIII, c. 12, l. XLIV, c. 21.

L. XLII, c. 31.

IV.

IV.e & dernier INTERVALLE.

Depuis Marius juſqu'à la décadence de la Légion.

Cet eſpace, qui s'étend juſqu'à l'extinction de la légion, nous la montre ſous pluſieurs formes différentes; mais juſqu'à Conſtantin nous ne la voyons jamais au deſſous de cinq mille hommes de pied, ni au deſſus de ſix mille ou ſix mille deux cens, excepté une ſeule fois dans Heſychius.

In voce Λεγεών.

Le nombre complet étoit de ſix mille hommes, & c'eſt la définition qu'en donnent en général les grammairiens. Servius, Iſidore & Suidas s'accordent tous en ce point. Heſychius eſt le ſeul qui définiſſe la légion un corps militaire de ſix mille ſix cens ſoixante-ſix hommes. Le ſentiment de cet auteur, qui vivoit à la fin du ſixième ſiècle, lorſqu'il n'y avoit plus de légions, ne peut faire une autorité ſupérieure à celle des autres: il n'explique pas ſi dans ce calcul bizarre il compte à part les Officiers, tels que ceux qu'on appeloit *Principales*, les Centurions, & peut-être encore ceux qui ſe nommoient *Decani*,

Æneid l. VII: Orig l. IX, c. 3

In voce Λεγεών.

In voce Λεγεών.

Veg l. II, c. 8.

c'eſt-à-dire, chefs de file ou de chambrée. Il y a apparence qu'il les ſépare ici des Soldats ; car tous ces Officiers font juſte le nombre de ſix cens ſoixante-ſix, qu'il ajoûte à celui de ſix mille.

In voce ſex millium. Feſtus nous dit que Marius fut le premier qui mit la légion à ſix mille deux cens hommes, qu'auparavant elle avoit été de quatre mille, ce qui lui avoit fait donner le nom de *quadrata.* *De milit. Rom.* Juſte-Lipſe prétend que Feſtus s'eſt trompé trois fois dans ce paſſage. 1.° Marius, dit Juſte-Lipſe, ne fut pas le premier, on voit avant lui des légions de ſix mille & de ſix mille deux cens hommes. 2.° La légion ne paſſa pas de quatre mille à ſix mille hommes. 3.° Elle s'appeloit *quadrata* à cauſe de ſa figure dans l'ordre de bataille. Je repondrai pour Feſtus, 1.° qu'à la vérité dans la première guerre de Carthage, & dans la dernière de Macédoine, on avoit fait quelques légions de ſix mille hommes, mais ce n'étoit qu'en paſſant & ſeulement pour ces deux guerres; au lieu que Marius fut le premier qui mit toutes les légions ſur le pied de ſix mille hommes, & c'eſt ce que veut dire Feſtus. 2.° Quand il dit que la légion paſſa de quatre mille à ſix mille hommes, il ne dit pas que ce fut immédiatement. Il ne cite à la vérité que le nombre de quatre mille, parce qu'il veut rendre raiſon de l'épithète *quadrata:* quant à la raiſon du mot *quadrata,* j'en rendrai compte quand je traiterai de l'ordre de bataille de la légion.

Sall. in Jug. Ce fut donc Marius qui, dans ſon premier Conſulat, en 646, ayant changé la nature de la milice légionnaire en y admettant les derniers du peuple, & profitant de l'empreſſement que tous les pauvres citoyens montroient de ſe conſacrer à ſa gloire, augmenta les légions & les fit de ſix mille hommes. Mais ce nombre ne fut pas conſtamment le même: dix-neuf ans après, en 665, lorſque Sylla marchoit vers Rome pour accabler Marius, Sylla avoit ſix légions complètes, ἓξ τάγματα τέλεια, dit Plutarque dans ſa vie; & dans celle de Marius, parlant de cette même armée, il donne à Sylla trente mille Fantaſſins. Ces légions, quoique complètes, n'avoient donc que cinq mille hommes de pied. En 679, dans la guerre de Mithridate,

In Syl. p. 457. *Plut. in Mario, p. 425.*

Mithridate, les légions de Lucullus ſont de ſix mille hommes. Appien dit que l'armée de ce Général faiſoit trente mille hommes en cinq légions. Plutarque rapporte que Cicéron, proconſul de Cilicie, y mena douze mille Fantaſſins; & Cicéron, dans une épître à Atticus, dit qu'il avoit deux légions. César, dans ſes Commentaires, ne ſpécifie jamais le nombre des Soldats de ſes légions; il dit ſeulement en un endroit qu'il marcha contre les Nerviens à la tête de deux légions, & il ajoûte peu après qu'à peine avoit-il ſept mille hommes: c'eſt que ces deux légions n'étoient pas complètes. Il paroît certain d'ailleurs que les légions de Céſar dans les Gaules, & dans le cours de la guerre civile, n'étoient que de cinq mille hommes: on peut le conclurre d'un paſſage de Plutarque, comparé avec un autre paſſage de Céſar. Plutarque dit que Céſar commença la guerre civile avec cinq mille hommes de pied, & Céſar lui-même dit qu'il n'avoit alors avec lui qu'une légion, ſavoir, la treizième. Rufus Feſtus, dans ſon abrégé d'hiſtoire, ſe trompe quand il rapporte que Céſar fit la guerre aux Gaulois avec dix légions, qui faiſoient trente mille ſoldats Romains. Depuis le temps de Servius Tullius, on ne voit point d'exemple qu'il y ait eu des légions de trois mille hommes.

In Mithrid. *In Cic p. 878.* *L. V, ep. 15.* *L. V, c. 48.* *Ibid. c. 49.* *In Cæſ. p. 727.* *Bel. civ. l. I, c. 7.* *Ruf. Feſtus, in brev.*

Appien donne à Brutus & à Caſſius, lorſqu'ils ſortirent de la Cherſonèſe pour marcher vers Philippes, quatre-vingt mille hommes en dix-neuf légions; mais il obſerve qu'il y en avoit dix-ſept qui n'étoient pas complètes, & que les deux autres faiſoient à peu près le complément. Or quatre-vingt mille diviſés par dix-ſept, donnent un peu plus de quatre mille ſept cens hommes; ainſi on peut compter ces légions ſur le pied de cinq mille hommes.

Bel. civ. l. IV.

Après les guerres civiles, lorſque ſous l'empire d'Auguſte le militaire, ainſi que le civil, eût pris une forme aſſurée, il eſt vrai-ſemblable que le nombre complet de Soldats pour chaque légion fut fixé à ſix mille hommes, & ce nombre fut le plus commun ſous les Empereurs. C'eſt de ce temps-là qu'il faut entendre ce que dit Végèce: *les Romains*, dit-il, *ont leurs légions chacune de ſix mille hommes, pour le plus ſouvent.*

L. II, c. 2.

Ces derniers mots nous avertiſſent que les légions ſe trouvoient quelquefois réduites à une moindre quantité de Soldats, ſoit qu'elles euſſent été diminuées par les combats, ſoit qu'on en eût tiré des détachemens. Auſſi dans le même temps les diverſes légions ne ſont-elles pas toûjours égales. Hadrien, dans
P. 103. l'ordre de marche & de bataille adreſſé à Arrien, dit expreſſément que dans cette armée la quinzième légion avoit beaucoup plus de Soldats que la douzième. La légion que Néron avoit formée des Soldats & des rameurs de la flotte, auroit dû auſſi être bien plus nombreuſe que les autres, s'il n'y avoit point de faute dans le texte de Xiphilin; car racontant comment Galba
In Galbâ. caſſa cette légion, il dit qu'il en fit paſſer environ ſept mille au fil de l'épée, outre un grand nombre qui furent décimés
In Suet. Galb c. 12. enſuite. Caſaubon corrige τρισχιλίους ou τετρακισχιλίους, trois mille ou quatre mille, au lieu de ἑπτακισχιλίους, ſept mille; mais cet endroit ne mérite pas de faire une difficulté; Xiphilin
Galba, c. 12. s'y trompe viſiblement: au lieu de Soldats & de rameurs de
In Galbâ. la flotte, *claſſiarii* ſelon Suétone, ἐρέται ſelon Plutarque, il les nomme mal-à-propos δορυφόροι, & il en fait les Soldats prétoriens de Néron. Cette erreur de Xiphilin ſur la qualité de ces Soldats, diſpenſe de le croire ſur ce qu'il dit de leur nombre.

Hadrien changea beaucoup à la milice; & Hygin, qui ſelon
In caſtrametatione, p. 29. toute apparence écrivoit ſous le règne de ce Prince, fait la légion de cinq mille deux cens quatre-vingts hommes: ſur quoi Schelius obſerve que les trois légions dont Hygin compoſe ſon camp, équivalent, en nombre de Soldats peſamment armés, aux deux légions Conſulaires qui forment le camp de Polybe, jointes aux alliés Latins, qui valoient encore à peu près deux légions; car les trois légions d'Hygin n'avoient que des Soldats armés peſamment, & les quatre légions de Polybe, en les mettant à cinq mille hommes, comme elles y étoient alors quelquefois, comprenoient environ un quart d'armures légères, qu'il faut déduire.

Sous Alexandre Sévère la légion étoit à cinq mille hommes.
In Alex. c. 50. Lampride rapporte que ce Prince compoſa une phalange de trente mille hommes où il entroit ſix légions.

Il eſt difficile de fixer le temps auquel on doit rapporter la légion dont Végèce explique les diviſions, au ſixième chapitre du ſecond livre. Il ſemble d'abord qu'il parle de ſon ſiècle; car après avoir fait le détail de toutes les parties qui la compoſent, il conclut ainſi: « La légion complète doit donc avoir ſix mille cent Fantaſſins & ſept cens vingt-ſix Cavaliers; elle « ne doit jamais contenir moins de combattans, quelquefois « elle en contient davantage: mais auſſi-tôt il ajoûte, je viens « d'expoſer l'ancienne ordonnance de la légion. » D'ailleurs cet auteur écrivoit ſous Valentinien II: or les hiſtoriens de ce temps-là ne nous donnent aucun lieu de croire que la légion fût alors de ſix mille hommes. Cette légion dont parle Végèce, doit avoir été celle de Trajan ou des Antonius. Il a copié, ſans choix & ſans diſtinction, les ouvrages militaires de l'ancien Caton, de Celſe, de Trajan, d'Hadrien & de Frontin; ce qui produit dans ſon livre une confuſion qui met les lecteurs hors d'état de ſuivre & de diſtinguer les divers changemens de la milice Romaine: il leur fait naître plus de difficultés qu'il ne leur donne de lumières.

L. II, c. 6.

Ibid. c. 7.

Il nous apprend pourtant une choſe qui a rapport au ſujet que je traite ici, & qui ne ſe trouve pas ailleurs: c'eſt que les Soldats ſi connus ſous le nom de Joviens & d'Herculiens, depuis l'empire de Dioclétien & de Maximien, étoient deux légions d'Illyrie, nommées auparavant Martiobarbules, à qui ces deux Princes donnèrent par eſtime les noms qu'ils avoient pris eux-mêmes, & que ces deux légions étoient chacune de ſix mille hommes. Il y avoit donc encore des légions de ce nombre ſous Dioclétien.

L. I, c. 17.

Depuis ce temps, nous ne trouvons plus que confuſion dans les auteurs pour ce qui regarde les légions; on les voit réduites à un ſi petit nombre, qu'elles ne reſſemblent plus aux anciennes. Lorſque la ville d'Amide, en Méſopotamie, fut aſſiégée par Sapor, roi de Perſe, l'an de J. C. 359, ſous l'empire de Conſtance, il y avoit dans la ville ſept légions. Mais qu'étoit-ce que ces légions? ſi elles euſſent été de cinq mille hommes, les ſept auroient fait trente-cinq mille combattans; ce qui,

Amm. Marc. l. XVIII, c. 9.

avec les habitans, les paysans qui s'y étoient réfugiés, & vingt mille autres Soldats, n'auroit pû tenir dans une ville qui, selon Ammien Marcellin, n'étoit pas d'une grande étendue. Et ce qui nous donne encore une idée de la foiblesse de ces corps, c'est ce qu'ajoûte le même auteur, que deux de ces légions faisant de fréquentes sorties & combattant avec valeur, ne produisoient pas plus d'effet qu'un seau d'eau dans un grand incendie; ce sont ses termes: *tantum proficientes, quantum in publico, ut aiunt, incendio aqua unius hominis manu adgesta.*

Amm Marc. l. XIX, c. 5.

L. V.

Zosime décrivant le siége de Rome pressée par Alaric, dit que l'empereur Honorius envoya au secours six mille hommes qui faisoient cinq légions, τάγματα; & Sozomène rapporte qu'Honorius renfermé dans Ravenne, qu'Alaric menaçoit d'assiéger, reçut un renfort de quatre mille hommes en six légions, ἀριθμοῖς: sur quoi M. de Tillemont observe qu'alors les légions n'avoient donc que tantôt douze cens hommes, tantôt même moins de sept cens. Mais ne doit-on pas plustôt dire que ces prétendues légions n'étoient que des cohortes, & que la forme de la milice étant alors tout-à-fait altérée, les noms mêmes de τάγμα & d'ἀριθμός, qui désignoient auparavant les légions, signifioient alors indifféremment un corps de troupes quel qu'il fût?

L. IX, c. 8.

L. V, p. 572 & 582.

Ainsi les noms que les auteurs Grecs avoient donnés aux légions, & même celui de *legio* parmi les Latins, subsistèrent encore quelque temps après l'anéantissement de la chose même; & Pancirolle croit, avec quelque fondement, que toutes les légions énoncées dans la notice de l'Empire n'en avoient plus que le nom, & que c'étoient des corps de troupes pareils aux préfectures dont parle Constantin Porphyrogénète, qui ne leur donne que tantôt mille hommes, tantôt cinq cens hommes, & moins encore.

In Notit. p 96.

De them. l. 1.

Je finirai ce Mémoire par une réflexion que me fait naître ce que je viens de dire de l'accroissement successif & du dépérissement des légions. Dans l'ordre politique, ainsi que dans l'ordre naturel, les corps, dans leur croissance, suivent certaines proportions à peu près régulières; mais ils n'en observent point dans leur décadence, quand elle eſt produite par des cauſes étrangères. Le plus ou le moins d'activité dans ces principes deſtructifs en emporte dans le même temps, ſans proportion, plus ou moins de parties. La légion s'augmenta de mille en mille; elle déchut rapidement, & par des nombres irréguliers. Après l'avoir vûe de ſix mille hommes ſous Dioclétien, nous la voyons tout-à-coup après Conſtantin réduite à un très-petit nombre de Soldats, & ce nombre varie de telle ſorte qu'il n'eſt pas poſſible de le fixer. J'ai tâché d'expliquer, dans le premier Mémoire, les cauſes de cette décadence. J'ai cru devoir réſerver pour un Mémoire à part ce qui regarde le nombre des Cavaliers dans la légion, parce que ce point, pour être mis dans tout ſon jour, demande des éclairciſſemens aſſez étendus ſur la nature de la cavalerie Romaine.

MÉMOIRE

Sur le premier livre de la République de Platon.

Par M. l'Abbé SALLIER.

QUELQUE célèbres que ſoient les ouvrages de Platon, principalement le traité de la République & le livre des Loix, peu de gens de Lettres ont penſé à faire connoître le plan & l'économie de ces ouvrages; moins encore ont développé l'art & la méthode de ce Philoſophe.

J'oſe entreprendre aujourd'hui de faire l'un & l'autre; mais auparavant je crois devoir faire quelques réflexions, que ſuivra l'expoſition du premier livre de la République, & du plan de l'auteur: mon deſſein eſt de continuer à expoſer les livres ſuivans, pour parvenir à donner une idée complète de l'ouvrage entier.

Platon, pour parler de philoſophie, n'a jamais employé que le dialogue: né poëte, il joignoit au génie une imagination noble & fleurie, de l'élévation & du ſublime dans les penſées, une élocution belle & magnifique:

Ingenium cui ſit, cui mens divinior, atque os
Magna ſonaturum, des nominis hujus honorem.

De pareilles diſpoſitions ne pouvoient manquer de faire choiſir à Platon le dialogue, pour expliquer ſa philoſophie à des Grecs. Le dialogue eſt une eſpèce de poëme dramatique; on y voit une action dont la ſcène eſt toûjours marquée, des perſonnages, & chaque perſonnage diſtingué par ſon caractère: il eſt auſſi ſuſceptible d'épiſodes. Ce genre d'écrire donnoit, par ſa nature même, à Platon une entière liberté pour étaler les richeſſes de la peinture & de la poëſie, ſoit qu'il fallût établir & repréſenter la ſcène d'un dialogue, ſoit qu'il fût queſtion de faire connoître les interlocuteurs qu'il mettoit ſur la ſcène, & d'en exprimer le portrait.

Mais rendre ces dialogues agréables n'étoit qu'une partie subordonnée de l'objet de Platon. Le but du philosophe est d'instruire, & il ne doit chercher à causer du plaisir que pour être utile. Les dialogues devoient donc être instructifs, & en même temps éloignés de la sécheresse qui accompagne ordinairement le style didactique: aussi Platon avoit-il si bien choisi ses sujets, il les avoit si profondément médités, il savoit manier avec tant d'art & de dextérité le dialogue, qu'il ne pouvoit manquer d'instruire & de plaire.

La matière de ces dialogues est, le plus souvent, empruntée de la morale ou de la politique. Des sujets qui tombent communément dans la conversation, peuvent entrer dans un dialogue philosophique. Les réflexions que Platon avoit faites sur tous les points de la morale & de la politique, le mettoient en état de développer l'importance & l'étendue des devoirs, & d'établir les maximes d'un gouvernement vertueux, unique source de la félicité du genre humain.

Quant à la perfection du dialogue, il ne faut que considérer de près le fil à la faveur duquel Platon en parcourt les détours. Ce fil est une analyse exacte, où n'employant que les premières & les plus simples idées, il conduit pas à pas & par degrés l'interlocuteur à des réponses que celui-ci croit trouver par lui-même, & que les questions du philosophe inspirent: l'esprit de l'interlocuteur fait un progrès dont il ne s'aperçoit pas; & en combinant ses idées simples, il acquiert de la facilité pour en former de plus compliquées, & se convaincre de la justesse de ces idées. Ainsi Platon, sans s'assujétir à la forme des géomètres, ne s'écarte point de l'ordre lumineux de l'esprit géométrique. Ces réflexions me paroissent suffisantes pour détruire quelques critiques que l'on oppose aux écrits de Platon; mais il y en a d'autres dont je crois devoir examiner le fondement. On verra, par cet examen, ce qui a donné lieu aux méprises où l'on est tombé par rapport aux ouvrages de ce Philosophe.

Rappelons-nous le temps & les circonstances dans lesquelles Platon a commencé ou continué à philosopher. La république d'Athènes étoit alors dans un état florissant: victorieuse de ses ennemis, elle avoit encore ſur les autres États la ſupériorité que donnent les ſciences & les beaux arts : on y voyoit réunis en foule & preſque en même temps les philoſophes, les orateurs & les poëtes. Comme l'éloquence menoit aux honneurs & aux places les plus diſtinguées, ceux qui ſe ſentoient quelque talent, voulant avoir part au gouvernement, cherchoient, par leur travail & par leur aſſiduité auprès des orateurs ou des philoſophes, à cultiver leurs diſpoſitions pour l'éloquence; ils ſe flattoient qu'après cela ils ſeroient en état de gouverner, & d'entraîner dans leur avis une multitude tumultueuſe dont ils attendoient les récompenſes. A cette occaſion & ſous ce prétexte beaucoup de Sophiſtes abordèrent à Athènes, & s'y répandirent en ſe donnant pour Philoſophes. Quelques-uns, qui étoient à peine au deſſus des plus ſimples Grammairiens, ſe propoſèrent pour enſeigner l'art de devenir éloquent; leurs leçons ſe réduiſoient à des antithèſes dans les mots ou dans le tour de la penſée, à de frivoles diſtinctions dans les expreſſions. On voit, dans pluſieurs dialogues de Platon, des exemples de ces leçons.

Plut. Q. Plat.

Ces mêmes Sophiſtes n'avoient aucun principe, ni ſur la morale, ni ſur la politique; leurs maximes ne tendoient qu'à corrompre les eſprits & à pervertir les mœurs. C'eſt de l'école des Sophiſtes que ſortit l'abus où l'on tomba de diſtinguer entre ce qui eſt honnête & ce qui eſt utile: ils apprirent aux hommes à pourſuivre les choſes utiles, quand même la pourſuite eſt contraire à l'honnêteté. A cette dépravation de goût & de mœurs, les Sophiſtes joignoient une préſomption & une confiance dans leur ſavoir, qui leur faiſoient croire qu'ils pouvoient ſur le champ ſatisfaire à quelques queſtions qu'on leur propoſât.

On comprend aiſément combien il étoit difficile de guérir de maladie, des gens qui ſe croyoient dans la meilleure ſanté du monde, & de faire apercevoir la vérité à des hommes que l'erreur aveugloit. Auſſi Socrate ne crut pas devoir leur préſenter directement la vérité; il commençoit par leur avouer ſon ignorance, il n'affirmoit & n'établiſſoit rien contre leur ſentiment; mais tantôt il s'adreſſoit aux Sophiſtes comme à des

des marchands qui faiſoient en effet trafic de leur ſcience, comme s'il eût voulu en acquerir à prix d'argent, & ſe procurer des connoiſſances; tantôt il feignoit de vouloir les prendre pour ſes maîtres, & il leur montroit la docilité d'un diſciple curieux & avide de ſavoir. Quand Socrate venoit à diſcuter les propoſitions vagues dont on croyoit payer ſa curioſité affectée, continuant à contrefaire l'ignorant, & à paroître admirateur de celui qu'il étoit près de confondre, il amenoit par différentes queſtions ce prétendu maître à des aveux ſi abſurdes & à des conſéquences ſi puériles, qu'on a peine aujourd'hui à croire qu'un homme en fût capable.

Telle étoit l'ironie dont uſoit Socrate, comme il paroît par quelques-uns de ſes dialogues: mais outre que dans ces dialogues mêmes, où il n'eſt occupé qu'à combattre les Sophiſtes & à en rabaiſſer l'orgueil, il jette le germe de pluſieurs vérités utiles, c'eſt que dans d'autres dialogues il développe les principes généraux ſur leſquels doit être fondée la conduite de la vie humaine, & dont il ne s'écartoit jamais lui-même dans la pratique.

L'apologie qu'il prononça devant ſes juges contre ſes accuſateurs, ne tend qu'à mettre ſous les yeux des uns & des autres les règles qu'il cherchoit à établir: elles ſont le fond de ſa doctrine, & l'expoſition de ces règles eſt le meilleur moyen que l'éloquence pût employer pour détruire les chefs d'accuſation que ſes ennemis alléguoient contre lui.

Quel crime peut-on, en effet, imputer à un homme qui dans toutes ſes démarches regarde ſi ce qu'il fait eſt juſte ou injuſte, ſi c'eſt l'action d'un homme de bien ou d'un méchant homme; à celui que les menaces de la mort ne détournent point du devoir? « Lorſque quelqu'un, dit Socrate, a choiſi le poſte qu'il croyoit le plus avantageux pour le ſalut d'autrui, « ou qu'il y a été placé par une autorité ſupérieure, il doit y « demeurer, courir les dangers qui l'accompagnent, & compter « pour rien la mort & ce qu'il y a de plus terrible. Que ſeroit-ce « ſi à Potidée, à Amphipolis, à Délium, je n'avois pas gardé « le poſte que m'avoient donné les Généraux mêmes que vous «

» aviez choisis? Je me suis persuadé que je devois passer ma
» vie à philosopher, que c'étoit-là le poste que Dieu m'avoit
» confié: serois-je excusable si au mépris de cet ordre divin, la
» crainte de la mort m'avoit fait abandonner & le poste & les
» armes? Craindre la mort, c'est se croire philosophe & ne l'être
» pas: qui sait si elle n'est pas le plus grand de tous les biens
» pour l'homme? le Sage doitil l'éviter comme le plus grand
» de tous les maux? S'il y a quelque différence entre les autres
» philosophes & moi, c'est que je ne me flatte pas de savoir ce que
» je ne sais pas: je ne connois qu'une chose, c'est que faire une
» injustice, enfraindre l'ordre de ce qui est au dessus de nous, soit
» Dieu, soit homme, c'est un mal & une chose honteuse. Quand
» même vous voudriez, Athéniens, me renvoyer absous de
» l'accusation de mes ennemis, si vous m'imposiez pour condition
» l'obligation de me taire, ou la défense de philosopher, je ne
» me soûmettrois pas à votre loi: il vaut mieux obéir à Dieu
» qu'aux hommes. Tant que je respirerai & que je serai capable
» de philosopher, je ne cesserai jamais d'exciter à la vertu les
» citoyens d'une République aussi célèbre par la sagesse que par la
» puissance; je les exhorterai toûjours à penser moins à amasser
» des richesses, à acquerir de la gloire, à parvenir aux honneurs,
» qu'à se faire un trésor de justice & de vérité, & à tâcher de
rendre leur ame aussi bonne qu'elle puisse le devenir.»

Tels sont les principes de la philosophie que Socrate se croyoit chargé de répandre à Athènes: telle étoit la philosophie de la première Académie; les premiers Académiciens n'étoient donc pas flottans & incertains, comme on le dit souvent sans un examen suffisant; ils avoient des sentimens fixes & arrêtés. Le chef de l'Académie ne se servoit pas toûjours de l'ironie; c'étoit une arme offensive dont l'usage étoit réglé par l'exigence des occasions.

Cicéron avoit saisi l'ironie de Socrate sous ce rapport, & Plutarque ne l'avoit pas prise dans un sens différent. Cicéron n'avoit jamais cru devoir conclurre de-là qu'il n'y eût pas dans les écrits de Platon, ou, ce qui revient au même, dans les discours de Socrate, de principes ni de doctrine. Cicéron n'y chercha jamais de ces ſpéculations ſtériles ſur les cauſes naturelles de l'Univers, ou ſur la règle du mouvement des corps céleſtes : il ſavoit que Socrate avoit été le premier qui eût fait deſcendre la philoſophie du Ciel, & qui l'eût introduite non ſeulement dans le gouvernement des États, mais juſque dans les cercles des converſations, & qu'il avoit eſſayé d'inſpirer aux Athéniens le goût pour les connoiſſances qui peuvent régler la vie, former les mœurs, modérer les paſſions: c'étoit cultiver la plus importante & la meilleure partie de la philoſophie, d'où dépendent la tranquillité de l'ame & la félicité de l'homme.

Socrate avoit l'art de varier la forme de l'ironie, & de prendre celle qu'il croyoit la plus convenable pour faire impreſſion ſur l'eſprit de ceux à qui il avoit affaire: c'eſt dans cette vûe qu'en quelques occaſions il devient imitateur, & emprunte, du moins pour un moment, le ton, la manière, le tour de l'expreſſion des Sophiſtes; il ſavoit bien enſuite dépoſer ce perſonnage, & en tirer de quoi venger la vérité qu'il avoit ſemblé vouloir trahir. Ainſi, dans le dialogue de Théétète, dans celui de Protagore, il joue le rôle d'un Sophiſte avec un air de vrai-ſemblance ſi approchant, qu'il paroît plus Sophiſte que les Sophiſtes mêmes, & que pour ne le pas croire ce qu'il veut paroître, il faut le ſuivre juſqu'à la fin du dialogue; ſans cette attention, l'on ſe méprend infailliblement, & l'on impute à Socrate ce qu'il ne penſe pas, & ce qu'il ne propoſe que par imitation, & ſouvent pour charger & rendre plus frappant le ridicule d'un interlocuteur.

De-là eſt venue l'illuſion & la mépriſe de Denys d'Halicarnaſſe, dans la lettre qu'il écrit à Pompée ſur le dialogue du Phèdre de Platon. Ce Rhéteur n'a pas compris quel étoit le principal ſujet & le but du dialogue; il n'a point aperçu le rapport de ſes parties. Platon raiſonnoit conſéquemment, & regardoit toûjours le but qu'il ſembloit perdre de vûe:

Sic veris falſa remiſcet,
Primo ne medium, medio ne diſcrepet imum.

Le Rhéteur ne blâme dans le Philoſophe que le caractère de l'élocution & des termes.

Mon deſſein n'eſt pas aujourd'hui d'examiner plus au long ce qu'il y a de faux ou de vrai dans la critique que fait Denys d'Halicarnaſſe ; je renvoie cette diſcuſſion à un Mémoire particulier.

Je reviens au dialogue de la République : voyons quels en ſont les perſonnages, où eſt le lieu de la ſcène, le temps où s'eſt tenu cet entretien, enfin quel en eſt le ſujet.

Les perſonnages ſont Socrate, Céphale de Clazomène, établi depuis long temps à Athènes, & dont les enfans étoient Polémarque, Euthydème, Lyſias, orateur fameux parmi les anciens, Nicérate, père de Nicias dont il eſt parlé dans la guerre du Péloponnèſe, Thraſymaque de Bithynie, ſophiſte, Clitophon, attaché à Thraſymaque, Charmantidès, & enfin les deux frères de Platon, Glaucon & Adimante ; car Platon ne ſe nomme preſque jamais dans ſes ouvrages.

Le lieu de la ſcène eſt la maiſon de Céphale, dont la vieilleſſe étoit honorée parmi ſes concitoyens. Au ſortir d'un ſpectacle religieux qu'une nouvelle fête de Diane avoit occaſionné dans le port de Pirée, Socrate, après avoir rempli les devoirs qu'exigeoit ſon reſpect pour la religion & pour la Déeſſe, après avoir ſatisfait la curioſité que pouvoit inſpirer la magnificence de cette fête, reprenoit le chemin de la ville, & ſur les invitations de Polémarque qui le rencontre, il ſe trouve engagé à entrer dans la maiſon de Céphale. Dans ce moment ce vénérable vieillard paroît entouré de ſa famille, une couronne de fleurs ſur la tête, placé ſur un ſiége orné avec une convenance religieuſe, occupé d'un ſacrifice, après avoir fait les préparatifs néceſſaires pour recevoir ceux qui voudroient prendre part au ſacrifice qu'il a commencé. Telle étoit l'ouverture de la ſcène que nous rappelle Homère dans le troiſième livre de l'Odyſſée, lorſque Télémaque arrive à Pylos chez Neſtor : le tableau préſente Neſtor aſſis ſur les bords de la mer au milieu de ſes enfans, environné de ſes amis, & à la vûe d'une foule de Pyliens raſſemblés des villes de ſa domination, immolant des victimes, pendant que les mêmes Pyliens, distribués en neuf rangs chacun de cinq cens hommes, remplissoient de leur côté ce devoir de la religion.

Le temps où se tint l'entretien sur la République, fut une fête de Diane. Des hommes de la Thrace avoient apporté les cérémonies religieuses par lesquelles on célébroit la fête, & les Athéniens joints à eux en augmentoient l'éclat. Le lendemain de cette fête de Diane on célébroit celle de Minerve.

La nature de la justice, & les effets qu'elle produit pour le bonheur de l'homme, sont le sujet & la matière du dialogue. Le développement du terme de *justice*, oblige Socrate à imaginer & à feindre l'établissement d'une République. Si l'on vouloit faire lire de fort loin, à un homme qui auroit la vûe médiocrement longue, des caractères d'une écriture fort menue, & que cet homme vînt à découvrir ailleurs la même écriture en beaucoup plus gros caractères, obligé de lire les premiers, il se croiroit fort heureux de rencontrer auparavant les seconds, & il mettroit à profit cette rencontre. Ainsi Socrate croit qu'il sera plus facile de savoir en quoi consiste la justice, pour un particulier, lorsqu'on aura vû quelle est la justice pour un État & pour une République. Voilà le dessein & le plan général du dialogue. La fin, comme il paroît nettement, est l'explication de la nature de la justice dans un homme; & le moyen dont Socrate se sert pour la faire concevoir, est de la considérer dans un corps d'État bien policé, dont les règlemens contiendroient chaque particulier dans le devoir, produiroient une harmonie constante entre le tout & les parties, & feroient disparoître toute dissonance. Socrate s'engage par-là à former sa République, se mettant peu en peine si elle est possible ou si elle ne l'est pas: c'est une hypothèse dont il déduit l'idée & les effets de la justice considérée dans un particulier. Tout homme est, selon Socrate, une petite république; il y distingue autant de parties qu'il en montre dans le corps d'un État, & c'est à l'harmonie qui règne entre les parties de l'ame, qu'il donne le nom de justice; mais avant que de mettre sous les yeux des interlocuteurs la forme de l'édifice de sa République, il commence par écarter ce qui pourroit être un obstacle à la construction qu'il projette.

Il combat, dans le premier livre, les définitions de la justice que deux personnages du dialogue proposoient. La discussion de ces deux définitions est l'unique matière de ce premier livre, où Socrate n'a d'autre objet que de montrer ce que la justice n'est pas, & ce qu'elle ne peut être. Les circonstances du temps, du lieu & des personnes amènent heureusement le sujet.

« Socrate, au sortir de l'assemblée qui s'étoit faite au Pirée
» pour la fête de Diane, se laisse conduire chez Céphale de
» Clazomène: c'étoit un homme avancé en âge, respecté dans
» la ville, & qui dans le moment de l'arrivée de Socrate étoit
» occupé d'un sacrifice. Céphale, après avoir salué Socrate, vous
» nous abandonnez beaucoup, lui dit-il, & nous jouissons bien
» rarement de votre compagnie: si j'avois encore assez de forces
» pour me transporter sans peine jusqu'à Athènes, je ne vous
» demanderois pas, Socrate, de venir ici, mais j'irois bien moi-
» même vous chercher. Venez donc un peu plus souvent nous
» voir; car je ne crains pas de vous assurer que plus les plaisirs
» des sens s'éloignent & se passent pour moi, plus ceux de la
» conversation & des discours deviennent à mon gré vifs &
» touchans. Rendez-vous, Socrate, à nos invitations; venez vivre
» avec ces jeunes gens que vous voyez ici: vous savez combien
» nous sommes de vos amis, & à quel point nous vous sommes
» dévoués.

» Pour m'attirer auprès de vous, Céphale, rapportez-vous-en
» au goût qui me fait chercher à m'entretenir avec les personnes
» avancées en âge. Je me les représente comme ayant parcouru
» un chemin assez long, que peut-être nous aurons à faire: on peut
» avoir bien des choses à leur demander. C'est à ces vieillards,
» par exemple, à nous dire si le chemin qui conduit au terme
» où ils sont arrivés est mal aisé, raboteux, ou s'il est facile &
» commode. Je vous demanderois volontiers à vous, Céphale,
» ce qu'il vous en semble; car enfin vous voilà au point de la

vieilleſſe que les poëtes appellent l'inſtant du départ de la vie: «
avez-vous trouvé que le cours de la vieilleſſe fût ſi deſagréable? «
qu'en penſez-vous? «

Je vais vous en parler, Socrate, de bonne ſoi & avec vérité. «
Nous ſommes pluſieurs à peu près du même âge qui, pour ne «
pas faire mentir l'ancien proverbe, nous raſſemblons ſouvent. «
Quand nous ſommes entre nous, c'eſt à qui gémira le plus «
ſur ſon état. La pluſpart ſe rappellent avec des regrets amers «
les amuſemens de leur jeuneſſe, les plaiſirs de l'amour, ceux «
de la table, & mille autres de cette nature; ils ſe laiſſent aller «
à l'impatience, comme ayant perdu les plus grands biens: *en* «
jouir, diſent-ils, *c'étoit vivre; la privation eſt une véritable mort.* «
D'autres ſe plaignent, avec douleur, du peu de conſidération «
qu'ils trouvent dans leur famille pour la vieilleſſe. C'eſt toû- «
jours ſur elle qu'ils ſont tomber la longue ſuite de maux dont «
ils ſe ſentent accablés. Mais en tout cela, Socrate, ils me «
paroiſſent ſe méprendre à la ſource de leurs chagrins: car ſi «
c'étoit la vieilleſſe qu'il fallût en accuſer, moi, mille autres «
perſonnes du même âge, n'aurions-nous pas les mêmes plaintes «
à faire? Quant à moi, j'ai connu des vieillards qui penſoient «
tout différemment, & je me ſouviens, car j'étois préſent, de «
la réponſe de Sophocle à un curieux qui lui demandoit s'il «
avoit encore quelque goût pour les plaiſirs de l'amour, & s'il «
pourroit répondre aux invitations d'une femme: *à Dieu ne* «
plaiſe, répondit-il, *que je ſois encore ſous l'empire d'un maître* «
ſi violent & ſi furieux. La réponſe me plut beaucoup en ce «
temps-là, & elle ne me plait pas moins aujourd'hui. En effet, «
le premier préſent du grand âge eſt la liberté, & le calme «
qu'il nous procure du côté des paſſions; car lorſque la vivacité «
de nos deſirs tombe, ſe refroidit & s'éteint, nous éprouvons «
alors ce que diſoit Sophocle, & nous nous ſentons délivrés du «
joug de ces tyrans fougueux & inſenſés. Mais n'imputons aucun «
de nos chagrins à la vieilleſſe, prenons-nous en pluſtôt à nos «
mœurs: ſi elles ſont douces, aimables, bien réglées, la vieilleſſe «
ne nous pèſe que médiocrement; avec des mœurs contraires, «
la vieilleſſe & la jeuneſſe nous ſont fort à charge. «

» Charmé de ce que disoit Céphale, & voulant encore l'en-
» tendre, je cherchois à l'exciter & à le jeter dans une nouvelle
» conversation; je lui dis: je pense, Céphale, que peu de gens
» vous en croient sur tout ce que vous venez de nous dire; ils
» ne conviennent pas que ce soit la douceur de votre caractère
» qui vous rende léger le fardeau de la vieillesse, mais ils disent
» plustôt, qu'opulent comme vous êtes, vous en parlez fort
» à votre aise, qu'on sait que les richesses apportent avec elles
» mille douceurs bien capables de tempérer les amertumes de la
» vieillesse.

» Vous avez raison, Socrate, peu de gens se rendent à mon
» avis; mais quoiqu'il y ait quelque chose de vrai dans ce qu'ils
» disent, ils se trompent cependant plus qu'ils ne se l'ima-
» ginent. Je pourrois faire à bien des gens la réponse que fit
» Thémistocle à cet homme de Seriphe, qui lui disoit dans une
» dispute, que si le nom de Thémistocle étoit célèbre par
» toute la Grèce, il en étoit moins redevable à son mérite
» qu'au lustre qu'il empruntoit d'Athènes sa patrie. J'avoue, lui
» répondit Thémistocle, que je ne serois guère connu, si j'étois
» de Seriphe; mais vous ne le seriez pas davantage, quand vous
» seriez Athénien. Ce mot peut s'appliquer justement à ceux
» qui portent impatiemment le poids de l'âge, & qui sont dans
» l'indigence. La vieillesse est un pesant fardeau, même pour
» un bomme raisonnable, lorsqu'il est surchargé de celui de la
» pauvreté; mais pour ceux qui ont l'esprit mal tourné, mettez-
» les dans la plus grande opulence, la vieillesse les rend insup-
» portables à eux-mêmes.

» Permettez-moi, Céphale, de vous faire une autre question:
» vos ancêtres vous ont-ils laissé plus de bien que vous n'en avez
» acquis? l'avez-vous augmenté? Je l'ai augmenté, Socrate, &
» je tiens à cet égard le milieu entre mon ayeul & mon père.
» L'ayeul dont je porte le nom, hérita d'un patrimoine à peu
» près égal à celui que vous me voyez, mais il le grossit par
» des acquisitions considérables. Lysanias, mon père, y fit une
» assez grande brèche, & m'en transmit beaucoup moins que je
» n'en ai à présent. Moins au large que mon ayeul, plus aisé
que

que mon père, je ferai bien content, si je le fais passer à ces enfans-ci que vous voyez, dans un état un peu meilleur que mes pères ne me l'ont laissé.

Ce qui m'a porté, Céphale, à vous faire cette question, c'est que vous ne m'avez jamais paru fort attaché aux biens de la fortune, & que ce détachement ne se trouve guère que dans ceux qui n'ont point eux-mêmes formé l'état opulent dont ils jouissent: les autres, qui doivent à leur travail ce qu'ils possèdent, y tiennent deux fois davantage; ils regardent une fortune qu'ils ont bâtie, avec la même tendresse que les Poëtes regardent leurs vers, ou les pères leurs enfans. On aime communément l'or & l'argent pour l'utilité que l'on en tire; mais ces nouveaux riches chérissent celui qu'ils ont amassé, comme leur propre ouvrage: de-là une sorte d'ivresse qui les rend très-incommodes dans le commerce de la vie; ils n'estiment & ne vantent autre chose que la richesse. Nous le voyons tous les jours.

Mais dites-moi encore une chose: quel est, à votre avis, le plus grand avantage que nous procure l'opulence? Peut-être, Socrate, aurai-je de la peine à le faire croire aux autres: sachez cependant qu'aux approches de la mort, mille craintes nouvelles & des alarmes que l'on ne sentoit point auparavant, trouvent entrée dans l'esprit de ceux qui sont près de mourir. Ces discours qui se débitent sur l'autre vie & sur le traitement redoutable qu'on y prépare à l'injustice, discours jusqu'alors traités de fabuleux, sujet ordinaire de nos railleries, ne manquent pas en ce moment de tourmenter l'esprit: la pensée vient qu'il pourroit bien y avoir quelque chose de vrai dans tout ce que l'on dit. Soit foiblesse, effet naturel de la vieillesse, soit changement arrivé dans l'esprit, parce que les objets se rapprochent de nous, nous en sommes frappés plus fortement: la défiance & l'effroi s'emparent de toutes les puissances de l'ame; l'homme alors compte avec lui-même, & il examine s'il n'a pas commis d'injustice envers quelqu'un. Celui qui se reconnoît intérieurement coupable, tremble; & saisi d'une agitation involontaire, souvent il se réveille en sursaut comme les enfans sujets à la peur; en un mot, il court à ſon dernier moment avec l'attente du plus funeſte avenir. Mais celui qui, de quelque côté qu'il tourne ſes regards, ne voit dans le cours de ſa vie rien à ſe reprocher, celui-là ſe repoſe dans la douce eſpérance que Pindare appelle la mère nourrice de la vieilleſſe. Car vous ſavez ce qu'il dit ſi agréablement; *que l'eſpérance, qui tient le gouvernail de l'eſprit changeant des mortels, n'abandonne jamais un vieillard, qu'elle en ſoûtient & vivifie le cœur, lorſqu'il a paſſé ſa vie ſaintement & dans la juſtice.* Rien n'eſt plus vrai. Voilà par quel endroit je penſe qu'on peut regarder les biens de la fortune comme des biens deſirables. Ils ne ſont pas tels pour toutes ſortes de gens, mais ſeulement pour l'honnête homme, qui ſait en faire un légitime uſage. Car n'avoir trompé perſonne, pas même involontairement, n'avoir uſé de ſupercherie contre qui que ce ſoit, deſcendre au tombeau ſans craindre la colère des Dieux vengeurs, avoir fidèlement rempli les devoirs de la religion & ceux d'une exacte juſtice, c'eſt à quoi ne contribue pas peu l'état d'une fortune aiſée. Je ſaîs qu'on y trouve mille autres avantages; mais pour quelqu'un qui penſe, j'eſtime qu'à les comparer les uns avec les autres, celui que je viens de vous propoſer eſt un des plus conſidérables.

Vous parlez admirablement, Céphale; mais puiſque nous voilà ſur ce ſujet, que faut-il entendre par ce mot de juſtice? Dirons-nous abſolument & ſans reſtriction, que la juſtice conſiſte à être vrai dans ſes diſcours, & fidèle à rendre un dépôt que l'on nous aura confié? Ne ſe préſente-t-il pas dans la vie des conjonctures où reſtituer fidèlement à quelqu'un ce que nous lui devons, ce ſeroit bleſſer la juſtice? Un ami ſenſé vous donne des armes à lui garder, & quelque temps après, ſaiſi d'un tranſport de fureur, il veut les retirer; on convient que dans ces circonſtances il ne faut point reſtituer les armes, qu'il y auroit de l'injuſtice dans celui qui les rendroit & qui ne voudroit pas tromper ſon ami devenu furieux.

Vous avez raiſon, dit Céphale; la nature de la juſtice ne peut ſe borner uniquement à la vérité dans les paroles, ou à la fidélité dans le dépôt.

Polémarque, appuyé d'un témoignage de Simonide, s'oppoſoit au ſentiment de Céphale; mais le vieillard dans ce moment quitte la compagnie, & laiſſant à ſon fils le ſoin de pourſuivre le diſcours, il retourne à ſon ſacrifice. La conteſtation ſe continue donc entre Socrate & Polémarque. L'autorité du poëte Simonide ſemble à celui-ci devoir la décider; mais Socrate, malgré ſa grande déférence pour le ſentiment des poëtes, de ces hommes inſpirés des Dieux, forme beaucoup de difficultés ſur l'explication des paroles de Simonide. Ces difficultés jettent Polémarque dans l'embarras, & le réduiſent à faire des aveux qu'un moment après il eſt obligé d'abandonner, juſqu'à ce que, de queſtions en queſtions & de conſéquences en conſéquences, Socrate l'amène à convenir que la première définition de la juſtice eſt inſoûtenable.

Fin du Tome vingt-cinquième.

Lightning Source UK Ltd.
Milton Keynes UK
UKHW021012031218
333381UK00015B/2200/P

9 780428 297763